# 中国人民银行西安分行

中国人民银行西安分行敖惠诚行长

2003年，人民银行西安分行以邓小平理论、"三个代表"重要思想和党的十六大精神为指导，认真贯彻落实中央经济工作会议和人民银行工作会议精神，加大执行稳健货币政策的力度，建立维护金融稳定的协调运作机制，提升金融服务效率和外汇管理水平，为支持陕西经济稳定健康发展做出了新的贡献。

一、提高了稳健的货币政策的执行绩效，促进了陕西经济的持续增长。优化信贷结构，保持了信贷投放的稳定性和连续性。结合地区经济发展实际，创新中央银行"窗口"指导方式，与省政府联合举办了银企合作项目推介会，扩大了商业银行有效信贷投入。2003年陕西实现GDP2398亿元，增长10.9%。

二、用好中央银行货币政策工具，利用再贷款、再贴现等政策工具，弥补了金融机构头寸不足，增强了中小金融机构和农村信用社的防范和化解风险能力。

三、认真履行维护金融稳定职责，加强了对金融业整体风险的监测和评估，取得了防范和化解金融风险工作的积极进展。2003年末陕西金融机构本外币不良贷款余额较年初减少16.61亿元，占比下降4.63个百分点。

四、全面加强了各项基础工作，提高了金融服务的质量和水平。西安市继北京、武汉后成为全国第三个上线运行大额支付系统的城市。积极协调做好银行卡联网通用工作，银行卡跨行交易平均成功率进一步提高。

五、不断改进外汇管理工作，维护了外汇秩序的稳定。改善贸易、非贸易外汇管理，促进了经常项目外汇收支便利化。改进了资本项目管理，积极支持企业实施"走出去，引进来"战略。加强国际收支、外汇收支统计监测分析，提高了国际收支统计申报质量。认真开展了外汇指定银行售汇结汇专项检查和外汇领域反洗钱工作，严厉打击和查处了非法买卖外汇活动，维护了外汇市场秩序的稳定。

2003年12月31日，中国人民银行西安分行敖惠诚行长陪同陕西省政府陈德铭副省长到人民银行西安分行营业管理部慰问年终加班的同志。

2003年8月25日，中国人民银行西安分行召开中心支行行长会议。

# 中国电信 CHINA TELECOM 陕西省

## ——全面创新推进

中国电信集团公司周德强总经理在西安市电信分公司调研

陕西省电信有限公司是中国电信股份有限公司出资在陕西省设立的全资子公司。公司于2004年7月1日成功在海外上市，具有独立法人资格，注册资金24.8亿元，是我国西北地区规模、能力、技术领先的通信运营企业。目前主要经营陕西省内的固定电信网络与设施（含本地无线环路）；基于固定电信网络的话音、数据、图像及多媒体通信与信息服务；经营与通信及信息业务相关的系统集成、技术开发、技术服务、信息咨询、广告、设备生产、销售与设计施工。公司下设10个市分公司、89个县（区、市）分公司和5个直属单位，营业网点遍布全省城乡。

在国家信息化战略的指引下，陕西省电信有限公司将紧紧抓住西部大开发的历史机遇；以发展作为第一要务，把优势产品做强做优；以国际先进企业为标杆，提高效率，高效服务，提升企业核心竞争力；以效益为目标，优化管理，加强管控，打造现代企业管理新模式；以杰出的业绩、优秀的表现回报社会、回馈用户，积极促进陕西国民经济和社会信息化建设、改善人民生活品质，全力推动社会信息文明进入崭新发展阶段！

2004年陕西省电信有限公司董事长、总经理周世福荣获全国五一劳动奖章，中共陕西省委书记李建国与周世福总经理亲切握手。

在陕西电信“ADSL宽带进万家”活动中，青年突击队热情服务，上门为用户安装宽带

潘连生副省长视察陕西省电信有限公司，与周世福总经理亲切握手。

全国四大数据中心和中国互联网八大节点之一的西部数据中心，可为各行业大客户提供高速网络带宽租用、服务器托管租赁等业务。图为西部数据中心机房

# 电信有限公司

## 陕西信息化建设快速发展

陕西省电信有限公司董事长、总经理　周世福

在2003年8月暴雨洪灾中，陕西电信克服困难迅速抢修电路保障通信，并积极向灾区捐助80余万元，帮助灾区重建。图为陕西省电信有限公司向商洛灾区捐赠10万余元的物资。

陕西电信广场

# 陕西省冶金行

## ——陕西省冶金工业

2003年全省冶金工业紧紧抓住西部大开发和钢铁工业快速发展战略机遇期，在“重整冶金，打造支柱”旗帜指引下，胜利地完成了年初提出的各项任务，全省冶金工业呈现出产销两旺、经济效益大幅提高的喜人局面。2003年省政府第一次将冶金行业列入八大支柱产业之一。2003年全省冶金行业结束了钢铁产量多年徘徊在五、六十万吨的局面，钢、铁、机焦分别达到了200万吨以上，实现了历史性突破。其中钢、钢材增长幅度居全国之冠。全省首次出现了年产百万吨级的企业——陕西龙门钢铁（集团）有限公司，年产钢108万吨。2003年实现工业总产值54.54亿元，比上年同期增长140.39%。全省冶金行业在上年亏损8245.7万元的基础上，实现利润8848.4万元，一举扭转多年亏损的局面。全省新增固定资产5.3324亿元，新增生产能力钢142万吨、连铸坯150万吨、热轧材7万吨、带钢40万吨，为2004年生产经营创造了十分有利的条件。以产权制度改革为重点的企业改革有了新的进展，已完成企业资产战略重组的企业有7户，盘活国有资产42.8亿元，国有资产占资产总量的66.4%。西安钢铁厂实施政策性破产，由西安安馨园集团先租赁后收购，现已全面恢复生产。省焦化厂改制后，又与上海德隆集团合作，以控股方式进入企业，把陕西焦化公司建成生产300万吨焦、60万洗精煤、10万吨焦化产品的大型焦化企业。略钢已由宝鸡东岭集团控股成立了陕西略阳钢铁有限公司，并于2003年11月8日正式开始运作。在全省国有企业改制工作中，省冶金行业涌现出了两个省改制先进典型，一个是汉江钢铁厂通过“租赁、破产、收购”三步曲，引入民营企业，使汉钢获得新生。破产收购后，完成一期炼钢工程，形成了60万吨的生产能力，结束了汉钢建设有铁无钢的历史，使3000名下岗职工重新上岗，职工收入

即将投产的窄带钢轧线

设施一流的制氧机组

五机五流连铸机

# 业管理办公室

## 实现跨越式发展

翻一番。另一个是龙门钢铁总厂以国有资产为主体，通过“资本股份化、融资社会化”，在去年社会融资3亿元的基础上，又融资4亿元，三年来以每年翻一番的速度高速增长，实现了跨越式发展。

2003年企业破产和扭亏工作取得了新进展。陕西钢厂、汉江钢铁厂破产清算工作进展顺利，已进入了职工安置阶段。一年来两厂陆续兑付了施欠职工工资、医疗费、集资款，办理了符合提前退休政策的职工2202人进入社会统筹。部分停产半停产企业继续开展生产自救，其中华山冶金车辆厂由龙钢集团等单位出资组建了龙钢集团华山冶金设备有限公司，对有效资产实行分步租赁经营，为该厂脱困迈出了重要一步。在新的一年里，省冶金工业正在以新的姿态，为实现年产300万吨钢的目标，促进全省冶金工业持续快速协调健康的发展而努力。

主任　肖珍静

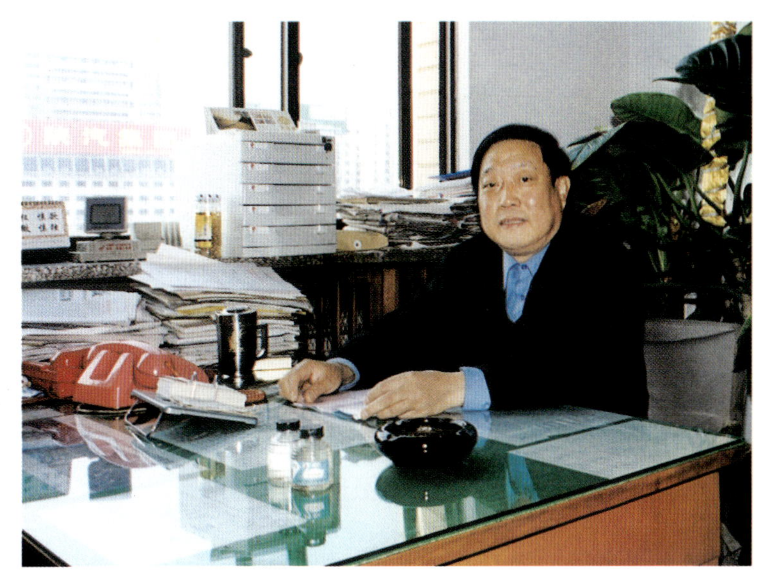

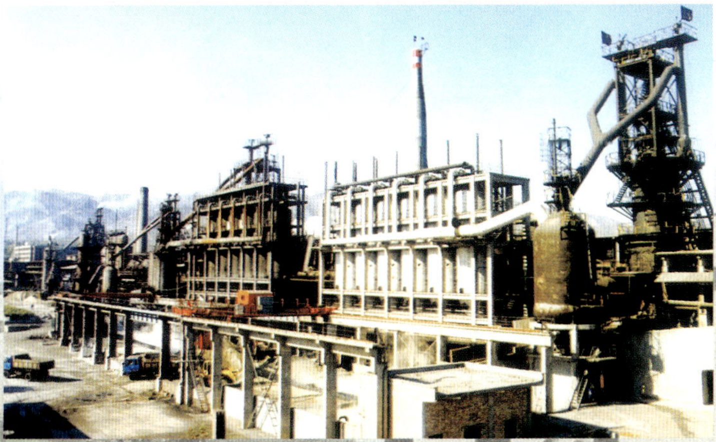

炼铁高楼群

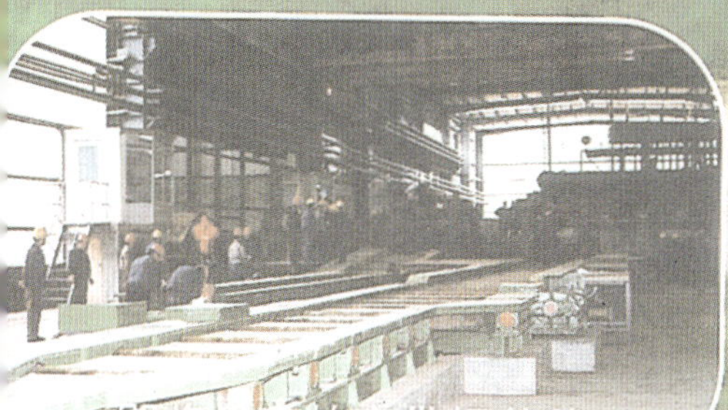

即将投产的窄带钢轧线

# 陕西龙门钢铁（集

享受政府特殊津贴专家、陕西省有突出贡献的专家、陕西省优秀青年厂长经理、陕西龙门钢铁（集团）有限责任公司董事长兼总经理　张丹力

龙门——一个神奇的地方，"鲤鱼跳龙门" 的神话传说赋予了他更加神奇的魅力。

陕西龙门钢铁（集团）有限责任公司位于中国历史文化名城韩城市，北依龙门，东临黄河，交通便捷，水电充足，资源丰富。经过几十年的艰苦创业和滚动发展，公司已具有了雄厚的竞争实力，是陕西省最大的钢铁联合企业和重点发展的大型企业集团，西北地区三大钢铁集团之一。

公司现有员工6500余人，占地3500余亩，总资产25亿元。公司拥有宝鸡红光、宝鸡轧钢、昌龙运输、钢铁炉料、华山设备、大西沟矿山、华龙耐材、环保产业等8个控股子公司，下设7大分厂、2个矿山、5个分公司、10个机关处室以及龙钢大厦（西安）、禹龙宾馆（韩城）等服务机构。形成了年产300万吨连铸坯、240万吨生铁、250万吨钢材、40万吨带钢（管材）、60万吨洗精煤、40万吨焦炭、80万吨精矿粉的综合生产能力，年销售收入达到65亿元。主要产品有小型材、带钢、焊管、钢坯、生铁、焦炭等，其中生铁、焦炭均为省优产品，"禹龙"牌钢材、炼钢生铁为陕西省名牌产品，出口日本、韩国及东南亚。"禹龙"牌钢材被评为"全国用户满意产品"和"中国建材质量信得过知名品牌"，畅销陕西及周边省区。1999年企业通过了ISO9002国际质量体系认证，2002年顺利通过ISO9001:2000版标准换证复审。2002年公司与西安建筑科技大学冶金学院联合创办了"陕西龙门钢

炼铁高炉群

年产60万吨棒材生产线

# 团）有限责任公司

铁（集团）有限责任公司冶金工程技术中心”。2002年，企业被国家质检总局授予“国家级完善计量检测体系合格单位”。

企业先后被评为国家“守合同重信用”企业、全国500家最佳经济效益工业企业、全国思想政治工作优秀企业、全国模范职工之家、建设银行AAA资信企业、全省质量服务双满意单位、陕西省十大利税工业企业、陕西省经济明星企业、陕西省产学研先进单位、陕西省质量效益型先进企业、省科协先进单位、陕西省先进集体、渭南市模范纳税户、韩城市园林式企业等。

“每一年、每一天，我们都要进步”这是公司董事长兼总经理张丹力对公司的整体要求，更是“龙钢精神”的精髓所在。面对西部大开发的历史机遇，龙钢集团全体员工决心以党的“十六大”为指针，按照省上提出的“重整冶金，打造支柱”的战略部署，以饱满的热情和昂扬的斗志，走“资本股份化、融资社会化、产业规模化、效益最佳化”之路，深挖内部潜力、狠抓各项管理、谋求更大发展、为陕西“一线两带”开发建设，为陕西建设西部经济强省做出新的、更大的贡献。

地址：陕西省韩城市龙门镇
电话：(0913)5182222
传真：(0913)5182345　邮编：715405
E-mail:LMGTZC@163.net
http://www.lm_steel.COM

陕西省省长、省委副书记贾治邦来公司视察

陕西省副省长巩德顺到公司视察

五机五流连铸

# 陕西汽车集团

董事长　张玉浦

近两年陕西汽车集团有限责任公司（以下简称陕汽集团）以实现企业可持续发展为目标，大力开展“双优”工程，通过广泛吸收社会资本，成功实现了全国汽车行业首家与民营上市公司湘火炬的合资合作，增加了中卡系列产品，壮大了汽车零部件力量，使集团生产能力迅速提升，达到年产各类汽车3万辆，重型车桥5万根的能力。

目前陕汽集团拥有陕西重型汽车有限公司、陕西欧舒特汽车股份有限公司、陕西汉德车桥有限公司、陕西宝鸡华山工程车辆有限责任公司、陕西通力专用汽车有限责任公司、陕西华亨汽车散热器有限责任公司、陕西万方汽车零部件有限公司、陕西华臻三产工贸有限责任公司等11个参股及控股子公司。产品品种覆盖重型军用越野车、重型卡车、大客车（底盘）、中型卡车、重型车桥等，具有特色鲜明、规格齐全、性能可靠的四大类一千多个品种序列，并进入2003年中国500强企业。

陕汽集团注册资本31518万元，占地面积135万平方米，拥有固定资产10亿元，职工10000余人，其中工程技术人员和具有中级以上职称的专业技术管理人员1200余名，公司具有完整的产品开发、生产制造、检测调试和市场营销体系，并于1999年通过了ISO9001:1994质量体系认证，2003年又通过了中国国家强制认证（3C）、GJB9001A-2001国军标认证及ISO9001:2000质量体系认证。

陕汽集团自八十年代引进奥地利斯太尔重型汽车及德国曼公司大客车（底盘）设计制造技术以来，不断吸收当代世界先进技术，2003年又与德国曼公司签

陕汽牌SX3380自卸车

陕汽牌SX2190军用越野车

国家Ⅰ级汽车检测线

# 有限责任公司

署长期战略合作协议，独家引进其畅销全球的 MAN F2000、TG-A 系列重卡生产技术，从而形成了中国重型汽车升级换代新产品。目前集团公司在重型军用越野汽车、大吨位商用车和高档大客车（底盘）制造领域具有独特的优势，技术水平始终保持国内领先，成为国家选型对比试验后保留的唯一指定装备我军的重型军用越野车生产基地。

公司拥有自营进出口权，产品出口亚洲、欧洲、美洲、大洋洲、非洲等十几个国家和地区，被国务院批准为扩大出口企业。产品 SX2150 及 SX2190 型军用越野车先后参加了举世瞩目的的建国 35 周年及 50 周年国庆阅兵仪式，以庞大的阵容壮我军威，为国争光，受到国务院及中央军委的多次嘉奖。

面对经济全球化的挑战，陕西汽车集团有限责任公司将以强大的科技开发能力、大规模的生产能力、不断创新的市场开拓能力、崭新的企业文化凝聚力和先进灵活的管理能力，参与国际国内市场的竞争，为中国汽车工业的大发展，为西部大开发和陕西经济的跨越式增长，做出更大的贡献。

地址：西安市幸福北路 39 号
电话：029-83388330
网址：www.sxqc.com

于钓鱼台国宾馆举行与德国 MAN 公司全面合作及技术转让签字仪式

运载神州五号

德龙 F2000 重卡

# 陕西省地方电

领导视察工作

陕西省地方电力(集团)公司前身为组建于1989年1月的陕西省农电管理局。1989年以前,我省农电由西北电管局代管。由于西北电管局同时管理甘肃、新疆、青海、宁夏4省区和陕西10地市电力工业,我省农电处于次要地位,未得到足够重视,导致发展滞后。为此,经省委、省政府几届领导多方努力,终于获得国家经委批准同意,收回了44个县电力企业,连同22个县属电力企业,组建了陕西省农电管理局进行管理。陕西省农电管理局为省政府主管全省农电事业的职能部门和直属企业。2001年5月,省委、省政府根据政企分开的原则,决定将陕西省农电管理局整体改制为陕西省地方电力(集团)公司。

陕西省农电管理局成立15年来,各项工作取得了长足进展。年售电量由19亿千瓦时增加到了74亿千瓦时,增长了2.89倍;资产总额由3亿元增加到了34亿元(不含农网改造新增资产),增长了11倍;售电收入从1.69亿元增加到了26.5亿元,增长了14.68倍;年实现利税由1237万元增加到了1.2亿元,增长8.7倍;在电网建设方面,1989—1999年以村村通电工程为主,通过多种渠道筹集资金,把全省行政村通电率提高了32%,于1999年提前实现了省政府确定的行政村村村通电的目标,农户通电率提高了31%,达到了98%;2002年开始实施“送电到乡”工程,已完成投资3242

慰问清淤部队

局长王文学在检查指导农网改造

# 力（集团）公司

万元，解决了5万多无电人口的用电问题。1998年下半年开始实施总投资74亿元的农村电网建设与改造工程，一期工程已基本完成，二期工程到今年6月份可完成。

2003年，在省委、省政府的正确领导下，陕西省地方电力（集团）紧紧围绕"建设西部经济强省、为陕西经济发展"供好电、服好务"这个大局，以发展、改革，优质服务为重点，团结一致，狠抓落实，脚踏实地，稳步前进，各项工作顺利开展。

目前，供电营业区占全省总面积3/4，供电人口占全省总人口2/5。拥有110千伏变电站46座，线路3121公里；35千伏变电站357座，线路5657公里。经营管理榆林供电局、66个县电力局，控股、参股发电厂装机容量41万千瓦，成为全国实力最强的地方电力企业之一和对全省农业发展、扶贫开发及地方经济建设具有重要影响的基础产业。1999年获得国务院"民族团结进步模范集体"荣誉称号，2000年创建为全省首批"省级文明机关"，在全省"创佳评差"活动中连续三年被评为"最佳厅局"，全系统一半以上的单位建成了省级文明单位，90%的单位建成了市级以上文明单位。

局长　王文学

# 西安航空发动机

董事长兼总经理　马福安

中航一集团西安航空发动机(集团)有限公司(简称:西航集团公司)建于1958年,是中国大型航空发动机制造基地和国家1000家大型企业集团之一,公司有工程技术人员2500多名,拥有各种国内外先进的冷、热加工设备和计量测试设备4000余台(套),先后取得了150多项省、部级以上科研成果奖。研制生产了涡轮喷气发动机、涡轮起动机、涡轮发电装置、涡轮风扇发动机、工业用和舰用燃气轮机,承担过航空、航天、核工业等多项尖端科研试制任务。2001年公司改制组建为由中航一集团控股的、华融资产管理公司参股的有限责任公司,并成立了以西航集团公司为母公司、以资产为纽带,母子公司体制的西安航空发动机集团。

西航集团公司以"航空报国,追求第一"为已任,坚持"军品第一",国内外市场并重,形成了以航空产品为主导,国际航空零部件生产、多元化民品和第三产业共同发展的格局。公司还分别与英国罗罗公司、美国普惠公司和以色列叶片技术公司、德国巴克杜尔公司建立了三家合资公司;与众多国际著名的航空企业建立了稳固的合作关系,外贸创汇连续多年位居国内同行业首位。公司民品发展形成了以剑杆织机、高速线材精轧机组、燃气轮机、风力发

# (集团)有限公司

电机组、石化设备、铝型材等为主导,涉及众多行业的高技术、高附加值、多元化的民品群。公司的质量体系通过 ISO9000 系列标准认证。公司被列为国家 863 计划 CIMS 工程应用示范企业。

地址:西安市北郊徐家湾
电话:(029)86151888
传真:(029)86614019
邮编:710021

涡喷八发动机

# 陕 西 省 公

政委　赫登文

陕西边防部队组建于1982年4月，是国家首批设在内陆省份的边防检查机关，担负着西安口岸中外籍人员、货物、交通运输工具的出入境检查任务。

随着改革开放的进一步深入，西安投资环境的不断改善，吸引了越来越多的外籍人员来陕投资、经商和旅游，西安口岸边检任务有了大幅度的增加，目前已开通了13条国际和地区定期航线。西安边防检查站除担负定期航班旅客的检查任务，还担负着西安至独联体国家、马来西亚、新加坡等国家的临时包机检查工作。目前，每周从口岸出入境的航班近50架次，年出境人员23万多人次。

20多年来，陕西边防官兵在公安部边防局、陕西省委、省政府和公安厅的领导下，充分发挥公安边防的职能作用，以边防检查为中心，服务于改革开放和经济建设，严格遵守党和国家的方针、政策，

执勤人员为旅客办理边防检查手续

边检指挥中心

# 安 边 防 总 队

遵守边防检查的各项法律法规，按照“政治合格、军事过硬、作风优良、纪律严明、保障有力”和“立警为公、执法为民”的要求，大力加强部队思想政治工作和廉政建设，贯彻“从严治警”的方针，落实“五条禁令”，严格部队管理，在长期的边防执勤中，广大官兵热爱祖国、恪尽职守、以法执勤、文明服务。在市场经济大环境下，官兵们始终保持清醒的头脑，站稳脚跟，自觉抵制社会上的不良风气和腐朽思想的侵蚀，严守国门，维护祖国尊严，仅2000年至今，西安边防检查站就查出各种手续不符合规定297人次，查获偷渡分子165人。

98年西安边防检查站被公安部评为“为人民服务、树公安新风先进集体”、2000年被共青团陕西省委评为“新长征突击队”、2000、2001年连续两年被公安部边防局评为“标兵单位”、2001年被公安部评为“人民满意公安基层单位”。

2003年，公安部边防局朱家华局长来陕西检查工作，听取陕西边防工作汇报。

朱家华局长观看新设备的运行情况

加强训练

# 陕西省陕北

局　　长
党委书记　王引尚

陕西省陕北矿业管理局前身为兰州军区陕北矿业管理局，1998年根据中央决定，矿业局整体移交陕西省，是省属大中型企业。2004年2月加入陕西省煤业集团公司。矿业局所属企业分布在三省（区）六市（县），是以煤炭产业为主，集高科技产业为一体的现代企业，生产能力强，机械化程度高，交通便利，资源丰富，煤质优良，地理位置十分重要。

韩家湾、大哈拉、云石畔等煤矿井田总面积30多平方公里，储量2.7亿吨，现生产能力300万吨/年。煤种为长焰煤、不粘煤，具有特低灰、特低硫、特低磷，高发热量和高挥发份的特点，素有"天然洁净煤"的称号。

包头运销公司在呼和浩特铁路局包头西站有800米铁路专用线和可储存5万吨的煤场，年发运能力80万吨以上。瓦窑堡煤炭储运经销公司有800米铁路专用线和23000多平方米的发运煤台，具备整列装车条件，年装运能力可达100万吨。神木凉水井、大保当发运煤台年装运量超过300万吨。

陕北矿业管理局创建十多年来，始终保持和发扬了延安精神，继承了部队的优良传统和作风，形成了自己独特的"特别能吃苦、特别能奉献、特别能战斗"的企业精神；资产由创建初期的贷款480万元，滚动发展到目前拥有资产2.1亿元；

# 矿 业 管 理 局

无银行贷款，无内外债。先后被兰州军区评为“最佳企业”、“先进企业”、“精神文明先进单位”、“先进党委”；被陕西省国税局授予“陕西省模范纳税户”；被陕西省工商局评为“诚信单位”；被陕西省榆林市评为“捐资重教先进单位”。被陕西省煤炭工业局评为“2003年度安全生产先进单位”。《党风廉政》、《现代企业》和国务院军转办《中国转业军官》等媒体先后报道了局党委一班人及干部职工艰苦创业、无私奉献、廉政敬业的先进事迹。

在企业建设上陕西省陕北矿业管理局将以神府矿区为依托，巩固包头，发展西安，开发子长，挺进中原。到2005年煤炭生产能力将达到500万吨；2008年达到10000万吨。西安的两公司产品在巩固和发展国内市场的基础上，力争打入国际市场，为实现陕西经济强省的宏伟目标做出更大贡献。

陕西省陕北矿业管理局始终奉行：“质量是根本，服务是保障，用户是上帝，诚信交朋友”的宗旨，真诚欢迎各界朋友、有识之士来投资合作、共谋发展。

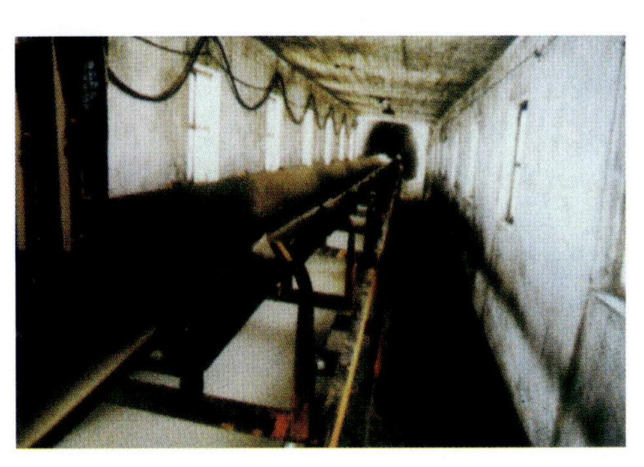

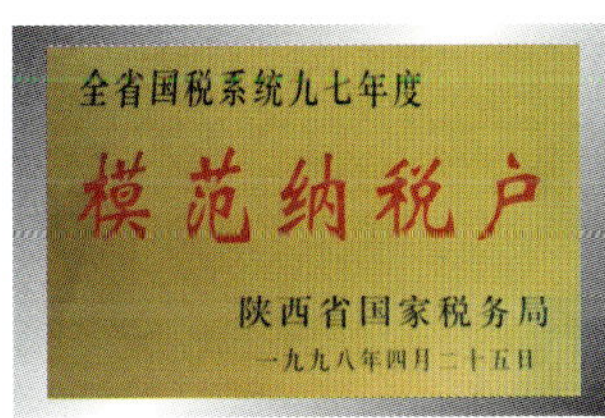


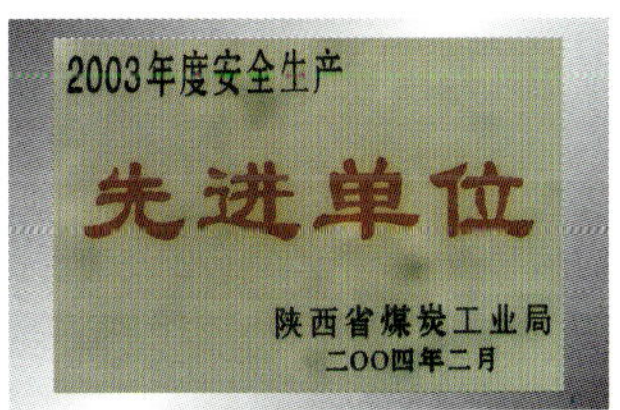


**韩家湾煤矿**

地址：陕西省神木县大柳塔镇

电话：0912-8413152

邮编：719315

**大哈拉煤矿**

地址：陕西省神木县孙家岔镇

电话：0912-8415588

邮编：719300

**包头运销公司**

地址：内蒙古包头市昆区市府西部3-1号

电话：0472-2231682

邮编：014010

**瓦窑堡煤炭集运经销公司**

地址：陕西省子长县

电话：0911-7119302　7119300

邮编：717300

**凉水井煤炭集运站**

电话：0912-8663264

开发资源　保护环境

**陕西省陕北矿业管理局**

地址：陕西省西安市和平路东八道巷17号

电话：029-87453781（办、传真）

029-87451681（办）

邮编：710001

# 陕西省经济贸易委员会

经贸委主任　邱世杰

2003年，在省委、省政府的正确领导下，全省经贸战线广大干部职工认真贯彻党的十六大、十六届三中全会和省委十届二次、三次、四次全会精神，抓住机遇，深化改革，扩大开放，加快发展，努力克服"非典"疫情、洪灾及各种自然灾害的严重影响，实现了全省工业经济的持续快速稳定增长，经济运行质量和效益稳步提高，主要经济指标好于预期。全省全部工业增加值完成830亿元，比上年增长14.7%左右，拉动全省经济增长5个多百分点，成为支撑全省经济增长的主要力量。全省机电产品出口完成7.66亿美元，同比增长28.6%；全省技术改造和技术创新工作力度加大，并取得新的进展，完成全年168.17亿元的技改任务，同比增长13.3%。经贸工作呈现以下特点：

（一）工业经济快速增长，运行质量效益显著提高。

（二）消费品市场恢复迅速，现代流通业发展加快。

（三）国企改革进一步深化、资产重组取得新的进展，非公有制经济快速发展。

（四）加大技术改造和技术创新力度，不断优化产业结构。

（五）不断扩大对外开放，招商引资活动效果显著。

（六）开拓市场取得了新进展，市场经济秩序整顿工作取得了新成效。

（七）加强了安全生产监督工作，安全生产形势总体稳定。

（八）其它工作都有了新的推进。

2004年全省经贸工作的总体思路是：以"三个代表"重要思想为指导，坚持以人为本，树立全面、协调、可持续的发展观，紧紧围绕结构调整和推进新型工业化，优化产业结构，壮大八大支柱；实施项目带动，扩大招商引资；深化国企改革，推动资产重组；发展现化流通，规范市场秩序；搞好综合协调，保证经济运行；加强安全生产，保持企业稳定。切实把工作重点转到调整经济结构、转变增长方式、提高增长质量和效益上来，实现工业经济持续快速协调健康发展，迈出工业强省的新步伐。

2004年全省工业经济调控目标是：工业增加值增长13.5%以上，社会消费品零售总额增长10%以上，机电产品出口增长14%以上，完成技改投资170亿元，经济效益进一步提高。

引进香港投资公司，重组我省石化企业

省上领导会见康明斯中国区总经理

# 杨凌示范区管委会

胡锦涛总书记视察杨凌示范区

杨凌农业高新技术产业示范区是国家唯一的农业高新技术产业示范区，是中国农业科技力量最聚集的地区和农业高新技术产业化示范的重要基地。

示范区由国家科技部等19个部委和陕西省人民政府共同管理建设，陕西省政府成立了由34个厅局组成的省内共建领导小组。示范区管委会享有地市级行政管理权、省级经济管理权及部分省级行政管理权。享受国家级高新技术产业开发区的各项优惠政策、国家对农业的倾斜扶持政策以及西部大开发的各项优惠政策。

经过几年的发展建设，杨凌示范区已成为环境优美、管理高效、农科教、产学研紧密结合的农业高新技术产业示范区，是中国向亚太经合组织开放的工业园区、全国海峡两岸试验区、国家重点支持发展的高新区之一。一个现代化的农科城、产业城、生态城、旅游城正在中国西部崛起。

人居环境

# 陕 西 省 人 事 厅

陕西省人事厅是陕西省人民政府主管人事工作和推进人事制度改革的政府组成部门。其主要职能是贯彻执行国家人事管理的法规政策；研究拟定适合我省情况的人事管理办法；综合管理全省机关、事业单位人事制度改革工作；会同有关部门研究指导企业人事制度改革的有关工作；拟定和组织实施我省国家机关和事业单位工作人员的总体规划、结构调整和工资分配的政策；综合管理全省国家公务员、专业技术人员队伍；负责人才市场建设、引进国外智力、军转安置等工作；承担对政府系统和政府部门的人事工作进行指导、监督；承办省政府管理的领导人员的行政任免事宜。

2003 年，陕西省人事厅牢固树立科学的人才观，改革创新，一些工作在全国和省内产生了较大影响。改革公务员招录办法，提高了新招录公务员素质，得到了省领导和省级机关的肯定；建立了比较科学规范的政府部门督查考评和公务员考核体系，首次对政府部门工作进行了全面考评，促进了政府工作落实和公务员队伍建设；精简行政审批事项，规范机关办事程序，提高行政效率，得到省级部门的好评；认真落实军转安置政策和中央 29 号文件精神，保持了我省企业困难军转干部零上访的记录，受到人事部的表扬；引智工作成绩显著，在全国人事厅局长会议上介绍了经验；改革职称评审办法，调动了专业技术人员投身经济建设的积极性，社会各届给予了较高评价；人才市场建设有了长足发展，条件明显改善，市场对人才资源配置的基础性作用进一步增强。由于成绩突出，省政府部门工作督查考评中，人事厅得分在 59 个参评部门中名列第一，进入了省级机关 11 个优秀厅局行列。

2004 年陕西人事人才工作的根本任务就是以邓小平理论和“三个代表”重要思想为指导，贯彻落实好中央及省委的有关会议精神，大力实施人才强国战略，坚持党管人才原则，坚持以人为本，狠抓公务员队伍、专业技术人员队伍和非公有制经济职业经营管理人员三支队伍建设；全面推进政府机构改革、事业单位改革和综合行政执法三项改革；切实做好编制管理、人才市场建设和军转安置三项工作；认真落实建设“四型”机关、深入调查研究和完善目标责任制考核三条措施，开创陕西人事人才工作新局面。

省委组织部副部长、省人事厅厅长、省编办主任：陈存根

省委副书记袁纯清、省委常委、省委宣传部长马中平、省人大副主任邓理等领导同志视察推行公务员条例十周年成就展。

# 陕西省文化厅

《绿梦》作者：张琨

2003年在省委、省政府的领导下，全省文化系统以“三个代表”重要思想为指导，认真贯彻党的十六大和十六届三中全会精神，围绕全省工作大局，以繁荣文化艺术为中心，坚持“二为方向”和“双百”方针，积极实施“五个一工程”和国家舞台艺术精品工程。推出了一批弘扬时代主旋律、具有浓郁陕西特色和生活气息的优秀作品。话剧《又一个黎明》获第九届全国“五个一工程”入选作品奖，入围全国舞台艺术精品工程初选项目；商洛花鼓戏《月亮光光》获全国第十一届文华新剧目奖和十一届文华大奖参演资格；省雕塑院创作的雕塑作品在长春国际雕塑大会上以艺术质量和数量位居全国专业团体第一；全省基层文化工作以“四基”建设为中心，加强了先进文化县创建活动和巩固提高工作，积极推行农村电影“2131”工程，全省农村放电影24.3万场。全省文化进社区活动组织演出2260余场，参演人员2万多人，演出剧（节）目2000多个，极大地活跃了群众文化生活。全省文化市场在规范安全经营中继续繁荣，全省收缴非法音像制品13万多张，举办大型文艺演出40多台，80多场次，东西部演出交易会推出1500多个演出项目，签订演出意向350多个。对外文化交流进一步扩大，接待了来自全球24个国家和地区的35批260人次的文化艺术团体和个人来陕进行文化交流。组派了43批200多人次的文化艺术代表团和个人赴18个国家和地区进行文化交流。宣传了陕西，增进了与各国人民的友谊。文化产业稳步发展，成功地在第八届中国东西部合作与投资贸易洽谈会中第一次举办了文化产业博览会，共有6个省区259家文化产业单位组团参展，其中我省参展的文化单位有242家，有16个兄弟省区的218名代表组团参会，有4万余人参观展览展销演出活动，有22个项目集中签订了合同或协议，总投资达19.47亿元人民币，其中吸引引资2650万美元。还举办了招商项目推介会，有17个项目在会展期间达成了合作意向。此外，简化了文化市场准入手续，积极支持和引导民营资本兴办文化产业。基础设施建设再上新台阶。2003年中省投资820万元扶持我省新建了17个县级文化馆和图书馆，省财政安排643万元维修了13个县级文化馆和9个县级图书馆、19个影剧院，扶持新建了22个乡镇文化站。倍受社会各界关注的西安人民剧院加固改造工程顺利开工。

商洛花鼓《月亮光光》剧照

全省文化进社区活动

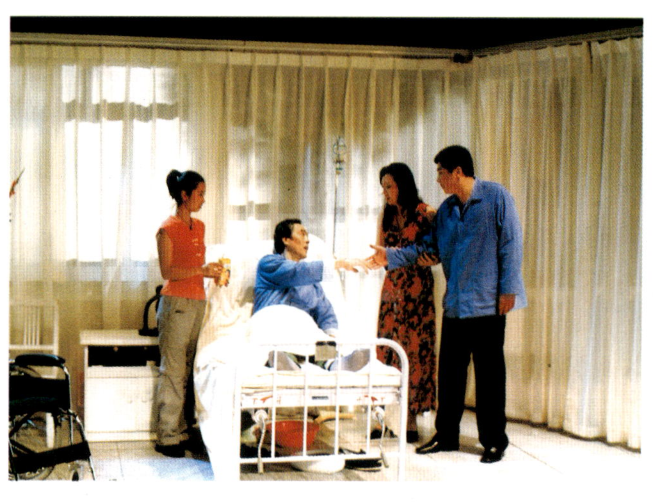

话剧《又一个黎明》剧照

# 陕西省石化行业管理办公室

主任　潘友民

2003年，全省石化战线克服了突如其来的非典和关中水灾带来的不利影响，取得了石油化学工业的快速发展，实现了速度、效益和质量的同步增长。

**一是工业总产值持续稳定增长。**

全省石油化学工业全年累计完成工业总产值126亿元，比2002年的107亿元增长17.8%。其中：石油工业完成77亿元，增长21.65%；化学工业完成49亿元，增长12.13%。累计完成销售收入380亿元，在全省15个主要工业行业中排名第一位，比2002年的277亿元，净增103亿元，增长37.1%，产销率为100%。其中石油工业完成295亿元，增长39.1%，化学工业完成85亿元，增长30.7%。累计实现工业增加值95亿元，比2002年的69.5亿元，净增25.5亿元，增长36.6%。

**二是主要产品产量大幅度提高。**

据对国家重点调度的14种产品分析，增长的有13种，占总数的92.8%，是历年来增长品种最多的一年。其中：原油产量完成1055万吨，增长34.56%；原油加工量完成770万吨，增长11.1%，占全国原油总产量的6.2%，已成为全国五个原油产量超千万吨的省份之一；天然气商品产量48亿立方米，增长26.3%，是全国第二个产气大省；其它产品产量均有交大幅度的增长。

**三是固定资产投资创历史最高水平。**

全省石化工业累计完成固定资产投资113.5亿元，比2002年的76.2亿元，净增了37.6亿元，增49%。2003年一年完成投资就接近"九五"期间的五年（"九五"为119.8亿元）。其中：基本建设投资完成84亿元，比2002年的56.2亿元，净增了27.6亿元，增长49%；技术改造投资完成29.5亿元，比2002年的19.8亿元，净增9.7亿元，增长49.2%。

**四是经济运行质量明显改善。**

在全省15个主要工业行业中，石油行业是唯一一个没有亏损企业的行业，实现利润水平占全省工业的70%以上。化学工业经济运行质量进一步提高，实现利税大幅度增加，扭亏工作取得了良好业绩。据省政府考核的16户重点化工企业统计，实现利润1.02亿元，比2002年同期的6285万元，净增3904万元，增长62%。

**五是企业改革改制取得新进展。**

按省政府的统一安排布署，2003年，行业办确定13户省属化工行业为重点改革改制企业，其中有五户企业被列为省上75户改制重点。

2004年是实现"十五"计划的关键年，也是全面落实十六届三中全会精神，深化改革，扩大开放，促进发展的重要一年，我们将在省委、省政府的领导下，与全省石化战线的广大干部职工一起，更加努力的拼搏，力争取得比2003年更好的成绩。

主任　潘友民（中）、副主任　殷曰勤（左）、副主任　胡海峰（右）

# 陕西省残疾人联合会

陕西省残疾人联合会2003年，在陕西省委、省政府的正确领导和中国残疾人联合会的直接指导下，克服了突如其来的非典疫情和洪涝灾害的严重影响，成功召开第四次代表大会暨第三次全省自强模范和扶残助残先进集体、先进个人表彰大会；殷切关注广大残疾人的生存生活状况，使残疾人事业向着共同建设小康社会的宏伟目标奋进。

省残联党组书记、理事长　洪康喜

省上领导接见参加省残联第四次代表大会代表

副省长张伟与保护国宝级青铜器的眉县残疾农民王宁贤、张勤辉亲切交谈

运动员范良在第六届全国残疾人运动会上喜获金牌

# 陕西省华茂建设监理公司

陕西省华茂建设监理公司，成立于1992年。具有国家甲级建设监理资质、甲级工程招标代理资质(是我省首批经国家建设部批准的甲级监理、甲级招标代理单位)、乙级工程造价咨询资质，中国监理协会会员单位、中国土木工程学会建筑市场与招标分会理事单位、中国经济论坛理事学位、陕西省监理协会常务理事、副会长单位、陕西省工程造价协会理事单位、西安市监理协会常务理事、副会长单位、陕西省人大“社会与法治” 理事单位。公司经过中国方圆标志认证委员会的审核，通过GB/TI9001-2000idt ISO9001:2000标准质量体系认证，同时被吸收为国际质量联盟成员，实现了与国际惯例接轨，可承接跨国、跨地区，跨行业的工程监理以及其他相关业务。

法人代表　冀元成

公司技术力量雄厚，专业配套齐全，拥有建筑、结构、装饰、施工、设计、材料试验、采暖，给排水、水工建筑、空调、管道、电气、通风、设备、机电安装、通信、园林绿化、古建彩绘、建材、地质、勘察、桥梁、涵洞、道路、城市规划、工程造价、经济管理、会计、计算机等多学科的专业技术人员260余人。其中，中、高级专业技术人员占85%以上；注册监理工程师、注册监理员、注册造价工程师、注册建筑师、注册结构师占75%以上；他们大部分参加过国内外大、中型工程和国家重点工程的建设，具有丰富的理论知识和实践经验，并具有较高的学历，大专以上学历占90%。

公司还拥有一个由高层次资历深威望高的专家组成各专业齐全的技术顾问组，专门解决工程建设中的高难度技术问题及相关疑难问题。

公司坚持“和善互助为贵，争先创优为荣”的企业精神和“科学公正、规范监理、诚信守法、热情服务、实现合同、不断改进”的质量方针。十年来公司在管理上狠下功夫，在逐步摸索不断改进的基础上，建立了一套完整的规章制度，配备了充足的人力、物力资源。

近几年来，公司监理了高科广场、伟业家园、豪盛大厦等一批高层建筑工程，鑫泰圆、芳馨园等一批住宅小区工程，榴花宾馆、文苑大酒店等一批装饰装修工程，绿谷制药、新华印刷厂报轮车间等一批工业厂房工程，长安芙蓉园等一批仿古建筑工程，西安中体广场、家世界购物广场等一批轻钢结构工程，以及构筑物工程、市政公用建筑工程、道路工程、环境保护及园林绿化工程、垃圾处理工程、供水及排水工程、污水处理工程、送变电工程、通信工程、机电及设备安装工程。监理工程投资额达50多亿元，合同履约率100%，业主满意率100%，所监理的多项工程荣获了“长安杯”、“雁塔杯”、“科技示范工程奖”、“国家安全奖”、“科技创新奖” 等多种奖项。公司连续荣获“陕西省先进监理单位”、“西安市先进监理单位”和“全国质量、服务诚信示范单位”称号。

多年来，公司承担了省内外国家、省、市级重点工程及政府形象工程的标书、标底、概算编制和预算、决算的审核及施工、设计、监理设备采购的招标代理工作。标书、标底编制仔细精确，预算、决算审核严格、招标代理工作廉洁公正，取得了良好的成效和信誉，赢得了工程建设各方的高度赞扬。

公司愿以雄厚的技术力量，丰富的建设经验，严密的管理制度，热情服务的工作态度，一丝不苟的工作作风，竭诚为广大业主提供优质的服务，从而维护国家、业主及公众的利益。

领导班子研讨新方案

法人代表：冀元成
地址：中国·西安市北大街171号
电话：(029)87266724　87256199
传真：(029)87279334　邮编：710003
电子邮箱：HMJL@263.net

# 陕西统计年鉴

STATISTICAL YEARBOOK OF SHAANXI

**2004**

**（总第 19 期）**

陕西省统计局编

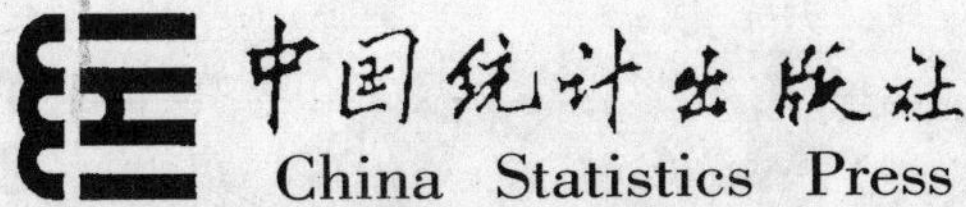

(京)新登字 041 号

ISBN 7-5037-4345-X

9 787503 743450 >

图书在版编目(CIP)数据

陕西统计年鉴.2004/陕西省统计局编.—北京:中国统计出版社,2004.6

ISBN 7-5037-4345-X

Ⅰ.陕… Ⅱ.陕… Ⅲ.统计资料-陕西省-2004-年鉴 Ⅳ.C832.41-54

中国版本图书馆 CIP 数据核字(2004)第 032170 号

陕西统计年鉴—2004

作　　者/陕西省统计局
责任编辑/蔡启新
E- mail/yearbook@stats.gov.cn
责任校对/孙士梅　薛小艳
封面设计/宋克卿
出版发行/中国统计出版社
通信地址/北京市西城区三里河月坛南街 75 号　中国统计出版社
邮　　编/100826
电　　话/(010)63262295
印　　刷/人民日报社西安印务中心
经　　销/新华书店
开　　本/890×1240 毫米　1/16
字　　数/120 万
印　　张/42.25
印　　数/1—5000 册
版　　别/2004 年 8 月第 1 版
版　　次/2004 年 8 月第 1 次印刷
书　　号/ISBN 7-5037-4345-X/F·1810
定　　价/260 元

# 编 者 说 明

一、《陕西统计年鉴-2004》是一部全面系统反映陕西省经济、社会、科技发展状况的资料性年刊。书中资料根据全省各专业统计年报加工而成，并收录了各地、市、县及省级有关部门的统计数据。

二、全书内容分为22部分：1.行政区划和自然资源；2.综合；3.国民经济核算；4.人口；5.从业人员和职工工资；6.固定资产投资；7.能源生产和消费；8.财政；9.物价指数；10.人民生活；11.城市概况；12.农业；13.工业；14.建筑业；15.运输和邮电；16.国内贸易；17.对外经济贸易和旅游；18.金融和保险；19.教育、科技和文化；20.体育、卫生、社会福利和其他；21.企业调查资料；22.全国各省、市、自治区主要指标。附录为2003年陕西省统计大事记。为便于使用，各篇前面列示主要统计指标提要和统计图，后面附主要统计指标解释。

三、本年鉴数据以2003年为主，每部分主要指标列示建国以来重点年份及改革开放以来的资料。

四、本年鉴全国及各省、市、自治区主要指标资料来源于《中国统计摘要-2004》，数据多为初步统计数，正式数据以《中国统计年鉴-2004》为准。

五、编辑本年鉴时，对过去发表的统计资料进行了核实，对有的数字作了调整，使用历史资料时，凡与本年鉴有出入的，均以本年鉴为准。

六、本年鉴表中的符号使用说明："…"表示数据不足本表最小单位；"空格"表示该项统计指标数据不详或无该项数据；"#"表示其中项。

# PREFACE

1 《Statistical Yearbook of Shaanxi Province–2004》 is an annual statistical publication, Which reflects various aspects of province´s economic, Social science and technology develepment.

The major data source of the publication are statistical annual report of different sectors. Also some other statistical data of City, county, and relevant departments are filled.

2 The yearbook is organized into 22 parts.

(1) Administrative Division and Natural Resources.

(2) General Statistics.

(3) Provincial Economic Accounts.

(4) Population.

(5) Employment and Pay.

(6) Investment in Fixed Assets.

(7) Production and Consumption of Energy.

(8) Public Finance.

(9) Price Indices.

(10) peoples´s Livehood.

(11) General Servey of Cities.

(12) agriculture.

(13) Industry.

(14) Construction.

(15) Transportation, Postal, and Telecommunication Service.

(16) Domestic Trade.

(17) External Trade and International tourism.

(18) Banking and Insurance.

(19) Education, Science, Technology and Culture.

(20) Sports, Public Health, Social Welfare and Miscellaneous.

(21) Data from Enterprise Survey.

(22) Comparisons Among Provinces.

An appendix is about Statistical Events of Shaanxi Province in 2003.

As a matter of conveniece for readers, We make abstract of major indicators and statistical charts in front of each themes and explanatory notes of indicators at the end.

3 The yearbook are based on data of 2003. Each part includes statistical materials for historically important years, especially from 1978. Since than we have been implementing the reform and openning policy.

4 The data of the nation and other provinces are taken from《China Statistical Digest –2004》. that is rough. The official data in this case should refer to 《China Statistical Yearbook–2004》later.

5 We made a correction and readjustment of some selected data stated in the past years.If there are some differences between this year book with others. Refer to this yearbook please.

6 Explanatory symbol for notations used in this book:

"..." means "not large enough to be rounded into the least unit",

"  " (blank) means "data not available",

"#" means"this data is included in above major items".

# 目 录

## 一、行政区划和自然资源



## 二、综 合



## 三、国民经济核算



## 四、人 口



## 五、从业人员和职工工资



## 六、固定资产投资

## 七、能源生产和消费



## 八、财 政



## 九、物价指数

## 十、人民生活



## 十一、城市概况



## 十二、农　业

## 十三、工　　业



## 十四、建筑业



## 十五、运输和邮电

## 十六、国内贸易



## 十七、对外经济贸易和国际旅游



## 十八、金融和保险



## 十九、教育、科技和文化

二十、体育、卫生、社会福利和其他



二十一、企业调查资料



二十二、全国各省、市、自治区主要指标

# CONTENTS

## 1 Divisions of Administrative Areas and Natural Resources



## 2 General Survey



## 3 National Accounting

## 4 Population



## 5 Employment and Wages

## 6 Investment in Fixed Assets

## 7 Production and Consumption of Energy



## 8 Government Finance



## 9 Price Indices

## 10 People's Livelihood

## 11 General Survey of Cities



## 12 Agriculture

## 13 Industry

## 14 Construction



## 15 Transport, Post and Telecommunication Services

## 16 Domestic Trade

## 17 Foreign Trade and Economic Cooperation International Tourism



## 18 Banking and Insurance



## 19 Education, Science, Technology and Culture

## 20 Sport, Public Health, Social Welfare and Miscellaneous



## 21 Census of Enterprise

## 22 Comparison Between Provinces

# 1 行政区划和自然资源

XINGZHENGQUHUAHEZIRANZIYUAN

资料整理　艾　军

************************************************************************

# 1. 行政区划和自然资源

************************************************************************

陕西位于东经105° 29′ －111° 15′ 和北纬31° 42′ －39° 35′ 之间，东隔黄河与山西相望，西连甘肃、宁夏，北临内蒙古，南连四川、重庆，东南与河南、湖北接壤。2003年全省设西安、铜川、宝鸡、咸阳、渭南、延安、汉中、榆林、安康、商洛10个省辖市和杨凌农业高新技术产业示范区，有3个县级市，80个县和23个市辖区，1602个乡镇，142个街道办事处。

全省面积为20.58万平方公里。地势南北高、中间低，西部高、东部低，地形复杂多样，北部为陕北黄土高原，中部为号称"八百里秦川"的关中平原，南部为陕南秦巴山地。

全省以秦岭为界南北河流分属长江水系和黄河水系。主要有渭河、泾河、洛河、无定河和汉江、丹江、嘉陵江等。陕西属大陆性季风气候，年平均气温9.1－15.5摄氏度，年降水量436－1067毫米，南北差异明显。

全省自然资源丰富，矿产多，储量大，探明矿产居全国前十位的矿种50多种，探明矿产保有储量潜在价值为42万亿元，居全国第一位。

************************************************************************

## 主要城市年平均气温

(2003年)

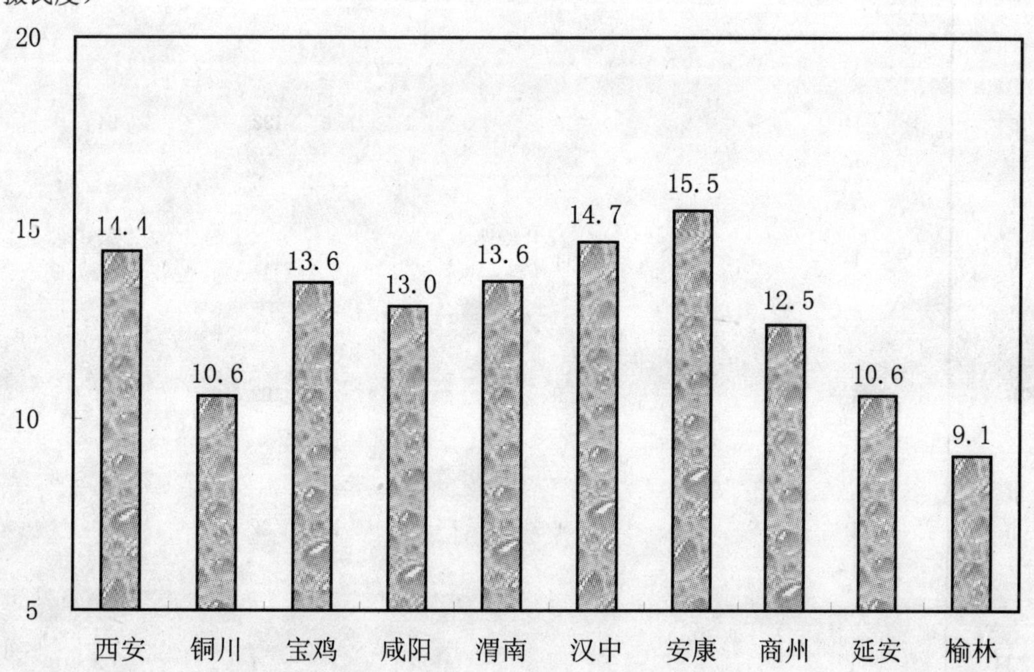

# 1-1 陕西省行政区划

（2003年）　　单位：个

| 地　区 | 地级市 | 县级市 | 县 | 市辖区 | 镇 | 乡 | 街道办事处 |
|---|---|---|---|---|---|---|---|
| **全　省** | **11** | **3** | **80** | **23** | **919** | **683** | **142** |
| 西安市 | 1 | | 4 | 9 | 54 | 52 | 70 |
| 铜川市 | 1 | | 1 | 3 | 23 | 11 | 10 |
| 宝鸡市 | 1 | | 9 | 3 | 101 | 37 | 12 |
| 咸阳市 | 1 | 1 | 10 | 2 | 107 | 62 | 13 |
| 渭南市 | 1 | 2 | 8 | 1 | 107 | 77 | 11 |
| 延安市 | 1 | | 12 | 1 | 82 | 81 | 3 |
| 汉中市 | 1 | | 10 | 1 | 132 | 94 | 8 |
| 榆林市 | 1 | | 11 | 1 | 111 | 111 | 7 |
| 安康市 | 1 | | 9 | 1 | 109 | 88 | 3 |
| 商洛市 | 1 | | 6 | 1 | 92 | 67 | 4 |
| 杨凌示范区 | 1 | | | | 1 | 3 | 1 |

# 1-2 陕西省行政区划一览

(2003年)

单位：个

| 地区 | 镇 | 乡 | 街道办事处 | 村民委员会 | 社区居委会 |
|---|---|---|---|---|---|
| **全 省** | **919** | **683** | **142** | **29024** | **1544** |
| **西安市** | **54** | **52** | **70** | **3164** | **558** |
| 新城区 | | | 9 | 13 | 90 |
| 碑林区 | | | 8 | 15 | 103 |
| 莲湖区 | | | 9 | 35 | 113 |
| 灞桥区 | 4 | | 5 | 229 | 30 |
| 未央区 | | | 10 | 212 | 44 |
| 雁塔区 | | | 8 | 120 | 81 |
| 阎良区 | 2 | | 5 | 80 | 19 |
| 临潼区 | 10 | 7 | 6 | 285 | 21 |
| 长安区 | 4 | 11 | 10 | 672 | 21 |
| 蓝田县 | 10 | 12 | | 519 | 5 |
| 周至县 | 9 | 13 | | 379 | 12 |
| 户 县 | 11 | 5 | | 518 | 16 |
| 高陵县 | 4 | 4 | | 87 | 3 |
| **铜川市** | **23** | **11** | **10** | **543** | **50** |
| 王益区 | 1 | 2 | 4 | 39 | 19 |
| 印台区 | 7 | 2 | 2 | 107 | 22 |
| 耀州区 | 10 | 2 | 4 | 219 | 7 |
| 宜君县 | 5 | 5 | | 178 | 2 |
| **宝鸡市** | **101** | **37** | **12** | **2047** | **177** |
| 渭滨区 | 5 | 1 | 5 | 121 | 57 |
| 金台区 | 2 | 3 | 7 | 103 | 67 |
| 陈仓区 | 17 | 1 | | 372 | 12 |
| 凤翔县 | 12 | 5 | | 250 | 7 |
| 岐山县 | 11 | 3 | | 182 | 14 |
| 扶风县 | 9 | 3 | | 189 | 5 |
| 眉 县 | 9 | 1 | | 155 | 2 |
| 陇 县 | 10 | 5 | | 240 | 2 |
| 千阳县 | 6 | 5 | | 98 | 2 |
| 麟游县 | 5 | 5 | | 100 | 2 |
| 凤 县 | 10 | 2 | | 150 | 4 |
| 太白县 | 5 | 3 | | 87 | 3 |
| **咸阳市** | **107** | **62** | **13** | **3740** | **133** |
| 秦都区 | 6 | | 6 | 149 | 48 |
| 渭城区 | 6 | | 4 | 149 | 30 |
| 三原县 | 10 | 4 | | 336 | 8 |
| 泾阳县 | 12 | 4 | | 266 | 9 |

1-2 续表1 (2003年) 单位：个

| 地　区 | 镇 | 乡 | 街道办事处 | 村民委员会 | 社区居委会 |
|---|---|---|---|---|---|
| 乾　县 | 12 | 8 | | 415 | 7 |
| 礼泉县 | 11 | 4 | | 448 | |
| 永寿县 | 7 | 6 | | 254 | 1 |
| 彬　县 | 8 | 8 | | 293 | 4 |
| 长武县 | 5 | 6 | | 233 | 1 |
| 旬邑县 | 10 | 4 | | 275 | |
| 淳化县 | 5 | 10 | | 372 | 3 |
| 武功县 | 8 | 4 | | 303 | 7 |
| 兴平市 | 7 | 4 | 3 | 247 | 15 |
| | | | | | |
| **渭南市** | **107** | **77** | **11** | **3163** | **150** |
| 临渭区 | 15 | 8 | 6 | 495 | 51 |
| 华　县 | 10 | 4 | | 186 | 1 |
| 潼关县 | 4 | 4 | | 83 | 8 |
| 大荔县 | 13 | 13 | | 415 | 10 |
| 合阳县 | 12 | 4 | | 353 | 4 |
| 澄城县 | 8 | 6 | | 266 | 14 |
| 蒲城县 | 14 | 10 | | 373 | 8 |
| 白水县 | 5 | 9 | | 194 | 4 |
| 富平县 | 15 | 9 | | 337 | 11 |
| 韩城市 | 7 | 7 | 2 | 275 | 23 |
| 华阴市 | 4 | 3 | 3 | 186 | 16 |
| | | | | | |
| **延安市** | **82** | **81** | **3** | **3388** | **79** |
| 宝塔区 | 11 | 9 | 3 | 611 | 20 |
| 延长县 | 6 | 6 | | 288 | 11 |
| 延川县 | 8 | 6 | | 346 | 5 |
| 子长县 | 8 | 5 | | 355 | 9 |
| 安塞县 | 7 | 5 | | 204 | 4 |
| 志丹县 | 6 | 5 | | 200 | 4 |
| 吴旗县 | 4 | 8 | | 164 | 3 |
| 甘泉县 | 3 | 5 | | 116 | 4 |
| 富　县 | 8 | 5 | | 241 | 6 |
| 洛川县 | 7 | 9 | | 371 | 3 |
| 宜川县 | 5 | 7 | | 214 | 3 |
| 黄龙县 | 3 | 7 | | 87 | 2 |
| 黄陵县 | 6 | 4 | | 191 | 5 |
| | | | | | |
| **汉中市** | **132** | **94** | **8** | **2907** | **118** |
| 市辖区 | | | 2 | 10 | 4 |
| 汉台区 | 7 | 2 | 6 | 207 | 39 |
| 南郑县 | 18 | 12 | | 501 | 14 |
| 城固县 | 18 | 6 | | 392 | 17 |
| 洋　县 | 16 | 10 | | 366 | 6 |

1-2 续表2 (2003年) 单位：个

| 地 区 | 镇 | 乡 | 街道办事处 | 村民委员会 | 社区居委会 |
|---|---|---|---|---|---|
| 西乡县 | 15 | 8 | | 284 | 9 |
| 勉 县 | 17 | 8 | | 250 | 4 |
| 宁强县 | 12 | 14 | | 305 | 6 |
| 略阳县 | 11 | 10 | | 183 | 13 |
| 镇巴县 | 11 | 13 | | 252 | 4 |
| 留坝县 | 5 | 4 | | 98 | 1 |
| 佛坪县 | 2 | 7 | | 59 | 1 |
| **榆林市** | **111** | **111** | **7** | **5643** | **133** |
| 榆阳区 | 12 | 12 | 7 | 488 | 43 |
| 神木县 | 14 | 5 | | 769 | 15 |
| 府谷县 | 7 | 13 | | 364 | 10 |
| 横山县 | 10 | 8 | | 358 | 6 |
| 靖边县 | 9 | 13 | | 209 | 6 |
| 定边县 | 11 | 14 | | 334 | 7 |
| 绥德县 | 11 | 9 | | 661 | 12 |
| 米脂县 | 7 | 6 | | 396 | 6 |
| 佳 县 | 8 | 12 | | 653 | 8 |
| 吴堡县 | 4 | 4 | | 221 | 5 |
| 清涧县 | 8 | 7 | | 640 | 4 |
| 子洲县 | 10 | 8 | | 550 | 11 |
| **安康市** | **109** | **88** | **3** | **2559** | **101** |
| 汉滨区 | 20 | 23 | 3 | 801 | 45 |
| 汉阴县 | 12 | 6 | | 178 | 3 |
| 石泉县 | 8 | 7 | | 219 | 11 |
| 宁陕县 | 10 | 4 | | 98 | 1 |
| 紫阳县 | 15 | 10 | | 212 | 20 |
| 岚皋县 | 8 | 9 | | 191 | 7 |
| 平利县 | 9 | 3 | | 190 | 3 |
| 镇坪县 | 1 | 6 | | 78 | 1 |
| 旬阳县 | 14 | 14 | | 424 | 7 |
| 白河县 | 9 | 6 | | 168 | 3 |
| **商洛市** | **92** | **67** | **4** | **1799** | **37** |
| 商州区 | 16 | 10 | 4 | 409 | 13 |
| 洛南县 | 15 | 10 | | 376 | 7 |
| 丹凤县 | 11 | 10 | | 208 | 5 |
| 商南县 | 11 | 5 | | 166 | 3 |
| 山阳县 | 15 | 15 | | 315 | 5 |
| 镇安县 | 14 | 11 | | 205 | 3 |
| 柞水县 | 10 | 6 | | 120 | 1 |
| 杨凌示范区 | 1 | 3 | 1 | 71 | 3 |

# 1-3 自然状况及资源

| 项 目 | 单 位 | 2003年 |
|---|---|---|
| 一、自然状况 | | |
| 1.土地 | | |
| 土地总面积 | 万平方公里 | 20.58 |
| 2.气候 | | |
| 全省年平均降水量 | 毫米 | 837.0 |
| 全省年平均气温 | 摄氏度 | 12.8 |
| 全省年平均日照时数 | 小时 | 1842.9 |
| 全省年平均风速 | 米/秒 | 1.4 |
| 全省年平均无霜期 | 天 | 232 |
| 气候带面积比例(土地面积=100) | | |
| 湿润地区(干燥度<1.0) | % | 39.2 |
| 半湿润地区(干燥度=1.0～1.5) | % | 26.7 |
| 半干旱地区(干燥度=1.5～2.0) | % | 34.1 |
| 二、自然资源 | | |
| 1.土地资源 | | |
| 耕地面积 | 万公顷 | 424.2 |
| 园地面积 | 万公顷 | 65.1 |
| 林地面积 | 万公顷 | 1011.9 |
| 草地面积 | 万公顷 | 316.0 |
| 其它农用地 | 万公顷 | 30.3 |
| 居民点及工矿用地 | 万公顷 | 69.1 |
| 交通运输用地 | 万公顷 | 5.8 |
| 水利设施用地 | 万公顷 | 3.9 |
| 未利用土地面积 | 万公顷 | 131.6 |
| 2.林木资源 | | |
| 森林面积 | 万公顷 | 636.81 |
| 森林覆盖率 | % | 30.90 |
| 林木蓄积量 | 亿立方米 | 3.34 |
| 3.水利资源 | | |
| 全年自产河川年径流总量 | 亿立方米 | 537.60 |
| 黄河流域 | 亿立方米 | 129.60 |
| 长江流域 | 亿立方米 | 408.00 |
| 平原区地下水资源总量 | 亿立方米 | 59.40 |
| # 可开采的 | 亿立方米 | 43.00 |
| 水力资源理论蕴藏量 | 万千瓦 | 1438.46 |
| 黄河流域 | 万千瓦 | 580.37 |
| 长江流域 | 万千瓦 | 858.09 |
| 水力资源的可开发量 | 万千瓦 | 666.66 |
| 黄河流域 | 万千瓦 | 234.06 |
| 长江流域 | 万千瓦 | 432.60 |
| 4.矿产资源 | | |
| 保有储量潜在价值 | 亿 元 | 423917 |

## 1-4 土地状况

(2003年)

| 项目 | 面积(万公顷) | 占总面积% |
|---|---|---|
| 总面积 | 2058.0 | 100.0 |
| 1.按地形分 | | |
| 山地 | 741.0 | 36.0 |
| 高原 | 926.0 | 45.0 |
| 平原 | 391.0 | 19.0 |
| 2.按特征分 | | |
| 耕地 | 424.2 | 20.6 |
| 水田 | 19.7 | 1.0 |
| 旱地 | 315.0 | 15.3 |
| 水浇地 | 87.7 | 4.3 |
| 林地 | 1011.9 | 49.2 |
| # 灌木林地 | 235.2 | 11.4 |
| 疏林地 | 32.5 | 1.6 |
| 未造成林林地 | 79.9 | 3.9 |
| 草地 | 316.0 | 15.3 |
| # 人工改良草地 | 22.6 | 1.1 |
| 园地 | 65.1 | 3.2 |
| 其他 | 240.7 | 11.7 |

## 1-5 主要山脉

| 名称 | 海拔高度(米) |
|---|---|
| 太白山 | 3767 |
| 化龙山 | 2917 |
| 首阳山 | 2719 |
| 终南山 | 2604 |
| 华山 | 2160 |
| 白于山 | 1823 |
| 巴山 | 1500～2000 |
| 子午岭 | 1400～1600 |

## 1-6 主要河流

| 名称 | 流域面积(平方公里) | 河长(公里) |
|---|---|---|
| 无定河 | 30261 | 491.2 |
| 延河 | 7687 | 284.3 |
| 泾河 | 45421 | 455.1 |
| 渭河 | 62440 | 818.0 |
| 北洛河 | 26905 | 680.3 |
| 嘉陵江 | 9930 | 244.0 |
| 汉江 | 61959 | 652.0 |
| 丹江 | 7551 | 244.0 |

# 1-7 主要矿产保有储量及潜在价值

(2003年)

| 矿　　种 | 储量单位 | 保有储量 | 潜在价值（亿元） |
|---|---|---|---|
| 钠　盐 | 亿　吨 | 8857.43 | 332153.6 |
| 煤 | 亿　吨 | 1659.64 | 84708 |
| 石油（剩余可采储量） | 万　吨 | 15104.4 | 407.82 |
| 石油（探明储量） | 万　吨 | 119127 | 3216.43 |
| 天然气（剩余可采储量） | 亿立方米 | 3611.66 | 541.75 |
| 天然气（探明储量） | 亿立方米 | 6390.75 | 958.61 |
| 金 | 金属吨 | 227.63 | 68.29 |
| 钼 | 金属万吨 | 111.62 | 212.08 |
| 铅　锌 | 金属万吨 | 481.47 | 27.78 |
| 汞　锑 | 金属万吨 | 10.30 | 3.35 |
| 水泥用石灰岩 | 矿石亿吨 | 59.16 | 1183.20 |
| 玻璃用石英岩 | 矿石亿吨 | 1.85 | 92.70 |
| 铁 | 矿石亿吨 | 6.52 | 255.58 |

# 1-8 陕西矿产保有储量居全国前十位的矿种

| 位次 | 矿　　种 | 矿种数 |
|---|---|---|
| 1 | 盐矿、制碱用灰岩、透辉石、水泥用灰岩、水泥配料用黄土、饰面用板岩、片麻岩 | 7 |
| 2 | 天然气、汞矿、锶、铼矿、硫铁矿(伴 生)、毒重石、电石用灰岩、透闪石、高岭土、陶粒用粘土 | 10 |
| 3 | 煤、钼矿、金矿、石榴子石、海泡石、石棉、蓝石棉、长石、蛭石、玻璃用石英岩 | 10 |
| 4 | 碲矿、矽线石、化肥蛇纹岩、镁盐、隐晶质石墨、饰面用大理岩、冶金用脉石英 | 7 |
| 5 | 铌矿、重晶石 | 2 |
| 6 | 油页岩、镍矿、冶金用白云岩、晶质石墨 | 4 |
| 7 | 石油、石煤、锑矿、磷矿、冶金用石英岩、红柱石 | 6 |
| 8 | 锰矿、铅矿、硒矿、玻璃用白云岩 | 4 |
| 9 | 钒矿、稀土、饰面用辉长岩 | 3 |
| 10 | 钛矿、锌矿 | 2 |

# 1-9 陕西重要矿产保有储量在全国和西部的位次

| 矿种 | 位次 | | 矿种 | 位次 | |
|---|---|---|---|---|---|
| | 全国 | 西部 | | 全国 | 西部 |
| 煤 | 3 | 2 | 铝土矿 | 11 | 6 |
| 石　油 | 5 | 2 | 金　矿 | 3 | 1 |
| 天然气 | 2 | 2 | 硫铁矿 | 21 | 8 |
| 铁　矿 | 17 | 6 | 磷　矿 | 7 | 4 |
| 铜　矿 | 18 | 8 | 盐　矿 | 1 | 1 |
| 铅　矿 | 8 | 5 | 水泥用石灰岩 | 1 | 1 |
| 锌　矿 | 10 | 6 | | | |

# 1-10 主要城市气候基本情况

（2003年）

| 城市 | 平均气温（摄氏度） | 日照时数（小时） | 平均风速（米/秒） | 相对湿度（%） | 无霜期（天） | 气压（百帕） | 降水量（毫米） |
|---|---|---|---|---|---|---|---|
| 西安 | 14.4 | 1657.2 | 0.9 | 69 | 236 | 970.3 | 883.2 |
| 铜川 | 10.6 | 2428.6 | 2.2 | 71 | 190 | 905.4 | 878.3 |
| 宝鸡 | 13.6 | 1677.8 | 1.2 | 68 | 263 | 946.0 | 906.0 |
| 咸阳 | 13.0 | 1795.0 | 1.6 | 75 | 234 | 961.7 | 799.5 |
| 渭南 | 13.6 | 2138.2 | 0.9 | 75 | 234 | 975.2 | 885.5 |
| 汉中 | 14.7 | 1336.8 | 1.5 | 78 | 280 | 957.1 | 906.4 |
| 安康 | 15.5 | 1587.4 | 1.1 | 81 | 267 | 982.2 | 1066.7 |
| 商州 | 12.5 | 1863.0 | 2.1 | 71 | 235 | 931.3 | 950.5 |
| 延安 | 10.6 | 1487.9 | 1.2 | 64 | 189 | 908.0 | 658.0 |
| 榆林 | 9.1 | 2457.5 | 1.6 | 61 | 189 | 896.9 | 436.3 |

# 1-11 主要城市平均气温

（2003年）

单位:摄氏度

| 月份 | 西安 | 铜川 | 宝鸡 | 咸阳 | 渭南 | 汉中 | 安康 | 商州 | 延安 | 榆林 |
|---|---|---|---|---|---|---|---|---|---|---|
| 一月 | 0.5 | -3.0 | 0.4 | -1.2 | -0.6 | 3.3 | 4.4 | 0.7 | -5.0 | -9.5 |
| 二月 | 5.5 | 2.0 | 5.3 | 4.2 | 4.4 | 6.5 | 7.3 | 4.3 | 1.8 | -1.4 |
| 三月 | 9.3 | 5.5 | 8.5 | 7.9 | 8.5 | 9.8 | 9.9 | 7.1 | 5.6 | 4.0 |
| 四月 | 15.2 | 11.6 | 14.5 | 13.5 | 14.5 | 15.0 | 15.3 | 13.4 | 12.3 | 10.7 |
| 五月 | 21.7 | 17.6 | 20.1 | 20.1 | 20.8 | 20.4 | 20.3 | 18.0 | 18.5 | 17.9 |
| 六月 | 26.6 | 21.9 | 25.7 | 25.4 | 25.6 | 24.3 | 25.1 | 22.6 | 21.6 | 21.2 |
| 七月 | 26.7 | 22.5 | 25.4 | 25.5 | 26.0 | 25.1 | 25.9 | 23.6 | 23.2 | 23.2 |
| 八月 | 23.5 | 20.1 | 22.3 | 22.5 | 23.1 | 24.0 | 25.6 | 21.8 | 21.9 | 21.8 |
| 九月 | 21.1 | 17.5 | 19.8 | 19.9 | 20.4 | 20.9 | 22.1 | 19.2 | 17.8 | 17.3 |
| 十月 | 13.9 | 10.0 | 13.0 | 12.4 | 13.3 | 13.9 | 15.5 | 12.0 | 10.1 | 8.6 |
| 十一月 | 6.6 | 3.1 | 5.9 | 5.2 | 6.1 | 8.2 | 9.2 | 5.8 | 2.8 | 1.0 |
| 十二月 | 2.3 | -1.4 | 2.1 | 0.2 | 1.3 | 4.5 | 5.1 | 1.4 | -3.0 | -6.2 |
| 极端最高 | 39.3 | 34.1 | 37.6 | 38.1 | 39.6 | 38.5 | 35.0 | 35.3 | 35.7 | 35.1 |
| 极端最低 | -9.0 | -15.2 | -9.7 | -13.5 | -12.5 | -4.0 | -5.2 | -10.3 | -20.3 | -26.8 |
| 年平均 | 14.4 | 10.6 | 13.6 | 13.0 | 13.6 | 14.7 | 15.5 | 12.5 | 10.6 | 9.1 |

# 1-12 主要城市降水量

（2003年）

单位:毫米

| 月份 | 西安 | 铜川 | 宝鸡 | 咸阳 | 渭南 | 汉中 | 安康 | 商州 | 延安 | 榆林 |
|---|---|---|---|---|---|---|---|---|---|---|
| 一月 | 16.1 | 13.7 | 10.1 | 10.9 | 13.9 | 8.2 | 5.0 | 6.7 | 3.0 | 0.4 |
| 二月 | 20.7 | 5.5 | 3.4 | 16.1 | 17.0 | 13.3 | 22.8 | 26.1 | 3.1 | 3.6 |
| 三月 | 9.1 | 14.0 | 15.3 | 8.5 | 11.9 | 15.7 | 11.9 | 21.4 | 15.5 | 12.1 |
| 四月 | 55.1 | 34.5 | 42.6 | 52.9 | 49.8 | 34.7 | 79.0 | 60.2 | 29.8 | 16.0 |
| 五月 | 49.7 | 44.2 | 72.4 | 31.8 | 46.9 | 87.0 | 94.8 | 40.3 | 40.6 | 54.6 |
| 六月 | 47.0 | 78.6 | 50.3 | 42.4 | 72.7 | 71.4 | 72.7 | 71.8 | 94.1 | 71.7 |
| 七月 | 136.6 | 119.4 | 153.3 | 125.1 | 123.1 | 149.4 | 155.5 | 138.5 | 59.4 | 51.5 |
| 八月 | 163.3 | 237.7 | 240.9 | 161.4 | 171.8 | 140.4 | 250.2 | 208.8 | 177.9 | 89.3 |
| 九月 | 202.6 | 166.6 | 177.2 | 194.9 | 194.7 | 232.2 | 224.9 | 233.4 | 134.3 | 90.0 |
| 十月 | 143.3 | 122.7 | 100.7 | 113.3 | 145.2 | 95.5 | 90.6 | 107.6 | 73.8 | 23.2 |
| 十一月 | 32.9 | 37.0 | 36.4 | 35.3 | 31.5 | 52.3 | 47.4 | 26.5 | 26.5 | 23.9 |
| 十二月 | 6.8 | 4.4 | 3.4 | 6.9 | 7.0 | 6.3 | 11.9 | 9.2 | 0.0 | 0.0 |
| 全年 | 883.2 | 878.3 | 906.0 | 799.5 | 885.5 | 906.4 | 1066.7 | 950.5 | 658.0 | 436.3 |

# 1-13 主要城市日照时数

（2003年）

单位:小时

| 月份 | 西安 | 铜川 | 宝鸡 | 咸阳 | 渭南 | 汉中 | 安康 | 商州 | 延安 | 榆林 |
|---|---|---|---|---|---|---|---|---|---|---|
| 一月 | 99.3 | 212.3 | 117.9 | 174.3 | 172.8 | 101.5 | 138.6 | 191.2 | 239.5 | 189.1 |
| 二月 | 87.6 | 172.2 | 86.5 | 113.4 | 124.0 | 60.8 | 85.9 | 115.2 | 188.6 | 178.4 |
| 三月 | 131.6 | 188.4 | 126.3 | 154.5 | 165.2 | 114.9 | 145.8 | 137.3 | 213.6 | 192.1 |
| 四月 | 164.3 | 218.6 | 153.2 | 134.2 | 192.4 | 116.5 | 131.7 | 168.1 | 213.1 | 204.3 |
| 五月 | 223.1 | 249.1 | 199.2 | 204.1 | 242.8 | 175.1 | 157.1 | 187.2 | 245.7 | 255.4 |
| 六月 | 202.8 | 272.5 | 223.3 | 203.3 | 259.1 | 204.3 | 212.5 | 214.8 | 261.9 | 264.1 |
| 七月 | 205.1 | 241.8 | 182.8 | 190.8 | 246.3 | 144.3 | 181.3 | 186.1 | 212.5 | 228.5 |
| 八月 | 86.4 | 139.4 | 87.9 | 82.9 | 128.8 | 90.6 | 153.8 | 110.0 | 172.4 | 211.5 |
| 九月 | 133.9 | 180.3 | 138.8 | 124.1 | 155.1 | 105.2 | 134.6 | 133.7 | 180.7 | 194.9 |
| 十月 | 137.5 | 192.1 | 143.7 | 161.8 | 166.7 | 80.9 | 109.1 | 164.0 | 191.5 | 247.9 |
| 十一月 | 94.5 | 150.3 | 109.8 | 124.7 | 118.2 | 66.1 | 66.3 | 109.1 | 157.9 | 138.2 |
| 十二月 | 91.1 | 211.6 | 108.4 | 126.9 | 166.8 | 76.6 | 70.7 | 146.3 | 210.5 | 153.1 |
| 全年 | 1657.2 | 2428.6 | 1677.8 | 1795.0 | 2138.2 | 1336.8 | 1587.4 | 1863.0 | 2487.9 | 2457.5 |

## 1-14　历届陕西省人民代表大会代表人数

单位：人

| 届　次 | 代表人数 | # 女代表 | | # 少数民族代表 | |
|---|---|---|---|---|---|
| | | 人　数 | 占代表总数% | 人　数 | 占代表总数% |
| 第一届(1954年) | 386 | 51 | 13.2 | 9 | 2.3 |
| 第二届(1958年) | 400 | 67 | 16.8 | 12 | 3.0 |
| 第三届(1963年) | 520 | 84 | 16.0 | 15 | 2.9 |
| 第四届(1968年) | | | | | |
| 第五届(1977年) | 1186 | 234 | 19.7 | 26 | 2.2 |
| 第六届(1983年) | 727 | 168 | 23.1 | 29 | 4.0 |
| 第七届(1988年) | 600 | 117 | 19.3 | 19 | 3.2 |
| 第八届(1993年) | 602 | 118 | 19.6 | 22 | 3.7 |
| 第九届(1998年) | 566 | 129 | 22.8 | 19 | 3.4 |
| 第十届(2003年) | 565 | 117 | 20.7 | 18 | 3.2 |

## 1-15　历届陕西省政治协商会议委员人数

单位：人

| 届　次 | 委员人数 | 中国共产党党员代表 | | 民主党派和无党派爱国人士代表 | |
|---|---|---|---|---|---|
| | | 人　数 | 占总数% | 人　数 | 占总数% |
| 第一届(1955年) | 165 | 42 | 25.5 | 123 | 74.5 |
| 第二届(1958年) | 262 | 85 | 32.4 | 177 | 67.6 |
| 第三届(1963年) | 275 | 91 | 33.1 | 184 | 66.9 |
| 第四届(1977年) | 420 | 205 | 48.8 | 215 | 51.2 |
| 第五届(1983年) | 428 | 162 | 37.9 | 266 | 62.1 |
| 第六届(1988年) | 502 | 191 | 38.0 | 311 | 62.0 |
| 第七届(1993年) | 506 | 244 | 48.2 | 262 | 51.8 |
| 第八届(1998年) | 539 | 216 | 40.1 | 323 | 59.9 |
| 第九届(2003年) | 590 | 235 | 39.8 | 355 | 60.2 |

# 主要统计指标解释

**行政区划** 指国家对行政区域的划分。根据宪法规定，我国的行政区域划分如下：(1)全国分为省、自治区、直辖市；(2)省、自治区分为自治州、县、自治县、市；(3)自治州分为县、自治县、市；(4)县、自治县分为乡、民族乡、镇；(5)直辖市和较大的市分为区、县；(6)国家在必要时设立的特别行政区。

**气候** 指地球与大气之间长期能量交换与质量交换所形成的一种自然环境状态，它是多种因素综合作用的结果。气候既是人类生活和生产的环境要素之一，又是供给人类生活和生产的重要资源。气温、降水、湿度等气象要素的多年平均值是用来描述一个地区气候状况的主要参数，而各种气象要素某年、某月的平均值(或总量)则可以反映出该时期天气气候状况的重要特征。

**自然资源** 指人类可以直接从自然界获得，并用于生产和生活的物质资源。自然资源一般可以分成可再生资源和非再生资源两大类。可再生资源指在较短时间内可以再生、可以循环利用的资源，包括土地资源、水资源、气候资源、生物资源和海洋资源等。非再生资源指在使用后不能再生的资源，包括矿产资源和地热能源。

**土地资源** 土地指陆地的表层部分，它主要由岩石、岩石的风化物和土壤构成。土地资源按利用类型可以分为农用地、建筑用地和未利用地。农用地包括耕地、园地、林地、牧草地和水面。建筑用地包括居民点及工矿用地、交通用地和水利设施用地。未利用地指农用地和建筑用地以外的土地，包括滩涂、荒漠、戈壁、冰川和石山等。

**森林资源** 指森林、林木、林地以及依托森林、林木、林地生存的野生动物、植物和微生物。林木指树木和竹子。森林指以乔木为主体的植物群落，是集生的乔木及与共同作用的植物、动物、微生物和土壤、气候等的总体。

**森林面积** 指由乔木树种构成，郁闭度0.2以上(含0.2)的林地或冠幅宽度10米以上的林带的面积，即有林地面积。森林面积包括天然起源和人工起源的针叶林面积、阔叶林面积、针阔混交林面积和竹林面积，不包括灌木林地面积和疏林地面积。

**森林蓄积量** 指一定森林面积上存在着的林木树干部分的总材积。它是反映一个国家或地区森林资源总规模和水平的基本指标之一，也是反映森林资源的丰富程度、衡量森林生态环境优劣的重要依据。

**森林覆盖率** 指一个国家或地区森林面积占土地总面积的百分比。森林覆盖率是反映森林资源的丰富程度和生态平衡状况的重要指标。在计算森林覆盖率时，森林面积包括郁闭度0.2以上的乔木林地面积和竹林地面积，国家特别规定的灌木林地面积、农田林网以及四旁(村旁、路旁、水旁、宅旁)林木的覆盖面积。计算公式为：

森林覆盖率(%) = 森林面积/土地总面积 × 100%

**径流** 指陆地上接受降水后扣除损耗外，从地表和地下向流域出口断面汇集的水流。径流可分为地表径流、地下径流和壤中流。地表径流指沿地表向河流、湖泊、沼泽、海洋等汇集的水流；地下径流指沿潜水层或隔水层间的含水层，向河流、湖泊、沼泽、海洋等汇集的地下水水流。

**径流量** 指在一定时段内通过河流某一过水断面的水量，用以反映一个国家或地区水资源的丰歉程度。计算公式为：

径流量 = 降水量 - 蒸发量

**矿产资源** 矿产指由地质作用形成，富集于地壳中或出露于地表达到工农业利用要求的有用矿物。矿产是一种重要的自然资源，是社会发展的重要物质基础。

**矿产保有储量** 指探明的矿产储量(包括工业储量和远景储量)，扣除已开采部分和地下损失量后的年末实有储量。

**气温** 指空气的温度，我国一般以摄氏度(℃)为单位表示。气象观测的温度表是放在离地面约1.5米处通风良好的百叶箱里测量的，因此，通常说的气温指的是离地面1.5米处百叶箱中的温度。其统计计算方法为：

月平均气温是将全月各日的平均气温相加，除以该月的天数而得。

年平均气温是将12个月的月平均气温累加后除以12而得。

**降水量** 指从天空降落到地面的液态或固态(经融化后)水，未经蒸发、渗透、流失而在地面上积聚的深度。其统计计算方法为：

月降水量是将全月各日的降水量累加而得。

年降水量是将12个月的月降水量累加而得。

**日照时数** 指太阳实际照射地面的时间。其统计方法与降水量相同。

# 2 综　合

*ZONGHE*

资料整理　薛小艳

**************************************************************************

## 2. 综　合

**************************************************************************

从2003年统计数据看改革开放以来陕西经济发展

| 指标 | 数值 | 单位 | | |
|---|---|---|---|---|
| 生产总值 | 2398.58 | 亿元 | | |
| # 第三产业 | 944.99 | 亿元 | | |
| 工业总产值 | 2469.95 | 亿元 | 比1978年增长 | 14.5倍 |
| 农林牧渔业总产值 | 511.25 | 亿元 | 比1978年增长 | 2.7倍 |
| 全社会固定资产投资 | 1278.72 | 亿元 | 比1978年增长 | 61.8倍 |
| 财政收入 | 326.94 | 亿元 | 比1978年增长 | 15.5倍 |
| 社会消费品零售总额 | 853.23 | 亿元 | 比1978年增长 | 24.6倍 |
| 外贸商品出口总额 | 17.35 | 亿美元 | 比1978年增长 | 144.8倍 |
| 城镇居民人均可支配收入 | 6806 | 元 | 比1978年增长 | 3.6倍 |
| 农民人均纯收入 | 1676 | 元 | 比1978年增长 | 1.8倍 |

**************************************************************************

## 生产总值构成

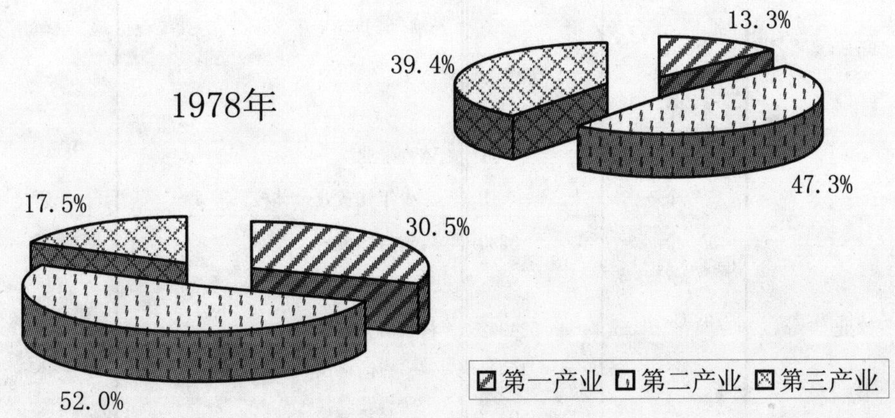

# 2-1 各部门机构数

| 部 门 | 单 位 | 2003年 | 部 门 | 单 位 | 2003年 |
|---|---|---|---|---|---|
| 农村基层组织 | | | 卫 生 | | |
| 基层组织 | | | 卫生机构 | 个 | 5039 |
| 乡 政 府 | 个 | 682 | # 医 院 | 个 | 2674 |
| 镇 政 府 | 个 | 862 | 门诊部 | 个 | 269 |
| 村民委员会 | 个 | 28956 | 社区卫生服务中心 | 个 | 121 |
| 乡村户数 | 万户 | 698 | 疾病预防控制中心 | 个 | 129 |
| 乡镇企业 | 万个 | 85.77 | 妇幼保健院（站、所） | 个 | 115 |
| 国营农场 | 个 | 5 | 社会福利单位 | 个 | 1771 |
| | | | # 社会福利事业单位 | 个 | 724 |
| 工业企业 | 个 | 110976 | 社会福利企业单位 | 个 | 791 |
| # 规模以上工业 | 个 | 2493 | | | |
| 内资企业 | 个 | 2360 | 教育事业 | | |
| 国有企业 | 个 | 921 | 普通高等学校 | 所 | 57 |
| 集体工业 | 个 | 274 | 中等学校 | 所 | 3321 |
| 其他工业 | 个 | 1165 | # 普通中学 | 所 | 2714 |
| 港、澳、台商投资企业 | 个 | 52 | 小 学 | 所 | 24922 |
| 外商投资企业 | 个 | 81 | 幼 儿 园 | 所 | 2288 |
| # 国有及国有控股企业 | 个 | 1235 | | | |
| | | | 文化事业 | | |
| 建筑施工企业 | 个 | 780 | 群众艺术馆 | 个 | 1744 |
| # 内资企业 | 个 | 779 | 图 书 馆 | 个 | 111 |
| 国有企业 | 个 | 147 | 博 物 馆 | 个 | 81 |
| 集体企业 | 个 | 237 | 艺术表演团体 | 个 | 116 |
| 其他企业 | 个 | 395 | 艺术表演场所 | 个 | 109 |
| | | | 广播电台 | 座 | 11 |
| 运输邮电业 | | | 电 视 台 | 座 | 11 |
| 铁 路 | 个 | 4 | | | |
| 公 路 | 个 | 1 | 体育事业 | | |
| 民 航 | 个 | 3 | 少年儿童业余体校 | 所 | 70 |
| 邮电局所 | 个 | 3330 | 重点体校 | 所 | 6 |
| 批发零售贸易业、餐饮业 | 个 | 524962 | 科学研究与开发机构 | 个 | 774 |
| 批发贸易业 | 个 | 46961 | # 科研院所 | 个 | 128 |
| 零售贸易业 | 个 | 350417 | 高等院校 | 个 | 95 |
| 餐 饮 业 | 个 | 127584 | 大中型工业企业 | 个 | 212 |

# 2-2 陕 西 一 日

| 指 标 | 单 位 | 1978年 | 1990年 | 1995年 | 2000年 | 2002年 | 2003年 |
|---|---|---|---|---|---|---|---|
| 一、每天创造的财富 | | | | | | | |
| 生产总值 | 万 元 | 2221 | 11077 | 27398 | 45505 | 57578 | 65715 |
| 第一产业 | 万 元 | 677 | 2892 | 6226 | 7647 | 7905 | 8768 |
| 第二产业 | 万 元 | 1154 | 4305 | 11110 | 20052 | 25968 | 31056 |
| 第三产业 | 万 元 | 390 | 3879 | 10062 | 17805 | 23704 | 25890 |
| 财政收入 | 万 元 | 541 | 1128 | 2608 | 5123 | 6912 | 8957 |
| 粮 食 | 万 吨 | 2.19 | 2.93 | 2.50 | 2.98 | 2.76 | 2.65 |
| 棉 花 | 吨 | 289 | 213 | 109 | 75 | 118 | 144 |
| 油 料 | 吨 | 155 | 915 | 1045 | 1062 | 1125 | 1132 |
| 肉 类 | 吨 | 389 | 1282 | 2172 | 2524 | 2899 | 3122 |
| 布 | 万 米 | 159.16 | 199.78 | 216.16 | 196.79 | 199.12 | 202.74 |
| 原 煤 | 万 吨 | 4.56 | 9.12 | 11.64 | 9.57 | 16.05 | 20.25 |
| 发 电 量 | 万千瓦小时 | 1811 | 4102 | 6487 | 7460 | 9411 | 11266 |
| 原 油 | 吨 | 165 | 1921 | 4575 | 20450 | 29144 | 34719 |
| 钢 | 吨 | 666 | 1344 | 1470 | 1470 | 2410 | 4765 |
| 二、每天消费量 | | | | | | | |
| 居民总消费 | 万 元 | 1322 | 6038 | 13788 | 20644 | 24184 | 25841 |
| 农村居民 | 万 元 | 848 | 3440 | 7242 | 9142 | 10031 | 10667 |
| 城镇居民 | 万 元 | 473 | 2598 | 6545 | 11502 | 14153 | 15173 |
| 能源消费量 | 万吨标煤 | 3.19 | 6.13 | 7.86 | 7.17 | 9.45 | 10.74 |
| 社会消费品零售额 | 万 元 | 914 | 4375 | 10122 | 16647 | 19950 | 23376 |
| 三、每天其他经济活动 | | | | | | | |
| 货 运 量 | 万 吨 | 19.62 | 59.21 | 80.09 | 82.12 | 96.52 | 98.21 |
| 客 运 量 | 万人次 | 15.42 | 55.35 | 66.48 | 78.65 | 87.28 | 85.50 |
| 邮电业务总量 | 万 元 | 14 | 46 | 398 | 2330 | 3649 | 4771 |
| 进出口总额 | 万美元 | | 158.16 | 474.86 | 586.33 | 609.64 | 763 |
| # 出口总额 | 万美元 | 3.26 | 126.19 | 351.40 | 358.91 | 377.31 | 475 |
| 国际旅游人数 | 万 人 | … | 0.07 | 0.12 | 0.20 | 0.23 | 0.13 |
| 居民储蓄额 | 万 元 | 214 | 5605 | 20111 | 41713 | 57749 | 69039 |
| 四、每天人口变动和婚姻 | | | | | | | |
| 出 生 | 人 | 1306 | 2115 | 1527 | | 1052 | 1077 |
| 死 亡 | 人 | 524 | 587 | 630 | | 638 | 644 |
| 结 婚 | 对 | 373 | 720 | 662 | 557 | 516 | 522 |
| 离 婚 | 对 | | | 56 | 71 | 87 | 93 |

注：1.邮电业务总量1990年以前按1980年不变价计算，1990-2000年按1990年不变价计算，2001年及以后各年按2000年不变价计算，其余指标均按现价计算。

2.财政收入为老口径。

3.2000年及以后各年工业产品产量为规模以上企业数据。

# 2-3 陕西省主要社会经济指标占全国比重

| 指 标 | 单 位 | 2002年 | | | 2003年 | | |
|---|---|---|---|---|---|---|---|
| | | 陕 西 | 全 国 | 陕西占全国% | 陕 西 | 全 国 | 陕西占全国% |
| 一、年底总人口 | 万 人 | 3674 | 128453 | 2.9 | 3690 | 129227 | 2.9 |
| 二、从业人员 | 万 人 | 1874 | 73740 | 2.5 | 1912 | 74432 | 2.6 |
| #职工人数 | 万 人 | 322 | 10558 | 3.0 | 319 | 10492 | 3.0 |
| 三、生产总值 | 亿 元 | 2101.60 | 104791 | 2.0 | 2398.58 | 116898 | 2.1 |
| 第一产业 | 亿 元 | 288.55 | 16117 | 1.8 | 320.03 | 17092 | 1.9 |
| 第二产业 | 亿 元 | 947.84 | 53541 | 1.8 | 1133.56 | 61131 | 1.9 |
| #工 业 | 亿 元 | 691.07 | 46536 | 1.9 | 834.76 | 52963 | 1.6 |
| 第三产业 | 亿 元 | 865.21 | 35133 | 2.5 | 944.99 | 38675 | 2.4 |
| 四、全社会固定资产投资总额 | 亿 元 | 974.63 | 43500 | 2.2 | 1278.72 | 55118 | 2.3 |
| 五、地方财政收入 | 亿 元 | 150.29 | 8515 | 1.8 | 177.33 | 9842 | 1.8 |
| 六、主要产品产量 | | | | | | | |
| 粮 食 | 万吨 | 1006 | 45706 | 2.2 | 968 | 43070 | 2.2 |
| 棉 花 | 万吨 | 4.30 | 492 | 0.9 | 5.27 | 486 | 1.1 |
| 油 料 | 万吨 | 41.08 | 2897 | 1.4 | 41.33 | 2811 | 1.5 |
| 水 果 | 万吨 | 514.70 | 6952 | 7.4 | 730.90 | 14517 | 5.0 |
| 原 煤 | 万 吨 | 5859.31 | 138000 | 4.2 | 7393.00 | 166700 | 4.4 |
| 原 油 | 万 吨 | 1063.77 | 16700 | 6.4 | 1267.25 | 16960 | 7.5 |
| 发电量 | 亿千瓦小时 | 343.51 | 16540.0 | 2.1 | 411.21 | 19108 | 2.2 |
| 钢 | 万 吨 | 87.96 | 18237 | 0.5 | 173.93 | 22234 | 0.8 |
| 水 泥 | 万 吨 | 1328.30 | 72500 | 1.8 | 1534.39 | 86227 | 1.8 |
| 化 肥 | 万 吨 | 101.51 | 3791.0 | 2.7 | 104.01 | 4200.9 | 2.5 |
| 纱 | 万 吨 | 17.47 | 850.0 | 2.1 | 17.99 | 983.6 | 1.8 |
| 布 | 亿 米 | 7.27 | 322.4 | 2.3 | 7.40 | 374.6 | 2.0 |
| 家用电冰箱 | 万 台 | 13.96 | 1598.9 | 0.9 | 17.33 | 2242.6 | 0.8 |
| 彩色电视机 | 万 台 | 81.48 | 5155.0 | 1.6 | 136.23 | 6541.4 | 2.1 |
| 汽 车 | 万 辆 | 3.23 | 325.1 | 1.0 | 4.27 | 444.4 | 1.0 |
| 七、货物周转量 | 亿吨公里 | 817.13 | 50686 | 1.6 | 867.80 | 53859 | 1.6 |
| 八、邮电业务总量 | 亿 元 | 133.17 | 5695.8 | 2.3 | 174.14 | 7281.8 | 2.4 |
| 九、社会消费品零售总额 | 亿 元 | 728.16 | 42027 | 1.7 | 853.23 | 45842 | 1.9 |
| 十、进出口总额 | 亿美元 | 22.25 | 6207.7 | 0.4 | 27.94 | 8509.9 | 0.3 |
| #出口额 | 亿美元 | 13.77 | 3256.0 | 0.4 | 17.35 | 4382.3 | 0.4 |
| 十一、国际旅游人数 | 万 人 | 85.01 | 9791 | 0.9 | 46.58 | 9166.2 | 0.5 |
| 十二、大学生在校学生数 | 万 人 | 41.16 | 903.4 | 4.6 | 48.42 | 1108.6 | 4.4 |
| 十三、图书出版量 | 亿 册 | 1.79 | 68.7 | 2.6 | 1.66 | 66.7 | 2.5 |
| 杂志出版量 | 亿 册 | 0.54 | 29.5 | 1.8 | 0.63 | 29.5 | 2.1 |
| 报纸出版量 | 亿 份 | 6.61 | 367.8 | 1.8 | 6.62 | 383.1 | 1.7 |

注：1、生产总值按当年价格计算。

2、地方财政收入按新口径计算。

# 2-4 国民经济和社会发展总量指标

| 指　　标 | 单 位 | 1978年 | 1995年 | 2000年 | 2002年 | 2003年 |
|---|---|---|---|---|---|---|
| **人口与就业** | | | | | | |
| 人　口 | | | | | | |
| 年底总人口 | 万 人 | 2780 | 3513 | 3644 | 3674 | 3690 |
| 市镇人口 | 万 人 | 455 | 1738 | 2631 | 2994 | 3014 |
| 乡村人口 | 万 人 | 2325 | 1775 | 1013 | 680 | 676 |
| 男性人口 | 万 人 | 1444 | 1836 | 1896 | 1888 | 1892 |
| 女性人口 | 万 人 | 1336 | 1677 | 1748 | 1786 | 1798 |
| 就　业 | | | | | | |
| 从业人员 | 万 人 | 1078 | 1748 | 1813 | 1874 | 1912 |
| #职工人数 | 万 人 | 257 | 395 | 328 | 322 | 319 |
| 城镇失业人数 | 万 人 | | 8.6 | 11.4 | 13.5 | 13.9 |
| **宏观经济** | | | | | | |
| 国民经济核算 | | | | | | |
| 生产总值 | 亿 元 | 81.07 | 1000.03 | 1660.92 | 2101.60 | 2398.58 |
| 第一产业 | 亿 元 | 24.70 | 227.25 | 279.12 | 288.55 | 320.03 |
| 第二产业 | 亿 元 | 42.13 | 405.53 | 731.90 | 947.84 | 1133.56 |
| 第三产业 | 亿 元 | 14.24 | 367.25 | 649.90 | 865.21 | 944.99 |
| 支出法生产总值 | 亿 元 | 81.07 | 1000.03 | 1660.92 | 2101.60 | 2398.58 |
| #最终消费 | 亿 元 | 52.74 | 673.42 | 966.89 | 1109.11 | 1188.41 |
| 居民消费 | 亿 元 | 48.24 | 503.25 | 753.51 | 882.72 | 943.19 |
| 政府消费 | 亿 元 | 4.50 | 170.17 | 213.38 | 226.39 | 245.22 |
| 资本形成总额 | 亿 元 | 30.45 | 480.48 | 851.69 | 1152.72 | 1447.73 |
| 固定资本形成总额 | 亿 元 | 23.18 | 358.75 | 796.21 | 1061.89 | 1390.28 |
| 存货增加 | 亿 元 | 7.27 | 121.73 | 55.48 | 90.83 | 57.45 |
| 固定资产投资 | | | | | | |
| 全社会固定资产投资总额 | 亿 元 | 20.35 | 324.33 | 745.85 | 974.63 | 1278.72 |
| #国有单位 | 亿 元 | 17.20 | 226.61 | 473.53 | 555.41 | 713.37 |
| 集体单位 | 亿 元 | 1.91 | 21.53 | 41.66 | 54.52 | 62.78 |
| 个体经济 | 亿 元 | 1.24 | 55.54 | 93.54 | 151.79 | 129.29 |
| 财　政 | | | | | | |
| 财政收入 | 亿 元 | 19.76 | 95.19 | 187.00 | 252.28 | 326.94 |
| 财政支出 | 亿 元 | 18.30 | 102.69 | 271.76 | 404.91 | 418.20 |
| 物价指数(上年=100) | | | | | | |
| 商品零售价格总指数 | % | 100.5 | 117.0 | 98.3 | 98.6 | 100.5 |
| 居民消费价格总指数 | % | 100.6 | 119.0 | 99.5 | 98.9 | 101.7 |

2-4 续表1

| 指　标 | 单 位 | 1978年 | 1995年 | 2000年 | 2002年 | 2003年 |
|---|---|---|---|---|---|---|
| 利用外资 | | | | | | |
| 签订利用客商直接投资协议额 | 万美元 | | 41521 | 49931 | 84060 | 83428 |
| 实际利用客商直接投资额 | 万美元 | . | 32407 | 30042 | 41064 | 46602 |
| 能源生产与消费(标准煤) | | | | | | |
| 能源生产总量 | 万 吨 | 1223 | 3311 | 3805 | 5849 | 8407 |
| 能源消费总量 | 万 吨 | 1165 | 2869 | 2617 | 3448 | 3919 |
| 产　业 | | | | | | |
| 农　业 | | | | | | |
| 耕地面积 | 千公顷 | 3854 | 3393 | 3114 | 2855 | 2796 |
| 农林牧渔业从业人员 | 万 人 | 780 | 1049 | 1002 | 995 | 989 |
| 农林牧渔业总产值 | 亿 元 | 36.27 | 381.65 | 464.89 | 509.08 | 511.25 |
| 主要农产品产量 | | | | | | |
| 粮　食 | 万 吨 | 800 | 913 | 1089 | 1006 | 968 |
| 棉　花 | 万 吨 | 10.54 | 3.99 | 2.74 | 4.30 | 5.27 |
| 油　料 | 万 吨 | 5.56 | 38.15 | 38.76 | 41.08 | 41.33 |
| 烤　烟 | 万 吨 | 1.38 | 6.34 | 7.36 | 5.10 | 4.88 |
| 茶　叶 | 吨 | 1408 | 5252 | 6126 | 7003 | 7952 |
| 水　果 | 万 吨 | 33.41 | 283.96 | 493.79 | 577.35 | 621.14 |
| 肉　类 | 万 吨 | 14.20 | 79.26 | 92.12 | 105.83 | 113.94 |
| 工　业 | | | | | | |
| 工业总产值 | 亿 元 | 96.48 | 1068.71 | 1630.33 | 2043.45 | 2469.95 |
| 主要工业产品产量 | | | | | | |
| 纱 | 万 吨 | 13.85 | 14.02 | 15.68 | 17.47 | 17.99 |
| 布 | 亿 米 | 5.81 | 7.89 | 7.18 | 7.27 | 7.40 |
| 彩色电视机 | 万 部 | 0.01 | 28.62 | 80.31 | 81.48 | 136.23 |
| 家用洗衣机 | 万 台 | | 13.58 | 3.94 | 9.73 | 8.00 |
| 家用电冰箱 | 万 台 | | 63.92 | 37.56 | 13.96 | 17.33 |
| 原　煤 | 万 吨 | 1666 | 4248 | 3493 | 5859 | 7393 |
| 原　油 | 万 吨 | 6.03 | 167.00 | 746.44 | 1063.77 | 1267.25 |
| 发电量 | 亿千瓦小时 | 66.10 | 236.77 | 272.28 | 343.51 | 411.21 |
| 钢 | 万 吨 | 24.29 | 53.67 | 53.65 | 87.96 | 173.93 |
| 钢　材 | 万 吨 | 17.38 | 58.78 | 57.70 | 82.05 | 131.94 |
| 水　泥 | 万 吨 | 210.66 | 851.50 | 989.44 | 1328.30 | 1534.39 |
| 化　肥 | 万 吨 | 13.69 | 68.46 | 93.90 | 101.51 | 103.63 |

2-4 续表2

| 指　　标 | 单　位 | 1978年 | 1995年 | 2000年 | 2002年 | 2003年 |
| --- | --- | --- | --- | --- | --- | --- |
| 国有经济独立核算工业企业 | | | | | | |
| 年底固定资产原值 | 亿　元 | 116.50 | 843.50 | 987.66 | 1040.19 | 1115.27 |
| 固定资产净值年平均余额 | 亿　元 | 84.19 | 468.72 | 646.97 | 652.21 | 673.32 |
| 利润和税金总额 | 亿　元 | 16.52 | 37.24 | 54.60 | 80.63 | 116.52 |
| 交通运输 | | | | | | |
| 货物运输量 | 万　吨 | 7160 | 29234 | 29973 | 35230 | 35847 |
| #铁　路 | 万　吨 | 2400 | 3629 | 4697 | 7126 | 7568 |
| 公　路 | 万　吨 | 4733 | 25560 | 25200 | 28002 | 28165 |
| 货物周转量 | 亿吨公里 | 176.11 | 505.82 | 593.24 | 817.13 | 867.80 |
| #铁　路 | 亿吨公里 | 165.58 | 400.68 | 448.15 | 641.14 | 686.10 |
| 公　路 | 亿吨公里 | 10.39 | 104.23 | 143.64 | 174.73 | 180.79 |
| 旅客运输量 | 万　人 | 5628 | 24267 | 28709 | 31857 | 31207 |
| #铁　路 | 万　人 | 2009 | 2773 | 2661 | 2669 | 2500 |
| 公　路 | 万　人 | 3605 | 21252 | 25600 | 28663 | 28159 |
| 旅客周转量 | 亿人公里 | 60.73 | 273.19 | 376.99 | 429.97 | 415.43 |
| #铁　路 | 亿人公里 | 47.56 | 145.02 | 178.89 | 207.42 | 207.84 |
| 公　路 | 亿人公里 | 12.95 | 97.76 | 151.04 | 170.74 | 174.26 |
| 邮电通信业 | | | | | | |
| 邮电业务总量 | 万　元 | 5025 | 145408 | 850392 | 1331745 | 1741428 |
| 函　件 | 万　件 | 9188 | 24277 | 17444 | 20323 | 20307 |
| 报刊期发数 | 万　份 | 319 | 1017 | 454 | 347 | 312 |
| 固定电话 | 万　户 | | | 345.25 | 524.29 | 672.49 |
| 城　市 | 万　户 | | | 252.86 | 344.46 | 457.72 |
| 农　村 | 万　户 | | | 92.39 | 179.83 | 214.77 |
| 移动电话 | 万　户 | | | 151.67 | 481.33 | 611.00 |
| 无线寻呼 | 万　户 | | | 147.73 | 40.73 | 25.54 |
| 数字数据用户 | 万　户 | | | 1.02 | 1.32 | 1.31 |
| 国际互联网用户 | 万　户 | | | 29.43 | 109.69 | 158.68 |
| 国内商业 | | | | | | |
| 社会消费品零售总额 | 亿　元 | 33.37 | 369.46 | 607.61 | 728.16 | 853.23 |
| 对外经济贸易 | | | | | | |
| 进出口总额 | 万美元 | | 173323 | 214009 | 222517 | 278371 |
| 进口额 | 万美元 | | 45062 | 83006 | 84800 | 104848 |
| 出口额 | 万美元 | 1190 | 128261 | 131003 | 137717 | 173523 |
| 国际旅游 | | | | | | |
| 旅游人数 | 万　人 | 1.37 | 44.23 | 71.28 | 85.01 | 46.58 |
| 旅游外汇收入 | 万美元 | 177 | 14090 | 28025 | 35000 | 19843 |

2-4 续表3

| 指 标 | 单 位 | 1978年 | 1995年 | 2000年 | 2002年 | 2003年 |
|---|---|---|---|---|---|---|
| 金融保险 | | | | | | |
| 金融机构各项存款 | 亿 元 | | 1097.21 | 2663.00 | 3798.27 | 4593.10 |
| 金融机构各项贷款 | 亿 元 | | 1132.55 | 2193.12 | 2950.84 | 3549.60 |
| 国家银行各项存款 | 亿 元 | 35.33 | 814.93 | 1753.09 | 2588.54 | 3069.85 |
| 国家银行各项贷款 | 亿 元 | 51.74 | 943.56 | 1655.30 | 2048.07 | 2378.64 |
| **教育·科技·文化** | | | | | | |
| 教 育 | | | | | | |
| 专任教师数 | 万 人 | 27.87 | 32.44 | 34.70 | 37.90 | 40.02 |
| 普通高等学校 | 万 人 | 1.07 | 2.02 | 2.07 | 2.76 | 3.57 |
| 中等学校 | 万 人 | 9.50 | 12.10 | 14.40 | 16.30 | 17.35 |
| 小 学 | 万 人 | 17.30 | 18.32 | 18.23 | 18.84 | 19.10 |
| 在校学生数 | 万 人 | 650.19 | 636.49 | 771.99 | 791.17 | 792.43 |
| 普通高等学校 | 万 人 | 3.44 | 12.83 | 24.17 | 41.16 | 49.97 |
| 中等学校 | 万 人 | 196.24 | 172.08 | 266.89 | 316.79 | 340.98 |
| 小 学 | 万 人 | 450.51 | 451.58 | 480.93 | 433.22 | 401.48 |
| 科 技 | | | | | | |
| 地方国有企事业单位专业技术人员 | 万 人 | | 53.71 | 63.76 | 65.39 | 66.35 |
| 全省从事科技活动人员数 | 万 人 | | 16.49 | 15.51 | 13.53 | 13.60 |
| #科学家和工程师 | 万 人 | | 8.82 | 8.58 | 8.27 | 8.67 |
| 研究与发展经费支出 | 亿 元 | | 13.47 | 57.14 | 67.10 | 67.99 |
| 文 化 | | | | | | |
| 出版数量 | | | | | | |
| 图 书 | 万 册 | 7661 | 17005 | 15958 | 17893 | 16601 |
| 杂 志 | 万 册 | 1423 | 4280 | 4944 | 5366 | 6317 |
| 报 纸 | 万 份 | | 46508 | 70389 | 66116 | 66237 |
| 制作电视节目 | 小 时 | | 8152 | 11444 | 68534 | 74609 |
| **家庭·生活·环境** | | | | | | |
| 家 庭 | | | | | | |
| 家庭总户数 | 万 户 | 560.82 | 878.08 | 948.06 | 978.45 | 1003.06 |
| 城镇居民平均每户家庭人口 | 人 | | 3.17 | 3.08 | 3.04 | 3.04 |
| 农村居民平均每户家庭人口 | 人 | | 4.65 | 4.43 | 4.38 | 4.34 |
| 婚 姻 | | | | | | |
| 结婚数 | 对 | 136230 | 241605 | 203173 | 188412 | 190391 |
| 离婚数 | 对 | | 20484 | 26023 | 31894 | 33963 |

2-4 续表4

| 指　　标 | 单 位 | 1978年 | 1995年 | 2000年 | 2002年 | 2003年 |
|---|---|---|---|---|---|---|
| 居　住 | | | | | | |
| 城镇居民人均住房使用面积 | 平方米 | | 12.84 | 16.08 | 16.82 | 17.46 |
| 农村居民人均住房面积 | 平方米 | | 18.42 | 22.87 | 25.13 | 26.11 |
| 生　活 | | | | | | |
| 城镇居民人均可支配收入 | 元 | 310 | 3310 | 5124 | 6331 | 6806 |
| 农村居民人均纯收入 | 元 | 134 | 963 | 1470 | 1596 | 1676 |
| 城乡居民储蓄存款余额 | 亿 元 | 7.79 | 734.04 | 1522.53 | 2107.83 | 2519.93 |
| 工　资 | | | | | | |
| 工资总额 | 亿 元 | 16.44 | 172.26 | 257.28 | 333.23 | 366.28 |
| 职工平均工资 | 元 | 654 | 4396 | 7804 | 10351 | 11461 |
| 职工保险福利费 | 亿 元 | 1.85 | 47.81 | 71.29 | 89.59 | 102.21 |
| 卫　生 | | | | | | |
| 医院数 | 个 | 3064 | 3313 | 2779 | 2688 | 2674 |
| 医生数 | 万 人 | 3.43 | 6.28 | 6.43 | 5.95 | 6.03 |
| 医院床位数 | 万 张 | 4.99 | 9.05 | 9.26 | 9.49 | 9.56 |
| 市政建设 | | | | | | |
| 自来水供应量 | 万 吨 | 21119 | 70949 | 67062 | 70199 | 73580 |
| 下水道长度 | 公 里 | 431 | 1858 | 1856 | 1940 | 2802 |
| 城市天然气供应量 | 万立方米 | | | 17770 | 45298 | 50336 |
| 公共汽(电)车总数 | 辆 | 638 | 2130 | 4305 | 5087 | 5786 |
| 铺装道路长度 | 公 里 | 639 | 2027 | 2537 | 2574 | 2909 |
| 绿地面积 | 公 顷 | 488 | 10164 | 9079 | 11706 | 13392 |
| 环境、灾害 | | | | | | |
| 污染治理项目本年完成投资额 | 万 元 | | 16855 | 44053 | 32807 | 55268 |
| 环境污染事故数 | 次 | | 69 | 79 | 68 | 16 |
| 环境污染事故罚款金额 | 万 元 | | 17 | 41 | 75 | 15 |
| 火灾发生数 | 起 | | 737 | 3818 | 4640 | 3992 |
| 火灾损失 | 万 元 | | 1862 | 2613 | 1352 | 1229 |
| 交通事故发生数 | 件 | 3979 | 9554 | 11846 | 12869 | 12502 |
| 交通事故损失 | 万 元 | 165 | 3395 | 3978 | 3902 | 3893 |

注：1.本表价值量指标中，除邮电业务总量外，其余指标均按当年价格计算。

2.1998年及以后各年从业人员、职工人数、工资总额、职工平均工资中，不含离开单位仍保留劳动关系的人员。

3.财政收入为老口径数字，按新口径计算的财政收入请参阅8-1表。

4.1998年及以后各年工业产品产量、财务指标为规模以上企业数字。

5.邮电业务总量1990年以前按1980年不变价格计算，1990年-2000年按1990年不变价格计算，2001年及以后各年按2000年不变价格计算。

# 2-5 国民经济和社会发展速度指标

| 指　　标 | 2003年为下列年份% | | | | 1979-2003年平均增长% |
|---|---|---|---|---|---|
| | 1978年 | 1995年 | 2000年 | 2002年 | |
| 人　口 | | | | | |
| 年底总人口 | 132.7 | 105.0 | 101.3 | 100.4 | 1.1 |
| 市镇人口 | 662.4 | 173.4 | 114.6 | 100.7 | 7.9 |
| 乡村人口 | 29.1 | 38.1 | 66.7 | 99.4 | -4.8 |
| 男性人口 | 131.0 | 103.1 | 99.8 | 100.2 | 1.1 |
| 女性人口 | 134.6 | 107.2 | 102.9 | 100.7 | 1.2 |
| 宏观经济 | | | | | |
| 国民经济核算 | | | | 110.9 | |
| 生产总值 | | | | 105.1 | |
| 第一产业 | | | | 114.8 | |
| 第二产业 | | | | 108.5 | |
| 第三产业 | | | | 110.9 | |
| 支出法生产总值 | | | | 105.6 | |
| # 最终消费 | | | | 105.1 | |
| 居民消费 | | | | 107.8 | |
| 政府消费 | | | | 122.8 | |
| 资本形成总额 | | | | 128.5 | |
| 固定资本形成总额 | | | | 141.1 | |
| 存货增加 | | | | | |
| 固定资产投资 | | | | | |
| 全社会固定资产投资总额 | 6283.6 | 394.3 | 171.4 | 131.2 | 17.5 |
| # 国有单位 | 4147.5 | 314.8 | 150.6 | 128.4 | 15.9 |
| 集体单位 | 3286.9 | 291.6 | 150.7 | 115.2 | 14.7 |
| 个体经济 | 10426.6 | 232.8 | 138.2 | 85.2 | 22.6 |
| 财　政 | | | | | |
| 财政收入 | 1654.6 | 343.5 | 174.8 | 129.6 | 11.9 |
| 财政支出 | 2285.2 | 407.2 | 153.9 | 103.3 | 13.3 |
| 物价指数 | | | | | |
| 商品零售价格总指数 | 387.2 | 99.4 | 98.2 | 100.5 | 5.6 |
| 居民消费价格总指数 | 453.8 | 111.9 | 101.6 | 101.7 | 6.2 |
| 利用外资 | | | | | |
| 签订利用客商直接投资协议额 | | 200.9 | 167.1 | 99.2 | |
| 实际利用客商直接投资额 | | 143.8 | 155.1 | 113.5 | |

2-5 续表1

| 指 标 | 2003年为下列年份% | | | | 1979-2003年平均增长% |
|---|---|---|---|---|---|
| | 1978年 | 1995年 | 2000年 | 2002年 | |
| 能源生产与消费(标准煤) | | | | | |
| 能源生产总量 | 687.4 | 253.9 | 220.9 | 43.7 | 8.0 |
| 能源消费总量 | 336.4 | 136.6 | 149.8 | 13.7 | 5.0 |
| 产 业 | | | | | |
| 农 业 | | | | | |
| 耕地面积 | 72.5 | 82.4 | 89.8 | 97.9 | -1.3 |
| 农林牧渔业从业人员 | 126.8 | 94.3 | 98.7 | 99.4 | 1.0 |
| 农林牧渔业总产值 | 366.5 | 146.1 | 114.4 | 105.1 | 5.3 |
| 主要农产品产量 | | | | | |
| 粮 食 | 121.0 | 106.0 | 88.9 | 96.2 | 0.8 |
| 棉 花 | 50.0 | 132.1 | 192.3 | 122.6 | -2.7 |
| 油 料 | 743.3 | 108.3 | 106.6 | 100.6 | 8.4 |
| 烤 烟 | 353.6 | 77.0 | 66.3 | 95.7 | 5.2 |
| 茶 叶 | 564.8 | 151.4 | 129.8 | 113.6 | 7.2 |
| 水 果 | 1859.1 | 218.7 | 125.8 | 107.6 | 12.4 |
| 肉 类 | 802.4 | 143.8 | 123.7 | 107.7 | 8.7 |
| 工 业 | | | | | |
| 工业总产值 | 1553.9 | 228.1 | 148.2 | 116.6 | 11.6 |
| 交通运输 | | | | | |
| 货物运输量 | 500.7 | 122.6 | 119.6 | 101.8 | 6.7 |
| #铁 路 | 315.3 | 208.5 | 161.1 | 106.2 | 4.7 |
| 公 路 | 595.1 | 110.2 | 111.8 | 100.6 | 7.4 |
| 货物周转量 | 492.8 | 171.6 | 146.3 | 106.2 | 6.6 |
| #铁 路 | 414.4 | 171.2 | 153.1 | 107.0 | 5.9 |
| 公 路 | 1740.0 | 173.5 | 125.9 | 103.5 | 12.1 |
| 旅客运输量 | 554.5 | 128.6 | 108.7 | 98.0 | 7.1 |
| #铁 路 | 124.4 | 90.2 | 93.9 | 93.7 | 0.9 |
| 公 路 | 781.1 | 132.5 | 110.0 | 98.2 | 8.6 |
| 旅客周转量 | 684.1 | 152.1 | 110.2 | 96.6 | 8.0 |
| #铁 路 | 437.0 | 143.3 | 116.2 | 100.2 | 6.1 |
| 公 路 | 1345.6 | 178.3 | 115.4 | 102.1 | 11.0 |
| 邮电通信业 | | | | | |
| 邮电业务总量 | 24911.6 | 1537.6 | 262.9 | 130.8 | 24.7 |
| 函 件 | 221.0 | 83.6 | 116.4 | 99.9 | 3.2 |
| 报刊期发数 | 97.8 | 30.7 | 68.7 | 89.9 | -0.1 |
| 固定电话 | | | 194.8 | 128.3 | |
| 城 市 | | | 181.0 | 132.9 | |
| 农 村 | | | 232.5 | 119.4 | |
| 移动电话 | | | 402.8 | 126.9 | |
| 无线寻呼 | | | 17.3 | 62.7 | |
| 数字数据用户 | | | 128.4 | 99.2 | |
| 国际互联网用户 | | | 539.2 | 144.7 | |
| 国内商业 | | | | | |
| 社会消费品零售总额 | 2556.9 | 230.9 | 140.4 | 117.2 | 13.8 |

2-5 续表2

| 指标 | 2003年为下列年份% | | | | 1979-2003年平均增长% |
|---|---|---|---|---|---|
| | 1978年 | 1995年 | 2000年 | 2002年 | |
| 对外经济贸易 | | | | | |
| 进出口总额 | | 160.6 | 130.1 | 125.1 | |
| 进口额 | | 232.7 | 126.3 | 123.6 | |
| 出口额 | 14581.8 | 135.3 | 132.5 | 126.0 | 22.1 |
| 国际旅游 | | | | | |
| 旅游人数 | 3400.0 | 105.3 | 65.3 | 54.8 | 15.1 |
| 旅游外汇收入 | 11210.7 | 140.8 | 70.8 | 56.7 | 20.8 |
| 金　融 | | | | | |
| 金融机构各项存款 | | 418.6 | 172.5 | 120.9 | |
| 金融机构各项贷款 | | 313.4 | 161.9 | 120.3 | |
| 国家银行各项存款 | 8689.1 | 376.7 | 175.1 | 118.6 | 19.6 |
| 国家银行各项贷款 | 4597.3 | 252.1 | 143.7 | 116.1 | 16.5 |
| **教育·科技·文化** | | | | | |
| 教　育 | | | | | |
| 专任教师数 | 143.6 | 123.4 | 115.3 | 105.6 | 1.5 |
| 普通高等学校 | 333.6 | 176.7 | 172.5 | 129.3 | 4.9 |
| 中等学校 | 182.6 | 143.4 | 120.5 | 106.4 | 2.4 |
| 小　学 | 110.4 | 104.3 | 104.8 | 101.4 | 0.4 |
| 在校学生数 | 121.9 | 124.5 | 102.6 | 100.2 | 0.8 |
| 普通高等学校 | 1452.6 | 389.5 | 206.7 | 121.4 | 11.3 |
| 中等学校 | 173.8 | 198.2 | 127.8 | 107.6 | 2.2 |
| 小　学 | 89.1 | 88.9 | 83.5 | 92.7 | -0.5 |
| 科　技 | | | | | |
| 地方国有企事业单位专业技术人员 | | 123.5 | 104.1 | 101.5 | |
| 全省从事科技活动人员数 | | 82.5 | 87.7 | 100.5 | |
| #科学家和工程师 | | 98.3 | 101.0 | 104.8 | |
| 研究与发展经费支出 | | 504.8 | 119.0 | 101.3 | |
| 文　化 | | | | | |
| 出版数量 | | | | | |
| 图　书 | 216.7 | 97.6 | 104.0 | 92.8 | 3.1 |
| 杂　志 | 443.9 | 147.6 | 127.8 | 117.7 | 6.1 |
| 报　纸 | | 142.4 | 94.1 | 100.2 | |
| 电视节目制作时间 | | 915.2 | 651.9 | 108.9 | |
| **家庭·生活·环境** | | | | | |
| 家　庭 | | | | | |
| 家庭总户数 | 178.9 | 114.2 | 105.8 | 102.5 | 2.4 |
| 城镇居民平均每户家庭人口 | | 95.9 | 98.7 | 100.0 | |
| 农村居民平均每户家庭人口 | | 93.3 | 98.0 | 99.1 | |

2-5 续表3

| 指 标 | 2003年为下列年份% | | | | 1979-2003年平均增长% |
|---|---|---|---|---|---|
| | 1978年 | 1995年 | 2000年 | 2002年 | |
| 婚 姻 | | | | | |
| 结婚数 | 139.8 | 78.8 | 93.7 | 101.1 | 1.3 |
| 离婚数 | | 165.8 | 130.5 | 106.5 | |
| 居 住 | | | | | |
| 城镇居民人均住房使用面积 | | 136.0 | 108.6 | 103.8 | |
| 农村居民人均住房面积 | | 141.7 | 114.2 | 103.9 | |
| 生 活 | | | | | |
| 城镇居民人均可支配收入 | 457.4 | 187.8 | 134.0 | 106.7 | 6.3 |
| 农村居民人均纯收入 | 282.6 | 151.8 | 108.3 | 102.2 | 4.2 |
| 城乡居民储蓄存款余额 | 32348.3 | 343.3 | 165.5 | 119.6 | 26.0 |
| 工资和福利 | | | | | |
| 工资总额 | 2228.0 | 212.6 | 142.4 | 109.9 | 13.2 |
| 职工平均工资 | 370.2 | 238.8 | 150.3 | 111.4 | 5.4 |
| 卫 生 | | | | | |
| 医 院 | 87.3 | 80.7 | 96.2 | 99.5 | -0.5 |
| 医 生 | 175.8 | 96.0 | 93.8 | 101.3 | 2.3 |
| 医院床位数 | 191.6 | 105.6 | 103.2 | 100.7 | 2.6 |
| 市政建设 | | | | | |
| 自来水供应量 | 348.4 | 103.7 | 109.7 | 104.8 | 5.1 |
| 下水道长度 | 650.1 | 150.8 | 151.0 | 144.4 | 7.8 |
| 城市煤气供应量 | | | 283.3 | 111.1 | |
| 公共汽(电)车总数 | 906.9 | 271.6 | 134.4 | 113.7 | 9.2 |
| 铺装道路长度 | 455.2 | 143.5 | 114.7 | 113.0 | 6.3 |
| 绿地面积 | 2744.3 | 131.8 | 147.5 | 114.4 | 14.2 |
| 环境、灾害 | | | | | |
| 治理污染资金使用额 | | 327.9 | 125.5 | 168.5 | |
| 环境污染事故数 | | 23.2 | 20.3 | 23.5 | |
| 环境污染事故罚款金额 | | 87.1 | 36.1 | 19.7 | |
| 火灾发生数 | | 541.7 | 104.6 | 86.0 | |
| 火灾损失 | | 66.0 | 47.0 | 90.9 | |
| 交通事故发生数 | 314.2 | 130.9 | 105.5 | 97.1 | 4.7 |
| 交通事故损失 | 2359.4 | 114.7 | 97.9 | 99.8 | 13.5 |

注：本表国民经济核算指标、物价指数、农林牧渔业总产值、工业总产值、邮电业务总量、城乡居民收入、平均工资指标的发展速度均按可比价格计算。

# 2-6 国民经济主要结构指标

单位：%

| 指 标 | 1978年 | 1995年 | 2000年 | 2002年 | 2003年 |
|---|---|---|---|---|---|
| **人口与就业** | | | | | |
| 人 口 | | | | | |
| 城乡结构 | | | | | |
| 城 镇 | 16.4 | 49.5 | 72.2 | 81.5 | 81.7 |
| 乡 村 | 83.6 | 50.5 | 27.8 | 18.5 | 18.3 |
| 性别结构 | | | | | |
| 男 | 52.0 | 52.3 | 52.0 | 51.4 | 51.3 |
| 女 | 48.0 | 47.7 | 48.0 | 48.6 | 48.7 |
| 就 业 | | | | | |
| 产业结构 | | | | | |
| 第一产业 | 71.1 | 60.4 | 55.7 | 53.5 | 52.2 |
| 第二产业 | 17.9 | 19.5 | 16.5 | 16.4 | 19.0 |
| 第三产业 | 11.0 | 20.1 | 27.8 | 30.1 | 28.8 |
| **宏观经济** | | | | | |
| 国民经济核算 | | | | | |
| 生产总值产业结构 | | | | | |
| 第一产业 | 30.5 | 22.7 | 16.8 | 13.7 | 13.3 |
| 第二产业 | 52.0 | 40.6 | 44.1 | 45.1 | 47.3 |
| 第三产业 | 17.5 | 36.7 | 39.1 | 41.2 | 39.4 |
| 投 资 | | | | | |
| 固定资产投资结构 | | | | | |
| 基本建设 | 78.2 | 45.0 | 50.4 | 52.9 | 53.9 |
| 更新改造 | 6.3 | 20.7 | 18.3 | 15.2 | 13.9 |
| 房地产开发 | | 8.7 | 10.6 | 12.7 | 14.7 |
| 其他投资 | 15.5 | 25.6 | 20.7 | 19.2 | 17.5 |
| 固定资产投资经济类型结构 | | | | | |
| 国有经济 | 84.5 | 69.9 | 63.5 | 57.0 | 55.8 |
| 集体经济 | 9.4 | 6.6 | 5.6 | 5.6 | 4.9 |
| 其他经济 | | 6.4 | 18.4 | 21.8 | 29.2 |
| 个 体 | 6.1 | 17.1 | 12.5 | 15.6 | 10.1 |
| 能源生产与消费 | | | | | |
| 能源生产总量结构 | | | | | |
| 原 煤 | 97.3 | 91.6 | 70.9 | 71.6 | 70.5 |
| 原 油 | 0.7 | 7.2 | 21.2 | 19.5 | 21.3 |
| 天然气 | 0.1 | 0.1 | 6.7 | 8.3 | 7.5 |
| 水 电 | 1.9 | 0.9 | 1.2 | 0.6 | 0.7 |
| 能源消费总量结构 | | | | | |
| 煤 炭 | 90.8 | 86.5 | 71.3 | 68.9 | 71.1 |
| 石 油 | 8.8 | 12.0 | 23.3 | 24.8 | 22.9 |
| 天然气 | … | 0.2 | 3.1 | 4.9 | 5.6 |
| 电 力 | 0.4 | 1.2 | 2.3 | 1.4 | 0.4 |
| **产 业** | | | | | |
| 农 业 | | | | | |
| 农林牧渔业产值结构 | | | | | |
| 农 业 | 85.2 | 67.6 | 70.5 | 69.4 | 65.4 |
| 林 业 | 3.2 | 4.4 | 5.8 | 5.2 | 5.2 |
| 牧 业 | 11.5 | 27.4 | 22.9 | 24.6 | 28.5 |
| 渔 业 | … | 0.6 | 0.8 | 0.8 | 0.9 |
| 工 业 | | | | | |
| 轻重工业产值结构 | | | | | |
| 轻 工 业 | 44.6 | 37.3 | 35.4 | 34.0 | 30.9 |
| 重 工 业 | 55.4 | 62.7 | 64.6 | 66.0 | 69.1 |

2-6 续表

单位：%

| 指　标 | 1978年 | 1995年 | 2000年 | 2002年 | 2003年 |
|---|---|---|---|---|---|
| 交通运输业 | | | | | |
| 货运量结构 | | | | | |
| 铁　路 | 33.5 | 12.4 | 15.7 | 20.2 | 21.1 |
| 公　路 | 66.1 | 87.4 | 84.1 | 79.5 | 78.6 |
| 水　运 | 0.4 | 0.2 | 0.2 | 0.3 | 0.3 |
| 航　运 | … | … | … | … | … |
| 国内商业 | | | | | |
| 社会消费品零售总额构成 | | | | | |
| 市 | 35.8 | 62.2 | 65.9 | 67.2 | 66.3 |
| 县 | 29.3 | 19.1 | 17.0 | 16.4 | 17.5 |
| 县以下 | 34.9 | 18.7 | 17.1 | 16.4 | 16.2 |
| 国际旅游 | | | | | |
| 国际旅游人数结构 | | | | | |
| 外国人 | 83.9 | 90.2 | 82.0 | 85.0 | 66.1 |
| 港澳台同胞 | 16.1 | 9.8 | 18.0 | 15.0 | 33.9 |
| **教育·科技·文化** | | | | | |
| 教　育 | | | | | |
| 在校学生结构 | | | | | |
| 大学生 | 0.5 | 2.0 | 3.1 | 5.2 | 6.3 |
| 中学生 | 30.2 | 27.0 | 34.6 | 40.0 | 43.0 |
| 小学生 | 69.3 | 71.0 | 62.3 | 54.8 | 50.7 |
| 专任教师结构 | | | | | |
| 大学生 | 3.8 | 6.2 | 6.0 | 7.3 | 8.9 |
| 中学生 | 34.1 | 37.3 | 41.5 | 43.0 | 43.4 |
| 小学生 | 62.1 | 56.5 | 52.5 | 49.7 | 47.7 |
| **生活·环境** | | | | | |
| 生　活 | | | | | |
| 城镇居民消费结构 | | | | | |
| 食品类 | | 47.2 | 35.8 | 34.1 | 34.6 |
| 衣着类 | | 13.6 | 9.4 | 9.5 | 10.6 |
| 用品及其他 | | 33.1 | 43.8 | 44.8 | 44.1 |
| 居　住 | | 6.1 | 11.0 | 11.6 | 10.7 |
| 农村居民消费结构 | | | | | |
| 食品类 | 59.0 | 59.3 | 43.5 | 37.9 | 39.3 |
| 衣着类 | 13.3 | 6.8 | 6.6 | 5.8 | 5.9 |
| 用品及其他 | 12.4 | 18.9 | 33.9 | 34.2 | 38.6 |
| 居　住 | 15.3 | 15.0 | 16.0 | 22.1 | 16.2 |
| 福　利 | | | | | |
| 离退休退职人员结构 | | | | | |
| 离休人员 | | 8.0 | 5.3 | 4.3 | 3.9 |
| 退休人员 | | 87.5 | 92.2 | 93.4 | 93.8 |
| 退职人员 | | 4.5 | 2.5 | 2.3 | 2.3 |
| 离退休退职人员保险福利费结构 | | | | | |
| 离休金 | | 12.8 | 5.7 | 6.5 | 5.6 |
| 退休金 | | 60.5 | 80.0 | 81.1 | 81.6 |
| 退职生活费 | | 1.2 | 0.6 | 0.9 | 0.7 |
| 医疗卫生费 | | 13.9 | 9.5 | 8.5 | 8.2 |
| 其　他 | | 11.6 | 4.2 | 3.0 | 3.9 |
| 环　境 | | | | | |
| 治理污染资金使用结构 | | | | | |
| 治理废水 | | 39.6 | 60.8 | 48.1 | 57.4 |
| 治理废气 | | 39.6 | 31.2 | 38.9 | 33.3 |
| 治理固体废物 | | 17.7 | 3.7 | 3.5 | 3.0 |
| 治理噪音 | | 1.4 | 0.3 | 0.7 | 1.9 |
| 其　他 | | 1.7 | 4.0 | 8.7 | 4.4 |

注：本表指标均按当年价格计算。

# 2-7 国民经济和社会发展比例与效益指标

| 指 标 | 单 位 | 1978年 | 1995年 | 2000年 | 2002年 | 2003年 |
|---|---|---|---|---|---|---|
| 人 口 | | | | | | |
| 出生率 | ‰ | 17.24 | 15.93 | | 10.48 | 10.67 |
| 死亡率 | ‰ | 6.92 | 6.57 | | 6.36 | 6.38 |
| 自然增长率 | ‰ | 10.32 | 9.36 | | 4.12 | 4.29 |
| 就 业 | | | | | | |
| 就业者负担人口 | 人 | 1.58 | 1.01 | 1.01 | 0.96 | 0.93 |
| 三次产业就业者比例 | | | | | | |
| （第一产业＝100） | | | | | | |
| 第一产业 | % | 100.0 | 100.0 | 100.0 | 100.0 | 100.0 |
| 第二产业 | % | 25.2 | 32.3 | 29.6 | 30.7 | 36.5 |
| 第三产业 | % | 15.5 | 33.2 | 49.9 | 56.1 | 55.3 |
| 城镇失业率 | % | | 3.2 | 2.7 | 3.3 | 3.7 |
| 国民经济核算 | | | | | | |
| 一、二、三产业增加值比例 | | | | | | |
| （第一产业＝100） | | | | | | |
| 第一产业 | % | 100.0 | 100.0 | 100.0 | 100.0 | 100.0 |
| 第二产业 | % | 170.6 | 178.5 | 262.2 | 328.5 | 354.2 |
| 第三产业 | % | 57.7 | 161.6 | 232.8 | 299.8 | 295.3 |
| 人均生产总值 | 元 | 291 | 2843 | 4549 | 5701 | 6480 |
| 固定资产投资 | | | | | | |
| 全社会固定资产投资相当于生产总值比例 | % | 25.1 | 32.4 | 44.9 | 47.9 | 53.3 |
| 全社会房屋建筑面积竣工率 | % | 46.4 | 70.1 | 75.5 | 65.3 | 63.3 |
| 基本建设固定资产交付使用率 | % | 171.8 | 69.5 | 84.4 | 67.9 | 62.0 |
| 基本建设项目建成投产率 | % | 27.1 | 49.7 | 52.6 | 55.3 | 53.3 |
| 财 政 | | | | | | |
| 财政收入相当于生产总值比例 | % | 24.4 | 9.5 | 11.3 | 12.0 | 13.6 |
| 财政支出相当于生产总值比例 | % | 22.6 | 10.3 | 16.4 | 19.3 | 17.4 |
| 利用外资 | | | | | | |
| 实际利用外资额相当于签订利用外资额比例 | % | | 53.8 | 60.2 | 48.9 | 55.9 |
| 能源生产与消费 | | | | | | |
| 能源生产增长系数 | % | 0.98 | 1.62 | 0.89 | 1.92 | 4.01 |
| 能源消费弹性系数 | % | 0.24 | 1.15 | 0.14 | 1.41 | 1.25 |
| 每万元生产总值消耗的能源 | 吨标煤 | 14.32 | 2.86 | 1.58 | 1.69 | 1.63 |
| 农 业 | | | | | | |
| 人均耕地面积 | 公 顷 | 0.14 | 0.10 | 0.09 | 0.08 | 0.08 |
| 农业从业者人均耕地面积 | 公 顷 | 0.49 | 0.32 | 0.31 | 0.29 | 0.28 |
| 每公顷耕地农业机械总动力 | 千 瓦 | 1.01 | 2.30 | 3.36 | 4.09 | 4.39 |
| 每公顷耕地用电量 | 千瓦小时 | 287 | 1134 | 1878 | 2358 | 2831 |

2-7 续表1

| 指　　标 | 单 位 | 1978年 | 1995年 | 2000年 | 2002年 | 2003年 |
|---|---|---|---|---|---|---|
| 每公顷耕地化肥施用量 | 公 斤 | 62 | 330 | 421 | 462 | 510 |
| 每公顷耕地生产的农业产值 | 元 | 941 | 11247 | 14929 | 17832 | 18286 |
| 农业从业者人均农产品产量 | | | | | | |
| 粮　食 | 公 斤 | 1026 | 871 | 1065 | 1015 | 976 |
| 棉　花 | 公 斤 | 14 | 4 | 3 | 4 | 5 |
| 油　料 | 公 斤 | 7 | 36 | 38 | 41 | 42 |
| 肉　类 | 公 斤 | 18 | 76 | 90 | 107 | 115 |
| 水 产 品 | 公 斤 | 0.3 | 3.6 | 5.9 | 6.5 | 6.7 |
| 每公顷播种面积农产品产量 | | | | | | |
| 粮　食 | 公 斤 | 1785 | 2399 | 2850 | 2960 | 3067 |
| 棉　花 | 公 斤 | 420 | 548 | 911 | 1004 | 811 |
| 油　料 | 公 斤 | 435 | 1263 | 1277 | 1464 | 1447 |
| 工　业 | | | | | | |
| 规模以上工业企业效益 | | | | | | |
| 固定资产利税率 | % | | 5.51 | 8.99 | 9.52 | 12.41 |
| 总资产贡献率 | % | | | 7.83 | 8.40 | 10.40 |
| 产值利税率 | % | | 6.49 | 13.13 | 14.16 | 16.53 |
| 国有工业企业效益 | | | | | | |
| 固定资产利税率 | % | 14.18 | 4.41 | 5.53 | 7.75 | 10.45 |
| 总资产贡献率 | % | | | 5.12 | 6.97 | 9.09 |
| 产值利税率 | % | 20.54 | 6.20 | 9.80 | 13.81 | 16.45 |
| 建筑业 | | | | | | |
| 技术装备率 | 元 /人 | | 4375 | 6108 | 10412 | 12940 |
| 产值利润率 | % | | 0.3 | 0.6 | 1.0 | 1.1 |
| 全员劳动生产率 | 元 /人 | | 35466 | 59672 | 72881 | 93110 |
| 运输邮电通信业 | | | | | | |
| 铁路网密度 | 公里 /平方公里 | 0.009 | 0.010 | 0.011 | 0.011 | 0.011 |
| 公路网密度 | 公里 /平方公里 | 0.187 | 0.193 | 0.214 | 0.226 | 0.243 |
| 铁路货运密度 | 万吨公里 /公里 | | 1764.3 | 1634.6 | 2007.49 | 2160.44 |
| 电话普及率 | 部/百人 | | 2.67 | 9.67 | 15.20 | 18.23 |
| 城市电话普及率 | 部/百人 | | 8.93 | 31.01 | 42.00 | 51.30 |
| 移动电话普及率 | 部/百人 | | | 4.25 | 13.33 | 16.56 |
| 国内商业 | | | | | | |
| 人均消费品零售额 | 元 | 121 | 1057 | 1673 | 1986 | 2317 |
| 金　融 | | | | | | |
| 金融机构存款相当于生产总值比例 | % | | 109.7 | 160.3 | 180.7 | 191.5 |
| 金融机构贷款相当于生产总值比例 | % | | 113.3 | 132.0 | 140.4 | 148.0 |
| 金融机构现金支出相当于收入比例 | % | 102.7 | 97.4 | 100.0 | 98.9 | 98.5 |

2-7 续表2

| 指　　标 | 单 位 | 1978年 | 1995年 | 2000年 | 2002年 | 2003年 |
|---|---|---|---|---|---|---|
| 教　育 | | | | | | |
| 学龄儿童入学率 | % | 95.7 | 99.0 | 99.4 | 98.5 | 98.6 |
| 小学升学率 | % | 95.6 | 90.1 | 91.9 | 93.4 | 95.3 |
| 初中升学率 | % | 51.7 | 34.4 | 39.1 | 43.6 | 43.6 |
| 学校教师负担系数 | | | | | | |
| 高等学校 | 人 | 3.2 | 6.4 | 11.7 | 14.9 | 14.0 |
| 中等学校 | 人 | 20.7 | 14.2 | 18.5 | 19.5 | 19.7 |
| 小　　学 | 人 | 26.0 | 24.7 | 26.4 | 23.0 | 21.0 |
| 科　技 | | | | | | |
| 研究与发展经费支出相当于生产总值比例 | % | | 1.3 | 3.4 | 3.3 | 2.8 |
| 文　化 | | | | | | |
| 每万人有艺术表演团体 | 个 | 0.05 | 0.03 | 0.03 | 0.03 | 0.03 |
| 每万人有公共图书馆 | 个 | 0.02 | 0.03 | 0.03 | 0.03 | 0.03 |
| 每万人有博物馆 | 个 | 0.01 | 0.02 | 0.02 | 0.02 | 0.02 |
| 生活、福利 | | | | | | |
| 城镇与农村居民收入增长率比例（以农村居民收入指数为1，1978年=100） | % | | 1.67 | 1.50 | 1.86 | 1.96 |
| 职工保险福利费相当于工资总额比例 | % | 11.3 | 27.8 | 27.7 | 26.9 | 27.9 |
| 离退休退职人员相当于在职人数比例 | % | | 19.5 | 29.3 | 31.9 | 35.2 |
| 卫　生 | | | | | | |
| 每万人医院数 | 个 | 1.1 | 0.9 | 0.8 | 0.7 | 0.7 |
| 每万人医生数 | 人 | 12 | 18 | 18 | 16 | 16 |
| 每万人医院病床数 | 张 | 18 | 26 | 25 | 26 | 26 |
| 市政建设 | | | | | | |
| 城市自来水普及率 | % | | 96.0 | 96.5 | 76.9 | 93.8 |
| 城市用气普及率 | % | | 52.4 | 74.5 | 59.2 | 77.7 |
| 每万人绿地面积 | 公顷 | 0.18 | 2.89 | 4.22 | 4.04 | 4.26 |
| 环境、灾害 | | | | | | |
| 平均每起环境污染事故罚金 | 元 | | 2464 | 5190 | 11015 | 9250 |
| 平均每起火灾损失 | 元 | | 25265 | 7028 | 2914 | 3079 |
| 平均每起交通事故损失 | 元 | 415 | 3553 | 3358 | 3032 | 3114 |

注：1.本表价值量指标均按当年价格计算。

2.1998年以前工业指标为独立核算企业数。

3.2001年及以后各年市政建设指标按新口径计算，与以前年份不可比。

## 2-8 社会经济主要指标平均每人水平

单位：元

| 年 份 | 生产总值 | 工农业总产值 | 工业总产值 | 农林牧渔业总产值 | 社会消费品零售总额 | 职工平均工资 | 城镇居民人均可支配收入 |
|---|---|---|---|---|---|---|---|
| 1952 | 85 | 104 | 33 | 71 | 41 | | |
| 1957 | 144 | 163 | 64 | 100 | 65 | | |
| 1962 | 135 | 189 | 91 | 97 | 70 | | |
| 1965 | 169 | 251 | 140 | 112 | 66 | | |
| 1970 | 196 | 326 | 216 | 110 | 86 | | |
| 1975 | 243 | 409 | 282 | 127 | 101 | | |
| 1978 | 291 | 480 | 349 | 131 | 121 | 654 | 310 |
| 1980 | 334 | 539 | 390 | 149 | 154 | 785 | 407 |
| 1985 | 604 | 910 | 644 | 267 | 268 | 1122 | 650 |
| 1990 | 1241 | 1881 | 1359 | 522 | 490 | 2042 | 1369 |
| 1991 | 1410 | 2079 | 1524 | 555 | 529 | 2198 | 1498 |
| 1992 | 1591 | 2379 | 1772 | 607 | 616 | 2434 | 1705 |
| 1993 | 1926 | 3050 | 2318 | 732 | 717 | 2890 | 2102 |
| 1994 | 2344 | 3790 | 2917 | 873 | 884 | 3803 | 2684 |
| 1995 | 2843 | 4147 | 3056 | 1091 | 1057 | 4396 | 3310 |
| 1996 | 3314 | 4583 | 3312 | 1271 | 1225 | 4882 | 3810 |
| 1997 | 3634 | 4849 | 3568 | 1281 | 1379 | 5184 | 4001 |
| 1998 | 3834 | 4968 | 3630 | 1338 | 1451 | 6029 | 4220 |
| 1999 | 4101 | 5264 | 4009 | 1254 | 1544 | 6931 | 4654 |
| 2000 | 4549 | 5770 | 4490 | 1280 | 1673 | 7804 | 5124 |
| 2001 | 5024 | 6316 | 5005 | 1311 | 1821 | 9120 | 5484 |
| 2002 | 5701 | 6962 | 5573 | 1388 | 1986 | 10351 | 6331 |
| 2003 | 6480 | 8175 | 6708 | 1389 | 2317 | 11461 | 6806 |

| 年 份 | 城镇居民家庭生活消费支出 | 农民家庭人均纯收入 | 农民家庭生活消费支出 | 城乡居民年末储蓄存款 | 每万人有 | | |
|---|---|---|---|---|---|---|---|
| | | | | | 大学生（人） | 医院床位（张） | 医生数（人） |
| 1952 | | | | 2 | 3 | 2 | 3 |
| 1957 | | 76 | 77 | 7 | 14 | 5 | 9 |
| 1962 | | 109 | 105 | 7 | 18 | 8 | 10 |
| 1965 | | 106 | 87 | 10 | 15 | 9 | 10 |
| 1970 | | 110 | 111 | 13 | … | 12 | 9 |
| 1975 | | 117 | 118 | 20 | 9 | 16 | 11 |
| 1978 | 268 | 133 | 134 | 28 | 12 | 18 | 12 |
| 1980 | 371 | 142 | 139 | 48 | 19 | 19 | 13 |
| 1985 | 505 | 295 | 233 | 149 | 27 | 22 | 17 |
| 1990 | 1117 | 530 | 477 | 617 | 29 | 24 | 18 |
| 1991 | 1276 | 534 | 487 | 783 | 28 | 24 | 17 |
| 1992 | 1405 | 559 | 498 | 967 | 30 | 25 | 18 |
| 1993 | 1714 | 653 | 560 | 1173 | 34 | 26 | 17 |
| 1994 | 2246 | 805 | 737 | 1572 | 36 | 26 | 18 |
| 1995 | 2838 | 963 | 914 | 2089 | 37 | 26 | 18 |
| 1996 | 3211 | 1165 | 1097 | 2659 | 38 | 26 | 18 |
| 1997 | 3462 | 1285 | 1215 | 3054 | 39 | 25 | 17 |
| 1998 | 3539 | 1406 | 1181 | 3453 | 42 | 25 | 17 |
| 1999 | 3953 | 1456 | 1162 | 3792 | 50 | 26 | 18 |
| 2000 | 4277 | 1470 | 1251 | 4178 | 66 | 25 | 18 |
| 2001 | 4638 | 1520 | 1331 | 4833 | 87 | 26 | 18 |
| 2002 | 5378 | 1596 | 1491 | 5737 | 112 | 26 | 16 |
| 2003 | 5667 | 1676 | 1455 | 6829 | 135 | 26 | 16 |

注：本表按当年价格计算。

# 2-9 人均工农业主要产品产量

单位：公斤

| 年 份 | 粮 食 | 棉 花 | 油 料 | 糖 料 | 水 果 | 肉 类 | 禽 蛋 | 水产品 |
|---|---|---|---|---|---|---|---|---|
| 1952 | 263.9 | 4.9 | 4.6 | 0.6 | 6.7 | 1.5 | 0.7 | … |
| 1957 | 249.5 | 6.5 | 3.6 | 0.3 | 8.1 | 2.2 | 0.7 | … |
| 1962 | 201.2 | 2.3 | 1.0 | 0.2 | 4.7 | 0.5 | 0.5 | … |
| 1965 | 286.3 | 5.4 | 2.6 | 0.3 | 7.5 | 2.9 | 0.6 | … |
| 1970 | 251.0 | 3.8 | 2.0 | 0.3 | 6.6 | 2.1 | 0.6 | … |
| 1975 | 303.1 | 3.2 | 2.8 | 0.8 | 6.7 | 4.2 | 0.7 | 0.1 |
| 1978 | 289.3 | 3.8 | 2.0 | 0.7 | 12.1 | 5.1 | 0.9 | 0.1 |
| 1980 | 268.5 | 2.9 | 3.9 | 1.1 | 9.9 | 8.2 | 1.1 | 0.1 |
| 1985 | 319.0 | 1.4 | 10.0 | 2.6 | 11.2 | 10.1 | 3.8 | 0.2 |
| 1990 | 328.7 | 2.4 | 10.3 | 1.8 | 19.0 | 14.4 | 5.7 | 0.6 |
| 1991 | 313.5 | 2.7 | 10.6 | 2.8 | 24.0 | 16.1 | 7.6 | 0.7 |
| 1992 | 304.8 | 1.6 | 10.5 | 2.2 | 33.9 | 17.6 | 8.6 | 0.8 |
| 1993 | 355.0 | 1.5 | 11.9 | 2.0 | 49.1 | 19.2 | 10.1 | 0.9 |
| 1994 | 272.8 | 1.2 | 9.9 | 1.5 | 63.5 | 21.2 | 11.7 | 1.0 |
| 1995 | 261.2 | 1.1 | 10.9 | 0.3 | 81.2 | 22.7 | 11.5 | 1.1 |
| 1996 | 345.0 | 0.9 | 10.6 | 0.8 | 102.7 | 19.3 | 10.2 | 1.2 |
| 1997 | 293.7 | 0.6 | 10.3 | 1.0 | 91.8 | 20.8 | 11.2 | 1.3 |
| 1998 | 363.7 | 0.6 | 9.9 | 1.4 | 120.2 | 23.8 | 11.1 | 1.4 |
| 1999 | 300.0 | 0.5 | 8.8 | 0.5 | 136.8 | 23.8 | 11.1 | 1.6 |
| 2000 | 299.9 | 0.8 | 10.7 | 0.5 | 136.0 | 25.4 | 11.7 | 1.7 |
| 2001 | 267.5 | 1.4 | 10.3 | 0.5 | 135.2 | 26.4 | 11.6 | 1.7 |
| 2002 | 274.3 | 1.2 | 11.2 | 0.8 | 140.4 | 28.9 | 12.6 | 1.7 |
| 2003 | 263.0 | 1.4 | 11.2 | 0.7 | 168.7 | 30.9 | 13.3 | 1.8 |

| 年 份 | 纱 | 布（米） | 机制纸及纸板 | 原 煤 | 原 油 | 发电量（千瓦小时） | 钢 | 水 泥 |
|---|---|---|---|---|---|---|---|---|
| 1952 | 1.2 | 5.4 | … | 68.6 | 0.1 | 4.0 | | |
| 1957 | 3.3 | 17.0 | 0.1 | 101.2 | 0.4 | 15.6 | … | |
| 1962 | 2.0 | 8.6 | 0.6 | 211.1 | 0.5 | 45.2 | 0.4 | 9.0 |
| 1965 | 4.3 | 20.5 | 0.6 | 185.8 | 0.6 | 68.2 | 0.6 | 25.9 |
| 1970 | 5.3 | 21.0 | 0.9 | 282.2 | 0.7 | 112.6 | 1.9 | 31.2 |
| 1975 | 4.9 | 19.9 | 1.7 | 426.2 | 1.7 | 164.1 | 5.7 | 60.5 |
| 1978 | 5.0 | 21.0 | 2.4 | 602.4 | 2.2 | 239.1 | 8.8 | 76.2 |
| 1980 | 5.3 | 23.4 | 3.2 | 635.6 | 3.0 | 280.7 | 8.7 | 81.4 |
| 1985 | 5.3 | 21.5 | 6.3 | 902.5 | 7.4 | 364.5 | 11.6 | 128.6 |
| 1990 | 4.6 | 22.4 | 12.9 | 1021.5 | 21.5 | 459.7 | 15.0 | 162.7 |
| 1991 | 4.8 | 20.9 | 13.5 | 985.2 | 25.5 | 492.0 | 15.3 | 177.3 |
| 1992 | 5.0 | 21.4 | 15.1 | 1011.5 | 30.1 | 558.8 | 17.1 | 199.2 |
| 1993 | 4.7 | 22.9 | 13.4 | 934.6 | 33.0 | 630.8 | 19.6 | 206.8 |
| 1994 | 4.6 | 20.8 | 18.2 | 1072.8 | 39.0 | 642.5 | 17.9 | 265.7 |
| 1995 | 4.0 | 22.6 | 24.6 | 1214.8 | 47.8 | 677.1 | 15.4 | 243.6 |
| 1996 | 3.6 | 20.8 | 24.2 | 1307.8 | 62.6 | 761.6 | 15.3 | 259.6 |
| 1997 | 3.9 | 22.2 | 25.5 | 1391.5 | 80.4 | 758.6 | 13.5 | 327.8 |
| 1998 | 3.8 | 18.4 | 6.0 | 631.6 | 161.0 | 690.4 | 14.7 | 240.2 |
| 1999 | 4.0 | 19.1 | 6.5 | 674.2 | 178.3 | 707.1 | 14.1 | 274.4 |
| 2000 | 4.3 | 19.8 | 6.6 | 962.0 | 205.6 | 749.9 | 14.8 | 272.5 |
| 2001 | 4.3 | 18.9 | 7.8 | 1241.1 | 250.8 | 831.1 | 19.0 | 304.0 |
| 2002 | 4.8 | 19.8 | 6.6 | 1598.0 | 290.1 | 936.9 | 24.0 | 362.3 |
| 2003 | 4.9 | 20.1 | 8.6 | 2007.8 | 344.2 | 1116.8 | 47.2 | 416.7 |

注：1998年及以后各年工业产品产量为规模以上企业数据。

# 2-10 工农业总产值

单位：亿元

| 年 份 | 工农业总产值 | 农林牧渔业总 产 值 | 工 业总产值 | 轻工业总产值 | 重工业总产值 |
|---|---|---|---|---|---|
| 1952 | 15.70 | 10.75 | 4.95 | 3.77 | 1.18 |
| 1957 | 29.06 | 17.72 | 11.34 | 8.33 | 3.01 |
| 1962 | 37.50 | 19.36 | 18.14 | 9.90 | 8.24 |
| 1965 | 53.31 | 23.66 | 29.65 | 14.82 | 14.83 |
| 1970 | 77.77 | 26.16 | 51.61 | 19.82 | 31.79 |
| 1975 | 109.31 | 33.95 | 75.36 | 31.95 | 43.41 |
| 1978 | 132.75 | 36.27 | 96.48 | 43.06 | 53.42 |
| 1980 | 151.84 | 41.88 | 109.96 | 55.10 | 54.86 |
| 1985 | 271.66 | 79.58 | 192.08 | 80.11 | 111.97 |
| 1990 | 612.54 | 169.96 | 442.58 | 188.03 | 254.55 |
| 1991 | 694.18 | 185.37 | 508.81 | 214.41 | 294.40 |
| 1992 | 804.88 | 205.34 | 599.54 | 239.85 | 359.69 |
| 1993 | 1044.27 | 250.49 | 793.78 | 281.03 | 512.75 |
| 1994 | 1312.14 | 302.38 | 1009.76 | 370.68 | 639.08 |
| 1995 | 1450.36 | 381.65 | 1068.71 | 398.13 | 670.58 |
| 1996 | 1617.00 | 448.46 | 1168.54 | 426.52 | 742.02 |
| 1997 | 1724.44 | 455.59 | 1268.85 | 484.57 | 784.28 |
| 1998 | 1779.97 | 479.34 | 1300.63 | 501.71 | 798.92 |
| 1999 | 1898.65 | 452.47 | 1446.18 | 563.40 | 882.78 |
| 2000 | 2095.22 | 464.89 | 1630.33 | 577.56 | 1052.77 |
| 2001 | 2306.36 | 478.84 | 1827.52 | 642.10 | 1185.42 |
| 2002 | 2552.53 | 509.08 | 2043.45 | 695.52 | 1347.93 |
| 2003 | 3010.21 | 511.25 | 2469.95 | 761.98 | 1707.97 |

注：本表工业按当年价格计算；农业按当年农户生产者价格计算，不含农民家庭兼营工业。

## 2-11 工农业总产值指数

(1952年=100)

| 年 份 | 工农业总产值 | 农林牧渔业总产值 | 工业总产值 | 轻工业总产值 | 重工业总产值 |
|---|---|---|---|---|---|
| 1952 | 100.0 | 100.0 | 100.0 | 100.0 | 100.0 |
| 1957 | 165.0 | 141.2 | 239.3 | 226.4 | 280.7 |
| 1962 | 180.5 | 115.0 | 350.8 | 246.5 | 704.7 |
| 1965 | 320.0 | 183.8 | 666.9 | 429.0 | 1476.4 |
| 1970 | 543.6 | 186.1 | 1420.3 | 702.9 | 3868.1 |
| 1975 | 764.8 | 212.4 | 2152.2 | 978.6 | 6106.8 |
| 1978 | 925.0 | 215.6 | 2811.3 | 1283.2 | 7954.1 |
| 1980 | 991.0 | 209.2 | 3059.4 | 1592.3 | 7758.0 |
| 1985 | 1628.7 | 319.7 | 5198.5 | 2391.2 | 14765.5 |
| 1990 | 2679.8 | 413.6 | 9216.3 | 4026.6 | 27206.2 |
| 1991 | 2952.4 | 431.7 | 10352.0 | 4287.4 | 31783.2 |
| 1992 | 3329.3 | 457.7 | 11915.2 | 4986.2 | 36328.2 |
| 1993 | 3941.9 | 522.3 | 14268.4 | 5104.2 | 48011.4 |
| 1994 | 4446.5 | 520.2 | 16651.2 | 6548.7 | 52956.6 |
| 1995 | 5011.2 | 541.0 | 19148.9 | 7504.8 | 61059.0 |
| 1996 | 5437.2 | 597.9 | 20680.8 | 8247.8 | 65211.0 |
| 1997 | 5779.7 | 607.7 | 22231.9 | 9105.5 | 68928.0 |
| 1998 | 6276.7 | 661.6 | 24121.6 | 9988.7 | 74235.5 |
| 1999 | 6803.9 | 660.3 | 26654.4 | 11097.4 | 81659.1 |
| 2000 | 7450.3 | 690.7 | 29479.8 | 11852.0 | 92438.1 |
| 2001 | 8158.1 | 708.0 | 32693.1 | 13096.5 | 102791.2 |
| 2002 | 9336.6 | 751.9 | 37466.3 | 14380.0 | 120985.2 |
| 2003 | 10737.1 | 790.2 | 43685.7 | 15875.5 | 144214.4 |

注：本表按可比价格计算。

## 2-12 工农业总产值指数

(上年=100)

| 年 份 | 工农业总产值 | 农林牧渔业总产值 | 工业总产值 | 轻工业总产值 | 重工业总产值 |
|---|---|---|---|---|---|
| 1978 | 113.3 | 102.7 | 118.8 | 114.0 | 122.7 |
| 1980 | 99.6 | 85.9 | 102.9 | 115.4 | 93.3 |
| 1985 | 116.1 | 102.8 | 121.8 | 117.5 | 125.5 |
| 1986 | 110.3 | 104.8 | 112.3 | 112.1 | 112.5 |
| 1987 | 111.2 | 102.7 | 114.1 | 111.5 | 116.2 |
| 1988 | 115.3 | 106.9 | 117.9 | 115.3 | 119.9 |
| 1989 | 108.8 | 105.9 | 109.7 | 107.9 | 110.9 |
| 1990 | 106.8 | 106.1 | 107.0 | 108.3 | 106.0 |
| 1991 | 110.2 | 104.4 | 112.3 | 106.5 | 116.8 |
| 1992 | 112.8 | 106.0 | 115.1 | 116.3 | 114.3 |
| 1993 | 118.4 | 114.1 | 119.7 | 102.4 | 132.2 |
| 1994 | 112.8 | 99.6 | 116.7 | 128.3 | 110.3 |
| 1995 | 112.7 | 104.0 | 115.0 | 114.6 | 115.3 |
| 1996 | 108.5 | 110.5 | 108.0 | 109.9 | 106.8 |
| 1997 | 106.3 | 101.6 | 107.5 | 110.4 | 105.7 |
| 1998 | 108.6 | 108.9 | 108.5 | 109.7 | 107.7 |
| 1999 | 108.4 | 99.8 | 110.5 | 111.1 | 110.0 |
| 2000 | 109.5 | 104.6 | 110.6 | 106.8 | 113.2 |
| 2001 | 109.5 | 102.5 | 110.9 | 110.5 | 111.2 |
| 2002 | 114.4 | 106.2 | 114.6 | 109.8 | 117.7 |
| 2003 | 115.0 | 105.1 | 116.6 | 110.4 | 119.2 |

注：本表按可比价格计算。

# 2-13 “一线两带”区域主要指标占全省比重

（2003年）

| 指 标 | 单 位 | “一线两带”区域 | 全省总计 | “一线两带”区域占全省比重（%） |
|---|---|---|---|---|
| 一、土地面积 | 平方公里 | 55477 | 205795 | 27.0 |
| 二、年底总人口 | 万 人 | 2199.63 | 3690.50 | 59.6 |
| 三、在岗职工人数 | 万 人 | 222.73 | 319.36 | 69.7 |
| 在岗职工工资总额 | 亿 元 | 258.15 | 366.28 | 70.5 |
| 四、生产总值 | 亿 元 | 1741.71 | 2398.58 | 72.6 |
| 第一产业 | 亿 元 | 189.76 | 320.03 | 59.3 |
| 第二产业 | 亿 元 | 767.43 | 1133.56 | 67.7 |
| 第三产业 | 亿 元 | 784.52 | 944.99 | 83.0 |
| 五、全社会固定资产投资总额 | 亿 元 | 822.52 | 1278.72 | 64.3 |
| #国有单位 | 亿 元 | 407.63 | 713.37 | 57.1 |
| 集体单位 | 亿 元 | 43.67 | 62.78 | 69.6 |
| 六、地方财政收入 | 亿 元 | 98.54 | 177.33 | 55.6 |
| 地方财政支出 | 亿 元 | 140.93 | 418.20 | 33.7 |
| 七、农林牧渔业总产值 | 亿 元 | 301.83 | 511.25 | 59.0 |
| 主要农产品产量 | | | | |
| 粮 食 | 万 吨 | 680.37 | 968.40 | 70.3 |
| 棉 花 | 吨 | 49991 | 52740 | 94.8 |
| 油 料 | 吨 | 160820 | 413340 | 38.9 |
| 八、规模以上工业总产值 | 亿 元 | 1266.74 | 1879.26 | 67.4 |
| 轻 工 业 | 亿 元 | 375.78 | 431.49 | 87.1 |
| 重 工 业 | 亿 元 | 890.95 | 1447.77 | 61.5 |
| 九、邮电业务总量 | 万 元 | 130.60 | 174.14 | 75.0 |
| 固定电话 | 万 户 | 495.39 | 672.49 | 73.7 |
| 移动电话 | 万 户 | 433.93 | 611.00 | 71.0 |
| 十、社会消费品零售总额 | 亿 元 | 683.63 | 853.23 | 80.1 |
| 十一、对外经济 | | | | |
| 进出口总额 | 万美元 | 274910 | 278371 | 98.8 |
| #出口额 | 万美元 | 170230 | 173523 | 98.1 |
| 外商直接投资 | 万美元 | 32105 | 46602 | 68.9 |
| 十二、卫生机构数 | 个 | 2800 | 5039 | 55.6 |
| 床位数 | 张 | 70711 | 102706 | 68.8 |
| 卫生技术人员 | 人 | 90597 | 134732 | 67.2 |

注：本表价值量指标中，除邮电业务总量按2000年不变价计算外，其余均按当年价格计算。

# 2-14 各市国民经济主要指标

（2003年）

| 指 标 | 单 位 | 关 中 | 西安市 | 铜川市 | 宝鸡市 | 咸阳市 | 渭南市 | 杨 凌 示范区 |
|---|---|---|---|---|---|---|---|---|
| 一、年底总人口 | 万人 | 2199.63 | 716.58 | 83.98 | 367.13 | 483.91 | 533.94 | 14.09 |
| 二、在岗职工人数 | 万人 | 222.73 | 109.92 | 10.01 | 30.50 | 37.51 | 32.63 | 2.16 |
| 三、地区生产总值 | 亿元 | 1741.71 | 928.12 | 48.69 | 261.12 | 287.64 | 207.46 | 8.68 |
| 四、全社会固定资产投资总额 | 亿元 | 822.52 | 463.54 | 22.50 | 119.48 | 124.08 | 83.13 | 9.79 |
| # 国有单位固定资产投资 | 亿元 | 407.63 | 246.17 | 13.16 | 52.91 | 47.87 | 42.99 | 4.53 |
| 集体单位固定资产投资 | 亿元 | 43.67 | 24.14 | 0.87 | 10.37 | 3.76 | 4.10 | 0.43 |
| 五、地方财政收入 | 亿元 | 98.54 | 64.80 | 2.15 | 10.62 | 12.18 | 8.03 | 0.76 |
| 地方财政支出 | 亿元 | 140.93 | 72.37 | 5.29 | 18.16 | 23.37 | 20.18 | 1.56 |
| 六、在岗职工工资总额 | 亿元 | 258.15 | 146.82 | 9.73 | 31.34 | 37.25 | 30.56 | 2.45 |
| 在岗职工平均货币工资 | 元 | | 13327 | 9218 | 10168 | 10011 | 9379 | 11688 |
| 七、农林牧渔业总产值 | 亿元 | 301.83 | 75.54 | 7.16 | 51.04 | 96.92 | 69.57 | 1.60 |
| 粮食产量 | 万吨 | 680.37 | 176.34 | 20.57 | 121.78 | 178.78 | 179.50 | 3.39 |
| 棉花产量 | 吨 | 49991 | 2244 | 6 | 171 | 610 | 46960 | |
| 油料产量 | 吨 | 160820 | 11275 | 9721 | 16771 | 47564 | 75369 | 120 |
| 八、规模以上工业总产值 | 亿元 | 1266.74 | 647.65 | 42.13 | 203.79 | 192.49 | 168.87 | 11.81 |
| 轻 工 业 | 亿元 | 375.78 | 184.69 | 4.83 | 71.52 | 75.46 | 30.01 | 9.27 |
| 重 工 业 | 亿元 | 890.95 | 462.96 | 37.30 | 132.26 | 117.03 | 138.86 | 2.54 |
| 九、邮电业务总量 | 亿元 | 130.60 | 81.88 | 3.26 | 14.48 | 16.19 | 14.79 | |
| 固定电话 | 万户 | 495.39 | 253.84 | 17.94 | 73.00 | 69.48 | 81.13 | |
| 移动电话 | 万户 | 433.93 | 237.24 | 47.46 | 54.72 | 61.10 | 33.41 | |
| 十、社会消费品零售总额 | 亿元 | 683.63 | 440.05 | 18.13 | 82.61 | 80.19 | 60.57 | 2.08 |
| 十一、对外经济 | | | | | | | | |
| 进出口总额 | 万美元 | 274910 | 230917 | 510 | 7351 | 27878 | 2862 | 5392 |
| # 出 口 | 万美元 | 170230 | 140312 | 421 | 4174 | 19242 | 1716 | 4365 |
| 外商直接投资 | 万美元 | 32105 | 25556 | 6 | 1546 | 3314 | 1668 | 15 |
| 十二、卫生机构数 | 个 | 2800 | 1187 | 149 | 586 | 440 | 428 | 10 |
| 床位数 | 张 | 70711 | 33518 | 3683 | 11440 | 11786 | 9946 | 338 |
| 卫生技术人员 | 人 | 90597 | 40129 | 4223 | 14841 | 17173 | 13830 | 401 |

2-14 续表 (2003年)

| 指　　标 | 单 位 | 陕 南 | 汉中市 | 安康市 | 商洛市 | 陕 北 | 延安市 | 榆林市 |
|---|---|---|---|---|---|---|---|---|
| 一、年底总人口 | 万人 | 903.68 | 372.12 | 294.06 | 237.5 | 539.15 | 205.61 | 333.54 |
| 二、在岗职工人数 | 万人 | 45.16 | 22.71 | 12.21 | 10.24 | 35.79 | 17.67 | 18.12 |
| 三、地区生产总值 | 亿元 | 342.63 | 163.44 | 103.60 | 75.59 | 280.86 | 142.76 | 138.10 |
| 四、全社会固定资产投资总额 | 亿元 | 144.53 | 64.72 | 50.28 | 29.53 | 201.29 | 111.15 | 90.14 |
| #国有单位固定资产投资 | 亿元 | 81.03 | 37.63 | 25.57 | 17.83 | 158.22 | 97.54 | 60.68 |
| 集体单位固定资产投资 | 亿元 | 6.62 | 2.78 | 2.93 | 0.91 | 12.48 | 4.58 | 7.90 |
| 五、地方财政收入 | 亿元 | 13.35 | 6.37 | 4.05 | 2.93 | 32.47 | 20.12 | 12.35 |
| 地方财政支出 | 亿元 | 45.26 | 18.55 | 14.73 | 11.98 | 58.02 | 32.47 | 25.55 |
| 六、在岗职工工资总额 | 亿元 | 43.08 | 21.60 | 12.22 | 9.26 | 37.62 | 19.74 | 17.88 |
| 在岗职工平均货币工资 | 元 |  | 9424 | 10005 | 9061 |  | 11300 | 10166 |
| 七、农林牧渔业总产值 | 亿元 | 136.00 | 58.16 | 43.96 | 33.88 | 68.57 | 34.67 | 33.90 |
| 粮食产量 | 万吨 | 234.40 | 94.97 | 77.26 | 62.17 | 157.37 | 56.84 | 100.53 |
| 棉花产量 | 吨 | 119 | 70 | 21 | 28 | 182 | 157 | 25 |
| 油料产量 | 吨 | 193400 | 131197 | 50611 | 11592 | 56859 | 18011 | 38848 |
| 八、规模以上工业总产值 | 亿元 | 145.04 | 102.18 | 27.22 | 15.64 | 281.66 | 191.76 | 89.90 |
| 轻 工 业 | 亿元 | 42.50 | 26.04 | 11.64 | 4.82 | 13.21 | 10.17 | 3.04 |
| 重 工 业 | 亿元 | 102.55 | 76.14 | 15.58 | 10.83 | 268.45 | 181.59 | 86.86 |
| 九、邮电业务总量 | 亿元 | 20.05 | 9.96 | 6.29 | 3.80 | 23.47 | 10.59 | 12.88 |
| 固定电话 | 万户 | 108.26 | 52.19 | 32.68 | 23.39 | 68.84 | 32.09 | 36.75 |
| 移动电话 | 万户 | 90.82 | 51.53 | 25.08 | 14.21 | 86.25 | 41.73 | 44.52 |
| 十、社会消费品零售总额 | 亿元 | 104.38 | 49.59 | 31.93 | 22.86 | 66.81 | 29.41 | 37.40 |
| 十一、对外经济 |  |  |  |  |  |  |  |  |
| 进出口总额 | 万美元 | 2199 | 1588 | 157 | 454 | 1263 | 89 | 1174 |
| #出口 | 万美元 | 2054 | 1443 | 157 | 454 | 1239 | 89 | 1150 |
| 外商直接投资 | 万美元 | 799 | 628 | 75 | 96 | 900 | 900 |  |
| 十二、卫生机构数 | 个 | 1344 | 557 | 414 | 373 | 895 | 399 | 496 |
| 床位数 | 张 | 19424 | 10586 | 4956 | 3882 | 12571 | 5526 | 7045 |
| 卫生技术人员 | 人 | 27398 | 13932 | 7282 | 6184 | 16737 | 8055 | 8682 |

注：1.年底总人口为公安年报数。

2.本表价值量指标中，除邮电业务总量按2000年不变价计算外，其余均按当年价格计算。

3.地方财政收入为新口径。

4.农林牧渔业总产值不含农民家庭兼营工业。

# 主要统计指标解释

**可比价格**　指计算各种总量指标所采用的扣除了价格变动因素的价格,可进行不同时期总量指标的对比。按可比价格计算总量指标有两种方法：一种是直接用产品产量乘某一年的不变价格计算；另一种是用价格指数进行缩减。

**不变价格**　指以同类产品某年的平均价格作为固定价格,用于计算各年的产品价值。按不变价格计算的产品价值消除了价格变动因素,不同时期对比可以反映生产的发展速度。新中国成立后,随着工农业产品价格水平的变化,国家统计局先后五次制定了全国统一的工业产品不变价格和农业产品不变价格。从1952年到1957年使用1952年工(农)业产品不变价格,从1957年到1970年使用1957年不变价格，从1971年到1980年使用1970年不变价格，从1981年到1990年使用1980年不变价格,从1991年开始使用1990年不变价格。

**指数**　是一种表明社会经济现象动态的相对数。运用指数可以测定不能直接相加和直接对比的社会经济现象的总动态,可以分析社会经济现象总变动中各因素变动的影响程度,可以研究总平均指标变动中各组标志水平和总体结构变动的作用。它是在把各个年份的数值换算成可比价格的基础上,根据定基指数等于相应各个环比指数的连乘积这个换算关系计算出来的。

**平均增长速度**　我国计算平均增长速度有两种方法：一种是习惯上经常使用的"水平法",又称几何平均法,是以间隔期最后一年的水平同基期水平对比来计算平均每年增长(或下降)速度；另一种是"累计法",又称代数平均法或方程法,是以间隔期内各年水平的总和同基期水平对比来计算平均每年增长(或下降)速度。在一般正常情况下,两种方法计算的平均每年增长速度比较接近；但在经济发展不平衡、出现大起大落时,两种方法计算的结果差别较大。

本《年鉴》内所列的平均增长速度,除固定资产投资用"累计法"计算外,其余均用"水平法"计算。从某年到某年平均增长速度的年份,均不包括基期年在内。如改革开放以来的平均增长速度是以1978年为基期计算的,则写为1979-2003年平均增长速度,其余类推。

**企业(单位)登记注册类型**　是以在工商行政管理机关登记注册的各类企业为划分对象,以工商行政管理部门对企业登记注册的类型为依据,将企业登记注册类型分为内资企业、港澳台商投资企业和外商投资企业三大类。内资企业包括国有企业、集体企业、股份合作企业、联营企业、有限责任公司、股份有限公司、私营公司和其他企业；港澳台商投资企业和外商投资企业分别包括合资经营企业、合作经营企业、独资经营企业和股份有限公司。对不在工商行政管理部门进行登记注册的行政机关、事业单位和社会团体,主要按其经费来源和管理方式进行划分。

**国有企业**　指企业全部资产归国家所有,并按《中华人民共和国企业法人登记管理条例》规定登记注册的非公司制的经济组织。不包括有限责任公司中的国有独资公司。

**集体企业**　指企业资产归集体所有,并按《中华人民共和国企业法人登记管理条例》规定登记注册的经济组织。

**股份合作企业**　指以合作制为基础,由企业职工共同出资入股,吸收一定比例的社会资产投资组建,实行自主经营,自负盈亏,共同劳动,民主管理,按劳分配与按股分红相结合的一种集体经济组织。

**联营企业**　指两个及两个以上相同或不同所有制性质的企业法人或事业单位法人,按自愿、平等、互利的原则,共同投资组成的经济组织。联营企业包括国有联营企业、集体联营企业、国有与集体联营企业和其他联营企业。

**有限责任公司**　指根据《中华人民共和国公司登记管理条例》规定登记注册,由两个以上、五十个以下的股东共同出资,每个股东以其所认缴的出资额对公司承担有限责任,公司以其全部资产对其债务承担责任的经济组织。有限责任公司包括国有独资公司以及其他有限责任公司。

**股份有限公司**　指根据《中华人民共和国公司登记管理条例》规定登记注册,其全部注册资本由等额股份构成并通过发行股票筹集资本,股东以其认购的股份对公司承担有限责任,公司以其全部资产对其债务承担责任的经济组织。

**私营企业**　指由自然人投资设立或由自然人控股，以雇佣劳动为基础的营利性经济组织。包括按照《公司法》、《合伙企业法》、《私营企业暂行条例》规定登记注册的私营有限责任公司、私营股份有限公司、私营合伙企业和私营独资企业。

**其他企业**　指上述企业之外的其他内资经济组织。

**与港澳台商合资经营企业**　指港澳台地区投资者与内地企业依照《中华人民共和国中外合资经营企业法》及有关法律的规定,按合同规定的比例投资设立、分享利润和分担风险的企业。

**与港澳台商合作经营企业**　指港澳台地区投资者与内地企业依照《中华人民共和国中外合作经营企业法》及有关法律的规定,依照合作合同的约定进行投资或提供条件设立、分配利润和分担风险的企业。

**港澳台商独资经营企业** 指依照《中华人民共和国外资企业法》及有关法律的规定，在内地由港澳台地区投资者全额投资设立的企业。

**港澳台商投资股份有限公司** 指根据国家有关规定，经外经贸部依法批准设立，其中港、澳、台商的股本占公司注册资本的比例达25%以上的股份有限公司。凡其中港、澳、台商的股本占公司注册资本的比例小于25%的，属于内资企业中的股份有限公司。

**中外合资经营企业** 指外国企业或外国人与中国内地企业依照《中华人民共和国中外合资经营企业法》及有关法律的规定，按合同规定的比例投资设立、分享利润和分担风险的企业。

**中外合作经营企业** 指外国企业或外国人与中国内地企业依照《中华人民共和国中外合作经营企业法》及有关法律的规定，依照合作合同的约定进行投资或提供条件设立、分配利润和分担风险的企业。

**外资企业** 指依照《中华人民共和国外资企业法》及有关法律的规定，在中国内地由外国投资者全额投资设立的企业。

**外商投资股份有限公司** 指根据国家有关规定，经外经贸部依法批准设立，其中外资的股本占公司注册资本的比例达25%以上的股份有限公司。凡其中外资股本占公司注册资本的比例小于25%的，属于内资企业中的股份有限公司。

**行政机关、事业单位和社会团体** 参照企业登记注册类型，主要按其经费来源和管理方式划分。具体规定如下：

(1)行政机关：包括国家机关和政党机关，原则上均列为"国有"。但有特殊规定的，如供销社等，则列为"集体"。

(2)事业单位：包括经国家机构编制部门和有关业务主管部门批准成立的各类事业单位，不包括实行企业化管理的事业单位。事业单位的划分办法如下：

①由国家财政预算拨款或列入财政预算外资金管理以及经费主要来源于国有主管部门或国有上级单位的事业单位，列为"国有"。

②经费主要来源于集体单位的事业单位，列为"集体"。

③公民个人(或个人合伙)开办的事业单位，列为"私营"。

④上述以外的其他事业单位，如果其经费来源不明确，按管理方式进行归类。

(3)社会团体：包括经民政部门批准成立以及未纳入社会团体管理条例范围的工会、妇联等各类社会团体。社会团体的划分办法如下：

①未纳入民政部社会团体管理条例范围的工会、妇联、共青团、青联、工商联、科协、侨联等社会团体，国家拨款设立的基金会或基金管理组织以及经费主要来源于国有业务主管部门或国有上级单位的社会团体，列为"国有"。

②经费主要来源于集体单位的社会团体，列为"集体"。

③公民个人(或个人合伙)开办的社会团体，划为"私营"。

④上述以外的其他社会团体，如果其经费来源不明确，改按管理方式进行归类。

# 3 国民经济核算

*GUOMINJINGJIHESUAN*

资料整理　李　艳　张西莉　张红霞
杨遐龄　萨　慧

*****************************************************************

## 3. 国民经济核算

*****************************************************************

| 2003 年全省 | | |
|---|---|---|
| 生产总值 | 2398.58 亿元 | 比上年增长 10.9% |
| 第一产业 | 320.03 亿元 | 比上年增长 5.1% |
| 第二产业 | 1133.56 亿元 | 比上年增长 14.8% |
| 第三产业 | 944.99 亿元 | 比上年增长 8.5% |
| 人均生产总值 | 6480 元 | 比上年增长 10.4% |

*****************************************************************

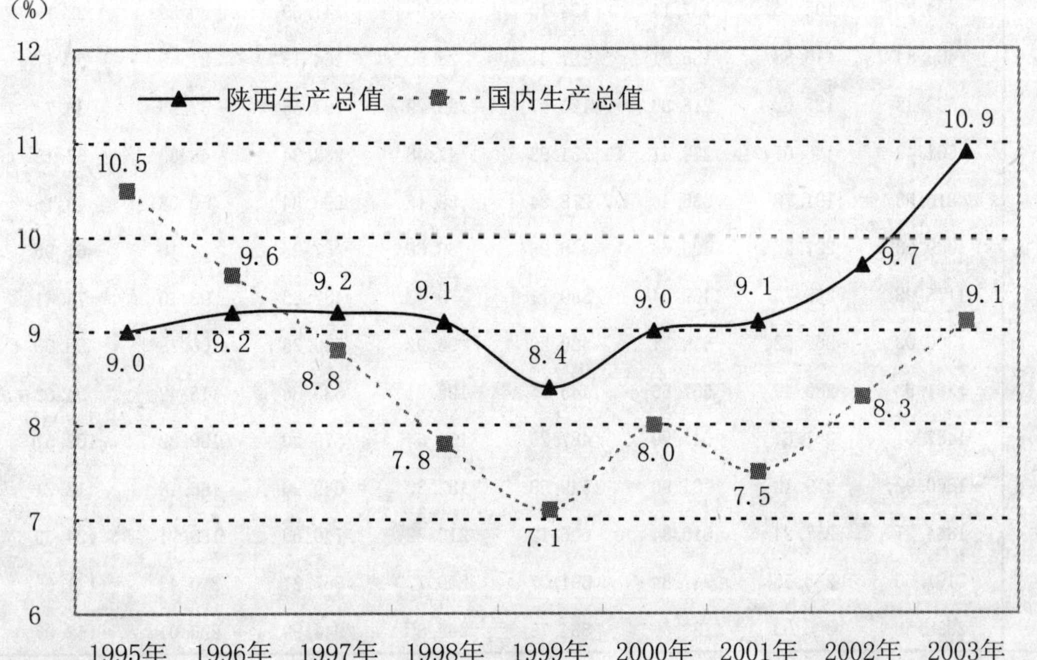

# 3-1 生产总值

| 年份 | 生产总值（亿元） | 第一产业 | 第二产业 | 工业 | 建筑业 | 第三产业 | #交通运输仓储邮电通信业 | #批发零售贸易餐饮业 | 人均生产总值（元） |
|---|---|---|---|---|---|---|---|---|---|
| 1952 | 12.85 | 8.40 | 1.92 | 1.70 | 0.22 | 2.53 | 0.18 | 1.54 | 85 |
| 1957 | 25.58 | 13.17 | 6.06 | 4.44 | 1.62 | 6.35 | 0.96 | 3.00 | 144 |
| 1962 | 26.85 | 13.35 | 7.30 | 6.27 | 1.03 | 6.20 | 0.70 | 2.79 | 135 |
| 1965 | 35.93 | 17.51 | 11.78 | 10.01 | 1.77 | 6.64 | 1.07 | 2.19 | 169 |
| 1970 | 46.84 | 18.89 | 20.42 | 16.62 | 3.80 | 7.53 | 1.11 | 3.15 | 196 |
| 1975 | 64.92 | 23.76 | 29.87 | 25.18 | 4.69 | 11.29 | 1.94 | 4.00 | 243 |
| 1978 | 81.07 | 24.70 | 42.13 | 36.52 | 5.61 | 14.24 | 3.15 | 4.47 | 291 |
| 1979 | 94.52 | 32.52 | 44.67 | 39.38 | 5.29 | 17.33 | 3.83 | 5.44 | 336 |
| 1980 | 94.91 | 28.47 | 47.74 | 42.22 | 5.52 | 18.70 | 3.91 | 4.24 | 334 |
| 1981 | 102.09 | 35.40 | 46.25 | 40.08 | 6.17 | 20.44 | 3.65 | 4.84 | 356 |
| 1982 | 111.95 | 37.02 | 50.36 | 43.31 | 7.05 | 24.57 | 4.69 | 4.69 | 385 |
| 1983 | 123.39 | 40.00 | 55.15 | 47.48 | 7.67 | 28.24 | 5.48 | 4.79 | 420 |
| 1984 | 149.35 | 51.05 | 63.12 | 53.82 | 9.30 | 35.18 | 7.79 | 6.13 | 504 |
| 1985 | 180.87 | 53.39 | 80.89 | 67.81 | 13.08 | 46.59 | 7.95 | 8.68 | 604 |
| 1986 | 208.31 | 58.00 | 91.13 | 76.61 | 14.52 | 59.18 | 10.09 | 11.49 | 688 |
| 1987 | 244.96 | 67.84 | 104.58 | 87.08 | 17.50 | 72.54 | 13.10 | 12.78 | 794 |
| 1988 | 314.48 | 82.69 | 133.32 | 112.85 | 20.47 | 98.47 | 19.43 | 19.11 | 1004 |
| 1989 | 358.37 | 91.28 | 149.64 | 128.11 | 21.53 | 117.45 | 22.52 | 18.36 | 1124 |
| 1990 | 404.30 | 105.56 | 157.14 | 134.10 | 23.04 | 141.60 | 30.54 | 22.15 | 1241 |
| 1991 | 466.84 | 116.88 | 185.81 | 157.31 | 28.50 | 164.15 | 31.48 | 30.17 | 1410 |
| 1992 | 538.43 | 127.02 | 218.86 | 186.57 | 32.29 | 192.55 | 37.95 | 33.77 | 1591 |
| 1993 | 661.42 | 148.67 | 279.41 | 231.93 | 47.48 | 233.34 | 48.33 | 37.18 | 1926 |
| 1994 | 816.58 | 181.78 | 336.46 | 278.34 | 58.12 | 298.34 | 60.08 | 43.15 | 2344 |
| 1995 | 1000.03 | 227.25 | 405.53 | 338.95 | 66.58 | 367.25 | 74.10 | 61.90 | 2843 |
| 1996 | 1175.92 | 268.75 | 469.54 | 389.71 | 79.83 | 437.63 | 93.10 | 74.81 | 3314 |
| 1997 | 1300.03 | 267.52 | 519.21 | 420.29 | 98.92 | 513.30 | 106.78 | 88.90 | 3634 |
| 1998 | 1381.53 | 283.49 | 567.66 | 445.35 | 122.31 | 530.38 | 115.42 | 94.63 | 3834 |
| 1999 | 1487.61 | 267.51 | 641.90 | 487.26 | 154.64 | 578.20 | 130.32 | 102.57 | 4101 |
| 2000 | 1660.92 | 279.12 | 731.90 | 549.58 | 182.32 | 649.90 | 156.18 | 113.21 | 4549 |
| 2001 | 1844.27 | 287.24 | 816.34 | 606.12 | 210.22 | 740.69 | 188.91 | 124.73 | 5024 |
| 2002 | 2101.60 | 288.55 | 947.84 | 691.07 | 256.77 | 865.21 | 210.43 | 141.65 | 5701 |
| 2003 | 2398.58 | 320.03 | 1133.56 | 834.76 | 298.80 | 944.99 | 226.01 | 152.07 | 6480 |

注：1.本表按当年价格计算。

2.2002年、2003年数据包括新兴产业增加值，2001年及以前数据不包括新兴产业增加值。

# 3-2 生产总值指数

（上年=100）

| 年 份 | 生产总值 | 第一产业 | 第二产业 | 工 业 | 建筑业 | 第三产业 | #交通运输仓储邮电通信业 | #批发零售贸易餐饮业 | 人均生产总值 |
|---|---|---|---|---|---|---|---|---|---|
| 1978 | 111.0 | 98.4 | 114.7 | 114.7 | 114.7 | 122.2 | 122.2 | 122.2 | 115.5 |
| 1979 | 107.5 | 109.1 | 102.7 | 102.7 | 102.7 | 123.7 | 121.6 | 121.7 | 110.0 |
| 1980 | 107.3 | 109.0 | 106.4 | 106.4 | 106.4 | 107.9 | 102.1 | 77.9 | 98.0 |
| 1981 | 104.5 | 113.7 | 96.3 | 96.2 | 96.3 | 108.1 | 92.3 | 113.0 | 103.5 |
| 1982 | 109.1 | 106.5 | 108.5 | 108.5 | 108.4 | 115.3 | 123.3 | 92.9 | 107.6 |
| 1983 | 107.3 | 101.5 | 109.5 | 109.5 | 109.6 | 112.7 | 114.6 | 100.2 | 106.3 |
| 1984 | 117.8 | 112.5 | 120.0 | 120.0 | 119.9 | 121.9 | 139.0 | 125.1 | 116.9 |
| 1985 | 116.5 | 99.3 | 121.9 | 121.9 | 122.0 | 131.0 | 101.0 | 140.1 | 115.1 |
| 1986 | 108.7 | 104.6 | 105.9 | 105.9 | 105.0 | 118.2 | 138.1 | 119.3 | 107.7 |
| 1987 | 110.0 | 101.8 | 110.8 | 110.8 | 110.2 | 116.6 | 128.8 | 103.6 | 107.8 |
| 1988 | 121.0 | 105.3 | 125.0 | 125.0 | 121.0 | 127.9 | 132.3 | 138.1 | 119.2 |
| 1989 | 103.3 | 106.5 | 102.8 | 104.0 | 95.4 | 101.6 | 102.9 | 68.2 | 101.4 |
| 1990 | 103.4 | 105.3 | 101.8 | 102.2 | 96.1 | 104.5 | 112.2 | 116.9 | 101.3 |
| 1991 | 107.0 | 106.8 | 112.6 | 112.5 | 113.4 | 100.8 | 99.5 | 128.1 | 105.4 |
| 1992 | 109.8 | 103.1 | 109.0 | 111.2 | 101.7 | 116.1 | 106.7 | 106.1 | 108.0 |
| 1993 | 112.0 | 109.6 | 114.5 | 114.5 | 114.6 | 110.9 | 120.5 | 101.3 | 112.2 |
| 1994 | 108.1 | 97.5 | 115.2 | 116.5 | 107.2 | 106.9 | 118.0 | 96.6 | 109.2 |
| 1995 | 109.0 | 104.5 | 114.0 | 114.8 | 108.6 | 105.2 | 111.3 | 106.1 | 107.9 |
| 1996 | 109.2 | 110.1 | 110.2 | 110.6 | 106.9 | 107.2 | 110.5 | 104.8 | 108.2 |
| 1997 | 109.2 | 100.2 | 111.3 | 110.9 | 114.0 | 112.0 | 114.0 | 114.6 | 108.3 |
| 1998 | 109.1 | 107.9 | 112.4 | 111.7 | 118.0 | 105.1 | 113.5 | 110.0 | 108.3 |
| 1999 | 108.4 | 98.2 | 111.3 | 109.7 | 122.4 | 109.9 | 113.2 | 109.9 | 107.6 |
| 2000 | 109.0 | 104.5 | 109.7 | 109.4 | 111.8 | 110.3 | 114.9 | 111.7 | 108.3 |
| 2001 | 109.1 | 102.5 | 109.9 | 109.5 | 111.1 | 111.0 | 115.3 | 111.2 | 108.5 |
| 2002 | 109.7 | 104.2 | 112.2 | 113.5 | 108.4 | 109.2 | 111.5 | 109.8 | 109.3 |
| 2003 | 110.9 | 105.1 | 114.8 | 115.2 | 113.9 | 108.5 | 109.6 | 106.8 | 110.4 |

注：本表按可比价格计算。

## 3-3 分行业生产总值

单位：亿元

| 指标 | 1995年 | 2000年 | 2001年 | 2002年 | 2003年 |
|---|---|---|---|---|---|
| **生产总值** | 1000.03 | 1660.92 | 1844.27 | 2101.60 | 2398.58 |
| 第一产业(农业) | 227.25 | 279.12 | 287.24 | 288.55 | 320.03 |
| 第二产业 | 405.53 | 731.90 | 816.34 | 947.84 | 1133.56 |
| 工业 | 338.95 | 549.58 | 606.12 | 691.07 | 834.76 |
| 建筑业 | 66.58 | 182.32 | 210.22 | 256.77 | 298.80 |
| 第三产业 | 367.25 | 649.90 | 740.69 | 865.21 | 944.99 |
| #农林牧渔服务业 | 4.16 | 6.32 | 6.93 | 12.97 | 14.34 |
| 地质勘探业、水利管理业 | 6.52 | 11.86 | 12.90 | 4.81 | 5.02 |
| 交通运输、仓储、邮电通讯业 | 74.10 | 156.18 | 188.91 | 210.43 | 226.01 |
| 批发零售贸易、餐饮业 | 61.90 | 113.21 | 124.73 | 141.65 | 152.07 |
| 金融保险业 | 71.75 | 29.51 | 31.15 | 39.28 | 40.81 |
| 房地产业 | 9.93 | 35.85 | 41.48 | 108.65 | 117.37 |
| 社会服务业 | 20.34 | 65.61 | 71.06 | 79.16 | 74.98 |
| 卫生、体育、社会福利事业 | 12.50 | 24.55 | 27.42 | 31.20 | 42.91 |
| 教育、文艺、广播电影电视业 | 32.12 | 71.68 | 83.92 | 96.03 | 118.01 |
| 科学研究和综合技术服务业 | 11.29 | 15.39 | 17.88 | 19.40 | 21.46 |
| 国家政党机关和社会团体 | 35.94 | 66.36 | 80.45 | 89.33 | 96.38 |

注：1. 本表按当年价格计算。

2. 2002年、2003年数据包括新兴产业增加值，2001年及以前数据不包括新兴产业增加值。

## 3-4 分行业生产总值构成

单位：%

| 指标 | 1995年 | 2000年 | 2001年 | 2002年 | 2003年 |
|---|---|---|---|---|---|
| **生产总值** | 100.0 | 100.0 | 100.0 | 100.0 | 100.0 |
| 第一产业(农业) | 22.7 | 16.8 | 15.6 | 13.7 | 13.3 |
| 第二产业 | 40.6 | 44.1 | 44.3 | 45.1 | 47.3 |
| 工业 | 33.9 | 33.1 | 32.9 | 32.9 | 34.8 |
| 建筑业 | 6.7 | 11.0 | 11.4 | 12.2 | 12.5 |
| 第三产业 | 36.7 | 39.1 | 40.1 | 41.2 | 39.4 |
| #农林牧渔服务业 | 0.4 | 0.4 | 0.4 | 0.6 | 0.6 |
| 地质勘探业、水利管理业 | 0.7 | 0.7 | 0.7 | 0.2 | 0.2 |
| 交通运输、仓储、邮电通讯业 | 7.4 | 9.4 | 10.2 | 10.0 | 9.4 |
| 批发零售贸易、餐饮业 | 6.2 | 6.8 | 6.8 | 6.7 | 6.3 |
| 金融保险业 | 7.2 | 1.8 | 1.7 | 1.9 | 1.7 |
| 房地产业 | 1.0 | 2.2 | 2.2 | 5.2 | 4.9 |
| 社会服务业 | 2.0 | 3.9 | 3.8 | 3.8 | 3.1 |
| 卫生、体育、社会福利事业 | 1.2 | 1.5 | 1.5 | 1.5 | 1.8 |
| 教育、文艺、广播电影电视业 | 3.2 | 4.3 | 4.6 | 4.6 | 4.9 |
| 科学研究和综合技术服务业 | 1.1 | 0.9 | 1.0 | 0.9 | 0.9 |
| 国家政党机关和社会团体 | 3.6 | 4.0 | 4.3 | 4.3 | 4.0 |

注：1. 本表按当年价格计算。

2. 2002年、2003年数据包括新兴产业增加值，2001及年以前数据不包括新兴产业增加值。

## 3-5 分行业生产总值指数

（上年=100）

| 行　　业 | 1995年 | 2000年 | 2001年 | 2002年 | 2003 |
|---|---|---|---|---|---|
| 生 产 总 值 | 109.0 | 109.0 | 109.1 | 109.7 | 110.9 |
| 第一产业(农业) | 104.5 | 104.5 | 102.5 | 104.2 | 105.1 |
| 第二产业 | 114.0 | 109.7 | 109.9 | 112.2 | 114.8 |
| 工　业 | 114.8 | 109.4 | 109.5 | 113.5 | 115.2 |
| 建筑业 | 108.6 | 111.8 | 111.1 | 108.4 | 113.9 |
| 第三产业 | 105.2 | 110.3 | 111.0 | 109.2 | 108.5 |
| # 农林牧渔服务业 | 98.1 | 112.0 | 108.5 | 108.3 | 108.8 |
| 地质勘探业、水利管理业 | 99.1 | 110.6 | 107.7 | 104.4 | 102.7 |
| 交通运输、仓储、邮电通讯业 | 111.3 | 114.9 | 115.3 | 111.5 | 109.6 |
| 批发零售贸易、餐饮业 | 106.1 | 111.7 | 111.2 | 109.8 | 106.8 |
| 金融保险业 | 94.9 | 85.1 | 103.8 | 102.3 | 102.2 |
| 房地产业 | 103.0 | 119.2 | 115.0 | 110.9 | 107.0 |
| 社会服务业 | 120.6 | 105.6 | 107.2 | 103.9 | 93.1 |
| 卫生、体育、社会福利事业 | 104.4 | 107.1 | 112.0 | 113.7 | 135.2 |
| 教育、文艺、广播电影电视业 | 101.6 | 114.8 | 104.0 | 114.3 | 120.8 |
| 科学研究和综合技术服务业 | 104.3 | 106.1 | 115.0 | 108.4 | 108.8 |
| 国家政党机关和社会团体 | 102.3 | 114.1 | 120.0 | 110.9 | 106.1 |

注：本表按可比价格计算。

## 3-6 生产总值构成项目

（2003年）　　　单位：亿元

| 行　　业 | 生产总值 | 劳动者报酬 | 生产税净额 | 固定资产折旧 | 营业盈余 |
|---|---|---|---|---|---|
| 生 产 总 值 | 2398.58 | 1300.86 | 389.63 | 438.28 | 269.81 |
| 第一产业(农业) | 320.03 | 254.14 | 15.81 | 21.17 | 28.91 |
| 第二产业 | 1133.56 | 443.48 | 254.55 | 203.85 | 231.68 |
| 工　业 | 834.76 | 269.03 | 199.59 | 170.88 | 195.26 |
| 建筑业 | 298.80 | 174.45 | 51.96 | 32.97 | 36.42 |
| 第三产业 | 944.99 | 603.24 | 119.27 | 213.26 | 9.22 |
| # 农林牧渔服务业 | 14.34 | 13.77 | 0.06 | 0.40 | 0.11 |
| 地质勘探业、水利管理业 | 5.02 | 4.58 | 0.03 | 0.47 | -0.06 |
| 交通运输、仓储、邮电通讯业 | 226.01 | 115.42 | 15.96 | 91.32 | 3.31 |
| 批发零售贸易、餐饮业 | 152.07 | 71.26 | 49.40 | 23.65 | 7.76 |
| 金融保险业 | 40.81 | 34.35 | 10.64 | 13.44 | -17.62 |
| 房地产业 | 117.37 | 22.93 | 33.41 | 58.52 | 2.51 |
| 社会服务业 | 74.98 | 50.34 | 7.20 | 7.63 | 9.81 |
| 卫生、体育、社会福利事业 | 42.91 | 39.71 | 0.48 | 2.28 | 0.44 |
| 教育、文艺、广播电影电视业 | 118.01 | 109.67 | 0.24 | 7.59 | 0.51 |
| 科学研究和综合技术服务业 | 21.46 | 17.45 | 0.97 | 1.65 | 1.39 |
| 国家政党机关和社会团体 | 96.38 | 92.44 | 0.02 | 4.01 | -0.09 |

注：1.本表按当年价格计算。

2.本表包括新兴产业增加值。

## 3-7 按支出法计算的生产总值

单位：亿元

| 指 标 | 1995年 | 2000年 | 2001年 | 2002年 | 2003年 |
|---|---|---|---|---|---|
| 生 产 总 值 | 1000.03 | 1660.92 | 1844.27 | 2101.60 | 2398.58 |
| 最终消费 | 673.42 | 966.89 | 1030.67 | 1109.11 | 1188.41 |
| 居民消费 | 503.25 | 753.51 | 815.51 | 882.72 | 943.19 |
| 政府消费 | 170.17 | 213.38 | 215.16 | 226.39 | 245.22 |
| 资本形成总额 | 480.48 | 851.69 | 972.51 | 1152.72 | 1447.73 |
| 固定资本形成总额 | 358.75 | 796.21 | 887.24 | 1061.89 | 1390.28 |
| 存货增加 | 121.73 | 55.48 | 85.27 | 90.83 | 57.45 |
| 货物和服务净出口 | -153.87 | -157.66 | -158.91 | -160.23 | -237.56 |

注：1.本表按当年价格计算，“-”表示净流入。

2.按支出法计算的生产总值=最终消费+资本形成总额+货物和服务净出口。

3.最终消费与资本形成总额之和为生产总值使用额。

4.2002年和2003年数据包括新兴产业增加值，2001年及以前数据不包括新兴产业增加值。

## 3-8 最 终 消 费

单位：亿元

| 指 标 | 1995年 | 2000年 | 2001年 | 2002年 | 2003 |
|---|---|---|---|---|---|
| 最 终 消 费 | 673.42 | 966.89 | 1030.67 | 1109.11 | 1188.41 |
| 一、居民消费 | 503.25 | 753.51 | 815.51 | 882.72 | 943.19 |
| 1.农村居民 | 264.35 | 333.69 | 363.18 | 366.12 | 389.34 |
| 自给性消费 | 108.64 | 68.56 | 71.15 | 64.73 | 58.61 |
| 商品性消费 | 128.96 | 167.93 | 169.43 | 189.30 | 209.51 |
| 文化生活服务性消费 | 16.92 | 69.92 | 90.90 | 78.64 | 86.00 |
| 住房及水电消费 | 9.83 | 27.28 | 31.70 | 33.45 | 35.22 |
| # 住房消费 | 7.02 | 21.32 | 24.49 | 26.27 | 27.98 |
| 2.城镇居民 | 238.90 | 419.82 | 452.33 | 516.60 | 553.85 |
| 商品性消费 | 192.15 | 286.57 | 293.73 | 331.62 | 365.24 |
| 文化生活服务性消费 | 37.08 | 107.45 | 132.18 | 151.08 | 151.80 |
| 住房及水电消费 | 9.67 | 25.80 | 26.42 | 33.90 | 36.81 |
| # 住房消费 | 6.11 | 13.80 | 14.16 | 17.44 | 18.13 |
| 二、政府消费 | 170.17 | 213.38 | 215.16 | 226.39 | 245.22 |

注：1.本表按当年价格计算.

2.2002年和2003年数据包括新兴产业增加值，2001年及以前数据不包括新兴产业增加值。

# 3-9 资本形成总额

单位：亿元

| 指　　标 | 2000年 | 2001年 | 2002年 | 2003年 |
|---|---|---|---|---|
| **资本形成总额** | **851.69** | **972.51** | **1152.72** | **1447.73** |
| 固定资本形成总额 | 796.21 | 887.24 | 1061.89 | 1390.28 |
| 第一产业 | 54.49 | 61.79 | 81.93 | 105.75 |
| 1. 农林牧渔业 | 54.49 | 61.79 | 81.93 | 105.75 |
| 第二产业 | 268.43 | 264.82 | 302.06 | 330.43 |
| 2. 采掘业 | 77.53 | 78.33 | 80.01 | 103.64 |
| 3. 制造业 | 82.65 | 98.78 | 120.30 | 149.63 |
| 4. 电力、煤气及水的生产和供应业 | 84.20 | 64.67 | 71.02 | 64.12 |
| 5. 建筑业 | 24.05 | 23.04 | 30.73 | 13.04 |
| 第三产业 | 473.29 | 560.63 | 677.90 | 954.10 |
| 6. 交通运输、仓储及邮电通信业 | 176.35 | 215.48 | 186.42 | 142.76 |
| 7. 批发和零售贸易、餐饮业 | 19.66 | 21.30 | 22.74 | 40.32 |
| 8. 金融保险业 | 3.21 | 2.90 | 3.28 | 2.28 |
| 9. 房地产业 | 108.83 | 127.23 | 203.79 | 460.46 |
| 10. 其它行业 | 165.24 | 193.72 | 261.67 | 308.28 |
| 存货增加 | 55.48 | 85.27 | 90.83 | 57.45 |
| 第一产业 | 15.93 | 15.37 | 22.62 | -12.71 |
| 1. 农林牧渔业 | 15.93 | 15.37 | 22.62 | -12.71 |
| 第二产业 | 33.12 | 55.97 | 49.92 | 65.22 |
| 2. 工业 | 29.51 | 52.12 | 40.08 | 47.72 |
| 3. 建筑业 | 3.61 | 3.85 | 9.84 | 17.50 |
| 第三产业 | 6.43 | 13.93 | 18.29 | 4.94 |
| 4. 交通运输、仓储及邮电通信业 | 1.63 | 1.22 | 2.16 | 2.10 |
| 5. 批发和零售贸易、餐饮业 | 2.73 | 11.53 | 13.68 | -3.84 |
| 6. 其它行业 | 2.07 | 1.18 | 2.45 | 6.68 |

注：1. 本表按当年价格计算。

2. 2002年和2003年数据包括新兴产业增加值，2001年及以前数据不包括新兴产业增加值。

# 3-10 各市生产总值

（2003年）

| 地 区 | 生产总值（亿元） | 第一产业 | 第二产业 | 第三产业 |
|---|---|---|---|---|
| 西安市 | 928.12 | 49.44 | 402.37 | 476.31 |
| 铜川市 | 48.69 | 4.10 | 23.26 | 21.33 |
| 宝鸡市 | 261.12 | 30.66 | 131.97 | 98.49 |
| 咸阳市 | 287.64 | 60.42 | 123.23 | 103.99 |
| 渭南市 | 207.46 | 44.08 | 82.42 | 80.96 |
| 延安市 | 142.76 | 20.01 | 87.90 | 34.85 |
| 汉中市 | 163.44 | 36.79 | 56.57 | 70.08 |
| 榆林市 | 138.10 | 19.31 | 78.73 | 40.06 |
| 安康市 | 103.60 | 26.96 | 25.47 | 51.17 |
| 商洛市 | 75.59 | 21.33 | 22.45 | 31.81 |
| 杨凌示范区 | 8.68 | 1.06 | 4.18 | 3.44 |

注：1.本表按当年价格计算。

2.本表包括新兴产业增加值。

# 3-11 各市生产总值指数

（2003年，上年=100）

| 地 区 | 生产总值 | 第一产业 | 第二产业 | 第三产业 |
|---|---|---|---|---|
| 西安市 | 112.1 | 101.5 | 115.1 | 110.9 |
| 铜川市 | 111.5 | 105.8 | 113.2 | 110.8 |
| 宝鸡市 | 112.6 | 107.2 | 116.6 | 109.3 |
| 咸阳市 | 111.9 | 107.6 | 115.7 | 109.8 |
| 渭南市 | 108.2 | 101.5 | 115.8 | 105.0 |
| 延安市 | 113.9 | 102.0 | 121.4 | 106.0 |
| 汉中市 | 109.1 | 105.9 | 111.8 | 108.4 |
| 榆林市 | 114.3 | 104.3 | 120.7 | 109.6 |
| 安康市 | 108.3 | 105.9 | 111.2 | 108.1 |
| 商洛市 | 109.3 | 105.9 | 112.6 | 109.3 |
| 杨凌示范区 | 109.2 | 111.4 | 103.5 | 115.6 |

注：本表按可比价格计算。

# 3-12 全社会资产负债表

单位:亿元

| 指标 | 1995年 | | 2000年 | | 2001年 | | 2002年 | |
|---|---|---|---|---|---|---|---|---|
| | 使用 | 来源 | 使用 | 来源 | 使用 | 来源 | 使用 | 来源 |
| 一、非金融资产 | 2807.80 | | 5110.66 | | 5048.49 | | 5744.56 | |
| 1.固定资产 | 1869.90 | | 4236.04 | | 4192.51 | | 4666.15 | |
| # 在建工程 | 111.10 | | 204.89 | | 304.93 | | 355.37 | |
| 2.存货 | 851.48 | | 634.81 | | 693.23 | | 739.98 | |
| 3.其他非金融资产 | 86.42 | | 239.81 | | 162.75 | | 338.43 | |
| 二、金融资产与负债 | 2865.61 | 2865.61 | 6449.01 | 6449.01 | 7376.60 | 7376.60 | 8621.92 | 8621.92 |
| (一)国内金融资产与负债 | 2820.76 | 2820.76 | 6255.19 | 6255.19 | 7153.66 | 7153.66 | 8364.98 | 8364.98 |
| 1.通货 | 147.44 | 147.44 | 310.96 | 310.96 | 366.66 | 366.66 | 415.96 | 415.96 |
| 2.存款 | 1097.24 | 1097.24 | 2663.00 | 2663.00 | 3204.89 | 3204.89 | 3798.27 | 3798.27 |
| 3.贷款 | 1141.53 | 1141.53 | 2193.12 | 2193.12 | 2537.55 | 2537.55 | 2950.84 | 2950.84 |
| 4.股票及其他股权 | 17.95 | 17.95 | 318.81 | 318.81 | 382.51 | 382.51 | 342.13 | 342.13 |
| 5.证券 | 238.96 | 238.96 | 339.94 | 339.94 | 357.71 | 357.71 | 419.39 | 419.39 |
| 6.保险准备金 | 11.98 | 11.98 | 46.63 | 46.63 | 71.55 | 71.55 | 116.38 | 116.38 |
| 7.其他 | 165.66 | 165.66 | 382.73 | 382.73 | 232.79 | 232.79 | 322.01 | 322.01 |
| (二)国外金融资产与负债 | 44.85 | 44.85 | 193.82 | 193.82 | 222.94 | 222.94 | 256.94 | 256.94 |
| 1.短期资本 | | | | | | | | |
| 2.长期资本 | 44.85 | 44.85 | 193.82 | 193.82 | 222.94 | 222.94 | 256.94 | 256.94 |
| 三、资产负债差额 | | 2807.80 | | 5110.66 | | 5048.49 | | 5744.56 |

# 3-13 部门资产负债表

(2002年)

单位:亿元

| 指标 | 非金融企业部门 | | 金融机构部门 | | 政府部门 | | 住户部门 | |
|---|---|---|---|---|---|---|---|---|
| | 使用 | 来源 | 使用 | 来源 | 使用 | 来源 | 使用 | 来源 |
| 一、非金融资产 | 3420.95 | | 412.10 | | 371.74 | | 1539.77 | |
| 1.固定资产 | 2846.00 | | 122.30 | | 362.74 | | 1335.11 | |
| # 在建工程 | 309.07 | | 14.43 | | 31.87 | | | |
| 2.存货 | 526.32 | | | | 9.00 | | 204.66 | |
| 3.其他非金融资产 | 48.63 | | 289.80 | | | | | |
| 二、金融资产与负债 | 1834.44 | 3644.91 | 3194.24 | 4037.99 | 252.21 | | 2789.66 | 165.58 |
| (一)国内金融资产与负债 | 1834.44 | 3387.97 | 3194.24 | 4037.99 | 252.21 | | 2789.66 | 165.58 |
| 1.通货 | 79.16 | | 26.87 | | 19.49 | | 290.44 | |
| 2.存款 | 1516.97 | | | 3798.27 | 155.13 | | 2126.17 | |
| 3.贷款 | | 2785.26 | 2950.84 | | | | | 165.58 |
| 4.股票及其他股权 | 55.98 | 329.50 | 13.99 | 12.63 | 77.03 | | 9.37 | |
| 5.证券(不含股票) | 32.45 | 61.89 | 134.51 | 0.02 | | | 252.43 | |
| 6.保险准备金 | 4.38 | 0.19 | | 116.38 | 0.56 | | 111.25 | |
| 7.其他 | 145.50 | 211.32 | 67.84 | 110.69 | | | | |
| (二)国外金融资产与负债 | | 256.94 | | | | | | |
| 三、资产负债差额 | | 1610.48 | | -431.65 | | 623.95 | | 4163.85 |

# 主要统计指标解释

**三次产业** 根据《国民经济行业分类》(GB/T 4754-2002)规定，三次产业划分范围如下：

第一产业是指农、林、牧、渔业。

第二产业是指采矿业，制造业，电力、燃气及水的生产和供应业，建筑业。

第三产业是指除第一、二产业以外的其他行业。第三产业包括：交通运输、仓储和邮政业，信息传输、计算机服务和软件业，批发和零售业，住宿和餐饮业，金融业，房地产业，租赁和商务服务业，科学研究、技术服务和地质勘查业，水利、环境和公共设施管理业，居民服务和其他服务业，教育，卫生、社会保障和社会福利业，文化、体育和娱乐业，公共管理和社会组织，国际组织。

**国民总收入(GNI)** 即国民生产总值(GNP)，指一个国家(或地区)所有常住单位在一定时期内收入初次分配的最终结果。一国常住单位从事生产活动所创造的增加值在初次分配中主要分配给该国的常住单位，但也有一部分以生产税及进口税(扣除生产和进口补贴)、劳动者报酬和财产收入等形式分配给非常住单位；同时，国外生产所创造的增加值也有一部分以生产税及进口税(扣除生产和进口补贴)、劳动者报酬和财产收入等形式分配给该国的常住单位，从而产生了国民生产总值的概念。它等于国内生产总值加上来自国外的净要素收入。与国内生产总值不同，国民生产总值是个收入概念，而国内生产总值是个生产概念。

**国内生产总值(GDP)** 指按市场价格计算的一个国家(或地区)所有常住单位在一定时期内生产活动的最终成果。国内生产总值有三种表现形态，即价值形态、收入形态和产品形态。从价值形态看，它是所有常住单位在一定时期内生产的全部货物和服务价值超过同期中间投入的全部非固定资产货物和服务价值的差额，即所有常住单位的增加值之和；从收入形态看，它是所有常住单位在一定时期内创造并分配给常住单位和非常住单位的初次收入之和；从产品形态看，它是所有常住单位在一定时期内最终使用的货物和服务价值减去货物和服务进口价值。在实际核算中，国内生产总值有三种计算方法，即生产法、收入法和支出法。三种方法分别从不同的方面反映国内生产总值及其构成。对一个地区来说称为地区生产总值。

**生产法** 生产法是从生产过程中生产的货物和服务总产品价值入手，剔除生产过程中投入的中间产品的价值，得到增加价值的一种方法。计算公式为：

增加值 = 总产出 - 中间投入

将国民经济各行业的增加值相加，得到国内生产总值。

**收入法** 收入法也称为分配法。按收入法计算国内生产总值是从生产过程创造收入的角度，对常住单位的生产活动成果进行核算。按照这种计算方法，增加值由劳动者报酬、生产税净额、固定资产折旧和营业盈余四个部分组成。计算公式为：

增加值 = 劳动者报酬 + 生产税净额 + 固定资产折旧 + 营业盈余

**支出法** 支出法国内生产总值是从最终使用的角度反映一个国家(或地区)一定时期内生产活动的最终成果的一种方法，包括最终消费、资本形成总额及货物和服务净出口三部分，计算公式为：

支出法国内生产总值 = 最终消费支出 + 资本形成总额 + 货物和服务净出口

**总产出** 指一定时期内一个国家(或地区)常住单位生产的所有货物和服务的价值，既包括新增价值，也包括转移价值。它反映常住单位生产活动的总规模。总产出按生产者价格计算。

**中间投入** 指常住单位在生产或提供货物与服务过程中，消耗和使用的所有非固定资产货物和服务的价值，中间投入也称为中间消耗。一般按购买者价格计算。

**增加值** 指常住单位生产过程中创造的新增价值和固定资产的转移价值。它可以按生产法计算，也可以按收入法计算，按生产法计算，它等于总产出减去中间投入；按收入法计算，它等于劳动者报酬、生产税净额、固定资产折旧和营业盈余之和。

**劳动者报酬** 指劳动者因从事生产活动所获得的全部报酬。包括劳动者获得的各种形式的工资、奖金和津贴，既包括货币形式的，也包括实物形式的，还包括劳动者所享受的公费医疗和医药卫生费、上下班交通补贴、单位支付的社会保险费、住房公积金等。对于个体经济来说，其所有者所获得的劳动报酬和经营利润不易区分，这两部分统一作为劳动者报酬处理。

**生产税净额** 指生产税减生产补贴后的余额。生产税指政府对生产单位从事生产、销售和经营活动以及因从事生产活动使用某些生产要素(如固定资产、土地、劳动力)所征收的各种税、附加费和规费。生产补贴与生产税相反，指政府对生产单位的单方面转移支出，因此视为负生产税，包括政策亏损补贴、价格补贴等。

**固定资产折旧** 指一定时期内为弥补固定资产损耗按照规定的固定资产折旧率提取的固定资产折旧，或按国民经济核算统一规定的折旧率虚拟计算的固定资产折旧。它反映了固定资产在当期生产中的转移价值。各类企业和企业化管理的事业单位的固定资产折旧是指实际计提的折旧费；不计提折旧的政府机关、非企业化管理的事业单位和居民住房的固定资产折旧是按照统一规定的折旧率和固定资产原值计算的虚拟折旧。原则上，固定资产折旧应按固定资产的重置价值计算，但是目前我国尚不具备对全社会固定资产进行重估价的基础，所以暂时只能采用上述办法。

**营业盈余** 指常住单位创造的增加值扣除劳动者报酬、生产税净额和固定资产折旧后的余额。它相当于企业的营业利润加上生产补贴，但要扣除从利润中开支的工资和福利等。

**最终消费** 指常住单位在为满足物质、文化和精神生活的需要，从本国经济领土和国外购买的货物和服务的支出；不包括非常住单位在本国经济领土内的消费支出。最终消费分为居民消费和政府消费。

**居民消费** 指常住住户在一定时期内对货物和服务的全部最终消费支出。居民消费按市场价格计算，即按居民支付的购买者价格计算。购买者价格是购买者取得货物所支付的价格，包括购买者支付的运输和商业费用。居民消费除了直接以货币形式购买货物和服务的消费支出外，还包括以其他方式获得的货物和服务的消费支出，即所谓的虚拟消费支出。居民虚拟消费支出包括以下几种类型：单位以实物报酬及实物转移的形式提供给劳动者的货物和服务；住户生产并由本住户消费了的货物和服务，其中的服务仅指住户的自有住房服务和付酬的家庭雇员提供的家庭和个人服务；金融机构提供的金融媒介服务；保险公司提供的保险服务。

**政府消费** 指政府部门为全社会提供的公共服务的消费支出和免费或以较低价格向住户提供的货物和服务的净支出。前者等于政府服务的产出价值减去政府单位所获得的经营收入的价值，后者等于政府部门免费或以较低价格向住户提供的货物和服务的市场价值减去向住户收取的价值。

**资本形成总额** 指常住单位在一定时期内获得的减去处置的固定资产加存货的净额，包括固定资本形成总额和存货增加。

**固定资本形成总额** 指生产者在一定时期内获得的固定资产减处置的固定资产的价值总额。固定资产是通过生产活动生产出来的，且其使用年限在一年以上、单位价值在规定标准以上的资产，不包括自然资产。可分为有形固定资本形成总额和无形固定资本形成总额。有形固定资本形成总额包括一定时期内完成的建筑工程、安装工程和设备工器具购置(减处置)价值，以及土地改良、新增役、种、奶、毛、娱乐用牲畜和新增经济林木价值。无形固定资本形成总额包括矿藏的勘探、计算机软件等获得减处置。

**存货增加** 指常住单位在一定时期内存货实物量变动的市场价值，即期末价值减期初价值的差额，再扣除当期由于价格变动而产生的持有收益。存货增加可以是正值，也可以是负值；正值表示存货上升，负值表示存货下降。存货包括生产单位购进的原材料、燃料和储备物资等存货，以及生产单位生产的产成品、在制品和半成品等存货。

**货物和服务净出口** 指货物和服务出口减货物和服务进口的差额。出口包括常住单位向非常住单位出售或无偿转让的各种货物和服务的价值；进口包括常住单位从非常住单位购买或无偿得到的各种货物和服务的价值。由于服务活动的提供与使用同时发生，一般把常住单位从非常住单位得到的服务作为进口，非常住单位从常住单位得到的服务作为出口。货物的出口和进口都按离岸价格计算。

**非金融资产** 指机构单位单独或共同对其执行所有权或处置权，并通过在核算期内持有或使用它们可从中获得经济利益的，除金融资产以外的有形资产和无形资产。目前将非金融资产划分为固定资产、存货和其它非金融资产。

**金融资产** 指机构单位单独或共同对其执行所有权或处置权，并通过在核算期内持有或使用它们可从中获得经济利益的非金融资产以外的各种债权债务。通常金融资产的含义包括负债。金融资产包括国内金融资产 (通货、存款、贷款、股票及其它股权、有价证券、保险准备金、其它金融资产)和国外金融资产 (长期资本、短期资本)。

**资产负债差额(资产净值)** 指全部资产减去全部负债后的差额。其经济含义是机构单位、机构部门或经济总体所拥有的权益，包括非金融资产和对机构单位外部、机构部门外部以及国外的金融资产净额。是其经济实力的总括表现和进行再生产活动的基本条件。

# 4 人口

*RENKOU*

资料整理　　邵晓绒

******************************************************************************

# 4. 人 口

******************************************************************************

2003 年全省

| | | |
|---|---|---|
| 年底总人口 | 3690 万人 | 比上年增长 0.4% |
| 人口自然增长率 | 4.29 ‰ | 比上年上升 0.17 个千分点 |
| 男女性别比（以女性为 100） | 105.23 | |
| 人口密度 | 179 人/平方公里 | |

******************************************************************************

人口年龄构成

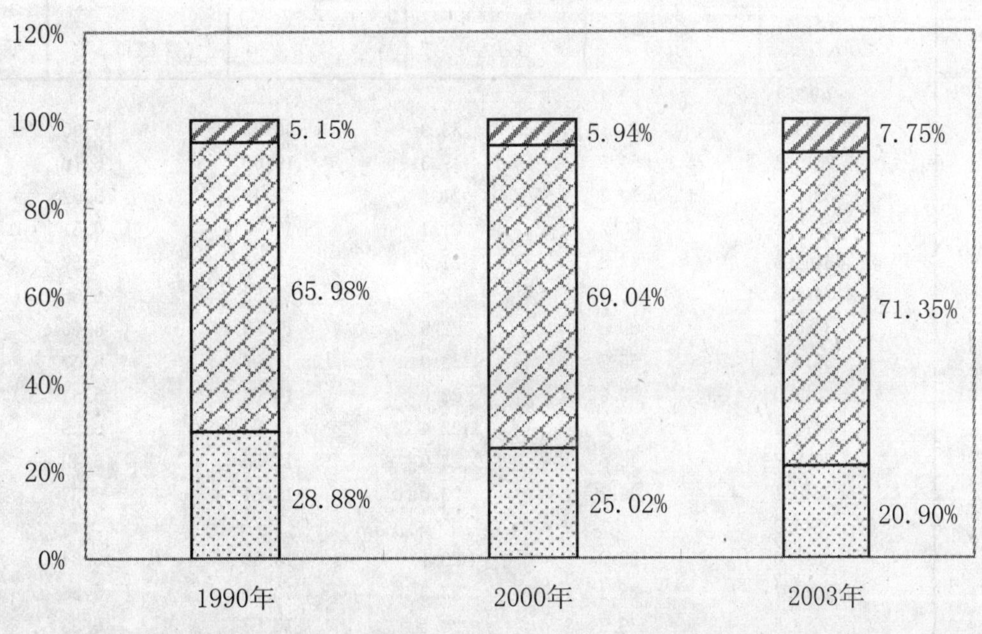

# 4-1 人口数和构成

单位：万人

| 年 份 | 年 底<br>总人口 | 按性别分 | | 按城乡分 | | 按农业、非农业分 | |
|---|---|---|---|---|---|---|---|
| | | 男 | 女 | 市 镇<br>人 口 | 乡 村<br>人 口 | 农 业<br>人 口 | 非农业<br>人 口 |
| 1978 | 2780 | 1444 | 1335 | 454 | 2325 | 2371 | 408 |
| 1980 | 2831 | 1468 | 1363 | 522 | 2309 | 2390 | 441 |
| 1985 | 3002 | 1566 | 1436 | 1167 | 1834 | 2462 | 540 |
| 1990 | 3316 | 1727 | 1589 | 1501 | 1815 | 2699 | 617 |
| 1991 | 3363 | 1754 | 1609 | 1539 | 1824 | 2730 | 633 |
| 1992 | 3405 | 1777 | 1628 | 1576 | 1829 | 2748 | 657 |
| 1993 | 3443 | 1799 | 1644 | 1654 | 1789 | 2769 | 674 |
| 1994 | 3481 | 1819 | 1662 | 1668 | 1813 | 2784 | 697 |
| 1995 | 3513 | 1836 | 1677 | 1738 | 1775 | 2791 | 722 |
| 1996 | 3543 | 1842 | 1701 | 1939 | 1604 | 2799 | 744 |
| 1997 | 3570 | 1866 | 1704 | 2279 | 1291 | 2803 | 767 |
| 1998 | 3596 | 1879 | 1717 | 2547 | 1049 | 2812 | 784 |
| 1999 | 3618 | 1892 | 1726 | 2593 | 1025 | 2816 | 802 |
| 2000 | 3644 | 1896 | 1748 | 2631 | 1013 | 2812 | 832 |
| 2001 | 3659 | 1882 | 1777 | 2914 | 745 | 2807 | 852 |
| 2002 | 3674 | 1888 | 1786 | 2994 | 680 | 2796 | 878 |
| 2003 | 3690 | 1892 | 1798 | 3014 | 676 | 2786 | 904 |

注：1.1990年以前各年的人口数为公安年报数，1990年及以后为人口普查及人口变动情况抽样调查推算数。

2.城乡人口按行政区划统计。

# 4-2 人口数和自然变动情况

| 年 份 | 总人口<br>(万人) | 出生人口<br>(万人) | 死亡人口<br>(万人) | 出生率<br>(‰) | 死亡率<br>(‰) | 自然增长率<br>(‰) |
|---|---|---|---|---|---|---|
| 1953 | 1632.2 | 53.4 | | 34.00 | | |
| 1964 | 2098.6 | 83.1 | 33.3 | 40.00 | 16.00 | 24.00 |
| 1982 | 2910.3 | 54.8 | 19.3 | 19.00 | 6.70 | 12.30 |
| 1990 | 3316.0 | 77.2 | 21.4 | 23.48 | 6.52 | 16.96 |
| 1991 | 3363.1 | 66.2 | 21.7 | 19.82 | 6.51 | 13.31 |
| 1992 | 3404.6 | 63.8 | 22.2 | 18.85 | 6.57 | 12.28 |
| 1993 | 3442.5 | 60.4 | 22.4 | 17.63 | 6.55 | 11.08 |
| 1994 | 3480.5 | 60.9 | 22.9 | 17.59 | 6.60 | 10.99 |
| 1995 | 3513.1 | 55.7 | 23.0 | 15.93 | 6.57 | 9.36 |
| 1996 | 3543.0 | 52.9 | 23.0 | 14.99 | 6.51 | 8.48 |
| 1997 | 3570.1 | 49.5 | 22.4 | 13.91 | 6.29 | 7.62 |
| 1998 | 3595.7 | 48.6 | 23.0 | 13.56 | 6.43 | 7.13 |
| 1999 | 3618.1 | 45.1 | 23.0 | 12.51 | 6.38 | 6.13 |
| 2000 | 3644.0 | | | | | |
| 2001 | 3658.6 | 38.3 | 23.1 | 10.50 | 6.34 | 4.16 |
| 2002 | 3673.7 | 38.4 | 23.3 | 10.48 | 6.36 | 4.12 |
| 2003 | 3689.5 | 39.3 | 23.5 | 10.67 | 6.38 | 4.29 |

注：本表为人口普查、人口变动情况抽样调查数。

# 4-3 人口年龄构成变化

单位:%

| 年 份 | 0-14岁 人口比重 | 15-64岁 人口比重 | 65岁及以上 人口比重 | 负担少儿 系 数 | 负担老年 系 数 |
|---|---|---|---|---|---|
| 1953 | 36.71 | 59.25 | 4.04 | 61.96 | 6.82 |
| 1964 | 41.26 | 55.23 | 3.51 | 74.71 | 6.35 |
| 1982 | 33.06 | 62.40 | 4.57 | 52.98 | 7.32 |
| 1990 | 28.88 | 65.98 | 5.15 | 43.77 | 7.80 |
| 1991 | 30.21 | 64.07 | 5.72 | 47.15 | 8.93 |
| 1992 | 30.15 | 64.19 | 5.66 | 46.96 | 8.82 |
| 1993 | 29.30 | 65.09 | 5.61 | 45.02 | 8.62 |
| 1994 | 28.31 | 66.43 | 5.26 | 42.62 | 7.91 |
| 1995 | 28.88 | 65.40 | 5.72 | 44.16 | 8.74 |
| 1996 | 28.90 | 65.11 | 6.00 | 44.38 | 9.21 |
| 1997 | 27.63 | 66.52 | 5.85 | 41.54 | 8.79 |
| 1998 | 27.15 | 66.15 | 6.70 | 41.04 | 10.12 |
| 1999 | 26.28 | 66.58 | 7.14 | 39.48 | 10.73 |
| 2000 | 25.02 | 69.04 | 5.94 | 36.24 | 8.60 |
| 2001 | 24.49 | 68.78 | 6.73 | 35.61 | 9.78 |
| 2002 | 22.35 | 69.64 | 8.01 | 32.09 | 11.51 |
| 2003 | 20.90 | 71.35 | 7.75 | 29.29 | 10.86 |

注：本表为人口普查、人口变动情况抽样调查数。负担少儿系数、负担老年系数指0-14岁、65岁以上人口占15-64岁人口的比重。

# 4-4 各市计划生育情况

(2003年)

| 地 区 | 已婚育龄妇女人数 (人) | 早婚率 (%) | 晚婚率 (%) | 领取独生子女证人数 (人) | 节育率 (%) | 绝育率 (%) | 上环率 (%) |
|---|---|---|---|---|---|---|---|
| **全 省** | **6747363** | **0.08** | **55.97** | **933624** | **90.96** | **52.33** | **31.78** |
| 西安市 | 1203456 | 0.01 | 67.00 | 277967 | 91.43 | 44.70 | 39.30 |
| 铜川市 | 146519 | | 66.16 | 41094 | 93.76 | 41.80 | 42.40 |
| 宝鸡市 | 691754 | | 62.39 | 97335 | 89.92 | 54.56 | 29.98 |
| 咸阳市 | 893619 | 0.14 | 71.14 | 84949 | 89.62 | 58.91 | 22.39 |
| 渭南市 | 1088595 | 0.04 | 61.06 | 146611 | 90.90 | 54.03 | 30.08 |
| 延安市 | 376752 | 0.09 | 41.19 | 44779 | 90.28 | 54.42 | 27.52 |
| 汉中市 | 732814 | 0.02 | 56.32 | 123864 | 92.98 | 36.26 | 49.05 |
| 榆林市 | 655496 | 0.31 | 26.18 | 59595 | 89.29 | 60.25 | 13.18 |
| 安康市 | 514179 | | 50.38 | 41898 | 91.10 | 57.64 | 28.87 |
| 商洛市 | 426623 | 0.22 | 34.05 | 13791 | 92.82 | 62.60 | 24.78 |
| 杨凌示范区 | 17556 | | 84.23 | 1741 | 92.73 | 59.82 | 29.64 |

注：本表为计生年报数据。

# 4-5 各市县总户数和总人口数

(2003年) 单位:人

| 地 区 | 总户数 (户) | 总 人 口 | | | 总人口中 | |
|---|---|---|---|---|---|---|
| | | 合 计 | 男 | 女 | 非农业人口 | 市镇人口 |
| 全 省 | 10030578 | 36424760 | 18983726 | 17441034 | 8922108 | 30137078 |
| 西安市 | 1953157 | 7165784 | 3703156 | 3462628 | 3128810 | 6494695 |
| 市辖区 | 1414803 | 5102553 | 2626159 | 2476394 | 2888573 | 4708941 |
| 新城区 | 152477 | 481787 | 247701 | 234086 | 469866 | 481787 |
| 碑林区 | 181263 | 691110 | 370915 | 320195 | 679500 | 691110 |
| 莲湖区 | 187889 | 590160 | 302926 | 287234 | 554564 | 590160 |
| 灞桥区 | 128327 | 445826 | 225171 | 220655 | 172830 | 445826 |
| 未央区 | 122131 | 401192 | 202605 | 198587 | 191265 | 401192 |
| 雁塔区 | 158175 | 669352 | 350629 | 318723 | 515361 | 669352 |
| 阎良区 | 63780 | 240278 | 122457 | 117821 | 79548 | 240278 |
| 临潼区 | 172737 | 668600 | 338855 | 329745 | 109396 | 668600 |
| 长安区 | 248024 | 914248 | 464900 | 449348 | 116243 | 914248 |
| 蓝田县 | 163196 | 632520 | 329817 | 302703 | 68174 | 402403 |
| 周至县 | 156996 | 627836 | 332492 | 295344 | 50344 | 387910 |
| 户 县 | 158495 | 568625 | 296112 | 272513 | 96446 | 456100 |
| 高陵县 | 59667 | 234250 | 118576 | 115674 | 25273 | 145729 |
| 铜川市 | 234797 | 839842 | 441587 | 398255 | 394435 | 803718 |
| 市辖区 | 210816 | 747387 | 392141 | 355246 | 382162 | 747387 |
| 王益区 | 65025 | 214865 | 111263 | 103602 | 175141 | 214865 |
| 印台区 | 64141 | 234569 | 125894 | 108675 | 138816 | 234569 |
| 耀州区 | 81650 | 297953 | 154984 | 142969 | 68205 | 297953 |
| 宜君县 | 23981 | 92455 | 49446 | 43009 | 12273 | 56331 |
| 宝鸡市 | 1004790 | 3671342 | 1905887 | 1765455 | 888461 | 3294578 |
| 市辖区 | 233871 | 1333966 | 376479 | 366026 | 508654 | 1333966 |
| 渭滨区 | 120081 | 378188 | 191593 | 186595 | 264974 | 378188 |
| 金台区 | 113790 | 364317 | 184886 | 179431 | 243680 | 364317 |
| 陈仓区 | 148896 | 591461 | 308790 | 282671 | 92335 | 591461 |
| 凤翔县 | 127090 | 507641 | 261363 | 246278 | 48572 | 412782 |
| 岐山县 | 130442 | 459676 | 235309 | 224367 | 81652 | 411625 |
| 扶风县 | 113151 | 455639 | 238200 | 217439 | 37285 | 375554 |
| 眉 县 | 81537 | 299914 | 156854 | 143060 | 32382 | 280876 |
| 陇 县 | 67352 | 248813 | 133681 | 115132 | 26256 | 201100 |
| 千阳县 | 34353 | 126477 | 67567 | 58910 | 15790 | 85982 |
| 麟游县 | 23863 | 88427 | 46523 | 41904 | 12351 | 56363 |
| 凤 县 | 28368 | 98897 | 53443 | 45454 | 21490 | 90467 |
| 太白县 | 15867 | 51892 | 27678 | 24214 | 11694 | 45863 |
| 咸阳市 | 1284202 | 4839101 | 2522548 | 2316553 | 978498 | 3928975 |
| 市辖区 | 237446 | 834003 | 425822 | 408181 | 496023 | 834003 |
| 秦都区 | 122901 | 438768 | 224263 | 214505 | 252209 | 438768 |
| 渭城区 | 114545 | 395235 | 201559 | 193676 | 243814 | 395235 |

注：本表为公安年报统计数。市镇人口为市辖区、县级市和镇所辖行政区域的所有人口。

4-5 续表1 (2003年) 单位:人

| 地 区 | 总户数(户) | 总人口 合计 | 男 | 女 | 总人口中 非农业人口 | 市镇人口 |
|---|---|---|---|---|---|---|
| 三原县 | 114979 | 396609 | 206073 | 190536 | 72511 | 314436 |
| 泾阳县 | 124076 | 497810 | 253904 | 243906 | 51673 | 416044 |
| 乾 县 | 141951 | 546991 | 284633 | 262358 | 42981 | 387556 |
| 礼泉县 | 125928 | 457439 | 236721 | 220718 | 50693 | 357854 |
| 永寿县 | 48478 | 185266 | 98349 | 86917 | 18084 | 137418 |
| 彬 县 | 83012 | 319403 | 167885 | 151518 | 31057 | 222285 |
| 长武县 | 45162 | 172500 | 92798 | 79702 | 15502 | 86975 |
| 旬邑县 | 65738 | 268081 | 144464 | 123617 | 20151 | 216019 |
| 淳化县 | 51894 | 192866 | 100159 | 92707 | 22499 | 96198 |
| 武功县 | 98348 | 411644 | 219458 | 192186 | 41771 | 303698 |
| 兴平市 | 147190 | 556489 | 292282 | 264207 | 115553 | 556489 |
| **渭南市** | **1447012** | **5339440** | **2720741** | **2618699** | **953716** | **4174174** |
| 临渭区 | 270336 | 909787 | 459864 | 449923 | 241841 | 909787 |
| 华 县 | 94710 | 342912 | 176435 | 166477 | 70753 | 264646 |
| 潼关县 | 40172 | 157911 | 79656 | 78255 | 35260 | 102239 |
| 大荔县 | 172955 | 696116 | 350636 | 345480 | 67759 | 423581 |
| 合阳县 | 115118 | 432197 | 219427 | 212770 | 40319 | 370811 |
| 澄城县 | 111213 | 381133 | 196706 | 184427 | 76600 | 265782 |
| 蒲城县 | 194679 | 736975 | 372284 | 364691 | 96250 | 481260 |
| 白水县 | 75165 | 281382 | 144942 | 136440 | 48714 | 147112 |
| 富平县 | 194875 | 755478 | 385419 | 370059 | 80900 | 563407 |
| 韩城市 | 106938 | 388153 | 202459 | 185694 | 124845 | 388153 |
| 华阴市 | 70851 | 257396 | 132913 | 124483 | 70475 | 257396 |
| **延安市** | **585574** | **2056092** | **1075268** | **980824** | **504381** | **1532694** |
| 宝塔区 | 128184 | 374636 | 195852 | 178784 | 169340 | 374636 |
| 延长县 | 42830 | 146053 | 76117 | 69936 | 28714 | 102572 |
| 延川县 | 52908 | 186997 | 96838 | 90159 | 32914 | 132178 |
| 子长县 | 63172 | 243324 | 126438 | 116886 | 52883 | 196720 |
| 安塞县 | 43966 | 155050 | 81111 | 73939 | 17640 | 113184 |
| 志丹县 | 31540 | 127906 | 67998 | 59908 | 22462 | 90702 |
| 吴旗县 | 30135 | 124347 | 66021 | 58326 | 17629 | 63733 |
| 甘泉县 | 23194 | 78273 | 40295 | 37978 | 21582 | 48136 |
| 富 县 | 38456 | 147622 | 77243 | 70379 | 30115 | 113005 |
| 洛川县 | 47222 | 193408 | 102438 | 90970 | 31348 | 112768 |
| 宜川县 | 30991 | 112806 | 58587 | 54219 | 17971 | 69273 |
| 黄龙县 | 14591 | 46996 | 25703 | 21293 | 13079 | 24097 |
| 黄陵县 | 38385 | 118674 | 60627 | 58047 | 48704 | 91690 |
| **汉中市** | **1103552** | **3721190** | **1956527** | **1764663** | **719880** | **3069210** |
| 汉台区 | 170034 | 525199 | 269207 | 255992 | 244087 | 525199 |
| 南郑县 | 163818 | 539057 | 280050 | 259007 | 74240 | 433429 |

4-5 续表2 (2003年) 单位:人

| 地区 | 总户数(户) | 总人口 | | | 总人口中 | |
|---|---|---|---|---|---|---|
| | | 合计 | 男 | 女 | 非农业人口 | 市镇人口 |
| 城固县 | 147961 | 503902 | 262426 | 241476 | 78370 | 426406 |
| 洋 县 | 133260 | 439746 | 234971 | 204775 | 66607 | 364699 |
| 西乡县 | 121161 | 400356 | 213908 | 186448 | 50855 | 347626 |
| 勉 县 | 122424 | 422048 | 219311 | 202737 | 76031 | 363090 |
| 宁强县 | 90568 | 333132 | 176634 | 156498 | 34456 | 244659 |
| 略阳县 | 54743 | 202481 | 108682 | 93799 | 55854 | 149119 |
| 镇巴县 | 75207 | 275468 | 147825 | 127643 | 24783 | 167890 |
| 留坝县 | 13844 | 46218 | 25009 | 21209 | 7922 | 32850 |
| 佛坪县 | 10532 | 33583 | 18504 | 15079 | 6675 | 14243 |
| **榆林市** | **902603** | **3335403** | **1741425** | **1593978** | **527960** | **2325732** |
| 榆阳区 | 135783 | 441155 | 227864 | 213291 | 141455 | 441155 |
| 神木县 | 111089 | 366640 | 193686 | 172954 | 92126 | 302478 |
| 府谷县 | 56933 | 215440 | 114662 | 100778 | 36896 | 113002 |
| 横山县 | 74195 | 328528 | 172329 | 156199 | 28948 | 226057 |
| 靖边县 | 69526 | 277011 | 143280 | 133731 | 33389 | 172354 |
| 定边县 | 72054 | 305133 | 160105 | 145028 | 37010 | 182477 |
| 绥德县 | 102003 | 350063 | 181163 | 168900 | 48072 | 212653 |
| 米脂县 | 57044 | 209147 | 108597 | 100550 | 26470 | 140909 |
| 佳 县 | 68054 | 248411 | 129995 | 118416 | 22529 | 132645 |
| 吴堡县 | 25796 | 79699 | 40681 | 39018 | 12910 | 53108 |
| 清涧县 | 53789 | 207443 | 109381 | 98062 | 22237 | 138329 |
| 子洲县 | 76337 | 306733 | 159682 | 147051 | 25918 | 210565 |
| **安康市** | **827631** | **2940649** | **1583603** | **1357046** | **432602** | **2435134** |
| 汉滨区 | 261543 | 945711 | 502089 | 443622 | 202396 | 945711 |
| 汉阴县 | 82821 | 288945 | 157104 | 131841 | 28346 | 247362 |
| 石泉县 | 54994 | 181243 | 97755 | 83488 | 30221 | 132502 |
| 宁陕县 | 22370 | 74662 | 39819 | 34843 | 14041 | 63780 |
| 紫阳县 | 90351 | 337662 | 185716 | 151946 | 34440 | 257026 |
| 岚皋县 | 49920 | 168337 | 93099 | 75238 | 20065 | 102163 |
| 平利县 | 68419 | 228803 | 122855 | 105948 | 29524 | 198208 |
| 镇坪县 | 17383 | 56844 | 30715 | 26129 | 7735 | 32468 |
| 旬阳县 | 125922 | 450916 | 242217 | 208699 | 47755 | 301695 |
| 白河县 | 53908 | 207526 | 112234 | 95292 | 18079 | 154219 |
| **商洛市** | **654900** | **2375005** | **1256656** | **1118349** | **338164** | **1937256** |
| 商州区 | 143959 | 544787 | 287401 | 257386 | 152811 | 544787 |
| 洛南县 | 139226 | 451637 | 234795 | 216842 | 54560 | 355143 |
| 丹凤县 | 79134 | 296597 | 156023 | 140574 | 24491 | 225477 |
| 商南县 | 62336 | 226960 | 120728 | 106232 | 24347 | 183814 |
| 山阳县 | 109522 | 419533 | 222755 | 196778 | 34330 | 286622 |
| 镇安县 | 76460 | 280065 | 151265 | 128800 | 28489 | 215617 |
| 柞水县 | 44263 | 155426 | 83689 | 71737 | 19136 | 125796 |
| **杨凌示范区** | **32360** | **140912** | **76328** | **64584** | **55201** | **140912** |

# 主要统计指标解释

**人口数** 指一定时点、一定地区范围内的有生命的个人的总和。年度统计的年末人口数指每年12月31日24时的人口数。年度统计的全国人口总数内未包括台湾省和港澳同胞以及海外华侨人数。

**城镇人口和乡村人口** 城镇人口是指居住在城镇范围内的全部人口，乡村人口是除上述人口以外的全部人口。本年鉴城乡人口划分按行政建制划分：

城镇人口是指市辖区、县级市和县辖镇的全部人口；

乡村人口是指县辖乡人口。

**出生率(又称粗出生率)** 指在一定时期内(通常为一年)一定地区的出生人数与同期内平均人数(或期中人数)之比。一般用千分率表示。本年鉴中的出生率指年出生率，其计算公式为：

出生率 = 年出生人数/年平均人数 × 1000‰

式中：出生人数指活产婴儿，即胎儿脱离母体时(不管怀孕月数)，有过呼吸或其它生命现象。年平均人数指年初、年底人口数的平均数，也可用年中人口数代替。

**死亡率(又称粗死亡率)** 指在一定时期内(通常为一年)一定地区的死亡人数与同期内平均人数(或期中人数)之比，一般用千分率表示。本年鉴中的死亡率指年死亡率，其计算公式为：

死亡率 = 年死亡人数/年平均人数 × 1000‰

**人口自然增长率** 指在一定时期内(通常为一年)人口自然增加数(出生人数减死亡人数)与该时期内平均人数(或期中人数)之比，一般用千分率表示。计算公式为：

人口自然增长率 = (本年出生人数 - 本年死亡人数)/年平均人数 × 1000‰

= 人口出生率 - 人口死亡率

**负担老年系数** 指老年(65岁及以上)人口数与劳动年龄(15-64岁)人口数之比。通常用百分数表示，用以表明每100名劳动年龄人口要负担多少名老年人。计算公式为：

负担老年系数 = 65岁及以上老年人口数/15 - 64岁劳动年龄人口数 × 100%

**负担少年系数** 指少年儿童(0-14岁)人口数与劳动年龄(15-64岁)人口数之比。通常用百分数表示，用以反映每100名劳动年龄人口要负担多少名少年儿童。计算公式为：

负担少儿系数 = 0-14岁少年儿童人口数/15-64岁劳动年龄人口数 × 100%

# 5　从业人员和职工工资

*CONGYERENYUANHEZHIGONGGONGZI*

资料整理　　何永生　王顺强

******************************************************************************

# 5. 从业人员和职工工资

******************************************************************************

2003 年全省

| | | | |
|---|---|---|---|
| 年底从业人员 | 1912 | 万人 | 比上年增长 2.0% |
| # 在岗职工人数 | 319 | 万人 | 比上年增长 -0.9% |
| 在岗职工工资总额 | 366.28 | 亿元 | 比上年增长 9.9% |
| 在岗职工平均工资 | 11461 | 元 | 比上年增长 11.4% |
| 离休、退休、退职人员数 | 112.54 | 万人 | 比上年增长 9.7% |

******************************************************************************

## 职工平均工资

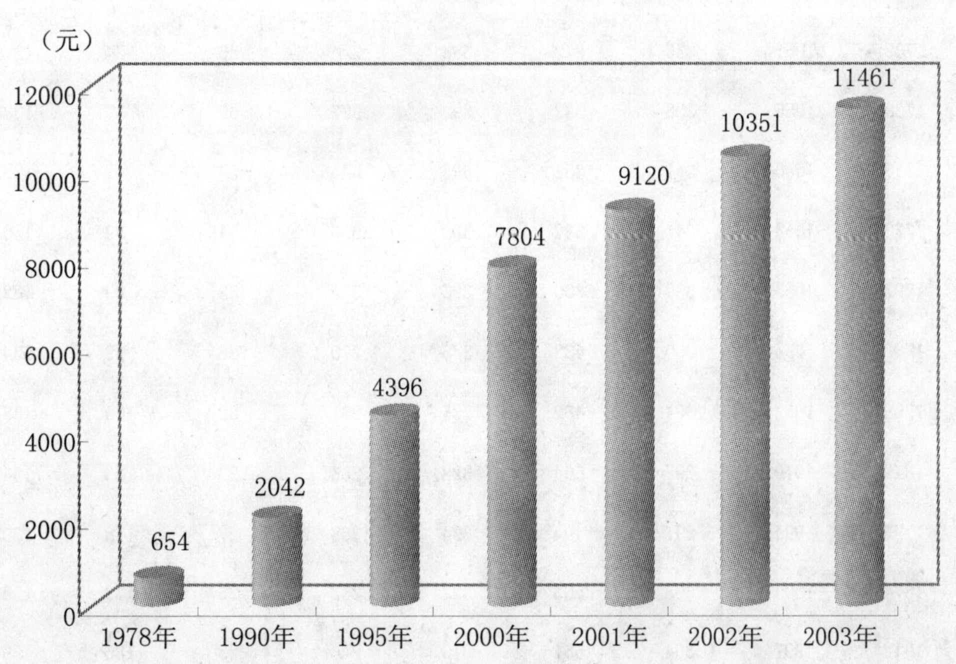

# 5-1 从业人员人数

单位：万人

| 年 份 | 从业人员人数 | 第一产业 | 第二产业 | 第三产业 | 年末职工人数 | #国有单位 | #城镇集体单位 | 城镇私营及个体从业人员 | 乡村从业人员 | 其他从业人员 |
|---|---|---|---|---|---|---|---|---|---|---|
| 1978 | 1078 | 766 | 193 | 119 | 257 | 222 | 35 | … | 821 | |
| 1979 | 1105 | 794 | 191 | 120 | 264 | 225 | 40 | | 840 | |
| 1980 | 1158 | 831 | 199 | 128 | 282 | 239 | 43 | 1 | 875 | |
| 1981 | 1202 | 874 | 188 | 140 | 297 | 250 | 47 | 2 | 903 | |
| 1982 | 1250 | 904 | 198 | 148 | 309 | 258 | 50 | 3 | 939 | |
| 1983 | 1285 | 925 | 199 | 161 | 312 | 261 | 51 | 4 | 969 | |
| 1984 | 1337 | 936 | 217 | 184 | 324 | 260 | 63 | 7 | 1007 | |
| 1985 | 1375 | 888 | 287 | 200 | 337 | 271 | 65 | 9 | 1029 | |
| 1986 | 1409 | 874 | 303 | 232 | 350 | 282 | 67 | 10 | 1049 | |
| 1987 | 1449 | 905 | 311 | 233 | 358 | 289 | 68 | 14 | 1077 | |
| 1988 | 1494 | 950 | 299 | 245 | 366 | 298 | 68 | 15 | 1112 | |
| 1989 | 1529 | 973 | 298 | 258 | 374 | 304 | 68 | 17 | 1138 | |
| 1990 | 1576 | 1010 | 302 | 264 | 379 | 311 | 67 | 17 | 1180 | |
| 1991 | 1640 | 1054 | 314 | 272 | 390 | 321 | 68 | 18 | 1232 | |
| 1992 | 1672 | 1069 | 321 | 283 | 395 | 326 | 67 | 19 | 1258 | |
| 1993 | 1708 | 1061 | 335 | 312 | 398 | 326 | 66 | 24 | 1272 | 14 |
| 1994 | 1720 | 1055 | 333 | 332 | 392 | 327 | 60 | 32 | 1283 | 13 |
| 1995 | 1748 | 1056 | 341 | 351 | 395 | 333 | 56 | 42 | 1298 | 13 |
| 1996 | 1776 | 1053 | 341 | 382 | 398 | 336 | 54 | 59 | 1308 | 11 |
| 1997 | 1792 | 1053 | 339 | 400 | 396 | 335 | 52 | 63 | 1322 | 11 |
| 1998 | 1788 | 1055 | 300 | 433 | 335 | 270 | 36 | 99 | 1342 | 12 |
| 1999 | 1808 | 1052 | 304 | 452 | 335 | 271 | 32 | 109 | 1353 | 11 |
| 2000 | 1813 | 1010 | 299 | 504 | 328 | 265 | 29 | 133 | 1343 | 9 |
| 2001 | 1785 | 994 | 297 | 494 | 324 | 258 | 27 | 118 | 1333 | 9 |
| 2002 | 1874 | 1003 | 308 | 563 | 322 | 253 | 25 | 179 | 1363 | 10 |
| 2003 | 1912 | 997 | 364 | 551 | 319 | 246 | 23 | 185 | 1397 | 11 |

注：本表职工人数1998年及以后为在岗职工数。

# 5-2 企业、事业、机关人数和工资

(2003年)

| 指　　标 | 合 计 | 企　业 | 事　业 | 机　关 |
|---|---|---|---|---|
| 一、城镇单位从业人员年末人数(人) | 3302938 | 1998791 | 922850 | 381297 |
| # 女　性 | 1159123 | 672850 | 395115 | 91158 |
| # 在岗职工人数 | 3193578 | 1931234 | 886908 | 375436 |
| 1.国有单位 | 2543780 | 1265296 | 898580 | 379904 |
| 2.城镇集体单位 | 248035 | 225615 | 21027 | 1393 |
| 3.其他单位 | 511123 | 507880 | 3243 | |
| 二、城镇单位从业人员劳动报酬(万元) | 3727913 | 2267119 | 1034728 | 426066 |
| # 在岗职工工资总额 | 3662813 | 2220178 | 1019736 | 422899 |
| 三、城镇单位从业人员平均劳动报酬(元) | 11276 | 11303 | 11242 | 11210 |
| 四、在岗职工平均工资(元) | 11461 | 11458 | 11527 | 11320 |
| 1.国有单位 | 11833 | 12137 | 11617 | 11323 |
| 2.城镇集体单位 | 6858 | 6744 | 7811 | 10473 |
| 3.其他单位 | 11794 | 11796 | 11452 | |

# 5-3 分行业从业人员人数

(2003年)　　单位:万人

| 行　业 | 合 计 | 国有单位从业人员 | 城镇集体从业人员 | 其他单位从业人员 | 城镇私营企　业从业人员 | 城镇个体从业人员 | 乡　村从业人员 |
|---|---|---|---|---|---|---|---|
| 总　　计 | 1912.1 | 254.4 | 24.8 | 51.1 | 122.5 | 62.4 | 1396.9 |
| 第一产业 | 997.5 | 6.0 | 0.4 | 0.2 | 1.0 | 0.2 | 989.7 |
| 农、林、牧、渔业 | 997.5 | 6.0 | 0.4 | 0.2 | 1.0 | 0.2 | 989.7 |
| 第二产业 | 363.6 | 81.7 | 13.0 | 40.0 | 21.1 | 6.2 | 201.6 |
| 采矿业 | 51.9 | 14.7 | 0.3 | 2.4 | 2.5 | 0.1 | 31.9 |
| 制造业 | 170.5 | 47.1 | 7.6 | 33.8 | 11.3 | 5.8 | 64.9 |
| 电力、燃气及水生产和供应业 | 24.5 | 7.4 | | 1.1 | | | 16.0 |
| 建筑业 | 116.7 | 12.5 | 5.1 | 2.7 | 7.3 | 0.3 | 88.8 |
| 第三产业 | 551.0 | 166.7 | 11.4 | 10.9 | 100.4 | 56.0 | 205.6 |
| 交通运输、仓储和邮政业 | 65.5 | 19.1 | 0.6 | 0.7 | 1.1 | 3.6 | 40.4 |
| 信息传输、计算机服务和软件业 | 6.7 | 1.7 | | 1.2 | 0.3 | 0.3 | 3.2 |
| 批发和零售业 | 107.2 | 12.1 | 4.8 | 4.4 | 14.9 | 21.9 | 49.1 |
| 住宿和餐饮业 | 87.7 | 2.4 | 0.5 | 1.7 | 39.3 | 19.9 | 23.9 |
| 金融业 | 14.4 | 6.6 | 1.9 | 1.4 | | | 4.5 |
| 房地产业 | 17.6 | 1.0 | 0.1 | 0.5 | | | 16.0 |
| 租赁和商务服务业 | 7.9 | 1.8 | 1.0 | 0.1 | 1.6 | 0.2 | 3.2 |
| 科学研究、技术服务和地质勘查业 | 16.5 | 11.2 | | 0.5 | | | 4.8 |
| 水利、环境和公共设施管理业 | 21.0 | 4.9 | 0.1 | | | | 16.0 |
| 居民服务和其他服务业 | 46.6 | 1.2 | 0.5 | 0.1 | 20.7 | 8.1 | 16.0 |
| 教　育 | 51.1 | 47.4 | 0.2 | 0.3 | | | 3.2 |
| 卫生、社会保障和社会福利业 | 18.0 | 12.0 | 1.2 | | | | 4.8 |
| 文化、体育和娱乐业 | 14.0 | 4.7 | 0.2 | | 0.3 | 0.9 | 7.9 |
| 公共管理和社会组织 | 53.5 | 40.6 | 0.3 | | | | 12.6 |
| 其他行业 | 23.4 | | | | 22.4 | 1.0 | |

## 5-4 分行业在岗职工年末人数

(2003年)　　单位：万人

| 行业 | 年末人数 | 国有单位 | 城镇集体单位 | 其他单位 |
|---|---|---|---|---|
| 总计 | 319.4 | 246.4 | 23.3 | 49.7 |
| 农林牧渔业 | 6.4 | 5.9 | 0.4 | 0.1 |
| 采矿业 | 16.9 | 14.4 | 0.3 | 2.3 |
| 制造业 | 86.8 | 46.4 | 7.2 | 33.2 |
| 电力、燃气及水的生产和供应业 | 8.3 | 7.2 | … | 1.1 |
| 建筑业 | 19.2 | 12.0 | 4.7 | 2.5 |
| 交通运输、仓储和邮政业 | 19.8 | 18.5 | 1 | 0.7 |
| 信息传输、计算机服务和软件业 | 2.6 | 1.5 | … | 1.1 |
| 批发和零售业 | 20.6 | 11.6 | 4.6 | 4.3 |
| 住宿和餐饮业 | 4.5 | 2.3 | 0.5 | 1.7 |
| 金融业 | 8.8 | 5.8 | 1.7 | 1.2 |
| 房地产业 | 1.5 | 0.9 | 0.1 | 0.5 |
| 租赁和商务服务业 | 2.8 | 1.7 | 1.0 | 0.1 |
| 科学研究、技术服务和地质勘查业 | 11.6 | 11.1 | … | 0.5 |
| 水利、环境和公共设施管理业 | 4.7 | 4.6 | … | … |
| 居民服务和其他服务业 | 1.6 | 1.1 | 0.4 | 0.1 |
| 教育 | 45.5 | 45.2 | 0.2 | 0.2 |
| 卫生、社会保障和社会福利业 | 12.8 | 11.6 | 1.2 | … |
| 文化、体育和娱乐业 | 4.9 | 4.7 | 0.2 | 0.1 |
| 公共管理和社会组织 | 40.1 | 39.9 | 0.2 | … |

## 5-5 在岗职工中分行业专业技术人员数

(2003年)　　单位：人

| 行业 | 总计 | #女性 | 国有单位 | 城镇集体单位 | 其他单位 |
|---|---|---|---|---|---|
| 总计 | 1019430 | 417507 | 859420 | 44948 | 115062 |
| 农林牧渔业 | 19637 | 6495 | 18675 | 676 | 286 |
| 采矿业 | 23556 | 7197 | 19750 | 379 | 3427 |
| 制造业 | 192803 | 61198 | 106113 | 7075 | 79615 |
| 电力、燃气及水的生产和供应业 | 19437 | 5006 | 17098 | 10 | 2329 |
| 建筑业 | 46549 | 12052 | 33685 | 8684 | 4180 |
| 交通运输、仓储和邮政业 | 30846 | 11480 | 28552 | 913 | 1381 |
| 信息传输、计算机服务和软件业 | 8901 | 3059 | 4697 | 36 | 4168 |
| 批发和零售业 | 31981 | 13092 | 20045 | 3898 | 8038 |
| 住宿和餐饮业 | 4842 | 2039 | 2160 | 696 | 1986 |
| 金融业 | 44002 | 18546 | 30656 | 10413 | 2933 |
| 房地产业 | 3153 | 956 | 2130 | 107 | 916 |
| 租赁和商务服务业 | 5446 | 1949 | 4419 | 413 | 614 |
| 科学研究、技术服务和地质勘查业 | 63827 | 19292 | 60629 | 97 | 3101 |
| 水利、环境和公共设施管理业 | 10113 | 3491 | 9976 | 126 | 11 |
| 居民服务和其他服务业 | 2713 | 1264 | 2181 | 219 | 313 |
| 教育 | 352629 | 168705 | 350198 | 1016 | 1415 |
| 卫生、社会保障和社会福利业 | 94019 | 56211 | 84923 | 9008 | 88 |
| 文化、体育和娱乐业 | 24907 | 10742 | 24029 | 617 | 261 |
| 公共管理和社会组织 | 40069 | 14733 | 39504 | 565 | |

## 5-6 各市在岗职工年末人数

(2003年) 单位:人

| 地区 | 总计 | 国有单位 | 城镇集体单位 | 其他单位 | #港澳台投资 | #外商投资 |
|---|---|---|---|---|---|---|
| 全省 | 3193578 | 2464230 | 232539 | 496809 | 11263 | 19078 |
| 西安市 | 1099226 | 738325 | 108567 | 252334 | 4859 | 12402 |
| 铜川市 | 100101 | 78642 | 8049 | 13410 | 23 | |
| 宝鸡市 | 305040 | 223557 | 28853 | 52630 | 2677 | 778 |
| 咸阳市 | 375072 | 288672 | 21665 | 64735 | 1862 | 4298 |
| 渭南市 | 326304 | 274442 | 14823 | 35069 | 802 | 468 |
| 延安市 | 176669 | 162655 | 7713 | 6301 | | 103 |
| 汉中市 | 227071 | 180858 | 19615 | 26598 | 380 | |
| 榆林市 | 181236 | 158882 | 7839 | 14515 | 378 | |
| 安康市 | 122136 | 105432 | 7198 | 9506 | 200 | 1029 |
| 商洛市 | 102359 | 81414 | 5987 | 14958 | 82 | |
| 杨凌示范区 | 21574 | 14561 | 260 | 6753 | | |
| 其他单位 | 156790 | 156790 | | | | |

## 5-7 从业人员分行业劳动报酬

(2003年) 单位：万元

| 行业 | 总计 | 国有单位 | 城镇集体单位 | 其他单位 |
|---|---|---|---|---|
| 总计 | 3727913 | 2965424 | 170109 | 592380 |
| 农林牧渔业 | 53574 | 50196 | 2115 | 1264 |
| 采矿业 | 210869 | 190585 | 1955 | 18329 |
| 制造业 | 911399 | 486957 | 49244 | 375198 |
| 电力、燃气及水的生产和供应业 | 133953 | 116445 | 23 | 17486 |
| 建筑业 | 201757 | 143687 | 36023 | 22046 |
| 交通运输、仓储和邮政业 | 291566 | 278719 | 4361 | 8487 |
| 信息传输、计算机服务和软件业 | 71255 | 28535 | 62 | 42659 |
| 批发和零售业 | 153817 | 93597 | 25861 | 34359 |
| 住宿和餐饮业 | 35381 | 18165 | 2474 | 14742 |
| 金融业 | 159401 | 106574 | 20534 | 32293 |
| 房地产业 | 16348 | 10222 | 664 | 5463 |
| 租赁和商务服务业 | 28554 | 19150 | 7755 | 1650 |
| 科学研究、技术服务和地质勘查业 | 175817 | 165111 | 251 | 10455 |
| 水利、环境和公共设施管理业 | 45007 | 44378 | 474 | 155 |
| 居民服务和其他服务业 | 15844 | 11617 | 2724 | 1503 |
| 教育 | 578791 | 570620 | 2473 | 5699 |
| 卫生、社会保障和社会福利业 | 144878 | 134952 | 9776 | 150 |
| 文化、体育和娱乐业 | 54612 | 53372 | 813 | 428 |
| 公共管理和社会组织 | 445090 | 442544 | 2531 | 15 |

# 5-8 从业人员分行业平均劳动报酬

(2003年)　　单位：元

| 行业 | 总计 | 国有单位 | 城镇集体单位 | 其他单位 |
|---|---|---|---|---|
| 总计 | 11276 | 11634 | 6761 | 11713 |
| 农、林、牧、渔业 | 8177 | 8296 | 5933 | 8708 |
| 采矿业 | 12393 | 12810 | 6733 | 9918 |
| 制造业 | 10225 | 10221 | 6419 | 11093 |
| 电力、燃气及水生产和供应业 | 16086 | 16036 | 4872 | 16483 |
| 建筑业 | 9716 | 11398 | 6703 | 7920 |
| 交通运输、仓储和邮政业 | 14257 | 14588 | 6863 | 11977 |
| 信息传输、计算机服务和软件业 | 24560 | 16589 | 6989 | 36386 |
| 批发和零售业 | 7207 | 7699 | 5407 | 7803 |
| 住宿和餐饮业 | 7566 | 7468 | 4728 | 8566 |
| 金融业 | 16066 | 15937 | 11014 | 23567 |
| 房地产业 | 10887 | 10832 | 6589 | 11949 |
| 租赁和商务服务业 | 9839 | 10774 | 7783 | 12777 |
| 科学研究、技术服务和地质勘查业 | 14915 | 14675 | 5332 | 21358 |
| 水利、环境和公共设施管理业 | 9191 | 9199 | 9250 | 7386 |
| 居民服务和其他服务业 | 8762 | 9987 | 5191 | 12497 |
| 教育 | 12154 | 12098 | 13056 | 21684 |
| 卫生、社会保障和社会福利业 | 10972 | 11292 | 7886 | 10862 |
| 文化、体育和娱乐业 | 11061 | 11288 | 4868 | 10133 |
| 公共管理和社会组织 | 10891 | 10919 | 7613 | 6417 |

# 5-9 在岗职工人数、工资总额和平均工资

| 指标 | 在岗职工人数（人） | | 工资总额(万元) | | 平均工资(元) | |
|---|---|---|---|---|---|---|
| | 2002年 | 2003年 | 2002年 | 2003年 | 2002年 | 2003年 |
| 总计 | 3217635 | 3193578 | 3332271 | 3662813 | 10351 | 11461 |
| 国有单位 | 2531891 | 2464230 | 2711249 | 2920675 | 10700 | 11833 |
| 城镇集体单位 | 249562 | 232539 | 153140 | 161130 | 6080 | 6858 |
| 其他单位 | 436182 | 496809 | 467883 | 581007 | 10796 | 11794 |
| (一)内资 | 406021 | 466468 | 420018 | 529894 | 10404 | 11462 |
| 1.股份合作制 | 28994 | 36003 | 19613 | 25568 | 6746 | 7048 |
| 2.联营 | 5862 | 5677 | 5855 | 5947 | 9548 | 10688 |
| 3.有限责任公司 | 242919 | 269399 | 247052 | 295025 | 10172 | 11083 |
| 4.股份有限公司 | 126885 | 138304 | 146821 | 186110 | 11814 | 13539 |
| 5.其它 | 1361 | 17085 | 677 | 17244 | 5019 | 10262 |
| (二)港、澳、台投资 | 10824 | 11263 | 13185 | 16293 | 12104 | 14730 |
| (三)外商投资 | 19337 | 19078 | 34679 | 34820 | 18461 | 18074 |

# 5-10 职工平均工资和指数

单位:元

| 年 份 | 职工平均工资 | 指数(1978年=100) | | 国有单位职工平均工资 | 指数(1978年=100) | | 城镇集体单位职工平均工资 | 指数(1978年=100) | |
|---|---|---|---|---|---|---|---|---|---|
| | | 货币工资 | 实际工资 | | 货币工资 | 实际工资 | | 货币工资 | 实际工资 |
| 1978 | 654 | 100.0 | 100.0 | 669 | 100.0 | 100.0 | 558 | 100.0 | 100.0 |
| 1979 | 705 | 107.8 | 106.3 | 728 | 108.8 | 107.3 | 570 | 102.2 | 100.7 |
| 1980 | 785 | 120.0 | 112.3 | 811 | 121.2 | 113.4 | 636 | 114.0 | 106.6 |
| 1981 | 780 | 119.3 | 107.7 | 812 | 121.4 | 109.6 | 609 | 109.1 | 98.6 |
| 1982 | 797 | 121.9 | 109.1 | 831 | 124.2 | 111.2 | 619 | 110.9 | 99.3 |
| 1983 | 824 | 126.0 | 111.0 | 857 | 128.1 | 112.9 | 652 | 116.8 | 102.9 |
| 1984 | 973 | 148.8 | 126.7 | 1024 | 153.1 | 130.4 | 757 | 135.7 | 115.6 |
| 1985 | 1122 | 171.6 | 135.8 | 1182 | 176.7 | 139.9 | 869 | 155.7 | 123.3 |
| 1986 | 1291 | 197.4 | 146.7 | 1363 | 203.7 | 151.4 | 987 | 176.9 | 131.4 |
| 1987 | 1409 | 215.4 | 146.6 | 1493 | 223.2 | 151.8 | 1054 | 188.9 | 128.5 |
| 1988 | 1680 | 256.9 | 145.5 | 1788 | 267.3 | 151.4 | 1206 | 216.2 | 122.5 |
| 1989 | 1856 | 283.8 | 136.7 | 1975 | 295.2 | 142.2 | 1319 | 236.4 | 113.9 |
| 1990 | 2042 | 312.2 | 146.6 | 2174 | 325.0 | 152.6 | 1425 | 255.4 | 119.9 |
| 1991 | 2198 | 336.1 | 147.1 | 2332 | 348.6 | 152.6 | 1554 | 278.5 | 121.9 |
| 1992 | 2434 | 372.2 | 146.5 | 2594 | 387.7 | 152.6 | 1634 | 292.8 | 115.2 |
| 1993 | 2890 | 441.9 | 152.5 | 3077 | 459.9 | 158.8 | 1918 | 343.7 | 118.6 |
| 1994 | 3803 | 581.5 | 156.6 | 4050 | 605.4 | 163.0 | 2299 | 412.0 | 110.9 |
| 1995 | 4396 | 672.2 | 153.4 | 4639 | 693.4 | 158.2 | 2795 | 500.9 | 114.3 |
| 1996 | 4882 | 746.5 | 154.4 | 5142 | 768.6 | 159.0 | 3082 | 552.3 | 114.3 |
| 1997 | 5184 | 792.7 | 155.9 | 5452 | 814.9 | 160.2 | 3177 | 569.4 | 111.9 |
| 1998 | 6029 | 921.9 | 185.5 | 6257 | 935.3 | 188.2 | 3823 | 685.1 | 137.9 |
| 1999 | 6931 | 1059.8 | 219.4 | 7162 | 1070.6 | 221.6 | 4318 | 773.8 | 160.2 |
| 2000 | 7804 | 1193.3 | 246.3 | 8043 | 1202.2 | 248.2 | 4920 | 881.7 | 182.0 |
| 2001 | 9120 | 1394.5 | 287.6 | 9440 | 1411.1 | 291.0 | 5293 | 948.6 | 195.6 |
| 2002 | 10351 | 1582.7 | 332.4 | 10700 | 1599.4 | 335.9 | 6080 | 1089.6 | 228.8 |
| 2003 | 11461 | 1752.4 | 370.2 | 11833 | 1768.8 | 368.5 | 6858 | 1229.0 | 256.0 |

注：本表1998年及以后数据为在岗职工平均工资，指数据此推算。

# 5-11　在岗职工分行业工资总额

(2003年)　　单位：万元

| 行　　业 | 工资总额 | 国有单位 | 城镇集体单位 | 其他单位 |
|---|---|---|---|---|
| 总　计 | 3662813 | 2920675 | 161130 | 581007 |
| 农林牧渔业 | 52985 | 49754 | 2078 | 1154 |
| 采矿业 | 208482 | 188956 | 1952 | 17574 |
| 制造业 | 898476 | 482250 | 47062 | 369164 |
| 电力、煤气及水的生产和供应业 | 132480 | 115014 | 23 | 17443 |
| 建筑业 | 192782 | 139519 | 32355 | 20907 |
| 交通运输、仓储和邮政业 | 287716 | 275028 | 4217 | 8471 |
| 信息传输、计算机服务和软件业 | 69153 | 26777 | 62 | 42314 |
| 批发和零售业 | 150211 | 90789 | 25379 | 34044 |
| 住宿和餐饮业 | 34253 | 17771 | 2325 | 14157 |
| 金融业 | 151245 | 100097 | 19706 | 31442 |
| 房地产业 | 16156 | 10112 | 661 | 5384 |
| 租赁和商务服务业 | 27962 | 18707 | 7620 | 1634 |
| 科学研究、技术服务和地质勘查业 | 174064 | 163685 | 242 | 10137 |
| 水利、环境和公共设施管理业 | 44275 | 43654 | 466 | 155 |
| 居民服务和其他服务业 | 15238 | 11456 | 2327 | 1455 |
| 教　育 | 570157 | 562706 | 2473 | 4979 |
| 卫生、社会保障和社会福利业 | 142781 | 133051 | 9580 | 150 |
| 文化、体育和娱乐业 | 53606 | 52406 | 773 | 428 |
| 公共管理和社会组织 | 440791 | 438945 | 1831 | 15 |

# 5-12　在岗职工分行业平均工资

(2003年)　　单位：元

| 行　　业 | 平均工资 | 国有单位 | 城镇集体单位 | 其他单位 |
|---|---|---|---|---|
| 总　计 | 11461 | 11833 | 6858 | 11794 |
| 农林牧渔业 | 8230 | 8356 | 5980 | 8453 |
| 采矿业 | 12534 | 12937 | 6744 | 10110 |
| 制造业 | 10281 | 10291 | 6479 | 11098 |
| 电力、煤气及水的生产和供应业 | 16218 | 16184 | 4872 | 16499 |
| 建筑业 | 9926 | 11558 | 6761 | 8154 |
| 交通运输、仓储和邮政业 | 14506 | 14847 | 6957 | 12033 |
| 信息传输、计算机服务和软件业 | 26772 | 18249 | 6989 | 38228 |
| 批发和零售业 | 7290 | 7810 | 5471 | 7840 |
| 住宿和餐饮业 | 7654 | 7578 | 4936 | 8533 |
| 金融业 | 17032 | 16933 | 11402 | 25351 |
| 房地产业 | 10931 | 10882 | 6572 | 12009 |
| 租赁和商务服务业 | 9853 | 10771 | 7821 | 12907 |
| 科学研究、技术服务和地质勘查业 | 14977 | 14733 | 6025 | 21473 |
| 水利、环境和公共设施管理业 | 9528 | 9538 | 9508 | 7386 |
| 居民服务和其他服务业 | 9076 | 10155 | 5333 | 12707 |
| 教　育 | 12598 | 12544 | 13061 | 23985 |
| 卫生、社会保障和社会福利业 | 11129 | 11461 | 7931 | 10862 |
| 文化、体育和娱乐业 | 11067 | 11275 | 5026 | 10133 |
| 公共管理和社会组织 | 11030 | 11040 | 9172 | 6417 |

## 5-13 各市城镇单位从业人员报酬及在岗职工工资总额

(2003年)

单位:万元

| 地区 | 从业人员劳动报酬 | 在岗职工工资总额 | 国有单位 | 城镇集体单位 | 其他单位 | | |
|---|---|---|---|---|---|---|---|
| | | | | | | #港澳台投资 | #外商投资 |
| 全省 | 3727913 | 3662813 | 2920675 | 161130 | 581007 | 16293 | 34820 |
| 西安市 | 1491333 | 1468189 | 1034575 | 76188 | 357427 | 11358 | 26111 |
| 铜川市 | 98812 | 97294 | 82032 | 4390 | 10873 | 13 | |
| 宝鸡市 | 319515 | 313386 | 246027 | 23187 | 44172 | 2209 | 870 |
| 咸阳市 | 378004 | 372533 | 286594 | 13428 | 72511 | 1596 | 6334 |
| 渭南市 | 311946 | 305585 | 257224 | 11090 | 37271 | 388 | 430 |
| 延安市 | 202366 | 197435 | 187264 | 4523 | 5648 | | 52 |
| 汉中市 | 221526 | 215960 | 184764 | 11705 | 19491 | 214 | |
| 榆林市 | 185822 | 178830 | 161616 | 6407 | 10807 | 304 | |
| 安康市 | 124665 | 122232 | 108982 | 5649 | 7601 | 132 | 1023 |
| 商洛市 | 94349 | 92582 | 78426 | 4334 | 9821 | 79 | |
| 杨凌示范区 | 24695 | 24530 | 18916 | 229 | 5385 | | |
| 其他单位 | 274880 | 274256 | 274256 | | | | |

## 5-14 各市城镇单位从业人员平均报酬及在岗职工平均工资

(2003年)

单位:元

| 地区 | 从业人员平均报酬 | 在岗职工平均工资 | 国有单位 | 城镇集体单位 | 其他单位 | | |
|---|---|---|---|---|---|---|---|
| | | | | | | #港澳台投资 | #外商投资 |
| 全省 | 11276 | 11461 | 11833 | 6858 | 11794 | 14730 | 18074 |
| 西安市 | 13172 | 13327 | 13987 | 6892 | 14215 | 23667 | 20751 |
| 铜川市 | 9105 | 9218 | 9809 | 5254 | 8016 | 6286 | |
| 宝鸡市 | 10065 | 10168 | 10917 | 8187 | 8102 | 8352 | 11777 |
| 咸阳市 | 9912 | 10011 | 9992 | 6201 | 11392 | 9140 | 14690 |
| 渭南市 | 9222 | 9379 | 9384 | 6662 | 10637 | 4841 | 8627 |
| 延安市 | 11025 | 11300 | 11646 | 5894 | 8973 | | 5000 |
| 汉中市 | 9174 | 9424 | 10122 | 5946 | 7238 | 5632 | |
| 榆林市 | 9740 | 10166 | 10286 | 7426 | 10644 | 7855 | |
| 安康市 | 9868 | 10005 | 10350 | 7745 | 7931 | 6600 | 9932 |
| 商洛市 | 8816 | 9061 | 9657 | 7348 | 6518 | 9634 | |
| 杨凌示范区 | 11650 | 11688 | 13172 | 9004 | 8452 | | |
| 其他单位 | 17395 | 17433 | 17433 | | | | |

# 5-15 就业人员来源和安置去向

单位:万人

| 指　　标 | 1995年 | 2000年 | 2001年 | 2002年 | 2003年 |
|---|---|---|---|---|---|
| 总　计 | 26.60 | 42.90 | 33.34 | 78.60 | 21.85 |
| 1、按来源分 | | | | | |
| 城镇劳动力 | 13.08 | 30.99 | 19.30 | 65.71 | 11.06 |
| 农村劳动力 | 3.70 | 2.02 | 1.99 | 1.83 | 2.27 |
| 大学、中专、技校毕业生 | 5.88 | 5.40 | 5.61 | 6.39 | 5.36 |
| 复员转业军人 | 1.40 | 1.35 | 1.18 | 0.97 | 0.93 |
| 其　他 | 2.54 | 3.14 | 5.26 | 3.71 | 2.23 |
| 2、按安置去向分 | | | | | |
| 国有单位 | 13.11 | 14.96 | 20.56 | 13.83 | 11.90 |
| 城镇集体单位 | 2.62 | 1.71 | 3.46 | 0.76 | 0.51 |
| 其他单位 | 0.77 | 2.53 | 2.85 | 3.11 | 4.46 |
| 城镇私营及个体劳动者 | 10.10 | 23.70 | 6.47 | 60.90 | 4.90 |

# 5-16 城镇登记失业人数及失业率

单位：人

| 年　份 | 城镇失业人员总数 | 年末实有失业人数 | 失业率(%) |
|---|---|---|---|
| 1980 | 373083 | 216209 | 7.1 |
| 1985 | 201841 | 67044 | 1.9 |
| 1990 | 280553 | 112345 | 3.0 |
| 1991 | 279301 | 100790 | 3.0 |
| 1992 | 283228 | 90844 | 3.0 |
| 1993 | 285993 | 108306 | 3.0 |
| 1994 | 275100 | 99800 | 3.3 |
| 1995 | 231800 | 85700 | 3.2 |
| 1996 | 273800 | 125700 | 3.3 |
| 1997 | 303700 | 151600 | 3.4 |
| 1998 | 217900 | 122100 | 3.1 |
| 1999 | 117000 | 107000 | 2.6 |
| 2000 | 127448 | 113861 | 2.7 |
| 2001 | 239720 | 140082 | 3.2 |
| 2002 | 223808 | 135094 | 3.3 |
| 2003 | 278080 | 139490 | 3.7 |

## 5-17 离休、退休、退职人数

单位:人

| 指标 | 1995年 | 2000年 | 2001年 | 2002年 | 2003年 |
|---|---|---|---|---|---|
| 总计 | 771835 | 961209 | 1011260 | 1026170 | 1125385 |
| 1.离休职工 | 62111 | 50828 | 48060 | 44197 | 44202 |
| 2.退休职工 | 675242 | 885940 | 939070 | 958207 | 1055269 |
| 3.领取定期生活费退职职工 | 34482 | 24441 | 24130 | 23766 | 25914 |

## 5-18 国有单位离退休退职人员保险福利费

单位:万元

| 项目 | 1995年 | 2000年 | 2001年 | 2002年 | 2003年 |
|---|---|---|---|---|---|
| 总计 | 268083 | 411526 | 394176 | 479605 | 579200 |
| 离休金 | 34195 | 23422 | 22274 | 31418 | 32243 |
| 退休金 | 162147 | 329264 | 320532 | 388754 | 472795 |
| 退职生活费 | 3200 | 2613 | 3114 | 4132 | 4067 |
| 医疗卫生费 | 37386 | 39245 | 32524 | 40667 | 47449 |
| 其他 | 31155 | 16982 | 15732 | 14634 | 22646 |

## 5-19 社会保障基本情况

单位:万人

| 指标 | 2001年 | 2002年 | 2003年 |
|---|---|---|---|
| 城镇居民最低生活保障人数 | 31.30 | 73.50 | 76.10 |
| 参加失业保险职工人数 | 304.93 | 315.72 | 323.31 |
| 参加养老保险职工人数 | 262.00 | 261.30 | 265.00 |
| 参加医疗保险职工人数 | 221.50 | 260.00 | 301.00 |

## 5-20 养老基金缴拨情况

(2003年)

单位:万元

| 指标 | 缴纳 | 单位 | 个人 | 拨付 |
|---|---|---|---|---|
| 总计 | 451227 | 324567 | 126660 | 669337 |
| 一、企业 | 437152 | 324567 | 112585 | 667898 |
| 二、其他 | 14075 | | 14075 | 1439 |

# 5-21 参加基本养老保险的职工及离退休人员

(2003年)

单位：人

| 指标 | 职工人数 | 离退休职工 |
|---|---|---|
| 总计 | 2650106 | 973994 |
| 一、企业 | 2470698 | 970707 |
| (一)内资企业 | 2439746 | 969764 |
| 1.国有企业 | 2026254 | 842914 |
| 2.集体企业 | 215539 | 116497 |
| 3.其他 | 197953 | 10353 |
| (二)港澳台及外资企业 | 30952 | 943 |
| 二、其他 | 179408 | 3287 |

# 5-22 失业保险基本情况

单位：人

| 指标 | 2001年 | 2002年 | 2003年 |
|---|---|---|---|
| 参加失业保险人数 | 3049314 | 3157222 | 3233138 |
| 一、企业 | 2493623 | 2545631 | 2571399 |
| (一)内资企业 | 2466072 | 2511249 | 254298 |
| 1.国有企业 | 2101876 | 2118875 | 2119745 |
| 2.集体企业 | 288030 | 311419 | 316499 |
| 3.其他 | 76166 | 80955 | 98054 |
| (二)港澳台及外资企业 | 27551 | 34382 | 37101 |
| 二、事业单位 | 551481 | 593718 | 643652 |
| 三、其他单位 | 4210 | 17873 | 18087 |
| 领取失业保险金人数 | 38000 | 88000 | 115400 |

# 5-23 职业介绍工作情况

(2003年)

| 指标 | 数量 | 指标 | 数量 |
|---|---|---|---|
| 一、职业介绍机构(个) | 2258 | 失业人员 | 16.8 |
| 1.劳动保障部门办 | 1704 | 获得职业资格人员 | 11.6 |
| 2.其他组织办 | 285 | 四、本年介绍成功人数(万人) | 32.8 |
| 3.公民个人办 | 269 | #女性 | 13.8 |
| 二、本年登记招聘人数(万人) | 53.3 | #下岗职工 | 5.0 |
| 三、本年登记求职人数(万人) | 63.4 | 失业人员 | 7.1 |
| #下岗职工 | 10.1 | 获得职业资格人员 | 7.3 |

# 5-24 各市县城镇单位从业人员、职工人数及工资

(2003年)

| 地区 | 城镇单位从业人员(人) | #在岗职工 | 在岗职工工资总额(万元) | 在岗职工平均工资(元) |
|---|---|---|---|---|
| 全省 | 3302938 | 3193578 | 3662813 | 11461 |
| 西安市 | 1129910 | 1099226 | 1468189 | 13327 |
| 中省市属单位 | 917201 | 895115 | 1252377 | 13953 |
| 市辖区 | 136297 | 131435 | 152336 | 11596 |
| 新城区 | 14483 | 13989 | 16056 | 11287 |
| 碑林区 | 17756 | 17312 | 22137 | 12689 |
| 莲湖区 | 14824 | 14278 | 16107 | 11445 |
| 灞桥区 | 9037 | 8962 | 11106 | 12472 |
| 未央区 | 8385 | 8298 | 12892 | 15471 |
| 雁塔区 | 9762 | 9556 | 16663 | 17452 |
| 阎良区 | 6621 | 6369 | 9070 | 13209 |
| 临潼区 | 29995 | 28762 | 27508 | 9694 |
| 长安区 | 25434 | 23909 | 20798 | 8725 |
| 蓝田县 | 16168 | 15592 | 13162 | 8562 |
| 周至县 | 21608 | 20208 | 17533 | 8596 |
| 户县 | 24088 | 23711 | 21237 | 9048 |
| 高陵县 | 14548 | 13165 | 11545 | 8841 |
| 铜川市 | 103083 | 100101 | 97294 | 9218 |
| 市直单位 | 69548 | 68228 | 68670 | 9374 |
| 市辖区 | 27254 | 25684 | 23838 | 9151 |
| 王益区 | 4028 | 3988 | 3187 | 7959 |
| 印台区 | 5203 | 4688 | 4344 | 9315 |
| 耀州区 | 18023 | 17008 | 16308 | 9382 |
| 宜君县 | 6281 | 6189 | 4786 | 7669 |
| 宝鸡市 | 313796 | 305040 | 319515 | 10168 |
| 中省市属单位 | 172802 | 168080 | 198401 | 11543 |
| 市辖区 | 42281 | 40530 | 38033 | 9261 |
| 渭滨区 | 7542 | 7430 | 8466 | 11490 |
| 金台区 | 12715 | 12189 | 11292 | 8876 |
| 陈仓区 | 22024 | 20911 | 18276 | 9181 |
| 凤翔县 | 15184 | 14821 | 13013 | 9068 |
| 岐山县 | 16507 | 16355 | 13860 | 8751 |
| 扶风县 | 17917 | 17889 | 13655 | 8248 |
| 眉县 | 14792 | 14414 | 12696 | 9236 |
| 陇县 | 10944 | 10505 | 9144 | 8688 |
| 千阳县 | 5918 | 5717 | 5447 | 9663 |
| 麟游县 | 4316 | 4315 | 3826 | 8859 |
| 凤县 | 7733 | 7071 | 6371 | 9408 |
| 太白县 | 5402 | 5343 | 5070 | 9309 |
| 咸阳市 | 383744 | 375072 | 372533 | 10011 |
| 市辖区 | 172945 | 169985 | 202527 | 12081 |
| 秦都区 | 91742 | 90405 | 104620 | 11647 |
| 渭城区 | 81203 | 79580 | 97907 | 12582 |

5-24 续表1 (2003年)

| 地区 | 城镇单位从业人员（人） | # 在岗职工 | 在岗职工工资总额（万元） | 在岗职工平均工资（元） |
|---|---|---|---|---|
| 三原县 | 23499 | 23105 | 20996 | 9053 |
| 泾阳县 | 19087 | 18711 | 14050 | 7552 |
| 乾　县 | 18059 | 17308 | 12053 | 6964 |
| 礼泉县 | 20010 | 19789 | 14484 | 7264 |
| 永寿县 | 9840 | 9780 | 6123 | 6274 |
| 彬　县 | 18144 | 17753 | 16086 | 9235 |
| 长武县 | 7749 | 7543 | 6693 | 8892 |
| 旬邑县 | 13786 | 12634 | 9878 | 7837 |
| 淳化县 | 9313 | 8988 | 7606 | 8553 |
| 武功县 | 24887 | 24638 | 19600 | 7944 |
| 兴平市 | 46425 | 44833 | 42479 | 9519 |
| **渭南市** | **338875** | **326304** | **305585** | **9379** |
| 开发区 | 5230 | 5032 | 5575 | 11068 |
| 农垦单位 | 7466 | 7396 | 4014 | 5367 |
| 临渭区 | 68016 | 66062 | 67114 | 10146 |
| 华　县 | 25420 | 23256 | 26663 | 11429 |
| 潼关县 | 14077 | 13873 | 10405 | 7603 |
| 大荔县 | 24851 | 23557 | 19175 | 8305 |
| 合阳县 | 18351 | 17014 | 13955 | 8251 |
| 澄城县 | 27316 | 27129 | 22826 | 8453 |
| 蒲城县 | 38385 | 38197 | 32797 | 8533 |
| 白水县 | 14550 | 12384 | 9737 | 7902 |
| 富平县 | 29198 | 29098 | 26904 | 9294 |
| 韩城市 | 40922 | 39059 | 43717 | 11213 |
| 华阴市 | 24993 | 24247 | 22704 | 9290 |
| **延安市** | **185759** | **176669** | **197435** | **11297** |
| 宝塔区 | 49109 | 47018 | 44082 | 9620 |
| 延长县 | 8039 | 7313 | 7311 | 10103 |
| 延川县 | 23241 | 20738 | 40105 | 19635 |
| 子长县 | 13641 | 12442 | 11666 | 9377 |
| 安塞县 | 10658 | 9477 | 8652 | 9407 |
| 志丹县 | 10037 | 10027 | 8804 | 8781 |
| 吴旗县 | 8596 | 8520 | 9894 | 11286 |
| 甘泉县 | 7761 | 7679 | 7294 | 9848 |
| 富　县 | 9845 | 9492 | 9553 | 10101 |
| 洛川县 | 15626 | 15357 | 20395 | 13271 |
| 宜川县 | 6692 | 6664 | 6379 | 9485 |
| 黄龙县 | 5186 | 5078 | 4993 | 9871 |
| 黄陵县 | 17328 | 16864 | 18306 | 10873 |
| **汉中市** | **239798** | **227071** | **215960** | **9424** |
| 汉台区 | 70985 | 66929 | 69124 | 10101 |
| 南郑县 | 27767 | 27102 | 24577 | 9054 |
| 城固县 | 28946 | 28240 | 25220 | 8909 |

5-24 续表2

(2003年)

| 地 区 | 城镇单位从业人员（人） | # 在岗职工 | 在岗职工工资总额（万元） | 在岗职工平均工资（元） |
|---|---|---|---|---|
| 洋 县 | 24348 | 23949 | 21217 | 8890 |
| 西乡县 | 13975 | 12955 | 12909 | 9971 |
| 勉 县 | 25405 | 21944 | 18081 | 8190 |
| 宁强县 | 11608 | 11200 | 10784 | 9669 |
| 略阳县 | 18520 | 18254 | 18931 | 10124 |
| 镇巴县 | 11699 | 10459 | 9541 | 9111 |
| 留坝县 | 3828 | 3463 | 3146 | 9018 |
| 佛坪县 | 2717 | 2576 | 2431 | 9544 |
| **榆林市** | **195642** | **181236** | **178830** | **10166** |
| 榆阳区 | 44512 | 43597 | 46332 | 10454 |
| 神木县 | 25027 | 21967 | 21796 | 13174 |
| 府谷县 | 13600 | 13467 | 14202 | 10610 |
| 横山县 | 14520 | 14131 | 12406 | 8835 |
| 靖边县 | 18412 | 17184 | 16548 | 9389 |
| 定边县 | 16634 | 15169 | 15387 | 10722 |
| 绥德县 | 16350 | 14316 | 13804 | 9645 |
| 米脂县 | 9570 | 8969 | 8113 | 9052 |
| 佳 县 | 10814 | 9815 | 8988 | 9171 |
| 吴堡县 | 5463 | 5082 | 4794 | 9480 |
| 清涧县 | 10365 | 8895 | 8053 | 9070 |
| 子洲县 | 10375 | 8644 | 8407 | 9748 |
| 安康市 | 126089 | 122136 | 122232 | 10005 |
| 汉滨区 | 52502 | 51282 | 52738 | 10226 |
| 汉阴县 | 8924 | 8909 | 8336 | 9433 |
| 石泉县 | 7887 | 7863 | 8150 | 10344 |
| 宁陕县 | 4077 | 3833 | 4093 | 10663 |
| 紫阳县 | 10238 | 9815 | 9455 | 9669 |
| 岚皋县 | 8308 | 7941 | 6345 | 7998 |
| 平利县 | 8787 | 8463 | 7548 | 8895 |
| 镇坪县 | 3630 | 3630 | 3472 | 9566 |
| 旬阳县 | 15011 | 14213 | 15370 | 10908 |
| 白河县 | 6725 | 6187 | 6726 | 10967 |
| 商洛市 | 107016 | 102359 | 92582 | 9061 |
| 商州区 | 31689 | 31208 | 28281 | 9060 |
| 洛南县 | 19336 | 18020 | 17948 | 9641 |
| 丹凤县 | 8894 | 8770 | 8190 | 9382 |
| 商南县 | 10010 | 9205 | 8520 | 9156 |
| 山阳县 | 13495 | 12901 | 11113 | 8660 |
| 镇安县 | 14454 | 13003 | 11305 | 8378 |
| 柞水县 | 9138 | 7992 | 7225 | 9042 |
| 杨凌示范区 | 21771 | 21574 | 24530 | 11688 |
| 其他单位 | 157455 | 156790 | 274256 | 17433 |

# 主要统计指标解释

**从业人员** 指从事一定社会劳动并取得劳动报酬或经营收入的人员,包括在岗职工、再就业的离退休人员、私营业主、个体户主、私营和个体从业人员、乡镇企业从业人员、农村从业人员、其他从业人员(包括民办教师、宗教职业者、现役军人等)。这一指标反映了一定时期内全部劳动力资源的实际利用情况,是研究我国基本国情国力的重要指标。

**单位从业人员** 指在各级国家机关、政党机关、社会团体及企业、事业单位中工作,取得工资或其他形式的劳动报酬的全部人员。包括在岗职工、再就业的离退休人员、民办教师以及在各单位中工作的外方人员和港澳台方人员、兼职人员、借用的外单位人员和第二职业者。不包括离开本单位仍保留劳动关系的职工。各单位的从业人员反映了各单位实际参加生产或工作的全部劳动力。

**城镇私营和个体从业人员** 城镇私营从业人员指在工商管理部门注册登记,其经营地址设在县城关镇(含城关镇)以上的私营企业从业人员,包括私营企业投资者和雇工。城镇个体从业人员指在工商管理部门注册登记,并持有城镇户口或在城镇长期居住,经批准从事个体工商经营的从业人员,包括个体经营者和在个体工商户劳动的家庭帮工和雇工。

**职工** 指在国有、城镇集体、联营、股份制、外商和港、澳、台投资、其他单位及其附属机构工作,并由其支付工资的各类人员,不包括:(1)乡镇企业从业人员;(2)私营企业从业人员;(3)城镇个体劳动者;(4)离休、退休、退职人员;(5)再就业的离、退休人员;(6)民办教师;(7)在城镇单位中工作的外方及港、澳、台人员;(8)其他按有关规定不列入职工统计范围的人员。(1998年以后的数据均为在岗职工数据,其他相关指标如职工工资总额,职工平均工资等指标也从1998年按此口径进行了相应调整)。

**国有单位职工** 指在国有经济单位及其附属机构工作,并由其支付工资的各类人员。

**城镇集体单位职工** 指在城镇集体经济单位及其管理部门工作,并由其支付工资的各类人员。

**其他单位职工** 指在联营经济、股份制经济、外商投资经济、港、澳、台投资经济单位工作,并由其支付工资的各类人员。

**在岗职工** 指在本单位工作并由单位支付工资的人员,以及有工作岗位,但由于学习、病伤产假等原因暂未工作,仍由单位支付工资的人员。

**专业技术人员** 指从事专业技术工作的人员以及从事专业技术管理工作且已在1983年以前评定了专业技术职称或在1984年以后聘任了专业技术职务的人员。

专业技术人员具体指工程技术人员、农业技术人员、科研人员(自然科学研究、社会科学研究及实验技术人员)、卫生技术人员、教学人员(含高等院校、中等专业学校、技工学校、中学、小学)、民用航空飞行技术人员、船舶技术人员、经济人员、会计人员、统计人员、翻译人员、图书资料、档案、文博人员、新闻、出版人员、律师、公证人员、广播电视播音人员、工艺美术人员、体育人员、艺术人员及政工人员。

**职工工资总额** 指各单位在一定时期内直接支付给本单位全部职工的劳动报酬总额。工资总额的计算原则应以直接支付给职工的全部劳动报酬为根据。各单位支付给职工的劳动报酬以及其他根据有关规定支付的工资,不论是计入成本的还是不计入成本的,不论是按国家规定列入计征奖金税项目的,还是未列入计征奖金税项目的,不论是以货币形式支付的还是以实物形式支付的,均包括在工资总额内。

**职工平均工资** 指企业、事业、机关单位的职工在一定时期内平均每人所得的货币工资额。它表明一定时期职工工资收入的高低程度,是反映职工工资水平的主要指标。计算公式为:

职工平均工资 = 报告期实际支付的全部职工工资总额/报告期全部职工平均人数

**职工平均工资指数** 指报告期职工平均工资与基期职工平均工资的比率,是反映不同时期职工货币工资水平变动情况的相对数。计算公式为:

职工平均工资指数 = 报告期职工平均工资/基期职工平均工资 × 100%

**职工平均实际工资指数** 职工平均实际工资指扣除物价变动因素后的职工平均工资。职工平均实际工资指数是反映实际工资变动情况的相对数,表明职工实际工资水平提高或降低的程度。计算公式为:

职工平均实际工资指数 = 报告期职工平均工资指数/报告期城镇居民消费价格指数 × 100%

**离休、退休、退职人员** 指正式办理了离休、退休、退职手续,并享受相应的离休、退休、退职待遇的人员。

**保险福利费用** 指企业、事业、机关单位在工资以外实际支付给职工和离休、退休、退职人员个人和用于集体的劳动保险福利费用。不包括用于职工的劳动保护费用,由保险福利费用开支的医务人员工资,集体福利机构工作人员和病伤休息期满6个月以上人员的工资。

(1)职工保险福利费用包括:

①医疗卫生费: 指实行公费医疗企业的职工及其供养的直系亲属的医疗费、医务经费、职工因工负伤就医路费以及住院伙食补助费等; 卫生部门开支的事业及机关单位职工的公费医疗经费; 未参加公费医疗的企业、事业和机关单位职工的医药费。

②文体宣传费: 指企业、事业和机关单位实际支付的文体宣传费,不包括学习费。

③集体福利事业补贴费: 指对职工浴室、理发室、洗衣房、哺乳室、托儿所等集体福利设施各项支出与收入相抵后的差额补助费。

④集体福利设施费: 指按照国家规定开支的集体福利设施费用,如职工食堂炊事用具的购置费、修理费、职工宿舍的修缮费用。不包括由企业、事业、机关单位自筹经费开支的职工福利设施的基本建设费用。

⑤其他: 指上述费用以外,单位支付给职工的保险福利费。

(2)离休、退休、退职人员保险福利费用包括:

①离休金: 指发给离休人员的工资和按 1982 年国务院发布的"关于老干部离职休养制度的几项规定",发给符合规定的离休干部相当于 1–2 个月标准工资的生活补贴及 1988 年增发的生活补贴费。

②退休金: 指按照国家有关规定发给退休人员的退休费及 1988 年增发的生活补贴费。

③退职生活费: 指按照 1978 年国务院《关于工人退休、退职的暂行办法》规定,定期发给退职人员的生活费及 1988 年增发的生活补贴费。

④医疗卫生费: 指离休、退休、退职人员的医疗费、住院费以及住院伙食补助等费用。

⑤其他: 指上述费用以外的其他保险福利费用,如丧葬抚恤救济费、交通费补贴、冬季取暖补贴等。

**城镇登记失业人员**　指有非农业户口,在一定的劳动年龄内,有劳动能力,无业而要求就业,并在当地就业服务机构进行求职登记的人员。

**城镇登记失业率**　指城镇登记失业人员与城镇从业人数、城镇登记失业人员之和的比。计算公式为:

城镇登记失业率 = 城镇登记失业人数/(城镇从业人数 + 城镇登记失业人数) × 100%

# 6 固定资产投资

*GUDINGZICHANTOUZI*

资料整理 王冬羽 刘吉庆 杨忠平
袁军会 陈晓峰 赵 翔

**************************************************************************

## 6. 固定资产投资

**************************************************************************

2003 年全省

| | | | | |
|---|---|---|---|---|
| 全社会固定资产投资 | 1278.72 | 亿元 | 比上年增长 | 31.2% |
| # 国有经济单位 | 713.37 | 亿元 | 比上年增长 | 28.4% |
| 集体经济单位 | 62.78 | 亿元 | 比上年增长 | 15.1% |
| # 基本建设 | 688.70 | 亿元 | 比上年增长 | 33.6% |
| 更新改造 | 177.27 | 亿元 | 比上年增长 | 19.4% |
| 房地产开发 | 188.56 | 亿元 | 比上年增长 | 52.6% |
| 全社会新增固定资产 | 851.54 | 亿元 | 比上年增长 | 18.7% |
| 全社会竣工住宅建筑面积 | 4269.44 | 万平方米 | 比上年增长 | -1.1% |

**************************************************************************

## 全社会固定资产投资

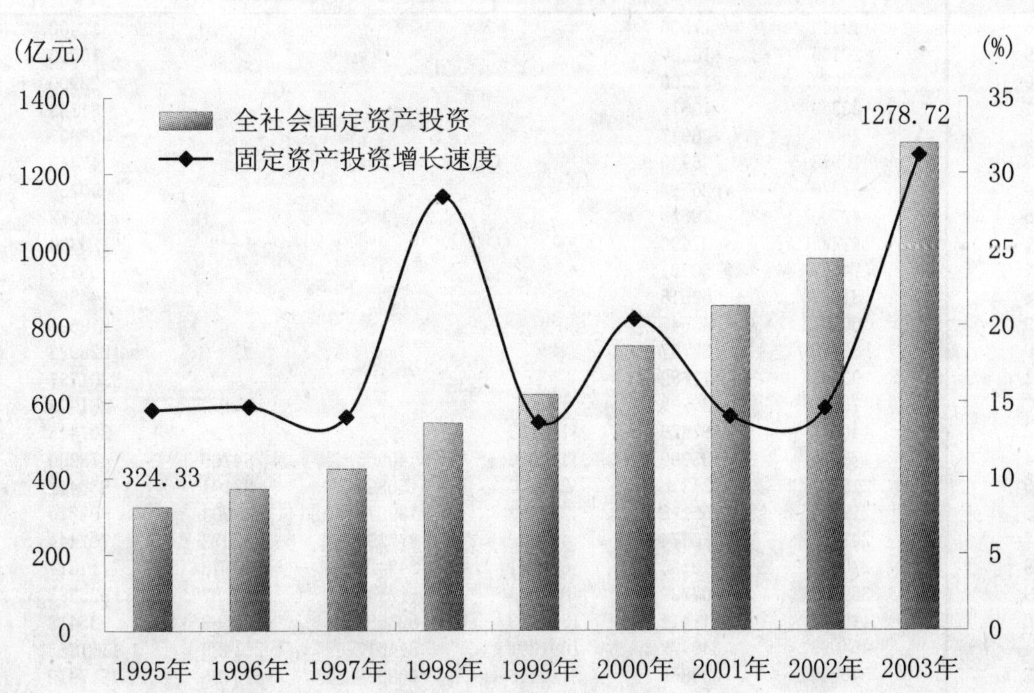

# 6-1 全社会固定资产投资

单位:万元

| 年份 | 合计 | 国有经济单位 | 基本建设 | 更新改造 | 其他固定资产投资 | 房地产开发 |
|---|---|---|---|---|---|---|
| 1978 | 203548 | 172004 | 159104 | 12900 | | |
| 1979 | 211622 | 174656 | 156916 | 17740 | | |
| 1980 | 278020 | 232468 | 205241 | 27227 | | |
| 1981 | 229244 | 174732 | 133373 | 41359 | … | |
| 1982 | 294805 | 233192 | 166718 | 66474 | … | |
| 1983 | 308266 | 249870 | 165200 | 77665 | 7005 | |
| 1984 | 403864 | 280735 | 186105 | 77192 | 17438 | |
| 1985 | 579881 | 398109 | 252243 | 124141 | 21725 | |
| 1986 | 635300 | 472526 | 290702 | 163638 | 18186 | |
| 1987 | 808912 | 581118 | 343640 | 207063 | 30415 | |
| 1988 | 947210 | 670827 | 393011 | 241020 | 36796 | |
| 1989 | 951793 | 671345 | 401423 | 222124 | 47798 | |
| 1990 | 1037154 | 738541 | 427635 | 231948 | 78958 | |
| 1991 | 1249323 | 853623 | 506297 | 242730 | 104596 | |
| 1992 | 1424653 | 1087073 | 647390 | 335921 | 103762 | |
| 1993 | 2282062 | 1718582 | 998278 | 550215 | 71983 | 98106 |
| 1994 | 2832912 | 2029222 | 1256693 | 522544 | 123896 | 126089 |
| 1995 | 3243250 | 2266117 | 1402705 | 634948 | 81812 | 146652 |
| 1996 | 3719955 | 2564807 | 1506426 | 759975 | 128785 | 169621 |
| 1997 | 4240987 | 2876361 | 1853788 | 674034 | 182805 | 165734 |
| 1998 | 5448916 | 3828888 | 2435733 | 745904 | 324694 | 322557 |
| 1999 | 6192743 | 4077637 | 2556405 | 814439 | 308100 | 398693 |
| 2000 | 7458497 | 4735314 | 2936598 | 1191810 | 140378 | 466528 |
| 2001 | 8506562 | 5239223 | 3602016 | 1124026 | 123445 | 389736 |
| 2002 | 9746298 | 5554064 | 4050849 | 878378 | 136790 | 488047 |
| 2003 | 12787197 | 7133707 | 5297254 | 1117917 | 231952 | 486584 |

| 年份 | 集体经济单位 | #农村 | 其他经济单位 | #基本建设 | #更新改造 | 城乡个人 | #农村 |
|---|---|---|---|---|---|---|---|
| 1978 | 19144 | 17500 | | | | 12400 | 12300 |
| 1979 | 20166 | 18200 | | | | 16800 | 16600 |
| 1980 | 22652 | 18900 | | | | 22900 | 22500 |
| 1981 | 23369 | 19676 | | | | 31143 | 30497 |
| 1982 | 28006 | 20947 | | | | 33607 | 32174 |
| 1983 | 10978 | 5940 | | | | 47418 | 45337 |
| 1984 | 32370 | 26783 | | | | 90759 | 87621 |
| 1985 | 42700 | 29629 | | | | 139072 | 133478 |
| 1986 | 42385 | 27495 | | | | 120389 | 111942 |
| 1987 | 74075 | 56291 | | | | 153719 | 143355 |
| 1988 | 81821 | 62618 | | | | 194562 | 181510 |
| 1989 | 60757 | 45545 | | | | 219691 | 204099 |
| 1990 | 69640 | 53797 | | | | 228973 | 215107 |
| 1991 | 93903 | 72682 | | | | 301797 | 288933 |
| 1992 | 75607 | 50593 | | | | 261973 | 240887 |
| 1993 | 140072 | 97226 | 115993 | | | 307415 | 269274 |
| 1994 | 178850 | 135000 | 146640 | 40960 | 54765 | 478200 | 432000 |
| 1995 | 215301 | 126318 | 206420 | 56329 | 37101 | 555412 | 513176 |
| 1996 | 219995 | 156178 | 266783 | 139577 | 28004 | 668370 | 618875 |
| 1997 | 247426 | 176874 | 409756 | 277294 | 32072 | 707444 | 673989 |
| 1998 | 270700 | 210133 | 638251 | 349426 | 109748 | 711077 | 556967 |
| 1999 | 389635 | 302229 | 899933 | 512146 | 89087 | 825538 | 637437 |
| 2000 | 416628 | 311411 | 1371143 | 823687 | 171669 | 935412 | 703183 |
| 2001 | 464095 | 340477 | 1691391 | 814617 | 261420 | 1111853 | 765412 |
| 2002 | 545200 | 334848 | 2129115 | 1008638 | 570498 | 1517919 | 864338 |
| 2003 | 627769 | 309133 | 3732828 | 1479694 | 588241 | 1292893 | 987251 |

注：按照国家统计制度规定，自1999年起，全社会固定资产投资包括私营、个体固定资产投资 。

# 6-2 全社会新增固定资产

单位:万元

| 年 份 | 合 计 | 国有经济单 位 | 基本建设 | 更新改造 | 其他固定资产投资 | 房地产开 发 |
|---|---|---|---|---|---|---|
| 1978 | 306592 | 279677 | 273277 | 6400 | | |
| 1979 | 166626 | 134528 | 125763 | 8765 | | |
| 1980 | 183920 | 143679 | 124740 | 18939 | | |
| 1981 | 186900 | 137735 | 108760 | 28975 | | |
| 1982 | 278208 | 223060 | 176985 | 46075 | | |
| 1983 | 265055 | 207231 | 147240 | 52986 | 7005 | |
| 1984 | 340505 | 217725 | 137584 | 66850 | 13291 | |
| 1985 | 413505 | 236663 | 144227 | 76652 | 15784 | |
| 1986 | 483223 | 325006 | 198149 | 116107 | 10750 | |
| 1987 | 627094 | 402508 | 234783 | 145351 | 22374 | |
| 1988 | 720909 | 448912 | 263583 | 169651 | 15678 | |
| 1989 | 709572 | 432089 | 247026 | 146033 | 39030 | |
| 1990 | 971952 | 674200 | 370526 | 227366 | 76308 | |
| 1991 | 1024825 | 638164 | 353506 | 197166 | 87492 | |
| 1992 | 1290871 | 965763 | 630747 | 260585 | 74431 | |
| 1993 | 1446400 | 988503 | 523698 | 368949 | 59444 | 36412 |
| 1994 | 2018204 | 1344305 | 685447 | 450919 | 114088 | 93851 |
| 1995 | 2479568 | 1617723 | 966578 | 503846 | 53461 | 93838 |
| 1996 | 2782014 | 1892545 | 1105938 | 619224 | 71310 | 96073 |
| 1997 | 2889199 | 1894881 | 1165480 | 469326 | 114403 | 145672 |
| 1998 | 3749762 | 2559559 | 1478363 | 762641 | 159283 | 159272 |
| 1999 | 5208689 | 3492085 | 2034141 | 706903 | 357064 | 393977 |
| 2000 | 6072715 | 4039635 | 2775213 | 760068 | 118431 | 385923 |
| 2001 | 6834613 | 4299989 | 3040046 | 817146 | 77156 | 365641 |
| 2002 | 7171710 | 3410984 | 2292959 | 676390 | 141835 | 299800 |
| 2003 | 8515381 | 4476270 | 3182996 | 770684 | 167992 | 354598 |

| 年 份 | 集体经济单 位 | #农 村 | 其他经济单 位 | #基 本建 设 | #更 新改 造 | 城乡个人 | #农 村 |
|---|---|---|---|---|---|---|---|
| 1978 | 14515 | 13300 | | | | 12400 | 12300 |
| 1979 | 15298 | 13800 | | | | 16800 | 16600 |
| 1980 | 17341 | 14400 | | | | 22900 | 22500 |
| 1981 | 18022 | 14953 | | | | 31143 | 30497 |
| 1982 | 21541 | 15710 | | | | 33607 | 32174 |
| 1983 | 10406 | 5940 | | | | 47418 | 45337 |
| 1984 | 32021 | 26783 | | | | 90759 | 87621 |
| 1985 | 37770 | 29629 | | | | 139072 | 133478 |
| 1986 | 37828 | 27495 | | | | 120389 | 111942 |
| 1987 | 70867 | 56291 | | | | 153719 | 143355 |
| 1988 | 77435 | 62618 | | | | 194562 | 181510 |
| 1989 | 57792 | 45545 | | | | 219691 | 204099 |
| 1990 | 68779 | 53797 | | | | 228973 | 215107 |
| 1991 | 84864 | 72468 | | | | 301797 | 288933 |
| 1992 | 63135 | 46148 | | | | 261973 | 240887 |
| 1993 | 118049 | 89645 | 32433 | | | 307415 | 269274 |
| 1994 | 112986 | 77452 | 82713 | 22016 | 24976 | 478200 | 432000 |
| 1995 | 167873 | 112359 | 138560 | 47513 | 51648 | 555412 | 513176 |
| 1996 | 172863 | 127928 | 74737 | 11303 | 24065 | 641869 | 592374 |
| 1997 | 214206 | 160570 | 72668 | 8680 | 22947 | 707444 | 673989 |
| 1998 | 231641 | 177029 | 304602 | 108846 | 82654 | 653960 | 499850 |
| 1999 | 374059 | 303465 | 583920 | 303700 | 73680 | 758625 | 570524 |
| 2000 | 379607 | 284822 | 792180 | 399756 | 140561 | 861293 | 629064 |
| 2001 | 400108 | 281634 | 1161873 | 614142 | 169344 | 972643 | 683464 |
| 2002 | 450567 | 311498 | 1898300 | 1124620 | 436812 | 1411859 | 853463 |
| 2003 | 462639 | 283943 | 2303126 | 1044441 | 535591 | 1273346 | 971966 |

# 6-3 全社会竣工住宅建筑面积

单位:万平方米

| 年 份 | 合 计 | 国有经济单位 | 基本建设 | 更新改造 | 其他固定资产投资 | 房地产开发 |
|---|---|---|---|---|---|---|
| 1978 | 706.09 | 135.61 | 127.33 | 8.28 | | |
| 1979 | 951.05 | 187.73 | 176.39 | 11.34 | | |
| 1980 | 1277.11 | 249.08 | 228.62 | 20.46 | | |
| 1981 | 1627.18 | 250.48 | 218.54 | 31.94 | | |
| 1982 | 1598.73 | 289.49 | 227.82 | 61.67 | | |
| 1983 | 2400.03 | 304.84 | 221.80 | 83.04 | | |
| 1984 | 1930.28 | 290.78 | 229.78 | 59.35 | 1.65 | |
| 1985 | 2622.98 | 339.80 | 284.22 | 43.00 | 12.58 | |
| 1986 | 2336.38 | 350.84 | 270.73 | 74.40 | 5.71 | |
| 1987 | 2295.25 | 305.51 | 223.77 | 63.26 | 18.48 | |
| 1988 | 2943.49 | 263.75 | 196.45 | 57.70 | 9.60 | |
| 1989 | 1630.46 | 224.30 | 166.57 | 49.82 | 7.91 | |
| 1990 | 2257.86 | 250.12 | 155.19 | 44.83 | 50.10 | |
| 1991 | 2583.58 | 267.14 | 179.09 | 36.86 | 51.19 | |
| 1992 | 1943.91 | 309.04 | 206.43 | 45.16 | 57.45 | |
| 1993 | 2072.95 | 372.39 | 259.74 | 42.26 | 6.06 | 64.33 |
| 1994 | 2613.12 | 434.00 | 290.99 | 40.00 | 3.68 | 99.33 |
| 1995 | 3111.15 | 485.16 | 339.36 | 35.79 | 0.03 | 109.98 |
| 1996 | 2814.39 | 462.62 | 320.64 | 26.25 | 2.30 | 113.43 |
| 1997 | 2581.69 | 529.29 | 348.04 | 45.43 | 0.33 | 135.49 |
| 1998 | 2645.52 | 549.82 | 358.81 | 44.01 | | 147.00 |
| 1999 | 3133.31 | 961.31 | 513.56 | 35.27 | 0.53 | 411.95 |
| 2000 | 4947.36 | 942.36 | 532.16 | 33.89 | 0.14 | 376.17 |
| 2001 | 4990.18 | 813.17 | 541.03 | 2.04 | 0.40 | 269.70 |
| 2002 | 4317.24 | 712.33 | 450.72 | 19.37 | 0.68 | 241.56 |
| 2003 | 4269.44 | 805.99 | 564.74 | 6.34 | 10.27 | 224.64 |

| 年 份 | 集体经济单位 | #农村 | 其他经济单位 | #基本建设 | 城乡个人 | #农村 |
|---|---|---|---|---|---|---|
| 1978 | 32.61 | 30.33 | | | 537.87 | 535.55 |
| 1979 | 35.90 | 31.47 | | | 727.42 | 722.78 |
| 1980 | 39.08 | 32.84 | | | 988.95 | 979.67 |
| 1981 | 39.13 | 34.10 | | | 1337.57 | 1322.56 |
| 1982 | 32.65 | 21.77 | | | 1276.59 | 1242.54 |
| 1983 | 17.81 | 9.31 | | | 2077.38 | 2032.45 |
| 1984 | 70.40 | 63.07 | | | 1569.10 | 1521.75 |
| 1985 | 84.86 | 77.06 | | | 2198.32 | 2136.94 |
| 1986 | 110.02 | 97.91 | | | 1875.52 | 1801.08 |
| 1987 | 110.66 | 103.67 | | | 1879.08 | 1796.30 |
| 1988 | 65.49 | 56.85 | | | 2614.25 | 2534.19 |
| 1989 | 48.26 | 37.48 | | | 1357.90 | 1290.77 |
| 1990 | 94.12 | 85.82 | | | 1913.62 | 1850.44 |
| 1991 | 60.15 | 54.00 | | | 2256.29 | 2202.00 |
| 1992 | 5.32 | | | | 1629.55 | 1566.80 |
| 1993 | 25.93 | 10.90 | 2.97 | | 1671.66 | 1561.00 |
| 1994 | 29.61 | 11.35 | 14.09 | 0.62 | 2135.42 | 2009.83 |
| 1995 | 45.28 | 10.56 | 29.86 | 2.70 | 2550.85 | 2470.00 |
| 1996 | 51.86 | 15.44 | 29.97 | 1.65 | 2269.94 | 2198.42 |
| 1997 | 39.67 | 9.29 | 40.19 | 3.95 | 1972.54 | 1899.26 |
| 1998 | 52.54 | 20.90 | 71.73 | 10.60 | 1971.43 | 1641.62 |
| 1999 | 79.30 | 42.00 | 120.57 | 13.69 | 1972.13 | 1531.00 |
| 2000 | 88.87 | 44.85 | 157.30 | 17.67 | 3758.83 | 3246.86 |
| 2001 | 75.31 | 18.45 | 233.44 | 18.30 | 3868.26 | 3311.05 |
| 2002 | 87.16 | 10.99 | 241.10 | 51.98 | 3276.65 | 2649.75 |
| 2003 | 104.63 | 17.88 | 466.63 | 84.57 | 2892.19 | 2379.92 |

# 6-4 全社会固定资产投资主要指标及构成

(2003年)

单位:万元

| 指标 | 合计 | 内资 | | | | 港澳台商投资 | 外商投资 | 个体经济 |
|---|---|---|---|---|---|---|---|---|
| | | | 国有 | 集体 | 其他 | | | |
| 一、投资总额 | 12787197 | 11252631 | 7133707 | 627769 | 3491155 | 94754 | 146919 | 1292893 |
| 1.按隶属关系分 | | | | | | | | |
| 中央 | 1795067 | 1787553 | 1228416 | 200 | 558937 | 5514 | 2000 | |
| 地方 | 10992130 | 9465078 | 5905291 | 627569 | 2932218 | 89240 | 144919 | 1292893 |
| 2.按构成分 | | | | | | | | |
| 建筑工程 | 8147712 | 7154878 | 4785513 | 372687 | 1996678 | 41751 | 69841 | 881242 |
| 安装工程 | 743072 | 724752 | 430198 | 32083 | 262471 | 7487 | 9868 | 965 |
| 设备工器具购置 | 2031780 | 1712328 | 966566 | 133043 | 612719 | 10117 | 49394 | 259941 |
| 其他费用 | 1864633 | 1660673 | 951430 | 89956 | 619287 | 35399 | 17816 | 150745 |
| # 土地购置费 | 536374 | 496212 | 211454 | 18144 | 266614 | 28510 | 11629 | 23 |
| 3.按建设性质分 | | | | | | | | |
| # 新建 | 4359755 | 4274285 | 3138638 | 123064 | 1012583 | 20561 | 53970 | 10939 |
| 扩建 | 3026482 | 3001804 | 1991170 | 51378 | 959256 | 2286 | 16301 | 6091 |
| 改建 | 1318957 | 1311261 | 1036194 | 10885 | 264182 | 3479 | 3582 | 635 |
| 4.按产业构成分 | | | | | | | | |
| 第一产业 | 514183 | 322829 | 245867 | 29989 | 46973 | | 300 | 191054 |
| 第二产业 | 4017566 | 3822828 | 2035772 | 212512 | 1574544 | 15648 | 78004 | 101086 |
| 第三产业 | 8255448 | 7106974 | 4852068 | 385268 | 1869638 | 79106 | 68615 | 1000753 |
| 二、本年新增固定资产 | 8515381 | 7147794 | 4476270 | 462639 | 2208885 | 20076 | 74165 | 1273346 |
| 三、房屋建筑面积及竣工价值 | | | | | | | | |
| 本年施工房屋面积（万平方米） | 9056.16 | 5676.72 | 2822.70 | 669.11 | 2184.91 | 93.23 | 59.31 | 3226.90 |
| # 住宅 | 6253.97 | 3159.23 | 1675.35 | 238.34 | 1245.54 | 66.84 | 23.12 | 3004.78 |
| 本年竣工房屋面积（万平方米） | 5732.81 | 2592.29 | 1315.32 | 458.53 | 818.44 | 8.53 | 16.33 | 3115.66 |
| # 住宅 | 4269.44 | 1362.08 | 805.99 | 104.63 | 451.46 | 7.17 | 8.00 | 2892.19 |
| 本年竣工房屋价值 | 3585980 | 2652520 | 1498644 | 241926 | 911950 | 8452 | 28544 | 896464 |
| # 住宅 | 2182609 | 1379733 | 814675 | 96596 | 468462 | 6722 | 12480 | 783674 |

# 6-5 地方全社会固定资产投资主要指标及构成

(2003年)

单位:万元

| 指标 | 合计 | 内资 | | | | 港澳台商投资 | 外商投资 | 个体经济 |
|---|---|---|---|---|---|---|---|---|
| | | | 国有 | 集体 | 其他 | | | |
| 一、投资总额 | 10992130 | 9465078 | 5905291 | 627569 | 2932218 | 89240 | 144919 | 1292893 |
| 1.按构成分 | | | | | | | | |
| 建筑工程 | 7170995 | 6179758 | 4159119 | 372567 | 1648072 | 41671 | 68324 | 881242 |
| 安装工程 | 602802 | 586972 | 347837 | 32083 | 207052 | 4997 | 9868 | 965 |
| 设备工器具购置 | 1542179 | 1226084 | 555085 | 133043 | 537956 | 7173 | 48981 | 259941 |
| 其他费用 | 1676154 | 1472264 | 843250 | 89876 | 539138 | 35399 | 17746 | 150745 |
| #土地购置费 | 493737 | 453575 | 195460 | 18064 | 240051 | 28510 | 11629 | 23 |
| 2.按建设性质分 | | | | | | | | |
| #新建 | 3899848 | 3818678 | 2703156 | 122864 | 992658 | 17761 | 52470 | 10939 |
| 扩建 | 2028303 | 2003625 | 1470772 | 51378 | 481475 | 2286 | 16301 | 6091 |
| 改建 | 1103950 | 1099468 | 830847 | 10885 | 257736 | 765 | 3082 | 635 |
| 3.按产业构成分 | | | | | | | | |
| 第一产业 | 514183 | 322829 | 245867 | 29989 | 46973 | | 300 | 191054 |
| 第二产业 | 2796432 | 2606408 | 1315471 | 212512 | 1078425 | 12934 | 76004 | 101086 |
| 第三产业 | 7681515 | 6535841 | 4343953 | 385068 | 1806820 | 76306 | 68615 | 1000753 |
| 二、本年新增固定资产 | 7107523 | 5745864 | 3606768 | 462639 | 1676457 | 14562 | 73751 | 1273346 |
| 三、房屋建筑面积及竣工价值 | | | | | | | | |
| 本年施工房屋面积(万平方米) | 8401.01 | 5022.49 | 2241.06 | 667.91 | 2113.52 | 93.23 | 58.39 | 3226.90 |
| #住宅 | 5834.30 | 2739.56 | 1296.68 | 237.14 | 1205.74 | 66.84 | 23.12 | 3004.78 |
| 本年竣工房屋面积(万平方米) | 5438.85 | 2298.33 | 1064.45 | 458.53 | 775.35 | 8.53 | 16.33 | 3115.66 |
| #住宅 | 4091.93 | 1184.57 | 652.85 | 104.63 | 427.09 | 7.17 | 8.00 | 2892.19 |
| 本年竣工房屋价值 | 3229432 | 2295972 | 1201612 | 241926 | 852434 | 8452 | 28544 | 896464 |
| #住宅 | 2025391 | 1222515 | 690925 | 96596 | 434994 | 6722 | 12480 | 783674 |

# 6-6 各市全社会固定资产投资

(2003年)

单位:万元

| 地 区 | 总 计 | 国有经济 | #地 方 | 集体经济 | #农 村 | 其他经济 | 个体经济 | #农 村 |
|---|---|---|---|---|---|---|---|---|
| 全 省 | 12787197 | 7133707 | 5905291 | 627769 | 309133 | 3732828 | 1292893 | 987251 |
| 关 中 | 8225267 | 4076268 | 3295694 | 436737 | 230642 | 2782015 | 930247 | 762513 |
| 西安市 | 4635437 | 2461680 | 2035882 | 241438 | 97389 | 1527691 | 404628 | 348974 |
| 铜川市 | 225026 | 131579 | 116612 | 8683 | 3074 | 56735 | 28030 | 11684 |
| 宝鸡市 | 1194795 | 529078 | 462899 | 103707 | 79263 | 367100 | 194910 | 171305 |
| 咸阳市 | 1240799 | 478690 | 402702 | 37586 | 23344 | 552980 | 171543 | 134009 |
| 渭南市 | 831337 | 429900 | 261113 | 41042 | 24130 | 236649 | 123746 | 89351 |
| 杨凌示范区 | 97872 | 45341 | 16486 | 4281 | 3442 | 40860 | 7390 | 7190 |
| 陕 南 | 1445262 | 810385 | 733263 | 66205 | 40230 | 331982 | 236690 | 154267 |
| 汉中市 | 647226 | 376310 | 364520 | 27807 | 12294 | 187178 | 55930 | 35950 |
| 安康市 | 502771 | 255736 | 225454 | 29309 | 22924 | 113411 | 104315 | 77987 |
| 商洛市 | 295265 | 178339 | 143289 | 9089 | 5012 | 31393 | 76444 | 40329 |
| 陕 北 | 2012909 | 1582169 | 1564867 | 124827 | 38261 | 179957 | 125957 | 70472 |
| 延安市 | 1111476 | 975405 | 974649 | 45834 | 23508 | 56594 | 33643 | 13850 |
| 榆林市 | 901434 | 606764 | 590218 | 78993 | 14753 | 123363 | 92314 | 56622 |
| 不分地区 | 1103759 | 664885 | 311467 | | | 438874 | | |

# 6-7 全省固定资产投资财务拨款资金来源

(2003年)

单位:万元

| 指 标 | 合 计 | 基本建设 | 更新改造 | 其他投资 | 房地产开发 | 农村非农户 |
|---|---|---|---|---|---|---|
| 一、本年资金来源合计 | 12211323 | 7001545 | 1987110 | 627540 | 2285995 | 309133 |
| 1.上年末结余资金 | 807221 | 370052 | 129746 | 3076 | 304347 | |
| 2.本年资金来源小计 | 11404102 | 6631493 | 1857364 | 624464 | 1981648 | 309133 |
| (1)国家预算内资金 | 1107101 | 856212 | 147155 | 26425 | 14185 | 63124 |
| (2)国内贷款 | 2892998 | 1763359 | 436404 | 120837 | 564981 | 7417 |
| (3)债 券 | 15113 | 13333 | 1600 | 180 | | |
| (4)利用外资 | 232710 | 202554 | 16890 | 1321 | 4352 | 7593 |
| #外商直接投资 | 71208 | 50791 | 15171 | 894 | 4352 | |
| 对外借款 | 33280 | 32389 | 464 | 427 | | |
| #统借统还 | 11583 | 11583 | | | | |
| (5)自筹资金 | 5010844 | 2611997 | 1152241 | 338520 | 709703 | 198383 |
| 中央各部门自筹 | 90026 | 77194 | 12341 | 491 | | |
| 省自筹 | 136405 | 103446 | 25305 | 7654 | | |
| 地(市)自筹 | 128469 | 95703 | 20696 | 12070 | | |
| 县自筹 | 295832 | 207179 | 23659 | 64994 | | |
| 企事业单位自有资金 | 3722901 | 2128475 | 1070240 | 253311 | 270875 | |
| #发行股票 | 29322 | | 29322 | | | |
| (6)其他资金来源 | 2145336 | 1184038 | 103074 | 137181 | 688427 | 32616 |
| #集 资 | 544791 | 467131 | 10956 | 13624 | 53080 | |
| 二、本年各项应付款合计 | 1249751 | 709988 | 98713 | 73800 | 367250 | |
| #工程款 | 1005342 | 588129 | 62454 | 69069 | 285690 | |
| 设备、器材款 | 97141 | 45993 | 23469 | 3518 | 24161 | |

# 6-8 国有经济单位投资资金来源

(2003年) 单位:万元

| 指　　标 | 合 计 | 基本建设 | 更新改造 | 其他投资 | 房地产开发 |
|---|---|---|---|---|---|
| 一、本年资金来源合计 | 7334357 | 5303779 | 1272981 | 211115 | 546482 |
| 1.上年末结余资金 | 503474 | 318635 | 103683 | 2536 | 78620 |
| 2.本年资金来源小计 | 6830883 | 4985144 | 1169298 | 208579 | 467862 |
| (1) 国家预算内资金 | 1016475 | 849211 | 138394 | 25135 | 3735 |
| (2)国内贷款 | 1951041 | 1436253 | 330635 | 47646 | 136507 |
| (3)债　券 | 14333 | 13333 | 1000 | | |
| (4)利用外资 | 161283 | 158356 | 2055 | 872 | |
| # 外商直接投资 | 13853 | 12608 | 800 | 445 | |
| 对外借款 | 26801 | 26374 | | 427 | |
| # 统借统还 | 11583 | 11583 | | | |
| (5)自筹资金 | 2430008 | 1550905 | 633151 | 102766 | 143186 |
| 中央各部门自筹 | 87115 | 76324 | 10501 | 290 | |
| 省自筹 | 134459 | 101600 | 25305 | 7554 | |
| 地(市)自筹 | 124892 | 94121 | 19996 | 10775 | |
| 县自筹 | 265133 | 197505 | 20034 | 47594 | |
| 企事业单位自有资金 | 1717836 | 1081355 | 557315 | 36553 | 42613 |
| # 发行股票 | | | | | |
| (6)其他资金来源 | 1257743 | 977086 | 64063 | 32160 | 184434 |
| # 集　资 | 443580 | 422436 | 6754 | 376 | 14014 |
| 二、本年各项应付款合计 | 777131 | 621547 | 63055 | 34257 | 58272 |
| # 工程款 | 670570 | 539669 | 46132 | 32462 | 52307 |
| 设备、器材款 | 41526 | 24652 | 11022 | 1400 | 4452 |

# 6-9 各市国有经济单位投资资金来源

(2003年)

单位:万元

| 地 区 | 本年资金来源合计 | # 本年资金来源小计 | 国家预算内资金 | 国内贷款 | 债券 | 利用外资 | # 外商直接投资 | # 对外借款 |
|---|---|---|---|---|---|---|---|---|
| **全 省** | **7334357** | **6830883** | **1016475** | **1951041** | **14333** | **161283** | **13853** | **26801** |
| 关 中 | 4491490 | 4030328 | 615724 | 1044493 | 1000 | 114923 | 12545 | 16801 |
| 西安市 | 2855015 | 2509612 | 335033 | 744134 | 1000 | 3513 | 2423 | 1090 |
| 铜川市 | 146720 | 136184 | 17031 | 40690 | | 659 | | 477 |
| 宝鸡市 | 518451 | 485096 | 89922 | 93719 | | 6962 | 263 | 4175 |
| 咸阳市 | 485345 | 461417 | 72125 | 92166 | | 13544 | 2984 | 7713 |
| 渭南市 | 412582 | 397423 | 86069 | 69194 | | 90245 | 6875 | 3346 |
| 杨凌示范区 | 73377 | 40596 | 15544 | 4590 | | | | |
| 陕 南 | 720706 | 702026 | 164634 | 176966 | | 74 | 25 | |
| 汉中市 | 301630 | 286752 | 56169 | 103108 | | | | |
| 安康市 | 247394 | 244146 | 66926 | 36180 | | 60 | 25 | |
| 商洛市 | 171682 | 171128 | 41539 | 37678 | | 14 | | |
| 陕 北 | 1489211 | 1472436 | 182438 | 464003 | | 1612 | 1283 | |
| 延安市 | 902265 | 891573 | 81282 | 198249 | | 1023 | 1023 | |
| 榆林市 | 586946 | 580863 | 101156 | 265754 | | 589 | 260 | |
| 不分地区 | 632950 | 626093 | 53679 | 265579 | 13333 | 44674 | | 10000 |

| 地 区 | 自筹资金 | # 企事业单位自有资金 | # 发行股票 | 其他资金来源 | # 集资 | 本年各项应付款合计 | # 工程款 | # 设备、器材款 |
|---|---|---|---|---|---|---|---|---|
| **全 省** | **2430008** | **1717836** | | **1257743** | **443580** | **777131** | **670570** | **41526** |
| 关 中 | 1252679 | 883860 | | 1001509 | 296904 | 394904 | 301690 | 33576 |
| 西安市 | 684572 | 486819 | | 741360 | 206675 | 217959 | 165016 | 17705 |
| 铜川市 | 52858 | 29076 | | 24946 | 3222 | 16210 | 14475 | 497 |
| 宝鸡市 | 197849 | 105460 | | 96644 | 26804 | 82246 | 71804 | 7935 |
| 咸阳市 | 199107 | 171315 | | 84475 | 45580 | 46903 | 33040 | 5373 |
| 渭南市 | 115622 | 89953 | | 36293 | 14623 | 27193 | 12967 | 2061 |
| 杨凌示范区 | 2671 | 1237 | | 17791 | | 4393 | 4388 | 5 |
| 陕 南 | 266127 | 135900 | | 94225 | 30049 | 145883 | 135690 | 6730 |
| 汉中市 | 96666 | 46541 | | 30809 | 8074 | 110398 | 103301 | 5351 |
| 安康市 | 98770 | 51313 | | 42210 | 14682 | 22262 | 20355 | 240 |
| 商洛市 | 70691 | 38046 | | 21206 | 7293 | 13223 | 12034 | 1139 |
| 陕 北 | 719237 | 567111 | | 105146 | 59764 | 135657 | 132503 | 1220 |
| 延安市 | 560892 | 469501 | | 50127 | 21420 | 88909 | 88657 | 5 |
| 榆林市 | 158345 | 97610 | | 55019 | 38344 | 46748 | 43846 | 1215 |
| 不分地区 | 191965 | 130965 | | 56863 | 56863 | 100687 | 100687 | |

# 6-10 全省按国民经济行业及构成分的基本建设投资

(2003年) 单位:万元

| 行 业 | 投资额 | 建筑工程 | 安装工程 | 设备工器具购 置 | 其他费用 |
|---|---|---|---|---|---|
| 总 计 | 6887020 | 4825382 | 369200 | 751126 | 941312 |
| (一)农、林、牧、渔业 | 259238 | 119226 | 1181 | 6565 | 132266 |
| 农 业 | 40938 | 24667 | 396 | 1735 | 14140 |
| 林 业 | 123879 | 34827 | 28 | 501 | 88523 |
| 畜牧业 | 36271 | 14753 | 187 | 511 | 20820 |
| 渔 业 | 120 | 120 | | | |
| 农、林、牧、渔服务业 | 58030 | 44859 | 570 | 3818 | 8783 |
| (二)采矿业 | 805943 | 531919 | 103827 | 91908 | 78289 |
| 煤炭开采和洗选业 | 62442 | 26393 | 6992 | 18185 | 10872 |
| 石油和天然气开采业 | 724116 | 491584 | 96536 | 68871 | 67125 |
| 黑色金属矿采选业 | 6692 | 4987 | 93 | 1572 | 40 |
| 有色金属矿采选业 | 8492 | 7024 | 108 | 1250 | 110 |
| 非金属矿采选业 | 3391 | 1121 | 98 | 2030 | 142 |
| 其他采矿业 | 810 | 810 | | | |
| (三)制造业 | 781977 | 410816 | 62546 | 250504 | 58111 |
| 农副食品加工业 | 17223 | 10112 | 616 | 5556 | 939 |
| 食品制造业 | 27887 | 17705 | 1145 | 7704 | 1333 |
| 饮料制造业 | 40822 | 22716 | 3586 | 8783 | 5737 |
| 烟草制品业 | 5937 | 5937 | | | |
| 纺织业 | 20408 | 13767 | 85 | 6235 | 321 |
| 纺织服装、鞋、帽制造业 | 2925 | 1875 | 100 | 950 | |
| 皮革、毛皮、羽毛(绒)及其制品业 | 2551 | 2270 | | 10 | 271 |
| 木材加工及木、竹、藤、棕、草制品业 | 2895 | 1121 | 126 | 1513 | 135 |
| 家具制造业 | 7950 | 5295 | 515 | 2125 | 15 |
| 造纸及纸制品业 | 6406 | 3369 | 845 | 1706 | 486 |
| 印刷业和记录媒介的复制 | 7606 | 2855 | 461 | 3583 | 707 |
| 文教体育用品制造业 | 445 | 230 | 10 | 180 | 25 |
| 石油加工、炼焦及核燃料加工业 | 34220 | 18550 | 10420 | 3850 | 1400 |
| 化学原料及化学制品制造业 | 110234 | 43599 | 14256 | 43569 | 8810 |
| 医药制造业 | 68199 | 45455 | 3408 | 13499 | 5837 |
| 橡胶制品业 | 5992 | 4662 | 380 | 940 | 10 |
| 塑料制品业 | 7076 | 3632 | 53 | 2092 | 1299 |
| 非金属矿物制品业 | 58930 | 20480 | 3521 | 30870 | 4059 |
| 黑色金属冶炼及压延加工业 | 23244 | 11425 | 2233 | 8651 | 935 |
| 有色金属冶炼及压延加工业 | 15510 | 5568 | 3650 | 3598 | 2694 |
| 金属制品业 | 24369 | 17272 | 947 | 3518 | 2632 |
| 通用设备制造业 | 15600 | 8402 | 777 | 5632 | 729 |
| 专用设备制造业 | 126802 | 54851 | 10131 | 52773 | 9047 |
| 交通运输设备制造业 | 71817 | 40555 | 1546 | 25650 | 4066 |
| 电气机械及器材制造业 | 26790 | 17605 | 1460 | 6373 | 1352 |
| 通信设备、计算机及其他电子设备制造业 | 30130 | 21237 | 1079 | 5557 | 2257 |
| 仪器仪表及文化、办公用机械制造业 | 14706 | 7604 | 1096 | 5136 | 870 |
| 工艺品及其他制造业 | 4603 | 2097 | 100 | 301 | 2105 |
| 废弃资源和废旧材料回收加工业 | 700 | 510 | | 150 | 40 |
| (四)电力、燃气及水的生产和供应业 | 580336 | 231701 | 90111 | 173561 | 84963 |
| 电力、热力的生产和供应业 | 483804 | 176710 | 69790 | 164716 | 72588 |
| 燃气生产和供应业 | 36503 | 16465 | 15157 | 3041 | 1840 |
| 水的生产和供应业 | 60029 | 38526 | 5164 | 5804 | 10535 |
| (五)建筑业 | 58116 | 49796 | 2778 | 2292 | 3250 |
| 房屋和土木工程建筑业 | 55238 | 48711 | 2778 | 1742 | 2007 |
| 建筑安装业 | 2223 | 1080 | | | 1143 |
| 建筑装饰业 | 650 | | | 550 | 100 |
| 其他建筑业 | 5 | 5 | | | |

6-10 续表 (2003年) 单位:万元

| 行业 | 投资额 | 建筑工程 | 安装工程 | 设备工器具购置 | 其他费用 |
|---|---|---|---|---|---|
| **(六)交通运输、仓储和邮政业** | **1507590** | **1294057** | **25072** | **34182** | **154279** |
| 铁路运输业 | 166562 | 143413 | 5088 | 8550 | 9511 |
| 道路运输业 | 1238749 | 1101368 | 582 | 1730 | 135069 |
| 城市公共交通业 | 7339 | 2423 | 60 | 2335 | 2521 |
| 水上运输业 | 260 | 258 | | | 2 |
| 航空运输业 | 27808 | 15963 | | 9506 | 2339 |
| 管道运输业 | 40633 | 8210 | 17859 | 11035 | 3529 |
| 装卸搬运和其他运输服务业 | 289 | 289 | | | |
| 仓储业 | 16454 | 13234 | 1303 | 912 | 1005 |
| 邮政业 | 9496 | 8899 | 180 | 114 | 303 |
| **(七)信息传输、计算机服务和软件业** | **161942** | **60426** | **24300** | **66502** | **10714** |
| 电信和其他信息传输服务业 | 144846 | 46133 | 24300 | 66365 | 8048 |
| 计算机服务业 | 2600 | 2480 | | 117 | 3 |
| 软件业 | 14496 | 11813 | | 20 | 2663 |
| **(八)批发和零售业** | **217165** | **158871** | **11315** | **22805** | **24174** |
| 批发业 | 63467 | 53409 | 2205 | 1548 | 6305 |
| 零售业 | 153698 | 105462 | 9110 | 21257 | 17869 |
| **(九)住宿和餐饮业** | **56722** | **41381** | **2593** | **2560** | **10188** |
| 住宿业 | 38849 | 32220 | 1350 | 1140 | 4139 |
| 餐饮业 | 17873 | 9161 | 1243 | 1420 | 6049 |
| **(十)金融业** | **27898** | **25192** | **715** | **557** | **1434** |
| 银行业 | 23551 | 21252 | 715 | 492 | 1092 |
| 保险业 | 4347 | 3940 | | 65 | 342 |
| **(十一)房地产业** | **102138** | **76355** | **4090** | **1315** | **20378** |
| 房地产业 | 102138 | 76355 | 4090 | 1315 | 20378 |
| **(十二)租赁和商务服务业** | **219561** | **191628** | **1264** | **2289** | **24380** |
| 商务服务业 | 219561 | 191628 | 1264 | 2289 | 24380 |
| **(十三)科学研究、技术服务和地质勘查业** | **140492** | **85211** | **1085** | **14976** | **39220** |
| 研究与试验发展 | 64752 | 29241 | 836 | 13476 | 21199 |
| 专业技术服务业 | 25765 | 21826 | 7 | 267 | 3665 |
| 科技交流和推广服务业 | 40953 | 25456 | 238 | 1040 | 14219 |
| 地质勘查业 | 9022 | 8688 | 4 | 193 | 137 |
| **(十四)水利、环境和公共设施管理业** | **690582** | **526950** | **10870** | **13243** | **139519** |
| 水利管理业 | 212071 | 181473 | 5097 | 5956 | 19545 |
| 环境管理业 | 24995 | 16768 | 905 | 1362 | 5960 |
| 公共设施管理业 | 453516 | 328709 | 4868 | 5925 | 114014 |
| **(十五)居民服务和其他服务业** | **8024** | **7097** | **319** | **231** | **377** |
| 居民服务业 | 5232 | 4489 | 319 | 97 | 327 |
| 其他服务业 | 2792 | 2608 | | 134 | 50 |
| **(十六)教　育** | **538452** | **416197** | **9391** | **38312** | **74552** |
| 教　育 | 538452 | 416197 | 9391 | 38312 | 74552 |
| **(十七)卫生、社会保障和社会福利业** | **60962** | **49110** | **3313** | **6164** | **2375** |
| 卫　生 | 55328 | 44408 | 3283 | 5764 | 1873 |
| 社会保障业 | 200 | 136 | 30 | | 34 |
| 社会福利业 | 5434 | 4566 | | 400 | 468 |
| **(十八)文化、体育和娱乐业** | **134404** | **91280** | **5479** | **10139** | **27506** |
| 新闻出版业 | 2176 | 2176 | | | |
| 广播、电视、电影和音像业 | 34047 | 22271 | 2001 | 8192 | 1583 |
| 文化艺术业 | 52602 | 29953 | 126 | 271 | 22252 |
| 体　育 | 27466 | 24486 | 314 | 79 | 2587 |
| 娱乐业 | 18113 | 12394 | 3038 | 1597 | 1084 |
| **(十九)公共管理和社会组织** | **535198** | **457911** | **8951** | **13005** | **55331** |
| 中国共产党机关 | 25502 | 15274 | 1583 | 5866 | 2779 |
| 国家机构 | 494019 | 429806 | 6458 | 6770 | 50985 |
| 人民政协和民主党派 | 2275 | 2005 | | | 270 |
| 群众团体、社会团体和宗教组织 | 1904 | 1817 | | | 87 |
| 基层群众自治组织 | 11498 | 9009 | 910 | 369 | 1210 |
| **(二十)国际组织** | **280** | **258** | | **16** | **6** |
| 国际组织 | 280 | 258 | | 16 | 6 |

# 6-11 地方按国民经济行业及构成分的基本建设投资

(2003年)

单位:万元

| 行业 | 投资额 | 建筑工程 | 安装工程 | 设备工器具购置 | 其他费用 |
|---|---|---|---|---|---|
| **总计** | **5428313** | **3936906** | **250384** | **452508** | **788515** |
| **(一)农、林、牧、渔业** | **259238** | **119226** | **1181** | **6565** | **132266** |
| 农业 | 40938 | 24667 | 396 | 1735 | 14140 |
| 林业 | 123879 | 34827 | 28 | 501 | 88523 |
| 畜牧业 | 36271 | 14753 | 187 | 511 | 20820 |
| 渔业 | 120 | 120 | | | |
| 农、林、牧、渔服务业 | 58030 | 44859 | 570 | 3818 | 8783 |
| **(二)采矿业** | **330794** | **191555** | **52270** | **45847** | **41122** |
| 煤炭开采和洗选业 | 41199 | 15411 | 4374 | 13500 | 7914 |
| 石油和天然气开采业 | 270210 | 162202 | 47597 | 27495 | 32916 |
| 黑色金属矿采选业 | 6692 | 4987 | 93 | 1572 | 40 |
| 有色金属矿采选业 | 8492 | 7024 | 108 | 1250 | 110 |
| 非金属矿采选业 | 3391 | 1121 | 98 | 2030 | 142 |
| 其他采矿业 | 810 | 810 | | | |
| **(三)制造业** | **605239** | **315561** | **57565** | **184585** | **47528** |
| 农副食品加工业 | 17223 | 10112 | 616 | 5556 | 939 |
| 食品制造业 | 27887 | 17705 | 1145 | 7704 | 1333 |
| 饮料制造业 | 40822 | 22716 | 3586 | 8783 | 5737 |
| 烟草制品业 | 906 | 906 | | | |
| 纺织业 | 17550 | 10943 | 85 | 6235 | 287 |
| 纺织服装、鞋、帽制造业 | 2925 | 1875 | 100 | 950 | |
| 皮革、毛皮、羽毛(绒)及其制品业 | 2551 | 2270 | | 10 | 271 |
| 木材加工及木、竹、藤、棕、草制品业 | 2895 | 1121 | 126 | 1513 | 135 |
| 家具制造业 | 7950 | 5295 | 515 | 2125 | 15 |
| 造纸及纸制品业 | 6406 | 3369 | 845 | 1706 | 486 |
| 印刷业和记录媒介的复制 | 7386 | 2655 | 461 | 3583 | 687 |
| 文教体育用品制造业 | 445 | 230 | 10 | 180 | 25 |
| 石油加工、炼焦及核燃料加工业 | 23220 | 7550 | 10420 | 3850 | 1400 |
| 化学原料及化学制品制造业 | 87894 | 38902 | 13139 | 28859 | 6994 |
| 医药制造业 | 68199 | 45455 | 3408 | 13499 | 5837 |
| 橡胶制品业 | 5992 | 4662 | 380 | 940 | 10 |
| 塑料制品业 | 7076 | 3632 | 53 | 2092 | 1299 |
| 非金属矿物制品业 | 58930 | 20480 | 3521 | 30870 | 4059 |
| 黑色金属冶炼及压延加工业 | 23244 | 11425 | 2233 | 8651 | 935 |
| 有色金属冶炼及压延加工业 | 15510 | 5568 | 3650 | 3598 | 2694 |
| 金属制品业 | 17828 | 12132 | 597 | 3518 | 1581 |
| 通用设备制造业 | 10374 | 7960 | 350 | 1533 | 531 |
| 专用设备制造业 | 96213 | 42919 | 8870 | 38258 | 6166 |
| 交通运输设备制造业 | 6436 | 2881 | 540 | 2503 | 512 |
| 电气机械及器材制造业 | 6544 | 2892 | 670 | 2061 | 921 |
| 通信设备、计算机及其他电子设备制造业 | 30130 | 21237 | 1079 | 5557 | 2257 |
| 仪器仪表及文化、办公用机械制造业 | 7400 | 6062 | 1066 | | 272 |
| 工艺品及其他制造业 | 4603 | 2097 | 100 | 301 | 2105 |
| 废弃资源和废旧材料回收加工业 | 700 | 510 | | 150 | 40 |
| **(四)电力、燃气及水的生产和供应业** | **276036** | **159857** | **46780** | **44811** | **24588** |
| 电力、热力的生产和供应业 | 179504 | 104866 | 26459 | 35966 | 12213 |
| 燃气生产和供应业 | 36503 | 16465 | 15157 | 3041 | 1840 |
| 水的生产和供应业 | 60029 | 38526 | 5164 | 5804 | 10535 |
| **(五)建筑业** | **26096** | **22928** | **396** | **1000** | **1772** |
| 房屋和土木工程建筑业 | 23218 | 21843 | 396 | 450 | 529 |
| 建筑安装业 | 2223 | 1080 | | | 1143 |
| 建筑装饰业 | 650 | | | 550 | 100 |
| 其他建筑业 | 5 | 5 | | | |

6-11 续表 (2003年) 单位:万元

| 行业 | 投资额 | 建筑工程 | 安装工程 | 设备工器具购置 | 其他费用 |
|---|---|---|---|---|---|
| （六）交通运输、仓储和邮政业 | 1326359 | 1137653 | 19107 | 25005 | 144594 |
| 铁路运输业 | 164 | 101 | 3 | 27 | 33 |
| 道路运输业 | 1236849 | 1099468 | 582 | 1730 | 135069 |
| 城市公共交通业 | 7339 | 2423 | 60 | 2335 | 2521 |
| 水上运输业 | 260 | 258 | | | 2 |
| 航空运输业 | 27808 | 15963 | | 9506 | 2339 |
| 管道运输业 | 40633 | 8210 | 17859 | 11035 | 3529 |
| 装卸搬运和其他运输服务业 | 159 | 159 | | | |
| 仓储业 | 10334 | 8441 | 603 | 372 | 918 |
| 邮政业 | 2813 | 2630 | | | 183 |
| （七）信息传输、计算机服务和软件业 | 118762 | 43259 | 16492 | 49803 | 9208 |
| 电信和其他信息传输服务业 | 101666 | 28966 | 16492 | 49666 | 6542 |
| 计算机服务业 | 2600 | 2480 | | 117 | 3 |
| 软件业 | 14496 | 11813 | | 20 | 2663 |
| （八）批发和零售业 | 212500 | 154345 | 11268 | 22733 | 24154 |
| 批发业 | 58802 | 48883 | 2158 | 1476 | 6285 |
| 零售业 | 153698 | 105462 | 9110 | 21257 | 17869 |
| （九）住宿和餐饮业 | 56722 | 41381 | 2593 | 2560 | 10188 |
| 住宿业 | 38849 | 32220 | 1350 | 1140 | 4139 |
| 餐饮业 | 17873 | 9161 | 1243 | 1420 | 6049 |
| （十）金融业 | 9007 | 8338 | 132 | 105 | 432 |
| 银行业 | 5660 | 5138 | 132 | 40 | 350 |
| 保险业 | 3347 | 3200 | | 65 | 82 |
| （十一）房地产业 | 102138 | 76355 | 4090 | 1315 | 20378 |
| 房地产业 | 102138 | 76355 | 4090 | 1315 | 20378 |
| （十二）租赁和商务服务业 | 218461 | 190528 | 1264 | 2289 | 24380 |
| 商务服务业 | 218461 | 190528 | 1264 | 2289 | 24380 |
| （十三）科学研究、技术服务和地质勘查业 | 57030 | 40199 | 4 | 1253 | 15574 |
| 研究与试验发展 | 23295 | 14052 | | | 9243 |
| 专业技术服务业 | 15083 | 11458 | | 90 | 3535 |
| 科技交流和推广服务业 | 11117 | 7488 | | 970 | 2659 |
| 地质勘查业 | 7535 | 7201 | 4 | 193 | 137 |
| （十四）水利、环境和公共设施管理业 | 690082 | 526485 | 10870 | 13208 | 139519 |
| 水利管理业 | 212071 | 181473 | 5097 | 5956 | 19545 |
| 环境管理业 | 24795 | 16603 | 905 | 1327 | 5960 |
| 公共设施管理业 | 453216 | 328409 | 4868 | 5925 | 114014 |
| （十五）居民服务和其他服务业 | 7635 | 6815 | 212 | 231 | 377 |
| 居民服务业 | 4843 | 4207 | 212 | 97 | 327 |
| 其他服务业 | 2792 | 2608 | | 134 | 50 |
| （十六）教育 | 414247 | 316317 | 8441 | 22267 | 67222 |
| 教育 | 414247 | 316317 | 8441 | 22267 | 67222 |
| （十七）卫生、社会保障和社会福利业 | 60962 | 49110 | 3313 | 6164 | 2375 |
| 卫生 | 55328 | 44408 | 3283 | 5764 | 1873 |
| 社会保障业 | 200 | 136 | 30 | | 34 |
| 社会福利业 | 5434 | 4566 | | 400 | 468 |
| （十八）文化、体育和娱乐业 | 134404 | 91280 | 5479 | 10139 | 27506 |
| 新闻出版业 | 2176 | 2176 | | | |
| 广播、电视、电影和音像业 | 34047 | 22271 | 2001 | 8192 | 1583 |
| 文化艺术业 | 52602 | 29953 | 126 | 271 | 22252 |
| 体育 | 27466 | 24486 | 314 | 79 | 2587 |
| 娱乐业 | 18113 | 12394 | 3038 | 1597 | 1084 |
| （十九）公共管理和社会组织 | 522321 | 445456 | 8927 | 12612 | 55326 |
| 中国共产党机关 | 23595 | 13789 | 1559 | 5473 | 2774 |
| 国家机构 | 483049 | 418836 | 6458 | 6770 | 50985 |
| 人民政协和民主党派 | 2275 | 2005 | | | 270 |
| 群众团体、社会团体和宗教组织 | 1904 | 1817 | | | 87 |
| 基层群众自治组织 | 11498 | 9009 | 910 | 369 | 1210 |
| （二十）国际组织 | 280 | 258 | | 16 | 6 |
| 国际组织 | 280 | 258 | | 16 | 6 |

# 6-12 基本建设项目财务拨款资金来源

(2003年)

单位:万元

| 指标 | 总计 | 按经济类型分 | | 按隶属关系分 | |
|---|---|---|---|---|---|
| | | 国有经济单位 | 其他经济单位 | 中央单位 | 地方单位 |
| 一、本年资金来源合计 | 7001545 | 5303779 | 1697766 | 1611142 | 5390403 |
| 1.上年末结余资金 | 370052 | 318635 | 51417 | 160097 | 209955 |
| 2.本年资金来源小计 | 6631493 | 4985144 | 1646349 | 1451045 | 5180448 |
| (1)国家预算内资金 | 856212 | 849211 | 7001 | 178967 | 677245 |
| (2)国内贷款 | 1763359 | 1436253 | 327106 | 447856 | 1315503 |
| (3)债券 | 13333 | 13333 | | 13333 | |
| (4)利用外资 | 202554 | 158356 | 44198 | 100912 | 101642 |
| #外商直接投资 | 50791 | 12608 | 38183 | 3043 | 47748 |
| 对外借款 | 32389 | 26374 | 6015 | 10000 | 22389 |
| #统借统还 | 11583 | 11583 | | 10000 | 1583 |
| (5)自筹资金 | 2611997 | 1550905 | 1061092 | 526814 | 2085183 |
| 中央各部门自筹 | 77194 | 76324 | 870 | 15192 | 62002 |
| 省自筹 | 103446 | 101600 | 1846 | 10130 | 93316 |
| 地(市)自筹 | 95703 | 94121 | 1582 | 5590 | 90113 |
| 县自筹 | 207179 | 197505 | 9674 | 771 | 206408 |
| 企事业单位自有资金 | 2128475 | 1081355 | 1047120 | 495131 | 1633344 |
| #发行股票 | | | | | |
| (6)其他资金来源 | 1184038 | 977086 | 206952 | 183163 | 1000875 |
| #集资 | 467131 | 422436 | 44695 | 143762 | 323369 |
| 二、本年各项应付款合计 | 709988 | 621547 | 88441 | 65106 | 644882 |
| #工程款 | 588129 | 539669 | 48460 | 38391 | 549738 |
| 设备、器材款 | 45993 | 24652 | 21341 | 5771 | 40222 |

# 6-13 能源工业及交通运输、邮电通信业基本建设投资

单位:万元

| 行业 | 1995年 | 2000年 | 2001年 | 2002年 | 2003年 |
|---|---|---|---|---|---|
| 投资总额 | 694838 | 2198750 | 2501992 | 2441824 | 3073600 |
| 能源工业投资合计 | 496418 | 1030549 | 928206 | 944082 | 1437617 |
| 煤炭采选业 | 134184 | 161022 | 57769 | 31561 | 62442 |
| 石油和天然气开采加工业 | 123731 | 360317 | 496066 | 501118 | 753126 |
| 电力蒸汽热水的生产和供应业 | 231033 | 481948 | 336561 | 385046 | 580336 |
| #火力发电业 | 160989 | 147439 | 121848 | 128114 | 213497 |
| 水力发电业 | 31113 | 59261 | 29043 | 36534 | 58997 |
| 炼焦及煤气生产和供应业 | 7470 | 27262 | 37810 | 26357 | 41713 |
| 交通运输、邮电通信业合计 | 198420 | 1168201 | 1573786 | 1497742 | 1635982 |
| #铁路运输业 | 62625 | 538910 | 480232 | 267811 | 166562 |
| 公路运输业 | 97519 | 99628 | 104903 | 135415 | 1238749 |
| 航空运输业 | 4092 | 26031 | 54800 | 32247 | 27808 |
| 邮电通信业 | 27356 | 106140 | 275257 | 205157 | 154342 |

# 6-14 全省国民经济各行业基本建设施工、投产项目个数及新增固定资产

(2003年)

| 行业 | 施工项目(个) | 全部建成投产项目(个) | 施工项目计划总投资(万元) | 本年完成投资额(万元) | 本年新增固定资产(万元) |
|---|---|---|---|---|---|
| 总计 | 3873 | 2063 | 25523492 | 6887020 | 4271015 |
| (一)农、林、牧、渔业 | 332 | 196 | 1090310 | 259238 | 184878 |
| 农业 | 55 | 32 | 100653 | 40938 | 27410 |
| 林业 | 128 | 86 | 742914 | 123879 | 83945 |
| 畜牧业 | 48 | 21 | 121238 | 36271 | 25340 |
| 渔业 | 1 | 1 | 120 | 120 | 120 |
| 农、林、牧、渔服务业 | 100 | 56 | 125385 | 58030 | 48063 |
| (二)采矿业 | 63 | 22 | 2303019 | 805943 | 788162 |
| 煤炭开采和洗选业 | 14 | 4 | 993773 | 62442 | 93891 |
| 石油和天然气开采业 | 13 | 3 | 1251928 | 724116 | 668455 |
| 黑色金属矿采选业 | 11 | 5 | 10604 | 6692 | 5062 |
| 有色金属矿采选业 | 14 | 5 | 32130 | 8492 | 19190 |
| 非金属矿采选业 | 9 | 4 | 11954 | 3391 | 1384 |
| 其他采矿业 | 2 | 1 | 2630 | 810 | 180 |
| (三)制造业 | 457 | 223 | 2520460 | 781977 | 501439 |
| 农副食品加工业 | 38 | 22 | 36720 | 17223 | 9306 |
| 食品制造业 | 20 | 12 | 58381 | 27887 | 36902 |
| 饮料制造业 | 25 | 16 | 92025 | 40822 | 32598 |
| 烟草制品业 | 4 | 1 | 14919 | 5937 | 886 |
| 纺织业 | 22 | 15 | 31425 | 20408 | 15790 |
| 纺织服装、鞋、帽制造业 | 3 | 3 | 2922 | 2925 | 2925 |
| 皮革、毛皮、羽毛(绒)及其制品业 | 3 | 1 | 5420 | 2551 | 250 |
| 木材加工及木、竹、藤、棕、草制品业 | 3 | 2 | 3695 | 2895 | 2195 |
| 家具制造业 | 4 | 3 | 15950 | 7950 | 5450 |
| 造纸及纸制品业 | 10 | 7 | 15247 | 6406 | 4568 |
| 印刷业和记录媒介的复制 | 7 | 3 | 15101 | 7606 | 10721 |
| 文教体育用品制造业 | 2 |  | 545 | 445 |  |
| 石油加工、炼焦及核燃料加工业 | 11 | 3 | 199756 | 34220 | 13209 |
| 化学原料及化学制品制造业 | 34 | 13 | 283296 | 110234 | 65598 |
| 医药制造业 | 40 | 16 | 165068 | 68199 | 30831 |
| 橡胶制品业 | 9 | 7 | 8181 | 5992 | 5681 |
| 塑料制品业 | 11 | 8 | 12100 | 7076 | 4772 |
| 非金属矿物制品业 | 29 | 16 | 154213 | 58930 | 53686 |
| 黑色金属冶炼及压延加工业 | 11 | 4 | 102290 | 23244 | 8260 |
| 有色金属冶炼及压延加工业 | 10 | 3 | 267979 | 15510 | 6128 |
| 金属制品业 | 15 | 5 | 52972 | 24369 | 15186 |
| 通用设备制造业 | 19 | 12 | 46297 | 15600 | 13606 |
| 专用设备制造业 | 48 | 16 | 425820 | 126802 | 30909 |
| 交通运输设备制造业 | 33 | 12 | 267808 | 71817 | 59612 |
| 电气机械及器材制造业 | 14 | 10 | 112773 | 26790 | 23207 |
| 通信设备、计算机及其他电子设备制造业 | 15 | 8 | 72004 | 30130 | 24013 |
| 仪器仪表及文化、办公用机械制造业 | 12 | 3 | 40625 | 14706 | 19134 |
| 工艺品及其他制造业 | 4 | 2 | 15928 | 4603 | 6016 |
| 废弃资源和废旧材料回收加工业 | 1 |  | 1000 | 700 |  |
| (四)电力、燃气及水的生产和供应业 | 226 | 88 | 4835001 | 580336 | 357324 |
| 电力、热力的生产和供应业 | 143 | 52 | 4084681 | 483804 | 324976 |
| 燃气生产和供应业 | 19 | 7 | 314185 | 36503 | 12462 |
| 水的生产和供应业 | 64 | 29 | 436135 | 60029 | 19886 |
| (五)建筑业 | 66 | 34 | 109563 | 58116 | 39759 |
| 房屋和土木工程建筑业 | 63 | 34 | 104843 | 55238 | 39754 |
| 建筑安装业 | 1 |  | 2600 | 2223 |  |
| 建筑装饰业 | 1 |  | 2000 | 650 |  |
| 其他建筑业 | 1 |  | 120 | 5 | 5 |

6-14 续表 (2003年)

| 行业 | 施工项目(个) | 全部建成投产项目(个) | 施工项目计划总投资(万元) | 本年完成投资额(万元) | 本年新增固定资产(万元) |
|---|---|---|---|---|---|
| **(六)交通运输、仓储和邮政业** | **297** | **152** | **7177402** | **1507590** | **543363** |
| 铁路运输业 | 8 | 4 | 1473362 | 166562 | 162213 |
| 道路运输业 | 222 | 114 | 5431742 | 1238749 | 330672 |
| 城市公共交通业 | 13 | 5 | 26196 | 7339 | 3507 |
| 水上运输业 | 3 | | 1090 | 260 | |
| 航空运输业 | 1 | 1 | 151364 | 27808 | 25469 |
| 管道运输业 | 3 | 1 | 51620 | 40633 | 6000 |
| 装卸搬运和其他运输服务业 | 3 | 2 | 1317 | 289 | 517 |
| 仓储业 | 16 | 8 | 23664 | 16454 | 8283 |
| 邮政业 | 28 | 17 | 17047 | 9496 | 6702 |
| **(七)信息传输、计算机服务和软件业** | **135** | **79** | **361306** | **161942** | **91286** |
| 电信和其他信息传输服务业 | 129 | 78 | 313786 | 144846 | 86886 |
| 计算机服务业 | 2 | 1 | 6800 | 2600 | 100 |
| 软件业 | 4 | | 40720 | 14496 | 4300 |
| **(八)批发和零售业** | **223** | **129** | **500675** | **217165** | **158574** |
| 批发业 | 101 | 54 | 184173 | 63467 | 39681 |
| 零售业 | 122 | 75 | 316502 | 153698 | 118893 |
| **(九)住宿和餐饮业** | **64** | **37** | **305120** | **56722** | **39641** |
| 住宿业 | 39 | 21 | 89468 | 38849 | 28494 |
| 餐饮业 | 25 | 16 | 215652 | 17873 | 11147 |
| **(十)金融业** | **39** | **20** | **79431** | **27898** | **20930** |
| 银行业 | 36 | 18 | 74626 | 23551 | 17330 |
| 保险业 | 3 | 2 | 4805 | 4347 | 3600 |
| **(十一)房地产业** | **50** | **21** | **284070** | **102138** | **50676** |
| 房地产业 | 50 | 21 | 284070 | 102138 | 50676 |
| **(十二)租赁和商务服务业** | **25** | **8** | **389162** | **219561** | **79726** |
| 商务服务业 | 25 | 8 | 389162 | 219561 | 79726 |
| **(十三)科学研究、技术服务和地质勘查业** | **89** | **25** | **746145** | **140492** | **59208** |
| 研究与试验发展 | 41 | 12 | 569589 | 64752 | 20971 |
| 专业技术服务业 | 21 | 5 | 45824 | 25765 | 17484 |
| 科技交流和推广服务业 | 13 | 2 | 111446 | 40953 | 16264 |
| 地质勘查业 | 14 | 6 | 19286 | 9022 | 4489 |
| **(十四)水利、环境和公共设施管理业** | **428** | **228** | **2062857** | **690582** | **310018** |
| 水利管理业 | 186 | 112 | 446388 | 212071 | 168438 |
| 环境管理业 | 29 | 11 | 104318 | 24995 | 6068 |
| 公共设施管理业 | 213 | 105 | 1512151 | 453516 | 135512 |
| **(十五)居民服务和其他服务业** | **10** | **5** | **8866** | **8024** | **3286** |
| 居民服务业 | 5 | 3 | 5494 | 5232 | 1432 |
| 其他服务业 | 5 | 2 | 3372 | 2792 | 1854 |
| **(十六)教 育** | **452** | **281** | **1200696** | **538452** | **402583** |
| 教 育 | 452 | 281 | 1200696 | 538452 | 402583 |
| **(十七)卫生、社会保障和社会福利业** | **141** | **66** | **125856** | **60962** | **48265** |
| 卫生 | 122 | 55 | 119027 | 55328 | 44135 |
| 社会保障业 | 1 | | 280 | 200 | |
| 社会福利业 | 18 | 11 | 6549 | 5434 | 4130 |
| **(十八)文化、体育和娱乐业** | **92** | **40** | **391733** | **134404** | **39580** |
| 新闻出版业 | 2 | | 4100 | 2176 | |
| 广播、电视、电影和音像业 | 18 | 10 | 100093 | 34047 | 13022 |
| 文化艺术业 | 46 | 20 | 140942 | 52602 | 11587 |
| 体 育 | 12 | 4 | 60377 | 27466 | 6800 |
| 娱乐业 | 14 | 6 | 86221 | 18113 | 8171 |
| **(十九)公共管理和社会组织** | **683** | **408** | **1031501** | **535198** | **552037** |
| 中国共产党机关 | 30 | 11 | 54762 | 25502 | 19790 |
| 国家机构 | 625 | 384 | 953725 | 494019 | 520911 |
| 人民政协和民主党派 | 5 | 3 | 2743 | 2275 | 1468 |
| 群众团体、社会团体和宗教组织 | 6 | 3 | 2397 | 1904 | 1477 |
| 基层群众自治组织 | 17 | 7 | 17874 | 11498 | 8391 |
| **(二十)国际组织** | **1** | **1** | **319** | **280** | **280** |
| 国际组织 | 1 | 1 | 319 | 280 | 280 |

# 6-15 地方国民经济各行业基本建设施工、投产项目个数及新增固定资产

(2003年)

| 行业 | 施工项目(个) | 全部建成投产项目(个) | 施工项目计划总投资(万元) | 本年完成投资额(万元) | 本年新增固定资产(万元) |
|---|---|---|---|---|---|
| **总计** | **3591** | **1961** | **18100090** | **5428313** | **3110262** |
| **(一)农、林、牧、渔业** | **332** | **196** | **1090310** | **259238** | **184878** |
| 农业 | 55 | 32 | 100653 | 40938 | 27410 |
| 林业 | 128 | 86 | 742914 | 123879 | 83945 |
| 畜牧业 | 48 | 21 | 121238 | 36271 | 25340 |
| 渔业 | 1 | 1 | 120 | 120 | 120 |
| 农、林、牧、渔服务业 | 100 | 56 | 125385 | 58030 | 48063 |
| **(二)采矿业** | **60** | **21** | **1079319** | **330794** | **355864** |
| 煤炭开采和洗选业 | 13 | 4 | 357214 | 41199 | 89206 |
| 石油和天然气开采业 | 11 | 2 | 664787 | 270210 | 240842 |
| 黑色金属矿采选业 | 11 | 5 | 10604 | 6692 | 5062 |
| 有色金属矿采选业 | 14 | 5 | 32130 | 8492 | 19190 |
| 非金属矿采选业 | 9 | 4 | 11954 | 3391 | 1384 |
| 其他采矿业 | 2 | 1 | 2630 | 810 | 180 |
| **(三)制造业** | **387** | **208** | **1962889** | **605239** | **386662** |
| 农副食品加工业 | 38 | 22 | 36720 | 17223 | 9306 |
| 食品制造业 | 20 | 12 | 58381 | 27887 | 36902 |
| 饮料制造业 | 25 | 16 | 92025 | 40822 | 32598 |
| 烟草制品业 | 3 | 1 | 1224 | 906 | 386 |
| 纺织业 | 19 | 13 | 25673 | 17550 | 12625 |
| 纺织服装、鞋、帽制造业 | 3 | 3 | 2922 | 2925 | 2925 |
| 皮革、毛皮、羽毛(绒)及其制品业 | 3 | 1 | 5420 | 2551 | 250 |
| 木材加工及木、竹、藤、棕、草制品业 | 3 | 2 | 3695 | 2895 | 2195 |
| 家具制造业 | 4 | 3 | 15950 | 7950 | 5450 |
| 造纸及纸制品业 | 10 | 7 | 15247 | 6406 | 4568 |
| 印刷业和记录媒介的复制 | 6 | 3 | 14881 | 7386 | 10521 |
| 文教体育用品制造业 | 2 |  | 545 | 445 |  |
| 石油加工、炼焦及核燃料加工业 | 10 | 2 | 188756 | 23220 | 2209 |
| 化学原料及化学制品制造业 | 28 | 13 | 254387 | 87894 | 65318 |
| 医药制造业 | 40 | 16 | 165068 | 68199 | 30831 |
| 橡胶制品业 | 9 | 7 | 8181 | 5992 | 5681 |
| 塑料制品业 | 11 | 8 | 12100 | 7076 | 4772 |
| 非金属矿物制品业 | 29 | 16 | 154213 | 58930 | 53686 |
| 黑色金属冶炼及压延加工业 | 11 | 4 | 102290 | 23244 | 8260 |
| 有色金属冶炼及压延加工业 | 10 | 3 | 267979 | 15510 | 6128 |
| 金属制品业 | 13 | 5 | 46403 | 17828 | 9845 |
| 通用设备制造业 | 16 | 12 | 23469 | 10374 | 8740 |
| 专用设备制造业 | 27 | 15 | 317552 | 96213 | 14230 |
| 交通运输设备制造业 | 8 | 4 | 15676 | 6436 | 3596 |
| 电气机械及器材制造业 | 11 | 9 | 15505 | 6544 | 13783 |
| 通信设备、计算机及其他电子设备制造业 | 15 | 8 | 72004 | 30130 | 24013 |
| 仪器仪表及文化、办公用机械制造业 | 8 | 1 | 29695 | 7400 | 11828 |
| 工艺品及其他制造业 | 4 | 2 | 15928 | 4603 | 6016 |
| 废弃资源和废旧材料回收加工业 | 1 |  | 1000 | 700 |  |
| **(四)电力、燃气及水的生产和供应业** | **195** | **81** | **1805241** | **276036** | **121461** |
| 电力、热力的生产和供应业 | 112 | 45 | 1054921 | 179504 | 89113 |
| 燃气生产和供应业 | 19 | 7 | 314185 | 36503 | 12462 |
| 水的生产和供应业 | 64 | 29 | 436135 | 60029 | 19886 |
| **(五)建筑业** | **47** | **30** | **43928** | **26096** | **26548** |
| 房屋和土木工程建筑业 | 44 | 30 | 39208 | 23218 | 26543 |
| 建筑安装业 | 1 |  | 2600 | 2223 |  |
| 建筑装饰业 | 1 |  | 2000 | 650 |  |
| 其他建筑业 | 1 |  | 120 | 5 | 5 |

6-15 续表 (2003年)

| 行业 | 施工项目(个) | 全部建成投产项目(个) | 施工项目计划总投资(万元) | 本年完成投资额(万元) | 本年新增固定资产(万元) |
|---|---|---|---|---|---|
| **(六)交通运输、仓储和邮政业** | **272** | **135** | **5682958** | **1326359** | **368171** |
| 铁路运输业 | 2 | 2 | 164 | 164 | 164 |
| 道路运输业 | 220 | 112 | 5429842 | 1236849 | 328772 |
| 城市公共交通业 | 13 | 5 | 26196 | 7339 | 3507 |
| 水上运输业 | 3 | | 1090 | 260 | |
| 航空运输业 | 1 | 1 | 151364 | 27808 | 25469 |
| 管道运输业 | 3 | 1 | 51620 | 40633 | 6000 |
| 装卸搬运和其他运输服务业 | 2 | 1 | 959 | 159 | 159 |
| 仓储业 | 13 | 5 | 16854 | 10334 | 2163 |
| 邮政业 | 15 | 8 | 4869 | 2813 | 1937 |
| **(七)信息传输、计算机服务和软件业** | **85** | **47** | **277288** | **118762** | **60781** |
| 电信和其他信息传输服务业 | 79 | 46 | 229768 | 101666 | 56381 |
| 计算机服务业 | 2 | 1 | 6800 | 2600 | 100 |
| 软件业 | 4 | | 40720 | 14496 | 4300 |
| **(八)批发和零售业** | **219** | **126** | **479062** | **212500** | **156957** |
| 批发业 | 97 | 51 | 162560 | 58802 | 38064 |
| 零售业 | 122 | 75 | 316502 | 153698 | 118893 |
| **(九)住宿和餐饮业** | **64** | **37** | **305120** | **56722** | **39641** |
| 住宿业 | 39 | 21 | 89468 | 38849 | 28494 |
| 餐饮业 | 25 | 16 | 215652 | 17873 | 11147 |
| **(十)金融业** | **18** | **9** | **16778** | **9007** | **11545** |
| 银行业 | 16 | 8 | 12973 | 5660 | 8945 |
| 保险业 | 2 | 1 | 3805 | 3347 | 2600 |
| **(十一)房地产业** | **50** | **21** | **284070** | **102138** | **50676** |
| 房地产业 | 50 | 21 | 284070 | 102138 | 50676 |
| **(十二)租赁和商务服务业** | **24** | **8** | **387915** | **218461** | **79726** |
| 商务服务业 | 24 | 8 | 387915 | 218461 | 79726 |
| **(十三)科学研究、技术服务和地质勘查业** | **50** | **18** | **287632** | **57030** | **25091** |
| 研究与试验发展 | 14 | 7 | 200365 | 23295 | 6611 |
| 专业技术服务业 | 11 | 3 | 24517 | 15083 | 13563 |
| 科技交流和推广服务业 | 12 | 2 | 48746 | 11117 | 428 |
| 地质勘查业 | 13 | 6 | 14004 | 7535 | 4489 |
| **(十四)水利、环境和公共设施管理业** | **426** | **227** | **2062327** | **690082** | **309818** |
| 水利管理业 | 186 | 112 | 446388 | 212071 | 168438 |
| 环境管理业 | 28 | 10 | 104118 | 24795 | 5868 |
| 公共设施管理业 | 212 | 105 | 1511821 | 453216 | 135512 |
| **(十五)居民服务和其他服务业** | **9** | **4** | **8507** | **7635** | **2897** |
| 居民服务业 | 4 | 2 | 5135 | 4843 | 1043 |
| 其他服务业 | 5 | 2 | 3372 | 2792 | 1854 |
| **(十六)教　育** | **441** | **278** | **813142** | **414247** | **297708** |
| 教　育 | 441 | 278 | 813142 | 414247 | 297708 |
| **(十七)卫生、社会保障和社会福利业** | **141** | **66** | **125856** | **60962** | **48265** |
| 卫　生 | 122 | 55 | 119027 | 55328 | 44135 |
| 社会保障业 | 1 | | 280 | 200 | |
| 社会福利业 | 18 | 11 | 6549 | 5434 | 4130 |
| **(十八)文化、体育和娱乐业** | **92** | **40** | **391733** | **134404** | **39580** |
| 新闻出版业 | 2 | | 4100 | 2176 | |
| 广播、电视、电影和音像业 | 18 | 10 | 100093 | 34047 | 13022 |
| 文化艺术业 | 46 | 20 | 140942 | 52602 | 11587 |
| 体　育 | 12 | 4 | 60377 | 27466 | 6800 |
| 娱乐业 | 14 | 6 | 86221 | 18113 | 8171 |
| **(十九)公共管理和社会组织** | **678** | **408** | **995696** | **522321** | **543713** |
| 中国共产党机关 | 29 | 11 | 47212 | 23595 | 18276 |
| 国家机构 | 621 | 384 | 925470 | 483049 | 514101 |
| 人民政协和民主党派 | 5 | 3 | 2743 | 2275 | 1468 |
| 群众团体、社会团体和宗教组织 | 6 | 3 | 2397 | 1904 | 1477 |
| 基层群众自治组织 | 17 | 7 | 17874 | 11498 | 8391 |
| **(二十)国际组织** | **1** | **1** | **319** | **280** | **280** |
| 国际组织 | 1 | 1 | 319 | 280 | 280 |

# 6-16 基本建设大中型项目一览表

(2003年) 单位:万元

| 建设项目名称 | 开工时间 | 全投时间 | 计划总投资 | 累计完成投资 | 累计新增固定资产 | 本年计划投资 | 本年完成投资 |
|---|---|---|---|---|---|---|---|
| 西安移动通信分公司枢纽楼 | 2002.03 | | 18150 | 12764 | | 6732 | 6700 |
| 西安高压供电局北门变电所生产综合楼 | 2003.04 | | 3080 | 760 | | 1700 | 760 |
| 西安交通大学扩建工程 | 1999.06 | | 69735 | 50819 | 25499 | 23001 | 27806 |
| 西安绕城高速公路南段 | 2000.09 | 2003.09 | 290741 | 290741 | 290741 | 12931 | 13661 |
| 西安高架快速干道一期工程 | 2001.12 | | 77400 | 47731 | | 33050 | 24692 |
| 西安黑河水利枢纽工程 | 1987.12 | | 225700 | 163794 | | 10385 | 8855 |
| 西安电力机械制造公司扩建工程 | 1990.11 | | 93438 | 74653 | 37989 | 17176 | 16916 |
| 西安西郊集中供热工程 | 1998.10 | | 71264 | 66717 | | 10020 | 6573 |
| 西安天然气城市气化工程 | 2001.01 | | 169665 | 103579 | 82863 | 5133 | 5133 |
| 靖边至西安天然气输气管道扩建工程 | 2003.06 | | 44440 | 44440 | | 44440 | 37035 |
| 陕西广播电视传输覆盖网 | 1996.10 | | 43255 | 50023 | 30289 | 18000 | 13024 |
| 宝鸡峡管理局渠首加坝加闸工程 | 1997.12 | | 40985 | 34395 | | 7000 | 4590 |
| 冀东水泥扶风公司水泥生产线 | 2002.04 | | 43733 | 40246 | 40246 | 32880 | 32880 |
| 咸阳机场扩建工程 | 1999.10 | 2003.09 | 151364 | 110548 | 108484 | 8800 | 27808 |
| 陕西渭河煤化工集团甲醇和二甲醚工程 | 2003.08 | | 75000 | 8990 | | 3050 | 8990 |
| 蒲城电厂二期工程 | 2000.11 | | 257775 | 230395 | 111473 | 48475 | 39207 |
| 韩城矿区 | 1970.02 | | 149864 | 149864 | 141760 | 9128 | 8059 |
| 韩城第二发电厂 | 2002.09 | | 477793 | 188450 | 2520 | 121700 | 121723 |
| 延安至安塞高速公路 | 2000.11 | | 115642 | 110000 | | 18119 | 18119 |
| 延安至黄陵高速公路 | 2002.12 | | 637198 | 219280 | | 170000 | 178282 |
| 延长油矿管理局原油开采 | 2002.04 | | 643529 | 638492 | 587346 | 256209 | 256209 |
| 安塞至靖边高速公路(延安段) | 2003.06 | | 255000 | 15932 | | 25000 | 15932 |
| 安塞至靖边高速公路(榆林段) | 2003.09 | | 225000 | 15615 | | 24000 | 15615 |
| 洋县至勉县高速公路 | 2002.09 | | 372020 | 148531 | | 104951 | 105982 |
| 洋县卡房水库枢纽工程 | 1997.11 | | 15500 | 12491 | | 3009 | 1546 |
| 陕西国华锦界煤电项目一期工程 | 2003.06 | | 1000000 | 8587 | | 55000 | 8587 |
| 靖边至王圈梁高速公路 | 2002.07 | | 219984 | 119349 | | 118892 | 116892 |
| 石泉喜河电站新建工程 | 2002.06 | | 120055 | 14313 | | 15371 | 14313 |
| 陕西汉江投资开发公司蜀河水电站 | 2003.07 | | 180000 | 1800 | | 3000 | 1800 |
| 杨凌绿方生物工程公司畜禽基因工程 | 2002.06 | | 15700 | 6143 | | 1800 | 872 |
| 西安至南京电气化铁路(陕西段) | 2000.05 | 2003.12 | 1060000 | 633368 | 633368 | 63833 | 63833 |
| 神东煤炭公司大柳塔矿区建设 | 1990.04 | | 859228 | 859228 | 664162 | 94831 | 81243 |
| 郑铁局西安工程指挥部宝兰线(陕西段) | 1999.12 | | 326600 | 276667 | 276667 | 76667 | 76667 |
| 西安至咸阳机场高速公路 | 2001.09 | 2003.09 | 100892 | 100892 | 100892 | 28312 | 30643 |
| 西安阎良至禹门口高速公路 | 2001.09 | | 591953 | 299412 | | 145084 | 145106 |
| 西安至安康铁路秦岭二线 | 1996.12 | 2003.12 | 76515 | 76515 | 76515 | 17961 | 17961 |
| 西安户县至洋县高速公路 | 2002.09 | | 983000 | 151539 | | 111381 | 109919 |
| 长庆油田公司陕西地区基建 | 2003.02 | 2003.12 | 574429 | 574431 | 574431 | 574429 | 574431 |
| 陕西电力公司110千伏宝天电铁供电扩能工程 | 2003.04 | | 11754 | 5300 | | 11754 | 5300 |
| 陕西电力公司西安南郊变电站扩建工程 | 2003.01 | 2003.06 | 2627 | 2627 | 2627 | 2627 | 2627 |
| 陕西电力公司110千伏襄渝电铁供电扩能工程 | 2003.01 | | 7631 | 5200 | | 4631 | 5200 |
| 陕西电力公司330千伏陕西泾河送变电工程 | 2000.12 | | 220000 | 53148 | 48046 | 15187 | 6513 |
| 陕西电力公司110千伏西南铁路供电工程 | 2003.06 | | 26744 | 7800 | | 19000 | 7800 |
| 陕西电力公司330千伏延安变电站扩建工程 | 2003.05 | | 5224 | 4510 | | 4510 | 4510 |
| 宝鸡第二发电厂送出工程 | 1997.10 | 2003.01 | 71180 | 70465 | 70465 | 642 | 642 |

6-16 续表　　(2003年)

| 建设项目名称 | 本年新增固定资产(万元) | 建设规模和新增生产能力(或效益) | | | | |
|---|---|---|---|---|---|---|
| | | 名　称 | 单　位 | 建设规模 | 累计新增生产能力 | #本年新增 |
| 西安移动通信分公司枢纽楼 | | | | | | |
| 西安高压供电局北门变电所生产综合楼 | | | | | | |
| 西安交通大学扩建工程 | 25499 | | | | | |
| 西安绕城高速公路南段 | 13661 | 新建高速公路 | 公里 | 45 | 45 | 45 |
| 西安高架快速干道一期工程 | | 新建公路 | 公里 | 11 | | |
| 西安黑河水利枢纽工程 | | 城市自来水供水能力 | 万吨/日 | 110 | 110 | |
| | | 城市自来水管道长度 | 公里 | 121 | 48 | |
| 西安电力机械制造公司扩建工程 | 7594 | | | | | |
| 西安西郊集中供热工程 | | 城市供热能力：蒸汽 | 吨/小时 | 660 | | |
| 西安天然气城市气化工程 | 258 | 天然气管输 | 公里 | 937 | 525 | 50 |
| | | 天然气管输 | 亿立方米/年 | 3.21 | 3.09 | 0.59 |
| 靖边至西安天然气输气管道扩建工程 | | 天然气管输 | 公里 | 159 | | |
| | | 天然气管输 | 亿立方米/年 | 10 | | |
| 陕西广播电视传输覆盖网 | 7892 | | | | | |
| 宝鸡峡管理局渠首加坝加闸工程 | | 水力发电 | 万千瓦 | 0.80 | | |
| | | 水库容量(总库容) | 亿立方米 | 0.80 | | |
| | | 有效灌溉面积 | 万亩 | 100 | | |
| 冀东水泥扶风公司水泥生产线 | 31324 | 水泥 | 万吨/年 | 140 | 140 | 100 |
| 咸阳机场扩建工程 | 25469 | | | | | |
| 陕西渭河煤化工集团甲醇和二甲醚工程 | | 精甲醇 | 万吨/年 | 20 | | |
| 蒲城电厂二期工程 | 111365 | 火力发电 | 万千瓦 | 66 | 33 | |
| 韩城矿区 | 68163 | 原煤开采 | 万吨/年 | 120 | 80 | 80 |
| 韩城第二发电厂 | | 火力发电 | 万千瓦 | 120 | | |
| 延安至安塞高速公路 | | 新建高速公路 | 公里 | 31.71 | | |
| 延安至黄陵高速公路 | | 新建高速公路 | 公里 | 143 | | |
| 延长油矿管理局原油开采 | 231494 | 天然原油开采 | 万吨/年 | 185.27 | 185.27 | 77.75 |
| 安塞至靖边高速公路（延安段） | | 新建高速公路 | 公里 | 53 | | |
| 安塞至靖边高速公路(榆林段) | | 新建高速公路 | 公里 | 50 | | |
| 洋县至勉县高速公路 | | 新建高速公路 | 公里 | 112 | | |
| 洋县卡房水库枢纽工程 | | 水力发电 | 万千瓦 | 1.2 | | |
| | | 水库容量(总库容) | 亿立方米 | 0.3 | | |
| | | 有效灌溉面积 | 万亩 | 15.8 | 13.0 | 0.5 |
| 陕西国华锦界煤电项目一期工程 | | 原煤开采 | 万吨/年 | 300 | | |
| | | 火力发电 | 万千瓦 | 120 | | |
| 靖边至王圈梁高速公路 | | 新建高速公路 | 公里 | 132 | | |
| 石泉喜河电站新建工程 | | 水力发电 | 万千瓦 | 18 | | |
| 陕西汉江投资开发公司蜀河水电站 | | 水力发电 | 万千瓦 | 27 | | |
| 杨凌绿方生物工程公司畜禽基因工程 | | | | | | |
| 西安至南京电气化铁路（陕西段） | 62521 | 电气化铁路主线正线交付运营里程 | 公里 | 248.3 | 248.3 | 248.3 |
| 神东煤炭公司大柳塔矿区建设 | 81243 | 原煤开采 | 万吨/年 | 3310 | 3310 | 1140 |
| | | 洗　煤 | 万吨/年 | 3210 | 3210 | 1170 |
| 郑铁局西安工程指挥部宝兰线（陕西段） | 76667 | 增建铁路第二线交付运营里程 | 公里 | 73.6 | | |
| 西安至咸阳机场高速公路 | 100892 | 新建高速公路 | 公里 | 18.24 | 18.24 | 18.24 |
| 西安阎良至禹门口高速公路 | | 新建高速公路 | 公里 | 177 | | |
| 西安至安康铁路秦岭二线 | 17961 | 增建铁路第二线交付运营里程 | 公里 | 20 | 20 | 20 |
| 西安户县至洋县高速公路 | | 新建高速公路 | 公里 | 147 | | |
| 长庆油田公司陕西地区基建 | 381974 | 天然原油开采 | 万吨/年 | 138.6 | 138.6 | 138.6 |
| | | 天然气开采（亿立方米/年） | 亿立方米/年 | 25.8 | 25.8 | 25.8 |
| 陕西电力公司110kv宝天电铁供电扩能工程 | | 输电线路长度(11万伏及以上) | 公里 | 189 | 38 | 38 |
| 陕西电力公司西安南郊变电站扩建工程 | 2627 | 变电设备能力(11万伏及以上) | 万千伏安 | 24 | 24 | 24 |
| 陕西电力公司110kv襄渝电铁供电扩能工程 | | 输电线路长度(11万伏及以上) | 公里 | 69 | 51 | 51 |
| | | 变电设备能力(11万伏及以上) | 万千伏安 | 40 | | |
| 陕西电力公司330千伏陕西泾河送变电工程 | 10961 | 输电线路长度(11万伏及以上) | 公里 | 1042 | 231 | 122 |
| | | 变电设备能力(11万伏及以上) | 万千伏安 | 222 | 39 | |
| 陕西电力公司110千伏西南铁路供电工程 | | 输电线路长度(11万伏及以上) | 公里 | 447 | 201 | 201 |
| | | 变电设备能力(11万伏及以上) | 万千伏安 | 83 | | |
| 陕西电力公司330千伏延安变电站扩建工程 | | 变电设备能力(11万伏及以上) | 万千伏安 | 15 | | |
| 宝鸡第二发电厂送出工程 | 15342 | 输电线路长度(11万伏及以上) | 公里 | 269 | 269 | 1 |
| | | 变电设备能力(11万伏及以上) | 万千伏安 | 78 | 78 | 24 |

# 6-17 基本建设新增生产能力或效益

(2003年)

| 名 称 | 单 位 | 能力或效益 | 名 称 | 单 位 | 能力或效益 |
|---|---|---|---|---|---|
| 原煤开采 | 万吨/年 | 1358 | 新建公路 | 公 里 | 762.11 |
| 洗 煤 | 万吨/年 | 1170 | #高速公路 | 公 里 | 179.00 |
| 天然原油开采 | 万吨/年 | 217.85 | 改建公路 | 公 里 | 1699.87 |
| 天然气开采 | 亿立方米/年 | 25.80 | #二级公路 | 公 里 | 523.60 |
| 天然气管输 | 公 里 | 98.04 | 新建独立公路桥梁 | 延长米 | 1845 |
| 天然气管输 | 亿立方米/年 | 1.13 | | 座 | 23 |
| 铁矿开采(原矿) | 万吨/年 | 0.60 | 新(扩)建港口码头 | 年吞吐量:万吨 | 6 |
| 铁矿选矿处理量 | 万吨/年 | 9 | | 泊位: 个 | 3 |
| 生 铁 | 万吨/年 | 20 | 新(扩)建客、货运站 | 个 | 1 |
| 热轧钢材 | 万吨/年 | 55 | | 平方米 | 16000 |
| 铅锌采矿(原矿) | 万吨/年 | 3000 | 长途电缆线路长度 | 公 里 | 227 |
| 水力发电 | 万千瓦 | 3.06 | 耕地面积 | 万 亩 | 6.40 |
| 火力发电 | 万千瓦 | 5.40 | 造林面积 | 万 亩 | 604 |
| 输电线路长度(11万伏及以上) | 公 里 | 443 | 水库容量(总库容) | 亿立方米 | 0.16 |
| 变电设备能力(11万伏及以上) | 万千伏安 | 87.15 | 有效灌溉面积 | 万 亩 | 36.72 |
| 水 泥 | 万吨/年 | 100.76 | 商业冷藏库 | 万 吨 | 1.20 |
| 纤维板 | 万立方米/年 | 20 | 粮食仓库 | 万公斤 | 5661 |
| 塑料树脂及共聚物 | 吨/年 | 432 | | 平方米 | 18969 |
| 合成橡胶 | 吨/年 | 1000 | 高等院校: 学生席位 | 个 | 50917 |
| 化学原料药 | 吨/年 | 104 | 建筑面积 | 平方米 | 811508 |
| 注射液 | 万支/年 | 10000 | 中等学校: 学生席位 | 个 | 111340 |
| 输 液 | 万瓶/年 | 500 | 建筑面积 | 平方米 | 709415 |
| 胶囊剂 | 万粒/年 | 200 | 小学校: 学生席位 | 个 | 30811 |
| 中成药 | 吨/年 | 2565 | 建筑面积 | 平方米 | 101354 |
| 大中型变压器 | 万千伏安 | 3.15 | 公共图书馆: 藏书量 | 万 册 | 23 |
| 电力电缆 | 公 里 | 77 | 阅览室座席 | 个 | 480 |
| 全塑市话电缆 | 万对公里 | 4.22 | 建筑面积 | 平方米 | 3800 |
| 建筑机械制造 | 台/年 | 1500 | 文化馆 | 平方米 | 3417 |
| 棉纺锭 | 锭 | 35000 | 医院病床 | 张 | 1627 |
| 棉布织机 | 台 | 30 | 宾馆、旅馆、招待所客房数 | 间 | 1918 |
| 原 盐 | 万吨/年 | 0.06 | | 平方米 | 65716 |
| 食用植物油 | 日处理原料:吨 | 80 | 城市自来水供水能力 | 万吨/日 | 17.70 |
| | 日精炼油:吨 | 29 | 城市自来水管道长度 | 公里 | 30.50 |
| 乳制品 | 吨/年 | 9320 | 城市煤气生产能力 | 万立方米/日 | 20 |
| #奶 粉 | 吨/年 | 6500 | 城市天然气储气能力 | 万立方米/日 | 2 |
| 软饮料 | 吨/年 | 23254 | 城市液化石油气储气能力 | 吨 | 1000 |
| #瓶装(或罐装)饮用水 | 吨/年 | 1500 | 城市供热能力: 蒸汽 | 吨/小时 | 92 |
| 方便主食品 | 吨/年 | 23240 | 热水 | 兆瓦/小时 | 12 |
| 机制纸板 | 万吨/年 | 5 | 城市道路扩建长度 | 公 里 | 108.45 |
| 日用玻璃制品 | 万吨/年 | 0.22 | 城市道路扩建面积 | 万平方米 | 118.67 |
| 移动通信基站设备安装 | 个/年 | 290 | 城市排水管道铺设长度 | 公 里 | 52.45 |
| 新建铁路主线正线交付运营里程 | 公 里 | 248.30 | 城市污水处理能力 | 万吨/日 | 6 |
| 增建铁路第二线交付运营里程 | 公 里 | 20 | 城市永久性桥梁 | 座 | 7 |
| 电气化铁路主线正线交付运营里程 | 公 里 | 248.30 | 城市防洪堤长度 | 公 里 | 94.70 |

# 6-18 各市按隶属关系和建设性质分的基本建设投资

(2003年)

单位:万元

| 地区 | 总计 | #地方 | #省属 | #新建 | #扩建 | #改建 |
|---|---|---|---|---|---|---|
| 全省 | 6887020 | 5428313 | 1788999 | 3906298 | 1913106 | 578885 |
| 关中 | 3925427 | 3213151 | 783678 | 2132736 | 933145 | 425270 |
| 西安市 | 2110896 | 1695999 | 495295 | 989772 | 540209 | 280362 |
| 铜川市 | 57083 | 51209 | 8654 | 36914 | 10592 | 6115 |
| 宝鸡市 | 494027 | 452464 | 67038 | 310960 | 98645 | 38896 |
| 咸阳市 | 732768 | 679842 | 149395 | 456796 | 165027 | 50532 |
| 渭南市 | 482520 | 314359 | 62481 | 292638 | 117607 | 47953 |
| 杨凌示范区 | 48133 | 19278 | 815 | 45656 | 1065 | 1412 |
| 陕南 | 754936 | 694887 | 254830 | 563418 | 101523 | 60417 |
| 汉中市 | 356193 | 345440 | 210125 | 305587 | 26657 | 12992 |
| 安康市 | 240901 | 213447 | 40438 | 162083 | 43948 | 25477 |
| 商洛市 | 157842 | 136000 | 4267 | 95748 | 30918 | 21948 |
| 陕北 | 1222588 | 1208808 | 439024 | 773985 | 335428 | 88298 |
| 延安市 | 651983 | 651227 | 220762 | 283357 | 312833 | 42228 |
| 榆林市 | 570605 | 557581 | 218262 | 490628 | 22595 | 46070 |
| 不分地区 | 984069 | 311467 | 311467 | 436159 | 543010 | 4900 |

# 6-19 各市按构成分的基本建设投资

(2003年)

单位:万元

| 地区 | 建筑工程 | 安装工程 | 设备工器具购置 | 其他费用 | #土地购置费 |
|---|---|---|---|---|---|
| 全省 | 4825382 | 369200 | 751126 | 941312 | 216182 |
| 关中 | 2602153 | 189849 | 539280 | 594145 | 188789 |
| 西安市 | 1523981 | 70754 | 188085 | 328076 | 134079 |
| 铜川市 | 38800 | 5607 | 4637 | 7949 | 1050 |
| 宝鸡市 | 249801 | 42437 | 119674 | 82115 | 20807 |
| 咸阳市 | 492468 | 35971 | 84618 | 119711 | 29639 |
| 渭南市 | 255826 | 33738 | 138356 | 54600 | 2372 |
| 杨凌示范区 | 41187 | 1342 | 3910 | 1694 | 842 |
| 陕南 | 537530 | 32042 | 66288 | 119076 | 13520 |
| 汉中市 | 255481 | 8869 | 24929 | 66914 | 7017 |
| 安康市 | 166749 | 10090 | 22386 | 41676 | 2091 |
| 商洛市 | 115300 | 13083 | 18973 | 10486 | 4412 |
| 陕北 | 940719 | 76005 | 73206 | 132658 | 6485 |
| 延安市 | 501742 | 50720 | 29500 | 70021 | 605 |
| 榆林市 | 438977 | 25285 | 43706 | 62637 | 5880 |
| 不分地区 | 744980 | 71304 | 72352 | 95433 | 7388 |

# 6-20 各市按国民经济行业分的基本建设投资

(2003年)

单位:万元

| 地区 | 总计 | 农、林、牧、渔业 | 采矿业 | 制造业 | 电力燃气及水的生产和供应业 | 建筑业 | 交通运输仓储和邮政业 | 信息传输计算机服务和软件业 | 批发和零售业 | 住宿和餐饮业 |
|---|---|---|---|---|---|---|---|---|---|---|
| 全　省 | 6887020 | 259238 | 805943 | 781977 | 580336 | 58116 | 1507590 | 161942 | 217165 | 56722 |
| 关　中 | 3925427 | 152171 | 47749 | 671536 | 372453 | 51321 | 290991 | 89292 | 192956 | 52212 |
| 西安市 | 2110896 | 29677 | 5713 | 289731 | 96436 | 28960 | 129560 | 31262 | 115718 | 22988 |
| 铜川市 | 57083 | 3417 | | 4185 | 8346 | | 5708 | 978 | 2899 | 1177 |
| 宝鸡市 | 494027 | 23574 | 403 | 165084 | 28962 | 9636 | 41681 | 35373 | 7229 | 3360 |
| 咸阳市 | 732768 | 64213 | 29290 | 130255 | 33877 | 12645 | 85573 | 17523 | 50211 | 18703 |
| 渭南市 | 482520 | 29886 | 12343 | 78087 | 202172 | 80 | 28316 | 3828 | 16899 | 5604 |
| 杨凌示范区 | 48133 | 1404 | | 4194 | 2660 | | 153 | 328 | | 380 |
| 陕　南 | 754936 | 60628 | 10589 | 28095 | 112336 | 3865 | 271006 | 42591 | 12941 | 2551 |
| 汉中市 | 356193 | 26519 | 5048 | 15376 | 27942 | 3530 | 204264 | 10762 | 3600 | 328 |
| 安康市 | 240901 | 27622 | 547 | 4301 | 62328 | 83 | 37740 | 22521 | 5673 | 1857 |
| 商洛市 | 157842 | 6487 | 4994 | 8418 | 22066 | 252 | 29002 | 9308 | 3668 | 366 |
| 陕　北 | 1222588 | 46439 | 272456 | 82346 | 62955 | 2930 | 482289 | 30059 | 11268 | 1959 |
| 延安市 | 651983 | 17457 | 259134 | 4811 | 11122 | 328 | 255362 | 2810 | 6156 | 1461 |
| 榆林市 | 570605 | 28982 | 13322 | 77535 | 51833 | 2602 | 226927 | 27249 | 5112 | 498 |
| 不分地区 | 984069 | | 475149 | | 32592 | | 463304 | | | |

| 地区 | 金融业 | 房地产业 | 租赁和商务服务业 | 科学研究技术服务和地质勘查业 | 水利环境和公共设施管理业 | 居民服务和其他服务业 | 教育 | 卫生社会保障和社会福利业 | 文化体育和娱乐业 | 公共管理和社会组织 | 国际组织 |
|---|---|---|---|---|---|---|---|---|---|---|---|
| 全　省 | 27898 | 102138 | 219561 | 140492 | 690582 | 8024 | 538452 | 60962 | 134404 | 535198 | 280 |
| 关　中 | 22892 | 91708 | 215833 | 133832 | 532206 | 8024 | 459974 | 36623 | 100587 | 403067 | |
| 西安市 | 11751 | 8128 | 209584 | 117516 | 355231 | 3296 | 287062 | 12985 | 75562 | 279736 | |
| 铜川市 | 2257 | | 480 | 220 | 15215 | 239 | 6865 | 553 | 370 | 4174 | |
| 宝鸡市 | 195 | 2989 | 320 | 1190 | 64371 | | 28120 | 3983 | 9513 | 68044 | |
| 咸阳市 | 4511 | 78566 | 4650 | 13452 | 56257 | | 76673 | 14405 | 13780 | 28184 | |
| 渭南市 | 4178 | 2025 | | 1454 | 37635 | 689 | 31605 | 4043 | 1362 | 22314 | |
| 杨凌示范区 | | | 799 | | 3497 | 3800 | 29649 | 654 | | 615 | |
| 陕　南 | 2660 | 3430 | 1218 | 5442 | 79232 | | 29390 | 11679 | 11785 | 65218 | 280 |
| 汉中市 | 390 | 190 | | 1525 | 30007 | | 7437 | 3186 | 3595 | 12214 | 280 |
| 安康市 | 655 | 3240 | 150 | 2037 | 27732 | | 8493 | 4236 | 7495 | 24191 | |
| 商洛市 | 1615 | | 1068 | 1880 | 21493 | | 13460 | 4257 | 695 | 28813 | |
| 陕　北 | 2346 | 7000 | 2510 | 1218 | 79144 | | 49088 | 12660 | 9008 | 66913 | |
| 延安市 | 206 | 7000 | 2510 | 90 | 24507 | | 28906 | 8969 | 3850 | 17304 | |
| 榆林市 | 2140 | | | 1128 | 54637 | | 20182 | 3691 | 5158 | 49609 | |
| 不分地区 | | | | | | | | | 13024 | | |

## 6-21 各市基本建设施工、投产项目个数及新增固定资产

(2003年)

| 地 区 | 施工项目(个) | 全部建成投产项目(个) | 施工项目计划总投资(万元) | 本年完成投资额(万元) | 本年新增固定资产(万元) | 固定资产交付使用率(%) |
|---|---|---|---|---|---|---|
| **全 省** | **3873** | **2063** | **25523492** | **6887020** | **4271015** | **62.02** |
| 关 中 | 2233 | 1169 | 13209482 | 3925427 | 2597654 | 66.18 |
| 西安市 | 643 | 277 | 6333174 | 2110896 | 1290679 | 61.14 |
| 铜川市 | 123 | 43 | 149349 | 57083 | 26832 | 47.01 |
| 宝鸡市 | 447 | 274 | 2902310 | 494027 | 319732 | 64.72 |
| 咸阳市 | 636 | 377 | 2066640 | 732768 | 576467 | 78.67 |
| 渭南市 | 339 | 175 | 1609735 | 482520 | 341580 | 70.79 |
| 杨凌示范区 | 45 | 23 | 148274 | 48133 | 42364 | 88.01 |
| 陕 南 | 988 | 500 | 2367988 | 754936 | 408203 | 54.07 |
| 汉中市 | 279 | 118 | 1237076 | 356193 | 99186 | 27.85 |
| 安康市 | 412 | 232 | 857972 | 240901 | 193464 | 80.31 |
| 商洛市 | 297 | 150 | 272940 | 157842 | 115553 | 73.21 |
| 陕 北 | 632 | 389 | 4854939 | 1222588 | 633989 | 51.86 |
| 延安市 | 235 | 137 | 1970965 | 651983 | 362521 | 55.60 |
| 榆林市 | 397 | 252 | 2883974 | 570605 | 271468 | 47.58 |
| 不分地区 | 20 | 5 | 5091083 | 984069 | 631169 | 64.14 |

## 6-22 各市基本建设房屋建筑面积及造价

(2003年)

| 地 区 | 本年施工房屋面积(万平方米) | #住宅 | 本年竣工房屋面积(万平方米) | #住宅 | 本年竣工房屋价值(万元) | 竣工房屋造价(元/平方米) |
|---|---|---|---|---|---|---|
| **全 省** | **2791.76** | **1315.62** | **1345.00** | **666.98** | **1475237** | **1096.83** |
| 关 中 | 2089.54 | 969.61 | 970.82 | 455.71 | 1188151 | 1223.86 |
| 西安市 | 1091.28 | 572.62 | 476.34 | 232.77 | 708232 | 1486.81 |
| 铜川市 | 51.92 | 20.60 | 25.63 | 12.01 | 14580 | 568.79 |
| 宝鸡市 | 220.48 | 109.72 | 103.81 | 57.07 | 83446 | 803.81 |
| 咸阳市 | 539.14 | 218.58 | 278.40 | 121.36 | 277491 | 996.75 |
| 渭南市 | 150.30 | 48.09 | 72.91 | 32.50 | 74341 | 1019.68 |
| 杨凌示范区 | 36.42 | | 13.73 | | 30061 | 2188.94 |
| 陕 南 | 288.29 | 95.08 | 123.11 | 57.14 | 87416 | 710.08 |
| 汉中市 | 102.67 | 44.58 | 43.91 | 22.66 | 34266 | 780.39 |
| 安康市 | 67.62 | 14.86 | 26.34 | 8.69 | 18911 | 717.97 |
| 商洛市 | 118.00 | 35.64 | 52.86 | 25.79 | 34239 | 647.73 |
| 陕 北 | 271.66 | 140.11 | 154.91 | 87.08 | 131647 | 849.83 |
| 延安市 | 107.29 | 46.78 | 56.83 | 28.03 | 50377 | 886.50 |
| 榆林市 | 164.36 | 93.33 | 98.08 | 59.05 | 81270 | 828.58 |
| 不分地区 | 142.27 | 110.82 | 96.16 | 67.05 | 68023 | 707.36 |

# 6-23 各市基本建设项目资金来源

(2003年)

单位：万元

| 地区 | 本年资金来源合计 | #本年资金来源小计 | 国家预算内资金 | 国内贷款 | 债券 | 利用外资 | #外商直接投资 | #对外借款 |
|---|---|---|---|---|---|---|---|---|
| 全省 | 7001545 | 6631493 | 856212 | 1763359 | 13333 | 202554 | 50791 | 32389 |
| 关中 | 4276374 | 3937042 | 477090 | 794025 |  | 153391 | 46680 | 22389 |
| 西安市 | 2388442 | 2150050 | 247194 | 519394 |  | 32811 | 25706 | 7105 |
| 铜川市 | 52052 | 45411 | 8460 | 496 |  | 232 |  | 50 |
| 宝鸡市 | 529071 | 496134 | 71991 | 85882 |  | 6107 | 663 | 4175 |
| 咸阳市 | 740371 | 726549 | 50355 | 97478 |  | 15744 | 5184 | 7713 |
| 渭南市 | 499237 | 482703 | 84446 | 86835 |  | 98497 | 15127 | 3346 |
| 杨凌示范区 | 67201 | 36195 | 14644 | 3940 |  |  |  |  |
| 陕南 | 660804 | 650124 | 147223 | 172974 |  | 2489 | 2440 |  |
| 汉中市 | 271570 | 264813 | 47779 | 99711 |  | 2135 | 2135 |  |
| 安康市 | 238265 | 235272 | 60332 | 49036 |  | 340 | 305 |  |
| 商洛市 | 150969 | 150039 | 39112 | 24227 |  | 14 |  |  |
| 陕北 | 1138869 | 1125686 | 178220 | 389135 |  | 2000 | 1671 |  |
| 延安市 | 588560 | 581858 | 77858 | 134994 |  | 1411 | 1411 |  |
| 榆林市 | 550309 | 543828 | 100362 | 254141 |  | 589 | 260 |  |
| 不分地区 | 925498 | 918641 | 53679 | 407225 | 13333 | 44674 |  | 10000 |

| 地区 | 自筹资金 | #企事业单位自有资金 | #发行股票 | 其他资金来源 | #集资 | 本年各项应付款合计 | #工程款 | #设备、器材款 |
|---|---|---|---|---|---|---|---|---|
| 全省 | 2611997 | 2128475 |  | 1184038 | 467131 | 709988 | 588129 | 45993 |
| 关中 | 1562074 | 1348672 |  | 950462 | 323343 | 356949 | 245704 | 39705 |
| 西安市 | 744368 | 634943 |  | 606283 | 212594 | 193213 | 140872 | 10125 |
| 铜川市 | 15439 | 11274 |  | 20784 | 2117 | 9002 | 7913 | 300 |
| 宝鸡市 | 191080 | 138971 |  | 141074 | 31234 | 67894 | 48018 | 17593 |
| 咸阳市 | 448088 | 425167 |  | 114884 | 63216 | 56093 | 32818 | 9323 |
| 渭南市 | 157113 | 133798 |  | 55812 | 14032 | 24972 | 11231 | 1441 |
| 杨凌示范区 | 5986 | 4519 |  | 11625 | 150 | 5775 | 4852 | 923 |
| 陕南 | 249748 | 154897 |  | 77690 | 29782 | 128930 | 121235 | 5123 |
| 汉中市 | 93549 | 57508 |  | 21639 | 9882 | 99540 | 94054 | 4736 |
| 安康市 | 97639 | 64334 |  | 27925 | 9637 | 21325 | 19337 | 366 |
| 商洛市 | 58560 | 33055 |  | 28126 | 10263 | 8065 | 7844 | 21 |
| 陕北 | 457308 | 343039 |  | 99023 | 57143 | 123422 | 120503 | 1165 |
| 延安市 | 322475 | 267559 |  | 45120 | 18899 | 76564 | 76312 | 5 |
| 榆林市 | 134833 | 75480 |  | 53903 | 38244 | 46858 | 44191 | 1160 |
| 不分地区 | 342867 | 281867 |  | 56863 | 56863 | 100687 | 100687 |  |

# 6-24 全省按国民经济行业及构成分的更新改造投资

(2003年) 单位:万元

| 行业 | 投资额 | 建筑工程 | 安装工程 | 设备工器具购置 | 其他费用 |
|---|---|---|---|---|---|
| 总计 | 1772682 | 622370 | 154529 | 801167 | 194616 |
| (一)农、林、牧、渔业 | 6185 | 1597 | 80 | 1953 | 2555 |
| 林业 | 3065 | 630 | | | 2435 |
| 畜牧业 | 100 | 100 | | | |
| 农、林、牧、渔服务业 | 3020 | 867 | 80 | 1953 | 120 |
| (二)采矿业 | 325778 | 121386 | 46751 | 136110 | 21531 |
| 煤炭开采和洗选业 | 73600 | 27868 | 2927 | 36465 | 6340 |
| 石油和天然气开采业 | 234876 | 85570 | 43108 | 92441 | 13757 |
| 黑色金属矿采选业 | 2214 | 1491 | 32 | 524 | 167 |
| 有色金属矿采选业 | 13738 | 6397 | 534 | 5830 | 977 |
| 非金属矿采选业 | 1350 | 60 | 150 | 850 | 290 |
| (三)制造业 | 797248 | 216593 | 63122 | 448915 | 68618 |
| 农副食品加工业 | 17297 | 7093 | 1510 | 7714 | 980 |
| 食品制造业 | 28545 | 5446 | 1117 | 20350 | 1632 |
| 饮料制造业 | 48505 | 8162 | 2951 | 36274 | 1118 |
| 烟草制品业 | 5408 | 458 | 1002 | 3948 | |
| 纺织业 | 23134 | 2292 | 761 | 19214 | 867 |
| 纺织服装、鞋、帽制造业 | 300 | | | 280 | 20 |
| 皮革、毛皮、羽毛(绒)及其制品业 | 20 | 20 | | | |
| 木材加工及木、竹、藤、棕、草制品业 | 110 | | 10 | 90 | 10 |
| 家具制造业 | 382 | 370 | | | 12 |
| 造纸及纸制品业 | 14375 | 3210 | 1089 | 9480 | 596 |
| 印刷业和记录媒介的复制 | 17323 | 1701 | 710 | 7938 | 6974 |
| 文教体育用品制造业 | 146 | 131 | | | 15 |
| 石油加工、炼焦及核燃料加工业 | 80740 | 20763 | 20189 | 33859 | 5929 |
| 化学原料及化学制品制造业 | 39401 | 15175 | 1893 | 17658 | 4675 |
| 医药制造业 | 80184 | 32301 | 8977 | 29300 | 9606 |
| 橡胶制品业 | 740 | | 60 | 650 | 30 |
| 塑料制品业 | 5170 | 785 | 215 | 3830 | 340 |
| 非金属矿物制品业 | 122252 | 32709 | 9628 | 67157 | 12758 |
| 黑色金属冶炼及压延加工业 | 52091 | 19112 | 5942 | 24019 | 3018 |
| 有色金属冶炼及压延加工业 | 35808 | 18281 | 2080 | 14681 | 766 |
| 金属制品业 | 7882 | 170 | 10 | 5782 | 1920 |
| 通用设备制造业 | 33387 | 7539 | 766 | 17604 | 7478 |
| 专用设备制造业 | 74735 | 26972 | 1772 | 42541 | 3450 |
| 交通运输设备制造业 | 58778 | 7583 | 353 | 47819 | 3023 |
| 电气机械及器材制造业 | 19066 | 3948 | 642 | 12911 | 1565 |
| 通信设备、计算机及其他电子设备制造业 | 23774 | 1342 | 749 | 20813 | 870 |
| 仪器仪表及文化、办公用机械制造业 | 7255 | 1030 | 656 | 4603 | 966 |
| 废弃资源和废旧材料回收加工业 | 440 | | 40 | 400 | |

6-24 续表 (2003年) 单位:万元

| 行　　业 | 投资额 | 建筑工程 | 安装工程 | 设备工器具购置 | 其他费用 |
|---|---|---|---|---|---|
| （四）电力、燃气及水的生产和供应业 | 132095 | 48184 | 19952 | 55124 | 8835 |
| 电力、热力的生产和供应业 | 123318 | 41884 | 19950 | 53169 | 8315 |
| 水的生产和供应业 | 8777 | 6300 | 2 | 1955 | 520 |
| （五）建筑业 | 13739 | 164 | | 13575 | |
| 房屋和土木工程建筑业 | 13739 | 164 | | 13575 | |
| （六）交通运输、仓储和邮政业 | 78648 | 46044 | 3801 | 21920 | 6883 |
| 铁路运输业 | 32458 | 15262 | 2708 | 10924 | 3564 |
| 道路运输业 | 33907 | 30223 | 93 | 272 | 3319 |
| 城市公共交通业 | 10660 | 59 | 300 | 10301 | |
| 装卸搬运和其他运输服务业 | 123 | | | 123 | |
| 仓储业 | 1500 | 500 | 700 | 300 | |
| （七）信息传输、计算机服务和软件业 | 149832 | 31091 | 17698 | 96612 | 4431 |
| 电信和其他信息传输服务业 | 146939 | 28497 | 17698 | 96495 | 4249 |
| 软件业 | 2893 | 2594 | | 117 | 182 |
| （八）批发和零售业 | 27110 | 16122 | 354 | 1712 | 8922 |
| 批发业 | 19469 | 10772 | 4 | 162 | 8531 |
| 零售业 | 7641 | 5350 | 350 | 1550 | 391 |
| （九）住宿和餐饮业 | 4440 | 1980 | 1260 | 905 | 295 |
| 住宿业 | 4191 | 1920 | 1250 | 726 | 295 |
| 餐饮业 | 249 | 60 | 10 | 179 | |
| （十二）租赁和商务服务业 | 68 | | | 68 | |
| 商务服务业 | 68 | | | 68 | |
| （十三）科学研究、技术服务和地质勘查业 | 25218 | 7125 | 453 | 17098 | 542 |
| 研究与试验发展 | 24615 | 6522 | 453 | 17098 | 542 |
| 科技交流和推广服务业 | 603 | 603 | | | |
| （十四）水利、环境和公共设施管理业 | 192791 | 122262 | 148 | 228 | 70153 |
| 水利管理业 | 12821 | 12249 | 148 | 228 | 196 |
| 环境管理业 | 2340 | 2340 | | | |
| 公共设施管理业 | 177630 | 107673 | | | 69957 |
| （十六）教　育 | 3460 | 1735 | | 1670 | 55 |
| 教　育 | 3460 | 1735 | | 1670 | 55 |
| （十七）卫生、社会保障和社会福利业 | 2049 | 837 | | 1212 | |
| 卫　生 | 2049 | 837 | | 1212 | |
| （十八）文化、体育和娱乐业 | 3140 | 1830 | 710 | 405 | 195 |
| 广播、电视、电影和音像业 | 820 | 740 | | 80 | |
| 文化艺术业 | 520 | 400 | 30 | 25 | 65 |
| 娱乐业 | 1800 | 690 | 680 | 300 | 130 |
| （十九）公共管理和社会组织 | 10881 | 5420 | 200 | 3660 | 1601 |
| 国家机构 | 10881 | 5420 | 200 | 3660 | 1601 |

# 6-25 地方按国民经济行业及构成分的更新改造投资

(2003年)

单位:万元

| 行业 | 投资额 | 建筑工程 | 安装工程 | 设备工器具购置 | 其他费用 |
|---|---|---|---|---|---|
| **总计** | **1466129** | **547673** | **133288** | **610434** | **174734** |
| **(一)农、林、牧、渔业** | **6185** | **1597** | **80** | **1953** | **2555** |
| 林业 | 3065 | 630 | | | 2435 |
| 畜牧业 | 100 | 100 | | | |
| 农、林、牧、渔服务业 | 3020 | 867 | 80 | 1953 | 120 |
| **(二)采矿业** | **285388** | **112040** | **43158** | **111602** | **18588** |
| 煤炭开采和洗选业 | 73600 | 27868 | 2927 | 36465 | 6340 |
| 石油和天然气开采业 | 194486 | 76224 | 39515 | 67933 | 10814 |
| 黑色金属矿采选业 | 2214 | 1491 | 32 | 524 | 167 |
| 有色金属矿采选业 | 13738 | 6397 | 534 | 5830 | 977 |
| 非金属矿采选业 | 1350 | 60 | 150 | 850 | 290 |
| **(三)制造业** | **674348** | **189883** | **60388** | **364332** | **59745** |
| 农副食品加工业 | 17297 | 7093 | 1510 | 7714 | 980 |
| 食品制造业 | 28545 | 5446 | 1117 | 20350 | 1632 |
| 饮料制造业 | 48505 | 8162 | 2951 | 36274 | 1118 |
| 烟草制品业 | 860 | | | 860 | |
| 纺织业 | 19865 | 2189 | 714 | 16115 | 847 |
| 纺织服装、鞋、帽制造业 | 300 | | | 280 | 20 |
| 皮革、毛皮、羽毛(绒)及其制品业 | 20 | 20 | | | |
| 木材加工及木、竹、藤、棕、草制品业 | 110 | | 10 | 90 | 10 |
| 家具制造业 | 382 | 370 | | | 12 |
| 造纸及纸制品业 | 14375 | 3210 | 1089 | 9480 | 596 |
| 印刷业和记录媒介的复制 | 2148 | 1211 | 72 | 682 | 183 |
| 文教体育用品制造业 | 146 | 131 | | | 15 |
| 石油加工、炼焦及核燃料加工业 | 80740 | 20763 | 20189 | 33859 | 5929 |
| 化学原料及化学制品制造业 | 39326 | 15151 | 1887 | 17613 | 4675 |
| 医药制造业 | 80184 | 32301 | 8977 | 29300 | 9606 |
| 橡胶制品业 | 740 | | 60 | 650 | 30 |
| 塑料制品业 | 5170 | 785 | 215 | 3830 | 340 |
| 非金属矿物制品业 | 119252 | 32709 | 9628 | 64157 | 12758 |
| 黑色金属冶炼及压延加工业 | 51078 | 19025 | 5936 | 23099 | 3018 |
| 有色金属冶炼及压延加工业 | 35808 | 18281 | 2080 | 14681 | 766 |
| 金属制品业 | 2882 | 170 | 10 | 782 | 1920 |
| 通用设备制造业 | 32730 | 7539 | 696 | 17067 | 7428 |
| 专用设备制造业 | 45118 | 7259 | 1284 | 33125 | 3450 |
| 交通运输设备制造业 | 13039 | 1835 | 56 | 10137 | 1011 |
| 电气机械及器材制造业 | 18187 | 3861 | 642 | 12119 | 1565 |
| 通信设备、计算机及其他电子设备制造业 | 10560 | 1342 | 569 | 7779 | 870 |
| 仪器仪表及文化、办公用机械制造业 | 6541 | 1030 | 656 | 3889 | 966 |
| 废弃资源和废旧材料回收加工业 | 440 | | 40 | 400 | |

6-25 续表　　(2003年)　　单位:万元

| 行　　业 | 投资额 | 建筑工程 | 安装工程 | 设备工器具购置 | 其他费用 |
|---|---|---|---|---|---|
| (四) 电力、燃气及水的生产和供应业 | 75849 | 32919 | 10409 | 27443 | 5078 |
| 电力、热力的生产和供应业 | 67072 | 26619 | 10407 | 25488 | 4558 |
| 水的生产和供应业 | 8777 | 6300 | 2 | 1955 | 520 |
| (五) 建筑业 | 348 | | | 348 | |
| 房屋和土木工程建筑业 | 348 | | | 348 | |
| (六) 交通运输、仓储和邮政业 | 46190 | 30782 | 1093 | 10996 | 3319 |
| 道路运输业 | 33907 | 30223 | 93 | 272 | 3319 |
| 城市公共交通业 | 10660 | 59 | 300 | 10301 | |
| 装卸搬运和其他运输服务业 | 123 | | | 123 | |
| 仓储业 | 1500 | 500 | 700 | 300 | |
| (七) 信息传输、计算机服务和软件业 | 133030 | 30153 | 15488 | 83111 | 4278 |
| 电信和其他信息传输服务业 | 130137 | 27559 | 15488 | 82994 | 4096 |
| 软件业 | 2893 | 2594 | | 117 | 182 |
| (八) 批发和零售业 | 26580 | 15602 | 354 | 1712 | 8912 |
| 批发业 | 18939 | 10252 | 4 | 162 | 8521 |
| 零售业 | 7641 | 5350 | 350 | 1550 | 391 |
| (九) 住宿和餐饮业 | 4440 | 1980 | 1260 | 905 | 295 |
| 住宿业 | 4191 | 1920 | 1250 | 726 | 295 |
| 餐饮业 | 249 | 60 | 10 | 179 | |
| (十二) 租赁和商务服务业 | 68 | | | 68 | |
| 商务服务业 | 68 | | | 68 | |
| (十三) 科学研究、技术服务和地质勘查业 | 1432 | 633 | | 799 | |
| 研究与试验发展 | 829 | 30 | | 799 | |
| 科技交流和推广服务业 | 603 | 603 | | | |
| (十四) 水利、环境和公共设施管理业 | 192791 | 122262 | 148 | 228 | 70153 |
| 水利管理业 | 12821 | 12249 | 148 | 228 | 196 |
| 环境管理业 | 2340 | 2340 | | | |
| 公共设施管理业 | 177630 | 107673 | | | 69957 |
| (十六) 教　育 | 3410 | 1735 | | 1660 | 15 |
| 教　育 | 3410 | 1735 | | 1660 | 15 |
| (十七) 卫生、社会保障和社会福利业 | 2049 | 837 | | 1212 | |
| 卫　生 | 2049 | 837 | | 1212 | |
| (十八) 文化、体育和娱乐业 | 3140 | 1830 | 710 | 405 | 195 |
| 广播、电视、电影和音像业 | 820 | 740 | | 80 | |
| 文化艺术业 | 520 | 400 | 30 | 25 | 65 |
| 娱乐业 | 1800 | 690 | 680 | 300 | 130 |
| (十九) 公共管理和社会组织 | 10881 | 5420 | 200 | 3660 | 1601 |
| 国家机构 | 10881 | 5420 | 200 | 3660 | 1601 |

## 6-26 更新改造项目财务拨款资金来源

(2003年)

单位:万元

| 指标 | 总计 | 按经济类型分 | | 按隶属关系分 | |
|---|---|---|---|---|---|
| | | 国有经济单位 | 其他经济单位 | 中央单位 | 地方单位 |
| 一、本年资金来源合计 | 1987110 | 1272981 | 714129 | 411978 | 1575132 |
| 1.上年末结余资金 | 129746 | 103683 | 26063 | 58459 | 71287 |
| 2.本年资金来源小计 | 1857364 | 1169298 | 688066 | 353519 | 1503845 |
| (1)国家预算内资金 | 147155 | 138394 | 8761 | 61969 | 85186 |
| (2)国内贷款 | 436404 | 330635 | 105769 | 77018 | 359386 |
| (3)债券 | 1600 | 1000 | 600 | | 1600 |
| (4)利用外资 | 16890 | 2055 | 14835 | 942 | 15948 |
| # 外商直接投资 | 15171 | 800 | 14371 | 938 | 14233 |
| 对外借款 | 464 | | 464 | 4 | 460 |
| # 统借统还 | | | | | |
| (5)自筹资金 | 1152241 | 633151 | 519090 | 209674 | 942567 |
| 中央各部门自筹 | 12341 | 10501 | 1840 | 11638 | 703 |
| 省自筹 | 25305 | 25305 | | 7438 | 17867 |
| 地(市)自筹 | 20696 | 19996 | 700 | | 20696 |
| 县自筹 | 23659 | 20034 | 3625 | | 23659 |
| 企事业单位自有资金 | 1070240 | 557315 | 512925 | 190598 | 879642 |
| # 发行股票 | 29322 | | 29322 | | 29322 |
| (6)其他资金来源 | 103074 | 64063 | 39011 | 3916 | 99158 |
| # 集资 | 10956 | 6754 | 4202 | 124 | 10832 |
| 二、本年各项应付款合计 | 98713 | 63055 | 35658 | 4483 | 94230 |
| # 工程款 | 62454 | 46132 | 16322 | 2381 | 60073 |
| 设备、器材款 | 23469 | 11022 | 12447 | 1304 | 22165 |

## 6-27 能源工业及交通运输、邮电通信业更新改造投资

| 行业 | 1995年 | 2000年 | 2001年 | 2002年 | 2003年 |
|---|---|---|---|---|---|
| 投资总额 | 275541 | 849010 | 797042 | 680226 | 745398 |
| 能源工业投资合计 | 84168 | 455056 | 374875 | 404574 | 521311 |
| 煤炭采选业 | 22939 | 20610 | 28526 | 42337 | 73600 |
| 石油和天然气开采加工业 | 27174 | 174367 | 129943 | 181837 | 304537 |
| 电力蒸汽热水的生产和供应业 | 25419 | 255937 | 213436 | 176980 | 132095 |
| # 火力发电业 | 7203 | 23321 | 35027 | 36790 | 30922 |
| 水力发电业 | 532 | 25337 | 1920 | 2473 | 2140 |
| 炼焦及煤气生产和供应业 | 8636 | 4142 | 2970 | 3420 | 11079 |
| 交通运输、邮电通信业合计 | 191373 | 393954 | 422167 | 275652 | 224087 |
| # 铁路运输业 | 13998 | 50621 | 44729 | 48547 | 32458 |
| 公路运输业 | 1635 | 5427 | 9141 | 7070 | 33907 |
| 航空运输业 | 3009 | 2025 | | | |
| 邮电通信业 | 170695 | 325032 | 353135 | 198454 | 146939 |

# 6-28 全省国民经济各行业更新改造施工、投产项目个数及新增固定资产

(2003年)

| 行业 | 施工项目(个) | 全部建成投产项目(个) | 施工项目计划总投资(万元) | 本年完成投资额(万元) | 本年新增固定资产(万元) |
|---|---|---|---|---|---|
| 总计 | 1112 | 573 | 4620707 | 1772682 | 1324185 |
| (一)农、林、牧、渔业 | 13 | 12 | 6147 | 6185 | 5065 |
| 林业 | 10 | 9 | 3027 | 3065 | 1945 |
| 畜牧业 | 1 | 1 | 100 | 100 | 100 |
| 农、林、牧、渔服务业 | 2 | 2 | 3020 | 3020 | 3020 |
| (二)采矿业 | 119 | 49 | 763544 | 325778 | 229997 |
| 煤炭开采和洗选业 | 63 | 25 | 250051 | 73600 | 65285 |
| 石油和天然气开采业 | 18 | 8 | 479928 | 234876 | 155445 |
| 黑色金属矿采选业 | 10 | 3 | 9810 | 2214 | 1350 |
| 有色金属矿采选业 | 26 | 12 | 22405 | 13738 | 6767 |
| 非金属矿采选业 | 2 | 1 | 1350 | 1350 | 1150 |
| (三)制造业 | 532 | 236 | 2151591 | 797248 | 545443 |
| 农副食品加工业 | 18 | 6 | 26536 | 17297 | 15672 |
| 食品制造业 | 18 | 9 | 40136 | 28545 | 9622 |
| 饮料制造业 | 17 | 11 | 64045 | 48505 | 38663 |
| 烟草制品业 | 3 | 2 | 16410 | 5408 | 13870 |
| 纺织业 | 32 | 24 | 41123 | 23134 | 22052 |
| 纺织服装、鞋、帽制造业 | | | 300 | 300 | 300 |
| 皮革、毛皮、羽毛(绒)及其制品业 | 1 | | 300 | 20 | 300 |
| 木材加工及木、竹、藤、棕、草制品业 | 1 | 1 | 110 | 110 | 110 |
| 家具制造业 | 2 | 1 | 410 | 382 | 320 |
| 造纸及纸制品业 | 18 | 10 | 22436 | 14375 | 7381 |
| 印刷业和记录媒介的复制 | 10 | 3 | 67904 | 17323 | 6432 |
| 文教体育用品制造业 | 1 | | 304 | 146 | |
| 石油加工、炼焦及核燃料加工业 | 17 | 5 | 257507 | 80740 | 33434 |
| 化学原料及化学制品制造业 | 47 | 22 | 88098 | 39401 | 30949 |
| 医药制造业 | 65 | 28 | 212154 | 80184 | 74814 |
| 橡胶制品业 | 2 | 2 | 740 | 740 | 740 |
| 塑料制品业 | 8 | 3 | 13220 | 5170 | 3620 |
| 非金属矿物制品业 | 60 | 29 | 320490 | 122252 | 60466 |
| 黑色金属冶炼及压延加工业 | 27 | 20 | 80099 | 52091 | 53218 |
| 有色金属冶炼及压延加工业 | 34 | 11 | 168847 | 35808 | 14409 |
| 金属制品业 | 7 | 4 | 18246 | 7882 | 5870 |
| 通用设备制造业 | 27 | 6 | 118416 | 33387 | 22943 |
| 专用设备制造业 | 30 | 14 | 186284 | 74735 | 69448 |
| 交通运输设备制造业 | 41 | 5 | 272689 | 58778 | 26240 |
| 电气机械及器材制造业 | 15 | 7 | 53270 | 19066 | 13385 |
| 通信设备、计算机及其他电子设备制造业 | 23 | 10 | 61903 | 23774 | 17038 |
| 仪器仪表及文化、办公用机械制造业 | 7 | 2 | 18794 | 7255 | 3707 |
| 废弃资源和废旧材料回收加工业 | 1 | 1 | 820 | 440 | 440 |

6-28 续表 (2003年)

| 行　　业 | 施工项目(个) | 全部建成投产项目(个) | 施工项目计划总投资(万元) | 本年完成投资额(万元) | 本年新增固定资产(万元) |
|---|---|---|---|---|---|
| **(四)电力、燃气及水的生产和供应业** | **119** | **64** | **669290** | **132095** | **151749** |
| 电力、热力的生产和供应业 | 114 | 62 | 609998 | 123318 | 145495 |
| 水的生产和供应业 | 5 | 2 | 59292 | 8777 | 6254 |
| **(五)建筑业** | **1** | **1** | **18879** | **13739** | **13739** |
| 房屋和土木工程建筑业 | 1 | 1 | 18879 | 13739 | 13739 |
| **(六)交通运输、仓储和邮政业** | **106** | **77** | **131914** | **78648** | **64674** |
| 铁路运输业 | 61 | 49 | 38134 | 32458 | 26395 |
| 道路运输业 | 42 | 26 | 81716 | 33907 | 26355 |
| 城市公共交通业 | 2 | 1 | 8441 | 10660 | 10301 |
| 装卸搬运和其他运输服务业 | | | 123 | 123 | 123 |
| 仓储业 | 1 | 1 | 3500 | 1500 | 1500 |
| **(七)信息传输、计算机服务和软件业** | **59** | **48** | **170221** | **149832** | **138585** |
| 电信和其他信息传输服务业 | 58 | 48 | 160825 | 146939 | 138585 |
| 软件业 | 1 | | 9396 | 2893 | |
| **(八)批发和零售业** | **28** | **15** | **43516** | **27110** | **14455** |
| 批发业 | 13 | 7 | 29845 | 19469 | 8614 |
| 零售业 | 15 | 8 | 13671 | 7641 | 5841 |
| **(九)住宿和餐饮业** | **8** | **6** | **5811** | **4440** | **3325** |
| 住宿业 | 6 | 4 | 5562 | 4191 | 3076 |
| 餐饮业 | 2 | 2 | 249 | 249 | 249 |
| **(十二)租赁和商务服务业** | | | **68** | **68** | **68** |
| 商务服务业 | | | 68 | 68 | 68 |
| **(十三)科学研究、技术服务和地质勘查业** | **16** | **1** | **98582** | **25218** | **110** |
| 研究与试验发展 | 14 | 1 | 97599 | 24615 | 110 |
| 科技交流和推广服务业 | 2 | | 983 | 603 | |
| **(十四)水利、环境和公共设施管理业** | **81** | **42** | **534655** | **192791** | **141301** |
| 水利管理业 | 16 | 7 | 37068 | 12821 | 4971 |
| 环境管理业 | 1 | | 15000 | 2340 | |
| 公共设施管理业 | 64 | 35 | 482587 | 177630 | 136330 |
| **(十六)教　育** | **6** | **6** | **3460** | **3460** | **3460** |
| 教　育 | 6 | 6 | 3460 | 3460 | 3460 |
| **(十七)卫生、社会保障和社会福利业** | **4** | **1** | **2277** | **2049** | **1441** |
| 卫　生 | 4 | 1 | 2277 | 2049 | 1441 |
| **(十八)文化、体育和娱乐业** | **4** | **4** | **3140** | **3140** | **3140** |
| 广播、电视、电影和音像业 | 2 | 2 | 820 | 820 | 820 |
| 文化艺术业 | 1 | 1 | 520 | 520 | 520 |
| 娱乐业 | 1 | 1 | 1800 | 1800 | 1800 |
| **(十九)公共管理和社会组织** | **16** | **11** | **17612** | **10881** | **7633** |
| 国家机构 | 16 | 11 | 17612 | 10881 | 7633 |

# 6-29 地方国民经济各行业更新改造施工、投产项目个数及新增固定资产

(2003年)

| 行业 | 施工项目(个) | 全部建成投产项目(个) | 施工项目计划总投资(万元) | 本年完成投资额(万元) | 本年新增固定资产(万元) |
|---|---|---|---|---|---|
| 总计 | 890 | 461 | 3439341 | 1466129 | 1086604 |
| (一)农、林、牧、渔业 | 13 | 12 | 6147 | 6185 | 5065 |
| 林业 | 10 | 9 | 3027 | 3065 | 1945 |
| 畜牧业 | 1 | 1 | 100 | 100 | 100 |
| 农、林、牧、渔服务业 | 2 | 2 | 3020 | 3020 | 3020 |
| (二)采矿业 | 113 | 49 | 707967 | 285388 | 215910 |
| 煤炭开采和洗选业 | 63 | 25 | 250051 | 73600 | 65285 |
| 石油和天然气开采业 | 12 | 8 | 424351 | 194486 | 141358 |
| 黑色金属矿采选业 | 10 | 3 | 9810 | 2214 | 1350 |
| 有色金属矿采选业 | 26 | 12 | 22405 | 13738 | 6767 |
| 非金属矿采选业 | 2 | 1 | 1350 | 1350 | 1150 |
| (三)制造业 | 467 | 221 | 1645665 | 674348 | 461594 |
| 农副食品加工业 | 18 | 6 | 26536 | 17297 | 15672 |
| 食品制造业 | 18 | 9 | 40136 | 28545 | 9622 |
| 饮料制造业 | 17 | 11 | 64045 | 48505 | 38663 |
| 烟草制品业 | | | 900 | 860 | 860 |
| 纺织业 | 29 | 22 | 36638 | 19865 | 20392 |
| 纺织服装、鞋、帽制造业 | | | 300 | 300 | 300 |
| 皮革、毛皮、羽毛(绒)及其制品业 | 1 | | 300 | 20 | 300 |
| 木材加工及木、竹、藤、棕、草制品业 | 1 | 1 | 110 | 110 | 110 |
| 家具制造业 | 2 | 1 | 410 | 382 | 320 |
| 造纸及纸制品业 | 18 | 10 | 22436 | 14375 | 7381 |
| 印刷业和记录媒介的复制 | 4 | 1 | 5200 | 2148 | 300 |
| 文教体育用品制造业 | 1 | | 304 | 146 | |
| 石油加工、炼焦及核燃料加工业 | 17 | 5 | 257507 | 80740 | 33434 |
| 化学原料及化学制品制造业 | 46 | 22 | 88018 | 39326 | 30949 |
| 医药制造业 | 65 | 28 | 212154 | 80184 | 74814 |
| 橡胶制品业 | 2 | 2 | 740 | 740 | 740 |
| 塑料制品业 | 8 | 3 | 13220 | 5170 | 3620 |
| 非金属矿物制品业 | 59 | 28 | 315290 | 119252 | 55266 |
| 黑色金属冶炼及压延加工业 | 26 | 20 | 78499 | 51078 | 53218 |
| 有色金属冶炼及压延加工业 | 34 | 11 | 168847 | 35808 | 14409 |
| 金属制品业 | 6 | 3 | 12646 | 2882 | 870 |
| 通用设备制造业 | 23 | 6 | 103816 | 32730 | 22860 |
| 专用设备制造业 | 21 | 11 | 76055 | 45118 | 41348 |
| 交通运输设备制造业 | 13 | 2 | 29876 | 13039 | 7253 |
| 电气机械及器材制造业 | 12 | 6 | 45092 | 18187 | 8422 |
| 通信设备、计算机及其他电子设备制造业 | 18 | 10 | 27690 | 10560 | 17038 |
| 仪器仪表及文化、办公用机械制造业 | 7 | 2 | 18080 | 6541 | 2993 |
| 废弃资源和废旧材料回收加工业 | 1 | 1 | 820 | 440 | 440 |

6-29 续表 (2003年)

| 行业 | 施工项目(个) | 全部建成投产项目(个) | 施工项目计划总投资(万元) | 本年完成投资额(万元) | 本年新增固定资产(万元) |
|---|---|---|---|---|---|
| (四)电力、燃气及水的生产和供应业 | 63 | 34 | 233044 | 75849 | 64733 |
| 电力、热力的生产和供应业 | 58 | 32 | 173752 | 67072 | 58479 |
| 水的生产和供应业 | 5 | 2 | 59292 | 8777 | 6254 |
| (五)建筑业 | | | 348 | 348 | 348 |
| 房屋和土木工程建筑业 | | | 348 | 348 | 348 |
| (六)交通运输、仓储和邮政业 | 45 | 28 | 93780 | 46190 | 38279 |
| 道路运输业 | 42 | 26 | 81716 | 33907 | 26355 |
| 城市公共交通业 | 2 | 1 | 8441 | 10660 | 10301 |
| 装卸搬运和其他运输服务业 | | | 123 | 123 | 123 |
| 仓储业 | 1 | 1 | 3500 | 1500 | 1500 |
| (七)信息传输、计算机服务和软件业 | 42 | 34 | 142298 | 133030 | 126282 |
| 电信和其他信息传输服务业 | 41 | 34 | 132902 | 130137 | 126282 |
| 软件业 | 1 | | 9396 | 2893 | |
| (八)批发和零售业 | 26 | 14 | 40936 | 26580 | 14075 |
| 批发业 | 11 | 6 | 27265 | 18939 | 8234 |
| 零售业 | 15 | 8 | 13671 | 7641 | 5841 |
| (九)住宿和餐饮业 | 8 | 6 | 5811 | 4440 | 3325 |
| 住宿业 | 6 | 4 | 5562 | 4191 | 3076 |
| 餐饮业 | 2 | 2 | 249 | 249 | 249 |
| (十二)租赁和商务服务业 | | | 68 | 68 | 68 |
| 商务服务业 | | | 68 | 68 | 68 |
| (十三)科学研究、技术服务和地质勘查业 | 3 | | 2183 | 1432 | |
| 研究与试验发展 | 1 | | 1200 | 829 | |
| 科技交流和推广服务业 | 2 | | 983 | 603 | |
| (十四)水利、环境和公共设施管理业 | 81 | 42 | 534655 | 192791 | 141301 |
| 水利管理业 | 16 | 7 | 37068 | 12821 | 4971 |
| 环境管理业 | 1 | | 15000 | 2340 | |
| 公共设施管理业 | 64 | 35 | 482587 | 177630 | 136330 |
| (十六)教育 | 5 | 5 | 3410 | 3410 | 3410 |
| 教育 | 5 | 5 | 3410 | 3410 | 3410 |
| (十七)卫生、社会保障和社会福利业 | 4 | 1 | 2277 | 2049 | 1441 |
| 卫生 | 4 | 1 | 2277 | 2049 | 1441 |
| (十八)文化、体育和娱乐业 | 4 | 4 | 3140 | 3140 | 3140 |
| 广播、电视、电影和音像业 | 2 | 2 | 820 | 820 | 820 |
| 文化艺术业 | 1 | 1 | 520 | 520 | 520 |
| 娱乐业 | 1 | 1 | 1800 | 1800 | 1800 |
| (十九)公共管理和社会组织 | 16 | 11 | 17612 | 10881 | 7633 |
| 国家机构 | 16 | 11 | 17612 | 10881 | 7633 |

# 6-30 限额以上更新改造项目一览表

(2003年)

单位:万元

| 建设项目名称 | 开工时间 | 全投时间 | 计划总投资 | 累计完成投资 | 累计新增固定资产 | 本年计划投资 | 本年完成投资 |
|---|---|---|---|---|---|---|---|
| 西安碑林药业股份有限公司改造工程 | 2002.05 | 2003.12 | 6996 | 7396 | 7396 | 3300 | 3396 |
| 西安中药厂GMP技术改造项目 | 2002.07 |  | 3500 | 3450 |  | 2200 | 2150 |
| 西安庆安特种电机厂空调压缩机机电技改项目 | 2002.06 |  | 4684 | 4684 | 4684 | 2784 | 2784 |
| 陕西斯瑞有限责任公司镍氢电池生产线 | 2003.05 |  | 8000 | 1700 |  | 8000 | 1700 |
| 西安临潼区银桥公司扩建工程 | 2003.05 |  | 18000 | 14000 |  | 18000 | 14000 |
| 西安石油化工总厂储运系统技改项目 | 2002.08 |  | 12227 | 9250 |  | 5500 | 4200 |
| 西安石油化工总厂清洁燃料技改项目 | 2003.01 |  | 43928 | 32465 |  | 30000 | 32465 |
| 五环(集团)实业有限公司提花面料一条龙项目 | 2002.08 |  | 5830 | 1756 | 1756 | 758 | 758 |
| 西安大基实业有限责任公司医药改造项目 | 2002.05 |  | 5000 | 3500 |  | 2500 | 2500 |
| 中国标准缝纫机集团公司缝纫机机电一体化项目 | 2002.07 | 2003.12 | 16349 | 14560 | 14560 | 11060 | 11060 |
| 西安筑路机械有限公司重点技术改造项目 | 2001.01 | 2003.06 | 7502 | 7590 | 7590 | 819 | 907 |
| 陕西建设机械股份有限公司“双高一优”项目 | 2001.01 | 2003.04 | 4600 | 4100 | 4100 | 2165 | 1800 |
| 陕西法士特齿轮有限责任公司三线调整项目 | 2000.01 |  | 28233 | 26133 |  | 6960 | 7193 |
| 西安东盛医药科技产业园项目 | 2001.08 |  | 19500 | 18350 |  | 6000 | 8350 |
| 西安莹朴生物工程有限公司厂房改造 | 2001.08 |  | 11000 | 4240 |  | 700 | 2020 |
| 西安立人科技股份有限公司创业园项目 | 2003.05 |  | 9396 | 2893 |  | 8024 | 2893 |
| 咸阳步长制药有限责任公司步长大厦 | 1993.05 | 2003.12 | 5999 | 5999 | 5999 | 926 | 926 |
| 金花企业(集团)股份有限公司药业扩建工程 | 1998.05 |  | 32000 | 31628 |  | 2436 | 2980 |
| 陕西鼓风机(集团)公司透平压缩机国产化项目 | 2000.10 |  | 9500 | 9410 | 4404 | 2400 | 2400 |
| 陕西鼓风机(集团)公司轴流压缩机项目 | 2001.12 | 2003.06 | 7850 | 7417 | 7417 | 417 | 417 |
| 陕西鼓风机(集团)公司环保节能示范工程 | 2003.05 |  | 9215 | 4000 |  | 4000 | 4000 |
| 陕西鼓风机(集团)公司能量回收系统产业化项目 | 2003.07 |  | 7000 | 3000 | 1050 | 3000 | 3000 |
| 西安西无二电子信息集团压敏电阻生产线技改 | 2000.07 |  | 6250 | 5582 | 2353 | 1000 | 334 |
| 西安电力电容器公司超高压输变电设备项目 | 2000.01 | 2003.08 | 4700 | 4549 | 4549 | 249 | 249 |
| 西安自来水公司配合关闭自备井改造项目 | 2003.12 |  | 13744 | 450 |  | 2400 | 450 |
| 西安自来水公司城市配水管网改造项目 | 1998.03 |  | 31757 | 40818 | 728 | 7300 | 5993 |
| 西安江村沟垃圾处理厂二期工程 | 1991.03 |  | 15000 | 5973 |  | 1500 | 2340 |
| 西安创联电气科技(集团)公司厚膜电路及材料项目 | 2001.01 |  | 7990 | 7500 | 7500 | 2194 | 1710 |
| 西安灞桥热电有限公司以大代小更改项目 | 1996.05 | 2003.12 | 70414 | 70414 | 70414 | 3991 | 3991 |
| 西安市园林局环城西路城河处理工程 | 2003.05 |  | 156000 | 29284 |  | 29284 | 29284 |
| 西安印钞厂引进印刷机项目 | 1998.01 |  | 26134 | 26134 | 6132 | 7543 | 7543 |
| 铜川鑫光铝业有限公司技术改造项目 | 2002.12 |  | 64744 | 17000 |  | 12000 | 12000 |
| 陕西秦岭水泥股份公司熟料生产基地项目 | 2002.08 |  | 64233 | 10380 |  | 8000 | 8000 |
| 耀县照金矿业有限公司煤矿改扩建项目 | 2000.05 |  | 10250 | 1305 | 305 | 1000 | 1000 |
| 耀县秀房沟煤矿改扩建项目 | 2002.05 | 2003.12 | 9489 | 9489 | 9489 | 400 | 406 |
| 陕西烽火通信集团公司短波调频电台设备改造项目 | 2001.05 |  | 6100 | 6108 | 5622 | 1397 | 1405 |
| 陕西秦明电子集团公司心脏起搏器国产化项目 | 2002.05 |  | 4950 | 3376 |  | 1000 | 1000 |
| 宝鸡东盛科技制药一厂GMP改造工程 | 2003.05 |  | 8000 | 3732 |  | 5178 | 3732 |
| 岐山县岐星水泥厂水泥生产线项目 | 2003.05 | 2003.12 | 11004 | 14000 | 14000 | 11004 | 14000 |
| 陕西社会水泥有限公司新型干法熟料生产线项目 | 2003.05 |  | 20384 | 12356 |  | 20384 | 12356 |

6-30 续表1　　(2003年)

| 建设项目名称 | 本年新增固定资产(万元) | 建设规模和新增生产能力(或效益) | | | | |
|---|---|---|---|---|---|---|
| | | 名　称 | 单　位 | 建设规模 | 累计新增生产能力 | #本年新增 |
| 西安碑林药业股份有限公司改造工程 | 7396 | 中成药 | 吨／年 | 2000 | | |
| 西安中药厂GMP技术改造项目 | | | | | | |
| 西安庆安特种电机厂空调压缩机机电技改项目 | 4684 | | | | | |
| 陕西斯瑞有限责任公司镍氢电池生产线 | | | | | | |
| 西安临潼区银桥公司扩建工程 | | | | | | |
| 西安石油化工总厂储运系统技改项目 | | | | | | |
| 西安石油化工总厂清洁燃料技改项目 | | | | | | |
| 五环(集团)实业有限公司提花面料一条龙项目 | 1756 | 棉布织机 | 台 | 58 | 58 | 28 |
| 西安大基实业有限责任公司医药改造项目 | | | | | | |
| 中国标准缝纫机集团公司缝纫机机电一体化项目 | 14560 | 缝纫机 | 架／年 | 30000 | 30000 | 30000 |
| 西安筑路机械有限公司重点技术改造项目 | 7590 | 建筑机械制造 | 台／年 | 10 | 10 | 5 |
| 陕西建设机械股份有限公司“双高一优”项目 | 4100 | | | | | |
| 陕西法士特齿轮有限责任公司三线调整项目 | | | | | | |
| 西安东盛医药科技产业园项目 | | | | | | |
| 西安莹朴生物工程有限公司厂房改造 | | | | | | |
| 西安立人科技股份有限公司创业园项目 | | | | | | |
| 咸阳步长制药有限责任公司步长大厦 | 5999 | | | | | |
| 金花企业(集团)股份有限公司药业扩建工程 | | | | | | |
| 陕西鼓风机(集团)公司透平压缩机国产化项目 | | | | | | |
| 陕西鼓风机(集团)公司轴流压缩机项目 | 7417 | | | | | |
| 陕西鼓风机(集团)公司环保节能示范工程 | | | | | | |
| 陕西鼓风机(集团)公司能量回收系统产业化项目 | 1050 | | | | | |
| 西安西无二电子信息集团压敏电阻生产线技改 | 1769 | | | | | |
| 西安电力电容器公司超高压输变电设备项目 | 4549 | | | | | |
| 西安自来水公司配合关闭自备井改造项目 | | | | | | |
| 西安自来水公司城市配水管网改造项目 | 728 | 城市自来水管道长度 | 公里 | 131 | 127 | 11 |
| 西安江村沟垃圾处理厂二期工程 | | | | | | |
| 西安创联电气科技(集团)公司厚膜电路及材料项目 | 7500 | | | | | |
| 西安灞桥热电有限公司以大代小更改项目 | 70414 | 火力发电 | 万千瓦 | 10 | 10 | |
| 西安市园林局环城西路城河处理工程 | | | | | | |
| 西安印钞厂引进印刷机项目 | | | | | | |
| 铜川鑫光铝业有限公司技术改造项目 | | 电解铝 | 吨／年 | 60000 | | |
| 陕西秦岭水泥股份公司熟料生产基地项目 | | 水　泥 | 万吨／年 | 146 | | |
| 耀县照金矿业有限公司煤矿改扩建项目 | 305 | 原煤开采 | 万吨／年 | 90 | | |
| 耀县秀房沟煤矿改扩建项目 | 406 | 原煤开采 | 万吨／年 | 30 | 30 | 30 |
| 陕西烽火通信集团公司短波调频电台设备改造项目 | 2223 | | | | | |
| 陕西秦明电子集团公司心脏起搏器国产化项目 | | 医疗器械制造 | 台／年 | 6000 | 4600 | 600 |
| 宝鸡东盛科技制药一厂GMP改造工程 | | 片　剂 | 万片/年 | 30000 | 15000 | 15000 |
| 岐山县岐星水泥厂水泥生产线项目 | 14000 | 水　泥 | 万吨／年 | 60 | 60 | 60 |
| 陕西社会水泥有限公司新型干法熟料生产线项目 | | 水　泥 | 万吨／年 | 90 | | |

6-30 续表2　　(2003年)　　单位:万元

| 建设项目名称 | 开工时间 | 全投时间 | 计划总投资 | 累计完成投资 | 累计新增固定资产 | 本年计划投资 | 本年完成投资 |
|---|---|---|---|---|---|---|---|
| 陕西省秦岭水泥股份有限公司千阳生产线项目 | 2002.05 | | 77300 | 22920 | | 15000 | 11760 |
| 西安交通大学药学院教学科研生产基地项目 | 2002.05 | | 11545 | 5374 | 3634 | 2500 | 1740 |
| 泾阳声威建材有限公司水泥生产基地项目 | 2003.04 | | 60000 | 18730 | | 22000 | 18730 |
| 陕西彬县下沟煤矿综合机械化技改项目 | 2003.05 | | 17046 | 10200 | 10200 | 10200 | 10200 |
| 咸阳秦能公司朱家湾电厂技改工程 | 2003.04 | | 7060 | 5031 | | 5360 | 5031 |
| 旬邑县中达台家山煤矿矿井改造项目 | 2003.05 | | 7000 | 5000 | 5000 | 7000 | 5000 |
| 陕西兴平鲁洲糖制品有限公司淀粉糖二期工程 | 2003.02 | 2003.12 | 6456 | 6456 | 6456 | 6456 | 6456 |
| 陕西华扬热电集团公司集中供热工程 | 2000.05 | | 9395 | 5513 | | 2500 | 2503 |
| 陕西尧柏特种水泥股份有限公司熟料生产线项目 | 2002.08 | 2003.12 | 19800 | 19916 | 19916 | 18290 | 18406 |
| 陕西陕焦化工有限公司焦炉生产线项目 | 2003.08 | | 15000 | 769 | | 4000 | 769 |
| 陕西黑猫焦化有限公司焦化工程 | 2003.10 | | 44700 | 550 | | 550 | 550 |
| 陕西龙门钢铁(集团)公司大西沟铁矿开发工程 | 2000.08 | | 26000 | 1434 | | 500 | 334 |
| 陕西龙门钢铁(集团)公司炼钢三期工程 | 2003.01 | 2003.11 | 9000 | 10141 | 10141 | 9000 | 10141 |
| 陕西龙门钢铁(集团)40万吨带钢工程 | 2003.06 | 2003.12 | 7500 | 7500 | 7500 | 7500 | 7500 |
| 陕西新黄工机械有限公司液压挖掘机项目 | 2003.05 | | 6500 | 5500 | | 5200 | 5500 |
| 延长油矿管理局王家川钻采公司原油产能项目 | 2003.03 | 2003.12 | 14846 | 14846 | 14846 | 14846 | 14846 |
| 延长油矿管理局更新改造项目 | 2002.04 | | 291783 | 299934 | 201094 | 65117 | 67194 |
| 延川县石油开发总公司更新改造项目 | 2003.03 | 2003.12 | 8975 | 8975 | 8975 | 8975 | 8975 |
| 延长油矿管理局瓦窑堡钻采公司原油产能项目 | 2003.03 | 2003.12 | 14000 | 14000 | 14000 | 14000 | 14000 |
| 吴旗县钻采公司石油开采及输油管道工程 | 2003.03 | 2003.11 | 44285 | 44285 | 44285 | 44285 | 44285 |
| 延长油矿管理局下寺湾钻采公司原油开采项目 | 2003.04 | 2003.12 | 31896 | 31896 | 31896 | 31896 | 31896 |
| 延炼实业集团公司重整改造项目 | 2000.10 | | 102937 | 34295 | 24932 | 24663 | 22303 |
| 黄陵县矿业有限公司技改项目 | 2002.04 | | 100340 | 15326 | 12406 | 15215 | 15226 |
| 陕西汉王药业有限公司GMP车间项目 | 2002.05 | | 5112 | 5017 | 4900 | 4094 | 2456 |
| 汉江工具有限公司刀具技改项目 | 2000.07 | 2003.09 | 4000 | 3723 | 3723 | 315 | 315 |
| 陕西城化股份有限公司二期技改项目 | 2001.05 | | 12596 | 3249 | 3048 | 5000 | 592 |
| 陕西汉中钢铁有限公司炼钢连铸工程 | 2002.05 | 2003.05 | 18000 | 18300 | 18300 | 14000 | 15037 |
| 榆林天然气化工有限公司甲醇生产项目 | 2003.05 | | 11320 | 9277 | | 11320 | 9277 |
| 神木煤电公司电厂四期技改项目 | 2003.06 | | 15000 | 4810 | | 4810 | 4810 |
| 榆林市炼油厂重整加氢项目 | 2003.05 | | 19550 | 9778 | | 19550 | 9778 |
| 陕西省必康制药有限公司双黄莲大输液项目 | 2000.05 | | 14250 | 14250 | 12000 | 2500 | 2500 |
| 杨凌秦川节水灌溉设备公司节水灌溉设备制造项目 | 2000.06 | 2003.12 | 5252 | 5252 | 5252 | 1300 | 1445 |
| 杨凌沃林国际降解树脂公司生物降解淀粉树脂项目 | 2001.03 | | 8000 | 3750 | | 3000 | 850 |
| 陕西秦丰农化有限公司秦丰农药项目 | 2001.08 | 2003.06 | 4850 | 5938 | 5938 | 1290 | 1290 |
| 陕西神果药业公司高新技术产业化示范工程 | 2001.07 | 2003.12 | 9800 | 10835 | 10835 | 2635 | 2635 |
| 杨凌华盛生物制药公司新建基地GMP一期工程 | 2002.10 | | 3300 | 2413 | | 2000 | 1161 |
| 陕西恒兴果汁饮料公司果蔬脂及果渣加工饲料项目 | 2003.03 | 2003.11 | 8106 | 8106 | 8106 | 8106 | 8106 |
| 杨凌科森生物医药有限公司药品生产基地项目 | 2003.03 | | 3500 | 2426 | | 3500 | 2426 |

6-30 续表3 (2003年)

| 建设项目名称 | 本年新增固定资产(万元) | 建设规模和新增生产能力(或效益) | | | | |
|---|---|---|---|---|---|---|
| | | 名称 | 单位 | 建设规模 | 累计新增生产能力 | #本年新增 |
| 陕西省秦岭水泥股份有限公司千阳生产线项目 | | 水泥 | 万吨/年 | 146 | | |
| 西安交通大学药学院教学科研生产基地项目 | | 医药中间体 | 吨/年 | 800 | | |
| | | 胶囊剂 | 万粒/年 | 3000 | | |
| 泾阳声威建材有限公司水泥生产基地项目 | | 水泥 | 万吨/年 | 90 | | |
| 陕西彬县下沟煤矿综合机械化技改项目 | 10200 | 原煤开采 | 万吨/年 | 210 | 100 | 100 |
| 咸阳秦能公司朱家湾电厂技改工程 | | 火力发电 | 万千瓦 | 1.2 | | |
| 旬邑县中达台家山煤矿矿井改造项目 | 5000 | 原煤开采 | 万吨/年 | 45 | | |
| 陕西兴平鲁洲糖制品有限公司淀粉糖二期工程 | 6456 | | | | | |
| 陕西华扬热电集团公司集中供热工程 | | 城市供热能力:蒸汽 | 吨/小时 | 122 | | |
| | | 热水 | 兆瓦/小时 | 15 | | |
| 陕西尧柏特种水泥股份有限公司熟料生产线项目 | 19916 | 水泥 | 万吨/年 | 75 | 75 | 75 |
| 陕西陕焦化工有限公司焦炉生产线项目 | | 焦炭 | 万吨/年 | 70 | | |
| 陕西黑猫焦化有限公司焦化工程 | | 焦炭 | 万吨/年 | 120 | | |
| 陕西龙门钢铁(集团)公司大西沟铁矿开发工程 | | | | | | |
| 陕西龙门钢铁(集团)公司炼钢三期工程 | 10141 | 转炉钢 | 万吨/年 | 82 | 82 | 82 |
| 陕西龙门钢铁(集团)40万吨带钢工程 | 7500 | 挤压钢材 | 万吨/年 | 40 | 40 | 40 |
| 陕西新黄工机械有限公司液压挖掘机项目 | | 挖掘机制造 | 台/年 | 260 | | |
| 延长油矿管理局王家川钻采公司原油产能项目 | 14846 | 天然原油开采 | 万吨/年 | 3 | 3 | 3 |
| 延长油矿管理局更新改造项目 | 14346 | 裂化设备能力 | 处理万吨/年 | 80 | | |
| 延川县石油开发总公司更新改造项目 | 8975 | 天然原油开采 | 万吨/年 | 10 | 10 | 1 |
| 延长油矿管理局瓦窑堡钻采公司原油产能项目 | 14000 | | | | | |
| 吴旗县钻采公司石油开采及输油管道工程 | 44285 | 天然原油开采 | 万吨/年 | 15.5 | 15.5 | 15.5 |
| 延长油矿管理局下寺湾钻采公司原油开采项目 | 31896 | 天然原油开采 | 万吨/年 | 25 | 25 | 25 |
| 延炼实业集团公司重整改造项目 | 24932 | 加氢精制设备能力 | 处理万吨/年 | 40 | 40 | 40 |
| 黄陵县矿业有限公司技改项目 | 12406 | 原煤开采 | 万吨/年 | 420 | 420 | 120 |
| 陕西汉王药业有限公司GMP车间项目 | 4900 | | | | | |
| 汉江工具有限公司刀具技改项目 | 464 | | | | | |
| 陕西城化股份有限公司二期技改项目 | 403 | 氮肥 | 吨/年 | 15300 | 2200 | |
| 陕西汉中钢铁有限公司炼钢连铸工程 | 18300 | 炼钢 | 万吨/年 | 60 | 60 | 60 |
| 榆林天然气化工有限公司甲醇生产项目 | | 精甲醇 | 万吨/年 | 10 | 10 | 10 |
| 神木煤电公司电厂四期技改项目 | | 火力发电 | 万千瓦 | 7.5 | | |
| 榆林市炼油厂重整加氢项目 | | | | | | |
| 陕西省必康制药有限公司双黄莲大输液项目 | 12000 | 注射液 | 万支/年 | 3000 | 3000 | 3000 |
| 杨凌秦川节水灌溉设备公司节水灌溉设备制造项目 | 1997 | | | | | |
| 杨凌沃林国际降解树脂公司生物降解淀粉树脂项目 | | | | | | |
| 陕西秦丰农化有限公司秦丰农药项目 | 5938 | 化学农药原药 | 吨/年 | 3310 | 3310 | 3310 |
| 陕西神果药业公司高新技术产业化示范工程 | 10835 | | | | | |
| 杨凌华盛生物制药公司新建基地GMP一期工程 | | | | | | |
| 陕西恒兴果汁饮料公司果蔬脂及果渣加工饲料项目 | 8106 | 软饮料 | 万吨/年 | 7 | 7 | 7 |
| 杨凌科森生物医药有限公司药品生产基地项目 | | 胶囊剂 | 万粒/年 | 50000 | | |

# 6-31 更新改造新增生产能力或效益

(2003年)

| 名称 | 单位 | 能力或效益 | 名称 | 单位 | 能力或效益 |
|---|---|---|---|---|---|
| 原煤开采 | 万吨／年 | 322 | 医疗器械制造 | 台／年 | 600 |
| 焦炭 | 万吨／年 | 73 | 棉纺锭 | 锭 | 62041 |
| 天然原油开采 | 万吨／年 | 48.95 | 棉布织机 | 台 | 201 |
| 蒸馏设备能力 | 处理万吨／年 | 5 | 棉印染布 | 万米／年 | 60 |
| 加氢精制设备能力 | 处理万吨／年 | 40 | 食用植物油 | 日处理原料:吨 | 600 |
| 铁矿开采(原矿) | 万吨／年 | 6 | 食用植物油 | 日精炼油:吨 | 100 |
| 铁矿选矿处理量 | 万吨／年 | 24 | 肉加工品 | 吨／年 | 200 |
| 烧结铁矿 | 万吨／年 | 10 | 饼干 | 吨／年 | 2000 |
| 生铁 | 万吨／年 | 5.80 | 乳制品 | 吨／年 | 7000 |
| 炼钢 | 万吨／年 | 142 | #奶粉 | 吨／年 | 2000 |
| #转炉钢 | 万吨／年 | 82 | 啤酒 | 万吨／年 | 5 |
| 连铸坯 | 万吨／年 | 150 | 白酒 | 万吨／年 | 1 |
| 铁合金 | 万吨／年 | 1 | 罐头 | 万吨／年 | 0.35 |
| 热轧钢材 | 万吨／年 | 27 | 冷冻饮品 | 吨／年 | 100 |
| 冷加工钢材 | 万吨／年 | 0.50 | 软饮料 | 万吨／年 | 15.46 |
| 挤压钢材 | 万吨／年 | 40 | 方便主食品 | 万吨／年 | 3.50 |
| 硅钢片 | 万吨／年 | 20 | 卷烟 | 箱／年 | 200 |
| 钢带(卷) | 万吨／年 | 40 | 机制纸浆 | 万吨／年 | 5 |
| 铜材加工 | 吨／年 | 734 | 机制纸 | 万吨／年 | 20.41 |
| 铅锌选矿：处理原矿 | 万吨／年 | 11.70 | 机制纸板 | 万吨／年 | 2.15 |
| 铅含量 | 吨／年 | 730 | 合成洗涤剂 | 万吨／年 | 0.50 |
| 锌含量 | 吨／年 | 2520 | 轻革 | 万平方米/年 | 1 |
| 金采矿(原矿) | 万吨／年 | 22.01 | 服装 | 万件／年 | 25 |
| 输电线路长度(11万伏及以上) | 公里 | 99 | 塑料制品 | 万吨／年 | 0.12 |
| 水泥 | 万吨／年 | 353.90 | 日用玻璃制品 | 万吨／年 | 0.05 |
| 纤维板 | 万立方米／年 | 0.30 | 缝纫机 | 万架／年 | 3 |
| 硫酸 | 万吨／年 | 3 | 生产移动电话机(手持机) | 部／年 | 5000 |
| 浓硝酸 | 万吨／年 | 4 | 安装移动通信基站设备 | 个／年 | 233 |
| 电石 | 吨／年 | 1200 | 安装程控交换机 | 万线／年 | 20.28 |
| 合成氨 | 吨／年 | 1100 | 铁路机车购置 | 台 | 1 |
| 氮肥 | 万吨／年 | 24 | 新建二级公路 | 公里 | 4 |
| 磷肥 | 万吨／年 | 6.12 | 改建公路 | 公里 | 126.96 |
| 化学农药原药 | 吨／年 | 3630 | #二级公路 | 公里 | 29.36 |
| 精甲醇 | 万吨／年 | 10 | 新建独立公路桥梁 | 延长米 | 212.28 |
| 油漆 | 吨／年 | 1000 |  | 座 | 2 |
| 化学原料药 | 吨／年 | 1629 | 耕地面积 | 万亩 | 5 |
| 注射液 | 万支/年 | 8054 | 造林面积 | 万亩 | 9.24 |
| 片剂 | 万片/年 | 15010 | 有效灌溉面积 | 万亩 | 12.70 |
| 输液 | 万瓶/年 | 24000 | 中等学校：学生席位 | 个 | 200 |
| 胶囊剂 | 万粒/年 | 20 | 建筑面积 | 平方米 | 3400 |
| 医药中间体 | 吨／年 | 130 | 城市自来水供水能力 | 万吨/日 | 5 |
| 中成药 | 吨／年 | 264 | 城市自来水管道长度 | 公里 | 11 |
| 交流电动机制造 | 万千瓦／年 | 80 | 城市供热能力：蒸汽 | 吨／小时 | 10 |
| 光纤通讯电缆 | 芯公里 | 1463 | 热水 | 兆瓦／小时 | 8.40 |
| 全塑市话电缆 | 万对公里 | 26 | 城市公共交通车辆购置 | 辆 | 285 |
| 原电池(折一号电池) | 万只 | 10000 | 城市道路扩建长度 | 公里 | 43.87 |
| 金属切削机床制造 | 台／年 | 36 | 城市道路扩建面积 | 万平方米 | 62.40 |
| 建筑机械制造 | 台／年 | 5 | 城市排水管道铺设长度 | 公里 | 4 |

## 6-32 各市按隶属关系和建设性质分的更新改造投资

(2003年) 单位:万元

| 地区 | 总计 | #地方 | #省属 | #新建 | #扩建 | #改建 |
|---|---|---|---|---|---|---|
| 全省 | 1772682 | 1466129 | 304136 | 107004 | 937005 | 655352 |
| 关中 | 1226786 | 1018151 | 230748 | 98937 | 678536 | 381709 |
| 西安市 | 566401 | 464361 | 25448 | 29251 | 346226 | 156038 |
| 铜川市 | 79652 | 70559 | 45485 | 9083 | 43310 | 26664 |
| 宝鸡市 | 233456 | 192854 | 61734 | 28237 | 122871 | 75278 |
| 咸阳市 | 179427 | 124121 | 23646 | 31213 | 67039 | 57800 |
| 渭南市 | 144674 | 143230 | 73435 | 550 | 79812 | 62634 |
| 杨凌示范区 | 23176 | 23026 | 1000 | 603 | 19278 | 3295 |
| 陕南 | 147307 | 115701 | 25121 | 6667 | 72759 | 62234 |
| 汉中市 | 59745 | 58708 | 14363 | 1439 | 37695 | 19400 |
| 安康市 | 40635 | 23474 | 9862 | 3058 | 3988 | 30033 |
| 商洛市 | 46927 | 33519 | 896 | 2170 | 31076 | 12801 |
| 陕北 | 278899 | 275377 | 48267 | 1400 | 185710 | 91719 |
| 延安市 | 230029 | 230029 | 38289 | | 169746 | 60283 |
| 榆林市 | 48870 | 45348 | 9978 | 1400 | 15964 | 31436 |
| 不分地区 | 119690 | 56900 | | | | 119690 |

## 6-33 各市按构成分的更新改造投资

(2003年) 单位:万元

| 地区 | 建筑工程 | 安装工程 | 设备工器具购置 | 其他费用 | #土地购置费 |
|---|---|---|---|---|---|
| 全省 | 622370 | 154529 | 801167 | 194616 | 17259 |
| 关中 | 419357 | 78042 | 567431 | 161956 | 13284 |
| 西安市 | 180601 | 30086 | 238687 | 117027 | 9311 |
| 铜川市 | 32865 | 4659 | 35729 | 6399 | 491 |
| 宝鸡市 | 101854 | 11492 | 102019 | 18091 | 1823 |
| 咸阳市 | 46494 | 16501 | 105792 | 10640 | 165 |
| 渭南市 | 48681 | 14300 | 72893 | 8800 | 1338 |
| 杨凌示范区 | 8862 | 1004 | 12311 | 999 | 156 |
| 陕南 | 63172 | 12386 | 63002 | 8747 | 667 |
| 汉中市 | 21276 | 7785 | 27173 | 3511 | 228 |
| 安康市 | 17701 | 2269 | 17309 | 3356 | 151 |
| 商洛市 | 24195 | 2332 | 18520 | 1880 | 288 |
| 陕北 | 103771 | 48579 | 107013 | 19536 | 3308 |
| 延安市 | 81525 | 44434 | 86716 | 17354 | 2958 |
| 榆林市 | 22246 | 4145 | 20297 | 2182 | 350 |
| 不分地区 | 36070 | 15522 | 63721 | 4377 | |

# 6-34 各市按国民经济行业分的更新改造投资

(2003年)

单位:万元

| 地　区 | 总 计 | 农、林、牧、渔业 | 采矿业 | 制造业 | 电力燃气及水的生产和供应业 | 建筑业 | 交通运输仓储和邮政业 | 信息传输计算机服务和软件业 | 批发和零售业 |
|---|---|---|---|---|---|---|---|---|---|
| **全　省** | **1772682** | **6185** | **325778** | **797248** | **132095** | **13739** | **78648** | **149832** | **27110** |
| 关　中 | 1226786 | 5385 | 61215 | 679189 | 91000 | 13739 | 36117 | 84018 | 26721 |
| 西安市 | 566401 | | | 252332 | 29679 | 884 | 14833 | 59175 | 24981 |
| 铜川市 | 79652 | | 16254 | 40910 | 8600 | | | 11288 | 365 |
| 宝鸡市 | 233456 | 5265 | 5297 | 146414 | 9555 | 1112 | 17017 | 10655 | 270 |
| 咸阳市 | 179427 | | 19100 | 116771 | 26234 | 11326 | 957 | 2900 | 340 |
| 渭南市 | 144674 | 120 | 20564 | 101339 | 15932 | 417 | 3310 | | 615 |
| 杨凌示范区 | 23176 | | | 21423 | 1000 | | | | 150 |
| 陕　南 | 147307 | 800 | 11907 | 66516 | 31845 | | 16591 | 8914 | 389 |
| 汉中市 | 59745 | | 4824 | 43492 | 6056 | | | 1800 | 389 |
| 安康市 | 40635 | | 2099 | 7907 | 14736 | | 11999 | 2168 | |
| 商洛市 | 46927 | 800 | 4984 | 15117 | 11053 | | 4592 | 4946 | |
| 陕　北 | 278899 | | 212266 | 51543 | 9250 | | 3540 | | |
| 延安市 | 230029 | | 198022 | 25353 | 3114 | | 3540 | | |
| 榆林市 | 48870 | | 14244 | 26190 | 6136 | | | | |
| 不分地区 | 119690 | | 40390 | | | | 22400 | 56900 | |

| 地　区 | 住宿和餐饮业 | 租赁和商务服务业 | 科学研究技术服务和地质勘查业 | 水利环境和公共设施管理业 | 教　育 | 卫生社会保障和社会福利业 | 文化体育和娱乐业 | 公共管理和社会组织 |
|---|---|---|---|---|---|---|---|---|
| **全　省** | **4440** | **68** | **25218** | **192791** | **3460** | **2049** | **3140** | **10881** |
| 关　中 | 4440 | 68 | 25218 | 184042 | 2647 | 2049 | 3140 | 7798 |
| 西安市 | 2760 | 68 | 24505 | 146547 | 970 | 480 | 2620 | 6567 |
| 铜川市 | 200 | | | 1391 | 137 | 322 | | 185 |
| 宝鸡市 | 876 | | | 34182 | | 1247 | 520 | 1046 |
| 咸阳市 | | | 110 | 949 | 740 | | | |
| 渭南市 | 604 | | | 973 | 800 | | | |
| 杨凌示范区 | | | 603 | | | | | |
| 陕　南 | | | | 8249 | 813 | | | 1283 |
| 汉中市 | | | | 2371 | 813 | | | |
| 安康市 | | | | 1726 | | | | |
| 商洛市 | | | | 4152 | | | | 1283 |
| 陕　北 | | | | 500 | | | | 1800 |
| 延安市 | | | | | | | | |
| 榆林市 | | | | 500 | | | | 1800 |
| 不分地区 | | | | | | | | |

## 6-35 各市更新改造施工、投产项目个数及新增固定资产

(2003年)

| 地区 | 施工项目(个) | 全部建成投产项目(个) | 施工项目计划总投资(万元) | 本年完成投资额(万元) | 本年新增固定资产(万元) | 固定资产交付使用率(%) |
|---|---|---|---|---|---|---|
| 全省 | 1112 | 573 | 4620707 | 1772682 | 1324185 | 74.70 |
| 关中 | 800 | 397 | 3457969 | 1226786 | 915121 | 74.59 |
| 西安市 | 261 | 126 | 1604832 | 566401 | 443764 | 78.35 |
| 铜川市 | 75 | 30 | 289948 | 79652 | 30379 | 38.14 |
| 宝鸡市 | 193 | 113 | 609602 | 233456 | 163445 | 70.01 |
| 咸阳市 | 117 | 56 | 525548 | 179427 | 119325 | 66.50 |
| 渭南市 | 139 | 67 | 374563 | 144674 | 127971 | 88.45 |
| 杨凌示范区 | 15 | 5 | 53476 | 23176 | 30237 | 130.47 |
| 陕南 | 216 | 118 | 309054 | 147307 | 122517 | 83.17 |
| 汉中市 | 63 | 35 | 120887 | 59745 | 57343 | 95.98 |
| 安康市 | 78 | 54 | 93181 | 40635 | 32825 | 80.78 |
| 商洛市 | 75 | 29 | 94986 | 46927 | 32349 | 68.93 |
| 陕北 | 51 | 28 | 718807 | 278899 | 197014 | 70.64 |
| 延安市 | 22 | 13 | 634510 | 230029 | 175939 | 76.49 |
| 榆林市 | 29 | 15 | 84297 | 48870 | 21075 | 43.12 |
| 不分地区 | 45 | 30 | 134877 | 119690 | 89533 | 74.80 |

## 6-36 各市更新改造房屋建筑面积及造价

(2003年)

| 地区 | 本年施工房屋面积(万平方米) | #住宅 | 本年竣工房屋面积(万平方米) | #住宅 | 本年竣工房屋价值(万元) | 竣工房屋造价(元/平方米) |
|---|---|---|---|---|---|---|
| 全省 | 161.72 | 23.63 | 88.40 | 9.62 | 112939 | 1277.66 |
| 关中 | 139.24 | 22.44 | 72.87 | 9.36 | 97720 | 1340.99 |
| 西安市 | 59.76 | 2.67 | 24.24 | 0.87 | 42640 | 1758.92 |
| 铜川市 | 6.82 | 1.44 | 2.50 | 0.89 | 2231 | 892.11 |
| 宝鸡市 | 24.53 | 0.40 | 18.92 | | 29087 | 1537.75 |
| 咸阳市 | 13.88 | 0.02 | 8.74 | 0.02 | 4733 | 541.44 |
| 渭南市 | 25.71 | 17.91 | 14.20 | 7.58 | 10183 | 717.09 |
| 杨凌示范区 | 8.54 | | 4.27 | | 8846 | 2071.03 |
| 陕南 | 16.44 | 1.19 | 11.59 | 0.26 | 7216 | 622.77 |
| 汉中市 | 9.39 | 0.12 | 9.32 | 0.12 | 5887 | 631.73 |
| 安康市 | 4.16 | 0.15 | 1.26 | 0.14 | 855 | 676.21 |
| 商洛市 | 2.89 | 0.92 | 1.01 | | 474 | 472.21 |
| 陕北 | 3.12 | | 2.04 | | 4053 | 1991.16 |
| 延安市 | 1.84 | | 1.84 | | 3933 | 2142.74 |
| 榆林市 | 1.28 | | 0.20 | | 120 | 600.00 |
| 不分地区 | 2.92 | | 1.90 | | 3950 | 2077.64 |

# 6-37 各市更新改造项目资金来源

(2003年)

单位:万元

| 地区 | 本年资金来源合计 | # 本年资金来源小计 | 国家预算内资金 | 国内贷款 | 债券 | 利用外资 | # 外商直接投资 | # 对外借款 |
|---|---|---|---|---|---|---|---|---|
| 全省 | 1987110 | 1857364 | 147155 | 436404 | 1600 | 16890 | 15171 | 464 |
| 关中 | 1421822 | 1304184 | 136440 | 344685 | 1600 | 16890 | 15171 | 464 |
| 西安市 | 695456 | 614759 | 82397 | 185727 | 1600 | 13201 | 13197 | 4 |
| 铜川市 | 106847 | 101652 | 6847 | 42937 | | 300 | 300 | |
| 宝鸡市 | 242390 | 228460 | 16613 | 57103 | | 1255 | | |
| 咸阳市 | 192935 | 180486 | 25706 | 23216 | | 874 | 874 | |
| 渭南市 | 158592 | 156153 | 3377 | 26972 | | 1260 | 800 | 460 |
| 杨凌示范区 | 25602 | 22674 | 1500 | 8730 | | | | |
| 陕南 | 151759 | 139881 | 7591 | 45494 | | | | |
| 汉中市 | 64788 | 54785 | 2642 | 14460 | | | | |
| 安康市 | 40250 | 38395 | 2244 | 8530 | | | | |
| 商洛市 | 46721 | 46701 | 2705 | 22504 | | | | |
| 陕北 | 267203 | 266973 | 3124 | 46225 | | | | |
| 延安市 | 218061 | 217861 | 3024 | 31725 | | | | |
| 榆林市 | 49142 | 49112 | 100 | 14500 | | | | |
| 不分地区 | 146326 | 146326 | | | | | | |

| 地区 | 自筹资金 | # 企事业单位自有资金 | # 发行股票 | 其他资金来源 | # 集资 | 本年各项应付款合计 | # 工程款 | # 设备、器材款 |
|---|---|---|---|---|---|---|---|---|
| 全省 | 1152241 | 1070240 | 29322 | 103074 | 10956 | 98713 | 62454 | 23469 |
| 关中 | 714389 | 656782 | 29322 | 90180 | 5830 | 71691 | 41770 | 18994 |
| 西安市 | 272344 | 264635 | 20000 | 59490 | 607 | 27939 | 15232 | 8422 |
| 铜川市 | 48090 | 34733 | | 3478 | 275 | 2575 | 1981 | 279 |
| 宝鸡市 | 143931 | 115965 | 9322 | 9558 | 368 | 20753 | 15891 | 3176 |
| 咸阳市 | 123583 | 116936 | | 7107 | 338 | 9178 | 2962 | 2702 |
| 渭南市 | 114630 | 112702 | | 9914 | 4242 | 5793 | 1356 | 3572 |
| 杨凌示范区 | 11811 | 11811 | | 633 | | 5453 | 4348 | 843 |
| 陕南 | 79507 | 58828 | | 7289 | 1026 | 14616 | 8616 | 4137 |
| 汉中市 | 33450 | 32168 | | 4233 | 676 | 10251 | 5614 | 3512 |
| 安康市 | 25465 | 12868 | | 2156 | 350 | 3179 | 2819 | 360 |
| 商洛市 | 20592 | 13792 | | 900 | | 1186 | 183 | 265 |
| 陕北 | 212019 | 208304 | | 5605 | 4100 | 12406 | 12068 | 338 |
| 延安市 | 181952 | 178882 | | 1160 | 800 | 11988 | 11988 | |
| 榆林市 | 30067 | 29422 | | 4445 | 3300 | 418 | 80 | 338 |
| 不分地区 | 146326 | 146326 | | | | | | |

# 6-38 其他投资主要指标及构成

(2003年) 单位:万元

| 指标 | 合计 | #地方 | 国有经济单位投资 | 其他经济单位投资 | 集体经济单位投资 |
|---|---|---|---|---|---|
| 一、投资总额 | 659048 | 653473 | 231952 | 305713 | 121383 |
| 1.按隶属关系分 | | | | | |
| 中央 | 5575 | | | 5575 | |
| 地方 | 653473 | 653473 | 231952 | 300138 | 121383 |
| 2.按构成分 | | | | | |
| 建筑工程 | 359455 | 354325 | 103005 | 201828 | 54622 |
| 安装工程 | 101357 | 101312 | 79003 | 15313 | 7041 |
| 设备工器具购置 | 123568 | 123318 | 18543 | 54037 | 50988 |
| 其他费用 | 74668 | 74518 | 31401 | 34535 | 8732 |
| #土地购置费 | 4843 | 4843 | 60 | 2791 | 1992 |
| 3.按建设性质分 | | | | | |
| #新建 | 346453 | 346453 | 85852 | 181424 | 79177 |
| 扩建 | 176371 | 170796 | 73021 | 71599 | 31751 |
| 改建 | 84720 | 84720 | 51238 | 30984 | 2498 |
| 4.按产业构成分 | | | | | |
| 第一产业 | 30952 | 30952 | 8923 | 20809 | 1220 |
| 第二产业 | 339107 | 339107 | 108238 | 157857 | 73012 |
| 第三产业 | 288989 | 283414 | 114791 | 127047 | 47151 |
| 二、本年新增固定资产 | 409097 | 404447 | 167992 | 198682 | 42423 |
| 三、房屋建筑面积及竣工价值 | | | | | |
| 本年施工房屋面积(万平方米) | 236.11 | 232.72 | 14.01 | 137.66 | 84.45 |
| #住宅 | 109.51 | 107.70 | 10.27 | 58.67 | 40.57 |
| 本年竣工房屋面积(万平方米) | 144.54 | 141.27 | 13.30 | 98.58 | 32.66 |
| #住宅 | 62.71 | 60.90 | 10.27 | 40.06 | 12.38 |
| 本年竣工房屋价值 | 129295 | 125771 | 14754 | 88118 | 26423 |
| #住宅 | 58666 | 56888 | 13119 | 35630 | 9917 |

# 6-39 各市其他投资主要指标

(2003年)

单位:万元

| 地区 | 合计 | #地方 | 国有经济单位投资 | 其他经济单位投资 | 集体经济单位投资 |
|---|---|---|---|---|---|
| 全省 | 659048 | 653473 | 231952 | 305713 | 121383 |
| 关中 | 350889 | 345314 | 111750 | 190118 | 49021 |
| 西安市 | 213337 | 207762 | 42491 | 132689 | 38157 |
| 铜川市 | 35067 | 35067 | 27857 | 7210 | |
| 宝鸡市 | 64745 | 64745 | 35814 | 26152 | 2779 |
| 咸阳市 | 17797 | 17797 | 3764 | 12415 | 1618 |
| 渭南市 | 18059 | 18059 | 1584 | 10318 | 6157 |
| 杨凌示范区 | 1884 | 1884 | 240 | 1334 | 310 |
| 陕南 | 70781 | 70781 | 30462 | 37329 | 2990 |
| 汉中市 | 35841 | 35841 | 23830 | 11070 | 941 |
| 安康市 | 33740 | 33740 | 6632 | 25459 | 1649 |
| 商洛市 | 1200 | 1200 | | 800 | 400 |
| 陕北 | 237378 | 237378 | 89740 | 78266 | 69372 |
| 延安市 | 110235 | 110235 | 87257 | 16916 | 6062 |
| 榆林市 | 127143 | 127143 | 2483 | 61350 | 63310 |

# 6-40 各市按构成分的其他投资

(2003年)

单位:万元

| 地区 | 建筑工程 | 安装工程 | 设备工器具购置 | 其他费用 | #土地购置费 |
|---|---|---|---|---|---|
| 全省 | 359455 | 101357 | 123568 | 74668 | 4843 |
| 关中 | 233525 | 23239 | 55757 | 38368 | 987 |
| 西安市 | 141665 | 16822 | 36763 | 18087 | 520 |
| 铜川市 | 23027 | 296 | 1715 | 10029 | |
| 宝鸡市 | 47497 | 3873 | 7036 | 6339 | 73 |
| 咸阳市 | 10832 | 2 | 5040 | 1923 | |
| 渭南市 | 8915 | 2246 | 5193 | 1705 | 130 |
| 杨凌示范区 | 1589 | | 10 | 285 | 264 |
| 陕南 | 43425 | 1010 | 10597 | 15749 | 499 |
| 汉中市 | 22953 | 851 | 5647 | 6390 | 69 |
| 安康市 | 20387 | 154 | 4690 | 8509 | 430 |
| 商洛市 | 85 | 5 | 260 | 850 | |
| 陕北 | 82505 | 77108 | 57214 | 20551 | 3357 |
| 延安市 | 17758 | 73814 | 7336 | 11327 | 1000 |
| 榆林市 | 64747 | 3294 | 49878 | 9224 | 2357 |

# 6-41 房地产开发投资主要指标及构成

(2003年)

单位:万元

| 指标 | 房地产开发 | #地方 | #省属 | 按登记注册类型分 内资 | #国有 |
|---|---|---|---|---|---|
| 一、企业(单位)个数(个) | 624 | 618 | 44 | 594 | 113 |
| 二、本年完成投资 | 1885616 | 1861384 | 149303 | 1767233 | 486584 |
| #商品房建设投资额 | 1436727 | 1429116 | 99346 | 1355545 | 396621 |
| 土地开发投资额 | 178311 | 178195 | 11077 | 155670 | 38088 |
| 1.按隶属关系分 | | | | | |
| 中　央 | 24232 | | | 24232 | 3324 |
| 地　方 | 1861384 | 1861384 | 149303 | 1743001 | 483260 |
| #省　属 | 149303 | 149303 | 149303 | 135605 | 38064 |
| 市　属 | 773026 | 773026 | | 744691 | 347676 |
| 县　属 | 279858 | 279858 | | 238300 | 95034 |
| 2.按构成分 | | | | | |
| 建筑工程 | 1292041 | 1283627 | 89782 | 1226782 | 420242 |
| 安装工程 | 100470 | 100302 | 10648 | 95646 | 8773 |
| 设备工器具购置 | 37671 | 37671 | 8518 | 34676 | 6382 |
| 其他费用 | 455434 | 439784 | 40355 | 410129 | 51187 |
| #旧建筑物购置费 | 12785 | 12785 | 270 | 10622 | 87 |
| 土地购置费 | 298090 | 283047 | 25944 | 260522 | 39311 |
| 3.按工程用途分 | | | | | |
| 住　宅 | 1236880 | 1231001 | 85954 | 1151402 | 357068 |
| #别墅、高档公寓 | 71986 | 71986 | 1970 | 53247 | 1202 |
| 经济适用房 | 229137 | 225863 | 11969 | 223927 | 88025 |
| 办公楼 | 146057 | 145621 | 4283 | 136428 | 54220 |
| 商业营业用房 | 246285 | 244879 | 43430 | 236295 | 33384 |
| 其　他 | 256394 | 239883 | 15636 | 243108 | 41912 |
| 三、本年新增固定资产 | 968728 | 963854 | 66409 | 948613 | 354598 |
| 四、房屋建筑面积及竣工价值 | | | | | |
| 施工面积(万平方米) | 2279.74 | 2265.40 | 177.31 | 2155.42 | 629.73 |
| #住　宅 | 1750.94 | 1738.38 | 146.31 | 1660.98 | 534.99 |
| 竣工面积(万平方米) | 713.78 | 707.66 | 53.12 | 698.61 | 251.49 |
| #住　宅 | 620.79 | 615.24 | 52.46 | 605.62 | 224.65 |
| 竣工价值 | 864631 | 859757 | 63001 | 845429 | 336615 |
| #住　宅 | 711570 | 707196 | 62442 | 692368 | 281126 |
| 五、职工人数及工资总额 | | | | | |
| 年末从业人员数(人) | 26024 | 25911 | 1423 | 24952 | 5323 |
| 全年从业人员劳动报酬(万元) | 30076 | 29952 | 1820 | 28675 | 6985 |

6-41 续表 (2003年) 单位:万元

| 指 标 | 按登记注册类型分 | | | |
|---|---|---|---|---|
| | 集 体 | 其 它 | 港澳台投资 | 外商投资 |
| 一、企业(单位)个数(个) | 43 | 438 | 20 | 10 |
| 二、本年完成投资 | 117298 | 1163351 | 67052 | 51331 |
| #商品房建设投资额 | 82373 | 876551 | 40115 | 41067 |
| 土地开发投资额 | 10967 | 106615 | 22117 | 524 |
| 1.按隶属关系分 | | | | |
| 中 央 | | 20908 | | |
| 地 方 | 117298 | 1142443 | 67052 | 51331 |
| #省 属 | 2400 | 95141 | 9631 | 4067 |
| 市 属 | 19416 | 377599 | 9837 | 18498 |
| 县 属 | 72753 | 70513 | 32876 | 8682 |
| 2.按构成分 | | | | |
| 建筑工程 | 86694 | 719846 | 32160 | 33099 |
| 安装工程 | 4134 | 82739 | 1317 | 3507 |
| 设备工器具购置 | 398 | 27896 | 355 | 2640 |
| 其他费用 | 26072 | 332870 | 33220 | 12085 |
| #旧建筑物购置费 | 2322 | 8213 | 2113 | 50 |
| 土地购置费 | 14569 | 206642 | 27445 | 10123 |
| 3.按工程用途分 | | | | |
| 住 宅 | 56744 | 737590 | 52399 | 33079 |
| #别墅、高档公寓 | 1890 | 50155 | 6009 | 12730 |
| 经济适用房 | 15165 | 120737 | 2528 | 2682 |
| 办公楼 | 10162 | 72046 | 810 | 8819 |
| 商业营业用房 | 37496 | 165415 | 4490 | 5500 |
| 其 他 | 12896 | 188300 | 9353 | 3933 |
| 三、本年新增固定资产 | 79265 | 514750 | 6722 | 13393 |
| 四、房屋建筑面积及竣工价值 | | | | |
| 施工面积(万平方米) | 145.07 | 1380.62 | 86.89 | 37.44 |
| #住 宅 | 109.85 | 1016.15 | 66.84 | 23.11 |
| 竣工面积(万平方米) | 60.94 | 386.18 | 7.17 | 8.00 |
| #住 宅 | 57.20 | 323.78 | 7.17 | 8.00 |
| 竣工价值 | 74529 | 434285 | 6722 | 12480 |
| #住 宅 | 69860 | 341382 | 6722 | 12480 |
| 五、职工人数及工资总额 | | | | |
| 年末从业人员数(人) | 1761 | 17868 | 677 | 395 |
| 全年从业人员劳动报酬(万元) | 1938 | 19752 | 1015 | 386 |

## 6-42 各市房地产开发投资和新增固定资产

(2003年)

单位:万元

| 地 区 | 计 划<br>总投资 | 自开始建设至本年底<br>累计完成<br>投 资 | <br>累计新增<br>固定资产 | 本年计划<br>投 资 | 本年完成<br>投 资 | <br>#商品房建设 | <br>#土地开发 | 本年新增<br>固定资产 |
|---|---|---|---|---|---|---|---|---|
| 全 省 | 6589909 | 3475491 | 1408140 | 2271141 | 1885616 | 1436727 | 178311 | 968728 |
| 关 中 | 5771829 | 2972688 | 1187650 | 1873546 | 1573173 | 1192958 | 153130 | 819605 |
| 西安市 | 4942842 | 2407158 | 921168 | 1499233 | 1248177 | 936450 | 116238 | 621336 |
| 铜川市 | 128708 | 105731 | 41567 | 34062 | 26777 | 26598 | 179 | 23503 |
| 宝鸡市 | 333513 | 222473 | 93762 | 157567 | 130044 | 99258 | 24883 | 78114 |
| 咸阳市 | 228077 | 155689 | 94225 | 122760 | 115920 | 87682 | 6097 | 63880 |
| 渭南市 | 76460 | 51727 | 23169 | 36068 | 38208 | 29973 | 5733 | 22769 |
| 杨凌示范区 | 62229 | 29910 | 13759 | 23856 | 14047 | 12997 |  | 10003 |
| 陕 南 | 575433 | 367190 | 179662 | 277492 | 202096 | 169239 | 22133 | 108295 |
| 汉中市 | 355829 | 229581 | 97700 | 184933 | 127222 | 107521 | 16258 | 63324 |
| 安康市 | 206686 | 129704 | 78424 | 84646 | 66969 | 54404 | 5284 | 41433 |
| 商洛市 | 12918 | 7905 | 3538 | 7913 | 7905 | 7314 | 591 | 3538 |
| 陕 北 | 242647 | 135613 | 40828 | 120103 | 110347 | 74530 | 3048 | 40828 |
| 延安市 | 125986 | 85208 | 23650 | 64915 | 62078 | 48135 | 253 | 23650 |
| 榆林市 | 116661 | 50405 | 17178 | 55188 | 48269 | 26395 | 2795 | 17178 |

## 6-43 各市按构成和工程用途分的房地产开发投资

(2003年)

单位:万元

| 地 区 | 按构成分<br>建筑安装<br>工 程 | <br>设 备<br>工器具<br>购 置 | <br>其 他<br>费 用 | <br><br>#土 地<br>购置费 | 按工程用途分<br>住 宅 | <br>#别 墅<br>高档公寓 | <br>#经 济<br>适用房 | <br>办公楼 | <br>商业营<br>业用房 | <br>其 他 |
|---|---|---|---|---|---|---|---|---|---|---|
| 全 省 | 1392511 | 37671 | 455434 | 298090 | 1236880 | 71986 | 229137 | 146057 | 246285 | 256394 |
| 关 中 | 1152872 | 33508 | 386793 | 243069 | 1018387 | 68656 | 157113 | 136802 | 204071 | 213913 |
| 西安市 | 900030 | 27647 | 319891 | 192245 | 783868 | 48434 | 76726 | 129362 | 164846 | 170101 |
| 铜川市 | 26598 |  | 179 | 129 | 24499 |  | 23061 | 794 | 293 | 1191 |
| 宝鸡市 | 95032 | 3832 | 31180 | 20834 | 100328 | 20222 | 41400 | 3701 | 4878 | 21137 |
| 咸阳市 | 88025 | 1603 | 26292 | 21927 | 75187 |  | 8790 |  | 25196 | 15537 |
| 渭南市 | 30436 | 120 | 7652 | 7157 | 24923 |  | 7136 | 2209 | 5129 | 5947 |
| 杨凌示范区 | 12145 | 306 | 1596 | 777 | 9582 |  |  | 736 | 3729 |  |
| 陕 南 | 156364 | 2569 | 43163 | 33444 | 155742 | 960 | 38497 | 2771 | 17508 | 26075 |
| 汉中市 | 102470 | 2569 | 22183 | 16457 | 101213 | 10 | 12792 | 880 | 13085 | 12044 |
| 安康市 | 46580 |  | 20389 | 16396 | 48478 | 950 | 24155 | 237 | 4423 | 13831 |
| 商洛市 | 7314 |  | 591 | 591 | 6051 |  | 1550 | 1654 |  | 200 |
| 陕 北 | 83275 | 1594 | 25478 | 21577 | 62751 | 2370 | 33527 | 6484 | 24706 | 16406 |
| 延安市 | 56112 | 860 | 5106 | 2794 | 47378 | 2370 | 21599 | 2134 | 10852 | 1714 |
| 榆林市 | 27163 | 734 | 20372 | 18783 | 15373 |  | 11928 | 4350 | 13854 | 14692 |

# 6-44 房地产开发投资财务拨款资金来源

(2003年)

单位:万元

| 指标 | 总计 | 按登记注册类型分 | | | | | | 按隶属关系分 | |
|---|---|---|---|---|---|---|---|---|---|
| | | 内资 | 国有 | 集体 | 其他 | 港澳台投资 | 外商投资 | 中央单位 | 地方单位 |
| 一、本年资金来源合计 | 2285995 | 2122857 | 546482 | 132978 | 1443397 | 111337 | 51801 | 29886 | 2256109 |
| 1.上年末结余资金 | 304347 | 287161 | 78620 | 16167 | 192374 | 14430 | 2756 | 420 | 303927 |
| 2.本年资金来源小计 | 1981648 | 1835696 | 467862 | 116811 | 1251023 | 96907 | 49045 | 29466 | 1952182 |
| (1)国家预算内资金 | 14185 | 13585 | 3735 | 8850 | 1000 | 600 | | | 14185 |
| (2)国内贷款 | 564981 | 522609 | 136507 | 42853 | 343249 | 27502 | 14870 | 21000 | 543981 |
| (3)债券 | | | | | | | | | |
| (4)利用外资 | 4352 | | | | | 1516 | 2836 | | 4352 |
| #外商直接投资 | 4352 | | | | | 1516 | 2836 | | 4352 |
| 对外借款 | | | | | | | | | |
| (5)自筹资金 | 709703 | 653873 | 143186 | 46872 | 463815 | 42100 | 13730 | 4821 | 704882 |
| #自有资金 | 270875 | 259146 | 42613 | 14955 | 201578 | 7499 | 4230 | 4821 | 266054 |
| (6)其他资金来源 | 688427 | 645629 | 184434 | 18236 | 442959 | 25189 | 17609 | 3645 | 684782 |
| #集资 | 53080 | 50905 | 14014 | 230 | 36661 | 2025 | 150 | 2894 | 50186 |
| 定金及预收款 | 456455 | 427328 | 117343 | 16088 | 293897 | 12518 | 16609 | 751 | 455704 |
| 二、本年各项应付款合计 | 367250 | 349285 | 58272 | 10910 | 280103 | 8990 | 8975 | 120 | 367130 |
| #工程款 | 285690 | 274973 | 52307 | 7897 | 214769 | 2715 | 8002 | 120 | 285570 |
| 设备、器材款 | 24161 | 22444 | 4452 | 450 | 17542 | 1500 | 217 | | 24161 |

# 6-45 房地产开发面积及造价

(2003年)

| 地区 | 施工房屋面积(万平方米) | #住宅 | 竣工房屋面积(万平方米) | #住宅 | 竣工房屋价值(万元) | #住宅 | 竣工房屋造价(元/平方米) | #住宅 |
|---|---|---|---|---|---|---|---|---|
| 全省 | 2279.74 | 1750.94 | 713.78 | 620.79 | 864631 | 711570 | 1211.34 | 1146.23 |
| 关中 | 1812.63 | 1349.29 | 532.86 | 456.45 | 726756 | 588247 | 1363.89 | 1288.74 |
| 西安市 | 1343.12 | 943.61 | 339.68 | 289.56 | 547572 | 440117 | 1612.02 | 1519.97 |
| 铜川市 | 70.51 | 65.47 | 29.12 | 25.77 | 22437 | 19186 | 770.49 | 744.64 |
| 宝鸡市 | 197.47 | 181.48 | 66.12 | 61.05 | 66370 | 56848 | 1003.71 | 931.15 |
| 咸阳市 | 102.96 | 79.90 | 61.69 | 50.51 | 60852 | 48669 | 986.40 | 963.62 |
| 渭南市 | 56.23 | 44.62 | 25.70 | 20.69 | 19522 | 15106 | 759.66 | 730.03 |
| 杨凌示范区 | 42.34 | 34.19 | 10.55 | 8.87 | 10003 | 8321 | 948.22 | 938.11 |
| 陕南 | 330.47 | 295.91 | 134.06 | 120.19 | 97791 | 85752 | 729.46 | 713.47 |
| 汉中市 | 191.78 | 171.86 | 72.08 | 66.89 | 58178 | 50896 | 807.12 | 760.89 |
| 安康市 | 128.30 | 114.66 | 57.11 | 48.43 | 36275 | 31518 | 635.21 | 650.79 |
| 商洛市 | 10.39 | 9.39 | 4.87 | 4.87 | 3338 | 3338 | 685.38 | 685.38 |
| 陕北 | 136.64 | 105.74 | 46.87 | 44.15 | 40084 | 37571 | 855.29 | 850.96 |
| 延安市 | 86.92 | 77.48 | 27.20 | 26.15 | 23600 | 22410 | 867.53 | 857.07 |
| 榆林市 | 49.72 | 28.26 | 19.66 | 18.00 | 16484 | 15161 | 838.36 | 842.08 |

# 6-46 房地产开发经营情况

(2003年)

单位:万元

| 地区 | 经营收入合计 | 土地转让收入 | 商品房屋销售收入 | #销售给个人 | #住宅销售 | #个人 | 房屋出租收入 | 房地产其它经营收入 |
|---|---|---|---|---|---|---|---|---|
| **全省** | **857358** | **19981** | **788414** | **721013** | **649617** | **606331** | **5279** | **43684** |
| 关中 | 713766 | 19126 | 651657 | 602587 | 545294 | 510336 | 4261 | 38722 |
| 西安市 | 488042 | 18114 | 442271 | 402464 | 368985 | 353794 | 3349 | 24308 |
| 铜川市 | 13120 | | 12841 | 10444 | 12568 | 10444 | 6 | 273 |
| 宝鸡市 | 99346 | 1003 | 87989 | 86311 | 76321 | 72509 | 466 | 9888 |
| 咸阳市 | 66497 | | 65848 | 64562 | 53449 | 41263 | 386 | 263 |
| 渭南市 | 26894 | 9 | 22841 | 18939 | 15642 | 13997 | 54 | 3990 |
| 杨凌示范区 | 19867 | | 19867 | 19867 | 18329 | 18329 | | |
| 陕南 | 104315 | 837 | 98512 | 96324 | 88718 | 83309 | 976 | 3990 |
| 汉中市 | 60991 | 34 | 58888 | 57880 | 53513 | 51613 | 528 | 1541 |
| 安康市 | 37218 | 803 | 35224 | 34044 | 30805 | 27296 | 448 | 743 |
| 商洛市 | 6106 | | 4400 | 4400 | 4400 | 4400 | | 1706 |
| 陕北 | 39277 | 18 | 38245 | 22102 | 15605 | 12686 | 42 | 972 |
| 延安市 | 22364 | | 21822 | 6812 | 6363 | 4044 | 42 | 500 |
| 榆林市 | 16913 | 18 | 16423 | 15290 | 9242 | 8642 | | 472 |

# 6-47 房地产开发企业基本情况

(2003年)

| 地区 | 开发公司个数(个) | 实收资本金总计(万元) | 资产总计(万元) | 本年折旧(万元) | 负债总计(万元) | 所有者权益合计(万元) | 年末从业人数(人) | 全年人员劳动报酬(万元) |
|---|---|---|---|---|---|---|---|---|
| **全省** | **624** | **1206665** | **4493750** | **15388** | **3298776** | **1194974** | **26024** | **30076** |
| 关中 | 449 | 1043047 | 3975950 | 12694 | 2969300 | 1006650 | 19294 | 23404 |
| 西安市 | 267 | 838855 | 3437859 | 10115 | 2603684 | 834175 | 12192 | 16282 |
| 铜川市 | 23 | 16696 | 51549 | 121 | 33735 | 17814 | 681 | 543 |
| 宝鸡市 | 79 | 101393 | 252057 | 973 | 179634 | 72423 | 2837 | 3895 |
| 咸阳市 | 43 | 45058 | 144002 | 993 | 103266 | 40736 | 1503 | 1243 |
| 渭南市 | 29 | 27659 | 60222 | 413 | 34591 | 25631 | 1610 | 1203 |
| 杨凌示范区 | 8 | 13386 | 30261 | 79 | 14390 | 15871 | 471 | 238 |
| 陕南 | 133 | 103960 | 378510 | 1686 | 249092 | 129418 | 4847 | 3480 |
| 汉中市 | 87 | 74764 | 263457 | 570 | 166652 | 96805 | 3148 | 2059 |
| 安康市 | 41 | 25457 | 107740 | 1071 | 79009 | 28731 | 1500 | 1283 |
| 商洛市 | 5 | 3739 | 7313 | 45 | 3431 | 3882 | 199 | 138 |
| 陕北 | 42 | 59658 | 139290 | 1008 | 80384 | 58906 | 1883 | 3192 |
| 延安市 | 17 | 19282 | 64702 | 316 | 53567 | 11135 | 753 | 858 |
| 榆林市 | 25 | 40376 | 74588 | 692 | 26817 | 47771 | 1130 | 2334 |

# 6-48 商品房屋销售情况

(2003年) 单位:平方米

| 地区 | 实际销售面积合计 | #销售给个人 | 住宅 | #别墅、公寓 | #经济适用房 | #个人 |
|---|---|---|---|---|---|---|
| 全省 | 5814535 | 5360151 | 5334030 | 112649 | 2634976 | 4965066 |
| 关中 | 4321567 | 4108982 | 3908296 | 109449 | 1884225 | 3766978 |
| 西安市 | 2527368 | 2380614 | 2302924 | 93374 | 1157931 | 2195042 |
| 铜川市 | 246173 | 226523 | 225323 | | 225323 | 225323 |
| 宝鸡市 | 613913 | 606617 | 600365 | 16075 | 323993 | 593069 |
| 咸阳市 | 579030 | 576390 | 471812 | | 84910 | 469172 |
| 渭南市 | 243018 | 206773 | 205500 | | 92068 | 182000 |
| 杨凌示范区 | 112065 | 112065 | 102372 | | | 102372 |
| 陕南 | 1092178 | 1024914 | 1057856 | 3200 | 436222 | 999344 |
| 汉中市 | 600270 | 599790 | 580721 | | 137265 | 580721 |
| 安康市 | 423428 | 383156 | 408655 | 3200 | 272445 | 376655 |
| 商洛市 | 68480 | 41968 | 68480 | | 26512 | 41968 |
| 陕北 | 400790 | 226255 | 367878 | | 314529 | 198744 |
| 延安市 | 288700 | 134465 | 277587 | | 256826 | 123753 |
| 榆林市 | 112090 | 91790 | 90291 | | 57703 | 74991 |

| 地区 | 办公楼 | 商业营业用房 | 其它 | 预售面积 | #住宅 | 实际销售额(万元) | #销售给个人 |
|---|---|---|---|---|---|---|---|
| 全省 | 160614 | 295440 | 24451 | 1553048 | 1436340 | 892742 | 829274 |
| 关中 | 156524 | 235101 | 21646 | 917936 | 826362 | 744667 | 702222 |
| 西安市 | 138679 | 78599 | 7166 | 523516 | 491159 | 542851 | 508450 |
| 铜川市 | 5100 | 3750 | 12000 | | | 19274 | 15172 |
| 宝鸡市 | | 13548 | | 279947 | 266363 | 71580 | 71080 |
| 咸阳市 | | 104738 | 2480 | 27351 | 27351 | 75557 | 75117 |
| 渭南市 | 12745 | 24773 | | 45079 | 15569 | 19454 | 16452 |
| 杨凌示范区 | | 9693 | | 42043 | 25920 | 15951 | 15951 |
| 陕南 | 4090 | 28058 | 2174 | 475673 | 457421 | 101566 | 97229 |
| 汉中市 | 90 | 17285 | 2174 | 287267 | 274137 | 57935 | 57715 |
| 安康市 | 4000 | 10773 | | 188406 | 183284 | 38001 | 35114 |
| 商洛市 | | | | | | 5630 | 4400 |
| 陕北 | | 32281 | 631 | 159439 | 152557 | 46509 | 29823 |
| 延安市 | | 10482 | 631 | 150609 | 143727 | 30200 | 13971 |
| 榆林市 | | 21799 | | 8830 | 8830 | 16309 | 15852 |

# 6-49 房地产开发公司一、二级企业一览表

(2003年)

| 企业名称 | 隶属关系 | 资质等级 | 施工项目计划总投资(万元) | 本年完成投资(万元) | #商品房建设投资 | 本年新增固定资产(万元) | 房屋施工面积(平方米) | 房屋竣工面积(平方米) | 竣工房屋价值(万元) |
|---|---|---|---|---|---|---|---|---|---|
| 西安市房地产开发总公司 | 市 | 一级 | 11000 | 4600 | 4600 | | 97681 | | |
| 西安市城市建设开发总公司 | 市 | 一级 | 14844 | 2190 | 2190 | 2090 | 105599 | 12741 | 1900 |
| 咸阳市房地产开发公司 | 市 | 一级 | 20000 | 5731 | 5731 | 2590 | 95633 | 32383 | 2590 |
| 西安高科(集团)新西部实业发展公司 | 市 | 二级 | 245892 | 145892 | 145892 | 96092 | 1462090 | 656069 | 96092 |
| 西安高科实业股份有限公司 | 市 | 二级 | 56000 | 24900 | 24900 | | 135000 | | |
| 西安高新开发区建设开发公司 | 市 | 二级 | 110000 | 89143 | 59398 | 87000 | 847000 | 236000 | 78230 |
| 西安海荣房地产集团有限公司 | 市 | 二级 | 80379 | 11979 | 11929 | 9161 | 223000 | 65383 | 9161 |
| 西安海星房地产开发有限公司 | 其他 | 二级 | 43552 | 3322 | 770 | | | | |
| 西安华奥房地产开发有限公司 | 其他 | 二级 | 8143 | 5279 | 3924 | | 43478 | | |
| 西安吉源房地产开发公司 | 乡 | 二级 | 5074 | 1680 | 1580 | 914 | 50884 | 11323 | 914 |
| 西安嘉翔房地产开发有限公司 | 其他 | 二级 | 40000 | 730 | | | | | |
| 西安联强房地产开发有限公司 | 其他 | 二级 | 15000 | 8500 | 8500 | | 67400 | | |
| 西安普林房地产开发有限责任公司 | 市 | 二级 | 90000 | 17450 | 17450 | 12000 | 310000 | 55000 | 8000 |
| 西安荣华集团有限公司 | 其他 | 二级 | 49760 | 17619 | 15792 | 22922 | 181377 | 77893 | 18713 |
| 西安市宏府房地产开发(集团)公司 | 其他 | 二级 | 103000 | 9345 | 9345 | 202 | 77484 | 1800 | 202 |
| 西安市汇鑫置业有限责任公司 | 其他 | 二级 | 15400 | 2139 | 1839 | 1858 | 69155 | 13139 | 1858 |
| 西安市市政建设开发公司 | 市 | 二级 | 350 | 335 | | | 6170 | | |
| 西安市星火房地产开发公司 | 县 | 二级 | 22000 | 10039 | 5719 | | 190000 | | |
| 西安市雁塔区城乡建设开发公司 | 县 | 二级 | 52300 | 4121 | 4121 | 26093 | 125580 | 99864 | 26093 |
| 西安铁锋房地产开发集团有限公司 | 其他 | 二级 | 75800 | 26532 | 10746 | 8096 | 125338 | 53970 | 4785 |
| 西安万国房地产开发有限责任公司 | 其他 | 二级 | 26000 | 7788 | 3638 | 602 | 81797 | 8300 | 563 |
| 西安雅荷房地产开发有限公司 | 市 | 二级 | 49200 | 38600 | 24508 | 1800 | 130300 | 10000 | 1800 |
| 西安愿景房地产开发有限公司 | 其他 | 二级 | 15900 | 11130 | 11130 | 9100 | 60000 | 35408 | 9100 |
| 西安中建置业有限公司 | 其他 | 二级 | 16000 | 7000 | 7000 | 5000 | 32000 | 12000 | 3500 |
| 西安八佳房地产开发有限公司 | 其他 | 二级 | 24000 | 1963 | 1823 | 1343 | 69639 | 6104 | 430 |
| 西安长庆房地产开发有限公司 | 市 | 二级 | 30000 | 15919 | 12000 | | 255234 | | |
| 西安丹尼尔房地产开发有限公司 | 县 | 二级 | 8400 | 1741 | 1741 | 2043 | 65018 | 22700 | 2043 |
| 西安东新物业开发建设公司 | 县 | 二级 | 52027 | 5871 | 5871 | 8885 | 64294 | 42665 | 8083 |
| 西安房地产开发第二公司 | 市 | 二级 | 15060 | 2904 | 2904 | 946 | 69874 | 12712 | 946 |
| 立丰(西安)房地产开发有限公司 | 其他 | 二级 | 27634 | 3478 | 1868 | | 127786 | | |
| 铜川市城市建设综合开发总公司 | 市 | 二级 | 19500 | 4600 | 4600 | 3860 | 120100 | 43900 | 3860 |
| 铜川市房地产综合开发公司 | 市 | 二级 | 3935 | 2055 | 2055 | 1952 | 51700 | 20700 | 1952 |
| 安康长兴房地产开发有限公司 | 市 | 二级 | 15270 | 3684 | 2921 | 1887 | 75314 | 21475 | 1534 |
| 安康市城乡建设开发有限公司 | 县 | 二级 | 10000 | 2200 | 2200 | 950 | 55000 | 15000 | 900 |
| 安康市兴安房地产有限公司 | 市 | 二级 | 16300 | 4522 | 1948 | | 70747 | | |
| 宝鸡聚丰房地产开发有限公司 | 其他 | 二级 | 12000 | 12000 | 12000 | 12000 | 70000 | 70000 | 12000 |
| 宝鸡均利房地产开发有限公司 | 其他 | 二级 | 6776 | 5600 | 150 | 5600 | 41500 | | |
| 宝鸡力宝房地产开发有限公司 | 市 | 二级 | 8000 | 8500 | 8500 | | 55000 | | |
| 宝鸡市陈仓房地产开发公司 | 县 | 二级 | 18074 | 9538 | 8950 | 4875 | 54950 | 12680 | 1580 |
| 宝鸡市房地产综合开发公司 | 市 | 二级 | 1200 | 890 | 890 | 745 | 19450 | 7450 | 745 |

6-49 续表1 (2003年)

| 企业名称 | 隶属关系 | 资质等级 | 施工项目计划总投资（万元） | 本年完成投资（万元） | #商品房建设投资 | 本年新增固定资产（万元） | 房屋施工面积（平方米） | 房屋竣工面积（平方米） | 竣工房屋价值（万元） |
|---|---|---|---|---|---|---|---|---|---|
| 宝鸡市房屋经营开发公司 | 市 | 二级 | 600 | 408 | 408 | 360 | 13017 | 6160 | 360 |
| 宝鸡市永嘉房地产开发有限公司 | 市 | 二级 | 6333 | 1750 | 1714 | 3000 | 27178 | 15548 | 3000 |
| 宝鸡市中房房地产开发有限公司 | 市 | 二级 | 4100 | 3025 | 2425 | 860 | 45940 | 10713 | 690 |
| 中铁二十局集团房地产开发公司 | 中央 | 二级 | 22000 | 15537 | 2000 | 2000 | 21126 | 21126 | 2000 |
| 四川东嘉房地产开发咸阳分公司 | 其他 | 二级 | 12000 | 5695 | 4245 | 5969 | 48680 | 36080 | 3617 |
| 咸阳明远房地产开发有限公司 | 其他 | 二级 | 3710 | 1700 | 1700 | 2880 | 27000 | 27000 | 2880 |
| 汉中邓邦房地产开发公司 | 其他 | 二级 | 580 | 457 | 417 |  | 9217 |  |  |
| 汉中东城房地产开发公司 | 其他 | 二级 | 9500 | 4582 | 4582 | 1285 | 76110 | 15863 | 1285 |
| 汉中广厦房地产开发公司 | 其他 | 二级 | 35800 | 31096 | 29096 |  | 150909 |  |  |
| 汉中广厦房地产开发渭南分公司 | 县 | 二级 | 9400 | 3000 | 3000 |  | 28000 |  |  |
| 汉中海德房地产开发公司 | 其他 | 二级 | 22700 | 2443 | 2443 |  | 39971 |  |  |
| 汉中锦园房地产开发公司 | 县 | 二级 | 24000 | 4850 | 4850 | 4200 | 50000 | 40000 | 4200 |
| 汉中市城乡建设综合开发公司 | 县 | 二级 | 525 | 587 | 587 | 587 | 6058 | 6058 | 587 |
| 汉中市房地产综合开发公司 | 市 | 二级 | 5962 | 603 |  |  |  |  |  |
| 汉中市广惠房地产开发有限公司 | 其他 | 二级 | 3000 | 482 | 482 |  | 8328 |  |  |
| 汉中市经济适用住房开发公司 | 市 | 二级 | 7000 | 1291 | 1291 | 5482 | 47858 | 47858 | 5482 |
| 汉中鑫新房地产开发公司 | 市 | 二级 | 5356 | 2400 | 2039 |  | 15476 |  |  |
| 汉中鑫源房地产开发公司 | 其他 | 二级 | 7727 | 1907 | 1907 |  | 75700 |  |  |
| 汉中裕欣房地产开发公司 | 省 | 二级 | 1680 | 600 | 540 |  | 9513 |  |  |
| 汉中中山房地产开发公司 | 其他 | 二级 | 6230 | 4200 | 3650 | 4000 | 55000 | 25000 | 3500 |
| 利洲房地产开发公司宁强分公司 | 县 | 二级 | 2000 | 490 | 490 | 2000 | 32800 | 32800 | 1965 |
| 陕西功德置业有限责任公司 | 其他 | 二级 | 4600 | 4200 | 4000 |  | 30000 |  |  |
| 陕西海润物业公司 | 县 | 二级 | 90000 | 30100 | 12100 |  | 166500 |  |  |
| 陕西惠源物业管理有限公司 | 省 | 二级 | 16000 | 2089 | 2089 |  |  |  |  |
| 陕西建功房地产事务有限责任公司 | 其他 | 二级 | 30000 | 1500 | 1500 | 28000 | 150000 | 150000 | 28000 |
| 陕西金裕房地产开发集团有限公司 | 省 | 二级 | 25000 | 7800 | 7800 | 4600 | 65824 | 32970 | 4600 |
| 陕西荣大房地产开发有限公司 | 省 | 二级 | 9275 | 9275 | 9275 | 9275 | 53472 | 53472 | 9275 |
| 陕西塞安尔物业发展有限公司 | 市 | 二级 | 36784 | 960 | 781 |  | 27200 |  |  |
| 陕西省城乡建设综合开发汉中分公司 | 省 | 二级 | 2200 | 2300 | 2000 | 2300 | 57386 | 36355 | 1604 |
| 陕西省鸿业房地产开发公司 | 省 | 二级 | 68000 | 9578 | 9578 | 14659 | 61000 | 61000 | 14659 |
| 陕西省建筑房地产开发公司 | 省 | 二级 | 5000 | 2218 |  |  | 69000 |  |  |
| 陕西圣安房地产开发有限公司 | 其他 | 二级 | 33197 | 8075 | 6465 |  | 137603 |  |  |
| 陕西烨华实业有限公司 | 省 | 二级 | 30600 | 8826 | 3511 | 7300 | 95540 | 33300 | 6800 |
| 陕西正信房地产开发有限公司 | 其他 | 二级 | 8500 | 3207 | 3207 |  | 37882 |  |  |
| 陕西中城投资有限公司 | 其他 | 二级 | 68580 | 1495 | 1400 |  | 48200 |  |  |
| 陕西兴华房地产开发有限公司 | 市 | 二级 | 17200 | 5702 | 5589 | 6737 | 149536 | 84342 | 4563 |
| 延安新大洲房地产开发有限公司 | 其他 | 二级 | 24000 | 10450 |  | 16560 | 210643 | 192606 | 16560 |
| 榆林金域房地产开发公司 | 市 | 二级 | 11860 | 4018 | 4018 |  | 80828 |  |  |
| 榆林市文昌房地产开发有限公司 | 市 | 二级 | 6800 | 5300 | 2500 | 2071 | 26549 | 26549 | 2071 |

6-49 续表2 (2003年) 单位:万元

| 企业名称 | 资产总计 | 负债总计 | 所有者权益合计 | 经营收入总计 | #商品房销售收入 | 经营成本 | 销售费用 | 利润总额 | 年末从业人数(人) |
|---|---|---|---|---|---|---|---|---|---|
| 西安市房地产开发总公司 | 28971 | 19992 | 8979 | 13477 | | 12525 | 49 | 98 | 149 |
| 西安市城市建设开发总公司 | 28365 | 22747 | 5618 | 3473 | 2837 | 3061 | 181 | 56 | 167 |
| 咸阳市房地产开发公司 | 9859 | 8644 | 1215 | 2340 | 2340 | 1662 | 60 | 42 | 80 |
| 西安高科(集团)新西部实业发展公司 | 300359 | 282166 | 18193 | 73051 | 69002 | 47805 | 7521 | 6637 | 272 |
| 西安高科实业股份有限公司 | 44026 | 40569 | 3457 | 272 | 272 | 132 | 770 | -867 | 320 |
| 西安高新开发区建设开发公司 | 250820 | 143937 | 106883 | 20980 | 19452 | 14744 | 1129 | 2231 | 114 |
| 西安海荣房地产集团有限公司 | 11997 | 9759 | 2238 | 8536 | 8536 | 7512 | 115 | 19 | 53 |
| 西安海星房地产开发有限公司 | 1000 | 600 | 400 | | | | | -20 | 31 |
| 西安华奥房地产开发有限公司 | 25929 | 24488 | 1441 | | | | 120 | -1309 | 18 |
| 西安吉源房地产开发公司 | 8073 | 2005 | 6068 | 2595 | 2595 | 1900 | 330 | 3 | 300 |
| 西安嘉翔房地产开发有限公司 | 9205 | 5522 | 3683 | 696 | | 118 | 8 | 167 | 14 |
| 西安联强房地产开发有限公司 | 108893 | 80668 | 28225 | 7027 | 7027 | 5058 | 90 | 104 | 25 |
| 西安普林房地产开发有限责任公司 | 14671 | 8856 | 5815 | | | | | -13 | 80 |
| 西安荣华集团有限公司 | 33906 | 26536 | 7370 | 9472 | 9472 | 8051 | 281 | 206 | 140 |
| 西安市宏府房地产开发(集团)公司 | 8741 | 7860 | 881 | 15000 | 14650 | 14120 | 497 | -1810 | 70 |
| 西安市汇鑫置业有限责任公司 | 21955 | 12560 | 9395 | 8526 | 8526 | 6700 | 448 | 339 | 55 |
| 西安市市政建设开发公司 | 3500 | 2169 | 1331 | 2169 | 2169 | 2011 | 20 | 3 | 157 |
| 西安市星火房地产开发公司 | 16508 | 11198 | 5310 | 1614 | 1614 | 738 | 35 | 99 | 198 |
| 西安市雁塔区城乡建设开发公司 | 25197 | 22649 | 2548 | 14784 | 14784 | 11043 | 780 | 1247 | 59 |
| 西安铁锋房地产开发集团有限公司 | 21644 | 20647 | 997 | 10534 | 10534 | 10583 | 321 | -1144 | 800 |
| 西安万国房地产开发有限责任公司 | 13765 | 10758 | 3007 | 6367 | 6367 | 4671 | 279 | 650 | 31 |
| 西安雅荷房地产开发有限公司 | 50918 | 49231 | 1687 | 9541 | 9200 | 6922 | 769 | 133 | 54 |
| 西安愿景房地产开发有限公司 | 24385 | 22577 | 1808 | 8810 | 8810 | 3976 | 389 | 3305 | 150 |
| 西安中建置业有限公司 | 36000 | 15000 | 21000 | 1500 | 1500 | 2800 | 200 | -2500 | 128 |
| 西安八佳房地产开发有限公司 | 31613 | 31084 | 529 | 2136 | 2118 | 1539 | 14 | 52 | 52 |
| 西安长庆房地产开发有限公司 | 11668 | 6448 | 5220 | 52 | | 10 | 7 | 316 | 116 |
| 西安丹尼尔房地产开发有限公司 | 57766 | 42193 | 15573 | 3516 | 3516 | 2813 | 78 | 16 | 79 |
| 西安东新物业开发建设公司 | 11421 | 10202 | 1219 | 4437 | 4401 | 3188 | 327 | 248 | 59 |
| 西安房地产开发第二公司 | 21073 | 20733 | 340 | 81 | 81 | 142 | | -758 | 35 |
| 立丰(西安)房地产开发有限公司 | 16499 | 12844 | 3655 | 517 | 517 | 178 | 10 | -308 | 40 |
| 铜川市城市建设综合开发总公司 | 5779 | 3815 | 1964 | 3008 | 3000 | 2870 | 1 | 71 | 35 |
| 铜川市房地产综合开发公司 | 6102 | 4685 | 1417 | 706 | 700 | 577 | 3 | 14 | 47 |
| 安康长兴房地产开发有限公司 | 18782 | 12523 | 6259 | 1757 | 1757 | 1230 | 9 | 225 | 60 |
| 安康市城乡建设开发有限公司 | 4930 | 2425 | 2505 | 3040 | 3040 | 2807 | 45 | -171 | 46 |
| 安康市兴安房地产有限公司 | 7865 | 5728 | 2137 | 4679 | 4029 | 4506 | 8 | -453 | 56 |
| 宝鸡聚丰房地产开发有限公司 | 31331 | 28534 | 2797 | 17500 | 17500 | 4537 | 4400 | 337 | 80 |
| 宝鸡均利房地产开发有限公司 | 5600 | 3600 | 2000 | | | 200 | 30 | -230 | 85 |
| 宝鸡力宝房地产开发有限公司 | 4218 | 3004 | 1214 | 307 | 307 | 276 | 22 | -89 | 23 |
| 宝鸡市陈仓房地产开发公司 | 13061 | 6195 | 6866 | 1168 | 1098 | 645 | 28 | 31 | 53 |
| 宝鸡市房地产综合开发公司 | 2649 | 984 | 1665 | 969 | 845 | 769 | 94 | -47 | 49 |

6-49 续表3 (2003年) 单位:万元

| 企业名称 | 资产总计 | 负债总计 | 所有者权益合计 | 经营收入总计 | #商品房销售收入 | 经营成本 | 销售费用 | 利润总额 | 年末从业人数(人) |
|---|---|---|---|---|---|---|---|---|---|
| 宝鸡市房屋经营开发公司 | 4710 | 315 | 4395 | 393 | 359 | 492 | | -292 | 56 |
| 宝鸡市永嘉房地产开发有限公司 | 13740 | 9871 | 3869 | 1805 | 484 | 1006 | 17 | 100 | 36 |
| 宝鸡市中房房地产开发有限公司 | 4271 | 927 | 3344 | 1296 | 1210 | 1169 | | -116 | 93 |
| 中铁二十局集团房地产开发公司 | 21195 | 21003 | 192 | 1837 | 1837 | 1275 | 4 | 381 | 20 |
| 四川东嘉房地产开发咸阳分公司 | 8900 | 6891 | 2009 | 5969 | 5969 | 3617 | 610 | 455 | 45 |
| 咸阳明远房地产开发有限公司 | 1698 | 600 | 1098 | 3782 | 3782 | 2880 | 50 | 330 | 56 |
| 汉中邓邦房地产开发公司 | 2788 | 600 | 2188 | | | | | -30 | 26 |
| 汉中东城房地产开发公司 | 6893 | 4887 | 2006 | 1982 | 1982 | 1862 | 22 | 34 | 40 |
| 汉中广厦房地产开发公司 | 29992 | 8568 | 21424 | 8127 | 8017 | 4733 | 71 | 2315 | 252 |
| 汉中广厦房地产开发渭南分公司 | 1221 | 338 | 883 | | | | | | 350 |
| 汉中海德房地产开发公司 | 7490 | 4390 | 3100 | | | | | | 76 |
| 汉中锦园房地产开发公司 | 12187 | 9999 | 2188 | 2510 | 2410 | 1980 | 98 | 16 | 43 |
| 汉中市城乡建设综合开发公司 | 8832 | 8358 | 474 | 980 | 943 | 696 | 9 | 90 | 57 |
| 汉中市房地产综合开发公司 | 4773 | 4232 | 541 | 253 | 242 | 182 | 9 | 5 | 37 |
| 汉中市广惠房地产开发有限公司 | 5255 | 3520 | 1735 | 171 | 171 | 150 | 7 | -28 | 23 |
| 汉中市经济适用住房开发公司 | 1566 | 1051 | 515 | 4571 | 4571 | 4593 | 65 | -242 | 17 |
| 汉中鑫新房地产开发公司 | 4990 | 2990 | 2000 | | | | | -48 | 30 |
| 汉中鑫源房地产开发公司 | 7022 | 5026 | 1996 | | | | | | 50 |
| 汉中裕欣房地产开发公司 | 1534 | 762 | 772 | | | | | -64 | 24 |
| 汉中中山房地产开发公司 | 5193 | 2819 | 2374 | 1621 | 1609 | 1236 | 24 | 42 | 38 |
| 利洲房地产开发公司宁强分公司 | 217 | 119 | 98 | 1650 | 1650 | 1492 | 18 | 10 | 7 |
| 陕西功德置业有限责任公司 | 5024 | 4888 | 136 | 1500 | 1500 | 1496 | | -78 | 26 |
| 陕西海润物业公司 | 42215 | 35566 | 6649 | | | | | -137 | 110 |
| 陕西惠源物业管理有限公司 | 10030 | 7119 | 2911 | | | | | -601 | 28 |
| 陕西建功房地产事务有限责任公司 | 25000 | 1500 | 23500 | 2800 | 2000 | 400 | 150 | 1890 | 20 |
| 陕西金裕房地产开发集团有限公司 | 43054 | 36523 | 6531 | 4478 | 4478 | 3981 | 538 | -1273 | 92 |
| 陕西荣大房地产开发有限公司 | 4379 | 2773 | 1606 | 9516 | 9516 | 8212 | 12 | 711 | 40 |
| 陕西塞安尔物业发展有限公司 | 4510 | 3277 | 1233 | 51 | | 24 | | -33 | 34 |
| 陕西省城乡建设综合开发汉中分公司 | 15160 | 13961 | 1199 | 2300 | 2180 | 1669 | 11 | | 46 |
| 陕西省鸿业房地产开发公司 | 32612 | 30102 | 2510 | 6873 | 6843 | 5430 | | 908 | 145 |
| 陕西省建筑房地产开发公司 | 42200 | 34500 | 7700 | | | | | -210 | 12 |
| 陕西圣安房地产开发有限公司 | 12368 | 10588 | 1780 | 20 | | 12 | 16 | -454 | 20 |
| 陕西烨华实业有限公司 | 14416 | 9416 | 5000 | 5828 | 5828 | 3678 | 295 | 806 | 17 |
| 陕西正信房地产开发有限公司 | 14095 | 9278 | 4817 | 6250 | 6250 | 4905 | 270 | 401 | 48 |
| 陕西中城投资有限公司 | 12672 | 5653 | 7019 | 1461 | 1431 | 970 | 26 | 47 | 30 |
| 陕西兴华房地产开发有限公司 | 9530 | 6011 | 3519 | 3311 | 2873 | 2649 | 18 | 239 | 188 |
| 延安新大洲房地产开发有限公司 | 10118 | 9513 | 605 | 13920 | 13920 | 12489 | 25 | 18 | 61 |
| 榆林金域房地产开发公司 | 14011 | 4724 | 9287 | 1172 | 1172 | 543 | 16 | 320 | 46 |
| 榆林市文昌房地产开发有限公司 | 3450 | 1800 | 1650 | 2920 | 2920 | 2071 | 13 | 409 | 23 |

# 主要统计指标解释

**全社会固定资产投资** 是以货币形式表现的在一定时期内全社会建造和购置固定资产活动的工作量以及与此有关的费用的总称。它是反映固定资产投资规模、结构和发展速度的综合性指标，又是观察工程进度和考核投资效果的重要依据。全社会固定资产投资按登记注册类型可分为国有、集体、个体、联营、股份制、外商、港澳台商、其他等。按照管理渠道，可分为基本建设、更新改造、房地产开发投资和其他固定资产投资四个部分。

**基本建设投资** 基本建设指企业、事业、行政单位以扩大生产能力或工程效益为主要目的的新建、扩建工程及有关工作。其综合范围为总投资 50 万元以上(含 50 万元，下同)的基本建设项目。具体包括: (1)列入中央和各级地方本年基本建设计划的建设项目，以及虽未列入本年基本建设计划，但使用以前年度基建计划内结转投资(包括利用基建库存设备材料)在本年继续施工的建设项目; (2)本年基本建设计划内投资与更新改造计划内投资结合安排的新建项目和新增生产能力(或工程效益)达到大中型项目标准的扩建项目，以及为改变生产力布局而进行的全厂性迁建项目; (3)国有单位既未列入基建计划，也未列入更新改造计划的总投资在 50 万元以上的新建、扩建、恢复项目和为改变生产力布局而进行的全厂性迁建项目，以及行政、事业单位增建业务用房和行政单位增建生活福利设施的项目。

**更新改造投资** 更新改造指企业、事业单位对原有设施进行技术改造(包括固定资产更新)以及相应配套的辅助性生产、生活福利设施等工程和有关的工作。其综合范围为总投资 50 万元以上的更新改造单位(或项目)。具体包括: (1)列入中央和各级地方本年更新改造计划的投资单位(或项目)以及虽未列入本年更新改造计划，但使用上年更新改造计划内结转的投资在本年继续施工的单位(或项目); (2)本年更新改造计划内投资与基本建设计划内投资结合安排的对企、事业单位原有设施进行技术改造或更新的项目和增建主要生产车间、分厂等其新增生产能力(或工程效益)未达到大中型项目标准的项目，以及由于城市环境保护和安全生产的需要而进行的迁建工程; (3)国有企、事业单位既未列入基建计划也未列入更新改造计划，总投资在 50 万元以上的属于改建或更新改造性质的项目，以及由于城市环境保护和安全生产的需要而进行的迁建工程。

**房地产开发投资** 指房地产开发公司、商品房建设公司及其他房地产开发法人单位和附属于其他法人单位实际从事房地产开发或经营的活动单位统一开发的包括统代建、拆迁还建的住宅、厂房、仓库、饭店、宾馆、度假村、写字楼、办公楼等房屋建筑物和配套的服务设施，土地开发工程(如道路、给水、排水、供电、供热、通讯、平整场地等基础设施工程)的投资; 不包括单纯的土地交易活动。

**其他固定资产投资** 指全社会固定资产投资中未列入基本建设、更新改造和房地产开发投资的总投资在 50 万元以上的城镇范围内建造和购置固定资产的活动，以及城镇私人建房和农村企业、事业、行政单位和农村个人固定资产投资活动。具体包括:

(1)国有单位未纳入基本建设计划和更新改造计划管理，计划总投资(或实际需要总投资)在 50 万元以上的以下工程: ①用油田维护费和石油开发基金进行的油田维护和开发工程; ②煤炭、铁矿、森工等采掘采伐业用维简费进行的开拓延伸工程; ③交通部门用公路养路费对原有公路、桥梁进行改建的工程; ④商业部门用简易建筑费建造的仓库工程。

(2)城镇集体固定资产投资: 指所有隶属城市和县城所在地城关镇区域范围内的集体单位(乡镇企业局管理的除外)建造和购置固定资产计划总投资(或实际需要总投资)在 50 万元以上，未列入基本建设和更新改造计划的单位(项目)投资。

(3)除上述以外的其他各种登记注册类型的企、事业单位(包括城镇私营企、事业单位和个体户)建造和购置固定资产总投资在 50 万元以上的、未列入基本建设计划和更新改造计划的单位(项目)，其中个体经营户只统计 50 万元以上非建房投资。

(4)城镇和工矿区私人建房投资：包括市、县城、城关镇、工矿区所辖范围内的全部私人建房，无论其房主是否系本地的常住户口均应包括。

(5)农村投资：包括农村区域范围内进行固定资产投资活动的企业、事业、行政单位及农村个人投资。

**固定资产投资的资金来源** 根据固定资产投资的资金来源不同，分为国家预算内资金、国内贷款、利用外资、自筹资金和其他资金来源。

(1)国家预算内资金: 分为财政拨款和财政安排的贷款两部分。包括中央财政的基本建设基金(分经营性基金和非经营性基金两部分)、专项支出(如煤代油专项等)、收回再贷、贴息资金，财政安排的挖潜改造和新产品试制支出、城建支出、商业部门简易建筑支出、不发达地区发展基金等资金中用于固定资产投资的资金；地方财政中由国家统筹安排的资金等。

(2)国内贷款: 指报告期固定资产投资单位向银行及非银行金融机构借入的用于固定资产投资的各种国内借款，包括银行利用自有资金及吸收的存款发放的贷款、上级主管部门拨入的国内贷款、国家专项贷款(包括煤代油贷款、劳改煤矿专项贷款等)、地方财政专项资金安排的贷款、国内储备贷款、周转贷款等。

⑶利用外资：指报告期内收到的用于固定资产建造和购置的国外资金(包括设备、材料、技术在内)。包括对外借款(外国政府、国际金融组织贷款、出口信贷、外国银行商业贷款、对外发行债券和股票)、外商直接投资及外商其他投资。不包括我国自有外汇资金(国家外汇、地方外汇、留成外汇、调剂外汇和中国银行自有资金发行的外汇贷款等)。计算利用外资时,需要折算成人民币,折算中所使用的外汇汇率按现汇计算,即按使用外汇时的汇率计算。

⑷自筹资金：指固定资产投资单位报告期内收到的,由各地区、各部门及企、事业单位筹集用于固定资产投资的预算外资金,包括中央各部门、各级地方和企、事业单位的自筹资金。

⑸其他资金来源：指报告期内收到的除以上各种资金之外的其他用于固定资产投资的资金,包括企业或金融机构通过发行各种债券筹集到的资金、群众集资、个人资金、无偿捐赠的资金及其他单位拨入的资金等。

**固定资产投资按国民经济行业分** 建设项目归哪个行业,按其建成投产后的主要产品或主要用途及社会经济活动性质来确定。基本建设按建设项目划分国民经济行业,更新改造、其他固定资产投资根据整个企业、事业单位所属的行业来划分。一般情况下,一个建设项目或一个企业、事业单位只能属于一种国民经济行业。为了更准确地反映国民经济各行业之间的比例关系,联合企业(总厂)所属分厂属于不同行业的,原则上按分厂划分行业。

**固定资产投资按建设性质分** 建设项目的性质一般分为新建、扩建、改建、迁建、恢复。基本建设按建设项目划分建设性质,更新改造、国有单位其他固定资产投资及城镇集体投资等按整个企业、事业单位的建设情况确定建设性质,房地产开发单位、农村投资、城镇工矿区私人建房投资不划分建设性质。

⑴新建：一般是指从无到有、"平地起家"新开始建设的企业、事业和行政单位或独立的工程。现有企业、事业和行政单位一般不属于新建。但如有的单位原有基础很小,经过建设后新增的固定资产价值超过该企、事业、行政单位原有固定资产价值(原值)三倍以上的也应作为新建。

⑵扩建：指在厂内或其他地点,为扩大原有产品的生产能力(或效益)或增加新的产品生产能力,而增建主要的生产车间(或主要工程)、分厂、独立的生产线。行政、事业单位在原单位增建业务用房(如学校增建教学用房、医院增建门诊部、病房等)也作为扩建。

⑶改建：指对原有设施进行技术改造或更新(包括相应配套的辅助性生产、生活福利设施),没有增建主要生产车间、分厂等。现有企、事业单位为适应市场变化的需要,而改变企业的主要产品种类(如军工企业转产民品等)。或原有产品生产作业线由于各工序(车间)之间能力不平衡,为填平补齐充分发挥原有生产能力而增建不增加本企业主要产品设计能力的车间,也应作为改建。

**固定资产投资按构成分** 固定资产投资活动按其工作内容和实现方式分为建筑安装工程,设备、工具、器具购置,其他费用三个部分。

⑴建筑安装工程(建筑安装工作量)：指各种房屋、建筑物的建造工程和各种设备、装置的安装工程。包括各种房屋建造工程,各种用途设备基础和各种工业窑炉的砌筑工程及金属结构工程； 为施工而进行的各种准备工作和临时工程以及完工后的清理工作等；铁路、道路的铺设,矿井的开凿及石油管道的架设等；水利工程；防空地下建筑等特殊工程；列入房屋工程预算内的暖气、卫生、通风、照明、煤气等设备的价值及装设油饰工程；列入建筑工程预算内的各种管道(蒸汽、压缩空气、石油、给排水等管道)、电力、电讯电缆导线等的敷设工程；以及各种机械设备的安装工程；为测定安装工程质量,对设备进行的试运工作；房地产开发单位进行的商品房屋开发建设工程,土地开发工程。在安装工程中,不包括被安装设备本身的价值。

⑵设备、工具、器具购置：指建设单位或企、事业单位购置或自制的,达到固定资产标准的设备、工具、器具的价值。新建单位及扩建单位的新建车间,按照设计和计划要求购置或自制的全部设备、工具、器具,不论是否达到固定资产标准均计入"设备、工具、器具购置"中。

⑶其他费用：指在固定资产建造和购置过程中发生的,除上述几项内容以外的各种应分摊计入固定资产的费用。

**基本建设项目按大中小型划分** 基本建设划分大中小型项目原则上应按照上级批准的设计任务书或初步设计所确定的总规模或总投资划分,没有正式批准设计任务书或初步设计的,按国家或省、自治区、直辖市年度基本建设投资计划中所列的总规模或总投资划分。上述两条均不具备的,按本年计划施工工程的建设总规模或总投资划分。生产单一产品的工业项目,按产品的设计能力划分；生产多种产品的工业项目,按其主要产品的设计能力划分。品种繁多,难以按生产能力划分的,按全部计划总投资划分。划分标准以国家颁发的《大中小型建设项目划分标准》为依据。国家曾在1953年、1962年、1972年、1977年和1979年先后五次修订《大中小型建设项目划分标准》,因此各历史时期的大中型项目数不完全可比。

**施工项目** 指报告期内进行过建筑或安装工程施工活动的项目,凡是报告期内施过工的建设,不论施工时间长短,均作为施工项目统计。施工项目个数可以反映一定时期固定资产投资的实际规模,与同期建成投产的建设项目个数相比,可以从建设速度的角度反映固定资产投资的效果。根据建设项目施工活动的不同性质,施工项目又分为:本年正式施工项目、本年收尾项目和以前年度全部停缓建项目。

**全部建成投产项目** 工业项目是指设计文件规定形成生产能力的主体工程及其相应配套的辅助设施全部建成,经负荷试运转,证明具备生产设计规定合格产品的条件,并经过验收鉴定合格或达到竣工验收标准,与生产性工程配套的生活福利设施可以满足近期正常生产的需要,正式移交生产的建设项目。非工业项目是指设计文件规定的主体工程和相应的配套工程全部建成,能够发挥设计规定的全部效益,经验收鉴定合格或达到竣工验收标准,正式移交使用的建设项目。

**新增生产能力(或工程效益)** 指通过固定资产投资活动而增加的设计能力(或工程效益),它是以实物形态表现的反映固定资产投资成果的指标,也是考核投资经济效果的重要依据之一。新增生产能力(或工程效益)一般有以下几种表现形式:

(1)用产品数量表示,以工程在单位时间内(一般是一年)所能生产的产品数量(即年产量)表示,如煤炭开采用万吨/年、化学农药用吨/年表示等。某些化工产品由于含量差别较大,按其设计含量计算折合量表示,如硫酸、纯碱、烧碱等。

(2)用单位时间内所能处理的原料数量表示,以工程每天(或小时)所能处理的原料数量表示。如食用植物油日处理原料吨,城市污水处理能力用万吨/日表示等。

(3)用新增加的主要设备的数量或容量表示,如新增棉布织机台数,毛纺锭锭数、发电厂新增发电机组容量用千瓦表示等。

(4)以节约的原材料、燃料、动力实物量表示,适用于反映更新改造节约项目的效益。

(5)用建筑物容积、容量、面积、长度表示,是非工业项目或工程新增效益的一种表现形式。如水库容量、铁路公路里程、房屋建筑面积等。

根据工程的特点,有时需要用两种或两种以上的复合计量单位表示新增生产能力(或工程效益),如新增内燃机生产能力同时用年产台数、千瓦数表示。

**房屋施工面积** 指报告期内施工的全部房屋建筑面积。包括本期新开工的面积、上期开工跨入本期继续施工的房屋面积、以及上期已停建在本期恢复施工的房屋面积。本期竣工和本期施工后又停建缓建的房屋面积仍包括在施工面积中。

**房屋竣工面积** 指报告期内房屋建筑按照设计要求已全部完工,达到住人和使用条件,经验收鉴定合格或达到竣工验收标准,可正式移交使用的房屋建筑面积。

**房屋建筑面积竣工率** 指一定时期内房屋竣工面积占同期房屋施工面积的比率。它是从房屋建筑施工速度的角度反映投资效果的指标。

**新增固定资产** 指报告期内已经完成建造和购置过程,并已交付生产或使用单位的固定资产价值。它是表示固定资产投资成果的价值指标,也是反映建设进度,计算固定资产投资效果的重要指标。

**建设项目投产率** 指一定时期内全部建成投产项目个数与同期施工项目个数的比率。它是从建设单位项目建设速度的角度反映投资效果的指标。

**固定资产交付使用率** 指一定时期新增固定资产与同期完成投资额的比率。它是反映固定资产动用速度,衡量建设过程中宏观投资效果的一个综合指标。由于新增固定资产是较长时期内形成的结果,而投资额则是当年完成的,因此,该指标一般适宜于反映较长时期内固定资产的动用情况。

# 7 能源生产和消费

*NENGYUANSHENGCHANHEXIAOFEI*

资料整理　张　虹

**************************************************************************

# 7. 能源生产和消费

**************************************************************************

2003 年全省

| | | | | |
|---|---|---|---|---|
| 能源生产总量 | 8406.99 | 万吨标准煤 | 比上年增长 | 43.7% |
| 能源消费总量 | 3918.96 | 万吨标准煤 | 比上年增长 | 13.7% |
| 平均每天消费能源 | 10.74 | 万吨标准煤 | | |
| # 原　煤 | 10.00 | 万　　吨 | | |
| 天然气 | 500.27 | 万立方米 | | |
| 电　力 | 10785.85 | 万千瓦小时 | | |

**************************************************************************

## 能源生产及消费总量

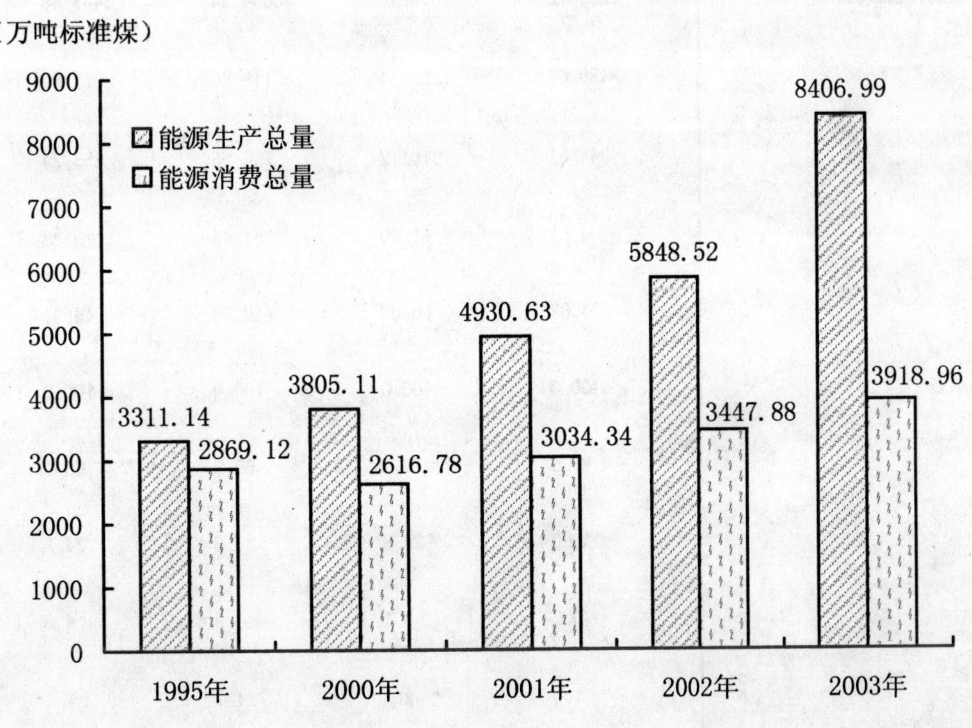

# 7-1 能源生产、消费总量及构成

| 指　　标 | 1995年 | 2000年 | 2001年 | 2002年 | 2003年 |
|---|---|---|---|---|---|
| 能源生产总量(万吨标准煤) | 3311.14 | 3805.11 | 4930.63 | 5848.52 | 8406.99 |
| 原　煤 | 3034.24 | 2696.35 | 3494.16 | 4185.31 | 5929.18 |
| 原　油 | 238.50 | 808.30 | 983.81 | 1142.08 | 1792.16 |
| 天然气 | 2.67 | 256.22 | 417.72 | 486.21 | 629.61 |
| 水　电 | 31.25 | 44.24 | 34.94 | 34.92 | 56.04 |
| 能源生产构成(%) | 100.0 | 100.0 | 100.0 | 100.0 | 100.0 |
| 原　煤 | 91.6 | 70.9 | 70.9 | 71.6 | 70.5 |
| 原　油 | 7.2 | 21.2 | 20.0 | 19.5 | 21.3 |
| 天然气 | 0.1 | 6.7 | 8.5 | 8.3 | 7.5 |
| 水　电 | 0.9 | 1.2 | 0.7 | 0.6 | 0.7 |
| 能源消费总量(万吨标准煤) | 2869.12 | 2616.78 | 3034.34 | 3447.88 | 3918.96 |
| 煤　炭 | 2480.67 | 1866.64 | 2115.80 | 2375.60 | 2785.05 |
| 石　油 | 344.61 | 610.12 | 736.25 | 855.24 | 896.79 |
| 天然气 | 4.61 | 81.00 | 131.63 | 170.13 | 221.73 |
| 电　力 | 34.83 | 59.02 | 50.66 | 46.91 | 15.39 |
| 能源消费构成(%) | 100.0 | 100.0 | 100.0 | 100.0 | 100.0 |
| 煤　炭 | 86.5 | 71.3 | 69.7 | 68.9 | 71.1 |
| 石　油 | 12.0 | 23.3 | 24.3 | 24.8 | 22.9 |
| 天然气 | 0.2 | 3.1 | 4.3 | 4.9 | 5.7 |
| 电　力 | 1.2 | 2.3 | 1.7 | 1.4 | 0.4 |

注：能源生产和消费总量均用当量热值。

# 7-2 主要能源平衡情况

(2003年)

| 指标 | 综合能源(万吨标准煤) | 原煤(万吨) | 焦炭(万吨) | 电力(亿千瓦小时) |
|---|---|---|---|---|
| **一、可供本地区消费能源** | 3918.96 | 3650.33 | 7599.68 | 12.52 |
| 年初库存 | 474.26 | 409.12 | 30.39 | |
| 一次能源生产量 | 8407.00 | 8300.68 | | 45.60 |
| 外省(区、市)调入量 | 1553.08 | 838.15 | 88.00 | 10.87 |
| 进口量 | | | | |
| 本省(区、市)调出量 | -5974.69 | -5559.62 | -165.62 | -43.95 |
| 出口量 | -111.32 | | -15.55 | |
| 年末库存 | -429.37 | -338.00 | -41.80 | |
| **二、加工转换投入(-)产出(+)量** | -1337.90 | -2510.81 | 271.19 | 409.08 |
| 火力发电 | -932.24 | -2002.26 | | 409.80 |
| 供热 | -11.16 | -90.88 | | -0.38 |
| 洗选煤 | -14.20 | -177.71 | | |
| 炼焦 | -35.19 | -103.95 | 293.46 | -0.01 |
| 炼油 | -283.92 | -0.34 | | -0.03 |
| 制气 | -51.91 | -69.65 | -22.27 | -0.30 |
| 煤制品加工 | -9.30 | -66.02 | | |
| **三、损失量** | 34.71 | | | 28.24 |
| **四、终端消费** | 2534.28 | 1139.52 | 166.61 | 393.68 |
| 农、林、牧、渔业 | 61.72 | 6.83 | | 25.83 |
| 工业 | 1482.03 | 880.37 | 165.57 | 263.86 |
| 建筑业 | 97.47 | 37.28 | 1.04 | 3.11 |
| 交通运输仓储邮电通讯业 | 292.63 | 13.00 | | 21.99 |
| 批发零售贸易业、餐饮业 | 135.76 | 8.90 | | 12.45 |
| 居民消费 | 396.83 | 185.14 | | 43.91 |
| 其他 | 67.83 | 8.00 | | 22.53 |

7-2 续表 (2003年)

| 指标 | 原油 (万吨) | 汽油 (万吨) | 煤油 (万吨) | 柴油 (万吨) | 燃料油 (万吨) |
|---|---|---|---|---|---|
| **一、可供本地区消费能源** | 869.97 | -74.85 | 28.89 | -121.18 | -61.55 |
| 年初库存 | 56.72 | 7.31 | 1.56 | 9.06 | 14.03 |
| 一次能源生产量 | 1254.49 | | | | |
| 外省(区、市)调入量 | 68.00 | 39.63 | 27.74 | 64.47 | 30.80 |
| 进口量 | | | | | |
| 本省(区、市)调出量 | -462.29 | -110.36 | -0.05 | -184.59 | -92.19 |
| 出口量 | | | | | |
| 年末库存 | -46.95 | -11.43 | -0.36 | -10.12 | -14.19 |
| **二、加工转换投入(-)产出(+)量** | -869.58 | 180.28 | 7.12 | 280.53 | 118.70 |
| 火力发电 | | | | -3.12 | |
| 供热 | | | | -0.09 | |
| 洗选煤 | | | | | |
| 炼焦 | | | | | |
| 炼油 | -869.58 | 180.28 | 7.12 | 283.74 | 118.70 |
| 制气 | | | | | |
| 煤制品加工 | | | | | |
| **三、损失量** | | | | | |
| **四、终端消费** | 0.39 | 105.43 | 36.01 | 159.35 | 57.15 |
| 农、林、牧、渔业 | | 4.00 | | 13.20 | 0.25 |
| 工业 | 0.39 | 6.12 | 1.65 | 10.49 | 43.30 |
| 建筑业 | | 5.00 | | 26.88 | 13.50 |
| 交通运输仓储邮电通讯业 | | 44.23 | 34.36 | 77.12 | 0.07 |
| 批发零售贸易业、餐饮业 | | 15.00 | | 21.76 | 0.03 |
| 居民消费 | | 26.08 | | | |
| 其他 | | 5.00 | | 9.90 | |

# 7-3 能源生产增长系数

| 指标 | 1995年 | 2000年 | 2001年 | 2002年 | 2003年 |
|---|---|---|---|---|---|
| 能源生产增长速度(%) | 14.57 | 7.99 | 29.58 | 18.62 | 43.75 |
| 电力生产增长速度(%) | 6.46 | 4.75 | 9.13 | 12.31 | 23.12 |
| 生产总值增长速度(%) | 9.0 | 9.0 | 9.1 | 9.7 | 10.9 |
| 能源生产增长系数 | 1.62 | 0.89 | 3.25 | 1.92 | 4.01 |
| 电力生产增长系数 | 0.72 | 0.53 | 1.00 | 1.27 | 2.12 |

# 7-4 平均每万人能源生产量

| 品种 | 单位 | 1995年 | 2000年 | 2001年 | 2002年 | 2003年 |
|---|---|---|---|---|---|---|
| 生产总量 | 吨标准煤 | 9425.12 | 10442.12 | 13475.35 | 15919.97 | 22786.26 |
| 原煤 | 吨 | 12091.46 | 10359.00 | 13369.04 | 15949.34 | 22498.12 |
| 原油 | 吨 | 475.22 | 1552.69 | 1882.07 | 2176.12 | 3400.16 |
| 天然气 | 万立方米 | 0.63 | 57.90 | 94.01 | 108.99 | 140.53 |
| 电力 | 万千瓦小时 | 673.96 | 776.62 | 844.07 | 930.44 | 1157.46 |

# 7-5 能源加工转换效率

| 指标 | 1995年 | 2000年 | 2001年 | 2002年 | 2003年 |
|---|---|---|---|---|---|
| 总效率(%) | 63.57 | 67.47 | 63.89 | 57.50 | 59.88 |
| 火力发电 | 30.79 | 34.02 | 33.05 | 31.41 | 35.42 |
| 供热 | 80.78 | 81.39 | 73.01 | 75.91 | 82.97 |
| 洗煤 | 91.78 | 91.15 | 88.86 | 80.69 | 90.44 |
| 炼焦 | 96.06 | 88.15 | 89.15 | 84.13 | 89.14 |
| 炼油 | 90.50 | 88.93 | 78.35 | 80.31 | 77.15 |

## 7-6 能源利用效益主要指标

| 指 标 | 单 位 | 1995年 | 2000年 | 2001年 | 2002年 | 2003年 |
|---|---|---|---|---|---|---|
| 每万元生产总值能源消费量 | 吨标煤 | 2.86 | 1.58 | 1.65 | 1.69 | 1.63 |
| 每万元工业增加值能源消费量 | 吨标煤 | 9.12 | 4.76 | 5.02 | 6.46 | 5.81 |
| 每吨能源消费实现的生产总值 | 元 | 3485.49 | 6347.72 | 6068.01 | 5904.96 | 6120.45 |
| 每吨能源消费实现的工业增加值 | 元 | 1096.00 | 2100.21 | 1993.61 | 1547.82 | 1720.75 |

## 7-7 能源消费弹性系数

| 指 标 | 1995年 | 2000年 | 2001年 | 2002年 | 2003年 |
|---|---|---|---|---|---|
| 能源消费增长速度 | 10.39 | 1.26 | 15.96 | 13.63 | 13.66 |
| 电力消费增长速度 | 1.96 | 14.90 | 9.83 | 10.71 | 10.60 |
| 生产总值增长速度 | 9.00 | 9.00 | 9.10 | 9.70 | 10.90 |
| 能源消费弹性系数 | 1.15 | 0.14 | 1.75 | 1.41 | 1.25 |
| 电力消费弹性系数 | 0.22 | 1.66 | 1.08 | 1.10 | 0.97 |

## 7-8 平均每天各种能源消费量

| 品 种 | 单 位 | 1995年 | 2000年 | 2001年 | 2002年 | 2003年 |
|---|---|---|---|---|---|---|
| 消费总量 | 万吨标煤 | 7.86 | 7.17 | 8.31 | 9.45 | 10.74 |
| 原 煤 | 万吨 | 9.73 | 7.56 | 8.34 | 9.05 | 10.00 |
| 焦 炭 | 吨 | 8307.10 | 3678.63 | 3507.95 | 4820.27 | 5174.79 |
| 原 油 | 吨 | 4206.01 | 14290.68 | 16938.63 | 19294.52 | 23834.79 |
| 燃料油 | 吨 | 770.22 | 2193.15 | 2503.84 | 3292.88 | 1565.75 |
| 汽 油 | 吨 | 2251.09 | 2835.89 | 2141.37 | 2602.74 | 2888.49 |
| 煤 油 | 吨 | 471.58 | 533.97 | 506.30 | 767.95 | 986.58 |
| 柴 油 | 吨 | 1981.42 | 2596.16 | 3262.47 | 3983.29 | 4453.70 |
| 天然气 | 万立方米 | 10.38 | 182.74 | 296.99 | 383.84 | 500.27 |
| 电 力 | 万千瓦小时 | 6548.63 | 8613.42 | 8809.32 | 9752.53 | 10785.85 |

# 7-9 平均每万元工业总产值能源消费量

(2003年)

| 行　　业 | 能源消费量 (万吨标煤) | 工业总产值 (亿元) | 产值能耗 (吨标煤/万元) |
|---|---|---|---|
| 工　业 | 2584.30 | 1497.51 | 1.73 |
| (一)采矿业 | 351.72 | 133.35 | 2.64 |
| 煤炭开采和洗选业 | 172.07 | 48.99 | 3.51 |
| 石油和天然气开采业 | 135.53 | 59.76 | 2.27 |
| 黑色金属矿采选业 | 2.93 | 1.35 | 2.17 |
| 有色金属矿采选业 | 29.90 | 22.25 | 1.34 |
| 非金属矿采选业 | 10.21 | 1.00 | 10.21 |
| (二)制造业 | 1863.40 | 1314.76 | 1.42 |
| 农副食品加工业 | 21.13 | 50.27 | 0.42 |
| 食品制造业 | 17.53 | 22.35 | 0.78 |
| 饮料制造业 | 22.54 | 27.93 | 0.81 |
| 烟草制品业 | 8.63 | 31.89 | 0.27 |
| 纺织业 | 68.79 | 48.87 | 1.41 |
| 纺织服装、鞋、帽制造业 | 0.44 | 4.03 | 0.11 |
| 皮革、毛皮、羽毛(绒)及其制品业 | 1.61 | 1.58 | 1.02 |
| 木材加工及木、竹、藤、棕、草制品业 | 2.25 | 1.81 | 1.24 |
| 家具制造业 | 0.39 | 1.52 | 0.25 |
| 造纸及纸制品业 | 47.75 | 15.67 | 3.05 |
| 印刷业和记录媒介的复制 | 6.75 | 19.85 | 0.34 |
| 文教体育用品制造业 | 0.04 | 0.09 | 0.40 |
| 石油加工、炼焦及核燃料加工业 | 345.74 | 38.71 | 8.93 |
| 化学原料及化学制品制造业 | 393.04 | 73.14 | 5.37 |
| 医药制造业 | 39.19 | 96.70 | 0.41 |
| 化学纤维制造业 | 2.00 | 0.29 | 6.89 |
| 橡胶制品业 | 4.35 | 2.55 | 1.70 |
| 塑料制品业 | 2.33 | 5.45 | 0.43 |
| 非金属矿物制品业 | 321.53 | 40.90 | 7.86 |
| 黑色金属冶炼及压延加工业 | 215.16 | 36.19 | 5.95 |
| 有色金属冶炼及压延加工业 | 104.56 | 43.71 | 2.39 |
| 金属制品业 | 16.29 | 9.25 | 1.76 |
| 通用设备制造业 | 29.87 | 64.40 | 0.46 |
| 专用设备制造业 | 37.16 | 87.33 | 0.43 |
| 交通运输设备制造业 | 67.22 | 216.36 | 0.31 |
| 电气机械及器材制造业 | 24.03 | 96.11 | 0.25 |
| 通信设备、计算机及其他电子设备制造业 | 61.02 | 251.84 | 0.24 |
| 仪器仪表及文化、办公用机械制造业 | -1.24 | 15.85 | -0.08 |
| 工艺品及其他制造业 | 3.31 | 10.12 | 0.33 |
| (三)电力、燃气及水的生产和供应业 | 369.18 | 49.40 | 7.47 |
| 电力、热力的生产和供应业 | 360.30 | 47.34 | 7.61 |
| 燃气生产和供应业 | 0.04 | 0.42 | 0.10 |
| 水的生产和供应业 | 8.83 | 1.64 | 5.39 |

注:工业总产值为1990年不变价格。

# 7-10 全省用电总量

单位：亿千瓦小时

| 指　　标 | 1995年 | 2000年 | 2001年 | 2002年 | 2003年 |
|---|---|---|---|---|---|
| 全省用电量总计 | 236.72 | 292.76 | 321.54 | 355.97 | 393.68 |
| 一、农、林、牧、渔、水利用电 | 22.84 | 22.90 | 25.11 | 26.45 | 25.84 |
| # 排灌用电 | 15.00 | 16.49 | 18.36 | 19.69 | 18.93 |
| 二、工业用电 | 165.24 | 196.00 | 211.85 | 234.60 | 263.64 |
| 轻工业 | 29.34 | 32.67 | 33.68 | 35.09 | 39.51 |
| 重工业 | 135.90 | 163.33 | 178.17 | 199.51 | 224.13 |
| # 自来水生产和供应业 | 3.58 | 2.79 | 2.41 | 2.71 | 2.76 |
| # 电力蒸汽热水生产供应业 | 42.34 | 50.37 | 55.28 | 62.31 | 63.86 |
| # 厂用电量 | 18.63 | 23.86 | 27.23 | 32.24 | 33.25 |
| # 线路损失电量 | 22.24 | 23.78 | 25.98 | 27.78 | 28.24 |
| 三、地质普查和勘探业用电 | 0.20 | 0.16 | 0.20 | 0.20 | 0.22 |
| 四、建筑业用电 | 2.24 | 2.28 | 2.82 | 2.71 | 3.11 |
| 五、交通运输、邮电通讯业 | 11.35 | 14.01 | 17.48 | 20.27 | 21.99 |
| 交通运输业 | 10.80 | 12.73 | 16.02 | 18.65 | 20.19 |
| 邮电通讯业 | 0.46 | 1.29 | 1.46 | 1.62 | 1.80 |
| 六、商业、公共饮食业、物资供销和仓储业用电 | 5.70 | 8.44 | 9.95 | 11.81 | 12.45 |
| 七、其它事业用电 | 9.44 | 15.66 | 18.38 | 20.04 | 22.53 |
| 八、城乡居民生活用电 | 19.71 | 33.31 | 35.77 | 39.89 | 43.91 |
| 乡村用电 | 7.47 | 12.00 | 12.57 | 13.84 | 15.71 |
| 城市用电 | 12.34 | 21.31 | 23.20 | 26.04 | 28.21 |

# 7-11 主要能源按行业分组消费量

(2003年)

| 行业 | 原煤(万吨) | 焦炭(万吨) | 汽油(万吨) | 柴油(万吨) | 电力(亿千瓦时) |
|---|---|---|---|---|---|
| 总计 | 3390.83 | 187.84 | 6.12 | 13.70 | 298.98 |
| 采矿业 | 270.72 | 4.07 | 1.80 | 4.95 | 26.09 |
| 煤炭开采和洗选业 | 241.09 | | 0.34 | 1.04 | 10.05 |
| 石油和天然气开采业 | 19.42 | 3.60 | 1.19 | 3.28 | 6.10 |
| 黑色金属矿采选业 | 0.46 | | 0.04 | 0.13 | 0.67 |
| 有色金属矿采选业 | 7.34 | 0.46 | 0.19 | 0.47 | 6.56 |
| 非金属矿采选业 | 2.40 | | 0.03 | 0.03 | 2.40 |
| 制造业 | 1116.27 | 186.48 | 3.97 | 4.45 | 173.09 |
| 农副食品加工业 | 15.70 | 0.02 | 0.08 | 0.08 | 2.75 |
| 食品制造业 | 16.52 | 1.16 | 0.07 | 0.07 | 0.97 |
| 饮料制造业 | 24.83 | 0.12 | 0.05 | 0.03 | 1.73 |
| 烟草制品业 | 8.13 | | 0.03 | 0.04 | 0.78 |
| 纺织业 | 34.71 | 0.01 | 0.11 | 0.05 | 11.80 |
| 纺织服装、鞋、帽制造业 | 0.31 | | 0.01 | | 0.06 |
| 皮革、毛皮、羽毛(绒)及其制品业 | 1.91 | | | | 0.07 |
| 木材加工及木、竹、藤、棕、草制品业 | 2.40 | | | | 0.15 |
| 家具制造业 | 0.04 | | 0.01 | 0.09 | 0.06 |
| 造纸及纸制品业 | 39.27 | | 0.14 | 0.03 | 5.53 |
| 印刷业和记录媒介的复制 | 1.31 | | 0.05 | 0.01 | 1.50 |
| 文教体育用品制造业 | | | | | 0.01 |
| 石油加工、炼焦及核燃料加工业 | 143.16 | | 0.04 | 0.15 | 6.82 |
| 化学原料及化学制品制造业 | 259.27 | 46.97 | 1.20 | 0.53 | 45.55 |
| 医药制造业 | 39.01 | | 0.32 | 0.06 | 2.76 |
| 化学纤维制造业 | | | | | 0.57 |
| 橡胶制品业 | 3.35 | | 0.02 | | 0.55 |
| 塑料制品业 | 0.56 | | 0.02 | 0.01 | 0.54 |

7-11 续表 (2003年)

| 行业 | 原煤 (万吨) | 焦炭 (万吨) | 汽油 (万吨) | 柴油 (万吨) | 电力 (亿千瓦时) |
|---|---|---|---|---|---|
| 非金属矿物制品业 | 342.29 | 3.31 | 0.22 | 0.80 | 19.98 |
| 黑色金属冶炼及压延加工业 | 20.06 | 129.37 | 0.11 | 0.45 | 17.24 |
| 有色金属冶炼及压延加工业 | 18.14 | 2.91 | 0.07 | 0.16 | 20.95 |
| 金属制品业 | 2.69 | 0.09 | 0.04 | 0.16 | 3.97 |
| 通用设备制造业 | 22.26 | 1.32 | 0.18 | 0.18 | 3.68 |
| 专用设备制造业 | 19.78 | 0.79 | 0.20 | 0.31 | 5.28 |
| 交通运输设备制造业 | 46.53 | 0.23 | 0.48 | 0.89 | 8.06 |
| 电气机械及器材制造业 | 21.10 | 0.05 | 0.15 | 0.03 | 2.40 |
| 通信设备、计算机及其他电子设备制造业 | 25.13 | | 0.24 | 0.29 | 8.78 |
| 仪器仪表及文化、办公用机械制造业 | 3.89 | | 0.05 | 0.01 | 0.48 |
| 工艺品及其他制造业 | 3.94 | 0.15 | 0.09 | 0.01 | 0.06 |
| 电力、燃气及水的生产和供应业 | 2003.85 | 0.89 | 0.35 | 4.30 | 99.80 |
| 电力、热力的生产和供应业 | 2003.24 | 0.89 | 0.31 | 4.29 | 97.03 |
| 燃气生产和供应业 | 0.00 | | | | 0.01 |
| 水的生产和供应业 | 0.61 | | 0.04 | 0.01 | 2.76 |
| 建筑业 | 37.28 | 1.04 | 5.00 | 26.88 | 3.11 |
| 土木工程建筑业 | 37.28 | 1.04 | 5.00 | 26.88 | 2.03 |
| 线路管道和设备安装 | | | | | 0.56 |
| 装修装饰业 | | | | | 0.52 |
| 运输邮电业 | 13.00 | | 44.23 | 77.12 | 21.99 |
| 铁路运输业 | 13.00 | | 0.75 | 7.80 | 17.32 |
| 公路运输业 | | | 42.88 | 69.27 | 1.58 |
| 管道运输业 | | | | | 0.24 |
| 水上运输业 | | | | | |
| 航空运输业 | | | 0.25 | 0.01 | 0.99 |
| 交通运输辅助业 | | | | | |
| 其他交通运输业 | | | | | |
| 邮电通信业 | | | 0.35 | 0.04 | 1.80 |

# 主要统计指标解释

**能源生产总量** 指一定时期内一次能源生产量的总和，是观察能源生产水平、规模、构成和发展速度的总量指标。一次能源生产量包括原煤、原油、天然气、水电、核能及其他动力能(如风能、地热能等)发电量，不包括低热值燃料生产量、生物质能、太阳能等的利用和由一次能源加工转换而成的二次能源产量。

**能源消费总量** 指一定时期内物质生产部门、非物质生产部门和生活消费的各种能源的总和，是观察能源消费水平、构成和增长速度的总量指标。能源消费总量包括原煤和原油及其制品、天然气、电力，不包括低热值燃料、生物质能和太阳能等的利用。能源消费总量分为终端能源消费量、能源加工转换损失量和损失量三部分。

(1)终端能源消费量：指一定时期内生产和生活消费的各种能源在扣除了用于加工转换二次能源消费量和损失量以后的数量。

(2)能源加工转换损失量：指一定时期内投入加工转换的各种能源数量之和与产出各种能源产品之和的差额，是观察能源在加工转换过程中损失量变化的指标。

(3)能源损失量：指一定时期内能源在输送、分配、储存过程中发生的损失和由客观原因造成的各种损失量，不包括各种气体能源放空、放散量。

**能源生产弹性系数** 是研究能源生产增长速度与国民经济增长速度之间关系的指标。计算公式为：

能源生产弹性系数 = 能源生产总量年平均增长速度/国民经济年平均增长速度

国民经济年平均增长速度，可根据不同的目的或需要，用国民生产总值、国内生产总值等指标来计算，本年鉴是采用生产总值指标计算的。

**电力生产弹性系数** 是研究电力生产增长速度与国民经济增长速度之间关系的指标。一般来说，电力的发展应当快于国民经济的发展，也就是说电力应超前发展。计算公式为：

电力生产弹性系数 = 电力生产量年平均增长速度/国民经济年平均增长速度

**能源消费弹性系数** 是反映能源消费增长速度与国民经济增长速度之间比例关系的指标。计算公式为：

能源消费弹性系数 = 能源消费量年平均增长速度/国民经济年平均增长速度

**电力消费弹性系数** 反映电力消费增长速度与国民经济增长速度之间比例关系的指标。计算公式为：

电力消费弹性系数 = 电力消费量年平均增长速度/国民经济年平均增长速度

**能源加工转换效率** 指一定时期内能源经过加工、转换后，产出的各种能源产品的数量与同期内投入加工转换的各种能源数量的比率。它是观察能源加工转换装置和生产工艺先进与落后、管理水平高低等的重要指标。计算公式为：

能源加工转换效率 = 能源加工转换产出量/能源加工转换投入量 × 100%

# 8 财 政

*CAIZHENG*

资料整理 张红霞

****************************************

# 8. 财　政

****************************************

2003 年全省

| | | |
|---|---|---|
| 财政收入 | 326.94 亿元 | 比上年增长 29.6% |
| # 地方财政收入 | 177.33 亿元 | 比上年增长 18.0% |
| 财政支出 | 418.20 亿元 | 比上年增长 3.3% |

****************************************

## 财　政　收　支

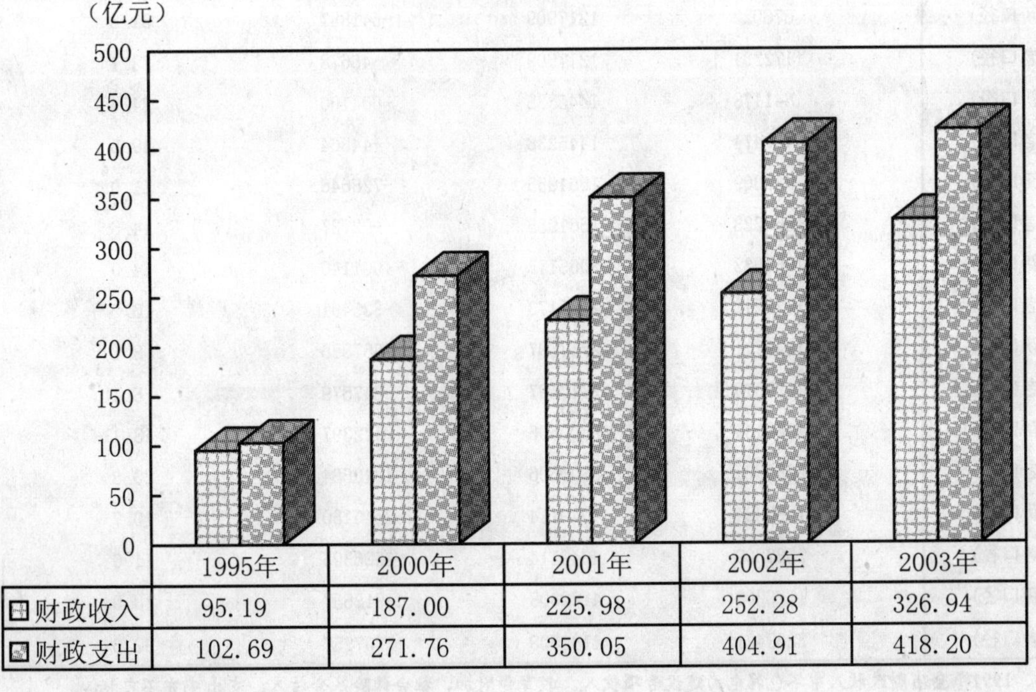


| | 1995年 | 2000年 | 2001年 | 2002年 | 2003年 |
|---|---|---|---|---|---|
| 财政收入 | 95.19 | 187.00 | 225.98 | 252.28 | 326.94 |
| 财政支出 | 102.69 | 271.76 | 350.05 | 404.91 | 418.20 |

# 8-1 财政收支总额

单位：万元

| 年 份 | 财政收入 | 财政支出 | 收支差额 | 比上年增长% | |
|---|---|---|---|---|---|
| | | | | 财政收入 | 财政支出 |
| 1978 | 197587 | 183026 | 14561 | 31.5 | 32.4 |
| 1979 | 168010 | 195617 | -27607 | -15.0 | 6.9 |
| 1980 | 158105 | 182837 | -24732 | -5.9 | -6.5 |
| 1981 | 134538 | 163887 | -29349 | -14.9 | -10.4 |
| 1982 | 135622 | 172993 | -37371 | 0.8 | 5.6 |
| 1983 | 145407 | 188076 | -42669 | 7.2 | 8.7 |
| 1984 | 153124 | 227471 | -74347 | 5.3 | 20.9 |
| 1985 | 202967 | 275007 | -72040 | 32.6 | 20.9 |
| 1986 | 240907 | 355931 | -115024 | 18.7 | 29.4 |
| 1987 | 281805 | 378051 | -96246 | 17.0 | 6.2 |
| 1988 | 338788 | 445835 | -107047 | 20.2 | 17.9 |
| 1989 | 389603 | 507870 | -118267 | 15.0 | 13.9 |
| 1990 | 411901 | 539062 | -127161 | 5.7 | 6.1 |
| 1991 | 451391 | 582781 | -131390 | 9.6 | 8.1 |
| 1992 | 509539 | 652654 | -143115 | 12.9 | 12.0 |
| 1993 | 628982 | 753985 | -125003 | 23.4 | 15.5 |
| 1994(新口径) | 425886 | 855158 | -429272 | 41.0 | 13.4 |
| 1994(老口径) | 833111 | 855158 | -22047 | 32.5 | 13.4 |
| 1995(新口径) | 513011 | 1026917 | -513906 | 20.5 | 20.1 |
| 1995(老口径) | 951946 | 1026917 | -74971 | 14.3 | 20.1 |
| 1996(新口径) | 676022 | 1217909 | -541887 | 31.8 | 18.6 |
| 1996(老口径) | 1172231 | 1217909 | -45678 | 23.1 | 18.6 |
| 1997(新口径) | 841178 | 1445338 | -604160 | 24.4 | 18.7 |
| 1997(老口径) | 1400474 | 1445338 | -44864 | 19.5 | 18.7 |
| 1998(新口径) | 933309 | 1661955 | -728646 | 11.0 | 17.5 |
| 1998(老口径) | 1569228 | 1661955 | -92727 | 14.6 | 17.5 |
| 1999(新口径) | 1064033 | 2065173 | -1001140 | 14.0 | 24.3 |
| 1999(老口径) | 1729712 | 2065173 | -335461 | 10.2 | 24.3 |
| 2000(新口径) | 1149711 | 2717597 | -1567886 | 8.1 | 31.6 |
| 2000(老口径) | 1870019 | 2717597 | -847579 | 8.1 | 31.6 |
| 2001(新口径) | 1358109 | 3500506 | -2142397 | 18.1 | 28.8 |
| 2001(老口径) | 2259822 | 3500506 | -1240684 | 20.8 | 28.8 |
| 2002(新口径) | 1502934 | 4049114 | -2546180 | 10.7 | 15.7 |
| 2002(老口径) | 2522809 | 4049114 | -1526305 | 11.6 | 15.7 |
| 2003(新口径) | 1773300 | 4182008 | -912587 | 18.0 | 3.3 |
| 2003(老口径) | 3269421 | 4182008 | -1207257 | 29.6 | 3.3 |

注：1.1990、1991年全省财政收入中不包括电力建设专项收入、教育费附加、社会保险基金收入；支出中亦不包括。

2.因1994年开始实行分税制，故1994以后财政收入分别按实行分税制前后两个口径计算。

# 8-2 地方财政分项目收支

单位：万元

| 指 标 | 2000年 | 2001年 | 2002年 | 2003年 |
|---|---|---|---|---|
| 地方财政收入 | 1149711 | 1358109 | 1502934 | 1773300 |
| #增值税 | 189980 | 233318 | 264657 | 316393 |
| 营业税 | 317014 | 334989 | 401876 | 510441 |
| 企业所得税 | 116123 | 207586 | 139069 | 127942 |
| 个人所得税 | 44466 | 73119 | 74085 | 68506 |
| 资源税 | 13046 | 13592 | 21450 | 26337 |
| 城市维护建设税 | 71585 | 80401 | 104725 | 122833 |
| 农业税 | 39320 | 25010 | 71206 | 66480 |
| 农业特产税 | 73438 | 71794 | 45862 | 42066 |
| 牧业税 | 14 | 2 | 107 | 5 |
| 行政性收费收入 | 45401 | 48210 | 65834 | 102627 |
| 罚没收入 | 59881 | 70609 | 79259 | 74630 |
| 地方财政支出 | 2717597 | 3500506 | 4049114 | 4182008 |
| #基本建设支出 | 414083 | 503090 | 604576 | 462523 |
| 企业挖潜改造资金 | 67498 | 82158 | 72269 | 93786 |
| 科技三项费用 | 25926 | 22773 | 216262 | 28706 |
| 农业支出 | | | | 141922 |
| 林业支出 | | | | 83160 |
| 水利和气象支出 | | | | 65651 |
| 工业交通部门事业费 | 43863 | 51524 | 63880 | 80227 |
| 流通部门事业费 | 9090 | 10440 | 10708 | 11951 |
| 文体广播事业费 | 76041 | 92392 | 110248 | 121122 |
| 教育事业费 | 384560 | 523579 | 609980 | 663304 |
| 科学事业费 | 14902 | 16892 | 17420 | 17968 |
| 医疗卫生支出 | 82890 | 114542 | 144760 | 167206 |
| 抚恤和社会福利救济费 | 56709 | 71961 | 114775 | 155448 |
| 社会保障补助支出 | 250022 | 314003 | 404782 | 413506 |
| 行政管理费 | 276547 | 353754 | 417667 | 469146 |
| 城市维护费 | 73820 | 115985 | 111124 | 152771 |
| 政策性补贴支出 | 53876 | 78456 | 50331 | 53043 |
| 支援不发达地区支出 | 51091 | 84455 | 65508 | 68647 |

# 8-3 各市县财政收支

（2003年）

单位：万元

| 地 区 | 财政收入 | 财政支出 | 收支差额 |
|---|---|---|---|
| 西安市 | 648037 | 723723 | -75686 |
| 市本级 | 311002 | 385877 | -74875 |
| 新城区 | 53980 | 32951 | 21029 |
| 碑林区 | 60148 | 38180 | 21968 |
| 莲湖区 | 63673 | 37429 | 26244 |
| 雁塔区 | 38144 | 31412 | 6732 |
| 灞桥区 | 18396 | 22389 | -3993 |
| 未央区 | 23008 | 26595 | -3587 |
| 阎良区 | 13100 | 15928 | -2828 |
| 长安区 | 21131 | 35793 | -14662 |
| 临潼区 | 14329 | 24701 | -10372 |
| 蓝田县 | 7540 | 19255 | -11715 |
| 周至县 | 5487 | 18801 | -13314 |
| 户 县 | 11951 | 21462 | -9511 |
| 高陵县 | 6148 | 12950 | -6802 |
| 铜川市 | 21521 | 52861 | -31340 |
| 市本级 | 10860 | 22038 | -11178 |
| 王益区 | 1602 | 4538 | -2936 |
| 印台区 | 2008 | 6980 | -4972 |
| 耀洲区 | 5618 | 12096 | -6478 |
| 宜君县 | 1433 | 7209 | -5776 |
| 宝鸡市 | 106224 | 181598 | -75374 |
| 市本级 | 47401 | 58852 | -11451 |
| 渭滨区 | 9337 | 12214 | -2877 |
| 金台区 | 8061 | 11039 | -2978 |
| 陈仓区 | 9208 | 15573 | -6365 |
| 凤翔县 | 6725 | 15489 | -8764 |
| 岐山县 | 6200 | 13245 | -7045 |
| 扶风县 | 4262 | 11458 | -7196 |
| 眉 县 | 4170 | 10988 | -6818 |
| 陇 县 | 3528 | 8947 | -5419 |
| 千阳县 | 1814 | 6337 | -4523 |
| 麟游县 | 929 | 4746 | -3817 |
| 凤 县 | 3653 | 7806 | -4153 |
| 太白县 | 936 | 4904 | -3968 |
| 咸阳市 | 121813 | 233736 | -111923 |
| 市本级 | 36282 | 54873 | -18591 |
| 秦都区 | 14286 | 15831 | -1545 |
| 渭城区 | 12641 | 14882 | -2241 |

注：本表财政收入为一般预算收入。

8-3 续表1　　（2003年）　　单位：万元

| 地　　区 | 财政收入 | 财政支出 | 收支差额 |
|---|---|---|---|
| 三原县 | 6857 | 16409 | -9552 |
| 泾阳县 | 7038 | 15767 | -8729 |
| 乾　县 | 7870 | 16565 | -8695 |
| 礼泉县 | 6989 | 17362 | -10373 |
| 永寿县 | 2689 | 8493 | -5804 |
| 彬　县 | 5218 | 14326 | -9108 |
| 长武县 | 2568 | 8122 | -5554 |
| 旬邑县 | 3855 | 11335 | -7480 |
| 淳化县 | 3903 | 9005 | -5102 |
| 武功县 | 3590 | 13451 | -9861 |
| 兴平市 | 8027 | 17315 | -9288 |
| **渭南市** | **80303** | **201819** | **-121516** |
| 市本级 | 9292 | 33539 | -24247 |
| 临渭区 | 9844 | 21490 | -11646 |
| 华　县 | 4029 | 13159 | -9130 |
| 潼关县 | 4505 | 6889 | -2384 |
| 大荔县 | 6597 | 18838 | -12241 |
| 合阳县 | 4744 | 13665 | -8921 |
| 澄城县 | 4900 | 14952 | -10052 |
| 蒲城县 | 9803 | 19649 | -9846 |
| 白水县 | 4218 | 12077 | -7859 |
| 富平县 | 6743 | 19461 | -12718 |
| 韩城市 | 11505 | 17690 | -6185 |
| 华阴市 | 4123 | 10410 | -6287 |
| **延安市** | **201198** | **324718** | **-123520** |
| 市本级 | 81452 | 95288 | -13836 |
| 宝塔区 | 19635 | 28082 | -8447 |
| 延长县 | 3587 | 11671 | -8084 |
| 延川县 | 8067 | 16118 | -8051 |
| 子长县 | 9817 | 21536 | -11719 |
| 安塞县 | 13058 | 22471 | -9413 |
| 志丹县 | 23110 | 32534 | -9424 |
| 吴旗县 | 16263 | 23629 | -7366 |
| 甘泉县 | 8456 | 14747 | -6291 |
| 富　县 | 2722 | 12277 | -9555 |
| 洛川县 | 5702 | 13852 | -8150 |
| 宜川县 | 1655 | 9211 | -7556 |
| 黄龙县 | 736 | 7605 | -6869 |
| 黄陵县 | 6938 | 15697 | -8759 |
| **汉中市** | **63747** | **185452** | **-121705** |
| 市本级 | 3621 | 36803 | -33182 |
| 汉台区 | 18308 | 22998 | -4690 |
| 南郑县 | 9501 | 20648 | -11147 |
| 城固县 | 7083 | 18081 | -10998 |
| 洋　县 | 3972 | 14603 | -10631 |

8-3 续表2 （2003年） 单位：万元

| 地 区 | 财政收入 | 财政支出 | 收支差额 |
| --- | --- | --- | --- |
| 西乡县 | 3950 | 14020 | -10070 |
| 勉 县 | 5574 | 14005 | -8431 |
| 宁强县 | 3675 | 13390 | -9715 |
| 略阳县 | 4579 | 11248 | -6669 |
| 镇巴县 | 2220 | 11345 | -9125 |
| 留坝县 | 864 | 4556 | -3692 |
| 佛坪县 | 400 | 3755 | -3355 |
| **榆林市** | **123505** | **255542** | **-132037** |
| 市本级 | 32576 | 40745 | -8169 |
| 榆阳区 | 7539 | 19776 | -12237 |
| 神木县 | 34210 | 39760 | -5550 |
| 府谷县 | 12113 | 20948 | -8835 |
| 横山县 | 3881 | 14026 | -10145 |
| 靖边县 | 14953 | 25239 | -10286 |
| 定边县 | 11365 | 24260 | -12895 |
| 绥德县 | 2004 | 15202 | -13198 |
| 米脂县 | 909 | 11608 | -10699 |
| 佳 县 | 943 | 12603 | -11660 |
| 吴堡县 | 711 | 6774 | -6063 |
| 清涧县 | 1181 | 11478 | -10297 |
| 子洲县 | 1120 | 13123 | -12003 |
| **安康市** | **40489** | **147296** | **-106807** |
| 市本级 | 5813 | 17845 | -12032 |
| 汉滨区 | 10802 | 32747 | -21945 |
| 汉阴县 | 2860 | 11826 | -8966 |
| 石泉县 | 2223 | 9190 | -6967 |
| 宁陕县 | 871 | 6890 | -6019 |
| 紫阳县 | 2349 | 12564 | -10215 |
| 岚皋县 | 1922 | 9554 | -7632 |
| 平利县 | 2528 | 10813 | -8285 |
| 镇坪县 | 754 | 5182 | -4428 |
| 旬阳县 | 7608 | 19779 | -12171 |
| 白河县 | 2759 | 10906 | -8147 |
| **商洛市** | **29315** | **119781** | **-90466** |
| 市本级 | 2924 | 16052 | -13128 |
| 商州市 | 5729 | 18629 | -12900 |
| 洛南县 | 5052 | 19474 | -14422 |
| 丹凤县 | 3021 | 12768 | -9747 |
| 商南县 | 3106 | 12333 | -9227 |
| 山阳县 | 3354 | 16222 | -12868 |
| 镇安县 | 3621 | 14215 | -10594 |
| 柞水县 | 2508 | 10088 | -7580 |
| 杨凌示范区 | 7601 | 15573 | -7972 |
| 区本级 | 4386 | 8502 | -4116 |
| 杨陵区 | 3215 | 7071 | -3856 |

# 主要统计指标解释

**财政收入** 指国家财政参与社会产品分配所取得的收入，是实现国家职能的财力保证。财政收入，目前主要包括：

(1)各项税收：包括增值税、营业税、消费税、土地增值税、城市维护建设税、资源税、城市土地使用税、个人所得税、企业所得税、关税、证券交易印花税、车辆购置税、农牧业税和耕地占用税等。

(2)专项收入：包括排污费收入、城市水资源费收入、矿产资源补偿费收入、教育费附加收入等。

(3)其他收入：包括利息收入、基本建设贷款归还收入、基本建设收入、捐赠收入等。

(4)国有企业亏损补贴：这项为负收入，冲减财政收入。主要包括对工业企业、商业企业、粮食企业的补贴。

**财政支出** 国家财政将筹集起来的资金进行分配使用，以满足经济建设和各项事业的需要，主要包括：基本建设支出，企业挖潜改造资金，地质勘探费用，科技三项费用、农林水利气象等部门的事业费用、工业交通商业等部门的事业费、文教科学卫生事业费、抚恤和社会福利救济费、行政事业单位离退休支出、社会保障补助支出、国防支出、行政管理费、政策性补贴支出和债务利息支出等。

(1)基本建设支出：指按国家有关规定，属于基本建设范围内的基本建设有偿使用、拨款、资本金支出以及经国家批准对专项和政策性基建投资贷款，在部门的基建投资额中统筹支付的贴息支出。

(2)企业挖潜改造资金：指国家预算内拨给的用于企业挖潜、革新和改造方面的资金。包括各部门企业挖潜改造资金和企业挖潜改造贷款资金，为农业服务的县办“五小”企业技术改造补助，挖潜改造贷款利息支出。

(3)地质勘探费用：指国家预算用于地质勘探单位的勘探工作费用，包括地质勘探管理机构及其事业单位经费、地质勘探经费。

(4)科技三项费用：指国家预算用于科技支出的费用，包括新产品试制费、中间试验费、重要科学研究补助费。

(5)农林水利气象等部门的事业费用：指国家财政用于农垦、农场、农业、畜牧、农机、林业、森工、水利、水产、气象、乡镇企业的技术推广、良种推广(示范)、动植物(畜禽、森林)保护、水质监测、勘探设计、资源调查、干部训练等项费用，园艺特产场补助费，中等专业学校经费，飞播牧草试验补助费，营林机构、气象机构经费，渔政费以及农业管理事业费等。

(6)工业交通商业等部门的事业费：指国家预算支付给工交商各部门用于事业发展的经费，包括勘探设计费、中等专业学校经费、技术学校经费、干部训练费。

(7)文教科学卫生事业费：指国家预算用于文化、出版、文物、教育、卫生、中医、公费医疗、体育、档案、地震、海洋、通讯、电影电视、计划生育、党政群干部训练、自然科学、社会科学、科协等项事业的人员和公用经费支出以及高技术研究专项经费。主要包括工资、补助工资、福利费、离退休费、助学金、公务费、设备购置费、修缮费、业务费、差额补助费。

(8)抚恤和社会福利救济费：指国家预算用于抚恤和社会福利救济事业的经费。包括由民政部门开支的烈士家属和牺牲病残人员家属的一次性、定期抚恤金，革命伤残人员的抚恤金，各种伤残补助费，烈军属、复员退伍军人生活补助费，退伍军人安置费，优抚事业单位经费，烈士纪念建筑物管理、维修费，自然灾害救济事业费和特大自然灾害灾后重建补助费等。

(9)社会保障补助支出：指国家预算用于社会保障的补助支出，包括对社会保险基金的补助、促进就业补助、国有企业下岗职工补助、补充全国社会保障基金等。

(10)国防支出：指国家预算用于国防建设和保卫国家安全的支出，包括国防费、国防科研事业费、民兵建设以及专项工程支出等。

(11)行政管理费：包括行政管理支出，党派团体补助支出，外交支出，公安安全支出，司法支出，法院支出，检察院支出和公检法办案费用补助。

(12)政策性补贴支出：指经国家批准，由国家财政拨给的用于粮棉油等产品的价格补贴支出。主要包括粮、棉、油差价补贴，平抑物价和储备粮补贴，粮食风险基金，副食品风险基金等。

**中央财政收入和地方财政收入** 指按现行分税制财政体制划分的中央本级收入和地方本级收入。1994 年实行分税制财政体制以后，属于中央财政的收入包括关税、海关代征消费税和增值税，消费税，中央企业所得税，地方银行和外资银行及非银行金融企业所得税，铁道部门、各银行总行、各保险总公司等集中缴纳的营业税、利润和城市维护建设税，车辆购置税、船舶吨税、增值税的 75%部分，证券交易税(印花税)94%部分，个人所得税中的利息所得税，利息所得税之外的个人所得税中央分享部分，海洋石油资源税。属于地方财政的收入包括营业税，地方企业所得税，利息所得税之外的个人所得税地方分享的部分，城镇土地使用税，固定资产投资方向调节税，城镇维护建设税，房产税，车船使用税，印花税，屠宰税，农牧业税，农业特产税，耕地占用税，契税，土地增值税、国有土地有偿使用收入、增值税 25%部分，证券交易税(印花税)6%部分和除海洋石油资源税以外的其他资源税。

**中央财政支出和地方财政支出** 财政支出按照政府在经济和社会活动中的不同职权，划分为中央财政支出和地方财政支出。中央财政支出包括国防支出，武装警察部队支出，中央级行政管理费和各项事业费，重点建设支出以及中央政府调整国民经济结构、协调地区发展、实施宏观调控的支出。地方财政支出主要包括地方行政管理和各项事业费，地方统筹的基本建设、技术改造支出、城市维护和建设经费等。

# 9 物价指数

*WUJIAZHISHU*

资料整理　　肖智莉　姚小青

************************************************************************

# 9. 物价指数

************************************************************************

2003 年全省

| | |
|---|---|
| 商品零售价格指数(上年=100) | 100.5 |
| # 城　市 | 100.2 |
| 居民消费价格指数(上年=100) | 101.7 |
| # 城　市 | 100.8 |

************************************************************************

## 物　价　指　数

（上年=100）

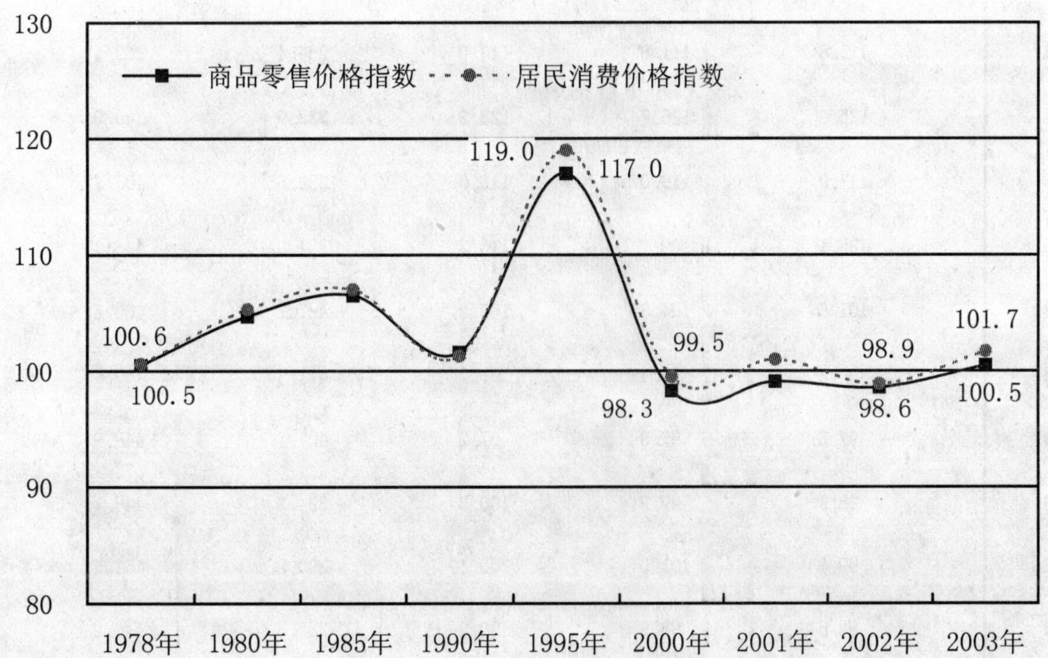

# 9-1 商品零售价格和居民消费价格指数

| 年 份 | 上年价格=100 | | | 1978年价格=100 | | |
|---|---|---|---|---|---|---|
| | 商品零售价格指数 | 居民消费价格指数 | # 城市居民 | 商品零售价格指数 | 居民消费价格指数 | # 城市居民 |
| 1979 | 101.6 | 101.7 | 101.4 | 101.6 | 101.7 | 101.4 |
| 1980 | 104.7 | 105.3 | 105.4 | 106.4 | 107.1 | 106.9 |
| 1981 | 103.0 | 103.6 | 103.6 | 109.6 | 111.0 | 110.7 |
| 1982 | 101.0 | 101.4 | 100.4 | 110.7 | 112.6 | 111.7 |
| 1983 | 101.5 | 101.5 | 102.2 | 112.4 | 114.3 | 113.5 |
| 1984 | 103.9 | 103.0 | 103.4 | 116.8 | 117.7 | 117.4 |
| 1985 | 106.5 | 107.0 | 107.6 | 124.4 | 125.9 | 126.3 |
| 1986 | 105.2 | 106.0 | 106.6 | 130.9 | 133.5 | 134.6 |
| 1987 | 108.6 | 108.6 | 109.2 | 142.2 | 145.0 | 147.0 |
| 1988 | 119.0 | 119.1 | 120.1 | 169.2 | 172.7 | 176.5 |
| 1989 | 118.8 | 118.3 | 117.6 | 201.0 | 204.3 | 207.6 |
| 1990 | 101.6 | 101.3 | 102.6 | 204.2 | 207.0 | 213.0 |
| 1991 | 105.8 | 106.0 | 107.3 | 216.0 | 219.4 | 228.5 |
| 1992 | 109.5 | 109.7 | 111.2 | 236.5 | 240.7 | 254.1 |
| 1993 | 111.8 | 111.8 | 114.0 | 264.4 | 269.1 | 289.7 |
| 1994 | 125.9 | 126.7 | 128.2 | 332.9 | 340.9 | 371.4 |
| 1995 | 117.0 | 119.0 | 118.0 | 389.5 | 405.7 | 438.3 |
| 1996 | 108.1 | 109.7 | 110.3 | 421.0 | 445.1 | 483.4 |
| 1997 | 101.6 | 104.8 | 105.2 | 427.7 | 466.5 | 508.6 |
| 1998 | 96.2 | 98.4 | 97.7 | 411.4 | 459.0 | 496.9 |
| 1999 | 97.5 | 97.8 | 97.2 | 401.1 | 448.9 | 483.0 |
| 2000 | 98.3 | 99.5 | 100.3 | 394.3 | 446.7 | 484.4 |
| 2001 | 99.1 | 101.0 | 100.1 | 390.8 | 451.2 | 484.9 |
| 2002 | 98.6 | 98.9 | 98.2 | 385.3 | 446.2 | 476.2 |
| 2003 | 100.5 | 101.7 | 100.8 | 387.2 | 453.8 | 480.0 |

# 9-2 商品零售价格分类指数

（2003年，上年价格=100）

| 类别 | 全省 | 城市 | 农村 |
|---|---|---|---|
| 商品零售价格总指数 | 100.5 | 100.2 | 101.0 |
| 一、食品类 | 105.2 | 105.1 | 105.8 |
| 1.粮食 | 104.9 | 104.7 | 105.3 |
| 2.淀粉及薯类 | 101.3 | 102.3 | 100.9 |
| 3.干豆类及豆制品 | 106.9 | 107.2 | 107.4 |
| 4.油脂 | 110.3 | 111.5 | 108.9 |
| 5.肉禽及其制品 | 104.5 | 103.7 | 106.1 |
| (1)食用畜肉及副产品 | 107.0 | 105.9 | 109.7 |
| (2)禽 | 99.7 | 98.5 | 102.0 |
| (3)肉禽加工制品 | 99.3 | 99.2 | 99.0 |
| 6.蛋 | 98.0 | 98.4 | 97.0 |
| 7.水产品 | 100.4 | 100.1 | 102.0 |
| (1)鱼 | 100.8 | 100.6 | 102.2 |
| (2)其它水产品 | 98.9 | 98.4 | 101.3 |
| 8.菜 | 129.9 | 133.5 | 128.4 |
| 9.调味品 | 99.6 | 99.6 | 99.5 |
| 10.糖 | 98.0 | 100.6 | 95.6 |
| 11.干鲜瓜果 | 99.1 | 98.4 | 101.1 |
| 12.糕点饼干面包 | 99.3 | 99.0 | 99.9 |
| 13.奶及奶制品 | 100.2 | 99.9 | 100.7 |
| 14.在外用膳食品 | 99.8 | 99.8 | 99.7 |
| 15.其它食品 | 99.9 | 98.1 | 101.2 |
| 二、饮料、烟酒 | 99.8 | 99.6 | 100.2 |
| 1.茶及饮料 | 99.7 | 99.8 | 99.6 |
| (1)茶叶 | 101.3 | 100.5 | 101.6 |
| (2)饮料 | 98.8 | 99.4 | 98.3 |
| 2.烟草 | 99.4 | 98.9 | 99.8 |
| 3.酒 | 100.6 | 100.0 | 101.3 |
| 三、服装、鞋帽类 | 99.8 | 99.4 | 100.5 |
| 1.服装 | 98.4 | 97.0 | 100.6 |
| (1)男式服装 | 97.7 | 95.6 | 100.3 |
| (2)女式服装 | 98.4 | 97.3 | 100.7 |
| (3)儿童服装 | 100.5 | 100.4 | 101.0 |
| 2.鞋袜帽 | 102.6 | 104.3 | 99.8 |
| (1)鞋 | 102.3 | 104.0 | 99.7 |
| (2)袜子 | 105.8 | 108.4 | 99.8 |
| (3)帽子 | 100.3 | 100.1 | 100.4 |
| 3.其它 | 99.7 | 97.0 | 103.5 |

9-2 续表　　(2003年，上年价格=100)

| 类别 | 全省 | 城市 | 农村 |
|---|---|---|---|
| 四、纺织品类 | 100.8 | 102.0 | 98.4 |
| 1.衣着材料 | 98.2 | 99.5 | 97.8 |
| 2.床上用品 | 102.1 | 102.9 | 99.1 |
| 五、家用电器及音像器材 | 93.0 | 92.8 | 92.9 |
| 1.家庭设备 | 96.2 | 96.5 | 95.0 |
| 2.文娱用耐用消费品 | 87.5 | 84.8 | 90.4 |
| 3.音像器材类 | 99.1 | 99.4 | 95.7 |
| 六、文化办公用品 | 98.5 | 97.9 | 99.3 |
| 七、日用品 | 98.3 | 98.2 | 98.5 |
| 1.日用百货 | 98.6 | 98.7 | 98.4 |
| 2.日用杂品 | 101.2 | 103.6 | 99.4 |
| 3.洗涤用品 | 97.0 | 95.5 | 98.0 |
| 4.其它日用品 | 98.0 | 97.8 | 98.8 |
| 八、体育娱乐用品 | 97.1 | 97.6 | 95.0 |
| 1、体育用品 | 99.0 | 99.8 | 97.0 |
| 2、娱乐用品 | 95.7 | 96.1 | 93.0 |
| 九、交通、通信用品 | 92.4 | 95.6 | 88.4 |
| 1、交通运输机械 | 97.6 | 98.8 | 95.5 |
| 2、通讯器材类 | 82.2 | 82.1 | 82.4 |
| 十、家具 | 93.9 | 92.0 | 97.4 |
| 十一、化妆品类 | 99.7 | 99.7 | 99.7 |
| 十二、金银珠宝类 | 106.8 | 103.8 | 113.7 |
| 十三、中西药品及医疗保健用品类 | 95.7 | 92.9 | 101.8 |
| 1.医疗器具及用品 | 109.6 | 105.3 | 114.9 |
| 2.中药材及中成药 | 105.1 | 102.8 | 109.7 |
| 3.西药 | 88.6 | 85.5 | 96.1 |
| 4.保健器具及用品 | 97.7 | 96.3 | 98.3 |
| 十四、书报杂志及电子出版物类 | 97.3 | 96.9 | 97.8 |
| 1.教材及参考书 | 94.5 | 93.8 | 95.6 |
| 2.书报杂志 | 99.5 | 99.3 | 100.0 |
| 3.电子音像制品 | 99.5 | 99.7 | 98.7 |
| 十五、燃料类 | 109.9 | 108.8 | 110.6 |
| 1、煤炭及制品类 | 101.6 | 101.8 | 101.6 |
| 2、石油及制品类 | 112.1 | 109.8 | 113.9 |
| 十六、建筑材料及五金电料类 | 99.9 | 99.6 | 100.4 |
| 1、建筑装璜材料 | 99.8 | 99.5 | 100.6 |
| 2、五金电料类 | 100.0 | 99.9 | 100.0 |

# 9-3 居民消费价格分类指数

（2003年，上年价格=100）

| 类　　别 | 全　省 | 城　市 | 农　村 |
|---|---|---|---|
| 居民消费价格总指数 | 101.7 | 100.8 | 103.5 |
| 非食品价格指数 | 100.1 | 98.6 | 103.1 |
| 服务项目价格指数 | 102.4 | 99.4 | 108.9 |
| 扣除鲜菜鲜果总指数 | 100.7 | 99.6 | 102.9 |
| 消费品价格指数 | 101.4 | 101.3 | 101.5 |
| 一、食品 | 105.2 | 105.5 | 104.6 |
| 1.粮食 | 105.0 | 104.9 | 105.0 |
| 2.淀粉及薯类 | 101.9 | 102.2 | 101.2 |
| 3.干豆类及豆制品 | 108.3 | 107.7 | 109.9 |
| 4.油脂 | 110.3 | 112.7 | 107.7 |
| 5.肉禽及其制品 | 103.9 | 104.0 | 103.5 |
| (1)食用畜肉及副产品 | 106.4 | 106.0 | 108.2 |
| (2)禽 | 98.9 | 98.4 | 100.0 |
| (3)肉禽加工制品 | 100.0 | 99.5 | 100.5 |
| 6.蛋 | 98.1 | 98.4 | 97.4 |
| 7.水产品 | 100.5 | 99.9 | 102.9 |
| (1)鱼 | 100.7 | 99.9 | 103.2 |
| (2)其它水产品 | 100.0 | 99.8 | 101.8 |
| 8.菜 | 133.0 | 136.9 | 123.5 |
| 9.调味品 | 98.6 | 98.6 | 98.6 |
| 10.糖 | 98.4 | 100.0 | 96.0 |
| 11.茶及饮料 | 99.9 | 100.2 | 98.0 |
| (1)茶　　叶 | 99.5 | 99.6 | 99.3 |
| (2)饮　　料 | 99.9 | 100.4 | 97.2 |
| 12.干鲜瓜果 | 98.8 | 98.6 | 99.6 |
| 13.糕点饼干面包 | 98.8 | 98.7 | 99.5 |
| 14.奶及奶制品 | 99.8 | 99.8 | 100.3 |
| 15.在外用膳食品 | 100.5 | 100.7 | 100.1 |
| 16.其它食品及食品加工服务 | 99.2 | 98.1 | 100.9 |
| 二、烟酒及用品 | 99.6 | 99.4 | 99.7 |
| 1.烟草 | 99.3 | 98.9 | 99.6 |
| 2.酒 | 100.0 | 100.1 | 100.0 |
| 3.吸烟饮酒用品 | 99.8 | 99.9 | 99.5 |
| 三、衣着 | 99.0 | 99.3 | 98.5 |
| 1.服装 | 97.8 | 97.5 | 98.5 |
| (1)男式服装 | 97.3 | 96.7 | 99.1 |
| (2)女式服装 | 97.4 | 97.6 | 97.1 |
| (3)儿童服装 | 99.9 | 100.3 | 99.6 |
| 2.衣着材料 | 98.7 | 98.6 | 98.9 |
| 3.鞋袜帽 | 102.0 | 104.1 | 98.4 |
| (1)鞋 | 102.1 | 103.9 | 98.2 |
| (2)袜子 | 101.6 | 107.3 | 98.4 |
| (3)帽子 | 100.6 | 99.9 | 100.8 |
| 4.衣着加工服务 | 99.7 | 99.8 | 99.4 |

9-3 续表

(2003年，上年价格=100)

| 类　　别 | 全　省 | 城　市 | 农　村 |
|---|---|---|---|
| 四、家庭设备用品及维修服务 | 97.1 | 96.4 | 99.1 |
| 1.耐用消费品 | 95.3 | 94.6 | 97.8 |
| (1)家具 | 94.5 | 92.7 | 98.0 |
| (2)家庭设备 | 95.9 | 95.6 | 97.6 |
| 2.室内装饰品 | 96.8 | 95.9 | 100.1 |
| 3.床上用品 | 98.8 | 96.5 | 101.3 |
| 4.家庭日用杂品 | 99.2 | 99.3 | 99.2 |
| 5.家庭服务及加工维修服务 | 99.5 | 99.3 | 100.5 |
| 五、医疗保健和个人用品 | 106.6 | 99.9 | 116.6 |
| 1.医疗保健 | 108.2 | 99.4 | 122.5 |
| (1)医疗器具及用品 | 104.9 | 105.1 | 104.8 |
| (2)中药材及中成药 | 106.5 | 103.8 | 112.9 |
| (3)西药 | 89.9 | 86.1 | 97.4 |
| (4)保健器具及用品 | 97.7 | 97.3 | 98.2 |
| (5)医疗保健服务 | 139.4 | 121.2 | 157.7 |
| 2.个人用品及服务 | 101.3 | 101.7 | 100.7 |
| (1)化妆美容用品 | 99.8 | 99.6 | 100.5 |
| (2)卫生用品 | 100.3 | 101.7 | 97.8 |
| (3)个人饰品 | 103.0 | 102.6 | 103.4 |
| (4)个人服务 | 101.1 | 103.0 | 100.1 |
| 六、交通和通信 | 95.6 | 95.0 | 97.0 |
| 1.交通 | 99.3 | 99.3 | 99.3 |
| (1)交通工具 | 97.4 | 98.2 | 96.8 |
| (2)车用燃料及零配件 | 107.1 | 106.0 | 108.3 |
| (3)车辆使用及维修 | 99.1 | 98.9 | 99.6 |
| (4)市区公共交通 | 99.5 | 99.5 | 99.8 |
| (5)城市间交通 | 99.9 | 99.1 | 100.7 |
| 2.通信 | 91.8 | 91.8 | 91.7 |
| (1)通信工具 | 81.5 | 80.1 | 86.7 |
| (2)通信服务 | 93.9 | 94.1 | 92.9 |
| 七、娱乐教育文化用品及服务 | 98.9 | 97.0 | 101.8 |
| 1.文娱用耐用消费品及服务 | 91.0 | 89.7 | 94.1 |
| 2.教育 | 101.3 | 99.5 | 102.9 |
| (1)教材及参考书 | 96.0 | 95.2 | 97.3 |
| (2)学杂托幼费 | 101.8 | 100.1 | 103.3 |
| 3.文化娱乐用品 | 100.3 | 100.4 | 100.0 |
| (1)文化娱乐 | 99.6 | 99.4 | 99.8 |
| (2)书报杂志 | 99.6 | 99.2 | 100.0 |
| (3)文娱费 | 101.6 | 101.7 | 100.3 |
| 4.旅游及外出 | 90.0 | 89.8 | 98.6 |
| 八、居住 | 101.0 | 101.0 | 101.1 |
| 1.建房及装修材料 | 99.0 | 97.7 | 100.1 |
| 2.租房 | 100.5 | 100.4 | 102.1 |
| 3.自有住房 | 97.5 | 97.2 | 100.3 |
| 4.水、电、燃料 | 107.8 | 109.2 | 104.0 |

# 9-4 十九个市、县商品零售价格分类指数

（2003年，上年价格=100）

| 地区 | 总指数 | 一、食品类 | 二、饮料烟酒类 | 三、服装鞋帽类 | 四、纺织品类 | 五、家用电器及音像器材类 | 六、文化办公用品类 | 七、日用品类 |
|---|---|---|---|---|---|---|---|---|
| 全省 | 100.5 | 105.2 | 99.8 | 99.8 | 100.8 | 93.0 | 98.5 | 98.3 |
| 国家调查点 | | | | | | | | |
| 西安市 | 100.0 | 104.7 | 100.0 | 99.0 | 103.3 | 93.2 | 98.5 | 98.1 |
| 宝鸡市 | 100.5 | 108.1 | 96.1 | 98.6 | 91.9 | 90.7 | 97.0 | 94.9 |
| 汉台区 | 102.2 | 108.5 | 98.1 | 99.0 | 99.9 | 92.5 | 99.6 | 98.2 |
| 咸阳市 | 101.6 | 104.8 | 99.7 | 107.0 | 100.5 | 93.0 | 94.6 | 100.7 |
| 榆阳区 | 100.5 | 103.3 | 98.7 | 99.3 | 98.8 | 95.5 | 96.5 | 100.6 |
| 汉滨区 | 100.1 | 103.6 | 97.9 | 95.9 | 100.1 | 97.8 | 99.0 | 98.2 |
| 三原县 | 101.1 | 105.8 | 99.2 | 98.0 | 99.7 | 91.2 | 99.3 | 98.4 |
| 商州区 | 101.5 | 105.4 | 103.5 | 101.6 | 105.9 | 92.7 | 98.9 | 100.3 |
| 省级调查点 | | | | | | | | |
| 铜川市 | 102.0 | 108.3 | 99.9 | 100.3 | 98.5 | 93.2 | 91.6 | 99.7 |
| 宝塔区 | 100.5 | 105.0 | 97.7 | 99.0 | 99.2 | 93.7 | 94.8 | 99.7 |
| 临渭区 | 101.2 | 106.3 | 97.7 | 100.6 | 98.4 | 92.7 | 92.0 | 96.3 |
| 西乡县 | 100.8 | 104.5 | 97.6 | 99.3 | 97.5 | 92.4 | 97.1 | 96.3 |
| 陇县 | 99.2 | 102.9 | 98.4 | 97.9 | 93.4 | 91.4 | 91.5 | 96.5 |
| 洛南县 | 100.6 | 107.7 | 99.6 | 99.4 | 101.3 | 89.7 | 100.2 | 96.2 |
| 蒲城县 | 101.7 | 107.2 | 98.7 | 97.0 | 98.0 | 95.6 | 99.3 | 99.6 |
| 户县 | 101.3 | 106.7 | 101.4 | 102.9 | 96.5 | 91.5 | 99.7 | 98.6 |
| 绥德县 | 100.7 | 103.0 | 99.1 | 98.3 | 99.3 | 95.3 | 98.5 | 98.3 |
| 华阴市 | 101.0 | 104.2 | 99.8 | 98.3 | 102.1 | 96.1 | 100.1 | 98.0 |
| 略阳县 | 100.0 | 104.0 | 100.4 | 97.1 | 101.8 | 91.7 | 105.6 | 96.0 |

| 地区 | 八、体育娱乐用品 | 九、交通、通信用品类 | 十、家具类 | 十一、化妆品类 | 十二、金银珠宝类 | 十三、中西药品及医疗保健用品类 | 十四、书报杂志及电子出版物类 | 十五、燃料类 | 十六、建筑材料及五金电料类 |
|---|---|---|---|---|---|---|---|---|---|
| 全省 | 97.1 | 92.4 | 93.9 | 99.7 | 106.8 | 95.7 | 97.3 | 109.9 | 99.9 |
| 国家调查点 | | | | | | | | | |
| 西安市 | 97.8 | 96.0 | 90.4 | 99.5 | 102.4 | 91.6 | 96.5 | 108.5 | 99.7 |
| 宝鸡市 | 94.2 | 93.4 | 91.9 | 98.2 | 116.3 | 98.5 | 98.5 | 107.8 | 100.7 |
| 汉台区 | 94.1 | 95.9 | 93.2 | 100.0 | 110.5 | 103.6 | 96.1 | 114.1 | 98.6 |
| 咸阳市 | 99.4 | 93.4 | 99.5 | 102.6 | 107.9 | 100.2 | 99.7 | 110.7 | 98.6 |
| 榆阳区 | 98.9 | 93.3 | 100.2 | 100.0 | 108.1 | 99.7 | 100.7 | 107.1 | 102.8 |
| 汉滨区 | 94.3 | 87.5 | 98.2 | 93.6 | 115.7 | 103.8 | 94.5 | 108.5 | 98.7 |
| 三原县 | 99.6 | 92.1 | 99.9 | 100.6 | 115.0 | 100.7 | 100.9 | 111.4 | 97.8 |
| 商州区 | 98.1 | 94.4 | 99.1 | 100.0 | 111.7 | 99.5 | 99.2 | 105.0 | 98.8 |
| 省级调查点 | | | | | | | | | |
| 铜川市 | 95.3 | 93.4 | 100.0 | 98.6 | 106.4 | 99.6 | 98.3 | 111.4 | 100.5 |
| 宝塔区 | 103.0 | 91.5 | 92.8 | 98.9 | 113.8 | 103.5 | 101.2 | 101.1 | 97.1 |
| 临渭区 | 95.4 | 95.8 | 106.3 | 97.6 | 108.7 | 98.9 | 95.9 | 113.3 | 99.4 |
| 西乡县 | 99.1 | 90.6 | 94.0 | 98.7 | 112.6 | 103.8 | 100.3 | 115.3 | 98.3 |
| 陇县 | 96.2 | 88.1 | 94.3 | 99.5 | 113.0 | 100.1 | 95.9 | 111.7 | 107.4 |
| 洛南县 | 95.6 | 82.8 | 89.8 | 96.0 | 111.3 | 104.2 | 99.3 | 107.7 | 96.3 |
| 蒲城县 | 97.9 | 94.1 | 99.8 | 100.0 | 109.6 | 103.2 | 97.2 | 108.3 | 102.0 |
| 户县 | 93.6 | 85.4 | 97.0 | 101.1 | 115.8 | 101.7 | 97.9 | 112.4 | 100.9 |
| 绥德县 | 101.3 | 93.0 | 96.6 | 99.2 | 110.0 | 103.8 | 100.0 | 112.2 | 100.7 |
| 华阴市 | 99.9 | 87.8 | 100.2 | 100.0 | 113.2 | 104.7 | 100.0 | 114.5 | 99.4 |
| 略阳县 | 95.2 | 85.6 | 98.5 | 98.1 | 121.9 | 101.8 | 97.5 | 109.7 | 95.3 |

# 9-5 十九个市、县居民消费价格分类指数

(2003年，上年价格=100)

| 地区 | 总指数 | 一、食品类 | 二、烟酒及用品 | 三、衣着类 | 四、家庭设备用品及维修服务 | 五、医疗保健和个人用品 | 六、交通和通讯 | 七、娱乐教育文化用品及服务 | 八、居住 |
|---|---|---|---|---|---|---|---|---|---|
| 全省 | 101.7 | 105.2 | 99.6 | 99.0 | 97.1 | 106.6 | 95.6 | 98.9 | 101.0 |
| 国家调查点 | | | | | | | | | |
| 西安市 | 100.5 | 104.6 | 99.5 | 99.0 | 96.7 | 97.6 | 93.9 | 96.9 | 104.0 |
| 宝鸡市 | 101.7 | 107.9 | 98.3 | 98.5 | 93.5 | 102.7 | 96.6 | 97.1 | 101.8 |
| 汉台区 | 103.2 | 108.1 | 97.6 | 99.1 | 94.8 | 116.7 | 95.2 | 98.4 | 102.0 |
| 咸阳市 | 100.4 | 104.0 | 98.7 | 105.6 | 97.1 | 104.7 | 89.8 | 96.6 | 99.2 |
| 榆阳区 | 101.0 | 101.8 | 99.7 | 98.9 | 100.2 | 102.4 | 93.8 | 104.6 | 102.1 |
| 汉滨区 | 102.8 | 102.5 | 100.5 | 97.5 | 99.1 | 126.7 | 91.7 | 99.0 | 101.9 |
| 三原县 | 103.3 | 104.9 | 99.1 | 98.1 | 97.8 | 114.6 | 100.3 | 102.2 | 101.7 |
| 商州区 | 102.4 | 105.3 | 103.6 | 100.6 | 101.3 | 111.8 | 96.1 | 98.4 | 99.5 |
| 省级调查点 | | | | | | | | | |
| 铜川市 | 102.5 | 107.9 | 99.2 | 99.2 | 97.4 | 104.6 | 95.4 | 98.4 | 101.7 |
| 宝塔区 | 102.1 | 105.0 | 98.2 | 98.3 | 96.8 | 106.6 | 98.4 | 100.1 | 103.9 |
| 临渭区 | 102.5 | 105.8 | 98.8 | 100.7 | 99.5 | 108.3 | 95.9 | 98.1 | 102.0 |
| 西乡县 | 103.8 | 104.5 | 97.9 | 98.9 | 97.4 | 114.5 | 97.6 | 107.6 | 102.4 |
| 陇县 | 101.3 | 103.2 | 98.4 | 96.8 | 96.1 | 110.5 | 93.0 | 98.3 | 106.7 |
| 洛南县 | 101.7 | 107.8 | 99.7 | 98.9 | 95.0 | 104.3 | 89.8 | 99.4 | 104.2 |
| 蒲城县 | 102.2 | 107.2 | 99.2 | 97.2 | 98.2 | 107.4 | 98.4 | 98.9 | 99.9 |
| 户县 | 101.7 | 106.5 | 100.8 | 101.4 | 96.2 | 107.0 | 94.8 | 98.1 | 101.1 |
| 绥德县 | 103.8 | 102.6 | 98.8 | 98.2 | 99.1 | 123.1 | 102.6 | 105.8 | 100.2 |
| 华阴市 | 101.9 | 103.8 | 99.3 | 99.1 | 99.5 | 106.5 | 97.4 | 99.7 | 103.9 |
| 略阳县 | 103.0 | 103.7 | 99.9 | 96.4 | 98.6 | 133.7 | 91.8 | 97.7 | 100.3 |

# 9-6 各市居民消费价格和商品零售价格指数

(2003年，上年价格=100)

| 地区 | 居民消费价格指数 | 地区 | 商品零售价格指数 |
|---|---|---|---|
| 全省 | 101.7 | 全省 | 100.5 |
| 西安市 | 100.5 | 西安市 | 100.0 |
| 铜川市 | 102.6 | 铜川市 | 102.0 |
| 宝鸡市 | 101.3 | 宝鸡市 | 100.1 |
| 咸阳市 | 102.1 | 咸阳市 | 101.4 |
| 渭南市 | 101.6 | 渭南市 | 101.5 |
| 汉中市 | 103.3 | 汉中市 | 101.2 |
| 安康市 | 100.6 | 安康市 | 99.2 |
| 商洛市 | 102.4 | 商洛市 | 101.1 |
| 延安市 | 102.1 | 延安市 | 100.2 |
| 榆林市 | 102.1 | 榆林市 | 100.9 |

# 9-7 农业生产资料价格分类指数

（2003年，上年价格=100）

| 地区 | 总指数 | 一、小农具 | 二、饲料 | 三、产品畜 | 四、役畜 | 五、半机械化农具 |
|---|---|---|---|---|---|---|
| 全省 | 102.3 | 99.1 | 104.8 | 102.9 | 114.6 | 99.4 |
| 户县 | 102.0 | 101.7 | 102.2 | 109.2 | 88.2 | 99.3 |
| 陇县 | 97.1 | 102.4 | 102.4 | 72.8 | 94.7 | 95.0 |
| 三原 | 104.6 | 95.9 | 101.0 | 105.4 | 110.4 | 102.5 |
| 蒲城 | 102.7 | 100.8 | 107.1 | 97.6 | 96.8 | 100.0 |
| 华阴 | 101.0 | 100.0 | 86.0 | 95.8 | 102.4 | 100.9 |
| 西乡 | 103.5 | 97.2 | 106.8 | 103.2 | 139.8 | 97.0 |
| 略阳 | 98.8 | 100.2 | 105.8 | 95.2 | 102.4 | 98.4 |
| 汉滨 | 98.2 | 100.0 | 90.0 | 115.6 | 124.0 | 92.1 |
| 商州 | 102.4 | 101.4 | 103.2 | 102.7 | 100.3 | 95.7 |
| 洛南 | 104.9 | 93.8 | 106.9 | 111.6 | 123.6 | 98.6 |
| 榆阳 | 101.2 | 103.3 | 100.8 | 117.5 | 101.5 | 100.7 |
| 绥德 | 104.4 | 103.3 | 113.3 | 102.4 | 106.4 | 100.0 |

| 地区 | 六、机械化农具 | 七、化学肥料 | 八、农药及农药械 | 九、农用机油 | 十、其他农业生产资料 |
|---|---|---|---|---|---|
| 全省 | 99.5 | 102.9 | 101.0 | 107.6 | 92.5 |
| 户县 | 100.6 | 103.1 | 102.2 | 109.0 | 78.3 |
| 陇县 | 95.7 | 100.6 | 97.7 | 103.7 | 94.0 |
| 三原 | 100.2 | 104.8 | 104.7 | 119.3 | 96.3 |
| 蒲城 | 104.4 | 103.3 | 97.7 | 109.8 | 93.2 |
| 华阴 | 100.7 | 103.7 | 99.2 | 109.0 | 100.5 |
| 西乡 | 96.5 | 99.8 | 103.5 | 102.3 | 89.7 |
| 略阳 | 97.1 | 101.7 | 98.5 | 105.5 | 76.9 |
| 汉滨 | 89.4 | 92.8 | 98.7 | 106.0 | 104.9 |
| 商州 | 94.8 | 102.2 | 109.1 | 113.8 | 101.5 |
| 洛南 | 100.6 | 107.8 | 94.8 | 106.2 | 89.9 |
| 榆阳 | 95.0 | 99.9 | 99.3 | 109.5 | 93.5 |
| 绥德 | 98.7 | 105.8 | 100.6 | 106.9 | 101.1 |

## 9-8 工业产品出厂价格指数

（2003年，上年价格=100）

| 类　　别 | 指　数 | 类　　别 | 指　数 |
|---|---|---|---|
| 总　指　数 | 105.7 | （4）耐用消费品 | 96.9 |
| 按轻重工业分 | | 按工业部门分 | |
| 轻工业 | 100.8 | 1.冶金工业 | 108.3 |
| 以农产品为原料 | 102.0 | 2.电力工业 | 98.8 |
| 以非农产品为原料 | 99.5 | 3.煤炭及炼焦工业 | 108.2 |
| 重工业 | 108.2 | 4.石油工业 | 116.4 |
| 采掘工业 | 113.9 | 5.化学工业 | 100.1 |
| 原料工业 | 107.2 | 6.机械工业 | 98.6 |
| 加工工业 | 99.9 | 7.建筑材料工业 | 98.7 |
| 按用途分 | | 8.森林工业 | 99.2 |
| 生产资料 | 107.4 | 9.食品工业 | 101.0 |
| 采掘工业 | 113.9 | 10.纺织工业 | 108.2 |
| 原料工业 | 107.0 | 11.缝纫工业 | 100.3 |
| 加工工业 | 100.9 | 12.皮革工业 | 96.6 |
| 生活资料 | 100.0 | 13.造纸工业 | 97.6 |
| （1）食　品 | 100.8 | 14.文教艺术用品工业 | 100.0 |
| （2）衣　着 | 98.7 | 15.其它工业 | 102.3 |
| （3）一般工业品 | 99.5 | | |

## 9-9 主要原材料、燃料、动力购进价格指数

（2003年，上年价格=100）

| 类　　别 | 指　数 | 类　　别 | 指　数 |
|---|---|---|---|
| 总　指　数 | 104.8 | 四、化工原材料类 | 102.5 |
| 一、燃料、动力类 | 105.9 | 五、木材及纸浆类 | 101.5 |
| 二、黑色金属材料类 | 106.8 | 六、建筑材料类及非金属矿类 | 99.8 |
| 钢　材 | 106.6 | 七、其它工业原材料及半成品 | 100.7 |
| 其　他 | 107.1 | 八、农副产品类 | 108.9 |
| 三、有色金属材料类和电线类 | 108.1 | 九、纺织原材料类 | 103.5 |

## 9-10 固定资产投资价格指数

（2003年，上年价格=100）

| 类　　别 | 指　数 | 类　　别 | 指　数 |
|---|---|---|---|
| 总　指　数 | 101.6 | 化工材料 | 100.9 |
| 一、建筑安装工程 | 102.2 | 电　料 | 100.1 |
| (1)材料费 | 102.4 | 其它材料 | 100.3 |
| 钢　材 | 105.0 | （2）人工费 | 104.3 |
| 木　材 | 101.6 | （3）机械使用费 | 98.3 |
| 水　泥 | 100.6 | 二、设备工器具购置 | 98.7 |
| 地方材料 | 102.9 | 三、其它费用 | 102.8 |

## 9-11 房地产价格指数

（2003年，上年价格=100）

| 类　　别 | 指　数 | 类　　别 | 指　数 |
|---|---|---|---|
| 土地交易价格指数 | 101.3 | 房屋销售价格指数 | 102.7 |
| 一、居民住宅用地 | 101.7 | 一、商品房 | 103.0 |
| 1.豪华住宅用地 | | （一）住　宅 | 102.9 |
| 2.普通住宅用地 | 101.7 | 1.经济适用房 | 102.9 |
| 二、工业用地 | 101.2 | 2.普通住宅 | 103.0 |
| 三、商业、旅游、娱乐用地 | 100.5 | （1）多层住宅 | 104.7 |
| 四、其他用地 | 100.7 | （2）高层住宅 | 101.6 |
| | | 3.豪华住宅 | 103.6 |
| 房屋租赁价格指数 | 99.3 | （1）别　墅 | 104.3 |
| 一、住　宅 | 99.3 | （2）高档公寓 | 100.6 |
| 1.公　房 | 100.4 | （二）非住宅 | 103.1 |
| 2.私　房 | 98.9 | 1.写字楼 | 101.0 |
| 二、办公用房 | 100.4 | 2.商业用房 | 102.4 |
| 1.高标准写字楼 | 99.5 | 3.其　他 | 101.9 |
| 2.普通办公用房 | 101.2 | 二、公　房 | 100.1 |
| 三、商业用房 | 98.3 | #住　宅 | 100.1 |
| 四、厂房、仓库 | 102.3 | 三、私　房 | 102.3 |
| 1.工业厂房 | 101.1 | （一）住　宅 | 102.1 |
| 2.仓　　库 | 103.0 | （二）非住宅 | 102.8 |

# 主 要 统 计 指 标 解 释

**物价指数** 也称价格指数，指从生产者、购买者和市场的角度，分别反映不同时期货物和服务商品价格总水平变动趋势幅度的相对数。目前编制的物价指数主要有商品零售价格指数、居民消费价格指数、工业品出厂价格指数、固定资产投资价格指数、原材料、燃料、动力购进价格指数、房地产价格指数等。

**商品零售价格指数** 是反映一定时期内商品零售价格变动趋势和程度的相对数。编制该指标的目的，是掌握市场商品价格的变动状况，为研究市场流通、进行国民经济核算提供依据。

**居民消费价格指数** 是反映一定时期内居民消费价格变动趋势和程度的相对数。编制该指标的目的，是了解居民消费价格变动对居民生活的影响，为党政领导和决策部门掌握消费价格变动状况，研究和制定居民消费政策、价格政策、工资政策、货币政策以及进行国民经济核算提供依据。居民消费价格指数还是反映通货膨胀程度的重要指标。

**工业品出厂价格指数** 是反映一定时期内各种工业产品的出厂价格水平变动趋势和程度的相对数。该指标可以观察和研究工业产品出厂价格变动对工业生产和国家财政收支及国民经济的影响，也可以消除价格变动对各种用现价计算的价值量指标（如工业总产值、增加值、产品成本、利润、税金、工资等指标）的影响，正确反映工业发展的规模、水平、速度、比例和效益。

**原材料、燃料、动力购进价格指数** 是反映工业企业通过各种价格形式购进的主要原材料、燃料、动力价格水平变动趋势和程度的相对数。通过该指标可以观察和研究主要原材料、燃料、动力购进价格对工业企业各项经济效益指标的影响。

**固定资产投资价格指数** 是反映一定时期内固定资产投资活动中所涉及的建筑安装工程投资价格、设备及工器具投资价格和其他费用投资价格水平变动趋势和程度的相对数。通过该指标，可以观察和反映固定资产投资价格变动对固定资产投资活动的影响，消除价格变动对各项现价计算的价值指标的影响，正确反映固定资产投资规模、投资结构和投资效益，为国家科学地制定、检查固定资产投资计划并提高宏观调控水平，为完善国民经济核算体系提供科学的、可靠的依据。

**房地产价格指数** 是反映一定时期内房地产价格变动趋势和程度的相对数，包括房屋销售价格指数、房屋租赁价格指数和土地交易价格指数。通过该指标可以剔除房地产统计价值指标中价格变动因素，真实地反映房地产业的发展规模和结构。

# 10 人民生活

*RENMINSHENGHUO*

资料整理　王斌友　艾　宁　张红霞　孙士梅

## 10. 人民生活

2003 年全省

| | | | | |
|---|---|---|---|---|
| 居民消费水平 | 2548 | 元 | 比上年增长 | 4.6% |
| 农村居民 | 1395 | 元 | 比上年增长 | 2.5% |
| 城镇居民 | 6080 | 元 | 比上年增长 | 4.0% |
| 农民人均纯收入 | 1676 | 元 | 比上年增长 | 2.2% |
| 城镇居民人均可支配收入 | 6806 | 元 | 比上年增长 | 6.7% |
| 城乡居民年末人均储蓄存款 | 6829 | 元 | 比上年增长 | 19.0% |

### 城乡居民收入

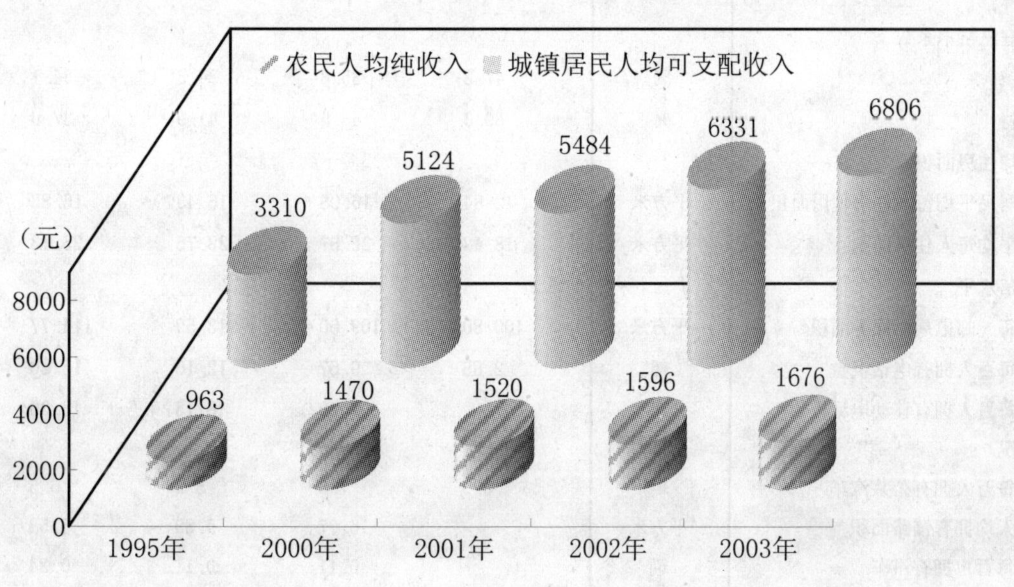

# 10-1 人民物质文化生活情况

| 项　目 | 单 位 | 1995年 | 2000年 | 2001年 | 2002年 | 2003年 |
|---|---|---|---|---|---|---|
| 一、就　业 | | | | | | |
| 城镇居民家庭每户就业人口 | 人 | 1.74 | 1.54 | 1.55 | 1.50 | 1.50 |
| 农村居民家庭每户整、半劳动力 | 人 | 2.74 | 2.62 | 2.62 | 2.65 | 2.67 |
| 每一农村劳动力负担人数 | 人 | 1.69 | 1.69 | 1.68 | 1.65 | 1.63 |
| 每一城镇就业者负担人数 | 人 | 1.82 | 2.00 | 1.99 | 2.03 | 2.03 |
| 城镇登记失业率 | % | 3.2 | 2.7 | 3.2 | 3.3 | 3.7 |
| 二、收入与支出 | | | | | | |
| 城镇居民家庭人均可支配收入 | 元 | 3310 | 5124 | 5484 | 6331 | 6806 |
| 农村居民人均纯收入 | 元 | 963 | 1470 | 1520 | 1596 | 1676 |
| 职工年平均工资 | 元 | 4396 | 7804 | 9120 | 10351 | 11461 |
| 城镇居民人均消费支出 | 元 | 2838 | 4277 | 4638 | 5378 | 5667 |
| 农村居民人均生活消费支出 | 元 | 914 | 1251 | 1331 | 1491 | 1455 |
| 三、消费水平 | | | | | | |
| 全省居民 | 元 | 1431 | 2064 | 2221 | 2404 | 2548 |
| 城镇居民 | 元 | 3398 | 5015 | 5241 | 5837 | 6080 |
| 农村居民 | 元 | 939 | 1186 | 1293 | 1320 | 1395 |
| 四、储　蓄 | | | | | | |
| 城乡居民年末储蓄存款余额 | 亿元 | 734.04 | 1522.53 | 1768.47 | 2107.83 | 2519.93 |
| 平均每人储蓄存款余额 | 元 | 2089 | 4178 | 4833 | 5737 | 6829 |
| 五、生活质量 | | | | | | |
| 居民家庭恩格尔系数 | | | | | | |
| 城　镇 | % | 47.2 | 35.8 | 34.3 | 34.1 | 34.6 |
| 农　村 | % | 59.3 | 43.5 | 41.9 | 37.9 | 39.3 |
| 居民人均住房面积 | | | | | | |
| 城镇居民平均每人住房使用面积 | 平方米 | 12.84 | 16.08 | 16.43 | 16.82 | 17.46 |
| 农村平均每人住房面积 | 平方米 | 18.42 | 22.87 | 23.76 | 25.13 | 26.11 |
| 邮电通信水平 | | | | | | |
| 平均每一邮电局所服务面积 | 平方米 | 100.80 | 109.60 | 113.59 | 114.77 | 115.00 |
| 平均每百人拥有电话机数 | 部 | 2.85 | 9.67 | 12.16 | 15.20 | 18.23 |
| 平均每百人拥有移动电话机数 | 部 | | 4.25 | 8.13 | 13.33 | 16.56 |
| 交通状况 | | | | | | |
| 城市每万人拥有公共汽车 | 辆 | 5.0 | 7.8 | 5.2 | 6.5 | 7.4 |
| 城市人均拥有铺路面积 | 平方米 | | 6.07 | 5.89 | 5.58 | 6.15 |
| 城市每百户拥有汽车 | 辆 | | 0.11 | 0.11 | 0.24 | 0.44 |
| 农村每百户拥有摩托车 | 辆 | 4.65 | 14.64 | 16.58 | 19.37 | 22.16 |

10-1 续表

| 项 目 | 单位 | 1995年 | 2000年 | 2001年 | 2002年 | 2003年 |
|---|---|---|---|---|---|---|
| 城市公用事业 | | | | | | |
| 城市平均每人每天生活用水量 | 升 | 150.60 | 188.59 | 184.35 | 203.80 | 162.78 |
| 用水普及率 | % | | 96.5 | 68.3 | 76.9 | 93.8 |
| 用气普及率 | % | 52.4 | 74.5 | 53.7 | 59.2 | 77.7 |
| 人均拥有公共绿地 | 平方米 | 3.1 | 4.2 | 2.9 | 4.0 | 4.3 |
| 六、文 化 | | | | | | |
| 广播人口覆盖率 | % | 74.8 | 90.3 | 90.6 | 91.5 | 92.0 |
| 电视人口覆盖率 | % | 79.1 | 91.4 | 92.5 | 92.9 | 93.2 |
| 每百户彩色电视机拥有量 | | | | | | |
| 城 镇 | 台 | 90 | 114 | 116 | 122 | 123 |
| 农 村 | 台 | 14 | 49 | 52 | 59 | 66 |
| 每百户影碟机拥有量 | | | | | | |
| 城 镇 | 台 | | 33 | 39 | 49 | 58 |
| 农 村 | 台 | | 7 | 9 | 12 | 15 |
| 每百户家用电脑拥有量 | | | | | | |
| 城 镇 | 台 | | 7.03 | 9.15 | 13.28 | 18.86 |
| 农 村 | 台 | | 0.18 | 0.23 | 0.27 | 0.27 |
| 每百人每天拥有报纸 | 份 | 3.6 | 5.3 | 5.0 | 4.9 | 4.9 |
| 每人每年拥有图书杂志 | 册 | 6.1 | 5.8 | 5.4 | 6.4 | 6.2 |
| 居民家庭文教娱乐支出比重 | | | | | | |
| 城 镇 | % | 8.7 | 12.8 | 13.9 | 16.4 | 16.8 |
| 农 村 | % | 7.13 | 14.53 | 15.4 | 15.3 | 18.4 |
| 七、教 育 | | | | | | |
| 学龄儿童入学率 | % | 99.0 | 99.4 | 98.4 | 98.5 | 98.6 |
| 升学率 | | | | | | |
| 小学升中学 | % | 90.1 | 91.9 | 92.8 | 93.4 | 95.3 |
| 初中升高中 | % | 34.4 | 39.1 | 41.2 | 43.6 | 43.6 |
| 每万人口在校大学生数 | 人 | 37 | 66 | 87 | 112 | 135 |
| 八、卫 生 | | | | | | |
| 每万人口医院床位数 | 张 | 26 | 25 | 26 | 26 | 26 |
| 每万人口医生数 | 人 | 18 | 18 | 18 | 16 | 16 |
| 居民家庭医疗保健支出比重 | | | | | | |
| 城 镇 | % | 4.2 | 7.9 | 7.8 | 8.3 | 8.7 |
| 农 村 | % | 4.5 | 7.3 | 6.5 | 6.9 | 7.3 |

注：本表城市公用事业2001年以后数按新口径计算。

# 10-2 居民消费水平

单位：元

| 年 份 | 全省居民 | 农村居民 | 城镇居民 | 城乡消费水平对比（农村居民=1） |
|---|---|---|---|---|
| 1978 | 173 | 131 | 409 | 3.1 |
| 1980 | 230 | 178 | 498 | 2.8 |
| 1985 | 386 | 300 | 784 | 2.6 |
| 1990 | 677 | 476 | 1525 | 3.2 |
| 1991 | 723 | 495 | 1685 | 3.4 |
| 1992 | 798 | 526 | 1899 | 3.6 |
| 1993 | 945 | 627 | 2221 | 3.5 |
| 1994 | 1208 | 793 | 2870 | 3.6 |
| 1995 | 1431 | 939 | 3398 | 3.6 |
| 1996 | 1630 | 1053 | 3910 | 3.7 |
| 1997 | 1835 | 1188 | 4356 | 3.7 |
| 1998 | 1852 | 1175 | 4428 | 3.8 |
| 1999 | 1884 | 1180 | 4520 | 3.8 |
| 2000 | 2064 | 1186 | 5015 | 4.2 |
| 2001 | 2221 | 1293 | 5241 | 4.1 |
| 2002 | 2404 | 1320 | 5837 | 4.4 |
| 2003 | 2548 | 1395 | 6080 | 4.4 |

注：1. 本表按当年价格计算。

2. 居民总消费水平是指居民对物质产品和劳务的消费，即居民人均消费。

# 10-3 居民消费水平指数

| 年 份 | 上年=100 | | | 1978年=100 | | |
|---|---|---|---|---|---|---|
| | 全省居民 | 农村居民 | 城镇居民 | 全省居民 | 农村居民 | 城镇居民 |
| 1978 | 106.8 | 106.0 | 107.5 | 100.0 | 100.0 | 100.0 |
| 1980 | 106.5 | 102.7 | 110.5 | 119.7 | 120.1 | 114.4 |
| 1985 | 108.1 | 103.1 | 116.6 | 172.7 | 177.2 | 151.8 |
| 1990 | 104.0 | 104.8 | 102.5 | 193.0 | 178.3 | 196.4 |
| 1991 | 100.9 | 101.5 | 103.0 | 194.7 | 181.0 | 202.2 |
| 1992 | 103.1 | 99.4 | 101.8 | 200.8 | 179.9 | 205.9 |
| 1993 | 105.3 | 106.7 | 103.5 | 211.4 | 192.0 | 213.1 |
| 1994 | 99.9 | 96.5 | 103.9 | 211.2 | 185.3 | 221.4 |
| 1995 | 100.7 | 98.8 | 103.1 | 212.7 | 183.1 | 228.3 |
| 1996 | 103.3 | 101.4 | 104.6 | 219.7 | 185.6 | 237.3 |
| 1997 | 108.8 | 110.5 | 106.1 | 239.1 | 205.1 | 251.7 |
| 1998 | 102.6 | 100.4 | 103.7 | 245.3 | 206.0 | 261.0 |
| 1999 | 105.6 | 104.0 | 106.3 | 259.0 | 214.2 | 277.4 |
| 2000 | 107.1 | 99.3 | 108.1 | 277.4 | 212.7 | 299.9 |
| 2001 | 103.6 | 105.2 | 100.4 | 302.4 | 223.8 | 301.1 |
| 2002 | 109.0 | 101.7 | 109.4 | 329.6 | 227.6 | 329.4 |
| 2003 | 104.6 | 102.5 | 104.0 | 344.8 | 233.3 | 342.6 |

注：本表按可比价格计算。

## 10-4 城乡居民储蓄存款余额

| 年 份 | 城乡居民年末储蓄存款余额（万元） | 定 期 | 活 期 | 城乡居民年末人均储蓄存款余额（元） |
|---|---|---|---|---|
| 1978 | 77945 | | | 28 |
| 1980 | 135059 | | | 48 |
| 1985 | 447681 | 354511 | 93170 | 149 |
| 1990 | 2045734 | 1700228 | 345506 | 617 |
| 1991 | 2632769 | 2155336 | 477433 | 783 |
| 1992 | 3292158 | 2693879 | 598279 | 967 |
| 1993 | 4038052 | 3280828 | 757224 | 1173 |
| 1994 | 5472014 | 4361209 | 1110805 | 1572 |
| 1995 | 7340408 | 5901079 | 1439329 | 2089 |
| 1996 | 9422120 | 7518528 | 1903592 | 2659 |
| 1997 | 10904289 | 2506956 | 8397333 | 3054 |
| 1998 | 12416256 | 3204598 | 9211658 | 3453 |
| 1999 | 13718845 | 3449212 | 10269633 | 3792 |
| 2000 | 15225329 | 11015033 | 4210296 | 4178 |
| 2001 | 17684684 | 12548694 | 5135990 | 4833 |
| 2002 | 21078262 | 14602554 | 6475708 | 5737 |
| 2003 | 25199348 | 17497667 | 7701681 | 6829 |

## 10-5 城乡居民人均收入及指数

| 年 份 | 农村居民家庭人均纯收入 | | 城镇居民家庭人均可支配收入 | | 农村居民家庭恩格尔系数（%） | 城镇居民家庭恩格尔系数（%） |
|---|---|---|---|---|---|---|
| | 绝对数（元） | 指 数（1978年=100） | 绝对数（元） | 指 数（1978年=100） | | |
| 1978 | 133 | 100.0 | 310 | 100.0 | 59.0 | |
| 1979 | 150 | 111.0 | | | 59.8 | |
| 1980 | 142 | 102.8 | 407 | 122.8 | 59.8 | |
| 1981 | 177 | 126.1 | 427 | 124.4 | 62.0 | 53.0 |
| 1982 | 218 | 153.4 | 452 | 130.5 | 62.8 | 54.8 |
| 1983 | 236 | 164.8 | 488 | 138.7 | 60.1 | 55.0 |
| 1984 | 263 | 179.5 | 552 | 151.7 | 60.4 | 54.5 |
| 1985 | 295 | 191.4 | 650 | 166.0 | 57.4 | 48.9 |
| 1986 | 299 | 185.3 | 814 | 195.1 | 55.8 | 49.6 |
| 1987 | 329 | 192.5 | 905 | 198.6 | 55.4 | 51.0 |
| 1988 | 404 | 205.3 | 1040 | 190.1 | 52.3 | 46.7 |
| 1989 | 434 | 184.1 | 1239 | 192.5 | 51.9 | 50.5 |
| 1990 | 530 | 191.9 | 1369 | 207.3 | 58.5 | 51.9 |
| 1991 | 534 | 184.7 | 1498 | 211.5 | 55.8 | 50.9 |
| 1992 | 559 | 181.4 | 1705 | 216.5 | 58.4 | 51.6 |
| 1993 | 653 | 192.6 | 2102 | 234.1 | 57.1 | 47.9 |
| 1994 | 805 | 187.4 | 2684 | 233.1 | 60.1 | 47.5 |
| 1995 | 963 | 186.2 | 3310 | 243.6 | 59.3 | 47.2 |
| 1996 | 1165 | 204.8 | 3810 | 254.2 | 56.8 | 45.5 |
| 1997 | 1285 | 209.6 | 4001 | 253.8 | 52.8 | 43.0 |
| 1998 | 1406 | 237.1 | 4220 | 274.0 | 50.0 | 41.1 |
| 1999 | 1456 | 252.7 | 4654 | 310.8 | 47.6 | 37.3 |
| 2000 | 1470 | 261.0 | 5124 | 341.2 | 43.5 | 35.8 |
| 2001 | 1520 | 264.3 | 5484 | 364.8 | 41.9 | 34.3 |
| 2002 | 1596 | 276.5 | 6331 | 428.9 | 37.9 | 34.1 |
| 2003 | 1676 | 282.6 | 6806 | 457.4 | 39.3 | 34.6 |

注：本表绝对数按当年价格计算，指数按可比价格计算。

# 10-6 城镇居民家庭基本情况

| 项　　目 | 单位 | 1995年 | 2000年 | 2001年 | 2002年 | 2003年 |
|---|---|---|---|---|---|---|
| 一、调查户数 | 户 | 1400 | 1400 | 1400 | 1400 | 1450 |
| 二、平均每户家庭人口数 | 人 | 3.17 | 3.08 | 3.09 | 3.04 | 3.04 |
| 三、平均每户就业人口数 | 人 | 1.74 | 1.54 | 1.55 | 1.50 | 1.50 |
| 四、平均每一就业者负担人数 | 人 | 1.82 | 2.00 | 1.99 | 2.03 | 2.03 |
| 五、平均每户就业面 | % | 54.86 | 50.00 | 50.16 | 49.34 | 49.34 |
| 六、平均每人每月可支配收入 | 元 | 275.81 | 427.02 | 456.98 | 527.57 | 567.20 |
| 七、平均每人每月生活费收入 | 元 | 254.01 | 384.81 | 412.59 | 510.21 | 549.13 |
| 八、按每人每月可支配收入 | | | | | | |
| 分组户数占总户数的比例 | % | 100.0 | 100.0 | 100.0 | 100.0 | 100.0 |
| 200元及以下 | % | 33.56 | 9.86 | 8.03 | 11.14 | 5.16 |
| 200—400元 | % | 54.35 | 44.89 | 39.38 | 34.98 | 29.17 |
| 400—600元 | % | 10.29 | 25.86 | 29.81 | 28.32 | 30.74 |
| 600—800元 | % | 1.59 | 10.75 | 12.70 | 12.79 | 18.67 |
| 800—1000元 | % | 0.21 | 3.71 | 4.66 | 5.51 | 9.36 |
| 1000—1500元 | % | | 4.03 | 3.98 | 4.90 | 5.29 |
| 1500—2000元 | % | | 0.79 | 1.11 | 1.19 | 1.32 |
| 2000—2500元 | % | | 0.11 | 0.22 | 0.54 | 0.28 |
| 2500—3000元 | % | | | 0.11 | 0.21 | |
| 3000—4000元 | % | | | | 0.23 | 0.02 |
| 4000—5000元 | % | | | | 0.08 | |
| 5000元以上 | % | | | | 0.11 | |
| 九、平均每人每月消费性支出 | 元 | 236.47 | 356.39 | 386.48 | 448.17 | 472.22 |
| 十、平均每人住房使用面积 | 平方米 | 12.84 | 16.08 | 16.43 | 16.82 | 17.46 |

# 10-7 城镇居民家庭人均现金收入

| 项　　目 | 1995年 | 2000年 | 2001年 | 2002年 | 2003年 |
|---|---|---|---|---|---|
| 现 金 收 入 | 4084.09 | 6806.15 | 7273.54 | 8354.29 | 9360.72 |
| 一、总收入 | 3311.11 | 5149.30 | 5513.77 | 6747.02 | 7314.47 |
| # 可支配收入 | 3309.69 | 5124.24 | 5483.73 | 6330.89 | 6806.38 |
| 1. 工薪收入 | 2507.74 | 3391.95 | 3885.43 | 4684.61 | 5170.32 |
| （1）工资及补贴收入 | 2474.89 | 3291.35 | 3736.08 | 4484.82 | 5032.87 |
| （2）其它劳动收入 | 32.85 | 100.60 | 149.35 | 199.79 | 137.45 |
| 2. 经营净收入 | 32.61 | 109.14 | 111.96 | 144.46 | 139.83 |
| 3. 财产性收入 | 95.94 | 152.62 | 53.82 | 60.75 | 138.07 |
| （1）利息收入 | 36.73 | 16.67 | 17.46 | 13.84 | 47.16 |
| （2）股息与红利收入 | 3.73 | 12.73 | 10.69 | 7.80 | 10.61 |
| （3）保险收益 | | | | 1.74 | 5.17 |
| （4）其它投资收入 | | | | 1.88 | 4.31 |
| （5）出租房屋收入 | 55.48 | 123.22 | 25.67 | 27.70 | 63.38 |
| （6）知识产权收入 | | | | | 0.01 |
| （7）其它财产收入 | | | | 7.79 | 7.43 |
| 4. 转移性收入 | 674.80 | 1495.59 | 1462.57 | 1857.20 | 1866.26 |
| # （1）养老金或离退休金 | 512.48 | 1109.22 | 1082.32 | 1349.53 | 1258.03 |
| （2）社会救济收入 | | | | 14.35 | 22.27 |
| （3）保险收入 | | | | 27.40 | 33.74 |
| （4）赡养收入 | 73.62 | 141.06 | 174.68 | 147.75 | 169.82 |
| （5）捐赠收入 | 53.57 | 122.35 | 126.42 | 225.36 | 267.39 |
| （6）亲友搭伙费 | 7.22 | 14.48 | 11.89 | 12.12 | 6.87 |
| （7）记帐补贴 | 13.60 | 22.07 | 20.03 | 20.86 | 33.88 |
| 二、出售财物收入 | 5.15 | 54.28 | 17.45 | 11.78 | 73.81 |
| 1. 出售住房收入 | | | | 7.97 | 67.08 |
| 2. 出售其他物品收入 | | | | 3.81 | 6.73 |
| 三、储蓄借贷收入 | 767.83 | 1602.57 | 1742.31 | 1595.49 | 1972.44 |
| # 1. 提取储蓄存款 | 520.24 | 1021.37 | 1148.74 | 1282.23 | 1491.18 |
| 2. 借入款 | 190.59 | 305.75 | 278.88 | 203.03 | 369.86 |
| 3. 收回借出款 | 18.61 | 47.35 | 33.03 | 27.40 | 28.62 |
| 4. 兑售有价证券 | 7.07 | 0.38 | 0.92 | 1.33 | 0.23 |
| 5. 购买房屋贷款 | 3.72 | 96.30 | 69.43 | 41.40 | 31.35 |

注：2001年以前社会救济收入、保险收入和出售财物收入没有分项资料。

# 10-8 城镇居民家庭人均消费支出

| 项　　　目 | 1995年 | 2000年 | 2001年 | 2002年 | 2003年 |
|---|---|---|---|---|---|
| **消费支出** | **2837.69** | **4276.67** | **4637.74** | **5378.06** | **5666.61** |
| #服务性消费支出 | | | | 1579.30 | 1711.29 |
| 一、食　品 | 1339.57 | 1532.09 | 1589.44 | 1832.89 | 1960.31 |
| #1.粮　食 | 243.36 | 188.85 | 180.25 | 185.31 | 189.43 |
| 2.淀粉和薯类 | 20.57 | 21.50 | 19.74 | 17.97 | 21.87 |
| 3.干豆类及制品 | 26.22 | 28.52 | 30.78 | 27.09 | 29.17 |
| 4.油脂类 | 65.05 | 61.21 | 51.43 | 60.79 | 67.10 |
| 5.肉禽及制品 | 237.38 | 245.58 | 242.87 | 254.27 | 259.99 |
| 6.蛋　类 | 53.05 | 44.63 | 42.82 | 46.47 | 46.74 |
| 7.水产品类 | 26.33 | 33.09 | 36.39 | 45.52 | 45.72 |
| 8.菜　类 | 149.92 | 146.02 | 147.36 | 165.93 | 184.89 |
| 9.糖　类 | 16.36 | 16.28 | 17.78 | 19.50 | 19.51 |
| 10.烟草类 | 63.37 | 91.06 | 89.14 | 110.41 | 122.87 |
| 11.酒和饮料 | 53.75 | 76.96 | 81.29 | 90.06 | 91.19 |
| 12.干鲜瓜果类 | 112.86 | 113.87 | 121.62 | 139.97 | 140.21 |
| 13.糕点类 | 33.24 | 41.76 | 41.56 | 48.69 | 54.57 |
| 14.奶及奶制品 | 28.42 | 50.91 | 59.78 | 85.46 | 103.81 |
| 15.在外饮食 | 166.24 | 284.05 | 355.67 | 448.86 | 492.96 |
| 二、衣　着 | 386.22 | 403.24 | 443.74 | 508.34 | 559.07 |
| #1.服　装 | 218.44 | 257.38 | 297.15 | 348.90 | 394.62 |
| 2.鞋　类 | 77.25 | 92.49 | 100.33 | 112.56 | 122.47 |
| 三、家庭设备用品及服务 | 312.39 | 472.63 | 529.68 | 436.81 | 383.48 |
| #1.耐用消费品 | 184.81 | 282.71 | 328.22 | 266.21 | 204.40 |
| 2.家庭日用杂品 | 63.32 | 94.06 | 94.62 | 106.23 | 119.42 |
| 3.家庭服务 | 29.13 | 48.97 | 53.18 | 14.18 | 19.87 |
| 四、医疗保健 | 119.78 | 336.24 | 361.18 | 444.20 | 491.17 |
| #1.药品费 | 92.27 | 261.40 | 274.90 | 287.82 | 321.91 |
| 2.医疗费 | 18.95 | 63.06 | 74.87 | 130.09 | 140.56 |
| 五、交通和通讯 | 141.07 | 297.66 | 366.30 | 485.05 | 528.62 |
| 1.交　通 | 70.09 | 117.87 | 130.39 | 176.69 | 175.00 |
| 2.通　信 | 70.98 | 179.79 | 235.91 | 308.36 | 353.62 |
| 六、教育文化娱乐服务 | 245.57 | 549.25 | 642.45 | 881.48 | 950.85 |
| #1.文化娱乐用品 | 86.58 | 188.20 | 173.62 | 219.86 | 213.54 |
| 2.教　育 | 135.05 | 317.97 | 428.37 | 542.53 | 627.11 |
| 七、居　住 | 174.48 | 469.51 | 452.73 | 622.39 | 609.05 |
| #1.住　房 | 81.56 | 245.76 | 213.90 | 294.19 | 264.52 |
| 2.水电燃料及其它 | 92.92 | 223.76 | 238.83 | 299.90 | 328.77 |
| 八、杂项商品和服务 | 118.60 | 216.05 | 252.22 | 166.91 | 184.01 |

注：2002年以后消费支出八大类中，除衣着和医疗保健两类外，其余六类口径略有变动。

# 10-9 城镇居民家庭人均购买主要商品数量

| 项目 | 单位 | 1995年 | 2000年 | 2001年 | 2002年 | 2003年 |
|---|---|---|---|---|---|---|
| 粮食 | 公斤 | 101.07 | 81.08 | 76.76 | 77.61 | 76.79 |
| 油脂类 | 公斤 | 7.20 | 9.05 | 8.55 | 9.52 | 8.87 |
| #食用植物油 | 公斤 | 6.67 | 8.85 | 8.40 | 9.42 | 8.76 |
| 肉类 | 公斤 |  | 17.50 | 15.96 | 17.77 | 17.72 |
| #猪肉 | 公斤 | 13.12 | 13.52 | 12.08 | 13.10 | 12.79 |
| 牛羊肉 | 公斤 | 1.77 | 1.94 | 1.76 | 1.82 | 2.07 |
| 禽类 | 公斤 | 2.46 | 3.57 | 3.14 | 4.60 | 4.42 |
| 蛋类 | 公斤 | 8.42 | 10.36 | 9.13 | 10.13 | 10.67 |
| 鱼 | 公斤 | 2.22 | 2.42 | 2.65 | 3.59 | 3.65 |
| 虾 | 公斤 | 0.06 | 0.19 | 0.23 | 0.48 | 0.39 |
| 其它水产品 | 公斤 |  | 0.29 | 0.31 | 0.35 | 0.34 |
| 鲜菜 | 公斤 | 108.13 | 100.56 | 98.79 | 107.72 | 103.06 |
| 干菜 | 公斤 | 0.23 | 0.20 | 0.19 | 0.20 | 0.27 |
| 酒类 | 公斤 | 3.27 | 3.94 | 4.16 | 5.05 | 4.44 |
| #白酒 | 公斤 | 0.64 | 1.14 | 1.16 | 1.09 | 1.10 |
| 啤酒 | 公斤 | 1.78 | 2.59 | 2.86 | 3.56 | 2.99 |
| 其它酒 | 公斤 | 0.79 | 0.21 | 0.14 | 0.14 | 0.15 |
| 碳酸饮料 | 公斤 |  |  |  | 2.39 | 2.15 |
| 果蔬饮料 | 公斤 |  |  |  | 1.40 | 1.61 |
| 茶叶 | 公斤 | 0.16 | 0.21 | 0.21 | 0.19 | 0.19 |
| 干鲜瓜果类 | 公斤 | 47.87 | 55.99 | 60.41 | 65.24 | 60.23 |
| #鲜果 | 公斤 | 23.50 | 31.50 | 31.70 | 37.39 | 36.47 |
| 鲜瓜 | 公斤 | 16.80 | 19.13 | 24.35 | 23.29 | 19.35 |
| 糕点 | 公斤 | 3.25 | 3.50 | 3.47 | 4.07 | 4.50 |
| 鲜乳品 | 公斤 | 3.67 | 9.25 | 10.70 | 16.08 | 18.40 |
| 奶粉 | 公斤 | 0.34 | 0.68 | 0.73 | 0.77 | 0.80 |
| 酸奶 | 公斤 | 0.22 | 0.55 | 0.81 | 1.42 | 2.20 |
| 服装 | 件 | 4.94 | 5.97 | 6.56 | 7.06 | 7.27 |
| 男士服装 | 件 | 1.78 | 2.03 | 2.17 | 2.58 | 2.81 |
| 女士服装 | 件 | 2.37 | 2.82 | 3.19 | 3.49 | 3.47 |
| 童装 | 件 | 0.79 | 1.11 | 1.19 | 1.00 | 1.00 |
| 鞋 | 双 | 2.48 | 2.49 | 2.55 | 2.57 | 2.78 |
| 煤炭 | 公斤 | 155.84 | 166.94 | 169.12 | 145.22 | 154.52 |
| 液化石油气 | 公斤 | 12.73 | 13.31 | 11.79 | 12.47 | 10.83 |
| 管道燃气 | 立方米 | 7.36 | 11.45 | 11.87 | 22.84 | 23.71 |

# 10-10 城镇居民不同收入层次家庭基本情况及耐用消费品拥有量

(2003年)

| 项 目 | 单 位 | 总平均 | 低 收 入 户 | 中 等 偏下户 | 中 等 收入户 | 中 等 偏上户 | 高 收 入 户 |
|---|---|---|---|---|---|---|---|
| 一、调查户数 | 户 | 1450 | 290 | 290 | 290 | 290 | 290 |
| 各组户数所占比重 | % | 100 | 20 | 20 | 20 | 20 | 20 |
| 二、户均家庭人数 | 人 | 3.04 | 3.37 | 3.28 | 3.16 | 2.89 | 2.64 |
| 三、户均有收入者人数 | 人 | 2.00 | 1.71 | 1.95 | 2.12 | 2.07 | 2.09 |
| 1.户均就业人口数 | 人 | 1.50 | 1.23 | 1.55 | 1.60 | 1.55 | 1.53 |
| 2.户均离退休人数 | 人 | 0.40 | 0.27 | 0.29 | 0.42 | 0.47 | 0.51 |
| 3.户均其它有收入者人数 | 人 | 0.10 | 0.21 | 0.11 | 0.10 | 0.05 | 0.05 |
| 四、人均在外用餐次数 | 人次 | 30.54 | 20.64 | 30.64 | 32.78 | 31.77 | 34.53 |
| 五、就业者负担系数 | 人 | 2.02 | 2.75 | 2.12 | 1.98 | 1.86 | 1.73 |
| 六、消费品年末百户拥有量 | | | | | | | |
| 1.成套家具 | 套 | 68.95 | 69.66 | 71.18 | 68.98 | 69.41 | 66.39 |
| 2.摩托车 | 辆 | 15.69 | 8.50 | 18.00 | 17.59 | 16.44 | 16.83 |
| 3.自行车 | 辆 | 138.32 | 121.55 | 137.10 | 137.11 | 144.47 | 146.61 |
| 4.助力车 | 辆 | 0.82 | 0.86 | 0.80 | 0.35 | 1.35 | 0.73 |
| 5.家用汽车 | 辆 | 0.44 | | 0.57 | 0.28 | 0.48 | 0.73 |
| 6.洗衣机 | 台 | 94.94 | 83.80 | 88.79 | 98.13 | 98.96 | 101.30 |
| 7.电风扇 | 台 | 131.59 | 116.60 | 131.42 | 138.81 | 130.10 | 137.71 |
| 8.电冰箱 | 台 | 81.47 | 57.59 | 80.04 | 82.26 | 87.47 | 93.44 |
| 9.冰柜 | 台 | 3.19 | 3.62 | 1.70 | 4.20 | 2.15 | 4.07 |
| 10.彩色电视机 | 台 | 123.15 | 107.56 | 116.14 | 124.47 | 126.25 | 135.55 |
| 11.影碟机 | 台 | 58.35 | 35.09 | 56.04 | 59.39 | 67.63 | 67.51 |
| 12.录音机 | 台 | 48.26 | 37.97 | 40.06 | 48.90 | 48.03 | 61.23 |
| 13.录放像机 | 台 | 15.88 | 4.67 | 12.47 | 16.61 | 15.85 | 25.66 |
| 14.家用电脑 | 台 | 18.86 | 3.35 | 12.63 | 15.00 | 17.96 | 38.16 |
| 15.组合音响 | 套 | 22.04 | 12.54 | 16.29 | 26.06 | 24.45 | 27.68 |
| 16.摄像机 | 架 | 1.55 | 0.36 | 0.50 | | 1.64 | 4.33 |
| 17.照相机 | 架 | 41.42 | 12.00 | 32.92 | 34.89 | 49.62 | 66.42 |
| 18.钢琴 | 架 | 1.26 | | 0.22 | 1.19 | 2.75 | 1.71 |
| 19.其他中高档乐器 | 件 | 5.62 | 1.43 | 4.72 | 6.11 | 4.45 | 9.84 |
| 20.微波炉 | 台 | 30.59 | 5.18 | 17.26 | 25.38 | 38.07 | 55.97 |
| 21.空调器 | 台 | 59.34 | 15.35 | 38.19 | 51.62 | 76.61 | 97.09 |
| 22.取暖器 | 台 | 18.51 | 12.05 | 14.54 | 20.36 | 23.85 | 19.90 |
| 23.电炊具 | 台 | 87.05 | 55.67 | 74.49 | 91.05 | 93.10 | 109.92 |
| 24.淋浴热水器 | 台 | 58.49 | 27.87 | 46.89 | 61.60 | 68.61 | 77.34 |
| 25.排油烟机 | 台 | 61.56 | 32.97 | 59.37 | 60.86 | 65.83 | 80.01 |
| 26.消毒碗柜 | 台 | 3.80 | | 1.62 | 3.50 | 4.61 | 7.62 |
| 27.洗碗机 | 台 | 0.23 | | | 0.47 | 0.23 | 0.37 |
| 28.饮水机 | 台 | 32.64 | 15.71 | 25.52 | 32.45 | 37.01 | 46.16 |
| 29.吸尘器 | 台 | 6.12 | 0.53 | 1.66 | 4.78 | 8.05 | 12.76 |
| 30.健身器材 | 套 | 2.02 | 0.19 | 0.98 | 1.28 | 2.23 | 4.46 |
| 31.普通电话 | 部 | 89.81 | 80.19 | 90.70 | 90.70 | 93.55 | 91.94 |
| 32.移动电话 | 部 | 82.94 | 37.29 | 67.76 | 89.98 | 98.94 | 106.78 |
| 33.传真机 | 部 | 0.42 | 0.53 | | | | 1.34 |

# 10-11 城镇居民不同收入层次家庭人均现金收入

(2003年)

单位：元

| 项 目 | 总平均 | 低收入户 | 中等偏下户 | 中等收入户 | 中等偏上户 | 高收入户 |
|---|---|---|---|---|---|---|
| 一、总收入 | 7314.44 | 2931.18 | 4798.23 | 6369.83 | 8396.18 | 13403.53 |
| #可支配收入 | 6806.35 | 2762.85 | 4467.38 | 5994.21 | 7792.14 | 12395.36 |
| (一)工薪收入 | 5170.32 | 1856.28 | 3566.42 | 4522.48 | 6043.49 | 9384.91 |
| 1.工资及补贴收入 | 5032.87 | 1710.78 | 3441.02 | 4375.95 | 5895.02 | 9262.46 |
| 2.其他劳动收入 | 137.45 | 145.51 | 125.40 | 146.54 | 148.47 | 122.45 |
| (二)经营净收入 | 139.83 | 131.57 | 155.48 | 154.02 | 116.97 | 140.88 |
| (三)财产性收入 | 138.06 | 70.25 | 80.04 | 89.54 | 140.36 | 295.38 |
| 1.利息收入 | 47.16 | 1.69 | 5.45 | 15.22 | 33.70 | 168.73 |
| 2.股息与红利收入 | 10.61 | 0.38 | 3.85 | 4.38 | 5.01 | 37.05 |
| 3.保险收益 | 5.17 | 0.10 | 1.04 | 5.60 | 16.48 | 2.43 |
| 4.其它投资收入 | 4.32 | | | | 0.95 | 19.35 |
| 5.出租房屋收入 | 63.37 | 56.37 | 53.71 | 57.32 | 81.74 | 66.96 |
| 6.知识产权收入 | 0.01 | | 0.05 | | | |
| 7.其他财产性收入 | 7.43 | 11.71 | 15.94 | 7.01 | 2.48 | 0.85 |
| (四)转移性收入 | 1866.22 | 873.08 | 996.28 | 1603.79 | 2095.35 | 3582.36 |
| 1.养老金或离退休金 | 1258.00 | 481.95 | 636.31 | 1107.68 | 1529.52 | 2407.09 |
| 2.社会救济收入 | 22.27 | 73.83 | 21.60 | 17.08 | 0.31 | 2.54 |
| 3.辞退金 | 1.59 | | 8.13 | | | |
| 4.赔偿收入 | 0.25 | 0.12 | 0.08 | | 1.06 | |
| 5.保险收入 | 33.74 | 75.21 | 37.32 | 39.04 | 6.41 | 14.21 |
| #失业保险金 | 31.70 | 73.86 | 37.23 | 38.26 | 5.48 | 7.56 |
| 6.赡养收入 | 169.82 | 76.83 | 67.62 | 75.70 | 209.99 | 397.57 |
| 7.捐赠收入 | 267.39 | 96.35 | 144.56 | 244.08 | 256.46 | 564.80 |
| 8.亲友搭伙费 | 6.87 | 1.39 | 1.23 | 11.00 | 7.36 | 12.58 |
| 9.提取住房公积金 | 16.62 | | 6.05 | 2.67 | 19.56 | 51.53 |
| 10.记帐补贴 | 33.88 | 26.80 | 30.71 | 31.71 | 36.83 | 42.36 |
| 11.其他转移性收入 | 55.79 | 40.60 | 42.65 | 74.81 | 27.86 | 89.68 |
| 二、出售财物收入 | 73.82 | 5.84 | 146.44 | 79.94 | 60.09 | 74.58 |
| 三、借贷收入 | 1972.40 | 730.01 | 1142.20 | 1176.33 | 2639.24 | 3965.70 |
| 1.提取储蓄存款 | 1491.14 | 472.92 | 759.61 | 901.69 | 2200.26 | 2959.74 |
| 2.借入款 | 369.85 | 234.04 | 279.51 | 175.89 | 347.65 | 777.53 |
| 3.收回借出款 | 28.62 | 5.05 | 14.47 | 37.93 | 31.89 | 50.73 |
| 4.收回储蓄性保险本 | 0.65 | 0.40 | 0.04 | 2.64 | 0.19 | |
| 5.兑售有价证券 | 0.23 | | | | 1.13 | |
| 6.收回投资本金 | 14.93 | 8.66 | 0.14 | | 8.93 | 53.85 |
| 7.住房贷款 | 31.35 | | 70.57 | 30.13 | 13.08 | 41.49 |
| 8.汽车贷款 | | | | | | |
| 9.教育贷款 | 1.75 | 4.74 | | | | 3.98 |
| 10.其他贷款 | 0.76 | | | | 1.90 | 1.77 |
| 11.其他借贷收入 | 33.12 | 4.20 | 17.86 | 28.05 | 34.22 | 76.61 |

# 10-12 城镇居民不同收入层次家庭人均现金支出

(2003年)

单位：元

| 项目 | 总平均 | 低收入户 | 中等偏下户 | 中等收入户 | 中等偏上户 | 高收入户 |
|---|---|---|---|---|---|---|
| 一、消费支出 | 5666.54 | 2851.91 | 4124.42 | 5013.51 | 6824.76 | 9117.20 |
| #服务性消费支出 | 1711.25 | 736.75 | 1232.44 | 1469.91 | 2023.99 | 2952.54 |
| 1.食品 | 1960.29 | 1208.12 | 1566.67 | 1809.82 | 2248.53 | 2862.76 |
| 2.衣着 | 559.07 | 234.79 | 368.74 | 520.37 | 660.40 | 963.99 |
| 3.家庭设备用品及服务 | 383.48 | 124.35 | 262.69 | 324.67 | 537.44 | 635.96 |
| 4.医疗保健 | 491.17 | 282.37 | 310.78 | 479.53 | 513.72 | 832.68 |
| 5.交通和通信 | 528.62 | 195.37 | 344.58 | 492.78 | 648.40 | 915.69 |
| 6.教育文化娱乐服务 | 950.85 | 447.84 | 752.99 | 737.35 | 1175.69 | 1570.51 |
| 7.居住 | 609.05 | 282.16 | 409.98 | 478.31 | 820.20 | 1007.97 |
| 8.杂项商品和服务 | 184.01 | 76.91 | 107.97 | 170.67 | 220.38 | 327.66 |
| 二、购房与建房支出 | 613.54 | 49.55 | 433.51 | 301.92 | 887.08 | 1317.81 |
| #购房 | 540.10 | 49.22 | 187.04 | 273.98 | 841.42 | 1269.54 |
| 三、转移性支出 | 822.55 | 293.33 | 364.50 | 542.49 | 889.46 | 1915.98 |
| 1.交纳的个人收入税 | 26.22 | 1.18 | 5.71 | 2.83 | 13.52 | 101.36 |
| 2.捐赠支出 | 376.81 | 134.83 | 210.24 | 313.96 | 496.36 | 692.30 |
| 3.购买彩票 | 4.69 | 1.09 | 3.53 | 1.76 | 7.23 | 9.33 |
| 4.赡养支出 | 381.22 | 144.00 | 118.94 | 189.39 | 330.36 | 1062.23 |
| #在外就学子女费用 | 206.56 | 102.80 | 75.20 | 111.90 | 218.77 | 497.50 |
| 5.各种非储蓄性保险支出 | 9.14 | 2.80 | 9.76 | 10.64 | 6.46 | 15.32 |
| #车辆保险支出 | 0.27 | | | 0.27 | 1.07 | |
| 6.其他转移性支出 | 24.46 | 9.42 | 16.32 | 23.91 | 35.54 | 35.44 |
| 四、财产性支出 | 1.58 | 1.05 | 2.11 | 1.02 | 3.78 | 0.02 |
| 五、社会保障支出 | 447.99 | 140.35 | 294.43 | 341.08 | 553.70 | 864.45 |
| 1.个人交纳的养老基金 | 201.14 | 90.53 | 149.79 | 151.41 | 268.00 | 330.85 |
| 2.个人交纳的住房公积金 | 181.59 | 28.17 | 91.69 | 131.55 | 211.27 | 420.11 |
| 3.个人交纳的医疗基金 | 45.42 | 14.80 | 35.78 | 35.98 | 50.57 | 85.57 |
| 4.个人交纳的失业基金 | 18.54 | 6.39 | 14.91 | 20.24 | 23.14 | 26.78 |
| 5.其他社会保障支出 | 1.30 | 0.45 | 2.25 | 1.90 | 0.72 | 1.14 |
| 六、借贷支出 | 1512.28 | 232.63 | 634.89 | 1089.10 | 1654.33 | 3723.51 |
| 1.存入储蓄款 | 1184.24 | 147.04 | 446.67 | 757.36 | 1345.52 | 3036.54 |
| 2.借出款 | 18.12 | 5.07 | 6.02 | 17.62 | 30.40 | 29.81 |
| 3.归还借款 | 103.91 | 49.49 | 81.87 | 131.42 | 123.85 | 127.94 |
| 4.储蓄性保险支出 | 87.08 | 25.17 | 40.68 | 77.50 | 93.98 | 187.41 |
| 5.购买有价证券 | 20.02 | 0.02 | 0.01 | 11.34 | 2.99 | 80.43 |
| 7.其它投资支出 | 17.02 | | | 10.02 | 16.76 | 54.64 |
| 8.归还住房贷款 | 29.64 | 5.60 | 24.51 | 49.32 | 29.00 | 37.79 |
| 9.归还汽车贷款 | | | | | | |
| 10.归还教育贷款 | 0.70 | | | 3.47 | | |
| 11.归还其他贷款 | 4.71 | | 10.97 | 6.73 | 2.42 | 3.36 |
| 12.其他借贷支出 | 46.85 | 0.23 | 24.16 | 24.31 | 9.41 | 165.60 |

# 10-13　城镇居民不同收入层次家庭人均消费支出

(2003年)

单位：元

| 项　　目 | 总平均 | 低收入户 | 中等偏下户 | 中等收入户 | 中等偏上户 | 高收入户 |
|---|---|---|---|---|---|---|
| 消费性支出 | 5666.54 | 2851.91 | 4124.42 | 5013.51 | 6824.76 | 9117.20 |
| # 服务性消费支出 | 1711.25 | 736.75 | 1232.44 | 1469.91 | 2023.99 | 2952.54 |
| 一、食　品 | 1960.29 | 1208.12 | 1566.67 | 1809.82 | 2248.53 | 2862.76 |
| （一）粮油类 | 307.56 | 314.49 | 285.51 | 291.93 | 314.37 | 330.05 |
| 1.粮　食 | 189.43 | 193.78 | 175.10 | 178.33 | 195.61 | 203.41 |
| 2.淀粉及薯类 | 21.87 | 24.26 | 19.72 | 20.78 | 21.25 | 23.32 |
| 3.干豆类及豆制品 | 29.17 | 25.49 | 26.08 | 27.49 | 29.97 | 36.10 |
| 4.油脂类 | 67.10 | 70.96 | 64.60 | 65.32 | 67.54 | 67.22 |
| （二）肉禽蛋水产品类 | 352.45 | 237.07 | 297.17 | 313.68 | 415.63 | 483.15 |
| 1.肉　类 | 206.77 | 144.19 | 186.29 | 186.24 | 236.68 | 272.57 |
| 2.禽　类 | 53.21 | 31.01 | 40.32 | 48.53 | 68.52 | 74.88 |
| 3.蛋　类 | 46.74 | 39.46 | 40.04 | 42.75 | 53.87 | 56.44 |
| 4.水产品类 | 45.72 | 22.41 | 30.53 | 36.17 | 56.56 | 79.26 |
| （三）蔬菜类 | 184.89 | 138.09 | 155.44 | 174.18 | 207.19 | 242.77 |
| # 鲜　菜 | 172.31 | 131.51 | 146.78 | 162.61 | 191.56 | 223.14 |
| （四）调味品 | 31.60 | 25.16 | 28.17 | 29.96 | 35.56 | 39.29 |
| （五）糖烟酒饮料类 | 233.56 | 129.18 | 183.86 | 205.39 | 272.90 | 361.77 |
| （六）干鲜瓜果类 | 140.21 | 77.76 | 102.63 | 127.43 | 171.82 | 212.68 |
| （七）糕点、奶及奶制品 | 158.39 | 76.76 | 123.56 | 156.41 | 187.46 | 237.61 |
| # 奶及奶制品 | 103.81 | 45.34 | 81.72 | 105.77 | 123.75 | 155.60 |
| （八）其它食品 | 58.07 | 27.74 | 43.20 | 55.29 | 68.94 | 91.13 |
| （九）饮食服务 | 493.58 | 181.88 | 347.12 | 455.55 | 574.67 | 865.31 |
| # 在外饮食 | 492.96 | 181.29 | 346.37 | 455.14 | 573.85 | 864.78 |
| 二、衣　着 | 559.07 | 234.79 | 368.74 | 520.37 | 660.40 | 963.99 |
| # 服　装 | 394.62 | 155.49 | 245.28 | 359.52 | 463.50 | 713.12 |
| 三、设备用品及服务 | 383.48 | 124.35 | 262.69 | 324.67 | 537.44 | 635.96 |
| # 1.耐用消费品 | 204.40 | 33.15 | 129.12 | 158.33 | 321.42 | 359.52 |
| 2.家庭日用杂品 | 119.42 | 69.21 | 89.70 | 115.50 | 138.98 | 176.75 |
| 3.家庭服务 | 19.87 | 8.38 | 11.42 | 16.79 | 27.78 | 33.34 |
| 四、医疗保健 | 491.17 | 282.37 | 310.78 | 479.53 | 513.72 | 832.68 |
| # 1.药品费 | 321.91 | 201.54 | 205.03 | 309.75 | 330.41 | 534.09 |
| 2.医疗费 | 140.56 | 72.92 | 92.10 | 149.39 | 141.96 | 235.62 |
| 五、交通和通讯 | 528.62 | 195.37 | 344.58 | 492.78 | 648.40 | 915.69 |
| 1.交　通 | 175.00 | 58.62 | 106.21 | 158.10 | 229.58 | 306.48 |
| 2.通　信 | 353.62 | 136.75 | 238.38 | 334.68 | 418.81 | 609.20 |
| 六、教育文化娱乐服务 | 950.85 | 447.84 | 752.99 | 737.35 | 1175.69 | 1570.51 |
| 1.文化娱乐用品 | 213.54 | 68.43 | 128.89 | 170.81 | 290.80 | 388.26 |
| 2.文化娱乐服务 | 110.19 | 33.52 | 49.68 | 83.87 | 115.34 | 254.07 |
| 3.教　育 | 627.11 | 345.89 | 574.42 | 482.67 | 769.55 | 928.17 |
| 七、居　住 | 609.05 | 282.16 | 409.98 | 478.31 | 820.20 | 1007.97 |
| # 1.住　房 | 264.52 | 53.89 | 113.14 | 173.30 | 419.91 | 531.23 |
| 2.水电燃料其它 | 328.77 | 218.95 | 287.99 | 283.82 | 383.32 | 455.15 |
| 八、杂项商品和服务 | 184.01 | 76.91 | 107.97 | 170.67 | 220.38 | 327.66 |
| # 杂项商品 | 112.11 | 45.55 | 64.51 | 101.66 | 136.32 | 202.25 |

# 10-14 城镇居民不同收入层次家庭主要商品人均购买数量

(2003年)

| 项目 | 单位 | 总平均 | 低收入户 | 中等偏下户 | 中等收入户 | 中等偏上户 | 高收入户 |
|---|---|---|---|---|---|---|---|
| 粮 食 | 公斤 | 76.79 | 88.77 | 74.15 | 71.19 | 75.27 | 75.28 |
| 淀粉及薯类 | 公斤 | 15.12 | 19.06 | 14.17 | 13.85 | 14.66 | 14.11 |
| 油脂类 | 公斤 | 8.87 | 9.92 | 8.79 | 8.63 | 8.68 | 8.42 |
| #食用植物油 | 公斤 | 8.76 | 9.72 | 8.71 | 8.50 | 8.60 | 8.37 |
| 肉 类 | 公斤 | 17.72 | 13.64 | 16.45 | 16.23 | 19.87 | 21.93 |
| #猪 肉 | 公斤 | 12.79 | 10.63 | 12.25 | 12.06 | 13.62 | 15.12 |
| 牛 肉 | 公斤 | 0.87 | 0.40 | 0.80 | 0.56 | 1.40 | 1.13 |
| 羊 肉 | 公斤 | 1.20 | 1.08 | 1.02 | 1.10 | 1.32 | 1.46 |
| 禽 类 | 公斤 | 4.42 | 2.90 | 3.42 | 4.19 | 5.56 | 5.86 |
| #鸡 | 公斤 | 3.25 | 2.32 | 2.47 | 3.15 | 4.04 | 4.15 |
| 禽制品 | 公斤 | 1.09 | 0.52 | 0.87 | 0.92 | 1.45 | 1.62 |
| 蛋 类 | 公斤 | 10.67 | 9.23 | 9.21 | 9.78 | 12.23 | 12.67 |
| #鲜 蛋 | 公斤 | 10.18 | 8.95 | 8.81 | 9.31 | 11.68 | 11.93 |
| 鱼 虾 | 公斤 | 4.04 | 2.49 | 3.04 | 3.49 | 4.76 | 6.21 |
| 鲜 菜 | 公斤 | 103.06 | 90.87 | 94.01 | 97.33 | 109.94 | 121.17 |
| 干 菜 | 公斤 | 0.27 | 0.18 | 0.20 | 0.27 | 0.32 | 0.37 |
| 酒 类 | 公斤 | 4.44 | 2.39 | 3.81 | 4.51 | 4.43 | 6.77 |
| #白 酒 | 公斤 | 1.10 | 0.71 | 1.19 | 0.87 | 1.24 | 1.44 |
| 啤 酒 | 公斤 | 2.99 | 1.47 | 2.41 | 3.36 | 2.68 | 4.82 |
| 碳酸饮料 | 公斤 | 2.15 | 1.34 | 1.87 | 1.88 | 2.27 | 3.26 |
| 果蔬饮料 | 公斤 | 1.61 | 0.74 | 1.12 | 1.55 | 1.78 | 2.72 |
| 瓶装饮用水 | 公斤 | 15.81 | 1.46 | 10.63 | 14.42 | 19.38 | 31.28 |
| 干鲜瓜果类 | 公斤 | 60.23 | 39.74 | 47.49 | 57.35 | 72.09 | 81.77 |
| #鲜 果 | 公斤 | 36.47 | 23.51 | 28.83 | 34.78 | 42.85 | 50.64 |
| 鲜 瓜 | 公斤 | 19.35 | 13.28 | 15.20 | 18.50 | 23.81 | 25.19 |
| 糕 点 | 公斤 | 4.50 | 3.14 | 3.69 | 4.22 | 5.24 | 6.03 |
| 鲜乳品 | 公斤 | 18.40 | 7.45 | 14.78 | 17.78 | 22.36 | 28.35 |
| 奶 粉 | 公斤 | 0.80 | 0.67 | 0.84 | 0.88 | 0.78 | 0.81 |
| 酸 奶 | 公斤 | 2.20 | 0.92 | 1.26 | 2.05 | 2.49 | 4.09 |
| 服 装 | 件 | 7.27 | 4.36 | 5.73 | 7.37 | 8.17 | 10.36 |
| 男士服装 | 件 | 2.81 | 1.53 | 2.13 | 2.83 | 3.20 | 4.17 |
| 女士服装 | 件 | 3.47 | 2.03 | 2.62 | 3.31 | 4.06 | 5.11 |
| 童 装 | 件 | 1.00 | 0.79 | 0.98 | 1.23 | 0.92 | 1.08 |
| 鞋 类 | 双 | 2.78 | 2.10 | 2.43 | 2.89 | 3.05 | 3.36 |
| 水 | 吨 | 23.98 | 15.11 | 20.22 | 22.08 | 28.12 | 33.23 |
| 电 | 度 | 287.72 | 169.06 | 222.39 | 256.02 | 347.37 | 427.23 |
| 煤 炭 | 公斤 | 154.52 | 282.12 | 182.17 | 148.51 | 102.11 | 70.49 |
| 液化石油气 | 公斤 | 10.83 | 10.22 | 11.76 | 10.73 | 11.52 | 9.98 |
| 管道燃气 | 立方米 | 23.71 | 5.14 | 15.22 | 18.33 | 27.44 | 49.62 |

# 10-15 城镇居民家庭居住情况

（2003年末）

| 项　　目 | 单 位 | 2003年 | 项　　目 | 单 位 | 2003年 |
|---|---|---|---|---|---|
| 调查户数 | 户 | 1450 | 六、按用水情况分 | % | 100.00 |
| 平均每户家庭人口 | 人 | 3.04 | 独用自来水 | % | 90.58 |
| 平均每人建筑面积 | 平方米 | 22.98 | 公用自来水 | % | 7.47 |
| 平均每人使用面积 | 平方米 | 17.46 | 井、河水 | % | 1.56 |
| 一、按房屋产权分 | % | 100.00 | 其　他 | % | 0.39 |
| 租赁公房 | % | 11.48 | 七、按卫生设备分 | % | 100.00 |
| 租赁私房 | % | 2.70 | 无卫生设备 | % | 5.19 |
| 原有私房 | % | 11.48 | 有厕所浴室 | % | 49.42 |
| 房改私房 | % | 66.74 | 有厕所无浴室 | % | 32.24 |
| 商品房 | % | 6.83 | 公　用 | % | 13.15 |
| 其　他 | % | 0.78 | 八、按取暖设备分 | % | 100.00 |
| 二、按住宅建筑式样分 | % | 100.00 | 无取暖设备 | % | 13.06 |
| 单栋住宅 | % | 1.98 | 空调设备 | % | 4.45 |
| 四居室 | % | 2.06 | 暖　气 | % | 47.45 |
| 三居室 | % | 22.64 | 其　他 | % | 35.04 |
| 二居室 | % | 50.68 | 九、按炊用燃料使用情况分 | % | 100.00 |
| 一居室 | % | 2.32 | 管道燃气 | % | 36.58 |
| 普通楼房 | % | 11.57 | 液化石油气 | % | 42.83 |
| 平房及其他 | % | 8.76 | 煤 | % | 15.70 |
| 三、按装修状况分 | % | 100.00 | 其　他 | % | 4.89 |
| 有装修 | % | 50.56 | 十、按通信设备使用情况分 | | 100.00 |
| 未装修 | % | 49.39 | 无电话的家庭 | % | 3.84 |
| 如果装修过，最近一次装修花费 | 元/户 | 7564.16 | 有电话的家庭 | % | 96.16 |
| 四、现有住房按市场价估计值 | 元/户 | 60867.99 | 百户固定电话拥有量 | 部 | 89.81 |
| 五、按饮水情况分 | % | 100.00 | 百户移动电话拥有量 | 部 | 82.94 |
| 自来水 | % | 77.63 | 百户使用互联网 | 条 | 1.71 |
| 矿泉水 | % | 3.56 | 十一、户均自有房房租折算 | 元／平方米 | 70.66 |
| 纯净水 | % | 16.95 | 十二、除了现住房， | | |
| 井、河水 | % | 1.86 | 户均还有几处其他住房 | 套 | 0.07 |

# 10-16 调查市县（区）城镇住户调查主要指标

（2003年）

| 地　区 | 调查户数（户） | 户均家庭人口（人） | 户均就业人口（人） | 人均总收入（元） | 人均可支配收入（元） | 人均消费性支出（元） | 人均食品支出（元） |
|---|---|---|---|---|---|---|---|
| 全　省 | 1450 | 3.04 | 1.50 | 7314.44 | 6806.35 | 5666.54 | 1960.29 |
| 西　安 | 350 | 3.04 | 1.46 | 8315.68 | 7749.44 | 6805.31 | 2371.13 |
| 宝　鸡 | 100 | 2.99 | 1.64 | 8007.30 | 7047.97 | 5225.60 | 1758.88 |
| 咸　阳 | 100 | 3.01 | 1.59 | 8319.99 | 7585.87 | 6040.09 | 1835.04 |
| 汉　台 | 100 | 2.98 | 1.51 | 5743.51 | 5394.75 | 4324.11 | 1778.78 |
| 铜　川 | 100 | 3.02 | 1.25 | 5177.26 | 4761.99 | 3896.99 | 1608.33 |
| 宝　塔 | 50 | 3.10 | 1.61 | 6542.05 | 6000.34 | 5532.16 | 1773.66 |
| 临　渭 | 50 | 2.92 | 1.47 | 6271.93 | 5844.20 | 3945.26 | 1417.32 |
| 榆　阳 | 50 | 3.16 | 1.38 | 5520.91 | 5301.02 | 5066.50 | 1408.67 |
| 汉　滨 | 50 | 2.96 | 1.39 | 5868.28 | 5575.56 | 4485.13 | 1661.97 |
| 三　原 | 50 | 3.03 | 1.74 | 5910.48 | 5592.20 | 4543.13 | 1690.41 |
| 商　州 | 50 | 3.10 | 1.70 | 6054.13 | 5827.77 | 4182.02 | 1261.34 |
| 西　乡 | 50 | 2.96 | 1.51 | 5588.11 | 5373.56 | 4551.42 | 1675.87 |
| 陇　县 | 50 | 3.14 | 1.59 | 5301.97 | 5065.76 | 3764.13 | 1253.13 |
| 洛　南 | 50 | 3.09 | 1.73 | 6053.06 | 5949.79 | 4399.08 | 1569.93 |
| 蒲　城 | 50 | 3.16 | 1.73 | 5801.02 | 5579.84 | 4217.15 | 1406.58 |
| 户　县 | 50 | 3.15 | 1.53 | 6916.99 | 6653.97 | 4918.66 | 1531.15 |
| 绥　德 | 50 | 3.08 | 1.04 | 4950.71 | 4885.76 | 3167.22 | 1120.42 |
| 华　阴 | 50 | 3.10 | 1.87 | 6087.73 | 5554.07 | 4797.92 | 1715.52 |
| 略　阳 | 50 | 2.95 | 1.65 | 6126.16 | 5571.45 | 4557.74 | 1918.26 |

# 10-17 农村居民家庭基本情况

| 指　　标 | 单位 | 1995年 | 2000年 | 2001年 | 2002年 | 2003年 |
|---|---|---|---|---|---|---|
| 调查户数 | 户 | 2220 | 2220 | 2220 | 2220 | 2220 |
| 调查户人口 | | | | | | |
| 1.常住人口 | 人 | 10313 | 9840 | 9765 | 9713 | 9643 |
| 2.平均每户常住人口 | 人 | 4.65 | 4.43 | 4.40 | 4.38 | 4.34 |
| 3.平均每户整、半劳动力 | 人 | 2.74 | 2.62 | 2.62 | 2.65 | 2.67 |
| 4.平均每劳动力负担人口 | 人 | 1.69 | 1.69 | 1.68 | 1.65 | 1.63 |
| 平均每人全年收入 | | | | | | |
| 1.总收入 | 元 | 1440.13 | 2040.86 | 2141.23 | 2261.57 | 2281.01 |
| 2.纯收入 | 元 | 962.89 | 1470.00 | 1520.00 | 1596.25 | 1675.66 |
| 3.现金收入 | 元 | 881.10 | 1558.95 | 1669.74 | 1796.07 | 1849.67 |
| 平均每人全年支出 | | | | | | |
| 1.总支出 | 元 | 1423.48 | 1917.76 | 2030.46 | 2252.71 | 2189.11 |
| # 家庭经营费用支出 | 元 | 385.49 | 431.55 | 471.76 | 501.33 | 464.08 |
| 生活消费支出 | 元 | 913.73 | 1251.21 | 1331.03 | 1491.20 | 1455.39 |
| 2.现金支出 | 元 | 922.73 | 1599.51 | 1711.71 | 1944.10 | 1923.02 |
| # 生产费用支出 | 元 | 297.26 | 442.82 | 479.65 | 529.92 | 542.33 |
| 生活消费支出 | 元 | 527.65 | 1007.55 | 1077.66 | 1260.10 | 1245.41 |
| 平均每人年末住房面积 | 平方米 | 18.42 | 22.87 | 23.76 | 25.13 | 26.11 |
| # 砖木结构面积 | 平方米 | 6.59 | 9.67 | 10.28 | 10.88 | 11.33 |
| 钢筋混凝土结构面积 | 平方米 | 2.94 | 6.60 | 6.99 | 8.05 | 8.66 |
| 年末住房价值 | 元/平方米 | 67.43 | 155.10 | 174.80 | 177.70 | 182.78 |
| 平均每人经营耕地面积 | 亩 | 2.81 | 1.66 | 1.68 | 1.67 | 1.62 |
| 平均每人经营山地面积 | 亩 | 0.61 | 0.36 | 0.34 | 0.32 | 0.12 |
| 户均年末固定资产原值 | 元 | 1793.35 | 3695.05 | 3792.28 | 3960.25 | 4254.10 |

# 10-18 农村居民家庭人均总收入和纯收入

单位：元

| 指　　标 | 1995年 | 2000年 | 2001年 | 2002年 | 2003年 |
|---|---|---|---|---|---|
| 一、全年总收入 | 1440.13 | 2040.86 | 2141.23 | 2261.50 | 2281.01 |
| 1.工资性收入 | 186.04 | 454.04 | 507.77 | 550.50 | 615.92 |
| 2.家庭经营收入 | 1192.70 | 1457.09 | 1483.89 | 1538.60 | 1502.92 |
| 3.转移性收入 | 61.40 | 82.70 | 111.67 | 132.84 | 112.97 |
| 4.财产性收入 |  | 47.03 | 37.91 | 39.55 | 49.19 |
| 二、全年纯收入 | 962.89 | 1470.00 | 1520.00 | 1596.25 | 1675.66 |
| 按收入来源分 |  |  |  |  |  |
| 1.工资性收入 | 186.04 | 454.04 | 507.77 | 550.50 | 615.92 |
| 2.家庭经营纯收入 | 723.16 | 917.46 | 899.88 | 915.32 | 919.69 |
| 农业收入 | 559.47 | 554.37 | 595.29 | 589.09 | 587.14 |
| 林业收入 | 5.44 | 5.91 | 5.15 | 8.49 | 17.38 |
| 牧业收入 | 60.39 | 103.16 | 84.37 | 83.51 | 125.31 |
| 渔业收入 | 0.40 | -0.65 | 0.34 | 0.32 | 0.24 |
| 工业收入 | 11.40 | 33.21 | 29.77 | 25.93 | 14.68 |
| 建筑业收入 | 17.41 | 28.93 | 24.87 | 22.90 | 25.61 |
| 交通、运输和邮电业收入 | 21.78 | 63.74 | 64.61 | 72.77 | 58.57 |
| 批发和零售贸易、餐饮业收入 | 18.89 | 76.40 | 48.79 | 53.95 | 48.62 |
| 社会服务业收入 | 6.16 | 14.21 | 13.17 | 16.33 | 11.98 |
| 文教卫生业收入 |  | 4.64 | 5.75 | 5.39 | 8.93 |
| 其他家庭经营收入 | 21.82 | 33.53 | 27.77 | 36.64 | 21.22 |
| 3.转移性收入 | 53.69 | 50.61 | 73.70 | 90.86 | 90.85 |
| 4.财产性收入 |  | 47.88 | 38.65 | 39.57 | 49.19 |
| 按收入性质分 |  |  |  |  |  |
| 1.生产性收入 | 909.20 | 1371.51 | 1407.66 | 1465.82 | 1535.62 |
| 第一产业收入 | 660.88 | 681.38 | 705.99 | 694.79 |  |
| 第二产业收入 | 118.89 | 351.93 | 401.17 | 432.86 |  |
| 第三产业收入 | 129.43 | 338.20 | 300.50 | 338.17 |  |
| 2.非生产性收入 | 53.69 | 98.49 | 112.34 | 130.43 | 140.04 |
| 按收入形态分 |  |  |  |  |  |
| 1.现金纯收入 | 473.82 | 1065.27 | 1144.06 | 1236.75 | 1333.66 |
| 2.实物纯收入 | 489.07 | 404.73 | 375.94 | 359.50 | 342.00 |

# 10-19 农村居民家庭按人均纯收入分组基本情况

(2003年)

| 指　标 | 单位 | 合 计 | 600元以下 | 600-637元 | 637-882元 | 882-1676元 | 1676-2200元 | 2200元以上 |
|---|---|---|---|---|---|---|---|---|
| 一、调查户数 | 户 | 2220 | 182 | 18 | 220 | 888 | 350 | 562 |
| 比　重 | % | 100.00 | 8.20 | 0.81 | 9.91 | 40.00 | 15.77 | 25.32 |
| 常住人口 | 人 | 9643 | 838 | 88 | 1060 | 4024 | 1477 | 2156 |
| 比　重 | % | 100.00 | 8.69 | 0.91 | 10.99 | 41.73 | 15.32 | 22.36 |
| 平均每户常住人口 | 人 | 4.34 | 4.60 | 4.89 | 4.82 | 4.53 | 4.22 | 3.84 |
| 户均整、半劳动力 | 人 | 2.67 | 2.64 | 2.78 | 2.80 | 2.75 | 2.64 | 2.52 |
| 劳动力负担人口 | 人 | 1.63 | 1.74 | 1.76 | 1.72 | 1.65 | 1.60 | 1.52 |
| 二、平均每人全年收入 | | | | | | | | |
| 总收入 | 元 | 2281.01 | 953.02 | 988.49 | 1236.64 | 1739.64 | 2488.30 | 4231.81 |
| # 工资性收入 | 元 | 615.92 | 120.76 | 155.12 | 255.84 | 488.00 | 749.57 | 1151.43 |
| 家庭经营收入 | 元 | 1502.92 | 766.97 | 801.21 | 934.98 | 1152.19 | 1584.90 | 2695.27 |
| 纯收入 | 元 | 1675.66 | 380.79 | 619.52 | 775.43 | 1258.80 | 1910.35 | 3281.91 |
| （1）工资性收入 | 元 | 615.92 | 120.76 | 155.12 | 255.84 | 488.00 | 749.57 | 1151.43 |
| # 乡企劳动收入 | 元 | 28.84 | 2.21 | 22.73 | 9.06 | 23.62 | 49.40 | 44.83 |
| （2）家庭经营收入 | 元 | 919.69 | 232.98 | 450.88 | 483.53 | 690.29 | 1031.85 | 1771.48 |
| （3）转移性收入 | 元 | 90.85 | 18.45 | 10.19 | 25.05 | 59.67 | 76.86 | 222.44 |
| （4）财产性收入 | 元 | 49.19 | 8.59 | 3.33 | 11.01 | 20.84 | 52.06 | 136.56 |
| 现金收入 | 元 | 1849.67 | 701.97 | 689.78 | 887.94 | 1340.01 | 2027.41 | 3645.39 |
| 三、平均每人全年支出 | | | | | | | | |
| 总支出 | 元 | 2189.11 | 1702.06 | 1119.97 | 1563.24 | 1716.86 | 2361.46 | 3493.11 |
| # 生活消费支出 | 元 | 1455.39 | 1064.64 | 778.71 | 1051.61 | 1167.86 | 1657.48 | 2231.60 |
| 家庭经营费用支出 | 元 | 464.08 | 415.41 | 261.33 | 352.05 | 364.34 | 426.38 | 758.35 |
| 现金支出 | 元 | 1923.02 | 1455.01 | 899.62 | 1311.43 | 1444.64 | 2091.92 | 3224.57 |
| 四、人均年末住房面积 | 平方米 | 26.11 | 21.41 | 18.20 | 21.39 | 23.18 | 29.18 | 33.96 |
| # 砖木结构面积 | 平方米 | 11.33 | 10.08 | 7.03 | 8.90 | 9.80 | 11.90 | 15.64 |
| 钢筋混凝土结构面积 | 平方米 | 8.66 | 4.90 | 4.41 | 5.32 | 6.73 | 11.11 | 13.85 |
| 五、人均经营耕地面积 | 亩 | 1.62 | 2.16 | 2.01 | 1.75 | 1.56 | 1.40 | 1.58 |
| 人均经营山地面积 | 亩 | 0.12 | 0.15 | | 0.23 | 0.14 | 0.06 | 0.06 |
| 人均年末固定资产原值 | 元 | 979.37 | 1121.86 | 816.82 | 752.15 | 686.79 | 1032.49 | 1552.05 |

# 10-20　农村居民家庭按人均纯收入五等份分组基本情况

(2003年)

| 指　　标 | 单 位 | 合 计 | 低收入户 | 中低收入户 | 中等收入户 | 中高收入户 | 高收入户 |
|---|---|---|---|---|---|---|---|
| 一、调查户数 | 户 | 2220 | 444 | 444 | 444 | 444 | 444 |
| 比 重 | % | 100.00 | 20.00 | 20.00 | 20.00 | 20.00 | 20.00 |
| 常住人口 | 人 | 9643 | 2104 | 2040 | 1967 | 1853 | 1679 |
| 比 重 | % | 100.00 | 21.82 | 21.15 | 20.40 | 19.22 | 17.41 |
| 平均每户常住人口 | 人 | 4.34 | 4.74 | 4.59 | 4.43 | 4.17 | 3.78 |
| 户均整、半劳动力 | 人 | 2.67 | 2.73 | 2.79 | 2.71 | 2.62 | 2.52 |
| 劳动力负担人口 | 人 | 1.63 | 1.74 | 1.65 | 1.64 | 1.59 | 1.50 |
| 二、平均每人全年收入 | | | | | | | |
| 总收入 | 元 | 2281.01 | 1114.98 | 1572.33 | 1972.75 | 2620.17 | 4590.06 |
| # 工资性收入 | 元 | 615.92 | 204.77 | 407.28 | 586.39 | 819.92 | 1194.12 |
| 家庭经营收入 | 元 | 1502.92 | 857.23 | 1081.72 | 1267.91 | 1628.58 | 2960.43 |
| 纯收入 | 元 | 1675.66 | 618.60 | 1097.57 | 1469.84 | 2026.43 | 3556.67 |
| （1）工资性收入 | 元 | 615.92 | 204.77 | 407.28 | 586.39 | 819.92 | 1194.12 |
| # 乡企劳动收入 | 元 | 28.84 | 7.65 | 17.38 | 33.78 | 49.94 | 40.25 |
| （2）家庭经营收入 | 元 | 919.69 | 381.83 | 627.83 | 782.42 | 1058.41 | 1956.02 |
| （3）转移性收入 | 元 | 90.85 | 20.90 | 43.35 | 77.57 | 99.74 | 241.98 |
| （4）财产性收入 | 元 | 49.19 | 11.10 | 19.11 | 23.45 | 48.37 | 164.55 |
| 现金收入 | 元 | 1849.67 | 806.50 | 1197.97 | 1544.90 | 2168.63 | 3953.72 |
| 三、平均每人全年支出 | | | | | | | |
| 总支出 | 元 | 2189.11 | 1585.55 | 1650.44 | 1852.17 | 2453.91 | 3702.44 |
| # 生活消费支出 | 元 | 1455.39 | 1036.57 | 1099.54 | 1272.97 | 1705.74 | 2349.98 |
| 家庭经营费用支出 | 元 | 464.08 | 369.49 | 359.31 | 384.81 | 443.87 | 825.10 |
| 现金支出 | 元 | 1923.02 | 1338.64 | 1374.69 | 1576.69 | 2193.44 | 3428.87 |
| 四、人均年末住房面积 | 平方米 | 26.11 | 21.31 | 21.69 | 25.00 | 29.56 | 35.01 |
| # 砖木结构面积 | 平方米 | 11.33 | 9.53 | 8.75 | 10.96 | 12.84 | 15.46 |
| 钢筋混凝土结构面积 | 平方米 | 8.66 | 5.18 | 5.91 | 7.71 | 10.61 | 15.33 |
| 五、人均经营耕地面积 | 亩 | 1.62 | 1.92 | 1.55 | 1.56 | 1.34 | 1.69 |
| 人均经营山地面积 | 亩 | 0.12 | 0.20 | 0.12 | 0.13 | 0.05 | 0.07 |
| 人均年末固定资产原值 | 元 | 979.37 | 886.05 | 668.17 | 715.02 | 1055.36 | 1700.27 |

# 10-21 农村居民家庭按劳动力最高文化程度分组基本情况

(2003年)

| 指 标 | 单位 | 合 计 | 大专及以上 | 中 专 | 高 中 | 初 中 | 小 学 | 小学以下 |
|---|---|---|---|---|---|---|---|---|
| 一、调查户数 | 户 | 2220 | 43 | 88 | 635 | 1209 | 222 | 21 |
| 比 重 | % | 100.00 | 1.94 | 3.96 | 28.60 | 54.46 | 10.00 | 0.95 |
| 常住人口 | 人 | 9643 | 181 | 366 | 2858 | 5303 | 872 | 61 |
| 比 重 | % | 100.00 | 1.88 | 3.80 | 29.64 | 54.99 | 9.04 | 0.63 |
| 平均每户常住人口 | 人 | 4.34 | 4.21 | 4.16 | 4.50 | 4.39 | 3.93 | 2.90 |
| 户均整、半劳动力 | 人 | 2.67 | 2.81 | 2.93 | 2.71 | 2.70 | 2.39 | 1.86 |
| 劳动力负担人口 | 人 | 1.63 | 1.50 | 1.42 | 1.66 | 1.63 | 1.65 | 1.56 |
| 二、平均每人全年收入 | | | | | | | | |
| 总收入 | 元 | 2281.01 | 2881.14 | 2701.83 | 2434.98 | 2209.53 | 1924.01 | 2078.57 |
| # 工资性收入 | 元 | 615.92 | 1150.81 | 713.36 | 665.85 | 590.18 | 465.70 | 511.02 |
| 家庭经营收入 | 元 | 1502.92 | 1329.91 | 1699.07 | 1628.31 | 1480.45 | 1197.68 | 1304.06 |
| 纯收入 | 元 | 1675.66 | 2222.57 | 1867.68 | 1815.55 | 1602.77 | 1482.18 | 1448.00 |
| （1）工资性收入 | 元 | 615.92 | 1150.81 | 713.36 | 665.85 | 590.18 | 465.70 | 511.02 |
| # 乡企劳动收入 | 元 | 28.84 | 27.51 | 46.64 | 36.72 | 24.21 | 26.05 | |
| （2）家庭经营收入 | 元 | 919.69 | 777.33 | 946.91 | 1029.89 | 888.85 | 781.76 | 679.22 |
| （3）转移性收入 | 元 | 90.85 | 226.52 | 106.14 | 73.69 | 72.01 | 218.16 | 204.58 |
| （4）财产性收入 | 元 | 49.19 | 67.91 | 101.27 | 46.11 | 51.73 | 16.57 | 53.19 |
| 现金收入 | 元 | 1849.67 | 2456.34 | 2152.76 | 2001.68 | 1800.23 | 1417.41 | 1587.96 |
| 三、平均每人全年支出 | | | | | | | | |
| 总支出 | 元 | 2189.11 | 2971.80 | 2450.13 | 2350.61 | 2135.23 | 1704.93 | 2297.89 |
| # 生活消费支出 | 元 | 1455.39 | 2284.55 | 1563.10 | 1556.12 | 1403.52 | 1218.14 | 1528.82 |
| 家庭经营费用支出 | 元 | 464.08 | 415.36 | 639.85 | 461.58 | 477.12 | 327.67 | 499.65 |
| 现金支出 | 元 | 1923.02 | 2641.08 | 2135.08 | 2108.93 | 1873.58 | 1383.64 | 1828.60 |
| 四、人均年末住房面积 | 平方米 | 26.11 | 31.81 | 28.43 | 27.72 | 25.47 | 22.19 | 28.08 |
| # 砖木结构面积 | 平方米 | 11.33 | 11.06 | 10.36 | 12.44 | 11.22 | 8.59 | 12.13 |
| 钢筋混凝土结构面积 | 平方米 | 8.66 | 13.38 | 10.54 | 10.47 | 8.26 | 3.76 | 3.90 |
| 五、人均经营耕地面积 | 亩 | 1.62 | 1.47 | 1.93 | 1.40 | 1.57 | 2.34 | 3.40 |
| 人均经营山地面积 | 亩 | 0.12 | | 0.14 | 0.06 | 0.10 | 0.37 | 1.41 |
| 人均年末固定资产原值 | 元 | 979.37 | 950.90 | 889.23 | 1196.43 | 905.10 | 725.61 | 1536.80 |

# 10-22 农村居民家庭按家庭结构类型分组基本情况

(2003年)

| 指　　标 | 单 位 | 单身或夫妇 | 夫妇一孩 | 夫妇二孩 | 夫妇多孩 | 单亲与孩子 | 三代同堂 | 其　他 |
|---|---|---|---|---|---|---|---|---|
| 一、调查户数 | 户 | 137 | 285 | 662 | 423 | 39 | 587 | 87 |
| 比 重 | % | 6.17 | 12.84 | 29.82 | 19.05 | 1.76 | 26.44 | 3.92 |
| 常住人口 | 人 | 276 | 878 | 2633 | 2173 | 109 | 3191 | 383 |
| 比 重 | % | 2.86 | 9.11 | 27.30 | 22.53 | 1.13 | 33.09 | 3.97 |
| 平均每户常住人口 | 人 | 2.01 | 3.08 | 3.98 | 5.14 | 2.79 | 5.44 | 4.40 |
| 户均整、半劳动力 | 人 | 1.67 | 2.30 | 2.48 | 3.12 | 1.92 | 3.06 | 2.48 |
| 劳动力负担人口 | 人 | 1.21 | 1.34 | 1.60 | 1.65 | 1.45 | 1.77 | 1.77 |
| 二、平均每人全年收入 | | | | | | | | |
| 总收入 | 元 | 3171.89 | 2833.37 | 2443.86 | 2020.42 | 2279.29 | 2089.75 | 2325.63 |
| # 工资性收入 | 元 | 662.26 | 847.56 | 665.06 | 580.59 | 698.21 | 541.14 | 513.86 |
| 家庭经营收入 | 元 | 1787.27 | 1776.60 | 1648.09 | 1330.49 | 1359.38 | 1418.05 | 1398.82 |
| 纯收入 | 元 | 2457.35 | 2103.50 | 1811.00 | 1503.09 | 1750.87 | 1484.48 | 1751.62 |
| （1）工资性收入 | 元 | 662.26 | 847.56 | 665.06 | 580.59 | 698.21 | 541.14 | 513.86 |
| # 乡企劳动收入 | 元 | 30.66 | 34.92 | 32.77 | 18.17 | 29.82 | 32.81 | 13.78 |
| （2）家庭经营收入 | 元 | 1114.65 | 1078.33 | 1032.10 | 825.29 | 876.49 | 833.41 | 909.47 |
| （3）转移性收入 | 元 | 583.44 | 97.77 | 49.19 | 63.04 | 129.30 | 71.19 | 317.12 |
| （4）财产性收入 | 元 | 97.00 | 79.84 | 64.66 | 34.16 | 46.88 | 38.74 | 11.17 |
| 现金收入 | 元 | 2592.22 | 2326.02 | 2014.60 | 1584.86 | 1910.82 | 1699.21 | 1827.19 |
| 三、平均每人全年支出 | | | | | | | | |
| 总支出 | 元 | 3138.79 | 2692.94 | 2343.41 | 1991.86 | 2210.17 | 1946.48 | 2423.62 |
| # 生活消费支出 | 元 | 2259.35 | 1776.96 | 1559.03 | 1371.44 | 1531.89 | 1223.99 | 1808.77 |
| 家庭经营费用支出 | 元 | 518.91 | 572.47 | 486.43 | 402.43 | 362.25 | 467.70 | 371.05 |
| 现金支出 | 元 | 2763.91 | 2370.92 | 2075.84 | 1746.93 | 1917.92 | 1698.60 | 2110.08 |
| 四、人均年末住房面积 | 平方米 | 48.45 | 33.72 | 26.69 | 21.07 | 32.74 | 24.46 | 29.10 |
| # 砖木结构面积 | 平方米 | 22.05 | 15.33 | 12.12 | 9.43 | 12.05 | 10.10 | 9.67 |
| 钢筋混凝土结构面积 | 平方米 | 12.63 | 10.85 | 9.32 | 6.06 | 7.91 | 8.84 | 9.62 |
| 五、人均经营耕地面积 | 亩 | 2.37 | 2.05 | 1.64 | 1.63 | 1.77 | 1.37 | 1.89 |
| 人均经营山地面积 | 亩 | 0.19 | 0.13 | 0.08 | 0.26 | 0.06 | 0.06 | 0.01 |
| 人均年末固定资产原值 | 元 | 1135.32 | 916.52 | 1088.51 | 942.31 | 969.64 | 923.65 | 938.12 |

# 10-23 农村居民家庭人均生活消费支出

单位：元

| 指　　标 | 1995年 | 2000年 | 2001年 | 2002年 | 2003年 |
|---|---|---|---|---|---|
| 生活消费性支出 | 913.73 | 1251.20 | 1331.03 | 1491.20 | 1455.39 |
| 1.食　品 | 542.02 | 543.84 | 557.83 | 565.22 | 572.67 |
| #主　食 | 314.88 | 207.29 | 218.43 | 203.05 | 194.32 |
| 副　食 | 148.32 | 168.42 | 166.79 | 165.39 | 154.87 |
| 其他食品 | 61.65 | 94.96 | 95.93 | 102.28 | 119.64 |
| 在外饮食 | 9.32 | 62.31 | 66.24 | 83.99 | 93.48 |
| 2.衣　着 | 61.82 | 82.32 | 82.52 | 86.95 | 85.15 |
| #服　装 | 30.06 | 49.24 | 50.04 | 54.22 | 53.32 |
| 衣着材料 | 15.68 | 5.81 | 5.37 | 4.76 | 5.53 |
| 3.居　住 | 136.91 | 199.92 | 233.83 | 330.08 | 236.33 |
| #电　费 | 7.05 | 18.16 | 20.89 | 22.35 | 22.06 |
| 4.家庭设备、用品及服务 | 41.59 | 57.82 | 55.38 | 59.22 | 63.52 |
| #床上用品 | 4.75 | 5.17 | 6.27 | 6.66 | 5.85 |
| 家庭日用杂品 | 19.83 | 28.46 | 26.93 | 27.71 | 24.91 |
| 5.医疗保健 | 41.30 | 91.40 | 86.02 | 103.09 | 106.66 |
| #医疗卫生保健用品 | 29.70 | 62.32 | 59.70 | 67.53 | 65.11 |
| 医疗保健服务费 | 11.46 | 26.72 | 24.29 | 33.65 | 41.55 |
| 6.交通和通讯 | 15.11 | 58.49 | 73.32 | 85.18 | 97.33 |
| #交通工具 | 8.72 | 15.93 | 20.16 | 19.84 | 22.78 |
| 通讯工具 | 0.05 | 3.63 | 4.91 | 7.38 | 8.74 |
| 交通费 | 5.49 | 19.31 | 21.01 | 21.82 | 24.15 |
| 邮电费 | 0.09 | 14.19 | 19.87 | 28.89 | 35.98 |
| 7.文教娱乐用品及服务 | 65.14 | 181.81 | 204.99 | 227.49 | 267.87 |
| 文化教育娱乐用品 | 24.96 | 46.75 | 53.43 | 52.18 | 55.61 |
| 文化教育娱乐服务 | 40.19 | 135.07 | 151.56 | 175.31 | 212.26 |
| 8.其他商品和服务 | 9.84 | 35.61 | 37.14 | 33.98 | 25.86 |
| 商品性支出 | 1.89 | 8.24 | 8.99 | 10.55 | 9.83 |
| 服务性支出 | 7.95 | 27.36 | 28.15 | 23.42 | 16.03 |

# 10-24 农村居民家庭按纯收入分组人均生活消费支出

(2003年)

单位：元

| 指　　标 | 合计 | 600元以下 | 600-637元 | 637-882元 | 882-1676元 | 1676-2200元 | 2200元以上 |
|---|---|---|---|---|---|---|---|
| 一、生活消费性支出 | 1455.39 | 1064.64 | 778.71 | 1051.61 | 1167.86 | 1657.48 | 2231.60 |
| 1.食　品 | 572.67 | 436.51 | 399.18 | 436.20 | 511.33 | 621.73 | 780.63 |
| #主　食 | 194.32 | 191.32 | 178.37 | 179.95 | 191.01 | 204.83 | 202.17 |
| 副　食 | 154.87 | 115.68 | 102.42 | 124.07 | 141.00 | 171.47 | 201.88 |
| 其他食品 | 119.64 | 85.91 | 67.99 | 86.28 | 103.06 | 139.29 | 168.73 |
| 在外饮食 | 93.48 | 34.51 | 42.06 | 36.70 | 65.73 | 94.65 | 197.41 |
| 2.衣　着 | 85.15 | 63.53 | 49.65 | 59.60 | 68.44 | 97.83 | 130.07 |
| 衣着消费品 | 84.21 | 63.33 | 49.30 | 59.02 | 67.44 | 97.05 | 128.64 |
| 衣着服务消费 | 0.94 | 0.20 | 0.36 | 0.58 | 1.00 | 0.79 | 1.43 |
| 3.居　住 | 236.33 | 203.67 | 57.61 | 210.74 | 153.68 | 285.57 | 389.43 |
| 4.家庭设备、用品及服务 | 63.52 | 41.12 | 20.96 | 51.25 | 48.56 | 69.22 | 104.03 |
| 5.交通和通讯消费 | 97.33 | 44.69 | 24.11 | 47.94 | 65.87 | 112.54 | 193.34 |
| 6.文化教育、娱乐消费 | 267.87 | 189.29 | 161.13 | 163.54 | 219.56 | 311.56 | 414.30 |
| 7.医疗保健消费 | 106.66 | 74.38 | 54.62 | 67.88 | 78.95 | 127.37 | 177.94 |
| 医疗保健用品 | 65.11 | 44.87 | 39.19 | 43.70 | 53.29 | 70.41 | 103.01 |
| 医疗保健服务 | 41.55 | 29.51 | 15.43 | 24.18 | 25.66 | 56.97 | 74.92 |
| 8.其他商品和服务 | 25.86 | 11.44 | 11.44 | 14.47 | 21.47 | 31.66 | 41.87 |
| 二、生活消费现金性支出 | 1245.41 | 870.76 | 591.83 | 852.45 | 951.69 | 1437.41 | 2027.60 |
| 1.食　品 | 379.96 | 259.23 | 226.97 | 256.57 | 312.90 | 418.20 | 592.73 |
| #主　食 | 50.60 | 54.11 | 36.39 | 49.10 | 46.36 | 48.88 | 59.64 |
| 副　食 | 111.58 | 81.20 | 74.08 | 80.63 | 92.84 | 129.32 | 162.90 |
| 其他食品 | 113.95 | 80.31 | 66.12 | 80.94 | 97.45 | 133.86 | 162.34 |
| 在外饮食 | 93.48 | 34.51 | 42.06 | 36.70 | 65.73 | 94.65 | 197.41 |
| 2.衣　着 | 84.87 | 63.49 | 49.65 | 59.24 | 68.28 | 97.81 | 129.32 |
| 3.居　住 | 219.35 | 187.11 | 42.93 | 191.57 | 136.09 | 269.06 | 374.08 |
| 4.家庭设备、用品及服务 | 63.52 | 41.12 | 20.96 | 51.25 | 48.56 | 69.22 | 104.03 |
| 5.交通和通讯消费 | 97.33 | 44.69 | 24.11 | 47.94 | 65.87 | 112.54 | 193.34 |
| 6.文化教育、娱乐消费 | 267.87 | 189.29 | 161.13 | 163.54 | 219.56 | 311.56 | 414.30 |
| 7.医疗保健消费 | 106.66 | 74.38 | 54.62 | 67.88 | 78.95 | 127.37 | 177.94 |
| 8.其他商品和服务 | 25.86 | 11.44 | 11.44 | 14.47 | 21.47 | 31.66 | 41.87 |

# 10-25 农村居民家庭按人均纯收入五等份分组人均生活消费支出

（2003年）

单位：元

| 指标 | 合计 | 低收入户 | 中低收入户 | 中等收入户 | 中高收入户 | 高收入户 |
|---|---|---|---|---|---|---|
| 一、生活消费性支出 | 1455.39 | 1036.57 | 1099.54 | 1272.97 | 1705.74 | 2349.98 |
| 1.食品 | 572.67 | 431.51 | 499.13 | 533.07 | 643.65 | 806.93 |
| #主食 | 194.32 | 183.53 | 191.59 | 192.42 | 203.68 | 203.06 |
| 副食 | 154.87 | 118.35 | 137.96 | 147.60 | 174.60 | 207.91 |
| 其他食品 | 119.64 | 84.55 | 103.05 | 106.11 | 143.08 | 173.72 |
| 在外饮食 | 93.48 | 35.99 | 56.22 | 76.05 | 111.25 | 211.61 |
| 2.衣着 | 85.15 | 61.33 | 65.82 | 72.58 | 103.16 | 133.35 |
| 衣着消费品 | 84.21 | 60.92 | 65.01 | 71.35 | 102.32 | 131.80 |
| 衣着服务 | 0.94 | 0.41 | 0.81 | 1.23 | 0.84 | 1.55 |
| 3.居住 | 236.33 | 194.05 | 150.66 | 164.80 | 295.32 | 412.09 |
| 居住消费品 | 164.62 | 141.16 | 101.03 | 111.84 | 211.69 | 281.16 |
| 居住服务消费 | 71.71 | 52.89 | 49.63 | 52.96 | 83.63 | 130.93 |
| 4.家庭设备、用品及服务 | 63.52 | 45.12 | 48.98 | 51.08 | 71.09 | 110.49 |
| 5.交通和通讯 | 97.33 | 45.32 | 62.14 | 75.51 | 114.07 | 212.33 |
| 6.文化教育、娱乐 | 267.87 | 174.63 | 178.85 | 267.50 | 320.10 | 435.66 |
| 7.医疗保健 | 106.66 | 71.73 | 74.80 | 81.51 | 128.98 | 193.99 |
| 医疗保健用品 | 65.11 | 45.75 | 49.76 | 55.86 | 74.00 | 109.06 |
| 医疗保健服务 | 41.55 | 25.98 | 25.04 | 25.65 | 54.98 | 84.93 |
| 8.其他商品和服务 | 25.86 | 12.87 | 19.16 | 26.92 | 29.37 | 45.13 |
| 二、生活消费现金性支出 | 1245.41 | 841.13 | 883.65 | 1052.98 | 1491.59 | 2145.33 |
| 1.食品 | 379.96 | 253.90 | 302.74 | 329.51 | 445.85 | 618.10 |
| #主食 | 50.60 | 49.38 | 50.74 | 41.88 | 54.07 | 58.33 |
| 副食 | 111.58 | 80.27 | 88.20 | 99.93 | 131.85 | 170.44 |
| 其他食品 | 113.95 | 79.16 | 97.27 | 100.75 | 137.65 | 167.09 |
| 在外饮食 | 93.48 | 35.99 | 56.22 | 76.05 | 111.25 | 211.61 |
| 2.衣着 | 84.87 | 61.13 | 65.60 | 72.48 | 102.78 | 132.79 |
| 3.居住 | 219.35 | 176.42 | 131.38 | 148.47 | 279.35 | 396.83 |
| 4.家庭设备、用品及服务 | 63.52 | 45.12 | 48.98 | 51.08 | 71.09 | 110.49 |
| 5.交通和通讯 | 97.33 | 45.32 | 62.14 | 75.51 | 114.07 | 212.33 |
| 6.文化教育、娱乐 | 267.87 | 174.63 | 178.85 | 267.50 | 320.10 | 435.66 |
| 7.医疗保健 | 106.66 | 71.73 | 74.80 | 81.51 | 128.98 | 193.99 |
| 8.其他商品和服务 | 25.86 | 12.87 | 19.16 | 26.92 | 29.37 | 45.13 |

# 10-26 农村居民家庭按劳动力最高文化程度分组人均生活消费支出

（2003年） 单位：元

| 指 标 | 合 计 | 大专及以上 | 中 专 | 高 中 | 初 中 | 小 学 | 小学以下 |
|---|---|---|---|---|---|---|---|
| 一、生活消费性支出 | 1455.39 | 2284.55 | 1563.10 | 1556.12 | 1403.52 | 1218.14 | 1528.82 |
| 1.食 品 | 572.67 | 824.59 | 618.64 | 586.01 | 555.19 | 556.45 | 662.58 |
| #主 食 | 194.32 | 200.43 | 195.82 | 190.56 | 193.82 | 202.22 | 272.45 |
| 副 食 | 154.87 | 211.21 | 177.02 | 148.72 | 150.33 | 175.97 | 229.49 |
| 其他食品 | 119.64 | 152.57 | 138.00 | 114.32 | 118.80 | 126.48 | 128.32 |
| 在外饮食 | 93.48 | 250.37 | 98.16 | 121.87 | 81.69 | 42.70 | 23.17 |
| 2.衣 着 | 85.15 | 106.90 | 88.23 | 93.30 | 83.89 | 61.95 | 58.64 |
| 衣着消费品 | 84.21 | 105.44 | 87.41 | 92.37 | 82.86 | 61.50 | 58.10 |
| 衣着服务 | 0.94 | 1.46 | 0.82 | 0.92 | 1.03 | 0.45 | 0.55 |
| 3.居 住 | 236.33 | 240.71 | 133.77 | 242.95 | 241.56 | 219.57 | 318.74 |
| 居住消费品 | 164.62 | 119.86 | 83.51 | 165.73 | 171.90 | 155.89 | 229.66 |
| 居住服务消费 | 71.71 | 120.85 | 50.26 | 77.23 | 69.66 | 63.69 | 89.08 |
| 4.家庭设备、用品及服务 | 63.52 | 114.03 | 45.44 | 69.65 | 61.67 | 54.11 | 31.69 |
| 5.交通和通讯 | 97.33 | 145.37 | 139.91 | 107.04 | 93.14 | 60.69 | 134.82 |
| 6.文化教育、娱乐 | 267.87 | 674.05 | 376.17 | 325.70 | 233.44 | 162.90 | 205.85 |
| 7.医疗保健 | 106.66 | 137.75 | 134.25 | 104.49 | 108.42 | 87.66 | 67.14 |
| 医疗保健用品 | 65.11 | 109.39 | 74.00 | 59.79 | 67.34 | 57.46 | 42.12 |
| 医疗保健服务 | 41.55 | 28.37 | 60.25 | 44.70 | 41.08 | 30.20 | 25.02 |
| 8.其他商品和服务 | 25.86 | 41.15 | 26.68 | 26.98 | 26.22 | 14.81 | 49.37 |
| 二、生活消费现金性支出 | 1245.41 | 2003.63 | 1322.68 | 1362.72 | 1196.34 | 971.02 | 1226.72 |
| 1.食 品 | 379.96 | 563.13 | 395.21 | 407.66 | 364.22 | 338.86 | 393.59 |
| #主 食 | 50.60 | 21.95 | 46.56 | 48.04 | 49.25 | 67.95 | 147.15 |
| 副 食 | 111.58 | 138.82 | 108.00 | 118.49 | 109.74 | 97.03 | 94.73 |
| 其他食品 | 113.95 | 141.99 | 132.86 | 108.73 | 113.00 | 122.10 | 119.40 |
| 在外饮食 | 93.48 | 250.37 | 98.16 | 121.87 | 81.69 | 42.70 | 23.17 |
| 2.衣 着 | 84.87 | 106.90 | 88.23 | 92.92 | 83.65 | 61.52 | 58.64 |
| 3.居 住 | 219.35 | 221.24 | 116.78 | 228.28 | 225.59 | 190.48 | 285.62 |
| 4.家庭设备、用品及服务 | 63.52 | 114.03 | 45.44 | 69.65 | 61.67 | 54.11 | 31.69 |
| 5.交通和通讯 | 97.33 | 145.37 | 139.91 | 107.04 | 93.14 | 60.69 | 134.82 |
| 6.文化教育、娱乐 | 267.87 | 674.05 | 376.17 | 325.70 | 233.44 | 162.90 | 205.85 |
| 7.医疗保健 | 106.66 | 137.75 | 134.25 | 104.49 | 108.42 | 87.66 | 67.14 |
| 8.其他商品和服务 | 25.86 | 41.15 | 26.68 | 26.98 | 26.22 | 14.81 | 49.37 |

# 10-27 农村居民家庭按家庭结构类型分组人均生活消费支出

（2003年） 单位：元

| 指　　标 | 单身或夫妇 | 夫妇一孩 | 夫妇二孩 | 夫妇多孩 | 单亲与孩子 | 三代同堂 | 其 他 |
|---|---|---|---|---|---|---|---|
| 一、生活消费性支出 | 2259.35 | 1776.96 | 1559.03 | 1371.44 | 1531.89 | 1223.99 | 1808.77 |
| 1.食 品 | 880.96 | 721.64 | 600.78 | 527.62 | 628.44 | 504.73 | 621.34 |
| #主 食 | 285.86 | 226.20 | 197.55 | 190.91 | 192.03 | 176.68 | 200.10 |
| 副 食 | 282.85 | 207.35 | 155.82 | 132.49 | 181.48 | 136.97 | 204.18 |
| 其他食品 | 209.22 | 157.50 | 123.73 | 106.99 | 136.62 | 104.13 | 136.23 |
| 在外饮食 | 86.29 | 119.44 | 114.09 | 88.36 | 103.61 | 76.15 | 68.08 |
| 2.衣 着 | 97.35 | 104.92 | 96.20 | 85.24 | 86.45 | 68.57 | 92.36 |
| 衣着消费品 | 95.22 | 103.75 | 95.56 | 84.61 | 85.54 | 67.37 | 91.04 |
| 衣着服务 | 2.13 | 1.17 | 0.64 | 0.63 | 0.91 | 1.20 | 1.32 |
| 3.居 住 | 478.50 | 269.18 | 266.31 | 157.94 | 178.17 | 219.21 | 384.34 |
| 居住消费品 | 352.56 | 194.49 | 186.56 | 105.65 | 104.92 | 153.05 | 257.75 |
| 居住服务消费 | 125.95 | 74.69 | 79.74 | 52.29 | 73.24 | 66.15 | 126.59 |
| 4.家庭设备、用品及服务 | 112.47 | 80.50 | 64.31 | 69.82 | 68.99 | 45.72 | 94.95 |
| 5.交通和通讯 | 161.79 | 142.36 | 96.16 | 97.25 | 139.86 | 78.14 | 103.79 |
| 6.文化教育、娱乐 | 228.52 | 271.09 | 317.58 | 340.14 | 320.37 | 184.98 | 212.74 |
| 7.医疗保健 | 267.38 | 141.97 | 93.79 | 72.62 | 83.03 | 100.12 | 252.87 |
| 医疗保健用品 | 189.64 | 92.46 | 65.40 | 44.78 | 48.46 | 58.93 | 82.34 |
| 医疗保健服务 | 77.74 | 49.51 | 28.39 | 27.84 | 34.58 | 41.18 | 170.53 |
| 8.其他商品和服务 | 32.37 | 45.29 | 23.89 | 20.81 | 26.59 | 22.52 | 46.38 |
| 二、生活消费现金性支出 | 1962.10 | 1528.75 | 1349.95 | 1184.37 | 1289.27 | 1021.71 | 1558.48 |
| 1.食 品 | 607.61 | 495.02 | 409.13 | 357.12 | 411.35 | 317.69 | 390.91 |
| #主 食 | 71.86 | 66.08 | 53.42 | 67.29 | 49.57 | 32.06 | 40.35 |
| 副 食 | 230.69 | 148.14 | 113.15 | 90.74 | 110.48 | 100.88 | 138.52 |
| 其他食品 | 202.02 | 150.21 | 118.86 | 101.86 | 132.98 | 97.81 | 131.20 |
| 在外饮食 | 86.29 | 119.44 | 114.09 | 88.36 | 103.61 | 76.15 | 68.08 |
| 2.衣 着 | 97.35 | 104.79 | 95.81 | 85.16 | 86.45 | 68.19 | 91.86 |
| 3.居 住 | 454.60 | 247.72 | 249.28 | 141.45 | 152.64 | 204.34 | 364.98 |
| 4.家庭设备、用品及服务 | 112.47 | 80.50 | 64.31 | 69.82 | 68.99 | 45.72 | 94.95 |
| 5.交通和通讯 | 161.79 | 142.36 | 96.16 | 97.25 | 139.86 | 78.14 | 103.79 |
| 6.文化教育、娱乐 | 228.52 | 271.09 | 317.58 | 340.14 | 320.37 | 184.98 | 212.74 |
| 7.医疗保健 | 267.38 | 141.97 | 93.79 | 72.62 | 83.03 | 100.12 | 252.87 |
| 8.其他商品和服务 | 32.37 | 45.29 | 23.89 | 20.81 | 26.59 | 22.52 | 46.38 |

# 10-28 农村居民家庭平均每人主要实物消费量和每百户耐用物品拥有量

| 指　标 | 单位 | 1995年 | 2000年 | 2001年 | 2002年 | 2003年 |
|---|---|---|---|---|---|---|
| 实物消费量 | | | | | | |
| 粮　食 | 公斤 | 234.99 | 222.50 | 212.13 | 200.53 | 194.25 |
| 蔬菜及菜制品 | 公斤 | 55.01 | 61.36 | 56.68 | 53.65 | 50.69 |
| 油脂类 | 公斤 | 4.53 | 6.27 | 6.49 | 6.48 | 5.83 |
| 肉禽及其制品 | 公斤 | 5.61 | 7.62 | 7.30 | 7.25 | 7.53 |
| 蛋类及蛋制品 | 公斤 | 1.00 | 2.22 | 2.13 | 2.06 | 2.29 |
| 奶和奶制品 | 公斤 | 0.82 | 1.02 | 1.11 | 1.13 | 1.14 |
| 水产品 | 公斤 | 0.12 | 0.24 | 0.22 | 0.27 | 0.29 |
| 糖 | 公斤 | 0.95 | 1.07 | 0.92 | 1.01 | 0.92 |
| 酒和饮料 | 公斤 | 2.19 | 3.50 | 4.13 | 3.57 | 2.24 |
| 水果及水果制品 | 公斤 | 13.85 | 17.46 | 19.80 | 18.64 | 9.73 |
| 耐用物品每百户拥有量 | | | | | | |
| 大型家具 | 件 | 449.61 | 239.46 | 240.90 | 247.97 | 251.04 |
| 洗衣机 | 台 | 13.94 | 34.14 | 35.95 | 38.56 | 40.36 |
| 电风扇 | 台 | 27.87 | 69.86 | 74.32 | 78.74 | 81.80 |
| 电冰箱 | 台 | | 5.23 | 5.45 | 5.50 | 6.31 |
| 空调机 | 台 | | 0.23 | 0.32 | 0.32 | 0.36 |
| 抽油烟机 | 台 | | 0.68 | 0.68 | 0.54 | 0.63 |
| 自行车 | 辆 | 125.43 | 127.43 | 131.17 | 134.14 | 133.47 |
| 摩托车 | 辆 | 4.65 | 14.64 | 16.58 | 19.37 | 22.16 |
| 汽车（生活用） | 辆 | | 0.27 | 0.23 | 0.32 | 0.05 |
| 电话机 | 部 | | 18.02 | 25.41 | 35.90 | 45.74 |
| 移动电话 | 部 | | 1.58 | 2.75 | 7.25 | 14.32 |
| 彩色电视机 | 台 | 13.94 | 48.83 | 52.30 | 58.60 | 65.95 |
| 黑白电视机 | 台 | 60.39 | 47.84 | 47.07 | 45.68 | 42.75 |
| 录放像机 | 台 | | 1.31 | 1.44 | 1.13 | 1.04 |
| 组合音响 | 台 | | | | 4.91 | 6.04 |
| 摄像机 | 台 | | | | 0.13 | 0.27 |
| 中高档乐器 | 台 | | | | 0.45 | 0.59 |
| 收录机 | 台 | 23.23 | 22.79 | 22.61 | 22.30 | 22.52 |
| 照相机 | 架 | | 1.49 | 1.80 | 2.03 | 1.85 |

# 10-29 农村居民家庭按纯收入分组平均每人主要实物消费量和每百户耐用物品拥有量

（2003年）

| 指　标 | 单 位 | 合 计 | 600元以下 | 600-637元 | 637-882元 | 882-1676元 | 1676-2200元 | 2200元以 上 |
|---|---|---|---|---|---|---|---|---|
| **实物消费量** | | | | | | | | |
| 粮 食 | 公斤 | 194.25 | 190.79 | 177.39 | 179.90 | 192.13 | 206.10 | 199.17 |
| # 小 麦 | 公斤 | 139.82 | 123.55 | 123.28 | 131.85 | 136.00 | 152.83 | 148.94 |
| 稻 谷 | 公斤 | 21.68 | 17.81 | 16.32 | 15.82 | 23.13 | 25.53 | 20.93 |
| 玉 米 | 公斤 | 14.91 | 16.17 | 12.10 | 14.32 | 15.46 | 15.34 | 13.49 |
| 薯 类 | 公斤 | 3.77 | 5.31 | 2.53 | 3.75 | 4.21 | 2.57 | 3.21 |
| 豆类及豆制品 | 公斤 | 2.62 | 4.17 | 6.00 | 3.22 | 2.48 | 1.95 | 2.29 |
| 蔬菜及菜制品 | 公斤 | 50.69 | 41.12 | 40.24 | 44.21 | 49.92 | 54.76 | 56.65 |
| 油脂类 | 公斤 | 5.83 | 4.91 | 4.40 | 4.93 | 5.34 | 6.62 | 7.04 |
| 肉禽及其制品 | 公斤 | 7.53 | 5.50 | 4.36 | 6.20 | 6.97 | 8.37 | 9.55 |
| 蛋类及蛋制品 | 公斤 | 2.29 | 1.83 | 1.30 | 1.74 | 1.95 | 2.39 | 3.32 |
| 奶和奶制品 | 公斤 | 1.14 | 0.71 | 3.90 | 0.70 | 1.14 | 0.73 | 1.69 |
| 糖 | 公斤 | 0.92 | 0.82 | 0.77 | 0.83 | 0.88 | 0.93 | 1.07 |
| 酒 类 | 公斤 | 2.24 | 1.40 | 1.51 | 1.80 | 2.13 | 2.26 | 2.99 |
| 水果及水果制品 | 公斤 | 9.73 | 7.98 | 4.23 | 8.51 | 9.06 | 10.36 | 12.06 |
| **耐用物品每百户拥有量** | | | | | | | | |
| 大型家具 | 件 | 251.04 | 244.51 | 227.78 | 232.27 | 245.05 | 263.71 | 262.81 |
| 洗衣机 | 台 | 40.36 | 25.27 | 22.22 | 30.91 | 33.11 | 48.57 | 55.87 |
| 电风扇 | 台 | 81.80 | 37.91 | 55.56 | 58.18 | 69.82 | 99.71 | 113.88 |
| 电冰箱 | 台 | 6.31 | 1.65 | | 4.09 | 5.74 | 7.43 | 9.07 |
| 空调机 | 台 | 0.36 | | | | 0.11 | 0.29 | 1.07 |
| 抽油烟机 | 台 | 0.63 | | | 0.45 | 0.34 | 0.57 | 1.42 |
| 热水器 | 台 | 2.79 | 1.10 | | 1.82 | 2.03 | 2.29 | 5.34 |
| 自行车 | 辆 | 133.47 | 108.79 | 116.67 | 130.00 | 128.38 | 144.57 | 144.48 |
| 摩托车 | 辆 | 22.16 | 18.13 | 22.22 | 15.00 | 17.23 | 26.29 | 31.49 |
| 汽车(生活用) | 辆 | 0.05 | | | | | | 0.18 |
| 电话机 | 部 | 45.74 | 29.67 | 44.44 | 34.55 | 39.25 | 53.43 | 60.85 |
| 移动电话 | 部 | 14.32 | 6.59 | | 7.27 | 10.14 | 14.57 | 26.51 |
| 寻呼机 | 台 | 1.67 | 2.75 | 5.56 | 0.45 | 1.01 | 1.14 | 3.02 |
| 彩色电视机 | 台 | 65.95 | 60.99 | 50.00 | 57.73 | 59.12 | 72.00 | 78.29 |
| 黑白电视机 | 台 | 42.75 | 35.16 | 50.00 | 47.73 | 46.96 | 37.14 | 39.86 |
| 录放像机 | 台 | 1.04 | 1.65 | 5.56 | 0.91 | 0.56 | 1.14 | 1.42 |
| 摄像机 | 台 | 0.27 | 0.55 | | | 0.34 | 0.29 | 0.18 |
| 影碟机 | 台 | 15.41 | 6.59 | 5.56 | 11.36 | 11.37 | 19.14 | 24.20 |
| 组合音响 | 台 | 6.04 | 3.85 | | 3.18 | 4.73 | 7.71 | 9.07 |
| 收录机 | 台 | 22.52 | 20.88 | 11.11 | 20.45 | 21.96 | 25.14 | 23.49 |
| 照相机 | 架 | 1.85 | | | 1.36 | 0.45 | 2.86 | 4.27 |
| 家用计算机 | 台 | 0.27 | | | 0.45 | | 0.29 | 0.71 |
| 中高档乐器 | 件 | 0.59 | | | | 0.23 | 1.43 | 1.07 |

# 10-30 农村居民家庭按人均纯收入五等份分组平均每人主要实物消费量和每百户耐用物品拥有量

（2003年）

| 指 标 | 单 位 | 合 计 | 低收入户 | 中低收入户 | 中等收入户 | 中高收入户 | 高收入户 |
|---|---|---|---|---|---|---|---|
| 实物消费量 | | | | | | | |
| 粮 食 | 公斤 | 194.25 | 183.50 | 191.89 | 194.50 | 202.99 | 200.63 |
| #小 麦 | 公斤 | 139.82 | 128.76 | 133.70 | 138.77 | 148.92 | 152.31 |
| 稻 谷 | 公斤 | 21.68 | 16.16 | 21.75 | 25.36 | 26.00 | 19.43 |
| 玉 米 | 公斤 | 14.91 | 14.80 | 18.36 | 12.89 | 15.04 | 13.07 |
| 薯 类 | 公斤 | 3.77 | 4.26 | 4.66 | 3.77 | 2.80 | 3.12 |
| 豆类及豆制品 | 公斤 | 2.62 | 3.65 | 2.70 | 2.26 | 2.17 | 2.13 |
| 蔬菜及菜制品 | 公斤 | 50.69 | 42.07 | 47.94 | 53.16 | 53.99 | 58.28 |
| 油脂类 | 公斤 | 5.83 | 4.89 | 5.25 | 5.48 | 6.65 | 7.19 |
| 肉禽及其制品 | 公斤 | 7.53 | 5.68 | 7.04 | 7.20 | 8.62 | 9.60 |
| 蛋类及蛋制品 | 公斤 | 2.29 | 1.75 | 1.88 | 2.07 | 2.42 | 3.56 |
| 奶和奶制品 | 公斤 | 1.14 | 0.96 | 0.91 | 1.27 | 0.91 | 1.73 |
| 糖 | 公斤 | 0.92 | 0.82 | 0.86 | 0.94 | 0.92 | 1.09 |
| 酒 类 | 公斤 | 2.24 | 1.59 | 2.18 | 2.17 | 2.55 | 2.86 |
| 水果及水果制品 | 公斤 | 9.73 | 8.34 | 8.69 | 9.48 | 10.23 | 12.49 |
| 耐用物品每百户拥有量 | | | | | | | |
| 大型家具 | 件 | 251.04 | 239.64 | 249.55 | 235.81 | 267.34 | 262.84 |
| 洗衣机 | 台 | 40.36 | 28.15 | 31.31 | 35.81 | 49.77 | 56.76 |
| 电风扇 | 台 | 81.80 | 50.90 | 60.36 | 78.60 | 99.32 | 119.82 |
| 电冰箱 | 台 | 6.31 | 3.15 | 4.95 | 6.31 | 6.98 | 10.14 |
| 空调机 | 台 | 0.36 | | 0.23 | | 0.23 | 1.35 |
| 抽油烟机 | 台 | 0.63 | 0.23 | 0.45 | 0.23 | 0.45 | 1.80 |
| 热水器 | 台 | 2.79 | 2.03 | 1.80 | 1.58 | 2.48 | 6.08 |
| 自行车 | 辆 | 133.47 | 121.62 | 121.85 | 134.23 | 142.79 | 146.85 |
| 摩托车 | 辆 | 22.16 | 16.89 | 15.77 | 19.37 | 24.77 | 34.01 |
| 汽车(生活用) | 辆 | 0.05 | | | | | 0.23 |
| 电话机 | 部 | 45.74 | 34.01 | 37.16 | 40.88 | 52.48 | 64.19 |
| 移动电话 | 部 | 14.32 | 6.76 | 9.23 | 11.26 | 18.47 | 25.90 |
| 寻呼机 | 台 | 1.67 | 1.80 | 0.68 | 1.13 | 1.13 | 3.60 |
| 彩色电视机 | 台 | 65.95 | 59.23 | 56.08 | 61.49 | 73.87 | 79.05 |
| 黑白电视机 | 台 | 42.75 | 42.57 | 49.32 | 45.05 | 37.84 | 38.96 |
| 录放像机 | 台 | 1.04 | 1.35 | 0.68 | 0.45 | 1.13 | 1.58 |
| 摄像机 | 台 | 0.27 | 0.23 | 0.45 | 0.23 | 0.23 | 0.23 |
| 影碟机 | 台 | 15.41 | 9.23 | 9.23 | 13.96 | 20.50 | 24.10 |
| 组合音响 | 台 | 6.04 | 3.38 | 4.50 | 5.41 | 7.21 | 9.68 |
| 收录机 | 台 | 22.52 | 20.95 | 22.30 | 20.72 | 23.87 | 24.77 |
| 照相机 | 架 | 1.85 | 0.68 | 0.23 | 0.90 | 2.70 | 4.73 |
| 家用计算机 | 台 | 0.27 | 0.23 | | | 0.45 | 0.68 |
| 中高档乐器 | 件 | 0.59 | | 0.23 | 0.23 | 1.13 | 1.35 |

# 10-31 农村居民家庭按劳动力最高文化程度分组平均每人主要实物消费量和每百户耐用物品拥有量

（2003年）

| 指　　标 | 单 位 | 合 计 | 大专及以上 | 中 专 | 高 中 | 初 中 | 小 学 | 小学以下 |
|---|---|---|---|---|---|---|---|---|
| **实物消费量** | | | | | | | | |
| 粮 食 | 公斤 | 194.25 | 207.41 | 196.97 | 191.51 | 193.75 | 198.29 | 251.68 |
| #小 麦 | 公斤 | 139.82 | 158.19 | 121.04 | 142.14 | 142.80 | 118.54 | 136.45 |
| 稻 谷 | 公斤 | 21.68 | 21.71 | 41.48 | 19.03 | 19.87 | 31.85 | 34.95 |
| 玉 米 | 公斤 | 14.91 | 17.19 | 14.36 | 17.35 | 13.65 | 14.56 | 10.93 |
| 薯 类 | 公斤 | 3.77 | 2.44 | 5.07 | 2.52 | 3.92 | 6.02 | 12.18 |
| 豆类及豆制品 | 公斤 | 2.62 | 2.74 | 2.62 | 1.92 | 2.69 | 4.37 | 3.69 |
| 蔬菜及菜制品 | 公斤 | 50.69 | 61.52 | 57.37 | 48.13 | 49.08 | 60.72 | 91.07 |
| 油脂类 | 公斤 | 5.83 | 7.04 | 5.90 | 5.92 | 5.86 | 5.07 | 4.82 |
| 肉禽及其制品 | 公斤 | 7.53 | 11.03 | 10.64 | 6.41 | 7.04 | 11.41 | 16.96 |
| 蛋类及蛋制品 | 公斤 | 2.29 | 2.28 | 1.76 | 2.40 | 2.33 | 1.91 | 1.90 |
| 奶和奶制品 | 公斤 | 1.14 | 1.27 | 0.32 | 1.19 | 1.22 | 0.87 | 0.26 |
| 糖 | 公斤 | 0.92 | 0.87 | 0.71 | 0.83 | 0.93 | 1.22 | 0.92 |
| 酒 类 | 公斤 | 2.24 | 2.58 | 3.61 | 1.72 | 2.16 | 3.70 | 2.80 |
| 水果及水果制品 | 公斤 | 9.73 | 17.64 | 7.50 | 10.31 | 9.75 | 6.84 | 12.61 |
| **耐用物品每百户拥有量** | | | | | | | | |
| 大型家具 | 件 | 251.04 | 311.63 | 276.14 | 257.80 | 241.52 | 262.61 | 223.81 |
| 洗衣机 | 台 | 40.36 | 58.14 | 35.23 | 47.40 | 40.36 | 22.07 | 9.52 |
| 电风扇 | 台 | 81.80 | 116.28 | 68.18 | 94.65 | 82.55 | 47.75 | 4.76 |
| 电冰箱 | 台 | 6.31 | 6.98 | 4.55 | 6.93 | 6.45 | 4.50 | 4.76 |
| 空调机 | 台 | 0.36 | | | 0.31 | 0.41 | 0.45 | |
| 抽油烟机 | 台 | 0.63 | | | 0.94 | 0.66 | | |
| 热水器 | 台 | 2.79 | 4.65 | 1.14 | 3.62 | 2.89 | 0.45 | |
| 自行车 | 辆 | 133.47 | 153.49 | 118.18 | 150.39 | 135.40 | 86.49 | 42.86 |
| 摩托车 | 辆 | 22.16 | 27.91 | 21.59 | 27.40 | 21.75 | 9.91 | 9.52 |
| 汽车(生活用) | 辆 | 0.05 | | 1.14 | | | | |
| 电话机 | 部 | 45.74 | 65.12 | 39.77 | 55.67 | 44.42 | 27.03 | 9.52 |
| 移动电话 | 部 | 14.32 | 20.93 | 18.18 | 17.32 | 13.15 | 8.56 | 23.81 |
| 寻呼机 | 台 | 1.67 | 6.98 | | 1.57 | 1.99 | | |
| 彩色电视机 | 台 | 65.95 | 83.72 | 60.23 | 71.18 | 65.34 | 55.86 | 42.86 |
| 黑白电视机 | 台 | 42.75 | 46.51 | 40.91 | 42.68 | 44.09 | 36.94 | 28.57 |
| 录放像机 | 台 | 1.04 | 2.33 | | 1.10 | 1.08 | 0.90 | |
| 摄像机 | 台 | 0.27 | | | 0.31 | 0.33 | | |
| 影碟机 | 台 | 15.41 | 32.56 | 14.77 | 19.53 | 14.56 | 6.76 | |
| 组合音响 | 台 | 6.04 | 11.63 | 4.55 | 6.93 | 6.20 | 2.70 | |
| 收录机 | 台 | 22.52 | 25.58 | 23.86 | 22.05 | 22.91 | 19.82 | 33.33 |
| 照相机 | 架 | 1.85 | 6.98 | 5.68 | 2.68 | 1.24 | 0.45 | |
| 家用计算机 | 台 | 0.27 | 2.33 | 2.27 | 0.47 | | | |
| 中高档乐器 | 件 | 0.59 | 2.33 | | 0.79 | 0.50 | 0.45 | |

# 10-32 农村居民家庭按家庭结构类型分组平均每人主要实物消费量和每百户耐用物品拥有量

（2003年）

| 指　　标 | 单位 | 单身或夫妇 | 夫妇一孩 | 夫妇二孩 | 夫妇多孩 | 单亲与孩子 | 三代同堂 | 其他 |
|---|---|---|---|---|---|---|---|---|
| 实物消费量 | | | | | | | | |
| 粮食 | 公斤 | 284.23 | 223.73 | 196.32 | 185.34 | 189.85 | 181.75 | 203.53 |
| #小麦 | 公斤 | 205.60 | 153.11 | 142.67 | 117.11 | 129.36 | 143.95 | 139.79 |
| 稻谷 | 公斤 | 31.28 | 31.85 | 24.32 | 23.96 | 34.12 | 13.20 | 27.44 |
| 玉米 | 公斤 | 16.88 | 17.46 | 13.21 | 15.30 | 14.80 | 14.93 | 16.93 |
| 薯类 | 公斤 | 5.28 | 4.12 | 3.53 | 6.56 | 3.80 | 1.89 | 3.22 |
| 豆类及豆制品 | 公斤 | 2.93 | 3.15 | 2.75 | 3.75 | 1.90 | 1.56 | 2.85 |
| 蔬菜及菜制品 | 公斤 | 87.12 | 65.76 | 51.62 | 50.07 | 77.95 | 41.47 | 55.99 |
| 油脂类 | 公斤 | 9.77 | 6.79 | 6.15 | 5.21 | 6.70 | 5.37 | 5.58 |
| 肉禽及其制品 | 公斤 | 13.74 | 11.02 | 7.53 | 6.24 | 9.28 | 6.20 | 12.86 |
| 蛋类及蛋制品 | 公斤 | 4.64 | 3.39 | 2.19 | 1.61 | 2.18 | 2.30 | 2.49 |
| 奶和奶制品 | 公斤 | 1.65 | 1.59 | 0.66 | 0.49 | 0.72 | 1.85 | 0.86 |
| 糖 | 公斤 | 1.44 | 1.40 | 0.99 | 0.83 | 1.36 | 0.71 | 1.13 |
| 酒类 | 公斤 | 3.19 | 2.88 | 2.21 | 2.26 | 3.41 | 1.86 | 2.91 |
| 水果及水果制品 | 公斤 | 15.32 | 11.29 | 9.45 | 7.98 | 7.99 | 10.29 | 9.84 |
| 耐用物品每百户拥有量 | | | | | | | | |
| 大型家具 | 件 | 229.20 | 223.16 | 235.05 | 252.48 | 305.13 | 270.36 | 336.78 |
| 洗衣机 | 台 | 40.15 | 38.25 | 36.10 | 30.73 | 17.95 | 53.32 | 49.43 |
| 电风扇 | 台 | 90.51 | 76.49 | 74.62 | 56.03 | 56.41 | 109.03 | 93.10 |
| 电冰箱 | 台 | 4.38 | 5.61 | 5.44 | 5.20 | 5.13 | 9.03 | 5.75 |
| 空调机 | 台 | 0.73 | 0.70 | 0.15 | 0.47 | | 0.34 | |
| 抽油烟机 | 台 | | 0.35 | 0.76 | 0.71 | 2.56 | 0.68 | |
| 热水器 | 台 | 3.65 | 2.11 | 2.42 | 2.84 | 2.56 | 3.41 | 2.30 |
| 自行车 | 辆 | 111.68 | 118.60 | 128.55 | 127.19 | 107.69 | 160.14 | 116.09 |
| 摩托车 | 辆 | 12.41 | 18.95 | 21.90 | 20.33 | 7.69 | 28.11 | 25.29 |
| 汽车(生活用) | 辆 | | 0.35 | | | | | |
| 电话机 | 部 | 44.53 | 42.11 | 43.28 | 47.04 | 23.08 | 50.77 | 48.28 |
| 移动电话 | 部 | 5.11 | 12.98 | 14.65 | 18.91 | 5.13 | 15.16 | 6.90 |
| 寻呼机 | 台 | | 1.40 | 2.72 | 1.18 | 2.56 | 1.53 | |
| 彩色电视机 | 台 | 59.85 | 58.25 | 60.27 | 60.05 | 30.77 | 82.96 | 73.56 |
| 黑白电视机 | 台 | 40.88 | 41.05 | 42.90 | 42.55 | 48.72 | 44.12 | 39.08 |
| 录放像机 | 台 | 1.46 | 0.35 | 1.06 | 0.24 | | 1.87 | 1.15 |
| 摄像机 | 台 | | | 0.45 | | | 0.51 | |
| 影碟机 | 台 | 8.76 | 15.09 | 13.60 | 10.40 | 7.69 | 23.68 | 12.64 |
| 组合音响 | 台 | 2.92 | 4.91 | 5.14 | 5.44 | 2.56 | 9.20 | 4.60 |
| 收录机 | 台 | 10.95 | 19.65 | 20.85 | 22.22 | 17.95 | 27.94 | 29.89 |
| 照相机 | 架 | 2.19 | 3.16 | 1.06 | 2.13 | 2.56 | 1.70 | 2.30 |
| 家用计算机 | 台 | | | | 0.24 | 7.69 | 0.17 | 1.15 |
| 中高档乐器 | 件 | | 0.35 | 0.15 | | | 1.02 | 5.75 |

# 主要统计指标解释

**城镇家庭人口** 指居住在一起,经济上合在一起共同生活的家庭成员。凡计算为家庭人口的成员其全部收入都包括在本家庭中。

**城镇就业者负担人口** 指家庭人口与就业人口之比。

**城镇居民家庭总收入** 指被调查的城镇居民家庭中生活在一起的所有家庭成员在调查期得到的工薪收入、经营净收入、财产性收入、转移性收入的总和,不包括借贷收入。

**城镇居民家庭可支配收入** 指被调查的城镇居民家庭可用于最终消费支出和其它非义务性支出以及储蓄的总和,即居民家庭可以用来自由支配的收入。它是家庭总收入扣除交纳的所得税、个人交纳的社会保障支出以及调查户的记帐补贴后的收入。计算公式为:

城镇居民家庭可支配收入 = 家庭总收入 - 交纳所得税 - 个人交纳的社会保障支出 - 记帐补贴

**城镇居民家庭消费支出** 指家庭用于日常生活的全部支出,包括食品、衣着、家庭设备用品及服务、医疗保健、交通和通信、娱乐教育文化服务、居住、杂项商品和服务八大类支出。

**农村居民家庭常住人口** 指全年经常在家或在家居住6个月以上,而且经济和生活与本户连成一体的人口。外出从业人员在外居住时间虽然在6个月以上,但收入主要带回家中,经济与本户连为一体,仍视为家庭常住人口;在家居住,生活和本户连成一体的国家职工、退休人员也为家庭常住人口。但是现役军人、中专及以上(走读生除外)的在校学生、以及常年在外(不包括探亲、看病等)且已有稳定的职业与居住场所的外出从业人员,不算家庭常住人口。家庭常住人口主要作为计算农村住户平均每人收入、消费和积累水平及分析家庭人口状况的依据。

**农村居民家庭整、半劳动力** 整劳动力是指男子18周岁到50周岁,女子18周岁到45周岁;半劳动力是指男子16周岁到17周岁,51周岁到60周岁;女子16周岁到17周岁,46周岁到55周岁,同时具有劳动能力的人。虽然在劳动年龄之内,但已丧失劳动能力的人,不应算为劳动力;超过劳动年龄,但能经常参加劳动,计入半劳动力数内。常住人口中的职工,若这些职工为劳动力,就包括在本户的整半劳动力中。

**农村居民家庭总收入** 指调查期内农村住户和住户成员从各种来源渠道得到的收入总和。按收入的性质分为:工资性收入、家庭经营收入、财产性收入和转移性收入。

工资性收入:指农村住户成员受雇于单位和个人,靠出卖劳动而获得的收入。

家庭经营收入:指农村住户以家庭为生产经营单位进行生产筹划和管理而获得的收入。农村住户家庭经营收入按行业划分为农业、林业、牧业、渔业、工业、建筑业、交通运输业邮电业、批发和零售贸易餐饮业、社会服务业、文教卫生业和其他家庭经营。

财产性收入:指金融资产或有形非生产性资产的所有者向其他机构单位提供资金或将有形非生产性资产供其支配,作为回报而从中获得的收入。如利息、股息、红利、土地征用补偿等。

转移性收入:指农村住户和住户成员无须付出任何对应物而获得的货物、服务、资金或资产所有权等,不包括无偿提供的用于固定资本形成的资金。一般情况下,是指农村住户在二次分配中的所有收入。

**农村居民家庭纯收入** 纯收入指农村住户当年从各个来源得到的总收入相应的扣除所发生的费用后的收入总和。计算方法:

纯收入 = 总收入 - 家庭经营费用支出 - 税费支出 - 生产性固定资产折旧 - 调查补贴 - 赠送农村外部亲友支出

纯收入主要用于再生产投入和当年生活消费支出,也可用于储蓄和各种非义务性支出。"农民人均纯收入"是按人口平均的纯收入水平,反映的是一个地区或一个农户农村居民的平均收入水平。

**农村居民家庭生活消费支出** 指农村住户用于物质生活和精神生活的支出。生活消费支出包括食品、衣着、居住、家庭设备用品及服务、医疗保健、交通和通讯、文化教育娱乐用品及服务、其他商品和服务等消费支出。

**恩格尔系数** 指食品支出金额在生活消费总支出金额中所占的比例。计算公式为:

恩格尔系数(%)= 食品支出总额 / 生活消费总支出金额 × 100%

国际上常常用恩格尔系数来衡量一个国家和地区人民生活水平的状况。根据联合国粮农组织提出的标准,恩格尔系数在59%以上为贫困,50–59%为温饱,40–50%为小康,30–40%为富裕,低于30%为最富裕。在我国运用这一标准进行国际和城乡对比时,要考虑到那些不可比因素,如消费品价格比价不同、居民生活习惯的差异、以及由社会经济制度不同所产生的特殊因素。对于这些横截面比较中的不可比问题,在分析和比较时应做相应的剔除。

**城乡居民年末储蓄存款余额** 包括城镇居民储蓄、农民个人储蓄两部分的年末余额。不包括工矿企业、部队、机关团体等集团存款。

# 11 城市概况

*CHENGSHIGAIKUANG*

资料整理　艾　军

## 11. 城市概况

2003 年全省 13 个城市(不包括市辖县)

| | | |
|---|---|---|
| 人均公共绿地面积 | 4.26 | 平方米 |
| 人均日生活用水量 | 162.78 | 升 |
| 用水普及率 | 93.78 | % |
| 用气普及率 | 77.71 | % |
| 每万人拥有公共交通车辆 | 7.36 | 辆 |

### 城市人均绿地面积

(2003年)

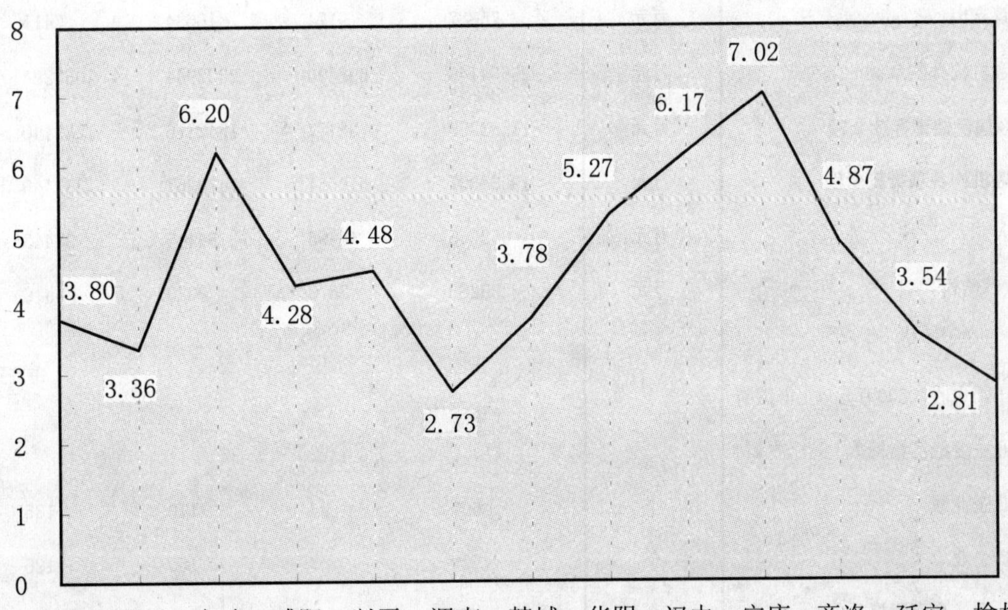

# 11-1 地级市基本情况

(2003年，不包括市辖县)

| 指标 | 单位 | 西安市 | 铜川市 | 宝鸡市 | 咸阳市 | 渭南市 |
|---|---|---|---|---|---|---|
| 一、人口、劳动力及土地面积 | | | | | | |
| 年末总人口 | 万人 | 510.26 | 74.78 | 74.25 | 83.40 | 90.98 |
| #非农业人口 | 万人 | 288.86 | 38.21 | 60.10 | 49.60 | 24.18 |
| 年末总户数 | 万户 | 141.48 | 21.08 | 23.39 | 23.74 | 27.03 |
| 年末单位从业人员数 | 万人 | 109.04 | 9.69 | 20.91 | 17.30 | 6.91 |
| 第一产业 | 万人 | 0.76 | 0.06 | 0.22 | 0.12 | 0.10 |
| 第二产业 | 万人 | 51.34 | 6.20 | 11.58 | 11.16 | 2.59 |
| 第三产业 | 万人 | 56.94 | 3.43 | 9.11 | 6.02 | 4.22 |
| 私营和个体从业人员 | 人 | 404300 | 75426 | 152576 | 98452 | 38296 |
| 年末城镇登记失业人员数 | 人 | 85000 | 4231 | 2146 | 2714 | 2265 |
| 行政区划面积 | 平方公里 | 3547 | 2406 | 3574 | 526 | 1221 |
| #建成区 | 平方公里 | 204 | 35 | 45 | 47 | 36 |
| 二、财政、金融、保险 | | | | | | |
| 地方财政收入 | 万元 | 616911 | 20088 | 74007 | 62927 | 7544 |
| 地方财政支出 | 万元 | 651255 | 45656 | 97678 | 80713 | 19147 |
| #科学支出 | 万元 | 1374 | 77 | 704 | 43 | 9 |
| 教育支出 | 万元 | 75887 | 9174 | 16634 | 7415 | 6951 |
| 年末金融机构存款余额 | 万元 | 25664145 | 698490 | 2302944 | 2053284 | 863043 |
| #城乡居民储蓄存款余额 | 万元 | 11283283 | 38177 | 1542176 | 1283440 | 557388 |
| 年末金融机构各项贷款余额 | 万元 | 19064307 | 510551 | 1478257 | 1382149 | 565655 |
| 保费收入 | 万元 | 362245 | 18495 | 54145 | 38443 | 11752 |
| 保险赔款、给付 | 万元 | 65285 | 3670 | 9633 | 4910 | 2894 |
| 三、工业 | | | | | | |
| 国有及年销售收入500万元以上非国有工业企业主要经济指标 | | | | | | |
| 工业企业数 | 个 | 607 | 84 | 170 | 135 | 55 |
| 内资企业 | 个 | 529 | 83 | 160 | 126 | 50 |
| 港、澳、台商投资 | 个 | 28 | | 5 | 5 | 1 |
| 外商投资企业 | 个 | 50 | 1 | 5 | 4 | 4 |

11-1 续表1 (2003年，不包括市辖县)

| 指　　标 | 单　位 | 西安市 | 铜川市 | 宝鸡市 | 咸阳市 | 渭南市 |
|---|---|---|---|---|---|---|
| 工业总产值 | 万元 | 6063883 | 412831 | 1352557 | 1868409 | 254565 |
| 内资企业 | 万元 | 5136870 | 411130 | 1318007 | 1434350 | 243046 |
| 港、澳、台商投资 | 万元 | 130157 | | 4179 | 373662 | 2939 |
| 外商投资企业 | 万元 | 796857 | 1701 | 30371 | 60397 | 8580 |
| 四、邮电通信、电力 | | | | | | |
| 年末邮电局（所）数 | 处 | 261 | 47 | 34 | 41 | 34 |
| 邮政业务收入 | 万元 | 45886 | 3173 | 7513 | 5385 | 2427 |
| 电信业务收入 | 万元 | 449252 | 8459 | 65359 | 18732 | 34758 |
| 固定电话用户数 | 万户 | 232.97 | 16.36 | 31.49 | 26.13 | 18.06 |
| 全年用电量 | 万千瓦时 | 951106 | 218821 | 220035 | 190939 | 31236 |
| # 工业用电 | 万千瓦时 | 431672 | 199662 | 145346 | 137951 | 4401 |
| 城乡居民生活用电 | 万千瓦时 | 173521 | 8956 | 24904 | 28239 | 7503 |
| 五、贸易、外经、旅游 | | | | | | |
| 限额以上批发零售贸易业商品销售总额 | 万元 | 3498299 | 148522 | 393954 | 166862 | 81369 |
| 限额以上批发零售贸易业企业数 | 个 | 152 | 9 | 26 | 24 | 7 |
| # 零售业：按经营方式分组 | | | | | | |
| 1. 连锁商店 | 个 | 17 | 2 | 1 | 6 | |
| 2. 非连锁商店 | 个 | 38 | 7 | 22 | 10 | 5 |
| # 零售业：按零售业态分组 | | | | | | |
| 1. 百货商店 | 个 | 26 | 4 | 19 | 7 | 2 |
| 2. 超级市场 | 个 | 15 | 2 | 1 | 5 | 1 |
| 当年新签项目（合同）个数 | 个 | 132 | 2 | 9 | 12 | 1 |
| 当年合同外资金额 | 万美元 | 96380 | 907 | 2579 | 4965 | 24 |
| 当年实际使用外资金额 | 万美元 | 25557 | 230 | | 1849 | 24 |
| 六、固定资产投资 | | | | | | |
| 固定资产投资完成额 | 万元 | 4229306 | 200084 | 384734 | 636894 | 134300 |
| 其中：房地产开发投资完成额 | 万元 | 1248177 | 25893 | 103491 | 110470 | 18491 |
| # 住　宅 | 万元 | 783868 | 23615 | 84468 | 45471 | 11312 |
| 全年新增固定资产 | 万元 | 2641315 | 114291 | 245303 | 497214 | 72876 |
| 本年施工住宅面积 | 万平方米 | 1587.86 | 171.36 | 42.00 | 222.19 | 23.16 |
| 本年竣工住宅面积 | 万平方米 | 572.45 | 100.71 | 6.72 | 147.77 | 9.03 |

11-1 续表2　　（2003年，不包括市辖县）

| 指　　标 | 单 位 | 西安市 | 铜川市 | 宝鸡市 | 咸阳市 | 渭南市 |
|---|---|---|---|---|---|---|
| 商品房销售面积 | 万平方米 | 252.74 | 23.71 | 39.10 | 52.56 | 7.62 |
| # 销售给个人 | 万平方米 | 238.06 | 21.74 | 30.17 | 52.30 | 7.13 |
| 商品房销售额 | 万元 | 542851 | 18595 | 51466 | 71048 | 7667 |
| # 销售给个人 | 万元 | 508450 | 14493 | 44396 | 70608 | 6862 |
| 七、教育、文化、卫生 | | | | | | |
| 学校数 | | | | | | |
| 高等学校 | 所 | 37 | | 2 | 10 | 2 |
| 中等职业学校 | 所 | 183 | 1 | 5 | 14 | 3 |
| 普通中学 | 所 | 332 | 70 | 103 | 65 | 72 |
| 小　　学 | 所 | 1112 | 512 | 510 | 169 | 433 |
| 在校学生数 | | | | | | |
| 高等学校 | 人 | 401180 | | 13578 | 55120 | 21148 |
| 中等职业学校 | 人 | 108864 | 1185 | 13561 | 9415 | 5418 |
| 普通中学 | 万人 | 38.34 | 6.01 | 11.05 | 7.04 | 7.96 |
| 小　　学 | 万人 | 43.39 | 8.45 | 12.32 | 7.00 | 9.18 |
| 剧场、影剧院数 | 个 | 20 | 5 | 16 | 2 | 3 |
| 公共图书馆图书总藏量 | 千册、件 | 3117 | 332 | 540 | 313 | 120 |
| 医院、卫生院数 | 个 | 378 | 54 | 41 | 74 | 48 |
| 医院、卫生院床位数 | 张 | 27544 | 3495 | 4120 | 5136 | 1594 |
| 医生数 | 人 | 14235 | 1824 | 1653 | 2243 | 1012 |
| 八、人民生活 | | | | | | |
| 在岗职工平均人数 | 万人 | 106.50 | 9.93 | 17.77 | 16.76 | 6.61 |
| 在岗职工工资总额 | 万元 | 1472419 | 92509 | 214941 | 202527 | 67114 |
| 居民人均可支配收入 | 元 | 7748 | 4762 | 7049 | 7586 | 5844 |
| 居民人均消费支出 | 元 | 6805 | 3897 | 5226 | 6040 | 3945 |
| # 食　品 | 元 | 2371 | 1608 | 1759 | 1835 | 1417 |
| 衣着用品 | 元 | 575 | 427 | 585 | 685 | 536 |
| 家庭设备、用品及服务 | 元 | 403 | 236 | 434 | 616 | 255 |
| 医疗保健 | 元 | 602 | 360 | 417 | 462 | 268 |
| 交通通讯 | 元 | 630 | 333 | 514 | 481 | 397 |
| 娱乐、教育、文化服务 | 元 | 1231 | 426 | 809 | 1161 | 586 |
| 居　住 | 元 | 779 | 351 | 536 | 603 | 346 |
| 居民消费价格指数（以上年为100） | | 100.5 | 102.3 | 101.3 | 104.2 | 102.5 |

11-1 续表3 （2003年，不包括市辖县）

| 指　　标 | 单 位 | 延安市 | 汉中市 | 榆林市 | 安康市 | 商洛市 | 杨凌示范区 |
|---|---|---|---|---|---|---|---|
| 一、人口、劳动力及土地面积 | | | | | | | |
| 年末总人口 | 万人 | 37.46 | 52.52 | 43.89 | 94.57 | 54.48 | 14.09 |
| # 非农业人口 | 万人 | 16.93 | 24.41 | 14.07 | 20.24 | 15.28 | 5.52 |
| 年末总户数 | 万户 | 12.82 | 17.00 | 13.58 | 26.15 | 14.40 | 3.24 |
| 年末单位从业人员数 | 万人 | 4.91 | 7.12 | 4.45 | 5.25 | 3.17 | 2.18 |
| 第一产业 | 万人 | 0.09 | 0.11 | 0.25 | 0.08 | 0.09 | 0.06 |
| 第二产业 | 万人 | 1.35 | 2.98 | 1.12 | 1.27 | 0.55 | 0.88 |
| 第三产业 | 万人 | 3.47 | 4.03 | 3.08 | 3.91 | 2.53 | 1.24 |
| 私营和个体从业人员 | 人 | 17886 | 90532 | 13706 | 18922 | 14095 | 9758 |
| 年末城镇登记失业人员数 | 人 | 2113 | 15303 | 1761 | 3159 | 307 | 525 |
| 行政区划面积 | 平方公里 | 3541 | 556 | 7053 | 3644 | 2672 | 94 |
| # 建成区 | 平方公里 | 16 | 28 | 26 | 27 | 24 | 15 |
| 二、财政、金融、保险 | | | | | | | |
| 地方财政收入 | 万元 | 19635 | 18308 | 7539 | 17680 | 5729 | 7601 |
| 地方财政支出 | 万元 | 28082 | 22998 | 19776 | 51169 | 18629 | 15573 |
| # 科学支出 | 万元 | 71 | 38 | 6 | 379 | 52 | 961 |
| 教育支出 | 万元 | 7620 | 6205 | 6314 | 12526 | 7980 | 2199 |
| 年末金融机构存款余额 | 万元 | 837857 | 955063 | 603777 | 531608 | 367714 | 226151 |
| # 城乡居民储蓄存款余额 | 万元 | 460362 | 574864 | 289768 | 313222 | 251890 | 130826 |
| 年末金融机构各项贷款余额 | 万元 | 434712 | 637005 | 525500 | 528325 | 249488 | 109148 |
| 保费收入 | 万元 | 2215 | 12495 | 7823 | 5167 | 5039 | 766 |
| 保险赔款、给付 | 万元 | 1179 | 1872 | 2357 | 1727 | 873 | 317 |
| 三、工　业 | | | | | | | |
| 国有及年销售收入500万元以上 | | | | | | | |
| 非国有工业企业主要经济指标 | | | | | | | |
| 工业企业数 | 个 | 33 | 56 | 32 | 46 | 20 | 39 |
| 内资企业 | 个 | 33 | 53 | 32 | 44 | 20 | 39 |
| 港、澳、台商投资 | 个 | | 3 | | | | |
| 外商投资企业 | 个 | | | | 2 | | |

11-1 续表4 （2003年，不包括市辖县）

| 指　　标 | 单 位 | 延安市 | 汉中市 | 榆林市 | 安康市 | 商洛市 | 杨凌示范区 |
|---|---|---|---|---|---|---|---|
| 工业总产值 | 万元 | 182293 | 206995 | 91565 | 116397 | 49585 | 118071 |
| 内资企业 | 万元 | 182293 | 201664 | 91565 | 104256 | 49585 | 118071 |
| 港、澳、台商投资 | 万元 |  | 5331 |  |  |  |  |
| 外商投资企业 | 万元 |  |  |  | 12141 |  |  |
| 四、邮电通信、电力 |  |  |  |  |  |  |  |
| 年末邮电局（所）数 | 处 | 47 | 25 | 30 | 51 | 16 | 6 |
| 邮政业务收入 | 万元 | 3247 | 3629 |  | 4127 | 2280 | 818 |
| 电信业务收入 | 万元 | 9806 | 21244 | 15600 | 11053 | 4160 | 4983 |
| 本地电话用户数 | 万户 | 7.28 | 16.18 | 9.53 | 12.76 | 6.41 | 3.62 |
| 全年用电量 | 万千瓦时 | 22656 | 80940 |  | 38634 | 10311 | 5294 |
| # 工业用电 | 万千瓦时 | 9050 | 32207 |  | 13267 | 3580 | 2203 |
| 城乡居民生活用电 | 万千瓦时 | 4926 | 10799 |  | 10870 | 4438 | 848 |
| 五、贸易、外经、旅游 |  |  |  |  |  |  |  |
| 批发零售贸易业商品销售总额 | 万元 | 148614 | 148316 | 9837 | 57675 | 68496 | 3134 |
| 限额以上批发零售贸易业企业数 | 个 | 10 | 11 | 3 | 7 | 3 | 2 |
| # 零售业：按经营方式分组 |  |  |  |  |  |  |  |
| 1. 连锁商店 | 个 | 1 | 2 |  |  |  |  |
| 2. 非连锁商店 | 个 | 4 | 1 | 2 | 5 |  |  |
| # 零售业：按零售业态分组 |  |  |  |  |  |  |  |
| 1. 百货商店 | 个 | 2 |  | 2 | 2 |  |  |
| 2. 超级市场 | 个 | 1 | 3 |  | 2 |  |  |
| 当年新签项目（合同）个数 | 个 |  | 5 |  |  |  | 6 |
| 当年合同外资金额 | 万美元 |  | 941 |  |  |  | 283 |
| 当年实际使用外资金额 | 万美元 | 12 | 160 |  |  |  | 59 |
| 六、固定资产投资 |  |  |  |  |  |  |  |
| 固定资产投资完成额 | 万元 | 316701 | 149823 | 232166 | 134747 | 77240 | 87240 |
| 其中：房地产开发投资完成额 | 万元 | 52081 | 99556 | 43756 | 45738 | 6355 | 14047 |
| # 住　宅 | 万元 | 40425 | 80271 | 13289 | 28915 | 4501 | 9582 |
| 全年新增固定资产 | 万元 | 63282 | 73593 | 247833 | 90113 | 43553 | 84424 |
| 本年施工住宅面积 | 万平方米 | 105.69 | 122.76 | 68.33 | 87.62 | 21.05 | 34.19 |
| 本年竣工住宅面积 | 万平方米 | 38.98 | 46.89 | 39.07 | 33.91 | 10.25 | 8.88 |

11-1 续表5 （2003年，不包括市辖县）

| 指　　标 | 单 位 | 延安市 | 汉中市 | 榆林市 | 安康市 | 商洛市 | 杨凌示范区 |
|---|---|---|---|---|---|---|---|
| 商品房销售面积 | 万平方米 | 24.48 | 39.76 | 8.67 | 25.53 | 4.20 | 11.21 |
| #销售给个人 | 万平方米 | 9.06 | 39.71 | 8.67 | 25.13 | 4.20 | 11.21 |
| 商品房销售额 | 万元 | 25647 | 43858 | 15622 | 25706 | 4400 | 15951 |
| #销售给个人 | 万元 | 9418 | 43638 | 15622 | 25288 | 4400 | 15951 |
| 七、教育、文化、卫生 | | | | | | | |
| 学校数 | | | | | | | |
| 高等学校 | 所 | 1 | 1 | 2 | 3 | 1 | 2 |
| 中等职业学校 | 所 | 1 | 6 | 1 | 7 | 4 | |
| 普通中学 | 所 | 43 | 37 | 48 | 75 | 44 | 7 |
| 小　学 | 所 | 390 | 177 | 359 | 486 | 498 | 40 |
| 在校学生数 | | | | | | | |
| 高等学校 | 人 | 7600 | 16167 | 16144 | 4740 | 3980 | 29473 |
| 中等职业学校 | 人 | 1179 | 8241 | 9442 | 7437 | 4300 | |
| 普通中学 | 万人 | 4.07 | 3.13 | 5.16 | 6.64 | 4.19 | 1.31 |
| 小　学 | 万人 | 6.01 | 4.13 | 6.34 | 11.11 | 6.61 | 1.49 |
| 剧场、影剧院数 | 个 | 2 | 2 | 1 | 2 | 2 | |
| 公共图书馆图书总藏量 | 千册、件 | 250 | 180 | 85 | 154 | 265 | 2 |
| 医院、卫生院数 | 个 | 33 | 42 | 38 | 59 | 44 | 8 |
| 医院、卫生院床位数 | 张 | 1594 | 3869 | 1609 | 2263 | 1089 | 338 |
| 医生数 | 人 | 892 | 1267 | 662 | 1202 | 870 | 139 |
| 八、人民生活 | | | | | | | |
| 在岗职工平均人数 | 万人 | 4.58 | 6.69 | 4.43 | 5.16 | 3.12 | 2.16 |
| 在岗职工工资总额 | 万元 | 44082 | 69124 | 46322 | 52762 | 28281 | 24530 |
| 居民人均可支配收入 | 元 | 5994 | 5395 | 5300 | 5580 | 5828 | |
| 居民人均消费支出 | 元 | 5530 | 4324 | 5066 | 4485 | 4182 | |
| #食　品 | 元 | 1776 | 1779 | 1409 | 1662 | 1261 | |
| 衣着用品 | 元 | 732 | 505 | 465 | 544 | 535 | |
| 家庭设备、用品及服务 | 元 | 240 | 272 | 279 | 280 | 475 | |
| 医疗保健 | 元 | 684 | 368 | 515 | 381 | 258 | |
| 交通通讯 | 元 | 576 | 414 | 487 | 381 | 347 | |
| 娱乐、教育、文化服务 | 元 | 756 | 516 | 831 | 535 | 695 | |
| 居　住 | 元 | 600 | 321 | 930 | 586 | 492 | |
| 居民消费价格指数(以上年为100) | | 102.1 | 103.2 | 101.1 | 102.8 | 102.4 | |

# 11-2 县级市基本情况

（2003年）

| 指　　标 | 单　位 | 兴平市 | 韩城市 | 华阴市 |
|---|---|---|---|---|
| 一、人口、劳动力及土地面积 | | | | |
| 年末总人口 | 万人 | 55.64 | 38.81 | 25.74 |
| # 非农业人口 | 万人 | 11.55 | 12.48 | 7.05 |
| 年末总户数 | 万户 | 14.71 | 10.69 | 7.09 |
| 年末单位从业人员数 | 万人 | 5.29 | 4.09 | 2.50 |
| 第一产业 | 万人 | 0.10 | 0.07 | 0.03 |
| 第二产业 | 万人 | 3.00 | 2.43 | 1.35 |
| 第三产业 | 万人 | 2.19 | 1.59 | 1.12 |
| 城镇登记失业人员数 | 人 | 40152 | 3030 | 1286 |
| 行政区域土地面积 | 平方公里 | 509 | 1621 | 817 |
| 二、财政、金融、保险 | | | | |
| 地方财政收入 | 万元 | 8027 | 11505 | 4492 |
| 地方财政支出 | 万元 | 17315 | 17690 | 10410 |
| # 科学支出 | 万元 | 18 | 9 | 19 |
| 教育支出 | 万元 | 6522 | 4494 | 2598 |
| 年末金融机构各项存款余额 | 万元 | 339988 | 381104 | 254597 |
| # 城乡居民储蓄存款余额 | 万元 | 280552 | 301141 | 193305 |
| 年末金融机构各项贷款余额 | 万元 | 170395 | 344256 | 115785 |
| 保费收入 | 万元 | 2178 | 7500 | 3662 |
| 三、工　业 | | | | |
| 规模以上的工业企业数 | 个 | 36 | 41 | 15 |
| 规模以上的工业总产值 | 万元 | 254912 | 532999 | 160077 |
| 内资企业 | 万元 | 254912 | 525713 | 160077 |
| 港澳台商投资企业 | 万元 | | | |
| 外商投资企业 | 万元 | | 7286 | |
| 四、邮电、电力 | | | | |
| 邮政业务收入 | 万元 | 1050 | 1275 | 1091 |
| 电信业务收入 | 万元 | 7000 | 3342 | 4025 |
| 固定电话用户数 | 万户 | 8.30 | 6.80 | 3.90 |

11-2 续表 （2003年）

| 指　　标 | 单　位 | 兴平市 | 韩城市 | 华阴市 |
|---|---|---|---|---|
| 全年用电量 | 万千瓦时 | 17471 | 89716 | 6789 |
| # 工业用电 | 万千瓦时 | 6911 | 78640 | 3169 |
| 城乡居民生活用电 | 万千瓦时 | 3574 | 8079 | 3620 |
| 五、贸易、外经 | | | | |
| 社会消费品零售总额 | 万元 | 44649 | 49184 | 36063 |
| 当年合同外资金额 | 万美元 | 10327 | | |
| 当年实际使用外资金额 | 万美元 | 4094 | | 610 |
| 六、固定资产投资 | | | | |
| 固定资产投资完成额 | 万元 | 59307 | 223764 | 48485 |
| 房地产开发投资完成额 | 万元 | 2000 | 6548 | 2110 |
| # 住　　宅 | 万元 | 1380 | 4054 | 1960 |
| 全年新增固定资产 | 万元 | 59479 | 128878 | 24346 |
| 本年施工住宅面积 | 万平方米 | 30.95 | 17.98 | 4.31 |
| 本年竣工住宅面积 | 万平方米 | 20.41 | 8.86 | 1.30 |
| 商品房销售面积 | 万平方米 | 2.11 | 1.56 | 1.44 |
| # 销售给个人 | 万平方米 | 2.11 | 1.56 | 1.44 |
| 商品房销售额 | 万元 | 1965 | 1735 | 900 |
| # 销售给个人 | 万元 | 1965 | 1735 | 900 |
| 七、教育、文化、卫生 | | | | |
| 普通中学数 | 所 | 29 | 36 | 26 |
| 小学数 | 所 | 221 | 298 | 156 |
| 普通中学在校学生总数 | 万人 | 4.14 | 3.83 | 1.86 |
| 小学在校学生总数 | 万人 | 6.96 | 4.08 | 2.65 |
| 剧场、影剧院数 | 个 | 2 | 2 | 1 |
| 公共图书馆图书藏书量 | 千册、件 | 36 | 111 | 33 |
| 医院、卫生院数 | 所 | 28 | 37 | 30 |
| 医院、卫生院床位数 | 床 | 1367 | 795 | 1173 |
| 医生数 | 人 | 448 | 810 | 695 |

## 11-3 城市设施水平

（2003年）

| 城 市 | 人均公共绿地面积（平方米） | 人均拥有道路面积（平方米） | 人均日生活用水量（升） | 用水普及率（%） | 用气普及率（%） | 每万人拥有公共交通车辆（标台） |
|---|---|---|---|---|---|---|
| **全 省** | **4.26** | **6.15** | **162.78** | **93.78** | **77.71** | **7.36** |
| 西安市 | 3.80 | 6.24 | 172.29 | 99.04 | 91.23 | 10.37 |
| 铜川市 | 3.36 | 6.97 | 108.02 | 99.04 | 80.09 | |
| 宝鸡市 | 6.20 | 4.31 | 184.15 | 99.19 | 79.67 | 5.46 |
| 咸阳市 | 4.28 | 5.33 | 160.42 | 99.20 | 67.29 | 3.40 |
| 兴平市 | 4.48 | 8.09 | 146.01 | 97.31 | 57.24 | 9.79 |
| 渭南市 | 2.73 | 9.12 | 178.48 | 99.48 | 75.98 | 2.90 |
| 韩城市 | 3.78 | 6.49 | 173.97 | 78.33 | 43.73 | 11.81 |
| 华阴市 | 5.27 | 5.65 | 200.74 | 66.49 | 37.47 | 10.92 |
| 汉中市 | 6.17 | 3.53 | 111.25 | 84.94 | 28.19 | 1.73 |
| 安康市 | 7.02 | 12.57 | 152.15 | 92.50 | 67.10 | 8.19 |
| 商洛市 | 4.87 | 9.24 | 200.73 | 82.35 | 47.14 | 3.78 |
| 延安市 | 3.54 | 2.71 | 173.99 | 38.33 | 85.81 | 5.86 |
| 榆林市 | 2.81 | 9.46 | 90.22 | 88.33 | 74.45 | 6.62 |

## 11-4 城市市政设施情况

（2003年）

| 城 市 | 道路长度（公里） | 道路面积（万平方米） | 城市桥梁（座） | # 立交桥 | 城市路灯（盏） | 城市排水管道长度（公里） |
|---|---|---|---|---|---|---|
| **全 省** | **2909.13** | **4686.4** | **408** | **69** | **111729** | **2801.60** |
| 西安市 | 1274.75 | 2284.4 | 122 | 27 | 40451 | 1559.28 |
| 铜川市 | 255.00 | 269.7 | 54 | 8 | 7327 | 204.25 |
| 宝鸡市 | 245.00 | 265.0 | 80 | 18 | 8240 | 292.00 |
| 咸阳市 | 143.80 | 438.7 | 21 | 8 | 16158 | 143.70 |
| 兴平市 | 113.00 | 141.3 | 35 | 1 | 1248 | 47.00 |
| 渭南市 | 267.00 | 283.2 | 9 | 2 | 6649 | 90.00 |
| 韩城市 | 73.10 | 99.5 | 11 | 1 | 2543 | 68.26 |
| 华阴市 | 48.18 | 52.8 | 20 | 2 | 1419 | 49.51 |
| 汉中市 | 156.00 | 185.1 | 9 | 1 | 7000 | 94.00 |
| 安康市 | 146.30 | 311.8 | 5 | | 2410 | 84.40 |
| 商洛市 | 69.00 | 110.0 | 19 | 1 | 840 | 51.20 |
| 延安市 | 58.00 | 94.9 | 16 | | 11692 | 60.00 |
| 榆林市 | 60.00 | 150.0 | 7 | | 5752 | 58.00 |

# 11-5 城市供水情况

(2003年)

| 城 市 | 综合生产能力(万立方米/日) | # 地下水 | 全年供水总量(万立方米) | # 生产运营用水 | # 公共服务用水 | # 居民生活用水 | 用水人口(万人) |
|---|---|---|---|---|---|---|---|
| 全 省 | 386.45 | 208.08 | 73580 | 24967 | 18633 | 23819 | 714.52 |
| 西安市 | 197.40 | 73.80 | 36122 | 8694 | 10807 | 12002 | 362.70 |
| 铜川市 | 10.55 | 2.88 | 1779 | 207 | 126 | 1384 | 38.30 |
| 宝鸡市 | 29.80 | 12.50 | 6350 | 2100 | 1003 | 3097 | 61.00 |
| 咸阳市 | 53.90 | 53.90 | 10195 | 5124 | 2211 | 2571 | 81.67 |
| 兴平市 | 9.40 | 9.40 | 3156 | 2164 | 241 | 665 | 17.00 |
| 渭南市 | 26.60 | 13.10 | 3612 | 1468 | 1139 | 874 | 30.90 |
| 韩城市 | 13.60 | 9.60 | 2621 | 1840 | 458 | 304 | 12.00 |
| 华阴市 | 5.90 | 5.90 | 1453 | 852 | 163 | 292 | 6.21 |
| 汉中市 | 14.20 | 14.20 | 3148 | 1310 | 825 | 986 | 44.60 |
| 安康市 | 10.00 | 3.00 | 2312 | 787 | 674 | 600 | 22.94 |
| 商洛市 | 5.70 | 5.70 | 938 | 215 | 115 | 603 | 9.80 |
| 延安市 | 5.50 | 0.20 | 1075 | 60 | 623 | 228 | 13.40 |
| 榆林市 | 3.90 | 3.90 | 819 | 146 | 248 | 213 | 14.00 |

# 11-6 城市公共汽(电)车、出租车情况

(2003年)

| 城 市 | 年末运营车数(辆) | # 公共汽车 | # 小公共 | 全年客运总量(万人次) | # 公共汽车 | # 小公共 | 出租汽车数(辆) |
|---|---|---|---|---|---|---|---|
| 全 省 | 5786 | 5711 | 2615 | 77139.43 | 75458.53 | 17453.67 | 20881 |
| 西安市 | 3736 | 3661 | 1522 | 54492.53 | 52811.63 | 11120.07 | 11028 |
| 铜川市 | | | | | | | |
| 宝鸡市 | 348 | 348 | 96 | 7800.00 | 7800.00 | 1460.00 | 3500 |
| 咸阳市 | 268 | 268 | 26 | 4313.00 | 4313.00 | 156.00 | 1208 |
| 兴平市 | 171 | 171 | 91 | 957.90 | 957.90 | 556.60 | 198 |
| 渭南市 | 125 | 125 | 110 | 850.00 | 850.00 | 650.00 | 795 |
| 韩城市 | 257 | 257 | 257 | 596.00 | 596.00 | 596.00 | 300 |
| 华阴市 | 114 | 114 | 40 | 490.00 | 490.00 | 120.00 | 238 |
| 汉中市 | 91 | 91 | 0 | 1800.00 | 1800.00 | 0.00 | 1078 |
| 安康市 | 307 | 307 | 307 | 1297.00 | 1297.00 | 1285.00 | 1280 |
| 商洛市 | 60 | 60 | 31 | 596.00 | 596.00 | 100.00 | 386 |
| 延安市 | 176 | 176 | 42 | 3300.00 | 3300.00 | 925.00 | 406 |
| 榆林市 | 133 | 133 | 93 | 647.00 | 647.00 | 485.00 | 464 |

注：全省数据中不含铜川。

# 11-7 城市园林绿化情况

(2003年)

| 城市 | 园林绿化覆盖面积(公顷) | #建成区 | 园林绿地面积(公顷) | 公共绿地面积(公顷) | 公园个数(个) | 公园面积(公顷) | 公园游人量(万人次) |
|---|---|---|---|---|---|---|---|
| 全省 | 17902 | 15269 | 13392 | 3248 | 82 | 1622 | 2680 |
| 西安市 | 6994 | 6556 | 4502 | 1391 | 45 | 1202 | 1480 |
| 铜川市 | 1799 | 687 | 1686 | 130 | 2 | 29 | 26 |
| 宝鸡市 | 1598 | 1598 | 1322 | 381 | 9 | 214 | 800 |
| 咸阳市 | 1803 | 1803 | 1330 | 352 | 2 | 33 | 120 |
| 兴平市 | 443 | 434 | 306 | 78 | 3 | 3 | 6 |
| 渭南市 | 867 | 797 | 651 | 85 | 1 | 15 | 24 |
| 韩城市 | 598 | 509 | 467 | 58 | 4 | 15 | 48 |
| 华阴市 | 305 | 305 | 175 | 49 | 6 | 13 | 17 |
| 汉中市 | 572 | 501 | 352 | 324 | 3 | 73 | 65 |
| 安康市 | 830 | 830 | 649 | 174 | 2 | 10 | 8 |
| 商洛市 | 359 | 295 | 341 | 58 | 3 | 9 | 71 |
| 延安市 | 229 | 229 | 211 | 124 | 1 | 2 | 10 |
| 榆林市 | 1506 | 727 | 1401 | 45 | 1 | 4 | 5 |

# 11-8 城市环境卫生情况

(2003年)

| 城市 | 道路清扫保洁面积(万平方米) | #机械清扫 | 生活垃圾清运量(万吨) | 粪便清运量(万吨) | 公厕数量(座) | #水冲式 | 环卫专用车辆总数(台) |
|---|---|---|---|---|---|---|---|
| 全省 | 4565.2 | 514.3 | 350.7 | 16.0 | 1257 | 820 | 929 |
| 西安市 | 2652.8 | 310.0 | 146.8 | 4.0 | 386 | 334 | 581 |
| 铜川市 | 111.0 | | 15.7 | 1.3 | 199 | 71 | 24 |
| 宝鸡市 | 198.0 | 40.0 | 37.0 | | 225 | 130 | 30 |
| 咸阳市 | 276.7 | | 31.0 | | 63 | 55 | 29 |
| 兴平市 | 80.0 | | 13.6 | | 46 | 42 | 29 |
| 渭南市 | 125.5 | 69.7 | 18.1 | 0.2 | 49 | 36 | 26 |
| 韩城市 | 76.5 | 60.6 | 7.6 | | 20 | 15 | 12 |
| 华阴市 | 27.0 | | 4.8 | | 28 | 21 | 6 |
| 汉中市 | 260.0 | | 11.0 | | 53 | 27 | 29 |
| 安康市 | 100.6 | 32.0 | 40.0 | 5.0 | 58 | 36 | 67 |
| 商洛市 | 52.4 | 2.0 | 5.5 | | 11 | 11 | 23 |
| 延安市 | 307.3 | | 7.6 | 1.7 | 57 | 38 | 42 |
| 榆林市 | 297.4 | | 12.0 | 3.8 | 62 | 4 | 31 |

# 11-9 城市燃气情况

(2003年)

| 城市 | 煤气 供气总量(万立方米) | #家庭用量 | 用气人口(万人) | 天然气 供气总量(万立方米) | #家庭用量 | 用气人口(万人) | 液化石油气 供气总量(吨) | #家庭用量 | 用气人口(万人) |
|---|---|---|---|---|---|---|---|---|---|
| **全省** | **1258** | **1006** | **15.2** | **50336** | **21777** | **240.3** | **107360** | **105738** | **336.6** |
| 西安市 | 1258 | 1006 | 15.2 | 32268 | 6009 | 127.0 | 77084 | 76694 | 191.9 |
| 铜川市 | | | | 1412 | 603 | 26.1 | 1160 | 1029 | 4.9 |
| 宝鸡市 | | | | 2950 | 2720 | 24.0 | 300 | 300 | 25.0 |
| 咸阳市 | | | | 11300 | 11300 | 35.0 | 8000 | 7500 | 20.4 |
| 兴平市 | | | | 460 | 250 | 3.0 | 950 | 950 | 7.0 |
| 渭南市 | | | | 230 | 153 | 3.9 | 4152 | 3678 | 19.7 |
| 韩城市 | | | | | | | 810 | 810 | 6.7 |
| 华阴市 | | | | | | | 480 | 480 | 3.5 |
| 汉中市 | | | | | | | 3452 | 3452 | 14.8 |
| 安康市 | | | | | | | 1142 | 1025 | 16.6 |
| 商洛市 | | | | | | | 1130 | 1120 | 5.6 |
| 延安市 | | | | 1181 | 600 | 18.0 | 5200 | 5200 | 12.0 |
| 榆林市 | | | | 535 | 142 | 3.3 | 3500 | 3500 | 8.5 |

# 11-10 国家级风景名胜区

(2003年)

| 风景区名称 | 风景区面积(平方公里) | #供游览面积 | 游人量(万人次) | #境外游人 |
|---|---|---|---|---|
| 总计 | 727 | 161 | 272.2 | 22.9 |
| 华山 | 148 | 49 | 45.0 | 0.2 |
| 骊山风景区 | 87 | 54 | 183.2 | 21.4 |
| 黄河壶口瀑布 | 178 | 12 | 7.0 | 0.1 |
| 宝鸡天台山 | 134 | 45 | 7.0 | |
| 黄帝陵 | 180 | 1 | 30.0 | 1.2 |

# 主要统计指标解释

**城市面积**　指城市行政区域内市区的全部土地面积。包括水域面积,不包括市辖县和市辖市。

**城市建成区面积**　指城市行政区内实际已成片开发建设,市政公用设施和公共设施基本具备的区域。对核心城市,它包括集中连片的部分以及分散的若干个已经成片建设起来,市政公用设施和公共设施基本具备的地区;对一城多镇来说,它由几个连片开发建设起来的,市政公用设施和公共设施基本具备的地区组成。因此建成区范围,一般是指建成区外轮廓线所能包括的地区,也就是这个城市实际建设用地所达到的范围。

**年末自来水生产能力**　指水厂按供水设施取水、净化、送水、出厂输水干管等环节实际测定计算的综合生产能力。不包括供水高峰阶段,超负荷增加的生产能力。

**年末供水管道长度**　指供水设施的取水管道和供水管道长度之和。

**全年供水总量**　指供水企业(单位)全年供出的全部水量,包括有效供水量及漏损水量。

**生产运营用水**　指在城市范围内生产、运营的农、林、牧、渔业、工业、建筑业、交通运输业等单位在生产、运营过程中的用水。

**公共服务用水**　指为城市社会公共生活服务的用水。包括行政事业单位、部队营区和公共设施服务、社会服务业、批发零售贸易业、旅馆饮食业等单位的用水。

**居民家庭用水**　指城市范围内所有居民家庭的日常生活用水,包括城市居民、农民家庭、公共供水站用水。

**城市用水普及率**　指城市用水人口与城市人口的比率。计算公式为:

城市用水普及率 = 城市用水人口数/城市人口总数 × 100%

**全年供气总量**　指全年燃气企业(单位)向用户供应的燃气数量。包括销售量和损失量。

**用气普及率**　指使用燃气的城市人口数与城市人口总数的比率。计算公式为:

城市用气普及率 = 城市用气人口数/城市人口总数 × 100%

**城市道路**　指城市供车辆、行人通过的,具备一定技术条件的道路、桥梁、隧道及其附属设施。城市道路由车行道和人行道两部分组成。在统计时只统计路面宽度在3.5米以上(含3.5米)的各种铺装道路,包括开放型工业区和住宅区道路在内。

**城市桥梁**　指为跨越天然或人工障碍物而修建的构筑物。包括跨河桥、立交桥、人行天桥以及人行地下通道等。包括永久性桥和半永久性桥。

**城市排水管道长度**　指所有排水总管、干管、支管、检查井及连接井进出口等长度之和。

**年末运营车数**　指公交企业(单位)用于运营业务的全部车辆。

**城市园林绿地面积**　指用作园林和绿化的各种绿地面积。包括公共绿地、居住区绿地、单位附属绿地、生产绿地、防护绿地、道路绿地和风景林地面积。

**公共绿地**　指向公众开放的市级、区级、居住区级各类公园、街旁游园,包括其范围内的水域。其中居住区级公园应不小于1万平方米,街旁游园的宽度不小于8米,面积不小于400平方米。

# 12 农　业

*NONGYE*

资料整理　　孙立志

************************************************************************

## 12. 农 业

***************************************************************************

2003 年全省

| | | | | |
|---|---|---|---|---|
| 年末耕地面积 | 2795.82 | 千公顷 | 占全省土地面积 | 13.6% |
| 农林牧渔业总产值 | 511.25 | 亿 元 | 比上年增长 | 5.1% |
| 农作物播种面积 | 4090.26 | 千公顷 | 比上年增长 | -2.6% |
| 粮食产量 | 968.40 | 万 吨 | 比上年增长 | -3.7% |
| 乡镇企业总收入 | 2077.60 | 亿 元 | 比上年增长 | -17.8% |

***************************************************************************

## 粮 食 产 量

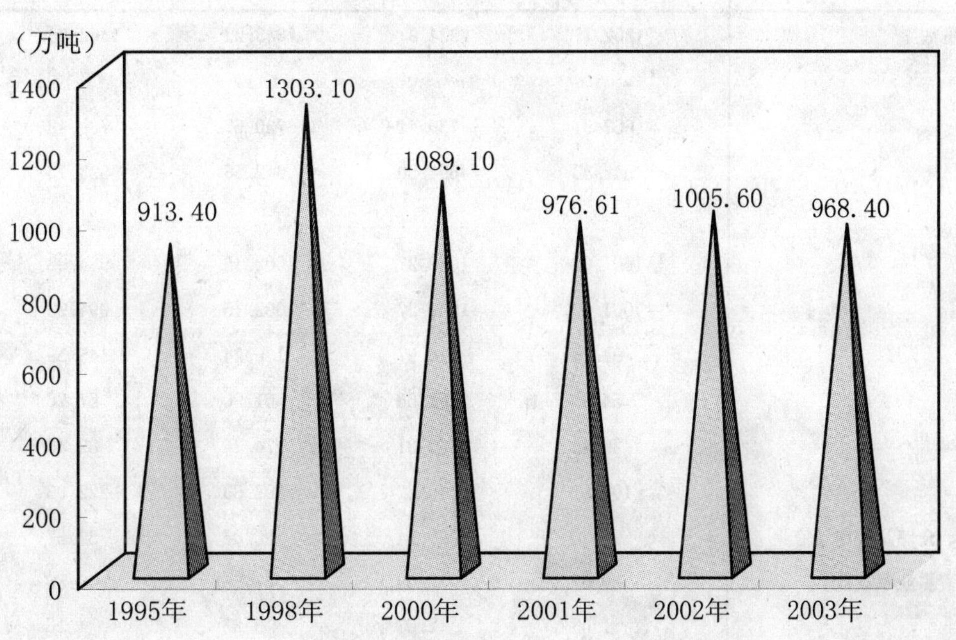

# 12-1 农村基层组织、乡村户数及人口

（2003年）

| 地 区 | 乡镇政府（个） | 乡政府 | 镇政府 | 村民委员会（个） | 乡村户数（万户） | 乡村人口（万人） |
|---|---|---|---|---|---|---|
| **全 省** | **1544** | **682** | **862** | **28956** | **698.19** | **2770.60** |
| 西安市 | 108 | 58 | 50 | 3161 | 101.33 | 405.26 |
| 铜川市 | 36 | 12 | 24 | 543 | 11.28 | 44.77 |
| 宝鸡市 | 128 | 37 | 91 | 2045 | 69.42 | 278.19 |
| 咸阳市 | 159 | 62 | 97 | 3660 | 93.32 | 387.63 |
| 渭南市 | 176 | 77 | 99 | 3236 | 108.56 | 444.28 |
| 延安市 | 152 | 81 | 71 | 3376 | 35.79 | 152.09 |
| 汉中市 | 218 | 92 | 126 | 2903 | 83.77 | 296.45 |
| 榆林市 | 222 | 111 | 111 | 5568 | 71.29 | 291.53 |
| 安康市 | 188 | 88 | 100 | 2597 | 65.72 | 248.24 |
| 商洛市 | 153 | 61 | 92 | 1796 | 55.76 | 213.53 |
| 杨凌示范区 | 4 | 3 | 1 | 71 | 1.94 | 8.63 |

# 12-2 乡村从业人员

单位：万人

| 指 标 | 1990年 | 1995年 | 2000年 | 2002年 | 2003年 |
|---|---|---|---|---|---|
| 乡村从业人员数 | 1202.77 | 1324.91 | 1343.22 | 1362.55 | 1396.19 |
| 1.按性别分 | | | | | |
| 男 | 657.91 | 730.41 | 730.67 | 739.42 | 763.97 |
| 女 | 544.86 | 594.50 | 612.55 | 623.13 | 632.22 |
| 2.按行业分 | | | | | |
| 第一产业 | 1001.00 | 1049.27 | 1002.15 | 994.93 | 988.96 |
| 农林牧渔业 | 1001.00 | 1049.27 | 1002.15 | 994.93 | 988.96 |
| 第二产业 | 94.26 | 126.97 | 136.24 | 145.59 | 153.63 |
| 工 业 | 54.81 | 66.66 | 61.90 | 62.76 | 64.84 |
| 建筑业 | 39.45 | 60.31 | 74.34 | 82.83 | 88.79 |
| 第三产业 | 107.51 | 148.67 | 204.83 | 222.03 | 253.60 |
| 交通运输、仓储及邮电通信业 | 21.30 | 29.54 | 36.06 | 37.67 | 40.42 |
| 批发零售贸易业餐饮业 | 20.02 | 32.68 | 47.55 | 49.88 | 49.07 |
| 金融保险业 | 1.03 | 2.07 | 3.33 | 4.16 | 4.48 |
| 其他非农行业 | 65.16 | 84.38 | 117.89 | 130.32 | 159.63 |

## 12-3 各市乡村从业人员

（2003年）

单位：万人

| 地 区 | 总 计 | 农林牧渔业 | 工 业 | 建筑业 | 交通运输仓储及邮电通信业 | 批发零售贸易业餐饮业 | 金融保险业 | 其他非农行业 |
|---|---|---|---|---|---|---|---|---|
| **全 省** | **1396.19** | **988.96** | **64.84** | **88.79** | **40.42** | **49.07** | **4.48** | **159.63** |
| 西安市 | 221.69 | 145.43 | 15.81 | 19.28 | 8.85 | 8.53 | 0.52 | 23.27 |
| 铜川市 | 24.75 | 19.00 | 1.37 | 0.82 | 0.66 | 0.71 | 0.03 | 2.16 |
| 宝鸡市 | 142.92 | 96.01 | 8.50 | 16.08 | 5.36 | 6.07 | 0.40 | 10.50 |
| 咸阳市 | 210.99 | 151.55 | 12.32 | 14.85 | 6.06 | 8.69 | 1.37 | 16.15 |
| 渭南市 | 239.21 | 189.77 | 8.84 | 11.60 | 5.84 | 6.68 | 0.84 | 15.64 |
| 延安市 | 65.96 | 52.56 | 1.81 | 2.39 | 1.96 | 2.68 | 0.20 | 4.36 |
| 汉中市 | 140.91 | 93.59 | 5.15 | 6.62 | 3.26 | 5.68 | 0.13 | 26.48 |
| 榆林市 | 124.92 | 89.49 | 6.15 | 8.14 | 4.70 | 5.14 | 0.71 | 10.59 |
| 安康市 | 125.06 | 83.13 | 2.65 | 4.09 | 1.78 | 2.32 | 0.08 | 31.01 |
| 商洛市 | 94.80 | 65.71 | 1.93 | 4.30 | 1.76 | 2.19 | 0.17 | 18.74 |
| 杨凌示范区 | 4.98 | 2.72 | 0.31 | 0.62 | 0.19 | 0.38 | 0.03 | 0.73 |

## 12-4 各市退耕造林面积

单位:千公顷

| 地 区 | 1999年 | | 2001年 | | 2002年 | | 2003年 | |
|---|---|---|---|---|---|---|---|---|
| | 当年造林面积 | #退耕造林 | 当年造林面积 | #退耕造林 | 当年造林面积 | #退耕造林 | 当年造林面积 | #退耕造林 |
| **全 省** | **427.35** | **126.03** | **436.57** | **82.31** | **681.99** | **192.17** | **732.15** | **281.67** |
| 西安市 | 12.15 | 1.36 | 16.72 | 1.67 | 22.43 | 2.15 | 20.48 | 3.83 |
| 铜川市 | 14.54 | 4.59 | 18.76 | 0.90 | 22.67 | 2.63 | 14.62 | 4.18 |
| 宝鸡市 | 23.14 | 1.69 | 42.97 | 2.33 | 63.19 | 9.96 | 49.69 | 15.16 |
| 咸阳市 | 18.73 | 1.25 | 19.49 | 1.93 | 37.00 | 5.92 | 49.62 | 19.93 |
| 渭南市 | 21.61 | 2.11 | 25.50 | 2.33 | 42.40 | 8.65 | 65.68 | 24.09 |
| 延安市 | 133.57 | 53.88 | 94.56 | 30.53 | 115.83 | 36.83 | 160.69 | 66.67 |
| 汉中市 | 23.13 | 11.22 | 31.39 | 8.58 | 54.22 | 18.56 | 53.13 | 23.33 |
| 榆林市 | 83.11 | 20.90 | 79.90 | 10.74 | 192.34 | 58.53 | 185.96 | 64.67 |
| 安康市 | 38.19 | 18.89 | 38.09 | 8.60 | 81.97 | 34.27 | 79.82 | 39.98 |
| 商洛市 | 59.18 | 10.14 | 58.88 | 14.69 | 49.63 | 14.67 | 51.90 | 19.34 |
| 杨凌示范区 | | | 0.04 | | 0.28 | | 0.32 | 0.27 |

注:本表未列省直单位,故各市之和不等于全省。

# 12-5 耕地面积

| 年 份 | 年末耕地面积(千公顷) | #水 田 | #水浇地 | 每一乡村人口占有耕地(公顷) | #水田、水浇地 |
|---|---|---|---|---|---|
| 1978 | 3853.60 | 170.07 | 1047.93 | 0.16 | 0.05 |
| 1980 | 3815.67 | 169.93 | 1095.80 | 0.16 | 0.05 |
| 1985 | 3627.07 | 166.13 | 1003.33 | 0.15 | 0.05 |
| 1990 | 3533.00 | 171.47 | 998.20 | 0.13 | 0.04 |
| 1991 | 3521.13 | 173.20 | 1006.13 | 0.13 | 0.04 |
| 1992 | 3487.67 | 174.87 | 1009.53 | 0.13 | 0.04 |
| 1993 | 3458.53 | 178.20 | 1017.00 | 0.13 | 0.04 |
| 1994 | 3421.00 | 176.30 | 1009.99 | 0.13 | 0.04 |
| 1995 | 3393.44 | 176.04 | 995.59 | 0.12 | 0.04 |
| 1996 | 3358.98 | 173.54 | 996.37 | 0.12 | 0.04 |
| 1997 | 3325.01 | 174.00 | 976.83 | 0.12 | 0.04 |
| 1998 | 3302.47 | 171.09 | 992.42 | 0.12 | 0.04 |
| 1999 | 3238.28 | 170.88 | 1007.75 | 0.12 | 0.04 |
| 2000 | 3113.96 | 172.53 | 997.22 | 0.11 | 0.04 |
| 2001 | 2965.83 | 163.95 | 968.66 | 0.11 | 0.04 |
| 2002 | 2854.81 | 159.27 | 974.22 | 0.10 | 0.04 |
| 2003 | 2795.82 | 154.22 | 916.21 | 0.10 | 0.04 |

# 12-6 各市耕地面积

(2003年)

| 地 区 | 年末耕地面积(千公顷) | #水 田 | #水浇地 | 每一乡村人口占有耕地(公顷) | #水田、水浇地 |
|---|---|---|---|---|---|
| 全 省 | 2795.82 | 154.22 | 916.21 | 0.10 | 0.04 |
| 西安市 | 275.89 | 4.43 | 175.83 | 0.07 | 0.04 |
| 铜川市 | 63.65 | 0.11 | 7.53 | 0.14 | 0.02 |
| 宝鸡市 | 293.72 | 2.31 | 113.39 | 0.11 | 0.04 |
| 咸阳市 | 370.26 | 0.18 | 192.26 | 0.10 | 0.05 |
| 渭南市 | 518.13 | 0.59 | 292.73 | 0.12 | 0.07 |
| 延安市 | 236.81 | 1.19 | 9.00 | 0.16 | 0.01 |
| 汉中市 | 202.99 | 101.89 | 2.54 | 0.07 | 0.04 |
| 榆林市 | 500.41 | 5.69 | 87.15 | 0.17 | 0.03 |
| 安康市 | 191.65 | 34.83 | 0.64 | 0.08 | 0.01 |
| 商洛市 | 128.33 | 2.72 | 25.07 | 0.06 | 0.01 |
| 杨凌示范区 | 5.02 | 0.02 | 4.89 | 0.06 | 0.06 |

## 12-7 各市造林面积

(2003年)

| 地 区 | 当年造林面积(千公顷) | #经济林 | #用材林 | 零星植树(万株) | 育苗面积(公顷) | 幼林抚育作业面积(千公顷) | 迹地更新面积(公顷) |
|---|---|---|---|---|---|---|---|
| **全 省** | **732.15** | **44.73** | **48.84** | **16794.31** | **21928** | **420.31** | **1124** |
| 西安市 | 20.48 | 2.87 | 0.24 | 1024.20 | 3462 | 5.07 | |
| 铜川市 | 14.62 | 0.74 | 0.15 | 620.00 | 361 | 9.80 | 45 |
| 宝鸡市 | 49.69 | 5.95 | 0.86 | 1305.00 | 1031 | 22.89 | |
| 咸阳市 | 49.62 | 3.16 | 3.16 | 1634.00 | 2083 | 7.01 | |
| 渭南市 | 65.68 | 2.38 | 9.05 | 1499.00 | 2508 | | |
| 延安市 | 160.69 | 10.41 | 0.60 | 1193.00 | 5777 | 151.94 | |
| 汉中市 | 53.13 | 1.80 | 4.21 | 2416.00 | 1526 | 59.42 | 29 |
| 榆林市 | 185.96 | 2.88 | 1.95 | 2305.53 | 2508 | 64.29 | |
| 安康市 | 79.82 | 10.53 | 24.30 | 2859.38 | 1491 | 80.97 | 1050 |
| 商洛市 | 51.90 | 3.93 | 4.15 | 1909.94 | 1030 | 18.92 | |
| 杨凌示范区 | 0.32 | 0.05 | | 17.00 | 140 | | |

注:本表未列省直单位,故各市之和不等于全省。

## 12-8 各市水利水保

(2003年)

单位:千公顷

| 地 区 | 水库座数(座) | 库 容(万立方米) | 有效灌溉面 积 | 旱涝保收面 积 | 水土保持林面 积 | 封山育林面 积 | 水保治理面 积 |
|---|---|---|---|---|---|---|---|
| **全 省** | **1023** | **405828** | **1271.86** | **850.39** | **359.13** | **101.24** | **711.21** |
| 西安市 | 92 | 13873 | 203.43 | 188.74 | 10.42 | 4.53 | 24.07 |
| 铜川市 | 26 | 3574 | 13.59 | 6.18 | 11.36 | 3.38 | 21.30 |
| 宝鸡市 | 108 | 54551 | 164.77 | 122.41 | 16.12 | 7.35 | 35.07 |
| 咸阳市 | 72 | 28905 | 238.26 | 160.18 | 14.49 | 10.25 | 40.70 |
| 渭南市 | 97 | 27641 | 315.78 | 157.97 | 5.38 | 8.86 | 27.21 |
| 延安市 | 29 | 48628 | 28.03 | 17.58 | 88.10 | 19.29 | 162.68 |
| 汉中市 | 330 | 43444 | 123.87 | 87.51 | 37.73 | 18.70 | 80.46 |
| 榆林市 | 92 | 78194 | 105.27 | 54.13 | 100.47 | 0.02 | 174.91 |
| 安康市 | 110 | 6758 | 36.14 | 25.81 | 38.99 | 13.88 | 76.77 |
| 商洛市 | 50 | 14193 | 30.59 | 20.49 | 35.93 | 14.98 | 67.82 |
| 杨凌示范区 | | | 4.89 | 3.82 | 0.14 | | 0.22 |

注:本表水土保持林、封山育林和水保治理面积为当年完成数。

## 12-9 农林牧渔业总产值

单位：万元

| 年 份 | 农林牧渔业总产值 | 农 业总产值 | 林 业总产值 | 牧 业总产值 | 渔 业总产值 |
|---|---|---|---|---|---|
| 1952 | 107500 | 91652 | 183 | 15665 | |
| 1957 | 177232 | 146425 | 1329 | 29478 | |
| 1962 | 193554 | 173820 | 4471 | 15224 | 39 |
| 1965 | 236617 | 213470 | 6649 | 16451 | 47 |
| 1970 | 261585 | 227551 | 8031 | 25951 | 52 |
| 1975 | 339532 | 287396 | 12834 | 39200 | 102 |
| 1978 | 362748 | 309084 | 11717 | 41802 | 145 |
| 1980 | 418773 | 349984 | 16625 | 51996 | 168 |
| 1985 | 795777 | 611883 | 50751 | 131815 | 1328 |
| 1990 | 1699568 | 1243236 | 90170 | 357676 | 8486 |
| 1991 | 1853663 | 1335226 | 105429 | 402742 | 10266 |
| 1992 | 2053356 | 1455570 | 130261 | 454376 | 13149 |
| 1993 | 2504923 | 1794104 | 152586 | 543443 | 14790 |
| 1994 | 3023811 | 2095000 | 170974 | 738162 | 19675 |
| 1995 | 3816465 | 2578674 | 168848 | 1046501 | 22442 |
| 1996 | 4484603 | 3229267 | 190692 | 1036321 | 28323 |
| 1997 | 4555898 | 3214059 | 186349 | 1124778 | 30712 |
| 1998 | 4793422 | 3408731 | 192286 | 1158870 | 33535 |
| 1999 | 4524685 | 3276525 | 222862 | 989843 | 35455 |
| 2000 | 4648889 | 3277761 | 272175 | 1063900 | 35053 |
| 2001 | 4788356 | 3374163 | 235930 | 1140722 | 37541 |
| 2002 | 5090762 | 3532131 | 266225 | 1251170 | 41236 |
| 2003 | 5112543 | 3343544 | 268260 | 1455952 | 44787 |

注：1.2002年及以前农林牧渔业总产值含农民家庭兼营工业产值，按当年市场价格计算。

2.2003年不含农民家庭兼营工业产值，按当年农户生产者价格计算。

## 12-10 各市农林牧渔业总产值

（2003年）

单位：万元

| 地 区 | 农林牧渔业总产值 | 农 业总产值 | 林 业总产值 | 牧 业总产值 | 渔 业总产值 | 农林牧渔业总产值比上年增长% |
|---|---|---|---|---|---|---|
| 全 省 | 5112543 | 3343544 | 268260 | 1455952 | 44787 | 5.1 |
| 西安市 | 755421 | 468962 | 10550 | 269610 | 6299 | 1.5 |
| 铜川市 | 71635 | 51140 | 5440 | 14481 | 574 | 5.8 |
| 宝鸡市 | 510370 | 288180 | 22027 | 195502 | 4661 | 8.5 |
| 咸阳市 | 969163 | 733135 | 15368 | 215381 | 5279 | 8.4 |
| 渭南市 | 695655 | 500782 | 46320 | 138589 | 9964 | 1.5 |
| 延安市 | 346663 | 235060 | 34838 | 75671 | 1094 | 2.9 |
| 汉中市 | 581617 | 360938 | 46163 | 164172 | 10344 | 6.3 |
| 榆林市 | 339039 | 162268 | 23986 | 150083 | 2702 | 4.3 |
| 安康市 | 439628 | 305344 | 32139 | 99205 | 2940 | 8.6 |
| 商洛市 | 338753 | 202562 | 31144 | 103831 | 1216 | 5.9 |
| 杨凌示范区 | 16029 | 9544 | 242 | 6243 | | 16.0 |

注：本表按当年农户生产者价格计算，不含农民家庭兼营工业，增长速度按可比价计算。

## 12-11 农林牧渔业总产值指数

(1952年=100)

| 年 份 | 农林牧渔业总产值 | 农业总产值 | 林业总产值 | 牧业总产值 | 渔业总产值 |
|---|---|---|---|---|---|
| 1952 | 100.0 | 100.0 | 100.0 | 100.0 | |
| 1957 | 141.2 | 140.2 | 600.0 | 161.0 | |
| 1962 | 115.0 | 106.7 | 679.7 | 104.0 | 27.3 |
| 1965 | 183.8 | 167.9 | 1317.9 | 146.8 | 42.0 |
| 1970 | 186.1 | 164.9 | 1461.8 | 211.9 | 40.9 |
| 1975 | 212.4 | 186.8 | 1886.6 | 256.5 | 60.6 |
| 1978 | 215.6 | 180.9 | 1715.5 | 271.5 | 83.6 |
| 1980 | 209.2 | 166.4 | 2115.0 | 292.3 | 95.1 |
| 1985 | 319.7 | 276.5 | 3242.2 | 433.2 | 253.9 |
| 1990 | 413.6 | 369.6 | 3030.7 | 628.7 | 830.3 |
| 1991 | 431.7 | 382.1 | 3127.3 | 692.6 | 934.1 |
| 1992 | 457.7 | 400.9 | 3762.2 | 745.1 | 1109.9 |
| 1993 | 522.3 | 444.3 | 4243.7 | 831.3 | 1260.1 |
| 1994 | 520.2 | 417.1 | 4316.0 | 960.8 | 1357.5 |
| 1995 | 541.0 | 437.2 | 4313.8 | 987.6 | 1535.6 |
| 1996 | 597.9 | 513.4 | 4507.6 | 938.0 | 1795.1 |
| 1997 | 607.7 | 513.7 | 4278.3 | 1011.5 | 1964.8 |
| 1998 | 661.6 | 561.1 | 4698.9 | 1090.1 | 2061.2 |
| 1999 | 660.3 | 565.6 | 5234.6 | 1023.6 | 2345.6 |
| 2000 | 690.7 | 587.1 | 5522.5 | 1093.2 | 2338.6 |
| 2001 | 708.0 | 595.3 | 5633.0 | 1154.4 | 2457.9 |
| 2002 | 751.9 | 630.4 | 6230.1 | 1224.8 | 2671.7 |
| 2003 | 790.2 | 648.1 | 6672.4 | 1363.2 | 2848.0 |

注：1.本表按可比价格计算。　2.渔业以1959年为100。

## 12-12 农林牧渔业总产值指数

(上年=100)

| 年 份 | 农林牧渔业总产值 | 农业总产值 | 林业总产值 | 牧业总产值 | 渔业总产值 |
|---|---|---|---|---|---|
| 1978 | 102.7 | 101.6 | 94.4 | 100.5 | 94.3 |
| 1980 | 85.9 | 81.2 | 109.2 | 95.7 | 100.6 |
| 1985 | 102.8 | 100.8 | 113.7 | 115.6 | 148.9 |
| 1990 | 106.1 | 107.6 | 93.8 | 108.6 | 115.3 |
| 1991 | 104.4 | 103.4 | 103.2 | 110.2 | 112.5 |
| 1992 | 106.0 | 104.9 | 120.3 | 107.6 | 118.8 |
| 1993 | 114.1 | 133.3 | 112.8 | 111.6 | 113.5 |
| 1994 | 99.6 | 93.9 | 101.7 | 115.6 | 107.7 |
| 1995 | 104.0 | 104.8 | 100.0 | 102.8 | 113.1 |
| 1996 | 110.5 | 117.4 | 104.5 | 95.0 | 116.9 |
| 1997 | 101.6 | 100.1 | 94.9 | 107.8 | 109.5 |
| 1998 | 108.9 | 109.2 | 109.8 | 107.8 | 104.9 |
| 1999 | 99.8 | 100.8 | 111.4 | 93.9 | 113.8 |
| 2000 | 104.6 | 103.8 | 105.5 | 106.8 | 99.7 |
| 2001 | 102.5 | 101.4 | 102.0 | 105.6 | 105.1 |
| 2002 | 106.2 | 105.9 | 110.6 | 106.1 | 108.7 |
| 2003 | 105.1 | 102.8 | 107.1 | 111.3 | 106.6 |

注：本表按可比价格计算。

# 12-13 农林牧渔业分项产值

单位：万元

| 指 标 | 2001年 | | 2002年 | | 2003年 | |
|---|---|---|---|---|---|---|
| | 1990年不变价格 | 当年价格 | 1990年不变价格 | 当年价格 | 1990年不变价格 | 当年价格 |
| **农林牧渔业总产值** | **2768828** | **4041997** | **2934591** | **4394016** | **3121495** | **5112543** |
| 一、农业总产值 | 1854935 | 2763497 | 1957033 | 2935323 | 2041781 | 3343544 |
| #粮食作物 | 660418 | 1245073 | 684790 | 1258259 | 657319 | 1341377 |
| (一) 谷物及其他作物 | 886299 | 1542038 | 899204 | 1557666 | 871336 | 1669040 |
| 1.谷 物 | 562505 | 1039531 | 570425 | 1028490 | 545489 | 1069764 |
| 2.薯 类 | 50722 | 128083 | 60402 | 143422 | 60950 | 177241 |
| 3.豆 类 | 47191 | 77459 | 53963 | 86347 | 50880 | 94372 |
| 4.油 料 | 56318 | 82506 | 60991 | 89698 | 61067 | 105783 |
| 5.棉 花 | 38243 | 55617 | 32618 | 52806 | 39585 | 70023 |
| 6.麻 类 | 247 | 371 | 434 | 599 | 244 | 363 |
| 7.糖 料 | 317 | 577 | 550 | 959 | 117 | 355 |
| 8.烟 草 | 20503 | 38319 | 16291 | 31127 | 15682 | 31279 |
| 9.其他农作物 | 110253 | 119575 | 103530 | 124218 | 97322 | 119860 |
| #饲料作物 | 11921 | 14561 | 17515 | 20034 | 9269 | 14479 |
| 野生植物采集 | 81617 | 80117 | 70040 | 81373 | 60255 | 71386 |
| (二)蔬菜、园艺作物 | 260095 | 590975 | 278203 | 643497 | 295522 | 784674 |
| #1.蔬 菜 | 250372 | 577627 | 266803 | 630128 | 271706 | 754614 |
| 2.花 卉 | 1645 | 2546 | 3063 | 3246 | 11936 | 14903 |
| (三)水果、坚果、茶叶和香料作物 | 657290 | 559358 | 688321 | 631479 | 724739 | 680644 |
| #1.水果、坚果（含果用瓜） | 653292 | 548742 | 684547 | 618558 | 719214 | 661364 |
| #园林水果 | 627296 | 502715 | 652832 | 564628 | 676746 | 589736 |
| #苹 果 | 448984 | 377409 | 449881 | 390323 | 455241 | 417860 |
| 果用瓜类 | 25996 | 46027 | 31715 | 53930 | 41516 | 70644 |
| 2.茶 叶 | 3998 | 10616 | 3774 | 12921 | 4712 | 18467 |
| (四)中药材 | 51251 | 71126 | 91305 | 102681 | 150184 | 209186 |
| #黄 姜 | 17234 | 24217 | 47264 | 50167 | 80797 | 104196 |
| 二、林业产值 | 156612 | 206419 | 173281 | 244053 | 185590 | 268260 |
| (一)林木的培育和种植 | 86767 | 131146 | 92786 | 149526 | 101949 | 163466 |
| (二)竹木采运 | 18500 | 10595 | 11007 | 11850 | 12538 | 12218 |
| (三)林产品 | 51345 | 64678 | 69488 | 82677 | 71103 | 92576 |
| 三、牧业产值 | 733478 | 1034732 | 778412 | 1174004 | 866541 | 1455952 |
| (一)牲畜的饲养 | 131694 | 260714 | 153977 | 332691 | 184850 | 450713 |
| 1.牛的饲养 | 42536 | 83870 | 48316 | 111503 | 51715 | 146966 |
| 2.羊的饲养 | 23133 | 58502 | 27540 | 80642 | 31270 | 108511 |
| 3.其他牲畜饲养 | 3276 | 1700 | 4130 | 6384 | 5318 | 13623 |
| 4.奶产品 | 45383 | 98581 | 54287 | 119762 | 70512 | 159513 |
| 5.毛绒产品 | 17366 | 18061 | 19704 | 14400 | 26035 | 22100 |
| (二)猪的饲养 | 324558 | 495460 | 328739 | 542947 | 365363 | 651066 |
| (三)家 禽 | 246822 | 240622 | 265810 | 263876 | 285100 | 316520 |
| #禽 蛋 | 193973 | 182938 | 208874 | 193904 | 220421 | 233695 |
| (四)狩猎和捕捉动物 | 2254 | 2192 | 1736 | 1974 | 1991 | 2422 |
| (五)其它畜牧业 | 28150 | 35744 | 28150 | 32516 | 29237 | 35231 |
| 四、渔业产值 | 23803 | 37349 | 25865 | 40636 | 27583 | 44787 |
| 附：农民家庭兼营工业 | 249785 | 302009 | 271276 | 312710 | 249020 | 290057 |

注：本表不含农民家庭兼营工业，当年价指农户生产者价格。

# 12-14 农林牧渔业增加值

单位：万元

| 指 标 | 2001年 | 2002年 | 2003年 |
|---|---|---|---|
| 农林牧渔业增加值 | 2404029 | 2622788 | 3026637 |
| 农 业 | 1688220 | 1794656 | 2053543 |
| 林 业 | 136195 | 159025 | 165869 |
| 牧 业 | 560618 | 647184 | 781252 |
| 渔 业 | 18996 | 21923 | 25973 |
| 附：农民家庭兼营工业 | 176283 | 180215 | 174034 |

注：本表按当年生产者价格计算，不含农民家庭兼营工业。

# 12-15 各市农林牧渔业增加值

（2003年）

单位：万元

| 地 区 | 农林牧渔业增加值 | 农 业增加值 | 林 业增加值 | 牧 业增加值 | 渔 业增加值 |
|---|---|---|---|---|---|
| 全 省 | 3026637 | 2053543 | 165869 | 781252 | 25973 |
| 西安市 | 458378 | 312849 | 5473 | 137236 | 2820 |
| 铜川市 | 39122 | 28469 | 2792 | 7472 | 389 |
| 宝鸡市 | 299154 | 164713 | 13217 | 117746 | 3478 |
| 咸阳市 | 569630 | 448698 | 7863 | 110117 | 2952 |
| 渭南市 | 406477 | 299822 | 31488 | 69757 | 5410 |
| 延安市 | 215507 | 144551 | 22154 | 48123 | 679 |
| 汉中市 | 329750 | 213210 | 28938 | 81688 | 5914 |
| 榆林市 | 190675 | 91713 | 15547 | 81369 | 2046 |
| 安康市 | 261637 | 195660 | 15436 | 48652 | 1889 |
| 商洛市 | 203022 | 126452 | 22873 | 52990 | 707 |
| 杨凌示范区 | 10036 | 6776 | 106 | 3154 | |

注：本表按当年生产者价格计算，不含农民家庭兼营工业。

# 12-16 农村非农行业总产值

单位：亿元

| 年 份 | 农村非农行业总产值 | 农村工业总产值 | 农村建筑业总产值 | 农村运输业总产值 | 农村批发零售贸易餐饮业总产值 |
|---|---|---|---|---|---|
| 1978 | 12.45 | 6.07 | 3.80 | 1.16 | 1.42 |
| 1980 | 14.32 | 7.69 | 3.70 | 1.35 | 1.58 |
| 1985 | 45.55 | 25.63 | 10.02 | 4.53 | 5.37 |
| 1990 | 149.80 | 92.67 | 20.67 | 20.31 | 16.15 |
| 1991 | 172.90 | 106.18 | 24.12 | 23.13 | 19.47 |
| 1992 | 222.76 | 140.06 | 31.89 | 27.44 | 23.37 |
| 1993 | 344.57 | 222.72 | 47.06 | 37.68 | 37.11 |
| 1994 | 496.38 | 328.27 | 66.48 | 52.34 | 49.29 |
| 1995 | 721.53 | 472.63 | 93.63 | 80.90 | 74.37 |
| 1996 | 977.95 | 646.23 | 119.45 | 105.38 | 106.89 |
| 1997 | 1210.50 | 785.42 | 153.45 | 132.41 | 139.22 |
| 1998 | 1478.28 | 940.14 | 185.05 | 161.27 | 191.82 |
| 1999 | 1743.71 | 1085.34 | 221.14 | 199.98 | 237.25 |
| 2000 | 1857.03 | 1122.98 | 251.36 | 220.51 | 262.18 |
| 2001 | 1542.63 | 901.55 | 218.95 | 184.49 | 237.64 |
| 2002 | 1677.76 | 992.11 | 242.34 | 195.25 | 248.06 |
| 2003 | 1800.40 | 1052.50 | 272.34 | 205.58 | 269.98 |

注：本表按当年价格计算，下表同。

# 12-17 各市农村非农行业总产值

（2003年）

单位：万元

| 地 区 | 农村非农行业总产值 | 农村工业总产值 | 农村建筑业总产值 | 农村运输业总产值 | 农村批发零售贸易餐饮业总产值 |
|---|---|---|---|---|---|
| 全 省 | 18003980 | 10525011 | 2723408 | 2055759 | 2699802 |
| 西安市 | 5322882 | 2986119 | 888077 | 594348 | 854338 |
| 铜川市 | 323707 | 200496 | 35602 | 33611 | 53998 |
| 宝鸡市 | 3541855 | 2246606 | 640691 | 311611 | 342947 |
| 咸阳市 | 3508492 | 2270986 | 421039 | 310719 | 505748 |
| 渭南市 | 1574752 | 930253 | 184220 | 228340 | 231939 |
| 延安市 | 246143 | 111929 | 38817 | 46907 | 48490 |
| 汉中市 | 1738646 | 875176 | 223802 | 288097 | 351571 |
| 榆林市 | 628830 | 328498 | 96587 | 95515 | 108230 |
| 安康市 | 494843 | 262177 | 82379 | 63188 | 87099 |
| 商洛市 | 602523 | 298782 | 107973 | 81845 | 113923 |
| 杨凌示范区 | 21307 | 13989 | 4221 | 1578 | 1519 |

# 12-18 主要农作物播种面积

单位:千公顷

| 年 份 | 总播种面积 | 粮食作物 | | 夏 粮 | #小 麦 | 秋 粮 | #稻 谷 | #玉 米 | #大 豆 |
|---|---|---|---|---|---|---|---|---|---|
| | | 播种面积 | 占总播种面积 % | | | | | | |
| 1949 | 4742.67 | 4210.00 | 88.8 | 2024.00 | 1487.33 | 2186.00 | 107.33 | 662.00 | 279.80 |
| 1952 | 5277.33 | 4612.67 | 87.4 | 2183.33 | 1580.00 | 2429.33 | 138.67 | 768.67 | 315.60 |
| 1957 | 5576.00 | 4852.67 | 87.0 | 2270.67 | 1618.67 | 2582.00 | 162.67 | 786.67 | 421.73 |
| 1962 | 5331.33 | 4790.00 | 89.9 | 2218.67 | 1549.33 | 2571.33 | 142.67 | 851.33 | 278.27 |
| 1965 | 5626.67 | 4881.33 | 86.8 | 2252.00 | 1606.00 | 2629.33 | 167.33 | 958.00 | 337.27 |
| 1970 | 5334.00 | 4661.33 | 87.4 | 2157.33 | 1615.33 | 2504.00 | 169.33 | 920.00 | 302.27 |
| 1975 | 5131.33 | 4368.67 | 85.1 | 2021.33 | 1600.67 | 2347.33 | 170.67 | 943.33 | 202.67 |
| 1978 | 5254.67 | 4488.00 | 85.4 | 1949.33 | 1604.67 | 2493.33 | 160.00 | 1090.67 | 206.00 |
| 1980 | 5072.67 | 4310.37 | 85.0 | 1906.67 | 1590.67 | 2404.00 | 162.67 | 1076.67 | 211.33 |
| 1985 | 4663.33 | 3965.33 | 85.0 | 1928.00 | 1693.33 | 2037.33 | 156.67 | 950.67 | 202.00 |
| 1990 | 4860.00 | 4134.67 | 85.1 | 1925.33 | 1690.67 | 2209.33 | 159.33 | 1024.67 | 288.67 |
| 1991 | 4883.33 | 4088.67 | 83.7 | 1921.33 | 1688.00 | 2167.33 | 162.00 | 1028.00 | 286.67 |
| 1992 | 4883.33 | 4059.33 | 83.1 | 1897.33 | 1660.00 | 2162.00 | 160.67 | 1000.00 | 274.00 |
| 1993 | 4790.00 | 4049.33 | 84.5 | 1868.67 | 1643.33 | 2180.67 | 162.00 | 1000.67 | 301.33 |
| 1994 | 4806.21 | 4103.80 | 85.4 | 1847.68 | 1623.78 | 2256.12 | 158.10 | 1024.12 | 344.91 |
| 1995 | 4496.85 | 3807.73 | 84.7 | 1805.33 | 1600.23 | 2002.40 | 139.35 | 902.63 | 240.51 |
| 1996 | 4777.32 | 4052.85 | 84.8 | 1813.62 | 1597.84 | 2239.23 | 156.87 | 1087.38 | 277.12 |
| 1997 | 4504.04 | 3811.46 | 84.6 | 1810.73 | 1602.80 | 2000.74 | 153.86 | 915.92 | 255.85 |
| 1998 | 4697.17 | 4030.12 | 85.8 | 1820.73 | 1610.54 | 2209.39 | 159.97 | 1065.18 | 291.77 |
| 1999 | 4726.34 | 4026.97 | 85.2 | 1787.79 | 1589.45 | 2239.17 | 154.59 | 1123.41 | 273.24 |
| 2000 | 4555.49 | 3821.59 | 83.9 | 1716.62 | 1537.26 | 2104.97 | 144.81 | 1056.96 | 246.96 |
| 2001 | 4264.84 | 3517.63 | 82.5 | 1590.29 | 1424.24 | 1927.34 | 140.78 | 1005.06 | 229.06 |
| 2002 | 4198.37 | 3397.29 | 80.9 | 1512.25 | 1356.75 | 1885.04 | 130.52 | 999.93 | 224.25 |
| 2003 | 4090.26 | 3157.28 | 77.2 | 1402.71 | 1255.11 | 1754.57 | 123.35 | 940.53 | 198.19 |

| 年 份 | 棉 花 | 油 料 | #油菜籽 | 麻 类 | 糖 料 | 烤 烟 | 蔬 菜 | 瓜 类 |
|---|---|---|---|---|---|---|---|---|
| 1949 | 210.00 | 158.00 | 86.67 | 5.00 | 0.47 | 0.33 | 38.33 | |
| 1952 | 304.00 | 165.33 | 88.00 | 6.33 | 0.80 | 0.47 | 48.20 | |
| 1957 | 321.33 | 168.00 | 72.00 | 6.33 | 0.47 | 0.33 | 74.73 | 11.13 |
| 1962 | 193.33 | 92.00 | 34.00 | 6.53 | 0.67 | 0.47 | 99.73 | 9.60 |
| 1965 | 268.67 | 126.67 | 59.33 | 5.13 | 0.53 | 1.40 | 86.87 | 13.73 |
| 1970 | 267.33 | 102.00 | 50.67 | 5.87 | 1.20 | 0.60 | 63.13 | 9.93 |
| 1975 | 262.67 | 125.33 | 68.00 | 4.67 | 3.33 | 3.67 | 72.73 | 15.27 |
| 1978 | 252.07 | 130.00 | 73.33 | 7.13 | 2.60 | 7.60 | 78.67 | 14.67 |
| 1980 | 242.00 | 160.00 | 89.33 | 3.73 | 3.30 | 3.33 | 79.33 | 20.27 |
| 1985 | 94.67 | 240.00 | 114.00 | 2.20 | 4.33 | 34.67 | 121.33 | 30.60 |
| 1990 | 112.67 | 269.33 | 132.00 | 2.88 | 3.53 | 72.13 | 145.33 | 22.87 |
| 1991 | 134.67 | 305.33 | 145.33 | 2.22 | 4.09 | 81.20 | 144.00 | 32.53 |
| 1992 | 138.67 | 323.33 | 152.00 | 1.39 | 2.99 | 94.13 | 146.00 | 33.40 |
| 1993 | 90.00 | 302.67 | 139.33 | 2.50 | 3.80 | 70.67 | 152.00 | 39.00 |
| 1994 | 84.67 | 311.38 | 149.49 | 1.80 | 3.30 | 52.33 | 143.17 | 32.39 |
| 1995 | 72.75 | 302.18 | 169.77 | 1.50 | 2.28 | 48.33 | 174.23 | 27.63 |
| 1996 | 59.55 | 312.91 | 168.20 | 1.40 | 2.20 | 62.36 | 194.28 | 26.68 |
| 1997 | 39.86 | 296.68 | 160.29 | 1.20 | 3.50 | 87.04 | 182.74 | 25.26 |
| 1998 | 35.22 | 284.72 | 136.76 | 1.10 | 2.10 | 54.03 | 193.12 | 34.19 |
| 1999 | 27.74 | 308.15 | 153.47 | 1.01 | 1.77 | 46.73 | 216.95 | 31.91 |
| 2000 | 30.09 | 303.63 | 163.75 | 0.91 | 1.43 | 47.08 | 228.71 | 33.49 |
| 2001 | 50.38 | 291.14 | 167.70 | 0.75 | 1.52 | 40.60 | 219.43 | 37.07 |
| 2002 | 42.81 | 280.63 | 166.05 | 0.68 | 1.27 | 31.26 | 263.70 | 37.56 |
| 2003 | 65.06 | 285.58 | 165.82 | 0.51 | 0.33 | 30.95 | 276.80 | 43.52 |

# 12-19 各市主要农作物播种面积

（2003年）

单位:千公顷

| 地 区 | 总播种面积 | 粮食 | 夏粮 | #小麦 | 秋粮 | #稻谷 | #玉米 | #大豆 |
|---|---|---|---|---|---|---|---|---|
| 全 省 | 4090.26 | 3157.28 | 1402.71 | 1255.11 | 1754.57 | 123.35 | 940.53 | 198.19 |
| 西安市 | 491.37 | 421.70 | 227.98 | 224.03 | 193.72 | 3.81 | 174.59 | 7.73 |
| 铜川市 | 79.56 | 62.77 | 33.70 | 33.24 | 29.07 | 0.10 | 18.62 | 5.09 |
| 宝鸡市 | 439.21 | 365.28 | 209.47 | 205.69 | 155.81 | 1.28 | 129.11 | 8.32 |
| 咸阳市 | 555.61 | 442.25 | 249.67 | 247.63 | 192.58 | 0.20 | 155.87 | 6.36 |
| 渭南市 | 673.98 | 523.32 | 323.16 | 317.97 | 200.16 | 0.09 | 133.81 | 28.22 |
| 延安市 | 239.02 | 189.37 | 36.84 | 29.34 | 152.53 | 1.24 | 44.00 | 23.18 |
| 汉中市 | 415.58 | 281.36 | 88.19 | 49.23 | 193.17 | 83.97 | 68.83 | 17.06 |
| 榆林市 | 530.61 | 407.68 | 34.36 | 14.63 | 373.32 | 4.26 | 68.72 | 59.87 |
| 安康市 | 380.02 | 247.78 | 100.14 | 54.98 | 147.64 | 27.54 | 75.82 | 12.06 |
| 商洛市 | 267.67 | 204.16 | 93.57 | 72.75 | 110.58 | 0.69 | 65.93 | 29.78 |
| 杨凌示范区 | 7.64 | 6.96 | 3.56 | 3.55 | 3.40 |  | 3.35 | 0.02 |

| 地 区 | 棉花 | 油料 | #油菜籽 | 麻类 | 糖料 | 烤烟 | 蔬菜 | 瓜类 |
|---|---|---|---|---|---|---|---|---|
| 全 省 | 65.06 | 285.58 | 165.82 | 0.51 | 0.33 | 30.95 | 276.80 | 43.52 |
| 西安市 | 2.25 | 7.36 | 4.24 | 0.01 | 0.01 | 0.00 | 46.29 | 6.92 |
| 铜川市 | 0.01 | 6.78 | 6.47 |  | 0.07 | 0.12 | 4.57 | 0.57 |
| 宝鸡市 | 0.16 | 14.94 | 12.99 | 0.07 | 0.00 | 3.90 | 33.68 | 3.46 |
| 咸阳市 | 1.13 | 30.45 | 21.62 |  | 0.13 | 3.20 | 59.77 | 6.13 |
| 渭南市 | 57.57 | 40.58 | 19.54 |  |  | 1.11 | 32.13 | 12.76 |
| 延安市 | 0.34 | 13.45 | 4.78 | 0.05 |  | 2.53 | 9.99 | 4.52 |
| 汉中市 | 0.09 | 72.71 | 66.46 |  | 0.05 | 3.44 | 37.24 | 2.92 |
| 榆林市 | 0.21 | 55.54 |  | 0.04 | 0.05 | 0.09 | 11.07 | 4.61 |
| 安康市 | 0.03 | 35.40 | 26.24 | 0.20 | 0.02 | 10.84 | 28.81 | 0.70 |
| 商洛市 | 0.02 | 7.78 | 3.40 | 0.14 | 0.01 | 5.72 | 12.63 | 0.27 |
| 杨凌示范区 |  | 0.06 | 0.05 |  |  |  | 0.57 | 0.03 |

注：本表未列省直单位，故地市之和不等于全省。

# 12-20 主要农作物产品产量

单位：万吨

| 年份 | 粮食 | 夏粮 | #小麦 | 秋粮 | #稻谷 | #玉米 | #高粱 | #大豆 |
|---|---|---|---|---|---|---|---|---|
| 1949 | 331.10 | 172.00 | 133.60 | 159.00 | 30.90 | 52.70 | 7.50 | 13.45 |
| 1952 | 397.50 | 179.00 | 132.80 | 218.50 | 11.80 | 71.40 | 11.60 | 17.75 |
| 1957 | 444.00 | 210.00 | 165.90 | 230.00 | 58.90 | 85.70 | 10.75 | 23.50 |
| 1962 | 400.00 | 172.00 | 133.80 | 228.00 | 40.90 | 103.60 | 8.40 | 12.85 |
| 1965 | 607.50 | 280.00 | 222.10 | 346.50 | 62.80 | 167.80 | 13.40 | 24.50 |
| 1970 | 601.00 | 250.50 | 200.70 | 350.50 | 68.30 | 147.80 | 12.65 | 23.15 |
| 1975 | 810.50 | 372.50 | 322.20 | 438.00 | 71.40 | 213.10 | 37.35 | 15.50 |
| 1978 | 800.00 | 293.50 | 251.00 | 542.00 | 81.50 | 292.00 | 21.77 | 19.95 |
| 1980 | 757.00 | 264.00 | 229.90 | 493.00 | 75.70 | 274.70 | 14.02 | 17.86 |
| 1985 | 951.90 | 459.20 | 423.30 | 492.70 | 88.30 | 291.60 | 9.35 | 18.35 |
| 1990 | 1070.70 | 501.70 | 463.70 | 569.00 | 100.40 | 333.80 | 12.21 | 30.75 |
| 1991 | 1047.00 | 483.60 | 440.60 | 563.50 | 102.70 | 353.50 | 8.90 | 26.18 |
| 1992 | 1031.60 | 471.00 | 418.30 | 560.60 | 99.70 | 346.20 | 8.56 | 26.51 |
| 1993 | 1215.60 | 552.30 | 495.50 | 663.30 | 86.30 | 425.20 | 10.34 | 33.46 |
| 1994 | 944.60 | 455.30 | 403.50 | 489.30 | 70.40 | 271.50 | 10.62 | 36.04 |
| 1995 | 913.40 | 457.80 | 410.40 | 455.60 | 64.20 | 282.30 | 4.71 | 20.46 |
| 1996 | 1217.30 | 433.90 | 405.70 | 783.40 | 104.70 | 472.30 | 11.60 | 39.80 |
| 1997 | 1044.40 | 584.90 | 562.70 | 459.50 | 93.40 | 271.40 | 3.50 | 17.30 |
| 1998 | 1303.10 | 525.90 | 504.20 | 777.20 | 101.30 | 481.10 | 7.60 | 41.10 |
| 1999 | 1081.60 | 432.70 | 405.50 | 648.90 | 86.10 | 440.40 | 5.00 | 29.30 |
| 2000 | 1089.10 | 445.50 | 418.60 | 643.60 | 94.70 | 413.70 | 4.90 | 22.20 |
| 2001 | 976.61 | 432.74 | 406.63 | 543.87 | 92.05 | 352.81 | 1.93 | 19.60 |
| 2002 | 1005.60 | 440.10 | 405.30 | 565.50 | 80.30 | 374.50 | 4.50 | 21.20 |
| 2003 | 968.40 | 440.60 | 395.50 | 527.80 | 75.50 | 373.20 | 2.00 | 15.90 |

| 年份 | 棉花 | 油料 | #油菜籽 | #花生 | 麻类 | 糖料 | 烤烟 | 蔬菜 |
|---|---|---|---|---|---|---|---|---|
| 1949 | 4.37 | 5.62 | 2.95 | 0.72 | 0.25 | 0.53 | 0.03 | |
| 1952 | 7.34 | 6.93 | 3.38 | 1.22 | 0.47 | 0.89 | 0.03 | |
| 1957 | 11.62 | 6.34 | 2.16 | 2.28 | 0.36 | 0.61 | 0.03 | |
| 1962 | 4.50 | 1.95 | 0.69 | 0.22 | 0.12 | 0.39 | 0.04 | |
| 1965 | 11.47 | 5.47 | 3.05 | 0.58 | 0.29 | 0.65 | 0.10 | |
| 1970 | 9.16 | 4.81 | 2.96 | 0.36 | 0.28 | 0.78 | 0.05 | |
| 1975 | 8.50 | 7.50 | 5.83 | 0.44 | 0.29 | 2.13 | 0.53 | |
| 1978 | 10.54 | 5.65 | 4.01 | 0.51 | 0.50 | 1.89 | 1.38 | |
| 1980 | 8.08 | 10.97 | 7.72 | 1.15 | 0.27 | 3.11 | 0.57 | |
| 1985 | 4.30 | 29.86 | 16.40 | 10.05 | 0.24 | 7.85 | 6.26 | 297.16 |
| 1990 | 7.78 | 33.39 | 19.25 | 7.03 | 0.18 | 5.92 | 12.32 | 367.30 |
| 1991 | 8.99 | 35.43 | 21.06 | 6.88 | 0.15 | 9.32 | 14.42 | 344.68 |
| 1992 | 5.52 | 35.63 | 20.71 | 5.78 | 0.15 | 7.48 | 15.29 | 343.86 |
| 1993 | 5.04 | 40.81 | 23.13 | 7.44 | 0.17 | 6.73 | 11.07 | 372.67 |
| 1994 | 4.20 | 34.24 | 17.83 | 6.31 | 0.13 | 5.10 | 7.48 | 304.17 |
| 1995 | 3.99 | 38.15 | 25.45 | 6.02 | 0.11 | 1.03 | 6.34 | 362.86 |
| 1996 | 3.12 | 37.42 | 19.05 | 6.63 | 0.12 | 2.75 | 11.09 | 430.93 |
| 1997 | 2.06 | 36.71 | 25.77 | 4.66 | 0.08 | 3.43 | 12.17 | 391.14 |
| 1998 | 2.29 | 35.48 | 17.58 | 6.94 | 0.10 | 4.96 | 8.53 | 459.58 |
| 1999 | 1.95 | 31.92 | 16.75 | 6.68 | 0.09 | 1.81 | 7.46 | 500.11 |
| 2000 | 2.74 | 38.76 | 22.40 | 7.33 | 0.09 | 1.79 | 7.36 | 556.53 |
| 2001 | 4.98 | 37.54 | 23.13 | 7.09 | 0.07 | 1.94 | 6.29 | 525.46 |
| 2002 | 4.30 | 41.08 | 24.58 | 7.01 | 0.11 | 3.10 | 5.10 | 660.48 |
| 2003 | 5.27 | 41.33 | 27.05 | 6.90 | 0.07 | 0.80 | 4.88 | 708.94 |

注：1989年后的粮食产量数字为抽样调查数。

# 12-21 各市主要农作物产品产量

（2003年）　　　　单位:万吨

| 地　区 | 粮　食 | 夏　粮 | #小　麦 | 秋　粮 | #稻　谷 | #玉　米 | #高　粱 | #大　豆 |
|---|---|---|---|---|---|---|---|---|
| 全　省 | 968.40 | 440.60 | 395.5 | 527.80 | 75.50 | 373.20 | 2.00 | 15.90 |
| 西安市 | 176.34 | 98.18 | 96.72 | 78.16 | 1.61 | 72.32 |  | 1.27 |
| 铜川市 | 20.57 | 9.20 | 9.06 | 11.37 | 0.04 | 9.76 | 0.13 | 0.53 |
| 宝鸡市 | 121.78 | 60.02 | 58.99 | 61.76 | 0.67 | 55.54 | 1.30 | 0.85 |
| 咸阳市 | 178.78 | 97.84 | 97.23 | 80.95 | 0.09 | 71.87 | 0.53 | 1.10 |
| 渭南市 | 179.50 | 113.85 | 112.48 | 65.65 | 0.03 | 53.14 | 0.01 | 2.83 |
| 延安市 | 56.84 | 8.19 | 6.33 | 48.65 | 0.91 | 24.55 | 0.60 | 4.52 |
| 汉中市 | 94.97 | 22.65 | 12.43 | 72.32 | 47.27 | 17.60 | 0.01 | 1.69 |
| 榆林市 | 100.53 | 3.62 | 1.76 | 96.91 | 3.30 | 41.14 | 1.88 | 5.89 |
| 安康市 | 77.26 | 22.07 | 12.13 | 55.19 | 17.02 | 25.71 |  | 1.72 |
| 商洛市 | 62.17 | 25.12 | 19.19 | 37.05 | 0.55 | 27.44 | 0.02 | 4.75 |
| 杨凌示范区 | 3.39 | 1.88 | 1.87 | 1.51 |  | 1.49 |  |  |

| 地　区 | 棉　花（吨） | 油　料（吨） | #油菜籽 | #花　生 | 麻　类（吨） | 糖　料（吨） | 烤　烟（吨） | 蔬　菜（吨） |
|---|---|---|---|---|---|---|---|---|
| 全　省 | 52740 | 413340 | 270451 | 69048 | 657 | 8041 | 48786 | 7089420 |
| 西安市 | 2244 | 11275 | 6990 | 489 | 26 | 375 | 2 | 1577614 |
| 铜川市 | 6 | 9721 | 9519 |  |  | 312 | 213 | 95223 |
| 宝鸡市 | 171 | 16771 | 15225 | 231 | 61 | 15 | 5803 | 660573 |
| 咸阳市 | 610 | 47564 | 37398 | 410 |  | 3834 | 5823 | 2008920 |
| 渭南市 | 46960 | 75369 | 30097 | 38569 |  |  | 1908 | 620760 |
| 延安市 | 157 | 18011 | 8966 | 2249 | 67 |  | 5413 | 269028 |
| 汉中市 | 70 | 131197 | 120806 | 7338 | 3 | 2253 | 5441 | 926909 |
| 榆林市 | 25 | 38848 |  | 5380 | 10 | 411 | 552 | 221347 |
| 安康市 | 21 | 50611 | 38030 | 5617 | 340 | 691 | 15102 | 440143 |
| 商洛市 | 28 | 11592 | 3234 | 6570 | 150 | 150 | 8529 | 251888 |
| 杨凌示范区 |  | 120 | 112 | 8 |  |  |  | 15881 |

注:全省粮食产量数字为抽样调查数。

# 12-22 主要农作物单位面积产量

单位：公斤/公顷

| 年份 | 粮食 | 夏粮 | #小麦 | 秋粮 | #稻谷 | #玉米 | #高粱 | #大豆 |
|---|---|---|---|---|---|---|---|---|
| 1949 | 786 | 850 | 898 | 727 | 2879 | 796 | 675 | 481 |
| 1952 | 862 | 820 | 841 | 899 | 851 | 929 | 990 | 562 |
| 1957 | 915 | 925 | 1025 | 891 | 3621 | 1089 | 1118 | 557 |
| 1962 | 835 | 775 | 864 | 887 | 2867 | 1217 | 938 | 462 |
| 1965 | 1245 | 1243 | 1383 | 1318 | 3753 | 1752 | 1305 | 726 |
| 1970 | 1289 | 1161 | 1242 | 1400 | 4033 | 1607 | 1298 | 766 |
| 1975 | 1855 | 1843 | 2013 | 1866 | 4184 | 2259 | 2355 | 765 |
| 1978 | 1785 | 1395 | 1470 | 2175 | 5130 | 2520 | 2250 | 970 |
| 1980 | 1755 | 1380 | 1440 | 2055 | 4650 | 2550 | 2048 | 844 |
| 1985 | 2400 | 2385 | 2550 | 2415 | 5640 | 3060 | 2055 | 908 |
| 1990 | 2595 | 2610 | 2745 | 2580 | 6300 | 3255 | 3225 | 1066 |
| 1991 | 2565 | 2520 | 2610 | 2595 | 6345 | 3435 | 2430 | 913 |
| 1992 | 2535 | 2490 | 2520 | 2595 | 6195 | 3465 | 2575 | 954 |
| 1993 | 3000 | 2955 | 3105 | 3045 | 5325 | 4245 | 2900 | 1110 |
| 1994 | 2302 | 2464 | 2485 | 2169 | 4454 | 2651 | 3202 | 1045 |
| 1995 | 2399 | 2536 | 2565 | 2275 | 4609 | 3128 | 1826 | 851 |
| 1996 | 3003 | 2392 | 2539 | 3498 | 6674 | 4343 | 3946 | 1436 |
| 1997 | 2740 | 3230 | 3511 | 2297 | 6070 | 2963 | 1277 | 676 |
| 1998 | 3233 | 2888 | 3131 | 3518 | 6332 | 4517 | 2980 | 1408 |
| 1999 | 2686 | 2420 | 2551 | 2898 | 5570 | 3920 | 2241 | 1072 |
| 2000 | 2850 | 2595 | 2723 | 3057 | 6540 | 3914 | 2578 | 899 |
| 2001 | 2776 | 2721 | 2855 | 2822 | 6539 | 3510 | 1257 | 856 |
| 2002 | 2960 | 2910 | 2987 | 3000 | 6153 | 3745 | 2711 | 945 |
| 2003 | 3067 | 3141 | 3151 | 3008 | 6121 | 3968 | 1278 | 802 |

| 年份 | 棉花 | 油料 | #油菜籽 | #花生 | 麻类 | 糖料 | 烤烟 | 蔬菜 |
|---|---|---|---|---|---|---|---|---|
| 1949 | 208 | 356 | 340 | 1005 | 495 | 11760 | 909 | |
| 1952 | 241 | 419 | 384 | 1410 | 705 | 11190 | 642 | |
| 1957 | 362 | 377 | 300 | 1155 | 570 | 12405 | 901 | |
| 1962 | 233 | 212 | 203 | 465 | 360 | 5880 | 857 | |
| 1965 | 427 | 432 | 514 | 1065 | 570 | 11730 | 714 | |
| 1970 | 343 | 472 | 584 | 720 | 480 | 6675 | 833 | |
| 1975 | 324 | 598 | 857 | 930 | 615 | 6420 | 1445 | |
| 1978 | 420 | 435 | 555 | 1080 | 1065 | 7260 | 1815 | |
| 1980 | 330 | 690 | 855 | 1320 | 735 | 9600 | 1830 | |
| 1985 | 450 | 1245 | 1440 | 2155 | 1095 | 18210 | 1815 | 24450 |
| 1990 | 690 | 1245 | 1455 | 1770 | 615 | 16755 | 1710 | 25245 |
| 1991 | 675 | 1155 | 1440 | 1890 | 690 | 22815 | 1770 | 23936 |
| 1992 | 405 | 1095 | 1365 | 1905 | 735 | 16665 | 1620 | 23552 |
| 1993 | 555 | 1350 | 1665 | 2310 | 690 | 17745 | 1575 | 24518 |
| 1994 | 496 | 1099 | 1193 | 1708 | 719 | 15520 | 1433 | 21245 |
| 1995 | 548 | 1263 | 1499 | 1830 | 726 | 4531 | 1312 | 20827 |
| 1996 | 524 | 1196 | 1133 | 2120 | 841 | 12399 | 1777 | 22180 |
| 1997 | 516 | 1237 | 1608 | 1654 | 712 | 9805 | 1398 | 21404 |
| 1998 | 650 | 1246 | 1285 | 2199 | 927 | 23370 | 1579 | 23798 |
| 1999 | 704 | 1036 | 1092 | 2103 | 899 | 10211 | 1596 | 23052 |
| 2000 | 911 | 1277 | 1368 | 2192 | 985 | 12578 | 1564 | 24334 |
| 2001 | 989 | 1290 | 1379 | 2297 | 960 | 12724 | 1550 | 23946 |
| 2002 | 1004 | 1464 | 1480 | 2367 | 1573 | 24389 | 1628 | 25047 |
| 2003 | 811 | 1447 | 1631 | 2340 | 1283 | 24147 | 1576 | 25612 |

注：1989年后的粮食产量数字为抽样调查数。

# 12-23 各市主要农作物单位面积产量

（2003年）

单位：公斤／公顷

| 地区 | 粮食 | 夏粮 | #小麦 | 秋粮 | #稻谷 | #玉米 | #高粱 | #大豆 |
|---|---|---|---|---|---|---|---|---|
| 全省 | 3067 | 3141 | 3151 | 3008 | 6121 | 3968 | 1278 | 802 |
| 西安市 | 4182 | 4307 | 4317 | 4035 | 4227 | 4142 | 3400 | 1643 |
| 铜川市 | 3278 | 2731 | 2727 | 3912 | 4200 | 5243 | 5698 | 1037 |
| 宝鸡市 | 3334 | 2866 | 2868 | 3964 | 5268 | 4302 | 4231 | 1026 |
| 咸阳市 | 4043 | 3919 | 3926 | 4203 | 4635 | 4611 | 3162 | 1727 |
| 渭南市 | 3430 | 3523 | 3537 | 3280 | 3067 | 3971 | 2191 | 1004 |
| 延安市 | 3001 | 2222 | 2157 | 3189 | 7349 | 5579 | 4514 | 1950 |
| 汉中市 | 3376 | 2568 | 2524 | 3744 | 5629 | 2558 | 3944 | 990 |
| 榆林市 | 2466 | 1054 | 1201 | 2596 | 7740 | 5987 | 2047 | 983 |
| 安康市 | 3118 | 2204 | 2206 | 3738 | 6181 | 3391 | 1667 | 1424 |
| 商洛市 | 3045 | 2685 | 2638 | 3350 | 7931 | 4163 | 2678 | 1596 |
| 杨凌示范区 | 4865 | 5269 | 5276 | 4442 |  | 4455 |  | 1611 |

| 地区 | 棉花 | 油料 | #油菜籽 | #花生 | 麻类 | 糖料 | 烤烟 | 蔬菜 |
|---|---|---|---|---|---|---|---|---|
| 全省 | 811 | 1447 | 1631 | 2340 | 1283 | 24147 | 1576 | 25612 |
| 西安市 | 998 | 1532 | 1650 | 2164 | 2167 | 75000 | 2000 | 34084 |
| 铜川市 | 546 | 1435 | 1470 |  |  | 4657 | 1775 | 20841 |
| 宝鸡市 | 1089 | 1123 | 1173 | 3667 | 847 | 15000 | 1488 | 19612 |
| 咸阳市 | 539 | 1562 | 1730 | 1627 |  | 28827 | 1817 | 33612 |
| 渭南市 | 816 | 1857 | 1540 | 2618 |  |  | 1714 | 19323 |
| 延安市 | 463 | 1340 | 1876 | 1544 | 1314 |  | 2143 | 26941 |
| 汉中市 | 796 | 1804 | 1818 | 2256 | 3000 | 43327 | 1583 | 24888 |
| 榆林市 | 121 | 699 |  | 1609 | 270 | 8935 | 6000 | 19997 |
| 安康市 | 724 | 1430 | 1449 | 1950 | 1717 | 31409 | 1393 | 15276 |
| 商洛市 | 1333 | 1490 | 951 | 2353 | 1064 | 21429 | 1492 | 19947 |
| 杨凌示范区 |  | 2143 | 2154 | 2000 |  |  |  | 27960 |

注：全省粮食产量数字为抽样调查数。

# 12-24 茶、桑、果面积及产量

| 年 份 | 茶 园（千公顷） | 茶 叶（吨） | 桑 园（千公顷） | 果 园（千公顷） | 水果产量（万吨） | #苹 果 | #柑 桔 |
|---|---|---|---|---|---|---|---|
| 1949 | 2.13 | 736 | 0.87 | 3.93 | 8.21 | 0.41 | 0.18 |
| 1952 | 2.55 | 933 | 1.40 | 5.27 | 10.08 | 0.48 | 0.22 |
| 1957 | 4.64 | 1783 | 2.87 | 3.53 | 14.37 | 0.38 | 0.13 |
| 1962 | 2.16 | 970 | 1.73 | 12.60 | 9.35 | 0.19 | 0.21 |
| 1965 | 4.71 | 1578 | 13.40 | 25.13 | 15.91 | 0.79 | 0.24 |
| 1970 | 5.05 | 1454 | 13.53 | 35.27 | 15.85 | 1.59 | 0.10 |
| 1975 | 10.71 | 1450 | 9.87 | 77.87 | 17.84 | 3.56 | 0.22 |
| 1978 | 31.07 | 1408 | 12.00 | 98.60 | 33.41 | 9.92 | 0.12 |
| 1980 | 24.00 | 1428 | 17.40 | 104.27 | 28.00 | 8.93 | 0.30 |
| 1985 | 26.16 | 2822 | 46.75 | 109.93 | 33.53 | 14.09 | 0.52 |
| 1990 | 29.19 | 4548 | 37.31 | 304.78 | 62.03 | 34.93 | 0.89 |
| 1991 | 30.31 | 4994 | 47.69 | 334.32 | 80.06 | 50.52 | 1.59 |
| 1992 | 29.92 | 5403 | 60.66 | 379.87 | 114.69 | 84.30 | 0.20 |
| 1993 | 31.03 | 5879 | 65.63 | 477.79 | 168.22 | 131.00 | 1.32 |
| 1994 | 30.54 | 5407 | 71.62 | 607.31 | 219.89 | 178.56 | 0.71 |
| 1995 | 30.64 | 5252 | 76.83 | 685.35 | 283.96 | 233.76 | 1.12 |
| 1996 | 30.96 | 5831 | 74.99 | 702.19 | 362.15 | 295.89 | 1.52 |
| 1997 | 28.06 | 6316 | 66.03 | 691.23 | 326.55 | 263.65 | 2.01 |
| 1998 | 28.49 | 6288 | 53.86 | 663.84 | 430.77 | 347.35 | 2.77 |
| 1999 | 30.33 | 6215 | 53.81 | 649.32 | 493.49 | 399.27 | 2.96 |
| 2000 | 35.28 | 6126 | 58.76 | 664.76 | 493.79 | 388.57 | 3.52 |
| 2001 | 38.23 | 6273 | 65.59 | 680.11 | 534.19 | 408.57 | 5.85 |
| 2002 | 43.28 | 7003 | 71.43 | 703.75 | 577.35 | 440.59 | 6.40 |
| 2003 | 50.86 | 7952 | 75.23 | 750.51 | 621.14 | 461.79 | 9.86 |

# 12-25 水果生产情况

| 品 种 | 1990年 | | 2001年 | | 2002年 | | 2003年 | |
|---|---|---|---|---|---|---|---|---|
| | 面 积（公顷） | 产 量（吨） | 面 积（公顷） | 产 量（吨） | 面 积（公顷） | 产 量（吨） | 面 积（公顷） | 产 量（吨） |
| 水果合计 | 304778 | 620282 | 680108 | 5341884 | 703748 | 5773544 | 750506 | 6211394 |
| 1.苹 果 | 198300 | 349300 | 374294 | 4085700 | 369028 | 4405900 | 401499 | 4617921 |
| 2.柑 桔 | 14137 | 8855 | 13527 | 58500 | 14552 | 64000 | 16553 | 98601 |
| 3.梨 | 13379 | 20544 | 57953 | 628100 | 57225 | 614500 | 57323 | 689816 |
| 4.葡 萄 | 3487 | 20210 | 6865 | 61300 | 10281 | 74100 | 11404 | 89925 |
| 5.桃 | 9703 | 28961 | 14023 | 94600 | 17584 | 120100 | 19078 | 153007 |
| 6.红 枣 | 26844 | 33956 | 84930 | 58800 | 95488 | 93500 | 102301 | 75252 |
| 7.杏 | 16568 | 13123 | 79438 | 25354 | 82279 | 42400 | 84409 | 44600 |
| 8.柿 子 | 6442 | 132992 | 18505 | 100400 | 21793 | 105100 | 22416 | 146876 |
| 9.猕猴桃 | | | 16566 | 179700 | 16314 | 194900 | 15909 | 204697 |
| 10.其他水果 | 15918 | 12341 | 14007 | 49430 | 19204 | 59044 | 19614 | 90658 |

注：2003年水果产量为果业监测结果，2001年和2002年水果产量是依据果业监测资料的评估调整数。

# 12-26 各市茶、桑、果面积及产量

(2003年)

| 地 区 | 茶园 (公顷) | 茶叶 (吨) | 桑园 (公顷) | 果园 (公顷) | 水果产量 (吨) | 苹果 (吨) | 柑桔 (吨) |
|---|---|---|---|---|---|---|---|
| 全 省 | 50864 | 7952 | 75228 | 750506 | 6211394 | 4617921 | 98601 |
| 西安市 | | | | 34930 | 384262 | 65845 | |
| 铜川市 | | | | 29096 | 214547 | 206573 | |
| 宝鸡市 | | | 2989 | 28790 | 385632 | 257714 | |
| 咸阳市 | | | | 172521 | 2237741 | 1862792 | |
| 渭南市 | | | | 104647 | 1206104 | 955965 | |
| 延安市 | | | 3391 | 210771 | 596284 | 554109 | |
| 汉中市 | 29170 | 4373 | 7926 | 22106 | 133304 | 3880 | 80418 |
| 榆林市 | | | 3303 | 128362 | 64532 | 34036 | |
| 安康市 | 16002 | 3174 | 56182 | 14696 | 52255 | 2379 | 18591 |
| 商洛市 | 5692 | 405 | 1437 | 3387 | 45744 | 6892 | 404 |
| 杨凌示范区 | | | | 749 | 16090 | 6552 | |

| 地 区 | 梨 (吨) | 葡萄 (吨) | 桃 (吨) | 红枣 (吨) | 杏 (吨) | 柿子 (吨) | 猕猴桃 (吨) | 其它水果 (吨) |
|---|---|---|---|---|---|---|---|---|
| 全 省 | 689816 | 89925 | 153007 | 75252 | 44600 | 146876 | 204697 | 90658 |
| 西安市 | 63119 | 24098 | 47046 | 9290 | 7201 | 8212 | 105784 | 53667 |
| 铜川市 | 1187 | 1369 | 708 | 1017 | 265 | 3383 | | 45 |
| 宝鸡市 | 16802 | 16661 | 18760 | 409 | 2627 | 13900 | 55740 | 3019 |
| 咸阳市 | 219872 | 31168 | 51118 | 12824 | 18004 | 29465 | 5010 | 7488 |
| 渭南市 | 170368 | 8689 | 13730 | 28892 | 4050 | 20640 | 240 | 3530 |
| 延安市 | 21313 | 3356 | 2851 | 1528 | 7516 | 3893 | | 1718 |
| 汉中市 | 16224 | 875 | 9025 | 179 | 499 | 7682 | 4201 | 10321 |
| 榆林市 | 4878 | 2769 | 2068 | 16901 | 2784 | | | 1096 |
| 安康市 | 1750 | 295 | 6944 | 528 | 777 | 13946 | 1131 | 5914 |
| 商洛市 | 600 | 790 | 1838 | 193 | 658 | 30797 | 160 | 3412 |
| 杨凌示范区 | 2172 | 217 | 487 | 6 | 219 | 206 | 5903 | 328 |

注：全省水果产量首次使用果业监测结果。

## 12-27 主要林产品产量

单位:吨

| 年份 | 生漆 | 油桐籽 | 五倍籽 | 棕片 | 核桃 | 板栗 | 花椒 |
|---|---|---|---|---|---|---|---|
| 1978 | 668 | 14800 | 50 |  | 28275 | 3460 | 577 |
| 1980 | 930 | 17685 | 83 |  | 25700 | 2715 | 539 |
| 1985 | 635 | 17718 | 337 | 1448 | 12826 | 1777 | 694 |
| 1990 | 685 | 18672 | 1589 | 2265 | 16833 | 4770 | 2501 |
| 1991 | 803 | 19971 | 1414 | 2364 | 18153 | 5253 | 2594 |
| 1992 | 851 | 19290 | 1589 | 2801 | 26157 | 6436 | 577 |
| 1993 | 1101 | 20300 | 1668 | 2853 | 30419 | 6895 | 5116 |
| 1994 | 902 | 18785 | 2616 | 2986 | 28906 | 8304 | 4657 |
| 1995 | 773 | 15460 | 2922 | 3015 | 30599 | 8019 | 7135 |
| 1996 | 978 | 15409 | 2260 | 3358 | 30433 | 10635 | 8411 |
| 1997 | 1222 | 14265 | 2432 | 3078 | 26222 | 8116 |  |
| 1998 | 1223 | 11046 | 1771 | 3217 | 32519 | 18385 | 9747 |
| 1999 | 1027 | 12456 | 1009 | 2735 | 33257 | 14689 | 9747 |
| 2000 | 1176 | 12968 | 863 | 2962 | 34866 | 20098 | 16298 |
| 2001 | 893 | 13003 | 968 | 3060 | 10474 | 11211 | 16471 |
| 2002 | 821 | 9278 | 934 | 3183 | 34779 | 21352 | 25112 |
| 2003 | 975 | 9634 | 1034 | 3177 | 44091 | 24022 | 22781 |

## 12-28 各市主要林产品产量

(2003年)

单位：吨

| 地区 | 生漆 | 油桐籽 | 五倍籽 | 棕片 | 核桃 | 板栗 | 花椒 |
|---|---|---|---|---|---|---|---|
| 全　省 | 975 | 9634 | 1034 | 3177 | 44091 | 24022 | 22781 |
| 西安市 | 7 |  | 43 |  | 1545 | 1127 | 279 |
| 铜川市 |  |  |  |  | 2796 |  | 847 |
| 宝鸡市 | 61 |  | 12 |  | 9410 | 1399 | 1387 |
| 咸阳市 |  |  |  |  | 479 |  | 194 |
| 渭南市 |  |  |  |  | 2053 | 360 | 18395 |
| 延安市 |  |  |  |  | 2003 | 200 | 660 |
| 汉中市 | 388 | 1949 | 711 | 2702 | 6694 | 6392 | 290 |
| 榆林市 |  |  |  |  | 11 |  | 12 |
| 安康市 | 411 | 4446 | 119 | 456 | 1710 | 4391 | 426 |
| 商洛市 | 108 | 3239 | 149 | 19 | 17390 | 10153 | 291 |
| 杨凌示范区 |  |  |  |  |  |  |  |

# 12-29 畜牧业和渔业生产情况

| 指 标 | 单 位 | 2000年 | 2001年 | 2002年 | 2003年 |
|---|---|---|---|---|---|
| 一、牲畜年末头数 | | | | | |
| (一)大牲畜 | 头 | 3019152 | 2966236 | 3068622 | 3224031 |
| # 从事劳役的 | 头 | 1708425 | 1652167 | 1593399 | 1616296 |
| 1.牛 | 头 | 2577078 | 2557766 | 2675456 | 2855495 |
| # 能繁殖的母牛 | 头 | 1071402 | 1075816 | 1184187 | 1267761 |
| 奶 牛 | 头 | 157000 | 194750 | 242726 | 330261 |
| 2.马 | 匹 | 18029 | 16412 | 14302 | 14491 |
| # 能繁殖的母马 | 匹 | 7090 | 6526 | 5910 | 5640 |
| 3.驴 | 头 | 299469 | 274004 | 267419 | 251395 |
| # 能繁殖的母驴 | 头 | 121047 | 108467 | 112278 | 99628 |
| 4.骡 | 头 | 124576 | 118054 | 111445 | 102650 |
| (二)年末猪存栏数 | 头 | 8843575 | 9098190 | 9765432 | 10128403 |
| # 能繁殖的母猪 | 头 | 664420 | 690164 | 770468 | 798749 |
| (三)羊年末存栏数 | 只 | 6353393 | 6644788 | 7600589 | 8771758 |
| 1.山 羊 | 只 | 4998742 | 5335502 | 5944105 | 6813205 |
| # 奶山羊 | 只 | 1219473 | 1331397 | 1628783 | 1802119 |
| 布尔山羊 | | | 108925 | 216495 | 303618 |
| 2.绵 羊 | 只 | 1354651 | 1309286 | 1656484 | 1958553 |
| (四)家禽年末存栏数 | 万只 | 6565.39 | 6865.51 | 7364 | 7615 |
| (五)年末养蜂箱数 | 箱 | 185140 | 165532 | 199070 | 200748 |
| (六)家兔年末存栏数 | 万只 | 147.02 | 171.92 | 152 | 153 |
| 二、畜产品产量 | | | | | |
| 肉类总产量 | 吨 | 921195 | 963244 | 1058270 | 1139438 |
| # 猪肉产量 | 吨 | 697518 | 726279 | 790604 | 838456 |
| 牛肉产量 | 吨 | 78569 | 81703 | 93908 | 104700 |
| 羊肉产量 | 吨 | 53976 | 57542 | 68501 | 79433 |
| 奶类产量 | 吨 | 638781 | 694701 | 830786 | 1070995 |
| # 牛 奶 | 吨 | 392480 | 434670 | 540298 | 742077 |
| 山羊毛产量 | 吨 | 1007 | 896 | 1055 | 1148 |
| 绵羊毛产量 | 吨 | 3593 | 3415 | 3220 | 4187 |
| 羊绒产量 | 公斤 | 546499 | 585677 | 636647 | 764903 |
| 禽蛋产量 | 吨 | 424866 | 424777 | 463563 | 490472 |
| 蜂蜜产量 | 公斤 | 2842306 | 2587778 | 2922832 | 3099934 |
| 蚕茧产量 | 吨 | 15431 | 16139 | 17173 | 18571 |
| 三、渔 业 | | | | | |
| 1.水产品产量 | 吨 | 60840 | 63294 | 64109 | 66682 |
| 2.养殖面积 | 公顷 | 28645 | 28773 | 26031 | 25621 |

# 12-30 各市牲畜存栏情况

(2003年)

单位:头

| 地 区 | 大牲畜年末头数 | #能繁母畜 | #役畜 | 牛 | #黄牛 | #奶牛 | 马 | 驴 | 骡 |
|---|---|---|---|---|---|---|---|---|---|
| 全 省 | 3224031 | 1373029 | 1616296 | 2855495 | 2508757 | 330261 | 14491 | 251395 | 102650 |
| 西安市 | 287449 | 158513 | 88886 | 285211 | 212432 | 72779 | 659 | 238 | 1341 |
| 铜川市 | 132669 | 57251 | 75277 | 132597 | 127283 | 5314 | 6 | 51 | 15 |
| 宝鸡市 | 518301 | 259729 | 234884 | 508377 | 403422 | 104955 | 2170 | 5351 | 2403 |
| 咸阳市 | 399522 | 199092 | 127306 | 394005 | 290983 | 104514 | 1603 | 785 | 3129 |
| 渭南市 | 430373 | 196679 | 250909 | 421093 | 401220 | 19873 | 1250 | 3320 | 4710 |
| 延安市 | 266694 | 105984 | 155402 | 153964 | 152589 | 1375 | 1407 | 83183 | 28140 |
| 汉中市 | 341667 | 104202 | 180481 | 339635 | 320911 | 3032 | 1868 | 112 | 52 |
| 榆林市 | 335724 | 122736 | 235326 | 109258 | 98643 | 10615 | 5285 | 158353 | 62828 |
| 安康市 | 243547 | 68095 | 141197 | 243312 | 241028 | 137 | 215 | 2 | 18 |
| 商洛市 | 257883 | 95014 | 126581 | 257847 | 257442 | 275 | 28 | | 8 |
| 杨凌示范区 | 8472 | 5256 | | 8472 | 1086 | 7386 | | | |

| 地 区 | 猪年末头数 | #母猪 | 羊(只) | #山羊 | #奶山羊 | #布尔山羊 | 兔(万只) | 家禽(万只) | 蜂(箱) |
|---|---|---|---|---|---|---|---|---|---|
| 全 省 | 10128403 | 798749 | 8771758 | 6813205 | 1802119 | 303618 | 153.31 | 7614.64 | 200748 |
| 西安市 | 1397462 | 106770 | 513498 | 497313 | 353885 | 7625 | 17.51 | 1651.42 | 20300 |
| 铜川市 | 78462 | 7138 | 144944 | 140951 | 34945 | 7379 | 0.28 | 107.42 | 530 |
| 宝鸡市 | 1018497 | 82469 | 754604 | 744121 | 420880 | 177541 | 24.87 | 981.25 | 21926 |
| 咸阳市 | 1261653 | 119525 | 706148 | 600853 | 530428 | 45367 | 58.01 | 1246.46 | 4808 |
| 渭南市 | 800806 | 78066 | 855541 | 601191 | 398204 | 17142 | 13.74 | 1035.26 | 23098 |
| 延安市 | 503201 | 41384 | 1075926 | 827624 | 11102 | 2659 | 19.85 | 311.99 | 3322 |
| 汉中市 | 1917502 | 137801 | 300178 | 292243 | 2035 | 2351 | 4.11 | 769.70 | 69629 |
| 榆林市 | 842855 | 62136 | 3256790 | 1959500 | 45430 | 6687 | 12.72 | 479.74 | 18315 |
| 安康市 | 1315521 | 89423 | 675097 | 675043 | | 1467 | 0.77 | 472.73 | 26640 |
| 商洛市 | 959177 | 71246 | 474459 | 461448 | 2063 | 34617 | 1.22 | 514.02 | 11893 |
| 杨凌示范区 | 28670 | 2187 | 4991 | 4716 | 3147 | 783 | 0.23 | 43.75 | 287 |

# 12-31 各市主要畜产品和水产品产量

(2003年)

单位:吨

| 地 区 | 肉类总产量 | #猪 肉 | #牛 肉 | #羊 肉 | 奶类产量 | 牛 奶 | 羊 奶 |
|---|---|---|---|---|---|---|---|
| 全 省 | 1139438 | 838456 | 104700 | 79433 | 1070995 | 742077 | 328918 |
| 西安市 | 165860 | 122759 | 13241 | 5180 | 336296 | 245407 | 90889 |
| 铜川市 | 10639 | 4705 | 4002 | 1086 | 6725 | 6069 | 656 |
| 宝鸡市 | 142719 | 89368 | 24335 | 7551 | 254078 | 202833 | 51245 |
| 咸阳市 | 127970 | 96059 | 11481 | 5541 | 296197 | 206314 | 89883 |
| 渭南市 | 106177 | 66602 | 16540 | 7381 | 121761 | 32549 | 89212 |
| 延安市 | 55632 | 33951 | 5032 | 9200 | 3764 | 2539 | 1225 |
| 汉中市 | 192162 | 166211 | 10513 | 3161 | 7711 | 6833 | 878 |
| 榆林市 | 119743 | 81165 | 2768 | 27250 | 28906 | 24953 | 3953 |
| 安康市 | 109880 | 92270 | 5276 | 6229 | 419 | 419 | |
| 商洛市 | 105271 | 82838 | 11342 | 6742 | 1271 | 834 | 437 |
| 杨凌示范区 | 2921 | 2180 | 143 | 34 | 13836 | 13296 | 540 |

| 地 区 | 山羊毛 | 绵羊毛 | 羊 绒 (公斤) | 禽 蛋 | 蜂 蜜 (公斤) | 蚕 茧 | 水产品产量 | 养殖面积 (公顷) |
|---|---|---|---|---|---|---|---|---|
| 全 省 | 1148 | 4187 | 764903 | 490472 | 3099934 | 18571 | 66682 | 25621 |
| 西安市 | 14 | 5 | 9227 | 128833 | 537805 | | 9967 | 1654 |
| 铜川市 | 18 | 7 | | 5827 | 2670 | | 855 | 495 |
| 宝鸡市 | 51 | 9 | 1070 | 64247 | 323278 | 607 | 5919 | 1130 |
| 咸阳市 | 42 | 208 | 3178 | 82604 | 94224 | | 7511 | 1876 |
| 渭南市 | 74 | 470 | 19223 | 75738 | 428556 | | 14433 | 2915 |
| 延安市 | 226 | 356 | 217291 | 17506 | 63011 | 375 | 1923 | 1416 |
| 汉中市 | 8 | 9 | 1500 | 40472 | 914850 | 3331 | 17225 | 4466 |
| 榆林市 | 671 | 3111 | 512110 | 28231 | 434201 | 34 | 3722 | 10221 |
| 安康市 | | | | 10035 | 160098 | 13581 | 3787 | 974 |
| 商洛市 | 42 | 12 | 493 | 33243 | 138441 | 643 | | |
| 杨凌示范区 | | | | 3718 | 2800 | | | |

# 12-32 粮食生产大县情况

| 县 区 | 1990年 | | 2000年 | | 2002年 | | 2003年 | |
|---|---|---|---|---|---|---|---|---|
| | 播种面积（公顷） | 产 量（吨） | 播种面积（公顷） | 产 量（吨） | 播种面积（公顷） | 产 量（吨） | 播种面积（公顷） | 产 量（吨） |
| 全 省 | 4134673 | 10707000 | 3821588 | 10891000 | 3397292 | 10056000 | 3157280 | 9684000 |
| 生产大县合计 | 1877585 | 6523184 | 1780668 | 6754089 | 1682006 | 6418253 | 1585149 | 6169084 |
| 生产大县占全省% | 45.41 | 60.92 | 46.59 | 62.02 | 49.51 | 63.83 | 50.21 | 63.70 |
| 阎良区 | 24413 | 101546 | 23010 | 116359 | 21656 | 103567 | 19186 | 96360 |
| 临潼区 | 76627 | 274091 | 81950 | 353592 | 77938 | 340306 | 76116 | 298817 |
| 长安区 | 94860 | 325265 | 87984 | 361843 | 83696 | 339358 | 81780 | 311052 |
| 蓝田县 | 70887 | 197572 | 72971 | 250618 | 63853 | 205049 | 61775 | 210510 |
| 周至县 | 71873 | 228110 | 66435 | 262898 | 62826 | 256242 | 60452 | 234365 |
| 户 县 | 66260 | 244250 | 63938 | 300973 | 62682 | 330380 | 62352 | 292429 |
| 高陵县 | 33493 | 169615 | 30283 | 211113 | 29693 | 201557 | 28543 | 189815 |
| 陈仓区 | 88600 | 280402 | 87997 | 239085 | 82492 | 244753 | 60050 | 159758 |
| 凤翔县 | 63347 | 211400 | 67754 | 224559 | 64636 | 225080 | 62733 | 217907 |
| 岐山县 | 51460 | 183803 | 51877 | 178238 | 49859 | 184971 | 46633 | 165729 |
| 扶风县 | 62367 | 249000 | 54868 | 263346 | 53894 | 235806 | 51909 | 251428 |
| 眉 县 | 38180 | 133923 | 36792 | 145682 | 36124 | 139203 | 35247 | 131519 |
| 千阳县 | 25953 | 65816 | 22494 | 57440 | 18658 | 55280 | 17148 | 56436 |
| 三原县 | 46887 | 168209 | 45258 | 182412 | 47746 | 178828 | 42665 | 177041 |
| 泾阳县 | 60307 | 228557 | 53917 | 222529 | 52602 | 219379 | 52299 | 220349 |
| 乾 县 | 69860 | 243917 | 65698 | 270276 | 65250 | 270306 | 63643 | 272457 |
| 武功县 | 42120 | 181836 | 42687 | 189332 | 42120 | 190575 | 42430 | 191596 |
| 兴平市 | 52113 | 226284 | 50044 | 213083 | 50108 | 219167 | 48956 | 215527 |
| 临渭区 | 90533 | 327513 | 94262 | 346528 | 92475 | 333268 | 90906 | 325674 |
| 华 县 | 33060 | 97005 | 32818 | 121266 | 30289 | 103550 | 31360 | 90858 |
| 大荔县 | 68320 | 222219 | 72582 | 255228 | 60761 | 226072 | 48912 | 188138 |
| 合阳县 | 62920 | 170582 | 58164 | 168013 | 52877 | 142241 | 51141 | 168174 |
| 澄城县 | 59467 | 142236 | 47240 | 126508 | 41110 | 119319 | 38318 | 122752 |
| 蒲城县 | 104413 | 274512 | 91674 | 250270 | 85736 | 235962 | 83514 | 289061 |
| 富平县 | 85293 | 249802 | 84314 | 280985 | 84754 | 291925 | 83641 | 345026 |
| 韩城市 | 35153 | 96610 | 32196 | 97416 | 28968 | 82038 | 27927 | 81215 |
| 汉台区 | 25833 | 155085 | 20604 | 131827 | 19202 | 111829 | 17547 | 98072 |
| 南郑县 | 50020 | 245468 | 41900 | 177861 | 40214 | 153912 | 37298 | 146086 |
| 城固县 | 45413 | 227338 | 35142 | 175790 | 30473 | 147899 | 28004 | 123181 |
| 洋 县 | 43020 | 185093 | 38581 | 159063 | 36113 | 152067 | 32880 | 150376 |
| 勉 县 | 44053 | 178499 | 40513 | 159570 | 35126 | 128138 | 31517 | 114486 |
| 汉滨区 | 90480 | 237626 | 84721 | 260386 | 78075 | 250226 | 68267 | 232890 |

## 12-33 商品棉基地县情况

| 县 区 | 1990年 | | 2000年 | | 2002年 | | 2003年 | |
|---|---|---|---|---|---|---|---|---|
| | 播种面积（公顷） | 产 量（吨） | 播种面积（公顷） | 产 量（吨） | 播种面积（公顷） | 产 量（吨） | 播种面积（公顷） | 产 量（吨） |
| 全 省 | 112393 | 77755 | 30092 | 27407 | 42812 | 42988 | 65062 | 52740 |
| 基地县合计 | 71507 | 54331 | 20226 | 22176 | 31449 | 33656 | 48858 | 40392 |
| 基地县占全省% | 63.62 | 69.87 | 67.21 | 80.91 | 73.46 | 78.29 | 75.09 | 76.59 |
| 阎良区 | 3047 | 2582 | 390 | 380 | 572 | 712 | 1112 | 1389 |
| 临潼区 | 4427 | 3452 | 779 | 613 | 553 | 591 | 581 | 429 |
| 临渭区 | 17560 | 14578 | 5092 | 4174 | 6350 | 6418 | 9860 | 6864 |
| 华 县 | 4333 | 2787 | 192 | 163 | 309 | 321 | 444 | 127 |
| 大荔县 | 26667 | 24321 | 11774 | 15371 | 19792 | 21672 | 29676 | 24981 |
| 蒲城县 | 9200 | 4351 | 1718 | 1222 | 3490 | 3712 | 6616 | 6312 |
| 富平县 | 6273 | 2260 | 281 | 253 | 383 | 230 | 569 | 290 |

## 12-34 肉羊基地县情况

| 县 区 | 1990年 | | 2000年 | | 2002年 | | 2003年 | |
|---|---|---|---|---|---|---|---|---|
| | 存 栏（万只） | 肉产量（吨） | 存 栏（万只） | 肉产量（吨） | 存 栏（万只） | 肉产量（吨） | 存 栏（万只） | 肉产量（吨） |
| 全 省 | 612.61 | 21814 | 635.34 | 53976 | 760.06 | 68501 | 877.18 | 79433 |
| 基地县合计 | 347.58 | 8905 | 298.89 | 24135 | 371.13 | 28352 | 439.98 | 34925 |
| 基地县占全省% | 56.74 | 40.82 | 47.04 | 44.71 | 48.83 | 41.39 | 50.16 | 43.97 |
| 麟游县 | 2.82 | 101 | 7.82 | 491 | 25.16 | 1001 | 25.60 | 1978 |
| 永寿县 | 1.84 | 107 | 2.90 | 465 | 8.49 | 355 | 11.67 | 607 |
| 彬 县 | 2.46 | 68 | 4.20 | 406 | 2.85 | 420 | 2.98 | 453 |
| 长武县 | 2.38 | 161 | 3.71 | 315 | 3.98 | 318 | 4.85 | 387 |
| 旬邑县 | 2.40 | 80 | 5.55 | 320 | 7.49 | 392 | 5.49 | 402 |
| 淳化县 | 2.93 | 83 | 6.12 | 306 | 5.84 | 468 | 7.21 | 535 |
| 宝塔区 | 18.59 | 276 | 7.77 | 344 | 19.57 | 739 | 8.21 | 1554 |
| 子长县 | 12.67 | 269 | 7.74 | 460 | 6.30 | 447 | 12.00 | 743 |
| 安塞县 | 17.54 | 294 | 3.19 | 312 | 12.58 | 660 | 16.81 | 1023 |
| 志丹县 | 20.39 | 543 | 16.73 | 860 | 17.90 | 971 | 18.10 | 1102 |
| 吴旗县 | 18.06 | 365 | 6.31 | 622 | 12.77 | 536 | 25.39 | 895 |
| 榆阳区 | 32.32 | 721 | 43.81 | 5329 | 54.25 | 5497 | 65.98 | 6447 |
| 神木县 | 42.23 | 1375 | 31.88 | 2674 | 35.21 | 3315 | 53.08 | 3937 |
| 府谷县 | 25.59 | 562 | 18.41 | 1010 | 12.01 | 952 | 9.62 | 795 |
| 横山县 | 36.06 | 1071 | 33.99 | 2981 | 40.20 | 3250 | 42.11 | 3450 |
| 靖边县 | 32.62 | 814 | 37.00 | 1792 | 38.00 | 2550 | 42.03 | 3049 |
| 定边县 | 39.22 | 586 | 32.00 | 3360 | 32.60 | 3015 | 40.62 | 3825 |
| 绥德县 | 11.00 | 487 | 10.26 | 598 | 8.29 | 640 | 11.92 | 931 |
| 佳 县 | 14.63 | 594 | 11.23 | 1134 | 12.00 | 1620 | 15.00 | 1500 |
| 子洲县 | 11.85 | 348 | 8.25 | 356 | 15.63 | 1206 | 21.30 | 1312 |

## 12-35 奶山羊基地县情况

| 县 区 | 1990年 | | 2000年 | | 2002年 | | 2003年 | |
|---|---|---|---|---|---|---|---|---|
| | 存 栏(万只) | 奶产量(吨) | 存 栏(万只) | 奶产量(吨) | 存 栏(万只) | 奶产量(吨) | 存 栏(万只) | 奶产量(吨) |
| 全 省 | 73.56 | 116984 | 121.95 | 246301 | 162.88 | 290488 | 180.21 | 328918 |
| 基地县合计 | 47.13 | 80358 | 71.70 | 169255 | 81.09 | 196432 | 88.92 | 215883 |
| 基地县占全省% | 64.07 | 68.69 | 58.79 | 68.72 | 49.78 | 67.62 | 49.34 | 65.63 |
| 临潼区 | 5.55 | 9877 | 8.71 | 22645 | 10.99 | 29675 | 11.54 | 30593 |
| 蓝田县 | 4.19 | 4492 | 7.83 | 20739 | 8.15 | 18789 | 8.25 | 18987 |
| 高陵县 | 3.23 | 7215 | 3.00 | 7953 | 5.15 | 11791 | 5.88 | 15577 |
| 陈仓区 | 0.96 | 1787 | 6.40 | 7232 | 3.60 | 16099 | 3.47 | 7295 |
| 陇 县 | 0.65 | 658 | 2.93 | 5234 | 5.60 | 11068 | 5.60 | 11498 |
| 千阳县 | 1.87 | 2286 | 4.58 | 5464 | 5.73 | 6931 | 7.25 | 8452 |
| 三原县 | 6.58 | 12177 | 5.32 | 5990 | 6.82 | 8322 | 7.64 | 6069 |
| 泾阳县 | 5.35 | 8896 | 13.90 | 38822 | 13.94 | 28750 | 15.61 | 53926 |
| 蒲城县 | 4.16 | 5653 | 6.72 | 13432 | 7.18 | 15950 | 7.40 | 14803 |
| 富平县 | 14.59 | 27317 | 12.31 | 41744 | 13.94 | 49057 | 16.28 | 48683 |

## 12-36 奶牛基地县情况

| 县 区 | 1990年 | | 2000年 | | 2002年 | | 2003年 | |
|---|---|---|---|---|---|---|---|---|
| | 存 栏(万头) | 奶产量(吨) | 存 栏(万头) | 奶产量(吨) | 存 栏(万头) | 奶产量(吨) | 存 栏(万头) | 奶产量(吨) |
| 全 省 | 4.24 | 94991 | 15.70 | 392480 | 24.27 | 540298 | 33.03 | 742077 |
| 基地县合计 | 2.20 | 47580 | 12.43 | 308587 | 18.73 | 416335 | 24.88 | 571764 |
| 基地县占全省% | 51.89 | 50.09 | 79.17 | 78.62 | 77.16 | 77.06 | 75.32 | 77.05 |
| 灞桥区 | 0.19 | 4350 | 0.25 | 9383 | 0.38 | 14190 | 0.64 | 23710 |
| 未央区 | 0.21 | 5108 | 0.18 | 5390 | 0.16 | 5153 | 0.14 | 3470 |
| 阎良区 | 0.17 | 4496 | 0.76 | 28194 | 1.03 | 34220 | 1.03 | 38099 |
| 临潼区 | 0.22 | 5072 | 1.94 | 69955 | 2.36 | 79845 | 2.94 | 92353 |
| 长安区 | 0.11 | 2704 | 0.34 | 12713 | 0.38 | 9498 | 0.50 | 10372 |
| 高陵县 | 0.12 | 3004 | 0.51 | 18814 | 0.84 | 28070 | 1.15 | 42417 |
| 金台区 | 0.09 | 2244 | 0.09 | 2957 | 0.12 | 3468 | 0.14 | 4296 |
| 陈仓区 | 0.14 | 2577 | 0.78 | 18894 | 1.01 | 24751 | 1.30 | 34397 |
| 凤翔县 | 0.02 | 450 | 0.49 | 8065 | 0.85 | 17664 | 1.52 | 27991 |
| 陇 县 | 0.18 | 6084 | 1.37 | 27424 | 1.99 | 37698 | 2.72 | 49585 |
| 千阳县 | 0.02 | 407 | 0.55 | 10702 | 1.38 | 17086 | 1.86 | 25632 |
| 秦都区 | 0.04 | 1251 | 0.04 | 1040 | 0.20 | 4320 | 0.21 | 4630 |
| 渭城区 | 0.12 | 1937 | 0.24 | 6147 | 0.52 | 11412 | 0.61 | 13465 |
| 三原县 | 0.04 | 619 | 0.10 | 775 | 0.14 | 2545 | 0.36 | 6552 |
| 泾阳县 | 0.13 | 1876 | 2.02 | 55590 | 3.50 | 65350 | 4.13 | 97112 |
| 乾 县 | 0.22 | 2149 | 1.50 | 17859 | 2.06 | 23736 | 2.31 | 31009 |
| 武功县 | 0.03 | 314 | 0.38 | 4000 | 0.59 | 23180 | 1.63 | 38000 |
| 蒲城县 | 0.02 | 431 | 0.14 | 260 | 0.14 | 910 | 0.29 | 5164 |
| 富平县 | 0.05 | 686 | 0.48 | 7125 | 0.49 | 8586 | 0.66 | 10214 |
| 杨凌示范区 | 0.08 | 1821 | 0.26 | 3300 | 0.58 | 4653 | 0.74 | 13296 |

# 12-37 秦川牛基地县情况

| 县 区 | 1990年 | | 2000年 | | 2002年 | | 2003年 | |
|---|---|---|---|---|---|---|---|---|
| | 存 栏（万头） | 肉产量（吨） | 存 栏（万头） | 肉产量（吨） | 存 栏（万头） | 肉产量（吨） | 存 栏（万头） | 肉产量（吨） |
| 全 省 | 235.65 | 31620 | 240.10 | 78569 | 241.47 | 93908 | 250.88 | 104700 |
| 基地县合计 | 81.43 | 16751 | 91.91 | 39267 | 93.09 | 44744 | 99.53 | 47043 |
| 基地县占全省% | 34.56 | 52.98 | 38.28 | 49.98 | 38.55 | 47.65 | 39.67 | 33.43 |
| 蓝田县 | 5.46 | 1515 | 9.37 | 6243 | 8.18 | 4291 | 8.45 | 6022 |
| 周至县 | 3.51 | 915 | 2.28 | 834 | 2.50 | 1098 | 3.99 | 1268 |
| 耀洲区 | 4.40 | 417 | 5.48 | 1552 | 5.64 | 1794 | 5.81 | 1878 |
| 宜君县 | 3.55 | 178 | 4.29 | 1382 | 4.59 | 1387 | 4.85 | 1432 |
| 陈仓区 | 6.68 | 713 | 7.11 | 3751 | 6.68 | 3855 | 5.89 | 4262 |
| 凤翔县 | 3.95 | 701 | 7.57 | 3906 | 7.86 | 3955 | 8.23 | 4623 |
| 岐山县 | 2.21 | 884 | 2.05 | 1242 | 2.20 | 2064 | 2.31 | 1470 |
| 扶风县 | 1.41 | 387 | 3.53 | 1721 | 4.10 | 2833 | 4.67 | 2918 |
| 眉 县 | 1.37 | 476 | 0.38 | 162 | 0.77 | 493 | 0.90 | 686 |
| 三原县 | 1.60 | 319 | 3.28 | 1044 | 3.79 | 1472 | 5.67 | 1313 |
| 乾 县 | 3.06 | 690 | 1.28 | 584 | 1.44 | 1600 | 2.30 | 934 |
| 礼泉县 | 2.82 | 862 | 0.94 | 649 | 0.94 | 411 | 1.36 | 465 |
| 彬 县 | 4.16 | 534 | 2.41 | 810 | 2.35 | 601 | 2.40 | 602 |
| 临渭区 | 5.23 | 1392 | 8.66 | 3600 | 8.77 | 4435 | 9.37 | 4603 |
| 大荔县 | 5.18 | 880 | 7.54 | 3352 | 8.11 | 4573 | 8.24 | 4579 |
| 合阳县 | 4.56 | 727 | 4.58 | 982 | 4.67 | 1177 | 4.50 | 1102 |
| 澄城县 | 3.62 | 728 | 1.89 | 643 | 2.00 | 679 | 2.00 | 1079 |
| 蒲城县 | 6.99 | 1486 | 5.11 | 1874 | 5.12 | 1767 | 4.97 | 1755 |
| 富平县 | 4.78 | 2309 | 3.35 | 1298 | 3.37 | 1307 | 3.12 | 1179 |
| 洛南县 | 6.90 | 638 | 10.81 | 3638 | 10.01 | 4952 | 10.50 | 4873 |

# 12-38 商品瘦肉型猪基地县情况

| 县 区 | 1990年 | | 2000年 | | 2002年 | | 2003年 | |
|---|---|---|---|---|---|---|---|---|
| | 存 栏<br>(万头) | 肉产量<br>(吨) | 存 栏<br>(万头) | 肉产量<br>(吨) | 存 栏<br>(万头) | 肉产量<br>(吨) | 存 栏<br>(万头) | 肉产量<br>(吨) |
| **全 省** | **812.23** | **390939** | **884.36** | **697518** | **976.54** | **790604** | **1012.84** | **838456** |
| 基地县合计 | 490.91 | 248050 | 523.78 | 414423 | 578.69 | 474864 | 596.06 | 496829 |
| 基地县占全省% | 60.44 | 63.45 | 59.22 | 59.41 | 59.26 | 60.06 | 58.85 | 59.26 |
| 临潼区 | 8.51 | 4602 | 26.55 | 20262 | 27.81 | 25418 | 28.44 | 27304 |
| 长安区 | 15.27 | 9876 | 24.48 | 20995 | 29.57 | 22843 | 29.90 | 22880 |
| 周至县 | 17.37 | 10133 | 20.92 | 16497 | 21.95 | 16837 | 21.03 | 16459 |
| 户 县 | 16.19 | 11597 | 22.52 | 18055 | 24.15 | 19790 | 25.34 | 21061 |
| 陈仓区 | 13.60 | 8754 | 18.72 | 16932 | 23.08 | 24030 | 20.75 | 22410 |
| 岐山县 | 8.51 | 3351 | 11.08 | 9282 | 13.40 | 10898 | 13.47 | 11787 |
| 扶风县 | 10.21 | 6409 | 12.06 | 12467 | 16.17 | 15522 | 18.18 | 12996 |
| 眉 县 | 8.63 | 5042 | 12.42 | 9318 | 16.96 | 12141 | 16.47 | 14467 |
| 武功县 | 11.09 | 6734 | 15.30 | 12760 | 19.30 | 18406 | 24.20 | 18338 |
| 兴平市 | 10.56 | 9901 | 14.38 | 14318 | 20.00 | 18560 | 23.60 | 20532 |
| 汉台区 | 14.25 | 8475 | 9.93 | 8802 | 10.96 | 10452 | 11.72 | 10839 |
| 南郑县 | 30.56 | 19822 | 24.00 | 21270 | 21.12 | 21800 | 22.67 | 21361 |
| 城固县 | 22.49 | 13805 | 24.15 | 19646 | 27.93 | 22346 | 27.57 | 23072 |
| 洋 县 | 19.99 | 10251 | 19.54 | 16026 | 20.86 | 17015 | 21.67 | 20233 |
| 西乡县 | 21.49 | 8838 | 20.96 | 17436 | 22.70 | 19621 | 25.27 | 21908 |
| 勉 县 | 26.78 | 13017 | 24.64 | 18654 | 25.61 | 22583 | 27.22 | 22385 |
| 宁强县 | 18.63 | 8376 | 20.99 | 18523 | 21.82 | 19595 | 21.22 | 19663 |
| 镇巴县 | 17.87 | 5945 | 20.28 | 12155 | 25.00 | 15123 | 23.45 | 18215 |
| 汉滨区 | 40.18 | 12501 | 25.93 | 23376 | 28.05 | 24807 | 30.16 | 25192 |
| 汉阴县 | 12.88 | 5953 | 9.70 | 6494 | 11.01 | 8128 | 11.36 | 9502 |
| 紫阳县 | 18.54 | 6123 | 15.33 | 7607 | 15.84 | 9064 | 16.71 | 10392 |
| 平利县 | 15.83 | 7656 | 12.85 | 7826 | 13.11 | 7558 | 13.08 | 7751 |
| 旬阳县 | 26.61 | 10476 | 26.39 | 13136 | 29.33 | 14662 | 26.00 | 15070 |
| 白河县 | 8.52 | 3828 | 7.36 | 4497 | 7.54 | 4120 | 8.07 | 5509 |
| 商州区 | 12.90 | 7423 | 13.54 | 11503 | 13.85 | 12243 | 15.37 | 13841 |
| 洛南县 | 13.16 | 6383 | 17.81 | 16865 | 18.12 | 17051 | 20.71 | 18183 |
| 丹凤县 | 8.58 | 5920 | 11.36 | 9469 | 11.93 | 10681 | 13.76 | 11465 |
| 商南县 | 10.44 | 4368 | 10.78 | 8881 | 12.55 | 10425 | 12.12 | 11204 |
| 山阳县 | 14.94 | 6488 | 13.40 | 11773 | 12.26 | 11819 | 12.50 | 11482 |
| 镇安县 | 16.34 | 6003 | 16.41 | 9598 | 16.68 | 11326 | 14.07 | 11328 |

## 12-39 烤烟基地县情况

| 县 区 | 1990年 | | 2000年 | | 2002年 | | 2003年 | |
|---|---|---|---|---|---|---|---|---|
| | 播种面积（公顷） | 产 量（吨） | 播种面积（公顷） | 产 量（吨） | 播种面积（公顷） | 产 量（吨） | 播种面积（公顷） | 产 量（吨） |
| **全 省** | **72100** | **123216** | **47075** | **73617** | **31262** | **51010** | **30949** | **48786** |
| 基地县合计 | 65331 | 114350 | 38410 | 58199 | 23799 | 39115 | 23290 | 36688 |
| 基地县占全省% | 90.61 | 92.80 | 81.50 | 79.06 | 76.13 | 76.68 | 75.25 | 75.20 |
| 宜君县 | 1173 | 1426 | 224 | 403 | 105 | 88 | 67 | 55 |
| 陇 县 | 2373 | 2134 | 4127 | 4875 | 3141 | 3614 | 3577 | 5287 |
| 千阳县 | 1720 | 2196 | 1475 | 1670 | 99 | 102 | | |
| 三原县 | 2440 | 3871 | 669 | 622 | 733 | 582 | 325 | 266 |
| 泾阳县 | 547 | 1377 | 102 | 153 | 63 | 95 | | |
| 乾 县 | 833 | 625 | 289 | 368 | 880 | 990 | 453 | 951 |
| 永寿县 | 3353 | 6883 | 1533 | 1100 | 339 | 131 | 409 | 900 |
| 彬 县 | 3973 | 6516 | 927 | 1575 | 313 | 696 | 430 | 948 |
| 长武县 | 2740 | 5163 | 1973 | 3848 | 508 | 828 | 352 | 784 |
| 旬邑县 | 4413 | 9818 | 1520 | 1575 | 779 | 1163 | 857 | 1350 |
| 淳化县 | 3980 | 7857 | 1339 | 2009 | 470 | 705 | 378 | 624 |
| 合阳县 | 4647 | 6160 | 1084 | 1586 | 138 | 137 | 582 | 1099 |
| 澄城县 | 3087 | 6043 | 1197 | 1798 | 472 | 774 | 419 | 629 |
| 蒲城县 | 1400 | 3341 | | | 3 | 2 | 2 | 5 |
| 白水县 | 1560 | 3253 | 81 | 111 | | | | |
| 富平县 | 687 | 1133 | 403 | 756 | 157 | 118 | 31 | 23 |
| 宝塔区 | 1973 | 3356 | 560 | 1121 | 349 | 569 | 192 | 340 |
| 延长县 | 1460 | 1729 | 187 | 226 | | | | |
| 延川县 | 280 | 451 | 131 | 414 | 13 | 60 | | |
| 安塞县 | 1533 | 2722 | 640 | 1311 | 159 | 264 | 104 | 493 |
| 甘泉县 | 687 | 1437 | 971 | 1414 | 40 | 67 | | |
| 富 县 | 3820 | 8252 | 2824 | 4067 | 468 | 981 | 903 | 1761 |
| 洛川县 | 4773 | 9743 | 1870 | 3450 | 711 | 1266 | 548 | 1233 |
| 宜川县 | 2933 | 6555 | | 2250 | 264 | 525 | 235 | 700 |
| 黄龙县 | 920 | 1771 | 774 | 1122 | 406 | 593 | 416 | 687 |
| 黄陵县 | 2020 | 4431 | 442 | 918 | 251 | 556 | 21 | 41 |
| 洋 县 | 993 | 1077 | 649 | 941 | 497 | 866 | 297 | 561 |
| 西乡县 | 340 | 532 | 1799 | 3250 | 914 | 1111 | 893 | 1043 |
| 绥德县 | 340 | 452 | | | | | | |
| 平利县 | 133 | 142 | 384 | 473 | 728 | 1186 | 774 | 600 |
| 旬阳县 | 3113 | 3226 | 6772 | 8476 | 6935 | 14280 | 7002 | 9730 |
| 洛南县 | 1087 | 678 | 3361 | 6057 | 3791 | 6626 | 3998 | 6540 |
| 山阳县 | | | 103 | 260 | 73 | 140 | 25 | 38 |

## 12-40 猕猴桃基地县情况

| 县 区 | 1995年 | | 2000年 | | 2002年 | | 2003年 | |
|---|---|---|---|---|---|---|---|---|
| | 播种面积（公顷） | 产 量（吨） | 播种面积（公顷） | 产 量（吨） | 播种面积（公顷） | 产 量（吨） | 播种面积（公顷） | 产 量（吨） |
| **全 省** | **10386** | **16072** | **16260** | **164666** | **16314** | **194900** | **15909** | **204697** |
| 基地县合计 | 8411 | 14822 | 13253 | 128933 | 13190 | 150817 | 13121 | 160800 |
| 基地县占全省% | 80.98 | 92.22 | 81.51 | 78.30 | 80.85 | 85.82 | 82.48 | 78.56 |
| 灞桥区 | 1315 | 1500 | 1063 | 10334 | 800 | 9377 | 808 | 15195 |
| 长安区 | 1473 | 187 | 362 | 4195 | 311 | 4524 | 391 | 4948 |
| 周至县 | 4555 | 10090 | 8667 | 65000 | 8667 | 75000 | 8667 | 65000 |
| 户 县 | 425 | 233 | 994 | 15782 | 1172 | 17997 | 1085 | 18286 |
| 眉 县 | 505 | 2303 | 1399 | 31814 | 1508 | 41509 | 1641 | 37204 |
| 城固县 | 138 | 509 | 768 | 1808 | 732 | 2410 | 529 | 3108 |

注：2003年基地县猕猴桃产量为监测推算结果。

# 12-41 苹果基地县情况

| 县 区 | 1990年 | | 2000年 | | 2002年 | | 2003年 | |
|---|---|---|---|---|---|---|---|---|
| | 苹果园面积(公顷) | 产 量(吨) | 苹果园面积(公顷) | 产 量(吨) | 苹果园面积(公顷) | 产 量(吨) | 苹果园面积(公顷) | 产 量(吨) |
| 全 省 | 198300 | 349300 | 395463 | 3885700 | 369028 | 4405900 | 401499 | 4617921 |
| 基地县合计 | 104110 | 206630 | 275602 | 3254446 | 270635 | 3128671 | 307339 | 3972400 |
| 基地县占全省% | 52.50 | 59.16 | 69.69 | 83.75 | 73.34 | 79.78 | 76.55 | 86.02 |
| 印台区 | 1985 | 1760 | 4185 | 40000 | 3008 | 48000 | 6733 | 55024 |
| 耀州区 | 1500 | 1353 | 7703 | 49081 | 7861 | 57138 | 8628 | 75083 |
| 宜君县 | 1638 | 385 | 7285 | 31050 | 7644 | 36413 | 8828 | 45866 |
| 陈仓区 | 5608 | 12328 | 3613 | 44323 | 2390 | 34029 | 2219 | 30533 |
| 凤翔县 | 2104 | 766 | 3820 | 57558 | 3039 | 41856 | 3140 | 61967 |
| 岐山县 | 1874 | 511 | 4266 | 64000 | 3866 | 69669 | 4076 | 64800 |
| 扶风县 | 1531 | 6488 | 3124 | 66597 | 2475 | 40028 | 3208 | 55113 |
| 陇 县 | 611 | 359 | 2922 | 14313 | 2864 | 11488 | 2542 | 13659 |
| 千阳县 | 2665 | 1055 | 1839 | 12032 | 1161 | 5335 | 1136 | 6425 |
| 乾 县 | 2721 | 1680 | 19736 | 301358 | 16898 | 301800 | 17667 | 302500 |
| 礼泉县 | 8165 | 50235 | 23300 | 610500 | 23175 | 400000 | 25919 | 486374 |
| 永寿县 | 2567 | 803 | 11462 | 71806 | 11467 | 102000 | 14733 | 130000 |
| 彬 县 | 3230 | 547 | 13048 | 115600 | 6106 | 152000 | 10000 | 136100 |
| 长武县 | 1650 | 2282 | 10000 | 60000 | 5613 | 50000 | 10397 | 82000 |
| 旬邑县 | 2708 | 2719 | 10062 | 130000 | 10869 | 151000 | 14200 | 170900 |
| 淳化县 | 6397 | 17629 | 18000 | 250000 | 19624 | 308500 | 24667 | 330600 |
| 合阳县 | 3916 | 7466 | 10910 | 106875 | 10385 | 105715 | 9882 | 92071 |
| 澄城县 | 3620 | 10087 | 17252 | 181398 | 17094 | 157232 | 16553 | 141692 |
| 蒲城县 | 4708 | 8456 | 13670 | 203825 | 13250 | 203830 | 13224 | 203800 |
| 白水县 | 7912 | 36272 | 20185 | 328118 | 19465 | 236250 | 19397 | 247910 |
| 富平县 | 1580 | 1734 | 7342 | 109015 | 7227 | 123195 | 7798 | 116903 |
| 韩城市 | 1131 | 2971 | 2150 | 31977 | 1827 | 31743 | 1827 | 30492 |
| 宝塔区 | 12636 | 7836 | 14035 | 24654 | 14035 | 29756 | 14035 | 32017 |
| 富 县 | 4822 | 4339 | 12015 | 60000 | 16400 | 75000 | 17374 | 80000 |
| 洛川县 | 8091 | 15104 | 19936 | 230000 | 25404 | 270080 | 28098 | 278000 |
| 宜川县 | 4387 | 5360 | 6542 | 17366 | 8955 | 34614 | 11992 | 42730 |
| 黄陵县 | 4353 | 6105 | 7200 | 43000 | 8533 | 52000 | 9066 | 60600 |

注：2003年基地县苹果产量为监测推算结果。

# 12-42 梨基地县情况

| 县 区 | 1990年 | | 2000年 | | 2002年 | | 2003年 | |
|---|---|---|---|---|---|---|---|---|
| | 梨园面积(公顷) | 产 量(吨) | 梨园面积(公顷) | 产 量(吨) | 梨园面积(公顷) | 产 量(吨) | 梨园面积(公顷) | 产 量(吨) |
| 全 省 | 13379 | 20544 | 55580 | 458306 | 57225 | 614500 | 57323 | 689816 |
| 基地县合计 | 3526 | 7708 | 29053 | 312597 | 25080 | 321341 | 25131 | 560700 |
| 基地县占全省% | 26.35 | 37.52 | 52.27 | 68.21 | 43.83 | 69.83 | 43.84 | 81.28 |
| 秦都区 | 4 | 13 | 1995 | 51660 | 1594 | 42641 | 1557 | 41387 |
| 乾 县 | 521 | 1158 | 1186 | 28417 | 1734 | 27000 | 1740 | 30000 |
| 礼泉县 | 600 | 3234 | 2798 | 75000 | 3252 | 55000 | 3486 | 83450 |
| 彬 县 | 1039 | 518 | 6879 | 16400 | 1676 | 28000 | 1474 | 29170 |
| 临渭区 | 16 | 60 | 2603 | 25295 | 3592 | 44367 | 3624 | 47762 |
| 蒲城县 | 625 | 1174 | 5446 | 87535 | 5174 | 87420 | 5047 | 69310 |
| 富平县 | 24 | 353 | 738 | 18400 | 712 | 21210 | 709 | 21301 |
| 子长县 | 62 | 152 | 2616 | 3580 | 2983 | 5412 | 3163 | 9200 |
| 宜川县 | 462 | 58 | 1542 | 810 | 2085 | 1571 | 2033 | 2649 |
| 洋 县 | 173 | 988 | 3250 | 5500 | 2278 | 8720 | 2298 | 10818 |

注：2003年基地县梨产量为监测推算结果。

# 12-43 农业现代化情况

| 指 标 | 单 位 | 1990年 | 1995年 | 2000年 | 2002年 | 2003年 |
|---|---|---|---|---|---|---|
| 农用机械总动力合计 | 亿瓦特 | 71.20 | 78.05 | 104.68 | 116.65 | 122.81 |
| 大中型拖拉机 | 台 | 21241 | 19373 | 27445 | 28181 | 29353 |
| | 亿瓦特 | 7.59 | 6.63 | 8.20 | 8.97 | 8.99 |
| 小型拖拉机 | 万台 | 23.55 | 22.94 | 19.91 | 19.72 | 18.38 |
| | 亿瓦特 | 23.87 | 24.53 | 21.80 | 21.88 | 20.88 |
| 大中型拖拉机配套农具 | 万部 | 2.25 | 2.99 | 3.65 | 4.23 | 4.69 |
| 小型拖拉机配套农具 | 万部 | 23.88 | 25.46 | 26.59 | 26.4 | 24.45 |
| 农用柴油机 | 万台 | 1.90 | 1.90 | 2.80 | 3.68 | 3.17 |
| | 亿瓦特 | 1.98 | 1.86 | 2.38 | 2.93 | 2.82 |
| 农用电动机 | 万台 | 15.20 | 19.84 | 23.43 | 25.71 | 24.76 |
| | 亿瓦特 | 11.97 | 12.25 | 15.13 | 14.55 | 14.30 |
| 农用水泵 | 万台 | 15.70 | 20.52 | 25.70 | 26.71 | 27.73 |
| 节水灌溉类机械 | 套 | 1682 | 1442 | 5349 | 6865 | 6078 |
| 联合收割机 | 台 | 388 | 3233 | 9677 | 11095 | 11550 |
| | 万瓦特 | 596.0 | 2894.0 | 25569.6 | 31445.1 | 38441.9 |
| 机动脱粒机 | 万台 | 12.21 | 11.67 | 13.25 | 13.03 | 12.73 |
| 农用运输车 | 辆 | 2571 | 9192 | 247320 | 334381 | 374375 |
| | 千瓦 | 39170 | 257047 | 2902224 | 4159572 | 4694974 |
| # 机动三轮车 | 辆 | | | 206355 | 306329 | 336707 |
| 当年机耕地面积 | 公顷 | 1602413 | 1468258 | 1632392 | 1553599 | 1539184 |
| 当年机械播种面积 | 公顷 | 1212500 | 1343937 | 1481282 | 1565026 | 1366737 |
| 当年机械收获面积 | 公顷 | 218980 | 466781 | 808024 | 861493 | 839886 |
| 农用化肥施用量(折纯量) | 万吨 | 67.94 | 111.99 | 131.19 | 131.89 | 142.73 |
| 氮 肥 | 万吨 | 48.62 | 66.88 | 73.01 | 71.37 | 77.77 |
| 磷 肥 | 万吨 | 10.13 | 17.81 | 16.89 | 16.22 | 15.76 |
| 钾 肥 | 万吨 | 2.26 | 5.72 | 8.17 | 8.35 | 8.96 |
| 复合肥 | 万吨 | 6.93 | 21.58 | 27.25 | 29.80 | 32.22 |
| 农用塑料薄膜使用量 | 吨 | 9319 | 13636 | 25343 | 20612 | 21778 |
| # 地膜使用量 | 吨 | 5300 | 8506 | 19060 | 14478 | 13314 |
| 地膜覆盖面积 | 公顷 | | 198455 | 430390 | 370065 | 319233 |
| 农用柴油使用量 | 万吨 | | 32.49 | 55.77 | 41.67 | 42.56 |
| 农药使用量 | 吨 | 10624 | 10740 | 10323 | 10200 | 9761 |
| 农村用电量 | 亿千瓦小时 | 29.98 | 44.59 | 58.49 | 67.32 | 79.15 |

# 12-44 各市农业现代化情况

(2003年)

| 地 区 | 农用机械总动力合计(万千瓦) | 大中型拖拉机(台) | 小型拖拉机(台) | 大中型机配农具(部) | 小型机配农具(部) | 农用柴油机(台) | 农用电动机(台) | 农用水泵(台) |
|---|---|---|---|---|---|---|---|---|
| 全 省 | 1228.08 | 29353 | 183756 | 46876 | 244466 | 31748 | 247564 | 277268 |
| 西安市 | 208.07 | 7403 | 27330 | 16743 | 46276 | 2084 | 83089 | 78601 |
| 铜川市 | 22.56 | 242 | 4419 | 303 | 6968 | 128 | 908 | 690 |
| 宝鸡市 | 116.68 | 3984 | 32579 | 8342 | 45250 | 2509 | 23276 | 19461 |
| 咸阳市 | 186.76 | 4720 | 14100 | 8200 | 32200 | 5600 | 34800 | 33600 |
| 渭南市 | 274.71 | 6224 | 55014 | 10361 | 71062 | 3390 | 44616 | 48550 |
| 延安市 | 77.83 | 583 | 17139 | 506 | 18526 | 2781 | 4803 | 6922 |
| 汉中市 | 80.05 | 3843 | 6743 | 902 | 6422 | 3687 | 23948 | 24225 |
| 榆林市 | 146.31 | 216 | 18893 | 135 | 11284 | 7799 | 18674 | 40528 |
| 安康市 | 67.21 | 1378 | 2364 | 555 | 1646 | 3065 | 5813 | 8508 |
| 商洛市 | 40.62 | 527 | 4210 | 312 | 3409 | 628 | 6595 | 14949 |
| 杨凌示范区 | 5.43 | 136 | 817 | 294 | 1299 |  | 397 | 397 |

| 地 区 | 节水灌溉类机械(套) | 联合收割机(台) | 机动脱粒机(台) | 农用运输车(辆) | #机动三轮车(辆) | 化肥施用折纯量(吨) | 农用塑料薄膜使用量(吨) | 农村用电量(万千瓦时) |
|---|---|---|---|---|---|---|---|---|
| 全 省 | 6078 | 11550 | 127278 | 374375 | 336707 | 1427254 | 21778 | 791499 |
| 西安市 | 1107 | 3879 | 15291 | 39784 | 35010 | 200139 | 1722 | 139684 |
| 铜川市 | 1704 | 14 | 1415 | 10599 | 10009 | 32012 | 485 | 13300 |
| 宝鸡市 | 110 | 1611 | 8855 | 26608 | 24134 | 200372 | 1395 | 65830 |
| 咸阳市 | 700 | 2500 | 15790 | 69500 | 66400 | 280207 | 4363 | 101682 |
| 渭南市 | 461 | 3220 | 7539 | 107404 | 100937 | 307899 | 5643 | 121974 |
| 延安市 | 884 | 17 | 327 | 32774 | 29007 | 63570 | 2495 | 24039 |
| 汉中市 | 194 | 106 | 33710 | 7989 | 5084 | 130115 | 1427 | 40953 |
| 榆林市 | 415 | 2 | 2756 | 57387 | 52144 | 79578 | 1910 | 242899 |
| 安康市 | 16 | 17 | 22391 | 8798 | 2572 | 76289 | 1255 | 23759 |
| 商洛市 | 448 | 55 | 18434 | 12781 | 10719 | 51740 | 846 | 15518 |
| 杨凌示范区 | 23 | 87 | 750 | 630 | 592 | 2890 | 24 | 1862 |

## 12-45 各市灾情

（2003年）

| 地　区 | 受灾情况 | | 成灾情况 | | 绝收面积 | 直接经济损失 |
|---|---|---|---|---|---|---|
| | 面积（千公顷） | 人口（万人） | 面积（千公顷） | 人口（万人） | （千公顷） | （万元） |
| 全　省 | 1404.71 | 1560.18 | 1014.83 | 1003.91 | 331.92 | 1278082 |
| 西安市 | 79.60 | 116.41 | 64.74 | 77.62 | 31.33 | 78026 |
| 铜川市 | 16.84 | 23.33 | 9.91 | 16.61 | 0.93 | 22738 |
| 宝鸡市 | 97.20 | 227.88 | 72.39 | 181.65 | 12.07 | 54380 |
| 咸阳市 | 86.31 | 112.60 | 57.71 | 72.50 | 16.75 | 128159 |
| 渭南市 | 276.44 | 246.00 | 199.68 | 175.00 | 98.13 | 502075 |
| 延安市 | 94.90 | 151.84 | 69.57 | 91.28 | 20.02 | 185000 |
| 汉中市 | 214.33 | 69.30 | 124.83 | 51.40 | 33.53 | 108901 |
| 榆林市 | 334.71 | 172.86 | 280.79 | 107.10 | 75.87 | 102660 |
| 安康市 | 127.41 | 198.00 | 83.65 | 99.80 | 27.44 | 37332 |
| 商洛市 | 75.73 | 236.76 | 50.75 | 130.00 | 15.85 | 58061 |
| 杨凌示范区 | 1.24 | 5.20 | 0.80 | 0.95 | | 750 |

## 12-46 乡镇企业基本情况

| 指　标 | 单位 | 1990年 | 1995年 | 2000年 | 2002年 | 2003年 |
|---|---|---|---|---|---|---|
| 一、乡镇企业单位数 | 万个 | 61.77 | 81.55 | 89.75 | 87.88 | 85.77 |
| #集　体 | 万个 | 4.11 | 4.22 | 2.15 | 1.29 | 0.90 |
| 按国民经济部门分 | | | | | | |
| 农　业 | 万个 | 0.88 | 0.95 | 0.42 | 0.73 | 1.23 |
| 工　业 | 万个 | 20.78 | 21.66 | 22.83 | 20.82 | 19.53 |
| 交通运输 | 万个 | 16.64 | 22.89 | 24.63 | 21.97 | 21.14 |
| 建筑业 | 万个 | 2.99 | 4.70 | 4.67 | 4.56 | 4.14 |
| 其　他 | 万个 | 20.48 | 31.35 | 37.20 | 39.80 | 39.73 |
| 二、乡镇企业人数 | 万人 | 253.53 | 359.52 | 400.99 | 400.83 | 393.06 |
| #集　体 | 万人 | 92.25 | 111.42 | 76.84 | 51.43 | 36.82 |
| 按国民经济部门分 | | | | | | |
| 农　业 | 万人 | 5.84 | 6.94 | 4.47 | 4.89 | 7.01 |
| 工　业 | 万人 | 121.73 | 160.80 | 167.75 | 153.38 | 153.71 |
| 交通运输 | 万人 | 28.12 | 41.21 | 53.33 | 52.76 | 49.51 |
| 建筑业 | 万人 | 50.76 | 73.68 | 73.41 | 75.76 | 67.81 |
| 其　他 | 万人 | 47.08 | 76.89 | 102.03 | 114.04 | 115.02 |
| 三、总收入 | 亿元 | 167.66 | 755.52 | 2322.29 | 2527.18 | 2077.60 |
| 四、总产值 | 亿元 | 160.36 | 755.53 | 2010.73 | 2498.46 | 2066.25 |
| 农　业 | 亿元 | 2.58 | 8.54 | 9.89 | 17.26 | 25.38 |
| 工　业 | 亿元 | 94.47 | 464.11 | 1068.09 | 1284.39 | 1095.22 |
| 交通运输业 | 亿元 | 20.99 | 88.33 | 252.44 | 303.29 | 232.15 |
| 建筑业 | 亿元 | 29.58 | 118.11 | 319.46 | 374.47 | 279.88 |
| 其　他 | 亿元 | 12.74 | 76.44 | 360.85 | 519.05 | 433.61 |
| 五、增加值 | 亿元 | | | 504.89 | 627.76 | 544.98 |
| 农　业 | 亿元 | | | 2.45 | 3.87 | 6.04 |
| 工　业 | 亿元 | | | 268.09 | 329.78 | 278.27 |
| 交通运输 | 亿元 | | | 65.28 | 73.46 | 67.07 |
| 建筑业 | 亿元 | | | 69.11 | 83.71 | 70.47 |
| 其　他 | 亿元 | | | 99.96 | 136.94 | 123.13 |

# 12-47 各市乡镇企业主要指标

(2003年)

| 地 区 | 企业单位数 (个) | 年末职工人数 人 数 (人) | 固定资产 原 值 (万元) | 工资总额 (万元) | 企业人数占 乡村从业人数 比重(%) |
|---|---|---|---|---|---|
| 全 省 | 857716 | 3930636 | 5464347 | 1765079 | 28.15 |
| 西安市 | 112556 | 770784 | 1620401 | 449714 | 34.77 |
| 铜川市 | 14736 | 76850 | 119633 | 32905 | 31.05 |
| 宝鸡市 | 140482 | 665010 | 909326 | 292007 | 46.53 |
| 咸阳市 | 114724 | 532687 | 718251 | 238065 | 25.25 |
| 渭南市 | 125294 | 621051 | 626508 | 227304 | 25.96 |
| 延安市 | 43169 | 149127 | 125116 | 43526 | 22.61 |
| 汉中市 | 99446 | 418600 | 439260 | 166918 | 29.71 |
| 榆林市 | 51485 | 244265 | 444240 | 110784 | 19.55 |
| 安康市 | 85215 | 213798 | 254835 | 111274 | 17.10 |
| 商洛市 | 68907 | 224477 | 177367 | 86547 | 23.68 |
| 杨凌示范区 | 1702 | 13987 | 29410 | 6035 | 28.09 |

# 12-48 乡镇企业营业收入过亿元的县、乡、村和过5千万元的企业数

(2003年)

单位:个

| 地 区 | 营业收入过亿元的县(区) | #5亿元以上的县(区) | 营业收入过亿元的乡(镇) | 营业收入过亿元的村 | 营业收入5000万元以上的企业 |
|---|---|---|---|---|---|
| 全 省 | 105 | 71 | 435 | 115 | 110 |
| 西安市 | 13 | 12 | 109 | 36 | 35 |
| 铜川市 | 5 | 3 | 10 | | |
| 宝鸡市 | 11 | 9 | 77 | 36 | 18 |
| 咸阳市 | 13 | 11 | 81 | 19 | 26 |
| 渭南市 | 11 | 10 | 43 | | 15 |
| 延安市 | 12 | 2 | 4 | | 1 |
| 汉中市 | 10 | 8 | 63 | 20 | 4 |
| 榆林市 | 12 | 6 | 9 | 4 | 7 |
| 安康市 | 10 | 4 | 22 | | 4 |
| 商洛市 | 7 | 6 | 15 | | |
| 杨凌示范区 | 1 | | 2 | | |

# 12-49 乡镇企业营业收入5亿元以上的县(区)

(2003年)

单位：万元

| 县 区 | 营业收入 | 县 区 | 营业收入 |
|---|---|---|---|
| 未央区 | 1103800 | 陇 县 | 190416 |
| 岐山县 | 880108 | 旬阳县 | 185610 |
| 雁塔区 | 866332 | 洛南县 | 184936 |
| 陈仓区 | 829117 | 耀州区 | 171057 |
| 长安区 | 798894 | 府谷县 | 162000 |
| 灞桥区 | 762766 | 澄城县 | 153840 |
| 秦都区 | 726186 | 商州区 | 149659 |
| 户 县 | 660214 | 洋 县 | 143100 |
| 临潼区 | 618100 | 潼关县 | 141000 |
| 凤翔县 | 608501 | 合阳县 | 133493 |
| 金台区 | 538020 | 印台区 | 124084 |
| 渭城区 | 535942 | 山阳县 | 121166 |
| 泾阳县 | 528181 | 白水县 | 119780 |
| 临渭区 | 506672 | 西乡县 | 118848 |
| 兴平市 | 494201 | 丹凤县 | 115500 |
| 三原县 | 489947 | 汉阴县 | 106303 |
| 扶风县 | 442532 | 华 县 | 90090 |
| 眉 县 | 441281 | 商南县 | 88664 |
| 汉滨区 | 353989 | 略阳县 | 87891 |
| 礼泉县 | 348610 | 新城区 | 80385 |
| 渭滨区 | 337514 | 宁强县 | 76681 |
| 乾 县 | 336019 | 王益区 | 76030 |
| 韩城市 | 332536 | 宝塔区 | 73103 |
| 富平县 | 320100 | 凤 县 | 72257 |
| 蓝田县 | 318725 | 榆阳区 | 65644 |
| 神木县 | 316658 | 旬邑县 | 65006 |
| 南郑县 | 295610 | 彬 县 | 61839 |
| 汉台区 | 294296 | 石泉县 | 56300 |
| 城固县 | 280000 | 淳化县 | 56004 |
| 蒲城县 | 276270 | 镇安县 | 55947 |
| 阎良区 | 273742 | 黄陵县 | 54900 |
| 武功县 | 268544 | 靖边县 | 54527 |
| 高陵县 | 262460 | 绥德县 | 52860 |
| 勉 县 | 254378 | 莲湖区 | 52417 |
| 大荔县 | 252779 | 子洲县 | 50011 |
| 周至县 | 244108 | | |

# 12-50 乡镇企业营业收入过亿元的乡镇

(2003年)

单位：万元

| 乡 镇 | 营业收入 | 乡 镇 | 营业收入 |
|---|---|---|---|
| 宝鸡市金台区陈仓镇 | 401465 | 西安市未央区张家堡街道办 | 90400 |
| 宝鸡市陈仓区虢镇镇 | 276400 | 凤翔县陈村镇 | 86782 |
| 西安市长安区韦曲街道办 | 217430 | 西安市阎良区关山镇 | 86080 |
| 西安市未央区三桥街道办 | 208628 | 宝鸡市渭滨区马营镇 | 85492 |
| 汉中市汉台区北关街道办 | 196230 | 南郑县大河坎镇 | 85409 |
| 泾阳县泾干镇 | 181500 | 眉县首善镇 | 84656 |
| 宝鸡市陈仓区阳平镇 | 173270 | 户县余下镇 | 81286 |
| 岐山县凤鸣镇 | 169142 | 宝鸡市陈仓区千河镇 | 81193 |
| 西安市未央区谭家街道办 | 160120 | 咸阳市秦都区古渡街道办 | 80830 |
| 城固县博望镇 | 158400 | 西安市长安区细柳镇 | 80621 |
| 勉县勉阳镇 | 157325 | 陇县城关镇 | 79940 |
| 岐山县蔡家坡镇 | 150410 | 神木县神木镇 | 78607 |
| 三原县城关镇 | 145490 | 咸阳市秦都区渭西街道办 | 77834 |
| 咸阳市秦都区渭滨镇 | 140785 | 富平县杜村镇 | 75902 |
| 乾县城关镇 | 138655 | 西安市长安区兴隆乡 | 74756 |
| 西安市长安区郭杜街道办 | 133635 | 宝鸡市渭滨区石鼓镇 | 72737 |
| 户县甘亭镇 | 133330 | 西安市临潼区代王街道办 | 71300 |
| 岐山县雍川镇 | 133065 | 城固县老庄镇 | 71153 |
| 西安市未央区大明宫街道办 | 131800 | 岐山县五丈原镇 | 71104 |
| 西安市灞桥区洪庆街道办 | 126000 | 西安市未央区未央宫街道办 | 70918 |
| 三原县人程镇 | 124210 | 汉中市汉台区七里街道办 | 70655 |
| 咸阳市渭城区底张镇 | 123095 | 西安市临潼区骊山街道办 | 70400 |
| 西安市雁塔区鱼化寨街道办 | 121545 | 西安市灞桥区新合镇 | 70315 |
| 西安市未央区六村堡街道办 | 120964 | 西安市临潼区相桥镇 | 68890 |
| 西安市雁塔区长延堡街道办 | 119346 | 西安市长安区斗门街道办 | 68470 |
| 西安市灞桥区十里铺街道办 | 112320 | 汉中市汉台区铺镇 | 67370 |
| 西安市灞桥区席王街道办 | 111555 | 洋县洋州镇 | 67191 |
| 西安市灞桥区红旗街道办 | 111333 | 扶风县绛帐镇 | 67080 |
| 西安市雁塔区电子城街道办 | 110400 | 西安市临潼区秦陵街道办 | 66400 |
| 咸阳市秦都区沣东镇 | 107798 | 泾阳县永乐镇 | 65700 |
| 凤翔县城关镇 | 106710 | 宝鸡市渭滨区高家镇 | 65633 |
| 西安市雁塔区丈八街道办 | 106580 | 西安市未央区汉城街道办 | 65135 |
| 西安市雁塔区曲江街道办 | 105947 | 宝鸡市渭滨区神农镇 | 63658 |
| 西安市雁塔区等驾坡街道办 | 101421 | 咸阳市秦都区陈阳办 | 63175 |
| 西安市雁塔区小寨路街道办 | 100626 | 西安市长安区王寺镇 | 63108 |
| 西安市雁塔区大雁塔街道办 | 100467 | 安康市汉滨区新城街道办 | 62828 |
| 府谷县府谷镇 | 99738 | 兴平市东城街道办 | 61794 |
| 咸阳市渭城区渭阳街道办 | 95272 | 户县秦渡镇 | 61031 |
| 西安市灞桥区灞桥镇 | 95023 | 兴平市西吴镇 | 60075 |
| 韩城市龙门镇 | 94760 | 兴平市赵村镇 | 59206 |
| 礼泉县城关镇 | 93468 | 西安市临潼区雨金镇 | 58050 |
| 南郑县城关镇 | 93126 | 泾阳县云阳镇 | 57934 |
| 扶风县城关镇 | 92513 | 户县五竹乡 | 57922 |
| 西安市灞桥区新筑镇 | 90450 | 大荔县城关镇 | 57800 |

12-50 续表1 (2003年) 单位：万元

| 乡 镇 | 营业收入 | 乡 镇 | 营业收入 |
|---|---|---|---|
| 汉阴县城关镇 | 57682 | 兴平市店张街道办 | 43560 |
| 渭南市临渭区向阳街道办 | 57581 | 铜川市耀州区城关镇 | 43409 |
| 岐山县安乐镇 | 57203 | 宝鸡市陈仓区周原镇 | 42798 |
| 凤翔县横水镇 | 56661 | 宝鸡市陈仓区贾村镇 | 42529 |
| 礼泉县烽火乡 | 56313 | 南郑县梁山镇 | 42105 |
| 韩城市新城街道办 | 54983 | 岐山县蒲村镇 | 42065 |
| 韩城市金城街道办 | 54850 | 陇县东南镇 | 42059 |
| 凤翔县南指挥镇 | 54480 | 城固县龙头镇 | 41772 |
| 宝鸡市金台区陵原乡 | 54243 | 南郑县新集镇 | 41000 |
| 眉县常兴镇 | 53930 | 安康市汉滨区恒口镇 | 40765 |
| 咸阳市秦都区马泉 | 53300 | 高陵县张卜乡 | 40259 |
| 西安市未央区草滩街道办 | 53107 | 岐山县故郡乡 | 40025 |
| 眉县齐镇 | 52885 | 西安市临潼区新市乡 | 39550 |
| 咸阳市渭城区正阳镇 | 52520 | 蒲城县东陈镇 | 39326 |
| 洛南县城关镇 | 52510 | 渭南市临渭区人民街道办 | 38840 |
| 户县草堂镇 | 52452 | 兴平市丰仪乡 | 38760 |
| 宝鸡市陈仓区天王镇 | 52238 | 勉县黄沙镇 | 38568 |
| 蓝田县蓝关镇 | 51042 | 武功县苏坊镇 | 38550 |
| 宝鸡市陈仓区钓渭镇 | 50900 | 岐山县祝家庄镇 | 38500 |
| 眉县汤峪镇 | 50852 | 蒲城县城关镇 | 38290 |
| 西乡县城关镇 | 50718 | 高陵县鹿苑镇 | 38251 |
| 咸阳市秦都区钓台 | 50696 | 城固县桔园镇 | 38210 |
| 宝鸡市陈仓区潘溪镇 | 50319 | 眉县金渠镇 | 38179 |
| 咸阳市渭城区窑店镇 | 50120 | 旬阳县城关镇 | 38161 |
| 西安市阎良区武屯镇 | 50010 | 西安市临潼区零口镇 | 38000 |
| 西安市阎良区振兴街道办 | 50008 | 西安市未央区辛家庙街道办 | 37830 |
| 西安市长安区滦区镇 | 49925 | 凤翔县田家庄镇 | 37733 |
| 眉县营头镇 | 48611 | 凤翔县彪角镇 | 37290 |
| 岐山县枣林镇 | 48595 | 咸阳市秦都区人民路街道办 | 37213 |
| 兴平市西城街道办 | 48500 | 凤翔县郭店镇 | 37007 |
| 西安市长安区引镇 | 48350 | 西安市长安区马王街道办 | 36940 |
| 凤翔县柳林镇 | 48023 | 西安市长安区杨庄乡 | 36880 |
| 扶风县法门镇 | 46882 | 岐山县益店镇 | 36350 |
| 丹凤县龙驹镇 | 46838 | 户县庞光镇 | 36344 |
| 眉县马家镇 | 45994 | 宝鸡市金台区蟠龙镇 | 35624 |
| 渭南市临渭区双王街道办 | 45968 | 户县大王镇 | 35589 |
| 咸阳市渭城区北杜镇 | 45900 | 三原县西阳镇 | 35556 |
| 宝鸡市陈仓区桥镇镇 | 45652 | 西安市阎良区凤凰路街道办 | 34720 |
| 勉县定军山镇 | 45360 | 武功县贞元镇 | 34567 |
| 西安市长安区大兆乡 | 45236 | 兴平市桑镇 | 34400 |
| 西安市灞桥区狄寨镇 | 45160 | 勉县金泉镇 | 34320 |
| 礼泉县烟霞镇 | 44600 | 渭南市临渭区杜桥街道办 | 33900 |
| 咸阳市秦都区双照镇 | 43795 | 泾阳县三渠镇 | 33850 |
| 西安市长安区杜区镇 | 43750 | 渭南市临渭区站南街道办 | 33782 |

12-50 续表2　　(2003年)　　单位：万元

| 乡　　镇 | 营业收入 | 乡　　镇 | 营业收入 |
|---|---|---|---|
| 西安市长安区子午镇 | 33710 | 泾阳县王桥镇 | 27505 |
| 商南县城关镇 | 33685 | 扶风县南阳镇 | 27426 |
| 汉中市汉台区东关街道办 | 33650 | 高陵县榆楚乡 | 27363 |
| 西安市未央区徐家湾街道办 | 33512 | 西安市长安区灵沼乡 | 27316 |
| 西安市长安区王莽乡 | 33120 | 户县渭丰乡 | 27245 |
| 三原县陵前镇 | 33008 | 蓝田县华胥镇 | 27137 |
| 岐山县青化镇 | 32970 | 蓝田县前卫镇 | 27055 |
| 扶风县揉谷乡 | 32820 | 南郑县阳春镇 | 27000 |
| 南郑县高台镇 | 32800 | 渭南市临渭区阳郭镇 | 26945 |
| 城固县柳林镇 | 32334 | 安康市汉滨区江北街道办 | 26917 |
| 高陵县泾渭镇 | 32251 | 勉县老道寺镇 | 26871 |
| 宝鸡市渭滨区八鱼镇 | 32200 | 扶风县上宋乡 | 26785 |
| 宝鸡市泾阳县高庄乡 | 32008 | 西安市阎良区北屯街办 | 26734 |
| 黄陵县店头镇 | 31746 | 安康市汉滨区关庙镇 | 26638 |
| 西安市长安区黄良乡 | 31734 | 蒲城县罕井镇 | 26540 |
| 武功县普集镇 | 31571 | 靖边县张家畔镇 | 26396 |
| 商洛市商州区城关街道办 | 31566 | 武功县小村镇 | 26142 |
| 神木县孙家岔乡 | 31200 | 礼泉县阡东镇 | 26000 |
| 户县蒋村镇 | 31122 | 富平县齐村乡 | 25946 |
| 西安市长安区高桥乡 | 30985 | 扶风县段家镇 | 25786 |
| 扶风县召公镇 | 30540 | 城固县董家营乡 | 25750 |
| 南郑县圣水镇 | 30350 | 兴平市汤坊乡 | 25550 |
| 安康市汉滨区老城街道办 | 30316 | 武功县大庄镇 | 25390 |
| 咸阳市渭城区民营园区 | 30300 | 山阳县城关镇 | 25269 |
| 韩城市西庄镇 | 30210 | 蒲城县荆姚镇 | 25200 |
| 铜川市王益区黄堡镇 | 30076 | 凤翔县长青镇 | 25171 |
| 凤翔县米杆桥镇 | 30071 | 城固县文川镇 | 25100 |
| 安康市汉滨区建民镇 | 30052 | 西安市阎良区新华路街道办 | 24990 |
| 高陵县崇黄乡 | 30026 | 韩城市桑树坪镇 | 24800 |
| 宝鸡市陈仓区慕仪镇 | 29920 | 合阳县城关镇 | 24800 |
| 城固县上元观镇 | 29486 | 彬县城关镇 | 24728 |
| 神木县大柳塔镇 | 29440 | 洛南县石门镇 | 24680 |
| 高陵县姬家乡 | 29423 | 汉中市汉台区龙江镇 | 24480 |
| 澄城县城关镇 | 29295 | 勉县褒城镇 | 24347 |
| 兴平市马午镇 | 29250 | 武功县武功镇 | 24302 |
| 蓝田县小寨乡 | 28922 | 铜川市印台区陈炉镇 | 23826 |
| 白水县城关镇 | 28700 | 大荔县八鱼乡 | 23773 |
| 眉县槐芽镇 | 28600 | 凤翔县虢王镇 | 23756 |
| 富平县庄里镇 | 28500 | 泾阳县桥底镇 | 23733 |
| 岐山县曹家镇 | 28250 | 南郑县郭滩乡 | 23600 |
| 扶风县杏林镇 | 28210 | 澄城县韦庄镇 | 23590 |
| 勉县新街子镇 | 28168 | 西安市长安区王区镇 | 23538 |
| 汉中市汉台区宗营镇 | 27962 | 西安市长安区五星乡 | 23040 |
| 咸阳市秦都区马庄 | 27850 | 渭南市临渭区官底镇 | 23016 |

12-50 续表3 (2003年) 单位：万元

| 乡　　镇 | 营业收入 | 乡　　镇 | 营业收入 |
|---|---|---|---|
| 兴平市庄头镇 | 22900 | 扶风县天度镇 | 18825 |
| 扶风县太白乡 | 22780 | 安康市汉滨区五里镇 | 18813 |
| 咸阳市秦都区吴家堡街道办 | 22690 | 勉县茶店镇 | 18790 |
| 大荔县许庄镇 | 22500 | 兴平市南位镇 | 18763 |
| 铜川市耀州区董家河镇 | 22485 | 渭南市临渭区下吉镇 | 18720 |
| 蓝田县三里镇 | 22129 | 汉中市汉台区何东店镇 | 18450 |
| 凤翔县尹家务乡 | 22120 | 礼泉县赵镇 | 18400 |
| 镇安县永乐镇 | 22100 | 武功县代甲乡 | 18390 |
| 岐山县大营乡 | 22030 | 洋县龙亭镇 | 18060 |
| 户县石井镇 | 21996 | 陇县堎底下镇 | 18010 |
| 礼泉县史德镇 | 21900 | 富平县华朱乡 | 18001 |
| 铜川市耀州区孙塬镇 | 21896 | 眉县青化乡 | 17980 |
| 南郑县协税镇 | 21660 | 白水县西固镇 | 17910 |
| 蓝田县曳湖镇 | 21647 | 汉中市汉台区武乡镇 | 17890 |
| 扶风县午井镇 | 21550 | 西安市阎良区新兴街道办 | 17800 |
| 户县玉蝉乡 | 21385 | 富平县老庙镇 | 17650 |
| 渭南市临渭区官路镇 | 21355 | 城固县三合乡 | 17600 |
| 洋县七氏镇 | 21317 | 乾县姜村镇 | 17500 |
| 西安市长安区东大街道办 | 21094 | 西安市长安区五台乡 | 17450 |
| 蓝田县普化镇 | 21040 | 韩城市芝川镇 | 17390 |
| 咸阳兴平市田阜乡 | 20800 | 三原县新兴镇 | 17200 |
| 洋县磨桥镇 | 20792 | 蓝田县安村乡 | 17000 |
| 渭南市临渭区固市镇 | 20530 | 延安市宝塔区桥沟镇 | 16826 |
| 铜川市印台区金锁镇 | 20385 | 大荔县朝邑镇 | 16800 |
| 洋县谢村镇 | 20354 | 石泉县城关镇 | 16800 |
| 咸阳市秦都区西兰街道办 | 20220 | 泾阳县口镇 | 16780 |
| 宝鸡市陈仓区县功镇 | 20186 | 乾县梁村镇 | 16700 |
| 旬阳县关口镇 | 20086 | 礼泉县昭陵乡 | 16700 |
| 城固县崔家山镇 | 19950 | 陇县东风镇 | 16600 |
| 户县祖庵镇 | 19881 | 蓝田县史家寨乡 | 16496 |
| 城固县沙河营镇 | 19879 | 西安市新城区三府湾 | 16480 |
| 高陵县湾子乡 | 19810 | 泾阳县太平镇 | 16460 |
| 眉县横渠镇 | 19680 | 安康市汉滨区大同镇 | 16341 |
| 武功县普集街乡 | 19650 | 蒲城县翔村乡 | 16240 |
| 神木县店塔镇 | 19650 | 西安市新城区八府庄 | 16200 |
| 高陵县药惠乡 | 19635 | 户县天桥乡 | 16074 |
| 富平县美原镇 | 19620 | 澄城县庄头乡 | 16058 |
| 商洛市商州区大赵峪街道办 | 19619 | 韩城市昝村镇 | 15912 |
| 城固县原公镇 | 19480 | 凤翔县董家河乡 | 15897 |
| 略阳县城关镇 | 19410 | 澄城县寺前镇 | 15845 |
| 凤翔县唐村乡 | 19365 | 渭南市临渭区吝店镇 | 15750 |
| 蓝田县玉山镇 | 19180 | 泾阳县中张镇 | 15700 |
| 礼泉县药王洞乡 | 18843 | 城固县五郎庙乡 | 15652 |
| 渭南市临渭区南师乡 | 18840 | 白河县城关镇 | 15610 |

12-50 续表4　　(2003年)　　单位：万元

| 乡　镇 | 营业收入 | 乡　镇 | 营业收入 |
|---|---|---|---|
| 户县涝店镇 | 15580 | 乾县马连镇 | 12520 |
| 渭南市临渭区三张镇 | 15538 | 泾阳县崇文乡 | 12512 |
| 兴平市南市镇 | 15531 | 凤县河口镇 | 12506 |
| 礼泉县西张堡乡 | 15500 | 乾县大杨镇 | 12500 |
| 勉县同沟寺镇 | 15416 | 宁陕县城关镇 | 12497 |
| 合阳县王村镇 | 15408 | 洛南县永丰镇 | 12490 |
| 兴平市阜寨乡 | 15112 | 汉阴县蒲溪镇 | 12422 |
| 汉阴县涧池镇 | 15070 | 杨陵区李台乡 | 12390 |
| 西安市临潼区斜口街道办 | 15000 | 铜川市王益区王家河乡 | 12387 |
| 乾县阳洪镇 | 15000 | 铜川市印台区印台乡 | 12295 |
| 勉县长林镇 | 14955 | 乾县新阳乡 | 12220 |
| 洋县贯溪镇 | 14800 | 凤县凤州镇 | 12217 |
| 山阳县高坝镇 | 14758 | 凤县双石铺镇 | 12208 |
| 商州市商州区沙河子镇 | 14714 | 千阳县城关镇 | 12170 |
| 丹凤县棣花镇 | 14660 | 高陵县耿镇 | 12071 |
| 蓝田县汤峪镇 | 14603 | 西安市临潼区马额镇 | 12000 |
| 礼泉县骏马乡 | 14200 | 杨陵区杨村乡 | 11986 |
| 户县涝峪镇 | 14143 | 乾县灵源镇 | 11700 |
| 武功县长宁镇 | 14121 | 延安市宝塔区柳林镇 | 11700 |
| 蓝田县孟村乡 | 14054 | 礼泉县新时乡 | 11686 |
| 西安市临潼区北田镇 | 14004 | 丹凤县商镇镇 | 11540 |
| 蓝田县焦岱镇 | 13977 | 安康市汉滨区花园乡 | 11523 |
| 子洲县城关镇 | 13860 | 乾县临平镇 | 11410 |
| 勉县新铺镇 | 13824 | 城固县天明镇 | 11300 |
| 石泉县池河镇 | 13789 | 平利县城关镇 | 11208 |
| 定边县定边镇 | 13762 | 宁强县大安镇 | 11133 |
| 旬阳县蜀河镇 | 13707 | 户县甘河镇 | 10864 |
| 汉中市汉台区望江乡 | 13662 | 宁强县汉源镇 | 10803 |
| 洋县胥水镇 | 13638 | 城固县二里镇 | 10700 |
| 铜川市王益区王益乡 | 13630 | 神木县中鸡乡 | 10700 |
| 岐山县京当乡 | 13563 | 户县苍游乡 | 10575 |
| 勉县温泉镇 | 13501 | 洛南县石坡镇 | 10510 |
| 勉县周家山镇 | 13435 | 宁强县代家坝镇 | 10426 |
| 武功县南仁乡 | 13401 | 西安市临潼区新丰街道办 | 10372 |
| 户县太平乡 | 13395 | 宁强县阳平关镇 | 10339 |
| 高陵县通远镇 | 13371 | 安康市汉滨区河西镇 | 10305 |
| 汉中市汉台区老君镇 | 13360 | 旬阳县吕河镇 | 10290 |
| 武功县河道乡 | 13260 | 延安市宝塔区川口乡 | 10280 |
| 汉中市汉台区舒家营街道办 | 13200 | 商洛市商州区陈塬街道办 | 10252 |
| 勉县镇川乡 | 13037 | 咸阳市渭城区周陵镇 | 10098 |
| 铜川市印台区红土镇 | 13000 | 西安市临潼区交口镇 | 10000 |
| 洋县马畅镇 | 12531 | | |

# 12-51 乡镇企业营业收入过亿元的村

(2003年)

单位：万元

| 村名 | 营业收入 | 村名 | 营业收入 |
|---|---|---|---|
| 泾阳县泾干镇吉元村 | 57243 | 凤翔县陈村镇水沟村 | 31489 |
| 咸阳市秦都区渭滨留印村 | 27150 | 勉县勉阳镇联盟村 | 28223 |
| 咸阳市渭城区渭阳利民村 | 16033 | 西安市未央区张家堡街道办肖家村 | 25820 |
| 兴平市赵村镇晁庄村 | 16000 | 西安市未央区三桥街道办三和平村 | 24027 |
| 兴平市赵村镇界庄村 | 15000 | 宝鸡市陈仓区虢镇镇西堡村 | 23850 |
| 咸阳市秦都区陈阳办陈杨寨村 | 14200 | 城固县博望镇三村 | 23822 |
| 乾县城关镇东新村 | 13856 | 宝鸡市金台区联盟村 | 23577 |
| 咸阳市秦都区魏家泉 | 13142 | 西安市临潼区骊山街道办西街村 | 22350 |
| 咸阳市秦都区古渡肖家寨 | 12990 | 汉中市汉台区叶家营村 | 21915 |
| 武功县大庄镇方寨村 | 12601 | 西安市临潼区骊山街道办东街村 | 21790 |
| 咸阳市秦都区沣东镇七里铺 | 12354 | 西安市未央区大明宫街道办孙家湾村 | 21380 |
| 咸阳市秦都区沣东镇黄家寨 | 11911 | 凤翔县横水镇尹家坞村 | 21200 |
| 咸阳市秦都区苏家堡 | 11528 | 宝鸡市渭滨区石鼓镇石坝河村 | 21066 |
| 咸阳市渭城区渭阳旭鹏村 | 11410 | 府谷县府谷镇贾家湾村 | 20589 |
| 咸阳市秦都区沣东镇胡家村 | 11253 | 礼泉县袁家村 | 19820 |
| 咸阳市秦都区古渡杨家台 | 10588 | 城固县博望镇小西关村 | 19600 |
| 咸阳市秦都区石斗村 | 10411 | 宝鸡市陈仓区虢镇镇东堡村 | 19224 |
| 宝鸡市金台区东岭村 | 362688 | 岐山县蔡家坡镇另胡村 | 19165 |
| 西安市未央区大明宫街道办先锋村 | 89240 | 西安市未央区张家堡街道办红色村 | 18990 |
| 汉中市汉台区黄家塘村 | 40984 | 礼泉县烽火村 | 18758 |
| 岐山县蔡家坡镇岐星村 | 38458 | 西安市灞桥区席王街道办梁家街村 | 18370 |
| 西安市未央区三桥街道办后围寨村 | 38118 | 岐山县凤鸣镇太子村 | 18357 |
| 汉中市汉台区青龙观村 | 38067 | 岐山县凤鸣镇城北村 | 17944 |
| 宝鸡市陈仓区虢镇巩家泉村 | 37050 | 西安市阎良区凤凰路街道办新跃村 | 17038 |
| 西安市未央区三桥街道办三桥村 | 34929 | 岐山县蔡家坡镇水寨村 | 17016 |
| 岐山县五丈原镇北星村 | 33644 | 宝鸡市陈仓区虢镇镇大众村 | 16950 |
| 汉中市汉台区张万营村 | 33287 | 宝鸡市渭滨区石鼓镇相家庄村 | 16938 |
| 勉县勉阳镇高潮村 | 32566 | 宝鸡市陈仓区虢镇镇大王村 | 16500 |
| 眉县营头永安村 | 31510 | 西安市新城区三府湾 | 16480 |

12-51 续表　　(2003年)　　单位：万元

| 村　　名 | 营业收入 | 村　　名 | 营业收入 |
|---|---|---|---|
| 汉中市汉台区东关街道办东塔村 | 16447 | 宝鸡市陈仓区阳平镇东风村 | 12138 |
| 宝鸡市陈仓区虢镇高家堎村 | 16362 | 宝鸡市陈仓区天王镇天王村 | 11800 |
| 西安市新城区八府庄 | 16200 | 勉县勉阳镇马营村 | 11761 |
| 宝鸡市渭滨区马营镇旭光村 | 15775 | 城固县博望镇胜利村 | 11542 |
| 西安市长安区韦曲街道办西韦村 | 15730 | 勉县勉阳镇继光村 | 11360 |
| 西安市灞桥区十里铺街道办十里铺村 | 15442 | 西安市灞桥区红旗街道办五星村 | 11352 |
| 府谷县府谷镇西山村 | 15269 | 勉县勉阳镇火花村 | 11350 |
| 凤翔县陈村镇东街村 | 14848 | 岐山县凤鸣镇杏园村 | 11290 |
| 宝鸡市陈仓区天王镇八庙村 | 14586 | 岐山县凤鸣镇朝阳村 | 11252 |
| 西安市未央区三桥街道办贺家村 | 14553 | 西安市灞桥区红旗街道办三殿村 | 11247 |
| 西安市灞桥区十里铺街道办长乐坡 | 14500 | 西安市灞桥区红旗街道办神鹿坊村 | 11095 |
| 岐山县蔡家坡镇龚刘村 | 14339 | 勉县勉阳镇东风村 | 11055 |
| 城固县博望镇东方红村 | 14252 | 汉中市汉台区付家巷村 | 11015 |
| 西安市长安区韦曲街道办东韦村 | 13920 | 西安市临潼区新市乡郝邢村 | 11000 |
| 西安市未央区张家堡街道办南康村 | 13890 | 西安市未央区三桥街道办蔺高村 | 10890 |
| 汉中市汉台区东关街道办雷家巷村 | 13807 | 西安市未央区三桥街道办新店村 | 10864 |
| 宝鸡市陈仓区阳平镇联合村 | 13530 | 西安市未央区三桥街道办北沙口村 | 10824 |
| 岐山县雍川镇马江村 | 13349 | 西安市阎良区新华路街道办农兴村 | 10817 |
| 府谷县府谷镇高石崖村 | 13314 | 西安市未央区张家堡街道办方新村 | 10760 |
| 宝鸡市渭滨区石鼓镇党家村 | 13189 | 西安市灞桥区新筑镇南吴村 | 10720 |
| 宝鸡市陈仓区阳平镇宝丰村 | 13032 | 西安市灞桥区红旗街道办向阳沟村 | 10504 |
| 宝鸡市渭滨区马营镇明星村 | 12962 | 宝鸡市陈仓区虢镇镇北堡村 | 10500 |
| 西安市莲湖区五一村 | 12885 | 宝鸡市陈仓区虢镇镇南阳村 | 10400 |
| 西安市长安区韦曲街道办上塔坡村 | 12840 | 宝鸡市渭滨区马营镇永清村 | 10346 |
| 汉中市汉台区王观营村 | 12840 | 西安市灞桥区红旗街道办高桥村 | 10139 |
| 府谷县府谷镇东山村 | 12836 | 汉中市汉台区铺镇新桥村 | 10130 |
| 西安市未央区张家堡街道办二府庄 | 12810 | 西安市灞桥区十里铺街道办高楼村 | 10029 |
| 勉县勉阳镇贾旗村 | 12585 | 宝鸡市陈仓区虢镇镇南堡村 | 10000 |
| 西安市灞桥区十里铺街道办张一村 | 12158 | | |

# 12-52 乡镇企业营业收入5000万元以上的企业

（2003年）

单位：万元

| 企业名称 | 营业收入 | 利润总额 | 上交税金 | 年末固定资产原值 |
|---|---|---|---|---|
| 陕西东岭集团 | 362688 | 15631 | 7712 | 35374 |
| 龙门钢厂西安轧钢分厂 | 138059 | 1227 | 1400 | 16745 |
| 西安石油助剂厂 | 67760 | 1040 | 3248 | 20000 |
| 西安邦淇制油科技有限公司 | 60165 | 696 | 50 | 6970 |
| 大明宫建材市场 | 49000 | 3240 | 680 | 24960 |
| 韩城龙们焦化集团 | 46000 | 2800 | 1480 | 22340 |
| 陕西黄河矿业有限责任公司 | 38000 | 1800 | 906 | 11214 |
| 世民科技股份有限公司 | 33629 | 1681 | 134 | 8975 |
| 咸阳步长制药有限公司 | 32739 | 4758 | 4867 | 19634 |
| 西安银桥股份有限公司 | 32724 | 1692 | 506 | 7856 |
| 陕西星王集团公司 | 31510 | 2131 | 356 | 8790 |
| 兴平晁庄实业总公司 | 25513 | 1411 | 196 | 2500 |
| 西安国际车城 | 23000 | 1840 | 56 | 8400 |
| 陕西泾云实业开发总公司 | 22054 | 1070 | 416 | 5000 |
| 泾阳吉元电工集团有限公司 | 20101 | 1070 | 416 | 13919 |
| 西安国维淀粉有限公司 | 19642 | 182 | 276 | 6104 |
| 咸阳彩虹电子配件有限责任公司 | 19000 | 2220 | 1600 | 11156 |
| 界庄实业公司 | 18920 | 740 | 80 | 980 |
| 岐山县岐星水泥厂 | 18114 | 996 | 891 | 25474 |
| 大荔八鱼油脂公司 | 15600 | 300 | 115 | 50210 |
| 西安市阎良区宏远建筑工程有限公司 | 15038 | 84 | 496 | 1826 |
| 咸阳华龙集团公司 | 13882 | 367 | 128 | 5276 |
| 陕西省石羊集团蒲城县饲料公司 | 13488 | -58 | | 1721 |
| 伊利泰普克饮品有限公司 | 12991 | 192 | 486 | 12706 |
| 西安市东方乳品厂 | 12946 | 633 | 325 | 2765 |
| 陕西白鹿制药股份有限公司 | 12716 | 368 | 505 | 5924 |
| 武功东方纸业集团公司 | 12581 | 534 | 168 | 2520 |
| 天桥化工集团公司 | 12351 | 1183 | 292 | |
| 宝鸡市渭滨区万国家具城 | 12300 | 483 | 99 | 171 |
| 大明宫新型管业基地市场 | 12000 | 615 | 120 | 2200 |
| 宝鸡凤凰胶粘制品有限公司 | 11482 | 62 | 618 | 4010 |
| 陕西伊威易有限公司 | 11100 | 946 | 65 | 453 |
| 陕西富平钢厂兴宝有限责任公司 | 10950 | 603 | 144 | 4700 |
| 陕西华祥食品集团有限公司 | 10820 | 211 | 135 | 8476 |
| 西安新丰泰贸易有限公司 | 10800 | 730 | 93 | 1486 |
| 临潼汉兴实业公司 | 10668 | 625 | 125 | 8336 |

12-52 续表1 （2003年） 单位：万元

| 企业名称 | 营业收入 | 利润总额 | 上交税金 | 年末固定资产原值 |
| --- | --- | --- | --- | --- |
| 蓝马啤酒厂 | 10383 | 395 | 371 | |
| 西安科氏沥青产品有限公司 | 10317 | 832 | 346 | 3538 |
| 天龙镁业有限责任公司 | 10026 | 462 | 360 | |
| 礼泉县袁家投资公司 | 10000 | 1817 | 563 | 12530 |
| 周陵苏家寨农机建材市场 | 10000 | 820 | 100 | |
| 陕西神果股份有限公司 | 9899 | 1084 | 120 | 3911 |
| 陕西澄城县渭北油脂总厂 | 9500 | 404 | 285 | 2104 |
| 河南斯美特食品公司岐山分公司 | 9498 | 5 | 30 | 2237 |
| 西安市蔡伦造纸厂 | 9497 | 608 | 140 | 2443 |
| 国美电器 | 9359 | -26 | 24 | |
| 陕西富民面粉厂 | 9328 | 482 | 121 | 4470 |
| 陕西金洲管道有限责任公司 | 9000 | 237 | 29 | 999 |
| 西安延炼精细化工厂 | 8653 | 1132 | 686 | 11522 |
| 西安茂源建材实业有限公司 | 8600 | 636 | 80 | 324 |
| 安康市兴科建筑工程有限公司 | 8596 | 626 | 281 | 1003 |
| 陕西省兴包企业集团有限责任公司 | 8560 | 426 | 163 | 6100 |
| 陕西五龙实业集团公司 | 8517 | 227 | 206 | 3632 |
| 西安临潼东方工贸集团公司 | 8500 | 1649 | 202 | 6590 |
| 陕西彬长煤业投资有限责任公司 | 8414 | 400 | 769 | 6343 |
| 长佳建筑配套制品有限公司 | 8377 | 774 | 623 | 2771 |
| 陕西省海升公司乾县分公司 | 8245 | 450 | 369 | 11433 |
| 安康市长兴房建有限公司 | 8240 | 180 | 373 | 1595 |
| 方正化工有限公司 | 8110 | 260 | 383 | |
| 黄河福利铁合金厂 | 7780 | 842 | 200 | |
| 宝鸡惠民乳品（集团）有限公司 | 7740 | 384 | 389 | 2614 |
| 陕西省兴达实业有限公司 | 7548 | 181 | 326 | 2186 |
| 陕西宏达实业有限公司 | 7548 | 181 | 326 | 2186 |
| 西安铁合金厂 | 7430 | 743 | 235 | |
| 陕西西荆油脂公司 | 7410 | 260 | 26 | 5226 |
| 长安区细柳古建公司 | 7100 | 698 | 140 | |
| 宝鸡市万国建筑材料批发中心 | 6980 | 71 | 50 | 600 |
| 西安富升木器工业有限公司 | 6924 | | | |
| 西安大明宫石材有限公司 | 6888 | 406 | 40 | 299 |
| 宝塔区龙飞有限责任公司 | 6755 | 528 | 170 | 5100 |
| 宝鸡市秦峰建筑工程有限责任公司 | 6602 | 792 | 244 | 3559 |
| 蒲城县石羊集团油脂有限责任公司 | 6585 | -436 | 16 | 3674 |
| 西安高压电器研究所电器制造厂 | 6500 | 125 | 261 | 1325 |

12-52 续表2 (2003年) 单位：万元

| 企 业 名 称 | 营业收入 | 利润总额 | 上交税金 | 年末固定资产原值 |
|---|---|---|---|---|
| 米脂县东升建筑安装工程有限公司 | 6484 | 380 | 106 | |
| 韩城市华阳选矿有限责任公司 | 6479 | 379 | 897 | 981 |
| 陕西建兴油脂有限公司 | 6473 | 195 | 47 | 3343 |
| 西安华隆电工器材厂 | 6440 | | | |
| 西安市阎良区第三建筑工程公司 | 6407 | 64 | 89 | 2112 |
| 陕西永欲汽车有限公司 | 6400 | 478 | 56 | 456 |
| 陕西省社会水泥有限责任公司 | 6381 | 145 | 383 | 8604 |
| 陕西伊利冷饮食品有限责任公司 | 6343 | 71 | 263 | 433 |
| 富平三阳果蔬汁有限责任公司 | 6300 | 378 | 73 | 5000 |
| 陕西宝光集团有限公司电器设备厂 | 6183 | 152 | 230 | 647 |
| 韩城市北龙钢铁有限责任公司 | 6100 | 150 | 120 | 1102 |
| 宝鸡育才玻璃制品有限责任公司 | 6000 | -25 | 126 | 2394 |
| 三源集团公司 | 6000 | 786 | 280 | |
| 彩虹商贸食品有限公司 | 6000 | 320 | 185 | |
| 陕西圣龙纸业有限公司 | 5903 | 457 | 173 | 10843 |
| 汉中市汉台区瓜果批发中心 | 5889 | 39 | 22 | 939 |
| 西安庆华民用爆破器材厂 | 5840 | 228 | 159 | 758 |
| 城固县振华生物科技公司 | 5832 | -29 | 145 | 438 |
| 西安奥辉纸业有限公司 | 5751 | 210 | 84 | |
| 宝鸡惠洋建筑有限公司 | 5600 | 252 | 150 | 3538 |
| 爱家超市 | 5505 | -134 | 65 | |
| 陕西省顺华建司 | 5500 | 3 | 146 | 1430 |
| 渭南市油脂化工有限责任公司 | 5436 | 630 | 16 | 3336 |
| 陕西尧柏特种水泥股份有限公司 | 5423 | 500 | 212 | 11792 |
| 彬县水帘洞煤炭有限责任公司 | 5420 | 56 | 453 | 2136 |
| 陕西秦岭水泥西安分公司 | 5400 | 242 | 172 | 2254 |
| 安康市长兴华建筑有限公司 | 5329 | 538 | 177 | 1017 |
| 陕西省扶风造纸厂 | 5316 | 65 | 106 | 9171 |
| 陕西省横山县进出口有限责任公司 | 5300 | 50 | 39 | |
| 长庆路桥公司 | 5248 | 324 | 210 | |
| 陕西京泰纺织化纤（集团）有限公司 | 5213 | 30 | 130 | 6034 |
| 兴平市恒洋工业（集团）有限公司 | 5115 | 403 | 101 | 3396 |
| 彩虹包装箱厂 | 5103 | 103 | 119 | |
| 西安远通铝业有限公司 | 5072 | 250 | 122 | 1016 |
| 旬阳县科大锌业有限公司 | 5049 | 204 | 191 | |
| 咸阳彩虹包装箱厂 | 5001 | 707 | 491 | 2624 |

# 12-53 各市县农村经济主要指标

(2003年)

| 地 区 | 乡镇个数(个) | 村民委员会(个) | 乡村劳动力(万人) | 年末耕地面积(公顷) | 农用机械总动力(千瓦) | 农用化肥施用折纯量(吨) | 农用塑料薄膜使用量(吨) |
|---|---|---|---|---|---|---|---|
| 全 省 | 1544 | 28956 | 1396.19 | 2795824 | 12280838 | 1427254 | 21778 |
| 关中“一线两带” | 611 | 12716 | 844.54 | 1526673 | 8142148 | 1023519 | 13632 |
| 西安市 | 108 | 3161 | 221.69 | 275893 | 2080694 | 200139 | 1722 |
| 新城区 | | 13 | 0.50 | 16 | 7985 | 13 | 0 |
| 碑林区 | | 15 | 0.59 | 5 | 9774 | | |
| 莲湖区 | | 35 | 1.83 | 270 | 12288 | 223 | 11 |
| 灞桥区 | 4 | 229 | 15.85 | 14505 | 226906 | 8596 | 131 |
| 未央区 | | 212 | 10.71 | 8137 | 88387 | 2304 | 34 |
| 雁塔区 | | 120 | 7.12 | 4859 | 48120 | 3607 | 65 |
| 阎良区 | 2 | 80 | 8.66 | 16656 | 117419 | 15617 | 454 |
| 临潼区 | 17 | 285 | 29.57 | 51181 | 275436 | 34428 | 205 |
| 长安区 | 15 | 672 | 42.84 | 50457 | 379772 | 38311 | 458 |
| 蓝田县 | 22 | 519 | 31.19 | 40101 | 238778 | 24369 | 107 |
| 周至县 | 21 | 376 | 33.71 | 33977 | 231503 | 29952 | 74 |
| 户 县 | 18 | 518 | 27.62 | 39326 | 303081 | 22276 | 82 |
| 高陵县 | 9 | 87 | 11.50 | 15132 | 135340 | 20054 | 75 |
| 铜川市 | 36 | 543 | 24.75 | 63653 | 225646 | 32012 | 485 |
| 王益区 | 3 | 39 | 2.05 | 3755 | 34201 | 3061 | 17 |
| 印台区 | 9 | 107 | 4.93 | 11456 | 42224 | 5176 | 69 |
| 耀州区 | 13 | 191 | 10.91 | 31042 | 81530 | 16507 | 154 |
| 宜君县 | 10 | 178 | 4.46 | 14800 | 42892 | 5578 | 240 |
| 新 区 | 1 | 28 | 2.40 | 2600 | 24799 | 1690 | 5 |
| 宝鸡市 | 128 | 2045 | 142.92 | 293719 | 1166799 | 200372 | 1395 |
| 渭滨区 | 6 | 121 | 6.02 | 7556 | 51913 | 4781 | 33 |
| 金台区 | 5 | 103 | 5.82 | 9620 | 51758 | 3721 | 10 |
| 陈仓区 | 17 | 371 | 25.76 | 43095 | 192660 | 20041 | 150 |
| 凤翔县 | 16 | 250 | 23.99 | 47738 | 242073 | 87907 | 166 |
| 岐山县 | 13 | 181 | 19.43 | 36760 | 143524 | 22576 | 223 |
| 扶风县 | 11 | 189 | 21.56 | 38445 | 199582 | 12481 | 74 |
| 眉 县 | 9 | 155 | 15.04 | 22801 | 123147 | 23881 | 89 |
| 陇 县 | 14 | 240 | 11.04 | 36635 | 53933 | 8876 | 392 |
| 千阳县 | 10 | 98 | 4.25 | 18572 | 35935 | 6612 | 61 |
| 麟游县 | 9 | 100 | 3.49 | 18719 | 5670 | 5093 | 34 |
| 凤 县 | 11 | 150 | 4.42 | 8744 | 40891 | 2774 | 98 |
| 太白县 | 7 | 87 | 2.10 | 5034 | 25713 | 1629 | 66 |
| 咸阳市 | 159 | 3660 | 210.99 | 370257 | 1867600 | 280207 | 4363 |
| 秦都区 | 6 | 148 | 11.58 | 13800 | 130900 | 14363 | 317 |
| 渭城区 | 6 | 135 | 6.65 | 15888 | 142500 | 11424 | 87 |
| 三原县 | 13 | 334 | 19.30 | 33226 | 156200 | 27788 | 317 |
| 泾阳县 | 15 | 255 | 25.38 | 43519 | 263100 | 42245 | 487 |

12-53 续表1　　(2003年)

| 地 区 | 乡镇个数(个) | 村民委员会(个) | 乡村劳动力(万人) | 年末耕地面积(公顷) | 农用机械总动力(千瓦) | 农用化肥施用折纯量(吨) | 农用塑料薄膜使用量(吨) |
|---|---|---|---|---|---|---|---|
| 乾　县 | 19 | 413 | 28.12 | 50432 | 193100 | 31860 | 433 |
| 礼泉县 | 14 | 448 | 22.94 | 35990 | 314200 | 37703 | 284 |
| 永寿县 | 12 | 253 | 8.26 | 28194 | 93100 | 12100 | 76 |
| 彬　县 | 15 | 292 | 14.36 | 27872 | 33200 | 22667 | 562 |
| 长武县 | 10 | 233 | 6.74 | 11415 | 75600 | 9485 | 691 |
| 旬邑县 | 13 | 275 | 12.64 | 27082 | 55100 | 17593 | 613 |
| 淳化县 | 14 | 370 | 8.30 | 21660 | 61200 | 20064 | 389 |
| 武功县 | 11 | 259 | 23.40 | 26532 | 157600 | 16617 | 32 |
| 兴平市 | 11 | 245 | 23.32 | 34647 | 191800 | 16298 | 75 |
| **渭南市** | **176** | **3236** | **239.21** | **518129** | **2747083** | **307899** | **5643** |
| 临渭区 | 22 | 495 | 36.09 | 70072 | 448325 | 54697 | 1887 |
| 华　县 | 13 | 242 | 15.46 | 22335 | 81901 | 15220 | 115 |
| 潼关县 | 7 | 83 | 6.19 | 10384 | 50822 | 3719 | 5 |
| 大荔县 | 25 | 415 | 33.84 | 74221 | 625435 | 60695 | 1607 |
| 合阳县 | 15 | 353 | 20.92 | 59430 | 171355 | 24091 | 429 |
| 澄城县 | 13 | 266 | 15.61 | 41918 | 173197 | 16964 | 350 |
| 蒲城县 | 23 | 373 | 35.71 | 98650 | 437592 | 46245 | 751 |
| 白水县 | 13 | 194 | 13.35 | 28816 | 132645 | 28710 | 74 |
| 富平县 | 23 | 337 | 36.48 | 71481 | 372076 | 38797 | 266 |
| 韩城市 | 14 | 276 | 14.14 | 26318 | 193425 | 12677 | 62 |
| 华阴市 | 7 | 186 | 10.10 | 12892 | 48886 | 4989 | 96 |
| **延安市** | **152** | **3376** | **65.96** | **236808** | **778316** | **63570** | **2495** |
| 宝塔区 | 20 | 611 | 9.75 | 34210 | 108976 | 7894 | 137 |
| 延长县 | 11 | 288 | 5.08 | 15758 | 37800 | 2058 | 37 |
| 延川县 | 13 | 346 | 5.36 | 24417 | 49780 | | 71 |
| 子长县 | 12 | 354 | 7.53 | 25656 | 44960 | 2656 | 631 |
| 安塞县 | 11 | 211 | 5.18 | 25702 | 40429 | 3121 | 357 |
| 志丹县 | 10 | 191 | 4.35 | 25297 | 39776 | 1875 | 221 |
| 吴旗县 | 11 | 164 | 4.49 | 20000 | 65576 | 3123 | 241 |
| 甘泉县 | 7 | 116 | 2.50 | 9319 | 47706 | 2995 | 256 |
| 富　县 | 12 | 241 | 5.72 | 10320 | 73073 | 7546 | 184 |
| 洛川县 | 15 | 362 | 7.18 | 14981 | 132575 | 15341 | 47 |
| 宜川县 | 11 | 214 | 3.65 | 12121 | 60182 | 8550 | 106 |
| 黄龙县 | 9 | 87 | 0.98 | 9415 | 20397 | 3643 | 61 |
| 黄陵县 | 10 | 191 | 4.19 | 9612 | 57086 | 4768 | 146 |
| **汉中市** | **218** | **2903** | **140.91** | **202987** | **800523** | **130115** | **1427** |
| 汉台区 | 9 | 215 | 15.37 | 15570 | 81730 | 10700 | 136 |
| 南郑县 | 29 | 501 | 26.65 | 30492 | 83060 | 18495 | 225 |
| 城固县 | 23 | 392 | 18.37 | 26163 | 71063 | 23225 | 234 |
| 洋　县 | 25 | 366 | 16.38 | 28125 | 139600 | 19669 | 208 |

12-53 续表2

(2003年)

| 地 区 | 乡镇个数(个) | 村民委员会(个) | 乡村劳动力(万人) | 年末耕地面积(公顷) | 农用机械总动力(千瓦) | 农用化肥施用折纯量(吨) | 农用塑料薄膜使用量(吨) |
|---|---|---|---|---|---|---|---|
| 西乡县 | 22 | 284 | 15.20 | 20359 | 126853 | 10592 | 156 |
| 勉 县 | 24 | 250 | 16.01 | 22211 | 80997 | 12454 | 76 |
| 宁强县 | 26 | 305 | 14.63 | 23110 | 66660 | 9428 | 165 |
| 略阳县 | 20 | 183 | 6.13 | 9969 | 86389 | 3612 | 52 |
| 镇巴县 | 23 | 250 | 9.43 | 22428 | 31258 | 20387 | 129 |
| 留坝县 | 8 | 98 | 2.01 | 2986 | 22060 | 1202 | 31 |
| 佛坪县 | 9 | 59 | 0.73 | 1574 | 10853 | 351 | 14 |
| **榆林市** | **222** | **5568** | **124.92** | **500406** | **1463091** | **79578** | **1910** |
| 榆阳区 | 24 | 488 | 13.54 | 53581 | 236998 | 15774 | 212 |
| 神木县 | 19 | 729 | 14.02 | 45006 | 135666 | 6683 | 72 |
| 府谷县 | 20 | 330 | 8.28 | 42800 | 194435 | 6304 | 73 |
| 横山县 | 18 | 358 | 14.78 | 57230 | 132597 | 5597 | 644 |
| 靖边县 | 22 | 208 | 12.73 | 52746 | 201774 | 7372 | 272 |
| 定边县 | 25 | 334 | 13.06 | 83497 | 248946 | 12446 | 272 |
| 绥德县 | 20 | 661 | 10.99 | 41220 | 59903 | 8578 | 86 |
| 米脂县 | 13 | 396 | 7.22 | 29589 | 53978 | 2563 | 56 |
| 佳 县 | 20 | 653 | 8.31 | 31333 | 71300 | 4350 | 63 |
| 吴堡县 | 8 | 221 | 2.07 | 8080 | 18940 | 1141 | 14 |
| 清涧县 | 15 | 640 | 7.79 | 25950 | 54637 | 3655 | 46 |
| 子洲县 | 18 | 550 | 12.13 | 29374 | 53917 | 5115 | 99 |
| **安康市** | **188** | **2597** | **125.06** | **191645** | **672054** | **76289** | **1255** |
| 汉滨区 | 43 | 830 | 38.06 | 41664 | 194036 | 19772 | 330 |
| 汉阴县 | 17 | 178 | 13.67 | 20906 | 86213 | 7623 | 65 |
| 石泉县 | 14 | 219 | 6.86 | 11543 | 47708 | 4726 | 47 |
| 宁陕县 | 13 | 98 | 3.03 | 3365 | 18009 | 651 | 32 |
| 紫阳县 | 24 | 212 | 14.88 | 26053 | 137001 | 5130 | 65 |
| 岚皋县 | 16 | 198 | 7.02 | 15452 | 27980 | 4009 | 72 |
| 平利县 | 11 | 190 | 8.82 | 17807 | 54380 | 4930 | 131 |
| 镇坪县 | 9 | 78 | 2.81 | 4752 | 11032 | 896 | 31 |
| 旬阳县 | 27 | 426 | 20.32 | 36374 | 68844 | 22377 | 411 |
| 白河县 | 14 | 168 | 9.59 | 13729 | 26851 | 6175 | 73 |
| **商洛市** | **153** | **1796** | **94.80** | **128332** | **406203** | **51740** | **846** |
| 商州区 | 26 | 405 | 19.53 | 24846 | 76951 | 10741 | 76 |
| 洛南县 | 24 | 376 | 17.73 | 31260 | 84194 | 12204 | 338 |
| 丹凤县 | 20 | 208 | 11.86 | 12003 | 36936 | 8687 | 40 |
| 商南县 | 15 | 166 | 11.01 | 13003 | 46008 | 4784 | 110 |
| 山阳县 | 29 | 316 | 16.11 | 22938 | 64326 | 9802 | 123 |
| 镇安县 | 24 | 205 | 12.46 | 16321 | 70930 | 262 | 108 |
| 柞水县 | 15 | 120 | 6.10 | 7961 | 26858 | 5260 | 51 |
| 杨凌示范区 | 4 | 71 | 4.98 | 5022 | 54326 | 2890 | 24 |

12-53 续表3 （2003年）

| 地 区 | 粮 食 总产量 (吨) | 油 料 总产量 (吨) | 棉 花 总产量 (吨) | 蔬 菜 总产量 (吨) | 水 果 总产量 (吨) | 肉 类 总产量 (吨) | 禽 蛋 总产量 (吨) |
|---|---|---|---|---|---|---|---|
| 全 省 | 9684000 | 413340 | 52740 | 7089420 | 6211394 | 1139438 | 490472 |
| 关中“一线两带” | 6803664 | 160820 | 49991 | 4978971 | 4444376 | 556286 | 360967 |
| 西安市 | 1763432 | 11275 | 2244 | 1577614 | 384262 | 165860 | 128833 |
| 新城区 | 88 | | | 1058 | | 10 | |
| 碑林区 | 6 | | | | | | |
| 莲湖区 | 242 | | | 22984 | | | |
| 灞桥区 | 67469 | 570 | 59 | 245364 | 33642 | 3586 | 3182 |
| 未央区 | 43061 | 145 | | 95751 | 21414 | 3589 | 1102 |
| 雁塔区 | 18682 | 78 | | 83556 | 8254 | 2174 | 402 |
| 阎良区 | 96360 | 623 | 1389 | 226394 | 32314 | 7132 | 7711 |
| 临潼区 | 298817 | 3426 | 429 | 207245 | 33527 | 35717 | 33605 |
| 长安区 | 311052 | 1561 | 22 | 297140 | 24575 | 34600 | 29679 |
| 蓝田县 | 210510 | 2113 | 293 | 85400 | 87500 | 18354 | 12600 |
| 周至县 | 234365 | 1751 | 11 | 54278 | 72821 | 18994 | 6422 |
| 户 县 | 292429 | 666 | 37 | 151410 | 39888 | 23994 | 14729 |
| 高陵县 | 189815 | 323 | 3 | 101000 | 27023 | 17532 | 19401 |
| 铜川市 | 205720 | 9721 | 6 | 95223 | 214547 | 10639 | 5827 |
| 王益区 | 10740 | 201 | | 4885 | 20824 | 437 | 425 |
| 印台区 | 34095 | 874 | | 4322 | 55300 | 2002 | 1665 |
| 耀州区 | 87956 | 5407 | 6 | 75188 | 78903 | 4499 | 2586 |
| 宜君县 | 56734 | 2728 | | 1228 | 49211 | 3193 | 426 |
| 新 区 | 16195 | 511 | | 9600 | 10309 | 508 | 725 |
| 宝鸡市 | 1217798 | 16771 | 171 | 660573 | 385632 | 142719 | 64247 |
| 渭滨区 | 26315 | 433 | 6 | 58192 | 11398 | 3853 | 3380 |
| 金台区 | 22822 | 592 | 4 | 15646 | 1900 | 3463 | 969 |
| 陈仓区 | 159758 | 1513 | 10 | 28555 | 44473 | 32480 | 13146 |
| 凤翔县 | 217907 | 3925 | 3 | 137917 | 66260 | 20948 | 11223 |
| 岐山县 | 165729 | 3142 | 30 | 98950 | 93206 | 16350 | 9610 |
| 扶风县 | 251428 | 2928 | 79 | 64099 | 64145 | 24645 | 14404 |
| 眉 县 | 131519 | 1196 | 39 | 16221 | 64946 | 16862 | 6904 |
| 陇 县 | 91037 | 1685 | | 41532 | 21227 | 9756 | 1820 |
| 千阳县 | 56436 | 537 | | 30463 | 7027 | 4222 | 1446 |
| 麟游县 | 58100 | 616 | | 4011 | 654 | 6177 | 581 |
| 凤 县 | 25931 | 58 | | 20390 | 7277 | 1992 | 518 |
| 太白县 | 10816 | 146 | | 144597 | 3119 | 1971 | 246 |
| 咸阳市 | 1787811 | 47564 | 610 | 2008920 | 2237741 | 127970 | 82604 |
| 秦都区 | 84973 | 1939 | 2 | 319100 | 88000 | 6837 | 4130 |
| 渭城区 | 102898 | 3351 | 71 | 105105 | 30368 | 5733 | 8132 |
| 三原县 | 177041 | 3817 | 15 | 627600 | 52046 | 12907 | 14125 |
| 泾阳县 | 220349 | 3952 | 423 | 642600 | 80000 | 18618 | 15467 |

12-53 续表4

(2003年)

| 地 区 | 粮 食<br>总产量<br>(吨) | 油 料<br>总产量<br>(吨) | 棉 花<br>总产量<br>(吨) | 蔬 菜<br>总产量<br>(吨) | 水 果<br>总产量<br>(吨) | 肉 类<br>总产量<br>(吨) | 禽 蛋<br>总产量<br>(吨) |
|---|---|---|---|---|---|---|---|
| 乾 县 | 272457 | 6138 | 66 | 15464 | 363500 | 9189 | 4560 |
| 礼泉县 | 146057 | 4446 | | 15554 | 600000 | 3729 | 1919 |
| 永寿县 | 60963 | 3042 | 19 | 10727 | 141355 | 4517 | 2016 |
| 彬 县 | 88050 | 4738 | | 10494 | 168168 | 3800 | 1770 |
| 长武县 | 53072 | 899 | | 6054 | 83788 | 2560 | 2411 |
| 旬邑县 | 87580 | 6656 | | 15015 | 173456 | 8338 | 4616 |
| 淳化县 | 87248 | 4619 | | 5740 | 350600 | 7624 | 2441 |
| 武功县 | 191596 | 2587 | 9 | 105460 | 44518 | 20396 | 9600 |
| 兴平市 | 215527 | 1380 | 5 | 130007 | 61942 | 23722 | 11417 |
| 渭南市 | 1795032 | 75369 | 46960 | 620760 | 1206104 | 106177 | 75738 |
| 临渭区 | 325674 | 11525 | 6864 | 168904 | 101114 | 24690 | 26956 |
| 华 县 | 90858 | 2573 | 127 | 89118 | 8977 | 2644 | 2909 |
| 潼关县 | 31673 | 1360 | 162 | 2305 | 7236 | 1512 | 785 |
| 大荔县 | 188138 | 36160 | 24981 | 115298 | 122246 | 22400 | 8365 |
| 合阳县 | 168174 | 5079 | 2873 | 16630 | 101366 | 6624 | 2796 |
| 澄城县 | 122752 | 3769 | 4663 | 7081 | 148215 | 8828 | 5395 |
| 蒲城县 | 289061 | 5230 | 6312 | 6199 | 282100 | 12119 | 6680 |
| 白水县 | 80172 | 2823 | 58 | 1921 | 251538 | 3535 | 1695 |
| 富平县 | 345026 | 3188 | 290 | 77995 | 145176 | 14390 | 15873 |
| 韩城市 | 81215 | 853 | 180 | 109530 | 33450 | 5704 | 2004 |
| 华阴市 | 60092 | 2499 | 450 | 25179 | 3566 | 2556 | 1260 |
| 延安市 | 568359 | 18011 | 157 | 269028 | 596284 | 55632 | 17506 |
| 宝塔区 | 81476 | 966 | | 26659 | 35400 | 8323 | 3723 |
| 延长县 | 27849 | 1501 | 107 | 23981 | 18600 | 2031 | 710 |
| 延川县 | 24718 | 563 | 25 | 11354 | 7506 | 2911 | 761 |
| 子长县 | 49122 | 455 | | 19637 | 13600 | 5965 | 1460 |
| 安塞县 | 58242 | 2238 | | 53048 | 29000 | 6250 | 2078 |
| 志丹县 | 49939 | 2087 | | 3742 | 9001 | 5037 | 1560 |
| 吴旗县 | 34708 | 518 | | 29531 | 3586 | 4891 | 1519 |
| 甘泉县 | 16391 | 239 | | 51878 | 3759 | 1987 | 660 |
| 富 县 | 41096 | 942 | | 18476 | 80204 | 3733 | 1343 |
| 洛川县 | 80317 | 4232 | | 8051 | 282145 | 8179 | 1706 |
| 宜川县 | 38074 | 911 | 25 | 5650 | 46012 | 977 | 644 |
| 黄龙县 | 30071 | 464 | | 617 | 5871 | 3102 | 491 |
| 黄陵县 | 36356 | 2895 | | 16404 | 61600 | 2246 | 851 |
| 汉中市 | 949715 | 131197 | 70 | 926909 | 133304 | 192162 | 40472 |
| 汉台区 | 98072 | 15589 | | 107932 | 7975 | 14108 | 6821 |
| 南郑县 | 146086 | 27730 | 2 | 67950 | 4878 | 23596 | 4109 |
| 城固县 | 123181 | 19296 | 1 | 440007 | 78276 | 26558 | 6685 |
| 洋 县 | 150376 | 17561 | 38 | 183228 | 22854 | 23400 | 3464 |

12-53 续表5 （2003年）

| 地 区 | 粮 食<br>总产量<br>（吨） | 油 料<br>总产量<br>（吨） | 棉 花<br>总产量<br>（吨） | 蔬 菜<br>总产量<br>（吨） | 水 果<br>总产量<br>（吨） | 肉 类<br>总产量<br>（吨） | 禽 蛋<br>总产量<br>（吨） |
|---|---|---|---|---|---|---|---|
| 西乡县 | 92935 | 19005 | 13 | 23827 | 3132 | 24251 | 2395 |
| 勉 县 | 114486 | 16738 | 16 | 51224 | 2852 | 25115 | 7790 |
| 宁强县 | 87956 | 6987 | | 18144 | 2871 | 22238 | 3100 |
| 略阳县 | 39745 | 1258 | | 14316 | 5112 | 8311 | 2865 |
| 镇巴县 | 84944 | 6336 | | 17114 | 4329 | 22432 | 2792 |
| 留坝县 | 5287 | 397 | | 1858 | 658 | 1326 | 307 |
| 佛坪县 | 6647 | 300 | | 1309 | 367 | 827 | 144 |
| 榆林市 | 1005331 | 38848 | 25 | 221347 | 64532 | 119743 | 28231 |
| 榆阳区 | 203654 | 2548 | | 61932 | 3535 | 36335 | 6424 |
| 神木县 | 129564 | 1682 | | 4625 | 5790 | 13391 | 4500 |
| 府谷县 | 62007 | 1708 | 4 | 2134 | 1811 | 4109 | 671 |
| 横山县 | 129424 | 528 | | 7096 | 3880 | 13570 | 3200 |
| 靖边县 | 139818 | 2359 | | 42980 | 1082 | 13738 | 2940 |
| 定边县 | 172198 | 17977 | | 56499 | 3560 | 13655 | 2862 |
| 绥德县 | 22900 | 5366 | | 14373 | 6312 | 3729 | 1430 |
| 米脂县 | 35163 | 1793 | | 9278 | 4846 | 3263 | 2043 |
| 佳 县 | 40853 | 605 | | 468 | 11617 | 6732 | 1300 |
| 吴堡县 | 2958 | 84 | | 1842 | 1354 | 681 | 308 |
| 清涧县 | 30970 | 2667 | 21 | 15696 | 9790 | 3995 | 925 |
| 子洲县 | 35822 | 1531 | | 4424 | 10955 | 6545 | 1628 |
| 安康市 | 772634 | 50611 | 21 | 440143 | 52255 | 109880 | 10035 |
| 汉滨区 | 232890 | 15664 | 5 | 80489 | 19483 | 29188 | 2339 |
| 汉阴县 | 79628 | 12207 | 7 | 52716 | 2667 | 10883 | 1121 |
| 石泉县 | 57026 | 3764 | 1 | 11032 | 1215 | 7738 | 715 |
| 宁陕县 | 20245 | 289 | | 11405 | 731 | 2725 | 239 |
| 紫阳县 | 104619 | 3793 | | 83994 | 2314 | 12108 | 1025 |
| 岚皋县 | 57694 | 1210 | | 54241 | 770 | 7094 | 424 |
| 平利县 | 71423 | 6349 | | 57062 | 4493 | 9419 | 662 |
| 镇坪县 | 22335 | 848 | | 16276 | 497 | 4543 | 187 |
| 旬阳县 | 100071 | 5371 | 8 | 35433 | 15505 | 18803 | 2136 |
| 白河县 | 26703 | 1116 | | 37495 | 4580 | 7379 | 1187 |
| 商洛市 | 621664 | 11592 | 28 | 251888 | 45744 | 105271 | 33243 |
| 商州区 | 118511 | 274 | | 40634 | 10460 | 16830 | 5344 |
| 洛南县 | 162612 | 2555 | 21 | 113782 | 6261 | 24365 | 5859 |
| 丹凤县 | 70541 | 933 | 6 | 15446 | 6633 | 14358 | 3972 |
| 商南县 | 62481 | 5081 | | 18571 | 2594 | 13060 | 4591 |
| 山阳县 | 65478 | 1065 | | 21851 | 6284 | 15272 | 6239 |
| 镇安县 | 99147 | 1584 | 1 | 33727 | 7265 | 15111 | 5335 |
| 柞水县 | 42894 | 100 | | 7877 | 6247 | 6275 | 1903 |
| 杨凌示范区 | 33871 | 120 | | 15881 | 16090 | 2921 | 3718 |

12-53 续表6

(2003年)

| 地 区 | 奶类总产量(吨) | 大牲畜存栏头数(万头) | 猪存栏头数(万头) | 羊存栏只数(万只) | 农村非农行业总产值(万元) | 农林牧渔业总产值(万元) | 农林牧渔业增加值(万元) |
|---|---|---|---|---|---|---|---|
| 全 省 | 1070995 | 322.40 | 1012.84 | 877.18 | 18003980 | 5112543 | 3026637 |
| 关中“一线两带” | 1028893 | 177.68 | 458.56 | 297.97 | 14292995 | 3018273 | 1782797 |
| 西安市 | 336296 | 28.74 | 139.75 | 51.35 | 5322882 | 755421 | 458378 |
| 新城区 | 1515 | 0.02 | 0.01 | | 57528 | 394 | 316 |
| 碑林区 | | | | | 11521 | 4 | 3 |
| 莲湖区 | | | | | 78189 | 2440 | 1830 |
| 灞桥区 | 25721 | 0.95 | 3.15 | 1.26 | 490690 | 48877 | 30896 |
| 未央区 | 3784 | 0.15 | 3.21 | 0.22 | 806205 | 22920 | 16071 |
| 雁塔区 | 1950 | 0.05 | 1.98 | 0.15 | 370996 | 20826 | 14578 |
| 阎良区 | 49125 | 1.35 | 5.42 | 4.17 | 301335 | 62850 | 42612 |
| 临潼区 | 122946 | 5.03 | 28.44 | 14.58 | 632296 | 145418 | 83075 |
| 长安区 | 15500 | 4.90 | 29.90 | 5.86 | 1406680 | 118201 | 76276 |
| 蓝田县 | 21873 | 8.57 | 9.16 | 13.20 | 247077 | 91583 | 54549 |
| 周至县 | 4962 | 4.10 | 21.03 | 2.66 | 201063 | 67654 | 41262 |
| 户 县 | 11384 | 1.80 | 25.34 | 2.52 | 541087 | 92305 | 57246 |
| 高陵县 | 57994 | 1.40 | 12.10 | 6.72 | 178215 | 76261 | 38017 |
| 铜川市 | 6725 | 13.27 | 7.85 | 14.49 | 323707 | 71635 | 39122 |
| 王益区 | 271 | 0.33 | 0.47 | 0.48 | 94540 | 4081 | 2246 |
| 印台区 | 803 | 1.48 | 1.71 | 1.88 | 69318 | 12281 | 6666 |
| 耀州区 | 4678 | 6.22 | 3.15 | 5.87 | 111889 | 33231 | 18411 |
| 宜君县 | 244 | 4.86 | 2.11 | 5.65 | 28551 | 17318 | 9524 |
| 新 区 | 729 | 0.37 | 0.40 | 0.63 | 19409 | 4724 | 2275 |
| 宝鸡市 | 254078 | 51.83 | 101.85 | 75.46 | 3541855 | 510370 | 299154 |
| 渭滨区 | 5139 | 1.00 | 2.19 | 1.43 | 345722 | 19863 | 10315 |
| 金台区 | 5506 | 0.87 | 2.72 | 0.97 | 237274 | 8756 | 4937 |
| 陈仓区 | 41692 | 7.27 | 20.75 | 7.88 | 479044 | 75485 | 40958 |
| 凤翔县 | 35413 | 9.88 | 15.10 | 8.30 | 617998 | 95835 | 59800 |
| 岐山县 | 21992 | 3.49 | 13.47 | 4.50 | 796100 | 65900 | 31081 |
| 扶风县 | 28790 | 5.63 | 18.18 | 4.90 | 365598 | 75777 | 46049 |
| 眉 县 | 20223 | 1.61 | 16.47 | 5.26 | 386303 | 55139 | 31282 |
| 陇 县 | 61083 | 8.25 | 5.70 | 6.57 | 167695 | 55599 | 33226 |
| 千阳县 | 34084 | 5.36 | 1.97 | 7.47 | 34110 | 31470 | 22602 |
| 麟游县 | 40 | 5.21 | 1.19 | 25.60 | 14675 | 23352 | 13159 |
| 凤 县 | 31 | 1.91 | 2.63 | 1.39 | 67656 | 6993 | 4007 |
| 太白县 | 85 | 1.35 | 1.48 | 1.19 | 29620 | 18066 | 9856 |
| 咸阳市 | 296197 | 39.95 | 126.17 | 70.61 | 3508492 | 969163 | 569630 |
| 秦都区 | 5310 | 0.83 | 8.21 | 0.80 | 733397 | 88671 | 51763 |
| 渭城区 | 16862 | 0.86 | 5.84 | 1.39 | 450699 | 45467 | 27244 |
| 三原县 | 12621 | 6.03 | 12.97 | 8.19 | 489619 | 122968 | 70584 |
| 泾阳县 | 151038 | 5.49 | 13.05 | 16.33 | 562965 | 161965 | 97179 |

12-53 续表7

(2003年)

| 地 区 | 奶类总产量(吨) | 大牲畜存栏头数(万头) | 猪存栏头数(万头) | 羊存栏只数(万只) | 农村非农行业总产值(万元) | 农林牧渔业总产值(万元) | 农林牧渔业增加值(万元) |
|---|---|---|---|---|---|---|---|
| 乾 县 | 32209 | 4.66 | 12.30 | 2.99 | 139939 | 91619 | 63767 |
| 礼泉县 | 6836 | 1.92 | 4.05 | 5.00 | 183801 | 80578 | 52497 |
| 永寿县 | 233 | 3.05 | 3.18 | 11.67 | 26279 | 36184 | 19131 |
| 彬 县 | 3806 | 2.53 | 2.90 | 2.98 | 41278 | 47294 | 27119 |
| 长武县 | 7687 | 2.23 | 2.14 | 4.85 | 19373 | 24535 | 12253 |
| 旬邑县 | 461 | 4.37 | 7.92 | 5.49 | 29071 | 48243 | 27981 |
| 淳化县 | 9216 | 3.58 | 5.81 | 7.21 | 46634 | 68251 | 35560 |
| 武功县 | 41000 | 2.39 | 24.20 | 1.25 | 313436 | 68529 | 29030 |
| 兴平市 | 8918 | 2.01 | 23.60 | 2.45 | 472001 | 84859 | 55522 |
| **渭南市** | **121761** | **43.04** | **80.08** | **85.55** | **1574752** | **695655** | **406477** |
| 临渭区 | 25330 | 10.21 | 13.67 | 9.07 | 313641 | 119123 | 62762 |
| 华 县 | 208 | 0.99 | 2.39 | 1.83 | 69913 | 22709 | 6166 |
| 潼关县 | 90 | 1.07 | 1.18 | 0.80 | 52550 | 8714 | 4689 |
| 大荔县 | 5453 | 8.34 | 15.79 | 13.66 | 208668 | 125113 | 69211 |
| 合阳县 | 5250 | 4.94 | 6.07 | 6.45 | 79890 | 56007 | 31027 |
| 澄城县 | 192 | 2.20 | 8.99 | 7.17 | 78399 | 54543 | 37410 |
| 蒲城县 | 19967 | 5.39 | 8.95 | 11.77 | 140986 | 96199 | 64530 |
| 白水县 | 4712 | 2.12 | 2.85 | 8.01 | 108630 | 43732 | 27301 |
| 富平县 | 58897 | 3.80 | 12.73 | 18.67 | 270835 | 93867 | 53046 |
| 韩城市 | 134 | 2.96 | 4.67 | 7.02 | 196507 | 53366 | 35890 |
| 华阴市 | 540 | 0.91 | 1.64 | 0.83 | 47958 | 18834 | 12564 |
| **延安市** | **3764** | **26.67** | **50.32** | **107.59** | **246143** | **346663** | **215507** |
| 宝塔区 | 1520 | 2.77 | 6.65 | 8.21 | 34959 | 35137 | 23542 |
| 延长县 | 55 | 2.00 | 1.45 | 9.59 | 9497 | 19563 | 12292 |
| 延川县 | 96 | 2.40 | 3.65 | 5.08 | 17599 | 15344 | 9341 |
| 子长县 | 206 | 2.26 | 5.60 | 12.00 | 32750 | 32161 | 19644 |
| 安塞县 | 93 | 2.09 | 5.22 | 16.81 | 13665 | 28746 | 16332 |
| 志丹县 | 196 | 5.81 | 5.13 | 18.10 | 19626 | 23925 | 16783 |
| 吴旗县 | 24 | 2.23 | 4.94 | 25.39 | 20346 | 27236 | 17645 |
| 甘泉县 | 68 | 0.99 | 0.86 | 3.73 | 11978 | 10729 | 6613 |
| 富 县 | 23 | 1.95 | 2.48 | 1.87 | 14684 | 33086 | 19388 |
| 洛川县 | 1208 | 1.04 | 10.15 | 2.16 | 20701 | 70635 | 42380 |
| 宜川县 | 20 | 0.87 | 0.76 | 1.97 | 9582 | 14413 | 8649 |
| 黄龙县 |  | 1.13 | 1.53 | 1.85 | 6792 | 13734 | 7970 |
| 黄陵县 | 255 | 1.13 | 1.89 | 0.82 | 33964 | 21954 | 14928 |
| **汉中市** | **7711** | **34.17** | **191.75** | **30.02** | **1738646** | **581617** | **329750** |
| 汉台区 | 4500 | 1.10 | 11.72 | 0.65 | 398835 | 53283 | 30531 |
| 南郑县 | 480 | 3.40 | 22.67 | 2.30 | 266230 | 75952 | 39597 |
| 城固县 | 382 | 3.73 | 27.57 | 1.71 | 455424 | 134779 | 80867 |
| 洋 县 | 483 | 5.49 | 21.67 | 4.83 | 84263 | 68805 | 37879 |

12-53 续表8

(2003年)

| 地 区 | 奶类总产量(吨) | 大牲畜存栏头数(万头) | 猪存栏头数(万头) | 羊存栏只数(万只) | 农村非农行业总产值(万元) | 农林牧渔业总产值(万元) | 农林牧渔业增加值(万元) |
|---|---|---|---|---|---|---|---|
| 西乡县 | 31 | 3.11 | 25.27 | 5.08 | 92319 | 48448 | 27434 |
| 勉县 | 1729 | 2.63 | 27.22 | 1.15 | 248920 | 58903 | 31808 |
| 宁强县 | 27 | 6.75 | 21.22 | 2.52 | 80191 | 59311 | 37578 |
| 略阳县 | 35 | 3.22 | 8.12 | 1.86 | 42055 | 31730 | 17452 |
| 镇巴县 | 44 | 4.11 | 23.45 | 8.98 | 54348 | 38189 | 18799 |
| 留坝县 |  | 0.46 | 1.58 | 0.73 | 12123 | 8416 | 5669 |
| 佛坪县 |  | 0.17 | 1.27 | 0.20 | 3938 | 3801 | 2136 |
| **榆林市** | **28906** | **33.57** | **84.29** | **325.68** | **628830** | **339039** | **190675** |
| 榆阳区 | 10064 | 4.06 | 25.95 | 65.98 | 67150 | 60643 | 31474 |
| 神木县 | 5240 | 5.38 | 6.67 | 53.08 | 225000 | 42283 | 23698 |
| 府谷县 | 189 | 1.52 | 3.05 | 9.62 | 120000 | 18395 | 9847 |
| 横山县 | 550 | 4.20 | 6.82 | 42.11 | 25169 | 46259 | 27957 |
| 靖边县 | 3110 | 4.62 | 12.40 | 42.03 | 38858 | 42775 | 24849 |
| 定边县 | 6080 | 5.82 | 10.80 | 40.62 | 16667 | 47668 | 27101 |
| 绥德县 | 1202 | 0.92 | 3.00 | 11.92 | 50200 | 13122 | 5884 |
| 米脂县 | 260 | 1.17 | 2.11 | 13.04 | 8785 | 12085 | 8339 |
| 佳县 | 300 | 1.70 | 4.10 | 15.00 | 17171 | 17361 | 11497 |
| 吴堡县 | 101 | 0.05 | 0.21 | 2.79 | 32152 | 2789 | 1367 |
| 清涧县 | 202 | 1.50 | 5.06 | 8.19 | 20419 | 15036 | 7419 |
| 子洲县 | 1608 | 2.63 | 4.10 | 21.30 | 7259 | 20623 | 11243 |
| **安康市** | **419** | **24.35** | **131.55** | **67.51** | **494843** | **439628** | **261637** |
| 汉滨区 | 419 | 7.13 | 30.16 | 7.30 | 138234 | 95292 | 56399 |
| 汉阴县 |  | 2.13 | 11.36 | 2.28 | 53501 | 52033 | 31809 |
| 石泉县 |  | 1.55 | 7.97 | 2.60 | 47959 | 26678 | 15659 |
| 宁陕县 |  | 0.50 | 3.89 | 1.16 | 14592 | 18455 | 10522 |
| 紫阳县 |  | 1.10 | 16.71 | 11.55 | 27131 | 56886 | 36991 |
| 岚皋县 |  | 0.33 | 9.03 | 2.83 | 23315 | 33221 | 19605 |
| 平利县 |  | 0.93 | 13.08 | 10.13 | 20597 | 46448 | 28050 |
| 镇坪县 |  | 0.28 | 5.28 | 1.57 | 9202 | 11596 | 6401 |
| 旬阳县 |  | 8.91 | 26.00 | 18.08 | 127035 | 68013 | 39414 |
| 白河县 |  | 1.48 | 8.07 | 10.02 | 33277 | 38218 | 23999 |
| **商洛市** | **1271** | **25.79** | **95.92** | **47.45** | **602523** | **338753** | **203022** |
| 商州区 | 568 | 6.01 | 15.37 | 2.16 | 169068 | 51225 | 30290 |
| 洛南县 | 75 | 10.50 | 20.71 | 6.16 | 161088 | 71416 | 42135 |
| 丹凤县 | 353 | 1.90 | 13.76 | 5.29 | 32655 | 47751 | 29332 |
| 商南县 | 27 | 1.02 | 12.12 | 3.73 | 81141 | 36030 | 22318 |
| 山阳县 | 140 | 2.11 | 12.50 | 10.89 | 75359 | 53952 | 32491 |
| 镇安县 | 108 | 3.28 | 14.07 | 16.71 | 54144 | 57248 | 33848 |
| 柞水县 |  | 0.97 | 7.40 | 2.51 | 29068 | 21131 | 12608 |
| **杨凌示范区** | **13836** | **0.85** | **2.87** | **0.50** | **21307** | **16029** | **10036** |

# 主要统计指标解释

**农林牧渔业总产值** 指以货币形式表现的农、林、牧、渔业全部产品的总量，它反映一定时期内农业生产总规模和总成果。农林牧渔业总产值的计算方法通常是按农、林、牧、渔业产品及其副产品的产量分别乘以各自单位产品价格求得；少数生产周期较长，当年没有产品或产品产量不易统计的，则采用间接方法匡算其产值；然后将四业产品产值相加即为农业总产值。1957年以前的农业总产值中包括了厩肥和农民自给性手工业(如农民自制衣服、鞋、袜，自己从事粮食初步加工等)。1958年及以后的农业总产值，林业中增加了村及村以下竹木采伐产值；牧业中取消了厩肥产值；副业中取消了农民自给性手工业产值，增加了村及村以下办的工业产值；渔业中增加了海洋捕捞水产品产值。1980年及以后的农业总产值，在副业中增加了农民家庭兼营工业商品部分的产值。从1984年起村及村以下工业产值划归工业。从1993年起取消副业，将野生动物的捕猎划入牧业、野生植物采集和农民家庭兼营商品性工业划归农业。

**粮食产量** 指稻谷、小麦、玉米、高粱等谷物及薯类和豆类全社会的产量。包括国有经济经营的、集体统一经营的和农民家庭经营的粮食产量，还包括工矿企业办的农场和其他生产单位的产量。其产量计算方法，豆类按去豆荚后的干豆计算；薯类(包括甘薯和马铃薯，不包括芋头和木薯)1963年以前按每4公斤鲜薯折1公斤粮食计算，从1964年开始改为按5公斤鲜薯折1公斤粮食计算。城市郊区作为蔬菜的薯类(如马铃薯等)按鲜品计算，并且不作粮食统计。其他粮食一律按脱粒后的原粮计算。

**棉花产量** 指春播棉和夏播棉的全社会产量。产量按皮棉计算。3公斤籽棉折1公斤皮棉，不包括木棉。

**油料产量** 指全部油料作物的生产量。包括花生、油菜籽、芝麻、向日葵籽、胡麻籽(亚麻籽)和其他油料。不包括大豆、木本油料和野生油料。花生以带壳干花生计算。

**水产品产量** 指人工养殖的水产品和天然生长的水产品的捕捞量。包括海水的鱼类、虾蟹类、贝类和藻类以及内陆水域的鱼类、虾蟹类和贝类，不包括淡水生植物。

**猪、牛、羊肉产量** 指当年出栏并已屠宰、除去头蹄下水后带骨肉(即胴体重)的重量。

**期初(末)畜禽存栏头(只)数** 指报告期初(末)农村各种合作经济组织和国营农场、农民个人、机关、团体、学校、工矿企业、部队等单位以及城镇居民饲养的大牲畜、猪、羊、家禽等畜禽的存栏数。

**常用耕地** 是指耕地总资源中专门种植农作物并经常进行耕种、能够正常收获的土地。包括当年实际耕种的熟地；弃耕、休闲不满三年，随时可以复耕的地；开荒利用三年以上的地。不包括临时种植农作物的坡度在25度以上的陡坡地；在河套、湖畔、库区临时开发的成片或零星土地；也不包括已列为国家和省(区、市)退耕计划但临时耕种的土地。

**农作物播种面积** 指实际播种或移植有农作物的面积。凡是实际种植农作物的面积，不论种植在耕地上还是种植在非耕地上，均包括在农作物播种面积中。在播种季节基本结束后，因遭灾而重新改种和补种的农作物面积，也包括在内。该指标可以反映耕地面积的利用情况。

**有效灌溉面积** 指具有一定的水源，地块比较平整，灌溉工程或设备已经配套，在一般年景下当年能够进行正常灌溉的耕地面积。在一般情况下，有效灌溉面积应等于灌溉工程或设备已经配备，能够进行正常灌溉的水田和水浇地面积之和。该指标可以反映耕地的抗旱能力。

**农用化肥施用量** 指本年内实际用于农业生产的化肥数量，包括氮肥、磷肥、钾肥和复合肥。化肥施用量要求按折纯量计算数量。折纯量是指把氮肥、磷肥、钾肥分别按含氮、含五氧化二磷、含氧化钾的百分之一百成份进行折算后的数量。复合肥按其所含主要成分折算。

**农业机械总动力** 指主要用于农、林、牧、渔业的各种动力机械的动力总和。包括耕作机械、排灌机械、收获机械、农用运输机械、植物保护机械、牧业机械、林业机械、渔业机械和其他农业机械〔内燃机按引擎马力折成瓦(特)计算、电动机按功率折成瓦(特)计算〕。不包括专门用于乡、镇、村、组办工业、基本建设、非农业运输、科学试验和教学等非农业生产方面用的动力机械与作业机械。

# 13 工　业

*GONGYE*

资料整理　　刘琼怡　王　萌

****************************************************************************

# 13. 工　业

****************************************************************************

2003 年全省

| | | | |
|---|---|---|---|
| 规模以上工业企业单位数 | 2493 | 个 | |
| # 大中型工业企业 | 420 | 个 | |
| 全部工业总产值 | 2469.95 | 亿元 | 比上年增长 16.6% |
| # 规模以上工业 | 1879.26 | 亿元 | 比上年增长 19.6% |

****************************************************************************

## 工业总产值构成

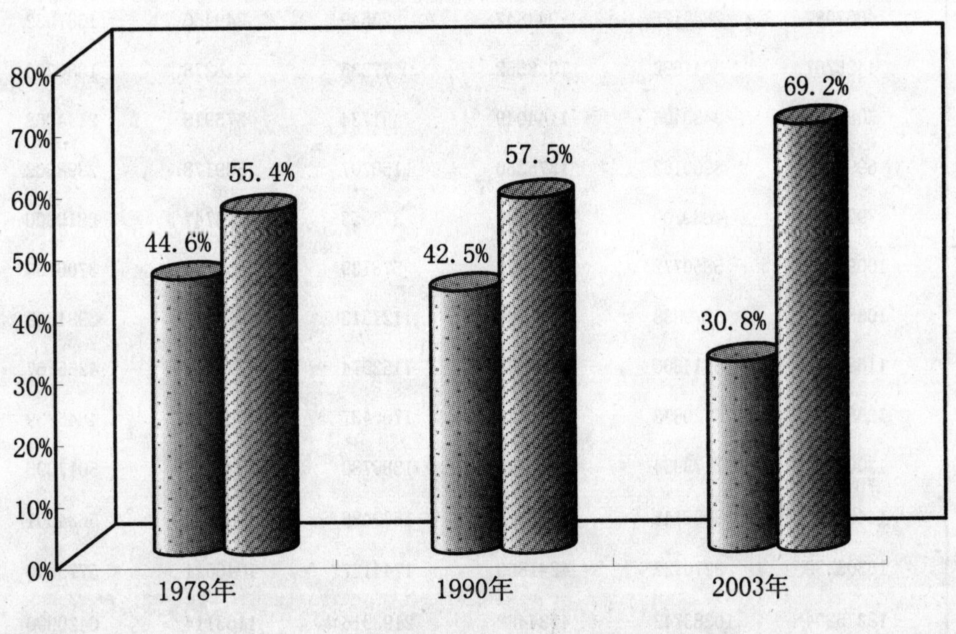

# 13-1 全部工业总产值

单位：万元

| 年 份 | 全部工业总产值 | | | | | 轻工业 | 重工业 |
|---|---|---|---|---|---|---|---|
| | | 国有工业 | 集体工业 | 其他经济类型工业 | 城乡个体工业 | | |
| 1952 | 49492 | 11334 | 297 | 21380 | 16481 | 37713 | 11779 |
| 1957 | 113399 | 63050 | 14969 | 33112 | 2268 | 83348 | 30051 |
| 1962 | 181444 | 153320 | 26128 | | 1996 | 99068 | 82376 |
| 1965 | 296456 | 271257 | 25199 | | | 148228 | 148228 |
| 1970 | 516132 | 476906 | 39226 | | | 198195 | 317937 |
| 1975 | 753553 | 654398 | 99155 | | | 319506 | 434047 |
| 1978 | 964783 | 812623 | 152160 | | | 430615 | 534168 |
| 1979 | 1057930 | 901878 | 156052 | | | 472341 | 585589 |
| 1980 | 1099578 | 925712 | 173689 | 177 | | 550945 | 548633 |
| 1981 | 1086391 | 912233 | 173170 | 988 | | 592448 | 493943 |
| 1982 | 1177066 | 981640 | 194121 | 1305 | | 589898 | 587168 |
| 1983 | 1317677 | 1103777 | 212417 | 1483 | | 618638 | 699039 |
| 1984 | 1506960 | 1196530 | 291404 | 2177 | 16849 | 645520 | 861440 |
| 1985 | 1920827 | 1456872 | 423890 | 2861 | 37204 | 801061 | 1119766 |
| 1986 | 2192621 | 1596572 | 514751 | 5299 | 75999 | 924427 | 1268194 |
| 1987 | 2584397 | 1852541 | 607894 | 8076 | 115886 | 1080936 | 1503461 |
| 1988 | 3317423 | 2355412 | 781040 | 11114 | 169857 | 1399515 | 1917908 |
| 1989 | 4067087 | 2849125 | 944847 | 23649 | 249466 | 1687032 | 2380055 |
| 1990 | 4425767 | 3041692 | 1028562 | 37235 | 318278 | 1880238 | 2545529 |
| 1991 | 5088106 | 3486405 | 1144049 | 81734 | 375918 | 2144068 | 2944038 |
| 1992 | 5995407 | 3960162 | 1375360 | 150707 | 509178 | 2398502 | 3596905 |
| 1993 | 7937800 | 4839700 | 1947400 | 376953 | 773747 | 2810300 | 5127500 |
| 1994 | 10097561 | 5850772 | 2573879 | 578139 | 1094771 | 3706733 | 6390828 |
| 1995 | 10687123 | 6279888 | 2667785 | 1127313 | 612137 | 3981339 | 6705784 |
| 1996 | 11685390 | 6714800 | 3098965 | 1152974 | 718651 | 4265167 | 7420223 |
| 1997 | 12688503 | 6720873 | 3310430 | 1700487 | 956713 | 4845739 | 7842764 |
| 1998 | 13006274 | 7173954 | 3566540 | 1389780 | 876000 | 5017096 | 7989178 |
| 1999 | 14461849 | 8086145 | 3867578 | 1539486 | 968640 | 5634001 | 8827848 |
| 2000 | 16303339 | 9270722 | 4241869 | 1744127 | 1046621 | 5775640 | 10527699 |
| 2001 | 18275204 | 10383742 | 4534432 | 2193916 | 1163114 | 6420990 | 11854214 |
| 2002 | 20434508 | 11553929 | 4832016 | 2769737 | 1278826 | 6955184 | 13479324 |
| 2003 | 24699495 | 13920630 | 5500818 | 3873977 | 1404070 | 7619789 | 17079706 |

# 13-2 规模以上工业企业主要经济指标

（2003年）

单位：万元

| 指 标 | 企业单位数（个） | #亏损企业 | 工业总产值 1990年不变价格 | 工业总产值 当年价格 | 工业销售产值（当年价） |
|---|---|---|---|---|---|
| 总 计 | 2493 | 906 | 14975114 | 18792595 | 18339781 |
| #亏损企业 | 906 | 906 | 2308625 | 2542630 | 2436155 |
| #国有控股企业 | 1235 | 556 | 10879165 | 13920630 | 13666938 |
| #农村工业 | 151 | 28 | 289306 | 350307 | 333710 |
| 一、按登记注册类型分 | | | | | |
| 内资企业 | 2360 | 868 | 13038437 | 17192849 | 16785188 |
| 国有企业 | 921 | 442 | 4677083 | 7081467 | 6984687 |
| 中央企业 | 121 | 47 | 1871162 | 2456786 | 2419531 |
| 地方企业 | 800 | 395 | 2805922 | 4624682 | 4565156 |
| 集体企业 | 274 | 70 | 585577 | 638864 | 605188 |
| 股份合作企业 | 84 | 29 | 131602 | 163660 | 153157 |
| 联营企业 | 32 | 7 | 58045 | 68999 | 66571 |
| 国有联营企业 | 9 | 2 | 22728 | 33070 | 29410 |
| 集体联营企业 | 12 | 3 | 16547 | 17734 | 17072 |
| 国有与集体联营企业 | 6 | 2 | 10300 | 11114 | 10457 |
| 其他联营企业 | 5 | | 8470 | 7080 | 9632 |
| 有限责任公司 | 525 | 175 | 4591040 | 5054764 | 4880564 |
| 国有独资公司 | 34 | 16 | 979703 | 1021255 | 1001193 |
| 其他有限责任公司 | 491 | 159 | 3611337 | 4033510 | 3879371 |
| 股份有限公司 | 148 | 42 | 2297483 | 3364003 | 3320913 |
| 私营企业 | 372 | 103 | 684005 | 805264 | 760728 |
| 私营独资企业 | 112 | 23 | 130762 | 146110 | 136226 |
| 私营合作企业 | 9 | | 13737 | 14492 | 14378 |
| 私营有限责任公司 | 222 | 70 | 490701 | 594083 | 564611 |
| 私营股份有限公司 | 29 | 10 | 48806 | 50580 | 45513 |
| 其他企业 | 4 | | 13602 | 15826 | 13381 |
| 港、澳、台商投资企业 | 52 | 16 | 787579 | 570855 | 561281 |
| 合资经营企业(港或澳、台资) | 45 | 15 | 727086 | 384205 | 374978 |
| 合作经营企业(港或澳、台资) | 1 | | 47488 | 173274 | 173274 |
| 港澳台商独资经营企业 | 5 | 1 | 8212 | 10437 | 10444 |
| 港澳台商投资股份有限公司 | 1 | | 4794 | 2939 | 2586 |
| 外商投资企业 | 81 | 22 | 1149098 | 1028892 | 993312 |
| 中外合资经营企业 | 61 | 16 | 890068 | 816626 | 796359 |
| 中外合作经营企业 | 6 | 2 | 30101 | 50735 | 50021 |
| 外资企业 | 13 | 4 | 228304 | 160905 | 146174 |
| 外商投资股份有限公司 | 1 | | 626 | 626 | 758 |

13-2 续表1　　（2003年）　　单位：万元

| 指　　标 | 企业 单位数（个） | #亏损企业 | 工业总产值 1990年不变价格 | 工业总产值 当年价格 | 工业销售产值（当年价） |
|---|---|---|---|---|---|
| 二、按经济组织类型分 | | | | | |
| 独资企业 | 1325 | 540 | 5629937 | 8037784 | 7882719 |
| 国有企业 | 921 | 442 | 4677083 | 7081467 | 6984687 |
| 集体企业 | 274 | 70 | 585577 | 638864 | 605188 |
| 私营独资企业 | 112 | 23 | 130762 | 146110 | 136226 |
| 港澳台商独资经营企业 | 5 | 1 | 8212 | 10437 | 10444 |
| 外资企业 | 13 | 4 | 228304 | 160905 | 146174 |
| 合作、合伙企业 | 136 | 38 | 294575 | 486986 | 470782 |
| 股份合作企业 | 84 | 29 | 131602 | 163660 | 153157 |
| 国有联营企业 | 9 | 2 | 22728 | 33070 | 29410 |
| 集体联营企业 | 12 | 3 | 16547 | 17734 | 17072 |
| 国有与集体联营企业 | 6 | 2 | 10300 | 11114 | 10457 |
| 其他联营企业 | 5 | | 8470 | 7080 | 9632 |
| 私营合伙企业 | 9 | | 13737 | 14492 | 14378 |
| 合作经营企业(港或澳、台资) | 1 | | 47488 | 173274 | 173274 |
| 中外合作经营企业 | 6 | 2 | 30101 | 50735 | 50021 |
| 其他企业（内资） | 4 | | 13602 | 15826 | 13381 |
| 股份有限公司 | 179 | 52 | 2351708 | 3418148 | 3369770 |
| 股份有限公司(内资) | 148 | 42 | 2297483 | 3364003 | 3320913 |
| 私营股份有限公司 | 29 | 10 | 48806 | 50580 | 45513 |
| 港澳台商投资股份有限公司 | 1 | | 4794 | 2939 | 2586 |
| 外商投资股份有限公司 | 1 | | 626 | 626 | 758 |
| 有限责任公司 | 853 | 276 | 6698894 | 6849678 | 6616511 |
| 国有独资公司 | 34 | 16 | 979703 | 1021255 | 1001193 |
| 私营有限责任公司 | 222 | 70 | 490701 | 594083 | 564611 |
| 合资经营企业(港或澳、台资) | 45 | 15 | 727086 | 384205 | 374978 |
| 中外合资经营企业 | 61 | 16 | 890068 | 816626 | 796359 |
| 其他有限责任公司 | 491 | 159 | 3611337 | 4033510 | 3879371 |
| 三、按轻重工业分 | | | | | |
| 轻工业 | 987 | 394 | 4137431 | 4314879 | 4158695 |
| 重工业 | 1506 | 512 | 10837683 | 14477716 | 14181086 |
| 四、按企业规模分 | | | | | |
| 大型企业 | 64 | 10 | 6463321 | 9181307 | 9114072 |
| 中型企业 | 356 | 97 | 5370935 | 6075594 | 5902519 |
| 小型企业 | 2073 | 799 | 3140858 | 3535694 | 3323191 |

13-2 续表2 （2003年） 单位：万元

| 指　　标 | 企业单位数（个） | #亏损企业 | 工业总产值 1990年不变价格 | 工业总产值 当年价格 | 工业销售产值（当年价） |
|---|---|---|---|---|---|
| 五、按工业行业分 | | | | | |
| 煤炭开采和洗选业 | 75 | 12 | 489875 | 666696 | 673517 |
| 石油和天然气开采业 | 18 | 1 | 597566 | 3027550 | 3020271 |
| 黑色金属矿采选业 | 16 | 7 | 13478 | 23513 | 23204 |
| 铁矿采选 | 12 | 5 | 10732 | 20483 | 20468 |
| 有色金属矿采选业 | 80 | 12 | 222485 | 313588 | 333373 |
| 常用有色金属矿采选 | 28 | 5 | 60909 | 67159 | 65606 |
| 贵金属矿采选 | 41 | 7 | 70818 | 127256 | 123884 |
| 非金属矿采选业 | 15 | 4 | 10034 | 12013 | 11274 |
| 农副食品加工业 | 168 | 59 | 502691 | 611310 | 592149 |
| 谷物磨制 | 65 | 26 | 68016 | 107041 | 103728 |
| 饲料加工 | 32 | 12 | 99673 | 106213 | 102977 |
| 植物油加工 | 29 | 7 | 164734 | 217131 | 209352 |
| 屠宰及肉类加工 | 22 | 9 | 108469 | 118506 | 116113 |
| 其他农副食品加工 | 17 | 5 | 55135 | 55669 | 53387 |
| 食品制造业 | 93 | 34 | 223477 | 279300 | 268382 |
| 焙烤食品制造 | 13 | 5 | 7091 | 10175 | 10189 |
| 方便食品制造 | 10 | 5 | 75878 | 80352 | 78784 |
| 液体乳及乳制品制造 | 39 | 11 | 109148 | 153742 | 146055 |
| 调味品、发酵制品制造 | 14 | 6 | 9167 | 9851 | 8908 |
| 饮料制造业 | 64 | 21 | 279348 | 362814 | 343909 |
| 酒的制造 | 31 | 10 | 107787 | 186526 | 182453 |
| 软饮料制造 | 29 | 10 | 162635 | 166926 | 153194 |
| 烟草制品业 | 11 | 3 | 318851 | 494919 | 491202 |
| 纺织业 | 94 | 52 | 488652 | 518441 | 511491 |
| 棉、化纤纺织及印染精加工 | 58 | 25 | 432922 | 464634 | 457870 |
| 毛纺织和染整精加工 | 6 | 5 | 9398 | 10176 | 10200 |
| 丝绢纺织及精加工 | 14 | 13 | 27285 | 21807 | 22361 |
| 纺织制成品制造 | 8 | 5 | 11979 | 14413 | 13784 |
| 针织品、编织品及其制品制造 | 8 | 4 | 7068 | 7411 | 7277 |
| 纺织服装、鞋、帽制造业 | 21 | 10 | 40287 | 38071 | 42434 |
| 纺织服装制造 | 21 | 10 | 40287 | 38071 | 42434 |
| 皮革、毛皮、羽毛(绒)及其制品业 | 7 | 3 | 15771 | 19661 | 17693 |
| 木材加工及木、竹、藤、棕、草制品业 | 9 | 5 | 18102 | 15716 | 15501 |
| 家具制造业 | 19 | 6 | 15208 | 15024 | 15148 |
| 造纸及纸制品业 | 77 | 20 | 156736 | 168297 | 163313 |
| 造纸 | 62 | 16 | 128588 | 139081 | 137485 |
| 纸制品制造 | 15 | 4 | 28148 | 29216 | 25828 |
| 印刷业和记录媒介的复制 | 70 | 26 | 198460 | 202950 | 199379 |
| 文教体育用品制造业 | 2 | | 914 | 933 | 903 |
| 石油加工、炼焦及核燃料加工业 | 38 | 5 | 387056 | 1336332 | 1349602 |
| 原油加工及石油制品制造 | 10 | 3 | 201162 | 896095 | 897117 |
| 炼焦 | 27 | 2 | 116432 | 373997 | 384902 |

13-2 续表3 （2003年） 单位：万元

| 指 标 | 企业单位数（个） | #亏损企业 | 工业总产值 1990年不变价格 | 工业总产值 当年价格 | 工业销售产值（当年价） |
|---|---|---|---|---|---|
| 化学原料及化学制品制造业 | 167 | 55 | 731403 | 816565 | 780348 |
| 基础化学原料制造 | 51 | 14 | 185646 | 207715 | 198169 |
| 肥料制造 | 44 | 22 | 281498 | 334349 | 325945 |
| 农药制造 | 7 | 3 | 8122 | 8119 | 4297 |
| 涂料、油墨、颜料及类似产品制造 | 11 | 1 | 38148 | 29592 | 28585 |
| 合成材料制造 | 11 | 3 | 22638 | 24805 | 22640 |
| 专用化学产品制造 | 37 | 10 | 106517 | 122406 | 117814 |
| 日用化学产品制造 | 6 | 2 | 88835 | 89579 | 82898 |
| 医药制造业 | 161 | 58 | 967009 | 983220 | 922214 |
| 化学药品原药制造 | 43 | 19 | 125747 | 131171 | 119539 |
| 化学药品制剂制造 | 36 | 14 | 555208 | 558641 | 543790 |
| 中药饮片加工 | 13 | 2 | 42202 | 43890 | 38786 |
| 中成药制造 | 54 | 18 | 183303 | 192143 | 162073 |
| 生物、生化制品的制造 | 8 | 1 | 54143 | 51002 | 52428 |
| 化学纤维制造业 | 2 | 1 | 2917 | 2995 | 2807 |
| 橡胶制品业 | 12 | 2 | 25540 | 25031 | 22724 |
| 塑料制品业 | 42 | 11 | 54549 | 53854 | 48462 |
| 非金属矿物制品业 | 265 | 111 | 409021 | 519157 | 495989 |
| 水泥、石灰和石膏的制造 | 162 | 63 | 261605 | 359100 | 343902 |
| 水泥及石膏制品制造 | 33 | 13 | 57453 | 70496 | 69119 |
| 砖瓦、石材及其他建筑材料制造 | 28 | 13 | 16125 | 14968 | 13542 |
| 玻璃及玻璃制品制造 | 22 | 11 | 59228 | 59645 | 55457 |
| 陶瓷制品制造 | 6 | 3 | 2213 | 2232 | 1955 |
| 耐火材料制品制造 | 3 | 2 | 2562 | 3038 | 2710 |
| 黑色金属冶炼及压延加工业 | 41 | 23 | 361866 | 618797 | 615522 |
| 炼铁 | 8 | 3 | 43008 | 93831 | 97484 |
| 炼钢 | 3 | 1 | 55997 | 110540 | 106339 |
| 钢压延加工 | 20 | 12 | 221475 | 376192 | 369323 |
| 铁合金冶炼 | 10 | 7 | 41386 | 38233 | 42376 |
| 有色金属冶炼及压延加工业 | 64 | 24 | 437100 | 486933 | 465843 |
| 常用有色金属冶炼 | 30 | 15 | 247627 | 295980 | 283322 |
| 贵金属冶炼 | 2 | 2 | 173 | 311 | 216 |
| 稀有稀土金属冶炼 | 6 | 1 | 33732 | 34236 | 35662 |
| 有色金属合金制造 | 3 | 1 | 3840 | 4563 | 4163 |
| 有色金属压延加工 | 23 | 5 | 151729 | 151844 | 142481 |
| 金属制品业 | 46 | 13 | 92505 | 111659 | 105510 |
| 通用设备制造业 | 134 | 46 | 644023 | 597811 | 569671 |
| 锅炉及原动机制造 | 20 | 9 | 89449 | 82143 | 78635 |
| 金属加工机械制造 | 21 | 6 | 185955 | 158278 | 153799 |

13-2 续表4 （2003年） 单位：万元

| 指 标 | 企业单位数（个） | #亏损企业 | 工业总产值 1990年不变价格 | 工业总产值 当年价格 | 工业销售产值（当年价） |
|---|---|---|---|---|---|
| 泵、阀门、压缩机及类似机械的制造 | 25 | 9 | 108490 | 95678 | 88289 |
| 轴承、齿轮、传动和驱动部件的制造 | 5 | 5 | 8719 | 9303 | 6971 |
| 风机、衡器、包装设备等通用设备制造 | 18 | 6 | 158911 | 152136 | 148136 |
| 金属铸、锻加工 | 25 | 6 | 47051 | 52676 | 48993 |
| 专用设备制造业 | 133 | 56 | 873279 | 794669 | 759932 |
| 矿山、冶金、建筑专用设备制造 | 34 | 8 | 390228 | 338119 | 326283 |
| 食品、饮料、烟草及饲料生产专用设备制造 | 15 | 4 | 18708 | 18396 | 16821 |
| 纺织、服装和皮革工业专用设备制造 | 19 | 9 | 161974 | 132714 | 124395 |
| 电子和电工机械专用设备制造 | 14 | 8 | 182706 | 186620 | 182221 |
| 农、林、牧、渔专用机械制造 | 22 | 18 | 28327 | 31122 | 29727 |
| 医疗仪器设备及器械制造 | 8 | 2 | 31544 | 30718 | 27708 |
| 交通运输设备制造业 | 96 | 30 | 2163590 | 1984600 | 1923740 |
| 铁路运输设备制造 | 17 | 4 | 153902 | 211672 | 214296 |
| 汽车制造 | 40 | 12 | 825647 | 725780 | 698175 |
| 自行车制造 | 6 | 4 | 6516 | 6560 | 6423 |
| 航空航天器制造 | 31 | 9 | 1176689 | 1039716 | 1003991 |
| 电气机械及器材制造业 | 103 | 37 | 961135 | 773368 | 754553 |
| 电机制造 | 7 | 4 | 64852 | 57033 | 56781 |
| 输配电及控制设备制造 | 47 | 13 | 675579 | 533857 | 522676 |
| 电线、电缆、光缆及电工器材制造 | 33 | 10 | 140839 | 106372 | 100931 |
| 家用电力器具制造 | 6 | 5 | 49693 | 50184 | 47774 |
| 照明器具制造 | 4 | 2 | 15920 | 11788 | 12716 |
| 通信设备、计算机及其他电子设备制造业 | 60 | 18 | 2518432 | 1319931 | 1232986 |
| 通信设备制造 | 18 | 6 | 203645 | 154550 | 153465 |
| 雷达及配套设备制造 | 3 | 2 | 22885 | 22928 | 22087 |
| 广播电视设备制造 | 3 | 1 | 14253 | 10353 | 9575 |
| 电子计算机制造 | 3 |  | 44837 | 10024 | 11051 |
| 电子器件制造 | 9 | 2 | 1240436 | 677745 | 647408 |
| 电子元件制造 | 19 | 6 | 414270 | 220191 | 209462 |
| 家用视听设备制造 | 3 | 1 | 517779 | 163811 | 163433 |
| 仪器仪表及文化、办公用机械制造业 | 24 | 8 | 158517 | 158024 | 141989 |
| 通用仪器仪表制造 | 13 | 5 | 18242 | 18058 | 16750 |
| 专用仪器仪表制造 | 5 | 2 | 54568 | 53173 | 48797 |
| 光学仪器及眼镜制造 | 5 |  | 85560 | 86645 | 76257 |
| 工艺品及其他制造业 | 15 | 6 | 101212 | 101201 | 91763 |
| 电力、热力的生产和供应业 | 142 | 58 | 473424 | 1245097 | 1239728 |
| 电力生产 | 83 | 32 | 313304 | 836001 | 831822 |
| 电力供应 | 53 | 21 | 147547 | 394018 | 392828 |
| 热力生产和供应 | 6 | 5 | 12573 | 15078 | 15078 |
| 燃气生产和供应业 | 6 | 3 | 4189 | 20469 | 24182 |
| 水的生产和供应业 | 103 | 66 | 16414 | 72088 | 69074 |

13-2 续表5 (2003年) 单位：万元

| 指 标 | 工 业<br>增加值<br>(生产法) | 资 产<br>总 计 | 流动资产<br>小 计 | #存货 | #产成品 |
|---|---|---|---|---|---|
| 总 计 | 6743547 | 36727193 | 14878748 | 4088010 | 1446639 |
| #亏损企业 | 790145 | 8581161 | 3249764 | 929875 | 422625 |
| #国有及国有控股企业 | 5088386 | 29713826 | 11729468 | 3222464 | 1063039 |
| #农村工业 | 123832 | 442303 | 163343 | 51450 | 29652 |
| 一、按登记注册类型分 | | | | | |
| 内资企业 | 6106265 | 34740759 | 13775971 | 3839917 | 1347501 |
| 国有企业 | 2461971 | 15385078 | 6250465 | 1700284 | 545283 |
| 中央企业 | 930656 | 5885974 | 2680350 | 745802 | 154294 |
| 地方企业 | 1531315 | 9499104 | 3570115 | 954482 | 390990 |
| 集体企业 | 206473 | 787291 | 391019 | 113590 | 57553 |
| 股份合作企业 | 62865 | 301856 | 127198 | 37873 | 18613 |
| 联营企业 | 27721 | 138826 | 59659 | 14819 | 7635 |
| 国有联营企业 | 14559 | 89059 | 30641 | 5307 | 1795 |
| 集体联营企业 | 6487 | 26649 | 15926 | 3510 | 1769 |
| 国有与集体联营企业 | 4292 | 14853 | 7191 | 2706 | 1782 |
| 其他联营企业 | 2383 | 8266 | 5901 | 3296 | 2289 |
| 有限责任公司 | 1552470 | 10605313 | 4426812 | 1396551 | 439561 |
| 国有独资公司 | 327628 | 3001207 | 929651 | 233329 | 72043 |
| 其他有限责任公司 | 1224841 | 7604106 | 3497161 | 1163222 | 367518 |
| 股份有限公司 | 1538763 | 6646824 | 2136705 | 428977 | 202964 |
| 私营企业 | 251030 | 867212 | 378007 | 144528 | 73514 |
| 私营独资企业 | 46774 | 151210 | 68286 | 31918 | 18903 |
| 私营合作企业 | 4007 | 13690 | 6329 | 824 | 220 |
| 私营有限责任公司 | 182256 | 615582 | 265287 | 97427 | 47210 |
| 私营股份有限公司 | 17993 | 86730 | 38106 | 14360 | 7182 |
| 其他企业 | 4972 | 8359 | 6108 | 3295 | 2378 |
| 港、澳、台商投资企业 | 190896 | 694391 | 300199 | 69749 | 26717 |
| 合资经营企业(港或澳、台资) | 105145 | 325394 | 172840 | 61861 | 25895 |
| 合作经营企业(港或澳、台资) | 80903 | 357274 | 121875 | 4822 | |
| 港澳台商独资经营企业 | 3555 | 10032 | 4487 | 2520 | 649 |
| 港澳台商投资股份有限公司 | 1294 | 1692 | 998 | 547 | 174 |
| 外商投资企业 | 446386 | 1292043 | 802578 | 178344 | 72421 |
| 中外合资经营企业 | 353166 | 992177 | 719598 | 158851 | 65342 |
| 中外合作经营企业 | 25663 | 136867 | 13926 | 4454 | 562 |
| 外资企业 | 67286 | 160708 | 68434 | 14813 | 6406 |
| 外商投资股份有限公司 | 271 | 2291 | 620 | 226 | 110 |

13-2 续表6 （2003年） 单位：万元

| 指标 | 工业增加值（生产法） | 资产总计 | 流动资产小计 | #存货 | #产成品 |
|---|---|---|---|---|---|
| 二、按经济组织类型分 | | | | | |
| 独资企业 | 2786058 | 16494319 | 6782689 | 1863125 | 628794 |
| 国有企业 | 2461971 | 15385078 | 6250465 | 1700284 | 545283 |
| 集体企业 | 206473 | 787291 | 391019 | 113590 | 57553 |
| 私营独资企业 | 46774 | 151210 | 68286 | 31918 | 18903 |
| 港澳台商独资经营企业 | 3555 | 10032 | 4487 | 2520 | 649 |
| 外资企业 | 67286 | 160708 | 68434 | 14813 | 6406 |
| 合作、合伙企业 | 206130 | 956871 | 335093 | 66086 | 29408 |
| 股份合作企业 | 62865 | 301856 | 127198 | 37873 | 18613 |
| 国有联营企业 | 14559 | 89059 | 30641 | 5307 | 1795 |
| 集体联营企业 | 6487 | 26649 | 15926 | 3510 | 1769 |
| 国有与集体联营企业 | 4292 | 14853 | 7191 | 2706 | 1782 |
| 其他联营企业 | 2383 | 8266 | 5901 | 3296 | 2289 |
| 私营合伙企业 | 4007 | 13690 | 6329 | 824 | 220 |
| 合作经营企业(港或澳、台资) | 80903 | 357274 | 121875 | 4822 | |
| 中外合作经营企业 | 25663 | 136867 | 13926 | 4454 | 562 |
| 其他企业（内资） | 4972 | 8359 | 6108 | 3295 | 2378 |
| 股份有限公司 | 1558321 | 6737537 | 2176429 | 444109 | 210430 |
| 股份有限公司(内资) | 1538763 | 6646824 | 2136705 | 428977 | 202964 |
| 私营股份有限公司 | 17993 | 86730 | 38106 | 14360 | 7182 |
| 港澳台商投资股份有限公司 | 1294 | 1692 | 998 | 547 | 174 |
| 外商投资股份有限公司 | 271 | 2291 | 620 | 226 | 110 |
| 有限责任公司 | 2193037 | 12538466 | 5584537 | 1714690 | 578007 |
| 国有独资公司 | 327628 | 3001207 | 929651 | 233329 | 72043 |
| 私营有限责任公司 | 182256 | 615582 | 265287 | 97427 | 47210 |
| 合资经营企业(港或澳、台资) | 105145 | 325394 | 172840 | 61861 | 25895 |
| 中外合资经营企业 | 353166 | 992177 | 719598 | 158851 | 65342 |
| 其他有限责任公司 | 1224841 | 7604106 | 3497161 | 1163222 | 367518 |
| 三、按轻重工业分 | | | | | |
| 轻工业 | 1563586 | 6242879 | 2985437 | 1021530 | 419890 |
| 重工业 | 5179960 | 30484314 | 11893311 | 3066480 | 1026749 |
| 四、按企业规模分 | | | | | |
| 大型企业 | 3428642 | 18501530 | 6917801 | 1821306 | 466925 |
| 中型企业 | 2125827 | 11951573 | 5129226 | 1356379 | 520303 |
| 小型企业 | 1189078 | 6274090 | 2831722 | 910326 | 459412 |

13-2 续表7 （2003年） 单位：万元

| 指标 | 工业增加值（生产法） | 资产总计 | 流动资产小计 | #存货 | #产成品 |
|---|---|---|---|---|---|
| 五、按工业行业分 | | | | | |
| 煤炭开采和洗选业 | 264856 | 1824028 | 451104 | 59151 | 15755 |
| 石油和天然气开采业 | 1603764 | 5740946 | 1044250 | 126936 | 44109 |
| 黑色金属矿采选业 | 9528 | 30042 | 14938 | 1797 | 840 |
| 铁矿采选 | 8486 | 24759 | 11893 | 1269 | 464 |
| 有色金属矿采选业 | 124018 | 518452 | 215732 | 46595 | 24256 |
| 常用有色金属矿采选 | 25965 | 93396 | 47642 | 8748 | 6292 |
| 贵金属矿采选 | 45145 | 177118 | 47261 | 10609 | 5076 |
| 非金属矿采选业 | 4013 | 20119 | 11325 | 1864 | 1205 |
| 农副食品加工业 | 164079 | 442877 | 200914 | 90974 | 40515 |
| 谷物磨制 | 34192 | 91841 | 38242 | 12972 | 5768 |
| 饲料加工 | 22358 | 68505 | 25630 | 10992 | 1353 |
| 植物油加工 | 59246 | 111746 | 61666 | 38547 | 14531 |
| 屠宰及肉类加工 | 34450 | 108662 | 39211 | 12224 | 8499 |
| 其他农副食品加工 | 12077 | 55626 | 32692 | 14953 | 9079 |
| 食品制造业 | 96131 | 308141 | 124492 | 35701 | 18870 |
| 焙烤食品制造 | 4231 | 17951 | 6077 | 2212 | 667 |
| 方便食品制造 | 30667 | 92418 | 35347 | 6351 | 1906 |
| 液体乳及乳制品制造 | 49460 | 137690 | 62384 | 18799 | 10193 |
| 调味品、发酵制品制造 | 4038 | 19232 | 6365 | 3602 | 3103 |
| 饮料制造业 | 133211 | 569361 | 225189 | 88125 | 49649 |
| 酒的制造 | 72322 | 212194 | 98797 | 48628 | 25664 |
| 软饮料制造 | 58111 | 321469 | 117896 | 38142 | 23184 |
| 烟草制品业 | 279492 | 753665 | 557201 | 254727 | 13151 |
| 纺织业 | 140547 | 938944 | 337571 | 157506 | 88717 |
| 棉、化纤纺织及印染精加工 | 135456 | 724314 | 255143 | 118704 | 59917 |
| 毛纺织和染整精加工 | -3242 | 90914 | 38127 | 17844 | 14737 |
| 丝绢纺织及精加工 | 2325 | 63773 | 23639 | 13688 | 9320 |
| 纺织制成品制造 | 4365 | 35913 | 13852 | 4004 | 2462 |
| 针织品、编织品及其制品制造 | 1643 | 24030 | 6810 | 3266 | 2282 |
| 纺织服装、鞋、帽制造业 | 12915 | 46255 | 28586 | 7588 | 4431 |
| 纺织服装制造 | 12915 | 46255 | 28586 | 7588 | 4431 |
| 皮革、毛皮、羽毛(绒)及其制品业 | 5253 | 61836 | 44144 | 20886 | 6864 |
| 木材加工及木、竹、藤、棕、草制品业 | 3540 | 76852 | 20378 | 7357 | 2495 |
| 家具制造业 | 5101 | 25283 | 16508 | 4920 | 2621 |
| 造纸及纸制品业 | 54857 | 296389 | 108974 | 38157 | 25653 |
| 造纸 | 44241 | 257101 | 91172 | 33056 | 21636 |
| 纸制品制造 | 10616 | 39288 | 17802 | 5101 | 4018 |
| 印刷业和记录媒介的复制 | 77387 | 394381 | 153883 | 35263 | 17714 |
| 文教体育用品制造业 | 326 | 1189 | 950 | 187 | 71 |
| 石油加工、炼焦及核燃料加工业 | 315767 | 1004288 | 396474 | 115876 | 33559 |
| 原油加工及石油制品制造 | 197161 | 517283 | 174992 | 45419 | 15722 |
| 炼焦 | 95192 | 295533 | 167079 | 46931 | 17123 |

13-2 续表8　　(2003年)　　单位：万元

| 指　标 | 工业增加值(生产法) | 资产总计 | 流动资产小计 | #存货 | #产成品 |
|---|---|---|---|---|---|
| 化学原料及化学制品制造业 | 245884 | 1785408 | 578080 | 142511 | 65310 |
| 基础化学原料制造 | 62562 | 329637 | 126656 | 29236 | 15937 |
| 肥料制造 | 98462 | 888544 | 217091 | 48912 | 20927 |
| 农药制造 | 2866 | 26122 | 9687 | 2928 | 1219 |
| 涂料、油墨、颜料及类似产品制造 | 6976 | 37328 | 15431 | 4482 | 1734 |
| 合成材料制造 | 8947 | 55595 | 26796 | 8870 | 6617 |
| 专用化学产品制造 | 40373 | 333893 | 120715 | 35201 | 14242 |
| 日用化学产品制造 | 25698 | 114290 | 61705 | 12882 | 4633 |
| 医药制造业 | 407953 | 1403103 | 772148 | 193959 | 112688 |
| 化学药品原药制造 | 34235 | 202160 | 96649 | 26997 | 13746 |
| 化学药品制剂制造 | 247815 | 635409 | 371536 | 93059 | 53114 |
| 中药饮片加工 | 18132 | 87070 | 59364 | 7282 | 3917 |
| 中成药制造 | 85646 | 279139 | 148100 | 48870 | 29421 |
| 生物、生化制品的制造 | 20157 | 190251 | 91779 | 15007 | 10260 |
| 化学纤维制造业 | 757 | 2977 | 842 | 238 | 196 |
| 橡胶制品业 | 9795 | 51114 | 29261 | 7722 | 4404 |
| 塑料制品业 | 18719 | 85118 | 44536 | 12967 | 7561 |
| 非金属矿物制品业 | 181066 | 1290799 | 478005 | 136472 | 70838 |
| 水泥、石灰和石膏的制造 | 131151 | 896917 | 308694 | 86403 | 42964 |
| 水泥及石膏制品制造 | 22026 | 118541 | 66493 | 18738 | 11280 |
| 砖瓦、石材及其他建筑材料制造 | 5131 | 86329 | 14464 | 4679 | 3087 |
| 玻璃及玻璃制品制造 | 17461 | 134509 | 66313 | 18153 | 9969 |
| 陶瓷制品制造 | 1726 | 12571 | 5652 | 1067 | 689 |
| 耐火材料制品制造 | 467 | 10831 | 3271 | 775 | 551 |
| 黑色金属冶炼及压延加工业 | 158731 | 1100256 | 526987 | 129022 | 40773 |
| 炼铁 | 24725 | 216249 | 58653 | 20183 | 2297 |
| 炼钢 | 26363 | 123310 | 54952 | 25206 | 1611 |
| 钢压延加工 | 94120 | 688787 | 373500 | 73091 | 34427 |
| 铁合金冶炼 | 13524 | 71909 | 39881 | 10541 | 2438 |
| 有色金属冶炼及压延加工业 | 132732 | 843657 | 366995 | 148734 | 47386 |
| 常用有色金属冶炼 | 75265 | 485986 | 154699 | 66045 | 14402 |
| 贵金属冶炼 | 89 | 8258 | 1642 | 106 | 105 |
| 稀有稀土金属冶炼 | 11391 | 23739 | 15545 | 9423 | 1201 |
| 有色金属合金制造 | 1492 | 4115 | 3553 | 862 | 746 |
| 有色金属压延加工 | 44495 | 321560 | 191557 | 72298 | 30931 |
| 金属制品业 | 42147 | 217932 | 127392 | 60368 | 35793 |
| 通用设备制造业 | 216931 | 1225025 | 770352 | 246457 | 87631 |
| 锅炉及原动机制造 | 23161 | 178303 | 87138 | 42080 | 11693 |
| 金属加工机械制造 | 53168 | 344224 | 211689 | 84926 | 24089 |

13-2 续表9　　(2003年)　　单位：万元

| 指标 | 工业增加值(生产法) | 资产总计 | 流动资产小计 | #存货 | #产成品 |
|---|---|---|---|---|---|
| 泵、阀门、压缩机及类似机械的制造 | 38032 | 181621 | 110135 | 29536 | 10186 |
| 轴承、齿轮、传动和驱动部件的制造 | 3595 | 49506 | 34073 | 17234 | 9965 |
| 风机、衡器、包装设备等通用设备制造 | 66283 | 283780 | 230620 | 39269 | 16520 |
| 金属铸、锻加工 | 18048 | 103073 | 48144 | 16392 | 8125 |
| 专用设备制造业 | 244270 | 1848555 | 951787 | 354908 | 139582 |
| 矿山、冶金、建筑专用设备制造 | 106282 | 644166 | 406421 | 155647 | 70441 |
| 食品、饮料、烟草及饲料生产专用设备制造 | 5071 | 64114 | 25916 | 11005 | 4208 |
| 纺织、服装和皮革工业专用设备制造 | 43190 | 211410 | 119130 | 48832 | 22998 |
| 电子和电工机械专用设备制造 | 48778 | 614547 | 226174 | 76758 | 16749 |
| 农、林、牧、渔专用机械制造 | 8887 | 152289 | 78567 | 33122 | 10405 |
| 医疗仪器设备及器械制造 | 12706 | 43952 | 30068 | 9021 | 5310 |
| 交通运输设备制造业 | 557048 | 4147957 | 2568939 | 897292 | 218600 |
| 铁路运输设备制造 | 62982 | 306533 | 197414 | 81969 | 30816 |
| 汽车制造 | 202339 | 854371 | 477228 | 145492 | 63906 |
| 自行车制造 | 1071 | 10208 | 2335 | 1354 | 171 |
| 航空航天器制造 | 290430 | 2974953 | 1890857 | 667932 | 123680 |
| 电气机械及器材制造业 | 225785 | 1422225 | 840673 | 261490 | 103907 |
| 电机制造 | 10145 | 61153 | 39892 | 20972 | 10385 |
| 输配电及控制设备制造 | 149828 | 974310 | 589632 | 182669 | 62844 |
| 电线、电缆、光缆及电工器材制造 | 33612 | 196792 | 116426 | 33755 | 19236 |
| 家用电力器具制造 | 22213 | 139530 | 71733 | 11832 | 5805 |
| 照明器具制造 | 4199 | 33877 | 12080 | 7098 | 4524 |
| 通信设备、计算机及其他电子设备制造业 | 319753 | 2180183 | 1346384 | 261951 | 81805 |
| 通信设备制造 | 54349 | 386029 | 293868 | 46784 | 14502 |
| 雷达及配套设备制造 | 8009 | 198152 | 139583 | 44030 | 482 |
| 广播电视设备制造 | 4313 | 78249 | 66443 | 9527 | 6433 |
| 电子计算机制造 | 3506 | 17681 | 13980 | 5833 | 1357 |
| 电子器件制造 | 133066 | 804497 | 490942 | 75903 | 22043 |
| 电子元件制造 | 62985 | 518841 | 289032 | 73017 | 35648 |
| 家用视听设备制造 | 33294 | 44700 | 20712 | 4444 | 1 |
| 仪器仪表及文化、办公用机械制造业 | 46121 | 377475 | 218950 | 76116 | 31307 |
| 通用仪器仪表制造 | 5503 | 104413 | 69820 | 21916 | 9496 |
| 专用仪器仪表制造 | 20922 | 143730 | 83763 | 30238 | 10167 |
| 光学仪器及眼镜制造 | 19664 | 126507 | 64010 | 23105 | 11573 |
| 工艺品及其他制造业 | 23519 | 171703 | 86252 | 25662 | 7646 |
| 电力、热力的生产和供应业 | 578384 | 5172691 | 1145002 | 34433 | 381 |
| 电力生产 | 355401 | 2554171 | 463783 | 29124 | 374 |
| 电力供应 | 218418 | 2569181 | 661282 | 3055 | 7 |
| 热力生产和供应 | 4566 | 49339 | 19937 | 2254 |  |
| 燃气生产和供应业 | 5234 | 69731 | 15591 | 1380 | 110 |
| 水的生产和供应业 | 33936 | 278236 | 57960 | 2721 | 246 |

13-2 续表10　　（2003年）　　单位：万元

| 指　　标 | 流动资产年平均余额 | 固定资产小　计 | 固定资产原　值 | 累　计折　旧 | #本　年折　旧 |
|---|---|---|---|---|---|
| 总　　计 | 13760491 | 18724193 | 25032122 | 8474603 | 1516930 |
| # 亏损企业 | 3251065 | 4543263 | 6066494 | 2047662 | 448755 |
| # 国有及国有控股企业 | 10853647 | 15635796 | 21340277 | 7324588 | 1296276 |
| # 农村工业 | 141797 | 208957 | 238170 | 65958 | 12740 |
| 一、按登记注册类型分 | | | | | |
| 内资企业 | 12720267 | 17940503 | 23743605 | 7912416 | 1423312 |
| 国有企业 | 5837119 | 8073039 | 11152737 | 4135074 | 733501 |
| 中央企业 | 2456473 | 2925955 | 4260782 | 1700566 | 372342 |
| 地方企业 | 3380646 | 5147083 | 6891955 | 2434509 | 361159 |
| 集体企业 | 359884 | 269426 | 343235 | 112178 | 17854 |
| 股份合作企业 | 120179 | 125287 | 169671 | 60072 | 8281 |
| 联营企业 | 57122 | 63138 | 87627 | 40340 | 5406 |
| 国有联营企业 | 29927 | 46448 | 59513 | 16640 | 2846 |
| 集体联营企业 | 15100 | 9876 | 16587 | 7973 | 2109 |
| 国有与集体联营企业 | 7166 | 4646 | 8400 | 14651 | 248 |
| 其他联营企业 | 4930 | 2169 | 3127 | 1076 | 204 |
| 有限责任公司 | 4040060 | 5070229 | 6192758 | 1828599 | 333292 |
| 国有独资公司 | 900802 | 1720806 | 2149137 | 650602 | 111052 |
| 其他有限责任公司 | 3139258 | 3349423 | 4043621 | 1177997 | 222240 |
| 股份有限公司 | 1957739 | 3981432 | 5426352 | 1658849 | 304905 |
| 私营企业 | 342001 | 356109 | 368918 | 76784 | 19900 |
| 私营独资企业 | 60477 | 74655 | 79467 | 17387 | 4131 |
| 私营合作企业 | 5966 | 3305 | 2735 | 375 | 107 |
| 私营有限责任公司 | 237108 | 249675 | 252458 | 49255 | 13387 |
| 私营股份有限公司 | 38451 | 28475 | 34258 | 9767 | 2276 |
| 其他企业 | 6163 | 1843 | 2307 | 521 | 173 |
| 港、澳、台商投资企业 | 271008 | 358137 | 691739 | 368335 | 56086 |
| 合资经营企业(港或澳、台资) | 154565 | 129476 | 156731 | 60983 | 9545 |
| 合作经营企业(港或澳、台资) | 112559 | 222442 | 528744 | 306155 | 46258 |
| 港澳台商独资经营企业 | 3074 | 5545 | 5531 | 968 | 249 |
| 港澳台商投资股份有限公司 | 809 | 674 | 733 | 229 | 34 |
| 外商投资企业 | 769217 | 425553 | 596778 | 193852 | 37532 |
| 中外合资经营企业 | 683074 | 226685 | 341691 | 131130 | 19563 |
| 中外合作经营企业 | 17268 | 118791 | 139721 | 27422 | 7623 |
| 外资企业 | 68071 | 78411 | 113460 | 35053 | 10229 |
| 外商投资股份有限公司 | 804 | 1667 | 1906 | 246 | 117 |

13-2 续表11 (2003年) 单位：万元

| 指 标 | 流动资产年平均余额 | 固定资产小 计 | 固定资产原 值 | 累 计折 旧 | #本 年折 旧 |
|---|---|---|---|---|---|
| 二、按经济组织类型分 | | | | | |
| 独资企业 | 6328626 | 8501075 | 11694430 | 4300661 | 765964 |
| 国有企业 | 5837119 | 8073039 | 11152737 | 4135074 | 733501 |
| 集体企业 | 359884 | 269426 | 343235 | 112178 | 17854 |
| 私营独资企业 | 60477 | 74655 | 79467 | 17387 | 4131 |
| 港澳台商独资经营企业 | 3074 | 5545 | 5531 | 968 | 249 |
| 外资企业 | 68071 | 78411 | 113460 | 35053 | 10229 |
| 合作、合伙企业 | 319257 | 534806 | 930805 | 434884 | 67848 |
| 股份合作企业 | 120179 | 125287 | 169671 | 60072 | 8281 |
| 国有联营企业 | 29927 | 46448 | 59513 | 16640 | 2846 |
| 集体联营企业 | 15100 | 9876 | 16587 | 7973 | 2109 |
| 国有与集体联营企业 | 7166 | 4646 | 8400 | 14651 | 248 |
| 其他联营企业 | 4930 | 2169 | 3127 | 1076 | 204 |
| 私营合伙企业 | 5966 | 3305 | 2735 | 375 | 107 |
| 合作经营企业(港或澳、台资) | 112559 | 222442 | 528744 | 306155 | 46258 |
| 中外合作经营企业 | 17268 | 118791 | 139721 | 27422 | 7623 |
| 其他企业（内资） | 6163 | 1843 | 2307 | 521 | 173 |
| 股份有限公司 | 1997803 | 4012247 | 5463249 | 1669092 | 307330 |
| 股份有限公司(内资) | 1957739 | 3981432 | 5426352 | 1658849 | 304905 |
| 私营股份有限公司 | 38451 | 28475 | 34258 | 9767 | 2275 |
| 港澳台商投资股份有限公司 | 809 | 674 | 733 | 229 | 34 |
| 外商投资股份有限公司 | 804 | 1667 | 1906 | 246 | 117 |
| 有限责任公司 | 5114806 | 5676065 | 6943637 | 2069966 | 375787 |
| 国有独资公司 | 900802 | 1720806 | 2149137 | 650602 | 111052 |
| 私营有限责任公司 | 237108 | 249675 | 252458 | 49255 | 13387 |
| 合资经营企业(港或澳、台资) | 154565 | 129476 | 156731 | 60983 | 9545 |
| 中外合资经营企业 | 683074 | 226685 | 341691 | 131130 | 19563 |
| 其他有限责任公司 | 3139258 | 3349423 | 4043621 | 1177997 | 222240 |
| 三、按轻重工业分 | | | | | |
| 轻工业 | 2940530 | 2395074 | 3137767 | 1113247 | 158188 |
| 重工业 | 10819961 | 16329119 | 21894355 | 7361356 | 1358742 |
| 四、按企业规模分 | | | | | |
| 大型企业 | 6273740 | 10374384 | 14509852 | 5002166 | 820991 |
| 中型企业 | 4799783 | 5655064 | 7232974 | 2495684 | 550882 |
| 小型企业 | 2686968 | 2694745 | 3289296 | 976754 | 145057 |

13-2 续表12 （2003年） 单位：万元

| 指 标 | 流动资产年平均余额 | 固定资产小计 | 固定资产原值 | 累计折旧 | #本年折旧 |
|---|---|---|---|---|---|
| 五、按工业行业分 | | | | | |
| 煤炭开采和洗选业 | 460149 | 1201411 | 1584913 | 432066 | 83715 |
| 石油和天然气开采业 | 875944 | 4571049 | 6335134 | 2009475 | 398021 |
| 黑色金属矿采选业 | 11604 | 12508 | 15180 | 6548 | 990 |
| 铁矿采选 | 8789 | 10273 | 11856 | 4948 | 839 |
| 有色金属矿采选业 | 207709 | 264284 | 383309 | 155967 | 18942 |
| 常用有色金属矿采选 | 45170 | 38432 | 67149 | 29579 | 4619 |
| 贵金属矿采选 | 45486 | 105507 | 164677 | 62323 | 8873 |
| 非金属矿采选业 | 10349 | 7433 | 8470 | 2245 | 375 |
| 农副食品加工业 | 177743 | 184744 | 217680 | 59893 | 9159 |
| 谷物磨制 | 35808 | 39362 | 52330 | 15810 | 2356 |
| 饲料加工 | 25090 | 34710 | 36904 | 9432 | 1831 |
| 植物油加工 | 45508 | 41067 | 52263 | 13147 | 2130 |
| 屠宰及肉类加工 | 40110 | 46425 | 50871 | 14502 | 1392 |
| 其他农副食品加工 | 30380 | 20777 | 22277 | 6287 | 1437 |
| 食品制造业 | 120926 | 148984 | 165314 | 42427 | 6915 |
| 焙烤食品制造 | 6482 | 10584 | 12836 | 3048 | 486 |
| 方便食品制造 | 36006 | 48159 | 65535 | 18024 | 3320 |
| 液体乳及乳制品制造 | 57380 | 58493 | 55997 | 13358 | 1879 |
| 调味品、发酵制品制造 | 7445 | 10187 | 11082 | 2707 | 390 |
| 饮料制造业 | 243894 | 265771 | 338612 | 102211 | 21017 |
| 酒的制造 | 93113 | 76052 | 109200 | 41679 | 7689 |
| 软饮料制造 | 141605 | 168275 | 203108 | 51480 | 12610 |
| 烟草制品业 | 559067 | 163604 | 283480 | 125260 | 17792 |
| 纺织业 | 339485 | 380917 | 610139 | 267883 | 29177 |
| 棉、化纤纺织及印染精加工 | 254483 | 303428 | 508441 | 239763 | 27420 |
| 毛纺织和染整精加工 | 39367 | 16712 | 24823 | 8911 | 397 |
| 丝绢纺织及精加工 | 23346 | 33048 | 42717 | 9245 | 550 |
| 纺织制成品制造 | 15121 | 12221 | 15429 | 4147 | 540 |
| 针织品、编织品及其制品制造 | 7168 | 15508 | 18730 | 5817 | 270 |
| 纺织服装、鞋、帽制造业 | 26335 | 12398 | 14799 | 4223 | 745 |
| 纺织服装制造 | 26335 | 12398 | 14799 | 4223 | 745 |
| 皮革、毛皮、羽毛(绒)及其制品业 | 39744 | 15353 | 24684 | 12958 | 1051 |
| 木材加工及木、竹、藤、棕、草制品业 | 21460 | 36304 | 42205 | 8879 | 1495 |
| 家具制造业 | 15964 | 6777 | 9316 | 3281 | 534 |
| 造纸及纸制品业 | 110262 | 158057 | 184810 | 48877 | 5478 |
| 造纸 | 93428 | 143295 | 165449 | 32627 | 4681 |
| 纸制品制造 | 16834 | 14762 | 19361 | 16250 | 797 |
| 印刷业和记录媒介的复制 | 156229 | 168771 | 263282 | 106930 | 17169 |
| 文教体育用品制造业 | 951 | 240 | 315 | 75 | 20 |
| 石油加工、炼焦及核燃料加工业 | 337897 | 540975 | 679410 | 245296 | 48519 |
| 原油加工及石油制品制造 | 167784 | 303444 | 325980 | 120498 | 24084 |
| 炼焦 | 118520 | 103762 | 141718 | 44469 | 9822 |

13-2 续表13 （2003年） 单位：万元

| 指 标 | 流动资产年平均余额 | 固定资产小计 | 固定资产原值 | 累计折旧 | #本年折旧 |
|---|---|---|---|---|---|
| 化学原料及化学制品制造业 | 552897 | 985553 | 1303126 | 378591 | 55842 |
| 基础化学原料制造 | 108033 | 159455 | 216257 | 75565 | 15065 |
| 肥料制造 | 226746 | 556662 | 778659 | 191688 | 30394 |
| 农药制造 | 8847 | 11416 | 12364 | 1693 | 431 |
| 涂料、油墨、颜料及类似产品制造 | 14177 | 13450 | 16819 | 18974 | 675 |
| 合成材料制造 | 25851 | 21237 | 25839 | 6512 | 2249 |
| 专用化学产品制造 | 109152 | 173795 | 177172 | 51234 | 5155 |
| 日用化学产品制造 | 60092 | 49540 | 76015 | 32926 | 1873 |
| 医药制造业 | 742076 | 466792 | 484068 | 123872 | 21078 |
| 化学药品原药制造 | 92139 | 83159 | 91465 | 15842 | 3030 |
| 化学药品制剂制造 | 358536 | 161805 | 190692 | 70090 | 10353 |
| 中药饮片加工 | 52613 | 25736 | 27334 | 4111 | 610 |
| 中成药制造 | 135436 | 106763 | 100048 | 22019 | 3901 |
| 生物、生化制品的制造 | 98933 | 85745 | 70063 | 10726 | 3013 |
| 化学纤维制造业 | 906 | 1739 | 2162 | 630 | 341 |
| 橡胶制品业 | 28776 | 18206 | 22585 | 9091 | 629 |
| 塑料制品业 | 38691 | 31543 | 40225 | 10928 | 2094 |
| 非金属矿物制品业 | 457269 | 645804 | 785934 | 259110 | 38167 |
| 水泥、石灰和石膏的制造 | 289514 | 469751 | 569280 | 185570 | 30686 |
| 水泥及石膏制品制造 | 62691 | 48958 | 67794 | 24324 | 2768 |
| 砖瓦、石材及其他建筑材料制造 | 14452 | 44105 | 39958 | 12553 | 906 |
| 玻璃及玻璃制品制造 | 68510 | 58040 | 73644 | 21724 | 2861 |
| 陶瓷制品制造 | 5813 | 6416 | 8864 | 2492 | 67 |
| 耐火材料制品制造 | 3175 | 1881 | 6392 | 4853 | 84 |
| 黑色金属冶炼及压延加工业 | 430552 | 477039 | 514502 | 118353 | 19605 |
| 炼铁 | 46268 | 120704 | 121892 | 6252 | 2551 |
| 炼钢 | 49025 | 54547 | 74259 | 31427 | 1009 |
| 钢压延加工 | 297926 | 273082 | 282146 | 72964 | 13778 |
| 铁合金冶炼 | 37333 | 28707 | 36206 | 7710 | 2268 |
| 有色金属冶炼及压延加工业 | 374610 | 368213 | 421770 | 153681 | 22022 |
| 常用有色金属冶炼 | 171965 | 233748 | 224116 | 71916 | 14167 |
| 贵金属冶炼 | 1678 | 5432 | 5791 | 516 | 28 |
| 稀有稀土金属冶炼 | 10387 | 5930 | 5901 | 1761 | 586 |
| 有色金属合金制造 | 3156 | 526 | 474 | 91 | 41 |
| 有色金属压延加工 | 187424 | 122576 | 185488 | 79399 | 7199 |
| 金属制品业 | 114922 | 74299 | 118034 | 57095 | 11297 |
| 通用设备制造业 | 701221 | 361102 | 509603 | 209012 | 22866 |
| 锅炉及原动机制造 | 100299 | 71236 | 95071 | 46101 | 4003 |
| 金属加工机械制造 | 200796 | 101381 | 164336 | 67341 | 7764 |

13-2 续表14 （2003年） 单位：万元

| 指 标 | 流动资产年平均余额 | 固定资产小计 | 固定资产原值 | 累计折旧 | #本年折旧 |
|---|---|---|---|---|---|
| 泵、阀门、压缩机及类似机械的制造 | 102129 | 51263 | 63985 | 22628 | 3491 |
| 轴承、齿轮、传动和驱动部件的制造 | 33182 | 12887 | 16157 | 9591 | 585 |
| 风机、衡器、包装设备等通用设备制造 | 169032 | 46601 | 69490 | 29918 | 2926 |
| 金属铸、锻加工 | 48428 | 50919 | 61479 | 18706 | 2353 |
| 专用设备制造业 | 924307 | 766914 | 1054841 | 394415 | 35973 |
| 矿山、冶金、建筑专用设备制造 | 397577 | 202917 | 311504 | 121061 | 10842 |
| 食品、饮料、烟草及饲料生产专用设备制造 | 18609 | 31143 | 39104 | 11931 | 1198 |
| 纺织、服装和皮革工业专用设备制造 | 126226 | 51987 | 105557 | 57864 | 5156 |
| 电子和电工机械专用设备制造 | 210471 | 354694 | 422616 | 133004 | 12581 |
| 农、林、牧、渔专用机械制造 | 78443 | 68089 | 91028 | 32070 | 2617 |
| 医疗仪器设备及器械制造 | 29483 | 12567 | 15364 | 5512 | 938 |
| 交通运输设备制造业 | 2223405 | 1228970 | 1589672 | 642505 | 82520 |
| 铁路运输设备制造 | 183327 | 94623 | 145099 | 58620 | 8702 |
| 汽车制造 | 415272 | 297646 | 376288 | 118789 | 21329 |
| 自行车制造 | 2405 | 7073 | 9324 | 2337 | 219 |
| 航空航天器制造 | 1621158 | 828840 | 1058001 | 462502 | 52256 |
| 电气机械及器材制造业 | 806273 | 395748 | 575511 | 232263 | 39237 |
| 电机制造 | 41758 | 19329 | 29990 | 11639 | 672 |
| 输配电及控制设备制造 | 555107 | 248146 | 376944 | 173097 | 29288 |
| 电线、电缆、光缆及电工器材制造 | 106059 | 66851 | 84257 | 21255 | 3730 |
| 家用电力器具制造 | 80372 | 41621 | 58986 | 19241 | 4528 |
| 照明器具制造 | 12731 | 15777 | 20884 | 6078 | 732 |
| 通信设备、计算机及其他电子设备制造业 | 1317412 | 582934 | 946396 | 411178 | 32888 |
| 通信设备制造 | 281045 | 74371 | 98253 | 30176 | 5538 |
| 雷达及配套设备制造 | 131423 | 39890 | 52879 | 21419 | 3457 |
| 广播电视设备制造 | 66692 | 7025 | 11724 | 5007 | 464 |
| 电子计算机制造 | 15209 | 3652 | 4348 | 696 | 269 |
| 电子器件制造 | 485654 | 251865 | 512151 | 268539 | 10876 |
| 电子元件制造 | 281599 | 169207 | 223965 | 77568 | 10344 |
| 家用视听设备制造 | 20690 | 14700 | 20167 | 5502 | 1077 |
| 仪器仪表及文化、办公用机械制造业 | 217623 | 129859 | 196907 | 85318 | 9137 |
| 通用仪器仪表制造 | 68899 | 21672 | 42844 | 22967 | 1007 |
| 专用仪器仪表制造 | 80062 | 45182 | 69220 | 30279 | 5648 |
| 光学仪器及眼镜制造 | 67334 | 61540 | 82372 | 31067 | 2358 |
| 工艺品及其他制造业 | 78991 | 25471 | 18344 | 6408 | 1607 |
| 电力、热力的生产和供应业 | 961627 | 3788865 | 4974531 | 1632203 | 444433 |
| 电力生产 | 437200 | 2026605 | 2897189 | 1039666 | 322261 |
| 电力供应 | 507818 | 1737642 | 2049869 | 583644 | 120678 |
| 热力生产和供应 | 16609 | 24617 | 27473 | 8894 | 1493 |
| 燃气生产和供应业 | 18166 | 45211 | 53472 | 9571 | 1850 |
| 水的生产和供应业 | 55054 | 190354 | 259388 | 105887 | 14231 |

13-2 续表15 （2003年） 单位：万元

| 指标 | 固定资产净值年平均余额 | 负债合计 | # 流动负债小计 | # 长期负债小计 | 所有者权益合计 |
|---|---|---|---|---|---|
| 总计 | 16018385 | 23482912 | 15183216 | 7908638 | 13067378 |
| # 亏损企业 | 4051773 | 6849872 | 4289572 | 2306097 | 1702918 |
| # 国有及国有控股企业 | 13541482 | 19165682 | 12279892 | 6605904 | 10383612 |
| # 农村工业 | 199504 | 236597 | 159668 | 71867 | 205705 |
| 一、按登记注册类型分 | | | | | |
| 内资企业 | 15249019 | 22427185 | 14343726 | 7700149 | 12136671 |
| 国有企业 | 6733169 | 10441983 | 7332602 | 2902210 | 4783236 |
| 中央企业 | 2974337 | 3758172 | 2463293 | 1128429 | 1984271 |
| 地方企业 | 3758832 | 6683812 | 4869310 | 1773781 | 2798965 |
| 集体企业 | 256109 | 452124 | 334704 | 108451 | 335168 |
| 股份合作企业 | 121402 | 205806 | 151893 | 51422 | 96050 |
| 联营企业 | 60144 | 108811 | 52668 | 54733 | 30015 |
| 国有联营企业 | 45640 | 74162 | 25968 | 48103 | 14897 |
| 集体联营企业 | 8381 | 20294 | 14846 | 5410 | 6355 |
| 国有与集体联营企业 | 4548 | 8725 | 6567 | 878 | 6128 |
| 其他联营企业 | 1576 | 5630 | 5287 | 343 | 2635 |
| 有限责任公司 | 4188500 | 7601823 | 4357253 | 3148992 | 2998817 |
| 国有独资公司 | 1544517 | 2093895 | 1025111 | 1021499 | 902639 |
| 其他有限责任公司 | 2643983 | 5507928 | 3332142 | 2127493 | 2096178 |
| 股份有限公司 | 3591032 | 3117902 | 1750582 | 1326638 | 3516550 |
| 私营企业 | 296845 | 493343 | 359283 | 107052 | 373869 |
| 私营独资企业 | 65642 | 90984 | 59875 | 13561 | 60226 |
| 私营合作企业 | 3557 | 6704 | 5729 | 442 | 6986 |
| 私营有限责任公司 | 197210 | 347499 | 263882 | 75025 | 268083 |
| 私营股份有限公司 | 30437 | 48156 | 29798 | 18025 | 38574 |
| 其他企业 | 1818 | 5392 | 4741 | 651 | 2967 |
| 港、澳、台商投资企业 | 358316 | 326999 | 280056 | 43960 | 367393 |
| 合资经营企业(港或澳、台资) | 108356 | 199611 | 158674 | 37955 | 125782 |
| 合作经营企业(港或澳、台资) | 245049 | 119655 | 114150 | 5506 | 237619 |
| 港澳台商独资经营企业 | 4393 | 6859 | 6359 | 500 | 3173 |
| 港澳台商投资股份有限公司 | 518 | 874 | 874 | | 818 |
| 外商投资企业 | 411050 | 728728 | 559434 | 164529 | 563314 |
| 中外合资经营企业 | 219116 | 569227 | 500372 | 68676 | 422950 |
| 中外合作经营企业 | 115505 | 83532 | 11756 | 71100 | 53335 |
| 外资企业 | 75531 | 74959 | 46325 | 24723 | 85749 |
| 外商投资股份有限公司 | 899 | 1011 | 981 | 30 | 1280 |

13-2 续表16　　(2003年)　　单位：万元

| 指 标 | 固定资产净值年平均余额 | 负债合计 | #流动负债小计 | #长期负债小计 | 所有者权益合计 |
|---|---|---|---|---|---|
| 二、按经济组织类型分 | | | | | |
| 独资企业 | 7134843 | 11066909 | 7779865 | 3049444 | 5267552 |
| 国有企业 | 6733169 | 10441983 | 7332602 | 2902210 | 4783236 |
| 集体企业 | 256109 | 452124 | 334704 | 108451 | 335168 |
| 私营独资企业 | 65642 | 90984 | 59875 | 13561 | 60226 |
| 港澳台商独资经营企业 | 4393 | 6859 | 6359 | 500 | 3173 |
| 外资企业 | 75531 | 74959 | 46325 | 24723 | 85749 |
| 合作、合伙企业 | 547475 | 529900 | 340935 | 183853 | 426971 |
| 股份合作企业 | 121402 | 205806 | 151893 | 51422 | 96050 |
| 国有联营企业 | 45640 | 74162 | 25968 | 48103 | 14897 |
| 集体联营企业 | 8381 | 20294 | 14846 | 5410 | 6355 |
| 国有与集体联营企业 | 4548 | 8725 | 6567 | 878 | 6128 |
| 其他联营企业 | 1576 | 5630 | 5287 | 343 | 2635 |
| 私营合伙企业 | 3557 | 6704 | 5729 | 442 | 6986 |
| 合作经营企业(港或澳、台资) | 245049 | 119655 | 114150 | 5506 | 237619 |
| 中外合作经营企业 | 115505 | 83532 | 11756 | 71100 | 53335 |
| 其他企业（内资） | 1818 | 5392 | 4741 | 651 | 2967 |
| 股份有限公司 | 3622886 | 3167943 | 1782235 | 1344693 | 3557222 |
| 股份有限公司(内资) | 3591032 | 3117902 | 1750582 | 1326638 | 3516550 |
| 私营股份有限公司 | 30437 | 48156 | 29798 | 18025 | 38574 |
| 港澳台商投资股份有限公司 | 518 | 874 | 874 | | 818 |
| 外商投资股份有限公司 | 899 | 1011 | 981 | 30 | 1280 |
| 有限责任公司 | 4713181 | 8718160 | 5280181 | 3330648 | 3815633 |
| 国有独资公司 | 1544517 | 2093895 | 1025111 | 1021499 | 902639 |
| 私营有限责任公司 | 197210 | 347499 | 263882 | 75025 | 268083 |
| 合资经营企业(港或澳、台资) | 108356 | 199611 | 158674 | 37955 | 125782 |
| 中外合资经营企业 | 219116 | 569227 | 500372 | 68676 | 422950 |
| 其他有限责任公司 | 2643983 | 5507928 | 3332142 | 2127493 | 2096178 |
| 三、按轻重工业分 | | | | | |
| 轻工业 | 2132072 | 4053541 | 3145130 | 800262 | 2176213 |
| 重工业 | 13886313 | 19429371 | 12038086 | 7108376 | 10891165 |
| 四、按企业规模分 | | | | | |
| 大型企业 | 8560446 | 10807377 | 6362495 | 4230374 | 7689158 |
| 中型企业 | 5137562 | 8068180 | 5455307 | 2562274 | 3712239 |
| 小型企业 | 2320377 | 4607355 | 3365413 | 1115991 | 1665981 |

13-2 续表17 （2003年） 单位：万元

| 指 标 | 固定资产净值年平均余额 | 负债合计 | #流动负债小计 | #长期负债小计 | 所有者权益合计 |
|---|---|---|---|---|---|
| 五、按工业行业分 | | | | | |
| 煤炭开采和洗选业 | 1102234 | 1045590 | 470522 | 572977 | 778439 |
| 石油和天然气开采业 | 3540219 | 2761719 | 1386743 | 1374966 | 2979228 |
| 黑色金属矿采选业 | 10376 | 20733 | 16144 | 4460 | 9308 |
| 铁矿采选 | 8653 | 17600 | 13733 | 3857 | 7159 |
| 有色金属矿采选业 | 224848 | 295269 | 176381 | 115545 | 223183 |
| 常用有色金属矿采选 | 39087 | 64731 | 52214 | 12177 | 28665 |
| 贵金属矿采选 | 98109 | 137406 | 58107 | 76496 | 39712 |
| 非金属矿采选业 | 6634 | 12525 | 10449 | 2077 | 7593 |
| 农副食品加工业 | 154187 | 312212 | 227974 | 74486 | 130665 |
| 谷物磨制 | 36448 | 69330 | 53909 | 14021 | 22511 |
| 饲料加工 | 27362 | 40963 | 29225 | 11009 | 27542 |
| 植物油加工 | 34491 | 84691 | 54733 | 29585 | 27055 |
| 屠宰及肉类加工 | 37303 | 75739 | 63216 | 11836 | 32923 |
| 其他农副食品加工 | 17771 | 39382 | 24785 | 8036 | 16244 |
| 食品制造业 | 123683 | 203041 | 132388 | 55812 | 105100 |
| 焙烤食品制造 | 8557 | 11969 | 7784 | 1309 | 5982 |
| 方便食品制造 | 47564 | 53643 | 32319 | 17024 | 38775 |
| 液体乳及乳制品制造 | 40284 | 90167 | 66929 | 16572 | 47523 |
| 调味品、发酵制品制造 | 9755 | 16499 | 7056 | 9441 | 2733 |
| 饮料制造业 | 242649 | 414372 | 318731 | 84432 | 154990 |
| 酒的制造 | 70227 | 144482 | 121132 | 20904 | 67712 |
| 软饮料制造 | 154340 | 235123 | 172985 | 53376 | 86346 |
| 烟草制品业 | 155811 | 560984 | 526780 | 32846 | 192681 |
| 纺织业 | 411959 | 739754 | 554137 | 149106 | 199190 |
| 棉、化纤纺织及印染精加工 | 338544 | 442359 | 337224 | 70801 | 281955 |
| 毛纺织和染整精加工 | 17002 | 139927 | 93219 | 46702 | -49013 |
| 丝绢纺织及精加工 | 31247 | 90920 | 72872 | 17329 | -27147 |
| 纺织制成品制造 | 11501 | 42747 | 28663 | 12631 | -6834 |
| 针织品、编织品及其制品制造 | 13665 | 23802 | 22158 | 1643 | 229 |
| 纺织服装、鞋、帽制造业 | 11099 | 33774 | 27615 | 2936 | 12481 |
| 纺织服装制造 | 11099 | 33774 | 27615 | 2936 | 12481 |
| 皮革、毛皮、羽毛(绒)及其制品业 | 12466 | 50573 | 32451 | 14194 | 11263 |
| 木材加工及木、竹、藤、棕、草制品业 | 33409 | 58690 | 33139 | 25246 | 18162 |
| 家具制造业 | 6225 | 15105 | 12753 | 1479 | 10178 |
| 造纸及纸制品业 | 148034 | 222856 | 144487 | 77427 | 73532 |
| 造纸 | 134485 | 196572 | 127726 | 68238 | 60529 |
| 纸制品制造 | 13549 | 26284 | 16761 | 9189 | 13004 |
| 印刷业和记录媒介的复制 | 152033 | 184077 | 135050 | 48212 | 210251 |
| 文教体育用品制造业 | 240 | 224 | 224 | | 966 |
| 石油加工、炼焦及核燃料加工业 | 435396 | 643447 | 494658 | 143084 | 360842 |
| 原油加工及石油制品制造 | 205804 | 337465 | 295572 | 41893 | 179818 |
| 炼焦 | 91391 | 212224 | 165320 | 41200 | 83309 |

13-2 续表18 （2003年） 单位：万元

| 指 标 | 固定资产净值年平均余额 | 负债合计 | #流动负债小计 | #长期负债小计 | 所有者权益合计 |
|---|---|---|---|---|---|
| 化学原料及化学制品制造业 | 887204 | 1351739 | 604800 | 743288 | 433669 |
| 基础化学原料制造 | 144824 | 224462 | 157605 | 65212 | 105175 |
| 肥料制造 | 533048 | 784508 | 230671 | 552913 | 104036 |
| 农药制造 | 6079 | 14401 | 9487 | 4914 | 11721 |
| 涂料、油墨、颜料及类似产品制造 | 11644 | 24732 | 23550 | 1175 | 12596 |
| 合成材料制造 | 19707 | 42091 | 18232 | 22830 | 13505 |
| 专用化学产品制造 | 124676 | 210247 | 128771 | 81475 | 123646 |
| 日用化学产品制造 | 47226 | 51300 | 36484 | 14770 | 62989 |
| 医药制造业 | 360767 | 739008 | 600584 | 119967 | 651024 |
| 化学药品原药制造 | 70648 | 107743 | 67852 | 29092 | 94416 |
| 化学药品制剂制造 | 113791 | 340074 | 285509 | 54024 | 282963 |
| 中药饮片加工 | 23216 | 50465 | 36268 | 14168 | 36605 |
| 中成药制造 | 75703 | 155006 | 139393 | 13927 | 123433 |
| 生物、生化制品的制造 | 74052 | 79503 | 67159 | 6944 | 110748 |
| 化学纤维制造业 | 1423 | 1870 | 1460 | 410 | 1107 |
| 橡胶制品业 | 14969 | 44831 | 36359 | 6525 | 6283 |
| 塑料制品业 | 26785 | 58393 | 43432 | 8049 | 26725 |
| 非金属矿物制品业 | 523854 | 974903 | 666504 | 295000 | 315896 |
| 水泥、石灰和石膏的制造 | 376216 | 638642 | 401291 | 232857 | 258275 |
| 水泥及石膏制品制造 | 44148 | 85196 | 72197 | 10184 | 33346 |
| 砖瓦、石材及其他建筑材料制造 | 27684 | 75604 | 34736 | 34864 | 10725 |
| 玻璃及玻璃制品制造 | 54772 | 132748 | 123392 | 9356 | 1761 |
| 陶瓷制品制造 | 6564 | 12801 | 10353 | 2393 | -230 |
| 耐火材料制品制造 | 1597 | 3314 | 3129 | 153 | 7518 |
| 黑色金属冶炼及压延加工业 | 317012 | 759092 | 553974 | 200891 | 341163 |
| 炼铁 | 58472 | 102482 | 49136 | 49941 | 113766 |
| 炼钢 | 50305 | 95656 | 81332 | 14324 | 27654 |
| 钢压延加工 | 176543 | 523607 | 405153 | 117632 | 165180 |
| 铁合金冶炼 | 31693 | 37347 | 18353 | 18994 | 34562 |
| 有色金属冶炼及压延加工业 | 268549 | 548181 | 380326 | 167696 | 295477 |
| 常用有色金属冶炼 | 151935 | 318955 | 187771 | 131064 | 167030 |
| 贵金属冶炼 | 4601 | 10068 | 5432 | 4636 | -1810 |
| 稀有稀土金属冶炼 | 7643 | 14918 | 14481 | 419 | 8820 |
| 有色金属合金制造 | 443 | 3469 | 3469 |  | 647 |
| 有色金属压延加工 | 103928 | 200771 | 169173 | 31577 | 120790 |
| 金属制品业 | 60322 | 158352 | 120087 | 36866 | 59580 |
| 通用设备制造业 | 317841 | 880266 | 769455 | 93107 | 344759 |
| 锅炉及原动机制造 | 63512 | 159083 | 140811 | 17272 | 19219 |
| 金属加工机械制造 | 94026 | 213334 | 177526 | 34780 | 130890 |

13-2 续表19 (2003年) 单位：万元

| 指　　标 | 固定资产净值年平均余额 | 负　债合　计 | #流动负债小　计 | #长期负债小　计 | 所有者权　益合　计 |
|---|---|---|---|---|---|
| 泵、阀门、压缩机及类似机械的制造 | 47662 | 81751 | 62953 | 5125 | 99870 |
| 轴承、齿轮、传动和驱动部件的制造 | 8331 | 57103 | 49638 | 7464 | -7597 |
| 风机、衡器、包装设备等通用设备制造 | 37142 | 222112 | 215133 | 6642 | 61668 |
| 金属铸、锻加工 | 41825 | 71170 | 51278 | 18591 | 31903 |
| 专用设备制造业 | 643291 | 1364354 | 1000892 | 325148 | 482729 |
| 矿山、冶金、建筑专用设备制造 | 182132 | 557417 | 434637 | 122594 | 86748 |
| 食品、饮料、烟草及饲料生产专用设备制造 | 20046 | 63391 | 41094 | 611 | 724 |
| 纺织、服装和皮革工业专用设备制造 | 49263 | 124394 | 60066 | 63617 | 87016 |
| 电子和电工机械专用设备制造 | 286591 | 367247 | 261995 | 92021 | 245827 |
| 农、林、牧、渔专用机械制造 | 58152 | 136907 | 104298 | 32268 | 15382 |
| 医疗仪器设备及器械制造 | 9944 | 28516 | 24822 | 3694 | 15436 |
| 交通运输设备制造业 | 823697 | 2841282 | 2271681 | 566871 | 1302823 |
| 铁路运输设备制造 | 80074 | 183529 | 171779 | 11749 | 123004 |
| 汽车制造 | 205006 | 554935 | 470386 | 82227 | 299436 |
| 自行车制造 | 7252 | 3709 | 3379 | 21 | 6499 |
| 航空航天器制造 | 530577 | 2096471 | 1623504 | 472871 | 874630 |
| 电气机械及器材制造业 | 343292 | 1000995 | 859976 | 134772 | 421230 |
| 电机制造 | 17625 | 47931 | 44782 | 3149 | 13223 |
| 输配电及控制设备制造 | 203109 | 643043 | 559811 | 80160 | 331267 |
| 电线、电缆、光缆及电工器材制造 | 64062 | 161277 | 123028 | 35590 | 35516 |
| 家用电力器具制造 | 40483 | 122765 | 108433 | 14332 | 16765 |
| 照明器具制造 | 14342 | 20165 | 18760 | 1406 | 13712 |
| 通信设备、计算机及其他电子设备制造业 | 516922 | 1320350 | 1014707 | 294309 | 847261 |
| 通信设备制造 | 66763 | 243634 | 204753 | 38856 | 142396 |
| 雷达及配套设备制造 | 29405 | 152567 | 76695 | 75872 | 45585 |
| 广播电视设备制造 | 6729 | 91668 | 87851 | 3817 | -13419 |
| 电子计算机制造 | 3058 | 5403 | 4903 | 500 | 12278 |
| 电子器件制造 | 217721 | 385747 | 311682 | 74065 | 418750 |
| 电子元件制造 | 148899 | 345376 | 260345 | 85020 | 160893 |
| 家用视听设备制造 | 14935 | 34667 | 34667 |  | 10033 |
| 仪器仪表及文化、办公用机械制造业 | 109587 | 234034 | 199320 | 33598 | 143441 |
| 通用仪器仪表制造 | 20505 | 78484 | 72452 | 5031 | 25929 |
| 专用仪器仪表制造 | 37527 | 78419 | 60803 | 17617 | 65311 |
| 光学仪器及眼镜制造 | 50026 | 75842 | 64777 | 10950 | 50665 |
| 工艺品及其他制造业 | 12798 | 54645 | 52982 | 1045 | 117058 |
| 电力、热力的生产和供应业 | 3819436 | 3397996 | 1228986 | 2004347 | 1628814 |
| 电力生产 | 1863345 | 2074467 | 511611 | 1561355 | 479704 |
| 电力供应 | 1941178 | 1285459 | 697311 | 425093 | 1137842 |
| 热力生产和供应 | 14913 | 38070 | 20063 | 17900 | 11269 |
| 燃气生产和供应业 | 41839 | 39315 | 17768 | 21538 | 30416 |
| 水的生产和供应业 | 157296 | 138362 | 59300 | 75926 | 139874 |

13-2 续表20 （2003年） 单位：万元

| 指 标 | 产品销售收入 | 产品销售成本 | 产品销售费用 | 产品销售税金及附加 | 其他业务利润 |
|---|---|---|---|---|---|
| 总 计 | 18433298 | 13608047 | 687886 | 500757 | 134576 |
| # 亏损企业 | 2508161 | 2163859 | 100817 | 53674 | 22350 |
| # 国有及国有控股企业 | 13890535 | 10100649 | 379074 | 446590 | 100705 |
| # 农村工业 | 328216 | 264809 | 13908 | 6495 | 5382 |
| 一、按登记注册类型分 | | | | | |
| 内资企业 | 17061828 | 12696826 | 517004 | 491605 | 126622 |
| 国有企业 | 7304586 | 5466513 | 173176 | 346987 | 56490 |
| 中央企业 | 2877843 | 2225923 | 48812 | 211827 | 14097 |
| 地方企业 | 4426743 | 3240590 | 124363 | 135160 | 42393 |
| 集体企业 | 556393 | 452676 | 21251 | 6877 | 12403 |
| 股份合作企业 | 142560 | 111721 | 4953 | 2059 | 2297 |
| 联营企业 | 62986 | 44081 | 5223 | 425 | 543 |
| 国有联营企业 | 28567 | 16394 | 3738 | 190 | 24 |
| 集体联营企业 | 16622 | 13245 | 561 | 124 | 490 |
| 国有与集体联营企业 | 9327 | 7540 | 298 | 70 | 23 |
| 其他联营企业 | 8470 | 6902 | 627 | 41 | 5 |
| 有限责任公司 | 4989555 | 3960448 | 181978 | 59243 | 36391 |
| 国有独资公司 | 997798 | 792265 | 19308 | 13159 | 11787 |
| 其他有限责任公司 | 3991757 | 3168183 | 162670 | 46085 | 24604 |
| 股份有限公司 | 3269860 | 2049160 | 99241 | 67164 | 16183 |
| 私营企业 | 722760 | 601114 | 30799 | 8778 | 1913 |
| 私营独资企业 | 126688 | 104543 | 4198 | 2366 | 327 |
| 私营合作企业 | 14123 | 11350 | 546 | 383 | 15 |
| 私营有限责任公司 | 541374 | 453167 | 23668 | 5138 | 1424 |
| 私营股份有限公司 | 40575 | 32054 | 2387 | 892 | 147 |
| 其他企业 | 13127 | 11114 | 384 | 74 | 403 |
| 港、澳、台商投资企业 | 394442 | 285852 | 20272 | 2792 | 2350 |
| 合资经营企业(港或澳、台资) | 213910 | 164112 | 20065 | 2792 | 2257 |
| 合作经营企业(港或澳、台资) | 171135 | 113245 | | | |
| 港澳台商独资经营企业 | 7067 | 6510 | 180 | | 85 |
| 港澳台商投资股份有限公司 | 2330 | 1985 | 27 | | 7 |
| 外商投资企业 | 977029 | 625369 | 150610 | 6359 | 5604 |
| 中外合资经营企业 | 773395 | 482089 | 131994 | 4297 | 4912 |
| 中外合作经营企业 | 49959 | 26744 | 378 | 2015 | 41 |
| 外资企业 | 152916 | 116160 | 17992 | 2 | 651 |
| 外商投资股份有限公司 | 758 | 376 | 246 | 45 | |

13-2 续表21　　(2003年)　　单位：万元

| 指　　标 | 产品销售收　入 | 产品销售成　本 | 产品销售费　用 | 产品销售税金及附加 | 其他业务利　润 |
|---|---|---|---|---|---|
| 二、按经济组织类型分 | | | | | |
| 独资企业 | 8147649 | 6146403 | 216796 | 356231 | 69956 |
| 国有企业 | 7304586 | 5466513 | 173176 | 346987 | 56490 |
| 集体企业 | 556393 | 452676 | 21251 | 6877 | 12403 |
| 私营独资企业 | 126688 | 104543 | 4198 | 2366 | 327 |
| 港澳台商独资经营企业 | 7067 | 6510 | 180 | | 85 |
| 外资企业 | 152916 | 116160 | 17992 | 2 | 651 |
| 合作、合伙企业 | 453890 | 318253 | 11485 | 4955 | 3298 |
| 股份合作企业 | 142560 | 111721 | 4953 | 2059 | 2297 |
| 国有联营企业 | 28567 | 16394 | 3738 | 190 | 24 |
| 集体联营企业 | 16622 | 13245 | 561 | 124 | 490 |
| 国有与集体联营企业 | 9327 | 7540 | 298 | 70 | 23 |
| 其他联营企业 | 8470 | 6902 | 627 | 41 | 5 |
| 私营合伙企业 | 14123 | 11350 | 546 | 383 | 15 |
| 合作经营企业(港或澳、台资) | 171135 | 113245 | | | |
| 中外合作经营企业 | 49959 | 26744 | 378 | 2015 | 41 |
| 其他企业（内资） | 13127 | 11114 | 384 | 74 | 403 |
| 股份有限公司 | 3313523 | 2083575 | 101900 | 68101 | 16338 |
| 股份有限公司(内资) | 3269860 | 2049160 | 99241 | 67164 | 16183 |
| 私营股份有限公司 | 40575 | 32054 | 2387 | 892 | 147 |
| 港澳台商投资股份有限公司 | 2330 | 1985 | 27 | | 7 |
| 外商投资股份有限公司 | 758 | 376 | 246 | 45 | |
| 有限责任公司 | 6518235 | 5059817 | 357705 | 71470 | 44984 |
| 国有独资公司 | 997798 | 792265 | 19308 | 13159 | 11787 |
| 私营有限责任公司 | 541374 | 453167 | 23668 | 5138 | 1424 |
| 合资经营企业(港或澳、台资) | 213910 | 164112 | 20065 | 2792 | 2257 |
| 中外合资经营企业 | 773395 | 482089 | 131994 | 4297 | 4912 |
| 其他有限责任公司 | 3991757 | 3168183 | 162670 | 46085 | 24604 |
| 三、按轻重工业分 | | | | | |
| 轻工业 | 3804576 | 2633507 | 356071 | 234875 | 28086 |
| 重工业 | 14628722 | 10974540 | 331815 | 265882 | 106490 |
| 四、按企业规模分 | | | | | |
| 大型企业 | 9336058 | 6714771 | 182176 | 269779 | 48654 |
| 中型企业 | 5956529 | 4354198 | 352729 | 186005 | 44846 |
| 小型企业 | 3140711 | 2539078 | 152981 | 44974 | 41076 |

13-2 续表22 （2003年） 单位：万元

| 指标 | 产品销售收入 | 产品销售成本 | 产品销售费用 | 产品销售税金及附加 | 其他业务利润 |
|---|---|---|---|---|---|
| 五、按工业行业分 | | | | | |
| 煤炭开采和洗选业 | 672886 | 499725 | 21445 | 12221 | 12351 |
| 石油和天然气开采业 | 2812559 | 1582886 | 10402 | 85014 | 10386 |
| 黑色金属矿采选业 | 29515 | 19545 | 947 | 724 | 232 |
| 铁矿采选 | 26786 | 17910 | 418 | 676 | 236 |
| 有色金属矿采选业 | 319790 | 195663 | 5886 | 2785 | 5178 |
| 常用有色金属矿采选 | 68982 | 49204 | 2157 | 658 | 2845 |
| 贵金属矿采选 | 103365 | 70619 | 551 | 910 | 1709 |
| 非金属矿采选业 | 11107 | 7347 | 1733 | 320 | 11 |
| 农副食品加工业 | 581439 | 504146 | 17839 | 3148 | 1139 |
| 谷物磨制 | 96733 | 83800 | 2265 | 1010 | 118 |
| 饲料加工 | 103568 | 88285 | 3149 | 249 | 22 |
| 植物油加工 | 206660 | 189866 | 4436 | 1234 | 297 |
| 屠宰及肉类加工 | 112515 | 88501 | 3779 | 506 | 361 |
| 其他农副食品加工 | 55382 | 47518 | 4160 | 125 | 293 |
| 食品制造业 | 257274 | 196069 | 28303 | 2809 | 1222 |
| 焙烤食品制造 | 9502 | 6977 | 971 | 25 | 198 |
| 方便食品制造 | 73226 | 60640 | 5660 | 1048 | 217 |
| 液体乳及乳制品制造 | 142674 | 104444 | 18344 | 1370 | 425 |
| 调味品、发酵制品制造 | 8621 | 5756 | 539 | 15 | 48 |
| 饮料制造业 | 343297 | 219507 | 48363 | 23348 | 4520 |
| 酒的制造 | 179860 | 100690 | 29620 | 21766 | 1318 |
| 软饮料制造 | 155583 | 111876 | 18541 | 1485 | 3191 |
| 烟草制品业 | 483083 | 202099 | 21829 | 184984 | 1013 |
| 纺织业 | 477298 | 422682 | 9890 | 6133 | 2084 |
| 棉、化纤纺织及印染精加工 | 434933 | 381067 | 8222 | 5806 | 1239 |
| 毛纺织和染整精加工 | 5637 | 7345 | 398 | 46 | 592 |
| 丝绢纺织及精加工 | 18144 | 18445 | 373 | 121 | 35 |
| 纺织制成品制造 | 13394 | 11632 | 531 | 69 | 95 |
| 针织品、编织品及其制品制造 | 5190 | 4192 | 366 | 92 | 123 |
| 纺织服装、鞋、帽制造业 | 40696 | 30954 | 3392 | 578 | 126 |
| 纺织服装制造 | 40696 | 30954 | 3392 | 578 | 126 |
| 皮革、毛皮、羽毛(绒)及其制品业 | 17586 | 15008 | 584 | 78 | 802 |
| 木材加工及木、竹、藤、棕、草制品业 | 16982 | 14582 | 412 | 23 | 535 |
| 家具制造业 | 14393 | 10146 | 913 | 158 | -10 |
| 造纸及纸制品业 | 152376 | 129348 | 5830 | 2212 | 2107 |
| 造纸 | 129282 | 110011 | 4664 | 2140 | 2050 |
| 纸制品制造 | 23095 | 19338 | 1167 | 72 | 57 |
| 印刷业和记录媒介的复制 | 212728 | 147310 | 9384 | 2022 | 2304 |
| 文教体育用品制造业 | 842 | 634 | 10 | 6 | 90 |
| 石油加工、炼焦及核燃料加工业 | 1369430 | 1095655 | 13366 | 68701 | -403 |
| 原油加工及石油制品制造 | 921919 | 754579 | 6940 | 53290 | 335 |
| 炼焦 | 381302 | 282473 | 6325 | 15405 | -924 |

13-2 续表23 （2003年） 单位：万元

| 指 标 | 产品销售收入 | 产品销售成本 | 产品销售费用 | 产品销售税金及附加 | 其他业务利润 |
|---|---|---|---|---|---|
| 化学原料及化学制品制造业 | 755227 | 605744 | 29363 | 7848 | 6768 |
| 基础化学原料制造 | 196043 | 161657 | 7352 | 3811 | 2808 |
| 肥料制造 | 308272 | 258893 | 6950 | 2504 | 977 |
| 农药制造 | 4389 | 3075 | 295 | 8 | 1 |
| 涂料、油墨、颜料及类似产品制造 | 27580 | 22724 | 1411 | 122 | 164 |
| 合成材料制造 | 20791 | 15030 | 1062 | 349 | 116 |
| 专用化学产品制造 | 116678 | 82906 | 5138 | 766 | 2289 |
| 日用化学产品制造 | 81474 | 61460 | 7156 | 287 | 413 |
| 医药制造业 | 865245 | 478337 | 187100 | 5229 | 3219 |
| 化学药品原药制造 | 112404 | 90780 | 3130 | 1022 | 716 |
| 化学药品制剂制造 | 521574 | 273687 | 125512 | 2808 | 2382 |
| 中药饮片加工 | 31440 | 14128 | 9740 | 198 | 169 |
| 中成药制造 | 141014 | 61400 | 39662 | 704 | 70 |
| 生物、生化制品的制造 | 53801 | 34273 | 8695 | 484 | -95 |
| 化学纤维制造业 | 2431 | 2234 | 93 | 8 | 1 |
| 橡胶制品业 | 19844 | 14253 | 1208 | 98 | 262 |
| 塑料制品业 | 45167 | 35973 | 1451 | 402 | 593 |
| 非金属矿物制品业 | 461082 | 364091 | 22028 | 5821 | 3493 |
| 水泥、石灰和石膏的制造 | 323336 | 253361 | 16677 | 4088 | 2379 |
| 水泥及石膏制品制造 | 63803 | 51589 | 2502 | 488 | 654 |
| 砖瓦、石材及其他建筑材料制造 | 9716 | 7730 | 404 | 107 | 242 |
| 玻璃及玻璃制品制造 | 51474 | 40920 | 1633 | 946 | 171 |
| 陶瓷制品制造 | 1646 | 1210 | 159 | 20 | 11 |
| 耐火材料制品制造 | 1593 | 1193 | 47 | 20 | 9 |
| 黑色金属冶炼及压延加工业 | 640649 | 563964 | 12990 | 4870 | 4015 |
| 炼铁 | 95318 | 88534 | 1652 | 420 | 168 |
| 炼钢 | 99842 | 88686 | 200 | 427 | 199 |
| 钢压延加工 | 404294 | 350259 | 9826 | 2115 | 3562 |
| 铁合金冶炼 | 41194 | 36486 | 1313 | 1909 | 85 |
| 有色金属冶炼及压延加工业 | 467462 | 387705 | 10714 | 12194 | 3625 |
| 常用有色金属冶炼 | 284524 | 242526 | 6098 | 7454 | 1441 |
| 贵金属冶炼 | 142 | 114 | 50 | 1 | |
| 稀有稀土金属冶炼 | 35332 | 30917 | 972 | 67 | 44 |
| 有色金属合金制造 | 3675 | 3296 | 125 | 6 | -30 |
| 有色金属压延加工 | 143789 | 110852 | 3469 | 4667 | 2170 |
| 金属制品业 | 101593 | 78404 | 4711 | 1449 | 919 |
| 通用设备制造业 | 565419 | 420861 | 23781 | 9194 | 3786 |
| 锅炉及原动机制造 | 70089 | 53847 | 2866 | 861 | 817 |
| 金属加工机械制造 | 161855 | 126817 | 6068 | 5708 | 524 |

13-2 续表24 （2003年） 单位：万元

| 指 标 | 产品销售收入 | 产品销售成本 | 产品销售费用 | 产品销售税金及附加 | 其他业务利润 |
|---|---|---|---|---|---|
| 泵、阀门、压缩机及类似机械的制造 | 92874 | 64924 | 4811 | 644 | 489 |
| 轴承、齿轮、传动和驱动部件的制造 | 6030 | 5146 | 272 | 30 | 72 |
| 风机、衡器、包装设备等通用设备制造 | 145274 | 96973 | 6626 | 1238 | 851 |
| 金属铸、锻加工 | 47629 | 37889 | 1542 | 435 | 108 |
| 专用设备制造业 | 801009 | 606126 | 35375 | 6743 | 14671 |
| 矿山、冶金、建筑专用设备制造 | 349820 | 276452 | 13867 | 2829 | 9942 |
| 食品、饮料、烟草及饲料生产专用设备制造 | 14967 | 9684 | 892 | 56 | 444 |
| 纺织、服装和皮革工业专用设备制造 | 141983 | 103601 | 7817 | 620 | 801 |
| 电子和电工机械专用设备制造 | 183199 | 135523 | 3426 | 1974 | 817 |
| 农、林、牧、渔专用机械制造 | 29081 | 24663 | 2498 | 157 | 1095 |
| 医疗仪器设备及器械制造 | 26217 | 14272 | 4535 | 672 | 178 |
| 交通运输设备制造业 | 2027883 | 1628348 | 56760 | 8927 | 15351 |
| 铁路运输设备制造 | 211320 | 165787 | 4914 | 1650 | 3605 |
| 汽车制造 | 699326 | 568571 | 25327 | 4655 | 3729 |
| 自行车制造 | 4433 | 4051 | 114 | 213 | 390 |
| 航空航天器制造 | 1111950 | 889205 | 26405 | 2398 | 7628 |
| 电气机械及器材制造业 | 714167 | 557277 | 42934 | 6580 | 7291 |
| 电机制造 | 54361 | 48900 | 1919 | 172 | 1312 |
| 输配电及控制设备制造 | 511328 | 385720 | 34081 | 3451 | 4725 |
| 电线、电缆、光缆及电工器材制造 | 100861 | 84184 | 3528 | 1544 | 426 |
| 家用电力器具制造 | 24914 | 20463 | 1437 | 1137 | 335 |
| 照明器具制造 | 13155 | 10441 | 1230 | 77 |  |
| 通信设备、计算机及其他电子设备制造业 | 1022243 | 788506 | 44201 | 8259 | 6487 |
| 通信设备制造 | 126705 | 79202 | 17473 | 1701 | 1065 |
| 雷达及配套设备制造 | 34215 | 18691 | 201 | 517 | -486 |
| 广播电视设备制造 | 7280 | 6289 | 439 | 30 | 45 |
| 电子计算机制造 | 11054 | 9551 | 458 | 9 | 20 |
| 电子器件制造 | 574217 | 467972 | 11830 | 4213 | 2409 |
| 电子元件制造 | 203271 | 158173 | 8344 | 1514 | 3200 |
| 家用视听设备制造 | 14697 | 13225 | 123 | 12 | -158 |
| 仪器仪表及文化、办公用机械制造业 | 164078 | 123870 | 6852 | 1159 | 1788 |
| 通用仪器仪表制造 | 29887 | 23354 | 3420 | 186 | 45 |
| 专用仪器仪表制造 | 57801 | 39096 | 2364 | 873 | 1107 |
| 光学仪器及眼镜制造 | 76205 | 61231 | 1041 | 101 | 636 |
| 工艺品及其他制造业 | 41937 | 34115 | 1385 | 163 | 6552 |
| 电力、热力的生产和供应业 | 1834309 | 1552456 | 2720 | 25455 | 9491 |
| 电力生产 | 784312 | 620573 | 623 | 8942 | 2263 |
| 电力供应 | 1036338 | 919879 | 1520 | 16116 | 7188 |
| 热力生产和供应 | 13659 | 12004 | 577 | 396 | 40 |
| 燃气生产和供应业 | 22065 | 19322 | 1077 | 188 | 1095 |
| 水的生产和供应业 | 68208 | 53164 | 2616 | 908 | 1484 |

13-2 续表25 (2003年) 单位：万元

| 指标 | 管理费用 | 利息支出 | 利润总额 | 亏损企业亏损额 | 利税总额 | 本年应交增值税 | 全部从业人员年平均人数（人） |
|---|---|---|---|---|---|---|---|
| 总计 | 1525870 | 483756 | 1586176 | 326791 | 3105749 | 1018816 | 1121236 |
| # 亏损企业 | 322506 | 172061 | -326791 | 326791 | -151030 | 122088 | 337726 |
| # 国有及国有控股企业 | 1288360 | 380853 | 1281485 | 279504 | 2519161 | 791086 | 838989 |
| # 农村工业 | 15294 | 7426 | 15470 | 1402 | 32721 | 10757 | 36867 |
| 一、按登记注册类型分 | | | | | | | |
| 内资企业 | 1454162 | 460221 | 1397667 | 302925 | 2815299 | 926026 | 1089232 |
| 国有企业 | 777708 | 205462 | 355277 | 214901 | 1165159 | 462895 | 516956 |
| 中央企业 | 305971 | 66366 | 64713 | 90408 | 458812 | 182273 | 153908 |
| 地方企业 | 471737 | 139097 | 290564 | 124494 | 706347 | 280622 | 363048 |
| 集体企业 | 29269 | 11329 | 29925 | 4658 | 58369 | 21567 | 60239 |
| 股份合作企业 | 16543 | 4867 | 4138 | 3827 | 13846 | 7650 | 19837 |
| 联营企业 | 7560 | 3297 | 3759 | 896 | 8195 | 4012 | 6847 |
| 国有联营企业 | 4076 | 2419 | 1445 | 458 | 3728 | 2093 | 3044 |
| 集体联营企业 | 1920 | 631 | 1400 | 330 | 2421 | 897 | 1172 |
| 国有与集体联营企业 | 918 | 135 | 442 | 108 | 1205 | 693 | 1341 |
| 其他联营企业 | 646 | 112 | 473 | | 843 | 329 | 1290 |
| 有限责任公司 | 450133 | 183787 | 209591 | 52446 | 501652 | 232818 | 333603 |
| 国有独资公司 | 118853 | 69132 | 26260 | 12657 | 90139 | 50721 | 102252 |
| 其他有限责任公司 | 331280 | 114656 | 183332 | 39789 | 411514 | 182097 | 231351 |
| 股份有限公司 | 142182 | 37759 | 769668 | 18380 | 1011101 | 174269 | 94352 |
| 私营企业 | 29760 | 13571 | 25088 | 7817 | 56372 | 22506 | 56804 |
| 私营独资企业 | 3704 | 3452 | 4062 | 1303 | 9468 | 3041 | 10938 |
| 私营合作企业 | 478 | 182 | 814 | | 1629 | 432 | 2198 |
| 私营有限责任公司 | 22107 | 8960 | 18475 | 5794 | 40750 | 17138 | 38109 |
| 私营股份有限公司 | 3471 | 977 | 1738 | 721 | 4524 | 1895 | 5559 |
| 其他企业 | 1009 | 148 | 222 | | 605 | 310 | 594 |
| 港、澳、台商投资企业 | 15587 | 7948 | 60818 | 5351 | 94526 | 30916 | 13791 |
| 合资经营企业(港或澳、台资) | 11612 | 4013 | 10121 | 5344 | 19924 | 7010 | 9713 |
| 合作经营企业(港或澳、台资) | 3364 | 3930 | 50329 | | 73928 | 23599 | 2385 |
| 港澳台商独资经营企业 | 492 | 4 | 161 | 7 | 287 | 127 | 1343 |
| 港澳台商投资股份有限公司 | 119 | 1 | 207 | | 387 | 181 | 350 |
| 外商投资企业 | 56120 | 15588 | 127692 | 18516 | 195924 | 61874 | 18213 |
| 中外合资经营企业 | 45626 | 9954 | 106466 | 16013 | 159802 | 49038 | 13302 |
| 中外合作经营企业 | 3953 | 4180 | 11507 | 464 | 18498 | 4976 | 1134 |
| 外资企业 | 6495 | 1450 | 9678 | 2039 | 17493 | 7814 | 3705 |
| 外商投资股份有限公司 | 46 | 4 | 41 | | 132 | 45 | 72 |

13-2 续表26 （2003年） 单位：万元

| 指 标 | 管理费用 | 利息支出 | 利润总额 | 亏损企业亏损额 | 利税总额 | 本年应交增值税 | 全部从业人员年平均人数（人） |
|---|---|---|---|---|---|---|---|
| 二、按经济组织类型分 | | | | | | | |
| 独资企业 | 817667 | 221698 | 399101 | 222908 | 1250776 | 495444 | 593181 |
| 国有企业 | 777708 | 205462 | 355277 | 214901 | 1165159 | 462895 | 516956 |
| 集体企业 | 29269 | 11329 | 29925 | 4658 | 58369 | 21567 | 60239 |
| 私营独资企业 | 3704 | 3452 | 4062 | 1303 | 9468 | 3041 | 10938 |
| 港澳台商独资经营企业 | 492 | 4 | 161 | 7 | 287 | 127 | 1343 |
| 外资企业 | 6495 | 1450 | 9678 | 2039 | 17493 | 7814 | 3705 |
| 合作、合伙企业 | 32907 | 16603 | 70769 | 5187 | 116701 | 40978 | 33995 |
| 股份合作企业 | 16543 | 4867 | 4138 | 3827 | 13846 | 7650 | 19837 |
| 国有联营企业 | 4076 | 2419 | 1445 | 458 | 3728 | 2093 | 3044 |
| 集体联营企业 | 1920 | 631 | 1400 | 330 | 2421 | 897 | 1172 |
| 国有与集体联营企业 | 918 | 135 | 442 | 108 | 1205 | 693 | 1341 |
| 其他联营企业 | 646 | 112 | 473 | | 843 | 329 | 1290 |
| 私营合伙企业 | 478 | 182 | 814 | | 1629 | 432 | 2198 |
| 合作经营企业(港或澳、台资) | 3364 | 3930 | 50329 | | 73928 | 23599 | 2385 |
| 中外合作经营企业 | 3953 | 4180 | 11507 | 464 | 18498 | 4976 | 1134 |
| 其他企业（内资） | 1009 | 148 | 222 | | 605 | 310 | 594 |
| 股份有限公司 | 145818 | 38740 | 771653 | 19100 | 1016144 | 176390 | 100333 |
| 股份有限公司(内资) | 142182 | 37759 | 769668 | 18380 | 1011101 | 174269 | 94352 |
| 私营股份有限公司 | 3471 | 977 | 1738 | 721 | 4524 | 1895 | 5559 |
| 港澳台商投资股份有限公司 | 119 | 1 | 207 | | 387 | 181 | 350 |
| 外商投资股份有限公司 | 46 | 4 | 41 | | 132 | 45 | 72 |
| 有限责任公司 | 529478 | 206714 | 344653 | 79596 | 722128 | 306004 | 394727 |
| 国有独资公司 | 118853 | 69132 | 26260 | 12657 | 90139 | 50721 | 102252 |
| 私营有限责任公司 | 22107 | 8960 | 18475 | 5794 | 40750 | 17138 | 38109 |
| 合资经营企业(港或澳、台资) | 11612 | 4013 | 10121 | 5344 | 19924 | 7010 | 9713 |
| 中外合资经营企业 | 45626 | 9954 | 106466 | 16013 | 159802 | 49038 | 13302 |
| 其他有限责任公司 | 331280 | 114656 | 183332 | 39789 | 411514 | 182097 | 231351 |
| 三、按轻重工业分 | | | | | | | |
| 轻工业 | 272106 | 86283 | 185051 | 84010 | 624466 | 204539 | 296613 |
| 重工业 | 1253764 | 397474 | 1401125 | 242781 | 2481284 | 814277 | 824623 |
| 四、按企业规模分 | | | | | | | |
| 大型企业 | 688340 | 206773 | 1201326 | 31752 | 2004719 | 533615 | 353266 |
| 中型企业 | 567657 | 182196 | 378346 | 143876 | 924298 | 359947 | 408146 |
| 小型企业 | 269873 | 94787 | 6505 | 151162 | 176732 | 125254 | 359824 |

13-2 续表27　　(2003年)　　单位：万元

| 指　　标 | 管理费用 | 利息支出 | 利润总额 | 亏损企业亏损额 | 利税总额 | 本年应交增值税 | 全部从业人员年平均人数（人） |
|---|---|---|---|---|---|---|---|
| 五、按工业行业分 | | | | | | | |
| 煤炭开采和洗选业 | 86824 | 43401 | 41347 | 1185 | 110921 | 57353 | 94001 |
| 石油和天然气开采业 | 86827 | 21663 | 898362 | 4 | 1202392 | 219016 | 42527 |
| 黑色金属矿采选业 | 3630 | 608 | 3900 | 247 | 6514 | 1891 | 3813 |
| 铁矿采选 | 3128 | 476 | 3993 | 104 | 6278 | 1609 | 2909 |
| 有色金属矿采选业 | 73508 | 4724 | 33745 | 1295 | 49057 | 12527 | 25654 |
| 常用有色金属矿采选 | 9881 | 1167 | 5774 | 270 | 11803 | 5371 | 6824 |
| 贵金属矿采选 | 20119 | 3410 | 10139 | 1025 | 12189 | 1140 | 10650 |
| 非金属矿采选业 | 1180 | 363 | 164 | 124 | 1454 | 970 | 1732 |
| 农副食品加工业 | 15699 | 7027 | 6419 | 4625 | 13449 | 3883 | 25760 |
| 谷物磨制 | 3664 | 1292 | -140 | 1475 | 1737 | 866 | 6169 |
| 饲料加工 | 3364 | 735 | 249 | 877 | 610 | 111 | 2454 |
| 植物油加工 | 3812 | 2755 | 3011 | 989 | 5560 | 1315 | 3615 |
| 屠宰及肉类加工 | 2757 | 934 | 2581 | 1055 | 3529 | 442 | 10368 |
| 其他农副食品加工 | 1869 | 1308 | 570 | 230 | 1648 | 953 | 2356 |
| 食品制造业 | 12676 | 3693 | 8276 | 3218 | 19267 | 8182 | 19267 |
| 焙烤食品制造 | 1311 | 101 | -21 | 357 | 506 | 502 | 2160 |
| 方便食品制造 | 1636 | 1189 | 3443 | 510 | 7406 | 2916 | 3959 |
| 液体乳及乳制品制造 | 6263 | 1472 | 5689 | 956 | 10376 | 3317 | 7813 |
| 调味品、发酵制品制造 | 562 | 425 | -153 | 485 | 256 | 394 | 806 |
| 饮料制造业 | 20983 | 7646 | 20243 | 6933 | 65172 | 21581 | 17991 |
| 酒的制造 | 12682 | 2424 | 10920 | 2654 | 47313 | 14627 | 10683 |
| 软饮料制造 | 6923 | 4250 | 11153 | 2378 | 19455 | 6817 | 5434 |
| 烟草制品业 | 42269 | 16603 | 18986 | 2089 | 252148 | 48178 | 8138 |
| 纺织业 | 42385 | 17522 | -20465 | 28056 | 6155 | 20487 | 96437 |
| 棉、化纤纺织及印染精加工 | 35955 | 9130 | -3263 | 10294 | 21151 | 18608 | 82630 |
| 毛纺织和染整精加工 | 1712 | 4870 | -8446 | 8476 | -8121 | 279 | 2449 |
| 丝绢纺织及精加工 | 2030 | 2813 | -7090 | 7170 | -5997 | 972 | 5326 |
| 纺织制成品制造 | 1568 | 281 | -284 | 564 | 225 | 441 | 3857 |
| 针织品、编织品及其制品制造 | 1120 | 429 | -1381 | 1552 | -1103 | 187 | 2175 |
| 纺织服装、鞋、帽制造业 | 4739 | 464 | 597 | 910 | 2665 | 1490 | 6942 |
| 纺织服装制造 | 4739 | 464 | 597 | 910 | 2665 | 1490 | 6942 |
| 皮革、毛皮、羽毛(绒)及其制品业 | 1675 | 760 | -52 | 305 | 528 | 502 | 2142 |
| 木材加工及木、竹、藤、棕、草制品业 | 1649 | 1732 | -3938 | 4328 | -3144 | 771 | 2687 |
| 家具制造业 | 1144 | 524 | 345 | 268 | 1144 | 642 | 3113 |
| 造纸及纸制品业 | 8148 | 4450 | 2057 | 4293 | 9027 | 4758 | 22817 |
| 造纸 | 6896 | 3781 | 1221 | 3958 | 7173 | 3812 | 18658 |
| 纸制品制造 | 1252 | 669 | 836 | 335 | 1854 | 946 | 4159 |
| 印刷业和记录媒介的复制 | 23456 | 3612 | 26216 | 2555 | 41434 | 13196 | 13221 |
| 文教体育用品制造业 | 55 | | 223 | | 266 | 37 | 152 |
| 石油加工、炼焦及核燃料加工业 | 51278 | 14540 | 104740 | 509 | 233392 | 59951 | 17636 |
| 原油加工及石油制品制造 | 32311 | 8415 | 75661 | 125 | 170370 | 41420 | 5856 |
| 炼焦 | 12921 | 6272 | 27660 | 385 | 61509 | 18444 | 9088 |

13-2 续表28 （2003年） 单位：万元

| 指 标 | 管理费用 | 利息支出 | 利润总额 | 亏损企业亏损额 | 利税总额 | 本年应交增值税 | 全部从业人员年平均人数（人） |
|---|---|---|---|---|---|---|---|
| 化学原料及化学制品制造业 | 74546 | 28571 | 18176 | 21551 | 59114 | 33090 | 72725 |
| 基础化学原料制造 | 14750 | 6789 | 5986 | 3459 | 21531 | 11735 | 15254 |
| 肥料制造 | 29700 | 15746 | -5297 | 15844 | 6930 | 9722 | 30053 |
| 农药制造 | 687 | 187 | 223 | 257 | 381 | 149 | 620 |
| 涂料、油墨、颜料及类似产品制造 | 1964 | 401 | 797 | 109 | 1782 | 863 | 1562 |
| 合成材料制造 | 1217 | 554 | 595 | 146 | 1789 | 845 | 1562 |
| 专用化学产品制造 | 22343 | 3166 | 8815 | 1599 | 15522 | 5942 | 20360 |
| 日用化学产品制造 | 3886 | 1728 | 7058 | 139 | 11179 | 3835 | 3314 |
| 医药制造业 | 59464 | 16787 | 117610 | 12257 | 184159 | 61320 | 36273 |
| 化学药品原药制造 | 5413 | 5757 | 8125 | 4653 | 11087 | 1941 | 6231 |
| 化学药品制剂制造 | 30530 | 3539 | 93784 | 3687 | 138133 | 41541 | 14443 |
| 中药饮片加工 | 4691 | 1780 | 660 | 1219 | 3266 | 2409 | 2592 |
| 中成药制造 | 15583 | 2888 | 10280 | 2557 | 23034 | 12050 | 10351 |
| 生物、生化制品的制造 | 2743 | 2687 | 4839 | 10 | 8438 | 3115 | 1989 |
| 化学纤维制造业 | 69 | 27 | -29 | 36 | 28 | 49 | 117 |
| 橡胶制品业 | 3242 | 1093 | 160 | 499 | 1244 | 986 | 4612 |
| 塑料制品业 | 3362 | 1056 | 2449 | 1322 | 4784 | 1932 | 5444 |
| 非金属矿物制品业 | 49060 | 22567 | 1242 | 22681 | 35524 | 28461 | 72235 |
| 水泥、石灰和石膏的制造 | 31579 | 16133 | 6448 | 9302 | 30371 | 19836 | 47816 |
| 水泥及石膏制品制造 | 5977 | 1632 | 358 | 4009 | 4571 | 3726 | 6105 |
| 砖瓦、石材及其他建筑材料制造 | 1831 | 967 | -1774 | 1995 | -1258 | 408 | 4995 |
| 玻璃及玻璃制品制造 | 8189 | 3473 | -3045 | 6393 | 1657 | 3756 | 9080 |
| 陶瓷制品制造 | 363 | 57 | -250 | 270 | -52 | 178 | 1665 |
| 耐火材料制品制造 | 280 | 17 | -61 | 138 | 67 | 109 | 1024 |
| 黑色金属冶炼及压延加工业 | 38546 | 16962 | 3899 | 11660 | 38897 | 30127 | 27814 |
| 炼铁 | 1804 | 740 | 1882 | 263 | 5993 | 3691 | 5554 |
| 炼钢 | 6601 | 3215 | 180 | 204 | 5776 | 5170 | 7044 |
| 钢压延加工 | 27205 | 11950 | 3123 | 9862 | 24140 | 18902 | 12383 |
| 铁合金冶炼 | 2935 | 1058 | -1286 | 1332 | 2987 | 2364 | 2233 |
| 有色金属冶炼及压延加工业 | 31599 | 12878 | 19454 | 10311 | 49677 | 18029 | 25529 |
| 常用有色金属冶炼 | 14824 | 7816 | 7134 | 9214 | 26101 | 11513 | 15274 |
| 贵金属冶炼 | 69 | 2 | -81 | 81 | -80 |  | 268 |
| 稀有稀土金属冶炼 | 891 | 368 | 2358 | 19 | 3054 | 629 | 1038 |
| 有色金属合金制造 | 152 | 7 | 69 | 22 | 102 | 28 | 177 |
| 有色金属压延加工 | 15663 | 4685 | 9974 | 974 | 20500 | 5859 | 8772 |
| 金属制品业 | 11912 | 2773 | 2096 | 1633 | 8286 | 4741 | 11648 |
| 通用设备制造业 | 68694 | 13981 | 30806 | 12354 | 69818 | 29819 | 51771 |
| 锅炉及原动机制造 | 14583 | 3051 | -4769 | 5379 | -2622 | 1286 | 11759 |
| 金属加工机械制造 | 14641 | 3551 | 4122 | 565 | 18201 | 8372 | 14677 |

13-2 续表29 （2003年） 单位：万元

| 指 标 | 管理费用 | 利息支出 | 利润总额 | 亏损企业亏损额 | 利税总额 | 本年应交增值税 | 全部从业人员年平均人数（人） |
|---|---|---|---|---|---|---|---|
| 泵、阀门、压缩机及类似机械的制造 | 8013 | 1780 | 13407 | 1201 | 19110 | 5058 | 6452 |
| 轴承、齿轮、传动和驱动部件的制造 | 1445 | 1182 | -1976 | 1976 | -1582 | 364 | 2491 |
| 风机、衡器、包装设备等通用设备制造 | 20359 | 209 | 20814 | 545 | 33981 | 11928 | 5996 |
| 金属铸、锻加工 | 5256 | 2277 | 635 | 270 | 2339 | 1269 | 5895 |
| 专用设备制造业 | 110668 | 32809 | 21883 | 27339 | 68185 | 39560 | 78980 |
| 矿山、冶金、建筑专用设备制造 | 42595 | 13284 | 4588 | 11763 | 30251 | 22835 | 23967 |
| 食品、饮料、烟草及饲料生产专用设备制造 | 2280 | 1152 | -1572 | 1772 | -1181 | 335 | 3923 |
| 纺织、服装和皮革工业专用设备制造 | 12542 | 1237 | 21093 | 748 | 28688 | 6976 | 7418 |
| 电子和电工机械专用设备制造 | 32281 | 10235 | -4792 | 8775 | -461 | 2358 | 26850 |
| 农、林、牧、渔专用机械制造 | 9673 | 4764 | -2901 | 3031 | -990 | 1754 | 7334 |
| 医疗仪器设备及器械制造 | 3124 | 708 | 2973 | 128 | 5420 | 1775 | 2164 |
| 交通运输设备制造业 | 226245 | 48834 | 88068 | 17573 | 146853 | 49858 | 140004 |
| 铁路运输设备制造 | 32235 | 1929 | 6716 | 557 | 16014 | 7649 | 18391 |
| 汽车制造 | 43547 | 9807 | 59283 | 4366 | 88543 | 24605 | 30139 |
| 自行车制造 | 945 | 22 | -660 | 770 | -352 | 94 | 580 |
| 航空航天器制造 | 149437 | 37057 | 22729 | 11862 | 42625 | 17498 | 90780 |
| 电气机械及器材制造业 | 87125 | 16008 | 7759 | 16113 | 47403 | 33064 | 43828 |
| 电机制造 | 3521 | 1248 | -125 | 306 | 1825 | 1778 | 4873 |
| 输配电及控制设备制造 | 68002 | 10284 | 16029 | 2982 | 43454 | 23974 | 23495 |
| 电线、电缆、光缆及电工器材制造 | 7429 | 2952 | 726 | 3178 | 5474 | 3204 | 5024 |
| 家用电力器具制造 | 5775 | 945 | -8270 | 8289 | -3960 | 3174 | 6353 |
| 照明器具制造 | 1415 | 454 | -785 | 1157 | 56 | 763 | 3503 |
| 通信设备、计算机及其他电子设备制造业 | 104683 | 28611 | 53540 | 30133 | 105131 | 43332 | 50452 |
| 通信设备制造 | 27600 | 6231 | -3714 | 14028 | 3318 | 5331 | 7623 |
| 雷达及配套设备制造 | 8093 | 3931 | -1236 | 1367 | -534 | 185 | 4238 |
| 广播电视设备制造 | 1497 | 2276 | -3046 | 3158 | -2758 | 258 | 980 |
| 电子计算机制造 | 379 | 107 | 587 | | 685 | 89 | 151 |
| 电子器件制造 | 36703 | 6037 | 51079 | 3275 | 81690 | 26398 | 18431 |
| 电子元件制造 | 25310 | 9052 | 5977 | 6509 | 16571 | 9080 | 14493 |
| 家用视听设备制造 | 2377 | 30 | -1004 | 1796 | -111 | 881 | 3120 |
| 仪器仪表及文化、办公用机械制造业 | 30196 | 4244 | -88 | 4598 | 3798 | 2727 | 14913 |
| 通用仪器仪表制造 | 4252 | 1578 | -3099 | 4039 | -1665 | 1248 | 4855 |
| 专用仪器仪表制造 | 14098 | 1088 | 1024 | 442 | 2484 | 587 | 4614 |
| 光学仪器及眼镜制造 | 11794 | 1559 | 2103 | | 3073 | 869 | 5409 |
| 工艺品及其他制造业 | 1348 | 1661 | 4210 | 292 | 6811 | 2438 | 3010 |
| 电力、热力的生产和供应业 | 129324 | 84108 | 77162 | 69928 | 260842 | 158225 | 62149 |
| 电力生产 | 48215 | 60832 | 53025 | 36582 | 146669 | 84702 | 35522 |
| 电力供应 | 79731 | 23220 | 24724 | 32679 | 113835 | 72994 | 25930 |
| 热力生产和供应 | 1379 | 55 | -587 | 666 | 338 | 529 | 697 |
| 燃气生产和供应业 | 2932 | 626 | 75 | 739 | 1484 | 1221 | 2001 |
| 水的生产和供应业 | 14733 | 827 | -3462 | 4827 | 1872 | 4426 | 13701 |

# 13-3 国有及国有控股工业企业主要经济指标

（2003年）　　单位：万元

| 指　　标 | 企业单位数（个） | #亏损企业 | 工业总产值 1990年不变价格 | 工业总产值 当年价格 | 工业销售产值（当年价） |
|---|---|---|---|---|---|
| 总　　计 | 1235 | 556 | 10879165 | 13920630 | 13666938 |
| #亏损企业 | 556 | 556 | 1678495 | 1778867 | 1727547 |
| 一、按隶属关系分 | | | | | |
| 中央企业 | 155 | 59 | 4044309 | 6101280 | 6025894 |
| 地方企业 | 1080 | 497 | 6834857 | 7819350 | 7641044 |
| 二、按轻重工业分 | | | | | |
| 轻工业 | 452 | 232 | 2017680 | 2035872 | 1988332 |
| 重工业 | 783 | 324 | 8861485 | 11884759 | 11678606 |
| 三、按企业规模分 | | | | | |
| 大型企业 | 59 | 9 | 6194373 | 8506443 | 8436548 |
| 中型企业 | 243 | 84 | 3757540 | 4288843 | 4178133 |
| 小型企业 | 933 | 463 | 927252 | 1125345 | 1052257 |
| 四、按工业行业分 | | | | | |
| 煤炭开采和洗选业 | 56 | 8 | 460383 | 611851 | 616695 |
| 石油和天然气开采业 | 17 | 1 | 591546 | 3020521 | 3013242 |
| 黑色金属矿采选业 | 5 | 3 | 2476 | 4399 | 4285 |
| 铁矿采选 | 3 | 1 | 2084 | 3656 | 3525 |
| 有色金属矿采选业 | 34 | 7 | 159567 | 237541 | 262847 |
| 常用有色金属矿采选 | 6 | 1 | 20516 | 25869 | 26433 |
| 贵金属矿采选 | 25 | 6 | 55643 | 101454 | 102139 |
| 非金属矿采选业 | 5 | 1 | 3142 | 4032 | 3820 |
| 农副食品加工业 | 65 | 39 | 95663 | 126119 | 117600 |
| 谷物磨制 | 25 | 19 | 11092 | 22559 | 20781 |
| 饲料加工 | 11 | 8 | 17836 | 20927 | 19441 |
| 植物油加工 | 10 | 4 | 17555 | 25954 | 22114 |
| 屠宰及肉类加工 | 13 | 6 | 48828 | 55586 | 53945 |
| 其他农副食品加工 | 4 | 2 | 198 | 853 | 1079 |
| 食品制造业 | 35 | 13 | 22307 | 31483 | 29221 |
| 焙烤食品制造 | 10 | 3 | 3337 | 6352 | 6137 |
| 方便食品制造 | 1 | | 1320 | 3104 | 3697 |
| 液体乳及乳制品制造 | 6 | 2 | 6684 | 8325 | 6695 |
| 调味品、发酵制品制造 | 10 | 4 | 1464 | 1721 | 1600 |
| 饮料制造业 | 26 | 11 | 84420 | 136297 | 134811 |
| 酒的制造 | 16 | 5 | 57706 | 110349 | 109121 |
| 软饮料制造 | 9 | 5 | 25857 | 24475 | 25565 |
| 烟草制品业 | 11 | 3 | 318851 | 494919 | 491202 |
| 纺织业 | 52 | 35 | 389614 | 414500 | 413076 |
| 棉、化纤纺织及印染精加工 | 29 | 16 | 350516 | 376105 | 374515 |
| 毛纺织和染整精加工 | 4 | 4 | 6397 | 7034 | 7217 |
| 丝绢纺织及精加工 | 8 | 8 | 17450 | 13331 | 14023 |
| 纺织制成品制造 | 7 | 4 | 11624 | 13979 | 13224 |
| 针织品、编织品及其制品制造 | 4 | 3 | 3627 | 4052 | 4097 |
| 纺织服装、鞋、帽制造业 | 7 | 4 | 1560 | 1604 | 1458 |
| 纺织服装制造 | 7 | 4 | 1560 | 1604 | 1458 |
| 皮革、毛皮、羽毛(绒)及其制品业 | 3 | 2 | 4888 | 7652 | 7503 |
| 木材加工及木、竹、藤、棕、草制品业 | 4 | 3 | 2534 | 2256 | 2022 |

13-3 续表1　　(2003年)　　单位：万元

| 指标 | 企业单位数(个) | #亏损企业 | 工业总产值 1990年不变价格 | 工业总产值 当年价格 | 工业销售产值(当年价) |
|---|---|---|---|---|---|
| 家具制造业 | 5 | 1 | 820 | 1056 | 1091 |
| 造纸及纸制品业 | 16 | 9 | 28724 | 29363 | 29891 |
| 造纸 | 13 | 8 | 21590 | 22231 | 24121 |
| 纸制品制造 | 3 | 1 | 7134 | 7132 | 5770 |
| 印刷业和记录媒介的复制 | 50 | 16 | 153431 | 163062 | 159853 |
| 文教体育用品制造业 | 1 | | 313 | 313 | 313 |
| 石油加工、炼焦及核燃料加工业 | 11 | | 308268 | 1132326 | 1142670 |
| 原油加工及石油制品制造 | 3 | | 177300 | 832135 | 834526 |
| 炼焦 | 7 | | 61506 | 233951 | 240561 |
| 化学原料及化学制品制造业 | 72 | 38 | 479345 | 553710 | 538007 |
| 基础化学原料制造 | 19 | 7 | 102015 | 118665 | 115119 |
| 肥料制造 | 26 | 19 | 235206 | 285347 | 280499 |
| 农药制造 | 3 | 3 | 3592 | 3587 | 1179 |
| 涂料、油墨、颜料及类似产品制造 | 4 | 1 | 29228 | 21059 | 20258 |
| 合成材料制造 | 3 | 2 | 12905 | 14874 | 13629 |
| 专用化学产品制造 | 15 | 5 | 69129 | 82673 | 80122 |
| 日用化学产品制造 | 2 | 1 | 27270 | 27504 | 27202 |
| 医药制造业 | 44 | 15 | 248774 | 271152 | 251588 |
| 化学药品原药制造 | 9 | 5 | 29140 | 28911 | 24976 |
| 化学药品制剂制造 | 15 | 2 | 161329 | 188332 | 178731 |
| 中药饮片加工 | 4 | | 3412 | 3937 | 3870 |
| 中成药制造 | 12 | 6 | 37476 | 34442 | 29442 |
| 生物、生化制品的制造 | 3 | 1 | 17403 | 15516 | 14543 |
| 橡胶制品业 | 4 | | 14598 | 15595 | 14750 |
| 塑料制品业 | 12 | 4 | 11225 | 11206 | 10457 |
| 非金属矿物制品业 | 102 | 54 | 176260 | 222116 | 212960 |
| 水泥、石灰和石膏的制造 | 46 | 23 | 113317 | 151166 | 143484 |
| 水泥及石膏制品制造 | 19 | 9 | 21141 | 30446 | 30155 |
| 砖瓦、石材及其他建筑材料制造 | 21 | 11 | 9857 | 9097 | 8646 |
| 玻璃及玻璃制品制造 | 5 | 3 | 24517 | 23517 | 23314 |
| 陶瓷制品制造 | 4 | 2 | 1014 | 1010 | 773 |
| 耐火材料制品制造 | 2 | 2 | 1914 | 2359 | 2087 |
| 黑色金属冶炼及压延加工业 | 13 | 8 | 111552 | 121883 | 117880 |
| 炼铁 | 3 | 1 | 1084 | 1184 | 1004 |
| 炼钢 | 1 | | 4678 | 9731 | 9731 |
| 钢压延加工 | 6 | 5 | 83334 | 91521 | 84873 |
| 铁合金冶炼 | 3 | 2 | 22456 | 19447 | 22271 |
| 有色金属冶炼及压延加工业 | 21 | 10 | 221791 | 253419 | 250467 |
| 常用有色金属冶炼 | 8 | 5 | 108290 | 142593 | 138579 |
| 贵金属冶炼 | 2 | 2 | 173 | 311 | 216 |
| 稀有稀土金属冶炼 | 2 | | 9991 | 9902 | 11700 |
| 有色金属压延加工 | 9 | 3 | 103337 | 100613 | 99972 |
| 金属制品业 | 24 | 8 | 56765 | 72569 | 69398 |
| 通用设备制造业 | 66 | 34 | 525345 | 473486 | 455087 |

13-3 续表2　　(2003年)　　单位：万元

| 指 标 | 企业单位数(个) | #亏损企业 | 工业总产值 1990年不变价格 | 工业总产值 当年价格 | 工业销售产值(当年价) |
|---|---|---|---|---|---|
| 锅炉及原动机制造 | 13 | 7 | 78083 | 70355 | 67699 |
| 金属加工机械制造 | 14 | 5 | 173136 | 145161 | 141713 |
| 泵、阀门、压缩机及类似机械的制造 | 14 | 7 | 76375 | 62612 | 58821 |
| 轴承、齿轮、传动和驱动部件的制造 | 5 | 5 | 8719 | 9303 | 6971 |
| 风机、衡器、包装设备等通用设备制造 | 7 | 4 | 142420 | 136512 | 132820 |
| 金属铸、锻加工 | 5 | 1 | 22442 | 23456 | 22804 |
| 专用设备制造业 | 91 | 48 | 782584 | 704736 | 676741 |
| 矿山、冶金、建筑专用设备制造 | 23 | 8 | 350043 | 298538 | 288752 |
| 食品、饮料、烟草及饲料生产专用设备制造 | 8 | 4 | 8532 | 8449 | 7779 |
| 纺织、服装和皮革工业专用设备制造 | 9 | 5 | 151167 | 121969 | 114549 |
| 电子和电工机械专用设备制造 | 12 | 7 | 181430 | 185683 | 181314 |
| 农、林、牧、渔专用机械制造 | 18 | 15 | 25524 | 27836 | 26938 |
| 医疗仪器设备及器械制造 | 5 | 2 | 10589 | 9763 | 9291 |
| 交通运输设备制造业 | 66 | 20 | 1990881 | 1829974 | 1773709 |
| 铁路运输设备制造 | 10 | 2 | 127019 | 184174 | 187263 |
| 汽车制造 | 24 | 8 | 688249 | 607117 | 583454 |
| 自行车制造 | 1 | 1 | 680 | 723 | 701 |
| 航空航天器制造 | 30 | 8 | 1174932 | 1037960 | 1002291 |
| 电气机械及器材制造业 | 35 | 19 | 709443 | 597566 | 590607 |
| 电机制造 | 5 | 4 | 44682 | 39668 | 39420 |
| 输配电及控制设备制造 | 14 | 5 | 529785 | 449823 | 446631 |
| 电线、电缆、光缆及电工器材制造 | 10 | 4 | 74399 | 50862 | 48574 |
| 家用电力器具制造 | 4 | 4 | 47407 | 47881 | 45686 |
| 照明器具制造 | 1 | 1 | 12477 | 8641 | 9603 |
| 通信设备、计算机及其他电子设备制造业 | 33 | 13 | 2395838 | 1234331 | 1148938 |
| 通信设备制造 | 10 | 4 | 184155 | 135039 | 133689 |
| 雷达及配套设备制造 | 3 | 2 | 22885 | 22928 | 22087 |
| 广播电视设备制造 | 1 | 1 | 11657 | 7757 | 6998 |
| 电子器件制造 | 6 | 2 | 1227039 | 664349 | 635983 |
| 电子元件制造 | 10 | 3 | 387908 | 194218 | 185190 |
| 家用视听设备制造 | 2 | 1 | 513273 | 161179 | 161179 |
| 仪器仪表及文化、办公用机械制造业 | 16 | 8 | 142346 | 142191 | 126690 |
| 通用仪器仪表制造 | 7 | 5 | 9656 | 9812 | 8716 |
| 专用仪器仪表制造 | 4 | 2 | 47667 | 46271 | 42203 |
| 光学仪器及眼镜制造 | 4 | | 84875 | 85960 | 75586 |
| 工艺品及其他制造业 | 6 | 2 | 1125 | 1510 | 925 |
| 电力、热力的生产和供应业 | 122 | 52 | 363696 | 905688 | 906361 |
| 电力生产 | 63 | 26 | 203576 | 496592 | 498454 |
| 电力供应 | 53 | 21 | 147547 | 394018 | 392828 |
| 热力生产和供应 | 6 | 5 | 12573 | 15078 | 15078 |
| 燃气生产和供应业 | 4 | 2 | 3053 | 19333 | 22915 |
| 水的生产和供应业 | 101 | 65 | 16039 | 70875 | 67861 |

13-3 续表3 （2003年） 单位：万元

| 指 标 | 工业增加值（生产法） | 资产总计 | 流动资产小计 | #存货 | #产成品 |
|---|---|---|---|---|---|
| 总 计 | 5088386 | 29713826 | 11729468 | 3222464 | 1063039 |
| #亏损企业 | 544967 | 6809469 | 2568372 | 717288 | 317925 |
| 一、按隶属关系分 | | | | | |
| 中央企业 | 2550999 | 14618775 | 5767138 | 1567563 | 362907 |
| 地方企业 | 2537387 | 15095051 | 5962330 | 1654901 | 700133 |
| 二、按轻重工业分 | | | | | |
| 轻工业 | 781504 | 3486059 | 1622196 | 608174 | 215693 |
| 重工业 | 4306882 | 26227767 | 10107272 | 2614290 | 847346 |
| 三、按企业规模分 | | | | | |
| 大型企业 | 3219104 | 17145719 | 6533979 | 1755820 | 460889 |
| 中型企业 | 1500907 | 9354973 | 3865528 | 1051934 | 382974 |
| 小型企业 | 368375 | 3213134 | 1329960 | 414710 | 219177 |
| 四、按工业行业分 | | | | | |
| 煤炭开采和洗选业 | 245630 | 1734887 | 420878 | 52469 | 12272 |
| 石油和天然气开采业 | 1602764 | 5728313 | 1038919 | 126933 | 44109 |
| 黑色金属矿采选业 | 1421 | 10642 | 4056 | 688 | 338 |
| 铁矿采选 | 1136 | 7485 | 2302 | 338 | 127 |
| 有色金属矿采选业 | 95204 | 439987 | 182690 | 39048 | 19073 |
| 常用有色金属矿采选 | 10562 | 51606 | 24682 | 3693 | 2789 |
| 贵金属矿采选 | 34496 | 150858 | 41024 | 9301 | 4178 |
| 非金属矿采选业 | 1037 | 8531 | 3572 | 1222 | 919 |
| 农副食品加工业 | 31882 | 115553 | 44747 | 17285 | 10467 |
| 谷物磨制 | 5577 | 19096 | 6013 | 1544 | 737 |
| 饲料加工 | 3474 | 10720 | 6747 | 2189 | 242 |
| 植物油加工 | 6468 | 17601 | 5704 | 3264 | 2683 |
| 屠宰及肉类加工 | 15984 | 61137 | 23381 | 9289 | 5965 |
| 其他农副食品加工 | 288 | 3310 | 1401 | 404 | 245 |
| 食品制造业 | 10631 | 45112 | 20829 | 5386 | 3045 |
| 焙烤食品制造 | 1999 | 6976 | 2955 | 796 | 114 |
| 方便食品制造 | 1140 | 1435 | 799 | 363 | 165 |
| 液体乳及乳制品制造 | 2989 | 12902 | 7629 | 1679 | 1524 |
| 调味品、发酵制品制造 | 651 | 3208 | 976 | 161 | 48 |
| 饮料制造业 | 54906 | 242854 | 100220 | 44679 | 24914 |
| 酒的制造 | 46771 | 150194 | 71740 | 33698 | 19134 |
| 软饮料制造 | 7661 | 63486 | 23498 | 10701 | 5500 |
| 烟草制品业 | 279492 | 753665 | 557201 | 254727 | 13151 |
| 纺织业 | 110126 | 831246 | 299498 | 135431 | 77467 |
| 棉、化纤纺织及印染精加工 | 109824 | 640127 | 228983 | 102941 | 53253 |
| 毛纺织和染整精加工 | -4199 | 89758 | 37849 | 17638 | 14651 |
| 丝绢纺织及精加工 | -120 | 48266 | 17330 | 10001 | 6888 |
| 纺织制成品制造 | 4166 | 33836 | 11814 | 3444 | 1965 |
| 针织品、编织品及其制品制造 | 456 | 19259 | 3523 | 1407 | 709 |
| 纺织服装、鞋、帽制造业 | 416 | 3676 | 1508 | 240 | 78 |
| 纺织服装制造 | 416 | 3676 | 1508 | 240 | 78 |
| 皮革、毛皮、羽毛(绒)及其制品业 | 2034 | 29522 | 19613 | 3492 | 2091 |
| 木材加工及木、竹、藤、棕、草制品业 | 636 | 35025 | 7620 | 2719 | 548 |

13-3 续表4　　(2003年)　　单位：万元

| 指　　标 | 工业增加值（生产法） | 资产总计 | 流动资产小计 | #存货 | #产成品 |
|---|---|---|---|---|---|
| 家具制造业 | 367 | 3864 | 2237 | 1091 | 651 |
| 造纸及纸制品业 | 9242 | 144657 | 54850 | 16967 | 12687 |
| 造纸 | 5879 | 136311 | 52098 | 16382 | 12407 |
| 纸制品制造 | 3363 | 8346 | 2752 | 585 | 280 |
| 印刷业和记录媒介的复制 | 64834 | 301740 | 114421 | 25057 | 13674 |
| 文教体育用品制造业 | 153 | 825 | 811 | 111 | 71 |
| 石油加工、炼焦及核燃料加工业 | 249052 | 821934 | 296022 | 87018 | 21063 |
| 原油加工及石油制品制造 | 180775 | 467922 | 158904 | 41157 | 12798 |
| 炼焦 | 44863 | 162539 | 82715 | 22335 | 7552 |
| 化学原料及化学制品制造业 | 163577 | 1443752 | 415045 | 104990 | 44911 |
| 基础化学原料制造 | 34387 | 250158 | 88773 | 19982 | 10068 |
| 肥料制造 | 81736 | 816023 | 178981 | 40950 | 16573 |
| 农药制造 | 908 | 3647 | 1456 | 741 | 485 |
| 涂料、油墨、颜料及类似产品制造 | 4165 | 31890 | 12026 | 3351 | 1162 |
| 合成材料制造 | 5388 | 44582 | 22470 | 7142 | 5045 |
| 专用化学产品制造 | 26115 | 256953 | 81982 | 28313 | 10551 |
| 日用化学产品制造 | 10879 | 40498 | 29356 | 4511 | 1026 |
| 医药制造业 | 103673 | 388289 | 186114 | 60377 | 38260 |
| 化学药品原药制造 | 7265 | 72584 | 32783 | 8592 | 3986 |
| 化学药品制剂制造 | 73575 | 236763 | 106414 | 32776 | 20846 |
| 中药饮片加工 | 1732 | 7758 | 5857 | 2113 | 979 |
| 中成药制造 | 14946 | 54001 | 30351 | 12405 | 8062 |
| 生物、生化制品的制造 | 6148 | 16955 | 10529 | 4484 | 4381 |
| 橡胶制品业 | 6971 | 32409 | 19334 | 4920 | 2618 |
| 塑料制品业 | 4657 | 25538 | 13480 | 2450 | 1553 |
| 非金属矿物制品业 | 76585 | 742194 | 269332 | 74034 | 39271 |
| 水泥、石灰和石膏的制造 | 58993 | 470272 | 162732 | 42083 | 18651 |
| 水泥及石膏制品制造 | 7550 | 73701 | 36549 | 12111 | 9220 |
| 砖瓦、石材及其他建筑材料制造 | 2640 | 77966 | 10695 | 3705 | 2438 |
| 玻璃及玻璃制品制造 | 4868 | 75772 | 41916 | 9541 | 6669 |
| 陶瓷制品制造 | 881 | 9889 | 4694 | 564 | 248 |
| 耐火材料制品制造 | 244 | 10275 | 2980 | 753 | 535 |
| 黑色金属冶炼及压延加工业 | 44460 | 353384 | 195572 | 50108 | 26128 |
| 炼铁 | 390 | 7873 | 4887 | 1564 | 1121 |
| 炼钢 | 5223 | 1657 | 1591 | 1318 | 198 |
| 钢压延加工 | 31286 | 284418 | 157902 | 40474 | 23734 |
| 铁合金冶炼 | 7561 | 59435 | 31193 | 6752 | 1076 |
| 有色金属冶炼及压延加工业 | 55610 | 535715 | 258429 | 100281 | 31001 |
| 常用有色金属冶炼 | 21062 | 241423 | 76826 | 34154 | 5750 |
| 贵金属冶炼 | 89 | 8258 | 1642 | 106 | 105 |
| 稀有稀土金属冶炼 | 3177 | 9189 | 8617 | 5825 | 383 |
| 有色金属压延加工 | 31282 | 276845 | 171344 | 60196 | 24763 |
| 金属制品业 | 28269 | 156181 | 86525 | 48352 | 28710 |
| 通用设备制造业 | 172603 | 1016894 | 643464 | 205752 | 70556 |

13-3 续表5 (2003年) 单位：万元

| 指 标 | 工业增加值(生产法) | 资产总计 | 流动资产小计 | #存货 | #产成品 |
|---|---|---|---|---|---|
| 锅炉及原动机制造 | 19400 | 158298 | 76523 | 37304 | 9554 |
| 金属加工机械制造 | 48756 | 328082 | 203134 | 78769 | 21050 |
| 泵、阀门、压缩机及类似机械的制造 | 25324 | 85819 | 49517 | 14902 | 4029 |
| 轴承、齿轮、传动和驱动部件的制造 | 3595 | 49506 | 34073 | 17234 | 9965 |
| 风机、衡器、包装设备等通用设备制造 | 59705 | 254693 | 211034 | 31643 | 14750 |
| 金属铸、锻加工 | 8070 | 76888 | 33964 | 12303 | 6292 |
| 专用设备制造业 | 212084 | 1709838 | 859506 | 330875 | 127677 |
| 矿山、冶金、建筑专用设备制造 | 94138 | 587554 | 366978 | 146488 | 66143 |
| 食品、饮料、烟草及饲料生产专用设备制造 | 1867 | 41445 | 14948 | 8598 | 2668 |
| 纺织、服装和皮革工业专用设备制造 | 39264 | 200314 | 112515 | 45999 | 21624 |
| 电子和电工机械专用设备制造 | 48488 | 610186 | 222890 | 75697 | 16450 |
| 农、林、牧、渔专用机械制造 | 7170 | 138678 | 70978 | 29490 | 8501 |
| 医疗仪器设备及器械制造 | 3956 | 18007 | 8681 | 5015 | 3322 |
| 交通运输设备制造业 | 514549 | 3929994 | 2481066 | 874138 | 209950 |
| 铁路运输设备制造 | 52275 | 253119 | 166137 | 73948 | 28631 |
| 汽车制造 | 172524 | 712618 | 425987 | 132851 | 57550 |
| 自行车制造 | 143 | 976 | 508 | 451 | 90 |
| 航空航天器制造 | 289608 | 2962205 | 1888004 | 666853 | 123680 |
| 电气机械及器材制造业 | 159311 | 1210306 | 700265 | 217463 | 82381 |
| 电机制造 | 8159 | 46312 | 30701 | 17631 | 8998 |
| 输配电及控制设备制造 | 109708 | 892172 | 529261 | 163631 | 53693 |
| 电线、电缆、光缆及电工器材制造 | 16573 | 113785 | 61304 | 17963 | 9668 |
| 家用电力器具制造 | 21180 | 137563 | 70174 | 11444 | 5607 |
| 照明器具制造 | 3181 | 19733 | 8124 | 6684 | 4416 |
| 通信设备、计算机及其他电子设备制造业 | 284146 | 2043435 | 1242915 | 234562 | 73702 |
| 通信设备制造 | 46051 | 339870 | 258551 | 39934 | 13439 |
| 雷达及配套设备制造 | 8009 | 198152 | 139583 | 44030 | 482 |
| 广播电视设备制造 | 3596 | 72612 | 61991 | 7736 | 4901 |
| 电子器件制造 | 126886 | 789701 | 477836 | 70900 | 21636 |
| 电子元件制造 | 52930 | 481245 | 264485 | 66702 | 32619 |
| 家用视听设备制造 | 32642 | 42344 | 19304 | 4444 | 1 |
| 仪器仪表及文化、办公用机械制造业 | 39216 | 351603 | 199775 | 71447 | 29132 |
| 通用仪器仪表制造 | 2115 | 85442 | 54983 | 17827 | 7321 |
| 专用仪器仪表制造 | 17594 | 137432 | 79816 | 29930 | 10167 |
| 光学仪器及眼镜制造 | 19476 | 125904 | 63619 | 22832 | 11573 |
| 工艺品及其他制造业 | 447 | 3610 | 1391 | 800 | 125 |
| 电力、热力的生产和供应业 | 424314 | 4179729 | 917210 | 23493 | 203 |
| 电力生产 | 201331 | 1561209 | 235991 | 18184 | 195 |
| 电力供应 | 218418 | 2569181 | 661282 | 3055 | 7 |
| 热力生产和供应 | 4566 | 49339 | 19937 | 2254 | |
| 燃气生产和供应业 | 4791 | 64854 | 14863 | 1154 | |
| 水的生产和供应业 | 33298 | 274073 | 55494 | 2705 | 245 |

13-3 续表6　　(2003年)　　单位：万元

| 指　　标 | 流动资产年平均余额 | 固定资产小　计 | 固定资产原　值 | 累　计折　旧 | #本　年折　旧 |
|---|---|---|---|---|---|
| 总　　计 | 10853647 | 15635796 | 21340277 | 7324588 | 1296276 |
| #亏损企业 | 2591953 | 3614998 | 4988895 | 1738258 | 394691 |
| 一、按隶属关系分 | | | | | |
| 中央企业 | 5128035 | 8089146 | 11141064 | 3793358 | 760467 |
| 地方企业 | 5725612 | 7546650 | 10199213 | 3531230 | 535810 |
| 二、按轻重工业分 | | | | | |
| 轻工业 | 1618298 | 1335328 | 1955983 | 810829 | 96947 |
| 重工业 | 9235349 | 14300468 | 19384294 | 6513758 | 1199329 |
| 三、按企业规模分 | | | | | |
| 大型企业 | 5957438 | 9484843 | 13297181 | 4527434 | 746502 |
| 中型企业 | 3604401 | 4648260 | 6160981 | 2201896 | 480293 |
| 小型企业 | 1291809 | 1502693 | 1882115 | 595258 | 69482 |
| 四、按工业行业分 | | | | | |
| 煤炭开采和洗选业 | 432239 | 1170370 | 1554321 | 423217 | 81511 |
| 石油和天然气开采业 | 870578 | 4565426 | 6328458 | 2008421 | 397699 |
| 黑色金属矿采选业 | 3078 | 5452 | 5629 | 2579 | 385 |
| 铁矿采选 | 1552 | 4051 | 3210 | 1235 | 295 |
| 有色金属矿采选业 | 175732 | 227535 | 331538 | 139887 | 15497 |
| 常用有色金属矿采选 | 23415 | 22533 | 43391 | 21245 | 2526 |
| 贵金属矿采选 | 39311 | 90385 | 143812 | 56480 | 8040 |
| 非金属矿采选业 | 3196 | 4272 | 4904 | 1257 | 239 |
| 农副食品加工业 | 45006 | 61676 | 77969 | 19137 | 1370 |
| 谷物磨制 | 6041 | 11444 | 13991 | 3077 | 185 |
| 饲料加工 | 6252 | 3697 | 5109 | 1680 | 160 |
| 植物油加工 | 5350 | 11270 | 13274 | 2135 | 140 |
| 屠宰及肉类加工 | 25128 | 31693 | 41448 | 11572 | 870 |
| 其他农副食品加工 | 1389 | 1764 | 1814 | 65 | 6 |
| 食品制造业 | 19739 | 20485 | 25838 | 9054 | 1556 |
| 焙烤食品制造 | 3136 | 3906 | 6133 | 2430 | 326 |
| 方便食品制造 | 725 | 636 | 993 | 357 | 357 |
| 液体乳及乳制品制造 | 7139 | 4924 | 5792 | 1313 | 162 |
| 调味品、发酵制品制造 | 789 | 1460 | 2243 | 1149 | 260 |
| 饮料制造业 | 92838 | 97732 | 133614 | 49605 | 5942 |
| 酒的制造 | 66360 | 47327 | 71107 | 30782 | 3125 |
| 软饮料制造 | 21295 | 30619 | 37870 | 10028 | 2164 |
| 烟草制品业 | 559067 | 163604 | 283480 | 125260 | 17792 |
| 纺织业 | 305376 | 326828 | 547177 | 254536 | 26966 |
| 棉、化纤纺织及印染精加工 | 232425 | 257395 | 455868 | 228805 | 25727 |
| 毛纺织和染整精加工 | 39151 | 16101 | 24097 | 8772 | 349 |
| 丝绢纺织及精加工 | 16909 | 27029 | 35267 | 7785 | 207 |
| 纺织制成品制造 | 13084 | 12182 | 15390 | 4147 | 540 |
| 针织品、编织品及其制品制造 | 3808 | 14122 | 16555 | 5028 | 143 |
| 纺织服装、鞋、帽制造业 | 1598 | 2005 | 2592 | 514 | 139 |
| 纺织服装制造 | 1598 | 2005 | 2592 | 514 | 139 |
| 皮革、毛皮、羽毛(绒)及其制品业 | 15461 | 8245 | 9441 | 4784 | 261 |
| 木材加工及木、竹、藤、棕、草制品业 | 8218 | 19455 | 18798 | 2271 | 249 |

13-3 续表7　　(2003年)　　单位：万元

| 指　　标 | 流动资产年平均余额 | 固定资产小　计 | 固定资产原　值 | 累计折　旧 | #本年折旧 |
|---|---|---|---|---|---|
| 家具制造业 | 2249 | 1626 | 1744 | 362 | 19 |
| 造纸及纸制品业 | 57627 | 73185 | 86103 | 27502 | 1610 |
| 造纸 | 54918 | 70281 | 81901 | 15423 | 1559 |
| 纸制品制造 | 2709 | 2904 | 4202 | 12079 | 51 |
| 印刷业和记录媒介的复制 | 119443 | 129165 | 204335 | 86472 | 12311 |
| 文教体育用品制造业 | 811 | 15 | 53 | 38 | 3 |
| 石油加工、炼焦及核燃料加工业 | 268364 | 479035 | 616021 | 221027 | 42876 |
| 原油加工及石油制品制造 | 152900 | 281405 | 316995 | 116367 | 22285 |
| 炼焦 | 63870 | 63860 | 87314 | 24330 | 5978 |
| 化学原料及化学制品制造业 | 399181 | 850715 | 1152520 | 337038 | 46672 |
| 基础化学原料制造 | 74199 | 130042 | 179156 | 64418 | 11687 |
| 肥料制造 | 191430 | 536834 | 757972 | 185336 | 29107 |
| 农药制造 | 1258 | 1930 | 2144 | 318 | 129 |
| 涂料、油墨、颜料及类似产品制造 | 10931 | 11419 | 14025 | 18183 | 519 |
| 合成材料制造 | 21631 | 15330 | 19165 | 5016 | 1095 |
| 专用化学产品制造 | 73251 | 144137 | 150959 | 44766 | 4013 |
| 日用化学产品制造 | 26481 | 11024 | 29101 | 19002 | 121 |
| 医药制造业 | 175711 | 131979 | 157457 | 52714 | 7582 |
| 化学药品原药制造 | 30451 | 27684 | 35484 | 9653 | 1293 |
| 化学药品制剂制造 | 99699 | 76106 | 93223 | 33886 | 5121 |
| 中药饮片加工 | 5780 | 1775 | 2398 | 988 | 135 |
| 中成药制造 | 28454 | 20089 | 20328 | 6757 | 682 |
| 生物、生化制品的制造 | 11149 | 6277 | 5953 | 1407 | 350 |
| 橡胶制品业 | 19541 | 11022 | 15203 | 6285 | 487 |
| 塑料制品业 | 13559 | 8771 | 12421 | 4490 | 644 |
| 非金属矿物制品业 | 263236 | 350842 | 462254 | 158148 | 21272 |
| 水泥、石灰和石膏的制造 | 154941 | 223684 | 305184 | 103167 | 17834 |
| 水泥及石膏制品制造 | 34403 | 35429 | 45762 | 14705 | 986 |
| 砖瓦、石材及其他建筑材料制造 | 10551 | 42191 | 36444 | 10862 | 627 |
| 玻璃及玻璃制品制造 | 45485 | 28877 | 44725 | 16729 | 1137 |
| 陶瓷制品制造 | 4884 | 4857 | 6169 | 1312 | 21 |
| 耐火材料制品制造 | 2896 | 1679 | 6030 | 4684 | 44 |
| 黑色金属冶炼及压延加工业 | 169107 | 143034 | 180629 | 50739 | 10006 |
| 炼铁 | 4656 | 2548 | 4999 | 2789 | 57 |
| 炼钢 | 1591 | 67 | 67 |  |  |
| 钢压延加工 | 133508 | 114727 | 142709 | 40779 | 7816 |
| 铁合金冶炼 | 29353 | 25692 | 32855 | 7172 | 2134 |
| 有色金属冶炼及压延加工业 | 276551 | 253542 | 323561 | 132512 | 13349 |
| 常用有色金属冶炼 | 102084 | 146032 | 156158 | 57350 | 7157 |
| 贵金属冶炼 | 1678 | 5432 | 5791 | 516 | 28 |
| 稀有稀土金属冶炼 | 6594 | 573 | 1430 | 950 | 211 |
| 有色金属压延加工 | 166195 | 101505 | 160182 | 73696 | 5953 |
| 金属制品业 | 85779 | 56712 | 95306 | 47321 | 10283 |
| 通用设备制造业 | 586048 | 306143 | 442435 | 187550 | 19263 |

13-3 续表8　　（2003年）　　单位：万元

| 指　　标 | 流动资产年平均余额 | 固定资产小　计 | 固定资产原　值 | 累计折　旧 | #本年折旧 |
|---|---|---|---|---|---|
| 锅炉及原动机制造 | 89217 | 65789 | 87570 | 43766 | 2826 |
| 金属加工机械制造 | 193686 | 93983 | 155933 | 66029 | 7394 |
| 泵、阀门、压缩机及类似机械的制造 | 49097 | 30127 | 41430 | 14236 | 2898 |
| 轴承、齿轮、传动和驱动部件的制造 | 33182 | 12887 | 16157 | 9591 | 585 |
| 风机、衡器、包装设备等通用设备制造 | 149486 | 39699 | 60224 | 27270 | 2503 |
| 金属铸、锻加工 | 35664 | 42210 | 48765 | 14065 | 1611 |
| 专用设备制造业 | 838808 | 737305 | 1015452 | 379895 | 33583 |
| 矿山、冶金、建筑专用设备制造 | 360885 | 196105 | 301440 | 117094 | 10379 |
| 食品、饮料、烟草及饲料生产专用设备制造 | 9782 | 20887 | 28120 | 9716 | 782 |
| 纺织、服装和皮革工业专用设备制造 | 119665 | 49483 | 100698 | 55007 | 4728 |
| 电子和电工机械专用设备制造 | 207277 | 353792 | 421621 | 132769 | 12514 |
| 农、林、牧、渔专用机械制造 | 71858 | 63650 | 84953 | 30309 | 2391 |
| 医疗仪器设备及器械制造 | 8807 | 9010 | 10862 | 2912 | 254 |
| 交通运输设备制造业 | 2137366 | 1115349 | 1459655 | 614939 | 70402 |
| 铁路运输设备制造 | 153082 | 73439 | 122588 | 55946 | 7612 |
| 汽车制造 | 368186 | 216555 | 282384 | 98147 | 10970 |
| 自行车制造 | 508 | 464 | 467 | 5 | 5 |
| 航空航天器制造 | 1615022 | 824245 | 1053406 | 460676 | 51815 |
| 电气机械及器材制造业 | 673462 | 345985 | 508324 | 212767 | 35425 |
| 电机制造 | 32555 | 14094 | 22911 | 9713 | 283 |
| 输配电及控制设备制造 | 498129 | 233235 | 353833 | 164463 | 27744 |
| 电线、电缆、光缆及电工器材制造 | 54045 | 47032 | 58756 | 14548 | 2590 |
| 家用电力器具制造 | 78956 | 41214 | 58219 | 18878 | 4504 |
| 照明器具制造 | 9131 | 10385 | 14544 | 5130 | 296 |
| 通信设备、计算机及其他电子设备制造业 | 1216201 | 557590 | 912367 | 399655 | 30420 |
| 通信设备制造 | 245925 | 67844 | 89313 | 26999 | 4734 |
| 雷达及配套设备制造 | 131423 | 39890 | 52879 | 21419 | 3457 |
| 广播电视设备制造 | 62273 | 5892 | 10276 | 4692 | 399 |
| 电子器件制造 | 473336 | 250815 | 510512 | 267950 | 10717 |
| 电子元件制造 | 268320 | 168302 | 210514 | 72057 | 9543 |
| 家用视听设备制造 | 19533 | 13753 | 18662 | 4945 | 1003 |
| 仪器仪表及文化、办公用机械制造业 | 199177 | 124923 | 188841 | 81436 | 8691 |
| 通用仪器仪表制造 | 54777 | 17789 | 35936 | 19349 | 638 |
| 专用仪器仪表制造 | 76126 | 44341 | 68378 | 30119 | 5603 |
| 光学仪器及眼镜制造 | 66945 | 61328 | 82055 | 30962 | 2326 |
| 工艺品及其他制造业 | 1340 | 1509 | 1331 | 299 | 51 |
| 电力、热力的生产和供应业 | 746641 | 3053742 | 3873413 | 1168250 | 365903 |
| 电力生产 | 222214 | 1291483 | 1796071 | 575712 | 243731 |
| 电力供应 | 507818 | 1737642 | 2049869 | 583644 | 120678 |
| 热力生产和供应 | 16609 | 24617 | 27473 | 8894 | 1493 |
| 燃气生产和供应业 | 17189 | 41079 | 49115 | 9245 | 1694 |
| 水的生产和供应业 | 54133 | 189443 | 257981 | 105381 | 14126 |

13-3 续表9

(2003年)

单位：万元

| 指 标 | 固定资产净值年平均余额 | 负债合计 | #流动负债小计 | #长期负债小计 | 所有者权益合计 |
|---|---|---|---|---|---|
| 总 计 | 13541482 | 19165682 | 12279892 | 6605904 | 10383612 |
| #亏损企业 | 3330786 | 5446260 | 3561469 | 1644155 | 1334836 |
| 一、按隶属关系分 | | | | | |
| 中央企业 | 7545504 | 8874386 | 5170793 | 3521504 | 5596185 |
| 地方企业 | 5995978 | 10291296 | 7109099 | 3084400 | 4787427 |
| 二、按轻重工业分 | | | | | |
| 轻工业 | 1255485 | 2474708 | 1930935 | 487513 | 1010597 |
| 重工业 | 12285997 | 16690974 | 10348958 | 6118391 | 9373015 |
| 三、按企业规模分 | | | | | |
| 大型企业 | 7904035 | 9820453 | 5930235 | 3675710 | 7320270 |
| 中型企业 | 4342841 | 6642455 | 4394544 | 2235062 | 2553737 |
| 小型企业 | 1294606 | 2702774 | 1955114 | 695132 | 509605 |
| 四、按工业行业分 | | | | | |
| 煤炭开采和洗选业 | 1080367 | 1004867 | 440951 | 562351 | 730020 |
| 石油和天然气开采业 | 3536898 | 2754074 | 1379098 | 1374966 | 2974240 |
| 黑色金属矿采选业 | 3883 | 9348 | 5301 | 3928 | 1294 |
| 铁矿采选 | 2808 | 7213 | 3888 | 3324 | 273 |
| 有色金属矿采选业 | 188831 | 245401 | 140104 | 102024 | 194586 |
| 常用有色金属矿采选 | 23301 | 38245 | 32101 | 5874 | 13362 |
| 贵金属矿采选 | 83508 | 121133 | 45829 | 72501 | 29725 |
| 非金属矿采选业 | 3851 | 6837 | 5224 | 1614 | 1694 |
| 农副食品加工业 | 53738 | 96341 | 79873 | 15926 | 19212 |
| 谷物磨制 | 10671 | 20105 | 17693 | 2257 | -1009 |
| 饲料加工 | 3544 | 9748 | 9459 | 289 | 972 |
| 植物油加工 | 7200 | 19816 | 14821 | 4671 | -2215 |
| 屠宰及肉类加工 | 30086 | 42298 | 34214 | 8082 | 18839 |
| 其他农副食品加工 | 1425 | 3092 | 2404 | 626 | 218 |
| 食品制造业 | 18148 | 33037 | 29103 | 3932 | 12074 |
| 焙烤食品制造 | 3285 | 4990 | 4725 | 265 | 1986 |
| 方便食品制造 | 616 | 1039 | 1031 | 8 | 396 |
| 液体乳及乳制品制造 | 4154 | 10378 | 9208 | 1169 | 2525 |
| 调味品、发酵制品制造 | 2154 | 2531 | 2453 | 76 | 676 |
| 饮料制造业 | 88884 | 206046 | 161663 | 41980 | 36809 |
| 酒的制造 | 44019 | 113572 | 93881 | 17289 | 36623 |
| 软饮料制造 | 28635 | 61924 | 46230 | 15694 | 1562 |
| 烟草制品业 | 155811 | 560984 | 526780 | 32846 | 192681 |
| 纺织业 | 363865 | 675535 | 501309 | 138053 | 155712 |
| 棉、化纤纺织及印染精加工 | 297099 | 395186 | 298126 | 62960 | 244941 |
| 毛纺织和染整精加工 | 16309 | 139246 | 92976 | 46270 | -49487 |
| 丝绢纺织及精加工 | 26850 | 79609 | 63752 | 15238 | -31343 |
| 纺织制成品制造 | 11462 | 40560 | 26476 | 12631 | -6723 |
| 针织品、编织品及其制品制造 | 12144 | 20934 | 19979 | 955 | -1676 |
| 纺织服装、鞋、帽制造业 | 1938 | 6728 | 6261 | 210 | -3053 |
| 纺织服装制造 | 1938 | 6728 | 6261 | 210 | -3053 |
| 皮革、毛皮、羽毛(绒)及其制品业 | 4756 | 26676 | 14470 | 12206 | 2846 |
| 木材加工及木、竹、藤、棕、草制品业 | 16619 | 25642 | 21130 | 4512 | 9383 |

13-3 续表10 (2003年) 单位：万元

| 指 标 | 固定资产净值年平均余额 | 负 债 合 计 | # 流动负债 小 计 | # 长期负债 小 计 | 所有者权益合计 |
|---|---|---|---|---|---|
| 家具制造业 | 1468 | 2833 | 1914 | 754 | 1031 |
| 造纸及纸制品业 | 75511 | 127250 | 78063 | 49187 | 17407 |
| 造纸 | 72749 | 121612 | 74750 | 46862 | 14698 |
| 纸制品制造 | 2762 | 5638 | 3313 | 2324 | 2709 |
| 印刷业和记录媒介的复制 | 118745 | 135386 | 95749 | 38862 | 166301 |
| 文教体育用品制造业 | 15 | 64 | 64 | | 761 |
| 石油加工、炼焦及核燃料加工业 | 395052 | 524615 | 401148 | 119196 | 297319 |
| 原油加工及石油制品制造 | 199926 | 309750 | 272023 | 37727 | 158172 |
| 炼焦 | 56926 | 121107 | 95359 | 21477 | 41432 |
| 化学原料及化学制品制造业 | 794779 | 1146756 | 453648 | 691458 | 296995 |
| 基础化学原料制造 | 120952 | 166651 | 105549 | 60402 | 83508 |
| 肥料制造 | 519832 | 746243 | 202360 | 542980 | 69780 |
| 农药制造 | 1869 | 2437 | 2437 | | 1210 |
| 涂料、油墨、颜料及类似产品制造 | 10444 | 21493 | 21122 | 371 | 10398 |
| 合成材料制造 | 14177 | 39056 | 16306 | 22750 | 5526 |
| 专用化学产品制造 | 106263 | 165369 | 100412 | 64957 | 91584 |
| 日用化学产品制造 | 21241 | 5508 | 5462 | | 34990 |
| 医药制造业 | 94644 | 202170 | 152406 | 38724 | 185419 |
| 化学药品原药制造 | 20637 | 46047 | 23649 | 11599 | 26538 |
| 化学药品制剂制造 | 56436 | 102781 | 81531 | 21011 | 133982 |
| 中药饮片加工 | 1444 | 6015 | 5584 | 432 | 1743 |
| 中成药制造 | 13112 | 35342 | 32113 | 3229 | 17958 |
| 生物、生化制品的制造 | 2965 | 11784 | 9456 | 2329 | 5170 |
| 橡胶制品业 | 8877 | 29869 | 24854 | 5015 | 2540 |
| 塑料制品业 | 7941 | 20477 | 15148 | 5232 | 5061 |
| 非金属矿物制品业 | 285210 | 592871 | 424593 | 157894 | 149323 |
| 水泥、石灰和石膏的制造 | 179926 | 335548 | 224059 | 109281 | 134724 |
| 水泥及石膏制品制造 | 32339 | 60317 | 49951 | 8248 | 13384 |
| 砖瓦、石材及其他建筑材料制造 | 26002 | 64491 | 30243 | 28244 | 13475 |
| 玻璃及玻璃制品制造 | 29031 | 96668 | 91161 | 5507 | -20896 |
| 陶瓷制品制造 | 5045 | 10200 | 7843 | 2303 | -310 |
| 耐火材料制品制造 | 1403 | 2914 | 2914 | | 7361 |
| 黑色金属冶炼及压延加工业 | 107570 | 265244 | 185789 | 76998 | 88139 |
| 炼铁 | 1515 | 11051 | 7402 | 1344 | -3178 |
| 炼钢 | 67 | 1028 | 993 | 36 | 629 |
| 钢压延加工 | 79436 | 226964 | 169688 | 57125 | 57454 |
| 铁合金冶炼 | 26551 | 26201 | 7707 | 18494 | 33234 |
| 有色金属冶炼及压延加工业 | 186206 | 384815 | 257719 | 127096 | 150900 |
| 常用有色金属冶炼 | 94843 | 192793 | 99990 | 92803 | 48630 |
| 贵金属冶炼 | 4601 | 10068 | 5432 | 4636 | -1810 |
| 稀有稀土金属冶炼 | 297 | 6354 | 6354 | | 2835 |
| 有色金属压延加工 | 86466 | 175600 | 145942 | 29658 | 101245 |
| 金属制品业 | 49314 | 119592 | 89036 | 30493 | 36589 |
| 通用设备制造业 | 267800 | 769324 | 680718 | 87505 | 247571 |

13-3 续表11　　(2003年)　　单位：万元

| 指标 | 固定资产净值年平均余额 | 负债合计 | #流动负债小计 | #长期负债小计 | 所有者权益合计 |
|---|---|---|---|---|---|
| 锅炉及原动机制造 | 58767 | 146148 | 130340 | 15808 | 12150 |
| 金属加工机械制造 | 87171 | 202785 | 167632 | 34125 | 125297 |
| 泵、阀门、压缩机及类似机械的制造 | 27942 | 42875 | 38841 | 3962 | 42944 |
| 轴承、齿轮、传动和驱动部件的制造 | 8331 | 57103 | 49638 | 7464 | -7597 |
| 风机、衡器、包装设备等通用设备制造 | 31021 | 202800 | 196957 | 5843 | 51893 |
| 金属铸、锻加工 | 34340 | 55234 | 37521 | 17712 | 21654 |
| 专用设备制造业 | 617363 | 1267558 | 934144 | 317198 | 440808 |
| 矿山、冶金、建筑专用设备制造 | 176202 | 521420 | 400484 | 120749 | 66134 |
| 食品、饮料、烟草及饲料生产专用设备制造 | 10020 | 38781 | 38269 | 507 | 2665 |
| 纺织、服装和皮革工业专用设备制造 | 46706 | 117462 | 54255 | 62914 | 82851 |
| 电子和电工机械专用设备制造 | 286160 | 365714 | 260942 | 91541 | 242999 |
| 农、林、牧、渔专用机械制造 | 54057 | 125754 | 95803 | 29610 | 12925 |
| 医疗仪器设备及器械制造 | 8045 | 13654 | 12120 | 1534 | 4352 |
| 交通运输设备制造业 | 722061 | 2709543 | 2157553 | 549571 | 1216599 |
| 铁路运输设备制造 | 65688 | 152402 | 143219 | 9184 | 100717 |
| 汽车制造 | 127457 | 464535 | 394005 | 68207 | 248083 |
| 自行车制造 | 464 | 305 | 305 | | 671 |
| 航空航天器制造 | 527808 | 2090230 | 1617953 | 472181 | 868122 |
| 电气机械及器材制造业 | 295391 | 889064 | 759749 | 125145 | 321242 |
| 电机制造 | 12485 | 36115 | 34773 | 1342 | 10197 |
| 输配电及控制设备制造 | 189075 | 601635 | 523325 | 75240 | 290537 |
| 电线、电缆、光缆及电工器材制造 | 44562 | 115244 | 81306 | 32837 | -1459 |
| 家用电力器具制造 | 40115 | 121258 | 106939 | 14320 | 16305 |
| 照明器具制造 | 9128 | 14364 | 12958 | 1406 | 5369 |
| 通信设备、计算机及其他电子设备制造业 | 492963 | 1262377 | 963470 | 287597 | 768486 |
| 通信设备制造 | 60733 | 224536 | 190957 | 33579 | 115334 |
| 雷达及配套设备制造 | 29405 | 152567 | 76695 | 75872 | 45585 |
| 广播电视设备制造 | 5585 | 87318 | 83501 | 3817 | -14706 |
| 电子器件制造 | 216704 | 377490 | 303505 | 73985 | 412212 |
| 电子元件制造 | 138557 | 329983 | 245806 | 84167 | 138691 |
| 家用视听设备制造 | 13907 | 33533 | 33533 | | 8811 |
| 仪器仪表及文化、办公用机械制造业 | 104728 | 221345 | 187747 | 33598 | 130257 |
| 通用仪器仪表制造 | 17028 | 68669 | 63638 | 5031 | 16773 |
| 专用仪器仪表制造 | 36359 | 75673 | 58057 | 17617 | 61758 |
| 光学仪器及眼镜制造 | 49813 | 75714 | 64764 | 10950 | 50190 |
| 工艺品及其他制造业 | 1443 | 2525 | 1372 | 845 | 1085 |
| 电力、热力的生产和供应业 | 3201579 | 2666480 | 1030258 | 1471609 | 1367368 |
| 电力生产 | 1245488 | 1342951 | 312884 | 1028616 | 218258 |
| 电力供应 | 1941178 | 1285459 | 697311 | 425093 | 1137842 |
| 热力生产和供应 | 14913 | 38070 | 20063 | 17900 | 11269 |
| 燃气生产和供应业 | 38843 | 37859 | 16342 | 21508 | 26995 |
| 水的生产和供应业 | 156392 | 136153 | 57143 | 75873 | 137920 |

13-3 续表12　　(2003年)　　单位：万元

| 指　　标 | 产品销售收　入 | 产品销售成　本 | 产品销售费　用 | 产品销售税金及附加 | 产品销售利　润 |
|---|---|---|---|---|---|
| 总　　计 | 13890535 | 10100649 | 379074 | 446590 | 100705 |
| #亏损企业 | 1849422 | 1597065 | 70791 | 43139 | 19759 |
| 一、按隶属关系分 | | | | | |
| 中央企业 | 6596793 | 4667799 | 89647 | 277060 | 37755 |
| 地方企业 | 7293742 | 5432851 | 289428 | 169530 | 62950 |
| 二、按轻重工业分 | | | | | |
| 轻工业 | 1771014 | 1152618 | 122050 | 211580 | 10349 |
| 重工业 | 12119521 | 8948032 | 257024 | 235010 | 90356 |
| 三、按企业规模分 | | | | | |
| 大型企业 | 8644660 | 6140410 | 180505 | 266938 | 47178 |
| 中型企业 | 4276125 | 3188344 | 149923 | 164150 | 31468 |
| 小型企业 | 969750 | 771895 | 48647 | 15501 | 22060 |
| 四、按工业行业分 | | | | | |
| 煤炭开采和洗选业 | 609169 | 448436 | 18235 | 11633 | 11958 |
| 石油和天然气开采业 | 2803838 | 1576421 | 9507 | 84833 | 10252 |
| 黑色金属矿采选业 | 4365 | 3142 | 180 | 165 | 70 |
| 铁矿采选 | 3648 | 2796 | 28 | 155 | 74 |
| 有色金属矿采选业 | 249489 | 142411 | 4510 | 1908 | 4070 |
| 常用有色金属矿采选 | 26795 | 16486 | 963 | 266 | 2417 |
| 贵金属矿采选 | 84837 | 58112 | 397 | 516 | 1151 |
| 非金属矿采选业 | 2895 | 2159 | 347 | 83 | 14 |
| 农副食品加工业 | 106624 | 82026 | 4472 | 1401 | 438 |
| 谷物磨制 | 16761 | 15476 | 423 | 28 | 15 |
| 饲料加工 | 19503 | 17835 | 864 | 14 | 11 |
| 植物油加工 | 19926 | 16903 | 652 | 1128 | 28 |
| 屠宰及肉类加工 | 49136 | 30905 | 2440 | 220 | 331 |
| 其他农副食品加工 | 1069 | 719 | 92 | 3 | 4 |
| 食品制造业 | 28504 | 21918 | 3317 | 120 | 561 |
| 焙烤食品制造 | 5931 | 4202 | 731 | 24 | 193 |
| 方便食品制造 | 3340 | 3163 | 99 | | |
| 液体乳及乳制品制造 | 6508 | 5326 | 374 | 25 | 9 |
| 调味品、发酵制品制造 | 1363 | 1246 | 128 | 4 | 43 |
| 饮料制造业 | 133060 | 74863 | 20138 | 12989 | 1051 |
| 酒的制造 | 108281 | 55435 | 18933 | 12913 | 1158 |
| 软饮料制造 | 22978 | 17852 | 1192 | 56 | -107 |
| 烟草制品业 | 483083 | 202099 | 21829 | 184984 | 1013 |
| 纺织业 | 400603 | 355643 | 7170 | 4631 | 1946 |
| 棉、化纤纺织及印染精加工 | 374367 | 328923 | 6009 | 4445 | 1184 |
| 毛纺织和染整精加工 | 2624 | 4513 | 349 | 14 | 561 |
| 丝绢纺织及精加工 | 8882 | 9261 | 240 | 98 | -8 |
| 纺织制成品制造 | 12807 | 11097 | 517 | 67 | 95 |
| 针织品、编织品及其制品制造 | 1923 | 1850 | 54 | 7 | 113 |
| 纺织服装、鞋、帽制造业 | 1634 | 1456 | 20 | 7 | 1 |
| 纺织服装制造 | 1634 | 1456 | 20 | 7 | 1 |
| 皮革、毛皮、羽毛(绒)及其制品业 | 7174 | 5591 | 517 | 17 | 425 |
| 木材加工及木、竹、藤、棕、草制品业 | 2361 | 1879 | 168 | 14 | 607 |

13-3 续表13 （2003年） 单位：万元

| 指 标 | 产品销售收入 | 产品销售成本 | 产品销售费用 | 产品销售税金及附加 | 产品销售利润 |
|---|---|---|---|---|---|
| 家具制造业 | 988 | 537 | 98 | 121 | -9 |
| 造纸及纸制品业 | 26398 | 22611 | 1652 | 739 | 427 |
| 造纸 | 21567 | 18814 | 1413 | 706 | 406 |
| 纸制品制造 | 4831 | 3796 | 240 | 33 | 20 |
| 印刷业和记录媒介的复制 | 161955 | 110372 | 5349 | 1715 | 1475 |
| 文教体育用品制造业 | 252 | 116 | 2 | 3 | 90 |
| 石油加工、炼焦及核燃料加工业 | 1164651 | 931729 | 7754 | 64415 | -1787 |
| 原油加工及石油制品制造 | 860241 | 706143 | 6585 | 50221 | 144 |
| 炼焦 | 238201 | 166982 | 1068 | 14187 | -2118 |
| 化学原料及化学制品制造业 | 517544 | 417345 | 14358 | 5546 | 3886 |
| 基础化学原料制造 | 111849 | 88912 | 4436 | 2552 | 670 |
| 肥料制造 | 266563 | 225518 | 4568 | 2465 | 859 |
| 农药制造 | 1143 | 1212 | 16 | 1 | |
| 涂料、油墨、颜料及类似产品制造 | 19763 | 16748 | 896 | 53 | 82 |
| 合成材料制造 | 12743 | 9096 | 800 | 114 | 95 |
| 专用化学产品制造 | 78298 | 55511 | 3344 | 349 | 2016 |
| 日用化学产品制造 | 27186 | 20350 | 298 | 12 | 164 |
| 医药制造业 | 243095 | 134329 | 50179 | 2666 | 901 |
| 化学药品原药制造 | 20854 | 17807 | 1220 | 40 | 586 |
| 化学药品制剂制造 | 176715 | 100849 | 36159 | 2298 | 304 |
| 中药饮片加工 | 5233 | 2670 | 1598 | 17 | 1 |
| 中成药制造 | 27438 | 7669 | 6667 | 89 | 7 |
| 生物、生化制品的制造 | 12828 | 5312 | 4529 | 223 | |
| 橡胶制品业 | 12184 | 8049 | 767 | 62 | 204 |
| 塑料制品业 | 9995 | 6573 | 269 | 123 | 106 |
| 非金属矿物制品业 | 195264 | 146956 | 11216 | 1775 | 2404 |
| 水泥、石灰和石膏的制造 | 134757 | 97966 | 8658 | 1249 | 1859 |
| 水泥及石膏制品制造 | 24810 | 20005 | 1266 | 242 | 196 |
| 砖瓦、石材及其他建筑材料制造 | 5459 | 4363 | 209 | 38 | 242 |
| 玻璃及玻璃制品制造 | 23983 | 19340 | 785 | 205 | 83 |
| 陶瓷制品制造 | 547 | 455 | 31 | 10 | |
| 耐火材料制品制造 | 1017 | 787 | 18 | 8 | 9 |
| 黑色金属冶炼及压延加工业 | 139016 | 112456 | 9559 | 2566 | 2343 |
| 炼铁 | 1285 | 885 | 77 | 15 | 132 |
| 炼钢 | 4946 | 4796 | 11 | 6 | |
| 钢压延加工 | 110874 | 87737 | 8822 | 843 | 2125 |
| 铁合金冶炼 | 21911 | 19039 | 650 | 1702 | 85 |
| 有色金属冶炼及压延加工业 | 250640 | 207913 | 5836 | 4943 | 2644 |
| 常用有色金属冶炼 | 135956 | 121725 | 3129 | 891 | 825 |
| 贵金属冶炼 | 142 | 114 | 50 | 1 | |
| 稀有稀土金属冶炼 | 11232 | 9000 | 68 | 27 | 44 |
| 有色金属压延加工 | 103310 | 77074 | 2590 | 4024 | 1774 |
| 金属制品业 | 63609 | 46833 | 3285 | 1316 | 813 |
| 通用设备制造业 | 459195 | 339435 | 17003 | 8080 | 2834 |

13-3 续表14　　(2003年)　　单位：万元

| 指　　标 | 产品销售收　入 | 产品销售成　本 | 产品销售费　用 | 产品销售税金及附加 | 产品销售利　润 |
|---|---|---|---|---|---|
| 锅炉及原动机制造 | 62403 | 48797 | 1662 | 795 | 798 |
| 金属加工机械制造 | 150626 | 117686 | 5336 | 5656 | 508 |
| 泵、阀门、压缩机及类似机械的制造 | 64444 | 45165 | 3106 | 310 | 209 |
| 轴承、齿轮、传动和驱动部件的制造 | 6030 | 5146 | 272 | 30 | 72 |
| 风机、衡器、包装设备等通用设备制造 | 129005 | 84402 | 5164 | 1150 | 785 |
| 金属铸、锻加工 | 21567 | 16227 | 604 | 49 | 73 |
| 专用设备制造业 | 711735 | 541776 | 28194 | 5779 | 13851 |
| 矿山、冶金、建筑专用设备制造 | 304284 | 238510 | 11967 | 2593 | 9383 |
| 食品、饮料、烟草及饲料生产专用设备制造 | 6331 | 4874 | 476 | 35 | 444 |
| 纺织、服装和皮革工业专用设备制造 | 132755 | 96128 | 7356 | 533 | 577 |
| 电子和电工机械专用设备制造 | 182292 | 134760 | 3361 | 1972 | 816 |
| 农、林、牧、渔专用机械制造 | 26304 | 22499 | 2219 | 142 | 1089 |
| 医疗仪器设备及器械制造 | 8895 | 6304 | 732 | 83 | 152 |
| 交通运输设备制造业 | 1873630 | 1503650 | 48070 | 4708 | 13833 |
| 铁路运输设备制造 | 180460 | 145216 | 3358 | 983 | 3106 |
| 汽车制造 | 582041 | 469592 | 18469 | 1378 | 3100 |
| 自行车制造 | 782 | 743 | 7 | 1 |  |
| 航空航天器制造 | 1110347 | 888099 | 26236 | 2346 | 7628 |
| 电气机械及器材制造业 | 557392 | 431186 | 36343 | 5900 | 6399 |
| 电机制造 | 37403 | 32816 | 1850 | 134 | 1312 |
| 输配电及控制设备制造 | 437115 | 330237 | 29983 | 3157 | 4498 |
| 电线、电缆、光缆及电工器材制造 | 49743 | 40774 | 2170 | 1427 | 273 |
| 家用电力器具制造 | 22826 | 18644 | 1393 | 1124 | 335 |
| 照明器具制造 | 9614 | 8161 | 879 | 59 | -21 |
| 通信设备、计算机及其他电子设备制造业 | 941778 | 730616 | 38881 | 7981 | 5884 |
| 通信设备制造 | 107859 | 65526 | 16285 | 1623 | 809 |
| 雷达及配套设备制造 | 34215 | 18691 | 201 | 517 | -486 |
| 广播电视设备制造 | 4685 | 4121 | 330 | 23 | -44 |
| 电子器件制造 | 563861 | 460303 | 11209 | 4193 | 2316 |
| 电子元件制造 | 181023 | 142889 | 6876 | 1359 | 3101 |
| 家用视听设备制造 | 12023 | 10952 | 9 | 4 | -160 |
| 仪器仪表及文化、办公用机械制造业 | 138962 | 105634 | 4091 | 765 | 1701 |
| 通用仪器仪表制造 | 12035 | 10289 | 942 | 76 | -42 |
| 专用仪器仪表制造 | 51208 | 34537 | 2081 | 599 | 1107 |
| 光学仪器及眼镜制造 | 75534 | 60619 | 1041 | 91 | 636 |
| 工艺品及其他制造业 | 871 | 619 | 31 | 14 | 48 |
| 电力、热力的生产和供应业 | 1500767 | 1312727 | 2388 | 23586 | 7682 |
| 电力生产 | 450769 | 380844 | 291 | 7074 | 454 |
| 电力供应 | 1036338 | 919879 | 1520 | 16116 | 7188 |
| 热力生产和供应 | 13659 | 12004 | 577 | 396 | 40 |
| 燃气生产和供应业 | 20820 | 18577 | 761 | 101 | 1095 |
| 水的生产和供应业 | 66998 | 52568 | 2581 | 905 | 1478 |

13-3 续表15 (2003年) 单位：万元

| 指 标 | 管理费用 | 利息支出 | 利润总额 | 亏损企业亏损额 | 利税总额 | 本年应交增值税 | 全部从业人员年平均人数（人） |
|---|---|---|---|---|---|---|---|
| 总 计 | 1288360 | 380853 | 1281485 | 279504 | 2519161 | 791086 | 838989 |
| #亏损企业 | 271888 | 132622 | -279504 | 279504 | -147487 | 88878 | 265019 |
| 一、按隶属关系分 | | | | | | | |
| 中央企业 | 551496 | 148095 | 834446 | 98533 | 1469363 | 357857 | 287601 |
| 地方企业 | 736863 | 232758 | 447040 | 180971 | 1049798 | 433229 | 551388 |
| 二、按轻重工业分 | | | | | | | |
| 轻工业 | 175223 | 53547 | 41102 | 64742 | 374134 | 121452 | 170496 |
| 重工业 | 1113136 | 327306 | 1240383 | 214762 | 2145027 | 669634 | 668493 |
| 三、按企业规模分 | | | | | | | |
| 大型企业 | 669929 | 175670 | 1141213 | 26690 | 1885277 | 477126 | 334508 |
| 中型企业 | 482932 | 150334 | 203700 | 140800 | 635470 | 267619 | 323116 |
| 小型企业 | 135499 | 54849 | -63427 | 112014 | -1586 | 46340 | 181365 |
| 四、按工业行业分 | | | | | | | |
| 煤炭开采和洗选业 | 82180 | 41780 | 38081 | 695 | 103576 | 53862 | 87264 |
| 石油和天然气开采业 | 86271 | 21617 | 897644 | 4 | 1201243 | 218766 | 41862 |
| 黑色金属矿采选业 | 956 | 369 | -201 | 220 | 363 | 399 | 1050 |
| 铁矿采选 | 625 | 323 | -58 | 77 | 416 | 319 | 586 |
| 有色金属矿采选业 | 65734 | 3329 | 28018 | 1076 | 38710 | 8784 | 18650 |
| 常用有色金属矿采选 | 5914 | 605 | 2570 | 75 | 5276 | 2440 | 2515 |
| 贵金属矿采选 | 16799 | 2840 | 8272 | 1001 | 9759 | 971 | 8449 |
| 非金属矿采选业 | 447 | 66 | -70 | 80 | 181 | 168 | 823 |
| 农副食品加工业 | 4369 | 1983 | -857 | 2408 | 1134 | 589 | 7084 |
| 谷物磨制 | 1100 | 362 | -786 | 841 | -585 | 173 | 1666 |
| 饲料加工 | 503 | 269 | 25 | 128 | 53 | 14 | 529 |
| 植物油加工 | 690 | 648 | -326 | 548 | 1082 | 280 | 1352 |
| 屠宰及肉类加工 | 1851 | 680 | 158 | 856 | 427 | 48 | 2880 |
| 其他农副食品加工 | 141 | 22 | 69 | 34 | 122 | 50 | 279 |
| 食品制造业 | 3652 | 292 | -749 | 1158 | 995 | 1624 | 5254 |
| 焙烤食品制造 | 916 | 95 | 137 | 138 | 591 | 430 | 824 |
| 方便食品制造 | 97 | 24 | 4 | | 75 | 70 | 180 |
| 液体乳及乳制品制造 | 496 | 94 | 60 | 20 | 258 | 173 | 903 |
| 调味品、发酵制品制造 | 357 | 4 | -448 | 458 | -379 | 65 | 556 |
| 饮料制造业 | 9875 | 4205 | 8132 | 4301 | 31734 | 10613 | 8030 |
| 酒的制造 | 6932 | 1981 | 9803 | 1341 | 32547 | 9832 | 5429 |
| 软饮料制造 | 1812 | 1356 | 230 | 1059 | 1037 | 750 | 1473 |
| 烟草制品业 | 42269 | 16603 | 18986 | 2089 | 252148 | 48178 | 8138 |
| 纺织业 | 39451 | 16412 | -20710 | 27152 | 2229 | 18308 | 79792 |
| 棉、化纤纺织及印染精加工 | 33367 | 8296 | -3564 | 9726 | 17943 | 17062 | 68056 |
| 毛纺织和染整精加工 | 1673 | 4846 | -8475 | 8475 | -8234 | 228 | 2160 |
| 丝绢纺织及精加工 | 1873 | 2588 | -6863 | 6863 | -6193 | 572 | 4101 |
| 纺织制成品制造 | 1532 | 280 | -284 | 564 | 201 | 418 | 3602 |
| 针织品、编织品及其制品制造 | 1006 | 401 | -1525 | 1525 | -1490 | 28 | 1873 |
| 纺织服装、鞋、帽制造业 | 186 | 191 | -389 | 422 | -306 | 76 | 568 |
| 纺织服装制造 | 186 | 191 | -389 | 422 | -306 | 76 | 568 |
| 皮革、毛皮、羽毛(绒)及其制品业 | 1266 | 315 | -3 | 118 | 128 | 114 | 1658 |
| 木材加工及木、竹、藤、棕、草制品业 | 999 | 456 | -3464 | 3478 | -3315 | 135 | 1223 |

13-3 续表16　　(2003年)　　单位：万元

| 指　　标 | 管理费用 | 利息支出 | 利润总额 | 亏损企业亏损额 | 利税总额 | 本年应交增值税 | 全部从业人员年平均人数（人） |
|---|---|---|---|---|---|---|---|
| 家具制造业 | 235 | 7 | -13 | 14 | 149 | 42 | 493 |
| 造纸及纸制品业 | 3323 | 1389 | -2449 | 3288 | -385 | 1325 | 3651 |
| 造纸 | 2898 | 1291 | -2958 | 3278 | -1320 | 932 | 2834 |
| 纸制品制造 | 426 | 98 | 509 | 10 | 934 | 392 | 817 |
| 印刷业和记录媒介的复制 | 18757 | 2821 | 21959 | 1510 | 33837 | 10163 | 9639 |
| 文教体育用品制造业 | 36 |  | 186 |  | 216 | 28 | 82 |
| 石油加工、炼焦及核燃料加工业 | 42594 | 10882 | 88404 |  | 197076 | 44257 | 11275 |
| 原油加工及石油制品制造 | 30875 | 7863 | 67882 |  | 157238 | 39135 | 5330 |
| 炼焦 | 5674 | 3166 | 19102 |  | 38324 | 5034 | 3253 |
| 化学原料及化学制品制造业 | 59911 | 23688 | 2919 | 20316 | 32276 | 23812 | 55599 |
| 基础化学原料制造 | 11474 | 5628 | -861 | 2947 | 9823 | 8132 | 10402 |
| 肥料制造 | 26509 | 14872 | -7774 | 15822 | 3931 | 9240 | 26709 |
| 农药制造 | 170 | 87 | -257 | 257 | -252 | 5 | 130 |
| 涂料、油墨、颜料及类似产品制造 | 1580 | 225 | 409 | 109 | 1072 | 610 | 1085 |
| 合成材料制造 | 932 | 552 | 327 | 136 | 1018 | 578 | 1094 |
| 专用化学产品制造 | 17996 | 2569 | 5468 | 992 | 9662 | 3845 | 15804 |
| 日用化学产品制造 | 1251 | -247 | 5607 | 55 | 7020 | 1402 | 375 |
| 医药制造业 | 22635 | 6667 | 24011 | 5317 | 45025 | 18347 | 14943 |
| 化学药品原药制造 | 2547 | 3847 | -2005 | 3541 | -1613 | 352 | 2599 |
| 化学药品制剂制造 | 15792 | 1734 | 24803 | 215 | 40826 | 13725 | 8464 |
| 中药饮片加工 | 553 | 229 | 140 |  | 375 | 218 | 463 |
| 中成药制造 | 2419 | 661 | -105 | 1533 | 2007 | 2024 | 2717 |
| 生物、生化制品的制造 | 1310 | 194 | 1196 | 10 | 3445 | 2027 | 689 |
| 橡胶制品业 | 2508 | 787 | 148 |  | 825 | 615 | 3187 |
| 塑料制品业 | 1575 | 472 | 1325 | 671 | 2245 | 798 | 1671 |
| 非金属矿物制品业 | 31569 | 14255 | -6284 | 16646 | 9615 | 14124 | 37383 |
| 水泥、石灰和石膏的制造 | 19660 | 8991 | 2915 | 5945 | 14100 | 9937 | 20615 |
| 水泥及石膏制品制造 | 4193 | 1320 | -1696 | 2060 | 53 | 1507 | 4604 |
| 砖瓦、石材及其他建筑材料制造 | 1456 | 934 | -1879 | 1937 | -1604 | 237 | 3682 |
| 玻璃及玻璃制品制造 | 5242 | 2758 | -4817 | 5895 | -2541 | 2072 | 5283 |
| 陶瓷制品制造 | 179 | 33 | -261 | 261 | -163 | 88 | 1233 |
| 耐火材料制品制造 | 266 | 1 | -138 | 138 | -54 | 76 | 990 |
| 黑色金属冶炼及压延加工业 | 19000 | 7465 | -10018 | 10145 | -622 | 6830 | 8747 |
| 炼铁 | 180 | 215 | -217 | 237 | -133 | 69 | 686 |
| 炼钢 | 75 |  | 43 |  | 74 | 25 | 253 |
| 钢压延加工 | 16917 | 6233 | -8826 | 8888 | -2973 | 5011 | 6665 |
| 铁合金冶炼 | 1828 | 1017 | -1018 | 1020 | 2410 | 1726 | 1143 |
| 有色金属冶炼及压延加工业 | 23163 | 8943 | 5655 | 7752 | 22189 | 11592 | 14513 |
| 常用有色金属冶炼 | 9356 | 5328 | -5877 | 7347 | 1458 | 6444 | 7247 |
| 贵金属冶炼 | 69 | 2 | -81 | 81 | -80 |  | 268 |
| 稀有稀土金属冶炼 | 213 | 21 | 2081 |  | 2345 | 238 | 414 |
| 有色金属压延加工 | 13525 | 3592 | 9532 | 324 | 18467 | 4910 | 6584 |
| 金属制品业 | 9492 | 2094 | 479 | 1289 | 5082 | 3287 | 8939 |
| 通用设备制造业 | 59758 | 12263 | 27087 | 8973 | 60957 | 25790 | 39598 |

13-3 续表17 （2003年） 单位：万元

| 指 标 | 管理费用 | 利息支出 | 利润总额 | 亏损企业亏损额 | 利税总额 | 本年应交增值税 | 全部从业人员年平均人数（人） |
|---|---|---|---|---|---|---|---|
| 锅炉及原动机制造 | 13453 | 2840 | -2336 | 2731 | -475 | 1066 | 10429 |
| 金属加工机械制造 | 13762 | 3296 | 3853 | 502 | 17562 | 8053 | 12641 |
| 泵、阀门、压缩机及类似机械的制造 | 5398 | 1334 | 9348 | 934 | 13680 | 4022 | 3736 |
| 轴承、齿轮、传动和驱动部件的制造 | 1445 | 1182 | -1976 | 1976 | -1582 | 364 | 2491 |
| 风机、衡器、包装设备等通用设备制造 | 18727 | 55 | 20604 | 275 | 32758 | 11005 | 4464 |
| 金属铸、锻加工 | 3572 | 1911 | -77 | 136 | 461 | 489 | [illegible] |
| 专用设备制造业 | 103824 | 31622 | 15320 | 26643 | 56625 | 35527 | 72714 |
| 矿山、冶金、建筑专用设备制造 | 39658 | 12889 | 1647 | 11763 | 25742 | 21502 | 22053 |
| 食品、饮料、烟草及饲料生产专用设备制造 | 2083 | 1080 | -1743 | 1772 | -1432 | 275 | 2572 |
| 纺织、服装和皮革工业专用设备制造 | 11691 | 1071 | 20876 | 615 | 27672 | 6263 | 6289 |
| 电子和电工机械专用设备制造 | 32120 | 10235 | -4709 | 8687 | -429 | 2308 | 26774 |
| 农、林、牧、渔专用机械制造 | 9040 | 4526 | -2439 | 2555 | -773 | 1524 | 6607 |
| 医疗仪器设备及器械制造 | 1621 | 440 | -120 | 128 | 489 | 526 | 1477 |
| 交通运输设备制造业 | 213760 | 45803 | 83637 | 15394 | 132177 | 43832 | 131078 |
| 铁路运输设备制造 | 27174 | 1544 | 4588 | 335 | 11342 | 5771 | 15167 |
| 汽车制造 | 37779 | 7496 | 55668 | 3848 | 77650 | 20604 | 25268 |
| 自行车制造 | 32 | | | | 10 | 9 | 54 |
| 航空航天器制造 | 148757 | 36763 | 23400 | 11192 | 43194 | 17448 | 90570 |
| 电气机械及器材制造业 | 74945 | 14043 | -778 | 15049 | 31925 | 26803 | 34341 |
| 电机制造 | 2926 | 1109 | -151 | 306 | 1379 | 1396 | 3159 |
| 输配电及控制设备制造 | 60748 | 9739 | 9379 | 2758 | 32567 | 20031 | 19704 |
| 电线、电缆、光缆及电工器材制造 | 4431 | 1797 | -546 | 2525 | 2597 | 1716 | 2737 |
| 家用电力器具制造 | 5577 | 944 | -8276 | 8276 | -4106 | 3045 | 5884 |
| 照明器具制造 | 1146 | 454 | -1141 | 1141 | -493 | 589 | 2824 |
| 通信设备、计算机及其他电子设备制造业 | 95815 | 27597 | 45703 | 29018 | 93113 | 39428 | 46865 |
| 通信设备制造 | 24756 | 5620 | -4455 | 13501 | 1228 | 4060 | 6535 |
| 雷达及配套设备制造 | 8093 | 3931 | -1236 | 1367 | -534 | 185 | 4238 |
| 广播电视设备制造 | 1292 | 2194 | -3158 | 3158 | -2907 | 227 | 854 |
| 电子器件制造 | 35483 | 5988 | 50480 | 3275 | 80860 | 26187 | 18079 |
| 电子元件制造 | 22726 | 8906 | 2880 | 5922 | 11819 | 7581 | 12956 |
| 家用视听设备制造 | 2131 | | -1007 | 1796 | -265 | 737 | 2972 |
| 仪器仪表及文化、办公用机械制造业 | 28763 | 4097 | -1718 | 4598 | 934 | 1887 | 13440 |
| 通用仪器仪表制造 | 3182 | 1488 | -4019 | 4039 | -3446 | 497 | 3834 |
| 专用仪器仪表制造 | 13760 | 1040 | 328 | 442 | 1435 | 508 | 4307 |
| 光学仪器及眼镜制造 | 11768 | 1551 | 2090 | | 3039 | 859 | 5264 |
| 工艺品及其他制造业 | 147 | 52 | 12 | 33 | 76 | 51 | 369 |
| 电力、热力的生产和供应业 | 121946 | 56838 | 24833 | 64211 | 163848 | 115429 | 53770 |
| 电力生产 | 40836 | 33562 | 696 | 30866 | 49675 | 41906 | 27143 |
| 电力供应 | 79731 | 23220 | 24724 | 32679 | 113835 | 72994 | 25930 |
| 热力生产和供应 | 1379 | 55 | -587 | 666 | 338 | 529 | 697 |
| 燃气生产和供应业 | 2792 | 623 | 121 | 653 | 1373 | 1152 | 1904 |
| 水的生产和供应业 | 14157 | 829 | -3471 | 4788 | 1787 | 4353 | 13392 |

# 13-4 外商及港澳台商投资工业企业主要经济指标

（2003年） 单位：万元

| 指 标 | 企业单位数（个） | #亏损企业 | 工业总产值 1990年不变价格 | 工业总产值 当年价格 | 工业销售产值（当年价） |
|---|---|---|---|---|---|
| 总 计 | 133 | 38 | 1936678 | 1599747 | 1554593 |
| #亏损企业 | 38 | 38 | 206276 | 160272 | 151706 |
| #国家控股企业 | 40 | 18 | 938679 | 522181 | 513124 |
| #农村工业 | 4 | 1 | 13574 | 13963 | 12441 |
| 一、按登记注册类型分 | | | | | |
| 港、澳、台商投资企业 | 52 | 16 | 787579 | 570855 | 561281 |
| 合资经营企业(港或澳、台资) | 45 | 15 | 727086 | 384205 | 374978 |
| 合作经营企业(港或澳、台资) | 1 | | 47488 | 173274 | 173274 |
| 港澳台商独资经营企业 | 5 | 1 | 8212 | 10437 | 10444 |
| 港澳台商投资股份有限公司 | 1 | | 4794 | 2939 | 2586 |
| 外商投资企业 | 81 | 22 | 1149098 | 1028892 | 993312 |
| 中外合资经营企业 | 61 | 16 | 890068 | 816626 | 796359 |
| 中外合作经营企业 | 6 | 2 | 30101 | 50735 | 50021 |
| 外资企业 | 13 | 4 | 228304 | 160905 | 146174 |
| 外商投资股份有限公司 | 1 | | 626 | 626 | 758 |
| 二、按轻重工业分 | | | | | |
| 轻工业 | 70 | 21 | 1263940 | 963113 | 932044 |
| 重工业 | 63 | 17 | 672738 | 636634 | 622549 |
| 三、按企业规模分 | | | | | |
| 大型企业 | 1 | | 47488 | 173274 | 173274 |
| 中型企业 | 22 | 4 | 1351076 | 955018 | 928208 |
| 小型企业 | 110 | 34 | 538114 | 471455 | 453111 |
| 四、按工业行业分 | | | | | |
| 农副食品加工业 | 5 | 1 | 60751 | 87248 | 85980 |
| 食品制造业 | 10 | 3 | 90035 | 111133 | 107459 |
| 饮料制造业 | 12 | 4 | 102860 | 107914 | 104821 |
| 纺织业 | 6 | 2 | 22411 | 27756 | 25815 |
| 纺织服装、鞋、帽制造业 | 1 | 1 | 1384 | 1384 | 1384 |
| 皮革、毛皮、羽毛(绒)及其制品业 | 1 | 1 | 8260 | 9309 | 7852 |
| 木材加工及木、竹、藤、棕、草制品业 | 3 | 3 | 1929 | 1852 | 1730 |
| 家具制造业 | 2 | | 3536 | 3118 | 3241 |
| 造纸及纸制品业 | 1 | | 1730 | 1513 | 1569 |
| 印刷业和记录媒介的复制 | 4 | 2 | 19616 | 16687 | 16544 |
| 石油加工、炼焦及核燃料加工业 | 2 | | 12262 | 17900 | 16481 |
| 化学原料及化学制品制造业 | 4 | | 55587 | 55778 | 53394 |
| 医药制造业 | 14 | 3 | 388125 | 386129 | 368438 |
| 塑料制品业 | 6 | 1 | 12630 | 12010 | 11205 |
| 非金属矿物制品业 | 7 | 2 | 24828 | 21710 | 22050 |
| 黑色金属冶炼及压延加工业 | 2 | 1 | 26676 | 23664 | 27725 |
| 有色金属冶炼及压延加工业 | 4 | 2 | 24744 | 21186 | 18439 |
| 金属制品业 | 4 | 1 | 8315 | 9501 | 9472 |
| 通用设备制造业 | 7 | 2 | 71072 | 58168 | 55223 |
| 专用设备制造业 | 4 | 1 | 67022 | 59986 | 52413 |
| 交通运输设备制造业 | 2 | | 18299 | 16743 | 16461 |
| 电气机械及器材制造业 | 13 | 2 | 159459 | 77378 | 75532 |
| 通信设备、计算机及其他电子设备制造业 | 10 | 3 | 686362 | 257838 | 257021 |
| 仪器仪表及文化、办公用机械制造业 | 2 | 1 | 1367 | 1367 | 1750 |
| 工艺品及其他制造业 | 2 | 1 | 7562 | 5681 | 5666 |
| 电力、热力的生产和供应业 | 3 | | 59046 | 205458 | 205458 |
| 燃气生产和供应业 | 1 | | 626 | 626 | 758 |
| 水的生产和供应业 | 1 | 1 | 185 | 713 | 713 |

13-4 续表1　　（2003年）　　单位：万元

| 指　　标 | 工业增加值（生产法） | 资产总计 | 流动资产小计 | #存货 | #产成品 |
|---|---|---|---|---|---|
| 总　　计 | 637282 | 1986434 | 1102777 | 248093 | 99138 |
| #亏损企业 | 58257 | 486456 | 318017 | 72558 | 26728 |
| #国家控股企业 | 179474 | 732025 | 416037 | 92952 | 38857 |
| #农村工业 | 4096 | 25479 | 8082 | 3315 | 2557 |
| 一、按登记注册类型分 | | | | | |
| 港、澳、台商投资企业 | 190896 | 694391 | 300199 | 69749 | 26717 |
| 合资经营企业(港或澳、台资) | 105145 | 325394 | 172840 | 61861 | 25895 |
| 合作经营企业(港或澳、台资) | 80903 | 357274 | 121875 | 4822 | |
| 港澳台商独资经营企业 | 3555 | 10032 | 4487 | 2520 | 649 |
| 港澳台商投资股份有限公司 | 1294 | 1692 | 998 | 547 | 174 |
| 外商投资企业 | 446386 | 1292043 | 802578 | 178344 | 72421 |
| 中外合资经营企业 | 353166 | 992177 | 719598 | 158851 | 65342 |
| 中外合作经营企业 | 25663 | 136867 | 13926 | 4454 | 562 |
| 外资企业 | 67286 | 160708 | 68434 | 14813 | 6406 |
| 外商投资股份有限公司 | 271 | 2291 | 620 | 226 | 110 |
| 二、按轻重工业分 | | | | | |
| 轻工业 | 365010 | 841267 | 518193 | 133738 | 59528 |
| 重工业 | 272272 | 1145167 | 584584 | 114355 | 39610 |
| 三、按企业规模分 | | | | | |
| 大型企业 | 80903 | 357274 | 121875 | 4822 | |
| 中型企业 | 382297 | 976373 | 587448 | 124145 | 52953 |
| 小型企业 | 174082 | 652787 | 393455 | 119126 | 46185 |
| 四、按工业行业分 | | | | | |
| 农副食品加工业 | 24729 | 43575 | 23022 | 15991 | 1063 |
| 食品制造业 | 41147 | 101645 | 39854 | 10092 | 5197 |
| 饮料制造业 | 39322 | 203447 | 81714 | 18964 | 11773 |
| 纺织业 | 8487 | 20775 | 9622 | 5316 | 2908 |
| 纺织服装、鞋、帽制造业 | 415 | 2324 | 825 | 329 | 25 |
| 皮革、毛皮、羽毛(绒)及其制品业 | 2234 | 21944 | 17720 | 15398 | 3047 |
| 木材加工及木、竹、藤、棕、草制品业 | 456 | 32586 | 10788 | 5524 | 1741 |
| 家具制造业 | 1371 | 7251 | 5051 | 793 | 525 |
| 造纸及纸制品业 | 663 | 4074 | 3644 | 368 | 79 |
| 印刷业和记录媒介的复制 | 6040 | 14782 | 10372 | 1529 | 1262 |
| 石油加工、炼焦及核燃料加工业 | 3851 | 5485 | 2875 | 2491 | 2036 |
| 化学原料及化学制品制造业 | 20902 | 62099 | 43822 | 11941 | 4319 |
| 医药制造业 | 188973 | 328559 | 268962 | 56370 | 31205 |
| 塑料制品业 | 4491 | 21613 | 10562 | 2251 | 1647 |
| 非金属矿物制品业 | 8363 | 32462 | 18772 | 4636 | 489 |
| 黑色金属冶炼及压延加工业 | 8670 | 61611 | 33579 | 8152 | 1127 |
| 有色金属冶炼及压延加工业 | 7982 | 15325 | 9512 | 2248 | 382 |
| 金属制品业 | 4828 | 31685 | 13649 | 2908 | 1037 |
| 通用设备制造业 | 25452 | 55346 | 34268 | 8089 | 1317 |
| 专用设备制造业 | 22706 | 54097 | 35126 | 12793 | 6348 |
| 交通运输设备制造业 | 6069 | 20300 | 16972 | 2414 | 141 |
| 电气机械及器材制造业 | 32363 | 95499 | 62225 | 18225 | 9625 |
| 通信设备、计算机及其他电子设备制造业 | 74181 | 255311 | 206498 | 30984 | 10525 |
| 仪器仪表及文化、办公用机械制造业 | 888 | 10268 | 7959 | 2030 | 713 |
| 工艺品及其他制造业 | 1864 | 7153 | 4605 | 1212 | 497 |
| 电力、热力的生产和供应业 | 100232 | 471819 | 127878 | 6823 | |
| 燃气生产和供应业 | 271 | 2291 | 620 | 226 | 110 |
| 水的生产和供应业 | 332 | 3110 | 2282 | | |

13-4 续表2 (2003年) 单位：万元

| 指 标 | 流动资产年平均余额 | 固定资产小计 | 固定资产原值 | 累计折旧 | #本年折旧 |
|---|---|---|---|---|---|
| 总 计 | 1040225 | 783691 | 1288517 | 562187 | 93617 |
| # 亏损企业 | 315977 | 136017 | 186521 | 56199 | 10865 |
| # 国家控股企业 | 408636 | 276775 | 384485 | 115738 | 22390 |
| # 农村工业 | 6598 | 15476 | 14045 | 2327 | 613 |
| 一、按登记注册类型分 | | | | | |
| 港、澳、台商投资企业 | 271008 | 358137 | 691739 | 368335 | 56086 |
| 合资经营企业(港或澳、台资) | 154565 | 129476 | 156731 | 60983 | 9545 |
| 合作经营企业(港或澳、台资) | 112559 | 222442 | 528744 | 306155 | 46258 |
| 港澳台商独资经营企业 | 3074 | 5545 | 5531 | 968 | 249 |
| 港澳台商投资股份有限公司 | 809 | 674 | 733 | 229 | 34 |
| 外商投资企业 | 769217 | 425553 | 596778 | 193852 | 37532 |
| 中外合资经营企业 | 683074 | 226685 | 341691 | 131130 | 19563 |
| 中外合作经营企业 | 17268 | 118791 | 139721 | 27422 | 7623 |
| 外资企业 | 68071 | 78411 | 113460 | 35053 | 10229 |
| 外商投资股份有限公司 | 804 | 1667 | 1906 | 246 | 117 |
| 二、按轻重工业分 | | | | | |
| 轻工业 | 475720 | 272882 | 375444 | 148831 | 21754 |
| 重工业 | 564504 | 510809 | 913073 | 413356 | 71864 |
| 三、按企业规模分 | | | | | |
| 大型企业 | 112559 | 222442 | 528744 | 306155 | 46258 |
| 中型企业 | 568191 | 345079 | 459407 | 140408 | 30153 |
| 小型企业 | 359475 | 216169 | 300366 | 115624 | 17207 |
| 四、按工业行业分 | | | | | |
| 农副食品加工业 | 19062 | 18856 | 25359 | 11636 | 1647 |
| 食品制造业 | 39725 | 50197 | 55470 | 20536 | 2920 |
| 饮料制造业 | 71696 | 103976 | 132003 | 38355 | 9528 |
| 纺织业 | 8457 | 8609 | 10591 | 2470 | 287 |
| 纺织服装、鞋、帽制造业 | 890 | 1499 | 1499 | 581 | 92 |
| 皮革、毛皮、羽毛(绒)及其制品业 | 18107 | 4225 | 12115 | 7891 | 787 |
| 木材加工及木、竹、藤、棕、草制品业 | 11468 | 13517 | 13746 | 2462 | 516 |
| 家具制造业 | 4692 | 1508 | 2586 | 1249 | 152 |
| 造纸及纸制品业 | 3143 | 364 | 661 | 315 | 61 |
| 印刷业和记录媒介的复制 | 8320 | 3716 | 7688 | 3972 | 412 |
| 石油加工、炼焦及核燃料加工业 | 1395 | 2321 | 2709 | 1488 | 1167 |
| 化学原料及化学制品制造业 | 38579 | 16859 | 38691 | 22975 | 762 |
| 医药制造业 | 249564 | 51016 | 73839 | 35337 | 3977 |
| 塑料制品业 | 10551 | 8332 | 11205 | 3524 | 731 |
| 非金属矿物制品业 | 18274 | 12543 | 20255 | 8920 | 1086 |
| 黑色金属冶炼及压延加工业 | 30904 | 25564 | 32189 | 6625 | 1938 |
| 有色金属冶炼及压延加工业 | 7600 | 5088 | 6773 | 1865 | 616 |
| 金属制品业 | 11430 | 16678 | 21818 | 8093 | 1373 |
| 通用设备制造业 | 33890 | 19081 | 26994 | 8674 | 2172 |
| 专用设备制造业 | 31536 | 15078 | 25545 | 11726 | 1703 |
| 交通运输设备制造业 | 15947 | 2991 | 3861 | 1046 | 332 |
| 电气机械及器材制造业 | 54617 | 28561 | 36106 | 9177 | 3105 |
| 通信设备、计算机及其他电子设备制造业 | 215657 | 38774 | 61536 | 21432 | 4677 |
| 仪器仪表及文化、办公用机械制造业 | 7618 | 2289 | 5322 | 3049 | 300 |
| 工艺品及其他制造业 | 4614 | 1949 | 3495 | 1701 | 190 |
| 电力、热力的生产和供应业 | 120926 | 328385 | 654508 | 326843 | 52967 |
| 燃气生产和供应业 | 804 | 1667 | 1906 | 246 | 117 |
| 水的生产和供应业 | 761 | 49 | 50 | 1 | 1 |

13-4 续表3 (2003年) 单位：万元

| 指 标 | 固定资产净值年平均余额 | 负债合计 | #流动负债小计 | #长期负债小计 | 所有者权益合计 |
|---|---|---|---|---|---|
| 总 计 | 769366 | 1055727 | 839490 | 208489 | 930707 |
| #亏损企业 | 132235 | 342201 | 261269 | 79711 | 144255 |
| #国家控股企业 | 286409 | 412615 | 283413 | 129008 | 319410 |
| #农村工业 | 13753 | 9646 | 8332 | 1131 | 15833 |
| 一、按登记注册类型分 | | | | | |
| 港、澳、台商投资企业 | 358316 | 326999 | 280056 | 43960 | 367393 |
| 合资经营企业(港或澳、台资) | 108356 | 199611 | 158674 | 37955 | 125782 |
| 合作经营企业(港或澳、台资) | 245049 | 119655 | 114150 | 5506 | 237619 |
| 港澳台商独资经营企业 | 4393 | 6859 | 6359 | 500 | 3173 |
| 港澳台商投资股份有限公司 | 518 | 874 | 874 | | 818 |
| 外商投资企业 | 411050 | 728728 | 559434 | 164529 | 563314 |
| 中外合资经营企业 | 219116 | 569227 | 500372 | 68676 | 422950 |
| 中外合作经营企业 | 115505 | 83532 | 11756 | 71100 | 53335 |
| 外资企业 | 75531 | 74959 | 46325 | 24723 | 85749 |
| 外商投资股份有限公司 | 899 | 1011 | 981 | 30 | 1280 |
| 二、按轻重工业分 | | | | | |
| 轻工业 | 242571 | 499377 | 420588 | 72441 | 341890 |
| 重工业 | 526796 | 556350 | 418902 | 136048 | 588817 |
| 三、按企业规模分 | | | | | |
| 大型企业 | 245049 | 119655 | 114150 | 5506 | 237619 |
| 中型企业 | 321128 | 564464 | 436901 | 123468 | 411909 |
| 小型企业 | 203189 | 371608 | 288439 | 79515 | 281179 |
| 四、按工业行业分 | | | | | |
| 农副食品加工业 | 14156 | 28338 | 25097 | 2565 | 15237 |
| 食品制造业 | 35667 | 64048 | 39789 | 24259 | 37597 |
| 饮料制造业 | 97959 | 140930 | 105770 | 31248 | 62517 |
| 纺织业 | 8629 | 21210 | 20759 | 451 | -435 |
| 纺织服装、鞋、帽制造业 | 972 | 893 | 893 | | 1431 |
| 皮革、毛皮、羽毛(绒)及其制品业 | 4575 | 15544 | 15544 | | 6400 |
| 木材加工及木、竹、藤、棕、草制品业 | 11110 | 30306 | 21047 | 9259 | 2279 |
| 家具制造业 | 1356 | 3057 | 3057 | | 4195 |
| 造纸及纸制品业 | 364 | 3473 | 3473 | | 601 |
| 印刷业和记录媒介的复制 | 3830 | 10707 | 8216 | 2491 | 4075 |
| 石油加工、炼焦及核燃料加工业 | 1969 | 1782 | 1467 | 315 | 3703 |
| 化学原料及化学制品制造业 | 26767 | 11953 | 11943 | 10 | 50146 |
| 医药制造业 | 36935 | 183124 | 174938 | 8186 | 145434 |
| 塑料制品业 | 6614 | 12009 | 8186 | 2062 | 9604 |
| 非金属矿物制品业 | 10809 | 15374 | 12443 | 2762 | 17088 |
| 黑色金属冶炼及压延加工业 | 28812 | 28140 | 9896 | 18244 | 33472 |
| 有色金属冶炼及压延加工业 | 5161 | 11491 | 6524 | 4966 | 3834 |
| 金属制品业 | 14258 | 16389 | 8907 | 7444 | 15296 |
| 通用设备制造业 | 18761 | 14371 | 13371 | | 40975 |
| 专用设备制造业 | 14267 | 13548 | 12354 | 1011 | 40549 |
| 交通运输设备制造业 | 345 | 11439 | 11439 | | 8861 |
| 电气机械及器材制造业 | 26609 | 50897 | 50740 | 157 | 44601 |
| 通信设备、计算机及其他电子设备制造业 | 41295 | 167381 | 146948 | 20423 | 87930 |
| 仪器仪表及文化、办公用机械制造业 | 2400 | 4710 | 4710 | | 5558 |
| 工艺品及其他制造业 | 1794 | 1655 | 1654 | | 5499 |
| 电力、热力的生产和供应业 | 353039 | 189905 | 117299 | 72605 | 281915 |
| 燃气生产和供应业 | 899 | 1011 | 981 | 30 | 1280 |
| 水的生产和供应业 | 16 | 2044 | 2044 | | 1067 |

13-4 续表4 (2003年) 单位：万元

| 指 标 | 产品销售收入 | 产品销售成本 | 产品销售费用 | 产品销售税金及附加 | 产品销售利润 |
|---|---|---|---|---|---|
| 总 计 | 1371470 | 911222 | 170882 | 9151 | 7954 |
| # 亏损企业 | 125720 | 102455 | 16809 | 2144 | 1633 |
| # 国家控股企业 | 346052 | 245656 | 26542 | 6151 | 2011 |
| # 农村工业 | 11133 | 8299 | 425 | 201 | 1442 |
| 一、桉登记注册类型分 | | | | | |
| 港、澳、台商投资企业 | 394442 | 285852 | 20272 | 2792 | 2350 |
| 合资经营企业(港或澳、台资) | 213910 | 164112 | 20065 | 2792 | 2257 |
| 合作经营企业(港或澳、台资) | 171135 | 113245 | | | |
| 港澳台商独资经营企业 | 7067 | 6510 | 180 | | 85 |
| 港澳台商投资股份有限公司 | 2330 | 1985 | 27 | | 7 |
| 外商投资企业 | 977029 | 625369 | 150610 | 6359 | 5604 |
| 中外合资经营企业 | 773395 | 482089 | 131994 | 4297 | 4912 |
| 中外合作经营企业 | 49959 | 26744 | 378 | 2015 | 41 |
| 外资企业 | 152916 | 116160 | 17992 | 2 | 651 |
| 外商投资股份有限公司 | 758 | 376 | 246 | 45 | |
| 二、按轻重工业分 | | | | | |
| 轻工业 | 752206 | 470172 | 141592 | 1564 | 5628 |
| 重工业 | 619264 | 441050 | 29289 | 7588 | 2326 |
| 三、按企业规模分 | | | | | |
| 大型企业 | 171135 | 113245 | | | |
| 中型企业 | 744553 | 443311 | 144276 | 5235 | 2995 |
| 小型企业 | 455782 | 354666 | 26605 | 3917 | 4958 |
| 四、按工业行业分 | | | | | |
| 农副食品加工业 | 86248 | 72563 | 3295 | 7 | 44 |
| 食品制造业 | 103307 | 74877 | 16549 | 3 | 271 |
| 饮料制造业 | 112602 | 77640 | 15663 | 829 | 3195 |
| 纺织业 | 17183 | 15504 | 850 | 376 | 209 |
| 纺织服装、鞋、帽制造业 | 1252 | 1168 | 50 | | 85 |
| 皮革、毛皮、羽毛(绒)及其制品业 | 8074 | 7743 | 6 | | 226 |
| 木材加工及木、竹、藤、棕、草制品业 | 2078 | 2111 | 101 | 5 | 60 |
| 家具制造业 | 3361 | 2115 | 507 | 1 | -2 |
| 造纸及纸制品业 | 1569 | 1291 | 93 | | 52 |
| 印刷业和记录媒介的复制 | 17153 | 15826 | 627 | | 27 |
| 石油加工、炼焦及核燃料加工业 | 16736 | 14299 | 43 | 1157 | |
| 化学原料及化学制品制造业 | 51572 | 36041 | 918 | 71 | 56 |
| 医药制造业 | 341570 | 155855 | 102655 | 83 | 1241 |
| 塑料制品业 | 10719 | 8660 | 401 | 87 | 105 |
| 非金属矿物制品业 | 22742 | 17805 | 888 | 17 | 67 |
| 黑色金属冶炼及压延加工业 | 27686 | 23792 | 939 | 1855 | 69 |
| 有色金属冶炼及压延加工业 | 19076 | 17228 | 974 | | 160 |
| 金属制品业 | 9357 | 5835 | 629 | 1 | -109 |
| 通用设备制造业 | 61115 | 43806 | 2437 | 6 | 62 |
| 专用设备制造业 | 54443 | 37709 | 2035 | 143 | 1248 |
| 交通运输设备制造业 | 15141 | 9521 | 964 | 213 | 205 |
| 电气机械及器材制造业 | 76238 | 60588 | 3268 | 1970 | 288 |
| 通信设备、计算机及其他电子设备制造业 | 90144 | 65353 | 14282 | 216 | 240 |
| 仪器仪表及文化、办公用机械制造业 | 11617 | 8613 | 1932 | 65 | 42 |
| 工艺品及其他制造业 | 5610 | 4803 | 527 | | 99 |
| 电力、热力的生产和供应业 | 203360 | 129790 | 6 | 2003 | 15 |
| 燃气生产和供应业 | 758 | 376 | 246 | 45 | |
| 水的生产和供应业 | 751 | 311 | | | 1 |

13-4 续表5 （2003年） 单位：万元

| 指标 | 管理费用 | 利息支出 | 利润总额 | 亏损企业亏损额 | 利税总额 | 本年应交增值税 | 全部从业人员年平均人数（人） |
|---|---|---|---|---|---|---|---|
| 总计 | 71708 | 23536 | 188509 | 23866 | 290450 | 92790 | 32004 |
| # 亏损企业 | 17063 | 9709 | −23866 | 23866 | −17689 | 4033 | 7875 |
| # 国家控股企业 | 27465 | 13123 | 32681 | 15463 | 58015 | 19184 | 11168 |
| # 农村工业 | 731 | 552 | 581 | 2 | 888 | 106 | 655 |
| 一、校登记注册类型分 | | | | | | | |
| 港、澳、台商投资企业 | 15587 | 7948 | 60818 | 5351 | 94526 | 30916 | 13791 |
| 合资经营企业(港或澳、台资) | 11612 | 4013 | 10121 | 5344 | 19924 | 7010 | 9713 |
| 合作经营企业(港或澳、台资) | 3364 | 3930 | 50329 | | 73928 | 23599 | 2385 |
| 港澳台商独资经营企业 | 492 | 4 | 161 | 7 | 287 | 127 | 1343 |
| 港澳台商投资股份有限公司 | 119 | 1 | 207 | | 387 | 181 | 350 |
| 外商投资企业 | 56120 | 15588 | 127692 | 18516 | 195924 | 61874 | 18213 |
| 中外合资经营企业 | 45626 | 9954 | 106466 | 16013 | 159802 | 49038 | 13302 |
| 中外合作经营企业 | 3953 | 4180 | 11507 | 464 | 18498 | 4976 | 1134 |
| 外资企业 | 6495 | 1450 | 9678 | 2039 | 17493 | 7814 | 3705 |
| 外商投资股份有限公司 | 46 | 4 | 41 | | 132 | 45 | 72 |
| 二、按轻重工业分 | | | | | | | |
| 轻工业 | 31625 | 6024 | 102026 | 3846 | 149225 | 45636 | 18447 |
| 重工业 | 40083 | 17512 | 86483 | 20020 | 141226 | 47155 | 13557 |
| 三、按企业规模分 | | | | | | | |
| 大型企业 | 3364 | 3930 | 50329 | | 73928 | 23599 | 2385 |
| 中型企业 | 39973 | 13057 | 110624 | 13071 | 168105 | 52247 | 14880 |
| 小型企业 | 28371 | 6549 | 27556 | 10795 | 48417 | 16944 | 14739 |
| 四、按工业行业分 | | | | | | | |
| 农副食品加工业 | 1679 | 423 | 2764 | 45 | 3595 | 824 | 689 |
| 食品制造业 | 3661 | 1373 | 5618 | 676 | 9343 | 3722 | 3331 |
| 饮料制造业 | 4882 | 2268 | 10424 | 1091 | 17074 | 5820 | 2571 |
| 纺织业 | 661 | 162 | 68 | 164 | 647 | 204 | 2629 |
| 纺织服装、鞋、帽制造业 | 108 | | −7 | 7 | −7 | | 250 |
| 皮革、毛皮、羽毛(绒)及其制品业 | 355 | 405 | −187 | 187 | 128 | 314 | 173 |
| 木材加工及木、竹、藤、棕、草制品业 | 469 | 782 | −1393 | 1393 | −1227 | 161 | 804 |
| 家具制造业 | 354 | 142 | 219 | | 539 | 319 | 334 |
| 造纸及纸制品业 | 183 | | 51 | | 274 | 224 | 432 |
| 印刷业和记录媒介的复制 | 332 | 131 | 99 | 272 | 693 | 594 | 542 |
| 石油加工、炼焦及核燃料加工业 | 758 | 32 | 456 | | 1912 | 300 | 136 |
| 化学原料及化学制品制造业 | 2749 | 131 | 11579 | | 14277 | 2627 | 955 |
| 医药制造业 | 16314 | 1367 | 73123 | 1289 | 104394 | 31188 | 4663 |
| 塑料制品业 | 526 | 133 | 902 | 12 | 1263 | 275 | 389 |
| 非金属矿物制品业 | 1525 | 298 | 2256 | 438 | 3610 | 1337 | 851 |
| 黑色金属冶炼及压延加工业 | 2342 | 1014 | −931 | 974 | 2642 | 1718 | 962 |
| 有色金属冶炼及压延加工业 | 1389 | 248 | −734 | 1017 | −539 | 195 | 526 |
| 金属制品业 | 1397 | 495 | 871 | 321 | 1784 | 912 | 853 |
| 通用设备制造业 | 3937 | 607 | 8052 | 2596 | 11682 | 3623 | 1326 |
| 专用设备制造业 | 2779 | 374 | 10874 | 2 | 12452 | 1435 | 894 |
| 交通运输设备制造业 | 2280 | −150 | 2039 | | 3659 | 1407 | 249 |
| 电气机械及器材制造业 | 4005 | 823 | 5907 | 276 | 10741 | 2864 | 2173 |
| 通信设备、计算机及其他电子设备制造业 | 11803 | 4353 | −5785 | 12889 | −1998 | 3570 | 2588 |
| 仪器仪表及文化、办公用机械制造业 | 441 | 36 | 518 | 116 | 1097 | 514 | 291 |
| 工艺品及其他制造业 | 415 | −2 | −31 | 63 | 208 | 239 | 214 |
| 电力、热力的生产和供应业 | 5836 | 8089 | 61756 | | 92073 | 28314 | 2881 |
| 燃气生产和供应业 | 46 | 4 | 41 | | 132 | 45 | 72 |
| 水的生产和供应业 | 482 | | −39 | 39 | 6 | 45 | 226 |

# 13-5 大中型工业企业主要经济指标

（2003年）

单位：万元

| 指标 | 企业单位数（个） | #亏损企业 | 工业总产值 1990年不变价格 | 工业总产值 当年价格 | 工业销售产值（当年价） |
|---|---|---|---|---|---|
| 总计 | 420 | 107 | 11834256 | 15256901 | 15016591 |
| # 亏损企业 | 107 | 107 | 1497962 | 1622807 | 1590836 |
| # 国家控股企业 | 302 | 93 | 9951913 | 12795286 | 12614681 |
| # 农村工业 | 11 | 1 | 107426 | 129949 | 129257 |
| 一、按登记注册类型分 | | | | | |
| 内资企业 | 397 | 103 | 10435692 | 14128609 | 13915108 |
| 国有企业 | 181 | 66 | 4143424 | 6389236 | 6345465 |
| 中央企业 | 72 | 25 | 1799901 | 2374146 | 2340923 |
| 地方企业 | 109 | 41 | 2343523 | 4015091 | 4004542 |
| 集体企业 | 12 | | 188041 | 195312 | 187608 |
| 股份合作企业 | 4 | 1 | 20531 | 32206 | 32458 |
| 联营企业 | 5 | | 23062 | 30459 | 28023 |
| 国有联营企业 | 4 | | 17818 | 25215 | 23554 |
| 国有与集体联营企业 | 1 | | 5244 | 5244 | 4470 |
| 有限责任公司 | 124 | 26 | 3862481 | 4206898 | 4079064 |
| 国有独资公司 | 25 | 9 | 970050 | 1009550 | 990751 |
| 其他有限责任公司 | 99 | 17 | 2892430 | 3197348 | 3088313 |
| 股份有限公司 | 52 | 8 | 2025422 | 3068813 | 3050320 |
| 私营企业 | 19 | 2 | 172731 | 205685 | 192171 |
| 私营独资企业 | 3 | | 22393 | 21859 | 13628 |
| 私营合作企业 | 1 | | 5310 | 5472 | 5253 |
| 私营有限责任公司 | 14 | 2 | 138324 | 173846 | 168638 |
| 私营股份有限公司 | 1 | | 6704 | 4509 | 4652 |
| 港、澳、台商投资企业 | 8 | 1 | 662329 | 443104 | 438045 |
| 合资经营企业(港或澳、台资) | 6 | 1 | 611471 | 264125 | 259067 |
| 合作经营企业(港或澳、台资) | 1 | | 47488 | 173274 | 173274 |
| 港澳台商独资经营企业 | 1 | | 3371 | 5705 | 5705 |
| 外商投资企业 | 15 | 3 | 736235 | 685188 | 663437 |
| 中外合资经营企业 | 11 | 3 | 625365 | 559872 | 538425 |
| 中外合作经营企业 | 1 | | 11212 | 31219 | 31219 |
| 外资企业 | 3 | | 99659 | 94097 | 93793 |
| 二、按经济组织类型分 | | | | | |
| 独资企业 | 200 | 66 | 4456887 | 6706209 | 6646199 |
| 国有企业 | 181 | 66 | 4143424 | 6389236 | 6345465 |
| 集体企业 | 12 | | 188041 | 195312 | 187608 |
| 私营独资企业 | 3 | | 22393 | 21859 | 13628 |
| 港澳台商独资经营企业 | 1 | | 3371 | 5705 | 5705 |
| 外资企业 | 3 | | 99659 | 94097 | 93793 |
| 合作、合伙企业 | 12 | 1 | 107603 | 272629 | 270227 |
| 股份合作企业 | 4 | 1 | 20531 | 32206 | 32458 |
| 国有联营企业 | 4 | | 17818 | 25215 | 23554 |
| 国有与集体联营企业 | 1 | | 5244 | 5244 | 4470 |
| 私营合伙企业 | 1 | | 5310 | 5472 | 5253 |
| 合作经营企业(港或澳、台资) | 1 | | 47488 | 173274 | 173274 |
| 中外合作经营企业 | 1 | | 11212 | 31219 | 31219 |
| 股份有限公司 | 53 | 8 | 2032126 | 3073322 | 3054972 |
| 股份有限公司(内资) | 52 | 8 | 2025422 | 3068813 | 3050320 |
| 私营股份有限公司 | 1 | | 6704 | 4509 | 4652 |

13-5 续表1 （2003年） 单位：万元

| 指 标 | 企业单位数（个） | #亏损企业 | 工业总产值 1990年不变价格 | 工业总产值 当年价格 | 工业销售产值（当年价） |
|---|---|---|---|---|---|
| 有限责任公司 | 155 | 32 | 5237640 | 5204741 | 5045193 |
| 国有独资公司 | 25 | 9 | 970050 | 1009550 | 990751 |
| 私营有限责任公司 | 14 | 2 | 138324 | 173846 | 168638 |
| 合资经营企业(港或澳、台资) | 6 | 1 | 611471 | 264125 | 259067 |
| 中外合资经营企业 | 11 | 3 | 625365 | 559872 | 538425 |
| 其他有限责任公司 | 99 | 17 | 2892430 | 3197348 | 3088313 |
| 三、按轻重工业分 | | | | | |
| 轻工业 | 118 | 22 | 2751114 | 2747284 | 2684195 |
| 重工业 | 302 | 85 | 9083142 | 12509617 | 12332395 |
| 四、按企业规模分 | | | | | |
| 大型企业 | 64 | 10 | 6463321 | 9181307 | 9114072 |
| 中型企业 | 356 | 97 | 5370935 | 6075594 | 5902519 |
| 五、按工业行业分 | | | | | |
| 煤炭开采和洗选业 | 16 | 2 | 443514 | 609742 | 617060 |
| 石油和天然气开采业 | 14 | | 595710 | 3016844 | 3010298 |
| 黑色金属矿采选业 | 1 | | 2100 | 6735 | 6735 |
| 有色金属矿采选业 | 16 | 2 | 150865 | 219894 | 246341 |
| 农副食品加工业 | 9 | 1 | 106038 | 120650 | 115697 |
| 食品制造业 | 8 | 1 | 116068 | 146856 | 141629 |
| 饮料制造业 | 12 | | 143074 | 201219 | 195339 |
| 烟草制品业 | 6 | 1 | 310153 | 485211 | 478823 |
| 纺织业 | 23 | 9 | 367350 | 399517 | 399874 |
| 纺织服装、鞋、帽制造业 | 3 | | 26501 | 24468 | 29296 |
| 皮革、毛皮、羽毛(绒)及其制品业 | 1 | | 4177 | 7069 | 6974 |
| 木材加工及木、竹、藤、棕、草制品业 | 1 | | 12453 | 10276 | 10297 |
| 造纸及纸制品业 | 10 | 2 | 71352 | 79935 | 77912 |
| 印刷业和记录媒介的复制 | 10 | 2 | 149696 | 156988 | 154977 |
| 石油加工、炼焦及核燃料加工业 | 11 | | 333656 | 1209041 | 1216255 |
| 化学原料及化学制品制造业 | 28 | 12 | 450815 | 516553 | 502781 |
| 医药制造业 | 20 | 1 | 674973 | 674954 | 653102 |
| 橡胶制品业 | 1 | | 9772 | 11154 | 11620 |
| 非金属矿物制品业 | 26 | 12 | 165590 | 216111 | 210913 |
| 黑色金属冶炼及压延加工业 | 9 | 4 | 310895 | 550983 | 548852 |
| 有色金属冶炼及压延加工业 | 14 | 4 | 312160 | 360926 | 357174 |
| 金属制品业 | 7 | 1 | 46381 | 60826 | 59213 |
| 通用设备制造业 | 18 | 5 | 502059 | 450020 | 432154 |
| 专用设备制造业 | 32 | 10 | 755641 | 674525 | 649927 |
| 交通运输设备制造业 | 38 | 7 | 2048146 | 1864674 | 1810915 |
| 电气机械及器材制造业 | 15 | 6 | 712622 | 592878 | 589175 |
| 通信设备、计算机及其他电子设备制造业 | 23 | 6 | 2380324 | 1221794 | 1136583 |
| 仪器仪表及文化、办公用机械制造业 | 6 | 2 | 139703 | 139437 | 124625 |
| 工艺品及其他制造业 | 2 | | 82531 | 84255 | 75997 |
| 电力、热力的生产和供应业 | 37 | 17 | 401052 | 1090410 | 1089521 |
| 燃气生产和供应业 | 2 | | 2423 | 16536 | 20112 |
| 水的生产和供应业 | 1 | | 6462 | 36421 | 36421 |

13-5 续表2 (2003年) 单位：万元

| 指 标 | 工业增加值（生产法） | 资产总计 | 流动资产 小计 | #存货 | #产成品 |
|---|---|---|---|---|---|
| 总 计 | 5554468 | 30453103 | 12047027 | 3177684 | 987227 |
| #亏损企业 | 521778 | 5661780 | 2022000 | 510539 | 192000 |
| #国家控股企业 | 4720011 | 26500692 | 10399508 | 2807754 | 843863 |
| #农村工业 | 46384 | 176499 | 56063 | 15909 | 7352 |
| 一、按登记注册类型分 | | | | | |
| 内资企业 | 5091268 | 29119456 | 11337704 | 3048717 | 934275 |
| 国有企业 | 2236363 | 13121691 | 5406638 | 1436308 | 397101 |
| 中央企业 | 896445 | 5672528 | 2570895 | 700268 | 125612 |
| 地方企业 | 1339918 | 7449162 | 2835743 | 736041 | 271489 |
| 集体企业 | 52532 | 294413 | 148071 | 34855 | 12475 |
| 股份合作企业 | 17348 | 72808 | 22837 | 3529 | 1049 |
| 联营企业 | 13945 | 60456 | 19019 | 2637 | 752 |
| 国有联营企业 | 11541 | 55055 | 16983 | 2220 | 542 |
| 国有与集体联营企业 | 2404 | 5401 | 2036 | 417 | 210 |
| 有限责任公司 | 1271254 | 9312717 | 3826154 | 1199307 | 339804 |
| 国有独资公司 | 326796 | 2880059 | 871820 | 228462 | 69729 |
| 其他有限责任公司 | 944458 | 6432658 | 2954334 | 970844 | 270075 |
| 股份有限公司 | 1439667 | 6046340 | 1828667 | 336670 | 166327 |
| 私营企业 | 60159 | 211032 | 86317 | 35411 | 16767 |
| 私营独资企业 | 8912 | 35296 | 14128 | 6198 | 3305 |
| 私营合作企业 | 1200 | 5639 | 2932 | 65 | 65 |
| 私营有限责任公司 | 48458 | 165594 | 65811 | 28583 | 13146 |
| 私营股份有限公司 | 1589 | 4503 | 3446 | 565 | 250 |
| 港、澳、台商投资企业 | 148857 | 484021 | 189218 | 25491 | 7428 |
| 合资经营企业(港或澳、台资) | 66106 | 121916 | 64823 | 18691 | 6808 |
| 合作经营企业(港或澳、台资) | 80903 | 357274 | 121875 | 4822 | |
| 港澳台商独资经营企业 | 1848 | 4831 | 2520 | 1977 | 620 |
| 外商投资企业 | 314344 | 849626 | 520105 | 103476 | 45525 |
| 中外合资经营企业 | 259229 | 639527 | 480338 | 94820 | 42454 |
| 中外合作经营企业 | 19004 | 112368 | 5141 | 1881 | |
| 外资企业 | 36110 | 97731 | 34626 | 6776 | 3071 |
| 二、按经济组织类型分 | | | | | |
| 独资企业 | 2335765 | 13553960 | 5605984 | 1486115 | 416573 |
| 国有企业 | 2236363 | 13121691 | 5406638 | 1436308 | 397101 |
| 集体企业 | 52532 | 294413 | 148071 | 34855 | 12475 |
| 私营独资企业 | 8912 | 35296 | 14128 | 6198 | 3305 |
| 港澳台商独资经营企业 | 1848 | 4831 | 2520 | 1977 | 620 |
| 外资企业 | 36110 | 97731 | 34626 | 6776 | 3071 |
| 合作、合伙企业 | 132401 | 608546 | 171804 | 12934 | 1866 |
| 股份合作企业 | 17348 | 72808 | 22837 | 3529 | 1049 |
| 国有联营企业 | 11541 | 55055 | 16983 | 2220 | 542 |
| 国有与集体联营企业 | 2404 | 5401 | 2036 | 417 | 210 |
| 私营合伙企业 | 1200 | 5639 | 2932 | 65 | 65 |
| 合作经营企业(港或澳、台资) | 80903 | 357274 | 121875 | 4822 | |
| 中外合作经营企业 | 19004 | 112368 | 5141 | 1881 | |
| 股份有限公司 | 1441256 | 6050843 | 1832113 | 337235 | 166577 |
| 股份有限公司(内资) | 1439667 | 6046340 | 1828667 | 336670 | 166327 |
| 私营股份有限公司 | 1589 | 4503 | 3446 | 565 | 250 |

13-5 续表3

(2003年)

单位：万元

| 指　　标 | 工业增加值(生产法) | 资产总计 | 流动资产小计 | #存货 | #产成品 |
|---|---|---|---|---|---|
| 有限责任公司 | 1645047 | 10239754 | 4437126 | 1341400 | 402212 |
| 国有独资公司 | 326796 | 2880059 | 871820 | 228462 | 69729 |
| 私营有限责任公司 | 48458 | 165594 | 65811 | 28583 | 13146 |
| 合资经营企业(港或澳、台资) | 66106 | 121916 | 64823 | 18691 | 6808 |
| 中外合资经营企业 | 259229 | 639527 | 480338 | 94820 | 42454 |
| 其他有限责任公司 | 944458 | 6432658 | 2954334 | 970844 | 270075 |
| 三、按轻重工业分 | | | | | |
| 轻工业 | 1071664 | 3797268 | 1912802 | 636600 | 211184 |
| 重工业 | 4482804 | 26655835 | 10134225 | 2541084 | 776044 |
| 四、按企业规模分 | | | | | |
| 大型企业 | 3428642 | 18501530 | 6917801 | 1821306 | 466925 |
| 中型企业 | 2125827 | 11951573 | 5129226 | 1356379 | 520303 |
| 五、按工业行业分 | | | | | |
| 煤炭开采和洗选业 | 239227 | 1709346 | 407686 | 50438 | 11362 |
| 石油和天然气开采业 | 1599547 | 5716516 | 1039340 | 126775 | 43986 |
| 黑色金属矿采选业 | 3415 | 6603 | 4698 | | |
| 有色金属矿采选业 | 88128 | 421195 | 179755 | 39185 | 19838 |
| 农副食品加工业 | 32468 | 106227 | 55483 | 27571 | 16467 |
| 食品制造业 | 53099 | 122041 | 57914 | 11514 | 4031 |
| 饮料制造业 | 78803 | 262698 | 102147 | 39753 | 22977 |
| 烟草制品业 | 276427 | 698599 | 530430 | 245189 | 3977 |
| 纺织业 | 115805 | 665298 | 237652 | 106083 | 53388 |
| 纺织服装、鞋、帽制造业 | 8787 | 29798 | 19361 | 3935 | 2217 |
| 皮革、毛皮、羽毛(绒)及其制品业 | 1837 | 23196 | 16527 | 2931 | 1623 |
| 木材加工及木、竹、藤、棕、草制品业 | 2006 | 25944 | 4915 | | |
| 造纸及纸制品业 | 24689 | 80912 | 24806 | 8047 | 4113 |
| 印刷业和记录媒介的复制 | 62060 | 303730 | 114471 | 26217 | 13009 |
| 石油加工、炼焦及核燃料加工业 | 275817 | 899851 | 349072 | 98344 | 23616 |
| 化学原料及化学制品制造业 | 149011 | 1280995 | 329315 | 88476 | 34415 |
| 医药制造业 | 291337 | 923382 | 512357 | 112804 | 68323 |
| 橡胶制品业 | 5498 | 22748 | 13377 | 3084 | 1279 |
| 非金属矿物制品业 | 77352 | 549435 | 207166 | 61493 | 28961 |
| 黑色金属冶炼及压延加工业 | 134057 | 996232 | 471946 | 115121 | 34916 |
| 有色金属冶炼及压延加工业 | 93518 | 696667 | 298440 | 121496 | 37180 |
| 金属制品业 | 24447 | 132939 | 79485 | 42434 | 27196 |
| 通用设备制造业 | 165228 | 896796 | 577980 | 168770 | 49482 |
| 专用设备制造业 | 198987 | 1518785 | 789225 | 292244 | 111305 |
| 交通运输设备制造业 | 522014 | 3930291 | 2444570 | 860376 | 203778 |
| 电气机械及器材制造业 | 150797 | 1155437 | 664162 | 198220 | 72835 |
| 通信设备、计算机及其他电子设备制造业 | 284344 | 1947959 | 1199178 | 218871 | 66638 |
| 仪器仪表及文化、办公用机械制造业 | 38424 | 299356 | 163786 | 55790 | 24442 |
| 工艺品及其他制造业 | 18899 | 153046 | 76881 | 21810 | 5727 |
| 电力、热力的生产和供应业 | 514512 | 4679517 | 1043068 | 29500 | 148 |
| 燃气生产和供应业 | 4563 | 49741 | 8716 | 61 | |
| 水的生产和供应业 | 19370 | 147824 | 23119 | 1155 | |

13-5 续表4　　（2003年）　　单位：万元

| 指 标 | 流动资产年平均余额 | 固定资产小计 | 固定资产原值 | 累计折旧 | #本年折旧 |
|---|---|---|---|---|---|
| 总 计 | 11073523 | 16029448 | 21742826 | 7497850 | 1371873 |
| # 亏损企业 | 2040472 | 3230483 | 4446936 | 1550641 | 387362 |
| # 国家控股企业 | 9561838 | 14133103 | 19458162 | 6729330 | 1226795 |
| # 农村工业 | 46445 | 82246 | 79119 | 21135 | 5147 |
| 一、按登记注册类型分 | | | | | |
| 内资企业 | 10392773 | 15461927 | 20754675 | 7051287 | 1295463 |
| 国有企业 | 5008672 | 6932683 | 9761799 | 3710654 | 685433 |
| 中央企业 | 2347715 | 2838626 | 4129800 | 1642791 | 365789 |
| 地方企业 | 2660956 | 4094057 | 5631998 | 2067863 | 319644 |
| 集体企业 | 133620 | 75309 | 92330 | 30196 | 5874 |
| 股份合作企业 | 22230 | 38431 | 45969 | 13840 | 3013 |
| 联营企业 | 18335 | 34443 | 45110 | 24966 | 2292 |
| 国有联营企业 | 16349 | 32935 | 42408 | 12990 | 2243 |
| 国有与集体联营企业 | 1986 | 1508 | 2703 | 11976 | 49 |
| 有限责任公司 | 3474385 | 4528451 | 5543247 | 1657546 | 300411 |
| 国有独资公司 | 842829 | 1681600 | 2101743 | 639330 | 109693 |
| 其他有限责任公司 | 2631557 | 2846851 | 3441504 | 1018216 | 190718 |
| 股份有限公司 | 1663251 | 3766508 | 5181845 | 1597183 | 293757 |
| 私营企业 | 72280 | 86102 | 84375 | 16902 | 4683 |
| 私营独资企业 | 13270 | 20385 | 19494 | 6061 | 749 |
| 私营合作企业 | 1800 | 1477 | 804 | 15 | 15 |
| 私营有限责任公司 | 53916 | 63621 | 62843 | 10218 | 3867 |
| 私营股份有限公司 | 3294 | 619 | 1234 | 609 | 52 |
| 港、澳、台商投资企业 | 166004 | 275511 | 588125 | 327102 | 49861 |
| 合资经营企业(港或澳、台资) | 51715 | 50758 | 56886 | 20725 | 3502 |
| 合作经营企业(港或澳、台资) | 112559 | 222442 | 528744 | 306155 | 46258 |
| 港澳台商独资经营企业 | 1730 | 2310 | 2494 | 222 | 102 |
| 外商投资企业 | 514746 | 292011 | 400026 | 119461 | 26549 |
| 中外合资经营企业 | 471509 | 134744 | 196493 | 72301 | 12234 |
| 中外合作经营企业 | 7556 | 104629 | 123598 | 19836 | 6560 |
| 外资企业 | 35680 | 52638 | 79935 | 27324 | 7755 |
| 二、按经济组织类型分 | | | | | |
| 独资企业 | 5192972 | 7083325 | 9956051 | 3774457 | 699913 |
| 国有企业 | 5008672 | 6932683 | 9761799 | 3710654 | 685433 |
| 集体企业 | 133620 | 75309 | 92330 | 30196 | 5874 |
| 私营独资企业 | 13270 | 20385 | 19494 | 6061 | 749 |
| 港澳台商独资经营企业 | 1730 | 2310 | 2494 | 222 | 102 |
| 外资企业 | 35680 | 52638 | 79935 | 27324 | 7755 |
| 合作、合伙企业 | 162481 | 401422 | 744226 | 364812 | 58137 |
| 股份合作企业 | 22230 | 38431 | 45969 | 13840 | 3013 |
| 国有联营企业 | 16349 | 32935 | 42408 | 12990 | 2243 |
| 国有与集体联营企业 | 1986 | 1508 | 2703 | 11976 | 49 |
| 私营合伙企业 | 1800 | 1477 | 804 | 15 | 15 |
| 合作经营企业(港或澳、台资) | 112559 | 222442 | 528744 | 306155 | 46258 |
| 中外合作经营企业 | 7556 | 104629 | 123598 | 19836 | 6560 |
| 股份有限公司 | 1666545 | 3767127 | 5183079 | 1597791 | 293809 |
| 股份有限公司(内资) | 1663251 | 3766508 | 5181845 | 1597183 | 293757 |
| 私营股份有限公司 | 3294 | 619 | 1234 | 609 | 52 |

13-5 续表5 （2003年） 单位：万元

| 指 标 | 流动资产年平均余额 | 固定资产小计 | 固定资产原值 | 累计折旧 | #本年折旧 |
|---|---|---|---|---|---|
| 有限责任公司 | 4051526 | 4777574 | 5859469 | 1760790 | 320014 |
| 国有独资公司 | 842829 | 1681600 | 2101743 | 639330 | 109693 |
| 私营有限责任公司 | 53916 | 63621 | 62843 | 10218 | 3867 |
| 合资经营企业(港或澳、台资) | 51715 | 50758 | 56886 | 20725 | 3502 |
| 中外合资经营企业 | 471509 | 134744 | 196493 | 72301 | 12234 |
| 其他有限责任公司 | 2631557 | 2846851 | 3441504 | 1018216 | 190718 |
| 三、按轻重工业分 | | | | | |
| 轻工业 | 1929003 | 1345955 | 1889043 | 775160 | 111884 |
| 重工业 | 9144520 | 14683493 | 19853783 | 6722690 | 1259989 |
| 四、按企业规模分 | | | | | |
| 大型企业 | 6273740 | 10374384 | 14509852 | 5002166 | 820991 |
| 中型企业 | 4799783 | 5655064 | 7232974 | 2495684 | 550882 |
| 五、按工业行业分 | | | | | |
| 煤炭开采和洗选业 | 421494 | 1141131 | 1526809 | 412222 | 80944 |
| 石油和天然气开采业 | 871168 | 4551529 | 6310244 | 1996872 | 396081 |
| 黑色金属矿采选业 | 2566 | 1091 | 1091 | 137 | 137 |
| 有色金属矿采选业 | 173273 | 213901 | 308508 | 129568 | 15102 |
| 农副食品加工业 | 53398 | 36382 | 45441 | 14574 | 2637 |
| 食品制造业 | 54961 | 52555 | 60795 | 21697 | 3072 |
| 饮料制造业 | 133783 | 122959 | 174998 | 58830 | 14222 |
| 烟草制品业 | 525818 | 154347 | 267426 | 118205 | 16100 |
| 纺织业 | 240248 | 270202 | 468898 | 227710 | 26152 |
| 纺织服装、鞋、帽制造业 | 16558 | 6413 | 7605 | 2001 | 339 |
| 皮革、毛皮、羽毛(绒)及其制品业 | 12592 | 5819 | 8547 | 4216 | 249 |
| 木材加工及木、竹、藤、棕、草制品业 | 4782 | 9880 | 14737 | 4868 | 827 |
| 造纸及纸制品业 | 23187 | 51637 | 60608 | 23262 | 2430 |
| 印刷业和记录媒介的复制 | 118979 | 129408 | 204176 | 84016 | 13105 |
| 石油加工、炼焦及核燃料加工业 | 297326 | 500495 | 648778 | 236022 | 44790 |
| 化学原料及化学制品制造业 | 319675 | 803508 | 1075909 | 300618 | 42825 |
| 医药制造业 | 503702 | 295884 | 301306 | 87852 | 14965 |
| 橡胶制品业 | 13598 | 8760 | 12101 | 4768 | 413 |
| 非金属矿物制品业 | 195048 | 296972 | 347967 | 120225 | 21246 |
| 黑色金属冶炼及压延加工业 | 380441 | 433536 | 465681 | 103328 | 16959 |
| 有色金属冶炼及压延加工业 | 310278 | 305141 | 348199 | 132647 | 17576 |
| 金属制品业 | 73717 | 43027 | 78641 | 45157 | 8683 |
| 通用设备制造业 | 511736 | 263960 | 378960 | 157677 | 16797 |
| 专用设备制造业 | 766701 | 631771 | 881126 | 331365 | 30242 |
| 交通运输设备制造业 | 2104283 | 1149572 | 1491687 | 610701 | 78679 |
| 电气机械及器材制造业 | 637000 | 327115 | 481823 | 200046 | 33690 |
| 通信设备、计算机及其他电子设备制造业 | 1170113 | 529377 | 874447 | 384880 | 27920 |
| 仪器仪表及文化、办公用机械制造业 | 162347 | 110142 | 161191 | 67650 | 8238 |
| 工艺品及其他制造业 | 69507 | 18824 | 10301 | 3666 | 1234 |
| 电力、热力的生产和供应业 | 868153 | 3429520 | 4539443 | 1534421 | 425320 |
| 燃气生产和供应业 | 11287 | 33048 | 38078 | 6053 | 1521 |
| 水的生产和供应业 | 25806 | 101542 | 147308 | 72596 | 9380 |

13-5 续表6 （2003年） 单位：万元

| 指标 | 固定资产净值年平均余额 | 负债合计 | # 流动负债小计 | # 长期负债小计 | 所有者权益合计 |
|---|---|---|---|---|---|
| 总计 | 13698008 | 18875557 | 11817803 | 6792647 | 11401397 |
| # 亏损企业 | 2920643 | 4205455 | 2383230 | 1609154 | 1428706 |
| # 国家控股企业 | 12246876 | 16462908 | 10324779 | 5910772 | 9874007 |
| # 农村工业 | 76660 | 82333 | 51989 | 30161 | 94166 |
| 一、按登记注册类型分 | | | | | |
| 内资企业 | 13131831 | 18191438 | 11266752 | 6663674 | 10751870 |
| 国有企业 | 5780099 | 8413196 | 5858170 | 2389488 | 4549391 |
| 中央企业 | 2895732 | 3580479 | 2316587 | 1097784 | 1948519 |
| 地方企业 | 2884367 | 4832717 | 3541583 | 1291703 | 2600872 |
| 集体企业 | 79698 | 125892 | 93121 | 32772 | 168520 |
| 股份合作企业 | 39556 | 48035 | 26605 | 21430 | 24773 |
| 联营企业 | 33594 | 50427 | 20647 | 29780 | 10029 |
| 国有联营企业 | 32086 | 47350 | 18449 | 28902 | 7705 |
| 国有与集体联营企业 | 1508 | 3077 | 2199 | 878 | 2324 |
| 有限责任公司 | 3711623 | 6694522 | 3725073 | 2908183 | 2613522 |
| 国有独资公司 | 1513095 | 2008672 | 980756 | 980635 | 866714 |
| 其他有限责任公司 | 2198528 | 4685849 | 2744317 | 1927547 | 1746808 |
| 股份有限公司 | 3413478 | 2758523 | 1481645 | 1254112 | 3275445 |
| 私营企业 | 73783 | 100843 | 61491 | 27910 | 110189 |
| 私营独资企业 | 16328 | 22156 | 9077 | 1729 | 13140 |
| 私营合作企业 | 1335 | 4474 | 4124 | 350 | 1165 |
| 私营有限责任公司 | 55446 | 71884 | 45961 | 25832 | 93710 |
| 私营股份有限公司 | 674 | 2329 | 2329 | | 2174 |
| 港、澳、台商投资企业 | 284007 | 183272 | 172059 | 11030 | 300749 |
| 合资经营企业(港或澳、台资) | 36685 | 58687 | 52980 | 5524 | 63228 |
| 合作经营企业(港或澳、台资) | 245049 | 119655 | 114150 | 5506 | 237619 |
| 港澳台商独资经营企业 | 2272 | 4930 | 4930 | | -99 |
| 外商投资企业 | 282170 | 500847 | 378992 | 117944 | 348779 |
| 中外合资经营企业 | 124268 | 393716 | 355672 | 38044 | 245812 |
| 中外合作经营企业 | 106643 | 69392 | 2492 | 66900 | 42977 |
| 外资企业 | 51259 | 37740 | 20828 | 13000 | 59991 |
| 二、按经济组织类型分 | | | | | |
| 独资企业 | 5929656 | 8603914 | 5986126 | 2436988 | 4790943 |
| 国有企业 | 5780099 | 8413196 | 5858170 | 2389488 | 4549391 |
| 集体企业 | 79698 | 125892 | 93121 | 32772 | 168520 |
| 私营独资企业 | 16328 | 22156 | 9077 | 1729 | 13140 |
| 港澳台商独资经营企业 | 2272 | 4930 | 4930 | | -99 |
| 外资企业 | 51259 | 37740 | 20828 | 13000 | 59991 |
| 合作、合伙企业 | 426178 | 291982 | 168017 | 123965 | 316564 |
| 股份合作企业 | 39556 | 48035 | 26605 | 21430 | 24773 |
| 国有联营企业 | 32086 | 47350 | 18449 | 28902 | 7705 |
| 国有与集体联营企业 | 1508 | 3077 | 2199 | 878 | 2324 |
| 私营合伙企业 | 1335 | 4474 | 4124 | 350 | 1165 |
| 合作经营企业(港或澳、台资) | 245049 | 119655 | 114150 | 5506 | 237619 |
| 中外合作经营企业 | 106643 | 69392 | 2492 | 66900 | 42977 |
| 股份有限公司 | 3414152 | 2760853 | 1483975 | 1254112 | 3277619 |
| 股份有限公司(内资) | 3413478 | 2758523 | 1481645 | 1254112 | 3275445 |
| 私营股份有限公司 | 674 | 2329 | 2329 | | 2174 |

13-5 续表7　　（2003年）　　单位：万元

| 指　　标 | 固定资产净值年平均余额 | 负债合计 | #流动负债小计 | #长期负债小计 | 所有者权益合计 |
|---|---|---|---|---|---|
| 有限责任公司 | 3928022 | 7218809 | 4179686 | 2977582 | 3016272 |
| 国有独资公司 | 1513095 | 2008672 | 980756 | 980635 | 866714 |
| 私营有限责任公司 | 55446 | 71884 | 45961 | 25832 | 93710 |
| 合资经营企业(港或澳、台资) | 36685 | 58687 | 52980 | 5524 | 63228 |
| 中外合资经营企业 | 124268 | 393716 | 355672 | 38044 | 245812 |
| 其他有限责任公司 | 2198528 | 4685849 | 2744317 | 1927547 | 1746808 |
| 三、按轻重工业分 | | | | | |
| 轻工业 | 1198274 | 2187273 | 1779118 | 353176 | 1597624 |
| 重工业 | 12499734 | 16688284 | 10038685 | 6439471 | 9803774 |
| 四、按企业规模分 | | | | | |
| 大型企业 | 8560446 | 10807377 | 6362495 | 4230374 | 7689158 |
| 中型企业 | 5137562 | 8068180 | 5455307 | 2562274 | 3712239 |
| 五、按工业行业分 | | | | | |
| 煤炭开采和洗选业 | 1057890 | 971918 | 419157 | 552761 | 737428 |
| 石油和天然气开采业 | 3526974 | 2744499 | 1372603 | 1371886 | 2972017 |
| 黑色金属矿采选业 | 953 | 2417 | 2417 | | 4186 |
| 有色金属矿采选业 | 177647 | 222262 | 127609 | 94052 | 198933 |
| 农副食品加工业 | 35206 | 69385 | 39912 | 22972 | 36843 |
| 食品制造业 | 38883 | 68266 | 49436 | 18738 | 53775 |
| 饮料制造业 | 112440 | 161777 | 134729 | 18285 | 100921 |
| 烟草制品业 | 143733 | 511401 | 488285 | 23116 | 187198 |
| 纺织业 | 309620 | 394059 | 299303 | 60656 | 271239 |
| 纺织服装、鞋、帽制造业 | 6367 | 17704 | 15054 | 2650 | 12094 |
| 皮革、毛皮、羽毛(绒)及其制品业 | 4431 | 19186 | 9739 | 9447 | 4010 |
| 木材加工及木、竹、藤、棕、草制品业 | 10089 | 17268 | 3503 | 13765 | 8676 |
| 造纸及纸制品业 | 43831 | 51336 | 37640 | 13697 | 29576 |
| 印刷业和记录媒介的复制 | 115342 | 117382 | 85366 | 32016 | 186348 |
| 石油加工、炼焦及核燃料加工业 | 413452 | 577695 | 441962 | 135733 | 322155 |
| 化学原料及化学制品制造业 | 729052 | 1028528 | 386097 | 642075 | 252467 |
| 医药制造业 | 221103 | 468803 | 390782 | 72496 | 442208 |
| 橡胶制品业 | 7274 | 24172 | 20601 | 3571 | -1424 |
| 非金属矿物制品业 | 232972 | 426876 | 285524 | 138671 | 122559 |
| 黑色金属冶炼及压延加工业 | 283098 | 647564 | 464611 | 182893 | 348668 |
| 有色金属冶炼及压延加工业 | 212250 | 445886 | 305406 | 140480 | 250781 |
| 金属制品业 | 32419 | 91227 | 70752 | 20476 | 41712 |
| 通用设备制造业 | 230303 | 621354 | 555300 | 65056 | 275443 |
| 专用设备制造业 | 538356 | 1040769 | 725185 | 286790 | 476544 |
| 交通运输设备制造业 | 759442 | 2674370 | 2134856 | 537239 | 1252069 |
| 电气机械及器材制造业 | 285062 | 829037 | 708483 | 120554 | 326400 |
| 通信设备、计算机及其他电子设备制造业 | 469536 | 1155074 | 883197 | 260577 | 780314 |
| 仪器仪表及文化、办公用机械制造业 | 91329 | 185944 | 157990 | 27955 | 113412 |
| 工艺品及其他制造业 | 6520 | 46436 | 46236 | 200 | 106610 |
| 电力、热力的生产和供应业 | 3495576 | 3143279 | 1125532 | 1854692 | 1390358 |
| 燃气生产和供应业 | 31077 | 29088 | 9079 | 20010 | 20652 |
| 水的生产和供应业 | 75781 | 70597 | 21457 | 49140 | 77228 |

13-5 续表8　　(2003年)　　单位：万元

| 指　　标 | 产品销售收入 | 产品销售成本 | 产品销售费用 | 产品销售税金及附加 | 产品销售利润 |
|---|---|---|---|---|---|
| 总　　计 | 15292587 | 11068969 | 534905 | 455783 | 93500 |
| # 亏损企业 | 1768050 | 1520704 | 59643 | 39477 | 12403 |
| # 国家控股企业 | 12920785 | 9328754 | 330428 | 431088 | 78645 |
| # 农村工业 | 138620 | 114589 | 3635 | 2812 | 2359 |
| 一、按登记注册类型分 | | | | | |
| 内资企业 | 14376899 | 10512413 | 390628 | 450548 | 90504 |
| 国有企业 | 6709274 | 4984343 | 146608 | 336480 | 37464 |
| 中央企业 | 2799673 | 2163383 | 46047 | 210944 | 12290 |
| 地方企业 | 3909601 | 2820960 | 100561 | 125536 | 25174 |
| 集体企业 | 161085 | 123878 | 5857 | 1589 | 7623 |
| 股份合作企业 | 32404 | 23036 | 804 | 303 | 104 |
| 联营企业 | 27455 | 15706 | 3459 | 205 | 17 |
| 国有联营企业 | 23635 | 12606 | 3451 | 174 | |
| 国有与集体联营企业 | 3820 | 3100 | 8 | 31 | 17 |
| 有限责任公司 | 4237237 | 3353198 | 141431 | 48035 | 30658 |
| 国有独资公司 | 989311 | 785793 | 18577 | 13084 | 11582 |
| 其他有限责任公司 | 3247926 | 2567405 | 122854 | 34951 | 19076 |
| 股份有限公司 | 3017392 | 1853397 | 82851 | 62999 | 14564 |
| 私营企业 | 192051 | 158856 | 9620 | 938 | 75 |
| 私营独资企业 | 14653 | 10677 | 874 | 330 | 3 |
| 私营合作企业 | 5253 | 4454 | 198 | 188 | |
| 私营有限责任公司 | 167422 | 140532 | 8094 | 374 | 75 |
| 私营股份有限公司 | 4723 | 3193 | 454 | 46 | -3 |
| 港、澳、台商投资企业 | 280591 | 194037 | 12445 | 143 | 1205 |
| 合资经营企业(港或澳、台资) | 105517 | 76926 | 12445 | 143 | 1205 |
| 合作经营企业(港或澳、台资) | 171135 | 113245 | | | |
| 港澳台商独资经营企业 | 3940 | 3866 | | | |
| 外商投资企业 | 635097 | 362518 | 131832 | 5092 | 1791 |
| 中外合资经营企业 | 503089 | 277151 | 115752 | 3089 | 1225 |
| 中外合作经营企业 | 31218 | 15624 | | 2003 | 15 |
| 外资企业 | 100790 | 69743 | 16080 | | 551 |
| 二、按经济组织类型分 | | | | | |
| 独资企业 | 6989742 | 5192507 | 169419 | 338398 | 45641 |
| 国有企业 | 6709274 | 4984343 | 146608 | 336480 | 37464 |
| 集体企业 | 161085 | 123878 | 5857 | 1589 | 7623 |
| 私营独资企业 | 14653 | 10677 | 874 | 330 | 3 |
| 港澳台商独资经营企业 | 3940 | 3866 | | | |
| 外资企业 | 100790 | 69743 | 16080 | | 551 |
| 合作、合伙企业 | 267465 | 172065 | 4461 | 2699 | 136 |
| 股份合作企业 | 32404 | 23036 | 804 | 303 | 104 |
| 国有联营企业 | 23635 | 12606 | 3451 | 174 | |
| 国有与集体联营企业 | 3820 | 3100 | 8 | 31 | 17 |
| 私营合伙企业 | 5253 | 4454 | 198 | 188 | |
| 合作经营企业(港或澳、台资) | 171135 | 113245 | | | |
| 中外合作经营企业 | 31218 | 15624 | | 2003 | 15 |
| 股份有限公司 | 3022116 | 1856589 | 83305 | 63046 | 14560 |
| 股份有限公司(内资) | 3017392 | 1853397 | 82851 | 62999 | 14564 |
| 私营股份有限公司 | 4723 | 3193 | 454 | 46 | -3 |

13-5 续表9 （2003年） 单位：万元

| 指 标 | 产品销售收入 | 产品销售成本 | 产品销售费用 | 产品销售税金及附加 | 产品销售利润 |
|---|---|---|---|---|---|
| 有限责任公司 | 5013264 | 3847807 | 277721 | 51641 | 33163 |
| 国有独资公司 | 989311 | 785793 | 18577 | 13084 | 11582 |
| 私营有限责任公司 | 167422 | 140532 | 8094 | 374 | 75 |
| 合资经营企业(港或澳、台资) | 105517 | 76926 | 12445 | 143 | 1205 |
| 中外合资经营企业 | 503089 | 277151 | 115752 | 3089 | 1225 |
| 其他有限责任公司 | 3247926 | 2567405 | 122854 | 34951 | 19076 |
| 三、按轻重工业分 | | | | | |
| 轻工业 | 2449002 | 1523302 | 278982 | 213153 | 15759 |
| 重工业 | 12843585 | 9545667 | 255923 | 242630 | 77741 |
| 四、按企业规模分 | | | | | |
| 大型企业 | 9336058 | 6714771 | 182176 | 269779 | 48654 |
| 中型企业 | 5956529 | 4354198 | 352729 | 186005 | 44846 |
| 五、按工业行业分 | | | | | |
| 煤炭开采和洗选业 | 617345 | 460792 | 16573 | 10995 | 11497 |
| 石油和天然气开采业 | 2802604 | 1576490 | 10312 | 84619 | 10386 |
| 黑色金属矿采选业 | 13428 | 6884 | 46 | 348 | -10 |
| 有色金属矿采选业 | 239755 | 133135 | 4636 | 1681 | 3561 |
| 农副食品加工业 | 119747 | 94002 | 6118 | 134 | 172 |
| 食品制造业 | 135949 | 96560 | 20586 | 877 | 237 |
| 饮料制造业 | 200112 | 113311 | 34844 | 14940 | 1236 |
| 烟草制品业 | 473796 | 195396 | 21383 | 184125 | 986 |
| 纺织业 | 394231 | 344655 | 6318 | 4602 | 1260 |
| 纺织服装、鞋、帽制造业 | 29367 | 21740 | 2686 | 380 | 69 |
| 皮革、毛皮、羽毛(绒)及其制品业 | 7054 | 5493 | 506 | 11 | 418 |
| 木材加工及木、竹、藤、棕、草制品业 | 11864 | 10217 | 110 | | |
| 造纸及纸制品业 | 75236 | 64383 | 2124 | 781 | 783 |
| 印刷业和记录媒介的复制 | 169657 | 110932 | 7343 | 1817 | 1429 |
| 石油加工、炼焦及核燃料加工业 | 1246354 | 998582 | 10479 | 65048 | -1292 |
| 化学原料及化学制品制造业 | 485042 | 391548 | 17803 | 4676 | 2276 |
| 医药制造业 | 639263 | 316560 | 162363 | 2704 | 1492 |
| 橡胶制品业 | 9509 | 6055 | 544 | 47 | 186 |
| 非金属矿物制品业 | 197319 | 145572 | 10940 | 2731 | 1444 |
| 黑色金属冶炼及压延加工业 | 587003 | 515290 | 11867 | 4312 | 3742 |
| 有色金属冶炼及压延加工业 | 362143 | 296020 | 7934 | 11827 | 2630 |
| 金属制品业 | 54616 | 39728 | 3080 | 1255 | 293 |
| 通用设备制造业 | 441464 | 322683 | 16307 | 7722 | 1742 |
| 专用设备制造业 | 693072 | 522499 | 30345 | 5321 | 11211 |
| 交通运输设备制造业 | 1912656 | 1536086 | 53231 | 7042 | 14193 |
| 电气机械及器材制造业 | 559056 | 438836 | 34446 | 4933 | 6178 |
| 通信设备、计算机及其他电子设备制造业 | 930337 | 722795 | 37263 | 7507 | 6024 |
| 仪器仪表及文化、办公用机械制造业 | 138666 | 104519 | 3558 | 1005 | 856 |
| 工艺品及其他制造业 | 25578 | 20135 | 31 | 139 | 6335 |
| 电力、热力的生产和供应业 | 1665927 | 1412916 | 373 | 23901 | 2574 |
| 燃气生产和供应业 | 18017 | 15746 | 171 | 85 | 890 |
| 水的生产和供应业 | 36421 | 29412 | 586 | 219 | 706 |

13-5 续表10 （2003年） 单位：万元

| 指 标 | 管理费用 | 利息支出 | 利润总额 | 亏损企业亏损额 | 利税总额 | 本年应交增值税 | 全部从业人员年平均人数（人） |
|---|---|---|---|---|---|---|---|
| 总 计 | 1255997 | 388969 | 1579671 | 175629 | 2929017 | 893562 | 761412 |
| # 亏损企业 | 205604 | 115895 | -175629 | 175629 | -44319 | 91832 | 174003 |
| # 国家控股企业 | 1152861 | 326004 | 1344912 | 167490 | 2520746 | 744746 | 657624 |
| # 农村工业 | 5713 | 2641 | 8100 | 2 | 13971 | 3058 | 14882 |
| 一、按登记注册类型分 | | | | | | | |
| 内资企业 | 1212660 | 371982 | 1418718 | 162558 | 2686983 | 817717 | 744147 |
| 国有企业 | 683034 | 160637 | 413322 | 128828 | 1182145 | 432343 | 381473 |
| 中央企业 | 290993 | 62205 | 69767 | 81236 | 458217 | 177506 | 140241 |
| 地方企业 | 392041 | 98432 | 343555 | 47592 | 723928 | 254837 | 241232 |
| 集体企业 | 7647 | 4073 | 17098 | | 25784 | 7097 | 13271 |
| 股份合作企业 | 3812 | 2160 | 2365 | 61 | 5194 | 2527 | 4803 |
| 联营企业 | 3504 | 2491 | 2295 | | 4749 | 2250 | 2447 |
| 国有联营企业 | 3157 | 2419 | 1777 | | 3895 | 1944 | 1847 |
| 国有与集体联营企业 | 347 | 72 | 518 | | 855 | 306 | 600 |
| 有限责任公司 | 385981 | 166110 | 216486 | 21475 | 466553 | 202033 | 254586 |
| 国有独资公司 | 115569 | 68098 | 30713 | 8192 | 94156 | 50359 | 98527 |
| 其他有限责任公司 | 270411 | 98013 | 185773 | 13282 | 372397 | 151674 | 156059 |
| 股份有限公司 | 122513 | 32330 | 759952 | 11877 | 989915 | 166964 | 74431 |
| 私营企业 | 6171 | 4180 | 7202 | 317 | 12643 | 4503 | 13136 |
| 私营独资企业 | 241 | 1047 | 457 | | 957 | 170 | 1616 |
| 私营合作企业 | 98 | 6 | 309 | | 497 | | 1400 |
| 私营有限责任公司 | 5070 | 3128 | 6131 | 317 | 10377 | 3872 | 9147 |
| 私营股份有限公司 | 761 | -1 | 304 | | 812 | 461 | 973 |
| 港、澳、台商投资企业 | 8899 | 5233 | 59470 | 2 | 86461 | 26848 | 6861 |
| 合资经营企业(港或澳、台资) | 5247 | 1303 | 9140 | 2 | 12482 | 3199 | 3696 |
| 合作经营企业(港或澳、台资) | 3364 | 3930 | 50329 | | 73928 | 23599 | 2385 |
| 港澳台商独资经营企业 | 288 | | | | 50 | 50 | 780 |
| 外商投资企业 | 34438 | 11754 | 101483 | 13070 | 155573 | 48998 | 10404 |
| 中外合资经营企业 | 29482 | 6631 | 79614 | 13070 | 120446 | 37744 | 8074 |
| 中外合作经营企业 | 2352 | 4143 | 11423 | | 18090 | 4664 | 373 |
| 外资企业 | 2604 | 980 | 10446 | | 17036 | 6590 | 1957 |
| 二、按经济组织类型分 | | | | | | | |
| 独资企业 | 693814 | 166738 | 441324 | 128828 | 1225973 | 446251 | 399097 |
| 国有企业 | 683034 | 160637 | 413322 | 128828 | 1182145 | 432343 | 381473 |
| 集体企业 | 7647 | 4073 | 17098 | | 25784 | 7097 | 13271 |
| 私营独资企业 | 241 | 1047 | 457 | | 957 | 170 | 1616 |
| 港澳台商独资经营企业 | 288 | | | | 50 | 50 | 780 |
| 外资企业 | 2604 | 980 | 10446 | | 17036 | 6590 | 1957 |
| 合作、合伙企业 | 13130 | 12729 | 66721 | 61 | 102459 | 33039 | 11408 |
| 股份合作企业 | 3812 | 2160 | 2365 | 61 | 5194 | 2527 | 4803 |
| 国有联营企业 | 3157 | 2419 | 1777 | | 3895 | 1944 | 1847 |
| 国有与集体联营企业 | 347 | 72 | 518 | | 855 | 306 | 600 |
| 私营合伙企业 | 98 | 6 | 309 | | 497 | | 1400 |
| 合作经营企业(港或澳、台资) | 3364 | 3930 | 50329 | | 73928 | 23599 | 2385 |
| 中外合作经营企业 | 2352 | 4143 | 11423 | | 18090 | 4664 | 373 |
| 股份有限公司 | 123274 | 32329 | 760256 | 11877 | 990726 | 167425 | 75404 |
| 股份有限公司(内资) | 122513 | 32330 | 759952 | 11877 | 989915 | 166964 | 74431 |
| 私营股份有限公司 | 761 | -1 | 304 | | 812 | 461 | 973 |

13-5 续表11　　(2003年)　　单位：万元

| 指　　标 | 管理费用 | 利息支出 | 利润总额 | 亏损企业亏损额 | 利税总额 | 本年应交增值税 | 全部从业人员年平均人数(人) |
|---|---|---|---|---|---|---|---|
| 有限责任公司 | 425780 | 177173 | 311371 | 34863 | 609859 | 246847 | 275503 |
| 国有独资公司 | 115569 | 68098 | 30713 | 8192 | 94156 | 50359 | 98527 |
| 私营有限责任公司 | 5070 | 3128 | 6131 | 317 | 10377 | 3872 | 9147 |
| 合资经营企业(港或澳、台资) | 5247 | 1303 | 9140 | 2 | 12482 | 3199 | 3696 |
| 中外合资经营企业 | 29482 | 6631 | 79614 | 13070 | 120446 | 37744 | 8074 |
| 其他有限责任公司 | 270411 | 98013 | 185773 | 13282 | 372397 | 151674 | 156059 |
| 三、按轻重工业分 | | | | | | | |
| 轻工业 | 178373 | 49301 | 202755 | 19147 | 581202 | 165294 | 154954 |
| 重工业 | 1077625 | 339668 | 1376917 | 156482 | 2347815 | 728268 | 606458 |
| 四、按企业规模分 | | | | | | | |
| 大型企业 | 688340 | 206773 | 1201326 | 31752 | 2004719 | 533615 | 353266 |
| 中型企业 | 567657 | 182196 | 378346 | 143876 | 924298 | 359947 | 408146 |
| 五、按工业行业分 | | | | | | | |
| 煤炭开采和洗选业 | 79494 | 41560 | 39767 | 37 | 103631 | 52869 | 76540 |
| 石油和天然气开采业 | 85498 | 20573 | 898136 | | 1200286 | 217530 | 41946 |
| 黑色金属矿采选业 | 1643 | | 3963 | | 5096 | 784 | 520 |
| 有色金属矿采选业 | 65134 | 3054 | 28510 | 289 | 39644 | 9453 | 15147 |
| 农副食品加工业 | 2120 | 1719 | 2183 | 61 | 2970 | 652 | 4761 |
| 食品制造业 | 4175 | 1396 | 8743 | 162 | 13910 | 4289 | 5220 |
| 饮料制造业 | 10381 | 3338 | 20408 | | 51420 | 16073 | 7266 |
| 烟草制品业 | 40813 | 15815 | 19571 | 1088 | 251252 | 47555 | 7231 |
| 纺织业 | 34235 | 8712 | -1943 | 8258 | 19440 | 16781 | 69715 |
| 纺织服装、鞋、帽制造业 | 3182 | 135 | 1274 | | 2770 | 1116 | 3833 |
| 皮革、毛皮、羽毛(绒)及其制品业 | 1038 | 315 | 115 | | 238 | 112 | 1185 |
| 木材加工及木、竹、藤、棕、草制品业 | 356 | 876 | 306 | | 740 | 434 | 1026 |
| 造纸及纸制品业 | 2352 | 2072 | 3157 | 689 | 5837 | 1899 | 11920 |
| 印刷业和记录媒介的复制 | 19648 | 2071 | 27059 | 355 | 40177 | 11302 | 8255 |
| 石油加工、炼焦及核燃料加工业 | 47818 | 13062 | 93727 | | 210897 | 52122 | 14270 |
| 化学原料及化学制品制造业 | 54157 | 23377 | 3309 | 14241 | 30564 | 22579 | 46624 |
| 医药制造业 | 41846 | 8345 | 119911 | 1536 | 175041 | 52426 | 17922 |
| 橡胶制品业 | 2225 | 667 | 83 | | 599 | 469 | 2443 |
| 非金属矿物制品业 | 22947 | 10573 | 5338 | 8664 | 21655 | 13586 | 25940 |
| 黑色金属冶炼及压延加工业 | 33249 | 14173 | 9724 | 5189 | 42499 | 28464 | 21279 |
| 有色金属冶炼及压延加工业 | 26005 | 10712 | 16285 | 7454 | 43871 | 15758 | 18888 |
| 金属制品业 | 8268 | 1609 | 1387 | 298 | 5876 | 3235 | 6848 |
| 通用设备制造业 | 53202 | 9901 | 34883 | 3787 | 66555 | 23951 | 29747 |
| 专用设备制造业 | 91575 | 26091 | 26057 | 16467 | 65638 | 34260 | 55911 |
| 交通运输设备制造业 | 209399 | 46028 | 90220 | 9793 | 143088 | 45826 | 126722 |
| 电气机械及器材制造业 | 71296 | 14231 | 840 | 10976 | 31691 | 25918 | 32631 |
| 通信设备、计算机及其他电子设备制造业 | 90561 | 24301 | 52998 | 21535 | 99856 | 39351 | 43023 |
| 仪器仪表及文化、办公用机械制造业 | 27062 | 3806 | -57 | 3590 | 2516 | 1568 | 11265 |
| 工艺品及其他制造业 | 337 | 1523 | 4411 | | 6568 | 2018 | 1172 |
| 电力、热力的生产和供应业 | 118710 | 78391 | 67394 | 61162 | 238986 | 147691 | 48444 |
| 燃气生产和供应业 | 1697 | 598 | 773 | | 1849 | 991 | 803 |
| 水的生产和供应业 | 5575 | -54 | 1139 | | 3860 | 2503 | 2915 |

# 13-6 规模以上工业企业主要经济效益指标

（2003年） 单位：%

| 指 标 | 总资产贡献率 | 资本保值增值率 | 资产负债率 | 流动资产周转率（次） | 成本费用利润率 |
|---|---|---|---|---|---|
| 总 计 | 10.40 | 118.41 | 63.94 | 1.34 | 9.71 |
| # 亏损企业 | 0.24 | 84.25 | 79.82 | 0.77 | -11.78 |
| # 国有及国有控股企业 | 10.23 | 116.77 | 64.50 | 1.28 | 10.53 |
| # 农村工业 | 9.07 | 116.01 | 53.49 | 2.31 | 5.12 |
| 一、按登记注册类型分 | | | | | |
| 内资企业 | 10.05 | 120.55 | 64.56 | 1.34 | 9.22 |
| 国有企业 | 9.06 | 111.16 | 67.87 | 1.25 | 5.35 |
| 中央企业 | 8.87 | 107.07 | 63.85 | 1.17 | 2.44 |
| 地方企业 | 9.18 | 114.25 | 70.36 | 1.31 | 7.30 |
| 集体企业 | 9.11 | 131.61 | 57.43 | 1.55 | 5.80 |
| 股份合作企业 | 6.54 | 100.15 | 68.18 | 1.19 | 2.99 |
| 联营企业 | 8.58 | 73.40 | 78.38 | 1.10 | 6.18 |
| 国有联营企业 | 7.17 | 58.18 | 83.27 | 0.95 | 5.32 |
| 集体联营企业 | 10.34 | 62.74 | 76.15 | 1.10 | 8.52 |
| 国有与集体联营企业 | 9.15 | 118.82 | 58.74 | 1.30 | 4.96 |
| 其他联营企业 | 23.11 | | 68.12 | 1.72 | 5.71 |
| 有限责任公司 | 7.30 | 129.40 | 71.68 | 1.24 | 4.38 |
| 国有独资公司 | 4.56 | 74.20 | 69.77 | 1.11 | 2.63 |
| 其他有限责任公司 | 8.91 | 190.38 | 72.43 | 1.27 | 4.84 |
| 股份有限公司 | 17.08 | 126.61 | 46.91 | 1.67 | 33.03 |
| 私营企业 | 9.74 | 140.69 | 56.89 | 2.11 | 3.71 |
| 私营独资企业 | 9.58 | 117.39 | 60.17 | 2.09 | 3.50 |
| 私营合作企业 | 13.73 | 192.07 | 48.97 | 2.37 | 6.48 |
| 私营有限责任公司 | 10.06 | 153.52 | 56.45 | 2.28 | 3.63 |
| 私营股份有限公司 | 7.24 | 106.67 | 55.52 | 1.06 | 4.46 |
| 其他企业 | 5.26 | 24.01 | 64.51 | 2.13 | 1.75 |
| 港、澳、台商投资企业 | 12.04 | 69.57 | 47.09 | 1.46 | 18.44 |
| 合资经营企业(港或澳、台资) | 6.34 | 57.23 | 61.34 | 1.38 | 5.06 |
| 合作经营企业(港或澳、台资) | 18.08 | 87.74 | 33.49 | 1.52 | 41.75 |
| 港澳台商独资经营企业 | 0.73 | 8.76 | 68.37 | 2.30 | 2.23 |
| 港澳台商投资股份有限公司 | 12.26 | 63.49 | 51.66 | 2.88 | 9.70 |
| 外商投资企业 | 19.88 | 128.15 | 56.40 | 1.27 | 14.99 |
| 中外合资经营企业 | 19.08 | 100.46 | 57.37 | 1.13 | 15.79 |
| 中外合作经营企业 | 30.07 | 385.86 | 61.03 | 2.89 | 32.52 |
| 外资企业 | 20.13 | 751.79 | 46.64 | 2.25 | 6.82 |
| 外商投资股份有限公司 | 2.93 | 73.42 | 44.12 | 0.94 | 6.11 |

13-6 续表1 （2003年） 单位：%

| 指 标 | 总资产贡献率 | 资本保值增值率 | 资产负债率 | 流动资产周转率（次） | 成本费用利润率 |
|---|---|---|---|---|---|
| 二、按经济组织类型分 | | | | | |
| 独资企业 | 9.11 | 113.12 | 67.10 | 1.29 | 5.38 |
| 国有企业 | 9.06 | 111.16 | 67.87 | 1.25 | 5.35 |
| 集体企业 | 9.11 | 131.61 | 57.43 | 1.55 | 5.80 |
| 私营独资企业 | 9.58 | 117.39 | 60.17 | 2.09 | 3.50 |
| 港澳台商独资经营企业 | 0.73 | 8.76 | 68.37 | 2.30 | 2.23 |
| 外资企业 | 20.13 | 751.79 | 46.64 | 2.25 | 6.82 |
| 合作、合伙企业 | 13.98 | 99.52 | 55.38 | 1.42 | 18.61 |
| 股份合作企业 | 6.54 | 100.15 | 68.18 | 1.19 | 2.99 |
| 国有联营企业 | 7.17 | 58.18 | 83.27 | 0.95 | 5.32 |
| 集体联营企业 | 10.34 | 62.74 | 76.15 | 1.10 | 8.52 |
| 国有与集体联营企业 | 9.15 | 118.82 | 58.74 | 1.30 | 4.96 |
| 其他联营企业 | 23.11 | | 68.12 | 1.72 | 5.71 |
| 私营合伙企业 | 13.73 | 192.07 | 48.97 | 2.37 | 6.48 |
| 合作经营企业(港或澳、台资) | 18.08 | 87.74 | 33.49 | 1.52 | 41.75 |
| 中外合作经营企业 | 30.07 | 385.86 | 61.03 | 2.89 | 32.52 |
| 其他企业（内资） | 5.26 | 24.01 | 64.51 | 2.13 | 1.75 |
| 股份有限公司 | 16.95 | 126.29 | 47.02 | 1.66 | 32.53 |
| 股份有限公司(内资) | 17.08 | 126.61 | 46.91 | 1.67 | 33.03 |
| 私营股份有限公司 | 7.24 | 106.67 | 55.52 | 1.06 | 4.46 |
| 港澳台商投资股份有限公司 | 12.26 | 63.49 | 51.66 | 2.88 | 9.70 |
| 外商投资股份有限公司 | 2.93 | 73.42 | 44.12 | 0.94 | 6.11 |
| 有限责任公司 | 8.33 | 121.79 | 69.53 | 1.27 | 5.59 |
| 国有独资公司 | 4.56 | 74.20 | 69.77 | 1.11 | 2.63 |
| 私营有限责任公司 | 10.06 | 153.52 | 56.45 | 2.28 | 3.63 |
| 合资经营企业(港或澳、台资) | 6.34 | 57.23 | 61.34 | 1.38 | 5.06 |
| 中外合资经营企业 | 19.08 | 100.46 | 57.37 | 1.13 | 15.79 |
| 其他有限责任公司 | 8.91 | 190.38 | 72.43 | 1.27 | 4.84 |
| 三、按轻重工业分 | | | | | |
| 轻工业 | 11.72 | 99.60 | 64.83 | 1.30 | 5.44 |
| 重工业 | 9.16 | 123.90 | 63.76 | 1.35 | 10.81 |
| 四、按企业规模分 | | | | | |
| 大型企业 | 22.04 | 105.40 | 58.80 | 1.49 | 15.51 |
| 中型企业 | 5.77 | 382.60 | 66.79 | 1.24 | 6.80 |
| 小型企业 | 4.32 | 60.20 | 73.43 | 1.17 | 0.21 |

13-6 续表2 (2003年) 单位：%

| 指 标 | 总资产贡献率 | 资本保值增值率 | 资产负债率 | 流动资产周转率（次） | 成本费用利润率 |
|---|---|---|---|---|---|
| 五、按工业行业分 | | | | | |
| 煤炭开采和洗选业 | 9.03 | 155.15 | 57.32 | 1.46 | 6.34 |
| 石油和天然气开采业 | 24.60 | 136.48 | 48.11 | 3.21 | 52.81 |
| 黑色金属矿采选业 | 30.97 | 328.34 | 69.02 | 2.54 | 15.76 |
| 铁矿采选 | 38.90 | 254.79 | 71.08 | 3.05 | 18.20 |
| 有色金属矿采选业 | 10.99 | 123.83 | 56.95 | 1.54 | 12.05 |
| 常用有色金属矿采选 | 13.81 | 103.20 | 69.31 | 1.53 | 9.25 |
| 贵金属矿采选 | 9.84 | 113.77 | 77.58 | 2.27 | 10.67 |
| 非金属矿采选业 | 8.99 | 166.01 | 62.26 | 1.07 | 1.54 |
| 农副食品加工业 | 4.79 | 103.47 | 70.50 | 3.27 | 1.18 |
| 谷物磨制 | 3.04 | 106.76 | 75.49 | 2.70 | -0.15 |
| 饲料加工 | 2.01 | 98.96 | 59.80 | 4.13 | 0.26 |
| 植物油加工 | 9.18 | 162.34 | 75.79 | 4.54 | 1.50 |
| 屠宰及肉类加工 | 4.04 | 84.52 | 69.70 | 2.81 | 2.69 |
| 其他农副食品加工 | 5.88 | 131.58 | 70.80 | 1.82 | 1.04 |
| 食品制造业 | 7.88 | 103.13 | 65.89 | 2.13 | 3.43 |
| 焙烤食品制造 | 3.96 | 351.68 | 66.68 | 1.47 | -0.23 |
| 方便食品制造 | 9.44 | 97.61 | 58.04 | 2.03 | 4.98 |
| 液体乳及乳制品制造 | 10.38 | 119.36 | 65.49 | 2.49 | 4.35 |
| 调味品、发酵制品制造 | 3.50 | 53.96 | 85.79 | 1.16 | -2.08 |
| 饮料制造业 | 13.20 | 87.74 | 72.78 | 1.41 | 6.83 |
| 酒的制造 | 22.35 | 97.31 | 68.09 | 1.93 | 7.51 |
| 软饮料制造 | 8.43 | 95.71 | 73.14 | 1.10 | 7.89 |
| 烟草制品业 | 36.19 | 119.32 | 74.43 | 0.86 | 6.71 |
| 纺织业 | 2.45 | 87.46 | 78.79 | 1.41 | -4.15 |
| 棉、化纤纺织及印染精加工 | 4.12 | 96.35 | 61.07 | 1.71 | -0.75 |
| 毛纺织和染整精加工 | -3.25 | 82.71 | 153.91 | 0.14 | -58.80 |
| 丝绢纺织及精加工 | -4.65 | -48.04 | 142.57 | 0.78 | -29.96 |
| 纺织制成品制造 | 1.55 | 202.96 | 119.03 | 0.89 | -2.03 |
| 针织品、编织品及其制品制造 | -2.33 | -8.15 | 99.05 | 0.72 | -22.98 |
| 纺织服装、鞋、帽制造业 | 5.91 | -107.26 | 73.02 | 1.55 | 1.51 |
| 纺织服装制造 | 5.91 | -107.26 | 73.02 | 1.55 | 1.51 |
| 皮革、毛皮、羽毛(绒)及其制品业 | 2.24 | 95.28 | 81.79 | 0.44 | -0.29 |
| 木材加工及木、竹、藤、棕、草制品业 | -2.07 | 78.67 | 76.37 | 0.79 | -19.44 |
| 家具制造业 | 5.85 | 62.25 | 59.74 | 0.90 | 2.71 |
| 造纸及纸制品业 | 4.73 | 99.47 | 75.19 | 1.38 | 1.39 |
| 造纸 | 4.68 | 99.18 | 76.46 | 1.38 | 0.97 |
| 纸制品制造 | 4.97 | 100.82 | 66.90 | 1.37 | 3.72 |
| 印刷业和记录媒介的复制 | 11.62 | 111.06 | 46.67 | 1.36 | 14.25 |
| 文教体育用品制造业 | 14.31 | 95.80 | 18.79 | 0.89 | 31.75 |
| 石油加工、炼焦及核燃料加工业 | 26.80 | 138.89 | 64.07 | 4.05 | 8.91 |
| 原油加工及石油制品制造 | 34.55 | 127.14 | 65.24 | 5.49 | 9.43 |
| 炼焦 | 31.85 | 367.10 | 71.81 | 3.22 | 8.98 |

13-6 续表3 (2003年) 单位：%

| 指 标 | 总资产贡献率 | 资本保值增值率 | 资产负债率 | 流动资产周转率（次） | 成本费用利润率 |
|---|---|---|---|---|---|
| 化学原料及化学制品制造业 | 5.15 | 97.96 | 75.71 | 1.37 | 2.44 |
| 基础化学原料制造 | 9.49 | 121.32 | 68.09 | 1.81 | 3.12 |
| 肥料制造 | 2.59 | 66.63 | 88.29 | 1.36 | -1.68 |
| 农药制造 | 2.88 | 105.09 | 55.13 | 0.50 | 5.26 |
| 涂料、油墨、颜料及类似产品制造 | 4.30 | 42.05 | 66.26 | 1.95 | 3.00 |
| 合成材料制造 | 5.06 | 211.54 | 75.71 | 0.80 | 3.28 |
| 专用化学产品制造 | 6.00 | 100.73 | 62.97 | 1.07 | 7.72 |
| 日用化学产品制造 | 13.07 | 212.67 | 44.89 | 1.36 | 9.50 |
| 医药制造业 | 16.62 | 126.22 | 52.67 | 1.17 | 15.76 |
| 化学药品原药制造 | 11.50 | 278.60 | 53.30 | 1.22 | 7.73 |
| 化学药品制剂制造 | 25.29 | 121.15 | 53.52 | 1.45 | 21.44 |
| 中药饮片加工 | 7.43 | 185.32 | 57.96 | 0.60 | 2.17 |
| 中成药制造 | 10.72 | 97.71 | 55.53 | 1.04 | 8.54 |
| 生物、生化制品的制造 | 6.03 | 111.52 | 41.79 | 0.54 | 10.07 |
| 化学纤维制造业 | 0.29 | 3.73 | 62.82 | 2.68 | -1.20 |
| 橡胶制品业 | 4.01 | -330.68 | 87.71 | 0.69 | 0.81 |
| 塑料制品业 | 7.52 | 200.52 | 68.60 | 1.17 | 5.81 |
| 非金属矿物制品业 | 4.88 | 141.86 | 75.53 | 1.01 | 0.27 |
| 水泥、石灰和石膏的制造 | 5.84 | 145.42 | 71.20 | 1.12 | 2.02 |
| 水泥及石膏制品制造 | 5.36 | 116.56 | 71.87 | 1.02 | 0.58 |
| 砖瓦、石材及其他建筑材料制造 | -0.34 | 52.55 | 87.58 | 0.67 | -16.12 |
| 玻璃及玻璃制品制造 | 4.13 | -35.65 | 98.69 | 0.75 | -5.61 |
| 陶瓷制品制造 | 0.03 | -49.78 | 101.83 | 0.28 | -13.94 |
| 耐火材料制品制造 | 0.47 | 529.77 | 30.59 | 0.50 | -3.97 |
| 黑色金属冶炼及压延加工业 | 6.27 | 196.22 | 68.99 | 1.49 | 0.61 |
| 炼铁 | 4.57 | -131.34 | 47.39 | 2.06 | 2.03 |
| 炼钢 | 7.41 | -58.39 | 77.57 | 2.04 | 0.18 |
| 钢压延加工 | 6.26 | 89.92 | 76.02 | 1.36 | 0.78 |
| 铁合金冶炼 | 9.02 | 982.17 | 51.94 | 1.10 | -3.07 |
| 有色金属冶炼及压延加工业 | 8.38 | 130.17 | 64.98 | 1.25 | 4.39 |
| 常用有色金属冶炼 | 8.36 | 162.65 | 65.63 | 1.65 | 2.63 |
| 贵金属冶炼 | -0.83 | -128.48 | 121.92 | 0.08 | -33.33 |
| 稀有稀土金属冶炼 | 17.08 | 218.00 | 62.84 | 3.40 | 7.11 |
| 有色金属合金制造 | 1.72 | 269.42 | 84.29 | 1.16 | 1.92 |
| 有色金属压延加工 | 8.27 | 101.84 | 62.44 | 0.77 | 7.40 |
| 金属制品业 | 5.25 | 85.47 | 72.66 | 0.88 | 2.14 |
| 通用设备制造业 | 7.26 | 110.61 | 71.86 | 0.81 | 5.84 |
| 锅炉及原动机制造 | 0.23 | 143.24 | 89.22 | 0.70 | -6.36 |
| 金属加工机械制造 | 6.54 | 97.81 | 61.98 | 0.81 | 2.73 |
| 泵、阀门、压缩机及类似机械的制造 | 14.33 | 197.96 | 45.01 | 0.91 | 16.85 |
| 轴承、齿轮、传动和驱动部件的制造 | -0.49 | -20.12 | 115.34 | 0.18 | -24.55 |
| 风机、衡器、包装设备等通用设备制造 | 15.24 | 131.42 | 78.27 | 0.86 | 16.76 |
| 金属铸、锻加工 | 4.79 | 128.19 | 69.05 | 0.98 | 1.35 |

13-6 续表4 (2003年) 单位：%

| 指 标 | 总资产贡献率 | 资本保值增值率 | 资产负债率 | 流动资产周转率（次） | 成本费用利润率 |
|---|---|---|---|---|---|
| 专用设备制造业 | 5.60 | 99.65 | 73.81 | 0.87 | 2.79 |
| 矿山、冶金、建筑专用设备制造 | 7.35 | 84.46 | 86.53 | 0.88 | 1.32 |
| 食品、饮料、烟草及饲料生产专用设备制造 | -0.05 | -62.24 | 98.87 | 0.80 | -11.20 |
| 纺织、服装和皮革工业专用设备制造 | 14.23 | 96.33 | 58.84 | 1.12 | 16.84 |
| 电子和电工机械专用设备制造 | 1.55 | 104.04 | 59.76 | 0.87 | -2.64 |
| 农、林、牧、渔专用机械制造 | 3.47 | -344.85 | 89.90 | 0.37 | -6.97 |
| 医疗仪器设备及器械制造 | 14.94 | 115.62 | 64.88 | 0.89 | 13.12 |
| 交通运输设备制造业 | 5.31 | 119.22 | 68.50 | 0.91 | 4.49 |
| 铁路运输设备制造 | 5.95 | 98.38 | 59.87 | 1.15 | 3.27 |
| 汽车制造 | 15.71 | 210.01 | 64.95 | 1.68 | 9.16 |
| 自行车制造 | -5.69 | 723.71 | 36.34 | 1.84 | -12.84 |
| 航空航天器制造 | 2.90 | 106.65 | 70.47 | 0.69 | 2.06 |
| 电气机械及器材制造业 | 4.50 | 79.82 | 70.38 | 0.89 | 1.10 |
| 电机制造 | 3.93 | 35.43 | 78.38 | 1.30 | -0.22 |
| 输配电及控制设备制造 | 5.64 | 95.33 | 66.00 | 0.92 | 3.22 |
| 电线、电缆、光缆及电工器材制造 | 4.92 | 58.28 | 81.95 | 0.95 | 0.74 |
| 家用电力器具制造 | -1.90 | 27.50 | 87.98 | 0.31 | -28.42 |
| 照明器具制造 | 1.71 | 159.40 | 59.53 | 1.03 | -5.76 |
| 通信设备、计算机及其他电子设备制造业 | 6.01 | 109.83 | 60.56 | 0.78 | 5.52 |
| 通信设备制造 | 2.54 | 106.35 | 63.11 | 0.45 | -2.84 |
| 雷达及配套设备制造 | 1.70 | 116.91 | 77.00 | 0.26 | -4.00 |
| 广播电视设备制造 | -0.63 | 129.51 | 117.15 | 0.11 | -29.01 |
| 电子计算机制造 | 0.61 | 11.94 | 30.56 | 0.73 | 5.59 |
| 电子器件制造 | 11.95 | 125.49 | 47.95 | 1.18 | 9.72 |
| 电子元件制造 | 5.03 | 257.68 | 66.57 | 0.72 | 2.98 |
| 家用视听设备制造 | -0.07 | 10.35 | 77.56 | 0.71 | -6.37 |
| 仪器仪表及文化、办公用机械制造业 | 1.82 | 81.86 | 62.00 | 0.75 | -0.05 |
| 通用仪器仪表制造 | -0.05 | 35.86 | 75.17 | 0.43 | -9.49 |
| 专用仪器仪表制造 | 2.24 | 121.49 | 54.56 | 0.72 | 1.81 |
| 光学仪器及眼镜制造 | 3.94 | 110.40 | 59.95 | 1.13 | 2.78 |
| 工艺品及其他制造业 | 5.04 | 103.04 | 31.83 | 0.53 | 10.90 |
| 电力、热力的生产和供应业 | 6.69 | 111.86 | 65.69 | 1.91 | 4.34 |
| 电力生产 | 8.06 | 89.67 | 81.22 | 1.79 | 7.18 |
| 电力供应 | 5.39 | 124.44 | 50.03 | 2.04 | 2.41 |
| 热力生产和供应 | 1.06 | 166.04 | 77.16 | 0.82 | -4.13 |
| 燃气生产和供应业 | 3.29 | 112.23 | 56.38 | 1.21 | 0.31 |
| 水的生产和供应业 | 1.01 | 103.50 | 49.73 | 1.24 | -4.83 |

13-6 续表5 （2003年）

| 指 标 | 工业全员劳动生产率（元/人） | 工业产品销售率（%） | 产值利税率（%） | 每百元固定资产实现利税（元） | 每百元销售收入实现利税（元） |
|---|---|---|---|---|---|
| 总 计 | 60144 | 97.59 | 16.53 | 12.41 | 16.85 |
| # 亏损企业 | 23396 | 95.81 | -5.94 | -2.49 | -6.02 |
| # 国有及国有控股企业 | 60649 | 98.18 | 18.10 | 11.80 | 18.14 |
| # 农村工业 | 33589 | 95.26 | 9.34 | 13.74 | 9.97 |
| 一、按登记注册类型分 | | | | | |
| 内资企业 | 56060 | 97.63 | 16.37 | 11.86 | 16.50 |
| 国有企业 | 47624 | 98.63 | 16.45 | 10.45 | 15.95 |
| 中央企业 | 60468 | 98.48 | 18.68 | 10.77 | 15.94 |
| 地方企业 | 42179 | 98.71 | 15.27 | 10.25 | 15.96 |
| 集体企业 | 34276 | 94.73 | 9.14 | 17.01 | 10.49 |
| 股份合作企业 | 31691 | 93.58 | 8.46 | 8.16 | 9.71 |
| 联营企业 | 40486 | 96.48 | 11.88 | 9.35 | 13.01 |
| 国有联营企业 | 47827 | 88.93 | 11.27 | 6.26 | 13.05 |
| 集体联营企业 | 55350 | 96.27 | 13.65 | 14.59 | 14.56 |
| 国有与集体联营企业 | 32006 | 94.08 | 10.84 | 14.34 | 12.91 |
| 其他联营企业 | 18473 | 136.04 | 11.90 | 26.94 | 9.95 |
| 有限责任公司 | 46536 | 96.55 | 9.92 | 8.10 | 10.05 |
| 国有独资公司 | 32041 | 98.04 | 8.83 | 4.19 | 9.03 |
| 其他有限责任公司 | 52943 | 96.18 | 10.20 | 10.18 | 10.31 |
| 股份有限公司 | 163087 | 98.72 | 30.06 | 18.63 | 30.92 |
| 私营企业 | 44192 | 94.47 | 7.00 | 15.28 | 7.80 |
| 私营独资企业 | 42762 | 93.24 | 6.48 | 11.91 | 7.47 |
| 私营合作企业 | 18231 | 99.21 | 11.24 | 59.55 | 11.53 |
| 私营有限责任公司 | 47825 | 95.04 | 6.86 | 16.14 | 7.53 |
| 私营股份有限公司 | 32367 | 89.98 | 8.94 | 13.21 | 11.15 |
| 其他企业 | 83697 | 84.55 | 3.82 | 26.22 | 4.61 |
| 港、澳、台商投资企业 | 138421 | 98.32 | 16.56 | 13.67 | 23.96 |
| 合资经营企业(港或澳、台资) | 108252 | 97.60 | 5.19 | 12.71 | 9.31 |
| 合作经营企业(港或澳、台资) | 339215 | 100.00 | 42.67 | 13.98 | 43.20 |
| 港澳台商独资经营企业 | 26467 | 100.06 | 2.75 | 5.19 | 4.06 |
| 港澳台商投资股份有限公司 | 36963 | 88.00 | 13.18 | 52.87 | 16.62 |
| 外商投资企业 | 245092 | 96.54 | 19.04 | 32.83 | 20.05 |
| 中外合资经营企业 | 265498 | 97.52 | 19.57 | 46.77 | 20.66 |
| 中外合作经营企业 | 226304 | 98.59 | 36.46 | 13.24 | 37.03 |
| 外资企业 | 181608 | 90.84 | 10.87 | 15.42 | 11.44 |
| 外商投资股份有限公司 | 37694 | 121.09 | 21.06 | 6.92 | 17.39 |

13-6 续表6 （2003年）

| 指 标 | 工业全员劳动生产率（元／人） | 工业产品销售率（%） | 产值利税率（%） | 每百元固定资产实现利税（元） | 每百元销售收入实现利税（元） |
|---|---|---|---|---|---|
| 二、按经济组织类型分 | | | | | |
| 独资企业 | 46968 | 98.07 | 15.56 | 10.70 | 15.35 |
| 国有企业 | 47624 | 98.63 | 16.45 | 10.45 | 15.95 |
| 集体企业 | 34276 | 94.73 | 9.14 | 17.01 | 10.49 |
| 私营独资企业 | 42762 | 93.24 | 6.48 | 11.91 | 7.47 |
| 港澳台商独资经营企业 | 26467 | 100.06 | 2.75 | 5.19 | 4.06 |
| 外资企业 | 181608 | 90.84 | 10.87 | 15.42 | 11.44 |
| 合作、合伙企业 | 62473 | 96.67 | 23.96 | 12.54 | 25.71 |
| 股份合作企业 | 31691 | 93.58 | 8.46 | 8.16 | 9.71 |
| 国有联营企业 | 47827 | 88.93 | 11.27 | 6.26 | 13.05 |
| 集体联营企业 | 55350 | 96.27 | 13.65 | 14.59 | 14.56 |
| 国有与集体联营企业 | 32006 | 94.08 | 10.84 | 14.34 | 12.91 |
| 其他联营企业 | 18473 | 136.04 | 11.90 | 26.94 | 9.95 |
| 私营合伙企业 | 18231 | 99.21 | 11.24 | 59.55 | 11.53 |
| 合作经营企业(港或澳、台资) | 339215 | 100.00 | 42.67 | 13.98 | 43.20 |
| 中外合作经营企业 | 226304 | 98.59 | 36.46 | 13.24 | 37.03 |
| 其他企业（内资） | 83697 | 84.55 | 3.82 | 26.22 | 4.61 |
| 股份有限公司 | 155315 | 98.58 | 29.73 | 18.60 | 30.67 |
| 股份有限公司(内资) | 163087 | 98.72 | 30.06 | 18.63 | 30.92 |
| 私营股份有限公司 | 32367 | 89.98 | 8.94 | 13.21 | 11.15 |
| 港澳台商投资股份有限公司 | 36963 | 88.00 | 13.18 | 52.87 | 16.62 |
| 外商投资股份有限公司 | 37694 | 121.09 | 21.06 | 6.92 | 17.39 |
| 有限责任公司 | 55558 | 96.60 | 10.54 | 10.40 | 11.08 |
| 国有独资公司 | 32041 | 98.04 | 8.83 | 4.19 | 9.03 |
| 私营有限责任公司 | 47825 | 95.04 | 6.86 | 16.14 | 7.53 |
| 合资经营企业(港或澳、台资) | 108252 | 97.60 | 5.19 | 12.71 | 9.31 |
| 中外合资经营企业 | 265498 | 97.52 | 19.57 | 46.77 | 20.66 |
| 其他有限责任公司 | 52943 | 96.18 | 10.20 | 10.18 | 10.31 |
| 三、按轻重工业分 | | | | | |
| 轻工业 | 52757 | 96.39 | 14.43 | 19.81 | 16.37 |
| 重工业 | 62789 | 97.95 | 17.15 | 11.35 | 16.97 |
| 四、按企业规模分 | | | | | |
| 大型企业 | 97189 | 99.27 | 21.88 | 14.01 | 21.52 |
| 中型企业 | 52264 | 97.16 | 15.17 | 12.43 | 15.47 |
| 小型企业 | 33046 | 93.99 | 5.00 | 5.37 | 5.63 |

13-6 续表7

(2003年)

| 指 标 | 工业全员劳动生产率（元/人） | 工业产品销售率（%） | 产值利税率（%） | 每百元固定资产实现利税（元） | 每百元销售收入实现利税（元） |
|---|---|---|---|---|---|
| 五、按工业行业分 | | | | | |
| 煤炭开采和洗选业 | 28176 | 101.02 | 16.64 | 7.00 | 16.48 |
| 石油和天然气开采业 | 377117 | 99.76 | 39.72 | 18.98 | 42.75 |
| 黑色金属矿采选业 | 24989 | 98.69 | 27.70 | 42.91 | 22.07 |
| 铁矿采选 | 29172 | 99.93 | 30.65 | 52.95 | 23.44 |
| 有色金属矿采选业 | 48343 | 106.31 | 15.64 | 12.80 | 15.34 |
| 常用有色金属矿采选 | 38050 | 97.69 | 17.57 | 17.58 | 17.11 |
| 贵金属矿采选 | 42390 | 97.35 | 9.58 | 7.40 | 11.79 |
| 非金属矿采选业 | 23169 | 93.85 | 12.10 | 17.17 | 13.09 |
| 农副食品加工业 | 63695 | 96.87 | 2.20 | 6.18 | 2.31 |
| 谷物磨制 | 55426 | 96.91 | 1.62 | 3.32 | 1.80 |
| 饲料加工 | 91108 | 96.95 | 0.57 | 1.65 | 0.59 |
| 植物油加工 | 163890 | 96.42 | 2.56 | 10.64 | 2.69 |
| 屠宰及肉类加工 | 33228 | 97.98 | 2.98 | 6.94 | 3.14 |
| 其他农副食品加工 | 51262 | 95.90 | 2.96 | 7.40 | 2.98 |
| 食品制造业 | 49894 | 96.09 | 6.90 | 11.65 | 7.49 |
| 焙烤食品制造 | 19587 | 100.14 | 4.97 | 3.94 | 5.32 |
| 方便食品制造 | 77461 | 98.05 | 9.22 | 11.30 | 10.11 |
| 液体乳及乳制品制造 | 63305 | 95.00 | 6.75 | 18.53 | 7.27 |
| 调味品、发酵制品制造 | 50102 | 90.43 | 2.60 | 2.31 | 2.97 |
| 饮料制造业 | 74043 | 94.79 | 17.96 | 19.25 | 18.98 |
| 酒的制造 | 67698 | 97.82 | 25.37 | 43.33 | 26.31 |
| 软饮料制造 | 106939 | 91.77 | 11.65 | 9.58 | 12.50 |
| 烟草制品业 | 343441 | 99.25 | 50.95 | 88.95 | 52.20 |
| 纺织业 | 14574 | 98.66 | 1.19 | 1.01 | 1.29 |
| 棉、化纤纺织及印染精加工 | 16393 | 98.54 | 4.55 | 4.16 | 4.86 |
| 毛纺织和染整精加工 | -13239 | 100.23 | -79.80 | -32.71 | -144.05 |
| 丝绢纺织及精加工 | 4366 | 102.54 | -27.50 | -14.04 | -33.05 |
| 纺织制成品制造 | 11316 | 95.64 | 1.56 | 1.46 | 1.68 |
| 针织品、编织品及其制品制造 | 7555 | 98.19 | -14.88 | -5.89 | -21.25 |
| 纺织服装、鞋、帽制造业 | 18603 | 111.46 | 7.00 | 18.00 | 6.55 |
| 纺织服装制造 | 18603 | 111.46 | 7.00 | 18.00 | 6.55 |
| 皮革、毛皮、羽毛(绒)及其制品业 | 24526 | 89.99 | 2.68 | 2.14 | 3.00 |
| 木材加工及木、竹、藤、棕、草制品业 | 13174 | 98.63 | -20.00 | -7.45 | -18.51 |
| 家具制造业 | 16386 | 100.83 | 7.62 | 12.28 | 7.95 |
| 造纸及纸制品业 | 24042 | 97.04 | 5.36 | 4.88 | 5.92 |
| 造纸 | 23712 | 98.85 | 5.16 | 4.34 | 5.55 |
| 纸制品制造 | 25526 | 88.40 | 6.34 | 9.57 | 8.03 |
| 印刷业和记录媒介的复制 | 58534 | 98.24 | 20.42 | 15.74 | 19.48 |
| 文教体育用品制造业 | 21467 | 96.78 | 28.48 | 84.38 | 31.57 |
| 石油加工、炼焦及核燃料加工业 | 179047 | 100.99 | 17.47 | 34.35 | 17.04 |
| 原油加工及石油制品制造 | 336683 | 100.11 | 19.01 | 52.26 | 18.48 |
| 炼焦 | 104745 | 102.92 | 16.45 | 43.40 | 16.13 |

13-6 续表8 （2003年）

| 指　　标 | 工业全员劳动生产率（元/人） | 工业产品销售率（%） | 产　值利税率（%） | 每百元固定资产实现利税（元） | 每百元销售收入实现利税（元） |
|---|---|---|---|---|---|
| 化学原料及化学制品制造业 | 33810 | 95.56 | 7.24 | 4.54 | 7.83 |
| 基础化学原料制造 | 41014 | 95.40 | 10.37 | 9.96 | 10.98 |
| 肥料制造 | 32763 | 97.49 | 2.07 | 0.89 | 2.25 |
| 农药制造 | 46226 | 52.92 | 4.69 | 3.08 | 8.68 |
| 涂料、油墨、颜料及类似产品制造 | 44660 | 96.60 | 6.02 | 10.59 | 6.46 |
| 合成材料制造 | 57278 | 91.27 | 7.21 | 6.92 | 8.61 |
| 专用化学产品制造 | 19829 | 96.25 | 12.68 | 8.76 | 13.30 |
| 日用化学产品制造 | 77543 | 92.54 | 12.48 | 14.71 | 13.72 |
| 医药制造业 | 112467 | 93.80 | 18.73 | 38.04 | 21.28 |
| 化学药品原药制造 | 54943 | 91.13 | 8.45 | 12.12 | 9.86 |
| 化学药品制剂制造 | 171581 | 97.34 | 24.73 | 72.44 | 26.48 |
| 中药饮片加工 | 69954 | 88.37 | 7.44 | 11.95 | 10.39 |
| 中成药制造 | 82742 | 84.35 | 11.99 | 23.02 | 16.33 |
| 生物、生化制品的制造 | 101341 | 102.80 | 16.54 | 12.04 | 15.68 |
| 化学纤维制造业 | 64718 | 93.70 | 0.94 | 1.31 | 1.16 |
| 橡胶制品业 | 21237 | 90.78 | 4.97 | 5.51 | 6.27 |
| 塑料制品业 | 34384 | 89.99 | 8.88 | 11.89 | 10.59 |
| 非金属矿物制品业 | 25066 | 95.54 | 6.84 | 4.52 | 7.70 |
| 水泥、石灰和石膏的制造 | 27428 | 95.77 | 8.46 | 5.34 | 9.39 |
| 水泥及石膏制品制造 | 36079 | 98.05 | 6.48 | 6.74 | 7.16 |
| 砖瓦、石材及其他建筑材料制造 | 10273 | 90.47 | -8.40 | -3.15 | -12.95 |
| 玻璃及玻璃制品制造 | 19230 | 92.98 | 2.78 | 2.25 | 3.22 |
| 陶瓷制品制造 | 10368 | 87.60 | -2.33 | -0.59 | -3.16 |
| 耐火材料制品制造 | 4559 | 89.20 | 2.21 | 1.05 | 4.22 |
| 黑色金属冶炼及压延加工业 | 57069 | 99.47 | 6.29 | 7.56 | 6.07 |
| 炼铁 | 44517 | 103.89 | 6.39 | 4.92 | 6.29 |
| 炼钢 | 34488 | 96.20 | 5.23 | 7.78 | 5.79 |
| 钢压延加工 | 76008 | 98.17 | 6.42 | 8.56 | 5.97 |
| 铁合金冶炼 | 60563 | 110.84 | 7.81 | 8.25 | 7.25 |
| 有色金属冶炼及压延加工业 | 51993 | 95.67 | 10.20 | 11.78 | 10.63 |
| 常用有色金属冶炼 | 49276 | 95.72 | 8.82 | 11.65 | 9.17 |
| 贵金属冶炼 | 3325 | 69.57 | -25.89 | -1.39 | -56.54 |
| 稀有稀土金属冶炼 | 109741 | 104.16 | 8.92 | 51.76 | 8.64 |
| 有色金属合金制造 | 84282 | 91.23 | 2.24 | 21.54 | 2.78 |
| 有色金属压延加工 | 50724 | 93.83 | 13.50 | 11.05 | 14.26 |
| 金属制品业 | 36183 | 94.49 | 7.42 | 7.02 | 8.16 |
| 通用设备制造业 | 41902 | 95.29 | 11.68 | 13.70 | 12.35 |
| 锅炉及原动机制造 | 19696 | 95.73 | -3.19 | -2.76 | -3.74 |
| 金属加工机械制造 | 36226 | 97.17 | 11.50 | 11.08 | 11.25 |
| 泵、阀门、压缩机及类似机械的制造 | 58946 | 92.28 | 19.97 | 29.87 | 20.58 |
| 轴承、齿轮、传动和驱动部件的制造 | 14432 | 74.93 | -17.01 | -9.79 | -26.24 |
| 风机、衡器、包装设备等通用设备制造 | 110546 | 97.37 | 22.34 | 48.90 | 23.39 |
| 金属铸、锻加工 | 30615 | 93.01 | 4.44 | 3.80 | 4.91 |

13-6 续表9 （2003年）

| 指 标 | 工业全员劳动生产率（元／人） | 工业产品销售率（%） | 产值利税率（%） | 每百元固定资产实现利税（元） | 每百元销售收入实现利税（元） |
|---|---|---|---|---|---|
| 专用设备制造业 | 30928 | 95.63 | 8.58 | 6.46 | 8.51 |
| 矿山、冶金、建筑专用设备制造 | 44345 | 96.50 | 8.95 | 9.71 | 8.65 |
| 食品、饮料、烟草及饲料生产专用设备制造 | 12927 | 91.43 | -6.42 | -3.02 | -7.89 |
| 纺织、服装和皮革工业专用设备制造 | 58224 | 93.73 | 21.62 | 27.18 | 20.21 |
| 电子和电工机械专用设备制造 | 18167 | 97.64 | -0.25 | -0.11 | -0.25 |
| 农、林、牧、渔专用机械制造 | 12117 | 95.52 | -3.18 | -1.09 | -3.40 |
| 医疗仪器设备及器械制造 | 58716 | 90.20 | 17.64 | 35.27 | 20.67 |
| 交通运输设备制造业 | 39788 | 96.93 | 7.40 | 9.24 | 7.24 |
| 铁路运输设备制造 | 34246 | 101.24 | 7.57 | 11.04 | 7.58 |
| 汽车制造 | 67135 | 96.20 | 12.20 | 23.53 | 12.66 |
| 自行车制造 | 18462 | 97.91 | -5.37 | -3.78 | -7.94 |
| 航空航天器制造 | 31993 | 96.56 | 4.10 | 4.03 | 3.83 |
| 电气机械及器材制造业 | 51516 | 97.57 | 6.13 | 8.24 | 6.64 |
| 电机制造 | 20818 | 99.56 | 3.20 | 6.09 | 3.36 |
| 输配电及控制设备制造 | 63770 | 97.91 | 8.14 | 11.53 | 8.50 |
| 电线、电缆、光缆及电工器材制造 | 66902 | 94.88 | 5.15 | 6.50 | 5.43 |
| 家用电力器具制造 | 34965 | 95.20 | -7.89 | -6.71 | -15.89 |
| 照明器具制造 | 11988 | 107.87 | 0.48 | 0.27 | 0.43 |
| 通信设备、计算机及其他电子设备制造业 | 63378 | 93.41 | 7.96 | 11.11 | 10.28 |
| 通信设备制造 | 71295 | 99.30 | 2.15 | 3.38 | 2.62 |
| 雷达及配套设备制造 | 18898 | 96.33 | -2.33 | -1.01 | -1.56 |
| 广播电视设备制造 | 44008 | 92.48 | -26.64 | -23.52 | -37.88 |
| 电子计算机制造 | 232185 | 110.24 | 6.83 | 15.75 | 6.20 |
| 电子器件制造 | 72197 | 95.52 | 12.05 | 15.95 | 14.23 |
| 电子元件制造 | 43459 | 95.13 | 7.53 | 7.40 | 8.15 |
| 家用视听设备制造 | 106713 | 99.77 | -0.07 | -0.55 | -0.75 |
| 仪器仪表及文化、办公用机械制造业 | 30927 | 89.85 | 2.40 | 1.93 | 2.31 |
| 通用仪器仪表制造 | 11335 | 92.76 | -9.22 | -3.89 | -5.57 |
| 专用仪器仪表制造 | 45345 | 91.77 | 4.67 | 3.59 | 4.30 |
| 光学仪器及眼镜制造 | 36355 | 88.01 | 3.55 | 3.73 | 4.03 |
| 工艺品及其他制造业 | 78137 | 90.67 | 6.73 | 37.13 | 16.24 |
| 电力、热力的生产和供应业 | 93064 | 99.57 | 20.95 | 5.24 | 14.22 |
| 电力生产 | 100051 | 99.50 | 17.54 | 5.06 | 18.70 |
| 电力供应 | 84234 | 99.70 | 28.89 | 5.55 | 10.98 |
| 热力生产和供应 | 65506 | 100.00 | 2.24 | 1.23 | 2.48 |
| 燃气生产和供应业 | 26154 | 118.14 | 7.25 | 2.77 | 6.72 |
| 水的生产和供应业 | 24769 | 95.82 | 2.60 | 0.72 | 2.74 |

# 13-7 国有及国有控股工业企业主要经济效益指标

（2003年） 单位：%

| 指 标 | 总资产贡献率 | 资本保值增值率 | 资产负债率 | 流动资产周转率（次） | 成本费用利润率 |
|---|---|---|---|---|---|
| 总 计 | 10.23 | 116.77 | 64.50 | 1.28 | 10.53 |
| #亏损企业 | -0.20 | 76.66 | 79.98 | 0.71 | -13.41 |
| 一、按隶属关系分 | | | | | |
| 中央企业 | 11.70 | 119.81 | 60.71 | 1.29 | 15.27 |
| 地方企业 | 8.83 | 113.41 | 68.18 | 1.27 | 6.67 |
| 二、按轻重工业分 | | | | | |
| 轻工业 | 11.81 | 89.89 | 70.99 | 1.09 | 2.73 |
| 重工业 | 9.99 | 120.66 | 63.64 | 1.31 | 11.63 |
| 三、按企业规模分 | | | | | |
| 大型企业 | 11.23 | 106.04 | 57.28 | 1.45 | 15.91 |
| 中型企业 | 12.49 | 308.60 | 71.00 | 1.19 | 5.12 |
| 小型企业 | 1.43 | 43.89 | 84.12 | 0.75 | -6.23 |
| 四、按工业行业分 | | | | | |
| 煤炭开采和洗选业 | 8.87 | 151.58 | 57.92 | 1.41 | 6.44 |
| 石油和天然气开采业 | 24.85 | 141.82 | 48.08 | 3.22 | 53.02 |
| 黑色金属矿采选业 | 7.31 | 99.70 | 87.84 | 1.42 | -4.33 |
| 铁矿采选 | 10.77 | 524.23 | 96.36 | 2.35 | -1.53 |
| 有色金属矿采选业 | 10.05 | 121.64 | 55.77 | 1.42 | 12.95 |
| 常用有色金属矿采选 | 10.52 | 85.12 | 74.11 | 1.14 | 10.72 |
| 贵金属矿采选 | 9.52 | 103.29 | 80.30 | 2.16 | 10.54 |
| 非金属矿采选业 | 2.26 | 139.88 | 80.14 | 0.91 | -2.31 |
| 农副食品加工业 | 2.52 | 59.73 | 83.37 | 2.37 | -0.92 |
| 谷物磨制 | -0.98 | 112.89 | 105.28 | 2.77 | -4.51 |
| 饲料加工 | 3.37 | 237.60 | 90.93 | 3.12 | 0.13 |
| 植物油加工 | 12.40 | 625.82 | 112.59 | 3.72 | -1.72 |
| 屠宰及肉类加工 | 1.62 | 69.57 | 69.19 | 1.96 | 0.44 |
| 其他农副食品加工 | 4.17 | 86.63 | 93.41 | 0.77 | 6.96 |
| 食品制造业 | 2.03 | 63.21 | 73.23 | 1.44 | -2.57 |
| 焙烤食品制造 | 7.62 | 105.73 | 71.53 | 1.89 | 2.31 |
| 方便食品制造 | 0.93 | 7.20 | 72.40 | 4.61 | 0.13 |
| 液体乳及乳制品制造 | 2.05 | 26.28 | 80.43 | 0.91 | 0.95 |
| 调味品、发酵制品制造 | -9.05 | 56.84 | 78.91 | 1.73 | -25.81 |
| 饮料制造业 | 14.31 | 100.19 | 84.84 | 1.43 | 7.45 |
| 酒的制造 | 20.88 | 87.27 | 75.62 | 1.63 | 11.77 |
| 软饮料制造 | 4.27 | -27.64 | 97.54 | 1.08 | 1.04 |
| 烟草制品业 | 36.19 | 119.32 | 74.43 | 0.86 | 6.71 |
| 纺织业 | 2.17 | 85.59 | 81.27 | 1.31 | -4.94 |
| 棉、化纤纺织及印染精加工 | 4.01 | 97.39 | 61.74 | 1.61 | -0.95 |
| 毛纺织和染整精加工 | -3.44 | 81.24 | 155.13 | 0.07 | -74.21 |
| 丝绢纺织及精加工 | -6.63 | 104.74 | 164.94 | 0.53 | -49.15 |
| 纺织制成品制造 | 1.59 | 201.90 | 119.87 | 0.98 | -2.12 |
| 针织品、编织品及其制品制造 | -4.53 | 33.22 | 108.70 | 0.50 | -47.38 |
| 纺织服装、鞋、帽制造业 | -1.11 | 12.05 | 183.04 | 1.02 | -20.97 |
| 纺织服装制造 | -1.11 | 12.05 | 183.04 | 1.02 | -20.97 |
| 皮革、毛皮、羽毛(绒)及其制品业 | 1.65 | 198.89 | 90.36 | 0.46 | -0.03 |
| 木材加工及木、竹、藤、棕、草制品业 | -10.47 | 92.41 | 73.21 | 0.29 | -66.71 |

13-7 续表1 （2003年）

| 指　　标 | 总资产贡献率 | 资本保值增值率 | 资产负债率 | 流动资产周转率（次） | 成本费用利润率 |
|---|---|---|---|---|---|
| 家具制造业 | 4.26 | 131.51 | 73.32 | 0.44 | -1.49 |
| 造纸及纸制品业 | 0.69 | 68.22 | 87.97 | 0.46 | -8.45 |
| 造纸 | -0.02 | 55.32 | 89.22 | 0.39 | -12.11 |
| 纸制品制造 | 9.26 | -257.95 | 67.55 | 1.78 | 11.15 |
| 印刷业和记录媒介的复制 | 12.57 | 113.50 | 44.87 | 1.36 | 15.97 |
| 文教体育用品制造业 | 26.85 | 116.14 | 7.81 | 0.31 | 121.73 |
| 石油加工、炼焦及核燃料加工业 | 26.53 | 129.14 | 63.83 | 4.34 | 8.90 |
| 原油加工及石油制品制造 | 34.46 | 121.95 | 66.20 | 5.63 | 9.03 |
| 炼焦 | 37.72 | 853.22 | 74.51 | 3.73 | 10.80 |
| 化学原料及化学制品制造业 | 3.98 | 85.94 | 79.43 | 1.30 | 0.56 |
| 基础化学原料制造 | 6.74 | 109.34 | 66.62 | 1.51 | -0.77 |
| 肥料制造 | 2.32 | 55.40 | 91.45 | 1.39 | -2.81 |
| 农药制造 | -6.06 | 111.61 | 66.83 | 0.91 | -17.25 |
| 涂料、油墨、颜料及类似产品制造 | 2.89 | 37.89 | 67.40 | 1.81 | 2.10 |
| 合成材料制造 | 4.56 | 165.86 | 87.60 | 0.59 | 2.82 |
| 专用化学产品制造 | 4.97 | 94.82 | 64.36 | 1.07 | 6.88 |
| 日用化学产品制造 | 16.88 | 236.47 | 13.60 | 1.03 | 25.84 |
| 医药制造业 | 13.56 | 108.14 | 52.07 | 1.38 | 11.18 |
| 化学药品原药制造 | 3.62 | 147.51 | 63.44 | 0.68 | -7.88 |
| 化学药品制剂制造 | 16.94 | 101.12 | 43.41 | 1.77 | 15.98 |
| 中药饮片加工 | 5.69 | 39.01 | 77.54 | 0.91 | 2.78 |
| 中成药制造 | 5.72 | 117.16 | 65.45 | 0.96 | -0.60 |
| 生物、生化制品的制造 | 37.13 | 545.39 | 69.51 | 1.15 | 10.54 |
| 橡胶制品业 | 4.36 | -22.95 | 92.16 | 0.62 | 1.22 |
| 塑料制品业 | 9.00 | 316.94 | 80.18 | 0.74 | 14.73 |
| 非金属矿物制品业 | 3.25 | 121.86 | 79.88 | 0.74 | -3.06 |
| 水泥、石灰和石膏的制造 | 5.23 | 132.92 | 71.35 | 0.87 | 2.14 |
| 水泥及石膏制品制造 | 1.72 | 69.56 | 81.84 | 0.72 | -6.32 |
| 砖瓦、石材及其他建筑材料制造 | -0.89 | 66.31 | 82.72 | 0.52 | -26.97 |
| 玻璃及玻璃制品制造 | 0.27 | 128.30 | 127.58 | 0.53 | -17.14 |
| 陶瓷制品制造 | -1.10 | 43.64 | 103.14 | 0.11 | -37.40 |
| 耐火材料制品制造 | -0.31 | 573.75 | 28.36 | 0.35 | -12.82 |
| 黑色金属冶炼及压延加工业 | 1.65 | 104.31 | 75.06 | 0.82 | -6.73 |
| 炼铁 | 0.44 | 38.27 | 140.36 | 0.28 | -16.00 |
| 炼钢 | 0.14 | -4.09 | 62.04 | 3.11 | 0.89 |
| 钢压延加工 | 1.04 | 53.25 | 79.80 | 0.83 | -7.35 |
| 铁合金冶炼 | 11.01 | 114.65 | 44.08 | 0.75 | -4.51 |
| 有色金属冶炼及压延加工业 | 5.84 | 83.75 | 71.83 | 0.91 | 2.30 |
| 常用有色金属冶炼 | 2.91 | 82.47 | 79.86 | 1.33 | -4.21 |
| 贵金属冶炼 | -0.91 | -163.24 | 121.92 | 0.08 | -33.33 |
| 稀有稀土金属冶炼 | 20.51 | 97.36 | 69.15 | 1.70 | 22.37 |
| 有色金属压延加工 | 7.88 | 86.38 | 63.43 | 0.62 | 9.85 |
| 金属制品业 | 4.83 | 95.34 | 76.57 | 0.74 | 0.77 |

13-7 续表2

（2003年）

| 指 标 | 总资产贡献率 | 资本保值增值率 | 资产负债率 | 流动资产周转率（次） | 成本费用利润率 |
|---|---|---|---|---|---|
| 通用设备制造业 | 7.37 | 93.39 | 75.65 | 0.78 | 6.31 |
| 锅炉及原动机制造 | 1.37 | 157.85 | 92.32 | 0.70 | -3.47 |
| 金属加工机械制造 | 6.62 | 99.77 | 61.81 | 0.78 | 2.75 |
| 泵、阀门、压缩机及类似机械的制造 | 18.14 | 116.58 | 49.96 | 1.31 | 16.99 |
| 轴承、齿轮、传动和驱动部件的制造 | -0.49 | -20.12 | 115.34 | 0.18 | -24.55 |
| 风机、衡器、包装设备等通用设备 | 16.47 | 136.74 | 79.63 | 0.86 | 19.01 |
| 金属铸、锻加工 | 3.11 | 99.77 | 71.84 | 0.60 | -0.34 |
| 专用设备制造业 | 5.30 | 105,11 | 74.13 | 0.85 | 2.17 |
| 矿山、冶金、建筑专用设备制造 | 7.00 | 71.70 | 88.74 | 0.84 | 0.54 |
| 食品、饮料、烟草及饲料生产专用设备制造 | -0.82 | 67.94 | 93.57 | 0.65 | -20.47 |
| 纺织、服装和皮革工业专用设备制造 | 15.79 | 144.33 | 58.64 | 1.11 | 17.95 |
| 电子和电工机械专用设备制造 | 1.56 | 104.03 | 59.93 | 0.88 | -2.61 |
| 农、林、牧、渔专用机械制造 | 3.84 | -114.81 | 90.68 | 0.37 | -6.37 |
| 医疗仪器设备及器械制造 | 5.16 | 89.89 | 75.83 | 1.01 | -1.32 |
| 交通运输设备制造业 | 5.04 | 116.53 | 68.95 | 0.88 | 4.62 |
| 铁路运输设备制造 | 4.94 | 90.78 | 60.21 | 1.18 | 2.59 |
| 汽车制造 | 16.07 | 208.68 | 65.19 | 1.58 | 10.44 |
| 自行车制造 | 1.95 |  | 31.25 | 1.54 | -0.05 |
| 航空航天器制造 | 2.92 | 106.54 | 70.56 | 0.69 | 2.13 |
| 电气机械及器材制造业 | 3.80 | 70.69 | 73.46 | 0.83 | -0.14 |
| 电机制造 | 3.92 | 30.02 | 77.98 | 1.15 | -0.39 |
| 输配电及控制设备制造 | 4.86 | 92.73 | 67.43 | 0.88 | 2.18 |
| 电线、电缆、光缆及电工器材制造 | 4.59 | -4.04 | 101.28 | 0.92 | -1.11 |
| 家用电力器具制造 | -2.05 | 28.24 | 88.15 | 0.29 | -30.63 |
| 照明器具制造 | -0.20 | 101.51 | 72.79 | 1.05 | -10.72 |
| 通信设备、计算机及其他电子设备制造业 | 6.00 | 117.11 | 61.78 | 0.77 | 5.10 |
| 通信设备制造 | 2.01 | 95.51 | 66.07 | 0.44 | -3.97 |
| 雷达及配套设备制造 | 1.82 | 159.95 | 77.00 | 0.26 | -4.00 |
| 广播电视设备制造 | -0.98 | 129.51 | 120.25 | 0.08 | -39.79 |
| 电子器件制造 | 11.96 | 123.69 | 47.80 | 1.19 | 9.79 |
| 电子元件制造 | 4.30 | 254.05 | 68.57 | 0.70 | 1.59 |
| 家用视听设备制造 | -0.24 | 10.02 | 79.19 | 0.62 | -7.69 |
| 仪器仪表及文化、办公用机械制造业 | 1.25 | 87.42 | 62.95 | 0.70 | -1.21 |
| 通用仪器仪表制造 | -1.39 | 26.02 | 80.37 | 0.22 | -25.21 |
| 专用仪器仪表制造 | 1.75 | 170.78 | 55.06 | 0.67 | 0.64 |
| 光学仪器及眼镜制造 | 3.92 | 110.50 | 60.14 | 1.13 | 2.79 |
| 工艺品及其他制造业 | 2.30 | -324.88 | 69.94 | 0.65 | 1.42 |
| 电力、热力的生产和供应业 | 5.30 | 113.25 | 63.80 | 2.01 | 1.65 |
| 电力生产 | 5.24 | 76.27 | 86.02 | 2.03 | 0.15 |
| 电力供应 | 5.39 | 124.44 | 50.03 | 2.04 | 2.41 |
| 热力生产和供应 | 1.06 | 166.04 | 77.16 | 0.82 | -4.13 |
| 燃气生产和供应业 | 3.24 | 99.60 | 58.38 | 1.21 | 0.53 |
| 水的生产和供应业 | 0.99 | 102.06 | 49.68 | 1.24 | -4.92 |

13-7 续表3

（2003年）

| 指 标 | 工业全员劳动生产率（元／人） | 工业产品销售率（%） | 产值利税率（%） | 每百元固定资产实现利税（元） | 每百元销售收入实现利税（元） |
|---|---|---|---|---|---|
| 总 计 | 60649 | 98.18 | 18.10 | 11.80 | 18.14 |
| #亏损企业 | 20563 | 97.12 | -8.29 | -2.96 | -7.97 |
| 一、按隶属关系分 | | | | | |
| 中央企业 | 88699 | 98.76 | 24.08 | 13.19 | 22.27 |
| 地方企业 | 46018 | 97.72 | 13.43 | 10.29 | 14.39 |
| 二、按轻重工业分 | | | | | |
| 轻工业 | 45837 | 97.66 | 18.38 | 19.13 | 21.13 |
| 重工业 | 64427 | 98.27 | 18.05 | 11.07 | 17.70 |
| 三、按企业规模分 | | | | | |
| 大型企业 | 96234 | 99.18 | 22.16 | 14.18 | 21.81 |
| 中型企业 | 46451 | 97.42 | 14.82 | 10.31 | 14.86 |
| 小型企业 | 20311 | 93.51 | -0.14 | -0.08 | -0.16 |
| 四、按工业行业分 | | | | | |
| 煤炭开采和洗选业 | 28148 | 100.79 | 16.93 | 6.66 | 17.00 |
| 石油和天然气开采业 | 382868 | 99.76 | 39.77 | 18.98 | 42.84 |
| 黑色金属矿采选业 | 13533 | 97.42 | 8.25 | 6.45 | 8.32 |
| 铁矿采选 | 19389 | 96.43 | 11.36 | 12.94 | 11.39 |
| 有色金属矿采选业 | 51048 | 110.65 | 16.30 | 11.68 | 15.52 |
| 常用有色金属矿采选 | 41994 | 102.18 | 20.40 | 12.16 | 19.69 |
| 贵金属矿采选 | 40828 | 100.67 | 9.62 | 6.79 | 11.50 |
| 非金属矿采选业 | 12597 | 94.75 | 4.49 | 3.69 | 6.25 |
| 农副食品加工业 | 45005 | 93.25 | 0.90 | 1.45 | 1.06 |
| 谷物磨制 | 33475 | 92.12 | -2.59 | -4.18 | -3.49 |
| 饲料加工 | 65669 | 92.90 | 0.25 | 1.04 | 0.27 |
| 植物油加工 | 47839 | 85.21 | 4.17 | 8.15 | 5.43 |
| 屠宰及肉类加工 | 55499 | 97.05 | 0.77 | 1.03 | 0.87 |
| 其他农副食品加工 | 10333 | 126.52 | 14.35 | 6.74 | 11.44 |
| 食品制造业 | 20234 | 92.82 | 3.16 | 3.85 | 3.49 |
| 焙烤食品制造 | 24261 | 96.62 | 9.30 | 9.63 | 9.96 |
| 方便食品制造 | 63339 | 119.11 | 2.40 | 7.51 | 2.23 |
| 液体乳及乳制品制造 | 33103 | 80.42 | 3.10 | 4.45 | 3.96 |
| 调味品、发酵制品制造 | 11705 | 92.96 | -22.01 | -16.89 | -27.78 |
| 饮料制造业 | 68376 | 98.91 | 23.28 | 23.75 | 23.85 |
| 酒的制造 | 86150 | 98.89 | 29.49 | 45.77 | 30.06 |
| 软饮料制造 | 52012 | 104.45 | 4.23 | 2.74 | 4.51 |
| 烟草制品业 | 343441 | 99.25 | 50.95 | 88.95 | 52.20 |
| 纺织业 | 13802 | 99.66 | 0.54 | 0.41 | 0.56 |
| 棉、化纤纺织及印染精加工 | 16137 | 99.58 | 4.77 | 3.94 | 4.79 |
| 毛纺织和染整精加工 | -19442 | 102.60 | -117.06 | -34.17 | -313.80 |
| 丝绢纺织及精加工 | -292 | 105.19 | -46.45 | -17.56 | -69.72 |
| 纺织制成品制造 | 11565 | 94.60 | 1.44 | 1.31 | 1.57 |
| 针织品、编织品及其制品制造 | 2433 | 101.11 | -36.76 | -9.00 | -77.48 |
| 纺织服装、鞋、帽制造业 | 7319 | 90.93 | -19.10 | -11.82 | -18.75 |
| 纺织服装制造 | 7319 | 90.93 | -19.10 | -11.82 | -18.75 |
| 皮革、毛皮、羽毛(绒)及其制品业 | 12267 | 98.06 | 1.68 | 1.36 | 1.79 |
| 木材加工及木、竹、藤、棕、草制品业 | 5202 | 89.63 | -146.97 | -17.64 | -140.42 |

13-7 续表4 （2003年）

| 指 标 | 工业全员劳动生产率（元/人） | 工业产品销售率（%） | 产值利税率（%） | 每百元固定资产实现利税（元） | 每百元销售收入实现利税（元） |
|---|---|---|---|---|---|
| 家具制造业 | 7442 | 103.29 | 14.10 | 8.54 | 15.07 |
| 造纸及纸制品业 | 25315 | 101.80 | -1.31 | -0.45 | -1.46 |
| 造纸 | 20745 | 108.50 | -5.94 | -1.61 | -6.12 |
| 纸制品制造 | 41168 | 80.90 | 13.10 | 22.24 | 19.34 |
| 印刷业和记录媒介的复制 | 67262 | 98.03 | 20.75 | 16.56 | 20.89 |
| 文教体育用品制造业 | 18634 | 100.00 | 69.15 | 408.88 | 86.00 |
| 石油加工、炼焦及核燃料加工业 | 220889 | 100.91 | 17.40 | 31.99 | 16.92 |
| 原油加工及石油制品制造 | 339165 | 100.29 | 18.90 | 49.60 | 18.28 |
| 炼焦 | 137913 | 102.83 | 16.38 | 43.89 | 16.09 |
| 化学原料及化学制品制造业 | 29421 | 97.16 | 5.83 | 2.80 | 6.24 |
| 基础化学原料制造 | 33058 | 97.01 | 8.28 | 5.48 | 8.78 |
| 肥料制造 | 30602 | 98.30 | 1.38 | 0.52 | 1.47 |
| 农药制造 | 69823 | 32.86 | -7.01 | -11.73 | -22.01 |
| 涂料、油墨、颜料及类似产品制造 | 38386 | 96.20 | 5.09 | 7.64 | 5.42 |
| 合成材料制造 | 49253 | 91.63 | 6.85 | 5.31 | 7.99 |
| 专用化学产品制造 | 16524 | 96.91 | 11.69 | 6.40 | 12.34 |
| 日用化学产品制造 | 290093 | 98.90 | 25.52 | 24.12 | 25.82 |
| 医药制造业 | 69379 | 92.78 | 16.60 | 28.59 | 18.52 |
| 化学药品原药制造 | 27953 | 86.39 | -5.58 | -4.55 | -7.74 |
| 化学药品制剂制造 | 86927 | 94.90 | 21.68 | 43.79 | 23.10 |
| 中药饮片加工 | 37408 | 98.30 | 9.53 | 15.64 | 7.17 |
| 中成药制造 | 55008 | 85.48 | 5.83 | 9.87 | 7.31 |
| 生物、生化制品的制造 | 89237 | 93.73 | 22.21 | 57.88 | 26.86 |
| 橡胶制品业 | 21874 | 94.59 | 5.29 | 5.42 | 6.77 |
| 塑料制品业 | 27869 | 93.31 | 20.03 | 18.07 | 22.46 |
| 非金属矿物制品业 | 20487 | 95.88 | 4.33 | 2.08 | 4.92 |
| 水泥、石灰和石膏的制造 | 28616 | 94.92 | 9.33 | 4.62 | 10.46 |
| 水泥及石膏制品制造 | 16398 | 99.04 | 0.17 | 0.12 | 0.21 |
| 砖瓦、石材及其他建筑材料制造 | 7169 | 95.04 | -17.63 | -4.40 | -29.38 |
| 玻璃及玻璃制品制造 | 9215 | 99.14 | -10.80 | -5.68 | -10.59 |
| 陶瓷制品制造 | 7145 | 76.52 | -16.12 | -2.64 | -29.75 |
| 耐火材料制品制造 | 2466 | 88.45 | -2.27 | -0.89 | -5.27 |
| 黑色金属冶炼及压延加工业 | 50828 | 96.72 | -0.51 | -0.34 | -0.45 |
| 炼铁 | 5681 | 84.81 | -11.23 | -2.66 | -10.34 |
| 炼钢 | 206455 | 100.00 | 0.76 | 111.38 | 1.50 |
| 钢压延加工 | 46940 | 92.74 | -3.25 | -2.08 | -2.68 |
| 铁合金冶炼 | 66150 | 114.53 | 12.39 | 7.33 | 11.00 |
| 有色金属冶炼及压延加工业 | 38318 | 98.84 | 8.76 | 6.86 | 8.85 |
| 常用有色金属冶炼 | 29063 | 97.18 | 1.02 | 0.93 | 1.07 |
| 贵金属冶炼 | 3325 | 69.57 | -25.89 | -1.39 | -56.54 |
| 稀有稀土金属冶炼 | 76746 | 118.16 | 23.68 | 164.04 | 20.88 |
| 有色金属压延加工 | 47512 | 99.36 | 18.35 | 11.53 | 17.88 |
| 金属制品业 | 31624 | 95.63 | 7.00 | 5.33 | 7.99 |

13-7 续表5 (2003年)

| 指 标 | 工业全员劳动生产率（元/人） | 工业产品销售率（%） | 产值利税率（%） | 每百元固定资产实现利税（元） | 每百元销售收入实现利税（元） |
|---|---|---|---|---|---|
| 通用设备制造业 | 43589 | 96.11 | 12.87 | 13.78 | 13.27 |
| 锅炉及原动机制造 | 18602 | 96.23 | -0.67 | -0.54 | -0.76 |
| 金属加工机械制造 | 38570 | 97.62 | 12.10 | 11.26 | 11.66 |
| 泵、阀门、压缩机及类似机械的制造 | 67784 | 93.95 | 21.85 | 33.02 | 21.23 |
| 轴承、齿轮、传动和驱动部件的制造 | 14432 | 74.93 | -17.01 | -9.79 | -26.24 |
| 风机、衡器、包装设备等通用设备 | 133748 | 97.30 | 24.00 | 54.39 | 25.39 |
| 金属铸、锻加工 | 30383 | 97.22 | 1.97 | 0.95 | 2.14 |
| 专用设备制造业 | 29167 | 96.03 | 8.03 | 5.58 | 7.96 |
| 矿山、冶金、建筑专用设备制造 | 42687 | 96.72 | 8.62 | 8.54 | 8.46 |
| 食品、饮料、烟草及饲料生产专用设备制造 | 7258 | 92.07 | -16.95 | -5.09 | -22.62 |
| 纺织、服装和皮革工业专用设备制造 | 62432 | 93.92 | 22.69 | 27.48 | 20.84 |
| 电子和电工机械专用设备制造 | 18110 | 97.65 | -0.23 | -0.10 | -0.24 |
| 农、林、牧、渔专用机械制造 | 10852 | 96.77 | -2.78 | -0.91 | -2.94 |
| 医疗仪器设备及器械制造 | 26784 | 95.17 | 5.01 | 4.51 | 5.50 |
| 交通运输设备制造业 | 39255 | 96.93 | 7.22 | 9.06 | 7.05 |
| 铁路运输设备制造 | 34467 | 101.68 | 6.16 | 9.25 | 6.29 |
| 汽车制造 | 68278 | 96.10 | 12.79 | 27.50 | 13.34 |
| 自行车制造 | 26389 | 96.96 | 1.31 | 2.04 | 1.21 |
| 航空航天器制造 | 31976 | 96.56 | 4.16 | 4.10 | 3.89 |
| 电气机械及器材制造业 | 46391 | 98.84 | 5.34 | 6.28 | 5.73 |
| 电机制造 | 25829 | 99.37 | 3.48 | 6.02 | 3.69 |
| 输配电及控制设备制造 | 55678 | 99.29 | 7.24 | 9.20 | 7.45 |
| 电线、电缆、光缆及电工器材制造 | 60552 | 95.50 | 5.11 | 4.42 | 5.22 |
| 家用电力器具制造 | 35995 | 95.42 | -8.58 | -7.05 | -17.99 |
| 照明器具制造 | 11266 | 111.13 | -5.71 | -3.39 | -5.13 |
| 通信设备、计算机及其他电子设备制造业 | 60631 | 93.08 | 7.54 | 10.21 | 9.89 |
| 通信设备制造 | 70468 | 99.00 | 0.91 | 1.37 | 1.14 |
| 雷达及配套设备制造 | 18898 | 96.33 | -2.33 | -1.01 | -1.56 |
| 广播电视设备制造 | 42107 | 90.21 | -37.48 | -28.29 | -62.06 |
| 电子器件制造 | 70184 | 95.73 | 12.17 | 15.84 | 14.34 |
| 电子元件制造 | 40854 | 95.35 | 6.09 | 5.61 | 6.53 |
| 家用视听设备制造 | 109833 | 100.00 | -0.16 | -1.42 | -2.21 |
| 仪器仪表及文化、办公用机械制造业 | 29178 | 89.10 | 0.66 | 0.49 | 0.67 |
| 通用仪器仪表制造 | 5517 | 88.83 | -35.12 | -9.59 | -28.64 |
| 专用仪器仪表制造 | 40849 | 91.21 | 3.10 | 2.10 | 2.80 |
| 光学仪器及眼镜制造 | 36999 | 87.93 | 3.54 | 3.70 | 4.02 |
| 工艺品及其他制造业 | 12103 | 61.25 | 5.06 | 5.74 | 8.77 |
| 电力、热力的生产和供应业 | 78913 | 100.07 | 18.09 | 4.23 | 10.92 |
| 电力生产 | 74174 | 100.37 | 10.00 | 2.77 | 11.02 |
| 电力供应 | 84234 | 99.70 | 28.89 | 5.55 | 10.98 |
| 热力生产和供应 | 65506 | 100.00 | 2.24 | 1.23 | 2.48 |
| 燃气生产和供应业 | 25160 | 118.53 | 7.10 | 2.80 | 6.60 |
| 水的生产和供应业 | 24864 | 95.75 | 2.52 | 0.69 | 2.67 |

# 13-8 外商及港澳台商投资工业企业主要经济效益指标

（2003年） 单位：%

| 指 标 | 总资产贡献率 | 资本保值增值率 | 资产负债率 | 流动资产周转率（次） | 成本费用利润率 |
|---|---|---|---|---|---|
| 总 计 | 16.39 | 96.18 | 53.15 | 1.32 | 15.95 |
| # 亏损企业 | -2.03 | 141.92 | 70.35 | 0.40 | -16.29 |
| # 国家控股企业 | 11.12 | 129.23 | 56.37 | 0.85 | 10.44 |
| # 农村工业 | 5.70 | 106.51 | 37.86 | 1.69 | 5.79 |
| 一、按登记注册类型分 | | | | | |
| 港、澳、台商投资企业 | 12.04 | 69.57 | 47.09 | 1.46 | 18.44 |
| 合资经营企业(港或澳、台资) | 6.34 | 57.23 | 61.34 | 1.38 | 5.06 |
| 合作经营企业(港或澳、台资) | 18.08 | 87.74 | 33.49 | 1.52 | 41.75 |
| 港澳台商独资经营企业 | 0.73 | 8.76 | 68.37 | 2.30 | 2.23 |
| 港澳台商投资股份有限公司 | 12.26 | 63.49 | 51.66 | 2.88 | 9.70 |
| 外商投资企业 | 19.88 | 128.15 | 56.40 | 1.27 | 14.99 |
| 中外合资经营企业 | 19.08 | 100.46 | 57.37 | 1.13 | 15.79 |
| 中外合作经营企业 | 30.07 | 985.86 | 61.03 | 2.89 | 32.52 |
| 外资企业 | 20.13 | 751.79 | 46.64 | 2.25 | 6.82 |
| 外商投资股份有限公司 | 2.93 | 73.42 | 44.12 | 0.94 | 6.11 |
| 二、按轻重工业分 | | | | | |
| 轻工业 | 18.32 | 75.95 | 59.36 | 1.58 | 15.62 |
| 重工业 | 14.87 | 113.78 | 48.58 | 1.10 | 16.36 |
| 三、按企业规模分 | | | | | |
| 大型企业 | 16.06 | 71.00 | 33.49 | 1.52 | 41.75 |
| 中型企业 | 29.58 | 385.74 | 57.81 | 1.31 | 17.18 |
| 小型企业 | 6.72 | 53.43 | 56.93 | 1.27 | 6.60 |
| 四、按工业行业分 | | | | | |
| 农副食品加工业 | 9.22 | 231.45 | 65.03 | 4.52 | 3.53 |
| 食品制造业 | 10.54 | 98.72 | 63.01 | 2.60 | 5.82 |
| 饮料制造业 | 9.51 | 82.83 | 69.27 | 1.57 | 10.41 |
| 纺织业 | 3.90 | -9.51 | 102.09 | 2.03 | 0.39 |
| 纺织服装、鞋、帽制造业 | -0.30 | | 38.44 | 1.41 | -0.53 |
| 皮革、毛皮、羽毛(绒)及其制品业 | 2.43 | 84.51 | 70.83 | 0.45 | -2.20 |
| 木材加工及木、竹、藤、棕、草制品业 | -1.37 | 48.40 | 93.01 | 0.18 | -38.13 |
| 家具制造业 | 9.39 | 40.07 | 42.15 | 0.72 | 7.03 |
| 造纸及纸制品业 | 6.74 | 121.18 | 85.26 | 0.50 | 3.24 |
| 印刷业和记录媒介的复制 | 5.57 | 34.45 | 72.43 | 2.06 | 0.58 |
| 石油加工、炼焦及核燃料加工业 | 35.44 | 350.41 | 32.49 | 12.00 | 3.01 |
| 化学原料及化学制品制造业 | 23.20 | 375.51 | 19.25 | 1.34 | 29.05 |
| 医药制造业 | 32.19 | 96.85 | 55.74 | 1.37 | 26.15 |
| 塑料制品业 | 6.46 | 104.42 | 55.56 | 1.02 | 9.15 |
| 非金属矿物制品业 | 12.04 | 136.14 | 47.36 | 1.24 | 11.00 |
| 黑色金属冶炼及压延加工业 | 5.93 | 86.82 | 45.67 | 0.90 | -3.31 |
| 有色金属冶炼及压延加工业 | -1.90 | 259.71 | 74.98 | 2.51 | -3.67 |
| 金属制品业 | 7.19 | 117.16 | 51.73 | 0.82 | 10.42 |
| 通用设备制造业 | 22.20 | 119.16 | 25.97 | 1.80 | 15.88 |
| 专用设备制造业 | 23.71 | 87.76 | 25.04 | 1.73 | 25.31 |
| 交通运输设备制造业 | 17.29 | 55.63 | 56.35 | 0.95 | 15.58 |
| 电气机械及器材制造业 | 12.11 | 156.05 | 53.30 | 1.40 | 8.60 |
| 通信设备、计算机及其他电子设备制造业 | 0.92 | 223.96 | 65.56 | 0.42 | -6.03 |
| 仪器仪表及文化、办公用机械制造业 | 11.03 | 133.28 | 45.87 | 1.53 | 4.70 |
| 工艺品及其他制造业 | 2.88 | 5.48 | 23.13 | 1.22 | -0.54 |
| 电力、热力的生产和供应业 | 21.23 | 103.97 | 40.25 | 1.68 | 42.97 |
| 燃气生产和供应业 | 5.92 | | 44.12 | 0.94 | 6.11 |
| 水的生产和供应业 | 0.19 | | 65.71 | 0.99 | -4.96 |

13-8 续表 （2003年）

| 指 标 | 工业全员劳动生产率（元/人） | 工业产品销售率（%） | 产值利税率（%） | 每百元固定资产实现利税（元） | 每百元销售收入实现利税（元） |
|---|---|---|---|---|---|
| 总 计 | 199126 | 97.18 | 18.16 | 22.54 | 21.18 |
| # 亏损企业 | 73977 | 94.66 | -11.04 | -9.48 | -14.07 |
| # 国家控股企业 | 160704 | 98.27 | 11.11 | 15.09 | 16.76 |
| # 农村工业 | 62537 | 89.10 | 6.36 | 6.32 | 7.97 |
| 一、按登记注册类型分 | | | | | |
| 港、澳、台商投资企业 | 138421 | 98.32 | 16.56 | 13.67 | 23.96 |
| 合资经营企业(港或澳、台资) | 108252 | 97.60 | 5.19 | 12.71 | 9.31 |
| 合作经营企业(港或澳、台资) | 339215 | 100.00 | 42.67 | 13.98 | 43.20 |
| 港澳台商独资经营企业 | 26467 | 100.06 | 2.75 | 5.19 | 4.06 |
| 港澳台商投资股份有限公司 | 36963 | 88.00 | 13.18 | 52.87 | 16.62 |
| 外商投资企业 | 245092 | 96.54 | 19.04 | 32.83 | 20.05 |
| 中外合资经营企业 | 265498 | 97.52 | 19.57 | 46.77 | 20.66 |
| 中外合作经营企业 | 226304 | 98.59 | 36.46 | 13.24 | 37.03 |
| 外资企业 | 181608 | 90.84 | 10.87 | 15.42 | 11.44 |
| 外商投资股份有限公司 | 37694 | 121.09 | 21.06 | 6.92 | 17.39 |
| 二、按轻重工业分 | | | | | |
| 轻工业 | 197869 | 96.77 | 15.49 | 39.75 | 19.84 |
| 重工业 | 200835 | 97.79 | 22.18 | 15.47 | 22.81 |
| 三、按企业规模分 | | | | | |
| 大型企业 | 339215 | 100.00 | 42.67 | 13.98 | 43.20 |
| 中型企业 | 256920 | 97.19 | 17.60 | 36.59 | 22.58 |
| 小型企业 | 118110 | 96.11 | 10.27 | 16.12 | 10.62 |
| 四、按工业行业分 | | | | | |
| 农副食品加工业 | 358917 | 98.55 | 4.12 | 14.18 | 4.17 |
| 食品制造业 | 123529 | 96.69 | 8.41 | 16.84 | 9.04 |
| 饮料制造业 | 152943 | 97.13 | 15.82 | 12.93 | 15.16 |
| 纺织业 | 32284 | 93.01 | 2.33 | 6.11 | 3.77 |
| 纺织服装、鞋、帽制造业 | 16604 | 100.00 | -0.51 | -0.47 | -0.56 |
| 皮革、毛皮、羽毛(绒)及其制品业 | 129133 | 84.36 | 1.37 | 1.05 | 1.58 |
| 木材加工及木、竹、藤、棕、草制品业 | 5672 | 93.44 | -66.28 | -8.93 | -59.05 |
| 家具制造业 | 41039 | 103.93 | 17.28 | 20.83 | 16.03 |
| 造纸及纸制品业 | 15336 | 103.65 | 18.13 | 41.51 | 17.49 |
| 印刷业和记录媒介的复制 | 111446 | 99.14 | 4.15 | 9.01 | 4.04 |
| 石油加工、炼焦及核燃料加工业 | 283176 | 92.08 | 10.68 | 70.59 | 11.43 |
| 化学原料及化学制品制造业 | 218872 | 95.73 | 25.60 | 36.90 | 27.68 |
| 医药制造业 | 405261 | 95.42 | 27.04 | 141.38 | 30.56 |
| 塑料制品业 | 115458 | 93.30 | 10.52 | 11.27 | 11.79 |
| 非金属矿物制品业 | 98275 | 101.57 | 16.63 | 17.82 | 15.87 |
| 黑色金属冶炼及压延加工业 | 90127 | 117.16 | 11.16 | 8.21 | 9.54 |
| 有色金属冶炼及压延加工业 | 151745 | 87.04 | -2.54 | -7.96 | -2.82 |
| 金属制品业 | 56594 | 99.69 | 18.78 | 8.18 | 19.07 |
| 通用设备制造业 | 191946 | 94.94 | 20.08 | 43.27 | 19.11 |
| 专用设备制造业 | 253985 | 87.38 | 20.76 | 48.74 | 22.87 |
| 交通运输设备制造业 | 243727 | 98.32 | 21.85 | 94.77 | 24.16 |
| 电气机械及器材制造业 | 148931 | 97.61 | 13.88 | 29.75 | 14.09 |
| 通信设备、计算机及其他电子设备制造业 | 286634 | 99.68 | -0.78 | -3.25 | -2.22 |
| 仪器仪表及文化、办公用机械制造业 | 30505 | 128.04 | 80.28 | 20.62 | 9.44 |
| 工艺品及其他制造业 | 87093 | 99.74 | 3.66 | 5.95 | 3.71 |
| 电力、热力的生产和供应业 | 347906 | 100.00 | 44.81 | 14.07 | 45.28 |
| 燃气生产和供应业 | 37694 | 121.09 | 21.06 | 6.92 | 17.39 |
| 水的生产和供应业 | 14668 | 100.00 | 0.81 | 11.62 | 0.77 |

# 13-9 大中型工业企业主要经济效益指标

（2003年） 单位：%

| 指 标 | 总资产贡献率 | 资本保值增值率 | 资产负债率 | 流动资产周转率（次） | 成本费用利润率 |
|---|---|---|---|---|---|
| 总 计 | 12.07 | 137.91 | 61.98 | 1.38 | 11.90 |
| #亏损企业 | 1.22 | 98.15 | 74.28 | 0.87 | -9.19 |
| #国有控股企业 | 11.54 | 127.72 | 62.12 | 1.35 | 12.06 |
| #农村工业 | 18.62 | 2060.23 | 46.65 | 2.98 | 6.39 |
| 一、按登记注册类型分 | | | | | |
| 内资企业 | 11.60 | 137.45 | 62.47 | 1.38 | 11.34 |
| 国有企业 | 10.49 | 126.66 | 64.12 | 1.34 | 6.90 |
| 中央企业 | 9.15 | 113.35 | 63.12 | 1.19 | 2.71 |
| 地方企业 | 11.57 | 138.87 | 64.88 | 1.47 | 10.07 |
| 集体企业 | 17.46 | 1622.88 | 42.76 | 1.21 | 12.08 |
| 股份合作企业 | 9.40 | 95.61 | 65.97 | 1.46 | 7.93 |
| 联营企业 | 12.74 | 69.14 | 83.41 | 1.50 | 9.01 |
| 有限责任公司 | 8.17 | 147.54 | 71.89 | 1.22 | 5.34 |
| 国有独资公司 | 4.86 | 73.31 | 69.74 | 1.17 | 3.11 |
| 其他有限责任公司 | 10.69 | 296.51 | 72.84 | 1.23 | 6.06 |
| 股份有限公司 | 18.90 | 136.14 | 45.62 | 1.81 | 36.33 |
| 私营企业 | 14.70 | -2314.84 | 47.79 | 2.66 | 4.03 |
| 港、澳、台商投资企业 | 16.36 | 93.24 | 37.86 | 1.69 | 26.95 |
| 合资经营企业(港或澳、台资) | 10.76 | 113.36 | 48.14 | 2.04 | 9.52 |
| 合作经营企业(港或澳、台资) | 18.11 | 88.06 | 33.49 | 1.52 | 41.75 |
| 外商投资企业 | 30.07 | 293.30 | 58.95 | 1.23 | 18.66 |
| 中外合资经营企业 | 28.87 | 207.22 | 61.56 | 1.07 | 18.41 |
| 中外合作经营企业 | 39.26 | 1471.05 | 61.75 | 4.13 | 51.63 |
| 二、按经济组织类型分 | | | | | |
| 独资企业 | 10.73 | 133.00 | 63.48 | 1.35 | 7.08 |
| 国有企业 | 10.54 | 126.66 | 64.12 | 1.34 | 6.90 |
| 集体企业 | 17.46 | 1622.88 | 42.76 | 1.21 | 12.08 |
| 合作、合伙企业 | 18.44 | 101.94 | 47.98 | 1.65 | 32.92 |
| 股份合作企业 | 9.40 | 95.61 | 65.97 | 1.46 | 7.93 |
| 国有联营企业 | 11.66 | 53.12 | 86.00 | 1.45 | 8.10 |
| 合作经营企业(港或澳、台资) | 18.11 | 88.06 | 33.49 | 1.52 | 41.75 |
| 中外合作经营企业 | 39.26 | 1471.05 | 61.75 | 4.13 | 51.63 |
| 股份有限公司 | 18.72 | 136.23 | 45.63 | 1.81 | 36.27 |
| 有限责任公司 | 9.35 | 154.80 | 70.50 | 1.24 | 6.57 |
| 国有独资公司 | 4.86 | 73.31 | 69.74 | 1.17 | 3.11 |
| 私营有限责任公司 | 14.72 | -1968.93 | 43.41 | 3.11 | 3.91 |
| 合资经营企业(港或澳、台资) | 10.76 | 113.36 | 48.14 | 2.04 | 9.52 |
| 中外合资经营企业 | 28.87 | 207.22 | 61.56 | 1.07 | 18.41 |
| 其他有限责任公司 | 10.64 | 294.94 | 72.84 | 1.23 | 6.06 |

13-9 续表1 (2003年) 单位：%

| 指 标 | 总资产贡献率 | 资本保值增值率 | 资产负债率 | 流动资产周转率（次） | 成本费用利润率 |
|---|---|---|---|---|---|
| 三、按轻重工业分 | | | | | |
| 轻工业 | 17.38 | 140.86 | 57.60 | 1.27 | 9.97 |
| 重工业 | 11.26 | 137.44 | 62.61 | 1.40 | 12.25 |
| 四、按企业规模分 | | | | | |
| 大型企业 | 11.26 | 105.38 | 58.41 | 1.49 | 15.40 |
| 中型企业 | 14.10 | 382.59 | 67.51 | 1.24 | 6.91 |
| 五、按工业行业分 | | | | | |
| 煤炭开采和洗选业 | 9.53 | 175.12 | 56.86 | 1.46 | 6.64 |
| 石油和天然气开采业 | 25.58 | 151.95 | 48.01 | 3.22 | 53.09 |
| 黑色金属矿采选业 | 122.17 | 659.11 | 36.60 | 5.23 | 46.20 |
| 有色金属矿采选业 | 11.85 | 136.21 | 52.77 | 1.38 | 13.82 |
| 农副食品加工业 | 4.46 | 138.01 | 65.32 | 2.24 | 2.10 |
| 食品制造业 | 17.73 | 333.75 | 55.94 | 2.47 | 7.12 |
| 饮料制造业 | 21.55 | 130.22 | 61.58 | 1.50 | 12.64 |
| 烟草制品业 | 38.70 | 118.39 | 73.20 | 0.90 | 7.16 |
| 纺织业 | 3.69 | 144.92 | 59.23 | 1.64 | -0.49 |
| 纺织服装、鞋、帽制造业 | 12.22 | -45.73 | 59.41 | 1.77 | 4.59 |
| 皮革、毛皮、羽毛(绒)及其制品业 | 1.72 | 42.97 | 82.71 | 0.56 | 1.56 |
| 木材加工及木、竹、藤、棕、草制品业 | 5.51 | 64.82 | 66.56 | 2.48 | 2.65 |
| 造纸及纸制品业 | 7.77 | 118.20 | 63.45 | 3.24 | 4.45 |
| 印刷业和记录媒介的复制 | 16.08 | 170.46 | 38.65 | 1.43 | 19.31 |
| 石油加工、炼焦及核燃料加工业 | 28.34 | 154.86 | 64.20 | 4.19 | 8.76 |
| 化学原料及化学制品制造业 | 4.17 | 74.63 | 80.29 | 1.52 | 0.67 |
| 医药制造业 | 28.08 | 228.25 | 50.77 | 1.27 | 22.52 |
| 橡胶制品业 | 3.94 | 11.22 | 106.26 | 0.70 | 0.88 |
| 非金属矿物制品业 | 6.41 | 134.54 | 77.69 | 1.01 | 2.81 |
| 黑色金属冶炼及压延加工业 | 7.74 | 294.19 | 65.00 | 1.54 | 1.69 |
| 有色金属冶炼及压延加工业 | 9.92 | 164.58 | 64.00 | 1.17 | 4.78 |
| 金属制品业 | 6.14 | 130.21 | 68.62 | 0.74 | 2.63 |
| 通用设备制造业 | 8.94 | 122.32 | 69.29 | 0.86 | 8.66 |
| 专用设备制造业 | 6.14 | 114.94 | 68.53 | 0.90 | 3.88 |
| 交通运输设备制造业 | 5.51 | 127.24 | 68.05 | 0.91 | 4.89 |
| 电气机械及器材制造业 | 2.95 | 52.75 | 71.75 | 0.88 | 0.15 |
| 通信设备、计算机及其他电子设备制造业 | 10.40 | 530.77 | 59.30 | 0.80 | 6.04 |
| 仪器仪表及文化、办公用机械制造业 | 4.14 | 227.23 | 62.11 | 0.85 | -0.04 |
| 工艺品及其他制造业 | 10.57 | | 30.34 | 0.37 | 19.94 |
| 电力、热力的生产和供应业 | 7.39 | 122.67 | 67.17 | 1.92 | 4.16 |
| 燃气生产和供应业 | 6.17 | 129.38 | 58.48 | 1.60 | 4.25 |
| 水的生产和供应业 | 2.51 | 88.67 | 47.76 | 1.41 | 3.19 |

13-9 续表2 （2003年）

| 指 标 | 工业全员劳动生产率（元／人） | 工业产品销售率（%） | 产值利税率（%） | 每百元固定资产实现利税（元） | 每百元销售收入实现利税（元） |
|---|---|---|---|---|---|
| 总 计 | 72950 | 98.42 | 19.20 | 13.47 | 19.15 |
| #亏损企业 | 29987 | 98.03 | -2.73 | -1.00 | -2.51 |
| #国有控股企业 | 71774 | 98.59 | 19.70 | 12.95 | 19.51 |
| #农村工业 | 31168 | 99.47 | 10.75 | 17.66 | 10.08 |
| 一、按登记注册类型分 | | | | | |
| 内资企业 | 68418 | 98.49 | 19.02 | 12.95 | 18.69 |
| 国有企业 | 58624 | 99.31 | 18.50 | 12.11 | 17.62 |
| 中央企业 | 63922 | 98.60 | 19.30 | 11.10 | 16.37 |
| 地方企业 | 55545 | 99.74 | 18.03 | 12.85 | 18.52 |
| 集体企业 | 39584 | 96.06 | 13.20 | 27.93 | 16.01 |
| 股份合作企业 | 36120 | 100.78 | 16.13 | 11.30 | 16.03 |
| 联营企业 | 56989 | 92.00 | 15.59 | 10.53 | 17.30 |
| 有限责任公司 | 49934 | 96.96 | 11.09 | 8.42 | 11.01 |
| 国有独资公司 | 33168 | 98.14 | 9.33 | 4.48 | 9.52 |
| 其他有限责任公司 | 60519 | 96.59 | 11.65 | 10.82 | 11.47 |
| 股份有限公司 | 193423 | 99.40 | 32.26 | 19.10 | 32.81 |
| 私营企业 | 45797 | 93.43 | 6.15 | 14.98 | 6.58 |
| 港、澳、台商投资企业 | 216961 | 98.86 | 19.51 | 14.70 | 30.81 |
| 合资经营企业(港或澳、台资) | 178857 | 98.08 | 4.73 | 21.94 | 11.83 |
| 合作经营企业(港或澳、台资) | 339215 | 100.00 | 42.67 | 13.98 | 43.20 |
| 外商投资企业 | 302137 | 96.83 | 22.71 | 38.89 | 24.50 |
| 中外合资经营企业 | 321067 | 96.17 | 21.51 | 61.30 | 23.94 |
| 中外合作经营企业 | 509501 | 100.00 | 57.95 | 14.64 | 57.95 |
| 二、按经济组织类型分 | | | | | |
| 独资企业 | 58526 | 99.11 | 18.28 | 12.31 | 17.54 |
| 国有企业 | 58624 | 99.31 | 18.50 | 12.11 | 17.62 |
| 集体企业 | 39584 | 96.06 | 13.20 | 27.93 | 16.01 |
| 合作、合伙企业 | 116060 | 99.12 | 37.58 | 13.77 | 38.31 |
| 股份合作企业 | 36120 | 100.78 | 16.13 | 11.30 | 16.03 |
| 国有联营企业 | 62487 | 93.41 | 15.45 | 9.18 | 16.48 |
| 合作经营企业(港或澳、台资) | 339215 | 100.00 | 42.67 | 13.98 | 43.20 |
| 中外合作经营企业 | 509501 | 100.00 | 57.95 | 14.64 | 57.95 |
| 股份有限公司 | 191138 | 99.40 | 32.24 | 19.11 | 32.78 |
| 有限责任公司 | 59711 | 96.93 | 11.72 | 10.41 | 12.16 |
| 国有独资公司 | 33168 | 98.14 | 9.33 | 4.48 | 9.52 |
| 私营有限责任公司 | 52977 | 97.00 | 5.97 | 16.51 | 6.20 |
| 合资经营企业(港或澳、台资) | 178857 | 98.08 | 4.73 | 21.94 | 11.83 |
| 中外合资经营企业 | 321067 | 96.17 | 21.51 | 61.30 | 23.94 |
| 其他有限责任公司 | 60519 | 96.59 | 11.65 | 10.82 | 11.47 |

13-9 续表3

（2003年）

| 指 标 | 工业全员劳动生产率（元/人） | 工业产品销售率（%） | 产值利税率（%） | 每百元固定资产实现利税（元） | 每百元销售收入实现利税（元） |
|---|---|---|---|---|---|
| 三、按轻重工业分 | | | | | |
| 轻工业 | 69160 | 97.70 | 21.16 | 30.77 | 23.73 |
| 重工业 | 73918 | 98.58 | 18.77 | 11.83 | 18.28 |
| 四、按企业规模分 | | | | | |
| 大型企业 | 97056 | 99.27 | 21.83 | 13.82 | 21.47 |
| 中型企业 | 52085 | 97.15 | 15.21 | 12.78 | 15.52 |
| 五、按工业行业分 | | | | | |
| 煤炭开采和洗选业 | 31255 | 101.20 | 17.00 | 6.79 | 16.79 |
| 石油和天然气开采业 | 381335 | 99.78 | 39.79 | 19.02 | 42.83 |
| 黑色金属矿采选业 | 65673 | 100.00 | 75.65 | 467.22 | 37.95 |
| 有色金属矿采选业 | 58181 | 112.03 | 18.03 | 12.85 | 16.54 |
| 农副食品加工业 | 68196 | 95.89 | 2.46 | 6.54 | 2.48 |
| 食品制造业 | 101721 | 96.44 | 9.47 | 22.88 | 10.23 |
| 饮料制造业 | 108454 | 97.08 | 25.55 | 29.38 | 25.70 |
| 烟草制品业 | 382281 | 98.68 | 51.78 | 93.95 | 53.03 |
| 纺织业 | 16611 | 100.09 | 4.87 | 4.15 | 4.93 |
| 纺织服装、鞋、帽制造业 | 22925 | 119.73 | 11.32 | 36.42 | 9.43 |
| 皮革、毛皮、羽毛(绒)及其制品业 | 15499 | 98.65 | 3.36 | 2.78 | 3.37 |
| 木材加工及木、竹、藤、棕、草制品业 | 19550 | 100.20 | 7.20 | 5.02 | 6.24 |
| 造纸及纸制品业 | 20712 | 97.47 | 7.30 | 9.63 | 7.76 |
| 印刷业和记录媒介的复制 | 75178 | 98.72 | 25.59 | 19.68 | 23.68 |
| 石油加工、炼焦及核燃料加工业 | 193284 | 100.60 | 17.44 | 32.51 | 16.92 |
| 化学原料及化学制品制造业 | 31960 | 97.33 | 5.92 | 2.84 | 6.30 |
| 医药制造业 | 162558 | 96.76 | 25.93 | 58.09 | 27.38 |
| 橡胶制品业 | 22505 | 104.17 | 5.37 | 4.95 | 6.30 |
| 非金属矿物制品业 | 29820 | 97.60 | 10.02 | 6.22 | 10.97 |
| 黑色金属冶炼及压延加工业 | 63000 | 99.61 | 7.71 | 9.13 | 7.24 |
| 有色金属冶炼及压延加工业 | 49512 | 98.96 | 12.15 | 12.60 | 12.11 |
| 金属制品业 | 35700 | 97.35 | 9.66 | 7.47 | 10.76 |
| 通用设备制造业 | 55544 | 96.03 | 14.79 | 17.56 | 15.08 |
| 专用设备制造业 | 35590 | 96.35 | 9.73 | 7.45 | 9.47 |
| 交通运输设备制造业 | 41194 | 97.12 | 7.67 | 9.59 | 7.48 |
| 电气机械及器材制造业 | 46213 | 99.38 | 5.35 | 6.58 | 5.67 |
| 通信设备、计算机及其他电子设备制造业 | 66091 | 93.03 | 8.17 | 11.42 | 10.73 |
| 仪器仪表及文化、办公用机械制造业 | 34110 | 89.38 | 1.80 | 1.56 | 1.81 |
| 工艺品及其他制造业 | 161254 | 90.20 | 7.80 | 63.76 | 25.68 |
| 电力、热力的生产和供应业 | 106208 | 99.92 | 21.92 | 5.26 | 14.35 |
| 燃气生产和供应业 | 56821 | 121.62 | 11.18 | 4.86 | 10.26 |
| 水的生产和供应业 | 66448 | 100.00 | 10.60 | 2.62 | 10.60 |

# 13-10 八大工业支柱产业主要经济指标

（2003年） 单位：万元

| 行业 | 企业单位数（个） | #亏损企业 | 工业总产值 1990年不变价格 | 工业总产值 当年价格 | 工业销售产值（当年价） |
|---|---|---|---|---|---|
| 全省规模以上工业总计 | 2493 | 906 | 14975114 | 18792595 | 18339781 |
| 八大工业合计 | 2177 | 770 | 14453846 | 18183905 | 17749244 |
| 八大工业占全省比重(%) | 87.3 | 85.0 | 96.5 | 96.8 | 96.8 |
| 1. 电子及通信设备制造业 | 60 | 18 | 2518432 | 1319931 | 1232986 |
| 2. 能源化工工业 | 496 | 145 | 2762329 | 7174120 | 7137458 |
| 3. 装备制造工业 | 536 | 190 | 4893049 | 4420131 | 4255394 |
| 4. 医药制造业 | 161 | 58 | 967009 | 983220 | 922214 |
| 5. 食品工业 | 336 | 117 | 1324367 | 1748343 | 1695643 |
| 6. 纺织服装工业 | 122 | 65 | 544711 | 576173 | 571619 |
| 7. 非金属矿物制品业 | 265 | 111 | 409021 | 519157 | 495989 |
| 8. 有色冶金工业 | 201 | 66 | 1034929 | 1442831 | 1437943 |

| 行业 | 工业增加值（生产法） | 资产总计 | 流动资产小计 | #存货 | #产成品 |
|---|---|---|---|---|---|
| 全省规模以上工业总计 | 6743547 | 36727193 | 14878748 | 4088010 | 1446639 |
| 八大工业合计 | 6535634 | 35393310 | 14406928 | 3970501 | 1388878 |
| 八大工业占全省比重(%) | 96.9 | 96.4 | 96.8 | 97.1 | 96.0 |
| 1. 电子及通信设备制造业 | 319753 | 2180183 | 1346384 | 261951 | 81805 |
| 2. 能源化工工业 | 3037925 | 15666571 | 3689549 | 499834 | 171276 |
| 3. 装备制造工业 | 1332301 | 9239169 | 5478094 | 1896631 | 616820 |
| 4. 医药制造业 | 407953 | 1403103 | 772148 | 193959 | 112688 |
| 5. 食品工业 | 672913 | 2074044 | 1107796 | 469527 | 122185 |
| 6. 纺织服装工业 | 158714 | 1047035 | 410301 | 185980 | 100013 |
| 7. 非金属矿物制品业 | 181066 | 1290799 | 478005 | 136472 | 70838 |
| 8. 有色冶金工业 | 425010 | 2492406 | 1124652 | 326148 | 113254 |

13-10 续表1 （2003年） 单位：万元

| 行业 | 流动资产年平均余额 | 固定资产小计 | 固定资产原值 | 累计折旧 | #本年折旧 |
|---|---|---|---|---|---|
| 全省规模以上工业总计 | 13760491 | 18724193 | 25032122 | 8474603 | 1516930 |
| 八大工业合计 | 13293066 | 18085576 | 24192520 | 8182449 | 1474171 |
| 八大工业占全省比重(%) | 96.6 | 96.6 | 96.6 | 96.6 | 97.2 |
| 1. 电子及通信设备制造业 | 1317412 | 582934 | 946396 | 411178 | 32888 |
| 2. 能源化工工业 | 3256889 | 11139340 | 14942086 | 4718280 | 1033594 |
| 3. 装备制造工业 | 4987751 | 2956891 | 4044568 | 1620608 | 201030 |
| 4. 医药制造业 | 742076 | 466792 | 484068 | 123872 | 21078 |
| 5. 食品工业 | 1101630 | 763102 | 1005086 | 329790 | 54883 |
| 6. 纺织服装工业 | 405564 | 408667 | 649622 | 285063 | 30972 |
| 7. 非金属矿物制品业 | 457269 | 645804 | 785934 | 259110 | 38167 |
| 8. 有色冶金工业 | 1024475 | 1122045 | 1334761 | 434548 | 61560 |

| 行业 | 固定资产净值年平均余额 | 负债合计 | #流动负债小计 | #长期负债小计 | 所有者权益合计 |
|---|---|---|---|---|---|
| 全省规模以上工业总计 | 16018385 | 23482912 | 15183216 | 7908638 | 13067378 |
| 八大工业合计 | 15459877 | 22757112 | 14717066 | 7655689 | 12459349 |
| 八大工业占全省比重(%) | 96.5 | 96.9 | 96.9 | 96.8 | 95.3 |
| 1. 电子及通信设备制造业 | 516922 | 1320350 | 1014707 | 294309 | 847261 |
| 2. 能源化工工业 | 9827666 | 9305584 | 4266960 | 4853646 | 6215106 |
| 3. 装备制造工业 | 2298029 | 6479281 | 5221411 | 1190363 | 2754563 |
| 4. 医药制造业 | 360767 | 739008 | 600584 | 119967 | 651024 |
| 5. 食品工业 | 676330 | 1490609 | 1205872 | 247577 | 583436 |
| 6. 纺织服装工业 | 435523 | 824102 | 614203 | 166236 | 222934 |
| 7. 非金属矿物制品业 | 523854 | 974903 | 666504 | 295000 | 315896 |
| 8. 有色冶金工业 | 820785 | 1623275 | 1126825 | 488592 | 869131 |

13-10 续表2 （2003年） 单位：万元

| 行 业 | 产品销售收入 | 产品销售成本 | 产品销售费用 | 产品销售税金及附加 | 其他业务利润 |
|---|---|---|---|---|---|
| 全省规模以上工业总计 | 18433298 | 13608047 | 687886 | 500757 | 134576 |
| 八大工业合计 | 17892659 | 13192082 | 664525 | 494757 | 120408 |
| 八大工业占全省比重(%) | 97.1 | 96.9 | 96.6 | 98.8 | 89.5 |
| 1. 电子及通信设备制造业 | 1022243 | 788506 | 44201 | 8259 | 6487 |
| 2. 能源化工工业 | 7511853 | 5388925 | 80049 | 199746 | 39449 |
| 3. 装备制造工业 | 4374148 | 3414884 | 170413 | 34052 | 43806 |
| 4. 医药制造业 | 865245 | 478337 | 187100 | 5229 | 3219 |
| 5. 食品工业 | 1665094 | 1121821 | 116334 | 214288 | 7893 |
| 6. 纺织服装工业 | 535580 | 468643 | 13865 | 6789 | 3012 |
| 7. 非金属矿物制品业 | 461082 | 364091 | 22028 | 5821 | 3493 |
| 8. 有色冶金工业 | 1457415 | 1166876 | 30536 | 20573 | 13049 |

| 行 业 | 管理费用 | 利息支出 | 利润总额 | 利税总额 | 本年应交增值税 | 全部从业人员年平均人数（人） |
|---|---|---|---|---|---|---|
| 全省规模以上工业总计 | 1525870 | 483756 | 1586176 | 3105749 | 1018816 | 1121236 |
| 八大工业合计 | 1471225 | 469960 | 1560285 | 3045402 | 990360 | 1058802 |
| 八大工业占全省比重(%) | 96.4 | 97.2 | 98.4 | 98.1 | 97.2 | 94.4 |
| 1. 电子及通信设备制造业 | 104683 | 28611 | 53540 | 105131 | 43332 | 50452 |
| 2. 能源化工工业 | 435472 | 194458 | 1142369 | 1872717 | 530602 | 299211 |
| 3. 装备制造工业 | 534840 | 118648 | 150522 | 344343 | 159769 | 341144 |
| 4. 医药制造业 | 59464 | 16787 | 117610 | 184159 | 61320 | 36273 |
| 5. 食品工业 | 91627 | 34969 | 53925 | 350036 | 81824 | 71156 |
| 6. 纺织服装工业 | 48799 | 18747 | -19919 | 9347 | 22478 | 105521 |
| 7. 非金属矿物制品业 | 49060 | 22567 | 1242 | 35524 | 28461 | 72235 |
| 8. 有色冶金工业 | 147281 | 35172 | 60997 | 144145 | 62574 | 82810 |

# 13-11 主要工业产品产量

（2003年）

| 产品名称 | 单位 | 产量 | 产品名称 | 单位 | 产量 |
|---|---|---|---|---|---|
| 原煤 | 万吨 | 7392.76 | 机制纸板 | 万吨 | 9.46 |
| 洗精煤 | 万吨 | 194.08 | 原油加工量 | 万吨 | 860.23 |
| 原油 | 万吨 | 1267.25 | 汽油 | 万吨 | 229.59 |
| 天然气（油田天然气） | 亿立方米 | 51.85 | 煤油 | 万吨 | 6.87 |
| 铁矿石原矿量 | 万吨 | 114.07 | 柴油 | 万吨 | 358.03 |
| 钼精矿折合量 | 吨 | 29684 | 润滑油 | 万吨 | 0.35 |
| 硫铁矿生产量 | 万吨 | 67.85 | 燃料油 | 万吨 | 103.93 |
| 磷矿石生产量 | 万吨 | 7.71 | 液化气 | 万吨 | 49.93 |
| 原盐 | 万吨 | 10.00 | 焦炭 | 万吨 | 309.88 |
| 精炼食用植物油 | 吨 | 119127 | 硫酸 | 万吨 | 67.30 |
| 乳制品 | 吨 | 122971 | 盐酸 | 万吨 | 8.25 |
| 罐头 | 吨 | 2531 | 氢氧化钠（烧碱） | 万吨 | 9.70 |
| 白酒 | 吨 | 31371 | 无水碳酸钠（纯碱） | 万吨 | 15.95 |
| 啤酒 | 吨 | 537171 | 电石（折合量） | 万吨 | 32.12 |
| 卷烟 | 万箱 | 110.86 | 合成氨 | 万吨 | 129.99 |
| 纱 | 万吨 | 17.99 | 农用化肥（折纯） | 万吨 | 103.63 |
| 布 | 万米 | 74006.89 | 氮肥 | 万吨 | 86.33 |
| 印染布 | 万米 | 7203.16 | 磷肥 | 万吨 | 17.30 |
| 棉布 | 万米 | 49179.11 | 化学农药 | 吨 | 553.04 |
| 呢绒 | 万米 | 26.92 | 油漆 | 吨 | 33379.57 |
| 服装 | 万件 | 1322.52 | 肥皂 | 吨 | 16312 |
| 丝 | 吨 | 1287.24 | 合成洗涤剂 | 吨 | 61739 |
| 丝织品 | 万米 | 252.35 | 牙膏 | 万支 | 867.00 |
| 锯材 | 万立方米 | 0.54 | 化学原料药 | 吨 | 2163.87 |
| 人造板 | 万立方米 | 10.35 | 家具 | 万件 | 10.69 |
| 机制纸及纸板 | 万吨 | 31.75 | 水泥 | 万吨 | 1534.39 |
| 机制纸 | 万吨 | 22.30 | 砖 | 亿块 | 2.01 |

13-11 续表 （2003年）

| 产品名称 | 单位 | 产量 | 产品名称 | 单位 | 产量 |
|---|---|---|---|---|---|
| 瓦 | 万片 | 1575.82 | 风机 | 台 | 3016 |
| 油毡 | 万卷 | 18.35 | 矿山设备 | 吨 | 4035 |
| 平板玻璃 | 万重量箱 | 311.85 | 金属轧制设备 | 吨 | 14015.45 |
| 日用陶瓷 | 万件 | 228.15 | 石油钻采设备 | 吨 | 43530.60 |
| 玻璃纤维纱 | 吨 | 5858 | 轴承 | 万套 | 394.11 |
| 生铁 | 万吨 | 162.68 | 小型拖拉机 | 台 | 781 |
| 钢 | 万吨 | 173.93 | 汽车 | 辆 | 42709 |
| 成品钢材 | 万吨 | 131.94 | 摩托车 | 辆 | 62461 |
| 铁合金 | 万吨 | 3.90 | 自行车 | 辆 | 33690 |
| 铜 | 吨 | 38 | 交流电动机 | 万千瓦 | 291.11 |
| 铝 | 吨 | 65526 | 变压器 | 万千伏安 | 2223.40 |
| 锌 | 吨 | 145382 | 家用洗衣机 | 万台 | 8.00 |
| 铅 | 吨 | 21066 | 家用电冰箱 | 万台 | 17.33 |
| 工业锅炉 | 蒸发量吨 | 1909.75 | 房间空调器 | 万台 | 0.09 |
| 泵 | 台 | 9883 | 空调器用压缩机 | 万台 | 277.86 |
| 内燃机 | 万千瓦 | 8.58 | 灯泡 | 万只 | 11562.05 |
| 金属切削机床 | 台 | 7394 | 程控交换机 | 万线 | 90.58 |
| #数控机床 | 台 | 2193 | 微型电子计算机 | 部 | 21523 |
| 高精度机床 | 台 | 536 | 彩色显象管 | 万只 | 1131.89 |
| 大型机床 | 台 | 348 | 电视机 | 万部 | 136.23 |
| 锻压设备 | 吨 | 2194 | #彩色电视机 | 万部 | 136.23 |
| 起重设备 | 吨 | 567 | 收音机 | 万部 | 7.00 |
| 叉车 | 台 | 2786 | 自动化仪表及系统 | 万台（套） | 20.85 |
| 铁路货车 | 辆 | 3297 | 发电量 | 亿千瓦小时 | 411.21 |
| 中成药 | 吨 | 4355.13 | 火电 | 亿千瓦小时 | 367.57 |
| 化学纤维 | 吨 | 12985 | 水电 | 亿千瓦小时 | 43.64 |
| 塑料制品 | 万吨 | 2.22 | | | |

# 13-12 主要工业产品生产能力

（2003年）

| 产 品 名 称 | 单 位 | 生产能力 | 产 品 名 称 | 单 位 | 生产能力 |
|---|---|---|---|---|---|
| 铁矿石开采 | 万 吨 | 172.50 | 金属切削机床 | 台 | 6349 |
| 铁矿选矿处理能力 | 万 吨 | 233.00 | 塑 料 | 万 吨 | 4.39 |
| 炼 铁 | 万 吨 | 277.00 | 化学农药 | 吨 | 6500 |
| 炼 钢 | 万 吨 | 373.75 | 重型汽车 | 辆 | 15000 |
| 钢 材 | 万 吨 | 185.05 | 手扶拖拉机 | 辆 | 40000 |
| 铁合金 | 万 吨 | 5.35 | 化学纤维 | 吨 | 35500 |
| 铅锌矿采矿 | 万 吨 | 68 | 机制纸及纸板 | 万 吨 | 135 |
| 铅锌矿选矿处理能力 | 万 吨 | 84 | 缝纫机（按两班） | 万 架 | 71.18 |
| 钼精矿采矿 | 万 吨 | 756 | 程控交换机 | 万 线 | 300 |
| 钼精矿选矿能力 | 万 吨 | 756 | 移动通信手机 | 万 部 | 60 |
| 电解铜 | 吨 | 2000 | 水 泥 | 万 吨 | 2026 |
| 电解铝 | 吨 | 111000 | 日用搪瓷制品 | 吨 | 5400 |
| 发电设备装机容量 | 万千瓦 | 819.77 | 合成洗涤剂 | 万 吨 | 8.53 |
| 水 电 | 万千瓦 | 146.23 | 原 盐 | 万 吨 | 11.79 |
| 火 电 | 万千瓦 | 673.54 | 卷 烟（按两班） | 万 箱 | 175.96 |
| 6000千瓦及以上电厂 | 万千瓦 | 776.27 | 工业锅炉 | 蒸 吨 | 9939 |
| #火 电 | 万千瓦 | 650.15 | 内燃机 | 万千瓦 | 147.62 |
| 原煤开采 | 处一万吨 | 112-3704 | 交整流电动机 | 万千瓦 | 333 |
| 机 焦 | 万 吨 | 175 | 印染布 | 万 米 | 50632 |
| 原油开采 | 万 吨 | 970 | 电视机 | 万 部 | 200 |
| 原油加工 | 万 吨 | 940 | #彩色电视机 | 万 部 | 190 |
| 硫 酸 | 万 吨 | 65 | 彩色显像管 | 万 只 | 1000 |
| 纯 碱 | 万 吨 | 13 | 家用洗衣机 | 万 台 | 29 |
| 烧 碱 | 万 吨 | 9 | 轮胎外胎 | 万 条 | 42 |
| 农用化肥 | 万 吨 | 119 | 油 漆 | 万 吨 | 8 |
| 氮 肥 | 万 吨 | 101 | 合成氨 | 万 吨 | 147 |
| 磷 肥 | 万 吨 | 18 | 微型计算机 | 万 台 | 40 |

# 13-13 各市规模以上工业企业单位数

（2003年） 单位：个

| 地 区 | 单位数 | 国有经济 | 集体经济 | 其他经济类 型 | 轻工业 | 重工业 |
|---|---|---|---|---|---|---|
| 全 省 | 2493 | 1235 | 358 | 900 | 987 | 1506 |
| 关 中 | 1802 | 834 | 295 | 673 | 737 | 1065 |
| 西安市 | 736 | 304 | 148 | 284 | 295 | 441 |
| 铜川市 | 94 | 48 | 20 | 26 | 29 | 65 |
| 宝鸡市 | 332 | 162 | 58 | 112 | 139 | 193 |
| 咸阳市 | 333 | 175 | 38 | 120 | 158 | 175 |
| 渭南市 | 268 | 127 | 30 | 111 | 94 | 174 |
| 杨凌示范区 | 39 | 18 | 1 | 20 | 22 | 17 |
| 陕 南 | 459 | 223 | 43 | 193 | 175 | 284 |
| 汉中市 | 235 | 119 | 20 | 96 | 88 | 147 |
| 安康市 | 132 | 64 | 12 | 56 | 58 | 74 |
| 商洛市 | 92 | 40 | 11 | 41 | 29 | 63 |
| 陕 北 | 231 | 177 | 20 | 34 | 75 | 156 |
| 延安市 | 97 | 88 | 9 |  | 33 | 64 |
| 榆林市 | 134 | 89 | 11 | 34 | 42 | 92 |

# 13-14 各市规模以上工业企业总产值

（2003年） 单位：万元

| 地 区 | 总产值 | 国有经济 | 集体经济 | 其他经济类 型 | 轻工业 | 重工业 |
|---|---|---|---|---|---|---|
| 全 省 | 18792595 | 13920630 | 802525 | 4069440 | 4314879 | 14477716 |
| 关 中 | 12667359 | 8565922 | 682192 | 3419245 | 3757858 | 8909503 |
| 西安市 | 6476518 | 4628155 | 333486 | 1514877 | 1846898 | 4629620 |
| 铜川市 | 421318 | 335908 | 28420 | 56990 | 48290 | 373029 |
| 宝鸡市 | 2037852 | 1507871 | 132950 | 397031 | 715248 | 1322604 |
| 咸阳市 | 1924897 | 1307856 | 123081 | 493960 | 754589 | 1170308 |
| 渭南市 | 1688703 | 764484 | 63017 | 861202 | 300134 | 1388570 |
| 杨凌示范区 | 118071 | 21648 | 1238 | 95185 | 92699 | 25372 |
| 陕 南 | 1450475 | 865841 | 66794 | 517840 | 424969 | 1025506 |
| 汉中市 | 1021822 | 661785 | 38644 | 321393 | 260389 | 761433 |
| 安康市 | 272245 | 141393 | 10865 | 119987 | 116423 | 155822 |
| 商洛市 | 156408 | 62663 | 17285 | 76460 | 48157 | 108251 |
| 陕 北 | 2816597 | 2668236 | 53539 | 94822 | 132053 | 2684543 |
| 延安市 | 1917635 | 1899180 | 18455 |  | 101702 | 1815931 |
| 榆林市 | 898962 | 769056 | 35084 | 94822 | 30351 | 868612 |

# 13-15 各市规模以上工业企业工业增加值

（2003年）

单位：万元

| 地 区 | 增加值 | 国有经济 | 集体经济 | 其他经济类型 | 轻工业 | 重工业 |
|---|---|---|---|---|---|---|
| 全 省 | 6743547 | 5088386 | 269339 | 1385822 | 1563586 | 5179961 |
| 关 中 | 4142906 | 2724777 | 228762 | 1189367 | 1353898 | 2789008 |
| 西安市 | 2025678 | 1366562 | 99919 | 559197 | 668935 | 1356744 |
| 铜川市 | 153580 | 119330 | 10941 | 23309 | 17712 | 135868 |
| 宝鸡市 | 784220 | 594900 | 49665 | 139655 | 329013 | 455207 |
| 咸阳市 | 581515 | 346751 | 44213 | 190551 | 220121 | 361394 |
| 渭南市 | 566345 | 293046 | 23647 | 249652 | 93160 | 473184 |
| 杨凌示范区 | 31568 | 4188 | 377 | 27003 | 24957 | 6611 |
| 陕 南 | 468190 | 288265 | 20740 | 159185 | 148940 | 319250 |
| 汉中市 | 312957 | 214379 | 11460 | 87118 | 89339 | 223618 |
| 安康市 | 112236 | 59715 | 3257 | 49264 | 43780 | 68456 |
| 商洛市 | 42997 | 14171 | 6023 | 22803 | 15821 | 27176 |
| 陕 北 | 1054696 | 1003298 | 19481 | 31917 | 60616 | 994080 |
| 延安市 | 724587 | 716104 | 8483 |  | 56951 | 667636 |
| 榆林市 | 330109 | 287194 | 10998 | 31917 | 3665 | 326444 |

# 13-16 各市规模以上工业企业资产总计

（2003年）

单位：万元

| 地 区 | 资产总计 | 国有经济 | 集体经济 | 其他经济类型 | 轻工业 | 重工业 |
|---|---|---|---|---|---|---|
| 全 省 | 36727193 | 29713826 | 1089147 | 5924220 | 6242879 | 30484314 |
| 关 中 | 25240876 | 19332368 | 917476 | 4991032 | 5283796 | 19957081 |
| 西安市 | 12631310 | 10040366 | 491752 | 2099192 | 2774698 | 9856612 |
| 铜川市 | 1187532 | 1044643 | 67054 | 75835 | 81287 | 1106246 |
| 宝鸡市 | 4289565 | 3549611 | 160519 | 579435 | 1075964 | 3213601 |
| 咸阳市 | 3278160 | 2416288 | 132235 | 729637 | 850165 | 2427995 |
| 渭南市 | 3634050 | 2231972 | 64435 | 1337643 | 382157 | 3251893 |
| 杨凌示范区 | 220259 | 49488 | 1481 | 169290 | 119525 | 100734 |
| 陕 南 | 3250722 | 2384955 | 120871 | 744896 | 703138 | 2547584 |
| 汉中市 | 2192257 | 1637607 | 66566 | 488084 | 437878 | 1754379 |
| 安康市 | 729421 | 544077 | 15750 | 169594 | 194616 | 534805 |
| 商洛市 | 329044 | 203271 | 38555 | 87218 | 70644 | 258400 |
| 陕 北 | 4449467 | 4260120 | 50801 | 138546 | 255945 | 4193522 |
| 延安市 | 2439537 | 2422191 | 17346 |  | 139395 | 2300142 |
| 榆林市 | 2009930 | 1837929 | 33455 | 138546 | 116550 | 1893380 |

## 13-17 各市规模以上工业企业负债总计

(2003年)

单位：万元

| 地 区 | 负债总计 | 国有经济 | 集体经济 | 其他经济类型 | 轻工业 | 重工业 |
|---|---|---|---|---|---|---|
| 全 省 | 23482912 | 19165682 | 657930 | 3659300 | 4053541 | 19429371 |
| 关 中 | 16669005 | 13042638 | 539461 | 3086906 | 3248400 | 13420604 |
| 西安市 | 7942389 | 6530565 | 268267 | 1143557 | 1546720 | 6395669 |
| 铜川市 | 626806 | 523896 | 55938 | 46972 | 52366 | 574440 |
| 宝鸡市 | 3123017 | 2668542 | 95837 | 358638 | 709971 | 2413046 |
| 咸阳市 | 2128779 | 1680632 | 80943 | 367204 | 585490 | 1543289 |
| 渭南市 | 2731002 | 1602342 | 37286 | 1091374 | 297495 | 2433506 |
| 杨凌示范区 | 117012 | 36661 | 1190 | 79161 | 56358 | 60654 |
| 陕 南 | 2347712 | 1807718 | 80671 | 459323 | 545963 | 1801749 |
| 汉中市 | 1631766 | 1286189 | 49817 | 295760 | 349059 | 1282707 |
| 安康市 | 446769 | 330292 | 11739 | 104738 | 156646 | 290123 |
| 商洛市 | 269177 | 191237 | 19115 | 58825 | 40258 | 228919 |
| 陕 北 | 2865561 | 2746310 | 37799 | 81452 | 259176 | 2606385 |
| 延安市 | 1520828 | 1507552 | 13276 |  | 98216 | 1422612 |
| 榆林市 | 1344733 | 1238758 | 24523 | 81452 | 160960 | 1183773 |

## 13-18 各市规模以上工业企业产品销售收入

(2003年)

单位：万元

| 地 区 | 产品销售收入 | 国有经济 | 集体经济 | 其他经济类型 | 轻工业 | 重工业 |
|---|---|---|---|---|---|---|
| 全 省 | 18433298 | 13890535 | 698953 | 3843810 | 3804576 | 14628722 |
| 关 中 | 12501247 | 8655903 | 591618 | 3253726 | 3317830 | 9183416 |
| 西安市 | 6359648 | 4647525 | 259478 | 1452645 | 1731297 | 4628351 |
| 铜川市 | 374845 | 316931 | 23205 | 34709 | 23928 | 350917 |
| 宝鸡市 | 2143222 | 1632605 | 127415 | 383202 | 656594 | 1486627 |
| 咸阳市 | 1823186 | 1252151 | 120721 | 450314 | 564894 | 1258292 |
| 渭南市 | 1689778 | 786630 | 59409 | 843739 | 258712 | 1431067 |
| 杨凌示范区 | 110568 | 20061 | 1390 | 89117 | 82405 | 28162 |
| 陕 南 | 1364232 | 846484 | 60147 | 457601 | 364438 | 999795 |
| 汉中市 | 982854 | 648370 | 34020 | 300464 | 233846 | 749008 |
| 安康市 | 239546 | 127575 | 9623 | 102348 | 99385 | 140161 |
| 商洛市 | 141832 | 70539 | 16504 | 54789 | 31207 | 110626 |
| 陕 北 | 2692451 | 2556239 | 47189 | 89023 | 122308 | 2570142 |
| 延安市 | 1716617 | 1703184 | 13433 |  | 94611 | 1622005 |
| 榆林市 | 975834 | 853055 | 33756 | 89023 | 27697 | 948137 |

## 13-19 各市规模以上工业企业利润总额

(2003年)

单位：万元

| 地 区 | 利润总额 | 国有经济 | 集体经济 | 其他经济类型 | 轻工业 | 重工业 |
|---|---|---|---|---|---|---|
| 全 省 | 1586176 | 1281485 | 34063 | 270628 | 185051 | 1401125 |
| 关 中 | 572057 | 299614 | 29580 | 242863 | 191883 | 380172 |
| 西安市 | 369686 | 225161 | 12137 | 132388 | 160219 | 209467 |
| 铜川市 | 4859 | 4661 | -182 | 380 | -234 | 5093 |
| 宝鸡市 | 43348 | 28947 | 5199 | 9202 | 12427 | 30920 |
| 咸阳市 | 94970 | 28955 | 7489 | 58526 | 7995 | 86975 |
| 渭南市 | 47787 | 14011 | 4926 | 28850 | 147 | 47639 |
| 杨凌示范区 | 11407 | -2121 | 11 | 13517 | 11329 | 78 |
| 陕 南 | -7800 | -20723 | 1086 | 11837 | 1999 | -9800 |
| 汉中市 | -13474 | -18251 | 717 | 4060 | 1625 | -15099 |
| 安康市 | -6083 | -12443 | -3 | 6363 | -77 | -6007 |
| 商洛市 | 11757 | 9971 | 372 | 1414 | 451 | 11306 |
| 陕 北 | 354067 | 341662 | 3385 | 9020 | -8831 | 362898 |
| 延安市 | 285889 | 286121 | -232 |  | -1400 | 287289 |
| 榆林市 | 68178 | 55541 | 3617 | 9020 | -7431 | 75609 |

## 13-20 各市规模以上工业企业职工年平均人数

(2003年)

单位：人

| 地 区 | 职工年平均人数 | 国有经济 | 集体经济 | 其他经济类型 | 轻工业 | 重工业 |
|---|---|---|---|---|---|---|
| 全 省 | 1121236 | 838989 | 80076 | 202171 | 296613 | 824623 |
| 关 中 | 892630 | 670058 | 66685 | 155887 | 257862 | 634768 |
| 西安市 | 365951 | 287106 | 26376 | 52469 | 104562 | 261389 |
| 铜川市 | 61346 | 52044 | 4083 | 5219 | 6291 | 55055 |
| 宝鸡市 | 173721 | 123271 | 13133 | 37317 | 58869 | 114852 |
| 咸阳市 | 154424 | 113779 | 18111 | 22534 | 62158 | 92266 |
| 渭南市 | 133179 | 92914 | 4957 | 35308 | 23328 | 109851 |
| 杨凌示范区 | 4009 | 944 | 25 | 3040 | 2654 | 1355 |
| 陕 南 | 130957 | 81099 | 9729 | 40129 | 27941 | 103016 |
| 汉中市 | 92051 | 60215 | 5265 | 26571 | 15779 | 76272 |
| 安康市 | 22011 | 12440 | 1852 | 7719 | 8542 | 13469 |
| 商洛市 | 16895 | 8444 | 2612 | 5839 | 3620 | 13275 |
| 陕 北 | 85444 | 75051 | 3475 | 6918 | 10810 | 74634 |
| 延安市 | 44711 | 43425 | 1286 |  | 3862 | 40849 |
| 榆林市 | 40733 | 31626 | 2189 | 6918 | 6948 | 33785 |

## 13-21 各市大中型工业企业单位数和工业总产值

(2003年)

| 地 区 | 企业数(个) | 大型企业 | 中型企业 | 总产值(万元) | 大型企业 | 中型企业 |
|---|---|---|---|---|---|---|
| 全 省 | 420 | 64 | 356 | 15256901 | 9181307 | 6075594 |
| 关 中 | 328 | 53 | 275 | 9930100 | 5334227 | 4595873 |
| 西安市 | 127 | 25 | 102 | 5219159 | 2911821 | 2307338 |
| 铜川市 | 15 | 3 | 12 | 315449 | 229080 | 86369 |
| 宝鸡市 | 79 | 10 | 69 | 1572461 | 773383 | 799078 |
| 咸阳市 | 60 | 5 | 55 | 1498102 | 627027 | 871075 |
| 渭南市 | 45 | 10 | 35 | 1276431 | 792916 | 483515 |
| 杨凌示范区 | 2 |  | 2 | 48498 |  | 48498 |
| 陕 南 | 57 | 4 | 53 | 942151 | 294441 | 647710 |
| 汉中市 | 41 | 4 | 37 | 769261 | 294441 | 474820 |
| 安康市 | 9 |  | 9 | 117171 |  | 117171 |
| 商洛市 | 7 |  | 7 | 55719 |  | 55719 |
| 陕 北 | 34 | 6 | 28 | 2526485 | 1694475 | 832010 |
| 延安市 | 17 | 3 | 14 | 1805660 | 1353227 | 452433 |
| 榆林市 | 17 | 3 | 14 | 720825 | 341248 | 379577 |

## 13-22 各市大中型工业企业工业增加值和资产总计

(2003年) 单位：万元

| 地 区 | 增加值 | 大型企业 | 中型企业 | 资产总计 | 大型企业 | 中型企业 |
|---|---|---|---|---|---|---|
| 全 省 | 5554469 | 3428642 | 2125827 | 30453103 | 18501530 | 11951573 |
| 关 中 | 3216188 | 1675342 | 1540846 | 20430972 | 11775863 | 8655109 |
| 西安市 | 1588399 | 824391 | 764008 | 10499071 | 6012622 | 4486449 |
| 铜川市 | 112443 | 77677 | 34766 | 880649 | 627864 | 252785 |
| 宝鸡市 | 620924 | 330578 | 290346 | 3509441 | 1913319 | 1596122 |
| 咸阳市 | 440482 | 166371 | 274111 | 2507854 | 1056136 | 1451718 |
| 渭南市 | 441729 | 276325 | 165404 | 2954123 | 2165922 | 788201 |
| 杨凌示范区 | 12211 |  | 12211 | 79834 |  | 79834 |
| 陕 南 | 301025 | 70236 | 230789 | 2319901 | 771406 | 1548495 |
| 汉中市 | 234368 | 70236 | 164132 | 1691069 | 771406 | 919663 |
| 安康市 | 53543 |  | 53543 | 444182 |  | 444182 |
| 商洛市 | 13114 |  | 13114 | 184650 |  | 184650 |
| 陕 北 | 959990 | 605797 | 354193 | 3916101 | 2168133 | 1747968 |
| 延安市 | 685696 | 448325 | 237371 | 2231768 | 1175573 | 1056195 |
| 榆林市 | 274294 | 157472 | 116822 | 1684333 | 992560 | 691773 |

# 主要统计指标解释

**工业** 指从事自然资源的开采，对采掘品和农产品进行加工和再加工的物质生产部门。具体包括：(1)对自然资源的开采，如采矿、晒盐、森林采伐等(但不包括禽兽捕猎和水产捕捞)；(2)对农副产品的加工、再加工，如粮油加工、食品加工、轧花、缫丝、纺织、制革等；(3)对采掘品的加工、再加工，如炼铁、炼钢、化工生产、石油加工、机器制造、木材加工等，以及电力、自来水、煤气的生产和供应等；(4)对工业品的修理、翻新，如机器设备的修理、交通运输工具(包括小卧车)的修理等。

**轻、重工业** 轻工业指主要提供生活消费品和制作手工工具的工业，重工业指为国民经济各部门提供物质技术基础的主要生产资料的工业。

**规模以上工业企业** 指全部国有及年产品销售收入500万元及以上的非国有工业企业。

**国有及国有控股企业** 指国有企业加上国有控股企业。国有企业(即过去的全民所有制工业或国营工业)是指企业全部资产归国家所有，并按《中华人民共和国企业法人登记管理条例》规定登记注册的非公司制的经济组织。包括国有企业、国有独资公司和国有联营企业。1957年以前的公私合营和私营工业，后均改造为国营工业，1992年改为国有工业，这部分工业的资料不单独分列时，均包括在国有企业内。国有控股企业是对混合所有制经济的企业进行的“国有控股”分类。它是指这些企业的全部资产中国有资产(股份)相对其他所有者中的任何一个所有者占资(股)最多的企业。该分组反映了国有经济控股情况。

**大、中、小型企业** 以从业人员数、销售额(工业企业以产品销售收入代替)和资产总额三项指标为划分依据。工业企业规模的具体划分标准是：

大型：从业人员2000人及以上、销售额30000万元及以上、资产总额40000万元及以上。

中型：从业人员300–2000人以下、销售额3000–30000万元以下、资产总额4000–40000万元以下。

小型：从业人员300人以下、销售额3000万元以下、资产总额4000万元以下。

**工业总产值** 是以货币表现的工业企业在一定时期内生产的已出售或可供出售工业产品总量，它反映一定时间内工业生产的总规模和总水平。它包括：在本企业内不再进行加工，经检验、包装入库(规定不需包装的产品除外)的成品价值，对外加工费收入，自制半成品、在产品期末初差额价值。工业总产值采用“工厂法”计算，即以工业企业作为一个整体，按企业工业生产活动的最终成果来计算，企业内部不允许重复计算，不能把企业内部各个车间(分厂)生产的成果相加。但在企业之间、行业之间、地区之间存在着重复计算。

轻重工业总产值的划分也是按“工厂法”计算的，即一个工业企业在正常情况下生产的主要产品的性质属于轻工业，则该企业的全部总产值作为轻工业总产值，如它的主要产品的性质属于重工业，则该企业的全部总产值作为重工业总产值。

**工业增加值** 指工业行业在报告期内以货币表现的工业生产活动的最终成果。

**资产总计** 指企业拥有或控制的能以货币计量的经济资源。包括各种财产、债权和其他权利。资产按其流动性划分为流动资产、长期投资、固定资产、无形及递延资产和其他资产。

(1)流动资产 指企业可以在一年内或者超过一年的一个生产周期内变现或耗用的资产合计。包括现金及各种存款、短期投资、应收及预付款项、存货等。

(2)固定资产 指企业固定资产净值、固定资产清理、在建工程、待处理固定资产损失所占用的资金合计。

(3)无形资产 指企业长期使用而没有实物形态的资产。包括专利权、非专利技术、商标权、著作权、土地使用权、商誉等。

**负债合计** 指企业承担的能以货币计量，将以资产或劳务偿付的债务。负债一般按偿还期长短分为流动负债和长期负债、递延税项等。

(1)流动负债合计 指企业在一年内或者超过一年的一个营业周期内需要偿还的债务，包括短期负债、应付及预收款项、应付工资、应交税金和应交利润等。

(2)长期负债合计 指企业在一年以上或者超过一年的一个营业周期以上需要偿还的债务，它是除了投资人投入企业的资本以外，企业向债权人筹集、可供企业长期使用的资金，是企业必须以资产或劳务偿还的经济责任，包括长期借款、应付债务、长期应付款项等。

**所有者权益** 指企业投资人对企业净资产的所有权。企业净资产等于企业全部资产减去全部负债后的余额，包括投资者对企业的最初投入的实际到位的资产及资本公积金、盈余公积金和未分配利润。所有者权益合计数小于零，表示企业资不抵债。

**固定资产原价** 指企业在建造、购置、安装、改建、扩建、技术改造某项固定资产时所支出的全部货币总额。它一般包括买价、包装费、运杂费和安装费等。

**固定资产净值年平均余额** 指固定资产净值在报告期内余额的平均数。

固定资产净值指固定资产原价减去历年已提折旧额后的净额。

**流动资产** 指可以在一年或者超过一年的一个营业周期内变现或者耗用的资产，包括现金及各种存款、短期投资、应收及预付货款、存货等。

**产品销售收入** 指企业在报告期内生产的成品、自制半成品和工业性劳务取得的收入。

**产品销售成本** 指企业在报告期内销售本企业生产的成品、自制半成品和工业性劳务等的实际成本。

**产品销售税金及附加** 指企业在报告期内销售产品、提供劳务等主要经营业务应负担的城市维护建设税、消费税、资源税和教育费附加等。

**产品销售利润** 指企业销售产品、提供的劳务等主要经营业务收入扣除其成本、费用、税金的利润。

**利润总额** 指企业生产经营活动的最终成果，是企业在一定时期内实现的盈亏相抵后的利润总额（亏损以"-"号表示），它等于营业利润加上补贴收入加上投资收益加上营业外净收入再加上以前年度损益调整。

**总资产贡献率** 反映企业全部资产的获利能力，是企业经营业绩和管理水平的集中体现，是评价和考核企业盈利能力的核心指标。计算公式为:

总资产贡献率(%) = (利润总额 + 税金总额 + 利息支出)/平均资产总额 × 100%

**资产负债率** 该指标既反映企业经营风险的大小，也反映企业利用债权人提供的资金从事经营活动的能力。计算公式为:

资产负债率(%) = 负债总额/资产总额 × 100%

**成本费用利润率** 指一定时期内实现的利润与成本费用之比，是反映企业投入的生产成本及费用的经济效益，同时也反映企业降低成本所取得的经济效益。计算公式为:

成本费用利润率(%) = 利润总额/成本费用总额 × 100%

**工业增加值率** 指在一定时期内工业增加值占同期工业总产值的比重，反映降低中间消耗的经济效益。计算公式为:

工业增加值率(%) = 工业增加值(现价)/工业总产值(现价) × 100%

**流动资产周转次数** 指一定时期内流动资产完成的周转次数，反映投入工业企业流动资产的周转速度。计算公式为:

流动资金周转次数 = 产品销售收入/全部流动资产平均余额

**产品销售率** 该指标反映工业产品已实现销售的程度，是分析工业产销衔接情况、研究工业产品满足社会需求程度的指标。计算公式为:

产品销售率(%) = 工业销售产值/工业总产值(现价) × 100%

**全员劳动生产率** 该指标反映企业的生产效率和劳动投入的经济效益。计算公式为:

全员劳动生产率 = 工业增加值/全部从业人员平均人数

# 14 建筑业

JIANZHUYE

资料整理　梁玉萍

*************************************************************************

# 14. 建筑业

*************************************************************************

2003 年全省具有建筑业资质等级的建筑施工企业

| | | |
|---|---|---|
| 企业个数 | 780 | 个 |
| # 国有及国有控股企业 | 179 | 个 |
| 施工企业总产值 | 440.96 | 亿 元 |
| # 国有及国有控股企业 | 313.89 | 亿 元 |
| 施工企业增加值 | 69.90 | 亿 元 |
| 房屋建筑面积竣工率 | 40.5 | % |

*************************************************************************

## 房屋建筑竣工面积

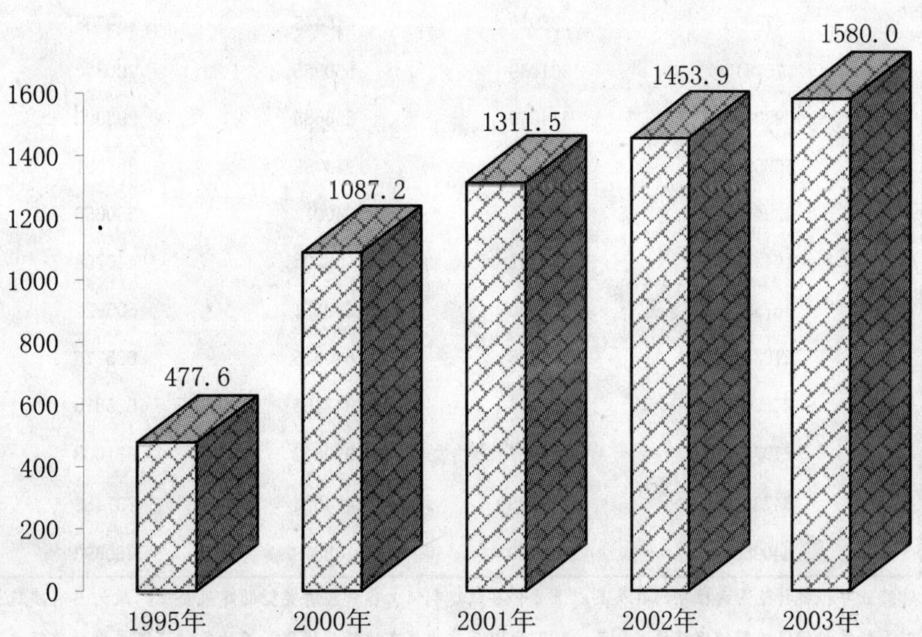

# 14-1 建筑施工企业总产值

单位:万元

| 年 份 | 建筑业总产值 | #地方属企业 | 国有企业 | #地方属企业 | 集体企业 |
|---|---|---|---|---|---|
| 1957 | 34567 | 7620 | 34567 | 7620 | |
| 1962 | 11340 | 3055 | 9824 | 1539 | 1516 |
| 1965 | 38425 | 15551 | 31458 | 8584 | 6967 |
| 1970 | 37180 | 23414 | 31070 | 17304 | 6110 |
| 1975 | 67377 | 45824 | 58946 | 37393 | 8431 |
| 1978 | 86642 | 60131 | 75082 | 48571 | 11560 |
| 1979 | 91932 | 66057 | 77854 | 51979 | 14078 |
| 1980 | 97607 | 71142 | 80505 | 54040 | 17102 |
| 1981 | 82528 | 65171 | 65789 | 48432 | 16739 |
| 1982 | 98176 | 70799 | 79749 | 52072 | 18427 |
| 1983 | 110401 | 75874 | 85828 | 51301 | 24573 |
| 1984 | 139234 | 92633 | 111271 | 64670 | 27963 |
| 1985 | 164405 | 100322 | 132119 | 68036 | 32286 |
| 1986 | 183081 | 112965 | 150795 | 74608 | 38357 |
| 1987 | 208180 | 125264 | 165971 | 83055 | 42209 |
| 1988 | 242409 | 134927 | 197920 | 90438 | 44489 |
| 1989 | 273554 | 144417 | 230069 | 100932 | 43485 |
| 1990 | 325034 | 155840 | 278358 | 109164 | 46676 |
| 1991 | 360774 | 173400 | 306098 | 118724 | 54676 |
| 1992 | 479806 | 228929 | 410445 | 159568 | 69361 |
| 1993 | 751613 | 331449 | 650865 | 230800 | 100649 |
| 1994 | 980260 | 414949 | 856685 | 293000 | 121941 |
| 1995 | 1065612 | 501076 | 914782 | 357201 | 143870 |
| 1996 | 1294502 | 735145 | 940012 | 380656 | 335948 |
| 1997 | 1642493 | 928341 | 1158205 | 446758 | 461272 |
| 1998 | 1879804 | 983440 | 1399161 | 503822 | 394712 |
| 1999 | 2183009 | 1188225 | 1640515 | 635775 | 432628 |
| 2000 | 2423046 | 1205275 | 1843456 | 625816 | 439089 |
| 2001 | 2797388 | 1424557 | 1970842 | 671008 | 479810 |
| 2002 | 3473536 | 1735125 | 2474524 | 737488 | 490351 |
| 2003 | 4409564 | 2076800 | 3138878 | 960693 | 456851 |

注: 1.1996年以后建筑业年报统计范围由往年的县及县以上（含县级建制镇）各种经济类型的建筑企业，改为具有建筑业资质等级四级及四级以上的各种经济类型的建筑施工企业；2002年以后改为具有建筑业资质等级的各种经济类型的建筑施工企业。

2.1998年以后国有经济为国有及国有控股企业。

# 14-2 建筑业施工企业主要指标

（2003年）

| 项目 | 企业个数（个） | 期末从业人员（人） | #工程技术人员 | #持有一级资质证书的项目经理 | 平均人数（人） | 总产值（万元） | 增加值（万元） |
|---|---|---|---|---|---|---|---|
| 总计 | 780 | 411316 | 70224 | 3645 | 473589 | 4409564 | 698999 |
| #国有及国有控股 | 179 | 188313 | 32359 | 2705 | 224755 | 3138878 | 432647 |
| 按登记注册类型分组 | | | | | | | |
| 内资企业 | 779 | 411316 | 70224 | 3645 | 473589 | 4409564 | 698999 |
| 国有企业 | 147 | 131493 | 23159 | 2122 | 167419 | 1914227 | 289573 |
| 集体企业 | 237 | 90118 | 14330 | 251 | 95820 | 431292 | 100904 |
| 股份合作企业 | 22 | 4545 | 928 | 66 | 5285 | 21779 | 4557 |
| 联营企业 | 6 | 6112 | 656 | 12 | 6405 | 23817 | 3951 |
| 集体联营企业 | 3 | 642 | 118 | | 598 | 3780 | 419 |
| 国有与集体联营企业 | 2 | 3360 | 438 | 12 | 3697 | 18188 | 2822 |
| 其他联营企业 | 1 | 2110 | 100 | | 2110 | 1849 | 710 |
| 有限责任公司 | 172 | 121673 | 19840 | 983 | 127470 | 1648385 | 220131 |
| 国有独资公司 | 6 | 8016 | 1495 | 74 | 7885 | 107475 | 16376 |
| 其他有限责任公司 | 166 | 113657 | 18345 | 909 | 119585 | 1540910 | 203755 |
| 股份有限公司 | 47 | 15951 | 3012 | 56 | 19898 | 104728 | 22781 |
| 私营企业 | 147 | 41416 | 8293 | 155 | 51284 | 265303 | 57103 |
| 私营独资企业 | 5 | 817 | 64 | 7 | 1011 | 2707 | 946 |
| 私营合伙企业 | 4 | 744 | 208 | | 761 | 2349 | 932 |
| 私营有限责任公司 | 124 | 34355 | 7092 | 128 | 43853 | 240132 | 49757 |
| 私营股份有限公司 | 14 | 5500 | 929 | 20 | 5659 | 20115 | 5468 |
| 其他企业 | 1 | 8 | 6 | | 8 | 33 | -1 |
| 港、澳、台商投资企业 | 1 | | | | | | |
| 合资经营企业（港或澳、台资） | 1 | | | | | | |
| 按经济组织类型分组 | | | | | | | |
| 独资企业 | 389 | 222428 | 37553 | 2380 | 264250 | 2348226 | 391423 |
| 国有企业 | 147 | 131493 | 23159 | 2122 | 167419 | 1914227 | 289573 |
| 集体企业 | 237 | 90118 | 14330 | 251 | 95820 | 431292 | 100904 |
| 私营独资企业 | 5 | 817 | 64 | 7 | 1011 | 2707 | 946 |
| 合作、合伙企业 | 33 | 11409 | 1798 | 78 | 12459 | 47978 | 9439 |
| 股份合作企业 | 22 | 4545 | 928 | 66 | 5285 | 21779 | 4557 |
| 集体联营企业 | 3 | 642 | 118 | | 598 | 3780 | 419 |
| 国有与集体联营企业 | 2 | 3360 | 438 | 12 | 3697 | 18188 | 2822 |
| 其他联营企业 | 1 | 2110 | 100 | | 2110 | 1849 | 710 |
| 私营合伙企业 | 4 | 744 | 208 | | 761 | 2349 | 932 |
| 其他企业（内资） | 1 | 8 | 6 | | 8 | 33 | -1 |
| 股份有限公司 | 61 | 21451 | 3941 | 76 | 25557 | 124843 | 28249 |
| 股份有限公司（内资） | 47 | 15951 | 3012 | 56 | 19898 | 104728 | 22781 |
| 私营股份有限公司 | 14 | 5500 | 929 | 20 | 5659 | 20115 | 5468 |
| 有限责任公司 | 297 | 156028 | 26932 | 1111 | 171323 | 1888517 | 269888 |
| 国有独资公司 | 6 | 8016 | 1495 | 74 | 7885 | 107475 | 16376 |
| 私营有限责任公司 | 124 | 34355 | 7092 | 128 | 43853 | 240132 | 49757 |
| 港澳台合资经营企业 | 1 | | | | | | |
| 其他有限责任公司 | 166 | 113657 | 18345 | 909 | 119585 | 1540910 | 203755 |

注：本表资料含劳务分包企业，下表同。

14-2 续表1 （2003年）

| 项目 | 企业个数（个） | 期末从业人员（人） | #工程技术人员 | #持有一级资质证书的项目经理 | 平均人数（人） | 总产值（万元） | 增加值（万元） |
|---|---|---|---|---|---|---|---|
| 按国民经济行业分组 | | | | | | | |
| 房屋和土木工程建筑业 | 676 | 392036 | 66807 | 3382 | 451699 | 4226883 | 661726 |
| 房屋工程建筑 | 565 | 290539 | 47062 | 1804 | 338988 | 1897593 | 361699 |
| 土木工程建筑 | 111 | 101497 | 19745 | 1578 | 112711 | 2329290 | 300027 |
| 铁路、道路、隧道和桥梁建筑 | 71 | 69520 | 12882 | 910 | 78561 | 1975649 | 228010 |
| 水利和港口建筑 | 14 | 15161 | 4133 | 304 | 14813 | 198502 | 38750 |
| 工矿工程建筑 | 3 | 6972 | 215 | 42 | 9556 | 15808 | 4683 |
| 架线和管道工程建 | 13 | 4905 | 1186 | 110 | 5117 | 81270 | 18861 |
| 其他土木工程建筑 | 10 | 4939 | 1329 | 212 | 4664 | 58061 | 9723 |
| 建筑安装业 | 43 | 14539 | 2338 | 207 | 16468 | 128143 | 30012 |
| 建筑装饰业 | 40 | 2448 | 581 | 44 | 2735 | 30221 | 3908 |
| 其他建筑业 | 21 | 2293 | 498 | 12 | 2687 | 24317 | 3353 |
| 工程准备 | 5 | 667 | 95 | | 641 | 1417 | 598 |
| 其他未列明的建筑活动 | 16 | 1626 | 403 | 12 | 2046 | 22900 | 2755 |
| 按国有经济控股情况分组 | | | | | | | |
| 国有绝对控股 | 176 | 186047 | 32076 | 2705 | 222086 | 3130087 | 430367 |
| 国有相对控股 | 3 | 2266 | 283 | | 2669 | 8791 | 2280 |
| 其他国有 | 593 | 220227 | 37358 | 932 | 245998 | 1260333 | 263578 |
| 按隶属关系分组 | | | | | | | |
| 中　央 | 42 | 92070 | 17254 | 1442 | 107696 | 2332764 | 288017 |
| 省 | 60 | 56600 | 8587 | 1018 | 72236 | 613931 | 97040 |
| 市 | 130 | 58336 | 11385 | 557 | 68140 | 471927 | 84156 |
| 县 | 239 | 92582 | 13996 | 259 | 102275 | 474631 | 109280 |
| 街　道 | 13 | 3296 | 557 | 62 | 3258 | 12452 | 3305 |
| 镇 | 40 | 15991 | 2685 | 11 | 16366 | 57273 | 16002 |
| 乡 | 6 | 2667 | 258 | 15 | 2702 | 6573 | 2389 |
| 村委会 | 10 | 4445 | 903 | 8 | 4513 | 11827 | 3144 |
| 其　他 | 240 | 85329 | 14599 | 273 | 96403 | 428186 | 95666 |
| 按企业资质等级分组 | | | | | | | |
| 施工总承包 | 641 | 381737 | 64712 | 3380 | 440090 | 4110085 | 645598 |
| 特　级 | 2 | 20758 | 4399 | 436 | 20332 | 1030253 | 89018 |
| 一　级 | 57 | 116785 | 20235 | 1944 | 137321 | 1709230 | 264421 |
| 二　级 | 151 | 112894 | 18508 | 698 | 138445 | 779473 | 151468 |
| 三　级 | 431 | 131300 | 21570 | 302 | 143992 | 591129 | 140691 |
| 专业承包 | 123 | 28553 | 5407 | 265 | 32400 | 294146 | 52227 |
| 一　级 | 14 | 7607 | 1480 | 183 | 10688 | 135057 | 21104 |
| 二　级 | 39 | 14800 | 2242 | 49 | 15400 | 124238 | 22255 |
| 三　级 | 70 | 6229 | 1675 | 33 | 6401 | 34851 | 8868 |

14-2 续表2 (2003年)

| 项　　目 | 利润总额（万元） | 税　金（万元） | 劳动生产率（元/人） | | 资产负债率（%） | 产值利润率（%） | 产值利税率（%） |
|---|---|---|---|---|---|---|---|
| | | | 按总产值计　算 | 按增加值计　算 | | | |
| 总　计 | 47015 | 143062 | 93110 | 14760 | 65.8 | 1.1 | 4.3 |
| #国有及国有控股 | 23507 | 95055 | 139658 | 19250 | 74.6 | 1.0 | 3.8 |
| 按登记注册类型分组 | | | | | | | |
| 内资企业 | 47015 | 143062 | 93110 | 14760 | 65.8 | 1.1 | 4.3 |
| 国有企业 | 11706 | 61589 | 114338 | 17296 | 73.9 | 0.6 | 3.8 |
| 集体企业 | 7978 | 17010 | 45011 | 10531 | 50.2 | 1.9 | 5.8 |
| 股份合作企业 | 225 | 795 | 41209 | 8623 | 49.9 | 1.0 | 4.7 |
| 联营企业 | 399 | 919 | 37185 | 6169 | 53.3 | 1.7 | 5.5 |
| 集体联营企业 | 119 | 98 | 63211 | 7007 | 27.3 | 3.2 | 5.7 |
| 国有与集体联营企业 | 280 | 760 | 49197 | 7633 | 57.8 | 1.5 | 5.7 |
| 其他联营企业 | | 61 | 8763 | 3365 | 24.8 | | 3.3 |
| 有限责任公司 | 15968 | 47768 | 129316 | 17269 | 68.6 | 1.0 | 3.9 |
| 国有独资公司 | 812 | 2871 | 136303 | 20769 | 70.5 | 0.8 | 3.4 |
| 其他有限责任公司 | 15156 | 44897 | 128855 | 17039 | 68.4 | 1.0 | 3.9 |
| 股份有限公司 | 3516 | 4549 | 52632 | 11449 | 47.7 | 3.4 | 8.0 |
| 私营企业 | 7231 | 10431 | 51732 | 11135 | 36.4 | 3.0 | 6.7 |
| 私营独资企业 | 259 | 192 | 26775 | 9357 | 28.3 | 9.6 | 16.7 |
| 私营合伙企业 | 112 | 165 | 30867 | 12247 | 25.4 | 4.8 | 11.8 |
| 私营有限责任公司 | 6022 | 9011 | 54758 | 11346 | 38.1 | 2.5 | 6.3 |
| 私营股份有限公司 | 838 | 1063 | 35545 | 9662 | 19.8 | 4.2 | 9.5 |
| 其他企业 | -8 | 1 | 41250 | -1250 | 4.5 | -24.2 | -21.2 |
| 按经济组织类型分组 | | | | | | | |
| 独资企业 | 19943 | 78791 | 88864 | 14813 | 69.1 | 0.9 | 4.2 |
| 国有企业 | 11706 | 61589 | 114338 | 17296 | 73.9 | 0.6 | 3.8 |
| 集体企业 | 7978 | 17010 | 45011 | 10531 | 50.2 | 1.9 | 5.8 |
| 私营独资企业 | 259 | 192 | 26775 | 9357 | 28.3 | 9.6 | 16.7 |
| 合作、合伙企业 | 728 | 1880 | 38509 | 7576 | 50.7 | 1.5 | 5.4 |
| 股份合作企业 | 225 | 795 | 41209 | 8623 | 49.9 | 1.0 | 4.7 |
| 集体联营企业 | 119 | 98 | 63211 | 7007 | 27.3 | 3.2 | 5.7 |
| 国有与集体联营企业 | 280 | 760 | 49197 | 7633 | 57.8 | 1.5 | 5.7 |
| 其他联营企业 | | 61 | 8763 | 3365 | 24.8 | | 3.0 |
| 私营合伙企业 | 112 | 165 | 30867 | 12247 | 25.4 | 5.0 | 11.8 |
| 其他企业（内资） | -8 | 1 | 41250 | -1250 | 4.5 | -24.2 | -21.2 |
| 股份有限公司 | 4354 | 5612 | 48849 | 11053 | 43.9 | 3.5 | 8.0 |
| 股份有限公司（内资） | 3516 | 4549 | 52632 | 11449 | 47.7 | 3.4 | 7.7 |
| 私营股份有限公司 | 838 | 1063 | 35545 | 9662 | 19.8 | 4.2 | 9.5 |
| 有限责任公司 | 21990 | 56779 | 110231 | 15753 | 63.5 | 1.2 | 4.2 |
| 国有独资公司 | 812 | 2871 | 136303 | 20769 | 70.5 | 0.8 | 3.4 |
| 私营有限责任公司 | 6022 | 9011 | 54758 | 11346 | 38.1 | 2.5 | 6.3 |
| 其他有限责任公司 | 15156 | 44897 | 128855 | 17039 | 68.4 | 1.0 | 3.9 |

14-2 续表3 (2003年)

| 项目 | 利润总额（万元） | 税金（万元） | 劳动生产率（元/人） 按总产值计算 | 按增加值计算 | 资产负债率（%） | 产值利润率（%） | 产值利税率（%） |
|---|---|---|---|---|---|---|---|
| 按国民经济行业分组 | | | | | | | |
| 房屋和土木工程建筑业 | 44188 | 136718 | 93577 | 14650 | 65.9 | 1.0 | 4.3 |
| 房屋工程建筑 | 19677 | 66587 | 55978 | 10670 | 58.1 | 1.0 | 4.6 |
| 土木工程建筑 | 24511 | 70131 | 206660 | 26619 | 73.9 | 1.0 | 4.1 |
| 铁路、道路、隧道和桥梁建筑 | 23516 | 58059 | 251480 | 29023 | 76.1 | 1.0 | 4.1 |
| 水利和港口建筑 | 471 | 5735 | 134005 | 26159 | 67.4 | | 3.1 |
| 工矿工程建筑 | -875 | 574 | 16542 | 4901 | 96.7 | -6.0 | -1.9 |
| 架线和管道工程建 | 1269 | 3996 | 158824 | 36859 | 51.2 | 2.0 | 6.5 |
| 其他土木工程建筑 | 130 | 1767 | 124488 | 20847 | 74.3 | | 3.3 |
| 建筑安装业 | 2269 | 5174 | 77813 | 18224 | 70.1 | 2.0 | 5.8 |
| 建筑装饰业 | 70 | 509 | 110497 | 14289 | 48.5 | | 1.9 |
| 其他建筑业 | 488 | 661 | 90499 | 12479 | 60.0 | 2.0 | 4.7 |
| 工程准备 | 46 | 90 | 22106 | 9329 | 31.4 | 3.0 | 9.6 |
| 其他未列明的建筑活动 | 442 | 571 | 111926 | 13465 | 61.5 | 2.0 | 4.0 |
| 按国有经济控股情况分组 | | | | | | | |
| 国有绝对控股 | 23305 | 94639 | 140940 | 19378 | 74.7 | 1.0 | 4.0 |
| 国有相对控股 | 202 | 416 | 32937 | 8543 | 25.2 | 2.0 | 7.0 |
| 其他国有 | 23118 | 47459 | 51233 | 10715 | 47.5 | 2.0 | 6.0 |
| 按隶属关系分组 | | | | | | | |
| 中　央 | 19254 | 68351 | 216606 | 26744 | 75.9 | 1.0 | 4.0 |
| 省 | 2911 | 18640 | 84990 | 13434 | 77.5 | | 4.0 |
| 市 | 4745 | 17606 | 69258 | 12350 | 62.1 | 1.0 | 5.0 |
| 县 | 7580 | 18268 | 46407 | 10685 | 45.5 | 2.0 | 5.0 |
| 街　道 | 234 | 552 | 38220 | 10144 | 34.4 | 2.0 | 6.0 |
| 镇 | 1595 | 2443 | 34995 | 9778 | 32.6 | 3.0 | 7.0 |
| 乡 | 482 | 472 | 24326 | 8842 | 11.3 | 7.0 | 15.0 |
| 村委会 | 273 | 450 | 26207 | 6967 | 43.1 | 2.0 | 6.0 |
| 其　他 | 9941 | 16280 | 44416 | 9924 | 39.6 | 2.0 | 6.0 |
| 按企业资质等级分组 | | | | | | | |
| 施工总承包 | 41772 | 133927 | 93392 | 14670 | 66.5 | 1.0 | 4.3 |
| 特　级 | 11538 | 29099 | 506715 | 43782 | 78.9 | 1.1 | 3.9 |
| 一　级 | 7420 | 53066 | 124470 | 19256 | 76.2 | 0.4 | 3.5 |
| 二　级 | 10874 | 27535 | 56302 | 10941 | 52.6 | 1.4 | 4.9 |
| 三　级 | 11940 | 24227 | 41053 | 9771 | 44.3 | 2.0 | 6.1 |
| 专业承包 | 5124 | 8976 | 90786 | 16119 | 58.3 | 1.7 | 4.8 |
| 一　级 | 2039 | 3261 | 126363 | 19746 | 66.2 | 1.5 | 3.9 |
| 二　级 | 2094 | 4329 | 81143 | 14535 | 53.6 | 1.7 | 5.2 |
| 三　级 | 991 | 1386 | 54446 | 13854 | 52.4 | 2.8 | 6.8 |

14-2 续表4

(2003年)

| 项目 | 房屋建筑施工面积（万平方米） | # 实行投标承包面积 | 竣工产值（万元） | 房屋建筑竣工面积（万平方米） | 房屋建筑面积竣工率（%） |
|---|---|---|---|---|---|
| 总计 | 3897.19 | 3220.44 | 2603888 | 1580.01 | 40.5 |
| # 国有及国有控股 | 1643.40 | 1431.00 | 1677818 | 577.75 | 35.2 |
| 按登记注册类型分组 | | | | | |
| 内资企业 | 3897.19 | 3220.44 | 2603888 | 1580.01 | 40.5 |
| 国有企业 | 1492.79 | 1293.43 | 1125720 | 524.11 | 35.1 |
| 集体企业 | 921.72 | 696.12 | 359631 | 379.06 | 41.1 |
| 股份合作企业 | 37.71 | 27.47 | 15660 | 20.04 | 53.1 |
| 联营企业 | 45.85 | 44.02 | 14833 | 15.70 | 34.3 |
| 集体联营企业 | 5.62 | 5.10 | 2657 | 3.91 | 69.5 |
| 国有与集体联营企业 | 38.93 | 38.93 | 11426 | 10.50 | 27.0 |
| 其他联营企业 | 1.30 | | 750 | 1.30 | 100.0 |
| 有限责任公司 | 679.96 | 575.91 | 825170 | 297.52 | 43.8 |
| 国有独资公司 | 16.04 | 11.34 | 53223 | 10.29 | 64.1 |
| 其他有限责任公司 | 663.92 | 564.57 | 771947 | 287.23 | 43.3 |
| 股份有限公司 | 211.62 | 162.52 | 70414 | 113.25 | 53.5 |
| 私营企业 | 507.54 | 420.96 | 192427 | 230.33 | 45.4 |
| 私营独资企业 | 3.77 | 3.77 | 2492 | 3.77 | 100.0 |
| 私营合伙企业 | 5.95 | 4.05 | 2894 | 5.74 | 96.5 |
| 私营有限责任公司 | 469.92 | 390.33 | 170850 | 198.76 | 42.3 |
| 私营股份有限公司 | 27.90 | 22.81 | 16191 | 22.06 | 79.1 |
| 其他企业 | | | 33 | | |
| 按经济组织类型分组 | | | | | |
| 独资企业 | 2418.28 | 1993.32 | 1487843 | 906.94 | 37.5 |
| 国有企业 | 1492.79 | 1293.43 | 1125720 | 524.11 | 35.1 |
| 集体企业 | 921.72 | 696.12 | 359631 | 379.06 | 41.1 |
| 私营独资企业 | 3.77 | 3.77 | 2492 | 3.77 | 100.0 |
| 合作、合伙企业 | 89.51 | 75.54 | 33420 | 41.48 | 46.3 |
| 股份合作企业 | 37.71 | 27.47 | 15660 | 20.04 | 53.1 |
| 集体联营企业 | 5.62 | 5.10 | 2657 | 3.91 | 69.5 |
| 国有与集体联营企业 | 38.93 | 38.93 | 11426 | 10.50 | 27.0 |
| 其他联营企业 | 1.30 | | 750 | 1.30 | 100.0 |
| 私营合伙企业 | 5.95 | 4.05 | 2894 | 5.74 | 96.5 |
| 其他企业（内资） | | | 33 | | |
| 股份有限公司 | 239.52 | 185.33 | 86605 | 135.31 | 56.5 |
| 股份有限公司（内资） | 211.62 | 162.52 | 70414 | 113.25 | 53.5 |
| 私营股份有限公司 | 27.90 | 22.81 | 16191 | 22.06 | 79.1 |
| 有限责任公司 | 1149.88 | 966.25 | 996020 | 496.28 | 43.2 |
| 国有独资公司 | 16.04 | 11.34 | 53223 | 10.29 | 64.1 |
| 私营有限责任公司 | 469.92 | 390.33 | 170850 | 198.76 | 42.3 |
| 其他有限责任公司 | 663.92 | 564.57 | 771947 | 287.23 | 43.3 |

注：本表资料不含劳务分包企业，下表同。

14-2 续表5

(2003年)

| 项目 | 房屋建筑施工面积(万平方米) | #实行投标承包面积 | 竣工产值(万元) | 房屋建筑竣工面积(万平方米) | 房屋建筑面积竣工率(%) |
|---|---|---|---|---|---|
| 按国民经济行业分组 | | | | | |
| 房屋和土木工程建筑业 | 3893.70 | 3217.97 | 247.75 | 1577.84 | 40.5 |
| 房屋工程建筑 | 3795.02 | 3144.84 | 135.51 | 1542.92 | 40.7 |
| 土木工程建筑 | 98.68 | 73.13 | 112.25 | 34.92 | 35.4 |
| 铁路、道路、隧道和桥梁建筑 | 72.84 | 52.59 | 99.17 | 24.55 | 33.7 |
| 水利和港口建筑 | 6.03 | 4.64 | 5.30 | 3.68 | 61.0 |
| 工矿工程建筑 | 10.99 | 9.94 | 1.01 | 6.09 | 55.4 |
| 架线和管道工程建 | 6.31 | 5.96 | 3.26 | 0.05 | 0.8 |
| 其他土木工程建筑 | 2.50 | | 3.52 | 0.54 | 21.7 |
| 建筑安装业 | 3.40 | 2.46 | 8.95 | 2.09 | 61.5 |
| 建筑装饰业 | | | 1.68 | | |
| 其他建筑业 | 0.09 | | 2.00 | 0.08 | 89.2 |
| 工程准备 | | | 0.14 | | |
| 其他未列明的建筑活动 | 0.09 | | 1.86 | 0.08 | 89.2 |
| 按国有经济控股情况分组 | | | | | |
| 国有绝对控股 | 1630.52 | 1418.12 | 167.21 | 576.80 | 35.4 |
| 国有相对控股 | 12.88 | 12.88 | 0.57 | 0.95 | 7.4 |
| 其他国有 | 2233.93 | 1774.83 | 91.72 | 998.23 | 44.7 |
| 按隶属关系分组 | | | | | |
| 中央 | 441.62 | 376.23 | 110.68 | 200.89 | 45.5 |
| 省 | 801.28 | 717.46 | 41.81 | 213.61 | 26.7 |
| 市 | 661.77 | 471.61 | 36.30 | 243.57 | 36.8 |
| 县 | 967.65 | 805.34 | 32.38 | 416.21 | 43.0 |
| 街道 | 26.60 | 19.64 | 1.17 | 16.45 | 61.9 |
| 镇 | 128.19 | 104.77 | 4.10 | 67.13 | 52.4 |
| 乡 | 16.89 | 16.13 | 0.40 | 7.90 | 46.8 |
| 村委会 | 27.46 | 19.29 | 1.30 | 21.06 | 76.7 |
| 其他 | 825.74 | 689.97 | 32.26 | 393.19 | 47.6 |
| 按企业资质等级分组 | | | | | |
| 施工总承包 | 3722.69 | 3085.91 | 243.89 | 1500.03 | 40.3 |
| 特级 | 20.11 | 18.31 | 44.19 | 8.69 | 43.2 |
| 一级 | 1236.24 | 1119.49 | 96.26 | 375.77 | 30.4 |
| 二级 | 1289.37 | 1099.88 | 54.45 | 575.78 | 44.7 |
| 三级 | 1176.97 | 848.23 | 48.99 | 539.79 | 45.9 |
| 专业承包 | 174.50 | 134.52 | 16.50 | 79.98 | 45.8 |
| 一级 | 4.93 | 4.93 | 5.84 | 0.94 | 19.0 |
| 二级 | 154.80 | 125.20 | 7.69 | 68.13 | 44.0 |
| 三级 | 14.77 | 4.39 | 2.97 | 10.92 | 73.9 |

14-2 续表6

(2003年)

| 项　　目 | 自有机械设备年末总台数（台） | 自有机械设备年末总功率（万千瓦） | #施工机械功率 | 自有机械设备净值（万元） | 技术装备率（元/人） | 动力装备率（千瓦/人） |
|---|---|---|---|---|---|---|
| 总　　计 | 155839 | 255.69 | 163.06 | 530978 | 12940 | 6.2 |
| #国有及国有控股 | 50099 | 145.41 | 78.38 | 276747 | 14704 | 7.7 |
| 按登记注册类型分组 | | | | | | |
| 内资企业 | 155839 | 255.69 | 163.06 | 530978 | 12940 | 6.2 |
| 国有企业 | 36677 | 77.57 | 51.17 | 143176 | 10896 | 5.9 |
| 集体企业 | 46262 | 46.80 | 37.45 | 90341 | 10104 | 5.2 |
| 股份合作企业 | 2098 | 2.59 | 2.12 | 8379 | 18436 | 5.7 |
| 联营企业 | 2076 | 1.53 | 1.44 | 2515 | 4115 | 2.5 |
| 集体联营企业 | 148 | 0.63 | 0.63 | 207 | 3224 | 9.9 |
| 国有与集体联营企业 | 1928 | 0.90 | 0.81 | 2308 | 6869 | 2.7 |
| 有限责任公司 | 37885 | 96.44 | 47.82 | 195414 | 16057 | 7.9 |
| 国有独资公司 | 2373 | 5.58 | 1.90 | 12857 | 16039 | 7.0 |
| 其他有限责任公司 | 35512 | 90.86 | 45.92 | 182557 | 16058 | 8.0 |
| 股份有限公司 | 8778 | 7.60 | 4.90 | 23619 | 14835 | 4.8 |
| 私营企业 | 22063 | 23.16 | 18.17 | 67534 | 16384 | 5.6 |
| 私营独资企业 | 138 | 0.43 | 0.39 | 1459 | 20349 | 6.0 |
| 私营合伙企业 | 876 | 1.07 | 0.75 | 843 | 11331 | 14.4 |
| 私营有限责任公司 | 18658 | 18.93 | 14.65 | 55507 | 16203 | 5.5 |
| 私营股份有限公司 | 2391 | 2.73 | 2.37 | 9725 | 17682 | 5.0 |
| 按经济组织类型分组 | | | | | | |
| 独资企业 | 83077 | 124.80 | 89.01 | 234976 | 10607 | 5.6 |
| 国有企业 | 36677 | 77.57 | 51.17 | 143176 | 10896 | 5.9 |
| 集体企业 | 46262 | 46.80 | 37.45 | 90341 | 10104 | 5.2 |
| 私营独资企业 | 138 | 0.43 | 0.39 | 1459 | 20349 | 6.0 |
| 合作、合伙企业 | 5050 | 5.20 | 4.31 | 11737 | 10288 | 4.6 |
| 股份合作企业 | 2098 | 2.59 | 2.12 | 8379 | 18436 | 5.7 |
| 集体联营企业 | 148 | 0.63 | 0.63 | 207 | 3224 | 9.9 |
| 国有与集体联营企业 | 1928 | 0.90 | 0.81 | 2308 | 6869 | 2.7 |
| 私营合伙企业 | 876 | 1.07 | 0.75 | 843 | 11331 | 14.4 |
| 股份有限公司 | 11169 | 10.33 | 7.27 | 33344 | 15566 | 4.8 |
| 股份有限公司（内资） | 8778 | 7.60 | 4.90 | 23619 | 14835 | 4.8 |
| 私营股份有限公司 | 2391 | 2.73 | 2.37 | 9725 | 17682 | 5.0 |
| 有限责任公司 | 56543 | 115.37 | 62.48 | 250921 | 16089 | 7.4 |
| 国有独资公司 | 2373 | 5.58 | 1.90 | 12857 | 16039 | 7.0 |
| 私营有限责任公司 | 18658 | 18.93 | 14.65 | 55507 | 16203 | 5.5 |
| 其他有限责任公司 | 35512 | 90.86 | 45.92 | 182557 | 16058 | 8.0 |

14-2 续表7 （2003年）

| 项　　目 | 自有机械设备年末总台数（台） | 自有机械设备年末总功率（万千瓦） | #施工机械功率 | 自有机械设备净值（万元） | 技术装备率（元/人） | 动力装备率（千瓦/人） |
|---|---|---|---|---|---|---|
| 按国民经济行业分组 | | | | | | |
| 房屋和土木工程建筑业 | 148568 | 242.47 | 156.23 | 512345 | 13097 | 6.2 |
| 房屋工程建筑 | 122980 | 124.52 | 91.62 | 261956 | 9026 | 4.3 |
| 土木工程建筑 | 25588 | 117.95 | 64.61 | 250389 | 24789 | 11.7 |
| 铁路、道路、隧道和桥梁建筑 | 17407 | 99.26 | 53.68 | 211707 | 30615 | 14.4 |
| 水利和港口建筑 | 3058 | 9.26 | 3.54 | 13275 | 8756 | 6.1 |
| 工矿工程建筑 | 2268 | 2.75 | 1.63 | 8752 | 12688 | 4.0 |
| 架线和管道工程建 | 2155 | 2.65 | 1.77 | 9108 | 18569 | 5.4 |
| 其他土木工程建筑 | 700 | 4.02 | 3.99 | 7547 | 15421 | 8.2 |
| 建筑安装业 | 5117 | 11.22 | 4.96 | 13396 | 9302 | 7.8 |
| 建筑装饰业 | 1283 | 1.42 | 1.30 | 3260 | 13317 | 5.8 |
| 其他建筑业 | 871 | 0.58 | 0.58 | 1977 | 8702 | 2.6 |
| 工程准备 | 78 | 0.25 | 0.24 | 429 | 6432 | 3.7 |
| 其他未列明的建筑活动 | 793 | 0.33 | 0.33 | 1548 | 9645 | 2.1 |
| 按国有经济控股情况分组 | | | | | | |
| 国有绝对控股 | 48421 | 144.79 | 77.78 | 275324 | 14806 | 7.8 |
| 国有相对控股 | 1678 | 0.62 | 0.60 | 1423 | 6280 | 2.7 |
| 其他国有 | 104261 | 108.95 | 83.44 | 251599 | 11471 | 5.0 |
| 按隶属关系分组 | | | | | | |
| 中　央 | 22731 | 104.77 | 52.55 | 190955 | 20740 | 11.4 |
| 省 | 16961 | 26.78 | 15.22 | 48619 | 8602 | 4.7 |
| 市 | 17638 | 30.18 | 19.17 | 67006 | 11564 | 5.2 |
| 县 | 47507 | 46.90 | 38.28 | 93684 | 10139 | 5.1 |
| 街　道 | 1292 | 1.90 | 1.84 | 2327 | 7060 | 5.8 |
| 镇 | 9239 | 5.85 | 5.34 | 15644 | 9863 | 3.7 |
| 乡 | 926 | 0.56 | 0.53 | 2914 | 10926 | 2.1 |
| 村委会 | 1366 | 1.19 | 1.01 | 3329 | 7489 | 2.7 |
| 其　他 | 38179 | 37.56 | 29.13 | 106500 | 12511 | 4.4 |
| 按企业资质等级分组 | | | | | | |
| 施工总承包 | 146561 | 238.87 | 152.19 | 494389 | 12951 | 6.3 |
| 特　级 | 5652 | 47.43 | 27.55 | 95670 | 46088 | 22.8 |
| 一　级 | 29968 | 71.19 | 32.88 | 129896 | 11123 | 6.1 |
| 二　级 | 47690 | 53.62 | 40.55 | 135591 | 12011 | 4.7 |
| 三　级 | 63251 | 66.63 | 51.20 | 133232 | 10147 | 5.1 |
| 专业承包 | 9278 | 16.82 | 10.87 | 36589 | 12814 | 5.9 |
| 一　级 | 2813 | 6.37 | 2.66 | 10993 | 14451 | 8.4 |
| 二　级 | 3278 | 4.02 | 3.03 | 13038 | 8859 | 2.7 |
| 三　级 | 3187 | 6.43 | 5.19 | 12558 | 20161 | 10.3 |

14-2 续表8 （2003年）

| 项　目 | 人均竣工产值（元/人） | 人均施工面积（平方米/人） | 人均竣工面积（平方米/人） | 人均利润（元/人） | 人均利税（元/人） |
|---|---|---|---|---|---|
| 总　计 | 55110 | 83 | 33 | 993 | 4017 |
| # 国有及国有控股 | 74697 | 73 | 26 | 1046 | 5278 |
| 按登记注册类型分组 | | | | | |
| 内资企业 | 55110 | 83 | 33 | 993 | 4017 |
| 国有企业 | 67296 | 89 | 31 | 699 | 4380 |
| 集体企业 | 37818 | 97 | 40 | 834 | 2609 |
| 股份合作企业 | 29631 | 71 | 38 | 426 | 1930 |
| 联营企业 | 23159 | 72 | 25 | 623 | 2058 |
| 集体联营企业 | 44431 | 94 | 65 | 1990 | 3629 |
| 国有与集体联营企业 | 30906 | 105 | 28 | 757 | 2813 |
| 其他联营企业 | 3555 | 6 | 6 | | 289 |
| 有限责任公司 | 64734 | 53 | 23 | 1253 | 5000 |
| 国有独资公司 | 67499 | 20 | 13 | 1030 | 4671 |
| 其他有限责任公司 | 64552 | 56 | 24 | 1267 | 5022 |
| 股份有限公司 | 35459 | 107 | 57 | 1771 | 4060 |
| 私营企业 | 37666 | 99 | 45 | 1403 | 3442 |
| 私营独资企业 | 27355 | 41 | 41 | 2481 | 4545 |
| 私营合伙企业 | 38029 | 78 | 75 | 1472 | 3640 |
| 私营有限责任公司 | 39045 | 107 | 45 | 1369 | 3426 |
| 私营股份有限公司 | 28611 | 49 | 39 | 1481 | 3359 |
| 其他企业 | 41250 | | | -10000 | -8750 |
| 按经济组织类型分组 | | | | | |
| 独资企业 | 56510 | 92 | 34 | 754 | 3741 |
| 国有企业 | 67296 | 89 | 31 | 699 | 4380 |
| 集体企业 | 37818 | 97 | 40 | 834 | 2609 |
| 私营独资企业 | 27355 | 41 | 41 | 2481 | 4545 |
| 合作、合伙企业 | 26824 | 72 | 33 | 584 | 2093 |
| 股份合作企业 | 29631 | 71 | 38 | 426 | 1930 |
| 集体联营企业 | 44431 | 94 | 65 | 1990 | 3629 |
| 国有与集体联营企业 | 30906 | 105 | 28 | 757 | 2813 |
| 其他联营企业 | 3555 | 6 | 6 | | 289 |
| 私营合伙企业 | 38029 | 78 | 75 | 1472 | 3640 |
| 其他企业（内资） | 41250 | | | -10000 | -8750 |
| 股份有限公司 | 33940 | 94 | 53 | 1706 | 3905 |
| 股份有限公司（内资） | 35459 | 107 | 57 | 1771 | 4060 |
| 私营股份有限公司 | 28611 | 49 | 39 | 1481 | 3359 |
| 有限责任公司 | 58170 | 67 | 29 | 1282 | 4598 |
| 国有独资公司 | 67499 | 20 | 13 | 1030 | 4671 |
| 私营有限责任公司 | 39045 | 107 | 45 | 1369 | 3426 |
| 其他有限责任公司 | 64552 | 56 | 24 | 1267 | 5022 |

14-2 续表9　　(2003年)

| 项　　目 | 人均竣工产值（元/人） | 人均施工面积（平方米/人） | 人均竣工面积（平方米/人） | 人均利润（元/人） | 人均利税（元/人） |
|---|---|---|---|---|---|
| 按国民经济行业分组 | | | | | |
| 房屋和土木工程建筑业 | 54954 | 86 | 35 | 978 | 4007 |
| 房屋工程建筑 | 40019 | 112 | 46 | 579 | 2545 |
| 土木工程建筑 | 100010 | 9 | 3 | 2181 | 8420 |
| 铁路、道路、隧道和桥梁建筑 | 126820 | 9 | 3 | 3003 | 10415 |
| 水利和港口建筑 | 35756 | 4 | 3 | 318 | 4190 |
| 工矿工程建筑 | 10609 | 12 | 6 | -922 | -317 |
| 架线和管道工程建 | 63676 | 12 | | 2480 | 10289 |
| 其他土木工程建筑 | 76166 | 5 | 1 | 277 | 4101 |
| 建筑安装业 | 54920 | 2 | 1 | 1386 | 4552 |
| 建筑装饰业 | 61360 | | | 256 | 2117 |
| 其他建筑业 | 76701 | | | 1845 | 4321 |
| 工程准备 | 22106 | | | 718 | 2122 |
| 其他未列明的建筑活动 | 94447 | 1 | | 2211 | 5036 |
| 按国有经济控股情况分组 | | | | | |
| 国有绝对控股 | 75340 | 74 | 26 | 1050 | 5313 |
| 国有相对控股 | 21274 | 48 | 4 | 757 | 2316 |
| 其　他 | 37429 | 91 | 41 | 939 | 2870 |
| 按隶属关系分组 | | | | | |
| 中　央 | 102771 | 41 | 19 | 1788 | 8135 |
| 省 | 57930 | 111 | 30 | 403 | 2986 |
| 市 | 53616 | 98 | 36 | 695 | 3278 |
| 县 | 31725 | 95 | 41 | 743 | 2531 |
| 街　道 | 35823 | 82 | 51 | 718 | 2413 |
| 镇 | 25268 | 79 | 41 | 972 | 2471 |
| 乡 | 14911 | 63 | 29 | 1784 | 3531 |
| 村委会 | 28877 | 61 | 47 | 605 | 1602 |
| 其　他 | 33538 | 86 | 41 | 1028 | 2719 |
| 按企业资质等级分组 | | | | | |
| 施工总承包 | 55418 | 85 | 34 | 949 | 3992 |
| 特　级 | 217346 | 10 | 4 | 5675 | 19987 |
| 一　级 | 70104 | 90 | 27 | 540 | 4405 |
| 二　级 | 39325 | 93 | 42 | 785 | 2774 |
| 三　级 | 34020 | 82 | 38 | 829 | 2512 |
| 专业承包 | 50928 | 54 | 25 | 1582 | 4352 |
| 一　级 | 54685 | 5 | 1 | 1908 | 4959 |
| 二　级 | 50203 | 101 | 45 | 1368 | 4195 |
| 三　级 | 46388 | 23 | 17 | 1548 | 3714 |

# 14-3 建筑施工企业主要财务指标

(2003年)

单位:万元

| 项目 | 流动资产 |  | 长期 | 固定资产 | 固定资产 |  | 累计 |  |
|---|---|---|---|---|---|---|---|---|
|  | 小计 | #存货 | 投资 | 合计 | 原价 | #生产经营用 | 折旧 | #本年折旧 |
| 总计 | 2847402 | 608745 | 92994 | 1144382 | 1462899 | 1123431 | 455363 | 78415 |
| #国有及国有控股 | 2036588 | 370533 | 67396 | 693666 | 958375 | 711983 | 339478 | 56204 |
| 按登记注册类型分组 |  |  |  |  |  |  |  |  |
| 内资企业 | 2847402 | 608745 | 92994 | 1144382 | 1462899 | 1123431 | 455363 | 78415 |
| 国有企业 | 1427988 | 268691 | 60715 | 460756 | 625254 | 413547 | 207039 | 34149 |
| 集体企业 | 304778 | 87238 | 4905 | 160733 | 181665 | 147525 | 44205 | 7238 |
| 股份合作企业 | 15214 | 2631 | 137 | 11625 | 11233 | 10060 | 2279 | 396 |
| 联营企业 | 16881 | 4467 | 71 | 14254 | 15256 | 12184 | 1065 | 158 |
| 集体联营企业 | 907 | 365 | 52 | 1012 | 1083 | 638 | 134 | 16 |
| 国有与集体联营企业 | 13858 | 2154 | 19 | 12738 | 13649 | 11022 | 911 | 133 |
| 其他联营企业 | 2116 | 1948 |  | 504 | 524 | 524 | 20 | 9 |
| 有限责任公司 | 842728 | 169753 | 14476 | 351476 | 474469 | 419216 | 170246 | 29486 |
| 国有独资公司 | 75587 | 24137 | 29 | 33304 | 64464 | 58290 | 34733 | 3437 |
| 其他有限责任公司 | 767141 | 145616 | 14447 | 318172 | 410005 | 360926 | 135513 | 26049 |
| 股份有限公司 | 84542 | 24282 | 7741 | 45461 | 45086 | 33341 | 7652 | 1306 |
| 私营企业 | 155164 | 51673 | 4949 | 100057 | 109905 | 87558 | 22866 | 5682 |
| 私营独资企业 | 1010 | 248 |  | 2490 | 2374 | 1734 | 203 | 65 |
| 私营合伙企业 | 791 | 184 |  | 1102 | 1320 | 1020 | 295 | 74 |
| 私营有限责任公司 | 143266 | 48500 | 4054 | 85427 | 93235 | 75506 | 20281 | 5125 |
| 私营股份有限公司 | 10097 | 2741 | 895 | 11038 | 12976 | 9298 | 2087 | 418 |
| 其他企业 | 107 | 10 |  | 20 | 31 |  | 11 |  |
| 按经济组织类型分组 |  |  |  |  |  |  |  |  |
| 独资企业 | 1733776 | 356177 | 65620 | 623979 | 809293 | 562806 | 251447 | 41452 |
| 国有企业 | 1427988 | 268691 | 60715 | 460756 | 625254 | 413547 | 207039 | 34149 |
| 集体企业 | 304778 | 87238 | 4905 | 160733 | 181665 | 147525 | 44205 | 7238 |
| 私营独资企业 | 1010 | 248 |  | 2490 | 2374 | 1734 | 203 | 65 |
| 合作、合伙企业 | 32993 | 7292 | 208 | 27001 | 27840 | 23264 | 3650 | 628 |
| 股份合作企业 | 15214 | 2631 | 137 | 11625 | 11233 | 10060 | 2279 | 396 |
| 集体联营企业 | 907 | 365 | 52 | 1012 | 1083 | 638 | 134 | 16 |
| 国有与集体联营企业 | 13858 | 2154 | 19 | 12738 | 13649 | 11022 | 911 | 133 |
| 其他联营企业 | 2116 | 1948 |  | 504 | 524 | 524 | 20 | 9 |
| 私营合伙企业 | 791 | 184 |  | 1102 | 1320 | 1020 | 295 | 74 |
| 其他企业（内资） | 107 | 10 |  | 20 | 31 |  | 11 |  |
| 股份有限公司 | 94639 | 27023 | 8636 | 56499 | 58062 | 42639 | 9739 | 1724 |
| 股份有限公司（内资） | 84542 | 24282 | 7741 | 45461 | 45086 | 33341 | 7652 | 1306 |
| 私营股份有限公司 | 10097 | 2741 | 895 | 11038 | 12976 | 9298 | 2087 | 418 |
| 有限责任公司 | 985994 | 218253 | 18530 | 436903 | 567704 | 494722 | 190527 | 34611 |
| 国有独资公司 | 75587 | 24137 | 29 | 33304 | 64464 | 58290 | 34733 | 3437 |
| 私营有限责任公司 | 143266 | 48500 | 4054 | 85427 | 93235 | 75506 | 20281 | 5125 |
| 其他有限责任公司 | 767141 | 145616 | 14447 | 318172 | 410005 | 360926 | 135513 | 26049 |

注：本表资料不含劳务分包企业，下表同。

14-3 续表1 (2003年) 单位:万元

| 项目 | 流动资产小计 | #存货 | 长期投资 | 固定资产合计 | 固定资产原价 | #生产经营用 | 累计折旧 | #本年折旧 |
|---|---|---|---|---|---|---|---|---|
| 按国民经济行业分组 | | | | | | | | |
| 房屋和土木工程建筑业 | 2630021 | 547206 | 82976 | 1083608 | 1383784 | 1073788 | 430237 | 74941 |
| 房屋工程建筑 | 1293832 | 334984 | 20537 | 584543 | 668497 | 471161 | 160069 | 24612 |
| 土木工程建筑 | 1336189 | 212222 | 62439 | 499065 | 715287 | 602627 | 270168 | 50329 |
| 铁路、道路、隧道和桥梁建筑 | 1062193 | 166911 | 8783 | 370262 | 511016 | 443241 | 180646 | 36506 |
| 水利和港口建筑 | 124919 | 23593 | 4301 | 71774 | 130772 | 109995 | 63136 | 9387 |
| 工矿工程建筑 | 34313 | 4610 | 1364 | 18738 | 24814 | 13473 | 7848 | 1004 |
| 架线和管道工程建 | 67565 | 6238 | 47817 | 22762 | 26514 | 18744 | 8726 | 1526 |
| 其他土木工程建筑 | 47199 | 10870 | 174 | 15529 | 22171 | 17174 | 9812 | 1906 |
| 建筑安装业 | 146167 | 31857 | 9705 | 45883 | 60229 | 37287 | 19733 | 2179 |
| 建筑装饰业 | 41207 | 20148 | 191 | 8999 | 10708 | 6967 | 2746 | 511 |
| 其他建筑业 | 30007 | 9534 | 122 | 5892 | 8178 | 5389 | 2647 | 784 |
| 工程准备 | 1035 | 111 | 2 | 753 | 1004 | 891 | 308 | 106 |
| 其他未列明的建筑活动 | 28972 | 9423 | 120 | 5139 | 7174 | 4498 | 2339 | 678 |
| 按国有经济控股情况分组 | | | | | | | | |
| 国有绝对控股 | 2034214 | 370197 | 67377 | 691349 | 955688 | 710372 | 339052 | 56081 |
| 国有相对控股 | 2374 | 336 | 19 | 2317 | 2687 | 1611 | 426 | 123 |
| 其他国有 | 805289 | 235781 | 25584 | 447421 | 500371 | 407826 | 114995 | 22059 |
| 按隶属关系分组 | | | | | | | | |
| 中　央 | 1231040 | 207014 | 63276 | 420440 | 630785 | 549135 | 258268 | 43895 |
| 省 | 586485 | 113212 | 6803 | 184644 | 238094 | 107801 | 66985 | 10029 |
| 市 | 449576 | 93187 | 8067 | 173934 | 193598 | 137754 | 40856 | 6536 |
| 县 | 266084 | 101862 | 7039 | 162278 | 174687 | 142524 | 40747 | 6450 |
| 街　道 | 6451 | 2123 | 14 | 3473 | 4171 | 3134 | 812 | 181 |
| 镇 | 20885 | 6533 | 220 | 25459 | 26972 | 23251 | 5667 | 748 |
| 乡 | 1892 | 1028 | 115 | 3542 | 4302 | 4070 | 895 | 203 |
| 村委会 | 7944 | 1216 | 21 | 8201 | 6309 | 5253 | 719 | 199 |
| 其　他 | 277036 | 82570 | 7439 | 162411 | 183981 | 150509 | 40414 | 10174 |
| 按企业资质等级分组 | | | | | | | | |
| 施工总承包 | 2625365 | 555420 | 81912 | 1043181 | 1346632 | 1046447 | 422198 | 73163 |
| 特　级 | 435493 | 65810 | 5848 | 133973 | 189031 | 176787 | 67716 | 17369 |
| 一　级 | 1312523 | 225398 | 55889 | 440325 | 639215 | 451975 | 234246 | 32802 |
| 二　级 | 519550 | 155782 | 12926 | 226386 | 261571 | 211516 | 67569 | 13091 |
| 三　级 | 357799 | 108430 | 7249 | 242497 | 256815 | 206169 | 52667 | 9901 |
| 专业承包 | 222037 | 53325 | 11082 | 101201 | 116267 | 76984 | 33165 | 5252 |
| 一　级 | 95802 | 31502 | 1417 | 38441 | 46870 | 32146 | 16726 | 2100 |
| 二　级 | 93239 | 15107 | 9088 | 36603 | 40450 | 22779 | 10415 | 1645 |
| 三　级 | 32996 | 6716 | 577 | 26157 | 28947 | 22059 | 6024 | 1507 |

14-3 续表2 (2003年) 单位：万元

| 项　　目 | 在建工程 | 无形及递延资产 | # 无形资产 | 其他资产 | 资产合计 | 负债合计 | 流动负债合计 | 长期负债合计 |
|---|---|---|---|---|---|---|---|---|
| 总　　计 | 100036 | 105320 | 81445 | 21128 | 4211226 | 2771600 | 2581654 | 189946 |
| # 国有及国有控股 | 56726 | 37620 | 22602 | 13078 | 2848348 | 2125321 | 2005330 | 119991 |
| 按登记注册类型分组 | | | | | | | | |
| 内资企业 | 100036 | 105320 | 81445 | 21128 | 4211226 | 2771600 | 2581654 | 189946 |
| 国有企业 | 31627 | 23116 | 14010 | 11299 | 1983874 | 1466183 | 1381814 | 84369 |
| 集体企业 | 16032 | 18850 | 17908 | 2643 | 491909 | 246728 | 214261 | 32467 |
| 股份合作企业 | 1414 | 2130 | 964 | 262 | 29368 | 14646 | 14116 | 530 |
| 联营企业 | 63 | 38 | | 955 | 32199 | 17146 | 16982 | 164 |
| 集体联营企业 | 63 | | | | 1971 | 539 | 375 | 164 |
| 国有与集体联营企业 | | | | 955 | 27570 | 15949 | 15949 | |
| 其他联营企业 | | 38 | | | 2658 | 658 | 658 | |
| 有限责任公司 | 37495 | 32394 | 23224 | 3345 | 1244419 | 853865 | 806381 | 47484 |
| 国有独资公司 | 153 | 4861 | 170 | 46 | 113827 | 80281 | 78405 | 1876 |
| 其他有限责任公司 | 37342 | 27533 | 23054 | 3299 | 1130592 | 773584 | 727976 | 45608 |
| 股份有限公司 | 5080 | 8159 | 7129 | 1867 | 147770 | 70420 | 55836 | 14584 |
| 私营企业 | 8325 | 20628 | 18210 | 757 | 281555 | 102606 | 92258 | 10348 |
| 私营独资企业 | 301 | | | | 3500 | 990 | 945 | 45 |
| 私营合伙企业 | 77 | 71 | 50 | 12 | 1976 | 501 | 430 | 71 |
| 私营有限责任公司 | 7839 | 19856 | 17524 | 745 | 253348 | 96621 | 86595 | 10026 |
| 私营股份有限公司 | 108 | 701 | 636 | | 22731 | 4494 | 4288 | 206 |
| 其他企业 | | 5 | | | 132 | 6 | 6 | |
| 按经济组织类型分组 | | | | | | | | |
| 独资企业 | 47960 | 41966 | 31918 | 13942 | 2479283 | 1713901 | 1597020 | 116881 |
| 国有企业 | 31627 | 23116 | 14010 | 11299 | 1983874 | 1466183 | 1381814 | 84369 |
| 集体企业 | 16032 | 18850 | 17908 | 2643 | 491909 | 246728 | 214261 | 32467 |
| 私营独资企业 | 301 | | | | 3500 | 990 | 945 | 45 |
| 合作、合伙企业 | 1554 | 2244 | 1014 | 1229 | 63675 | 32299 | 31534 | 765 |
| 股份合作企业 | 1414 | 2130 | 964 | 262 | 29368 | 14646 | 14116 | 530 |
| 集体联营企业 | 63 | | | | 1971 | 539 | 375 | 164 |
| 国有与集体联营企业 | | | | 955 | 27570 | 15949 | 15949 | |
| 其他联营企业 | | 38 | | | 2658 | 658 | 658 | |
| 私营合伙企业 | 77 | 71 | 50 | 12 | 1976 | 501 | 430 | 71 |
| 其他企业（内资） | | 5 | | | 132 | 6 | 6 | |
| 股份有限公司 | 5188 | 8860 | 7765 | 1867 | 170501 | 74914 | 60124 | 14790 |
| 股份有限公司（内资） | 5080 | 8159 | 7129 | 1867 | 147770 | 70420 | 55836 | 14584 |
| 私营股份有限公司 | 108 | 701 | 636 | | 22731 | 4494 | 4288 | 206 |
| 有限责任公司 | 45334 | 52250 | 40748 | 4090 | 1497767 | 950486 | 892976 | 57510 |
| 国有独资公司 | 153 | 4861 | 170 | 46 | 113827 | 80281 | 78405 | 1876 |
| 私营有限责任公司 | 7839 | 19856 | 17524 | 745 | 253348 | 96621 | 86595 | 10026 |
| 其他有限责任公司 | 37342 | 27533 | 23054 | 3299 | 1130592 | 773584 | 727976 | 45608 |

14-3 续表3　(2003年)　单位：万元

| 项　目 | 在建工程 | 无形及递延资产 | #无形资产 | 其他资产 | 资产合计 | 负债合计 | 流动负债合计 | 长期负债合计 |
|---|---|---|---|---|---|---|---|---|
| 按国民经济行业分组 | | | | | | | | |
| 房屋和土木工程建筑业 | 96921 | 100380 | 77933 | 18789 | 3915774 | 2579135 | 2409362 | 169773 |
| 房屋工程建筑 | 52723 | 79294 | 59226 | 12559 | 1990765 | 1156567 | 1077850 | 78717 |
| 土木工程建筑 | 44198 | 21086 | 18707 | 6230 | 1925009 | 1422568 | 1331512 | 91056 |
| 铁路、道路、隧道和桥梁建筑 | 34801 | 16727 | 15059 | 5820 | 1463785 | 1113929 | 1035347 | 78582 |
| 水利和港口建筑 | 4119 | 3570 | 3006 | 6 | 204570 | 137897 | 130701 | 7196 |
| 工矿工程建筑 | 1317 | | | 11 | 54426 | 52627 | 48362 | 4265 |
| 架线和管道工程建 | 1883 | 771 | 629 | 10 | 138925 | 71069 | 70134 | 935 |
| 其他土木工程建筑 | 2078 | 18 | 13 | 383 | 63303 | 47046 | 46968 | 78 |
| 建筑安装业 | 2774 | 4252 | 2926 | 2085 | 208092 | 145926 | 128093 | 17833 |
| 建筑装饰业 | 97 | 435 | 350 | 254 | 51086 | 24762 | 24100 | 662 |
| 其他建筑业 | 244 | 253 | 236 | | 36274 | 21777 | 20099 | 1678 |
| 工程准备 | 56 | 23 | 20 | | 1813 | 569 | 568 | 1 |
| 其他未列明的建筑活动 | 188 | 230 | 216 | | 34461 | 21208 | 19531 | 1677 |
| 按国有经济控股情况分组 | | | | | | | | |
| 国有绝对控股 | 56670 | 37617 | 22602 | 12930 | 2843487 | 2124098 | 2004107 | 119991 |
| 国有相对控股 | 56 | 3 | | 148 | 4861 | 1223 | 1223 | |
| 其他国有 | 43307 | 67497 | 58640 | 7928 | 1353719 | 643034 | 573165 | 69869 |
| 按隶属关系分组 | | | | | | | | |
| 中　央 | 37974 | 22996 | 11769 | 5951 | 1743712 | 1322648 | 1250524 | 72124 |
| 省 | 9013 | 6791 | 4891 | 5272 | 789995 | 612457 | 569098 | 43359 |
| 市 | 16451 | 30896 | 25696 | 4796 | 667269 | 414238 | 389613 | 24625 |
| 县 | 19119 | 19982 | 17197 | 3006 | 458389 | 208410 | 191728 | 16682 |
| 街　道 | 114 | 172 | 172 | 10 | 10120 | 3482 | 3350 | 132 |
| 镇 | 3224 | 727 | 696 | 514 | 47805 | 15605 | 14392 | 1213 |
| 乡 | | | | | 5549 | 629 | 629 | |
| 村委会 | 601 | 200 | 200 | 597 | 16963 | 7303 | 6622 | 681 |
| 其　他 | 13540 | 23556 | 20824 | 982 | 471424 | 186828 | 155698 | 31130 |
| 按企业资质等级分组 | | | | | | | | |
| 施工总承包 | 86649 | 96263 | 73952 | 18214 | 3864935 | 2569542 | 2401871 | 167671 |
| 特　级 | 12657 | 8584 | 7229 | 2961 | 586859 | 462781 | 418739 | 44042 |
| 一　级 | 25118 | 26153 | 19176 | 9775 | 1844665 | 1405666 | 1340769 | 64897 |
| 二　级 | 19510 | 33619 | 27838 | 2835 | 795316 | 418711 | 380733 | 37978 |
| 三　级 | 29364 | 27907 | 19709 | 2643 | 638095 | 282384 | 261630 | 20754 |
| 专业承包 | 13387 | 9057 | 7493 | 2914 | 346291 | 202058 | 179783 | 22275 |
| 一　级 | 7124 | 1099 | 783 | 1091 | 137850 | 91255 | 91126 | 129 |
| 二　级 | 4286 | 6604 | 5423 | 1388 | 146922 | 78558 | 56881 | 21677 |
| 三　级 | 1977 | 1354 | 1287 | 435 | 61519 | 32245 | 31776 | 469 |

14-3 续表4 (2003年) 单位：万元

| 项目 | 所有者权益合计 | 实收资本 | | | | |
|---|---|---|---|---|---|---|
| | | 合计 | 国家资本 | 集体资本 | 法人资本 | 个人资本 |
| 总计 | 1439626 | 1142320 | 273400 | 198614 | 465074 | 205232 |
| #国有及国有控股 | 723027 | 547883 | 266015 | 6293 | 267835 | 7740 |
| 按登记注册类型分组 | | | | | | |
| 内资企业 | 1439626 | 1142320 | 273400 | 198614 | 465074 | 205232 |
| 国有企业 | 517691 | 377389 | 200554 | | 176835 | |
| 集体企业 | 245181 | 196463 | | 149957 | 46506 | |
| 股份合作企业 | 14722 | 13859 | | 9138 | 4721 | |
| 联营企业 | 15053 | 10948 | 578 | 7561 | 1259 | 1550 |
| 集体联营企业 | 1432 | 1406 | | 147 | 1259 | |
| 国有与集体联营企业 | 11621 | 7542 | 128 | 7414 | | |
| 其他联营企业 | 2000 | 2000 | 450 | | | 1550 |
| 有限责任公司 | 390554 | 330687 | 72265 | 26531 | 152055 | 79836 |
| 国有独资公司 | 33546 | 23181 | 16837 | | 6344 | |
| 其他有限责任公司 | 357008 | 307506 | 55428 | 26531 | 145711 | 79836 |
| 股份有限公司 | 77350 | 65136 | 3 | 5427 | 33607 | 26099 |
| 私营企业 | 178949 | 147712 | | | 50091 | 97621 |
| 私营独资企业 | 2510 | 1938 | | | 1700 | 238 |
| 私营合伙企业 | 1475 | 1260 | | | 294 | 966 |
| 私营有限责任公司 | 156727 | 128092 | | | 44686 | 83406 |
| 私营股份有限公司 | 18237 | 16422 | | | 3411 | 13011 |
| 其他企业 | 126 | 126 | | | | 126 |
| 按经济组织类型分组 | | | | | | |
| 独资企业 | 765382 | 575790 | 200554 | 149957 | 225041 | 238 |
| 国有企业 | 517691 | 377389 | 200554 | | 176835 | |
| 集体企业 | 245181 | 196463 | | 149957 | 46506 | |
| 私营独资企业 | 2510 | 1938 | | | 1700 | 238 |
| 合作、合伙企业 | 31376 | 26193 | 578 | 16699 | 6274 | 2642 |
| 股份合作企业 | 14722 | 13859 | | 9138 | 4721 | |
| 集体联营企业 | 1432 | 1406 | | 147 | 1259 | |
| 国有与集体联营企业 | 11621 | 7542 | 128 | 7414 | | |
| 其他联营企业 | 2000 | 2000 | 450 | | | 1550 |
| 私营合伙企业 | 1475 | 1260 | | | 294 | 966 |
| 其他企业（内资） | 126 | 126 | | | | 126 |
| 股份有限公司 | 95587 | 81558 | 3 | 5427 | 37018 | 39110 |
| 股份有限公司（内资） | 77350 | 65136 | 3 | 5427 | 33607 | 26099 |
| 私营股份有限公司 | 18237 | 16422 | | | 3411 | 13011 |
| 有限责任公司 | 547281 | 458779 | 72265 | 26531 | 196741 | 163242 |
| 国有独资公司 | 33546 | 23181 | 16837 | | 6344 | |
| 私营有限责任公司 | 156727 | 128092 | | | 44686 | 83406 |
| 其他有限责任公司 | 357008 | 307506 | 55428 | 26531 | 145711 | 79836 |

14-3 续表5 (2003年) 单位：万元

| 项　　目 | 所有者权益合计 | 实收资本 | | | | |
|---|---|---|---|---|---|---|
| | | 合　计 | 国家资本 | 集体资本 | 法人资本 | 个人资本 |
| 按国民经济行业分组 | | | | | | |
| 房屋和土木工程建筑业 | 1336639 | 1064404 | 258881 | 192699 | 422401 | 190423 |
| 房屋工程建筑 | 834198 | 686501 | 128637 | 162143 | 229634 | 166087 |
| 土木工程建筑 | 502441 | 377903 | 130244 | 30556 | 192767 | 24336 |
| 铁路、道路、隧道和桥梁建筑 | 349856 | 262886 | 90955 | 22640 | 127429 | 21862 |
| 水利和港口建筑 | 66673 | 37747 | 13253 | 3581 | 20294 | 619 |
| 工矿工程建筑 | 1799 | 11801 | 11801 | | | |
| 架线和管道工程建 | 67856 | 53237 | 10694 | 2019 | 39723 | 801 |
| 其他土木工程建筑 | 16257 | 12232 | 3541 | 2316 | 5321 | 1054 |
| 建筑安装业 | 62166 | 43211 | 10706 | 3806 | 20784 | 7915 |
| 建筑装饰业 | 26324 | 24777 | 1323 | 558 | 16933 | 5963 |
| 其他建筑业 | 14497 | 9928 | 2490 | 1551 | 4956 | 931 |
| 工程准备 | 1244 | 1149 | 190 | 959 | | |
| 其他未列明的建筑活动 | 13253 | 8779 | 2300 | 592 | 4956 | 931 |
| 按国有经济控股情况分组 | | | | | | |
| 国有绝对控股 | 719389 | 544389 | 266015 | 3799 | 266835 | 7740 |
| 国有相对控股 | 3638 | 3494 | | 2494 | 1000 | |
| 其他国有 | 710685 | 589151 | 7385 | 190313 | 194242 | 197211 |
| 按隶属关系分组 | | | | | | |
| 中　央 | 421064 | 309739 | 100154 | 3167 | 205218 | 1200 |
| 省 | 177538 | 136548 | 62447 | 7102 | 60269 | 6730 |
| 市 | 253031 | 193525 | 76256 | 53422 | 42533 | 21314 |
| 县 | 249979 | 216874 | 27969 | 97165 | 57272 | 34468 |
| 街　道 | 6638 | 6003 | | 4911 | 1067 | 25 |
| 镇 | 32200 | 29170 | 3 | 9897 | 11838 | 7432 |
| 乡 | 4920 | 4738 | | 569 | 4169 | |
| 村委会 | 9660 | 9115 | | 5991 | 2694 | 430 |
| 其　他 | 284596 | 236608 | 6571 | 16390 | 80014 | 133633 |
| 按企业资质等级分组 | | | | | | |
| 施工总承包 | 1295393 | 1028885 | 239136 | 184617 | 420192 | 184940 |
| 特　级 | 124078 | 92767 | 32566 | | 60201 | |
| 一　级 | 438999 | 325979 | 115724 | 29267 | 168295 | 12693 |
| 二　级 | 376605 | 311843 | 58915 | 72503 | 102234 | 78191 |
| 三　级 | 355711 | 298296 | 31931 | 82847 | 89462 | 94056 |
| 专业承包 | 144233 | 113435 | 34264 | 13997 | 44882 | 20292 |
| 一　级 | 46595 | 35763 | 6615 | 1000 | 26512 | 1636 |
| 二　级 | 68364 | 50424 | 25504 | 2346 | 11797 | 10777 |
| 三　级 | 29274 | 27248 | 2145 | 10651 | 6573 | 7879 |

14-3 续表6 (2003年) 单位：万元

| 项　　目 | 工程结算收入 | 工程结算成本 | 工程结算税金及附加 | 工程结算利润 | 其他业务收入 | 其他业务利润 |
|---|---|---|---|---|---|---|
| 总　计 | 4440416 | 4038293 | 123999 | 278124 | 130865 | 19541 |
| #国有及国有控股 | 3299494 | 3032379 | 86561 | 180554 | 120959 | 16315 |
| 按登记注册类型分组 | | | | | | |
| 内资企业 | 4440416 | 4038293 | 123999 | 278124 | 130865 | 19541 |
| 国有企业 | 2086813 | 1912697 | 55747 | 118369 | 51404 | 8443 |
| 集体企业 | 390687 | 343479 | 13089 | 34119 | 2314 | 1346 |
| 股份合作企业 | 18914 | 16596 | 670 | 1648 | 71 | 21 |
| 联营企业 | 23039 | 21388 | 738 | 913 | 404 | 358 |
| 集体联营企业 | 3028 | 2703 | 81 | 244 | 15 | 6 |
| 国有与集体联营企业 | 18162 | 16980 | 596 | 586 | 389 | 352 |
| 其他联营企业 | 1849 | 1705 | 61 | 83 | | |
| 有限责任公司 | 1599069 | 1461024 | 42969 | 95076 | 71561 | 7093 |
| 国有独资公司 | 95964 | 88221 | 2641 | 5102 | 11987 | 2360 |
| 其他有限责任公司 | 1503105 | 1372803 | 40328 | 89974 | 59574 | 4733 |
| 股份有限公司 | 96101 | 84922 | 3011 | 8168 | 4212 | 1916 |
| 私营企业 | 225760 | 198162 | 7774 | 19824 | 899 | 364 |
| 私营独资企业 | 2092 | 1659 | 78 | 355 | | |
| 私营合伙企业 | 2349 | 1842 | 120 | 387 | | |
| 私营有限责任公司 | 201435 | 178639 | 6913 | 15883 | 899 | 364 |
| 私营股份有限公司 | 19884 | 16022 | 663 | 3199 | | |
| 其他企业 | 33 | 25 | 1 | 7 | | |
| 按经济组织类型分组 | | | | | | |
| 独资企业 | 2479592 | 2257835 | 68914 | 152843 | 53718 | 9789 |
| 国有企业 | 2086813 | 1912697 | 55747 | 118369 | 51404 | 8443 |
| 集体企业 | 390687 | 343479 | 13089 | 34119 | 2314 | 1346 |
| 私营独资企业 | 2092 | 1659 | 78 | 355 | | |
| 合作、合伙企业 | 44335 | 39851 | 1529 | 2955 | 475 | 379 |
| 股份合作企业 | 18914 | 16596 | 670 | 1648 | 71 | 21 |
| 集体联营企业 | 3028 | 2703 | 81 | 244 | 15 | 6 |
| 国有与集体联营企业 | 18162 | 16980 | 596 | 586 | 389 | 352 |
| 其他联营企业 | 1849 | 1705 | 61 | 83 | | |
| 私营合伙企业 | 2349 | 1842 | 120 | 387 | | |
| 其他企业（内资） | 33 | 25 | 1 | 7 | | |
| 股份有限公司 | 115985 | 100944 | 3674 | 11367 | 4212 | 1916 |
| 股份有限公司（内资） | 96101 | 84922 | 3011 | 8168 | 4212 | 1916 |
| 私营股份有限公司 | 19884 | 16022 | 663 | 3199 | | |
| 有限责任公司 | 1800504 | 1639663 | 49882 | 110959 | 72460 | 7457 |
| 国有独资公司 | 95964 | 88221 | 2641 | 5102 | 11987 | 2360 |
| 私营有限责任公司 | 201435 | 178639 | 6913 | 15883 | 899 | 364 |
| 其他有限责任公司 | 1503105 | 1372803 | 40328 | 89974 | 59574 | 4733 |

14-3 续表7 (2003年) 单位：万元

| 项目 | 工程结算收入 | 工程结算成本 | 工程结算税金及附加 | 工程结算利润 | 其他业务收入 | 其他业务利润 |
|---|---|---|---|---|---|---|
| 按国民经济行业分组 | | | | | | |
| 房屋和土木工程建筑业 | 4263770 | 3887246 | 119091 | 257433 | 121617 | 16875 |
| 房屋工程建筑 | 2012773 | 1838732 | 55804 | 118237 | 19302 | 4850 |
| 土木工程建筑 | 2250997 | 2048514 | 63287 | 139196 | 102315 | 12025 |
| 铁路、道路、隧道和桥梁建筑 | 1912728 | 1749196 | 52697 | 110835 | 73468 | 6861 |
| 水利和港口建筑 | 181500 | 161735 | 5394 | 14371 | 16957 | 4859 |
| 工矿工程建筑 | 15001 | 14099 | 451 | 451 | 9264 | 817 |
| 架线和管道工程建 | 84408 | 71443 | 3087 | 9878 | 1556 | -613 |
| 其他土木工程建筑 | 57360 | 52041 | 1658 | 3661 | 1070 | 101 |
| 建筑安装业 | 122481 | 104474 | 3991 | 14016 | 8003 | 2097 |
| 建筑装饰业 | 30066 | 27839 | 370 | 1857 | 758 | 487 |
| 其他建筑业 | 24099 | 18734 | 547 | 4818 | 487 | 82 |
| 工程准备 | 1994 | 1692 | 70 | 232 | 79 | -4 |
| 其他未列明的建筑活动 | 22105 | 17042 | 477 | 4586 | 408 | 86 |
| 按国有经济控股情况分组 | | | | | | |
| 国有绝对控股 | 3290713 | 3024571 | 86268 | 179874 | 120937 | 16296 |
| 国有相对控股 | 8781 | 7808 | 293 | 680 | 22 | 19 |
| 其他国有 | 1131529 | 997855 | 37064 | 96610 | 9906 | 3226 |
| 按隶属关系分组 | | | | | | |
| 中　央 | 2616596 | 2417184 | 63151 | 136261 | 85760 | 9783 |
| 省 | 504007 | 448738 | 17306 | 37963 | 22205 | 2526 |
| 市 | 432503 | 390660 | 13632 | 28211 | 18161 | 5252 |
| 县 | 439684 | 389788 | 14861 | 35035 | 2827 | 1381 |
| 街　道 | 12111 | 9978 | 400 | 1733 | | |
| 镇 | 52017 | 46506 | 1689 | 3822 | 33 | 27 |
| 乡 | 6528 | 5332 | 291 | 905 | | |
| 村委会 | 9920 | 8679 | 336 | 905 | 81 | 13 |
| 其　他 | 367050 | 321428 | 12333 | 33289 | 1798 | 559 |
| 按企业资质等级分组 | | | | | | |
| 施工总承包 | 4173806 | 3802228 | 116871 | 254707 | 121563 | 17433 |
| 特　级 | 1018692 | 942983 | 26794 | 48915 | 35779 | 1590 |
| 一　级 | 1902555 | 1751074 | 48690 | 102791 | 75361 | 15414 |
| 二　级 | 713873 | 638705 | 23218 | 51950 | 6632 | -599 |
| 三　级 | 538686 | 469466 | 18169 | 51051 | 3791 | 1028 |
| 专业承包 | 266610 | 236065 | 7128 | 23417 | 9302 | 2108 |
| 一　级 | 121567 | 106948 | 2742 | 11877 | 4610 | 179 |
| 二　级 | 117212 | 105929 | 3395 | 7888 | 3941 | 1685 |
| 三　级 | 27831 | 23188 | 991 | 3652 | 751 | 244 |

14-3 续表8 （2003年） 单位：万元

| 项 目 | 管理费用 | #税 金 | #财产保险费 | #劳动、待业保险费 | 财务费用 | #利息支出 |
|---|---|---|---|---|---|---|
| 总 计 | 225679 | 6175 | 1807 | 40611 | 25924 | 18416 |
| #国有及国有控股 | 158969 | 2527 | 789 | 36440 | 15778 | 11918 |
| 按登记注册类型分组 | | | | | | |
| 内资企业 | 225679 | 6175 | 1807 | 40611 | 25924 | 18416 |
| 国有企业 | 104061 | 1966 | 556 | 26487 | 12236 | 7556 |
| 集体企业 | 23328 | 1653 | 605 | 2061 | 4087 | 2455 |
| 股份合作企业 | 1200 | 43 | | 5 | 429 | 140 |
| 联营企业 | 802 | 85 | 2 | 23 | 75 | 68 |
| 集体联营企业 | 105 | 14 | | 16 | 26 | 10 |
| 国有与集体联营企业 | 599 | 71 | 2 | | 49 | 58 |
| 其他联营企业 | 98 | | | 7 | | |
| 有限责任公司 | 80222 | 1439 | 392 | 11512 | 6158 | 6097 |
| 国有独资公司 | 6892 | 71 | 17 | 497 | 673 | 1400 |
| 其他有限责任公司 | 73330 | 1368 | 375 | 11015 | 5485 | 4697 |
| 股份有限公司 | 5010 | 406 | 102 | 78 | 930 | 635 |
| 私营企业 | 11041 | 583 | 150 | 445 | 2009 | 1465 |
| 私营独资企业 | 122 | 53 | 11 | 10 | 23 | 8 |
| 私营合伙企业 | 260 | 11 | 3 | 5 | 15 | 13 |
| 私营有限责任公司 | 8655 | 339 | 95 | 300 | 1614 | 1297 |
| 私营股份有限公司 | 2004 | 180 | 41 | 130 | 357 | 147 |
| 其他企业 | 15 | | | | | |
| 按经济组织类型分组 | | | | | | |
| 独资企业 | 127511 | 3672 | 1172 | 28558 | 16346 | 10019 |
| 国有企业 | 104061 | 1966 | 556 | 26487 | 12236 | 7556 |
| 集体企业 | 23328 | 1653 | 605 | 2061 | 4087 | 2455 |
| 私营独资企业 | 122 | 53 | 11 | 10 | 23 | 8 |
| 合作、合伙企业 | 2277 | 139 | 5 | 33 | 519 | 221 |
| 股份合作企业 | 1200 | 43 | | 5 | 429 | 140 |
| 集体联营企业 | 105 | 14 | | 16 | 26 | 10 |
| 国有与集体联营企业 | 599 | 71 | 2 | | 49 | 58 |
| 其他联营企业 | 98 | | | 7 | | |
| 私营合伙企业 | 260 | 11 | 3 | 5 | 15 | 13 |
| 其他企业（内资） | 15 | | | | | |
| 股份有限公司 | 7014 | 586 | 143 | 208 | 1287 | 782 |
| 股份有限公司（内资） | 5010 | 406 | 102 | 78 | 930 | 635 |
| 私营股份有限公司 | 2004 | 180 | 41 | 130 | 357 | 147 |
| 有限责任公司 | 88877 | 1778 | 487 | 11812 | 7772 | 7394 |
| 国有独资公司 | 6892 | 71 | 17 | 497 | 673 | 1400 |
| 私营有限责任公司 | 8655 | 339 | 95 | 300 | 1614 | 1297 |
| 其他有限责任公司 | 73330 | 1368 | 375 | 11015 | 5485 | 4697 |

14-3 续表9　　(2003年)　　单位：万元

| 项　　目 | 管理费用 | #税　金 | #财产保险费 | #劳动、待业保险费 | 财务费用 | #利息支出 |
|---|---|---|---|---|---|---|
| 按国民经济行业分组 | | | | | | |
| 房屋和土木工程建筑业 | 206210 | 5677 | 1635 | 37660 | 24351 | 16741 |
| 房屋工程建筑 | 93284 | 4247 | 791 | 17344 | 13173 | 8555 |
| 土木工程建筑 | 112926 | 1430 | 844 | 20316 | 11178 | 8186 |
| 铁路、道路、隧道和桥梁建筑 | 82301 | 900 | 728 | 15030 | 9070 | 6226 |
| 水利和港口建筑 | 16854 | 145 | 39 | 2817 | 1552 | 1398 |
| 工矿工程建筑 | 2229 | 123 | 8 | 1010 | 199 | 232 |
| 架线和管道工程建 | 8114 | 224 | 26 | 639 | 217 | 231 |
| 其他土木工程建筑 | 3428 | 38 | 43 | 820 | 140 | 99 |
| 建筑安装业 | 12639 | 405 | 164 | 2780 | 945 | 1038 |
| 建筑装饰业 | 1973 | 56 | 6 | 37 | 176 | 171 |
| 其他建筑业 | 4857 | 37 | 2 | 134 | 452 | 466 |
| 工程准备 | 176 | 4 | | 4 | 4 | 3 |
| 其他未列明的建筑活动 | 4681 | 33 | 2 | 130 | 448 | 463 |
| 按国有经济控股情况分组 | | | | | | |
| 国有绝对控股 | 158485 | 2496 | 789 | 36436 | 15766 | 11918 |
| 国有相对控股 | 484 | 31 | | 4 | 12 | |
| 其他国有 | 66359 | 3600 | 1013 | 4128 | 9939 | 6378 |
| 按隶属关系分组 | | | | | | |
| 中　央 | 114068 | 1210 | 530 | 21575 | 10168 | 6754 |
| 省 | 39807 | 740 | 31 | 13889 | 3062 | 3795 |
| 市 | 24348 | 1257 | 602 | 2610 | 3386 | 2533 |
| 县 | 22804 | 1473 | 313 | 1271 | 5592 | 2881 |
| 街　道 | 1465 | 86 | 3 | 3 | 46 | 35 |
| 镇 | 1700 | 327 | 73 | 94 | 571 | 276 |
| 乡 | 294 | 98 | | 15 | 140 | 32 |
| 村委会 | 506 | 63 | 4 | 14 | 141 | 121 |
| 其　他 | 20687 | 921 | 251 | 1140 | 2818 | 1989 |
| 按企业资质等级分组 | | | | | | |
| 施工总承包 | 207191 | 5699 | 1573 | 37884 | 24141 | 16919 |
| 特　级 | 30738 | 302 | 128 | 4384 | 6114 | 2758 |
| 一　级 | 106279 | 1689 | 590 | 27840 | 7255 | 7448 |
| 二　级 | 36482 | 1232 | 385 | 3931 | 4963 | 3483 |
| 三　级 | 33692 | 2476 | 470 | 1729 | 5809 | 3230 |
| 专业承包 | 18488 | 476 | 234 | 2727 | 1783 | 1497 |
| 一　级 | 9649 | 156 | 121 | 2069 | 311 | 434 |
| 二　级 | 6122 | 210 | 89 | 602 | 1198 | 885 |
| 三　级 | 2717 | 110 | 24 | 56 | 274 | 178 |

# 14-4 劳务分包施工企业生产经营主要指标

（2003年）

单位：万元

| 项 目 | 生产经营情况 | | | | | 从业人员劳动报酬 | |
| --- | --- | --- | --- | --- | --- | --- | --- |
| | 企业总收入 | #劳务收入 | 税金 | 劳动、待业保险费 | 利润总额 | | 工资总额 |
| 总 计 | 5333 | 947 | 159 | 59 | 119 | 837 | 813 |
| #国有及国有控股 | 431 | 431 | 14 | 6 | 6 | 45 | 37 |
| 按登记注册类型分组 | | | | | | | |
| 内资企业 | 5333 | 947 | 159 | 59 | 119 | 837 | 813 |
| 国有企业 | 431 | 431 | 14 | 6 | 6 | 45 | 37 |
| 集体企业 | 4455 | 195 | 129 | 52 | 47 | 677 | 661 |
| 股份有限公司 | 45 | 21 | 2 | | | 21 | 21 |
| 私营企业 | 402 | 300 | 14 | 1 | 66 | 94 | 94 |
| 私营独资企业 | 215 | 215 | 4 | | 33 | 41 | 41 |
| 私营有限责任公司 | 187 | 85 | 10 | 1 | 33 | 53 | 53 |
| 按经济组织类型分组 | | | | | | | |
| 独资企业 | 5101 | 841 | 147 | 58 | 86 | 763 | 739 |
| 国有企业 | 431 | 431 | 14 | 6 | 6 | 45 | 37 |
| 集体企业 | 4455 | 195 | 129 | 52 | 47 | 677 | 661 |
| 私营独资企业 | 215 | 215 | 4 | | 33 | 41 | 41 |
| 股份有限公司 | 45 | 21 | 2 | | | 21 | 21 |
| 股份有限公司（内资） | 45 | 21 | 2 | | | 21 | 21 |
| 有限责任公司 | 187 | 85 | 10 | 1 | 33 | 53 | 53 |
| 私营有限责任公司 | 187 | 85 | 10 | 1 | 33 | 53 | 53 |
| 按国民经济行业分组 | | | | | | | |
| 房屋和土木工程建筑业 | 3950 | 477 | 134 | 54 | 103 | 713 | 689 |
| 房屋工程建筑 | 776 | 450 | 29 | 9 | 68 | 216 | 214 |
| 土木工程建筑 | 3174 | 27 | 105 | 45 | 35 | 497 | 475 |
| 铁路、道路、隧道和桥梁建筑 | 3147 | | 104 | 42 | 33 | 430 | 430 |
| 工矿工程建筑 | 7 | 7 | | 1 | | 23 | 15 |
| 其他土木工程建筑 | 20 | 20 | 1 | 2 | 2 | 44 | 30 |
| 建筑安装业 | 959 | 46 | 11 | | 10 | 102 | 102 |
| 其他建筑业 | 424 | 424 | 14 | 5 | 6 | 22 | 22 |
| 其他未列明的建筑活动 | 424 | 424 | 14 | 5 | 6 | 22 | 22 |
| 按隶属关系分组 | | | | | | | |
| 省 | 8 | 8 | | 1 | | 25 | 17 |
| 市 | 3571 | 424 | 118 | 47 | 39 | 452 | 452 |
| 县 | 1107 | 20 | 15 | 3 | 3 | 157 | 143 |
| 镇 | 202 | 152 | 10 | 7 | 18 | 102 | 100 |
| 其 他 | 445 | 343 | 16 | 1 | 59 | 101 | 101 |

14-4 续表　　(2003年)　　单位：人

| 项　　目 | 年平均从业人员 | 期末从业人员数 | #管理人员 | #工程技术人员 | #现场施工工人 | #持证上岗人员 | #高级技工 | #中级技工 |
|---|---|---|---|---|---|---|---|---|
| 总　计 | 1099 | 1026 | 169 | 105 | 800 | 325 | 72 | 81 |
| #国有及国有控股 | 139 | 95 | 12 | 10 | 79 | 43 | 3 | 6 |
| 按登记注册类型分组 | | | | | | | | |
| 内资企业 | 1099 | 1026 | 169 | 105 | 800 | 325 | 72 | 81 |
| 国有企业 | 139 | 95 | 12 | 10 | 79 | 43 | 3 | 6 |
| 集体企业 | 724 | 704 | 122 | 73 | 574 | 232 | 56 | 53 |
| 股份有限公司 | 40 | 30 | 5 | 5 | 25 | 20 | 6 | 12 |
| 私营企业 | 196 | 197 | 30 | 17 | 122 | 30 | 7 | 10 |
| 私营独资企业 | 100 | 100 | 12 | 8 | 80 | 9 | 4 | |
| 私营有限责任公司 | 96 | 97 | 18 | 9 | 42 | 21 | 3 | 10 |
| 按经济组织类型分组 | | | | | | | | |
| 独资企业 | 963 | 899 | 146 | 91 | 733 | 284 | 63 | 59 |
| 国有企业 | 139 | 95 | 12 | 10 | 79 | 43 | 3 | 6 |
| 集体企业 | 724 | 704 | 122 | 73 | 574 | 232 | 56 | 53 |
| 私营独资企业 | 100 | 100 | 12 | 8 | 80 | 9 | 4 | |
| 股份有限公司 | 40 | 30 | 5 | 5 | 25 | 20 | 6 | 12 |
| 股份有限公司（内资） | 40 | 30 | 5 | 5 | 25 | 20 | 6 | 12 |
| 有限责任公司 | 96 | 97 | 18 | 9 | 42 | 21 | 3 | 10 |
| 私营有限责任公司 | 96 | 97 | 18 | 9 | 42 | 21 | 3 | 10 |
| 按国民经济行业分组 | | | | | | | | |
| 房屋和土木工程建筑业 | 861 | 867 | 131 | 89 | 687 | 308 | 68 | 77 |
| 房屋工程建筑 | 384 | 379 | 57 | 36 | 279 | 171 | 63 | 65 |
| 土木工程建筑 | 477 | 488 | 74 | 53 | 408 | 137 | 5 | 12 |
| 铁路、道路、隧道和桥梁建筑 | 367 | 369 | 66 | 46 | 303 | 84 | | 1 |
| 工矿工程建筑 | 65 | 74 | 5 | 5 | 65 | 38 | 3 | 5 |
| 其他土木工程建筑 | 45 | 45 | 3 | 2 | 40 | 15 | 2 | 6 |
| 建筑安装业 | 164 | 138 | 31 | 11 | 99 | 12 | 4 | 3 |
| 其他建筑业 | 74 | 21 | 7 | 5 | 14 | 5 | | 1 |
| 其他未列明的建筑活动 | 74 | 21 | 7 | 5 | 14 | 5 | | 1 |
| 按隶属关系分组 | | | | | | | | |
| 省 | 71 | 80 | 11 | 9 | 65 | 38 | 3 | 5 |
| 市 | 441 | 390 | 73 | 51 | 317 | 89 | | 2 |
| 县 | 223 | 224 | 36 | 14 | 180 | 73 | 41 | 25 |
| 镇 | 140 | 130 | 17 | 12 | 113 | 92 | 18 | 39 |
| 其　他 | 224 | 202 | 32 | 19 | 125 | 33 | 10 | 10 |

# 14-5 建筑业企业合同及承包工程完成情况

（2003年）

单位：万元

| 项 目 | 合同情况 | | | 承包工程完成情况 | | | |
|---|---|---|---|---|---|---|---|
| | 签订的合同额 | 上年结转合同额 | 本年新签合同额 | 直接从建设单位承揽工程完成产值 | 自行完成施工产值 | 分包出去工程的产值 | 从建设单位以外承揽工程完成产值 |
| **总 计** | 8294512 | 2914703 | 5379809 | 4326897 | 4225578 | 101319 | 178653 |
| #国有及国有控股 | 6352674 | 2171673 | 4181001 | 3068212 | 2974543 | 93669 | 163904 |
| 按登记注册类型分组 | | | | | | | |
| 内资企业 | 8294512 | 2914703 | 5379809 | 4326897 | 4225578 | 101319 | 178653 |
| 国有企业 | 3876641 | 1501631 | 2375010 | 1845427 | 1757419 | 88008 | 156377 |
| 集体企业 | 639767 | 223981 | 415786 | 426383 | 423295 | 3088 | 3542 |
| 股份合作企业 | 25525 | 7981 | 17544 | 21654 | 21454 | 200 | 325 |
| 联营企业 | 55601 | 26927 | 28674 | 23317 | 23317 | | 500 |
| 集体联营企业 | 2863 | 387 | 2476 | 3280 | 3280 | | 500 |
| 国有与集体联营企业 | 51367 | 25919 | 25448 | 18188 | 18188 | | |
| 其他联营企业 | 1371 | 621 | 750 | 1849 | 1849 | | |
| 有限责任公司 | 3151103 | 931199 | 2219904 | 1645821 | 1636251 | 9570 | 12134 |
| 国有独资公司 | 298393 | 180211 | 118182 | 107465 | 107444 | 21 | 31 |
| 其他有限责任公司 | 2852710 | 750988 | 2101722 | 1538356 | 1528807 | 9549 | 12103 |
| 股份有限公司 | 146874 | 59756 | 87118 | 104254 | 103801 | 453 | 882 |
| 私营企业 | 398979 | 163228 | 235751 | 260008 | 260008 | | 4893 |
| 私营独资企业 | 2532 | 1052 | 1480 | 2492 | 2492 | | |
| 私营合伙企业 | 3710 | 1823 | 1887 | 2349 | 2349 | | |
| 私营有限责任公司 | 366775 | 151527 | 215248 | 235052 | 235052 | | 4893 |
| 私营股份有限公司 | 25962 | 8826 | 17136 | 20115 | 20115 | | |
| 其他企业 | 22 | | 22 | 33 | 33 | | |
| 按经济组织类型分组 | | | | | | | |
| 独资企业 | 4518940 | 1726664 | 2792276 | 2274302 | 2183206 | 91096 | 159919 |
| 国有企业 | 3876641 | 1501631 | 2375010 | 1845427 | 1757419 | 88008 | 156377 |
| 集体企业 | 639767 | 223981 | 415786 | 426383 | 423295 | 3088 | 3542 |
| 私营独资企业 | 2532 | 1052 | 1480 | 2492 | 2492 | | |
| 合作、合伙企业 | 84858 | 36731 | 48127 | 47353 | 47153 | 200 | 825 |
| 股份合作企业 | 25525 | 7981 | 17544 | 21654 | 21454 | 200 | 325 |
| 集体联营企业 | 2863 | 387 | 2476 | 3280 | 3280 | | 500 |
| 国有与集体联营企业 | 51367 | 25919 | 25448 | 18188 | 18188 | | |
| 其他联营企业 | 1371 | 621 | 750 | 1849 | 1849 | | |
| 私营合伙企业 | 3710 | 1823 | 1887 | 2349 | 2349 | | |
| 其他企业（内资） | 22 | | 22 | 33 | 33 | | |
| 股份有限公司 | 172836 | 68582 | 104254 | 124369 | 123916 | 453 | 882 |
| 股份有限公司（内资） | 146874 | 59756 | 87118 | 104254 | 103801 | 453 | 882 |
| 私营股份有限公司 | 25962 | 8826 | 17136 | 20115 | 20115 | | |
| 有限责任公司 | 3517878 | 1082726 | 2435152 | 1880873 | 1871303 | 9570 | 17027 |
| 国有独资公司 | 298393 | 180211 | 118182 | 107465 | 107444 | 21 | 31 |
| 私营有限责任公司 | 366775 | 151527 | 215248 | 235052 | 235052 | | 4893 |
| 其他有限责任公司 | 2852710 | 750988 | 2101722 | 1538356 | 1528807 | 9549 | 12103 |

注：本表资料不含劳务分包企业。

14-5 续表　　（2003年）　　单位：万元

| 项　　目 | 合　同　情　况 | | | 承包工程完成情况 | | | |
|---|---|---|---|---|---|---|---|
| | 签订的合同额 | 上年结转合同额 | 本年新签合同额 | 直接从建设单位承揽工程完成产值 | 自行完成施工产值 | 分包出去工程的产值 | 从建设单位以外承揽工程完成产值 |
| 按国民经济行业分组 | | | | | | | |
| 房屋和土木工程建筑业 | 8029213 | 2806912 | 5222301 | 4152296 | 4055408 | 96888 | 167525 |
| 房屋工程建筑 | 3189118 | 1230092 | 1959026 | 1854746 | 1800745 | 54001 | 96072 |
| 土木工程建筑 | 4840095 | 1576820 | 3263275 | 2297550 | 2254663 | 42887 | 71453 |
| 铁路、道路、隧道和桥梁建筑 | 3960386 | 1199651 | 2760735 | 1938747 | 1902371 | 36376 | 70131 |
| 水利和港口建筑 | 615896 | 306140 | 309756 | 204302 | 197791 | 6511 | 711 |
| 工矿工程建筑 | 21285 | 6721 | 14564 | 15801 | 15801 | | |
| 架线和管道工程建筑 | 101129 | 36102 | 65027 | 81270 | 81270 | | |
| 其他土木工程建筑 | 141399 | 28206 | 113193 | 57430 | 57430 | | 611 |
| 建筑安装业 | 206324 | 103453 | 102871 | 120970 | 116541 | 4429 | 10643 |
| 建筑装饰业 | 33390 | 3107 | 30283 | 29918 | 29916 | 2 | 305 |
| 其他建筑业 | 25585 | 1231 | 24354 | 23713 | 23713 | | 180 |
| 工程准备 | 1436 | 110 | 1326 | 1377 | 1377 | | 40 |
| 其他未列明的建筑活动 | 24149 | 1121 | 23028 | 22336 | 22336 | | 140 |
| 按国有经济控股情况分组 | | | | | | | |
| 国有绝对控股 | 6341766 | 2169693 | 4172073 | 3059421 | 2965752 | 93669 | 163904 |
| 国有相对控股 | 10908 | 1980 | 8928 | 8791 | 8791 | | |
| 其他国有 | 1927580 | 737720 | 1189860 | 1248332 | 1240682 | 7650 | 14749 |
| 按隶属关系分组 | | | | | | | |
| 中　央 | 5034543 | 1756870 | 3277673 | 2298361 | 2261519 | 36842 | 71245 |
| 省 | 1086327 | 341730 | 744597 | 580254 | 523726 | 56528 | 90197 |
| 市 | 741000 | 261015 | 479985 | 471914 | 464530 | 7384 | 3826 |
| 县 | 690419 | 277266 | 413153 | 470471 | 470139 | 332 | 3385 |
| 街　道 | 14374 | 4293 | 10081 | 12251 | 12251 | | 201 |
| 镇 | 84511 | 28451 | 56060 | 56312 | 56312 | | 759 |
| 乡 | 9597 | 3069 | 6528 | 6573 | 6573 | | |
| 村委会 | 18416 | 8824 | 9592 | 11827 | 11827 | | |
| 其　他 | 615325 | 233185 | 382140 | 418934 | 418701 | 233 | 9040 |
| 按企业资质等级分组 | | | | | | | |
| 施工总承包 | 7832905 | 2724724 | 5108181 | 4058867 | 3959758 | 99109 | 150327 |
| 特　级 | 2399980 | 744102 | 1655878 | 1029980 | 1017989 | | 12264 |
| 一　级 | 3293015 | 1236123 | 2056892 | 1688950 | 1605311 | 95630 | 103919 |
| 二　级 | 1278350 | 462103 | 816247 | 767143 | 764703 | 2440 | 14770 |
| 三　级 | 861560 | 282396 | 579164 | 572794 | 571755 | 1039 | 19374 |
| 专业承包 | 461607 | 189979 | 271628 | 268030 | 265820 | 2210 | 28326 |
| 一　级 | 256792 | 116776 | 140016 | 112912 | 110774 | 2138 | 24283 |
| 二　级 | 165441 | 65622 | 99819 | 121924 | 121924 | | 2314 |
| 三　级 | 39374 | 7581 | 31793 | 33194 | 33122 | 72 | 1729 |

# 14-6 建筑业企业增加值

（2003年）

单位:万元

| 指 标 | 总 计 | 中央企业 | 地方企业 | 国有及国有控股企业 | 施工总承包企业 | 专业承包企业 |
|---|---|---|---|---|---|---|
| 总 计 | 698999 | 288017 | 410982 | 432647 | 645598 | 52227 |
| 本年提取的固定资产折旧 | 78415 | 43895 | 34520 | 56204 | 73163 | 5252 |
| 本年应付工资总额 | 353390 | 116084 | 237306 | 195065 | 324381 | 28172 |
| 本年应付福利费总额 | 50010 | 20294 | 29716 | 33702 | 46792 | 3218 |
| 管理费用中的劳动待业保险费 | 40670 | 21575 | 19095 | 36446 | 37884 | 2727 |
| 工程结算税金及附加 | 123999 | 63151 | 60848 | 86561 | 116871 | 7128 |
| 管理费用中的税金 | 6334 | 1210 | 5124 | 2541 | 5699 | 476 |
| 营业利润 | 46181 | 21808 | 24373 | 22128 | 40808 | 5254 |

注：本表资料含劳务分包企业。

# 14-7 建筑业企业房屋建筑竣工面积情况

（2003年）

| 指 标 | 全省 | | | 国有及国有控股企业 | | |
|---|---|---|---|---|---|---|
| | 房屋竣工面积（万平方米） | 房屋竣工价值（万元） | 每平米房屋竣工造价（元） | 房屋竣工面积（万平方米） | 房屋竣工价值（万元） | 每平米房屋竣工造价（元） |
| 总 计 | 1580.01 | 1052759 | 666.30 | 577.75 | 454311 | 786.34 |
| 1. 厂房、仓库 | 127.18 | 105562 | 830.00 | 74.78 | 66568 | 890.20 |
| 2. 住 宅 | 1003.61 | 616023 | 613.81 | 317.00 | 233860 | 737.72 |
| 3. 办公用房 | 166.85 | 120789 | 723.94 | 84.30 | 62724 | 744.09 |
| 4. 批发和零售用房 | 25.09 | 18925 | 754.24 | 3.01 | 1774 | 588.41 |
| 5. 住宿和餐饮用房 | 36.37 | 31861 | 875.99 | 19.26 | 19881 | 1032.37 |
| 6. 居民服务业用房 | 19.69 | 15056 | 764.76 | 8.46 | 7957 | 940.39 |
| 7. 教育用房 | 109.09 | 78007 | 715.06 | 40.91 | 33495 | 818.75 |
| 8. 文化、体育和娱乐用房 | 32.92 | 15841 | 481.15 | 4.62 | 5826 | 1260.22 |
| 9. 卫生医疗用房 | 12.15 | 10542 | 867.41 | 6.66 | 6797 | 1020.45 |
| 10. 科研用房 | 9.67 | 10043 | 1038.62 | 3.06 | 2183 | 714.22 |
| 11. 其他用房 | 37.38 | 30110 | 805.45 | 15.69 | 13246 | 844.19 |

注：本表资料不含劳务分包企业。

# 14-8 各市建筑业企业个数

(2003年)

单位:个

| 地区 | 企业个数 | 中央企业 | 地方企业 | 施工总承包企业 | 专业承包企业 | 国有及国有控股企业 | 集体企业 |
|---|---|---|---|---|---|---|---|
| 全省 | 780 | 42 | 738 | 641 | 123 | 179 | 262 |
| 西安市 | 204 | 19 | 185 | 135 | 64 | 62 | 83 |
| 铜川市 | 26 | | 26 | 20 | 3 | 11 | 8 |
| 宝鸡市 | 81 | 5 | 76 | 68 | 12 | 14 | 30 |
| 咸阳市 | 68 | 8 | 60 | 61 | 7 | 22 | 22 |
| 渭南市 | 84 | 4 | 80 | 79 | 5 | 21 | 15 |
| 延安市 | 43 | | 43 | 36 | 1 | 11 | 16 |
| 汉中市 | 90 | 2 | 88 | 77 | 13 | 13 | 24 |
| 榆林市 | 74 | 1 | 73 | 71 | 3 | 9 | 30 |
| 安康市 | 54 | 2 | 52 | 43 | 10 | 6 | 14 |
| 商洛市 | 49 | 1 | 48 | 47 | 2 | 7 | 19 |
| 杨凌示范区 | 7 | | 7 | 4 | 3 | 3 | 1 |

注：本表资料含劳务分包企业，下表同。

# 14-9 各市建筑业总产值

(2003年)

单位:万元

| 地区 | 总产值 | 中央企业 | 地方企业 | 施工总承包企业 | 专业承包企业 | 国有及国有控股企业 | 集体企业 |
|---|---|---|---|---|---|---|---|
| 全省 | 4409564 | 2332764 | 2076800 | 4110085 | 294146 | 3138878 | 456851 |
| 西安市 | 1775827 | 994984 | 780843 | 1655905 | 115221 | 1466584 | 140978 |
| 铜川市 | 59523 | | 59523 | 56655 | 2841 | 34299 | 14998 |
| 宝鸡市 | 475711 | 211658 | 264053 | 386325 | 89385 | 161936 | 65905 |
| 咸阳市 | 1142350 | 939481 | 202869 | 1092319 | 50031 | 1051610 | 63791 |
| 渭南市 | 307132 | 162504 | 144628 | 304767 | 2365 | 232494 | 19305 |
| 延安市 | 98750 | | 98750 | 97871 | 320 | 53002 | 12135 |
| 汉中市 | 149036 | 13796 | 135240 | 146097 | 2939 | 42308 | 23152 |
| 榆林市 | 210010 | 4863 | 205147 | 205668 | 4342 | 46160 | 50251 |
| 安康市 | 67771 | 3574 | 64197 | 59101 | 8625 | 9533 | 15014 |
| 商洛市 | 83968 | 1904 | 82064 | 71305 | 12663 | 15266 | 50299 |
| 杨凌示范区 | 39486 | | 39486 | 34072 | 5414 | 25686 | 1023 |

## 14-10 各市建筑业增加值

(2003年)

单位:万元

| 地区 | 增加值 | 中央企业 | 地方企业 | 施工总承包企业 | 专业承包企业 | 国有及国有控股企业 | 集体企业 |
|---|---|---|---|---|---|---|---|
| 全省 | 698999 | 288017 | 410982 | 645598 | 52227 | 432647 | 105880 |
| 西安市 | 277777 | 144276 | 133501 | 258504 | 18486 | 221899 | 32625 |
| 铜川市 | 13442 | | 13442 | 12888 | 481 | 7472 | 1848 |
| 宝鸡市 | 76658 | 22117 | 54541 | 66783 | 9873 | 18523 | 14832 |
| 咸阳市 | 131467 | 93230 | 38237 | 117724 | 13743 | 110747 | 13873 |
| 渭南市 | 56808 | 23196 | 33612 | 55618 | 1190 | 36379 | 5404 |
| 延安市 | 18522 | | 18522 | 18154 | 79 | 9912 | 3485 |
| 汉中市 | 41900 | 2930 | 38970 | 40854 | 1046 | 9246 | 8108 |
| 榆林市 | 38637 | 357 | 38280 | 37483 | 1154 | 5684 | 11108 |
| 安康市 | 15746 | 1534 | 14212 | 14041 | 1682 | 2725 | 3194 |
| 商洛市 | 20585 | 377 | 20208 | 17104 | 3481 | 4094 | 10983 |
| 杨凌示范区 | 7457 | | 7457 | 6445 | 1012 | 5966 | 420 |

## 14-11 各市建筑业竣工产值

(2003年)

单位:万元

| 地区 | 竣工产值 | 中央企业 | 地方企业 | 施工总承包企业 | 专业承包企业 | 国有及国有控股企业 | 集体企业 |
|---|---|---|---|---|---|---|---|
| 全省 | 2603888 | 1106803 | 1497085 | 2438883 | 165005 | 1677818 | 377948 |
| 西安市 | 971350 | 467534 | 503816 | 903949 | 67401 | 753166 | 115379 |
| 铜川市 | 36935 | | 36935 | 34094 | 2841 | 21286 | 7982 |
| 宝鸡市 | 302906 | 80068 | 222838 | 266116 | 36790 | 96707 | 77114 |
| 咸阳市 | 601529 | 463801 | 137728 | 577008 | 24521 | 531050 | 49032 |
| 渭南市 | 183028 | 76330 | 106698 | 180564 | 2464 | 119991 | 14973 |
| 延安市 | 89053 | | 89053 | 88733 | 320 | 50293 | 10432 |
| 汉中市 | 115234 | 9272 | 105962 | 112333 | 2901 | 30746 | 19211 |
| 榆林市 | 156060 | 4274 | 151786 | 151718 | 4342 | 39089 | 30788 |
| 安康市 | 52576 | 3913 | 48663 | 44824 | 7752 | 9279 | 10320 |
| 商洛市 | 72305 | 1611 | 70694 | 61057 | 11248 | 14601 | 42717 |
| 杨凌示范区 | 22912 | | 22912 | 18487 | 4425 | 11610 | |

注：本表资料不含劳务分包企业。

# 14-12 各市房屋建筑施工面积、新开工面积

（2003年）

单位：万平方米

| 地区 | 房屋建筑施工面积 | #地方企业 | 国有及国有控股企业 | 集体企业 | 新开工面积 | #地方企业 | 国有及国有控股企业 | 集体企业 |
|---|---|---|---|---|---|---|---|---|
| 全省 | 3897.19 | 3455.58 | 1643.40 | 965.05 | 1896.01 | 1675.74 | 797.54 | 491.53 |
| 西安市 | 1291.62 | 979.63 | 762.11 | 282.87 | 614.24 | 450.27 | 376.90 | 148.34 |
| 铜川市 | 89.13 | 89.13 | 36.95 | 29.66 | 35.69 | 35.69 | 18.47 | 7.37 |
| 宝鸡市 | 604.36 | 593.55 | 215.22 | 200.99 | 262.23 | 252.69 | 101.36 | 68.93 |
| 咸阳市 | 552.74 | 461.88 | 331.44 | 157.35 | 284.05 | 246.22 | 149.07 | 103.04 |
| 渭南市 | 204.57 | 199.48 | 80.34 | 28.20 | 119.52 | 119.52 | 43.28 | 17.68 |
| 延安市 | 171.81 | 171.81 | 88.20 | 27.45 | 82.10 | 82.10 | 39.98 | 13.01 |
| 汉中市 | 390.61 | 372.27 | 69.89 | 60.86 | 178.46 | 170.98 | 31.28 | 32.21 |
| 榆林市 | 272.56 | 271.15 | 24.80 | 102.32 | 147.22 | 146.02 | 15.43 | 55.85 |
| 安康市 | 167.57 | 164.51 | 8.12 | 30.97 | 98.54 | 98.34 | 4.06 | 20.16 |
| 商洛市 | 113.43 | 113.38 | 24.82 | 43.60 | 67.15 | 67.10 | 17.03 | 24.93 |
| 杨凌示范区 | 38.79 | 38.79 | 1.53 | 0.80 | 6.81 | 6.81 | 0.68 | |

注：本表资料不含劳务分包企业，下表同。

# 14-13 各市房屋建筑竣工面积、竣工价值

（2003年）

| 地区 | 房屋建筑竣工面积（万平方米） | #地方企业 | 国有及国有控股企业 | 集体企业 | 房屋建筑竣工价值（万元） | #地方企业 | 国有及国有控股企业 | 集体企业 |
|---|---|---|---|---|---|---|---|---|
| 全省 | 1580.01 | 1379.12 | 577.75 | 403.01 | 1052759 | 902445 | 454311 | 243984 |
| 西安市 | 440.42 | 295.25 | 262.10 | 106.68 | 323005 | 217340 | 209108 | 66833 |
| 铜川市 | 39.12 | 39.12 | 16.83 | 10.72 | 25932 | 25932 | 11495 | 6796 |
| 宝鸡市 | 213.73 | 209.41 | 31.21 | 81.88 | 138094 | 134431 | 27088 | 49071 |
| 咸阳市 | 194.18 | 158.03 | 113.67 | 55.09 | 139463 | 109950 | 88796 | 34106 |
| 渭南市 | 128.41 | 128.41 | 46.90 | 16.80 | 85048 | 85048 | 36599 | 10681 |
| 延安市 | 88.87 | 88.87 | 37.33 | 13.73 | 68556 | 68556 | 31580 | 9477 |
| 汉中市 | 168.53 | 157.73 | 33.24 | 31.24 | 95366 | 87015 | 24439 | 16593 |
| 榆林市 | 133.71 | 132.30 | 11.98 | 50.75 | 84503 | 83467 | 8140 | 27849 |
| 安康市 | 74.11 | 71.12 | 3.96 | 14.83 | 39894 | 37840 | 2812 | 8369 |
| 商洛市 | 67.59 | 67.54 | 20.00 | 21.30 | 41002 | 40970 | 13623 | 14209 |
| 杨凌示范区 | 31.33 | 31.33 | 0.53 | | 11896 | 11896 | 631 | |

# 14-14 各市建筑业劳动生产率

(2003年) 单位:元/人

| 地区 | 劳动生产率 | 中央企业 | 地方企业 | 施工总承包企业 | 专业承包企业 | 国有及国有控股企业 | 集体企业 |
|---|---|---|---|---|---|---|---|
| 全省 | 93110 | 216606 | 56760 | 93392 | 90786 | 139685 | 44929 |
| 西安市 | 113148 | 166030 | 80484 | 116556 | 80970 | 142985 | 46306 |
| 铜川市 | 32824 | | 32824 | 32037 | 83559 | 28050 | 49943 |
| 宝鸡市 | 70164 | 215012 | 45561 | 61816 | 168715 | 86173 | 44443 |
| 咸阳市 | 177290 | 332866 | 56026 | 187394 | 81431 | 240368 | 46015 |
| 渭南市 | 72924 | 271564 | 40027 | 73731 | 30243 | 112637 | 30368 |
| 延安市 | 57203 | | 57203 | 57888 | 53333 | 85515 | 37616 |
| 汉中市 | 36482 | 68095 | 34832 | 36377 | 42594 | 52563 | 26965 |
| 榆林市 | 73618 | 126641 | 72895 | 72829 | 151289 | 100326 | 50473 |
| 安康市 | 46131 | 39060 | 46601 | 43508 | 80834 | 64239 | 46154 |
| 商洛市 | 46453 | 48696 | 46403 | 46459 | 46419 | 43185 | 64685 |
| 杨凌示范区 | 83163 | | 83163 | 85737 | 69948 | 89686 | 26298 |

注：本表资料含劳务分包企业，下表同。

# 14-15 各市建筑业企业自有机械设备总功率

(2003年) 单位:千瓦

| 地区 | 自有机械设备年末总功率 | 中央企业 | 地方企业 | 施工总承包企业 | 专业承包企业 | 国有及国有控股企业 | 集体企业 |
|---|---|---|---|---|---|---|---|
| 全省 | 2556933 | 1047677 | 1509256 | 2388747 | 168186 | 1454094 | 500219 |
| 西安市 | 778994 | 336838 | 442156 | 725142 | 53852 | 530171 | 180884 |
| 铜川市 | 79112 | | 79112 | 79008 | 104 | 51642 | 15758 |
| 宝鸡市 | 269114 | 62716 | 206398 | 236453 | 32661 | 58272 | 77258 |
| 咸阳市 | 661531 | 551649 | 109882 | 637912 | 23619 | 582642 | 51022 |
| 渭南市 | 197377 | 74951 | 122426 | 193996 | 3381 | 104578 | 22164 |
| 延安市 | 62112 | | 62112 | 61612 | 500 | 37181 | 7883 |
| 汉中市 | 141571 | 7477 | 134094 | 132924 | 8647 | 25692 | 41596 |
| 榆林市 | 172462 | 5142 | 167320 | 171013 | 1449 | 11834 | 53128 |
| 安康市 | 45721 | 6403 | 39318 | 40280 | 5441 | 9323 | 8885 |
| 商洛市 | 124091 | 2501 | 121590 | 91388 | 32703 | 21425 | 40655 |
| 杨凌示范区 | 24848 | | 24848 | 19019 | 5829 | 21334 | 986 |

# 14-16 各市建筑业自有机械设备净值

(2003年)

单位:万元

| 地区 | 自有机械设备年末净值 | 中央企业 | 地方企业 | 施工总承包企业 | 专业承包企业 | 国有及国有控股企业 | 集体企业 |
|---|---|---|---|---|---|---|---|
| 全省 | 530933 | 190955 | 339978 | 494344 | 36589 | 276747 | 98927 |
| 西安市 | 147755 | 67941 | 79814 | 136272 | 11483 | 103690 | 27501 |
| 铜川市 | 16771 | | 16771 | 16465 | 306 | 12166 | 1515 |
| 宝鸡市 | 55575 | 7554 | 48021 | 49440 | 6135 | 9828 | 12571 |
| 咸阳市 | 129584 | 100253 | 29331 | 124126 | 5458 | 107942 | 13695 |
| 渭南市 | 35576 | 11916 | 23660 | 34912 | 664 | 16512 | 3628 |
| 延安市 | 11533 | | 11533 | 11388 | 145 | 3797 | 2253 |
| 汉中市 | 31676 | 1908 | 29768 | 31076 | 600 | 4670 | 8201 |
| 榆林市 | 57816 | 212 | 57604 | 56664 | 1152 | 4905 | 15770 |
| 安康市 | 13323 | 601 | 12722 | 9762 | 3561 | 3335 | 1907 |
| 商洛市 | 23201 | 570 | 22631 | 16385 | 6816 | 6286 | 10216 |
| 杨凌示范区 | 8123 | | 8123 | 7854 | 269 | 3616 | 1670 |

# 14-17 各市建筑业实收资本

(2003年)

单位:万元

| 地区 | 实收资本 | 中央企业 | 地方企业 | 施工总承包企业 | 专业承包企业 | 国有及国有控股企业 | 集体企业 |
|---|---|---|---|---|---|---|---|
| 全省 | 1142320 | 309739 | 832581 | 1028885 | 113435 | 547883 | 211728 |
| 西安市 | 414663 | 154280 | 260383 | 356693 | 57970 | 279830 | 61360 |
| 铜川市 | 29146 | | 29146 | 28625 | 521 | 19338 | 3951 |
| 宝鸡市 | 112345 | 17582 | 94763 | 99754 | 12591 | 20120 | 22296 |
| 咸阳市 | 168480 | 105137 | 63343 | 154115 | 14365 | 125423 | 22381 |
| 渭南市 | 84197 | 19234 | 64963 | 82533 | 1664 | 33987 | 11659 |
| 延安市 | 25922 | | 25922 | 25542 | 380 | 11767 | 4232 |
| 汉中市 | 83486 | 7421 | 76065 | 81363 | 2123 | 19801 | 15295 |
| 榆林市 | 109728 | 186 | 109542 | 109086 | 642 | 7684 | 33621 |
| 安康市 | 45053 | 4690 | 40363 | 35130 | 9923 | 9200 | 10468 |
| 商洛市 | 52821 | 1209 | 51612 | 41715 | 11106 | 12798 | 23937 |
| 杨凌示范区 | 16479 | | 16479 | 14329 | 2150 | 7935 | 2528 |

## 14-18 各市建筑业生产经营用固定资产

(2003年)

单位:万元

| 地　区 | 生产经营用固定资产原价 | 中央企业 | 地方企业 | 施工总承包企业 | 专业承包企业 | 国有及国有控股企业 | 集体企业 |
|---|---|---|---|---|---|---|---|
| 全　省 | 1123431 | 549135 | 574296 | 1046447 | 76984 | 711983 | 158223 |
| 西安市 | 437025 | 260344 | 176681 | 417311 | 19714 | 352050 | 47321 |
| 铜川市 | 26043 | | 26043 | 25699 | 344 | 19155 | 2876 |
| 宝鸡市 | 109831 | 34242 | 75589 | 94942 | 14889 | 28050 | 19963 |
| 咸阳市 | 239128 | 203171 | 35957 | 220670 | 18458 | 210206 | 17885 |
| 渭南市 | 80233 | 39177 | 41056 | 79406 | 827 | 49058 | 6522 |
| 延安市 | 19068 | | 19068 | 18618 | 450 | 8884 | 3416 |
| 汉中市 | 56518 | 4391 | 52127 | 55328 | 1190 | 12500 | 11775 |
| 榆林市 | 73121 | 743 | 72378 | 71410 | 1711 | 7674 | 18407 |
| 安康市 | 29838 | 5566 | 24272 | 21028 | 8810 | 9734 | 7840 |
| 商洛市 | 39510 | 1501 | 38009 | 30834 | 8676 | 7460 | 20021 |
| 杨凌示范区 | 13116 | | 13116 | 11201 | 1915 | 7212 | 2197 |

## 14-19 各市建筑业工程结算利润

(2003年)

单位:万元

| 地　区 | 工程结算利润 | 中央企业 | 地方企业 | 施工总承包企业 | 专业承包企业 | 国有及国有控股企业 | 集体企业 |
|---|---|---|---|---|---|---|---|
| 全　省 | 278124 | 136261 | 141863 | 254707 | 23417 | 180554 | 36011 |
| 西安市 | 117146 | 63579 | 53567 | 109952 | 7194 | 92722 | 11245 |
| 铜川市 | 2645 | | 2645 | 2414 | 231 | 1327 | 778 |
| 宝鸡市 | 31494 | 13620 | 17874 | 26238 | 5256 | 8809 | 5425 |
| 咸阳市 | 57523 | 44578 | 12945 | 51041 | 6482 | 49437 | 5111 |
| 渭南市 | 22997 | 11114 | 11883 | 22558 | 439 | 15787 | 2044 |
| 延安市 | 5158 | | 5158 | 5105 | 53 | 3015 | 670 |
| 汉中市 | 7905 | 1017 | 6888 | 7485 | 420 | 1979 | 1812 |
| 榆林市 | 15996 | 348 | 15648 | 15080 | 916 | 2275 | 3831 |
| 安康市 | 6780 | 1062 | 5718 | 6093 | 687 | 1504 | 1072 |
| 商洛市 | 8019 | 943 | 7076 | 6684 | 1335 | 1634 | 3821 |
| 杨凌示范区 | 2461 | | 2461 | 2057 | 404 | 2065 | 202 |

## 14-20 各市建筑业利润总额

(2003年)

单位:万元

| 地区 | 利润总额 | 中央企业 | 地方企业 | 施工总承包企业 | 专业承包企业 | 国有及国有控股企业 | 集体企业 |
|---|---|---|---|---|---|---|---|
| 全省 | 47015 | 19254 | 27761 | 41772 | 5124 | 23507 | 8322 |
| 西安市 | 18620 | 8641 | 9979 | 17019 | 1568 | 13444 | 2683 |
| 铜川市 | -810 | | -810 | -836 | 24 | -822 | -17 |
| 宝鸡市 | 4616 | 1530 | 3086 | 3975 | 641 | -249 | 1248 |
| 咸阳市 | 11955 | 9551 | 2404 | 10342 | 1613 | 10092 | 966 |
| 渭南市 | 1326 | 653 | 673 | 1262 | 64 | -353 | 213 |
| 延安市 | 863 | | 863 | 736 | 43 | 164 | 175 |
| 汉中市 | 685 | -671 | 1356 | 723 | -38 | 34 | 115 |
| 榆林市 | 6021 | 42 | 5979 | 5542 | 479 | 466 | 1292 |
| 安康市 | 2042 | 37 | 2005 | 1597 | 445 | 333 | 402 |
| 商洛市 | 1568 | -529 | 2097 | 1272 | 296 | 367 | 1110 |
| 杨凌示范区 | 129 | | 129 | 140 | -11 | 31 | 135 |

## 14-21 各市建筑业利税总额

(2003年)

单位:万元

| 地区 | 利税总额 | 中央企业 | 地方企业 | 施工总承包企业 | 专业承包企业 | 国有及国有控股企业 | 集体企业 |
|---|---|---|---|---|---|---|---|
| 全省 | 190077 | 87605 | 102472 | 175699 | 14100 | 118562 | 26225 |
| 西安市 | 76880 | 41012 | 35868 | 71336 | 5377 | 61255 | 7851 |
| 铜川市 | 901 | | 901 | 773 | 125 | 334 | 261 |
| 宝鸡市 | 19244 | 6814 | 12430 | 17079 | 2165 | 3471 | 3808 |
| 咸阳市 | 42443 | 33754 | 8689 | 38839 | 3604 | 36641 | 3619 |
| 渭南市 | 14425 | 5994 | 8431 | 14182 | 243 | 9161 | 933 |
| 延安市 | 4039 | | 4039 | 3865 | 68 | 1632 | 955 |
| 汉中市 | 5939 | 133 | 5806 | 5890 | 49 | 1600 | 1155 |
| 榆林市 | 15437 | 202 | 15235 | 14650 | 787 | 2079 | 3369 |
| 安康市 | 4507 | 159 | 4348 | 3772 | 733 | 622 | 910 |
| 商洛市 | 5170 | -463 | 5633 | 4355 | 815 | 979 | 3150 |
| 杨凌示范区 | 1092 | | 1092 | 958 | 134 | 788 | 214 |

# 14-22 各市建筑业人均利润、人均利税

(2003年)

单位:元/人

| 地区 | 人均利润 | #地方企业 | 国有及国有控股企业 | 集体企业 | 人均利税 | #地方企业 | 国有及国有控股企业 | 集体企业 |
|---|---|---|---|---|---|---|---|---|
| 全省 | 992.7 | 758.7 | 1046.1 | 818.4 | 4013.5 | 2800.6 | 5276.2 | 2579.1 |
| 西安市 | 1186.4 | 1028.6 | 1310.7 | 881.3 | 4898.5 | 3697.0 | 5972.1 | 2578.7 |
| 铜川市 | -446.7 | -446.7 | -672.2 | -56.6 | 496.9 | 496.9 | 273.1 | 869.1 |
| 宝鸡市 | 680.8 | 532.5 | -132.5 | 841.6 | 2838.3 | 2144.7 | 1847.1 | 2567.9 |
| 咸阳市 | 1855.4 | 663.9 | 2306.7 | 696.8 | 6587.1 | 2399.6 | 8375.1 | 2610.5 |
| 渭南市 | 314.8 | 186.3 | -171.0 | 335.1 | 3425.0 | 2333.3 | 4438.3 | 1467.7 |
| 延安市 | 499.9 | 499.9 | 264.6 | 542.5 | 2339.7 | 2339.7 | 2633.1 | 2960.3 |
| 汉中市 | 167.7 | 349.3 | 42.2 | 133.9 | 1453.8 | 1495.4 | 1987.8 | 1345.2 |
| 榆林市 | 2110.6 | 2124.5 | 1012.8 | 1297.7 | 5411.4 | 5413.4 | 4518.6 | 3383.9 |
| 安康市 | 1390.0 | 1455.4 | 2243.9 | 1235.8 | 3067.9 | 3156.2 | 4191.4 | 2797.4 |
| 商洛市 | 867.4 | 1185.8 | 1038.2 | 1427.5 | 2860.1 | 3185.2 | 2769.4 | 4050.9 |
| 杨凌示范区 | 271.7 | 271.7 | 108.2 | 3470.4 | 2299.9 | 2299.9 | 2751.4 | 5501.3 |

# 14-23 各市建筑业企业从业人员

(2003年)

单位:万人

| 地区 | 期末从业人员 | 中央企业 | 地方企业 | 施工总承包企业 | 专业承包企业 | 国有及国有控股企业 | 集体企业 |
|---|---|---|---|---|---|---|---|
| 全省 | 41.13 | 9.21 | 31.92 | 38.17 | 2.86 | 18.84 | 9.53 |
| 西安市 | 13.38 | 4.56 | 8.82 | 12.14 | 1.18 | 8.16 | 3.01 |
| 铜川市 | 1.51 |  | 1.51 | 1.46 | 0.03 | 0.92 | 0.31 |
| 宝鸡市 | 5.66 | 0.62 | 5.04 | 5.27 | 0.38 | 1.18 | 1.51 |
| 咸阳市 | 6.48 | 3.02 | 3.45 | 5.87 | 0.61 | 4.57 | 1.27 |
| 渭南市 | 4.16 | 0.64 | 3.52 | 4.08 | 0.08 | 2.06 | 0.63 |
| 延安市 | 1.06 |  | 1.06 | 1.03 | 0.01 | 0.38 | 0.30 |
| 汉中市 | 3.86 | 0.20 | 3.66 | 3.79 | 0.07 | 0.61 | 0.86 |
| 榆林市 | 1.13 | 0.04 | 1.09 | 1.10 | 0.02 | 0.17 | 0.47 |
| 安康市 | 1.60 | 0.09 | 1.51 | 1.49 | 0.11 | 0.15 | 0.34 |
| 商洛市 | 1.81 | 0.04 | 1.77 | 1.53 | 0.28 | 0.35 | 0.79 |
| 杨凌示范区 | 0.49 |  | 0.49 | 0.41 | 0.08 | 0.30 | 0.04 |

# 主要统计指标解释

**建筑业统计单位** 指从事房屋、构筑物建造和设备安装活动的法人企业。建筑业法人企业应同时具备的条件是：①依法成立，有自己的名称、组织机构和场所，能够承担民事责任；②独立拥有和使用资产，承担负债，有权与其他单位签订合同；③独立核算盈亏，能够编制资产负债表。

**建筑业总产值(即自行完成施工产值)** 是以货币形式表现的建筑安装企业在一定时期内生产的建筑业产品的总和。建筑业总产值包括：

⑴建筑工程产值：指列入建筑工程预算内的各种工程价值。

⑵安装工程产值：指设备安装工程价值，不包括被安装设备本身价值。

⑶其他产值：建筑业总产值中除建筑工程、安装工程以外的产值，包括房屋、构筑物修理产值、非标准设备制造产值、总包企业向分包企业收取的管理费以及不能明确划分的施工活动所完成的产值。

房屋、构筑物修理产值：指房屋、构筑物修理所完成的价值，但不包括被修理房屋、构筑物本身的价值和生产设备的修理价值。

非标准设备制造产值：指加工制造没有定型的、非标准的生产设备的加工费和原材料价值，以及附属加工厂为本企业承建工程制作的非标准设备的价值。

**建筑业增加值** 指建筑业企业在报告期内以货币形式表现的建筑业生产经营活动的最终成果。目前建筑业增加值采用分配法(收入法)计算，即从收入的角度出发，根据生产要素在生产过程中应得的收入份额计算。具体计算公式为：

建筑业增加值 = 本年提取的固定资产折旧 + 应付工资 + 应付福利费 + 管理费用中的劳动待业保险金、税金 + 工程结算税金及附加 + 工程结算利润

**房屋建筑面积** 指房屋全部平面面积的总和。它从房屋的外墙线算起，包括可供使用的有效面积和墙柱等结构占用面积。多层房屋按各层(包括地下室)面积总和计算。旧房加层或改造，只计算增加的建筑面积；旧房拆除重建，计算其全部面积；临时房屋不计算建筑面积。

**房屋建筑施工面积** 指在报告期内施过工的全部房屋建筑面积，包括本期新开工的房屋面积、上期施工跨入本期继续施工的房屋面积、上期停缓建在本期恢复施工的房屋面积、本期竣工的房屋面积及本期施工后又停缓建的房屋面积。

**房屋建筑竣工面积** 指在报告期内房屋建筑按照设计要求全部完工，达到了使用条件，经验收鉴定合格，正式移交使用单位的房屋建筑面积。

**自有机械设备年末总台数** 指归本企业所有，属于本企业固定资产的生产性机械设备年末总台数。包括施工机械、生产设备、运输设备以及其他设备。

**自有机械设备年末总功率** 指本企业自有施工机械、生产设备、运输设备以及其他设备等列为在册固定资产的生产性机械设备年末总功率，按设定能力或查定能力计算。包括机械本身的动力和为该机械服务的单独动力设备，如电动机等。计算单位用千瓦，动力换算可按1马力=0.735千瓦折合成千瓦数。电焊机、变压器、锅炉不计算动力。

**工程结算收入** 指企业承包工程实现的工程价款结算收入，以及向发包单位收取的除工程价款以外的按规定列作营业收入的各种款项，如临时设施费、劳动保险费、施工机械调迁费等以及向发包单位收取的各种索赔款。

**工程结算利润** 指已结算工程实现的利润，如亏损以“-”号表示。计算公式为：

工程结算利润 = 工程结算收入 - 工程结算成本 - 工程结算税金及附加

**企业总收入** 指与企业生产经营直接有关的各项收入，包括工程结算收入和其他业务收入。计算公式为：

企业总收入 = 工程结算收入 + 其他业务收入

# 15 运输和邮电

*YUNSHUHEYOUDIAN*

资料整理　　张　虹

******************************************************************************

## 15. 运输和邮电

******************************************************************************

2003 年全省

| | | | |
|---|---|---|---|
| 客运量 | 31207 | 万　　人 | 比上年增长 -2.0% |
| 旅客周转量 | 415.43 | 亿人公里 | 比上年增长 -3.4% |
| 货运量 | 35847 | 万　　吨 | 比上年增长　1.8% |
| 货物周转量 | 867.80 | 亿吨公里 | 比上年增长　6.2% |
| 邮电业务总量 | 174.14 | 亿　　元 | 比上年增长 30.8% |
| 每百人拥有固定电话 | 18.2 | 部 | |
| 每百人拥有移动电话 | 16.6 | 部 | |

******************************************************************************

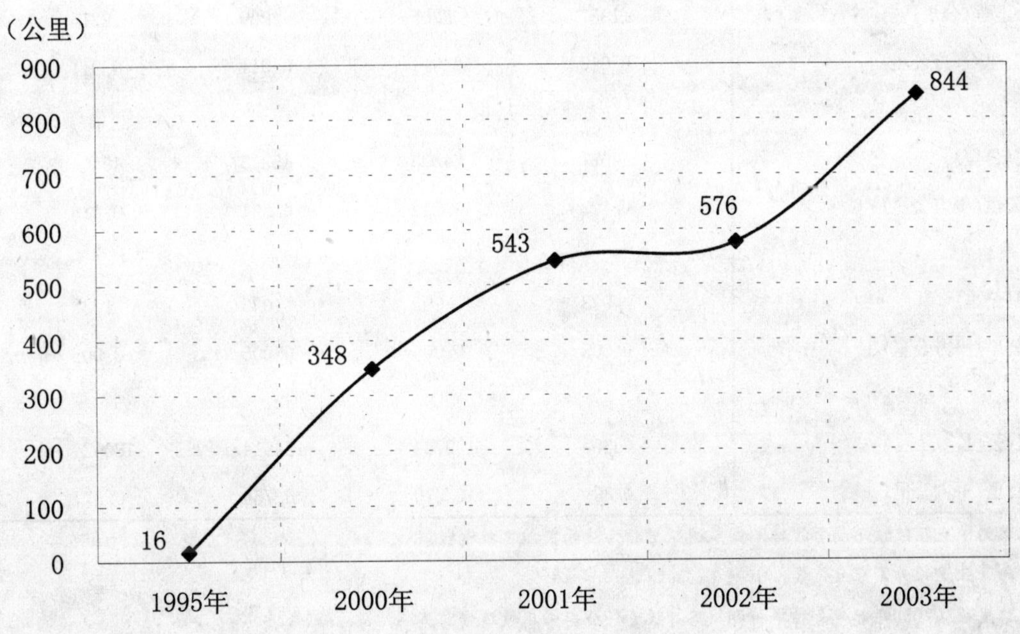

# 15-1　运输线路里程、质量和运输网密度

| 指　　标 | 1995年 | 2000年 | 2001年 | 2002年 | 2003年 |
|---|---|---|---|---|---|
| 一、运输线路里程(公里) | | | | | |
| 铁路正线延展里程 | 2621 | 3498 | 3876 | 3887 | 4032 |
| #营业里程 | 2271 | 3073 | 3454 | 3462 | 3464 |
| 公路通车里程 | 39621 | 44225 | 45273 | 46564 | 50019 |
| 内河航道里程 | 998 | 998 | 1033 | 1033 | 1100 |
| #机动船航道 | 508 | 508 | 563 | 563 | 557 |
| 民航通航里程 | 155926 | 187568 | 209243 | 251274 | 485438 |
| #不重复里程 | 62355 | 139764 | 154614 | 180424 | 381955 |
| 二、运输线路质量 | | | | | |
| 铁路营业里程(公里) | 2271 | 3073 | 3454 | 3462 | 3464 |
| #复线里程 | 328 | 394 | 394 | 523 | 781 |
| 复线里程比重(%) | 14.4 | 12.8 | 11.4 | 15.1 | 22.5 |
| 公路线路里程(公里) | 39621 | 44225 | 45273 | 46564 | 50019 |
| #有路面里程 | 28961 | 30840 | 32178 | 33908 | 37160 |
| 有路面里程比重(%) | 73.1 | 69.7 | 71.1 | 72.8 | 74.3 |
| 内河航道里程(公里) | 998 | 998 | 1033 | 1033 | 1100 |
| #水深一米以上 | 508 | 508 | 563 | 563 | 557 |
| 水深一米以上比重(%) | 50.9 | 50.9 | 54.5 | 54.5 | 50.6 |
| 三、运输网密度 | | | | | |
| 1.铁　路 | | | | | |
| 省内营业里程(公里) | 1957 | 2205 | 2209 | 2216 | 2223 |
| 密　度(公里/平方公里) | 0.010 | 0.011 | 0.011 | 0.011 | 0.011 |
| 2.公　路 | | | | | |
| 线路长度(公里) | 39621 | 44225 | 45273 | 46564 | 50019 |
| 密　度(公里/平方公里) | 0.193 | 0.214 | 0.221 | 0.226 | 0.243 |
| 3.水　路 | | | | | |
| 通航里程(公里) | 998 | 998 | 1033 | 1033 | 1100 |
| 密　度(公里/平方公里) | 0.005 | 0.005 | 0.005 | 0.005 | 0.005 |
| 4.民　航 | | | | | |
| 通航里程(公里) | 62355 | 139764 | 154614 | 180424 | 381955 |
| 密　度(公里/平方公里) | 0.304 | 0.679 | 0.754 | 0.877 | 1.856 |

注：1.铁路线路为中央在陕铁路局管线路；民航通航里程为陕西民航飞机飞行航线里程。

2.铁路省内营业里程为国家反馈数。

3.铁路线路里程从2000年起包含神华神朔铁路有限责任公司专用铁路线路。

4.民航通航里程2003年数字较大是由于长安航空合并重组海南航空后航线增加所致。

# 15-2 铁路、公路线路长度及民航航线

| 指　　标 | 单位 | 1995年 | 2000年 | 2001年 | 2002年 | 2003年 |
|---|---|---|---|---|---|---|
| 一、铁路线路长度 | | | | | | |
| 正线延展里程 | 公里 | 2621 | 3498 | 3876 | 3887 | 4032 |
| #省境内 | 公里 | 2313 | 3005 | 3342 | 3599 | 3449 |
| 营业里程 | 公里 | 2271 | 3073 | 3454 | 3462 | 3464 |
| #省境内 | 公里 | 1957 | 2584 | 2970 | 2978 | 2980 |
| 电气化里程(省境内) | 公里 | 1270 | 1772 | 1772 | 1949 | 1781 |
| 省内复线里程 | 公里 | 328 | 333 | 333 | 410 | 513 |
| 二、公路线路长度 | | | | | | |
| 公路线路里程 | 公里 | 39621 | 44225 | 45273 | 46564 | 50019 |
| #晴雨通车里程 | 公里 | 23156 | 32905 | 33614 | 34979 | 38290 |
| 有路面里程 | 公里 | 28961 | 30840 | 32178 | 33908 | 37160 |
| #高级及次高级路面 | 公里 | 13395 | 20835 | 21523 | 23115 | 24659 |
| 等级公路 | 公里 | 32201 | 38128 | 39300 | 40800 | 44422 |
| #高速公路 | 公里 | 16 | 348 | 543 | 576 | 844 |
| 一级公路 | 公里 | 228 | 232 | 168 | 168 | 187 |
| 二级公路 | 公里 | 1549 | 4607 | 4697 | 5109 | 5335 |
| 三级公路 | 公里 | 10947 | 11398 | 11895 | 12635 | 13529 |
| 等级公路占合计比重 | % | 81.3 | 86.2 | 86.8 | 87.6 | 88.8 |
| 三、民航航线 | | | | | | |
| 航线里程 | 公里 | 155926 | 187568 | 209243 | 251274 | 485438 |
| #国际航线 | 公里 | 2931 | 16925 | 18729 | 23568 | 48491 |
| 港澳航线 | 公里 | 4052 | 3497 | 3497 | 5544 | 6314 |
| 航线条数 | 条 | 113 | 128 | 149 | 174 | 357 |
| #国际航线 | 条 | 1 | 6 | 8 | 10 | 21 |
| 港澳航线 | 条 | 2 | 2 | 2 | 3 | 4 |
| 通航城市 | 个 | 62 | 79 | 93 | 101 | 127 |
| #国际航线 | 个 | 1 | 6 | 8 | 10 | 15 |
| 港澳航线 | 个 | 1 | 2 | 2 | 2 | 3 |

注：铁路线路长度从2000年起包含神华神朔铁路有限责任公司专用铁路线路。

# 15-3 运 输 工 具

| 指 标 | 单 位 | 1995年 | 2000年 | 2001年 | 2002年 | 2003年 |
|---|---|---|---|---|---|---|
| 一、铁路运输工具 | | | | | | |
| 机 车 | 台 | 532 | 582 | 690 | 715 | 783 |
| #蒸 汽 | 台 | 70 | 19 | 9 | | |
| 内 燃 | 台 | 118 | 159 | 172 | 184 | 210 |
| 电 力 | 台 | 344 | 404 | 509 | 531 | 573 |
| 客 车 | 辆 | 1411 | 1572 | 1543 | 1643 | 1635 |
| 二、公路运输工具 | | | | | | |
| 民用汽车 | 辆 | 245205 | 364673 | 435257 | 483424 | 540104 |
| 载客汽车 | 辆 | 90158 | 194215 | 266019 | 323803 | 349878 |
| # 交通部门 | 辆 | 3120 | 4939 | | | |
| 载货汽车 | 辆 | 138996 | 140168 | 153317 | 146211 | 178767 |
| # 交通部门 | 辆 | 2111 | 1063 | | | |
| 特种车 | 辆 | 5251 | 17124 | 18159 | 15518 | 17374 |
| 汽车挂车 | 辆 | 6120 | 3034 | 3837 | 3007 | 6228 |
| 拖拉机 | 辆 | 243286 | 220000 | 216400 | 223434 | 216456 |
| 三、水运运输工具 | | | | | | |
| 机动船 | 艘 | 48 | 19 | 1155 | 1238 | 1235 |
| 客船载客量 | 客位 | 1617 | 675 | 12863 | 15753 | 17682 |
| 货船净载重量 | 吨 | 907 | 23 | 6094 | 7236 | 7473 |
| 拖轮功率 | 千瓦 | 249 | 243 | 294 | 299 | 167 |
| 驳 船 | 艘/吨位 | 16/2292 | 7/1095 | 293/728 | 292 / 862 | 361/1065 |
| 四、民航运输工具 | | | | | | |
| 民航飞机 | 架 | 40 | 51 | 42 | 40 | 35 |

注：1.水运运输工具2000年前为交通部门水运运输工具，2001年以后为全社会水运运输工具；民航飞机为陕西机场的飞机。

2.铁路运输工具从2000年起包含神华神朔铁路有限责任公司机车数。

# 15-4 各市公路里程

（2003年）

单位：公里

| 地 区 | 公路里程 | # 等级公路 | # 高速公路 | # 一级公路 | # 二级公路 | # 三级公路 |
|---|---|---|---|---|---|---|
| 全 省 | 50019 | 44422 | 844 | 187 | 5335 | 13529 |
| 西安市 | 3766 | 3710 | 238 | 81 | 738 | 979 |
| 铜川市 | 1879 | 1861 | 96 | | 271 | 306 |
| 宝鸡市 | 4498 | 4262 | 80 | 11 | 614 | 1705 |
| 咸阳市 | 4424 | 4360 | 125 | 76 | 478 | 2207 |
| 渭南市 | 5467 | 5296 | 96 | | 648 | 680 |
| 延安市 | 5174 | 4726 | 36 | | 556 | 2714 |
| 汉中市 | 6716 | 4822 | | | 601 | 711 |
| 榆林市 | 6625 | 5656 | 118 | 11 | 985 | 1887 |
| 安康市 | 5764 | 4646 | | | 165 | 1284 |
| 商洛市 | 5705 | 5085 | | 8 | 279 | 1056 |

# 15-5 客运量、旅客周转量及构成

| 指标 | 单位 | 1995年 | 2000年 | 2001年 | 2002年 | 2003年 |
|---|---|---|---|---|---|---|
| 一、客运量 | 万人 | 24267 | 28693 | 30614 | 31857 | 31207 |
| 铁路 | 万人 | 2773 | 2661 | 2651 | 2669 | 2500 |
| 中央 | 万人 | 2742 | 2605 | 2597 | 2610 | 2435 |
| 地方 | 万人 | 31 | 56 | 54 | 59 | 64 |
| 公路 | 万人 | 21252 | 25600 | 27500 | 28663 | 28159 |
| #交通部门 | 万人 | 9659 | 11699 | | | |
| 水运 | 万人 | 119 | 234 | 253 | 299 | 321 |
| #交通部门 | 万人 | 25 | 49 | | | |
| 民用航空 | 万人 | 123 | 198 | 210 | 226 | 227 |
| 二、旅客周转量 | 百万人公里 | 27319 | 37699 | 40640 | 42997 | 41543 |
| 铁路 | 百万人公里 | 14502 | 17889 | 19173 | 20742 | 20784 |
| 中央 | 百万人公里 | 14442 | 17775 | 19053 | 20527 | 20530 |
| 地方 | 百万人公里 | 60 | 114 | 120 | 215 | 254 |
| 公路 | 百万人公里 | 9776 | 15104 | 16561 | 17074 | 17426 |
| #交通部门 | 百万人公里 | 4057 | 5207 | | | |
| 水运 | 百万人公里 | 20 | 40 | 44 | 51 | 53 |
| #交通部门 | 百万人公里 | 4 | 9 | | | |
| 民用航空 | 百万人公里 | 3021 | 4666 | 4862 | 5130 | 3280 |
| 三、客运量构成 | % | 100.00 | 100.00 | 100.00 | 100.00 | 100.00 |
| 铁路 | % | 11.43 | 9.27 | 8.64 | 8.38 | 8.01 |
| 公路 | % | 87.58 | 89.17 | 89.63 | 89.97 | 90.23 |
| #交通部门 | % | 39.80 | 40.75 | | | |
| 水运 | % | 0.49 | 0.81 | 0.82 | 0.94 | 1.03 |
| #交通部门 | % | 0.10 | 0.17 | | | |
| 民用航空 | % | 0.50 | 0.75 | 0.91 | 0.71 | 0.73 |
| 四、旅客周转量构成 | % | 100.00 | 100.00 | 100.00 | 100.00 | 100.00 |
| 铁路 | % | 53.08 | 47.45 | 47.18 | 48.24 | 50.03 |
| 公路 | % | 35.79 | 40.06 | 40.75 | 39.71 | 41.95 |
| #交通部门 | % | 14.85 | 13.81 | | | |
| 水运 | % | 0.07 | 0.11 | 0.11 | 0.12 | 0.13 |
| #交通部门 | % | 0.01 | 0.02 | | | |
| 民用航空 | % | 11.06 | 12.38 | 11.96 | 11.93 | 7.90 |

注：本表资料为全社会口径。中央铁路部分为国家返馈陕西省境数。

# 15-6 货运量、货物周转量及构成

| 指　　标 | 单 位 | 1995年 | 2000年 | 2001年 | 2002年 | 2003年 |
|---|---|---|---|---|---|---|
| 一、货运量 | 万 吨 | 29234 | 29973 | 32646 | 35230 | 35847 |
| 铁 路 | 万 吨 | 3629 | 4697 | 5596 | 7126 | 7568 |
| # 中 央 | 万 吨 | 3294 | 3279 | 3576 | 4212 | 5053 |
| 地 方 | 万 吨 | 335 | 654 | 751 | 1135 | 2515 |
| 公 路 | 万 吨 | 25560 | 25200 | 26964 | 28002 | 28165 |
| # 交通部门 | 万 吨 | 867 | 808 | | | |
| 水 运 | 万 吨 | 43 | 73 | 82 | 98 | 110 |
| # 交通部门 | 万 吨 | 4 | 3 | | | |
| 民用航空 | 万 吨 | 2 | 3 | 4 | 4 | 4 |
| 二、货物周转量 | 百万吨公里 | 50582 | 59324 | 70721 | 81713 | 86780 |
| 铁 路 | 百万吨公里 | 40068 | 44815 | 54585 | 64114 | 68610 |
| # 中 央 | 百万吨公里 | 39639 | 41854 | 50432 | 58203 | 63341 |
| 地 方 | 百万吨公里 | 429 | 1100 | 1229 | 2146 | 5269 |
| 公 路 | 百万吨公里 | 10423 | 14364 | 16016 | 17473 | 18079 |
| # 交通部门 | 百万吨公里 | 387 | 220 | | | |
| 水 运 | 百万吨公里 | 25 | 26 | 25 | 27 | 30 |
| # 交通部门 | 百万吨公里 | 15 | 3 | | | |
| 民用航空 | 百万吨公里 | 66 | 119 | 95 | 99 | 61 |
| 三、货运量构成 | % | 100.00 | 100.00 | 100.00 | 100.00 | 100.00 |
| 铁 路 | % | 12.41 | 15.67 | 17.14 | 20.23 | 21.11 |
| 公 路 | % | 87.43 | 84.08 | 82.60 | 79.48 | 78.57 |
| # 交通部门 | % | 3.00 | 2.77 | | | |
| 水 运 | % | 0.15 | 0.24 | 0.25 | 0.28 | 0.31 |
| # 交通部门 | % | | 0.01 | | | |
| 民用航空 | % | 0.01 | 0.01 | 0.01 | 0.01 | 0.01 |
| 四、货物周转量构成 | % | 100.00 | 100.00 | 100.00 | 100.00 | 100.00 |
| 铁 路 | % | 79.21 | 75.54 | 77.18 | 78.46 | 79.06 |
| 公 路 | % | 20.61 | 24.22 | 22.65 | 21.38 | 20.83 |
| # 交通部门 | % | 0.77 | 0.38 | | | |
| 水 运 | % | 0.05 | 0.04 | 0.04 | 0.04 | 0.04 |
| # 交通部门 | % | 0.03 | 0.01 | | | |
| 民用航空 | % | 0.13 | 0.20 | 0.13 | 0.12 | 0.07 |

注：1.本表资料为全社会口径。中央铁路部分为国家返馈陕西省境数。

2.铁路货运量和货物周转量从2000年起包含神华神朔铁路有限责任公司专用铁路货运量和货物周转量。

# 15-7 民用汽车拥有量

(2003年末)

单位：辆

| 地区 | 民用汽车总计 | 载客汽车 | 载货汽车 | 其他专用汽车 | 特种汽车 | 摩托车 | #普通 |
|---|---|---|---|---|---|---|---|
| 全省 | 540104 | 349878 | 178767 | 11459 | 17303 | 1134527 | 1045801 |
| 西安市 | 224942 | 165285 | 55679 | 3978 | 12743 | 191834 | 164116 |
| 铜川市 | 23613 | 13986 | 8986 | 641 | 455 | 25252 | 24869 |
| 宝鸡市 | 39796 | 24078 | 14433 | 1285 | 627 | 129114 | 123099 |
| 咸阳市 | 48561 | 29614 | 18120 | 827 | 647 | 221367 | 210233 |
| 渭南市 | 50253 | 26309 | 22239 | 1705 | 589 | 141123 | 126275 |
| 延安市 | 37953 | 21926 | 14986 | 1041 | 500 | 61008 | 60138 |
| 汉中市 | 34143 | 19532 | 13782 | 829 | 503 | 103970 | 93838 |
| 榆林市 | 35580 | 22860 | 12251 | 469 | 509 | 111535 | 109559 |
| 安康市 | 22662 | 11583 | 10613 | 466 | 412 | 76794 | 70648 |
| 商洛市 | 22601 | 14705 | 7678 | 218 | 318 | 72530 | 63026 |

# 15-8 私人车辆拥有量

(2003年末)

单位：辆

| 地区 | 民用汽车总计 | 载客汽车 | 载货汽车 | 摩托车 | #普通 |
|---|---|---|---|---|---|
| 全省 | 295115 | 207171 | 84064 | 824608 | 748211 |
| 西安市 | 157978 | 121204 | 32894 | 103490 | 94040 |
| 铜川市 | 6034 | 3141 | 2893 | 18515 | 16632 |
| 宝鸡市 | 15422 | 10252 | 5170 | 121183 | 109065 |
| 咸阳市 | 28317 | 18472 | 9845 | 108538 | 97684 |
| 渭南市 | 27945 | 16767 | 11178 | 136718 | 123047 |
| 延安市 | 17484 | 10411 | 7073 | 40343 | 36309 |
| 汉中市 | 13407 | 8516 | 4891 | 82509 | 74258 |
| 榆林市 | 14942 | 9370 | 5572 | 97927 | 88134 |
| 安康市 | 6998 | 4756 | 2242 | 56452 | 52268 |
| 商洛市 | 6588 | 4282 | 2306 | 58933 | 56774 |

# 15-9 公路部门营运汽车拥有量

(2003年末)

| 地区 | 合计(辆) | 载客汽车(辆) | #大型 | #中型 | 载客汽车客位 | #大型 | #中型 |
|---|---|---|---|---|---|---|---|
| 全省 | 136276 | 40142 | 1636 | 12178 | 506900 | 59876 | 262177 |
| 西安市 | 47326 | 6538 | 321 | 559 | 105730 | 12705 | 16203 |
| 铜川市 | 3639 | 1206 | 8 | 349 | 11353 | 257 | 7110 |
| 宝鸡市 | 12096 | 5603 | 80 | 2053 | 63515 | 3603 | 43290 |
| 咸阳市 | 17267 | 5157 | 285 | 1652 | 62471 | 9919 | 36304 |
| 渭南市 | 14907 | 4453 | 127 | 1567 | 50989 | 5001 | 32821 |
| 延安市 | 8130 | 2200 | 96 | 1493 | 41268 | 3744 | 35494 |
| 汉中市 | 10152 | 3936 | 152 | 1597 | 52642 | 5889 | 34216 |
| 榆林市 | 11990 | 4170 | 406 | 1260 | 51234 | 12586 | 23680 |
| 安康市 | 7341 | 4919 | 64 | 902 | 44677 | 2001 | 20028 |
| 商洛市 | 3428 | 1960 | 97 | 746 | 23021 | 4171 | 13031 |

| 地区 | 普通载货车辆 | | #大型 | | #中型 | | 专用载货车辆 | |
|---|---|---|---|---|---|---|---|---|
| | 辆数 | 吨位 | 辆数 | 吨位 | 辆数 | 吨位 | 辆数 | 吨位 |
| 全省 | 92788 | 316580 | 39848 | 237995 | 8607 | 25570 | 3346 | 14974 |
| 西安市 | 40444 | 119192 | 13763 | 85407 | 2796 | 7333 | 344 | 2592 |
| 铜川市 | 2397 | 9526 | 1419 | 8227 | 124 | 302 | 36 | 264 |
| 宝鸡市 | 6371 | 22524 | 2618 | 16125 | 547 | 1943 | 122 | 552 |
| 咸阳市 | 11897 | 40604 | 5354 | 31361 | 1165 | 3239 | 213 | 1368 |
| 渭南市 | 10312 | 38564 | 5178 | 28791 | 983 | 3462 | 142 | 1153 |
| 延安市 | 4339 | 22706 | 2986 | 19750 | 392 | 1372 | 1591 | 2847 |
| 汉中市 | 6135 | 16481 | 2231 | 11553 | 523 | 1583 | 81 | 518 |
| 榆林市 | 7014 | 34592 | 4949 | 29694 | 1200 | 3600 | 806 | 5625 |
| 安康市 | 2411 | 7808 | 1009 | 5328 | 401 | 1060 | 11 | 55 |
| 商洛市 | 1468 | 4583 | 341 | 1705 | 476 | 1676 | | |

注：本表数字为在运管部门注册登记的全社会营运汽车数。

## 15-10 铁路客货运输量

| 指标 | 单位 | 1995年 | 2000年 | 2001年 | 2002年 | 2003年 |
|---|---|---|---|---|---|---|
| 一、路局范围 | | | | | | |
| 客运量 | 万人 | 2849 | 2711 | 2699 | 2701 | 2510 |
| 旅客周转量 | 百万人公里 | 16813 | 20107 | 21882 | 23361 | 23451 |
| 货运量 | 万吨 | 3543 | 3609 | 4018 | 3748 | 4318 |
| 货物周转量 | 百万吨公里 | 45877 | 48260 | 56894 | 63589 | 69569 |
| 二、省境内 | | | | | | |
| 客运量 | 万人 | 2742 | 2605 | 2597 | 2610 | 2435 |
| 旅客周转量 | 百万人公里 | 14442 | 17775 | 19053 | 20527 | 20530 |
| 货运量 | 万吨 | 3294 | 3279 | 3576 | 4212 | 5053 |
| 货物周转量 | 百万吨公里 | 39639 | 41854 | 50432 | 58203 | 63341 |

注：本表路局范围为郑州铁路局西安、安康分局数字；省境内为国家反馈数。

## 15-11 公路运输部门客货运输量

(2003年末)

| 地区 | 客运量(万人) | 客运周转量(万人公里) | 货运量(万吨) | 货运周转量(万吨公里) |
|---|---|---|---|---|
| 全省 | 28159 | 1742582 | 28165 | 1807886 |
| 西安市 | 7040 | 331091 | 8450 | 506208 |
| 铜川市 | 563 | 52292 | 1408 | 90395 |
| 宝鸡市 | 3942 | 313665 | 2535 | 144631 |
| 咸阳市 | 4224 | 226536 | 3380 | 216946 |
| 渭南市 | 3942 | 209115 | 3660 | 235025 |
| 延安市 | 1690 | 104555 | 1972 | 198867 |
| 汉中市 | 2534 | 121981 | 1128 | 72315 |
| 榆林市 | 1971 | 243916 | 3661 | 253106 |
| 安康市 | 1408 | 87129 | 845 | 36157 |
| 商洛市 | 845 | 52302 | 1126 | 54236 |

## 15-12 铁路运输主要经济技术指标

| 指标 | 单位 | 1995年 | 2000年 | 2001年 | 2002年 | 2003年 |
|---|---|---|---|---|---|---|
| 日均装车 | 车 | 1704 | 2398 | 2903 | 3132 | 3944 |
| 日均卸车 | 车 | 1513 | 1641 | 1707 | 1848 | 1699 |
| 货车平均静载重 | 吨 | 57.0 | 58.6 | 58.7 | 59.5 | 58.8 |
| 货车周转时间 | 天 | 1.7 | 1.9 | 1.7 | 1.5 | 1.4 |
| 货运机车日产量 | 万吨公里 | 80.5 | 78.9 | 68.9 | 76.4 | 85.0 |
| 蒸汽机车耗煤 | 公斤/万吨公里 | 204.0 | | 670.7 | | |
| 内燃机车耗油 | 公斤/万吨公里 | 44.9 | 43.3 | 42.5 | 39.8 | 38.0 |
| 电力机车耗电 | 千瓦小时/万吨公里 | 118.2 | 121.5 | 127.8 | 129.2 | 134.0 |
| 货物列车出发正点率 | % | 89.9 | 93.7 | 94.7 | 97.5 | 95.3 |
| 货物列车运行正点率 | % | 90.5 | 93.8 | 95.5 | 95.2 | 95.5 |
| 旅客列车出发正点率 | % | 99.5 | 96.6 | 99.3 | 100.0 | 100.0 |
| 旅客列车运行正点率 | % | 96.8 | 95.7 | 99.2 | 99.7 | 99.0 |
| 客运密度 | 万人公里/公里 | 638.60 | 658.01 | 636.99 | 681.01 | 684.29 |
| 每万名旅客拥有座卧车数 | 辆 | 0.42 | 1.76 | 1.78 | 1.68 | 1.57 |
| 每百万旅客人公里拥有座卧车数 | 辆 | 0.07 | 12.86 | 14.26 | 14.35 | 14.50 |
| 货物列车旅行速度 | 公里/小时 | 24.90 | 27.70 | 27.35 | 33.30 | 40.00 |
| 货运密度 | 万吨公里/公里 | 1764.30 | 1634.59 | 1767.43 | 2007.49 | 2160.44 |
| 一次货物作业时间 | 小时 | 17.30 | 22.30 | 24.63 | 21.10 | 22.00 |

## 15-13 铁路运输主要财务指标及劳动生产率

| 指标 | 单位 | 1995年 | 2000年 | 2001年 | 2002年 | 2003年 |
|---|---|---|---|---|---|---|
| 运输收入 | 万元 | 235854 | 408335 | 732807 | 638501 | 973440 |
| 运输支出 | 万元 | 256345 | 386322 | 673783 | 600716 | 905057 |
| 实现利润 | 万元 | -30269 | 3503 | 27104 | -3661 | 40415 |
| 运输单位固定资产原值 | 万元 | 1853318 | 2278420 | 3576203 | 3882672 | 5587204 |
| 运输单位职工人数 | 千人 | 89 | 79 | 105 | 97 | 102 |
| 运输全员劳动生产率 | 万吨公里/人 | 71 | 86 | 81 | 89 | 99 |

注：运输收入为清算收入。2000年起包含神华神朔铁路有限责任公司。

## 15-14 铁路分品类货物发送量及装车数

| 品 种 | 货物发送量(万吨) | | | 装 车 数 (车) | | |
|---|---|---|---|---|---|---|
| | 2001年 | 2002年 | 2003年 | 2001年 | 2002年 | 2003年 |
| 合 计 | 6027.8 | 6744.6 | 8470.0 | 1045920 | 1190317 | 1439844 |
| 煤 | 3581.1 | 4399.7 | 5966.2 | 588766 | 754915 | 976710 |
| 焦 炭 | 281.5 | 275.7 | 311.8 | 46852 | 47411 | 51605 |
| 石 油 | 762.4 | 494.8 | 560.5 | 156125 | 118222 | 118550 |
| 钢 铁 | 125.1 | 179.2 | 264.0 | 22815 | 33931 | 50422 |
| 金属矿石 | 99.1 | 105.8 | 136.1 | 16525 | 17406 | 22556 |
| 非金属矿石 | 159.2 | 168.3 | 168.0 | 25859 | 28248 | 27939 |
| 矿建材料 | 134.7 | 176.5 | 169.5 | 22918 | 33119 | 28841 |
| 水 泥 | 56.9 | 49.8 | 37.8 | 9587 | 8380 | 6321 |
| 木 材 | 8.2 | 4.3 | 3.3 | 1386 | 693 | 549 |
| 化肥及农药 | 149.8 | 158.9 | 156.1 | 25940 | 26781 | 26358 |
| 粮 食 | 146.6 | 141.3 | 170.3 | 24479 | 24496 | 28649 |
| 棉 花 | 1.0 | 0.8 | 0.6 | 219 | 161 | 121 |
| 其 他 | 522.2 | 589.5 | 525.8 | 104449 | 96554 | 101223 |

注：本表包含神华神朔铁路有限责任公司。

## 15-15 公路运输主要技术指标

| 指 标 | 单 位 | 1995年 | 2000年 | 2001年 | 2002年 | 2003年 |
|---|---|---|---|---|---|---|
| 一、载客汽车 | | | | | | |
| 载客汽车工作率 | % | 77.5 | 89.3 | 87.9 | 94.1 | 87.0 |
| 载客汽车实载率 | % | 60.4 | 66.2 | 69.3 | 65.3 | 65.1 |
| 行程利用率 | % | 98.5 | 99.1 | 99.5 | 99.4 | 95.9 |
| 每百车公里耗汽油 | 公升 | 31.9 | 21.5 | 20.5 | 19.7 | 22.6 |
| 每百车公里耗柴油 | 公升 | 28.0 | 18.9 | 20.6 | 21.2 | 21.6 |
| 每百吨公里耗汽油 | 公升 | 11.8 | 11.4 | 11.1 | 11.5 | 11.7 |
| 每百吨公里耗柴油 | 公升 | 10.1 | 11.2 | 10.9 | 12.3 | 11.8 |
| 二、载货汽车 | | | | | | |
| 载货汽车工作率 | % | 59.8 | 77.3 | 78.1 | 81.8 | 79.7 |
| 载货汽车实载率 | % | 67.9 | 68.1 | 67.3 | 65.5 | 61.4 |
| .行程利用率 | % | 57.0 | 61.8 | 88.1 | 69.3 | 66.4 |
| 每百车公里耗汽油 | 公升 | 34.7 | 28.1 | 25.9 | 24.5 | 23.1 |
| 每百车公里耗柴油 | 公升 | 41.0 | 29.2 | 35.2 | 32.1 | 27.6 |
| 每百吨公里耗汽油 | 公升 | 8.0 | 6.9 | 7.8 | 9.4 | 8.3 |
| 每百吨公里耗柴油 | 公升 | 6.4 | 6.2 | 8.2 | 6.4 | 6.5 |
| 三、通公路的行政村比重 | % | 79.4 | 91.9 | 96.4 | 90.2 | 90.8 |

## 15-16 邮电业务总量

| 年 份 | 邮电业务总量(万元) | 函件(万件) | 报刊期发数(万份) | 电报(万份) | 长途电话(万次) | 城市电话(户) | 乡村电话(户) |
|---|---|---|---|---|---|---|---|
| 1978 | 5025.4 | 9187.9 | 318.9 | 428.0 | 602.9 | 32356 | 14100 |
| 1980 | 5594.5 | 10386.1 | 494.4 | 425.8 | 657.8 | 36521 | 14668 |
| 1985 | 7870.9 | 13275.3 | 869.4 | 634.1 | 1013.4 | 53828 | 15978 |
| 1990 | 16935.6 | 15955.0 | 505.5 | 818.3 | 2073.0 | 96573 | 21184 |
| 1991 | 37812.5 | 14714.8 | 1116.6 | 796.9 | 2735.5 | 112896 | 23377 |
| 1992 | 49101.6 | 15426.0 | 1022.7 | 844.5 | 4378.0 | 147724 | 27608 |
| 1993 | 71004.9 | 16655.6 | 800.1 | 796.7 | 7070.8 | 224949 | 31673 |
| 1994 | 103186.9 | 21737.5 | 1068.9 | 631.1 | 10804.2 | 386536 | 44667 |
| 1995 | 145407.9 | 24277.2 | 1016.9 | 451.2 | 17198.4 | 601136 | 78244 |
| 1996 | 206467.3 | 26456.1 | 1121.9 | 335.6 | 24637.7 | 882485 | 153767 |
| 1997 | 278942.0 | 15787.1 | 887.8 | 224.0 | 27415.0 | 1174607 | 237720 |
| 1998 | 395409.5 | 14281.4 | 1335.3 | 172.2 | 33053.4 | 1507041 | 311724 |
| 1999 | 538639.9 | 15678.4 | 520.9 | 107.6 | 34705.0 | 1822476 | 499096 |
| 2000 | 850392.3 | 17443.6 | 454.3 | 99.7 | 43183.0 | 2528584 | 923865 |
| 2001 | 945860.9 | 18518.0 | 386.4 | 83.4 | 44256.0 | 2905202 | 1285409 |
| 2002 | 1331745.1 | 20323.2 | 347.4 | 28.1 | 45958.2 | 3444609 | 1798321 |
| 2003 | 1741428.3 | 20307.0 | 312.1 | 21.5 | 58399.4 | 4577207 | 2147725 |

注：邮电业务总量1990年以前按1980年不变价计算，1991年以后按1990年不变价计算，2001年以后按2000年不变价计算。

## 15-17 邮电通信水平

| 指 标 | 单 位 | 2000年 | 2001年 | 2002年 | 2003年 |
|---|---|---|---|---|---|
| 平均每一邮电局所服务面积 | 平方公里 | 109.60 | 113.59 | 114.77 | 115.00 |
| 平均每一邮电局所服务人口 | 万 人 | 1.87 | 1.98 | 1.99 | 2.00 |
| 平均每人每年发函件数 | 件 | 4.98 | 5.17 | 5.69 | 6.00 |
| 平均每百人订有报刊数 | 份 | 12.47 | 10.56 | 9.46 | 11.00 |
| 平均每百人拥有固定电话数 | 部 | 9.67 | 12.16 | 15.20 | 18.23 |
| 城市平均每百人拥有固定电话数 | 部 | 31.01 | 36.73 | 42.00 | 51.30 |
| 乡村平均每百人拥有固定电话数 | 部 | 3.35 | 4.71 | 6.34 | 7.81 |
| 平均每百人拥有移动电话数 | 部 | 4.25 | 8.13 | 13.33 | 16.56 |
| 邮政储蓄市场占有率 | % | 8.20 | 9.60 | 10.50 | 11.40 |
| 已通电话的乡(镇)比重 | % | 99.11 | 96.83 | 98.60 | 100.00 |
| 已通电话的行政村比重 | % | 62.10 | 70.42 | 76.62 | 77.82 |

# 15-18 各市邮电业务量

(2003年)

| 地区 | 邮电业务总量(万元) | 函件(万件) | 包件(万件) | 报刊累计数(万份) | 电报(份) | 传真(份) | 长途电话(万次) | 城市电话(户) | 乡村电话(户) |
|---|---|---|---|---|---|---|---|---|---|
| 全省 | 1741428.3 | 20307.0 | 339.0 | 40730.4 | 215210 | 205343 | 48874 | 4577207 | 2147725 |
| 西安市 | 818841.4 | 8496.0 | 137.0 | 12129.8 | 137451 | 20709 | 22106 | 2122797 | 415596 |
| 铜川市 | 32643.0 | 289.0 | 2.0 | 1216.4 | 1077 | 7693 | 1056 | 130995 | 48409 |
| 宝鸡市 | 144829.1 | 1475.0 | 39.0 | 4033.2 | 11409 | 35609 | 4419 | 410138 | 319825 |
| 咸阳市 | 161935.0 | 1768.0 | 46.0 | 4323.3 | 5562 | 19247 | 5772 | 458313 | 236467 |
| 渭南市 | 147892.2 | 1272.0 | 19.0 | 4707.4 | 12038 | 26908 | 4743 | 356290 | 455038 |
| 延安市 | 105920.3 | 770.0 | 6.0 | 3341.1 | 8815 | 16155 | 2235 | 202201 | 118712 |
| 汉中市 | 99647.2 | 3132.0 | 38.0 | 3204.1 | 13738 | 31817 | 2540 | 307720 | 214200 |
| 榆林市 | 128797.9 | 958.0 | 8.0 | 2870.9 | 12069 | 11016 | 2397 | 251788 | 115734 |
| 安康市 | 62887.9 | 1460.0 | 34.0 | 2758.6 | 9052 | 23095 | 2075 | 216318 | 110445 |
| 商洛市 | 38034.2 | 687.0 | 10.0 | 2145.6 | 3999 | 13094 | 1532 | 120647 | 113299 |

注：邮电业务总量为2000年不变价。

# 15-19 邮电业务总量构成

(2003年)

单位：万元

| 地区 | 邮电业务总量 | 邮政业务总量 | 电信业务总量 | #电信通信业务量 | #移动通信业务量 | #联通通信业务量 |
|---|---|---|---|---|---|---|
| 全省 | 1741428.3 | 138211.5 | 1603216.8 | 434101.8 | 734152.0 | 405351.0 |
| 西安市 | 818841.4 | 48168.8 | 770672.6 | 193324.7 | 345051.4 | 213600.0 |
| 铜川市 | 32643.0 | 3420.2 | 29222.8 | 9758.6 | 11012.3 | 8259.0 |
| 宝鸡市 | 144829.1 | 16040.6 | 128788.5 | 37636.2 | 58732.2 | 28129.0 |
| 咸阳市 | 161935.0 | 15482.7 | 146452.3 | 41066.8 | 71946.9 | 32236.0 |
| 渭南市 | 147892.2 | 11081.4 | 136810.8 | 46163.9 | 57263.9 | 32557.0 |
| 延安市 | 105920.3 | 7812.3 | 98108.0 | 21950.6 | 51390.6 | 24448.0 |
| 汉中市 | 99647.2 | 12627.2 | 87020.0 | 27844.0 | 35973.5 | 21323.0 |
| 榆林市 | 128797.9 | 6843.9 | 121954.0 | 26090.8 | 69744.4 | 25749.0 |
| 安康市 | 62887.9 | 9480.6 | 53407.3 | 17720.2 | 22024.6 | 11915.0 |
| 商洛市 | 38034.2 | 7253.9 | 30780.4 | 12546.1 | 11012.3 | 7135.0 |

注：邮电业务总量为2000年不变价。

# 15-20 各市邮电局所和服务点

(2003年)

单位：个

| 地区 | 邮电局所总计 | 邮政自办局所 | 邮政代办所 | 电信自办局所 | 电信代办所 | 公用电话 |
|---|---|---|---|---|---|---|
| 全省 | 3330 | 929 | 272 | 721 | 1408 | 407701 |
| 西安市 | 444 | 202 | 55 | 90 | 97 | 243251 |
| 铜川市 | 116 | 27 | 1 | 15 | 73 | 4399 |
| 宝鸡市 | 638 | 104 | 11 | 44 | 479 | 27212 |
| 咸阳市 | 271 | 116 | 19 | 73 | 63 | 33541 |
| 渭南市 | 308 | 101 | 43 | 73 | 91 | 20486 |
| 延安市 | 210 | 105 | 14 | 68 | 23 | 14736 |
| 汉中市 | 294 | 81 | 32 | 102 | 79 | 22267 |
| 榆林市 | 400 | 127 | 63 | 144 | 66 | 16321 |
| 安康市 | 197 | 53 | 25 | 62 | 57 | 15354 |
| 商洛市 | 452 | 13 | 9 | 50 | 380 | 10134 |

# 15-21 各市邮电通信工具拥有量

(2003年)

单位：户

| 地区 | 固定电话用户 | #小灵通 | 移动电话 | 无线寻呼 | 数字数据用户 | 国际互联网用户 |
|---|---|---|---|---|---|---|
| 全省 | 6724932 | 1065734 | 6110004 | 245443 | 13078 | 1586768 |
| 西安市 | 2538393 | 515077 | 2372408 | 203220 | 8190 | 1052743 |
| 铜川市 | 179404 | 35303 | 474551 | 1096 | 271 | 15814 |
| 宝鸡市 | 729963 | 105370 | 547204 | 16776 | 800 | 110869 |
| 咸阳市 | 694780 | 84592 | 611034 | 5029 | 948 | 104126 |
| 渭南市 | 811328 | 71385 | 334129 | 3450 | 592 | 126989 |
| 延安市 | 320913 | 49998 | 417278 | 127 | 560 | 42196 |
| 汉中市 | 521920 | 60299 | 515293 | 8810 | 431 | 53156 |
| 榆林市 | 367522 | 65954 | 445228 | 59 | 672 | 36883 |
| 安康市 | 326763 | 55039 | 250752 | 4448 | 375 | 15217 |
| 商洛市 | 233946 | 22717 | 142127 | 2428 | 239 | 28775 |

## 15-22 各市邮运工具拥有量和邮电线路

(2003年)

| 地区 | 邮路长度(公里) | 农村投递线路总长度(公里) | 电话交换机容量(门) | 长话电路(路) | 数据通信网长途电路(路) |
|---|---|---|---|---|---|
| 全省 | 27539 | 126685 | 9003300 | 199011 | 226713 |
| 西安市 | 2574 | 9879 | 3417081 | 160077 | 194322 |
| 铜川市 | 860 | 3242 | 238268 | 852 | 3439 |
| 宝鸡市 | 4463 | 10074 | 989927 | 14274 | 12442 |
| 咸阳市 | 2392 | 11970 | 948456 | 7100 | 5078 |
| 渭南市 | 2145 | 14559 | 1029937 | 6594 | 4780 |
| 延安市 | 3573 | 11710 | 440367 | 3732 | 2934 |
| 汉中市 | 2836 | 13133 | 712849 | 2965 | 2024 |
| 榆林市 | 4447 | 24141 | 481285 | 1424 | 831 |
| 安康市 | 2298 | 16434 | 426782 | 1450 | 724 |
| 商洛市 | 1951 | 11543 | 318348 | 543 | 139 |

## 15-23 邮电通信企业主要财务指标

单位：万元

| 指标 | 1995年 | 2000年 | 2001年 | 2002年 | 2003年 |
|---|---|---|---|---|---|
| 邮电业务收入总计 | 149010 | 676815 | 786276 | 919202 | 1095004 |
| #中央国营 | 134550 | 283753 | 786276 | 919202 | 1071674 |
| 业务支出 | 125849 | 548527 | 719206 | 822320 | 790608 |
| 营业外损益净额 | -765 | -4822 | 6629 | 1116 | -12414 |
| 税金 | 6895 | 21928 | 33222 | 51074 | 39380 |
| 教育附加费 |  | 89 | 559 | 557 | 544 |
| 收支差额 | -20567 | -83217 | -31753 | 15726 | -35698 |
| 年末固定资产原值 | 36226 | 1854177 | 2459891 | 2832118 | 3195606 |

# 主要统计指标解释

**铁路营业里程** 又称营业长度(包括正式营业和临时营业里程),指办理客货运输业务的铁路正线总长度。凡是全线或部分建成双线及以上的线路,以第一线的实际长度计算;复线、站线、段管线、岔线和特殊用途线以及不计算运费的联络线都不计算营业里程。该指标可以反映铁路运输业基础设施的发展水平,也是计算客货周转量、运输密度和机车车辆运用效率等指标的基础资料。

**铁路正线延展里程** 指正线第一线、第二线、第三线和其他正线建筑里程之和,不包括站线、段管线、岔线及特殊用途线的延展里程。它是作为计算铁路线上钢轨、枕木及路基砂石需要量的主要依据。

**铁路电气化里程** 指在全部铁路营业里程中已安装了供电线路及设备,可以供电力机车牵引列车运行的区段的总里程。

**公路里程** 指在一定时期内实际达到《公路工程[WTBZ]技术标准 JTJ01–88》规定的等级公路,并经公路主管部门正式验收交付使用的公路里程数。包括大中城市的郊区公路以及通过小城镇街道部分的公路里程和桥梁、渡口的长度,不包括大中城市的街道、厂矿、林区生产用道和农业生产用道的里程。两条或多条公路共同经由同一路段,只计算一次,不得重复计算里程长度。该指标可以反映公路建设的发展规模,也是计算运输网密度等指标的基础资料。

**内河航道里程** 也称内河通航里程,指在一定时期内,能通航运输船舶及排筏的天然河流、湖泊水库、运河及通航渠道的长度。包括全年季节性通航累计三个月以上的航道,不包括仅供零散流放竹、木排的河道。该指标可以反映内河水运网的规模、水平和发展情况。

**民用航空航线里程** 指民航运输定期班机飞行的航线长度的总和。航线长度按机场之间的距离计算,通常有两种计算方法:一是将每条航线长度相加称为重复计算航线里程;一是将两线或两条以上航线经过同一区段里程,只计算一次航线长度称为不重复计算航线里程。一般常用的是后者,该指标可以确切反映民航运输网的规模,是表明民航事业为国民经济服务和方便人民生活程度的主要指标。

**货(客)运量** 指在一定时期内,各种运输工具实际运送的货物(旅客)数量。它是反映运输业为国民经济和人民生活服务的数量指标,也是制定和检查运输生产计划、研究运输发展规模和速度的重要指标。货运按吨计算,客运按人计算。货物不论运输距离长短、货物类别,均按实际重量统计。旅客不论行程远近或票价多少,均按一人一次客运量统计;半价票、小孩票也按一人统计。

**货物(旅客)周转量** 指在一定时期内,由各种运输工具运送的货物(旅客)数量与其相应运输距离的乘积之总和。该指标可以反映运输业生产的总成果,也是编制和检查运输生产计划,计算运输效率、劳动生产率以及核算运输单位成本的主要基础资料。计算货物周转量通常按发出站与到达站之间的最短距离,也就是计费距离计算。计算公式为:

货物(旅客)周转量 = ∑货物(旅客)运输量 × 运输距离

**民用汽车拥有量** 指报告期末,在公安交通管理部门按照《机动车注册登记工作规范》,已注册登记领有民用车辆牌照的全部汽车数量。汽车拥有量统计的主要分类:根据汽车结构分为载客汽车、载货及其他汽车;根据汽车所有者不同分为个人(私人)汽车、单位汽车;根据汽车的使用性质分为营运汽车、非营运汽车和特种汽车;根据汽车大小规格不同载客汽车分为大型、中型、小型和微型,载货汽车分为重型、中型、轻型和微型。

**铁路货车平均静载重** 指铁路货车在始发站静止状态下平均每车装载的货物重量,用以分析货车完成装车时车辆载重力的利用情况。计算公式为:

货车平均静载重 = 货物发送吨数/装车数

静载重的多少取决于运送货物的性质、种类、车辆的类型和装载技术的高低。根据货车的平均标记载重与静载重进行对比,可以反映货车载重能力的利用程度。计算公式为:

货车载重力利用率(%) = 货车平均静载重/货车平均标记载重 × 100%

**铁路货运机车日产量** 指在一定时期内,平均每台货运机车在一昼夜内所完成的总重吨公里数,包括载运货物的重量和车辆本身的自重。它从时间和牵引能力两方面反映了机车运用效率。计算公式为:

货运机车平均日产量 = 货运总重吨公里数/货运机车台日数

**邮电业务总量** 指以货币形式表现的邮电通信企业为社会提供各类邮电通信服务的总数量。邮电业务量按专业分类包括函件、包件、汇票、报刊发行、邮政快件、特快专递、邮政储蓄、集邮、公众电报、用户电报、传真、长途电话、出租电路、无线寻呼、移动电话、分组交换数据通信、出租代维等。计算方法为各类产品乘以相应的平均单价(不变价)之和,再加上出租电路和设备、代用户维护电话交换机和线路等的服务收入。该指标综合反映了一定时期邮电业务发展的总成果,是研究邮电业务量构成和发展趋势的重要指标。计算公式为:

邮电业务总量 = ∑(各类邮电业务量 × 不变单价) + 出租代维及其他业务收入

= 邮政业务量 + 电信业务量

**无线寻呼用户** 无线寻呼是指电话用户通过无线寻呼中心,在规定范围内向携带小型寻呼机的用户发出声音、数字或文字显示信息。在寻呼台办理登记手续携带小型寻呼机的用户,称为无线寻呼用户。

**移动电话用户** 指通过移动电话交换机进入移动电话网、占用移动电话号码的各类电话用户。包括签约用户和智能网预付费用户。一个移动电话号码统计为一户。

**本地电话用户** 指接入本地电信运营商固定电话网上的电话用户。包括住宅用户、单位用户、公用电话用户等。按电话用户位置又分为市内电话用户和农村电话用户。1997 年以前,"市内电话用户"是指接入县城及县以上城市的电话网上的电话用户;"农村电话用户"是指接入县邮电局农话台及县以下农村电话交换点,以县城为中心(除市话用户外)联通县、乡(镇)、行政村、村民小组的用户。从 1997 年起,电话用户数分组调整为以用户所在区域划分为"城市电话用户"和"乡村电话用户",与过去的按市内电话和农村电话划分方法不同。而电话用户总数、电话机总部数统计范围不变。

**城市电话用户** 指直辖市、省辖市、地级市、县级市的市区、市郊区及县城(包括县人民政府所在地的县城关区或行政建制相当于县人民政府所在地的镇)范围内接入局用交换机的电话用户数,包括分布在农村地区的独立工矿区、林区、驻军等电话用户数。

**乡村电话用户** 指按行政区划属于城市范围以外的乡(镇)、村电话用户数。

**住宅电话用户** 指安装在居民住宅或农民家里并按照住宅电话用户登记注册和收费的电话用户。包括私人付费、单位付费和按规定免费安装的住宅电话用户。

# 16 国内贸易

*GUONEIMAOYI*

资料整理　李菊英

************************************************************************

# 16. 国内贸易

************************************************************************

2003 年全省

| | | | | |
|---|---|---|---|---|
| 批发贸易业网点 | 4.70 | 万个 | | |
| 零售贸易业网点 | 35.04 | 万个 | | |
| 餐饮业网点 | 12.76 | 万个 | | |
| 社会消费品零售总额 | 853.23 | 亿元 | 比上年增长 | 17.2% |
| # 批发零售贸易业零售额 | 646.28 | 亿元 | | |
| 餐饮业 | 184.34 | 亿元 | | |

************************************************************************

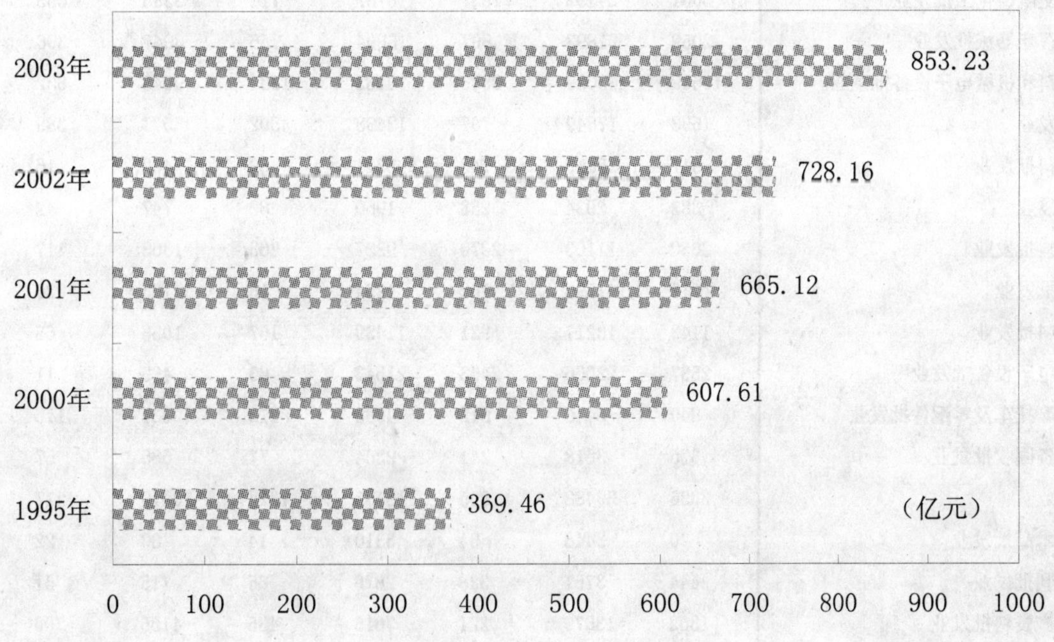

# 16-1 批发贸易业网点、人员

(2003年)

| 指　　标 | 合计 | | 市 | | 县 | | 县以下 | |
|---|---|---|---|---|---|---|---|---|
| | 网点（个） | 人员（人） | 网点（个） | 人员（人） | 网点（个） | 人员（人） | 网点（个） | 人员（人） |
| **总　计** | 46961 | 278330 | 24662 | 167618 | 12296 | 67485 | 10003 | 43227 |
| 一、按登记注册类型分 | | | | | | | | |
| 内资企业 | 15342 | 195054 | 8567 | 126476 | 3826 | 42469 | 2949 | 26109 |
| 国有企业 | 5396 | 92567 | 1919 | 50846 | 2089 | 25184 | 1388 | 16537 |
| 集体企业 | 4050 | 35621 | 1700 | 18893 | 1092 | 10490 | 1258 | 6238 |
| 股份合作企业 | 1319 | 14300 | 1284 | 13719 | 34 | 549 | 1 | 32 |
| 联营企业 | 38 | 423 | 37 | 413 | 1 | 10 | | |
| 有限责任公司 | 1205 | 17208 | 1127 | 16483 | 65 | 661 | 13 | 64 |
| 股份有限公司 | 347 | 6819 | 279 | 6136 | 54 | 589 | 14 | 94 |
| 私营企业 | 2873 | 27543 | 2121 | 19536 | 488 | 4955 | 264 | 3052 |
| 其他企业 | 114 | 573 | 100 | 450 | 3 | 31 | 11 | 92 |
| 港澳台商投资企业 | 29 | 1232 | 29 | 1232 | | | | |
| 外商投资企业 | 38 | 501 | 38 | 501 | | | | |
| 个体经济 | 31552 | 81543 | 16028 | 39409 | 8470 | 25016 | 7054 | 17118 |
| 二、按国民经济行业分 | | | | | | | | |
| 食品、饮料、烟草和家庭用品批发业 | 33066 | 162203 | 15461 | 79303 | 9651 | 48018 | 7954 | 34882 |
| 食品、饮料、烟草批发业 | 14582 | 73478 | 4354 | 22810 | 5129 | 27458 | 5099 | 23210 |
| 棉、麻、土畜产品批发业 | 1084 | 5226 | 327 | 1865 | 280 | 2014 | 477 | 1347 |
| 纺织品、服装和鞋帽批发业 | 4502 | 11154 | 3700 | 7231 | 616 | 2884 | 186 | 1039 |
| 日用百货批发业 | 5985 | 17781 | 3863 | 9494 | 1509 | 5198 | 613 | 3089 |
| 日用杂品批发业 | 1853 | 8489 | 673 | 2312 | 650 | 3131 | 530 | 3046 |
| 五金、交电、化工批发业 | 3001 | 24182 | 1637 | 18787 | 711 | 3386 | 653 | 2009 |
| 药品及医疗器械批发业 | 2059 | 21893 | 907 | 16804 | 756 | 3947 | 396 | 1142 |
| 能源、材料和机械电子设备批发业 | 10559 | 83639 | 8396 | 70132 | 1331 | 9048 | 832 | 4459 |
| 能源批发业 | 1598 | 17849 | 707 | 12498 | 502 | 3571 | 389 | 1780 |
| 化工材料批发业 | 817 | 5819 | 742 | 5311 | 59 | 402 | 16 | 106 |
| 木材批发业 | 382 | 2934 | 258 | 1960 | 82 | 747 | 42 | 227 |
| 建筑材料批发业 | 2650 | 11103 | 2270 | 9227 | 263 | 1363 | 117 | 513 |
| 矿产品批发业 | 217 | 1593 | 182 | 1294 | 15 | 105 | 20 | 194 |
| 金属材料批发业 | 1143 | 13217 | 921 | 11439 | 157 | 1058 | 65 | 720 |
| 机械、电子设备批发业 | 2537 | 22066 | 2463 | 21543 | 63 | 486 | 11 | 37 |
| 汽车、摩托车及零配件批发业 | 840 | 5440 | 612 | 4596 | 113 | 631 | 115 | 213 |
| 再生物资回收批发业 | 375 | 3618 | 241 | 2264 | 77 | 685 | 57 | 669 |
| 其他批发业 | 3336 | 32488 | 805 | 18183 | 1314 | 10419 | 1217 | 3886 |
| 工艺美术品批发业 | 70 | 3446 | 34 | 3310 | 14 | 83 | 22 | 53 |
| 图书报刊批发业 | 444 | 3761 | 328 | 2876 | 65 | 715 | 51 | 170 |
| 农业生产资料批发业 | 1362 | 13679 | 221 | 7615 | 435 | 4155 | 706 | 1909 |
| 其他类未包括的批发业 | 1460 | 11602 | 222 | 4382 | 800 | 5466 | 438 | 1754 |

## 16-2 零售贸易业网点、人员

(2003年)

| 指 标 | 合计 网点(个) | 合计 人员(人) | 市 网点(个) | 市 人员(人) | 县 网点(个) | 县 人员(人) | 县以下 网点(个) | 县以下 人员(人) |
|---|---|---|---|---|---|---|---|---|
| 总 计 | 350417 | 1113590 | 122332 | 571932 | 78980 | 214443 | 149105 | 327215 |
| 一、按登记注册类型分 | | | | | | | | |
| 内资企业 | 55865 | 472085 | 31641 | 342920 | 9478 | 69061 | 14746 | 60104 |
| 国有企业 | 8661 | 86300 | 3250 | 46218 | 2864 | 24662 | 2547 | 15420 |
| 集体企业 | 27562 | 180532 | 15354 | 139410 | 2201 | 11339 | 10007 | 29783 |
| 股份合作企业 | 304 | 8774 | 186 | 7512 | 50 | 993 | 68 | 269 |
| 联营企业 | 61 | 993 | 60 | 973 | 1 | 20 | | |
| 有限责任公司 | 1891 | 24379 | 1744 | 23005 | 108 | 1017 | 39 | 357 |
| 股份有限公司 | 358 | 18649 | 296 | 17877 | 45 | 533 | 17 | 239 |
| 私营企业 | 15937 | 150290 | 10399 | 107144 | 3936 | 29872 | 1602 | 13274 |
| 其他企业 | 1091 | 2168 | 352 | 781 | 273 | 625 | 466 | 762 |
| 港澳台商投资企业 | 34 | 3565 | 34 | 3565 | | | | |
| 外商投资企业 | 48 | 945 | 48 | 945 | | | | |
| 个体经济 | 294470 | 636995 | 90609 | 224502 | 69502 | 145382 | 134359 | 267111 |
| 二、按国民经济行业分 | | | | | | | | |
| 食品、饮料和烟草零售业 | 104847 | 312810 | 36566 | 141183 | 21411 | 68026 | 46870 | 103601 |
| 日用百货零售业 | 78049 | 307546 | 24680 | 188867 | 19330 | 45411 | 34039 | 73268 |
| 纺织品、服装和鞋帽零售业 | 65065 | 161993 | 19538 | 64748 | 18746 | 41029 | 26781 | 56216 |
| 日用杂品零售业 | 32046 | 82927 | 12263 | 39345 | 6767 | 16033 | 13016 | 27549 |
| 五金、交电、化工零售业 | 25449 | 93615 | 16563 | 66881 | 3433 | 10953 | 5453 | 15781 |
| 药品及医疗器械零售业 | 7493 | 23756 | 2420 | 8368 | 1842 | 6734 | 3231 | 8654 |
| 图书报刊零售业 | 4665 | 20734 | 1302 | 11005 | 1953 | 6107 | 1410 | 3622 |
| 其他零售业 | 32803 | 110209 | 9000 | 51535 | 5498 | 20150 | 18305 | 38524 |

## 16-3 餐饮业网点、人员

(2003年)

| 指 标 | 合计 网点(个) | 合计 人员(人) | 市 网点(个) | 市 人员(人) | 县 网点(个) | 县 人员(人) | 县以下 网点(个) | 县以下 人员(人) |
|---|---|---|---|---|---|---|---|---|
| 总 计 | 127584 | 424620 | 53476 | 212367 | 29826 | 105142 | 44282 | 107111 |
| 一、按登记注册类型分 | | | | | | | | |
| 内资企业 | 6817 | 77823 | 3945 | 52119 | 1700 | 18266 | 1172 | 7438 |
| 国有企业 | 675 | 13818 | 325 | 9427 | 300 | 3958 | 50 | 433 |
| 集体企业 | 1849 | 14012 | 699 | 8326 | 357 | 2024 | 793 | 3662 |
| 股份合作企业 | 87 | 1739 | 42 | 253 | 45 | 1486 | | |
| 联营企业 | 6 | 145 | 6 | 145 | | | | |
| 有限责任公司 | 473 | 7799 | 454 | 7284 | 17 | 415 | 2 | 100 |
| 股份有限公司 | 63 | 6735 | 55 | 6472 | 7 | 145 | 1 | 118 |
| 私营企业 | 3428 | 32359 | 2264 | 19640 | 838 | 9594 | 326 | 3125 |
| 其他企业 | 236 | 1216 | 100 | 572 | 136 | 644 | | |
| 港澳台商投资企业 | 43 | 2875 | 43 | 2875 | | | | |
| 外商投资企业 | 1852 | 7314 | 1852 | 7314 | | | | |
| 个体经济 | 118872 | 336608 | 47636 | 150059 | 28126 | 86876 | 43110 | 99673 |
| 二、按国民经济行业分 | | | | | | | | |
| 正 餐 | 27409 | 131031 | 10541 | 71089 | 9797 | 38694 | 7071 | 21248 |
| 快 餐 | 6223 | 41670 | 3805 | 32041 | 1321 | 6887 | 1097 | 2742 |
| 其他餐饮业 | 93952 | 251919 | 39130 | 109237 | 18708 | 59561 | 36114 | 83121 |

# 16-4 各市批发零售贸易业、餐饮业网点、人员

(2003年)

| 指 标 | 合计 | | 市 | | 县 | | 县以下 | |
|---|---|---|---|---|---|---|---|---|
| | 网点(个) | 人员(人) | 网点(个) | 人员(人) | 网点(个) | 人员(人) | 网点(个) | 人员(人) |
| 一、批发贸易业 | | | | | | | | |
| 全 省 | 46961 | 278330 | 24662 | 167618 | 12296 | 67485 | 10003 | 43227 |
| 西安市 | 13274 | 117740 | 12138 | 107259 | 554 | 5151 | 582 | 5330 |
| 铜川市 | 345 | 6241 | 176 | 4117 | 98 | 1506 | 71 | 618 |
| 宝鸡市 | 10540 | 38795 | 3973 | 14662 | 1839 | 9330 | 4728 | 14803 |
| 咸阳市 | 2360 | 18868 | 844 | 7749 | 1001 | 8240 | 515 | 2879 |
| 渭南市 | 2572 | 22794 | 617 | 9106 | 1256 | 9500 | 699 | 4188 |
| 延安市 | 1225 | 6934 | 420 | 2432 | 599 | 3654 | 206 | 848 |
| 汉中市 | 12474 | 45668 | 5289 | 16291 | 5200 | 18893 | 1985 | 10484 |
| 榆林市 | 1092 | 9119 | 44 | 909 | 841 | 7150 | 207 | 1060 |
| 安康市 | 1545 | 6346 | 920 | 3320 | 338 | 1717 | 287 | 1309 |
| 商洛市 | 1347 | 4859 | 54 | 807 | 570 | 2344 | 723 | 1708 |
| 杨凌示范区 | 187 | 966 | 187 | 966 | | | | |
| 二、零售贸易业 | | | | | | | | |
| 全 省 | 350417 | 1113590 | 122332 | 571932 | 78980 | 214443 | 149105 | 327215 |
| 西安市 | 99764 | 490169 | 67446 | 411829 | 8809 | 25122 | 23509 | 53218 |
| 铜川市 | 4608 | 12463 | 2334 | 7180 | 706 | 1827 | 1568 | 3456 |
| 宝鸡市 | 33301 | 79176 | 7612 | 34684 | 9007 | 18234 | 16682 | 26258 |
| 咸阳市 | 30931 | 86726 | 7991 | 21906 | 10679 | 31054 | 12261 | 33766 |
| 渭南市 | 35496 | 92592 | 8014 | 23782 | 6953 | 20938 | 20529 | 47872 |
| 延安市 | 15939 | 32283 | 4908 | 11409 | 6699 | 12835 | 4332 | 8039 |
| 汉中市 | 54951 | 165845 | 14330 | 37104 | 14199 | 58873 | 26422 | 69868 |
| 榆林市 | 16515 | 39998 | 1479 | 4874 | 9166 | 21656 | 5870 | 13468 |
| 安康市 | 27794 | 47686 | 5830 | 11732 | 3212 | 5792 | 18752 | 30162 |
| 商洛市 | 30125 | 64464 | 1395 | 5244 | 9550 | 18112 | 19180 | 41108 |
| 杨凌示范区 | 993 | 2188 | 993 | 2188 | | | | |
| 三、餐饮业 | | | | | | | | |
| 全 省 | 127584 | 424620 | 53476 | 212367 | 29826 | 105142 | 44282 | 107111 |
| 西安市 | 32899 | 150883 | 26672 | 132936 | 1204 | 4966 | 5023 | 12981 |
| 铜川市 | 1263 | 3278 | 727 | 1866 | 219 | 791 | 317 | 621 |
| 宝鸡市 | 17809 | 36887 | 7358 | 16936 | 3371 | 8397 | 7080 | 11554 |
| 咸阳市 | 8002 | 35169 | 2810 | 11826 | 3262 | 14987 | 1930 | 8356 |
| 渭南市 | 10051 | 34245 | 3059 | 9951 | 2317 | 10635 | 4675 | 13659 |
| 延安市 | 7005 | 20127 | 1868 | 6380 | 2964 | 8819 | 2173 | 4928 |
| 汉中市 | 25646 | 79237 | 6116 | 21347 | 7084 | 25387 | 12446 | 32503 |
| 榆林市 | 7599 | 26780 | 840 | 2716 | 4392 | 17490 | 2367 | 6574 |
| 安康市 | 8188 | 16131 | 3094 | 4640 | 1475 | 5118 | 3619 | 6373 |
| 商洛市 | 8579 | 19858 | 389 | 1744 | 3538 | 8552 | 4652 | 9562 |
| 杨凌示范区 | 543 | 2025 | 543 | 2025 | | | | |

## 16-5 限额以上批发零售贸易业、餐饮业法人企业数和从业人员数

(2003年)

| 地　区 | 法人企业数（个） | 批发业 | 零售业 | 餐饮业 | 从业人员数（人） | 批发业 | 零售业 | 餐饮业 |
|---|---|---|---|---|---|---|---|---|
| **全　省** | **369** | **197** | **124** | **48** | **83560** | **28872** | **42177** | **12511** |
| 西安市 | 195 | 101 | 54 | 40 | 50028 | 15601 | 24664 | 9763 |
| 铜川市 | 8 | 4 | 4 | | 1061 | 373 | 688 | |
| 宝鸡市 | 45 | 20 | 23 | 2 | 12043 | 3114 | 7859 | 1070 |
| 咸阳市 | 35 | 18 | 16 | 1 | 5869 | 1964 | 3777 | 128 |
| 渭南市 | 20 | 13 | 7 | | 4157 | 2074 | 2083 | |
| 延安市 | 19 | 13 | 5 | 1 | 2225 | 1022 | 1121 | 82 |
| 汉中市 | 15 | 7 | 7 | 1 | 3748 | 2086 | 771 | 891 |
| 榆林市 | 10 | 8 | 2 | | 1306 | 1030 | 276 | |
| 安康市 | 11 | 2 | 6 | 3 | 2507 | 992 | 938 | 577 |
| 商洛市 | 9 | 9 | | | 502 | 502 | | |
| 杨凌示范区 | 2 | 2 | | | 114 | 114 | | |

## 16-6 限额以上批发零售贸易业商品购进、销售、库存总额

(2003年)

单位：亿元

| 指　标 | 商品购进总额 | #进口 | 商品销售总额 | 批发 | #出口 | 零售 | 年末库存 |
|---|---|---|---|---|---|---|---|
| **合　计** | **533.66** | **1.01** | **570.14** | **419.58** | **41.00** | **150.56** | **51.95** |
| #国有及国有控股 | 385.80 | 0.95 | 411.82 | 328.62 | 41.00 | 83.21 | 36.63 |
| 按登记注册类型分 | | | | | | | |
| 国有企业 | 277.21 | 0.54 | 289.70 | 252.96 | 30.35 | 36.75 | 25.80 |
| 集体企业 | 5.78 | | 5.74 | 3.53 | | 2.21 | 0.95 |
| 股份合作企业 | 3.44 | | 4.48 | 0.19 | | 4.29 | 0.14 |
| 联营企业 | 2.29 | | 2.36 | 2.36 | 0.39 | | 0.10 |
| 有限责任公司 | 125.35 | 0.25 | 146.31 | 96.92 | 9.75 | 49.38 | 13.28 |
| 股份有限公司 | 78.18 | 0.22 | 83.77 | 47.77 | 0.51 | 36.00 | 8.07 |
| 私营企业 | 28.26 | | 23.88 | 2.23 | | 21.65 | 3.52 |
| 其他企业 | 13.15 | | 13.90 | 13.62 | | 0.28 | 0.10 |

# 16-7 各市限额以上批发贸易业商品购进总额

（2003年） 单位：亿元

| 地区 | 合计 | # 国有及国有控股 | 按登记注册类型分 | | |
|---|---|---|---|---|---|
| | | | 国有企业 | 集体企业 | 股份合作企业 |
| 全省 | 417.87 | 335.23 | 249.73 | 3.19 | 0.12 |
| 西安市 | 251.68 | 195.60 | 149.99 | 2.50 | |
| 铜川市 | 3.03 | 3.03 | 3.03 | | |
| 宝鸡市 | 40.29 | 16.58 | 16.58 | | |
| 咸阳市 | 13.61 | 13.61 | 12.92 | 0.69 | |
| 渭南市 | 18.41 | 18.41 | 13.99 | | |
| 延安市 | 43.56 | 43.56 | 14.34 | | 0.12 |
| 汉中市 | 16.01 | 13.46 | 10.81 | | |
| 榆林市 | 14.31 | 14.31 | 14.31 | | |
| 安康市 | 7.32 | 7.02 | 6.76 | | |
| 商洛市 | 8.98 | 8.98 | 6.60 | | |
| 杨凌示范区 | 0.67 | 0.67 | 0.40 | | |

| 地区 | 按登记注册类型分 | | | | |
|---|---|---|---|---|---|
| | 联营企业 | 有限责任公司 | 股份有限公司 | 私营企业 | 其他企业 |
| 全省 | 2.29 | 88.18 | 58.35 | 3.14 | 12.87 |
| 西安市 | 2.29 | 63.01 | 17.88 | 3.14 | 12.87 |
| 铜川市 | | | | | |
| 宝鸡市 | | 23.71 | | | |
| 咸阳市 | | | | | |
| 渭南市 | | | 4.42 | | |
| 延安市 | | | 29.10 | | |
| 汉中市 | | 1.46 | 3.74 | | |
| 榆林市 | | | | | |
| 安康市 | | | 0.56 | | |
| 商洛市 | | | 2.38 | | |
| 杨凌示范区 | | | 0.27 | | |

# 16-8 各市限额以上零售贸易业商品购进总额

（2003年） 单位：亿元

| 地区 | 合计 | #国有及国有控股 | 按登记注册类型分 | | |
|---|---|---|---|---|---|
| | | | 国有企业 | 集体企业 | 股份合作企业 |
| 全省 | 115.79 | 50.57 | 27.48 | 2.59 | 3.32 |
| 西安市 | 80.03 | 22.45 | 11.18 | 0.35 | 3.32 |
| 铜川市 | 0.50 | 0.50 | 0.28 | | |
| 宝鸡市 | 19.47 | 15.05 | 8.82 | 2.10 | |
| 咸阳市 | 7.13 | 6.40 | 2.44 | | |
| 渭南市 | 3.35 | 2.96 | 1.94 | | |
| 延安市 | 1.92 | 1.92 | 1.83 | | |
| 汉中市 | 1.25 | 0.83 | 0.53 | 0.14 | |
| 榆林市 | 0.06 | | | | |
| 安康市 | 2.08 | 0.46 | 0.46 | | |
| 商洛市 | | | | | |
| 杨凌示范区 | | | | | |

| 地区 | 按登记注册类型分 | | | | |
|---|---|---|---|---|---|
| | 联营企业 | 有限责任公司 | 股份有限公司 | 私营企业 | 其他企业 |
| 全省 | | 37.17 | 19.83 | 25.12 | 0.28 |
| 西安市 | | 36.09 | 11.95 | 16.86 | 0.28 |
| 铜川市 | | 0.22 | | | |
| 宝鸡市 | | 0.47 | 6.24 | 1.84 | |
| 咸阳市 | | | 0.32 | 4.37 | |
| 渭南市 | | | 1.22 | 0.19 | |
| 延安市 | | 0.09 | | | |
| 汉中市 | | 0.30 | | 0.28 | |
| 榆林市 | | | 0.04 | 0.02 | |
| 安康市 | | | 0.06 | 1.56 | |
| 商洛市 | | | | | |
| 杨凌示范区 | | | | | |

# 16-9 各市限额以上批发贸易业商品销售总额

（2003年）　　单位：亿元

| 地区 | 合计 | #零售额 | #国有及国有控股 | 按登记注册类型分 | | |
|---|---|---|---|---|---|---|
| | | | | 国有企业 | 集体企业 | 股份合作企业 |
| 全省 | 451.50 | 43.31 | 358.93 | 261.75 | 3.32 | 0.13 |
| 西安市 | 271.29 | 16.62 | 212.92 | 158.02 | 2.63 | |
| 铜川市 | 3.34 | 1.28 | 3.34 | 3.34 | | |
| 宝鸡市 | 48.83 | 4.20 | 17.85 | 17.85 | | |
| 咸阳市 | 17.19 | 0.60 | 17.19 | 16.50 | 0.69 | |
| 渭南市 | 19.21 | 5.25 | 19.21 | 14.22 | | |
| 延安市 | 38.64 | 2.63 | 38.64 | 8.28 | | 0.13 |
| 汉中市 | 16.89 | 5.26 | 14.01 | 11.09 | | |
| 榆林市 | 16.24 | 3.34 | 16.24 | 16.24 | | |
| 安康市 | 8.86 | 2.95 | 8.52 | 8.20 | | |
| 商洛市 | 10.20 | 1.17 | 10.20 | 7.57 | | |
| 杨凌示范区 | 0.81 | | 0.81 | 0.44 | | |

| 地区 | 按登记注册类型分 | | | | |
|---|---|---|---|---|---|
| | 联营企业 | 有限责任公司 | 股份有限公司 | 私营企业 | 其他企业 |
| 全省 | 2.36 | 104.30 | 62.94 | 3.08 | 13.62 |
| 西安市 | 2.36 | 71.68 | 19.90 | 3.08 | 13.62 |
| 铜川市 | | | | | |
| 宝鸡市 | | 30.98 | | | |
| 咸阳市 | | | | | |
| 渭南市 | | | 4.99 | | |
| 延安市 | | | 30.23 | | |
| 汉中市 | | 1.64 | 4.16 | | |
| 榆林市 | | | | | |
| 安康市 | | | 0.66 | | |
| 商洛市 | | | 2.63 | | |
| 杨凌示范区 | | | 0.37 | | |

# 16-10 各市限额以上零售贸易业商品销售总额

（2003年）

单位：亿元

| 地区 | 合计 | | | 按登记注册类型分 | | |
|---|---|---|---|---|---|---|
| | | # 零售额 | # 国有及国有控股 | 国有企业 | 集体企业 | 股份合作企业 |
| 全省 | 118.64 | 107.25 | 52.89 | 27.95 | 2.42 | 4.35 |
| 西安市 | 82.16 | 76.23 | 24.36 | 10.46 | 0.39 | 4.35 |
| 铜川市 | 0.55 | 0.55 | 0.55 | 0.31 | | |
| 宝鸡市 | 19.52 | 15.19 | 15.20 | 10.50 | 1.89 | |
| 咸阳市 | 8.39 | 8.08 | 7.25 | 2.66 | | |
| 渭南市 | 3.64 | 3.13 | 3.24 | 2.14 | | |
| 延安市 | 1.05 | 1.05 | 1.05 | 0.95 | | |
| 汉中市 | 1.21 | 1.06 | 0.80 | 0.49 | 0.14 | |
| 榆林市 | 0.04 | 0.04 | | | | |
| 安康市 | 2.08 | 1.92 | 0.44 | 0.44 | | |
| 商洛市 | | | | | | |
| 杨凌示范区 | | | | | | |

| 地区 | 按登记注册类型分 | | | | |
|---|---|---|---|---|---|
| | 联营企业 | 有限责任公司 | 股份有限公司 | 私营企业 | 其他企业 |
| 全省 | | 42.01 | 20.83 | 20.80 | 0.28 |
| 西安市 | | 40.91 | 13.79 | 11.98 | 0.28 |
| 铜川市 | | 0.24 | | | |
| 宝鸡市 | | 0.46 | 4.69 | 1.98 | |
| 咸阳市 | | | 0.88 | 4.85 | |
| 渭南市 | | | 1.35 | 0.15 | |
| 延安市 | | 0.10 | | | |
| 汉中市 | | 0.30 | | 0.28 | |
| 榆林市 | | | 0.03 | 0.01 | |
| 安康市 | | | 0.09 | 1.55 | |
| 商洛市 | | | | | |
| 杨凌示范区 | | | | | |

# 16-11 各市限额以上批发贸易业商品库存总额

（2003年）

单位：亿元

| 地区 | 合计 | #国有及国有控股 | 按登记注册类型分<br>国有企业 | 集体企业 | 股份合作企业 |
|---|---|---|---|---|---|
| 全 省 | 32.97 | 28.37 | 22.00 | 0.54 | 0.02 |
| 西安市 | 17.33 | 15.60 | 9.83 | 0.44 | |
| 铜川市 | 0.30 | 0.30 | 0.30 | | |
| 宝鸡市 | 3.96 | 1.79 | 1.79 | | |
| 咸阳市 | 0.99 | 0.99 | 0.89 | 0.10 | |
| 渭南市 | 4.65 | 4.65 | 4.34 | | |
| 延安市 | 1.12 | 1.12 | 0.92 | | 0.02 |
| 汉中市 | 1.87 | 1.17 | 1.46 | | |
| 榆林市 | 0.45 | 0.45 | 0.45 | | |
| 安康市 | 1.27 | 1.27 | 1.25 | | |
| 商洛市 | 0.96 | 0.96 | 0.72 | | |
| 杨凌示范区 | 0.07 | 0.07 | 0.05 | | |

| 地区 | 按登记注册类型分<br>联营企业 | 有限责任公司 | 股份有限公司 | 私营企业 | 其他企业 |
|---|---|---|---|---|---|
| 全 省 | 0.10 | 5.85 | 4.15 | 0.24 | 0.07 |
| 西安市 | 0.10 | 3.52 | 3.13 | 0.24 | 0.07 |
| 铜川市 | | | | | |
| 宝鸡市 | | 2.17 | | | |
| 咸阳市 | | | | | |
| 渭南市 | | | 0.31 | | |
| 延安市 | | | 0.18 | | |
| 汉中市 | | 0.16 | 0.25 | | |
| 榆林市 | | | | | |
| 安康市 | | | 0.02 | | |
| 商洛市 | | | 0.24 | | |
| 杨凌示范区 | | | 0.02 | | |

# 16-12 各市限额以上零售贸易业商品库存总额

（2003年） 单位：亿元

| 地区 | 合计 | # 国有及国有控股 | 按登记注册类型分 国有企业 | 集体企业 | 股份合作企业 |
|---|---|---|---|---|---|
| 全省 | 18.98 | 8.27 | 3.80 | 0.41 | 0.12 |
| 西安市 | 11.92 | 2.61 | 1.77 | 0.03 | 0.12 |
| 铜川市 | 0.06 | 0.06 | 0.02 | | |
| 宝鸡市 | 4.68 | 4.03 | 0.99 | 0.35 | |
| 咸阳市 | 0.99 | 0.92 | 0.52 | | |
| 渭南市 | 0.37 | 0.23 | 0.14 | | |
| 延安市 | 0.09 | 0.09 | 0.08 | | |
| 汉中市 | 0.35 | 0.23 | 0.17 | 0.03 | |
| 榆林市 | 0.02 | | | | |
| 安康市 | 0.49 | 0.10 | 0.10 | | |
| 商洛市 | | | | | |
| 杨凌示范区 | | | | | |

| 地区 | 按登记注册类型分 联营企业 | 有限责任公司 | 股份有限公司 | 私营企业 | 其他企业 |
|---|---|---|---|---|---|
| 全省 | | 7.43 | 3.91 | 3.28 | 0.03 |
| 西安市 | | 7.21 | 0.66 | 2.10 | 0.03 |
| 铜川市 | | 0.04 | | | |
| 宝鸡市 | | 0.11 | 3.04 | 0.19 | |
| 咸阳市 | | | 0.08 | 0.39 | |
| 渭南市 | | | 0.12 | 0.11 | |
| 延安市 | | 0.01 | | | |
| 汉中市 | | 0.06 | | 0.09 | |
| 榆林市 | | | 0.01 | 0.01 | |
| 安康市 | | | | 0.39 | |
| 商洛市 | | | | | |
| 杨凌示范区 | | | | | |

# 16-13 社会消费品零售总额

单位：亿元

| 年 份 | 社会消费品零售总额 | 按地区分 | | |
|---|---|---|---|---|
| | | 市的零售额 | 县的零售额 | 县以下的零售额 |
| 1978 | 33.37 | 11.93 | 9.79 | 11.65 |
| 1980 | 43.38 | 17.47 | 12.18 | 13.73 |
| 1985 | 80.01 | 39.83 | 19.45 | 20.73 |
| 1990 | 159.67 | 91.21 | 34.29 | 34.17 |
| 1991 | 176.60 | 102.21 | 36.98 | 37.41 |
| 1992 | 208.37 | 123.12 | 43.63 | 41.62 |
| 1993 | 245.53 | 150.95 | 47.64 | 46.94 |
| 1994 | 305.95 | 188.83 | 57.32 | 59.80 |
| 1995 | 369.46 | 229.90 | 70.56 | 69.00 |
| 1996 | 432.14 | 270.19 | 82.78 | 79.17 |
| 1997 | 490.54 | 316.44 | 87.48 | 86.62 |
| 1998 | 520.01 | 338.11 | 89.96 | 91.94 |
| 1999 | 557.04 | 363.37 | 95.96 | 97.71 |
| 2000 | 607.61 | 400.73 | 103.08 | 103.80 |
| 2001 | 665.12 | 443.49 | 110.52 | 111.11 |
| 2002 | 728.16 | 489.05 | 119.68 | 119.43 |
| 2003 | 853.23 | 565.55 | 149.15 | 138.53 |

| 年 份 | 按行业分 | | | | |
|---|---|---|---|---|---|
| | 批发零售贸易业零售额 | 餐饮业零售额 | 制造业零售额 | 其他行业零售额 | 农民对非农业居民零售额 |
| 1978 | 28.29 | 1.32 | 2.32 | 0.82 | 0.62 |
| 1980 | 35.86 | 1.78 | 3.35 | 0.74 | 1.65 |
| 1985 | 61.23 | 3.84 | 8.25 | 1.59 | 5.10 |
| 1990 | 118.55 | 7.99 | 13.62 | 3.39 | 16.12 |
| 1991 | 126.83 | 9.29 | 16.48 | 4.28 | 19.72 |
| 1992 | 145.45 | 12.58 | 17.57 | 5.06 | 27.71 |
| 1993 | 166.56 | 15.26 | 19.95 | 5.93 | 37.83 |
| 1994 | 198.79 | 19.98 | 25.92 | 7.45 | 53.81 |
| 1995 | 231.87 | 24.68 | 35.80 | 14.85 | 62.26 |
| 1996 | 275.66 | 30.94 | 41.32 | 9.54 | 74.68 |
| 1997 | 309.65 | 40.08 | 47.04 | 11.50 | 82.27 |
| 1998 | 321.96 | 48.82 | 49.82 | 12.81 | 86.60 |
| 1999 | 345.98 | 54.79 | 50.58 | 13.16 | 92.52 |
| 2000 | 380.70 | 63.13 | 52.54 | 13.34 | 97.90 |
| 2001 | 418.20 | 72.23 | 56.00 | 14.64 | 104.05 |
| 2002 | 461.95 | 85.00 | 61.72 | 16.34 | 103.15 |
| 2003 | 646.28 | 184.34 | | 22.61 | |

注：2003年为抽样调查数。

# 16-14 各市社会消费品零售总额

（2003年）　　　　单位：亿元

| 指　　标 | 全　省 | 西安市 | 铜川市 | 宝鸡市 | 咸阳市 | 渭南市 |
|---|---|---|---|---|---|---|
| 社会消费品零售总额 | 853.23 | 440.05 | 18.13 | 82.61 | 80.19 | 60.57 |
| 一、按销售地区分 | | | | | | |
| 市的零售额 | 565.55 | 395.37 | 11.57 | 53.21 | 39.23 | 14.54 |
| 县的零售额 | 149.15 | 21.35 | 4.22 | 14.62 | 20.86 | 20.92 |
| 县以下的零售额 | 138.53 | 23.33 | 2.34 | 14.78 | 20.11 | 25.11 |
| 二、按登记注册类型分 | | | | | | |
| 内资企业 | 509.39 | 290.13 | 7.96 | 50.87 | 50.80 | 32.60 |
| 国有企业 | 140.79 | 50.16 | 4.16 | 18.63 | 17.29 | 15.31 |
| 集体企业 | 88.13 | 47.82 | 1.59 | 6.18 | 9.92 | 9.22 |
| 股份合作企业 | 20.47 | 17.54 | | 0.28 | 1.34 | |
| 联营企业 | 1.35 | 1.35 | | | | |
| 有限责任公司 | 79.19 | 60.84 | | 6.51 | 4.88 | 0.03 |
| 股份有限公司 | 44.57 | 32.52 | | 4.26 | 3.80 | 0.97 |
| 私营企业 | 134.50 | 79.66 | 2.21 | 15.01 | 13.57 | 7.07 |
| 其他企业 | 0.39 | 0.24 | | | | |
| 港澳台商投资企业 | 13.26 | 13.10 | | | 0.16 | |
| 外商投资企业 | 3.59 | 3.59 | | | | |
| 个体经济 | 316.21 | 133.23 | 9.75 | 30.13 | 27.93 | 25.32 |
| 其他经济 | 10.78 | | 0.42 | 1.61 | 1.30 | 2.65 |
| 三、按行业分 | | | | | | |
| 批发零售贸易业 | 646.28 | 325.79 | 10.39 | 69.15 | 60.98 | 49.22 |
| 餐饮业 | 184.34 | 102.57 | 7.55 | 11.85 | 17.98 | 8.70 |
| 其他行业 | 22.61 | 11.69 | 0.19 | 1.61 | 1.22 | 2.65 |

| 指　　标 | 延安市 | 汉中市 | 榆林市 | 安康市 | 商洛市 | 杨凌示范区 |
|---|---|---|---|---|---|---|
| 社会消费品零售总额 | 29.41 | 49.59 | 37.40 | 31.93 | 22.86 | 2.08 |
| 一、按销售地区分 | | | | | | |
| 市的零售额 | 11.37 | 20.28 | 4.84 | 9.66 | 3.59 | 2.08 |
| 县的零售额 | 11.01 | 16.45 | 22.35 | 9.68 | 8.48 | |
| 县以下的零售额 | 7.03 | 12.86 | 10.21 | 12.59 | 10.79 | |
| 二、按登记注册类型分 | | | | | | |
| 内资企业 | 10.05 | 25.67 | 19.46 | 10.52 | 10.42 | 0.91 |
| 国有企业 | 6.97 | 11.46 | 8.74 | 4.08 | 3.78 | 0.21 |
| 集体企业 | 2.10 | 6.44 | 1.46 | 1.13 | 2.18 | 0.09 |
| 股份合作企业 | 0.25 | | 0.06 | 0.09 | 0.91 | |
| 联营企业 | | | | | | |
| 有限责任公司 | 0.45 | 2.49 | 2.40 | 0.87 | 0.30 | 0.42 |
| 股份有限公司 | 0.13 | | 1.47 | 0.38 | 1.04 | |
| 私营企业 | 0.15 | 5.28 | 5.18 | 3.97 | 2.21 | 0.19 |
| 其他企业 | | | 0.15 | | | |
| 港澳台商投资企业 | | | | | | |
| 外商投资企业 | | | | | | |
| 个体经济 | 19.36 | 23.84 | 13.90 | 20.73 | 12.44 | 1.17 |
| 其他经济 | | 0.08 | 4.04 | 0.68 | | |
| 三、按行业分 | | | | | | |
| 批发零售贸易业 | 20.73 | 40.67 | 25.94 | 23.28 | 20.22 | 1.31 |
| 餐饮业 | 8.19 | 8.84 | 7.60 | 7.97 | 2.64 | 0.63 |
| 其他行业 | 0.49 | 0.08 | 3.86 | 0.68 | | 0.14 |

# 16-15 各市县社会消费品零售总额

(2003年)

单位：万元

| 地　区 | 合 计 | 批发零售贸易业 | 餐饮业 | 其他行业 |
|---|---|---|---|---|
| 全　省 | 8532290 | 6462845 | 1843397 | 226048 |
| 西安市 | 4400454 | 3257915 | 1025716 | 116823 |
| 市　区 | | | | |
| 长安区 | | | | |
| 蓝田县 | | | | |
| 周至县 | | | | |
| 户　县 | | | | |
| 高陵县 | | | | |
| 铜川市 | 181308 | 103964 | 75476 | 1867 |
| 市直单位 | 43544 | 9928 | 33124 | 491 |
| 王益区 | 53983 | 32390 | 21593 | |
| 印台区 | 29833 | 17601 | 11635 | 597 |
| 耀州区 | 44500 | 36570 | 7180 | 750 |
| 宜君县 | 9448 | 7475 | 1944 | 29 |
| 宝鸡市 | 826105 | 691474 | 118511 | 16120 |
| 渭滨区 | 249719 | 213126 | 34954 | 1639 |
| 金台区 | 168653 | 140650 | 26094 | 1909 |
| 陈仓区 | 108929 | 82608 | 23599 | 2722 |
| 凤翔县 | 62419 | 50993 | 8006 | 3420 |
| 岐山县 | 74936 | 69295 | 3390 | 2251 |
| 扶风县 | 40175 | 33903 | 5072 | 1200 |
| 眉　县 | 39099 | 32991 | 6108 | |
| 陇　县 | 30518 | 26800 | 3718 | |
| 千阳县 | 15106 | 13461 | 1645 | |
| 麟游县 | 8470 | 7510 | 850 | 110 |
| 凤　县 | 20334 | 14337 | 3746 | 2251 |
| 太白县 | 7747 | 5800 | 1329 | 618 |
| 咸阳市 | 801919 | 609838 | 179835 | 12247 |
| 秦都区 | 171100 | 145097 | 23835 | 2169 |
| 渭城区 | 149866 | 97452 | 48202 | 4212 |
| 三原县 | 57281 | 43820 | 12601 | 860 |
| 泾阳县 | 68106 | 53179 | 13580 | 1347 |
| 乾　县 | 74955 | 57715 | 16492 | 748 |
| 礼泉县 | 60851 | 47476 | 12728 | 648 |
| 永寿县 | 11389 | 8823 | 2410 | 156 |

注：由于资料来源不同，部分县（区）汇总数不等于本市数；县(区)汇总数不等于全省数。

16-15 续表1 (2003年) 单位：万元

| 地区 | 合计 | 批发零售贸易业 | 餐饮业 | 其他行业 |
|---|---|---|---|---|
| 彬县 | 30633 | 26133 | 4062 | 437 |
| 长武县 | 10030 | 8270 | 1499 | 261 |
| 旬邑县 | 16800 | 13184 | 3441 | 176 |
| 淳化县 | 16598 | 11281 | 4764 | 552 |
| 武功县 | 52606 | 41033 | 11205 | 368 |
| 兴平市 | 81704 | 56376 | 25016 | 312 |
| **渭南市** | **605717** | **492210** | **87020** | **26486** |
| 临渭区 | 102035 | 81833 | 16284 | 3918 |
| 华县 | 23472 | 19955 | 955 | 2562 |
| 潼关县 | 19235 | 15099 | 1326 | 2810 |
| 大荔县 | 77534 | 61027 | 13925 | 2582 |
| 合阳县 | 46778 | 39905 | 5975 | 898 |
| 澄城县 | 41747 | 34977 | 5188 | 1582 |
| 蒲城县 | 85298 | 66142 | 17770 | 1386 |
| 白水县 | 30817 | 24067 | 4898 | 1851 |
| 富平县 | 85598 | 78737 | 6861 | |
| 韩城市 | 49684 | 35828 | 8097 | 5760 |
| 华阴市 | 36063 | 28650 | 4572 | 2841 |
| 开发区 | 7457 | 5992 | 1169 | 296 |
| **延安市** | **294121** | **207293** | **81867** | **4960** |
| 宝塔区 | 113710 | 84291 | 28406 | 1013 |
| 延长县 | 11799 | 8533 | 3112 | 154 |
| 延川县 | 16098 | 10056 | 5656 | 387 |
| 子长县 | 21108 | 16332 | 3796 | 980 |
| 安塞县 | 16150 | 8083 | 7792 | 275 |
| 志丹县 | 17007 | 10557 | 6300 | 150 |
| 吴旗县 | 12023 | 10167 | 1678 | 178 |
| 甘泉县 | 8573 | 5326 | 3008 | 239 |
| 富县 | 12683 | 9516 | 2792 | 374 |
| 洛川县 | 26435 | 15863 | 10004 | 568 |
| 宜川县 | 9619 | 7799 | 1632 | 188 |
| 黄龙县 | 4482 | 3556 | 838 | 88 |
| 黄陵县 | 24435 | 17215 | 6855 | 365 |
| **汉中市** | **495963** | **406744** | **88434** | **785** |
| 汉台区 | 202841 | 175140 | 26916 | 785 |
| 南郑县 | 49236 | 38071 | 11165 | |
| 城固县 | 63635 | 39233 | 24402 | |
| 洋县 | 30002 | 25730 | 4272 | |
| 西乡县 | 25402 | 23923 | 1479 | |

16-15 续表2 (2003年) 单位：万元

| 地　区 | 合　计 | 批发零售贸易业 | 餐饮业 | 其他行业 |
|---|---|---|---|---|
| 勉　县 | 43680 | 35575 | 8105 | |
| 宁强县 | 21635 | 19612 | 2023 | |
| 略阳县 | 24650 | 21892 | 2758 | |
| 镇巴县 | 17808 | 16559 | 1249 | |
| 留坝县 | 13750 | 8246 | 5504 | |
| 佛坪县 | 3324 | 2763 | 561 | |
| 榆林市 | 373984 | 259387 | 76039 | 38558 |
| 榆阳区 | 71000 | 47170 | 14275 | 9555 |
| 神木县 | 50500 | 37737 | 12553 | 210 |
| 府谷县 | 30000 | 24754 | 5194 | 52 |
| 横山县 | 22568 | 13370 | 5350 | 3848 |
| 靖边县 | 28000 | 13026 | 6750 | 8224 |
| 定边县 | 25050 | 15896 | 8084 | 1070 |
| 绥德县 | 55390 | 46511 | 7185 | 1694 |
| 米脂县 | 20917 | 11962 | 5005 | 3950 |
| 佳　县 | 18451 | 14172 | 2219 | 2060 |
| 吴堡县 | 8110 | 4279 | 1004 | 2827 |
| 清涧县 | 16398 | 10070 | 4323 | 2005 |
| 子洲县 | 27600 | 20440 | 4097 | 3063 |
| 安康市 | 319310 | 232766 | 79756 | 6788 |
| 汉滨区 | 141525 | 94112 | 43822 | 3592 |
| 汉阴县 | 25439 | 21009 | 4430 | |
| 石泉县 | 16140 | 11524 | 3208 | 1408 |
| 宁陕县 | 9673 | 6792 | 2870 | 11 |
| 紫阳县 | 29000 | 23363 | 5500 | 137 |
| 岚皋县 | 13448 | 10063 | 3384 | |
| 平利县 | 15730 | 12212 | 2915 | 603 |
| 镇坪县 | 6362 | 5335 | 484 | 543 |
| 旬阳县 | 43601 | 32455 | 10663 | 483 |
| 白河县 | 18392 | 15901 | 2480 | 11 |
| 商洛市 | 228552 | 202155 | 26397 | |
| 商州区 | 56131 | 50104 | 6027 | |
| 洛南县 | 45491 | 40484 | 5007 | |
| 丹凤县 | 27147 | 23768 | 3379 | |
| 商南县 | 20760 | 18270 | 2490 | |
| 山阳县 | 37503 | 33795 | 3708 | |
| 镇安县 | 27660 | 24189 | 3471 | |
| 柞水县 | 13860 | 11545 | 2315 | |
| 杨凌示范区 | 20851 | 13163 | 6275 | 1413 |

# 16-16 限额以上批发零售贸易业商品销售类值

单位:万元

| 类别 | 合计 | | 批发 | | 零售 | |
|---|---|---|---|---|---|---|
| | 2002年 | 2003年 | 2002年 | 2003年 | 2002年 | 2003年 |
| 食品、饮料、烟酒类 | 1170851 | 1560302 | 988017 | 1320994 | 182834 | 239309 |
| # 肉禽蛋类 | 11765 | 22146 | 1886 | 2445 | 9879 | 19701 |
| 其它食品类 | 171590 | 182319 | 69066 | 56039 | 102524 | 126280 |
| 饮料类 | 51193 | 79746 | 21387 | 34781 | 29806 | 44965 |
| 烟酒类 | 936303 | 1276091 | 895678 | 1227728 | 40625 | 48363 |
| 服装鞋帽针纺织品类 | 302006 | 320128 | 74408 | 64418 | 227598 | 255710 |
| # 服装类 | 166005 | 180059 | 35355 | 25318 | 130650 | 154741 |
| 鞋帽类 | 59507 | 69632 | 3969 | 6090 | 55539 | 63542 |
| 针纺织类 | 76494 | 70438 | 35084 | 33011 | 41410 | 37427 |
| 化妆品类 | 44556 | 49575 | 9932 | 10842 | 34624 | 38734 |
| 金银珠宝类 | 25485 | 32108 | 1546 | 1793 | 23938 | 30315 |
| 日用品类 | 123756 | 146441 | 59994 | 65011 | 63762 | 81430 |
| # 洗涤用品类 | 37949 | 56063 | 12924 | 19910 | 25025 | 36153 |
| 儿童玩具类 | 6286 | 6383 | 1732 | 1236 | 4555 | 5147 |
| 五金、电工器具类 | 72200 | 73211 | 63590 | 64785 | 8609 | 8426 |
| 体育、娱乐用品类 | 19016 | 23845 | 6409 | 6893 | 12607 | 16952 |
| 书报、杂志类 | 119492 | 123542 | 67447 | 77263 | 52045 | 46279 |
| 电子出版及音像制品类 | 5801 | 7769 | 1801 | 4179 | 4000 | 3590 |
| 家用电器和音像器材类 | 274716 | 253650 | 48534 | 25963 | 226182 | 227687 |
| 中西药品类 | 287146 | 315572 | 185720 | 205992 | 101426 | 109581 |
| # 西药 | 223194 | 231947 | 141203 | 146687 | 81991 | 85260 |
| 中草药及中成药 | 58897 | 78899 | 42155 | 56192 | 16742 | 22707 |
| 文化办公用品类 | 22526 | 47669 | 4050 | 27370 | 18476 | 20299 |
| 家俱类 | 6750 | 4563 | 1814 | 306 | 4936 | 4257 |
| 通讯器材类 | 98642 | 118366 | 66759 | 63074 | 31883 | 55292 |
| 煤炭及制品类 | 26442 | 22796 | 25555 | 22036 | 886 | 760 |
| 木材及制品类 | 4851 | 2482 | 2118 | 1142 | 2733 | 1339 |
| 石油及制品类 | 860338 | 1002182 | 716451 | 802950 | 143888 | 199232 |
| 化工材料及制品类 | 93973 | 79493 | 93973 | 79493 | | |
| # 化肥类 | 41669 | 25894 | 41669 | 25894 | | |
| 金属材料类 | 137753 | 327628 | 137753 | 327628 | | |
| 建筑及装潢材料类 | 25510 | 24291 | 8142 | 9314 | 17368 | 14977 |
| 机电产品及设备类 | 392667 | 436172 | 327020 | 383649 | 65647 | 52523 |
| # 农机类 | 7296 | 5892 | 7296 | 5892 | | |
| 汽车类 | 193733 | 222701 | 133374 | 176363 | 60359 | 46338 |
| 种子饲料类 | 929 | 2930 | 929 | 2930 | | |
| 棉麻类 | 10525 | 12342 | 10525 | 12342 | | |
| 其他类 | 36742 | 61053 | 32181 | 11000 | 4561 | 50053 |

# 16-17 限额以上批发零售贸易业商品销售数量

| 商品名称 | 单位 | 合计 | | 批发 | | 零售 | |
|---|---|---|---|---|---|---|---|
| | | 2002年 | 2003年 | 2002年 | 2003年 | 2002年 | 2003年 |
| 粮食 | 吨 | 226196 | 212813 | 200114 | 185265 | 26082 | 27548 |
| 食用植物油 | 吨 | 5440 | 7971 | 209 | | 5230 | 7971 |
| 食糖 | 吨 | 10781 | 10043 | 9658 | 7612 | 1123 | 2430 |
| 棉花 | 吨 | 6063 | 9251 | 6063 | 9250 | | 1 |
| 布 | 百米 | 344437 | 243010 | 330966 | 229783 | 13471 | 13227 |
| 鞋 | 百双 | 68739 | 236534 | 2894 | 9331 | 65845 | 227203 |
| 照相机 | 台 | | 26549 | | 271 | | 26278 |
| #数码照相机 | 台 | | 3741 | | | | 3741 |
| 彩色电视机 | 台 | | 274112 | | 32754 | | 241358 |
| 组合音响 | 台 | 32104 | 17913 | 1312 | 727 | 30792 | 17186 |
| 摄像机 | 台 | 3046 | 7056 | 79 | 511 | 2967 | 6545 |
| 影碟机 | 台 | 190859 | 127012 | 32245 | 16101 | 158614 | 110911 |
| 家用电冰箱 | 台 | 148290 | 104764 | 24329 | 11371 | 123961 | 93393 |
| 家用洗衣机 | 台 | 192021 | 124002 | 46306 | 14143 | 145715 | 109859 |
| 房间空调器 | 台 | 149699 | 128035 | 24419 | 19857 | 125280 | 108178 |
| 微波炉 | 台 | 130701 | 108674 | 21898 | 15190 | 108803 | 93484 |
| 微型计算机 | 台 | 9061 | 18058 | 2545 | 2470 | 6516 | 15588 |
| 普通电话机 | 部 | 152441 | 175392 | 81792 | 129420 | 70649 | 45972 |
| 移动电话机 | 部 | 640369 | 1271841 | 435887 | 438692 | 204482 | 833149 |
| 化学肥料 | 吨 | 492680 | 301381 | 492680 | 301381 | | |
| 化学农药 | 吨 | 18722 | 330 | 18722 | 330 | | |
| 农用塑料薄膜 | 吨 | 276 | 122 | 276 | 122 | | |
| 煤炭 | 吨 | 799670 | 1287406 | 748350 | 1211287 | 51320 | 76119 |
| 木材 | 立方米 | 16827 | 6744 | 7651 | 2679 | 9176 | 4065 |
| 汽油 | 吨 | 784178 | 844777 | 621105 | 649267 | 163073 | 195510 |
| 煤油 | 吨 | 143005 | 129730 | 142427 | 128818 | 578 | 912 |
| 柴油 | 吨 | 1831989 | 1959786 | 1640068 | 1739862 | 191921 | 219924 |
| 钢材 | 吨 | 294783 | 747234 | 294783 | 747234 | | |
| 铜 | 吨 | 1666 | 4110 | 1666 | 4110 | | |
| 铝 | 吨 | 1658 | 253 | 1658 | 253 | | |
| 水泥 | 吨 | 212749 | 139514 | 212749 | 139514 | | |
| 汽车 | 辆 | 19519 | 23561 | 13002 | 18509 | 6517 | 5052 |
| #轿车 | 辆 | 7667 | 10822 | 4967 | 8460 | 2700 | 2362 |
| 摩托车 | 辆 | 2280 | 9333 | 1127 | 4908 | 1153 | 4425 |
| 拖拉机 | 辆 | 727 | 293 | 727 | 293 | | |

# 16-18 限额以上批发贸易企业主要财务指标

（2003年）

单位：万元

| 指标 | 企业数（个） | 资产合计 | #流动资产 | #固定资产 |
|---|---|---|---|---|
| 总计 | 197 | 1870876 | 1347695 | 297941 |
| #国有及国有控股 | 174 | 1476589 | 1057132 | 275906 |
| 一、按登记注册类型分 | | | | |
| 内资企业 | 195 | 1849728 | 1326734 | 297759 |
| 国有企业 | 145 | 1099769 | 817484 | 206401 |
| 集体企业 | 9 | 106006 | 69484 | 8922 |
| 股份合作企业 | 1 | 1739 | 392 | 1302 |
| 联营企业 | 2 | 4780 | 4704 | 71 |
| 国有联营企业 | 2 | 4780 | 4704 | 71 |
| 有限责任公司 | 25 | 412873 | 312860 | 27024 |
| 其他有限责任公司 | 25 | 412873 | 312860 | 27024 |
| 股份有限公司 | 10 | 209171 | 107633 | 52827 |
| 私营企业 | 3 | 15390 | 14177 | 1213 |
| 私营有限责任公司 | 3 | 15390 | 14177 | 1213 |
| 外商投资企业 | 2 | 21148 | 20961 | 183 |
| 中外合资经营企业 | 1 | 16951 | 16790 | 158 |
| 外资企业 | 1 | 4196 | 4172 | 25 |
| 二、按国民经济行业分 | | | | |
| 农畜产品批发业 | 5 | 82321 | 41150 | 7008 |
| 食品、饮料及烟草制品批发业 | 76 | 337822 | 243569 | 69399 |
| #米、面制品及食用油批发业 | 6 | 22865 | 20960 | 1816 |
| 烟草制品批发业 | 60 | 273365 | 196571 | 54634 |
| 纺织、服装及日用品批发业 | 17 | 218592 | 142491 | 37523 |
| #服装批发业 | 1 | 71534 | 47362 | 12726 |
| 文化、体育用品及器材批发业 | 4 | 44089 | 28116 | 14571 |
| 医药及医疗器材批发业 | 17 | 159517 | 121022 | 19826 |
| 矿产品、建材及化工产品批发业 | 41 | 617788 | 429826 | 100697 |
| #煤炭及制品批发业 | 4 | 33386 | 12793 | 16317 |
| 石油及制品批发业 | 9 | 174369 | 93741 | 52624 |
| 金属及金属矿批发业 | 17 | 352973 | 273092 | 25869 |
| 建材批发业 | 1 | 571 | 506 | 65 |
| 化肥批发业 | 5 | 44291 | 40136 | 3673 |
| 机械设备、五金交电及电子产品批发业 | 35 | 405375 | 339602 | 45836 |
| #汽车、摩托车及零配件批发业 | 8 | 85147 | 69220 | 6347 |
| 家用电器批发业 | 4 | 33517 | 22904 | 7163 |
| 计算机、软件及辅助设备批发业 | 3 | 18274 | 18091 | 180 |
| 其他批发业 | 2 | 5373 | 1921 | 3081 |

16-18 续表1 （2003年） 单位：万元

| 指　　标 | 负债合计 | 商品销售收入净额 | 商品销售成　本 | 经营费用 |
|---|---|---|---|---|
| 总　　计 | 1676550 | 3491167 | 3250398 | 114736 |
| #国有及国有控股 | 1353874 | 2709274 | 2507616 | 97897 |
| 一、按登记注册类型分 | | | | |
| 内资企业 | 1657841 | 3359344 | 3121686 | 109957 |
| 国有企业 | 973213 | 1965296 | 1804863 | 72947 |
| 集体企业 | 106712 | 35818 | 34237 | 502 |
| 股份合作企业 | 897 | 1277 | 1194 | 57 |
| 联营企业 | 4303 | 23625 | 23047 | 399 |
| 国有联营企业 | 4303 | 23625 | 23047 | 399 |
| 有限责任公司 | 311924 | 905054 | 856207 | 19645 |
| 其他有限责任公司 | 311924 | 905054 | 856207 | 19645 |
| 股份有限公司 | 248750 | 400128 | 375459 | 15665 |
| 私营企业 | 12043 | 28147 | 26679 | 742 |
| 私营有限责任公司 | 12043 | 28147 | 26679 | 742 |
| 外商投资企业 | 18709 | 131823 | 128713 | 4780 |
| 中外合资经营企业 | 18618 | 115572 | 112845 | 4592 |
| 外资企业 | 91 | 16251 | 15868 | 187 |
| 二、按国民经济行业分 | | | | |
| 农畜产品批发业 | 90174 | 29093 | 26610 | 513 |
| 食品、饮料及烟草制品批发业 | 262592 | 857164 | 775118 | 19523 |
| #米、面制品及食用油批发业 | 22468 | 11638 | 10717 | 816 |
| 烟草制品批发业 | 203749 | 813009 | 737075 | 15583 |
| 纺织、服装及日用品批发业 | 246520 | 157462 | 146069 | 8830 |
| #服装批发业 | 77758 | 40799 | 39076 | 897 |
| 文化、体育用品及器材批发业 | 24679 | 76611 | 70459 | 3241 |
| 医药及医疗器材批发业 | 153675 | 289867 | 273108 | 8534 |
| 矿产品、建材及化工产品批发业 | 503707 | 1347903 | 1262143 | 48983 |
| #煤炭及制品批发业 | 20424 | 26040 | 4790 | 18622 |
| 石油及制品批发业 | 157746 | 643673 | 617731 | 17412 |
| 金属及金属矿批发业 | 271009 | 641066 | 604355 | 11894 |
| 建材批发业 | 461 | 2969 | 2700 | 22 |
| 化肥批发业 | 40897 | 20723 | 20056 | 395 |
| 机械设备、五金交电及电子产品批发业 | 391220 | 726600 | 690638 | 25061 |
| #汽车、摩托车及零配件批发业 | 93011 | 150082 | 146122 | 2082 |
| 家用电器批发业 | 29528 | 35116 | 32648 | 1777 |
| 计算机、软件及辅助设备批发业 | 19324 | 125216 | 122259 | 4736 |
| 其他批发业 | 3983 | 6467 | 6254 | 52 |

16-18 续表2　　(2003年)　　单位：万元

| 指　　标 | 商品销售利　润 | 利润总额 | 本年应付工资总额 | 本年应付福利总额 |
|---|---|---|---|---|
| 总　　计 | 122664 | -23048 | 38743 | 5407 |
| # 国有及国有控股 | 100831 | -40516 | 35396 | 5093 |
| 一、按登记注册类型分 | | | | |
| 内资企业 | 124337 | -21269 | 37736 | 5353 |
| 国有企业 | 85394 | 14296 | 27187 | 3542 |
| 集体企业 | 1061 | -221 | 711 | 56 |
| 股份合作企业 | 27 | -15 | 40 | 5 |
| 联营企业 | 167 | 50 | 67 | 9 |
| 国有联营企业 | 167 | 50 | 67 | 9 |
| 有限责任公司 | 28290 | 20463 | 4120 | 959 |
| 其他有限责任公司 | 28290 | 20463 | 4120 | 959 |
| 股份有限公司 | 8687 | -55901 | 5294 | 756 |
| 私营企业 | 711 | 58 | 318 | 25 |
| 私营有限责任公司 | 711 | 58 | 318 | 25 |
| 外商投资企业 | -1673 | -1779 | 1007 | 54 |
| 中外合资经营企业 | -1869 | -1845 | 936 | 38 |
| 外资企业 | 196 | 66 | 71 | 15 |
| 二、按国民经济行业分 | | | | |
| 农畜产品批发业 | 1968 | -1379 | 662 | 63 |
| 食品、饮料及烟草制品批发业 | 61030 | 23555 | 14027 | 1849 |
| # 米、面制品及食用油批发业 | 105 | 5 | 142 | 18 |
| 烟草制品批发业 | 58929 | 24042 | 12545 | 1649 |
| 纺织、服装及日用品批发业 | 2462 | -62749 | 2251 | 268 |
| # 服装批发业 | 826 | -5627 | 541 | 77 |
| 文化、体育用品及器材批发业 | 2843 | 68 | 1353 | 187 |
| 医药及医疗器材批发业 | 8080 | -808 | 5174 | 1120 |
| 矿产品、建材及化工产品批发业 | 35920 | 21824 | 8831 | 1120 |
| # 煤炭及制品批发业 | 2603 | 768 | 1017 | 122 |
| 石油及制品批发业 | 8156 | 583 | 4922 | 722 |
| 金属及金属矿批发业 | 24386 | 20886 | 2176 | 186 |
| 建材批发业 | 240 | 49 | 89 | 13 |
| 化肥批发业 | 268 | -213 | 204 | 31 |
| 机械设备、五金交电及电子产品批发业 | 10206 | -3563 | 6353 | 790 |
| # 汽车、摩托车及零配件批发业 | 1852 | -2001 | 670 | 91 |
| 家用电器批发业 | 602 | -327 | 368 | 77 |
| 计算机、软件及辅助设备批发业 | -1787 | -1834 | 969 | 42 |
| 其他批发业 | 155 | 4 | 92 | 10 |

# 16-19 限额以上零售贸易企业主要财务指标

（2003年）

单位：万元

| 指 标 | 企业数（个） | 资产合计 | # 流动资产 | # 固定资产 |
|---|---|---|---|---|
| 总 计 | 124 | 956341 | 477534 | 347405 |
| # 国有及国有控股 | 70 | 424941 | 183883 | 163428 |
| 一、按登记注册类型分 | | | | |
| 内资企业 | 123 | 951136 | 475580 | 347331 |
| 国有企业 | 56 | 139766 | 79778 | 50969 |
| 集体企业 | 9 | 60963 | 12221 | 46136 |
| 股份合作企业 | 2 | 13572 | 6510 | 6641 |
| 有限责任公司 | 23 | 279882 | 162187 | 79410 |
| 其他有限责任公司 | 23 | 279882 | 162187 | 79410 |
| 股份有限公司 | 11 | 335509 | 139833 | 123309 |
| 私营企业 | 22 | 121445 | 75052 | 40866 |
| 私营独资企业 | 3 | 21207 | 15946 | 3705 |
| 私营有限责任公司 | 16 | 91148 | 55753 | 31621 |
| 私营股份有限公司 | 3 | 9090 | 3352 | 5541 |
| 港、澳、台商投资企业 | 1 | 5205 | 1954 | 74 |
| 合资经营企业 | 1 | 5205 | 1954 | 74 |
| 二、按国民经济行业分 | | | | |
| 综合零售业 | 66 | 779116 | 354703 | 306324 |
| # 百货零售业 | 49 | 585645 | 224381 | 258788 |
| 超级市场零售业 | 16 | 191632 | 129493 | 47298 |
| 食品、饮料及烟草制品专门零售业 | 6 | 29568 | 14858 | 10125 |
| 纺织、服装及日用品专门零售业 | 7 | 44577 | 30905 | 8799 |
| # 服装零售业 | 1 | 25661 | 19044 | 6617 |
| 文化、体育用品及器材专门零售业 | 18 | 28635 | 18453 | 8356 |
| # 体育用品零售业 | 1 | 2468 | 2037 | 382 |
| 图书零售业 | 16 | 25039 | 15880 | 7803 |
| 医药及医疗器材专门零售业 | 12 | 19591 | 11113 | 7312 |
| 药品零售业 | 12 | 19591 | 11113 | 7312 |
| 汽车、摩托车、燃料及零配件专门零售业 | 3 | 5344 | 3687 | 1642 |
| # 汽车零售业 | 1 | 1901 | 979 | 907 |
| 家用电器及电子产品专门零售业 | 7 | 36476 | 35414 | 570 |
| 家用电器零售业 | 5 | 35724 | 34735 | 497 |
| 计算机、软件及辅助设备零售业 | 2 | 752 | 679 | 73 |
| 五金、家具及室内装修材料专门零售业 | 4 | 11499 | 7546 | 3627 |
| 无店铺及其他零售业 | 1 | 1536 | 856 | 650 |
| 三、按零售业态分 | | | | |
| 百货商店 | 53 | 608412 | 237046 | 261485 |
| 超级市场 | 22 | 232929 | 158973 | 56939 |
| 专业(专卖)商店 | 45 | 104539 | 72816 | 27474 |
| 其 他 | 4 | 10461 | 8699 | 1506 |

16-19 续表1 （2003年） 单位：万元

| 指　　标 | 负债合计 | 商品销售收入净额 | 商品销售成　本 | 经营费用 |
|---|---|---|---|---|
| 总　　计 | 631153 | 958234 | 828701 | 68418 |
| # 国有及国有控股 | 250599 | 293118 | 246888 | 14082 |
| 一、按登记注册类型分 | | | | |
| 内资企业 | 626077 | 955869 | 827296 | 68357 |
| 国有企业 | 111763 | 140058 | 119723 | 9645 |
| 集体企业 | 49362 | 24470 | 21228 | 375 |
| 股份合作企业 | 11475 | 37229 | 35016 | 700 |
| 有限责任公司 | 196938 | 416139 | 367148 | 25893 |
| 其他有限责任公司 | 196938 | 416139 | 367148 | 25893 |
| 股份有限公司 | 170332 | 150922 | 119421 | 10650 |
| 私营企业 | 86207 | 187051 | 164761 | 21093 |
| 私营独资企业 | 15569 | 45057 | 40341 | 5864 |
| 私营有限责任公司 | 65942 | 130834 | 114944 | 14312 |
| 私营股份有限公司 | 4696 | 11160 | 9476 | 917 |
| 港、澳、台商投资企业 | 5076 | 2365 | 1405 | 61 |
| 合资经营企业 | 5076 | 2365 | 1405 | 61 |
| 二、按国民经济行业分 | | | | |
| 综合零售业 | 493928 | 765960 | 662544 | 54887 |
| # 百货零售业 | 343258 | 482886 | 414082 | 20178 |
| 超级市场零售业 | 149786 | 282282 | 247765 | 34623 |
| 食品、饮料及烟草制品专门零售业 | 26451 | 13594 | 11939 | 720 |
| 纺织、服装及日用品专门零售业 | 30343 | 16527 | 11306 | 1725 |
| # 服装零售业 | 19276 | 10106 | 6369 | 652 |
| 文化、体育用品及器材专门零售业 | 20052 | 34497 | 26639 | 3607 |
| # 体育用品零售业 | 2179 | 4655 | 3807 | 893 |
| 图书零售业 | 16917 | 29366 | 22539 | 2684 |
| 医药及医疗器材专门零售业 | 13544 | 16657 | 13733 | 1732 |
| 药品零售业 | 13544 | 16657 | 13733 | 1732 |
| 汽车、摩托车、燃料及零配件专门零售业 | 4290 | 5277 | 4985 | 194 |
| # 汽车零售业 | 1925 | 2293 | 2254 | 88 |
| 家用电器及电子产品专门零售业 | 32107 | 99270 | 92333 | 4756 |
| 家用电器零售业 | 31501 | 96972 | 90116 | 4699 |
| 计算机、软件及辅助设备零售业 | 606 | 2298 | 2217 | 58 |
| 五金、家具及室内装修材料专门零售业 | 8750 | 4806 | 4126 | 352 |
| 无店铺及其他零售业 | 1689 | 1647 | 1097 | 445 |
| 三、按零售业态分 | | | | |
| 百货商店 | 360213 | 520002 | 447580 | 23654 |
| 超级市场 | 184630 | 315009 | 278503 | 34154 |
| 专业(专卖)商店 | 77512 | 94235 | 76274 | 8452 |
| 其　他 | 8798 | 28988 | 26344 | 2158 |

16-19 续表2 （2003年） 单位：万元

| 指　　标 | 商品销售利　润 | 利润总额 | 本年应付工资总额 | 本年应付福利总额 |
|---|---|---|---|---|
| 总　　计 | 57267 | 18095 | 31681 | 3884 |
| # 国有及国有控股 | 30933 | 5253 | 14211 | 1877 |
| 一、按登记注册类型分 | | | | |
| 内资企业 | 56368 | 18066 | 31451 | 3852 |
| 国有企业 | 10199 | 568 | 7468 | 897 |
| 集体企业 | 2689 | 29 | 870 | 39 |
| 股份合作企业 | 1483 | 142 | 726 | 95 |
| 有限责任公司 | 21337 | 13827 | 8614 | 1120 |
| 其他有限责任公司 | 21337 | 13827 | 8614 | 1120 |
| 股份有限公司 | 19865 | 3658 | 7856 | 1085 |
| 私营企业 | 796 | -158 | 5917 | 617 |
| 私营独资企业 | -1323 | -818 | 1764 | 231 |
| 私营有限责任公司 | 1385 | 517 | 3816 | 335 |
| 私营股份有限公司 | 734 | 143 | 337 | 51 |
| 港、澳、台商投资企业 | 899 | 29 | 230 | 32 |
| 合资经营企业 | 899 | 29 | 230 | 32 |
| 二、按国民经济行业分 | | | | |
| 综合零售业 | 45545 | 14481 | 24863 | 3125 |
| # 百货零售业 | 46367 | 12465 | 15762 | 2076 |
| 超级市场零售业 | -813 | 2001 | 9022 | 1038 |
| 食品、饮料及烟草制品专门零售业 | 919 | 319 | 796 | 113 |
| 纺织、服装及日用品专门零售业 | 3054 | 118 | 1361 | 67 |
| # 服装零售业 | 2751 | -87 | 368 | 4 |
| 文化、体育用品及器材专门零售业 | 4130 | 1015 | 1682 | 201 |
| # 体育用品零售业 | -62 | 21 | 100 | 12 |
| 图书零售业 | 4040 | 972 | 1504 | 185 |
| 医药及医疗器材专门零售业 | 1141 | 60 | 1167 | 124 |
| 药品零售业 | 1141 | 60 | 1167 | 124 |
| 汽车、摩托车、燃料及零配件专门零售业 | 90 | -36 | 224 | 37 |
| # 汽车零售业 | -54 | -48 | 138 | 25 |
| 家用电器及电子产品专门零售业 | 1986 | 2242 | 1277 | 175 |
| 家用电器零售业 | 1964 | 2247 | 1228 | 169 |
| 计算机、软件及辅助设备零售业 | 22 | -5 | 48 | 7 |
| 五金、家具及室内装修材料专门零售业 | 306 | -111 | 110 | 14 |
| 无店铺及其他零售业 | 96 | 6 | 202 | 27 |
| 三、按零售业态分 | | | | |
| 百货商店 | 46384 | 14285 | 16630 | 2127 |
| 超级市场 | 1497 | 2286 | 10183 | 1187 |
| 专业(专卖)商店 | 8959 | 998 | 4063 | 458 |
| 其　他 | 428 | 525 | 805 | 112 |

# 16-20 限额以上餐饮企业主要财务指标

（2003年）

单位：万元

| 指标 | 企业数（个） | 资产合计 | #流动资产 | #固定资产 | 负债合计 | 营业收入 |
|---|---|---|---|---|---|---|
| 总计 | 48 | 159792 | 65044 | 64844 | 107653 | 106220 |
| #国有及国有控股 | 9 | 105713 | 34405 | 53541 | 72462 | 39820 |
| 一、按登记注册类型分 | | | | | | |
| 内资企业 | 39 | 119344 | 43082 | 55676 | 83449 | 66949 |
| 国有企业 | 6 | 8677 | 2503 | 4818 | 7317 | 3657 |
| 股份合作企业 | 1 | 99 | 14 | 14 | 14 | 263 |
| 有限责任公司 | 10 | 5559 | 2395 | 2538 | 6579 | 11767 |
| 其他有限责任公司 | 10 | 5559 | 2395 | 2538 | 6579 | 11767 |
| 股份有限公司 | 4 | 90004 | 29263 | 46096 | 61108 | 34777 |
| 私营企业 | 18 | 15006 | 8907 | 2210 | 8431 | 16486 |
| 私营独资企业 | 2 | 394 | 291 | 104 | 366 | 754 |
| 私营合伙企业 | 1 | 16 | 59 | 16 | 75 | 197 |
| 私营有限责任公司 | 13 | 14450 | 8421 | 2080 | 7941 | 15012 |
| 私营股份有限公司 | 2 | 146 | 136 | 10 | 49 | 523 |
| 港、澳、台商投资企业 | 4 | 24771 | 10773 | 8086 | 9386 | 32841 |
| 合资经营企业 | 1 | 4523 | 2426 | 1897 | 2942 | 8646 |
| 合作经营企业 | 2 | 8771 | 3051 | 3306 | 3700 | 4713 |
| 独资经营企业 | 1 | 11477 | 5296 | 2883 | 2744 | 19482 |
| 外商投资企业 | 5 | 15676 | 11189 | 1083 | 14818 | 6429 |
| 中外合资经营企业 | 2 | 6821 | 3046 | 551 | 5985 | 1065 |
| 中外合作经营企业 | 2 | 7847 | 7573 | 96 | 7561 | 4148 |
| 外资企业 | 1 | 1009 | 570 | 436 | 1272 | 1216 |
| 二、按国民经济行业分 | | | | | | |
| 正餐 | 44 | 145552 | 58742 | 60855 | 104029 | 82661 |
| 快餐 | 4 | 14240 | 6302 | 3990 | 3623 | 23559 |

| 指标 | 营业成本 | 营业费用 | 营业税金及附加 | 经营利润 | 本年应付工资总额 | 本年应付福利总额 |
|---|---|---|---|---|---|---|
| 总计 | 50384 | 34407 | 4303 | 17126 | 8885 | 885 |
| #国有及国有控股 | 17272 | 14392 | 1586 | 6571 | 3588 | 517 |
| 一、按登记注册类型分 | | | | | | |
| 内资企业 | 33474 | 21377 | 2820 | 9279 | 6030 | 721 |
| 国有企业 | 1283 | 1718 | 172 | 484 | 571 | 48 |
| 股份合作企业 | 86 | | 12 | 165 | 50 | 7 |
| 股份合作企业 | 6654 | 2658 | 520 | 1936 | 1003 | 144 |
| 其他有限责任公司 | 6654 | 2658 | 520 | 1936 | 1003 | 144 |
| 股份有限公司 | 15641 | 12084 | 1380 | 5673 | 2591 | 383 |
| 私营企业 | 9810 | 4918 | 736 | 1022 | 1815 | 139 |
| 私营独资企业 | 508 | 130 | 26 | 91 | 69 | |
| 私营合伙企业 | 187 | 11 | | -2 | 10 | 2 |
| 私营有限责任公司 | 8798 | 4626 | 684 | 904 | 1657 | 137 |
| 私营股份有限公司 | 318 | 151 | 26 | 29 | 79 | |
| 港、澳、台商投资企业 | 14359 | 11112 | 1219 | 6151 | 2134 | 86 |
| 合资经营企业 | 4612 | 2452 | 335 | 1247 | 77 | |
| 合作经营企业 | 2223 | 1291 | 178 | 1021 | 701 | 86 |
| 独资经营企业 | 7524 | 7369 | 706 | 3882 | 1356 | |
| 外商投资企业 | 2551 | 1918 | 265 | 1696 | 721 | 78 |
| 中外合资经营企业 | 542 | 454 | 52 | 17 | 119 | 15 |
| 中外合作经营企业 | 1746 | 946 | 162 | 1295 | 533 | 63 |
| 外资企业 | 263 | 518 | 51 | 384 | 68 | |
| 二、按国民经济行业分 | | | | | | |
| 正餐 | 41080 | 25911 | 3427 | 12243 | 7183 | 884 |
| 快餐 | 9304 | 8496 | 876 | 4883 | 1702 | 1 |

## 16-21 重点市场商品销售类值

(2003年)

| 类别 | 摊位数（个） | 全年总成交额（万元） | #零售额 |
|---|---|---|---|
| 合计 | 11094 | 403607 | 97859 |
| 食品、饮料、烟酒类 | 2728 | 104000 | 22562 |
| #粮油果菜类 | 2345 | 90601 | 19089 |
| 服装鞋帽针纺织品类 | 3194 | 79284 | 31269 |
| 化妆品类 | 87 | 5035 | 1317 |
| 日用品类 | 536 | 34218 | 8599 |
| 五金、电工器具类 | 1012 | 77809 | 15510 |
| 体育、娱乐用品类 | 176 | 12437 | 3131 |
| 电子出版及音像制品类 | 223 | 15679 | 3923 |
| 文化办公用品类 | 126 | 9716 | 3513 |
| 煤炭及制品类 | 20 | 205 | |
| 木材及制品类 | 15 | 127 | |
| 化工材料及制品类 | 56 | 1269 | 30 |
| 金属材料类 | 749 | 32022 | 4155 |
| 建筑及装潢材料类 | 204 | 1919 | 1634 |
| 机电产品及设备类 | 1968 | 29887 | 2216 |
| #汽车类 | 1968 | 29887 | 2216 |

## 16-22 重点商品交易市场成交情况

(2003年)

| 市场 | 摊位数（个） | 全年总成交额（万元） | #零售额 |
|---|---|---|---|
| 康复路工业品批发市场 | 1699 | 124787 | 32080 |
| 西北五金工具批发市场 | 239 | 25500 | |
| 轻工市场 | 1268 | 57571 | 21393 |
| 西安通海水产副食品广场 | 90 | 639 | 507 |
| 锦绣鞋城 | 440 | 1254 | |
| 润德发饮食配料批发市场 | 120 | 7030 | |
| 太华路建材市场 | 92 | 5991 | 3349 |
| 西安建筑材料城 | 82 | 3627 | 1395 |
| 胡家庙蔬菜批发市场 | 180 | 42050 | 2980 |
| 文艺南路布匹市场 | 430 | 10862 | |
| 西安市汽车自选市场 | 960 | 6337 | |
| 西安市干鲜果调味副食公司 | 333 | 12810 | 8967 |
| 西安市汽车配件市场 | 420 | 6050 | 2216 |
| 重信汽车配件交易市场 | 588 | 17500 | |
| 大明宫建材装饰材料市场 | 701 | 26834 | 1145 |
| 朱雀蔬菜鲜果批发市场 | 700 | 3838 | 720 |
| 大雁塔装饰材料市场 | 204 | 1919 | 1634 |
| 宝鸡市肉菜果品批发市场 | 21 | 12950 | 200 |
| 凤翔县东湖口市场 | 84 | 599 | 599 |
| 咸阳嘉惠商场 | 943 | 6759 | 6759 |
| 大荔县同州农副产品批发市场 | 910 | 18100 | 4712 |
| 陕西城固经贸市场 | 590 | 10600 | 9203 |

# 主要统计指标解释

**批发贸易业** 指从工农业生产者或从商品流通企业购进商品，转卖给工业、农业、建筑业、运输邮电业、餐饮业、服务业以及其他批发零售企业作为生产经营用的商品流通企业(单位)。农副产品采购、供应企业，进口、出口国(境)外商品的对外贸易企业、物资供销企业等，一般都属于批发贸易业。

**零售贸易业** 指从工农业生产者、批发贸易业或居民购进商品，转卖给城乡居民作为生活消费和售给社会集团作为公共消费的商品流通企业(单位)。有些商品流通企业兼营批发零售业务，应以其主营业务来划分批发业和零售业，即以批发业务为主的作为批发贸易业，以零售业务为主的作为零售贸易业。

**餐饮业** 指从事食品的烹饪、调制并直接售给消费者供现场食用的企业(单位)和个体户，包括中西餐馆、饭馆、各种小吃店、冷饮店、酒店、茶馆等。

**限额以上批发零售贸易、餐饮企业** 限额标准为：批发业年销售额2000万元及以上，年末从业人员20人及以上；零售业年销售额500万元及以上，年末从业人员60人及以上；餐饮业年营业额200万元及以上，年末从业人员40人及以上。

**网点** 指从事批发零售贸易活动和餐饮活动的法人企业设立的从事商品批发、零售业务的自然单位数和从事餐饮活动的自然单位数。

**人员** 即从业人员，指从事批发零售贸易业、餐饮业劳动并取得劳动报酬或经营收入的人员。包括职工(含长期职工、合同制职工、临时职工)和其他从业人员(含再就业的离退休人员、三资企业中的外方人员和港澳台方人员)。

**社会消费品零售总额** 指国民经济各行业直接售给城乡居民和社会集团的消费品总额。它是反映各行业通过多种商品流通渠道向居民和社会集团供应的生活消费品总量，是研究国内零售市场变动情况、反映经济景气程度的重要指标。

社会消费品零售总额包括：⑴售给城乡居民作为生活用的商品和修建房屋用的建筑材料；⑵售给社会集团的各种办公用品和公用消费品；⑶售给机关、团体、学校、部队、企业、事业单位的职工食堂和旅店(招待所)附设专门供本店旅客食用，不对外营业的食堂的各种食品、燃料；企业、单位和国营农场直接售给本单位职工和职工食堂的自己生产的产品；⑷售给部队干部、战士生活用的粮食、副食品、衣着品、日用品、燃料；⑸售给来华的外国人、华侨、港澳台同胞的消费品；⑹居民自费购买的中、西药品、中药材及医疗用品；⑺报社、出版社直接售给居民和社会集团的报纸、图书、杂志，集邮公司出售的新、旧纪念邮票、特种邮票、首日封、集邮册、集邮工具等；⑻旧货寄售商店自购、自销部分的商品；⑼煤气公司、液化石油气站售给居民和社会集团的煤气灶具和罐装液化石油气；⑽农民售给非农业居民和社会集团的商品。不包括售给国民经济各部门企业、事业单位(包括国有经济的农场)生产经营用的各种原材料、燃料、设备、工具等和售给批发零售贸易业、餐饮业作为转卖用的商品，旧货寄售商店受托寄售卖出的商品，服务业的营业收入，邮局出售邮票的收入，自来水、电力、煤气生产(供应)单位的产品供应收入，也不包括农民之间的商品销售。

**批发零售贸易业商品购、销、存总额** 指各种登记注册类型的批发、零售贸易业企业(单位)以本企业(单位)为总体，从国内、国外市场购进的商品总量、销售和出口的商品总量、库存商品总量等情况。该指标对促进工农业生产发展、活跃市场、平抑物价、保障供给、满足需求具有举足轻重的作用。该指标可以反映商品流转过程中商品的购进、销售、库存之间的比例关系和存在的问题。

**商品购进总额** 指从本企业(单位)以外的单位和个人购进(包括从境外直接进口)作为转卖或加工后转卖的商品总额。它反映批发零售贸易业从国内、国外市场上购进商品的总量。商品购进总额包括：⑴从工农业生产者购进的商品；⑵从出版社、报社的出版发行部门购进的图书、杂志和报纸；⑶从各种登记注册类型的批发零售贸易企业(单位)购进的商品；⑷从其他单位购进的商品，如从机关、团体、企业等单位购进的剩余物资，从餐饮业、服务业购进的商品，从海关、市场管理部门购进的缉私和没收的商品，从居民手中收购的废旧商品等；⑸从国(境)外直接进口的商品。不包括企业(单位)为自身经营用和未通过买卖行为而收入的商品以及销售退回、商品升溢等。

**商品销售总额** 指对本企业(单位)以外的单位和个人出售(包括对境外直接出口)的商品总额。它反映批发零售贸易业在国内市场上销售商品以及出口商品的总量。商品销售总额包括：⑴售给城乡居民和社会集团消费用的商品；⑵售给工业、农业、建筑业、运输邮电业、批发零售贸易业、餐饮业、服务业等作为生产、经营使用的商品；⑶售给批发零售贸易业作为转卖或加工后转卖的商品；⑷对国(境)外直接出口的商品。不包括出售本企业(单位)自用的废旧包装用品；未通过买卖行为付出的商品；经本单位介绍，由买卖双方直接结算，本单位只收取手续费的业务；购货退出的商品以及商品损耗和损失等。

**批发零售贸易业库存** 指报告期末各种登记注册类型的批发零售贸易企业(单位)已取得所有权的商品。它反映批发零售贸易企业(单位)的商品库存情况和对市场商品供应的保证程度。期末库存包括:⑴存放在批发零售贸易业经营单位(如门市部、批发站、经营处)仓库、货场、货柜和货架中的商品;⑵挑选、整理、包装中的商品;⑶已记入购进而尚未运到本单位的商品,即发货单或银行承兑凭证已到而货未到的部分;⑷寄放他处的商品,如因购货方拒绝承付而暂时存放在购货方的商品和已办完加工成品收回手续而未提回的商品;⑸委托其他单位代销(未作销售或调出)尚未售出的商品;⑹代其他单位购进尚未交付的商品。不包括所有权不属于本单位的商品、拨付除批发零售贸易业以外的其他行业所属独立核算加工厂等加工生产尚未收回成品的商品、代国家物资储备部门保管的商品等。

库存总额采用的计算价格是:农副产品采购单位按购进价计算;批发单位按进货价计算;零售单位按核算价格计算,即按什么价格核算就按什么价格计算。

**餐饮业营业收入** 指餐饮企业、活动单位或个体户的全部营业额,包括商品零售额和其他服务性收入。其主要反映餐饮企业、活动单位或个体户的经营情况及发展变化趋势。

**消费品市场成交额** 指从事消费品交易的商品市场的全部商品成交金额。消费品市场包括农副产品市场和工业消费品市场。

# 17 对外经济贸易和旅游

*DUIWAIJINGJIMAOYIHELVYOU*

资料整理　张　兵

********************************************************************

# 17. 对外经济贸易和旅游

********************************************************************

2003 年全省

| | | | | |
|---|---|---|---|---|
| 外贸商品进出口总额 | 27.84 | 亿美元 | 比上年增长 | 25.1% |
| # 出 口 | 17.35 | 亿美元 | 比上年增长 | 26.0% |
| 实际利用外商直接投资额 | 4.66 | 亿美元 | 比上年增长 | 13.5% |
| 国际旅游人数 | 46.58 | 万 人 | 比上年增长 | -45.2% |
| 国际旅游收入 | 1.98 | 亿美元 | 比上年增长 | -43.3% |

********************************************************************

## 进出口总额

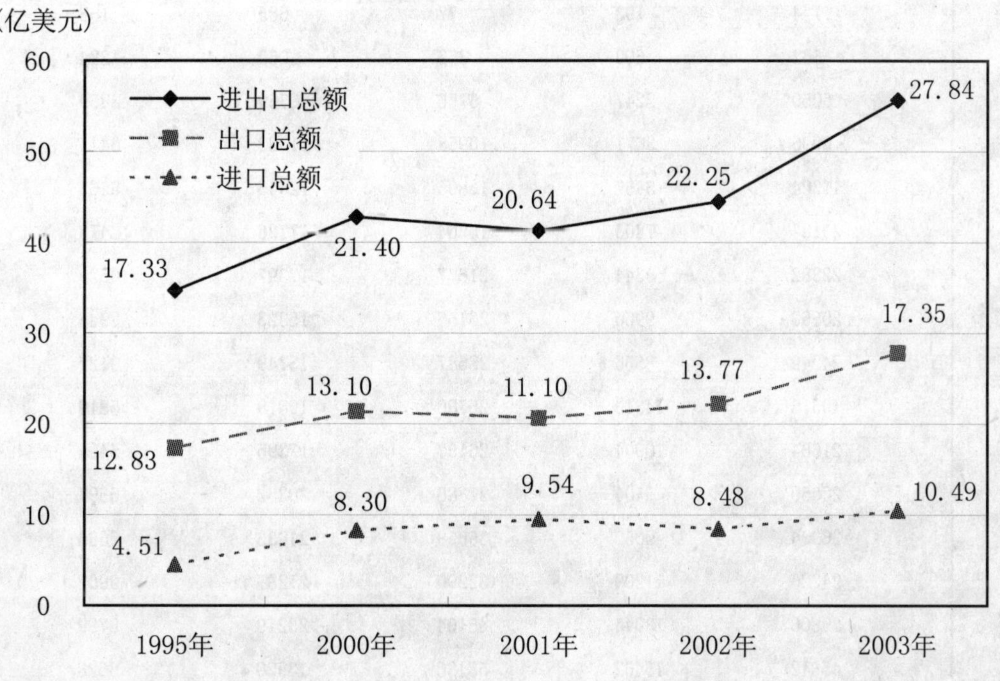

# 17-1 外贸进出口总额

单位:万美元

| 年 份 | 进出口总额 | 出口总额 | 工矿产品类出口额 | # 纺织品类 | # 轻工业品类 | # 工艺品类 |
|---|---|---|---|---|---|---|
| 1978 | | 1190 | 802 | 771 | 11 | |
| 1980 | | 973 | 388 | 18 | 95 | 1 |
| 1985 | 15712 | 10359 | 8299 | 6477 | 257 | 48 |
| 1990 | 57728 | 46059 | 39300 | 17755 | 6551 | 941 |
| 1991 | 81359 | 60502 | 49169 | 20377 | 5870 | 843 |
| 1992 | 111885 | 76531 | 63686 | 25805 | 5565 | 1070 |
| 1993 | 149599 | 99347 | 81621 | 30092 | 6739 | 1039 |
| 1994 | 160061 | 121615 | 104218 | 38590 | 9384 | 1944 |
| 1995 | 173323 | 128261 | 112938 | 40022 | 12394 | 3245 |
| 1996 | 178406 | 126922 | 111173 | 35575 | 12646 | 1461 |
| 1997 | 173413 | 123120 | 103302 | 31826 | 11403 | 398 |
| 1998 | 205148 | 117668 | 100273 | 32378 | 8956 | 278 |
| 1999 | 200834 | 115225 | 94863 | 24701 | 9922 | 600 |
| 2000 | 214009 | 131003 | 109170 | 25323 | 11911 | 392 |
| 2001 | 206444 | 111044 | 89757 | 13018 | 8755 | 259 |
| 2002 | 222517 | 137717 | 113317 | 13544 | 11586 | 233 |
| 2003 | 278371 | 173523 | 159603 | 28571 | 5993 | 5579 |

| 年 份 | # 五金矿产类 | # 化工医药类 | # 机械产品类 | 农副产品类出口额 | # 粮油食品类 | # 土畜产品类 |
|---|---|---|---|---|---|---|
| 1978 | 4 | | 16 | 388 | 97 | 291 |
| 1980 | 4 | 193 | 77 | 585 | 168 | 417 |
| 1985 | 562 | 600 | 355 | 2060 | 1224 | 836 |
| 1990 | 5050 | 2247 | 6756 | 6759 | 3859 | 2900 |
| 1991 | 6996 | 3671 | 10968 | 11333 | 6411 | 4922 |
| 1992 | 11324 | 5457 | 13805 | 12845 | 8263 | 4582 |
| 1993 | 20187 | 7200 | 16364 | 17726 | 12473 | 5253 |
| 1994 | 22382 | 9344 | 21677 | 17397 | 10528 | 6869 |
| 1995 | 20563 | 9966 | 26155 | 15323 | 8948 | 6375 |
| 1996 | 24249 | 8555 | 28687 | 15749 | 9127 | 6622 |
| 1997 | 19576 | 14319 | 25780 | 19818 | 5819 | 13999 |
| 1998 | 21604 | 10904 | 26153 | 17395 | 5494 | 11901 |
| 1999 | 22650 | 9104 | 27886 | 20362 | 6597 | 13765 |
| 2000 | 26934 | 9052 | 35558 | 21833 | 6696 | 15137 |
| 2001 | 24226 | 11209 | 32290 | 21287 | 9002 | 12285 |
| 2002 | 29806 | 13046 | 45104 | 23219 | 8789 | 14430 |
| 2003 | 45812 | 15462 | 58186 | 13920 | 8628 | 5292 |

注:本表1996年及以前系外贸部门资料,1997年以后为海关资料,两个部门资料因口径不同没有可比性。

## 17-2 按贸易方式分外贸进口总值

单位:万美元

| 贸易方式类别 | 2002年 | 2003年 | 2003年比 2002年增长% |
|---|---|---|---|
| 进口总值 | 84800 | 104848 | 23.6 |
| 1.一般贸易 | 69507 | 81043 | 16.6 |
| 2.国家间、国际组织无偿援助和赠送的物资 | 22 | 31 | 42.2 |
| 3.华侨、港澳台同胞、外籍华人捐赠物资 | 48 | 51 | 7.1 |
| 4.来料加工装配贸易 | 800 | 1507 | 88.4 |
| 5.进料加工贸易 | 9390 | 13218 | 40.8 |
| 6 寄售、代售贸易 | | | |
| 7 来料加工装配进口的设备 | 8 | 24 | 185.7 |
| 8.租赁贸易 | | 1 | |
| 9.外商投资企业作为投资进口的设备、物品 | 4619 | 4783 | 3.5 |
| 10.出料加工贸易 | 2 | 8 | 433.3 |
| 11.保税仓库进出境货物 | 189 | 3893 | 1964.2 |
| 12.其 他 | 217 | 289 | 33.3 |

## 17-3 按贸易方式分外贸出口总值

单位:万美元

| 贸易方式类别 | 2002年 | 2003年 | 2003年比 2002年增长% |
|---|---|---|---|
| 出口总值 | 137717 | 173523 | 26.0 |
| 1.一般贸易 | 117207 | 147844 | 26.1 |
| 2.国家间、国际组织无偿援助和赠送的物资 | | 19 | |
| 3.租赁贸易 | 19 | | |
| 4.来料加工装配贸易 | 857 | 1527 | 78.2 |
| 5.进料加工贸易 | 18553 | 23990 | 29.3 |
| 6.边境小额贸易 | | 10 | |
| 7.对外承包工程出口货物 | 1070 | 133 | -87.6 |
| 8.出料加工贸易 | 4 | | |
| 9.保税仓库进出境货物 | 4 | | |
| 10.其 他 | 5 | | |

# 17-4 按国别(地区)分外贸进出口总额

单位：万美元

| 国别（地区） | 2002年 | 2003年 | 2003年比2002年增长% |
|---|---|---|---|
| 进出口总额 | 222517 | 278371 | 25.10 |
| #美国 | 33534 | 42015 | 25.29 |
| 日本 | 28023 | 36610 | 30.64 |
| 德意志联邦共和国 | 15899 | 22856 | 43.76 |
| 香港 | 11038 | 13299 | 20.48 |
| 荷兰 | 9840 | 12011 | 22.05 |
| 比利时 | 8468 | 11952 | 41.14 |
| 韩国 | 11691 | 11436 | -2.19 |
| 意大利 | 7384 | 8726 | 18.18 |
| 英国 | 10296 | 7320 | -28.91 |
| 澳大利亚 | 3104 | 5650 | 82.01 |
| 新加坡 | 3809 | 5520 | 44.92 |
| 台湾 | 4094 | 5459 | 33.34 |
| 土耳其 | 2386 | 5439 | 128.01 |
| 瑞典 | 5904 | 5164 | -12.53 |
| 法国 | 4102 | 4615 | 12.52 |
| 印度 | 5960 | 3845 | -35.50 |
| 爱尔兰 | 2510 | 3820 | 52.20 |
| 马来西亚 | 2611 | 3708 | 42.01 |
| 加拿大 | 3481 | 3585 | 3.00 |
| 印尼 | 3512 | 3454 | -1.63 |
| 南非 | 1714 | 2952 | 72.18 |
| 泰国 | 2462 | 2799 | 13.68 |
| 阿拉伯联合酋长国 | 1700 | 2786 | 63.84 |
| 英属维尔京群岛 |  | 2766 |  |
| 俄罗斯 | 1945 | 2728 | 40.28 |
| 瑞士 | 2200 | 2541 | 15.50 |
| 墨西哥 | 3665 | 2536 | -30.81 |
| 西班牙 | 1534 | 2424 | 58.04 |
| 以色列 | 1478 | 2004 | 35.60 |
| 巴西 | 732 | 1679 | 129.48 |

## 17-5 按国别(地区)分外贸出口总额

单位：万美元

| 国别(地区) | 2002年 | 2003年 | 2003年比2002年增长% | 国别(地区) | 2002年 | 2003年 | 2003年比2002年增长% |
|---|---|---|---|---|---|---|---|
| **出口总额** | **137717** | **173523** | **26.0** | | | | |
| #美 国 | 19099 | 27155 | 42.2 | 加拿大 | 2153 | 2810 | 30.5 |
| 日 本 | 11498 | 15055 | 30.9 | 阿拉伯联合酋长国 | 1699 | 2785 | 63.9 |
| 香 港 | 10613 | 12707 | 19.7 | 英属维尔京群岛 | | 2766 | |
| 荷 兰 | 9403 | 11595 | 23.3 | 比利时 | 1918 | 2637 | 37.5 |
| 韩 国 | 9590 | 8805 | -8.2 | 澳大利亚 | 2002 | 2623 | 31.0 |
| 德意志联邦共和国 | 4556 | 7844 | 72.2 | 墨西哥 | 3646 | 2523 | -30.8 |
| 英 国 | 8965 | 5790 | -35.4 | 泰 国 | 1729 | 2390 | 38.3 |
| 土耳其 | 2383 | 5393 | 126.3 | 俄罗斯 | 1257 | 2277 | 81.2 |
| 意大利 | 3671 | 4850 | 32.1 | 西班牙 | 1391 | 2274 | 63.4 |
| 新加坡 | 2409 | 4376 | 81.7 | 以色列 | 1188 | 1641 | 38.1 |
| 印 度 | 5880 | 3816 | -35.1 | 法 国 | 1328 | 1537 | 15.7 |
| 印 尼 | 3499 | 3406 | -2.6 | 越 南 | 1094 | 1469 | 34.3 |
| 台 湾 | 1939 | 3310 | 70.7 | 菲律宾 | 582 | 1258 | 116.3 |
| 南 非 | 1713 | 2951 | 72.3 | 巴基斯坦 | 992 | 1245 | 25.5 |
| 马来西亚 | 2372 | 2910 | 22.7 | 波 兰 | 1347 | 1236 | -8.3 |

## 17-6 按国别(地区)分外贸进口总额

单位：万美元

| 国别(地区) | 2002年 | 2003年 | 2003年比2002年增长% | 国别(地区) | 2002年 | 2003年 | 2003年比2002年增长% |
|---|---|---|---|---|---|---|---|
| **进口总额** | **84800** | **104848** | **23.6** | | | | |
| #日 本 | 16525 | 21555 | 30.4 | 罗马尼亚 | 1462 | 872 | -40.3 |
| 德意志联邦共和国 | 11343 | 15013 | 32.4 | 巴 西 | 204 | 871 | 328.1 |
| 美 国 | 14435 | 14859 | 2.9 | 马来西亚 | 239 | 798 | 234.3 |
| 比利时 | 6550 | 9315 | 42.2 | 加拿大 | 1328 | 775 | -41.7 |
| 瑞 典 | 5442 | 4474 | -17.8 | 智 利 | 1468 | 739 | -49.6 |
| 意大利 | 3712 | 3876 | 4.4 | 津巴布韦 | 178 | 722 | 305.0 |
| 爱尔兰 | 2404 | 3598 | 49.7 | 挪 威 | 79 | 717 | 812.6 |
| 法 国 | 2774 | 3079 | 11.0 | 哈萨克斯坦 | | 683 | |
| 澳大利亚 | 1102 | 3027 | 174.6 | 奥地利 | 291 | 637 | 118.8 |
| 韩 国 | 2102 | 2631 | 25.2 | 委内瑞拉 | | 624 | |
| 瑞 士 | 2088 | 2469 | 18.3 | 香 港 | 425 | 592 | 39.1 |
| 台 湾 | 216 | 2149 | 897.3 | 乌克兰 | 655 | 515 | -21.4 |
| 英 国 | 1331 | 1530 | 14.9 | 苏里南 | | 463 | |
| 新加坡 | 1400 | 1144 | -18.3 | 俄罗斯 | 688 | 452 | -34.4 |
| 丹 麦 | 186 | 950 | 412.0 | 特立尼达和多巴哥 | | 437 | |

# 17-7 出口商品分类金额

单位:千美元

| 商品分类 | 2002年 | 2003年 | 2003年比2002年增长% |
|---|---|---|---|
| 出口总额 | 1377166 | 1735226 | 26.0 |
| 第一类 活动物;动物产品 | | | |
| 01章 活动物 | 1320 | 2135 | 61.7 |
| 02章 肉及食用杂碎 | | 7 | |
| 03章 鱼及其他水生无脊椎动物 | 41 | 15 | -63.4 |
| 04章 乳;蛋;蜂蜜;其他食用动物产品 | 3466 | 3152 | -9.1 |
| 05章 其他动物产品 | 776 | 488 | -37.1 |
| 第二类 植物产品 | | | |
| 06章 活植物;茎、根;插花、簇叶 | 485 | 395 | -18.6 |
| 07章 食用蔬菜、根及块茎 | 20917 | 24105 | 15.2 |
| 08章 食用水果及坚果;甜瓜等水果的果皮 | 6553 | 8633 | 31.7 |
| 09章 咖啡、茶、马黛茶及调味香料 | 1048 | 2201 | 110.0 |
| 10章 谷物 | 1625 | 2735 | 68.3 |
| 11章 制粉工业产品;麦芽;淀粉;面筋 | 284 | 564 | 98.6 |
| 12章 油籽;子仁;工业用或药用植物;饲料 | 5329 | 6466 | 21.3 |
| 13章 虫胶;树胶、树脂及其他植物液、汁 | 1514 | 1920 | 26.8 |
| 14章 编结用植物材料;其他植物产品 | 32 | 23 | -28.1 |
| 第三类 动、植物油、脂、蜡;精制的食用油脂 | | | |
| 15章 动、植物油、脂、蜡;精制的食用油脂 | 105 | 82 | -21.9 |
| 第四类 食品;饮料、酒及醋;烟草及其制品 | | | |
| 16章 肉、鱼及其他水生无脊椎动物制品 | 262 | 98 | -62.6 |
| 17章 糖及糖食 | 1176 | 2166 | 84.2 |
| 19章 谷物粉、淀粉或乳的制品;糕饼 | 656 | 193 | -70.6 |
| 20章 蔬菜、水果、坚果或植物其他部分的制品 | 51011 | 74792 | 46.6 |
| 21章 杂项食品 | 668 | 406 | -39.2 |
| 22章 饮料、酒及醋 | 57 | 55 | -3.5 |
| 23章 食品工业的残渣及废料;配制的饲料 | 513 | 479 | -6.6 |
| 24章 烟草、烟草及烟草代用品的制品 | 8663 | 8088 | -6.6 |
| 第五类 矿产品 | | | |
| 25章 盐;硫磺;泥土及石料;石灰及水泥等 | 7663 | 6946 | -9.4 |
| 26章 矿砂、矿渣及矿灰 | 87248 | 112245 | 28.7 |
| 27章 矿物燃料、矿物油及其产品;沥青等 | 9239 | 18860 | 104.1 |
| 第六类 化学工业及其相关工业的产品 | | | |
| 28章 无机化学品;贵金属等的化合物 | 51392 | 68603 | 33.5 |
| 29章 有机化学品 | 64200 | 63798 | -0.6 |

17-7 续表1

单位:千美元

| 商品分类 | 2002年 | 2003年 | 2003年比2002年增长% |
| --- | --- | --- | --- |
| 30章 药品 | 1705 | 4225 | 147.8 |
| 31章 肥料 | 940 | 886 | -5.7 |
| 32章 鞣料;着色料;染料、油灰;墨水、油墨等 | 5898 | 9190 | 55.8 |
| 33章 精油及香膏;芳香料制品及化妆盥洗品 | 115 | 699 | 507.8 |
| 34章 洗涤剂、润滑剂、人造蜡、塑型膏等 | 644 | 1061 | 64.8 |
| 35章 蛋白类物质;改性淀粉;胶;酶 | 2281 | 2525 | 10.7 |
| 36章 炸药;烟火;引火品;易燃材料制品 | 9 | 672 | 7366.7 |
| 37章 照相及电影用品 | 8 | 142 | 1675.0 |
| 38章 杂项化学产品 | 2396 | 2822 | 17.8 |
| 第七类 塑料及其制品;橡胶及其制品 | | | |
| 39章 塑料及其制品 | 12278 | 16652 | 35.6 |
| 40章 橡胶及其制品 | 1545 | 3174 | 105.4 |
| 第八类 革、毛皮及其制品;箱包;肠线制品 | | | |
| 41章 生皮(毛皮除外)及革皮 | | 8 | |
| 42章 皮革制品;旅行包箱、动物线制品 | 5685 | 8579 | 50.9 |
| 43章 毛皮、人造毛皮及其制品 | 813 | 148 | -81.8 |
| 第九类 木及制品;木炭;软木;编织品 | | | |
| 44章 木及木制品;木炭 | 7578 | 12226 | 61.3 |
| 45章 软木及软木制品 | 4424 | 4812 | 8.8 |
| 46章 编结材料制品;篮筐及柳条编结 | 981 | 579 | -41.0 |
| 第十类 纤维素浆;废纸、纸及制品 | | | |
| 47章 木浆及其他纤维;回收纸或纸版 | 27 | 4 | -85.2 |
| 48章 纸及纸板;纸浆、纸或纸板制品 | 5977 | 3852 | -35.6 |
| 49章 印刷品;手稿、打字稿及设计图 | 222 | 644 | 190.1 |
| 第十一类 纺织原料及纺织制品 | | | |
| 50章 蚕丝 | 3132 | 4122 | 31.6 |
| 51章 羊毛等动物毛;马毛纱线及其机织物 | 14973 | 16099 | 7.5 |
| 52章 棉花 | 93560 | 102815 | 9.9 |
| 53章 其他植物纺织纤维;纸纱线及其机织物 | 137 | 297 | 116.8 |
| 54章 化学纤维长丝 | 4098 | 6051 | 47.7 |
| 55章 化学纤维短纤 | 34702 | 26317 | -24.2 |
| 56章 絮胎、毡呢及无纺织物;线绳制品等 | 829 | 1213 | 46.3 |
| 57章 地毯及纺织材料的其他铺地制品 | 11838 | 17244 | 45.7 |
| 58章 特种机织物;簇绒织物;刺绣品等 | 2880 | 3579 | 24.3 |
| 59章 浸、包或层压织物;工业用纺织制品 | 927 | 886 | -4.4 |
| 60章 针织物及钩编织物 | 120 | 3411 | 2742.5 |
| 61章 针织或钩编的服装及衣着附件 | 26695 | 26272 | -1.6 |
| 62章 非针织或非钩编的服装及衣着附件 | 37354 | 50937 | 36.4 |
| 63章 其他纺织制成品;成套物品;旧纺织品 | 15997 | 26471 | 65.5 |

17-7 续表2

单位:千美元

| 商品分类 | | 2002年 | 2003年 | 2003年比2002年增长% |
|---|---|---|---|---|
| 第十二类 | 鞋帽伞等;羽毛品;人造花 | | | |
| 64章 | 鞋靴、护腿和类似品及其零件 | 2978 | 5886 | 97.6 |
| 65章 | 帽类及其零件 | 1360 | 1443 | 6.1 |
| 66章 | 伞、手杖、鞭子、马鞭及其零件 | 585 | 851 | 45.5 |
| 67章 | 已加工羽毛及制品;人造花;人发制品 | 844 | 1066 | 26.3 |
| 第十三类 | 矿物材料制品、陶瓷品;玻璃及制品 | | | |
| 68章 | 矿物材料的制品 | 2416 | 3041 | 25.9 |
| 69章 | 陶瓷产品 | 1657 | 2886 | 74.2 |
| 70章 | 玻璃及其制品 | 55775 | 67557 | 21.1 |
| 第十五类 | 贱金属及其制品 | | | |
| 71章 | 天然或养殖珍珠、宝石或半宝石、贵金属、包贵金属及其制品;仿首饰;硬币 | 1274 | 1080 | -15.2 |
| 72章 | 钢铁 | 22353 | 31556 | 41.2 |
| 73章 | 钢铁制品 | 76160 | 89168 | 17.1 |
| 74章 | 铜及其制品 | 9426 | 10393 | 10.3 |
| 75章 | 镍及其制品 | 181 | 218 | 20.4 |
| 76章 | 铝及其制品 | 4038 | 3576 | -11.4 |
| 78章 | 铅及其制品 | 4441 | 2328 | -47.6 |
| 79章 | 锌及其制品 | 21024 | 27008 | 28.5 |
| 80章 | 锡及其制品 | | 4 | |
| 81章 | 其他贱金属、金属陶瓷及其制品 | 19922 | 39364 | 97.6 |
| 82章 | 贱金属器具、利口器、餐具及其零件 | 27410 | 33351 | 21.7 |
| 83章 | 贱金属杂项制品 | 8951 | 8542 | -4.6 |
| 第十六类 | 机电、音像设备及其零件、附件 | | | |
| 84章 | 锅炉、机械器具及其零件 | 169910 | 218170 | 28.4 |
| 85章 | 电机、电气、音像设备及零件 | 179288 | 271535 | 51.5 |
| 第十七类 | 车辆、航空器、船舶及有关运输设备 | | | |
| 86章 | 铁道车辆;轨道装置;信号设备 | 734 | 1824 | 148.5 |
| 87章 | 车辆及其零件,但铁道车辆除外 | 16445 | 26777 | 62.8 |
| 88章 | 航空器、航天器及其零件 | 234 | 148 | -36.8 |
| 89章 | 船舶及浮动结构体 | 28800 | 27660 | -4.0 |
| 第十八类 | 光学、医疗等仪器;钟表及零件 | | | |
| 90章 | 光学、照相、医疗等设备及零件 | 55310 | 35217 | -36.3 |
| 91章 | 钟表及其零件 | 259 | 400 | 54.4 |
| 92章 | 乐器及其零件、附件 | 23 | 124 | 439.1 |
| 93章 | 武器、弹药及其零件、附件 | 23 | 7 | -69.6 |
| 第二十类 | 杂项制品 | | | |
| 94章 | 家具;寝具等;灯具;活动房 | 27511 | 43645 | 58.6 |
| 95章 | 玩具、游戏品或运动用品及其零件 | 3684 | 4816 | 30.7 |
| 96章 | 杂项制品 | 5242 | 7304 | 39.3 |
| 第二十一类 | 艺术品、收藏品及古物 | | | |
| 97章 | 艺术品、收藏品及古物 | 71 | 20 | -71.8 |

# 17-8 进口商品分类金额

单位:千美元

| 商品分类 | 2002年 | 2003年 | 2003年比2002年增长% |
|---|---|---|---|
| 进口总额 | 848001 | 1048480 | 23.6 |
| 第一类 活动物;动物产品 | | | |
| 01章 活动物 | | | |
| 02章 肉及食用杂碎 | | | |
| 03章 鱼及其他水生无脊椎动物 | | | |
| 04章 乳;蛋;蜂蜜;其他食用动物产品 | 279 | 262 | -6.1 |
| 05章 其他动物产品 | 1 | 2 | 100.0 |
| 第二类 植物产品 | | | |
| 06章 活植物;茎、根;插花、簇叶 | 19 | | |
| 07章 食用蔬菜、根及块茎 | 99 | 39 | -60.6 |
| 08章 食用水果及坚果;甜瓜等水果的果皮 | 60 | | |
| 09章 咖啡、茶、马黛茶及调味香料 | | 146 | |
| 10章 谷物 | | | |
| 11章 制粉工业产品;麦芽;淀粉;面筋 | 7 | 7 | 0.0 |
| 12章 油籽;子仁;工业用或药用植物;饲料 | 337 | 486 | 44.2 |
| 13章 虫胶;树胶、树脂及其他植物液、汁 | 27 | 575 | 2029.6 |
| 14章 编结用植物材料;其他植物产品 | | 6 | |
| 第三类 动、植物油、脂、蜡;精制的食用油脂 | | | |
| 15章 动、植物油、脂、蜡;精制的食用油脂 | 3770 | 7063 | 87.3 |
| 第四类 食品;饮料、酒及醋;烟草及其制品 | | | |
| 16章 肉、鱼及其他水生无脊椎动物制品 | | | |
| 17章 糖及糖食 | 134 | 125 | -6.7 |
| 18章 可可及可可制品 | 62 | 29 | -53.2 |
| 19章 谷物粉、淀粉或乳的制品;糕饼 | 6 | | |
| 20章 蔬菜、水果或植物其他部分的制品 | 647 | 53 | -91.8 |
| 21章 杂项食品 | 147 | 143 | -2.7 |
| 22章 饮料、酒及醋 | 27 | | |
| 23章 食品工业的残渣及废料;配制的饲料 | | 606 | |
| 24章 烟草及烟草代用品的制品 | 1782 | 7217 | 305.0 |
| 第五类 矿产品 | | | |
| 25章 盐;硫磺;泥土及石料;石灰及水泥等 | 501 | 405 | -19.2 |
| 26章 矿砂、矿渣及矿灰 | 12381 | 6874 | -44.5 |
| 27章 矿物燃料、矿物油及其产品;沥青等 | 11000 | 8007 | -27.2 |
| 第六类 化学工业及其相关工业的产品 | | | |
| 28章 无机化学品;贵金属等的化合物 | 6662 | 42328 | 535.4 |
| 29章 有机化学品 | 94760 | 121810 | 28.5 |
| 30章 药品 | 7453 | 18317 | 145.8 |
| 31章 肥料 | 15 | | |
| 32章 鞣料;着色料;染料、油灰;墨水等 | 4892 | 4218 | -13.8 |

17-8 续表1

单位:千美元

| 商品分类 | 2002年 | 2003年 | 2003年比2002年增长% |
|---|---|---|---|
| 33章 精油及香膏;芳香料制品及化妆盥洗品 | 340 | 325 | -4.4 |
| 34章 洗涤剂、润滑剂、人造蜡、塑型膏等 | 1560 | 1748 | 12.1 |
| 35章 蛋白类物质;改性淀粉;胶;酶 | 1296 | 1358 | 4.8 |
| 37章 照相及电影用品 | 70 | 97 | 38.6 |
| 38章 杂项化学产品 | 13411 | 2457 | -81.7 |
| 第七类 塑料及其制品;橡胶及其制品 | | | |
| 39章 塑料及其制品 | 24794 | 26785 | 8.0 |
| 40章 橡胶及其制品 | 1721 | 2535 | 47.3 |
| 第八类 革、毛皮及其制品;箱包;肠线制品 | | | |
| 41章 生皮(毛皮除外)及革皮 | 162 | 1097 | 577.2 |
| 42章 皮革制品;旅行包箱、动物线制品 | 10 | 16 | 60.0 |
| 43章 毛皮、人造毛皮及其制品 | 1 | | |
| 第九类 木及制品;木炭;软木;编织品 | | | |
| 44章 木及木制品;木炭 | 20426 | 19233 | -5.8 |
| 45章 软木及软木制品 | 106 | 66 | -37.7 |
| 46章 编结材料制品;篮筐及柳条编结 | | | |
| 第十类 纤维素浆;废纸、纸及制品 | | | |
| 47章 木浆等纤维状纤维素浆;纸及纸板 | 2448 | 666 | -72.8 |
| 48章 纸及纸板;纸浆、纸或纸板制品 | 2450 | 3276 | 33.7 |
| 49章 印刷品;手稿、打字稿及设计图 | 2706 | 1711 | -36.8 |
| 第十一类 纺织原料及纺织制品 | | | |
| 50章 蚕丝 | 5 | | |
| 51章 羊毛等动物毛;马毛纱线及其机织物 | 42 | 49 | 16.7 |
| 52章 棉花 | 719 | 9517 | 1223.6 |
| 53章 其他植物纺织纤维;纸纱线及其机织物 | 86 | 41 | -52.3 |
| 54章 化学纤维长丝 | 1133 | 378 | -66.6 |
| 55章 化学纤维短纤 | 6899 | 3258 | -52.8 |
| 56章 絮胎、毡呢及无纺织物;线绳制品等 | 168 | 43 | -74.4 |
| 57章 地毯及纺织材料的其他铺地制品 | 80 | 246 | 207.5 |
| 58章 特种机织物;簇绒织物;刺绣品等 | 287 | 312 | 8.7 |
| 59章 浸、包或层压织物;工业用纺织制品 | 428 | 251 | -41.4 |
| 60章 针织物及钩编织物 | 59 | 51 | -13.6 |
| 61章 针织或钩编的服装及衣着附件 | 14 | 16 | 14.3 |
| 62章 非针织或非钩编的服装及衣着附件 | 38 | 34 | -10.5 |
| 63章 其他纺织制成品;成套物品;旧纺织品 | 121 | 42 | -65.3 |
| 第十二类 鞋帽伞等;羽毛品;人造花 | | | |
| 64章 鞋靴、护腿和类似品及其零件 | 1 | | |
| 65章 帽类及其零件 | 2 | 1 | -50.0 |
| 66章 伞、手杖、鞭子、马鞭及其零件 | | 34 | |
| 67章 已加工羽毛及制品;人造花;人发制品 | | | |

17-8 续表2

单位:千美元

| 商品分类 | 2002年 | 2003年 | 2003年比2002年增长% |
|---|---|---|---|
| 第十三类 矿物材料制品、陶瓷品；玻璃及制品 | | | |
| 68章 石料、石膏、水泥、石棉等矿物及制品 | 2015 | 2041 | 1.3 |
| 69章 陶瓷产品 | 308 | 1563 | 407.5 |
| 70章 玻璃及其制品 | 14480 | 14004 | -3.3 |
| 第十五类 贱金属及其制品 | | | |
| 71章 天然或养殖珍珠、宝石或半宝石、贵金属、包贵金属及其制品；仿首饰；硬币 | 387 | 492 | 27.1 |
| 72章 钢铁 | 19912 | 32418 | 62.8 |
| 73章 钢铁制品 | 5660 | 9815 | 73.4 |
| 74章 铜及其制品 | 30314 | 18765 | -38.1 |
| 75章 镍及其制品 | 4840 | 3220 | -33.5 |
| 76章 铝及其制品 | 13580 | 11973 | -11.8 |
| 78章 铅及其制品 | 572 | 575 | 0.5 |
| 79章 锌及其制品 | 11 | 21 | 90.9 |
| 80章 锡及其制品 | 56 | 31 | -44.6 |
| 81章 其他贱金属、金属陶瓷及其制品 | 13135 | 15920 | 21.2 |
| 82章 贱金属器具、利口器、餐具及其零件 | 6538 | 8876 | 35.8 |
| 83章 贱金属杂项制品 | 272 | 266 | -2.2 |
| 第十六类 机电、音像设备及其零件、附件 | | | |
| 84章 核反应堆、锅炉、机械器具及其零件 | 252518 | 344519 | 36.4 |
| 85章 电机、电气、音像设备及零件 | 131154 | 154290 | 17.6 |
| 第十七类 车辆、航空器、船舶及有关运输设备 | | | |
| 86章 铁道车辆;轨道装置;信号设备 | 5394 | 6429 | 19.2 |
| 87章 车辆及其零件,但铁道车辆除外 | 25292 | 27594 | 9.1 |
| 88章 航空器、航天器及其零件 | 16809 | 7744 | -53.9 |
| 89章 船舶及浮动结构体 | | 36 | |
| 第十八类 光学、医疗等仪器;钟表及零件 | | | |
| 90章 光学、照相、医疗等设备及零件 | 76654 | 91628 | 19.5 |
| 91章 钟表及其零件 | 741 | 277 | -62.6 |
| 92章 乐器及其零件、附件 | 139 | | |
| 第十九类 武器、弹药及其零件、附件 | | | |
| 93章 武器、弹药及其零件、附件 | | | |
| 第二十类 杂项制品 | | | |
| 94章 家具;寝具等;灯具;活动房 | 453 | 1124 | 148.1 |
| 95章 玩具、游戏品或运动用品及其零件 | 10 | 260 | 2500.0 |
| 96章 杂项制品 | 104 | 220 | 111.5 |
| 第二十一类 艺术品、收藏品及古物 | | | |
| 97章 艺术品、收藏品及古物 | | | |
| 第二十二类 特殊交易品及未分类商品 | | | |
| 98章 特殊交易品及未分类商品 | | 20 | |

# 17-9 主要出口商品数量、金额

（2003年）

| 商品名称 | 单位 | 数量 | 金额（千美元） | 商品名称 | 单位 | 数量 | 金额（千美元） |
|---|---|---|---|---|---|---|---|
| 水海产品 | 吨 | 16.95 | 14 | 丝织物 | 万米 | 1.73 | 61 |
| #冻鱼、冻鱼片 | 吨 | 2.52 | 2 | 坯绸 | 万米 | 0.70 | 31 |
| 谷物及谷物粉 | 吨 | 15571.83 | 2735 | 其他丝织物 | 万米 | 1.04 | 30 |
| 蔬菜 | 吨 | 8381.58 | 4298 | 毛纺机织物 | 万米 | 5.80 | 238 |
| #鲜或冷冻蔬菜 | 吨 | 7076.90 | 3092 | 棉机织物 | 万米 | 17450.91 | 104848 |
| 干的食用菌类 | 吨 | 19.06 | 69 | #棉坯布 | 万米 | 14285.79 | 80545 |
| 干豆 | 吨 | 49061.72 | 19864 | 棉与化纤混纺坯布 | 万米 | 980.96 | 5583 |
| 鲜的、干水果及坚果 | 吨 | 19274.77 | 8031 | 其他棉机织物 | 万米 | 2184.16 | 18721 |
| #鲜苹果 | 吨 | 14057.82 | 5468 | 亚麻及苎麻机织物 | 万米 | 13.77 | 143 |
| 核桃仁 | 吨 | 107.18 | 331 | 合成短纤与棉混纺机织物 | 万米 | 4975.33 | 21397 |
| 食用油籽 | 吨 | 1115.62 | 532 | 聚酯短纤与棉混纺坯布 | 万米 | 3782.49 | 13500 |
| #大豆 | 吨 | 152.20 | 64 | 其他合成短纤与棉混纺机 | 万米 | 1192.84 | 7897 |
| 花生、花生仁 | 吨 | 41.75 | 19 | 人造纤维短纤机织物 | 万米 | 19.90 | 45 |
| 烘焙花生 | 吨 | 82.74 | 57 | 地毯 | 万米 | 99.69 | 17244 |
| 天然蜂蜜 | 吨 | 1567.86 | 1962 | 棉浴巾 | 万条 | 299.63 | 2629 |
| 辣椒干 | 吨 | 2602.64 | 2004 | 针织或钩编台布、盘垫 | 万件 | 594.08 | 2398 |
| 猪肉罐头 | 吨 | 4.03 | 9 | 塑料编织带（周转带除外） | 万条 | 45.51 | 48 |
| 蘑菇罐头 | 吨 | 2213.80 | 1707 | 水泥 | 吨 | 400.00 | 24 |
| 植物榨油后的剩余物 | 吨 | 2215.46 | 477 | 花岗岩石材及制品 | 吨 | 5940.03 | 724 |
| 猪鬃 | 吨 | 53.70 | 301 | 平板玻璃 | 平方米 | 770373 | 389 |
| 药材 | 吨 | 772.83 | 2501 | 玻璃制品 | - |  | 63531 |
| 烤烟 | 吨 | 2100.60 | 2577 | 家用陶瓷器皿 | 吨 | 2571.55 | 998 |
| 纸烟 | 五条 | 107000 | 1364 | 装饰用陶瓷制品 | 吨 | 28.34 | 28 |
| 锯材 | 立方米 | 2455 | 1882 | 珍珠、宝石及半宝石 | 吨 | 105.00 | 2 |
| 生丝 | 吨 | 61.52 | 929 | 硅铁 | 吨 | 21059.76 | 10165 |
| 山羊绒 | 吨 | 294.69 | 15067 | 钢坯及粗锻件 | 吨 | 0.80 | 1 |
| 黏土及其他耐火矿物 | 吨 | 1442.21 | 266 | 钢材 | 吨 | 35109.55 | 29094 |
| #天然石墨 | 吨 | 20.71 | 2 | #钢铁棒材 | 吨 | 562.70 | 401 |
| 天然硫酸钡(重晶石) | 吨 | 16009.35 | 816 | 角钢及型钢 | 吨 | 78.89 | 133 |
| 氧化铝 | 吨 | 0.31 | 4 | 钢铁板材 | 吨 | 1092.77 | 763 |
| 焦炭、半焦炭 | 吨 | 155472.51 | 18549 | 钢铁线材 | 吨 | 14473.77 | 6902 |
| 氧化锌及过氧化锌 | 吨 | 3300.72 | 1310 | 钢铁管配件 | 吨 | 18200.19 | 20331 |
| 糠醛 | 吨 | 1814.40 | 1113 | 未锻造的铜及铜材 | 吨 | 3445.46 | 9800 |
| 合成有机染料 | 吨 | 261.08 | 906 | 铜材 | 吨 | 3445.46 | 9800 |
| 医药品 | 吨 | 1919.95 | 36874 | 未锻造的铝及铝材 | 吨 | 567.81 | 1474 |
| #抗菌素(制剂除外) | 吨 | 357.48 | 6715 | 未锻造的铝（包括铝合金） | 吨 | 1.13 | 4 |
| 中式成药 | 吨 | 32.21 | 210 | 铝材 | 吨 | 566.68 | 1470 |
| 医用敷料 | 吨 | 110.10 | 168 | 未锻造的锌及锌合金 | 吨 | 34656.32 | 26881 |
| 洗衣粉 | 吨 | 38.43 | 17 | 未锻造的锰 | 吨 | 2362.00 | 2589 |
| 烟花、爆竹 | 吨 | 401.64 | 672 | 钢铁或铜制标准紧固件 | 吨 | 3363.73 | 3302 |
| 松香及树脂酸 | 吨 | 4.95 | 3 | 不锈钢厨具、餐具等家用器具 | 吨 | 203.33 | 992 |
| 新的充气橡胶轮胎 | 条 | 608 | 12 | 餐桌、厨房及其他家用搪瓷器 | 吨 | 3062.77 | 3614 |
| 家用或装饰用木制品 | 吨 | 253.96 | 525 | 手用或机用工具 | 吨 | 16774.51 | 29688 |
| 纸及纸板（未切成型的） | 吨 | 498.50 | 763 | 锁 | 吨 | 1691.99 | 3078 |
| 纺织纱线、织物及制品 | - |  | 191828 | 电扇 | 台 | 17745 | 81 |
| #棉纱线 | 吨 | 185.33 | 509 | 纺织机械及零件 | - |  | 1923 |
| 亚麻就及苎麻纱线 | 吨 | 30.00 | 100 | 普通缝纫机 | 台 | 21020 | 378 |
| 含合成短纤85%及 | - |  |  | 工业用缝纫机 | 台 | 217489 | 57054 |
| 以上的纱线 | 吨 | 64.62 | 137 | 金属加工机床 | 台 | 35357 | 5345 |
| 合成短纤与棉混纺纱线 | 吨 | 2.41 | 11 | #车床 | 台 | 511 | 2517 |
| 人造纤维短纤纱线(缝纫线) | 吨 | 293.16 | 727 | 铣床 | 台 | 75 | 163 |

17-9 续表 (2003年)

| 商品名称 | 单位 | 数量 | 金额（千美元） | 商品名称 | 单位 | 数量 | 金额（千美元） |
|---|---|---|---|---|---|---|---|
| 铣床 | 台 | 75 | 163 | 针织或钩编的服装 | - |  | 21964 |
| 电子计算器(包括具有计算功能) | 台 | 456320 | 245 | 皮革服装 | 件 | 30847 | 661 |
| 自动数据处理设备及其部件 | 台 | 55441 | 690 | 裘皮服装 | 千克 | 110 | 42 |
| # 数字式自动数据处理设备 | 台 | 14 | 74 | 皮革手套 | 万双 | 250.25 | 2611 |
| 输入或输出部件 | 台 | 54645 | 597 | 织物制手套 | 万双 | 3722.71 | 4056 |
| # 显示器 | 台 | 6404 | 499 | 织物制袜子 | 万双 | 200.17 | 147 |
| 键盘、鼠标器 | 台 | 47741 | 85 | 手帕 | 万条 | 311.66 | 445 |
| 自动数据处理设备零件 | - |  | 33 | 帽类 | 万个 | 407.97 | 1443 |
| 轴承 | 万套 | 5820.71 | 20567 | 鞋类 | - |  | 5886 |
| 电动机及发电机 | 万台 | 89.27 | 11559 | 鞋 | 万双 | 415.17 | 5845 |
| 变压器 | 万个 | 104.79 | 11709 | # 外底及鞋面均为橡胶 |  |  |  |
| 静止式变流气 | 万个 | 44.74 | 1177 | 或塑料制的 | 万双 | 299.39 | 4583 |
| 原电池 | 万个 | 2266.21 | 1078 | 皮面鞋 | 万双 | 19.11 | 756 |
| 蓄电池 | 万个 | 268.39 | 8405 | 橡胶或塑料底纺织材料 |  |  |  |
| 手电筒 | 万个 | 1222.46 | 3072 | 为面的鞋 | 万双 | 53.49 | 476 |
| 有线电话机（包括无绳电话机） | 万台 | 1.88 | 48 | 鞋靴零件；护腿及类似品 | 吨 | 21.95 | 41 |
| 扬声器 | 万个 | 3624.31 | 7644 | 塑料制品 | 吨 | 11600.11 | 14897 |
| 激光唱机 | 万台 | 0.02 | 3 | 玩具 | - |  | 1673 |
| 录、放像机 | 万台 | 2.90 | 1273 | 游戏机 | 台 | 17010 | 24 |
| 录音机及收录（放）音组合机 | 万台 | 38.75 | 320 | 圣诞用品 | 吨 | 193.67 | 540 |
| 收音机 | 万台 | 52.36 | 147 | 足球、篮球、排球 | 万个 | 6.63 | 29 |
| 电视机（包括成套散件） | 万台 | 44.06 | 9110 | 铅笔 | 吨 | 373.94 | 986 |
| 彩色电视机（包括成套散件） | 万台 | 5.05 | 2287 | 艺术品、收藏品及古董 | - |  | 20 |
| 黑白电视机（包括成套散件） | 万台 | 39.01 | 6823 | 伞 | 万把 | 105.94 | 821 |
| 录放音、像机及唱机的零附件 | 吨 | 628.30 | 1585 | 竹编结品 | 吨 | 10.63 | 11 |
| 电视、收音机及无线电讯设备 | - |  |  | 藤编结品 | 吨 | 5.41 | 9 |
| 的零件附件 | 吨 | 920.17 | 7937 | 草编结品 | 吨 | 38.91 | 83 |
| 电容器 | 吨 | 146.65 | 964 | 柳编结品 | 吨 | 85.87 | 171 |
| 印刷电路 | 块 | 136093 | 116 | 鬃刷 | 万把 | 637.52 | 525 |
| 通断保护电路装置及零件 | - |  | 22125 | 人造花 | 吨 | 1120.23 | 1051 |
| 二极管及类似半导体器件 | 万个 | 7396.69 | 24924 | 热水瓶 | 万个 | 4.72 | 44 |
| 集成电路及微电子组件 | 万个 | 29.88 | 209 | 机电产品 | - |  | 766236 |
| 电线和电缆 | 吨 | 2519.95 | 6761 | 金属制品 | - |  | 146668 |
| 汽车和汽车底盘 | 辆 | 266 | 1318 | 机械设备 | - |  | 218170 |
| 汽车零件 | - |  | 15191 | 电器及电子产品 | - |  | 271535 |
| 摩托车 | 辆 | 31191 | 2443 | 运输工具 | - |  | 56408 |
| 自行车 | 辆 | 44112 | 347 | 仪器仪表 | - |  | 35217 |
| 摩托车及自行车的零件 | - |  | 562 | 其他 | - |  | 38238 |
| 船舶 | 艘 | 2 | 27660 | 高新技术产品 | - |  | 124557 |
| 复印机 | 台 | 1 | 2 | 生物技术 | - |  | 15542 |
| 医疗仪器和器械 | - |  | 1162 | 生命科学技术 | - |  | 13030 |
| 手表 | 只 | 77695 | 29 | 光电技术 | - |  | 1707 |
| 电动手表 | 只 | 77695 | 29 | 计算机与通信技术 | - |  | 22486 |
| 日用钟 | 只 | 802630 | 310 | 电子技术 | - |  | 25634 |
| 家具及其零件 | - |  | 7671 | 计算机集成制造技术 | - |  | 3717 |
| 床垫、寝具及类似品 | - |  | 1963 | 材料技术 | - |  | 490 |
| 灯具、照明装置及类似品 | - |  | 33893 | 航空航天技术 | - |  | 40172 |
| 旅行用品及箱包 | - |  | 4585 | 其他技术 | - |  | 1779 |
| 服装及衣着附件 | - |  | 83385 | 工业氧化铝 | 吨 | 17339.24 | 111296 |
| # 织物制服装 | - |  | 67727 | 苹果汁 | 吨 | 119548.24 | 69478 |
| # 非针织钩编织物服装 | - |  | 45763 |  |  |  |  |

# 17-10 主要进口商品数量、金额

（2003年）

| 商品名称 | 单位 | 数量 | 金额（千美元） | 商品名称 | 单位 | 数量 | 金额（千美元） |
|---|---|---|---|---|---|---|---|
| 食用植物油 | 吨 | 14000.36 | 6995 | 棉机织物 | 米 | 288692 | 719 |
| #豆油 | 吨 | 7600.00 | 4089 | 合成纤维长丝机织物 | 米 | 286546 | 301 |
| 棕榈油 | 吨 | 4900.60 | 2154 | 合成短纤与棉混纺机织物 | 米 | 2122 | 17 |
| 饲料用鱼粉 | 吨 | 997.00 | 606 | 涂覆浸渍塑料的织物 | 吨 | 3.22 | 33 |
| 合成橡胶（包括胶乳） | 吨 | 16.80 | 19 | 针织或钩编织物 | 吨 | 15.72 | 51 |
| 原木 | 立方米 | 32147 | 2360 | 制电灯泡及类似品用玻璃外壳 | 吨 | 7761.55 | 11311 |
| 锯材 | 立方米 | 46784 | 16325 | 玻璃纤维及其制品 | 吨 | 1001.41 | 2030 |
| 纸浆 | 吨 | 18.56 | 26 | 其他宝石及半宝石 | 千克 | 1150 | 5 |
| 棉花 | 吨 | 6184.74 | 8797 | 钢坯及粗锻件 | 吨 | 4.37 | 46 |
| 纺织用合成纤维 | 吨 | 3187.89 | 2853 | 钢材 | 吨 | 42241.80 | 34129 |
| #聚酯纤维 | 吨 | 2931.28 | 2537 | #钢铁棒材 | 吨 | 100.77 | 414 |
| 聚丙烯腈纤维 | 吨 | 241.98 | 292 | 角钢及型钢 | 吨 | 7960.92 | 4433 |
| 纺织用人造纤维 | 吨 | 150.20 | 340 | 钢铁板材 | 吨 | 33653.24 | 25631 |
| #人造纤维短纤 | 吨 | 150.20 | 340 | 钢铁管材及空心异型材 | 吨 | 440.13 | 1984 |
| 锰矿砂及其精矿 | 吨 | 9544.70 | 871 | 钢铁制标准坚固件 | 吨 | 228.57 | 2899 |
| 铜矿砂及其精矿 | 吨 | 3259.14 | 1096 | 未锻造的铜及铜材 | 吨 | 6077.84 | 14135 |
| 氧化铝 | 吨 | 187815.44 | 40229 | 未锻造的铜（包括铜合金） | 吨 | 5006.85 | 9126 |
| 成品油 | 吨 | 200.37 | 570 | 铜材 | 吨 | 1070.99 | 5009 |
| 碳酸钠（纯碱） | 吨 | 0.60 | 17 | 未锻造的铝及铝材 | 吨 | 2065.34 | 9335 |
| 乙二醇 | 吨 | 2.01 | 7 | 未锻造的铝（包括铝合金） | 吨 | 0.13 | 4 |
| 医药品 | 吨 | 151.95 | 18364 | 铝材 | 吨 | 2065.21 | 9331 |
| #抗菌素制剂 | 吨 | 2.68 | 811 | 钢铁或铝制结构体及其部件 | 吨 | 97.71 | 1266 |
| 合成有机染料 | 吨 | 45.94 | 207 | 钢铁或铝制绞股线及类似品 | 吨 | 1.62 | 70 |
| 聚合物油漆及清漆 | 吨 | 214.14 | 1036 | 蒸汽锅炉及过热水锅炉 | 台 | 2 | 42 |
| 感光材料 | - |  | 672 | 蒸汽及过热水锅炉的辅助设备 | 台 | 36523 | 934 |
| 初级形状的塑料 | 吨 | 10295.96 | 20440 | 蒸汽及过热水锅炉的辅助设备 | 吨 | 13951 | 78 |
| #初级形状的聚乙烯 | 吨 | 96.00 | 80 | 汽轮机零件 | 吨 | 144.00 | 600 |
| 初级形状的聚丙烯 | 吨 | 91.80 | 163 | 活塞式内燃机的零件 | 吨 | 46.13 | 919 |
| 初级形状的聚苯乙烯 | 吨 | 26.20 | 96 | 涡轮喷气发动机 | 台 | 4 | 517 |
| 初级形状的聚酯 | 吨 | 19.36 | 66 | 液泵及液体提升机 | 台 | 5596 | 6590 |
| 非泡沫塑料的板、片、膜、箔 | 吨 | 286.10 | 2325 | 制冷设备用压缩机 | 台 | 61 | 697 |
| 农药 | 千克 | 20 | 5 | 空气调节器 | 台 | 168 | 205 |
| 胶合板及类似多层板 | 立方米 | 180 | 106 | 冷冻机和制冷设备 | - |  | 738 |
| #木质薄板制胶合板 | 立方米 | 180 | 106 | 非家用型水的过滤、净化机器 | 台 | 493 | 1122 |
| 纸及纸板（未切成型的） | 吨 | 3047.82 | 2965 | 饮料及液体食品灌装设备 | 台 | 18 | 8105 |
| #牛皮纸 | 吨 | 1203.22 | 937 | 机械提升搬运装卸设备及零件 | - |  | 6766 |
| 无机物涂布纸 | 吨 | 1149.17 | 955 | #载客电梯 | 台 | 16 | 1909 |
| 毛纱线 | 千克 | 232 | 4 | 建筑及采矿用机械及零件 | - |  | 17438 |
| 棉纱线 | 千克 | 117 | 2 | 食品加工机械及零件 | - |  | 689 |
| 合成纤维纱线 | 吨 | 3.27 | 75 | 制造纸及纸制品用机械及零件 | - |  | 872 |

17-10 续表

（2003年）

| 商品名称 | 单位 | 数量 | 金额（千美元） | 商品名称 | 单位 | 数量 | 金额（千美元） |
|---|---|---|---|---|---|---|---|
| 印刷、装订机械及零件 | - | | 3006 | 印刷电路 | 万块 | 11.87 | 186 |
| 纺织机械及零件 | - | | 5884 | 断路保护电路装置及零件 | - | | 23051 |
| # 纺织纤维的预处理机器 | 台 | 6 | 352 | 电视显像管 | 只 | 1474 | 123 |
| 纺织纱线生产及预处理机 | 台 | 3 | 471 | 彩色显像管 | 只 | 1474 | 123 |
| 织　机 | 台 | 96 | 2986 | 二极管及类似半导体器件 | 万个 | 11264.86 | 26763 |
| 花边绣品饰带织机，簇绒机 | 台 | 1 | 569 | 集成电路及微电子组件 | 万个 | 254.89 | 4505 |
| 纱线织物等后整理机器 | 台 | 6 | 110 | 电线和电缆 | 吨 | 355.56 | 3070 |
| 工业用缝纫机 | 台 | 35 | 82 | 汽车和汽车底盘 | 辆 | 53 | 3460 |
| 金属加工机床 | 台 | 282 | 34593 | # 四轮驱动轻型越野车 | - | | |
| 金属冶炼铸造设备及零件 | - | | 15 | （包括整套） | 辆 | 11 | 226 |
| 金属轧机及零件 | - | | 772 | 小客车（九座及以下的） | 辆 | 6 | 79 |
| 玻璃热加工机械及零件 | - | | 1019 | 卡车（包括整套散件） | 辆 | 26 | 976 |
| 橡胶或塑料加工机械及零件 | - | | 6074 | 专用汽车 | 辆 | 9 | 2162 |
| 型模及金属铸造用型箱 | - | | 2430 | 汽车零件 | - | | 24073 |
| 阀　门 | 套 | 74751 | 9206 | 航空器零件 | 吨 | 24.67 | 7731 |
| 自动数据处理设备及其部件 | 台 | 3740 | 23406 | 复印机零附件 | 吨 | 6.02 | 13 |
| # 数字式自动数据处理设备 | 台 | 213 | 13712 | 医疗仪器及器械 | - | | 14994 |
| 数字式中央处理部件 | 台 | 38 | 88 | 计量检测分析自控仪器及器具 | - | | 55150 |
| 输入或输出部件 | 台 | 1144 | 323 | 计钟表机芯及钟表零件 | - | | 13 |
| 自动数据处理设备的零件 | 吨 | 7.38 | 903 | 印刷品 | 吨 | 53.50 | 1711 |
| 电动机及发电机 | 台 | 10464 | 3873 | 塑料制品 | 吨 | 599.70 | 2913 |
| 发电机组及旋转式变流机 | 台 | 420 | 5325 | 纽扣及其零件 | 吨 | 4.27 | 102 |
| 旋转式电力设备的零件 | 吨 | 85.63 | 1078 | 拉链及其零件 | 吨 | 203.21 | 35 |
| 变压、整流、电感器及零件 | - | | 13032 | 机电产品 | - | | 673162 |
| 电　池 | 个 | 3130 | 174 | 金属制品 | - | | 27847 |
| 焊接机器及零件 | - | | 3032 | 机械设备 | - | | 344519 |
| 有线电话或电报交换机 | 台 | 2 | 40 | 电器及电子产品 | - | | 154290 |
| 有线电话电报设备的零附件 | 吨 | 13.00 | 12305 | 运输工具 | - | | 41802 |
| 未录的磁带及类似品 | - | | 1 | 仪器仪表 | - | | 91628 |
| 无线电导航雷达及遥控设备 | 台 | 128 | 619 | 其　他 | - | | 13076 |
| 录、放像机机 | 台 | 1 | 1 | 高新技术产品 | - | | 389403 |
| 录放音、像机及唱机的零附件 | 千克 | 5 | 4 | 生命科学技术 | - | | 133196 |
| 电视摄像 | 台 | 76 | 580 | 光电技术 | - | | 9885 |
| 电视机（包括整套散件） | 台 | 5 | 4 | 计算机与通信技术 | - | | 65010 |
| # 彩色电视机（含整套散件） | 台 | 2 | 3 | 电子技术 | - | | 45307 |
| 电视、收音机及无线电讯设备 | | | | 计算机集成制造技术 | - | | 86409 |
| 的零附件 | 吨 | 22.94 | 1308 | 材料技术 | - | | 8812 |
| 电容器 | 吨 | 8.30 | 790 | 航空航天技术 | - | | 40149 |
| 电阻器 | 吨 | 7.40 | 2000 | 其他技术 | - | | 635 |

# 17-11 外国和港澳台地区在陕直接投资情况

单位：万美元

| 指标 | 新签项目数(个) | | 客方协议投资额 | | 客方实际投资额 | |
|---|---|---|---|---|---|---|
| | 2002年 | 2003年 | 2002年 | 2003年 | 2002年 | 2003年 |
| **总计** | **203** | **229** | **84060** | **83428** | **41064** | **46602** |
| 一、按投资方式分 | | | | | | |
| 1.外资企业 | 65 | 96 | 20319 | 28004 | 11026 | 13525 |
| 2.中外合资经营企业 | 100 | 92 | 32554 | 10617 | 17591 | 22681 |
| 3.中外合作经营企业 | 36 | 41 | 30954 | 44806 | 12447 | 8599 |
| 4.其他 | 2 | | 233 | | | 1797 |
| 二、按国民经济行业分 | | | | | | |
| 1.农、林、牧、渔业 | 5 | 12 | 663 | 1397 | 208 | 58 |
| 2.采掘业 | 5 | 5 | 6884 | 2191 | 4735 | 285 |
| 3.制造业 | 116 | 131 | 48868 | 33340 | 21925 | 26608 |
| 4.电力、煤气及水生产和供应业 | 2 | 6 | 984 | 3968 | 500 | 272 |
| 5.建筑业 | 7 | 6 | 2214 | 6954 | 153 | 830 |
| 6.地质勘查业、水利管理业 | 1 | | 400 | | 60 | |
| 7.交通运输、仓储及邮电通信业 | 2 | 3 | 3230 | 3557 | 2905 | 77 |
| 8.批发和零售贸易、餐饮业 | 9 | 9 | 160 | 965 | 490 | 1611 |
| 9.房地产业 | 23 | 6 | 11710 | 4537 | 3650 | 4706 |
| 10.社会服务业 | 26 | 33 | 3508 | 16350 | 949 | 6928 |
| 11.卫生、体育和社会福利业 | 1 | 3 | 3915 | 627 | 3915 | 4394 |
| 12.科学研究和综合技术服务业 | 1 | 3 | 12 | 3598 | | 80 |
| 13.其他行业 | 5 | 12 | 1512 | 5944 | 1284 | 753 |
| 三、按国别(地区)分 | | | | | | |
| # 维而京岛 | 12 | 11 | 12543 | 2059 | 11739 | 5425 |
| 香港 | 65 | 86 | 36686 | 38153 | 11187 | 17949 |
| 凯曼群岛 | 1 | | 4713 | | 4738 | |
| 美国 | 32 | 46 | 10474 | 15826 | 3060 | 6522 |
| 台湾 | 24 | 18 | 5340 | 4841 | 2010 | 1252 |
| 日本 | 18 | 10 | 3452 | 2102 | 1370 | 2893 |
| 澳门 | 2 | 1 | | -894 | 1250 | 207 |
| 英国 | 6 | 6 | 2090 | 874 | 695 | 1751 |
| 泰国 | 3 | 3 | 604 | 842 | 658 | 1361 |
| 德国 | 2 | 2 | 1222 | -70 | 608 | 1173 |
| 加拿大 | 6 | 10 | 1380 | 13458 | 504 | 896 |
| 马来西亚 | 1 | 1 | | -94 | 190 | 87 |
| 比利时 | 2 | 2 | 93 | 151 | 176 | 207 |
| 菲律宾 | | | 130 | | 154 | |
| 韩国 | 4 | 6 | 415 | 419 | 123 | 232 |
| 印尼 | 2 | | 686 | -115 | 107 | |
| 澳大利亚 | 4 | 5 | 1738 | 943 | 78 | 1066 |
| 新西兰 | 3 | 1 | 65 | 31 | 69 | |
| 新加坡 | | 14 | | 1897 | | 1465 |

# 17-12 利用外资情况

单位：万美元

| 年份 | 签订合同项目（个） | 签订外商直接投资合同 | | 实际利用外商直接投资 | |
|---|---|---|---|---|---|
| | | 金额 | 比上年增长% | 金额 | 比上年增长% |
| 1983 | | 825 | | | |
| 1984 | | 181 | -78.1 | 1807 | |
| 1985 | | 40216 | 22118.8 | 1374 | -24.0 |
| 1986 | | 43191 | 7.4 | 3717 | 170.5 |
| 1987 | | 23465 | -45.7 | 7278 | 95.8 |
| 1988 | | 2580 | -89.0 | 11173 | 53.5 |
| 1989 | | 3106 | 20.4 | 9719 | -13.0 |
| 1990 | | 1133 | -63.5 | 4191 | -56.9 |
| 1991 | | 2068 | 82.5 | 3159 | -24.6 |
| 1992 | | 52290 | 2428.5 | 4583 | 45.1 |
| 1993 | | 92204 | 76.3 | 23432 | 411.3 |
| 1994 | | 41142 | -55.4 | 23809 | 1.6 |
| 1995 | | 41521 | 0.9 | 32407 | 36.1 |
| 1996 | 280 | 60056 | 44.6 | 33008 | 1.9 |
| 1997 | 182 | 65990 | 9.9 | 62816 | 90.3 |
| 1998 | 196 | 37582 | -43.1 | 30010 | -52.2 |
| 1999 | 157 | 42693 | 13.9 | 26528 | -11.6 |
| 2000 | 215 | 49931 | 17.0 | 30042 | 13.2 |
| 2001 | 222 | 73009 | 46.2 | 35174 | 17.1 |
| 2002 | 203 | 84064 | 15.1 | 41064 | 16.7 |
| 2003 | 229 | 83428 | -0.8 | 46602 | 13.5 |

# 17-13 各市对外经济和星级饭店数

| 地区 | 进出口总额（万美元） | #出口 | 外商直接投资（万美元） | 星级饭店数（个） |
|---|---|---|---|---|
| 全省 | 278370.6 | 173522.6 | 46602 | 221 |
| 西安市 | 230917.0 | 140311.8 | 25556 | 63 |
| 铜川市 | 509.5 | 420.9 | 6 | 11 |
| 宝鸡市 | 7351.0 | 4173.5 | 1546 | 33 |
| 咸阳市 | 27877.5 | 19242.2 | 3314 | 26 |
| 渭南市 | 2862.4 | 1716.2 | 1668 | 16 |
| 延安市 | 89.2 | 88.9 | 900 | 18 |
| 汉中市 | 1587.7 | 1443.2 | 628 | 14 |
| 榆林市 | 1173.5 | 1150.1 | | 13 |
| 安康市 | 156.6 | 156.6 | 75 | 12 |
| 商洛市 | 454.3 | 454.1 | 96 | 10 |
| 杨凌示范区 | 5392.1 | 4365.1 | 15 | 5 |

注：全省外商直接投资省直单位为12798万美元。

# 17-14 旅游事业发展情况

| 指　　标 | 1995年 | 2000年 | 2001年 | 2002年 | 2003年 |
|---|---|---|---|---|---|
| 国际旅游人数(万人) | 44.23 | 71.28 | 75.92 | 85.01 | 46.58 |
| 1.华　侨 | 0.17 | | | | |
| 2.港澳同胞 | 2.01 | 5.80 | 6.29 | 6.78 | 8.17 |
| 3.台湾同胞 | 2.32 | 7.00 | 5.88 | 6.42 | 7.63 |
| 4.外国人 | 39.73 | 58.48 | 63.75 | 71.81 | 30.78 |
| 国际旅游收入(万美元) | 14090 | 28025 | 30871 | 35000 | 19843 |
| 1.商品性收汇 | 5726 | 10092 | 10620 | 12040 | 6826 |
| 商品销售收入 | 2281 | 7405 | 7409 | 8400 | 4762 |
| 饮食销售收入 | 3445 | 2687 | 3211 | 3640 | 2064 |
| 2.劳务性收汇 | 8364 | 17933 | 20251 | 22960 | 13017 |
| 旅行社旅游业务费收入 | 564 | 1462 | 1358 | 1540 | 873 |
| 宿　费 | 2578 | 3045 | 3890 | 4410 | 2500 |
| 长途交通费 | 3455 | 7015 | 8613 | 9765 | 5536 |
| 市内交通费 | 416 | 1387 | 957 | 1085 | 615 |
| 邮政电讯费 | 396 | 1377 | 988 | 1120 | 635 |
| 文化娱乐费 | 325 | 1489 | 1142 | 1295 | 734 |
| 其　它 | 630 | 2158 | 3303 | 3745 | 2124 |
| 国际旅游者在陕人均消费(美元) | 318.6 | 393.2 | 406.6 | 412 | 426 |
| 国内旅游人数（万人） | | 3060 | 3363.7 | 3733 | 3300 |
| 国内旅游收入（亿元） | | 127.0 | 142.2 | 158.1 | 143.6 |
| 国际旅行社数（个） | | 31 | 31 | 31 | 33 |
| 涉外饭店数（个） | | 110 | 198 | 203 | 233 |

注：从2000年起，旅游部门不单独统计华侨旅游人数。下表同。

# 17-15 国际旅游宾客构成

单位：人

| 国别和地区 | 1995年 | 2000年 | 2001年 | 2002年 | 2003年 |
|---|---|---|---|---|---|
| 总　计 | 442264 | 712800 | 759197 | 850072 | 465808 |
| 港澳同胞 | 18575 | 58014 | 62861 | 67817 | 81721 |
| 台湾同胞 | 23219 | 69979 | 58780 | 64166 | 76329 |
| 日　本 | 13548 | 194909 | 184482 | 190704 | 70231 |
| 韩　国 | 27521 | 51911 | 72816 | 88300 | 58848 |
| 美　国 | 45590 | 89064 | 106120 | 113720 | 37203 |
| 英　国 | 21087 | 36002 | 42454 | 49641 | 25177 |
| 德　国 | 28794 | 42599 | 48461 | 57225 | 18071 |
| 法　国 | 28710 | 32760 | 36509 | 41171 | 10370 |
| 澳大利亚 | 7001 | 12019 | 13812 | 16557 | 9367 |
| 加拿大 | 5999 | 11736 | 12603 | 17917 | 7675 |
| 马来西亚 | 11202 | 3423 | 5079 | 7073 | 4281 |
| 泰　国 | 3058 | 2265 | 3569 | 8723 | 3861 |
| 意大利 | 15692 | 15810 | 14240 | 14231 | 3730 |
| 新加坡 | 6171 | 6800 | 7131 | 4627 | 3717 |
| 瑞　典 | 5448 | 6211 | 6006 | 6608 | 3276 |
| 印度尼西亚 | | 3989 | 5389 | 6575 | 3266 |
| 荷　兰 | 6606 | 9818 | 9902 | 9400 | 2779 |
| 西班牙 | 7465 | 10917 | 9713 | 9629 | 1544 |
| 瑞　士 | 3845 | 3231 | 2890 | 2287 | 947 |
| 华　侨 | 3167 | | | | |

# 17-16 主要星级饭店基本情况

(2003年)

| 饭 店 名 称 | 地 址 | 星 级 | 客房总数(间) | 床位总数(张) |
|---|---|---|---|---|
| 凯悦（阿房宫）饭店 | 西安市东大街158号 | 五 | 404 | 694 |
| 西安喜来登大酒店 | 西安市西郊沣镐路17号 | 五 | 450 | 751 |
| 长安城堡酒店 | 西安市环城南路西段12号 | 五 | 360 | 690 |
| 香格里拉金花饭店 | 西安市长乐西路8号 | 五 | 450 | 980 |
| 西安宾馆 | 西安市长安路北段26号 | 四 | 515 | 1010 |
| 古都新世界大酒店 | 西安市莲湖路48号 | 四 | 501 | 901 |
| 建国饭店 | 西安市金花南路8号 | 四 | 888 | 1400 |
| 西安皇城宾馆 | 西安市东大街334号 | 四 | 439 | 860 |
| 延安宾馆 | 延安市凤凰山路中心大街105号 | 四 | 187 | 329 |
| 西安骊苑酒店 | 西安市劳动南路8号 | 四 | 296 | 560 |
| 唐华宾馆 | 西安市大雁塔东侧雁引路40号 | 四 | 301 | 602 |
| 西安好世界大酒店 | 西安市莲湖路28号 | 四 | 135 | 231 |
| 人民大厦 | 西安市东新街319号 | 三 | 600 | 1200 |
| 秦都酒店 | 西安市环城西路北段55号 | 三 | 177 | 345 |
| 万年饭店 | 西安市长乐中路副11号 | 三 | 166 | 315 |
| 钟楼饭店 | 西安市钟楼西南角 | 四 | 321 | 542 |
| 城市酒店 | 西安市南大街5号 | 三 | 138 | 250 |
| 神州明珠酒店 | 西安市环城东路南段8号 | 三 | 355 | 600 |
| 唐城宾馆 | 西安市含光路南段3号 | 四 | 377 | 737 |
| 西安东方大酒店 | 西安市小寨西路26号 | 三 | 286 | 570 |
| 陇海大酒店 | 西安市解放路278号 | 三 | 304 | 600 |
| 新纪元宾馆 | 西安市高新路 | 三 | 177 | 347 |
| 民生大酒店 | 西安市南大街70号 | 三 | 147 | 226 |
| 西安皇后大酒店 | 西安市兴庆路45号 | 三 | 229 | 509 |
| 秦宝宾馆 | 咸阳市渭阳西路60A号 | 三 | 241 | 450 |
| 彩虹宾馆 | 咸阳市彩虹路1号 | 三 | 143 | 300 |
| 航空大酒店 | 西安咸阳国际机场 | 三 | 287 | 536 |
| 华懋白宫酒店 | 咸阳市渭阳西路60号B | 三 | 58 | 106 |
| 汉中田园大厦 | 汉中市劳动东路1号 | 三 | 64 | 140 |
| 金江大酒店 | 汉中市人民路北端 | 三 | 172 | 318 |
| 宝金公爵饭店 | 宝鸡市东风路1号 | 三 | 66 | 120 |
| 西凤大酒店 | 宝鸡市体育路中段 | 三 | 46 | 88 |
| 太白度假村 | 眉县汤峪口 | 三 | 117 | 295 |
| 陕西省止园饭店 | 西安市青年路111号 | 三 | 387 | 758 |
| 西北民航大厦 | 西安市劳动南路中段296号 | 三 | 212 | 365 |
| 西安国宾大酒店 | 西安市环城东路中段1号 | 三 | 93 | 175 |
| 延炼大厦 | 西安市南二环东段3号 | 三 | 192 | 371 |
| 陕西江河大厦 | 西安市西七路198号 | 三 | 90 | 175 |
| 西安长庆宾馆 | 西安市北二环长庆兴隆园小区 | 三 | 165 | 310 |
| 西安邮政大酒店 | 西安市东五路61号 | 三 | 103 | 2020 |
| 大庆长缨宾馆 | 西安市长缨东路233号 | 三 | 156 | 300 |
| 西安秦大饭店 | 西安市东大街130号 | 三 | 85 | 160 |
| 文商宾馆 | 西安市骡马市30号 | 三 | 178 | 312 |
| 凯瑞交通大厦 | 西安市友谊西路352号 | 三 | 70 | 130 |
| 锦苑双龙大酒店 | 西安市未阳路95号 | 三 | 200 | 400 |
| 西安黄河宾馆 | 西安市幸福北路1号 | 三 | 96 | 189 |
| 西安房地大酒店 | 西安市东五路75号 | 三 | 140 | 270 |
| 西安半坡湖度假村 | 西安市咸宁东路产河西岸 | 三 | 120 | 250 |

17-16 续表 (2003年)

| 饭店名称 | 地址 | 星级 | 客房总数(间) | 床位总数(张) |
|---|---|---|---|---|
| 西安美伦酒店 | 西安市西大街86号 | 三 | 140 | 200 |
| 陕西榴花宾馆 | 西安市环城西路北段228号 | 三 | 140 | 260 |
| 临潼宾馆 | 西安市临潼区东环路23号 | 三 | 73 | 146 |
| 兴平茂林大酒店 | 兴平市南关西路49号 | 三 | 78 | 156 |
| 荷李活宾馆 | 咸阳市咸兴路18号 | 三 | 45 | 81 |
| 咸阳云锦园宾馆 | 咸阳市人民路14号 | 三 | 61 | 122 |
| 咸阳天一酒店 | 咸阳市玉泉西路5号 | 三 | 63 | 123 |
| 新好望角大酒店 | 咸阳民生路48号 | 三 | 127 | 246 |
| 咸阳财苑宾馆 | 咸阳市渭阳西路1号 | 四 | 133 | 256 |
| 汉中古月大酒店 | 汉中市人民路中段 | 三 | 60 | 116 |
| 金龙宾馆 | 榆林市榆兴路20号 | 三 | 114 | 300 |
| 榆林银河大酒店 | 榆林市长城路中段 | 三 | 158 | 290 |
| 神木亚华宾馆 | 神木县神木镇东兴北段 | 三 | 70 | 152 |
| 颐和酒店 | 宝鸡市开发区火炬路中段 | 三 | 137 | 226 |
| 国贸大酒店 | 宝鸡市经二路155号 | 三 | 257 | 500 |
| 白云宾馆 | 宝鸡市经二路12号 | 三 | 75 | 200 |
| 铁苑宾馆 | 宝鸡市大庆路中段 | 三 | 60 | 131 |
| 万全宾馆 | 宝鸡市经二路58号 | 三 | 145 | 300 |
| 宝鸡金都大酒店 | 宝鸡市经二路南165号 | 三 | 108 | 200 |
| 西安中伟外商会所 | 西安市雁塔路8号 | 三 | 88 | 152 |
| 西安鸿业大酒店 | 西安市含光路137号 | 三 | 217 | 495 |
| 西安尚德大厦 | 西安市尚德路155号 | 三 | 154 | 298 |
| 西安钟鼓楼大酒店 | 西安市社会路甲字9号 | 三 | 115 | 225 |
| 宝鸡大酒店 | 宝鸡市中山东路210号 | 三 | 245 | 510 |
| 天外天大酒店 | 宝鸡县虢镇 | 三 | 166 | 460 |
| 渭河花园宾馆 | 渭南市经济开发区 | 三 | 100 | 200 |
| 华山金融宾馆 | 华阴市华山玉泉路 | 三 | 97 | 242 |
| 机场宾馆 | 西安咸阳机场候机楼东侧 | 三 | 110 | 280 |
| 祥龙宾馆 | 渭南市朝阳西路 | 三 | 101 | 227 |
| 汉园宾馆 | 汉中市汉中路15号 | 三 | 100 | 189 |
| 银河大酒店 | 韩城市龙门大街南段 | 三 | 133 | 259 |
| 亚圣大酒店 | 延安市二道街 | 三 | 189 | 372 |
| 西北饭店 | 西安市长安区韦曲镇友谊街 | 三 | 350 | 800 |
| 翠坪山庄 | 安康市汉滨区瀛湖镇 | 三 | 63 | 122 |
| 民航安康大酒店 | 安康市兴安西路94号 | 三 | 62 | 119 |
| 观瀑舫大酒店 | 宜川县壶口景区 | 三 | 87 | 196 |
| 陕西耀州宾馆 | 铜川市耀州区耀州路中段 | 三 | 40 | 80 |
| 昭陵饭店 | 礼泉县药王洞 | 三 | 108 | 260 |
| 耀县花园饭店 | 铜川市耀州区北新街花园什字 | 三 | 270 | 270 |
| 铜川银河大酒店 | 铜川市新区咸丰路21号 | 三 | 68 | 136 |
| 铜川市红玫瑰大酒店 | 铜川市红旗街58号 | 三 | 82 | 160 |
| 铜川新懋酒店 | 铜川市新区长虹北路 | 三 | 46 | 85 |
| 安康宾馆 | 安康市育才路 | 三 | 120 | 300 |
| 华山莲花山庄 | 华阴市 | 三 | 94 | 180 |
| 渭河宾馆 | 渭南市经济开发区 | 三 | 100 | 200 |
| 蒲城兴隆温泉大厦 | 蒲城县东风路东段 | 三 | 98 | 190 |
| 杨凌田园大酒店 | 杨凌示范区邵城南路1号 | 三 | 218 | 410 |
| 杨凌国际会展中心 | 杨凌示范区新桥北路1号 | 四 | 145 | 270 |

# 主要统计指标解释

**进出口总额** 海关进出口总额指实际进出我国国境的货物总金额。包括对外贸易实际进出口货物，来料加工装配进出口货物，国家间、联合国及国际组织无偿援助物资和赠送品，华侨、港澳台同胞和外籍华人捐赠品，租赁期满归承租人所有的租赁货物，进料加工进出口货物，边境地方贸易及边境地区小额贸易进出口货物(边民互市贸易除外)，中外合资企业、中外合作经营企业、外商独资经营企业进出口货物和公用物品，到、离岸价格在规定限额以上的进出口货样和广告品(无商业价值、无使用价值和免费提供出口的除外)，从保税仓库提取在中国境内销售的进口货物，以及其他进出口货物。进出口总额用以观察一个国家在对外贸易方面的总规模。我国规定出口货物按离岸价格统计，进口货物按到岸价格统计。

**商品经营单位所在地进、出口额** 指所在地海关注册登记的有进出口经营权的企业实际进、出口额。

**商品目的地进口额和商品货源地出口额** 目的地进口额指进口货物的消费、使用或最终抵运地的实际进口额，货源地出口额是指出口货物的产地或原始发货地的实际出口额。

**利用外资** 指我国各级政府、部门、企业和其他经济组织通过对外借款、吸收外商直接投资以及用其他方式筹措的境外现汇、设备、技术等。

**外商直接投资** 指外国企业和经济组织或个人(包括华侨、港澳台胞以及我国在境外注册的企业)按我国有关政策、法规，用现汇、实物、技术等在我国境内开办外商独资企业、与我国境内的企业或经济组织共同举办中外合资经营企业、合作经营企业或合作开发资源的投资(包括外商投资收益的再投资)，以及经政府有关部门批准的项目投资总额内企业从境外借入的资金。

**旅游人数**

⑴国际旅游人数：指来中国参观、访问、旅行、探亲、访友、休养、考察、参加会议和从事经济、科技、文化、教育、宗教等活动的外国人、华侨、港澳同胞和台湾同胞的人数。不包括外国在我国的常驻机构，如使领馆、通讯社、企业办事处的工作人员；来我国常住的外国专家、留学生以及在岸逗留不过夜人员。

⑵国内旅游人数：指我国大陆居民和在我国常住1年以上的外国人、华侨、港澳台同胞离开常住地在境内其他地方的旅游设施内至少停留一夜，最长不超过6个月的人数。

**国际旅游(外汇)收入** 指入境旅游的外国人、华侨、港澳同胞和台湾同胞在中国大陆旅游过程中发生的一切旅游支出，对于国家来说就是国际旅游(外汇)收入。

**星级饭店** 指已评定星级的饭店。

# 18 金融和保险

*JINRONGHEBAOXIAN*

资料整理　何晓虹

## 18. 金融和保险

2003 年末全省

| | | |
|---|---|---|
| 金融机构存款额 | 4593.10 | 亿元 |
| 金融机构贷款额 | 3549.60 | 亿元 |
| 金融机构现金收入 | 10005.81 | 亿元 |
| 金融机构现金支出 | 9859.75 | 亿元 |
| 货币投放(+)或回笼(-) | -146.06 | 亿元 |
| 保险公司保险业务收入 | 74.89 | 亿元 |

### 城乡居民年末储蓄存款余额

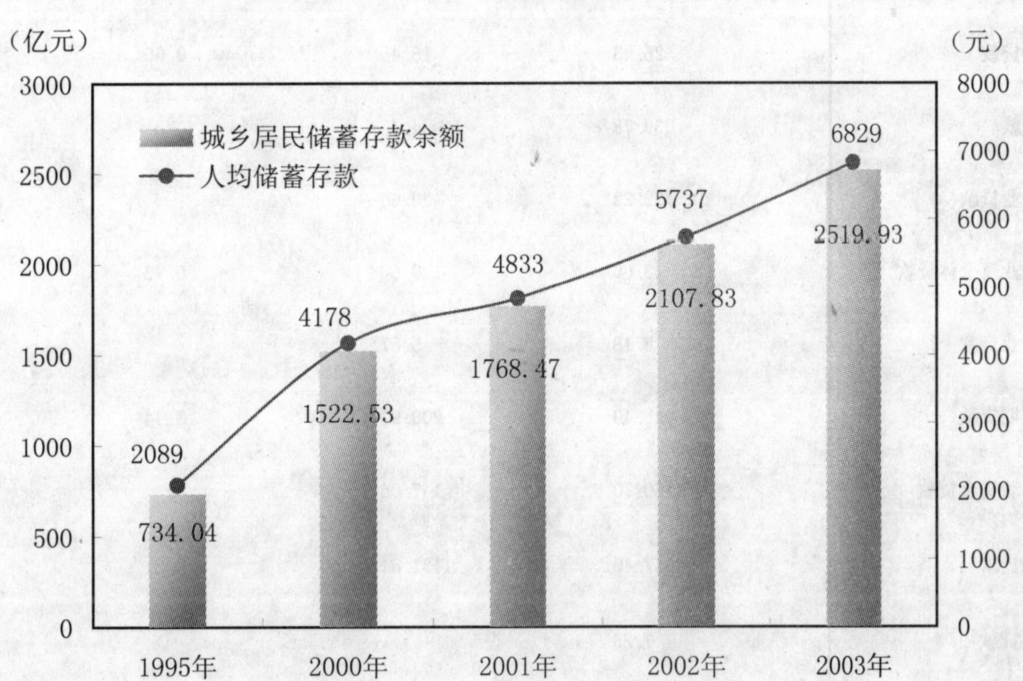

# 18-1 金融机构存、贷款总额

（2003年末） 单位：亿元

| 指标 | 合计 | #国家银行 | #城市信用社 | #农村信用社 |
|---|---|---|---|---|
| **各项存款合计** | **4593.10** | **3069.85** | **11.29** | **526.85** |
| 企业存款 | 1455.35 | 865.29 | 6.92 | 17.03 |
| 财政存款 | 84.47 | 83.59 | | |
| 机关团体存款 | 129.12 | 105.97 | | 3.08 |
| 城乡储蓄存款 | 2519.94 | 1871.76 | 4.30 | 418.91 |
| 农业存款 | 96.17 | 10.47 | | 84.57 |
| 信托类存款 | 1.26 | | | |
| 其他类存款 | 306.79 | 132.77 | 0.07 | 3.26 |
| **各项贷款合计** | **3549.60** | **2378.64** | **8.53** | **416.65** |
| 1.短期贷款 | 1715.18 | 981.35 | 7.66 | 364.00 |
| 工业贷款 | 535.95 | 437.14 | 0.66 | |
| 商业贷款 | 324.36 | 263.83 | 2.24 | |
| 建筑业贷款 | 26.23 | 15.45 | 0.60 | |
| 农业贷款 | 239.78 | 24.45 | | 215.11 |
| 乡镇企业贷款 | 122.22 | 30.04 | | 92.11 |
| 私营企业及个体贷款 | 13.06 | 3.60 | 0.72 | |
| 三资企业贷款 | 8.18 | 5.87 | | |
| 其他短期贷款 | 445.40 | 200.97 | 3.44 | 56.78 |
| 2.中期流动资金贷款 | 160.70 | 147.06 | | |
| 3.中长期贷款 | 1357.46 | 1121.81 | 0.21 | 46.71 |
| 4.信托类贷款 | 7.28 | | | |
| 5.其它类贷款 | 308.98 | 128.42 | 0.66 | 5.94 |

# 18-2 金融机构现金收入和支出

单位：亿元

| 指 标 | 1995年 | 2000年 | 2001年 | 2002年 | 2003年 |
|---|---|---|---|---|---|
| 现金收入合计 | 1756.87 | 5550.53 | 6514.66 | 8077.06 | 10005.81 |
| 商品销售收入 | 321.90 | 728.94 | 849.67 | 1033.58 | 1225.01 |
| 服务事业收入 | 92.14 | 280.18 | 315.64 | 370.56 | 414.51 |
| 储蓄存款收入 | 995.27 | 3499.89 | 4144.73 | 5218.27 | 6629.75 |
| 信用收入 | 121.45 | 216.00 | 232.65 | 257.01 | 316.20 |
| 税款收入 | 14.61 | 38.00 | 46.21 | 55.51 | 60.65 |
| 汇兑收入 | 32.44 | 113.89 | 127.99 | 145.77 | 136.05 |
| 其他收入 | 178.77 | 673.63 | 797.77 | 996.36 | 1223.64 |
| 现金支出合计 | 1710.82 | 5550.16 | 6454.08 | 7984.46 | 9859.75 |
| 工资和对个人支出 | 248.56 | 419.59 | 476.67 | 562.64 | 698.17 |
| 行政、企事业管理费支出 | 123.20 | 380.01 | 435.76 | 518.68 | 562.56 |
| 产品采购支出 | 62.42 | 236.31 | 275.48 | 321.02 | 445.19 |
| 信用支出 | 112.53 | 210.14 | 242.35 | 272.91 | 328.32 |
| 储蓄存款支出 | 935.33 | 3497.75 | 4047.91 | 5090.49 | 6397.27 |
| 汇兑支出 | 36.71 | 89.01 | 109.98 | 113.91 | 97.84 |
| 其他支出 | 192.07 | 717.35 | 865.93 | 1104.81 | 1330.40 |
| 货币投放(+)或回笼(-) | -46.05 | -0.37 | -60.58 | -92.60 | -146.06 |

# 18-3 保险业务主要指标

单位：亿元

| 指标 | 1995年 | 2000年 | 2001年 | 2002年 | 2003年 |
|---|---|---|---|---|---|
| 一、财产保险金额 | 1142.15 | 2137.18 | 2613.43 | 3003.28 | 3633.75 |
| 1. 企事业财产险 | 720.32 | 1186.03 | 1189.36 | 1450.48 | 1728.03 |
| 2. 家庭财产险 | 36.78 | 69.68 | 171.00 | 116.17 | 138.45 |
| 3. 运输工具及责任险 | 177.37 | 329.21 | 423.74 | 702.05 | 954.17 |
| 4. 货物运输险 | 168.99 | 204.52 | 243.48 | 224.75 | 228.10 |
| 5. 农业险 | 12.13 | 10.26 | 159.75 | 4.58 | 5.16 |
| 6. 其他险 | 26.56 | 337.48 | 426.10 | 505.25 | 579.84 |
| 二、保险业务收入 | 13.21 | 31.17 | 43.13 | 61.77 | 74.89 |
| 1. 财产保险业务 | 7.59 | 10.75 | 13.42 | 14.76 | 17.67 |
| 企事业财产险 | 1.32 | 2.02 | 2.37 | 2.32 | 2.42 |
| 家庭财产险 | 1.11 | 0.18 | 0.24 | 0.26 | 0.61 |
| 运输工具及责任险 | 4.20 | 7.14 | 8.84 | 9.81 | 11.38 |
| 货物运输险 | 0.51 | 0.57 | 0.63 | 0.57 | 0.56 |
| 农业险 | 0.18 | 0.06 | | 0.05 | 0.04 |
| 其他险 | 0.27 | 0.78 | 1.34 | 1.75 | 2.66 |
| 2. 人身保险业务 | 4.75 | 17.77 | 29.71 | 47.01 | 57.22 |
| 3. 涉外业务 | 0.87 | 2.65 | | | |
| 三、保险业务支出 | 6.48 | 13.20 | 13.36 | 13.44 | 14.31 |
| 1. 财产保险业务 | 4.17 | 5.38 | 6.52 | 8.04 | 8.70 |
| 企事业财产险 | 0.54 | 0.89 | 1.00 | 1.37 | 1.19 |
| 家庭财产险 | 0.69 | 0.03 | 0.07 | 0.06 | 0.05 |
| 运输工具及责任险 | 2.54 | 4.02 | 4.43 | 5.60 | 6.53 |
| 货物运输险 | 0.14 | 0.16 | 0.20 | 0.15 | 0.20 |
| 农业险 | 0.12 | 0.04 | | 0.04 | 0.03 |
| 其他险 | 0.14 | 0.24 | 0.82 | 0.82 | 0.70 |
| 2. 人身保险业务 | 2.11 | 7.82 | 6.84 | 5.40 | 5.61 |
| 3. 涉外业务 | 0.20 | | | | |

## 18-4 各市保险业务情况

(2003年)

| 地区 | 保费收入(万元) | | 赔款和给付(万元) | | 赔付率(%) | |
|---|---|---|---|---|---|---|
| | 财产保险 | 人身保险 | 财产保险 | 人身保险 | 财产保险 | 人身保险 |
| 全 省 | 176625 | 572224 | 87013 | 56076 | 49.3 | 9.8 |
| 西安市 | 90314 | 271931 | 39369 | 25916 | 43.6 | 9.5 |
| 铜川市 | 3885 | 16166 | 2206 | 1282 | 56.8 | 7.9 |
| 宝鸡市 | 13168 | 64723 | 8018 | 6088 | 60.9 | 9.4 |
| 咸阳市 | 13112 | 61807 | 7137 | 5276 | 54.4 | 8.5 |
| 渭南市 | 13417 | 56272 | 7509 | 5417 | 56.0 | 9.6 |
| 延安市 | 9364 | 15747 | 5046 | 2403 | 53.9 | 15.3 |
| 汉中市 | 8785 | 35021 | 5767 | 3227 | 65.6 | 9.2 |
| 榆林市 | 15411 | 20021 | 7484 | 2410 | 48.6 | 12.0 |
| 安康市 | 5623 | 12414 | 2636 | 2093 | 46.9 | 16.9 |
| 商洛市 | 3546 | 18122 | 1841 | 1964 | 51.9 | 10.8 |

## 18-5 各保险公司业务情况

(2003年)

| 保险公司 | | 保费收入(万元) | 各项赔款和给付(万元) | 赔付率(%) |
|---|---|---|---|---|
| 财产险公司 | 中国人民保险公司陕西省分公司 | 119535 | 61146 | 51.2 |
| | 中国太平洋财产保险股份有限公司西安分公司 | 15712 | 11412 | 72.6 |
| | 中国平安财产保险股份有限公司西安分公司 | 13789 | 5704 | 41.4 |
| | 永安财产保险公司 | 22601 | 8159 | 36.1 |
| | 华泰财产保险股份有限公司西安分公司 | 1718 | 339 | 19.7 |
| | 天安保险股份有限公司西安分公司 | 1160 | 78 | 6.7 |
| | 中华联合财产保险公司西安分公司 | 2221 | 171 | 7.7 |
| 寿险公司 | 中国人寿保险股份有限公司陕西省分公司 | 398066 | 42045 | 10.6 |
| | 中国太平洋人寿保险股份有限公司西安分公司 | 64408 | 3174 | 4.9 |
| | 中国平安人寿保险股份有限公司西安分公司 | 80042 | 9870 | 12.3 |
| | 泰康人寿保险股份有限公司西安分公司 | 16509 | 140 | 0.8 |
| | 新华人寿保险股份有限公司西安分公司 | 13199 | 849 | 6.4 |

# 主要统计指标解释

**信贷资金** 指金融机构以信用方式积聚和分配的货币资金。金融机构信贷资金的来源有各项存款、金融债券发行、应付及暂收款、对国际金融机构负债、流通中货币、各项准备、所有者权益和其他项目等;信贷资金的运用有各项贷款、有价证券及投资、应收及预付款、委托投资、金银占款、外汇占款、库存现金、财政借款及在国际金融机构中的资产等。

**存款** 指企业、机关、团体或居民根据资金必须收回的原则,把货币资金存入银行或其他信用机构保管并取得一定利息的一种信用活动形式。根据存款对象的不同可划分为企业存款、财政存款、机关团体存款、基本建设存款、储蓄存款、农村存款、委托存款、其他存款等科目。它是银行信贷资金的主要来源。

**贷款** 指银行或其他信用机构根据资金必须归还的原则,按一定利率,为企业、个人等提供资金的一种信用活动形式。我国银行贷款分为短期贷款、中期流动资金贷款、中长期贷款、信托贷款、融资租赁、委托贷款、票据融资、各项垫款等。

**保险公司** 在中国境内的、经过保险监督部门批准设立,并依法登记注册的各类商业保险公司。

**保险金额** 指保险人承担赔偿或者给付保险金责任的最高限额。

**保费** 指投保人为取得保险人在约定范围内所承担赔偿责任而支付给保险人的费用。

**赔款** 指保险人根据保险合同的规定,向被保险人支付的赔偿保险责任损失的金额。

**给付** 包括死伤医疗给付和满期给付。死伤医疗给付是指保险人根据人寿保险及长期健康保险合同的规定,因被保险人在保险期内发生保险责任范围内的保险事故支付给被保险人(或受益人)的金额。满期给付是指被保险人生存期满,保险人按人寿保险合同规定支付给被保险人的满期保险金额。

# 19 教育、科技和文化

*JIAOYUKEJIHEWENHUA*

资料整理　方　志　杨小侠

******************************************************************************

# 19. 教育、科技和文化

******************************************************************************

2003 年全省

| | | |
|---|---|---|
| 普通高等学校在校学生 | 49.97 | 万人 |
| 中等学校在校学生 | 340.98 | 万人 |
| 从事科技活动人员数 | 13.60 | 万人 |
| # 科学家和工程师 | 8.67 | 万人 |
| 图书出版量 | 16601 | 万册 |
| 杂志出版量 | 6317 | 万册 |
| 报纸出版量 | 66237 | 万份 |

******************************************************************************

## 高等学校在校学生数

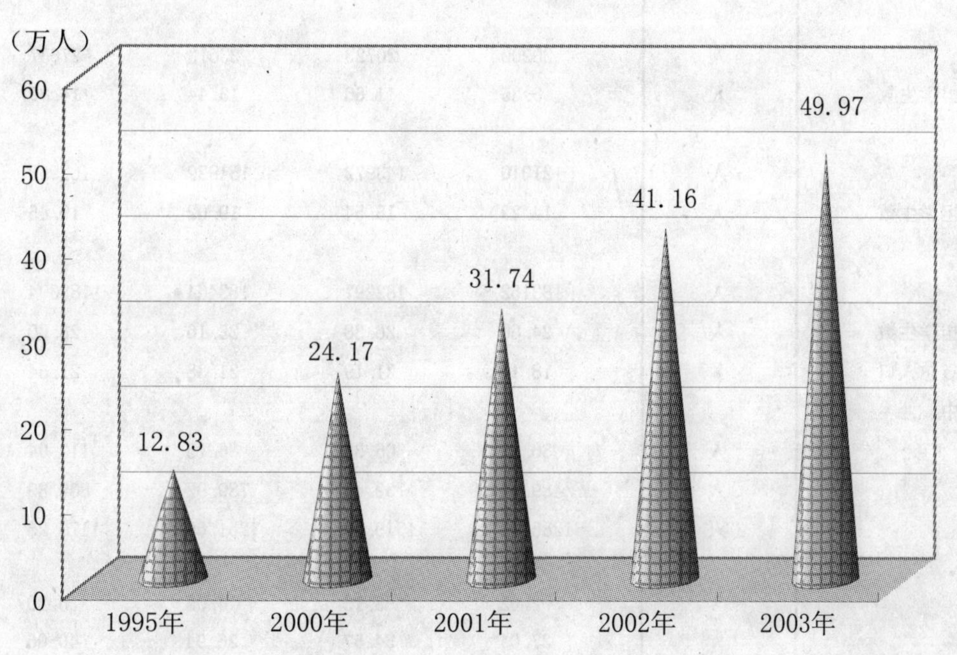

# 19-1 各级各类学校基本情况

(2003年)

| 指标 | 学校数（所） | 招生数（万人） | 在校学生数（万人） | 毕业生数（万人） | 教职工数（人） | # 专任教师 |
|---|---|---|---|---|---|---|
| 一、普通高等学校 | 57 | 16.84 | 49.97 | 7.98 | 67405 | 35716 |
| 二、中等学校 | 3321 | 124.27 | 340.98 | 92.65 | 219595 | 173480 |
| 1.中等专业学校 | 465 | 16.31 | 37.90 | 10.53 | 32365 | 19504 |
| # 中等师范 | 21 | 1.99 | 5.28 | 1.81 | | |
| 2.普通中学 | 2714 | 104.15 | 295.41 | 80.51 | 178330 | 148437 |
| # 高　中 | 624 | 27.35 | 74.13 | 17.83 | | 36823 |
| 3.技工学校 | 131 | 3.62 | 7.20 | 1.47 | 8870 | 5269 |
| 4.职业中学 | 11 | 0.19 | 0.47 | 0.14 | 30 | 270 |
| 三、小　学 | 24922 | 53.01 | 401.48 | 80.62 | 206447 | 190964 |
| 四、幼儿园、学前班 | 2288 | | 48.29 | | 21020 | 12689 |
| 五、特殊教育学校 | 28 | 0.03 | 0.20 | 0.01 | 662 | 481 |
| 六、工读学校 | 1 | 0.0025 | 0.0091 | 0.0024 | 39 | 29 |

# 19-2 各级学校教师负担学生数及平均每万人口在校学生数

| 指标 | 单位 | 1995年 | 2000年 | 2001年 | 2002年 | 2003年 |
|---|---|---|---|---|---|---|
| 高等学校 | | | | | | |
| 教师数 | 人 | 20200 | 20723 | 23613 | 27637 | 35716 |
| 每个教师负担学生数 | 人 | 6.35 | 11.66 | 13.44 | 14.89 | 14.00 |
| 中等学校 | | | | | | |
| 教师数 | 人 | 121010 | 143972 | 151929 | 162952 | 173480 |
| 每个教师负担学生数 | 人 | 14.22 | 18.54 | 19.02 | 19.45 | 19.66 |
| 小　学 | | | | | | |
| 教师数 | 人 | 183152 | 182297 | 183464 | 188394 | 190964 |
| 每个教师负担学生数 | 人 | 24.66 | 26.38 | 25.16 | 23.00 | 21.02 |
| 在校学生占全省总人口 | % | 18.12 | 21.19 | 21.38 | 21.54 | 21.48 |
| 平均每万人口中 | | | | | | |
| 大学生 | 人 | 36.52 | 66.33 | 86.75 | 112.04 | 135.44 |
| 中学生 | 人 | 489.84 | 732.41 | 789.92 | 862.89 | 924.19 |
| 小学生 | 人 | 1285.45 | 1319.79 | 1261.60 | 1179.25 | 1088.17 |
| 占学生总数 | | | | | | |
| 大学生 | % | 2.02 | 3.13 | 4.06 | 5.20 | 6.31 |
| 中学生 | % | 27.04 | 34.57 | 36.94 | 40.06 | 43.03 |
| 小学生 | % | 70.94 | 62.30 | 59.00 | 54.74 | 50.66 |

## 19-3 普通高等学校基本情况

| 年 份 | 学校数（所） | 招生数（万人） | 在校学生数（万人） | 毕业生数（万人） | 教职工数（人） | # 专任教师 |
|---|---|---|---|---|---|---|
| 1978 | 30 | 1.37 | 3.44 | 0.82 | 27210 | 10699 |
| 1980 | 34 | 1.44 | 5.39 | 0.38 | 31694 | 12066 |
| 1985 | 45 | 2.86 | 8.21 | 1.47 | 43210 | 16516 |
| 1990 | 47 | 2.62 | 9.54 | 2.81 | 51130 | 19558 |
| 1991 | 47 | 2.72 | 9.43 | 2.69 | 51284 | 19434 |
| 1992 | 45 | 3.29 | 10.07 | 2.61 | 50948 | 19384 |
| 1993 | 45 | 4.16 | 11.73 | 2.49 | 51084 | 19373 |
| 1994 | 47 | 3.87 | 12.69 | 2.82 | 52218 | 20148 |
| 1995 | 46 | 4.07 | 12.83 | 3.75 | 52440 | 20200 |
| 1996 | 43 | 4.28 | 13.56 | 3.71 | 50981 | 19730 |
| 1997 | 43 | 4.30 | 14.10 | 3.52 | 50400 | 19302 |
| 1998 | 42 | 4.53 | 15.09 | 3.44 | 49279 | 19250 |
| 1999 | 43 | 6.90 | 18.19 | 3.68 | 50819 | 19750 |
| 2000 | 39 | 9.52 | 24.17 | 3.51 | 52220 | 20723 |
| 2001 | 47 | 11.55 | 31.74 | 4.35 | 58846 | 23613 |
| 2002 | 52 | 14.70 | 41.16 | 5.16 | 63412 | 27637 |
| 2003 | 57 | 16.84 | 49.97 | 7.98 | 67405 | 35716 |

## 19-4 中等专业学校基本情况

| 年 份 | 学校数（所） | 招生数（万人） | 在校学生数（万人） | 毕业生数（万人） | 教职工数（人） | # 专任教师 |
|---|---|---|---|---|---|---|
| 1978 | 89 | 1.77 | 2.93 | 0.45 | 10401 | 3297 |
| 1980 | 162 | 2.54 | 6.55 | 0.92 | 15246 | 5699 |
| 1985 | 382 | 5.54 | 11.92 | 3.14 | 29279 | 11893 |
| 1990 | 499 | 7.48 | 17.99 | 5.89 | 39880 | 17960 |
| 1991 | 520 | 8.28 | 19.49 | 6.53 | 40804 | 18524 |
| 1992 | 524 | 9.18 | 21.20 | 6.43 | 40731 | 18500 |
| 1993 | 519 | 9.16 | 21.91 | 6.46 | 41620 | 18883 |
| 1994 | 521 | 9.22 | 23.08 | 7.11 | 41111 | 19067 |
| 1995 | 569 | 11.64 | 27.01 | 8.39 | 41736 | 20926 |
| 1996 | 591 | 13.08 | 29.56 | 8.76 | 43031 | 21689 |
| 1997 | 588 | 13.96 | 32.54 | 9.02 | 40318 | 21095 |
| 1998 | 652 | 14.23 | 34.70 | 10.24 | 42719 | 22628 |
| 1999 | 658 | 14.90 | 37.37 | 10.72 | 41037 | 21606 |
| 2000 | 648 | 13.66 | 36.37 | 11.38 | 40692 | 21693 |
| 2001 | 535 | 13.07 | 34.43 | 11.49 | 38050 | 20746 |
| 2002 | 533 | 17.26 | 38.54 | 10.80 | 37540 | 22760 |
| 2003 | 607 | 20.12 | 45.57 | 12.14 | 41265 | 25043 |

注：本表包括中等职业、技校、职业初中学校。

## 19-5 普通中学基本情况

| 年 份 | 学校数（所） | 招生数（万人） | 在校学生数（万人） | 毕业生数（万人） | 教职工数（人） | #专任教师 |
|---|---|---|---|---|---|---|
| 1978 | 7558 | 90.52 | 193.47 | 73.47 | 116097 | 91701 |
| 1980 | 5838 | 52.56 | 180.85 | 31.21 | 127056 | 97643 |
| 1985 | 3103 | 56.24 | 170.33 | 41.32 | 122187 | 93102 |
| 1990 | 3041 | 47.18 | 132.64 | 45.95 | 127861 | 98272 |
| 1991 | 2974 | 48.79 | 135.07 | 41.64 | 128134 | 98641 |
| 1992 | 2900 | 47.66 | 137.33 | 36.31 | 130290 | 99841 |
| 1993 | 2843 | 47.02 | 129.62 | 39.64 | 128103 | 98672 |
| 1994 | 2829 | 51.23 | 134.24 | 37.75 | 128118 | 99166 |
| 1995 | 2788 | 55.71 | 145.07 | 37.48 | 129046 | 100084 |
| 1996 | 2697 | 56.16 | 157.21 | 39.74 | 131298 | 102723 |
| 1997 | 2645 | 65.12 | 169.01 | 44.03 | 134072 | 105457 |
| 1998 | 2614 | 70.11 | 183.60 | 47.78 | 137332 | 109569 |
| 1999 | 2586 | 78.84 | 204.41 | 51.28 | 142131 | 115007 |
| 2000 | 2599 | 88.94 | 230.52 | 56.25 | 149267 | 122279 |
| 2001 | 2680 | 97.02 | 254.75 | 63.42 | 160109 | 131183 |
| 2002 | 2699 | 103.01 | 278.26 | 72.35 | 169628 | 140192 |
| 2003 | 2714 | 104.15 | 295.41 | 80.51 | 178330 | 148437 |

## 19-6 普通小学基本情况

| 年 份 | 学校数（所） | 招生数（万人） | 在校学生数（万人） | 毕业生数（万人） | 教职工数（人） | #专任教师 |
|---|---|---|---|---|---|---|
| 1978 | 39747 | 117.01 | 450.51 | 67.91 | 180682 | 173003 |
| 1980 | 40800 | 87.10 | 452.14 | 58.76 | 198082 | 187394 |
| 1985 | 38815 | 59.93 | 367.87 | 61.41 | 186208 | 169225 |
| 1990 | 37155 | 58.42 | 353.75 | 42.74 | 193292 | 176756 |
| 1991 | 36963 | 66.03 | 363.99 | 44.84 | 194719 | 177956 |
| 1992 | 36693 | 71.85 | 379.08 | 45.04 | 195881 | 178648 |
| 1993 | 36578 | 76.15 | 397.78 | 44.82 | 198194 | 180592 |
| 1994 | 36456 | 82.89 | 425.00 | 46.64 | 201217 | 184164 |
| 1995 | 36471 | 86.30 | 451.58 | 50.12 | 200359 | 183152 |
| 1996 | 36201 | 85.97 | 474.27 | 53.79 | 198460 | 181326 |
| 1997 | 36025 | 83.05 | 489.93 | 59.33 | 199093 | 180704 |
| 1998 | 34634 | 77.31 | 496.58 | 66.00 | 193177 | 175173 |
| 1999 | 34336 | 71.57 | 492.18 | 71.73 | 196011 | 178655 |
| 2000 | 33336 | 68.22 | 480.93 | 77.00 | 199395 | 182297 |
| 2001 | 29359 | 66.87 | 461.57 | 81.32 | 200185 | 183464 |
| 2002 | 26989 | 59.51 | 433.22 | 83.04 | 203733 | 188394 |
| 2003 | 24922 | 53.01 | 401.48 | 80.62 | 206447 | 190964 |

# 19-7 普通高等学校一览表

（2003年） 单位:人

| 校　　名 | 主管部门 | 毕业生数 | 招生数 | 在校学生数 | 专任教师 |
|---|---|---|---|---|---|
| **总　　计** | | **67727** | **118627** | **387758** | **30696** |
| **部属院校** | | **23623** | **30902** | **113547** | **9428** |
| 西安交通大学 | 教育部 | 5459 | 4436 | 22052 | 3255 |
| 西安电子科技大学 | 教育部 | 2966 | 5623 | 17271 | 1064 |
| 长安大学 | 教育部 | 5064 | 5643 | 20870 | 1387 |
| 西北农林科技大学 | 教育部 | 3223 | 5279 | 18670 | 1167 |
| 陕西师范大学 | 教育部 | 2355 | 3282 | 12501 | 1099 |
| 西北工业大学 | 国防科工委 | 4556 | 6639 | 22183 | 1456 |
| **省属院校** | | **44104** | **87725** | **274211** | **21268** |
| 西北大学 | 陕西省 | 3179 | 4107 | 14769 | 1059 |
| 西安理工大学 | 陕西省 | 3345 | 4359 | 17544 | 1049 |
| 西安工业学院 | 陕西省 | 2089 | 3877 | 13210 | 872 |
| 西安建筑科技大学 | 陕西省 | 2318 | 4868 | 16818 | 933 |
| 西安科技大学 | 陕西省 | 2274 | 3725 | 11871 | 775 |
| 西安石油大学 | 陕西省 | 1304 | 5515 | 16578 | 827 |
| 陕西科技大学 | 陕西省 | 2768 | 3950 | 12642 | 921 |
| 西安工程科技学院 | 陕西省 | 2632 | 4860 | 15188 | 770 |
| 陕西中医学院 | 陕西省 | 530 | 1114 | 4829 | 342 |
| 延安大学 | 陕西省 | 1802 | 2928 | 11841 | 639 |
| 陕西理工学院 | 陕西省 | 2696 | 5091 | 16167 | 795 |
| 宝鸡文理学院 | 陕西省 | 2383 | 3610 | 12771 | 693 |
| 咸阳师范学院 | 陕西省 | 667 | 3165 | 8354 | 349 |
| 渭南师范学院 | 陕西省 | 889 | 3434 | 9318 | 416 |
| 西安外国语学院 | 陕西省 | 1397 | 2980 | 8216 | 585 |
| 西北政法学院 | 陕西省 | 1403 | 3527 | 11590 | 530 |
| 西安体育学院 | 陕西省 | 1047 | 1594 | 5475 | 294 |
| 西安音乐学院 | 陕西省 | 366 | 950 | 3425 | 247 |
| 西安美术学院 | 陕西省 | 687 | 1295 | 4184 | 286 |
| 陕西工业职业技术学院 | 陕西省 | 1139 | 2465 | 6988 | 413 |
| 杨凌职业技术学院 | 陕西省 | 1638 | 3177 | 8409 | 422 |
| 西安文理学院 | 陕西省 | 1627 | 3018 | 6680 | 349 |
| 榆林学院 | 陕西省 | 835 | 2820 | 6259 | 325 |
| 商洛师范专科学校 | 陕西省 | 818 | 1486 | 3826 | 199 |
| 安康师范专科学校 | 陕西省 | 778 | 1204 | 3623 | 201 |
| 西安培华学院 | 民　办 | 593 | 2801 | 5331 | 348 |
| 西安财经学院 | 陕西省 | 2810 | 5805 | 18296 | 686 |

19-7 续表　　(2003年)　　单位:人

| 校　名 | 主管部门 | 毕业生数 | 招生数 | 在校学生数 | 专任教师 |
|---|---|---|---|---|---|
| 西安邮电学院 | 陕西省 | 1208 | 4365 | 10316 | 483 |
| 西安航空技术高等专科学校 | 陕西省 | 475 | 2280 | 5210 | 179 |
| 西安电力高等专科学校 | 陕西省 | 31 | 409 | 796 | 109 |
| 陕西医学高等专科学校 | 陕西省 | 1042 | 1305 | 3969 | 177 |
| 陕西能源职业技术学院 | 陕西省 | 350 | 1598 | 3797 | 276 |
| 西安欧亚职业学院 | 民　办 | 1095 | 3750 | 9255 | 1209 |
| 西安外事职业学院 | 民　办 | 1372 | 5136 | 11820 | 526 |
| 西安翻译职业学院 | 民　办 | 445 | 3112 | 8019 | 167 |
| 西京职业学院 | 民　办 | 789 | 2072 | 6254 | 251 |
| 陕西国防工业职业技术学院 | 陕西省 | 201 | 1456 | 2889 | 196 |
| 西安航空职业技术学院 | 陕西省 | | 2025 | 3065 | 146 |
| 陕西财经职业技术学院 | 陕西省财政厅 | 294 | 830 | 2483 | 125 |
| 陕西交通职业技术学院 | 陕西省 | 600 | 1050 | 4167 | 93 |
| 陕西职业技术学院 | 陕西省 | | 1653 | 3541 | 230 |
| 西安思源职业学院 | 民　办 | | 1390 | 2249 | 139 |
| 西安高新科技职业学院 | 民　办 | | 1270 | 2250 | 138 |
| 陕西国际商贸职业学院 | 民　办 | | 603 | 715 | 178 |
| 西安三资职业学院 | 民　办 | | 211 | 322 | 60 |
| 陕西服装艺术职业学院 | 民　办 | | 430 | 543 | 281 |
| 陕西铁路工程职业技术学院 | 陕西省 | | 1101 | 1101 | 157 |
| 宝鸡职业技术学院 | 陕西省 | | 807 | 807 | 446 |
| 陕西航空职业技术学院 | 陕西省 | 64 | 864 | 1601 | 206 |
| 西安科技商贸职业学院 | 民　办 | | 153 | 153 | 85 |
| 陕西电子信息职业技术学院 | 民　办 | | 117 | 117 | 78 |
| 不计校数其它机构 | | 781 | 4601 | 11045 | |
| 西安师范大专班 | 陕西省 | 40 | | 98 | |
| 武警工程学院 | 陕西省 | 17 | 24 | 290 | |
| 空军工程大学 | 陕西省 | 326 | 1019 | 3201 | |
| 西安政治学院 | 陕西省 | 59 | | 227 | |
| 中国人民解放军西安通信学院 | 陕西省 | 281 | 597 | 1485 | |
| 第四军医大学 | 总后生产管理部 | 58 | 1547 | 3129 | |
| 第二炮兵工程学院 | 陕西省 | | 739 | 1090 | |
| 西安陆军学院 | 陕西省 | | 417 | 804 | |
| 西藏民族学院陕西计划 | 西藏自治区 | | 258 | 721 | |
| 成人高等学校 | | 3311 | 7170 | 15496 | |

# 19-8 研究生概况

(2003年) 单位:人

| 指标 | 培养研究生单位数 | 毕业生 攻读博士学位 | 毕业生 攻读硕士学位 | 毕业生 研究生班 | 招生数 攻读博士学位 | 招生数 攻读硕士学位 | 招生数 研究生班 | 在学研究生 攻读博士学位 | 在学研究生 攻读硕士学位 | 在学研究生 研究生班 |
|---|---|---|---|---|---|---|---|---|---|---|
| 总计 | 49 | 796 | 5671 | 44 | 2599 | 13080 | 74 | 8665 | 31314 | 311 |
| 国家任务 | | 577 | 3185 | | 1773 | 7212 | | 5612 | 17216 | |
| 委托培养 | | 129 | 994 | | 490 | 1069 | | 1591 | 3171 | |
| 自筹经费 | | 90 | 1492 | 44 | 336 | 4799 | 74 | 1462 | 10927 | 311 |
| 一、中央部委所属 | 33 | 674 | 3900 | | 2243 | 8840 | | 7676 | 21503 | |
| 国家任务 | | 508 | 2359 | | 1564 | 5193 | | 5012 | 12125 | |
| 委托培养 | | 81 | 566 | | 361 | 810 | | 1248 | 2346 | |
| 自筹经费 | | 85 | 975 | | 318 | 2837 | | 1416 | 7032 | |
| 1. 教育部 | 5 | 520 | 2887 | | 1513 | 6678 | | 5319 | 16150 | |
| 国家任务 | | 357 | 1673 | | 1164 | 3842 | | 3662 | 8791 | |
| 委托培养 | | 78 | 432 | | 291 | 690 | | 1015 | 1863 | |
| 自筹经费 | | 85 | 782 | | 58 | 2146 | | 642 | 5496 | |
| 2. 其它部委 | 28 | 154 | 1013 | | 730 | 2162 | | 2357 | 5353 | |
| 国家任务 | | 151 | 686 | | 400 | 1351 | | 1350 | 3334 | |
| 委托培养 | | 3 | 134 | | 70 | 120 | | 233 | 483 | |
| 自筹经费 | | | 193 | | 260 | 691 | | 774 | 1536 | |
| 二、地方所属 | 16 | 122 | 1771 | 44 | 356 | 4240 | 74 | 989 | 9811 | 311 |
| 国家任务 | | 69 | 826 | | 209 | 2019 | | 600 | 5091 | |
| 委托培养 | | 48 | 428 | | 129 | 259 | | 343 | 825 | |
| 自筹经费 | | 5 | 517 | 44 | 18 | 1962 | 74 | 46 | 3895 | 311 |
| 1. 教育部门 | 13 | 118 | 1612 | 44 | 333 | 3802 | 74 | 934 | 8838 | 311 |
| 国家任务 | | 66 | 734 | | 194 | 1765 | | 565 | 4512 | |
| 委托培养 | | 48 | 418 | | 121 | 235 | | 328 | 756 | |
| 自筹经费 | | 4 | 460 | 44 | 18 | 1802 | 74 | 41 | 3570 | 311 |
| 2. 其它部门 | 3 | 4 | 159 | | 23 | 438 | | 55 | 973 | |
| 国家任务 | | 3 | 92 | | 15 | 254 | | 35 | 579 | |
| 委托培养 | | 0 | 10 | | 8 | 24 | | 15 | 69 | |
| 自筹经费 | | 1 | 57 | | | 160 | | 5 | 325 | |

# 19-9 高等学校分科学生数及专任教师数

(2003年)

单位:人

| 学 科 | 毕业生数 | 招生数 | 在校学生数 | 专任教师 | # 正高级 | # 副高级 | # 中级 | # 初级 |
|---|---|---|---|---|---|---|---|---|
| 合 计 | 79785 | 168385 | 499738 | 35716 | 3800 | 10318 | 11751 | 7210 |
| 哲 学 | 28 | 110 | 341 | 995 | 121 | 327 | 326 | 172 |
| 经济学 | 3036 | 8329 | 22189 | 2312 | 212 | 649 | 887 | 459 |
| 法 学 | 4491 | 8675 | 26549 | 1198 | 99 | 317 | 405 | 273 |
| 教育学 | 5296 | 9328 | 26450 | 3312 | 179 | 837 | 1145 | 807 |
| 文 学 | 9903 | 26941 | 73625 | 6343 | 405 | 1429 | 2149 | 1647 |
| 历史学 | 562 | 1054 | 3531 | 401 | 57 | 124 | 161 | 51 |
| 理 学 | 6389 | 15581 | 46903 | 4737 | 523 | 1465 | 1500 | 909 |
| 工 学 | 33221 | 61358 | 190628 | 11658 | 1628 | 3731 | 3497 | 2030 |
| 农 学 | 2055 | 2755 | 9699 | 694 | 99 | 209 | 188 | 180 |
| 医 学 | 3931 | 7169 | 24098 | 2387 | 309 | 714 | 935 | 386 |
| 管理学 | 10873 | 27085 | 75725 | 1679 | 168 | 516 | 558 | 296 |

# 19-10 中等职业学校分科类情况

(2003年)

单位:人

| 学校类别 | 毕业生数 | 招生数 | 在校学生数 |
|---|---|---|---|
| 合 计 | 105283 | 163066 | 378974 |
| 农林类 | 9030 | 13014 | 27962 |
| 资源与环境类 | 646 | 340 | 1758 |
| 能源类 | 678 | 1021 | 3478 |
| 土木水利工程类 | 3775 | 2010 | 8458 |
| 加工制造类 | 9018 | 20822 | 42034 |
| 交通运输类 | 1350 | 1986 | 3945 |
| 信息技术类 | 15121 | 33220 | 71914 |
| 医药卫生类 | 13960 | 15172 | 46580 |
| 商贸与旅游类 | 7708 | 11313 | 26745 |
| 财经类 | 7463 | 5749 | 14533 |
| 文化艺术与体育类 | 9282 | 12645 | 30926 |
| 社会公共事业类 | 2547 | 3591 | 6343 |
| 师范类 | 18099 | 19884 | 52813 |
| 其 他 | 6606 | 21299 | 41485 |

# 19-11 中等职业学校基本情况

（2003年）

| 指标 | 学校数（所） | 毕业生数（人） | 招生数（人） | 在校学生数（人） | 教职工数（人） | #专任教师 |
|---|---|---|---|---|---|---|
| 总计 | 528 | 105283 | 163066 | 378974 | 32365 | 19504 |
| 按学校类型分 | | | | | | |
| 1.普通中专学校 | 89 | 31368 | 34622 | 108091 | 12723 | 6646 |
| 2.成人中专学校 | 83 | 10075 | 9663 | 23431 | 3956 | 2265 |
| 3.职业高中学校 | 293 | 50946 | 108388 | 216531 | 14872 | 10087 |
| 4.其他机构 | 63 | 12894 | 10393 | 30921 | 814 | 506 |
| 按主办部门分 | | | | | | |
| 1.中央部门 | 8 | 2217 | 3363 | 11550 | 1123 | 509 |
| 2.地方部门 | 425 | 90075 | 138844 | 321076 | 27875 | 17270 |
| 教育部门 | 317 | 65277 | 108315 | 238762 | 17585 | 11926 |
| 非教育部门 | 108 | 24798 | 30529 | 82314 | 10290 | 5344 |
| 3.民办 | 95 | 12991 | 20859 | 46348 | 3367 | 1725 |

# 19-12 技工学校基本情况

（2003年）

| 指标 | 学校数（所） | 毕业生数（人） | 招生数（人） | 在校学生数（人） | 教职工数（人） | #专任教师 |
|---|---|---|---|---|---|---|
| 合计 | 131 | 14723 | 36191 | 71962 | 8870 | 5269 |
| 一、劳动部门办校 | 16 | 2443 | 7656 | 13503 | 985 | 790 |
| 二、国有经济单位办校 | 85 | 8558 | 20184 | 42174 | 5502 | 3073 |
| 行业办校 | 44 | 5017 | 11927 | 25653 | 3877 | 2034 |
| 企业办校 | 41 | 3541 | 8257 | 16521 | 1625 | 1039 |
| 三、国家各部委办校 | 24 | 2776 | 3750 | 9669 | 2012 | 1112 |
| 四、其他部门办校 | 6 | 946 | 4601 | 6616 | 371 | 294 |

## 19-13 普通中学按城乡、部门分类

(2003年)

| 指标 | 学校数(所) | #高中 | 毕业生数(人) | #高中 | 招生数(人) | #高中 | 在校学生数(人) | #高中 | 专任教师(人) |
|---|---|---|---|---|---|---|---|---|---|
| 合计 | 2714 | 624 | 805123 | 178276 | 1041508 | 273499 | 2954061 | 741329 | 148437 |
| 一、城市 | 477 | 269 | 158030 | 58835 | 194788 | 92170 | 567899 | 248261 | 29589 |
| 教育部门和集体办 | 194 | 93 | 93660 | 37053 | 109749 | 53242 | 328769 | 149940 | 16827 |
| 社会力量办 | 108 | 68 | 14343 | 4004 | 27060 | 12817 | 69428 | 28350 | 4092 |
| 其他部门办 | 175 | 108 | 50027 | 17778 | 57979 | 26111 | 169702 | 69971 | 8670 |
| 二、县镇 | 623 | 206 | 251470 | 82436 | 320385 | 125588 | 922357 | 341865 | 45053 |
| 教育部门和集体办 | 516 | 160 | 237156 | 77406 | 293681 | 113659 | 854493 | 313360 | 41547 |
| 社会力量办 | 66 | 23 | 6376 | 2108 | 17577 | 7714 | 41606 | 16993 | 1851 |
| 其他部门办 | 41 | 23 | 7938 | 2922 | 9127 | 4215 | 26258 | 11512 | 1655 |
| 三、农村 | 1614 | 149 | 395623 | 37005 | 526335 | 55741 | 1463805 | 151203 | 73795 |
| 教育部门和集体办 | 1507 | 119 | 383059 | 33523 | 509166 | 49977 | 1415602 | 137029 | 70779 |
| 社会力量办 | 41 | 9 | 4168 | 568 | 7807 | 1843 | 20785 | 4013 | 1175 |
| 其他部门办 | 66 | 21 | 8396 | 2914 | 9362 | 3921 | 27418 | 10161 | 1841 |

## 19-14 小学按城乡、部门分类

(2003年)

| 指标 | 学校数(所) | 毕业生数(人) | 招生数(人) | 在校学生数(人) | 教职工数(人) | #专任教师 |
|---|---|---|---|---|---|---|
| 合计 | 24922 | 806239 | 530089 | 4014754 | 206447 | 190964 |
| 一、城市 | 672 | 85517 | 75719 | 487511 | 27963 | 24110 |
| 教育部门和集体办 | 461 | 53323 | 45353 | 297724 | 17592 | 15471 |
| 社会力量办 | 62 | 5723 | 5360 | 35362 | 2674 | 1881 |
| 其他部门办 | 149 | 26471 | 25006 | 154425 | 7697 | 6758 |
| 二、县镇 | 1209 | 103676 | 71470 | 529964 | 28725 | 26303 |
| 教育部门和集体办 | 1126 | 96123 | 65723 | 486098 | 26133 | 24222 |
| 社会力量办 | 52 | 3442 | 2201 | 20838 | 1369 | 962 |
| 其他部门办 | 31 | 4111 | 3546 | 23028 | 1223 | 1119 |
| 三、农村 | 23041 | 617046 | 382900 | 2997279 | 149759 | 140551 |
| 教育部门和集体办 | 22847 | 604586 | 373290 | 2922845 | 145207 | 136972 |
| 社会力量办 | 147 | 5883 | 4667 | 41305 | 2325 | 1562 |
| 其他部门办 | 47 | 6577 | 4943 | 33129 | 2227 | 2017 |

## 19-15 幼儿园及特殊教育学校基本情况

| 指　标 | 单位 | 1995年 | 2000年 | 2001年 | 2002年 | 2003年 |
|---|---|---|---|---|---|---|
| 幼儿园 | | | | | | |
| 园数 | 所 | 1380 | 2803 | 2219 | 2103 | 2288 |
| 班数 | 个 | 25481 | 25156 | 24968 | 22512 | 21951 |
| 在园幼儿数 | 万人 | 78.91 | 60.36 | 53.28 | 50.20 | 48.29 |
| 教职工人数 | 人 | 23198 | 22132 | 16833 | 17369 | 21020 |
| # 保健员 | 人 | 1432 | 1154 | 1064 | 1020 | 1392 |
| 特殊教育学校 | | | | | | |
| 学校数 | 所 | 28 | 35 | 30 | 28 | 28 |
| 招生数 | 人 | 1594 | 898 | 775 | 758 | 694 |
| 在校学生数 | 人 | 6988 | 6869 | 5456 | 6152 | 5704 |
| 毕业生数 | 人 | 342 | 666 | 585 | 579 | 598 |
| 教职工数 | 人 | 553 | 683 | 605 | 627 | 662 |
| # 专任教师 | 人 | 383 | 485 | 437 | 447 | 481 |

## 19-16 小学、初中升学率及小学学龄儿童入学率

| 指　标 | 单位 | 1995年 | 2000年 | 2001年 | 2002年 | 2003年 |
|---|---|---|---|---|---|---|
| 小学 | | | | | | |
| 小学毕业生数 | 万人 | 50.12 | 77.00 | 81.32 | 83.04 | 80.62 |
| 初中招生数 | 万人 | 45.18 | 70.78 | 75.46 | 77.54 | 76.80 |
| 升学率 | % | 90.14 | 91.92 | 92.79 | 93.38 | 95.26 |
| 初中 | | | | | | |
| 毕业生数 | 万人 | 30.62 | 46.44 | 52.32 | 58.44 | 62.68 |
| 高中招生数 | 万人 | 10.53 | 18.17 | 21.56 | 25.47 | 27.35 |
| 升学率 | % | 34.39 | 39.13 | 41.21 | 43.58 | 43.63 |
| 小学学龄儿童入学率 | | | | | | |
| 学龄儿童总数 | 万人 | 430.88 | 467.54 | 433.06 | 409.15 | 379.99 |
| # 农村 | 万人 | 286.78 | 254.37 | 332.59 | 309.23 | 282.27 |
| 入学儿童总数 | 万人 | 426.46 | 464.62 | 426.28 | 402.99 | 374.62 |
| # 农村 | 万人 | 283.01 | 252.69 | 327.48 | 305.67 | 278.49 |
| 入学率 | % | 98.97 | 99.38 | 98.43 | 98.49 | 98.59 |
| # 农村 | % | 98.68 | 99.34 | 98.64 | 98.85 | 98.66 |

注：初中升学率仅指初中毕业生升入普通高中的学生数。

## 19-17 各市普通中学基本情况

(2003年)

| 地区 | 学校数(所) | #高中 | 毕业生数(人) | #高中 | 招生数(人) | #高中 | 在校学生数(人) | #高中 | 教职工数(人) | #专任教师 |
|---|---|---|---|---|---|---|---|---|---|---|
| 全省 | 2699 | 611 | 805123 | 178276 | 1041508 | 273499 | 2954061 | 741329 | 178330 | 148437 |
| 西安市 | 467 | 193 | 167629 | 42493 | 187857 | 62159 | 564378 | 175385 | 38252 | 29887 |
| 铜川市 | 78 | 16 | 18178 | 4148 | 23158 | 6030 | 67629 | 16452 | 4266 | 3406 |
| 宝鸡市 | 276 | 68 | 92773 | 20019 | 106631 | 29500 | 319219 | 79899 | 18793 | 16613 |
| 咸阳市 | 334 | 72 | 117777 | 27430 | 150765 | 42949 | 425338 | 115319 | 25371 | 20766 |
| 渭南市 | 407 | 78 | 130826 | 31956 | 165691 | 41455 | 474445 | 116192 | 28851 | 23586 |
| 延安市 | 193 | 34 | 43520 | 8435 | 70044 | 17054 | 183054 | 42613 | 11395 | 9375 |
| 汉中市 | 259 | 53 | 62907 | 12153 | 80035 | 20229 | 230690 | 52666 | 13952 | 12098 |
| 榆林市 | 272 | 34 | 73760 | 15765 | 116602 | 26200 | 305397 | 70639 | 16000 | 13892 |
| 安康市 | 216 | 35 | 48542 | 7781 | 68462 | 12850 | 186552 | 33195 | 10190 | 9010 |
| 商洛市 | 189 | 25 | 44956 | 7021 | 68166 | 13825 | 184437 | 35282 | 10388 | 9100 |
| 杨凌示范区 | 8 | 3 | 4255 | 1075 | 4097 | 1248 | 12922 | 3687 | 872 | 704 |

## 19-18 各市小学基本情况

(2003年)

| 地区 | 学校数(所) | 毕业生数(人) | 招生数(人) | 在校学生数(人) | 教职工数(人) | #专任教师 |
|---|---|---|---|---|---|---|
| 全省 | 24922 | 806239 | 530089 | 4014754 | 206447 | 190964 |
| 西安市 | 2084 | 129652 | 92753 | 667804 | 34080 | 29531 |
| 铜川市 | 750 | 17996 | 10216 | 85526 | 5392 | 5120 |
| 宝鸡市 | 1816 | 79256 | 50950 | 389569 | 18750 | 17334 |
| 咸阳市 | 2445 | 109376 | 81925 | 585026 | 29683 | 27697 |
| 渭南市 | 3003 | 127010 | 67699 | 566093 | 30475 | 28034 |
| 延安市 | 3183 | 57987 | 37647 | 290533 | 16647 | 15733 |
| 汉中市 | 2806 | 65135 | 50842 | 332195 | 18208 | 17188 |
| 榆林市 | 3840 | 95303 | 54730 | 455677 | 21800 | 20759 |
| 安康市 | 1958 | 60558 | 45100 | 323572 | 17635 | 16644 |
| 商洛市 | 2997 | 61380 | 36801 | 306864 | 12959 | 12180 |
| 杨凌示范区 | 40 | 2586 | 1426 | 11895 | 818 | 744 |

## 19-19 各市职业初中学校基本情况

（2003年）

| 地区 | 学校数（所） | 毕业生数（人） | 招生数（人） | 在校学生数（人） | 教职工数（人） | #专任教师 |
|---|---|---|---|---|---|---|
| 全省 | 11 | 1411 | 1882 | 4676 | 300 | 270 |
| 西安市 | 1 | 23 | 33 | 106 | 33 | 27 |
| 铜川市 | | | | | | |
| 宝鸡市 | 1 | 31 | | 43 | 3 | 3 |
| 咸阳市 | | | | | | |
| 渭南市 | 2 | 106 | 233 | 533 | 33 | 26 |
| 延安市 | | | | | | |
| 汉中市 | | | | | | |
| 榆林市 | 2 | 428 | 401 | 1155 | 75 | 71 |
| 安康市 | 4 | 528 | 1084 | 2511 | 108 | 101 |
| 商洛市 | 1 | 295 | 131 | 328 | 48 | 42 |
| 杨凌示范区 | | | | | | |

## 19-20 各级学校女学生和女教师数

单位：万人

| 指标 | 1995年 | 2000年 | 2001年 | 2002年 | 2003年 |
|---|---|---|---|---|---|
| 一、女学生数 | 295.69 | 362.29 | 365.64 | 369.38 | 368.12 |
| 高等学校 | 4.18 | 9.07 | 11.82 | 16.70 | 20.26 |
| 中等专业学校 | 4.44 | 8.29 | 7.96 | 7.81 | 20.74 |
| 普通中学 | 66.48 | 106.79 | 119.19 | 131.02 | 139.57 |
| 职业中学 | 6.48 | 9.15 | 9.12 | 10.46 | 0.23 |
| 小学 | 214.11 | 228.99 | 217.55 | 203.39 | 187.32 |
| 二、女教师数 | 12.44 | 15.26 | 16.55 | 17.94 | 19.21 |
| 高等学校 | 0.61 | 0.73 | 0.88 | 1.04 | 1.22 |
| 中等专业学校 | 0.25 | 0.32 | 0.23 | 0.30 | 0.85 |
| 普通中学 | 3.28 | 4.96 | 5.60 | 6.18 | 6.75 |
| 职业中学 | 0.22 | 0.37 | 0.41 | 0.44 | 0.03 |
| 小学 | 8.08 | 8.88 | 9.43 | 9.98 | 10.36 |

## 19-21 成人中 、高等教育基本情况

（2003年）

| 指　　标 | 学校数（所） | 招生数（人） | 在校学生数（人） | 毕业生数（人） | 教职工数（人） | #专任教师 |
|---|---|---|---|---|---|---|
| 一、成人高等学校 | 26 | 81235 | 223777 | 63541 | 7362 | 3661 |
| 职工高等学校 | 2 | 5803 | 20082 | 9724 | 2833 | 1451 |
| 管理干部学院 | 16 | 4822 | 13225 | 3687 | 2339 | 1237 |
| 教育学院 | 4 | 2467 | 4356 | 2196 | 1293 | 493 |
| 广播电视大学 | 4 | 5384 | 10678 | 5246 | 725 | 394 |
| 高校办夜大、函大 | | 60961 | 172839 | 42575 | | |
| 其他机构 | | 1798 | 2597 | 113 | 172 | 86 |
| 二、成人中等专业学校 | 83 | 9663 | 23431 | 10075 | 3956 | 2265 |

注：高校办夜大函大不计校数。

## 19-22 成人中、小学教育基本情况

（2003年）

| 指　　标 | 学校数（个） | 结业生数（人） | 注册学生数（人） | 教职工数（人） | #专任教师 |
|---|---|---|---|---|---|
| 一、成人中学 | 154 | 88842 | 66198 | 579 | 331 |
| 职工中学 | 22 | 3739 | 3600 | 260 | 199 |
| 农民中学 | 132 | 85103 | 62598 | 319 | 132 |
| 二、成人小学 | 9504 | 424135 | 308353 | 9674 | 4182 |
| 职工小学 | 34 | 2374 | 2833 | 99 | 52 |
| 民办小学 | 9470 | 421761 | 305520 | 9575 | 4130 |

## 19-23 职工技术培训机构基本情况

（2003年）

| 指　　标 | 学校数（个） | 结业生数（人） | 注册学生数（人） | 教职工数（人） | #专任教师 |
|---|---|---|---|---|---|
| 总　　计 | 16711 | 1914477 | 1603534 | 20536 | 9757 |
| 一、职工技术培训学校(机构) | 125 | 30383 | 41869 | 1153 | 736 |
| 教育部门和集体办 | 36 | 16737 | 20846 | 428 | 294 |
| 其他部门办 | 73 | 13018 | 16999 | 600 | 358 |
| 民　办 | 16 | 628 | 4024 | 125 | 84 |
| 二、农村成人文化技术培训学校(机构) | 15948 | 1814211 | 1487036 | 16642 | 7664 |
| 教育部门和集体办 | 15915 | 1810181 | 1481891 | 16530 | 7603 |
| 其他部门办 | 32 | 3987 | 5013 | 108 | 59 |
| 民　办 | 1 | 43 | 132 | 4 | 2 |
| 三、其他培训机构(含社会培训机构) | 638 | 69883 | 74629 | 2741 | 1357 |
| 教育部门和集体办 | 213 | 29962 | 32037 | 356 | 79 |
| 其他部门办 | 21 | 1874 | 1580 | 142 | 77 |
| 民　办 | 404 | 38047 | 41012 | 2243 | 1201 |

## 19-24 全省科技活动情况

| 指　　标 | 单 位 | 1995年 | 2000年 | 2001年 | 2002年 | 2003年 |
|---|---|---|---|---|---|---|
| 一、全省从事科技活动人员总计 | 人 | 164892 | 155051 | 141140 | 135251 | 135997 |
| # 科学家和工程师 | 人 | 88188 | 85843 | 85260 | 82712 | 86696 |
| 按隶属关系分 | | | | | | |
| 中　央 | 人 | 120891 | 102993 | 93752 | 80021 | 78894 |
| 地　方 | 人 | 42451 | 52058 | 47388 | 55230 | 57103 |
| 二、机构数 | | | | | | |
| 1.科研院所 | 个 | 295 | 193 | 166 | 133 | 131 |
| 2.高等院校 | 个 | 46 | 275 | 118 | 319 | 95 |
| 3.大中型工业企业 | 个 | 473 | 245 | 236 | 219 | 212 |
| 4.其　他 | 个 | | 409 | 409 | 339 | 306 |
| 三、科技活动经费筹集与使用情况 | | | | | | |
| 1.当年科技活动经费筹集额 | 万元 | 422377 | 869024 | 978205 | 1131084 | 1239689 |
| 政府资金 | 万元 | 143963 | 417623 | 496334 | 645655 | 626189 |
| 企业资金 | 万元 | 138388 | 277067 | 315883 | 316016 | 460573 |
| 金融机构贷款 | 万元 | 70185 | 55988 | 59999 | 51723 | 40604 |
| 其他资金 | 万元 | 69841 | 118346 | 105989 | 117690 | 46860 |
| 2.当年科技活动经费内部使用额 | 万元 | 398618 | 851823 | 983389 | 963736 | 1141387 |
| 人员劳务费 | 万元 | 96121 | 162982 | 185199 | 222657 | 240943 |
| 固定资产购建 | 万元 | 97845 | 178071 | 267665 | 281542 | 333430 |
| 其　他 | 万元 | 204652 | 510770 | 530525 | 459537 | 567014 |
| 四、科技成果与著作情况 | | | | | | |
| 1.科技论文 | 篇 | 21130 | 25389 | 27877 | 31155 | 35168 |
| 2.出版科技著作 | 种 | 1625 | 1212 | 1678 | 1780 | 2099 |

## 19-25 全省地方省级以上重大科技成果

单位：项

| 指　　标 | 2000年 | 2001年 | 2002年 | 2003年 |
|---|---|---|---|---|
| 总　　计 | 530 | 492 | 347 | 351 |
| 农、林、牧、渔业 | 66 | 62 | 77 | 57 |
| 采掘业 | 17 | 16 | 13 | 17 |
| 制造业 | 101 | 77 | 50 | 77 |
| 电力、煤气及水的生产和供应业 | 29 | 17 | 32 | 32 |
| 建筑业 | 6 | 18 | 9 | 9 |
| 地质勘察业、水利管理业 | 8 | 7 | 10 | 12 |
| 交通运输、仓储及邮电通讯业 | 30 | 21 | 33 | 36 |
| 卫生、体育和社会福利业 | 41 | 54 | 74 | 50 |
| 教育、文化艺术及广播电影电视业 | 5 | 4 | 6 | 6 |
| 科学研究和综合技术服务业 | 3 | 6 | 36 | 37 |
| 国际领先水平 | 8 | 10 | 14 | 18 |
| 国际先进水平 | 103 | 107 | 94 | 80 |
| 国内领先水平 | 145 | 136 | 115 | 132 |
| 国内先进水平 | 78 | 72 | 49 | 49 |

## 19-26 地方国有企业单位各类专业技术人员

(2003年)

单位:人

| 行业 | 专业技术人员 | #工程技术人员 | #农业技术人员 | #科学研究人员 | #卫生技术人员 | #教学人员 |
|---|---|---|---|---|---|---|
| 总计 | 133736 | 56319 | 3370 | 355 | 9138 | 10115 |
| 农林牧渔业 | 4449 | 1422 | 820 | 15 | 236 | 271 |
| 采矿业 | 14913 | 5401 | 35 | 28 | 2200 | 2582 |
| 制造业 | 62067 | 28424 | 995 | 104 | 3905 | 5721 |
| 电力、燃气及水的生产和供应业 | 4846 | 2843 | 117 | 44 | 85 | 106 |
| 建筑业 | 18854 | 11029 | 134 | 6 | 850 | 698 |
| 交通运输、仓储和邮政业 | 4815 | 1378 | 232 | 17 | 120 | 34 |
| 信息传输、计算机服务和软件业 | 288 | 147 | | | | |
| 批发和零售业 | 11395 | 1338 | 539 | 120 | 1191 | 44 |
| 住宿和餐饮业 | 1108 | 170 | 66 | 5 | 50 | 12 |
| 金融业 | 163 | 26 | 1 | | | 1 |
| 房地产业 | 822 | 471 | 68 | 4 | 4 | 5 |
| 租赁和商务服务业 | 2710 | 336 | 196 | 1 | 71 | 9 |
| 科学研究、技术服务业和地质勘察业 | 3028 | 2446 | 24 | 8 | 47 | 3 |
| 水利、环境和公共设施管理业 | 511 | 351 | 32 | 1 | 3 | |
| 居民服务和其他服务业 | 1953 | 278 | 97 | 2 | 45 | 5 |
| 教育 | 663 | 2 | | | 11 | 618 |
| 卫生社会保障和社会福利业 | 617 | 135 | 5 | | 309 | 2 |
| 文化、体育和娱乐业 | 534 | 122 | 10 | | 11 | 4 |

## 19-27 地方国有事业单位各类专业技术人员

(2003年)

单位:人

| 行业 | 专业技术人员 | #工程技术人员 | #农业技术人员 | #科学研究人员 | #卫生技术人员 | #教学人员 |
|---|---|---|---|---|---|---|
| 总计 | 529749 | 40067 | 20298 | 2293 | 74975 | 348794 |
| 农林牧渔业 | 30054 | 7719 | 19257 | 71 | 93 | 611 |
| 交通运输、仓储和邮政业 | 7090 | 3477 | 36 | | 32 | 49 |
| 信息传输、计算机服务和软件业 | 637 | 283 | 3 | 4 | | 20 |
| 金融业 | 564 | 24 | | 1 | | 1 |
| 租赁和商务服务业 | 1190 | 169 | 11 | | 2 | 65 |
| 科学研究、技术服务业和地质勘察业 | 13199 | 8153 | 269 | 582 | 1285 | 447 |
| 水利、环境和公共设施管理业 | 15280 | 11617 | 383 | 19 | 55 | 12 |
| 居民服务和其他服务业 | 5635 | 1612 | 51 | 3 | 125 | 16 |
| 教育 | 356772 | 3682 | 112 | 1405 | 2242 | 342454 |
| 卫生、社会保障和社会福利业 | 76688 | 573 | 78 | 89 | 70963 | 815 |
| 文化、体育和娱乐业 | 16468 | 1973 | 53 | 106 | 163 | 500 |
| 其他行业 | 6172 | 785 | 45 | 13 | 15 | 3804 |

# 19-28 大中型工业企业科技活动经费筹集情况

（2003年）

单位：千元

| 指 标 | 科技活动经费筹集总额 | 企业自筹资金 | 银行贷款 | 政府部门事业单位 | 其 他 |
|---|---|---|---|---|---|
| 总 计 | 3084894 | 1972310 | 140385 | 722835 | 249364 |
| 一、按登记注册类型分 | | | | | |
| 国 有 | 1749789 | 1203146 | 86250 | 395408 | 64715 |
| 集 体 | | | | | |
| 股份合作 | 425 | 425 | | | |
| 国有独资公司 | 697992 | 173778 | 36620 | 303071 | 184523 |
| 其他有限责任公司 | 287911 | 279151 | | 8640 | 120 |
| 股份有限公司 | 290492 | 257255 | 17515 | 15716 | 5 |
| 港澳台商投资 | 1431 | 1431 | | | |
| 外商投资 | 56334 | 56334 | | | |
| 二、按隶属关系分 | | | | | |
| 中 央 | 1693309 | 826109 | 52450 | 619647 | 195103 |
| 省 属 | 683239 | 552436 | 17362 | 88367 | 25074 |
| 地 区 | 540143 | 461062 | 35573 | 14471 | 29036 |
| 县 | 168203 | 132703 | 35000 | 350 | 150 |
| 其 他 | | | | | |
| 三、按企业规模分 | | | | | |
| 大 型 | 2729578 | 1695437 | 85450 | 700814 | 247877 |
| 中 型 | 355316 | 276873 | 54935 | 22021 | 1486 |

# 19-29 大中型工业企业科技活动经费支出情况

（2003年）

单位：千元

| 指 标 | 科技活动经费支出总额 | 内部经费支出合计 | #研究与发展支出 | #新产品开发支出 | 外部经费支出 |
|---|---|---|---|---|---|
| 总 计 | 3206496 | 2937168 | 2039249 | 1262761 | 269328 |
| 一、按登记注册类型分 | | | | | |
| 国 有 | 1831156 | 1737498 | 1136668 | 706467 | 93658 |
| 集 体 | | | | | |
| 股份合作 | 425 | 425 | 425 | 97 | |
| 国有独资公司 | 774217 | 681089 | 638179 | 332273 | 93128 |
| 其他有限责任公司 | 285665 | 276185 | 186999 | 126533 | 9480 |
| 股份有限公司 | 256053 | 197418 | 74037 | 96224 | 58635 |
| 港澳台商投资 | 4232 | 4232 | 1061 | 124 | |
| 外商投资 | 54159 | 40012 | 1787 | 963 | 14147 |
| 二、按隶属关系分 | | | | | |
| 中 央 | 1793370 | 1663847 | 1411196 | 756893 | 129523 |
| 省 属 | 698172 | 662427 | 347541 | 269876 | 35745 |
| 地 区 | 535821 | 472826 | 152801 | 233116 | 62995 |
| 县 | 179133 | 138068 | 127711 | 2876 | 41065 |
| 其 他 | | | | | |
| 三、按企业规模分 | | | | | |
| 大 型 | 2826029 | 2617707 | 1841973 | 1213618 | 208322 |
| 中 型 | 380467 | 319461 | 197276 | 49143 | 61006 |

# 19-30 大中型工业企业科技活动人员情况

(2003年)

单位：人

| 指　　标 | 从事科技活动人员合计 | #高中级职称人员 | #研究与实验发展人员 | 工程技术人员 |
|---|---|---|---|---|
| 总　计 | 55327 | 21030 | 29281 | 84757 |
| 一、按登记注册类型分 | | | | |
| 国　有 | 30436 | 12666 | 11745 | 51274 |
| 集　体 | | | | 293 |
| 股份合作 | 36 | 12 | 12 | 464 |
| 国有独资公司 | 17499 | 5266 | 13890 | 14888 |
| 其他有限责任公司 | 3951 | 1402 | 2685 | 10129 |
| 股份有限公司 | 2540 | 1119 | 764 | 5167 |
| 港澳台商投资 | 716 | 482 | 104 | 1419 |
| 外商投资 | 128 | 78 | 60 | 902 |
| 二、按隶属关系分 | | | | |
| 中　央 | 33643 | 12349 | 21010 | 41448 |
| 省　属 | 14200 | 5528 | 6080 | 25985 |
| 地　区 | 6872 | 3025 | 1879 | 13810 |
| 县 | 612 | 128 | 312 | 3091 |
| 其　他 | | | | |
| 三、按企业规模分 | | | | |
| 大　型 | 50526 | 18923 | 27818 | 65415 |
| 中　型 | 4801 | 2107 | 1463 | 19342 |

# 19-31 大中型工业企业科技机构人员情况

(2003年)

| 指　　标 | 企业数（个） | 企业办科技机构数（个） | 机构参加项目人员数（人） | #研究与实验发展人员 |
|---|---|---|---|---|
| 总　计 | 403 | 212 | 13231 | 6778 |
| 一、按登记注册类型分 | | | | |
| 国　有 | 251 | 135 | 7542 | 3690 |
| 集　体 | 4 | | | |
| 股份合作 | 9 | 1 | 35 | 5 |
| 国有独资公司 | 24 | 20 | 2522 | 1621 |
| 其他有限责任公司 | 56 | 30 | 2086 | 960 |
| 股份有限公司 | 37 | 22 | 952 | 471 |
| 港澳台商投资 | 12 | 2 | 22 | 18 |
| 外商投资 | 6 | 2 | 72 | 13 |
| 二、按企业规模分 | | | | |
| 大　型 | 178 | 154 | 11632 | 6141 |
| 中　型 | 225 | 51 | 1599 | 637 |

# 19-32 大中型工业企业办科技机构经费情况

(2003年)

| 指标 | 科技经费内部支出（万元） | #研究与实验发展经费 | 年末固定资产原值（万元） | #仪器设备 |
|---|---|---|---|---|
| 总计 | 90566.6 | 51526.4 | 515953.1 | 236725.9 |
| 一、按登记注册类型分 | | | | |
| 国有 | 43879.0 | 17384.7 | 240226.0 | 131560.8 |
| 集体 | | | | |
| 股份合作 | 42.5 | 42.5 | 25.6 | 25.6 |
| 国有独资公司 | 14311.5 | 10899.5 | 90772.9 | 28433.4 |
| 其他有限责任公司 | 22105.8 | 16405.8 | 79679.8 | 5965.4 |
| 股份有限公司 | 10093.8 | 6676.2 | 95729.8 | 64373.0 |
| 港澳台商投资 | 105.1 | 105.1 | 9486.1 | 6350.1 |
| 外商投资 | 28.9 | 12.6 | 32.9 | 17.6 |
| 二、按学科分 | | | | |
| 自然科学 | 581.9 | 299.7 | 21099.2 | 1544.7 |
| 农业科学 | | | | |
| 医药科学 | 2627.4 | 1428.7 | 43228.4 | 6799.8 |
| 工程与技术科学 | 85762.7 | 62422.0 | 988132.1 | 169939.3 |
| 人文与社会科学 | 1692.7 | 1513.0 | 63825.1 | 982.0 |
| 三、按企业规模分 | | | | |
| 大型 | 77314.0 | 45576.7 | 392714.6 | 201891.9 |
| 中型 | 13252.6 | 5949.7 | 123238.5 | 34834.0 |

# 19-33 大中型工业企业技术改造、新产品情况

(2003年) 单位：千元

| 指标 | 技术改造经费支出 | 新产品产值 | 新产品销售收入 | 新产品销售利润 |
|---|---|---|---|---|
| 总计 | 3150149 | 16084073 | 14380614 | 2115134 |
| 一、按登记注册类型分 | | | | |
| 国有 | 1701908 | 8078300 | 7395774 | 1017642 |
| 集体 | | | | |
| 股份合作 | 76 | | | |
| 国有独资公司 | 868100 | 3732385 | 3084277 | 224585 |
| 其他有限责任公司 | 421807 | 1717290 | 1501871 | 356502 |
| 股份有限公司 | 139086 | 1157801 | 1028001 | 175631 |
| 港澳台商投资 | 16790 | 1080 | 864 | 34 |
| 外商投资 | 2382 | 1396979 | 1369589 | 340740 |
| 二、按隶属关系分 | | | | |
| 中央 | 1927703 | 6761341 | 5533283 | 577877 |
| 省属 | 826871 | 4639930 | 4286942 | 912849 |
| 地区 | 336075 | 3305375 | 3171080 | 493047 |
| 县 | 59500 | 1377427 | 1389309 | 131361 |
| 其他 | | | | |
| 三、按企业规模分 | | | | |
| 大型 | 2917220 | 13284871 | 11624135 | 1870236 |
| 中型 | 232929 | 2799202 | 2756479 | 244898 |

# 19-34 大中型工业企业科研项目情况

（2003年）

| 指　　标 | 项目数（个） | 研究与发展项目数 | 新产品开发项目数 | 项目人员合计（人） | 项目经费支出合计（千元） |
|---|---|---|---|---|---|
| 总　计 | 3545 | 1719 | 1906 | 27411 | 2421004 |
| 一、按登记注册类型分 | | | | | |
| 国　有 | 2560 | 1215 | 1337 | 15291 | 1527862 |
| 集　体 | | | | | |
| 股份合作 | 3 | 2 | 1 | 12 | 425 |
| 国有独资公司 | 398 | 218 | 259 | 7080 | 408216 |
| 其他有限责任公司 | 295 | 170 | 178 | 3020 | 256167 |
| 股份有限公司 | 246 | 96 | 118 | 1818 | 186775 |
| 港澳台商投资 | 6 | 6 | 2 | 43 | 1307 |
| 外商投资 | 35 | 10 | 9 | 126 | 40012 |
| 二、按隶属关系分 | | | | | |
| 中　央 | 1400 | 785 | 644 | 14871 | 1328318 |
| 省　属 | 1223 | 539 | 763 | 8000 | 643228 |
| 地　区 | 871 | 363 | 480 | 4153 | 311963 |
| 县 | 51 | 32 | 19 | 387 | 137495 |
| 其　他 | | | | | |
| 三、按企业规模分 | | | | | |
| 大　型 | 3034 | 1499 | 1659 | 24468 | 2133433 |
| 中　型 | 511 | 220 | 247 | 2943 | 287571 |

# 19-35 全省高新技术产业开发区情况

| 指　　标 | 单　位 | 2003年 | 指　　标 | 单　位 | 2003年 |
|---|---|---|---|---|---|
| 一、开发区企业数 | 个 | 6336 | 六、总收入 | 万元 | 8101244 |
| #高新技术企业数 | 个 | 1066 | #技术收入 | 万元 | 913086 |
| 二、年末从业人员 | 人 | 301452 | #产品销售收入 | 万元 | 6389385 |
| #大专以上学历人数 | 人 | 123311 | #高新产品 | 万元 | 2203479 |
| #从事技术开发人数 | 人 | 26298 | #商品销售收入 | 万元 | 2698913 |
| 三、技术开发经费筹集额 | 万元 | 194678 | 七、增加值 | 万元 | 2131251 |
| #自　筹 | 万元 | 37567 | 八、利润总额 | 万元 | 472752 |
| 四、技术开发经费支出总额 | 万元 | 158914 | 九、上缴税费总额 | 万元 | 746326 |
| #研究与发展支出 | 万元 | 61125 | 十、出口创汇总额 | 千美元 | 402372 |
| 五、工业总产值 | 万元 | 7351030 | | | |

## 19-36 西安市高新技术产业开发区情况

| 指 标 | 单 位 | 2003年 | 指 标 | 单 位 | 2003年 |
|---|---|---|---|---|---|
| 一、开发区企业数 | 个 | 5828 | 六、总收入 | 万元 | 6155552 |
| # 高新技术企业数 | 个 | 894 | # 技术收入 | 万元 | 885958 |
| 二、年末从业人员 | 人 | 209000 | # 产品销售收入 | 万元 | 4068894 |
| # 大专以上学历人数 | 人 | 98500 | # 高新产品 | 万元 | 1143837 |
| # 从事技术开发人数 | 人 | 18726 | # 商品销售收入 | 万元 | 1200700 |
| 三、技术开发经费筹集额 | 万元 | 115080 | 七、增加值 | 万元 | 1539758 |
| # 自 筹 | 万元 | | 八、利润总额 | 万元 | 253572 |
| 四、技术开发经费支出总额 | 万元 | 94909 | 九、上缴税费总额 | 万元 | 270066 |
| # 研究与发展支出 | 万元 | 44212 | 十、出口创汇总额 | 千美元 | 334000 |
| 五、工业总产值 | 万元 | 3933119 | | | |

## 19-37 宝鸡市高新技术产业开发区情况

| 指 标 | 单 位 | 2003年 | 指 标 | 单 位 | 2003年 |
|---|---|---|---|---|---|
| 一、开发区企业数 | 个 | 121 | 六、总收入 | 万元 | 789502 |
| # 高新技术企业数 | 个 | 74 | # 技术收入 | 万元 | 1607 |
| 二、年末从业人员 | 人 | 47938 | # 产品销售收入 | 万元 | 757527 |
| # 大专以上学历人数 | 人 | 14467 | # 高新产品 | 万元 | 198022 |
| # 从事技术开发人数 | 人 | 2221 | # 商品销售收入 | 万元 | 15189 |
| 三、技术开发经费筹集额 | 万元 | 30311 | 七、增加值 | 万元 | 233934 |
| # 自 筹 | 万元 | | 八、利润总额 | 万元 | 26308 |
| 四、技术开发经费支出总额 | 万元 | 29671 | 九、上缴税费总额 | 万元 | 381708 |
| # 研究与发展支出 | 万元 | 12493 | 十、出口创汇总额 | 千美元 | 33735 |
| 五、工业总产值 | 万元 | 804711 | | | |

## 19-38 咸阳市高新技术产业开发区情况

| 指　　标 | 单 位 | 2003年 | 指　　标 | 单 位 | 2003年 |
|---|---|---|---|---|---|
| 一、开发区企业数 | 个 | 250 | 六、总收入 | 万元 | 775000 |
| # 高新技术企业数 | 个 | 37 | # 技术收入 | 万元 | 9824 |
| 二、年末从业人员 | 人 | 30146 | # 产品销售收入 | 万元 | 1255000 |
| # 大专以上学历人数 | 人 | 6304 | # 高新产品 | 万元 | 783000 |
| # 从事技术开发人数 | 人 | 4289 | # 商品销售收入 | 万元 | 1245000 |
| 三、技术开发经费筹集额 | 万元 | 41000 | 七、增加值 | 万元 | 244000 |
| # 自　筹 | 万元 | 32000 | 八、利润总额 | 万元 | 164000 |
| 四、技术开发经费支出总额 | 万元 | 29000 | 九、上缴税费总额 | 万元 | 88000 |
| # 研究与发展支出 | 万元 | 3079 | 十、出口创汇总额 | 千美元 | 27000 |
| 五、工业总产值 | 万元 | 2333000 | | | |

## 19-39 渭南市高新技术产业开发区情况

| 指　　标 | 单 位 | 2003年 | 指　　标 | 单 位 | 2003年 |
|---|---|---|---|---|---|
| 一、开发区企业数 | 个 | 67 | 六、总收入 | 万元 | 141802 |
| # 高新技术企业数 | 个 | 23 | # 技术收入 | 万元 | 13000 |
| 二、年末从业人员 | 人 | 5530 | # 产品销售收入 | 万元 | 99371 |
| # 大专以上学历人数 | 人 | 786 | # 高新产品 | 万元 | 1267 |
| # 从事技术开发人数 | 人 | 610 | # 商品销售收入 | 万元 | 29431 |
| 三、技术开发经费筹集额 | 万元 | 1421 | 七、增加值 | 万元 | 64180 |
| # 自　筹 | 万元 | 1421 | 八、利润总额 | 万元 | 13100 |
| 四、技术开发经费支出总额 | 万元 | 1320 | 九、上缴税费总额 | 万元 | 2710 |
| # 研究与发展支出 | 万元 | 67 | 十、出口创汇总额 | 千美元 | 1880 |
| 五、工业总产值 | 万元 | 100838 | | | |

## 19-40 杨凌农业高新技术产业示范区情况

| 指标 | 单位 | 2003年 | 指标 | 单位 | 2003年 |
|---|---|---|---|---|---|
| 一、开发区企业数 | 个 | 70 | 六、总收入 | 万元 | 239388 |
| # 高新技术企业数 | 个 | 38 | # 技术收入 | 万元 | 2697 |
| 二、年末从业人员 | 人 | 8838 | # 产品销售收入 | 万元 | 208593 |
| # 大专以上学历人数 | 人 | 3254 | # 高新产品 | 万元 | 77353 |
| # 从事技术开发人数 | 人 | 452 | # 商品销售收入 | 万元 | 208593 |
| 三、技术开发经费筹集额 | 万元 | 6866 | 七、增加值 | 万元 | 49379 |
| # 自筹 | 万元 | 4146 | 八、利润总额 | 万元 | 15776 |
| 四、技术开发经费支出总额 | 万元 | 4014 | 九、上缴税费总额 | 万元 | 3842 |
| # 研究与发展支出 | 万元 | 1274 | 十、出口创汇总额 | 千美元 | 5757 |
| 五、工业总产值 | 万元 | 179362 | | | |

## 19-41 各类技术合同鉴定情况

| 指标 | 合同数(个) | | 成交金额(万元) | |
|---|---|---|---|---|
| | 2002年 | 2003年 | 2002年 | 2003年 |
| 合计 | 5496 | 3221 | 151555 | 159862 |
| 技术开发合同 | 3211 | 2159 | 71802 | 114808 |
| 技术转让合同 | 488 | 158 | 29803 | 13209 |
| 技术咨询合同 | 274 | 186 | 3330 | 7089 |
| 技术服务合同 | 1523 | 718 | 46620 | 32915 |

## 19-42 专利项目

单位:项

| 指标 | 1995年 | 2000年 | 2001年 | 2002年 | 2003年 |
|---|---|---|---|---|---|
| 一、申请量总计 | 1721 | 2080 | 2326 | 2527 | 3421 |
| 发明专利 | 318 | 435 | 476 | 681 | 1191 |
| 实用新型专利 | 1227 | 1307 | 1449 | 1470 | 1737 |
| 外观设计专利 | 176 | 338 | 401 | 376 | 493 |
| 二、授权量总计 | 1085 | 1462 | 1354 | 1524 | 1610 |
| 发明专利 | 52 | 188 | 132 | 146 | 180 |
| 实用新型专利 | 934 | 1022 | 959 | 1053 | 1093 |
| 外观设计专利 | 99 | 252 | 263 | 325 | 337 |

# 19-43 高技术产业从业人员及科技活动情况

（2003年）

| 行业 | 从业人员年平均人数（人） | #工程技术人员 | 科技活动人员（人） | #科学家和工程师 | R&D活动人员折合全时当量（人年） | #科学家和工程师 | 科技机构数（个） |
|---|---|---|---|---|---|---|---|
| 合计 | 202381 | 33948 | 32911 | 19789 | 17886 | 7985 | 135 |
| 一、核燃料加工 | 2692 | 493 | 186 | 158 | 83 | 72 | |
| 二、信息化学品制造 | 486 | 115 | 110 | 59 | 38 | 24 | 2 |
| 三、医药制造业 | 36273 | 4118 | 1587 | 1229 | 599 | 391 | 49 |
| #化学药品制造 | 20674 | 1886 | 722 | 503 | 304 | 190 | 30 |
| 中成药制造 | 10351 | 1326 | 738 | 599 | 253 | 158 | 17 |
| 生物、生化制品的制造 | 1989 | 121 | 86 | 86 | 27 | 27 | 1 |
| 四、航空航天器制造业 | 90780 | 17587 | 20209 | 10133 | 14613 | 5245 | 22 |
| 飞机制造及修理 | 81748 | 15032 | 17439 | 8897 | 13174 | 4570 | 15 |
| 航天器制造 | 8760 | 2555 | 2770 | 1236 | 1439 | 675 | 7 |
| 五、电子及通信设备制造业 | 50301 | 7331 | 6450 | 4553 | 966 | 755 | 44 |
| 通信设备制造 | 7623 | 1765 | 1557 | 1151 | 339 | 226 | 12 |
| #通信传输设备制造 | 3968 | 897 | 508 | 425 | 89 | 60 | 9 |
| 通信交换设备制造 | 1291 | 270 | 384 | 269 | 2 | 2 | 1 |
| 通信终端设备制造 | 45 | | | | | | |
| 雷达及配套设备制造 | 4238 | 596 | 419 | 316 | 315 | 241 | 3 |
| 广播电视设备制造 | 980 | | 55 | 50 | 15 | 15 | 2 |
| 电子器件制造 | 18431 | 2154 | 2177 | 1362 | 123 | 102 | 2 |
| 电子真空器件制造 | 17051 | 2154 | 2177 | 1362 | 123 | 102 | 2 |
| 半导体分立器件制造 | 1071 | | | | | | |
| 光电子器件及其他电子器件制造 | 309 | | | | | | |
| 电子元件制造 | 14493 | 1885 | 1926 | 1396 | 166 | 164 | 21 |
| 家用视听设备制造 | 3120 | 155 | 52 | 14 | 9 | 9 | 1 |
| 其他电子设备制造 | 1416 | 776 | 264 | 264 | | | 3 |
| 六、电子计算机及办公设备制造业 | 151 | | | | | | |
| 电子计算机整机制造 | 151 | | | | | | |
| 七、医疗设备及仪器仪表制造业 | 17077 | 2264 | 1759 | 1315 | 291 | 250 | 18 |
| 医疗设备及器械制造 | 2164 | 358 | 209 | 159 | 35 | 30 | 4 |
| 仪器仪表制造 | 14913 | 1906 | 1550 | 1156 | 257 | 220 | 14 |
| 八、公共软件服务业 | 4621 | 2040 | 2610 | 2342 | 1295 | 1247 | |

注：R&D活动人员即研究与试验发展人员。

# 19-44 高技术产业科技活动经费筹集和支出情况

（2003年）

单位：万元

| 行业 | 科技活动经费筹集总额 | #政府资金 | #企业资金 | #金融机构贷款 | 科技活动经费内部支出 | #劳务费 | #仪器设备费 | #R&D经费内部支出 |
|---|---|---|---|---|---|---|---|---|
| 合计 | 229711 | 63318 | 124027 | 21770 | 237862 | 49758 | 110993 | 160064 |
| 一、核燃料加工 | 379 | | 332 | | 379 | 275 | 65 | 294 |
| 二、信息化学品制造 | 628 | | 628 | | 628 | 156 | | 628 |
| 三、医药制造业 | 29418 | 828 | 15413 | 12600 | 18685 | 2824 | 4731 | 8396 |
| #化学药品制造 | 18610 | 50 | 9560 | 9000 | 11390 | 1698 | 4130 | 3801 |
| 中成药制造 | 4537 | 693 | 3484 | 320 | 3690 | 747 | 514 | 1368 |
| 生物、生化制品的制造 | 780 | 85 | 695 | | 330 | 256 | | 301 |
| 四、航空航天器制造业 | 96395 | 54283 | 19567 | 4565 | 131767 | 26121 | 65433 | 96569 |
| 飞机制造及修理 | 87103 | 49264 | 16511 | 3362 | 122022 | 23168 | 64529 | 90555 |
| 航天器制造 | 9292 | 5020 | 3057 | 1203 | 9746 | 2954 | 904 | 6014 |
| 五、电子及通信设备制造业 | 71478 | 5199 | 63862 | 1600 | 62449 | 11376 | 32530 | 42770 |
| 通信设备制造 | 11583 | | 10665 | 100 | 12443 | 6131 | 1479 | 3171 |
| #通信传输设备制造 | 2977 | | 2110 | 100 | 2804 | 984 | 129 | 963 |
| 通信交换设备制造 | 5501 | | 5501 | | 5503 | 3486 | 314 | 8 |
| 雷达及配套设备制造 | 3838 | 3700 | 138 | | 3633 | 1036 | | 3586 |
| 广播电视设备制造 | 803 | 11 | 792 | | 510 | 43 | 9 | 260 |
| 电子器件制造 | 41725 | | 41725 | | 35913 | 1692 | 25282 | 34612 |
| 电子真空器件制造 | 41725 | | 41725 | | 35913 | 1692 | 25282 | 34612 |
| 电子元件制造 | 6210 | 1418 | 4792 | | 8661 | 2079 | 5311 | 822 |
| 家用视听设备制造 | 121 | | 121 | | 121 | 39 | | 103 |
| 其他电子设备制造 | 7200 | 70 | 5630 | 1500 | 1169 | 356 | 450 | 216 |
| 六、电子计算机及办公设备制造业 | | | | | | | | |
| 七、医疗设备及仪器仪表制造业 | 8046 | 2269 | 5692 | | 7578 | 2692 | 2836 | 1286 |
| 医疗设备及器械制造 | 327 | 2 | 325 | | 1323 | 225 | 1010 | 109 |
| 仪器仪表制造 | 7719 | 2267 | 5367 | | 6255 | 2467 | 1827 | 1177 |
| 八、公共软件服务业 | 23367 | 740 | 18533 | 3005 | 16375 | 6314 | 5398 | 10120 |

# 19-45 高技术产业新产品及专利情况

（2003年）

| 行业 | 科技项目数（项） | 新产品开发项目数（项） | 新产品开发经费支出（万元） | 新产品产值（万元） | 新产品销售收入（万元） | #出口 | 新产品销售利润（万元） | 专利申请数（件） | 拥有发明专利数（件） |
|---|---|---|---|---|---|---|---|---|---|
| 合计 | 1987 | 1093 | 87089 | 771868 | 660028 | 22722 | 110005 | 304 | 145 |
| 一、核燃料加工 | 43 | 6 | 100 | | | | | | |
| 二、信息化学品制造 | 15 | 12 | 628 | 14868 | 641 | | 160 | | |
| 三、医药制造业 | 284 | 191 | 7188 | 235524 | 220743 | 466 | 59277 | 72 | 26 |
| #化学药品制造 | 157 | 104 | 2094 | 229675 | 215094 | 466 | 58712 | 4 | 1 |
| 中成药制造 | 117 | 78 | 1724 | 5806 | 5599 | | 540 | 55 | 24 |
| 生物、生化制品的制造 | 2 | 1 | 208 | | | | | 1 | |
| 四、航空航天器制造业 | 486 | 174 | 57217 | 382154 | 300968 | 3805 | 20783 | 29 | 16 |
| 飞机制造及修理 | 360 | 163 | 52262 | 369375 | 296213 | 3805 | 19700 | 27 | 13 |
| 航天器制造 | 126 | 11 | 4955 | 12779 | 4755 | | 1083 | 2 | 3 |
| 五、电子及通信设备制造业 | 683 | 610 | 17912 | 92821 | 104192 | 16777 | 24672 | 160 | 77 |
| 通信设备制造 | 377 | 353 | 7466 | 18458 | 36348 | 1649 | 14913 | 16 | 5 |
| #通信传输设备制造 | 167 | 145 | 1710 | 15787 | 13578 | 1059 | 5694 | | |
| 通信交换设备制造 | 5 | 4 | 3060 | | | | | 12 | 1 |
| 雷达及配套设备制造 | 5 | 4 | 3543 | 1300 | 1300 | | 611 | | 2 |
| 广播电视设备制造 | 18 | 10 | 250 | | | | | | |
| 电子器件制造 | 32 | 27 | 4721 | 27366 | 23214 | 423 | 3345 | 137 | 3 |
| 电子真空器件制造 | 32 | 27 | 4721 | 27366 | 23214 | 423 | 3345 | 137 | 3 |
| 电子元件制造 | 220 | 198 | 1351 | 45221 | 42936 | 14690 | 5804 | 7 | 67 |
| 家用视听设备制造 | 5 | 1 | 18 | | | | | | |
| 其他电子设备制造 | 26 | 17 | 565 | 475 | 394 | 16 | | | |
| 六、电子计算机及办公设备制造业 | | | | | | | | | |
| 七、医疗设备及仪器仪表制造业 | 169 | 100 | 4044 | 46502 | 33483 | 1673 | 5113 | | 11 |
| 医疗设备及器械制造 | 12 | 10 | 245 | 8004 | 6479 | 2 | 918 | | |
| 仪器仪表制造 | 157 | 90 | 3800 | 38498 | 27004 | 1671 | 4194 | | 11 |
| 八、公共软件服务业 | 307 | | | | | | | 43 | 15 |

# 19-46 高技术产业技术装备及技术引进情况

（2003年） 单位：万元

| 行业 | 年末固定资产原价 | # 微电子控制设备原价 | 技术改造经费支出 | 技术引进经费支出 | 消化吸收经费支出 | 购买国内技术经费支出 |
|---|---|---|---|---|---|---|
| **合计** | **2612299** | **399304** | **179188** | **28895** | **4376** | **29044** |
| 一、核燃料加工 | 211712 | | | | | |
| 二、信息化学品制造 | 19089 | | 84 | | | |
| 三、医药制造业 | 308633 | 9319 | 14951 | 2274 | 6 | 12 |
| # 化学药品制造 | 174625 | 8900 | 5428 | 72 | 6 | 12 |
| 中成药制造 | 66139 | 61 | 5809 | 2202 | | |
| 生物、生化制品的制造 | 62554 | 181 | 800 | | | |
| 四、航空航天器制造业 | 1013239 | 174818 | 112850 | 19031 | 210 | 28934 |
| 飞机制造及修理 | 884159 | 153271 | 105590 | 17028 | 210 | 28934 |
| 航天器制造 | 129079 | 21548 | 7260 | 2003 | | |
| 五、电子及通信设备制造业 | 885601 | 189493 | 43124 | 7014 | 4160 | 20 |
| 通信设备制造 | 91094 | 24197 | 2999 | 156 | | |
| # 通信传输设备制造 | 35190 | 5756 | 2964 | | | |
| 通信交换设备制造 | 37806 | 14314 | | 3 | | |
| 雷达及配套设备制造 | 39093 | 5094 | 1139 | | | |
| 广播电视设备制造 | 10276 | | | 20 | 10 | 5 |
| 电子器件制造 | 485452 | 154633 | 34787 | | | 15 |
| 电子真空器件制造 | 485452 | 154633 | 34787 | | | 15 |
| 电子元件制造 | 218749 | 5302 | 4171 | 6512 | 4150 | |
| 家用视听设备制造 | 15974 | 86 | 29 | | | |
| 其他电子设备制造 | 24963 | 180 | | 326 | | |
| 六、电子计算机及办公设备制造业 | | | | | | |
| 七、医疗设备及仪器仪表制造业 | 174026 | 25673 | 8179 | 576 | | 79 |
| 医疗设备及器械制造 | 9749 | 151 | 1421 | | | |
| 仪器仪表制造 | 164277 | 25522 | 6759 | 576 | | 79 |
| 八、公共软件服务业 | | | | | | |

## 19-47 文化事业发展情况

| 指标 | 单位 | 1995年 | 2000年 | 2001年 | 2002年 | 2003年 |
|---|---|---|---|---|---|---|
| 艺术表演团体演出场次 | 万场 | 2.3 | 2.2 | 2.4 | 2.2 | 1.8 |
| 观众人次 | 万人次 | 2900 | 3046 | 5553 | 4616 | 2799 |
| 图书馆藏书数 | 万册 | 733 | 836 | 825 | 840 | 852 |
| 书刊文献外借人次 | 万人次 | 3025 | 475 | | 157 | 270 |
| 书刊文献外借册数 | 万册次 | 238 | 605 | | 294 | 460 |

## 19-48 文化事业机构和人员

| 指标 | 1996年 | | 2000年 | | 2001年 | | 2002年 | | 2003年 | |
|---|---|---|---|---|---|---|---|---|---|---|
| | 机构数（个） | 人数（人） | 机构数（个） | 人数（人） | 机构数（个） | 人数（人） | 机构数（个） | 人数（人） | 机构数（个） | 人数（人） |
| 总计 | 5611 | 29371 | 2375 | 19100 | 2362 | 17295 | 2111 | 18292 | 2126 | 17980 |
| 一、电影事业 | 2923 | 10850 | | | | | | | | |
| 制片厂 | 1 | 1346 | 1 | 1335 | 1 | 1295 | 1 | 1257 | 1 | 1179 |
| 发行放映管理机构 | 108 | 2005 | | | | | | | | |
| 电影放映单位 | 2814 | 7499 | | | | | | | | |
| 二、艺术事业 | 221 | 10086 | 230 | 9687 | 224 | 8982 | 236 | 9055 | 225 | 8740 |
| #表演团体 | 117 | 8568 | 118 | 8005 | 116 | 7510 | 116 | 7473 | 116 | 7271 |
| 表演场所 | 104 | 1518 | 112 | 1682 | 108 | 1472 | 110 | 1496 | 109 | 1469 |
| 三、图书馆事业 | 114 | 1397 | 114 | 1572 | 110 | 1555 | 111 | 1605 | 111 | 1604 |
| 四、群众文化事业 | 2290 | 5375 | 1974 | 5123 | 1977 | 5140 | 1731 | 5282 | 1744 | 5172 |
| 五、艺术教育事业 | 10 | 526 | 10 | 526 | 11 | 517 | 11 | 504 | 11 | 481 |
| 六、其他文化产业 | 53 | 1137 | 46 | 857 | 7 | 750 | 21 | 589 | 34 | 804 |

## 19-49 群众艺术馆、文化馆（站）活动情况

| 指 标 | 单 位 | 1995年 | 2000年 | 2001年 | 2002年 | 2003年 |
|---|---|---|---|---|---|---|
| 机构数 | 个 | 133 | 1974 | 1977 | 1731 | 1744 |
| 举办展览次数 | 次 | 634 | 3743 | 4328 | 3446 | 3459 |
| 组织文艺活动次数 | 次 | 1205 | 8468 | 10401 | 7565 | 25829 |
| 举办训练班班次 | 次 | 595 | 5983 | 6204 | 4078 | 4829 |
| 举办训练班结业人数 | 万人次 | 2.07 | 24.40 | 29.40 | 22.30 | 18.50 |
| 藏 书 | 万册 | 14.78 | 138.90 | 160.90 | 136.10 | 140.10 |
| 总收入 | 万元 | 263.9 | 3769.9 | 4097.5 | 5002.9 | 4809.1 |
| 总支出 | 万元 | 1569.1 | 3623.9 | 4061.2 | 4810.3 | 4573.1 |

注：2000年及以后数据包含了乡镇文化站的活动情况。

## 19-50 文 物 事 业

| 指 标 | 单 位 | 1995年 | 2000年 | 2001年 | 2002年 | 2003年 |
|---|---|---|---|---|---|---|
| 一、文物机构 | | | | | | |
| 机构数 | 个 | 179 | 176 | 181 | 201 | 218 |
| 人员数 | 人 | 2513 | 3233 | 2745 | 2922 | 3229 |
| 藏品件数 | 万件 | 17.38 | 19.92 | 20.50 | 26.83 | 28.51 |
| # 一级品 | 万件 | 0.01 | 0.03 | 0.04 | 0.05 | 0.06 |
| 参观人次 | 万人次 | 255.5 | 470.0 | 301.1 | 456.9 | 404.9 |
| 二、博物馆 | | | | | | |
| 机构数 | 个 | 59 | 67 | 75 | 88 | 81 |
| 人员数 | 人 | 2297 | 3159 | 3142 | 2978 | 2903 |
| 藏品件数 | 万件 | 32.81 | 33.40 | 35.24 | 64.33 | 65.26 |
| # 一级品 | 万件 | 0.19 | 0.34 | 0.40 | 0.41 | 0.38 |
| 参观人次 | 万人次 | 556.8 | 894.1 | 690.4 | 565.0 | 428.5 |
| 三、文物商店 | | | | | | |
| 机构数 | 个 | 3 | 2 | 2 | 2 | 2 |
| 人员数 | 人 | 119 | 69 | 56 | 67 | 67 |
| 商品销售件数 | 万件 | 1.01 | 0.24 | 0.11 | 0.13 | 0.14 |
| 全年销售金额 | 万元 | 145.5 | 142.8 | 156.4 | 153.1 | 135.4 |

注：2001年藏品件数、商品销售件数均按国际计量标准以件数为计量单位。

# 19-51 国家级文物古迹一览表

| 名称 | 时代 | 地址 | 说明 |
|---|---|---|---|
| 一、古建筑(30处) | | | |
| 昭仁寺大殿 | 唐 | 长武县 | 系唐贞观年间(627—649)玄宗李世民为纪念在高摭(今长武县)与薛仁杲作战阵亡的将士而建立的寺院。 |
| 兴教寺塔 | 唐 | 长安县杜曲 | 唐代寺院。内有唐代名僧玄奘及弟子窥基、园测(新罗人)的墓塔。 |
| 大雁塔 | 唐 | 西安市 | 在唐慈恩寺内。系唐代名僧玄奘译经处，为唐建砖塔。 |
| 小雁塔 | 唐 | 西安市 | 在荐福寺内，唐建砖塔，通高43米，型体秀丽，美观。 |
| 西安清真寺 | 明 | 西安市 | 又名化觉寺，是我国现存规模最大，保存最完整的清真寺。 |
| 西安城墙 | 明 | 西安市 | 全国现存最大型的保存最完整的明代城墙。 |
| 西岳庙 | 明 | 华阴县老城 | 始建于汉代，历代重修，现存建筑均为明清遗物。 |
| 西安钟楼、鼓楼 | 明 | 西安市 | 钟楼建于公元1384年，是西安古城的标志。鼓楼建于公元1380年，是我国现存最大的鼓楼。 |
| 水陆庵 | 明 | 蓝田县普化乡 | 始建于唐，其大殿内有彩雕3700多尊，为国内现存最完整、数量最多的彩塑泥像群。 |
| 府州城 | 五代至清 | 府谷县城 | 位于黄河北岸石山梁上，面积约2.3万平方米，城墙周长2320米，高7.2米。 |
| 仙游寺法王塔 | 隋 | 周至县马召乡黑水峪口 | 我国现存唯一的隋代砖塔，建于公元601年，为舍利塔。 |
| 韩城大禹庙 | 元 | 韩城市 | 全称大夏禹王庙，建于1301年。 |
| 三原城隍庙 | 明 | 三原县 | 是陕西现存最完整的明代整体建筑群，内有岳飞手书的诸葛亮前、后《出师表》碑刻。 |
| 鸠摩罗什舍利塔 | 唐 | 户县 | 为八角形亭阁式石塔，塔体通高2.33米，塔身用汉白玉等8种颜色和玉石雕刻而成，俗称八宝玉石塔。是一件极为精美的石刻建筑。 |
| 公输堂 | 明 | 户县 | 又名“源远堂”，为木式建筑，雕刻极精巧，属古建中之精制。 |
| 仓颉庙与墓 | 明、清 | 白水县 | 为祀词建筑，始建年代已不可考。 |
| 泰塔 | 北宋 | 旬邑县 | 塔共七层，八棱形仿木楼阁式结构，高层56米。 |
| 香积寺善导塔 | 唐 | 长安县 | 706年怀恽（圆寂后谥号为隆阐大禅师）为祭祀其师善导和尚而建，塔基平面呈正方形，仿木结构、密檐式砖塔。 |
| 西安城隍庙 | 明、清 | 西安市 | 明洪武二十年创建，清代多次修建，现存二门、戏楼、二道牌坊、大殿和东西厢房等。 |
| 白云山庙 | 明、清 | 佳县 | 依山而上，因地势高低修庙建祠，共600余阶台阶，是陕北最为壮丽的一组古建筑群。 |
| 八云塔 | 唐 | 户县 | 为密檐式砖塔，平面呈方形，十一层，单壁中空，通高36.7米，因其底层四面各有两块明显的阴湿痕迹，虽大旱亦不干，行如浮云，故俗称“八云塔” |
| 泾阳崇文塔 | 北宋 | 泾阳县 | 为八角形十三层仿木楼阁式结构，80年在塔顶发现鎏金卧佛、弥勒佛、天王力士铜佛像三尊。 |
| 彬县开元寺塔 | 北宋 | 彬县 | 位于唐开元寺遗址内，是一座平面呈八角形七层仿木结构的楼阁式砖塔。 |
| 韩城市普照寺 | 元 | 韩城市 | 元代建筑，现存大殿、东西厢房和大殿前两座砖作碑楼。 |
| 韩城文庙 | 明 | 韩城市 | 明洪武四年在元代旧址上重建，整个建筑群自南而北由四进院落组成。 |
| 韩城城隍庙 | 明 | 韩城市 | 庙坐北向南，庙中所有建筑均为彻上明造。 |
| 党家村民居 | 明、清 | 韩城市 | 明、清时期民居群，村落现存四合院137座，街巷有序、堂、碑、楼、塔，错落有致，富有地方特色，是少有的一处民居群体建筑。 |
| 耀县文庙 | 明 | 耀县 | 明代建筑，现存有棂星门和大成殿。 |
| 澄城城隍庙 | 明 | 澄城县 | 亦名乐楼，共三座，是一组保持完好的明代古建筑。 |
| 长城一镇北台 | 明 | 榆林市 | 明长城防御体系的一个组成部分，是陕北地区现存长城遗址中最为宏大、最有气势的建筑工程。 |

19-51 续表1

| 名　称 | 时代 | 地址 | 说　明 |
|---|---|---|---|
| 二、古遗址(29处) | | | |
| 蓝田猿人遗址 | 旧石器时代 | 兰田县公王岭 | 1963年、1964年分别在陈家窝和公王岭各发现一具早期猿人化石，两地化石统一命名为蓝田中国猿人。现在公王岭建立蓝田猿人遗址保管所。 |
| 半坡遗址 | 新石器时代 | 西安市 | 是新石器时代母系氏族社会典型的村落遗址。 |
| 周原遗址 | 周 | 扶风县和岐山县交界处 | 是一座埋藏极其丰富的地下文物宝库，出土了大量青铜窑藏。 |
| 丰镐遗址 | 西周 | 长安县斗门镇 | 是西周文王所建丰邑和武王所建镐京的合称，总面积逾10平方公里。 |
| 秦雍城遗址 | 秦秋至战国 | 凤翔县 | 先秦建都之地。经初步发掘，发现有秦宫殿遗址3处。 |
| 秦咸阳城遗址 | 战国至秦 | 咸阳市 | 秦始皇统一全国的过程中，在咸阳塬上仿建了六国宫室，扩建了皇宫，咸阳成为最繁华的城市。目前，考古发掘工作仍在继续进行。 |
| 阿房宫遗址 | 秦 | 西安市三桥镇 | 是秦代著名宫殿遗址。 |
| 汉长安城遗址 | 汉 | 西安市西北郊 | 汉长安城，是西汉国都。 |
| 唐大明宫遗址 | 唐 | 西安市北郊 | 是唐长安城的宫城。 |
| 耀州瓷窑遗址 | 唐至元代 | 铜川市黄堡镇 | 古有“十里窑场”之称。有重要的历史、文化和艺术价值。 |
| 隋大兴唐长安城遗址（包括青龙寺遗址） | 隋、唐时代 | 西安市铁炉庙村 | 隋代名大兴城，唐称长安城，为当时世界上特大城市之一。 |
| 华清宫遗址 | 唐 | 临潼县骊山镇 | 唐贞观十八年(664年)建“汤泉宫”，天宝六年(747年)扩建后改名“华池宫”，为研究唐代宫廷建筑和古代沐浴史等方面提供了实据。 |
| 姜寨遗址 | 新石器时代 | 临潼县骊山镇姜寨村 | |
| 隋仁寿宫唐九成宫遗址 | 隋唐时代 | 麟游县城 | 隋唐著名离宫，建于隋开皇十三年(593年)。 |
| 甘泉宫遗址 | 秦-汉 | 淳化县铁王乡凉武帝村 | 建于秦代，存有大型汉代圆雕石熊和宋代石鼓，石鼓上有北宋政和年题记。 |
| 郑国渠首遗址 | 战国 | 泾阳县王桥乡上然村北 | 建于公元前246年，是世界上最早的大坝之一，被誉为中国水利史的“天然博物馆”。 |
| 统万城遗址 | 十六国 | 靖边县红土冬界乡 | 大夏凤翔元年(413年)始筑，为十六国夏都城。 |
| 魏长城遗址 | 战国 | 华阴市、大荔县、韩城市 | 战国时期魏国防御秦国所筑，起自秦岭，至黄河止，全长约200余公里。 |
| 灞桥遗址 | 隋至元 | 西安市 | 是国内已知多孔石拱桥中跨度最长、规模最宏伟、时代最早的石拱桥。 |
| 延一井旧址 | 清 | 延长县 | 1903年9月10日出油，为中国大陆第一口油井。 |
| 甜水沟遗址 | 旧石器时代 | 大荔县 | 是分布范围较广、时代延续较长的旧石器地点群遗址。 |
| 花石浪遗址 | 旧石器时代 | 洛南县 | 我国近年来发现的仅次于北京人遗址的一处极具价值的旧石器时代遗址。 |
| 元君庙遗址 | 新石器时代 | 华　县 | 是一处基本保存完整的半坡文化墓地。 |
| 唐家遗址 | 新石器时代 | 西安市 | 目前陕西境内面积最大、保存较好的龙山文化遗址。 |
| 老牛坡遗址 | 新石器时代 | 西安市 | 在此发现的大面积夯土建筑遗址为陕西商代考古中的重大发现。 |
| 栎阳城遗址 | 战国至汉 | 西安市 | 秦国都城，后汉高祖刘邦也一度以此为都城。 |
| 京师仓遗址 | 西汉 | 华阴市 | 汉武帝时建造，是专供储粮的“京师仓”，有储备、转运、中运等多种功能，是研究秦汉仓储制度及技术的重要资料。 |
| 良周遗址 | 秦汉 | 澄城县 | 是一处秦汉大型宫殿建筑群遗址。 |
| 东渭桥遗址 | 唐 | 高陵县 | 在当时是沟通唐长安城与渭北及黄河之东各重要关津要隘联系的桥，也是渭水运漕极佳的中转集散地。 |
| 玉华宫遗址 | 唐 | 铜川市 | 唐武德七年建“仁智宫”（624年），贞观二十年(647年)扩建并改名“玉华宫”，主要从事佛事活动。 |
| 三、古墓葬(16处) | | | |
| 黄帝陵 | 新石器时代 | 黄陵县桥山 | 轩辕黄帝陵。 |
| 秦始皇陵 | 秦 | 临潼县东 | 秦始皇瀛政墓，东侧有从葬兵马俑坑，规模宏大，已辟为博物馆。 |
| 长　陵 | 汉 | 咸阳市渭城区窑店乡 | 是汉高祖刘邦和皇后吕雉的合葬茔地。 |
| 茂　陵 | 汉 | 兴平县 | 汉武帝刘彻之墓。附近有卫青、霍光、霍去病、金日禅等陪葬墓。现已在茂陵建立博物馆，展出陵区出土文物数百件。 |

19-51 续表2

| 名　称 | 时代 | 地　址 | 说　明 |
|---|---|---|---|
| 霍去病墓 | 汉 | 兴平县 | 霍去病为西汉名将。在基墓前共发现石刻16件，有石人、石马、马踏匈奴、怪兽食羊、卧牛、人与熊等，是我国迄今已发现时代最早保存最完整的大型石雕工艺品，现存茂陵博物馆内。 |
| 司马迁墓和祠 | 西汉至宋 | 韩城市芝川镇 | 司马迁是汉代著名的史学家、文学家，所著《史记》一书，开创我国第一部通史体例。 |
| 杜　陵 | 汉 | 西安市雁塔区三兆村 | 汉宣帝刘询之墓。 |
| 昭　陵 | 唐 | 礼泉县九峻山 | 唐太宗李世民墓。陵园内分布有二百多个陪葬墓和著名的石碑，现已建立昭陵博物馆。 |
| 顺　陵 | 唐 | 咸阳渭城区底张乡 | 唐女皇武则天之母杨氏墓，墓前有高大的石狮、独角兽等著名石刻。 |
| 乾　陵 | 唐 | 乾县梁山 | 唐高宗李治和武则天合葬墓。墓前有石人、石马、石狮等很多名贵石刻。现已建立乾陵博物馆。 |
| 桥　陵 | 唐 | 蒲城县丰山 | 唐睿宗李旦的陵墓。 |
| 武侯墓 | 三国 | 勉县定军山西北 | 三国蜀汉丞相诸葛亮的墓园与宇。 |
| 泰　陵 | 隋 | 咸阳市杨陵区五泉乡王上村 | 隋文帝扬坚与文献皇后独孤是氏合葬之陵。 |
| 永　陵 | 西魏 | 富平县留古乡何家村 | 西魏文帝元宝炬与皇后乙弗氏，郁久氏的合葬陵。 |
| 西汉帝陵 | 西汉 | 咸阳、西安 | 包括惠帝安陵、文帝霸陵、景帝阳陵、昭帝平陵、元帝渭陵、成帝延陵、平帝康陵、哀帝义陵等8处帝陵。 |
| 唐代帝陵 | 唐 | 富平、蒲城、三原、泾阳、礼泉、乾县 | 包括高祖献陵、中宗定陵、宣宗泰陵、肃宗建陵、代宗元陵、平帝崇陵。、穆宗光陵、顺宗丰陵、宪宗景陵、敬宗庄陵、德宗崇陵、文宗章陵、武宗端陵、懿宗简陵、宣宗贞陵、僖宗靖陵等16处帝陵。 |
| 四、石窟寺(5处) | | | |
| 大佛寺石窟 | 唐 | 彬　县 | 主要由大佛窟、罗汉洞、千佛洞组成，内有许多精美的石佛、菩萨造像和浮雕。 |
| 药王山石刻 | 隋唐至明清 | 耀　县 | 后人为纪念唐代杰出医学家孙思邈，在五台山上修建药王庙，此山遂更名为药王山。药王山上遍布石刻，主要有碑刻和石窟两部分。山上还有一座保存完好的药王庙。 |
| 钟山石窟 | 宋 | 子长县安定镇 | 石窟开凿于北宋年间(1067年)，以后历代屡经修葺。 |
| 重阳宫祖庵碑林 | 元至清 | 户　县 | 现收集陈列金元时道教全真派石刻文物80余通（件），为陕西著名碑林之一。 |
| 慈善寺石窟 | 隋唐 | 麟游县 | 属唐代初期作品，窟内所雕佛像，刀法简练有力，神态完美。 |
| 五、石刻及其他(2处) | | | |
| 褒斜道石门及其摩崖石刻 | 东汉至宋 | 汉中市 | 褒斜道石门为汉代开凿，北魏永平二年(509年)重修。门上凿刻有东汉至宋代摩崖石刻多处，石刻中有《石门颂》，《大开通》，《杨淮表》等有名的隶书摩崖。 |
| 西安碑林 | 汉至清 | 西安市 | 自汉以来历代名碑一千多座，是全国规模最大，年代最早的碑林，是全国碑石文物精华荟萃之处。 |
| 六、革命旧址(6处) | | | |
| 西安事变旧址 | 1936年 | 西安市 | 包括杨虎成、张学良公馆，新城黄楼等旧址。 |
| 瓦窑堡革命旧址 | 1935年12月—1936年7月 | 子长县 | 包括中共中央瓦窑堡会议旧址、毛泽东旧居、中央军委驻地旧址。居、中央军委驻地旧址。 |
| 延安革命旧址 | 1935年—1948年 | 延安市 | 包括凤凰山、枣园、杨家岭、王家坪等中共中央、八路军总部及陕甘宁边区政府曾使用过的旧址及其建筑物。 |
| 八路军西安办事处旧址 | 1937年—1946年 | 西安市七贤庄 | 中国共产党领导的八路军1936—1946年在国民党统治区设立的公开.合法机构。 |
| 洛川会议旧址 | 1937年 | 洛川县 | 1937年8月中国共产党在此召开政治局扩大会议，将红军改变为国民革命军第八路军。 |
| 杨家沟革命旧址 | 1947—1948年 | 米脂县 | 包括11孔窑洞，是中共中央转战陕北的最后一个居住地。 |

# 19-52 图 书 出 版

(2003年)

| 类 别 | 图书种数(种) | 总印数(万册) | 类 别 | 图书种数(种) | 总印数(万册) |
|---|---|---|---|---|---|
| 图 书 总 计 | 4009 | 16601.29 | P.天文学、地球科学 | 15 | 2.13 |
| (一)使用《中国标准书号》部分合计 | 3974 | 16543.82 | Q.生物科学 | 11 | 3.47 |
| A.马列主义、毛泽东思想 | 21 | 15.81 | R.医药、卫生 | 33 | 25.65 |
| B.哲学 | 50 | 30.12 | S.农业科学 | 12 | 2.37 |
| C.社会科学总论 | 38 | 19.02 | T.工业技术 | 538 | 306.46 |
| D.政治、法律 | 95 | 70.48 | U.交通运输 | 4 | 1.85 |
| E.军事 | 15 | 12.87 | Y.航空、航天 | 1 | 0.20 |
| F.经济 | 101 | 41.46 | X.环境科学 | 2 | 0.50 |
| G.文化、科学、教育、体育 | 2128 | 14956.05 | Z.综合性图书 | 47 | 22.75 |
| H.语言、文字 | 151 | 220.63 | (二)不使用中国标准书号部分 | 35 | 57.47 |
| I.文学 | 182 | 149.35 | ——图片合计 | | |
| J.艺术 | 218 | 460.56 | (三)附录(不使用《中国标准书号》) | | |
| K.历史、地理 | 189 | 137.82 | 合 计 | | |
| N.自然科学总论 | 3 | 0.66 | 活页文选、活页歌篇 | | |
| O.数理科学、化学 | 120 | 63.61 | 小件印品等 | | |

# 19-53 杂志、报纸出版

| 类 别 | 种 数(种) | | 总 印 数(万份) | | 总 印 张(千印张) | |
|---|---|---|---|---|---|---|
| | 2002年 | 2003年 | 2002年 | 2003年 | 2002年 | 2003年 |
| 一、杂 志 | 264 | 270 | 5366.00 | 6316.55 | 232876.00 | 31410.06 |
| 1.综 合 | 13 | 45 | 835.00 | 2971.45 | 34895.00 | 13979.59 |
| 2.哲学、社会科学 | 51 | 30 | 1380.00 | 955.63 | 50808.00 | 5647.86 |
| 3.自然科学技术 | 154 | 153 | 731.00 | 719.58 | 39470.00 | 4668.00 |
| 4.文化教育 | 29 | 25 | 718.00 | 681.01 | 29834.00 | 3487.14 |
| 5.文学、艺术 | 12 | 12 | 1178.00 | 452.28 | 67178.00 | 2010.07 |
| 6.少年儿童 | 3 | 4 | 496.00 | 533.60 | 9188.00 | 1572.40 |
| 7.画 刊 | 2 | 1 | 28.00 | 3.00 | 1503.00 | 45.00 |
| 二、报 纸 | 52 | 95 | 66116.00 | 66236.97 | 2298267.00 | 3170319.10 |
| 1.省 级 | 27 | 53 | 42642.00 | 52867.84 | 1714768.00 | 3012240.70 |
| 2.地(市)级 | 17 | 33 | 20905.00 | 11489.67 | 559563.00 | 137733.00 |
| 3.县 级 | 8 | 9 | 2569.00 | 1879.46 | 23936.00 | 20345.40 |

# 19-54 广播电视基本情况

| 项　　目 | 单　位 | 1995年 | 2000年 | 2001年 | 2002年 | 2003年 |
|---|---|---|---|---|---|---|
| 一、无线广播宣传基本情况 | | | | | | |
| 广播电台 | 座 | 9 | 9 | 9 | 10 | 11 |
| 发射台及转播台 | 座 | 12 | 12 | 12 | 12 | 12 |
| 发射机功率 | 部/千瓦 | 24/443 | 19/411 | 22/456 | 22/446 | 22/456 |
| 节目套数 | 套 | 66 | 82 | 82 | 84 | 86 |
| 平均每日播出时间 | 时:分 | 416:49:00 | 632:05:00 | 638:35:00 | 658:09:00 | 731:23:00 |
| 广播人口覆盖率 | % | 74.8 | 90.3 | 90.6 | 91.5 | 92 |
| 全年制作广播节目 | 时 | 53433 | 106134 | 99580 | 114539 | 139858 |
| 新闻节目 | 时 | 11616 | 14757 | 16500 | 15500 | 20109 |
| 专题节目 | 时 | 12679 | 23070 | 19486 | 25310 | 35018 |
| 教育节目 | 时 | 1690 | 2888 | 2939 | 5491 | 6253 |
| 文艺节目 | 时 | 16426 | 29396 | 32962 | 36381 | 41849 |
| 广告、服务信息节目 | 时 | 11022 | 24716 | 27693 | 31857 | 36629 |
| 二、电视宣传基本情况 | | | | | | |
| 电视台 | 座 | 11 | 11 | 11 | 11 | 11 |
| 发射台及转播台 | 座 | 2265 | 7878 | 7401 | 8498 | 8695 |
| 发射机功率 | 部/千瓦 | 2531/228.072 | 13868/226.585 | 13518/223.156 | 15290/222.615 | 15212/223.844 |
| 节目套数 | 套 | 15 | 15 | 36 | 123 | 122 |
| 平均每周播出时间 | 时:分 | 838:01:00 | 1105:16:00 | 5926:50:00 | 6086:49:00 | 6333:21:00 |
| 电视人口覆盖率 | % | 79.1 | 91.41 | 92.49 | 92.87 | 93.18 |
| 卫星收转系统 | 座 | 4337 | 38140 | 56189 | 60658 | 83662 |
| 制作电视节目 | 时 | 8152 | 16174 | 64946 | 68534 | 74609 |
| 新闻节目 | 时 | 1433 | 2986 | 11650 | 13007 | 14532 |
| 专题节目 | 时 | 970 | 2554 | 10826 | 11536 | 14418 |
| 文艺节目 | 时 | 2976 | 3456 | 17134 | 15361 | 15117 |
| 教育节目 | 时 | 284 | 1519 | 4839 | 5397 | 5884 |
| 广告、服务信息节目 | 时 | 2489 | 5659 | 20497 | 23233 | 24658 |
| 三、县级广播电视基本情况 | | | | | | |
| 县广播电视台 | 个 | | 67 | 67 | 87 | 87 |
| 广播喇叭数 | 万只 | 330.66 | 218.94 | 182.99 | 136.70 | 138.24 |

## 19-55 有线电视基本情况

（2003年）

| 地区 | 总用户数（万户） | #已纳入网络公司用户 | 有线电视入户率（%） | 网络总长（公里） |
|---|---|---|---|---|
| 全省 | 249.98 | 212.05 | 25.55 | 58207.23 |
| 西安市 | 87.73 | 75.81 | 45.76 | 2449.79 |
| 铜川市 | 8.68 | 8.15 | 37.85 | 1459.12 |
| 宝鸡市 | 27.94 | 22.93 | 28.27 | 4983.36 |
| 咸阳市 | 20.44 | 18.87 | 16.26 | 5937.85 |
| 渭南市 | 29.30 | 22.43 | 20.80 | 8818.87 |
| 延安市 | 20.21 | 17.31 | 37.01 | 8193.70 |
| 汉中市 | 20.08 | 13.67 | 18.55 | 5607.78 |
| 榆林市 | 14.25 | 12.49 | 16.32 | 3827.58 |
| 安康市 | 8.21 | 7.93 | 10.14 | 4121.87 |
| 商洛市 | 11.63 | 10.95 | 18.12 | 8800.17 |
| 杨凌示范区 | 1.51 | 1.51 | 48.24 | 388.17 |
| 省级小计 | | | | 3618.98 |

## 19-56 各市图书馆个数及藏书量、广播电视人口覆盖率

（2003年）

| 地区 | 公共图书馆（个） | 公共图书馆藏书量（千册） | 广播人口覆盖率（%） | 电视人口覆盖率（%） |
|---|---|---|---|---|
| 全省 | 111 | 8524 | 91.95 | 93.18 |
| 西安市 | 13 | 641 | 98.85 | 97.07 |
| 铜川市 | 5 | 354 | 93.01 | 97.57 |
| 宝鸡市 | 12 | 958 | 98.96 | 98.33 |
| 咸阳市 | 13 | 697 | 96.26 | 96.73 |
| 渭南市 | 11 | 597 | 82.00 | 87.10 |
| 延安市 | 13 | 422 | 90.70 | 92.79 |
| 汉中市 | 11 | 471 | 91.50 | 90.80 |
| 榆林市 | 12 | 811 | 86.88 | 87.67 |
| 安康市 | 11 | 372 | 86.77 | 89.88 |
| 商洛市 | 8 | 492 | 88.68 | 94.01 |
| 杨凌示范区 | 1 | | 100.00 | 100.00 |
| 省直单位 | 1 | 2709 | | |

# 主要统计指标解释

**普通高等学校**　指按照国家规定的设置标准和审批程序批准举办的，通过全国普通高等学校统一招生考试，招收高中毕业生为主要培养对象，实施高等教育的全日制大学、独立设置的学院和高等专科学校、高等职业学校和其他机构。

大学、独立设置的学院主要实施本科层次以上的教育，高等专科学校、高等职业学校实施专科层次的教育，其他机构是承担国家普通招生计划任务不计校数的机构。包括普通高等学校分校和批准筹建的普通高等学校等。

**成人高等学校**　指按照国家规定的设置标准和审批程序批准举办的，通过全国成人高等学校统一招生考试，招收具有高中毕业或同等学历的在职从业人员为主要培养对象，利用函授、业余、脱产等多种形式对其实施高等学历教育的学校。包括职工高等学校、农民高等学校、管理干部学院、教育学院、独立函授学院、广播电视大学、其他机构等。其他机构是承担国家成人招生计划不计校数的机构。

**小学学龄儿童入学率**　指调查范围内已入小学学习的学龄儿童占校内外学龄儿童总数(包括弱智儿童，不包括盲聋哑儿童)的比重。计算公式为：

小学学龄儿童入学率 = 已入学的小学学龄儿童/校内外学龄儿童总数 × 100%

**科技活动**　指在自然科学、农业科学、医药科学、工程与技术科学、人文与社会科学领域（简称科学技术领域）中与科技知识的产生、发展、传播和应用密切相关的有组织的活动。可分为研究与试验发展（R&D）、研究与试验发展成果应用及相关的科技服务三类活动。

**科技活动人员**　指直接从事科技活动、以及专门从事科技活动管理和为科技活动提供直接服务的人员，累计的实际工作时间占全年制度工作时间10%及以上的人员。(1)直接从事科技活动的人员包括：在独立核算的科学研究与技术开发机构、高等学校、各类企业及其他事业单位内设的研究室、实验室、技术开发中心及中试车间（基地）等机构中从事科技活动的研究人员、工程技术人员、技术工人及其它人员；虽不在上述机构工作，但编入科技活动项目（课题）组的人员；科技信息与文献机构中的专业技术人员；从事论文设计的研究生等。(2)专门从事科技活动管理和为科技活动提供直接服务的人员包括：独立核算的科学研究与技术开发机构、科技信息与文献机构、高等学校、各类企业及其他事业单位主管科技工作的负责人，专门从事科技活动的计划、行政、人事、财务、物资供应、设备维护、图书资料管理等工作的各类人员，但不包括保卫、医疗保健人员、司机、食堂人员、茶炉工、水暖工、清洁工等为科技活动提供间接服务的人员。该指标用来反映投入科技活动人力的规模。

**科学家与工程师**　指科技活动人员中具有高、中级技术职称（职务）的人员和不具有高、中级技术职称（职务）的大学本科及以上学历人员。该指标用来反映投入科技活动人力的素质。

**专业技术人员**　指从事专业技术工作和专业技术管理工作的人员，即企事业单位中已经聘任专业技术职务从事专业技术工作和专业技术管理工作的人员，以及未聘任专业技术职务，现在专业技术岗位上工作的人员。包括工程技术人员，农业技术人员，科学研究人员，卫生技术人员，教学人员，经济人员，会计人员，统计人员，翻译人员，图书资料、档案、文博人员，新闻出版人员，律师、公证人员，广播电视播音人员，工艺美术人员，体育人员，艺术人员及企业政治思想工作人员，共十七个专业技术职务类别。

**专利**　是专利权的简称，是对发明人的发明创造经审查合格后，由专利局依据专利法授予发明人和设计人对该项发明创造享有的专有权。包括发明、实用新型和外观设计。反映拥有自主知识产权的科技和设计成果情况。

**发明**　指对产品、方法或者其改进所提出的新的技术方案。是国际通行的反映拥有自主知识产权技术的核心指标。

**实用新型**　指对产品的形状、构造或者其结合所提出的适于实用的新的技术方案。反映具有一定技术含量的技术成果情况。

**外观设计**　指对产品的形状、图案、色彩或者其结合所作出的富有美感并适于工业上应用的新设计。反映拥有自主知识产权的外观设计成果情况。

**文化事业机构**　指从事专业文化工作和为专业文化工作服务的独立建制的单位。不包括这些单位另外举办独立核算的其他机构和各部门的业余文化组织。该指标主要反映文化事业机构发展规模水平。

**艺术表演团体**　指从事戏曲、音乐、舞蹈、杂技等专业艺术表演，有独立帐户的单位，不包括半工半艺、半农半艺和民间职业剧团。该指标主要反映专业艺术表演团体发展规模水平。

**电影放映单位**　指具有放映机器设备、固定或不固定的放映场所与专职或兼职的放映技术人员，经有关部门登记批准，经常为一定的观众对象放映电影的机构。包括经批准对外开放进行营业，并与电影发行放映管理机构分帐的专用放映单位和军委系统租片单位。

**艺术表演观众人数(人次)**　指售票、包场演出或民族地区免费演出的艺术表演观众人次数，不包括彩排审查和内部观摩演出的观看人次数。该指标主要反映观看专业艺术表演团体演出的效益规模。

# 20 体育、卫生、社会福利和其他

*TIYUWEISHENGSHEHUIFULIHEQITA*

资料整理　　方　志

******************************************************************************

## 20. 体育、卫生、社会福利和其他

******************************************************************************

| 2003 年全省 | | |
|---|---|---|
| 等级运动员发展人数 | 759 | 人 |
| 等级裁判员发展人数 | 491 | 人 |
| 卫生机构数 | 5039 | 个 |
| # 医院 | 2674 | 个 |
| 卫生技术人员 | 13.47 | 万人 |
| # 执业(助理)医师 | 6.03 | 万人 |
| 环境监测站 | 66 | 个 |
| 环境污染治理投资总额 | 42.71 | 亿元 |

******************************************************************************

### 卫生技术人员和医生数

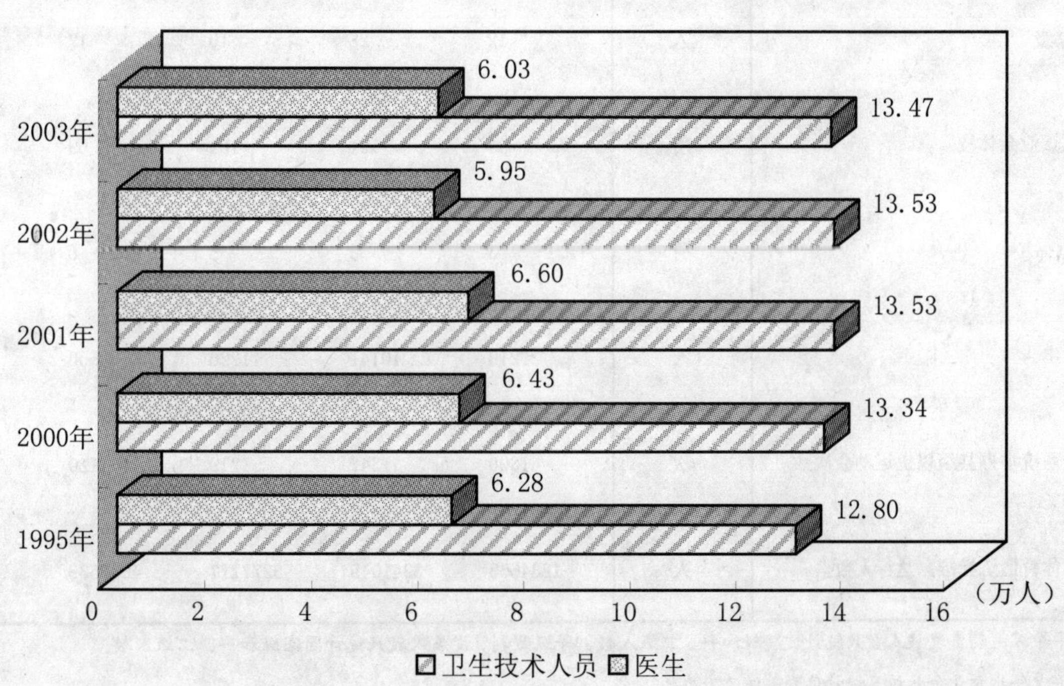

# 20-1 体 育 事 业

| 指 标 | 单位 | 1995年 | 2000年 | 2001年 | 2002年 | 2003年 |
|---|---|---|---|---|---|---|
| 一、体育系统职工人数 | 人 | 4006 | 4387 | 4420 | 4128 | 4028 |
| 二、等级运动员发展人数 | 人 | 693 | 2837 | 3339 | 859 | 759 |
| # 女运动员 | 人 | 247 | 1195 | 1369 | 305 | 288 |
| # 国际健将 | 人 | 6 | | 1 | | 2 |
| 运动健将 | 人 | 11 | 12 | 14 | 15 | 36 |
| 三、等级裁判员发展人数 | 人 | 429 | 1533 | 1804 | 1189 | 491 |
| # 女裁判员 | 人 | 109 | 413 | 507 | 361 | 125 |
| # 国际级 | 人 | | | | | 2 |
| 国家级 | 人 | 12 | 28 | 10 | 12 | 9 |
| 四、少年儿童业余体校 | 所 | 94 | 101 | 101 | 69 | 70 |
| # 重点体校 | 所 | 13 | 5 | 5 | 6 | 6 |
| 在校学生 | 人 | 7210 | 10141 | 11226 | 8500 | 9239 |
| 五、各级各系统举办县级以上运动会次数 | 次 | 1300 | 1347 | 1219 | 1120 | 95 |
| 六、《国家体育锻炼标准》达标人数 | 人 | 1234663 | 3341049 | 3277777 | 4038539 | 4594117 |

注：1.2002年等级运动员发展人数只统计健将级和一、二级人数。等级裁判员发展人数只统计国家级和一、二级人数。

2.2002年少年儿童业余体校只统计体育系统政府办的。

3.2003年县级以上运动会指综合性运动会。

# 20-2 等级运动员发展人数

(2003年)

单位：人

| 地区 | 等级运动员 | #女 | 国际级健将 | 运动健将 | 一级 | 二级 |
|---|---|---|---|---|---|---|
| 全省 | 759 | 288 | 2 | 36 | 65 | 656 |
| 西安市 | 429 | 137 | | 7 | 11 | 411 |
| 铜川市 | 7 | 3 | | | 1 | 6 |
| 宝鸡市 | 125 | 43 | | 3 | 8 | 114 |
| 咸阳市 | 67 | 35 | | | 4 | 63 |
| 渭南市 | 50 | 17 | | | 1 | 49 |
| 延安市 | 40 | 14 | | 3 | 5 | 32 |
| 汉中市 | 53 | 16 | | 1 | 6 | 46 |
| 榆林市 | 43 | 22 | | 1 | 4 | 38 |
| 安康市 | 38 | 16 | | | | 38 |
| 商洛市 | 7 | 2 | | | | 7 |

# 20-3 体育活动情况

(2003年)

| 地区 | 举办运动会或比赛 | | 举办全民健身活动情况 | | 国际体育活动情况 | | 电脑体育彩票销售量（万元） | 电脑体育彩票应分配公益金（万元） |
|---|---|---|---|---|---|---|---|---|
| | 举办综合运动会次数 | 举办单项比赛次数 | 举办全民健身活动次数 | 参加活动人数 | 出访起数 | 出访人次 | | |
| 全省 | 95 | 785 | 1067 | 1560606 | 48 | 205 | 27670.64 | 1798.59 |
| 直属小计 | | 28 | 10 | 17900 | 40 | 74 | | |
| 西安市 | 8 | 115 | 106 | 159300 | 6 | 95 | 14893.09 | 968.05 |
| 铜川市 | 10 | 42 | 144 | 160760 | | | 650.21 | 42.26 |
| 宝鸡市 | 9 | 69 | 126 | 664349 | | | 1885.90 | 122.58 |
| 咸阳市 | 8 | 98 | 105 | 75968 | | | 1863.38 | 121.12 |
| 渭南市 | 1 | 45 | 64 | 46500 | | | 2182.13 | 141.84 |
| 延安市 | 6 | 66 | 160 | 54170 | | | 1089.28 | 70.80 |
| 汉中市 | 24 | 87 | 127 | 169719 | 2 | 36 | 1676.42 | 108.97 |
| 榆林市 | 16 | 117 | 94 | 104305 | | | 2073.94 | 134.81 |
| 安康市 | 11 | 50 | 53 | 39299 | | | 783.24 | 50.91 |
| 商洛市 | 2 | 68 | 78 | 68336 | | | 496.07 | 32.24 |
| 杨凌示范区 | | | | | | | 76.98 | 5.00 |

# 20-4 卫生机构、床位及人员数

| 年 份 | 机构合计(个) | #医院 | 床位合计(万张) | #医院 | 卫生技术人员(万人) | #医生 | #护士(师) |
|---|---|---|---|---|---|---|---|
| 1952 | 715 | 135 | 0.50 | 0.34 | 0.95 | 0.40 | 0.12 |
| 1957 | 3170 | 148 | 1.32 | 0.85 | 2.99 | 1.65 | 0.37 |
| 1962 | 5105 | 231 | 2.28 | 1.66 | 3.71 | 1.93 | 0.53 |
| 1965 | 5146 | 266 | 2.52 | 1.86 | 3.87 | 2.05 | 0.64 |
| 1970 | 4007 | 2268 | 3.16 | 2.89 | 4.25 | 2.26 | 0.89 |
| 1975 | 5122 | 3008 | 4.74 | 4.36 | 6.27 | 2.96 | 1.15 |
| 1978 | 5598 | 3064 | 5.39 | 4.99 | 7.12 | 3.43 | 1.11 |
| 1979 | 5780 | 3078 | 5.78 | 5.32 | 7.58 | 3.60 | 1.17 |
| 1980 | 5845 | 3095 | 6.08 | 5.52 | 8.05 | 3.72 | 1.19 |
| 1981 | 6158 | 3109 | 6.37 | 5.72 | 8.84 | 4.07 | 1.40 |
| 1982 | 6369 | 3113 | 6.51 | 5.92 | 9.23 | 4.20 | 1.57 |
| 1983 | 6280 | 3106 | 6.66 | 6.06 | 9.57 | 4.38 | 1.73 |
| 1984 | 6251 | 3119 | 6.87 | 6.23 | 10.01 | 4.63 | 1.81 |
| 1985 | 6346 | 2218 | 7.20 | 6.46 | 10.61 | 4.97 | 1.88 |
| 1986 | 6309 | 2439 | 7.45 | 6.70 | 10.89 | 5.12 | 1.93 |
| 1987 | 6293 | 2559 | 7.68 | 6.95 | 11.22 | 5.29 | 2.04 |
| 1988 | 6248 | 2502 | 8.03 | 7.22 | 11.48 | 5.70 | 2.41 |
| 1989 | 6312 | 2515 | 8.29 | 7.47 | 11.63 | 5.84 | 2.64 |
| 1990 | 6416 | 2521 | 8.55 | 7.80 | 11.82 | 5.91 | 2.72 |
| 1991 | 6433 | 2577 | 9.02 | 8.22 | 11.99 | 5.87 | 2.81 |
| 1992 | 6404 | 2604 | 9.29 | 8.51 | 12.33 | 5.97 | 2.87 |
| 1993 | 6215 | 2389 | 9.56 | 8.81 | 12.28 | 5.89 | 2.91 |
| 1994 | 6227 | 3040 | 9.84 | 9.07 | 12.60 | 6.20 | 3.03 |
| 1995 | 6215 | 3313 | 9.88 | 9.05 | 12.80 | 6.28 | 3.10 |
| 1996 | 6033 | 3315 | 9.59 | 9.05 | 12.82 | 6.30 | 3.10 |
| 1997 | 5947 | 3217 | 9.48 | 9.04 | 12.99 | 6.23 | 3.25 |
| 1998 | 5639 | 2779 | 9.48 | 9.09 | 13.03 | 6.17 | 3.37 |
| 1999 | 5493 | 2753 | 9.68 | 9.22 | 13.28 | 6.37 | 3.48 |
| 2000 | 5572 | 2779 | 9.69 | 9.26 | 13.34 | 6.43 | 3.56 |
| 2001 | 5563 | 2780 | 9.91 | 9.43 | 13.53 | 6.60 | 3.62 |
| 2002 | 5240 | 2688 | 10.00 | 9.49 | 13.53 | 5.95 | 3.65 |
| 2003 | 5039 | 2674 | 10.27 | 9.56 | 13.47 | 6.03 | 3.72 |

注：1.本表医院、医院床位数2001年及以前含疗养院、卫生院和妇幼保健院，2002年不含妇幼保健院，2003年不含疗养院、妇幼保健院。

2.2002年起医生为执业医师和执业助理医师，护士（师）为注册护师。

# 20-5 各类卫生机构、床位及人员数

（2003年）

| 指　　标 | 机构数（个） | 床位数（张） | 人员合计（人） | 卫生技术人员 | 其他技术人员 | 管理人员 | 工勤人员 |
|---|---|---|---|---|---|---|---|
| **总　　计** | **5039** | **102706** | **145743** | **134732** | **5013** | **12090** | **12563** |
| 一、医院合计 | 814 | 76721 | 95417 | 75707 | 2548 | 8210 | 8952 |
| 综合医院 | 584 | 60624 | 75606 | 60056 | 1996 | 6479 | 7075 |
| 中医医院 | 146 | 10101 | 13948 | 11433 | 393 | 1041 | 1081 |
| 中西医结合医院 | 7 | 284 | 246 | 183 | 4 | 22 | 37 |
| 专科医院 | 77 | 5712 | 5617 | 4035 | 155 | 668 | 759 |
| 口腔医院 | 8 | 142 | 547 | 404 | 15 | 62 | 66 |
| 眼科医院 | 5 | 163 | 134 | 99 | 1 | 12 | 22 |
| 耳鼻喉科医院 | 1 | 32 | 33 | 25 | 3 | 3 | 2 |
| 肿瘤医院 | 2 | 410 | 373 | 271 | 8 | 60 | 34 |
| 血液病医院 | 1 | 30 | 26 | 16 | 2 | 3 | 5 |
| 妇产(科)医院 | 3 | 69 | 51 | 43 |  | 6 | 2 |
| 儿童医院 | 3 | 484 | 846 | 622 | 19 | 128 | 77 |
| 精神病医院 | 22 | 1622 | 1440 | 950 | 13 | 166 | 311 |
| 传染病医院 | 3 | 592 | 623 | 444 | 13 | 77 | 89 |
| 皮肤病医院 | 1 |  | 12 | 10 |  | 2 |  |
| 结核病医院 | 1 | 315 | 319 | 220 | 1 | 61 | 37 |
| 麻风病医院 | 1 | 63 | 32 | 21 | 2 | 3 | 6 |
| 骨科医院 | 9 | 635 | 340 | 278 | 8 | 23 | 31 |
| 康复医院 | 10 | 908 | 667 | 493 | 62 | 49 | 63 |
| 其他专科医院 | 7 | 247 | 174 | 139 | 8 | 13 | 14 |
| 二、疗养院 | 7 | 2028 | 889 | 482 | 25 | 165 | 217 |
| 三、社区卫生服务中心（站） | 121 | 6 | 463 | 463 |  |  |  |
| 四、卫生院 | 1860 | 18921 | 28180 | 24712 | 767 | 1496 | 1205 |
| 五、门诊部 | 269 | 557 | 2938 | 2384 | 104 | 229 | 221 |
| 六、急救中心（站） | 3 |  | 178 | 112 |  | 22 | 44 |
| 七、采供血机构 | 15 | 2 | 535 | 334 | 37 | 86 | 78 |
| 八、妇幼保健院(所、站) | 115 | 3217 | 6237 | 5073 | 207 | 503 | 454 |
| 九、专科疾病防治院(所、站) | 11 | 443 | 453 | 284 | 36 | 50 | 83 |
| 专科疾病防治院 | 1 | 328 | 221 | 145 | 25 | 14 | 37 |
| 结核病防治院 | 1 | 328 | 221 | 145 | 25 | 14 | 37 |
| 专科疾病防治所(站、中心) | 10 | 115 | 232 | 139 | 11 | 36 | 46 |
| 皮肤病与性病防治所(站、中心) | 1 |  | 8 | 8 |  |  |  |
| 结核病防治所(站、中心) | 2 |  | 78 | 46 | 6 | 16 | 10 |
| 职业病防治所(站、中心) | 1 | 108 | 23 | 12 | 2 | 3 | 6 |
| 地方病防治所(站、中心) | 5 | 7 | 123 | 73 | 3 | 17 | 30 |
| 十、疾病预防控制中心(防疫站) | 129 | 42 | 6609 | 5012 | 386 | 586 | 625 |
| 十一、卫生监督所 | 27 |  | 644 | 394 | 38 | 143 | 69 |
| 十二、卫生监督检验(监测.检测)所(站) | 1 |  | 5 | 4 | 1 |  |  |
| 十三、医学科学研究机构 | 17 | 70 | 478 | 281 | 34 | 73 | 90 |
| 十四、医学在职培训机构 | 75 | 30 | 2638 | 1027 | 799 | 440 | 372 |
| 十五、健康教育所(站、中心) | 2 |  | 50 | 8 | 17 | 22 | 3 |
| 十六、其他卫生机构 | 33 | 669 | 484 | 255 | 14 | 65 | 150 |
| 十七、卫生所、医务室 | 1540 |  | 5082 | 5082 |  |  |  |
| 十八、个体诊所 |  |  | 13118 | 13118 |  |  |  |

# 20-6 传染病发病率和死亡率

（2003年）

| 病名 | 发病率(1/10万) | 死亡率(1/10万) | 病死率(%) | 病名 | 发病率(1/10万) | 死亡率(1/10万) | 病死率(%) |
|---|---|---|---|---|---|---|---|
| 合计 | 277.51 | 0.38 | 0.14 | 流脑 | 0.30 | 0.01 | 3.64 |
| 鼠疫 | | | | 猩红热 | 1.17 | | 0.24 |
| 霍乱 | | | | 出血热 | 7.31 | 0.06 | 0.86 |
| 肝炎 | 145.16 | 0.13 | 0.09 | 狂犬病 | | | 100.00 |
| 痢疾 | 50.13 | 0.03 | 0.05 | 钩体病 | 0.01 | | |
| 伤寒 | 0.23 | | | 布病 | 1.13 | | |
| 艾滋病 | 0.01 | | 20.00 | 炭疽 | 0.02 | | |
| 淋病 | 6.72 | | 0.04 | 斑疹伤寒 | 0.14 | | |
| 非典 | 0.03 | | | 乙型脑炎 | 0.85 | 0.03 | 3.88 |
| 梅毒 | 0.95 | | 0.29 | 黑热病 | | | |
| 脊灰 | | | | 疟疾 | 0.11 | | |
| 麻疹 | 10.00 | 0.01 | 0.08 | 新破 | 17.46 | 3.15 | 18.03 |
| 百日咳 | 0.90 | | | 肺结核 | 52.18 | 0.07 | 0.13 |
| 白喉 | | | | | | | |

# 20-7 出院病人前十位疾病构成

（2003年）

| 顺位 | 城市 | | 农村 | |
|---|---|---|---|---|
| | 疾病分类 | 构成（%） | 疾病分类 | 构成（%） |
| 1 | 呼吸系统疾病 | 13.67 | 损伤、中毒和外因 | 18.60 |
| 2 | 循环系统疾病 | 12.74 | 呼吸系统疾病 | 16.86 |
| 3 | 消化系统疾病 | 11.57 | 妊娠分娩及产褥期并发症 | 16.76 |
| 4 | 肿瘤 | 10.01 | 消化系统疾病 | 12.58 |
| 5 | 损伤、中毒和外因 | 9.38 | 循环系统疾病 | 10.37 |
| 6 | 妊娠分娩及产褥期并发症 | 8.64 | 传染病和寄生虫病 | 5.14 |
| 7 | 影响健康与保健机构接触的疾病 | 5.43 | 泌尿生殖系统疾病 | 3.75 |
| 8 | 泌尿生殖系统疾病 | 4.97 | 肿瘤 | 3.69 |
| 9 | 传染病和寄生虫病 | 4.64 | 起源于围生期的某些情况 | 2.56 |
| 10 | 眼和附器疾病 | 3.49 | 肌肉骨骼系统和结缔组织疾病 | 1.55 |
| | 十种疾病合计 | 84.54 | 十种疾病合计 | 91.86 |

注：2002年起，采用新的国际疾病分类标准(ICD-10)划分。

# 20-8 各市卫生机构、床位及人员数

(2003年)

| 地区 | 机构合计(个) | #医院 | #卫生院 | 个体诊所(个) | 床位合计(张) | #医院 | 人员合计(人) | 卫生技术人员(人) | #执业(助理)医师 | #注册护师 |
|---|---|---|---|---|---|---|---|---|---|---|
| 全省 | 5039 | 814 | 1860 | 6792 | 102706 | 76721 | 164398 | 134732 | 60294 | 37183 |
| 西安市 | 1187 | 282 | 191 | 1308 | 33518 | 28251 | 50423 | 40129 | 16674 | 13005 |
| 铜川市 | 149 | 31 | 37 | 322 | 3683 | 3056 | 5258 | 4223 | 1834 | 1379 |
| 宝鸡市 | 586 | 93 | 172 | 602 | 11440 | 8380 | 18234 | 14841 | 6612 | 4179 |
| 咸阳市 | 440 | 108 | 191 | 869 | 11786 | 9230 | 20620 | 17173 | 7662 | 4996 |
| 渭南市 | 428 | 85 | 226 | 652 | 9946 | 6604 | 16899 | 13830 | 6220 | 3706 |
| 延安市 | 399 | 43 | 169 | 151 | 5526 | 3914 | 9861 | 8055 | 3676 | 1938 |
| 汉中市 | 557 | 69 | 244 | 1416 | 10586 | 6841 | 16323 | 13932 | 5766 | 3241 |
| 榆林市 | 496 | 48 | 245 | 476 | 7045 | 4703 | 10595 | 8682 | 4588 | 1882 |
| 安康市 | 414 | 34 | 218 | 589 | 4956 | 3232 | 8422 | 7282 | 3841 | 1635 |
| 商洛市 | 373 | 17 | 163 | 382 | 3882 | 2298 | 7298 | 6184 | 3208 | 1117 |
| 杨凌示范区 | 10 | 4 | 4 | 25 | 338 | 212 | 465 | 401 | 213 | 105 |

# 20-9 各市农村村级卫生组织情况

(2003年)

| 地区 | 行政村数(个) | #无医疗点的村数 | 村设置的医疗点数(个) | 乡村医生和卫生员(人) | 乡村医生 | 卫生员 | 农村接生员(人) | 村卫生室覆盖率(%) |
|---|---|---|---|---|---|---|---|---|
| 全省 | 29299 | 5973 | 21487 | 31214 | 28401 | 2813 | 6370 | 79.61 |
| 西安市 | 3160 | | 2530 | 4140 | 3908 | 232 | 5 | 100.00 |
| 铜川市 | 542 | 21 | 689 | 783 | 762 | 21 | 173 | 96.13 |
| 宝鸡市 | 1969 | 91 | 1920 | 3778 | 3466 | 312 | 178 | 95.38 |
| 咸阳市 | 3684 | 89 | 3104 | 3186 | 2996 | 190 | 1255 | 97.58 |
| 渭南市 | 3182 | 44 | 2023 | 4118 | 4001 | 117 | 714 | 98.62 |
| 延安市 | 3388 | 1222 | 1443 | 1682 | 1519 | 163 | 1250 | 63.93 |
| 汉中市 | 3048 | 199 | 2864 | 4752 | 4008 | 744 | 507 | 93.47 |
| 榆林市 | 5628 | 3366 | 2262 | 2334 | 2100 | 234 | 551 | 40.19 |
| 安康市 | 2799 | 686 | 2154 | 2740 | 2137 | 603 | 226 | 75.49 |
| 商洛市 | 1828 | 255 | 2473 | 3672 | 3475 | 197 | 1511 | 86.05 |
| 杨凌示范区 | 71 | | 25 | 29 | 29 | | | 100.00 |

# 20-10 社会福利事业、企业单位机构和人员

| 指 标 | 机 构（个） | | 工作人员（人） | |
|---|---|---|---|---|
| | 2002年 | 2003年 | 2002年 | 2003年 |
| 总 计 | 1744 | 1771 | 29274 | 31179 |
| 一、社会福利事业单位 | 726 | 724 | 3290 | 3555 |
| 二、社会福利企业单位 | 779 | 793 | 23074 | 24569 |
| 民政部门办 | 83 | 81 | 2478 | 2671 |
| 安置农场 | 2 | 2 | 44 | 42 |
| 社会办 | 694 | 710 | 20552 | 21856 |
| 三、烈士纪念建筑物管理单位 | 30 | 31 | 257 | 268 |
| 四、救助站 | 80 | 84 | 729 | 817 |
| 五、殡葬事业单位 | 64 | 68 | 1167 | 1264 |
| 六、其他非收养性单位 | 65 | 73 | 757 | 748 |

# 20-11 社会福利事业单位基本情况

（2003年）

| 指 标 | 院 数（个） | 工 作 人 员（人） | 床 位（张） | 年末在院人 数（人） |
|---|---|---|---|---|
| 总 计 | 719 | 3489 | 17039 | 11804 |
| 一、民政部门办社会福利事业单位 | 93 | 2024 | 7979 | 5884 |
| 优抚休、疗养院 | 23 | 765 | 1582 | 930 |
| 城市福利院 | 70 | 1259 | 6397 | 4954 |
| 二、老年收养性机构 | 626 | 1465 | 9060 | 5920 |

注：1.优抚休、疗养院包括荣誉军人康复医院、复退军人慢性疗养院、复退军人精神病院和国家办光荣院。

2.城市福利院包括社会福利院、社会儿童福利院、社会精神病人福利院。

3.老年收养性机构包括城镇、农村的敬老院、养老院、老年性公寓。

## 20-12 社会福利企业基本情况

(2003年)

| 地 区 | 单位数（个） | 年末职工人数（人） | #残疾职工 | #女性 |
|---|---|---|---|---|
| 全 省 | 791 | 24527 | 10841 | 3639 |
| 西安市 | 298 | 10041 | 4601 | 1398 |
| 铜川市 | 11 | 412 | 182 | 119 |
| 宝鸡市 | 171 | 5135 | 2225 | 968 |
| 咸阳市 | 67 | 1911 | 1000 | 324 |
| 渭南市 | 95 | 2115 | 902 | 215 |
| 延安市 | 19 | 481 | 168 | 58 |
| 汉中市 | 46 | 1400 | 516 | 192 |
| 榆林市 | 21 | 621 | 279 | 63 |
| 安康市 | 11 | 245 | 102 | 46 |
| 商洛市 | 25 | 547 | 203 | 37 |
| 杨凌示范区 | | | | |
| 厅级小计 | 27 | 1619 | 663 | 219 |

## 20-13 各市城镇社区服务设施

(2003年)

| 地 区 | 城镇社区服务设施数（个） | 从业人员（人） | #安置下岗人员数 | 便民利民服务网点（个） |
|---|---|---|---|---|
| 全 省 | 8197 | 109195 | 46699 | 24664 |
| 西安市 | 1837 | 14501 | 9038 | 14198 |
| 铜川市 | 544 | 3970 | 1180 | 1210 |
| 宝鸡市 | 1581 | 21282 | 20235 | 1687 |
| 咸阳市 | 721 | 41327 | 8093 | 1935 |
| 渭南市 | 2932 | 21625 | 5939 | 3699 |
| 延安市 | 43 | 298 | 94 | 110 |
| 汉中市 | 177 | 3090 | 1167 | 872 |
| 榆林市 | 121 | 572 | 164 | 164 |
| 安康市 | 197 | 873 | 331 | 702 |
| 商洛市 | 38 | 1595 | 414 | 75 |
| 杨凌示范区 | 6 | 62 | 44 | 12 |

## 20-14 社会捐赠情况

（2003年）

| 地区 | 捐赠款数额（万元） | 捐赠其他物资价值（万元） | 接收捐赠衣被件数（万件） | #棉衣被 |
|---|---|---|---|---|
| 全省 | 7006.30 | 3823.30 | 1197.60 | 202.90 |
| 西安市 | 1030.50 | 328.60 | 189.90 | 31.40 |
| 铜川市 | 84.50 | 31.30 | 6.30 | 1.30 |
| 宝鸡市 | 140.40 | 3.90 | 63.10 | 5.40 |
| 咸阳市 | 228.90 | 4.20 | 40.30 | 8.30 |
| 渭南市 | 1336.60 | 2738.80 | 201.30 | 129.20 |
| 延安市 | 355.50 | 6.00 | 6.60 | 4.30 |
| 汉中市 | 119.90 | 8.50 | 19.50 | 0.60 |
| 榆林市 | 532.90 |  | 11.30 | 3.10 |
| 安康市 | 497.60 | 350.00 | 91.50 | 1.70 |
| 商洛市 | 145.50 | 42.40 | 44.40 | 7.40 |
| 杨凌示范区 | 10.50 | 1.20 | 3.50 | 1.60 |
| 厅级小计 | 2523.50 | 308.40 | 519.90 | 8.60 |

## 20-15 收养登记情况

（2003年）

单位：人

| 地区 | 收养登记合计 | 中国公民收养登记 | #港澳居民 | #台湾居民 | #华侨 | 外国人收养登记 |
|---|---|---|---|---|---|---|
| 全省 | 69 | 53 | 3 |  |  | 16 |
| 西安市 |  |  |  |  |  |  |
| 铜川市 | 17 | 17 |  |  |  |  |
| 宝鸡市 | 26 | 26 |  |  |  |  |
| 咸阳市 | 1 | 1 | 1 |  |  |  |
| 渭南市 | 2 | 2 | 2 |  |  |  |
| 延安市 |  |  |  |  |  |  |
| 汉中市 | 3 | 3 |  |  |  |  |
| 榆林市 | 20 | 4 |  |  |  | 16 |
| 安康市 |  |  |  |  |  |  |
| 商洛市 |  |  |  |  |  |  |
| 杨凌示范区 |  |  |  |  |  |  |
| 厅级小计 |  |  |  |  |  |  |

## 20-16 律师、公证及人民调解工作

(2003年)

| 项　　目 | 单 位 | 实有数 | 项　　目 | 单 位 | 实有数 |
|---|---|---|---|---|---|
| 一、律师工作 | | | 二、公证工作 | | |
| 律师人员 | 人 | 3905 | 公证处 | 个 | 117 |
| #专　职 | 人 | 2475 | #涉外公证处 | 个 | 22 |
| 兼　职 | 人 | 293 | 公证人员 | 人 | 863 |
| 刑事诉讼辩护及代理 | 件 | 8673 | 办理公证文书 | 件 | 135105 |
| 民事诉讼代理 | 件 | 19592 | 三、人民调解工作 | | |
| 经济诉讼代理 | 件 | 10583 | 专职司法助理员 | 人 | 2130 |
| 行政诉讼代理 | 件 | 2312 | 人民调解委员会 | 个 | 31105 |
| 担任法律顾问 | 家 | 4828 | 调解委员 | 万人 | 11.45 |
| 代写法律文书 | 件 | 58124 | 调解民间纠纷 | 万件 | 16.71 |
| 律师事务所 | 个 | 274 | | | |

## 20-17 国内公证文书分类

(2003年)

| 分　类 | 办证件数 (件) | 比 重 (%) | 分　类 | 办证件数 (件) | 比 重 (%) |
|---|---|---|---|---|---|
| 一、民事公证事项 | | | 二、经济公证事项 | | |
| 合　计 | 41633 | 100.00 | 合　计 | 60699 | 73.60 |
| 收　养 | 110 | 0.22 | 购销合同 | 628 | 0.77 |
| 解除收养 | 22 | 0.04 | 联营合同 | 240 | 0.29 |
| 继承权 | 2228 | 4.36 | 拍　卖 | 489 | 0.60 |
| 遗　嘱 | 1000 | 1.96 | 贷款合同 | 20547 | 25.11 |
| 产　权 | 463 | 0.91 | 担保书 | 4559 | 5.57 |
| 亲属关系 | 551 | 1.08 | 招标、投标 | 975 | 1.19 |
| 死　亡 | 261 | 0.51 | 科技协作 | 7 | 0.01 |
| 房屋买卖 | 6203 | 12.14 | 供用电合同 | 63 | 0.08 |
| 房屋租赁 | 817 | 1.60 | 劳务合同 | 2836 | 3.47 |
| 留学协议 | 245 | 0.48 | 建筑工程承包 | 223 | 0.27 |
| 遗赠扶养协议 | 277 | 0.54 | 工商服务业承包 | 110 | 0.13 |
| 委托书 | 2159 | 4.23 | 农林牧渔业承包 | 1806 | 2.21 |
| 赠与书 | 946 | 1.85 | 乡镇企业承包 | 92 | 0.11 |
| 声明书 | 1405 | 2.75 | 财产租赁 | 324 | 0.40 |
| 现场监督 | 4348 | 8.51 | 企业租赁 | 40 | 0.05 |
| 签名印鉴属实 | 438 | 0.86 | 资产经营责任制 | 53 | 0.06 |
| 文本相符 | 629 | 1.23 | 还款协议 | 872 | 1.07 |
| 宅基地使用权 | 377 | 0.74 | 土地使用权出让转让 | 764 | 0.93 |
| 证据保全 | 1745 | 3.42 | 其他经济合同 | 6369 | 7.78 |
| 拆迁协议 | 187 | 0.37 | 法人资格 | 261 | 0.32 |
| 计划生育 | 10 | 0.02 | 法人委托书 | 1356 | 1.66 |
| 赡养协议 | 94 | 0.18 | 公司章程 | 66 | 0.08 |
| 合伙协议 | 304 | 0.60 | 执行许可证明 | 882 | 1.08 |
| 夫妻财产协议 | 4257 | 8.33 | 提　存 | 105 | 0.13 |
| 其他民事协议 | 5079 | 9.94 | 抵押登记 | 1914 | 2.34 |
| 更改姓名 | | | 公司会议记录 | 475 | … |
| 其　他 | 7478 | 14.64 | 其　他 | 14643 | 17.89 |

## 20-18 婚姻登记情况

| 指标 | 单位 | 1995年 | 2000年 | 2001年 | 2002年 | 2003年 |
|---|---|---|---|---|---|---|
| 一、登记结婚数 | | | | | | |
| 1.内地居民登记结婚数 | 对 | 241605 | 203173 | 203358 | 188412 | 190391 |
| 初婚数 | 人 | 461431 | 382458 | 368940 | 348864 | 355983 |
| 再婚数 | 人 | 21779 | 23888 | 37776 | 27960 | 24799 |
| #恢复结婚数 | 人 | 1074 | 1473 | 1944 | 1741 | 1446 |
| 2.涉外婚姻数 | 对 | 289 | 425 | 480 | 421 | 392 |
| 二、登记离婚数 | | | | | | |
| 1.内地居民登记离婚数 | 对 | 20484 | 26023 | 34387 | 31894 | 33963 |
| 2.涉外婚姻数 | 对 | 4 | 8 | 13 | 6 | 10 |

## 20-19 各市婚姻登记情况

(2003年)

| 地区 | 准予登记结婚数(对) | 初婚数(人) | 再婚数(人) | #恢复结婚数 | 登记离婚数(对) | #港澳台华侨离婚数 |
|---|---|---|---|---|---|---|
| 全省 | 190783 | 355983 | 24799 | 1446 | 33973 | 10 |
| 西安市 | 44510 | 79147 | 9871 | 280 | 10671 | 1 |
| 铜川市 | 4591 | 8886 | 296 | 31 | 921 | |
| 宝鸡市 | 20291 | 38088 | 2494 | 48 | 3547 | |
| 咸阳市 | 25015 | 47401 | 2629 | 312 | 4637 | |
| 渭南市 | 23714 | 45363 | 2065 | 243 | 4686 | |
| 延安市 | 9745 | 19121 | 369 | 43 | 1242 | |
| 汉中市 | 19522 | 36154 | 2890 | 173 | 3707 | |
| 榆林市 | 15956 | 31043 | 869 | 147 | 1593 | |
| 安康市 | 13639 | 25097 | 2181 | 106 | 1410 | |
| 商洛市 | 12559 | 24033 | 1085 | 61 | 1498 | |
| 杨凌示范区 | 850 | 1650 | 50 | 2 | 52 | |
| 厅级小计 | 391 | | | | 9 | 9 |

# 20-20 工 会 工 作

（2003年）

| 项 目 | 单位 | 实有数 | 项 目 | 单位 | 实有数 |
|---|---|---|---|---|---|
| 一、全省工会组织概况 | | | 2.建立三方协调机制的工会数 | 个 | 87 |
| 基层工会 | | | 三、工会保障工作 | | |
| 1.工会委员会 | 个 | 30029 | 基层工会 | | |
| 2.会员人数 | 万人 | 328 | 参加联系生活困难职工户的领导干部数 | 人 | 20455 |
| # 女性 | 万人 | 120 | 联系的困难职工户数 | 户 | 23376 |
| 3.工会专职工作人员数 | 人 | 6820 | 基层以上工会 | | |
| # 女性 | 人 | 2269 | 1.建立特困职工档案的工会数 | 个 | 555 |
| 4.工会经费审查委员会数 | 个 | 8215 | 2.参加联系生活困难职工户的领导干部数 | 人 | 12613 |
| 经费审查委员会委员人数 | 人 | 20207 | 联系的困难职工户数 | 户 | 13299 |
| 基层以上工会 | | | 3.建立送温暖工程基金的工会 | 个 | 81 |
| 1.工会组织 | 个 | 1163 | 四、工会经济技术工作 | | |
| 专职干部人数 | 人 | 2175 | 基层工会 | | |
| 2.工会女职工工作组织数 | 个 | 11000 | 1.开展经济技术创新工程活动的单位 | 个 | 2453 |
| 工会专职女职工工作干部 | 人 | 1216 | 2.开展合理化建议活动提出建议数 | 件 | 124370 |
| 3.工会经费审查委员会数 | 个 | 393 | 可计算创造（节约）的金额 | 万元 | 42528 |
| 经费审查委员会委员人数 | 人 | 1281 | 3.参加劳动竞赛活动的职工人次数 | 万人次 | 111 |
| 4.工会资产管理机构数 | 个 | 120 | 4.参加技术练兵、技术比武职工人次数 | 万人次 | 86 |
| 二、工会民主管理工作 | | | 5.劳动保护监督检查委员会数 | 个 | 1906 |
| 基层工会 | | | 参加安全生产检查次数 | 次 | 26289 |
| 1.建立职代会制度的单位 | 个 | 7265 | 基层以上工会 | | |
| 召开职代会制度的单位 | 个 | 8320 | 建立劳动保护监督检查组织个数 | 个 | 217 |
| 2.实行业务招待费使用情况向职代会 | | | 参加安全生产检查次数 | 次 | 2178 |
| 报告的单位数 | 个 | 8077 | 五、工会法律工作 | | |
| 3.职代会民主评议企事业领导干部的单位 | 个 | 8699 | 基层工会 | | |
| 4.实行厂（校、政）务公开的单位 | 个 | 8737 | 1.建立劳动争议调解委员会的单位 | 个 | 2490 |
| 5.建立平等协商、签定集体合同的企业 | 个 | 6858 | 参加的工会和职工代表数 | 人 | 9692 |
| 6.集体合同覆盖的职工人数 | 万人 | 151 | 受理的劳动争议件数 | 件 | 2985 |
| 7.职工代表参加董事会的企业数 | 个 | 1048 | 调解成功的劳动争议件数 | 件 | 1110 |
| 董事会中的职工代表数 | 人 | 1173 | 2.建立劳动法律监督组织的工会数 | 个 | 912 |
| 8.职工代表参加监事会的企业数 | 个 | 866 | 基层以上工会 | | |
| 监事会中的职工代表数 | 人 | 763 | 1.建立劳动法律监督组织的工会数 | 个 | 103 |
| 基层以上工会 | | | 2.建立法律援助机构的工会数 | 个 | 48 |
| 1.与同级政府（行政）召开联席会的工会 | 个 | 69 | | | |

# 20-21 妇 女 工 作

(2003年)

| 项 目 | 单 位 | 合 计 | 省 级 | 地、市级 | 县、区级 | 乡、镇级 |
|---|---|---|---|---|---|---|
| 一、组织状况 | | | | | | |
| 妇女联合会 | 个 | 1731 | 1 | 11 | 107 | 1612 |
| 基层妇代会 | 个 | 29325 | | | | |
| 妇委会 | 个 | 2223 | 66 | 559 | 1598 | |
| 二、妇联干部 | 人 | 635 | 48 | 147 | 440 | |
| 三、妇联杂志 | | | | | | |
| 公开发行 | 份 | 2 | 2 | | | |
| 期发行量 | 万 份 | 90 | 90 | | | |
| 内部发行 | 份 | 1 | 1 | | | |
| 期发行量 | 万 份 | 0.20 | 0.20 | | | |
| 四、维护妇女合法权益工作 | | | | | | |
| 律师事务所 | 个 | 28 | | 6 | 22 | |
| 妇联维权干部中取得律师资格人数 | 人 | 14 | 1 | 4 | 9 | |
| 来信件数 | 件 | 2341 | 595 | 1195 | 551 | |
| 来访人次 | 人 | 11907 | 2408 | 3523 | 5976 | |
| 五、实施春蕾计划 | | | | | | |
| 资助女童入学或返校 | 人 | 20146 | 190 | 8379 | 11577 | |
| 社会捐资总数 | 万 元 | 254 | 8 | 155 | 91 | |
| 六、其他工作情况 | | | | | | |
| 妇女、儿童活动中心 | 个 | 13 | 1 | 5 | 7 | |
| 三八红旗手 | 人 | 683 | 10 | 127 | 546 | |
| 三八红旗集体 | 个 | 180 | | 42 | 138 | |
| 五好文明家庭 | 户 | 155916 | | 9354 | 146562 | |

# 20-22 环境保护与治理情况

| 指 标 | 单 位 | 2001年 | 2002年 | 2003年 |
|---|---|---|---|---|
| 环境监测站 | 个 | 70 | 74 | 66 |
| 环境监测人员 | 人 | 1497 | 1687 | 1400 |
| 自然保护区个数 | 个 | 23 | 32 | 36 |
| # 国家级 | 个 | 6 | 6 | 6 |
| 自然保护区面积 | 公 顷 | 589991 | 676358 | 809326 |
| 环境污染治理投资总额 | 亿 元 | 35.64 | 42.41 | 42.71 |
| 环境污染与破坏事故次数 | 次 | 29 | 68 | 16 |
| # 水污染 | 次 | 11 | 49 | 7 |
| 大气污染 | 次 | 12 | 5 | 5 |
| 固体废物污染 | 次 | 2 | 3 | |
| 噪声与振动危害 | 次 | 3 | 4 | |
| 环境污染直接经济损失 | 万 元 | 108 | 261 | 6.3 |
| 环境污染事故罚款金额 | 万 元 | 11.8 | 74.9 | 14.8 |

## 20-23 各市交通事故情况

| 地 区 | 事故次数（件） | | 死亡人数（人） | | 受伤人数（人） | | 损失折款（万元） | |
|---|---|---|---|---|---|---|---|---|
| | 2002年 | 2003年 | 2002年 | 2003年 | 2002年 | 2003年 | 2002年 | 2003年 |
| **全 省** | **12869** | **12502** | **2361** | **2324** | **10323** | **9406** | **3902** | **3893** |
| 西安市 | 4063 | 4686 | 510 | 545 | 3152 | 3007 | 1146 | 1352 |
| 铜川市 | 573 | 527 | 51 | 49 | 414 | 425 | 180 | 183 |
| 宝鸡市 | 1440 | 1336 | 253 | 248 | 737 | 685 | 382 | 354 |
| 咸阳市 | 1042 | 818 | 226 | 163 | 902 | 694 | 336 | 221 |
| 渭南市 | 2766 | 2324 | 298 | 311 | 2584 | 2073 | 687 | 553 |
| 延安市 | 718 | 646 | 223 | 245 | 648 | 636 | 361 | 313 |
| 汉中市 | 982 | 980 | 241 | 233 | 655 | 722 | 274 | 345 |
| 榆林市 | 507 | 450 | 238 | 237 | 476 | 405 | 212 | 186 |
| 安康市 | 321 | 213 | 98 | 81 | 303 | 209 | 93 | 72 |
| 商洛市 | 406 | 499 | 214 | 209 | 416 | 534 | 203 | 292 |
| 杨凌示范区 | 51 | 23 | 9 | 3 | 36 | 16 | 28 | 22 |

## 20-24 各市火灾事故情况

| 地 区 | 事故次数（件） | | 死亡人数（人） | | 受伤人数（人） | | 损失折款（万元） | |
|---|---|---|---|---|---|---|---|---|
| | 2002年 | 2003年 | 2002年 | 2003年 | 2002年 | 2003年 | 2002年 | 2003年 |
| **全 省** | **4640** | **3992** | **36** | **42** | **44** | **58** | **1352** | **1229** |
| 西安市 | 1571 | 1540 | 9 | 10 | 9 | 13 | 196 | 265 |
| 铜川市 | 68 | 82 | | 1 | | | 17 | 36 |
| 宝鸡市 | 1024 | 540 | 3 | 4 | 3 | 2 | 109 | 222 |
| 咸阳市 | 630 | 327 | 4 | 4 | 11 | 11 | 106 | 44 |
| 渭南市 | 779 | 691 | 6 | 2 | 3 | 3 | 251 | 151 |
| 延安市 | 126 | 105 | 4 | 10 | 4 | 5 | 245 | 254 |
| 汉中市 | 154 | 144 | 2 | 5 | 6 | 2 | 136 | 45 |
| 榆林市 | 130 | 233 | 1 | | | 11 | 108 | 91 |
| 安康市 | 97 | 128 | 5 | | 8 | 3 | 127 | 66 |
| 商洛市 | 61 | 157 | 2 | 4 | | | 57 | 21 |
| 杨凌示范区 | | 45 | | 2 | | 8 | | 34 |

# 20-25 各市工业固体废物排放及处理情况

(2003年)

| 地　区 | 工业固体废物产生量（万吨） | 工业固体废物排放量（万吨） | #危险废物排放量（吨） | 工业固体废物贮存量（万吨） | #危险废物贮存量（吨） |
|---|---|---|---|---|---|
| 全　省 | 2947.90 | 53.36 | 20.73 | 1692.74 | 28716.61 |
| 西安市 | 126.86 | 0.60 | 20.70 | 21.77 | |
| 铜川市 | 74.26 | 1.60 | | 42.10 | |
| 宝鸡市 | 235.60 | 1.13 | | 4.63 | 2.01 |
| 咸阳市 | 139.70 | 1.25 | | 41.11 | 2.00 |
| 渭南市 | 1539.27 | 0.16 | | 1193.98 | |
| 延安市 | 17.58 | 0.06 | | 6.46 | 6009.00 |
| 汉中市 | 312.98 | 20.92 | 0.03 | 213.47 | 3.60 |
| 榆林市 | 308.86 | 21.18 | | 8.14 | |
| 商洛市 | 57.42 | 5.95 | | 31.32 | |
| 商洛市 | 134.91 | 0.48 | | 129.76 | 22700.00 |
| 杨凌示范区 | 0.46 | 0.03 | | | |

| 地　区 | 工业固体废物处置量（万吨） | #危险废物处置量（吨） | #处置往年贮存量（万吨） | 工业固体废物综合利用量（万吨） | “三废”综合利用产品产值（万元） |
|---|---|---|---|---|---|
| 全　省 | 557.66 | 6358.10 | 10.01 | 662.92 | 41366.20 |
| 西安市 | 4.61 | 230.07 | 0.90 | 103.49 | 3825.8 |
| 铜川市 | 12.76 | | | 22.80 | 3480.7 |
| 宝鸡市 | 142.02 | 94.03 | | 87.81 | 3494.6 |
| 咸阳市 | 3.24 | | | 94.10 | 1950.6 |
| 渭南市 | 111.36 | | 0.02 | 234.80 | 22303.4 |
| 延安市 | 0.59 | 5810.00 | | 10.46 | 83.3 |
| 汉中市 | 26.79 | 224.00 | 7.49 | 59.29 | 4614.1 |
| 榆林市 | 254.62 | | 1.60 | 26.51 | 704.9 |
| 安康市 | 1.40 | | | 18.75 | 384.1 |
| 商洛市 | 0.27 | | | 4.47 | 429.7 |
| 杨凌示范区 | | | | 0.44 | 95.0 |

# 20-26 各市工业污染治理项目建设情况

(2003年)

| 地 区 | 汇总工业企业(个) | 本年施工项目总数(个) | 治理废水 | 治理废气 | 治理固体废物 | 治理噪声 | 其他 |
|---|---|---|---|---|---|---|---|
| 全 省 | 299 | 382 | 176 | 134 | 31 | 7 | 34 |
| 西安市 | 69 | 92 | 40 | 42 | 2 | 1 | 7 |
| 铜川市 | 13 | 19 | 2 | 13 | 3 | 1 | |
| 宝鸡市 | 38 | 41 | 25 | 11 | 2 | | 3 |
| 咸阳市 | 19 | 24 | 10 | 11 | | 2 | 1 |
| 渭南市 | 46 | 66 | 23 | 29 | 6 | 1 | 7 |
| 延安市 | 17 | 28 | 12 | 2 | 1 | 1 | 12 |
| 汉中市 | 59 | 66 | 36 | 16 | 10 | 1 | 3 |
| 榆林市 | 3 | 3 | 2 | | 1 | | |
| 安康市 | 16 | 19 | 7 | 8 | 4 | | |
| 商洛市 | 19 | 24 | 19 | 2 | 2 | | 1 |

| 地 区 | 施工项目本年完成投资额(万元) | 治理废水 | 治理废气 | 治理固体废物 | 治理噪声 | 其他 |
|---|---|---|---|---|---|---|
| 全 省 | 55267.8 | 31715.4 | 18414.1 | 1673.2 | 1061.0 | 2404.1 |
| 西安市 | 5320.2 | 3660.4 | 1248.9 | 306.0 | 18.0 | 86.9 |
| 铜川市 | 4351.2 | 30.0 | 4286.2 | 30.0 | 5.0 | |
| 宝鸡市 | 4950.4 | 2602.3 | 1998.6 | 255.0 | | 94.5 |
| 咸阳市 | 14901.4 | 11436.4 | 3421.0 | | 8.0 | 36.0 |
| 渭南市 | 9092.2 | 1605.1 | 6216.8 | 175.1 | | 1095.2 |
| 延安市 | 11645.5 | 9831.0 | 40.0 | 5.0 | 1000.0 | 769.5 |
| 汉中市 | 3651.1 | 1583.4 | 953.6 | 769.1 | 30.0 | 315.0 |
| 榆林市 | 210.0 | 202.0 | | 8.0 | | |
| 安康市 | 356.0 | 150.0 | 101.0 | 105.0 | | |
| 商洛市 | 789.8 | 614.8 | 148.0 | 20.0 | | 7.0 |

## 20-27 各市工业废水排放及处理量

(2003年)

| 地区 | 工业用水总量（万吨） | 工业废水排放总量（万吨） | 工业废水排放达标量（万吨） | 废水治理设施运行费用（万元） |
| --- | --- | --- | --- | --- |
| **全省** | **516363.51** | **33525.95** | **29138.24** | **54063.7** |
| 西安市 | 65488.75 | 11246.56 | 9047.40 | 5314.8 |
| 铜川市 | 1901.77 | 333.04 | 307.54 | 336.7 |
| 宝鸡市 | 66545.93 | 8122.64 | 7725.75 | 2897.0 |
| 咸阳市 | 104652.73 | 5470.16 | 5002.51 | 4278.7 |
| 渭南市 | 198985.31 | 3790.69 | 3376.99 | 32133.6 |
| 延安市 | 14684.38 | 416.07 | 234.93 | 2513.5 |
| 汉中市 | 45897.99 | 2173.45 | 1967.03 | 4243.2 |
| 榆林市 | 15532.31 | 761.83 | 659.20 | 1328.0 |
| 安康市 | 999.80 | 504.41 | 392.21 | 250.2 |
| 商洛市 | 1607.46 | 667.19 | 399.98 | 766.2 |
| 杨凌示范区 | 67.08 | 39.91 | 24.70 | 1.8 |

## 20-28 各市废水处理设施运行情况

(2003年)

| 地区 | 废水治理设施数（套） | 废水治理设施处理能力（万吨/日） | 工业用水重复利用率（%） | 排入污水处理厂的（万吨） | 工业废水排放达标率（%） |
| --- | --- | --- | --- | --- | --- |
| **全省** | **1775** | **340.37** | **89.00** | **1276.12** | **86.91** |
| 西安市 | 501 | 38.82 | 74.24 | 1276.12 | 80.45 |
| 铜川市 | 49 | 1.35 | 67.49 | | 92.34 |
| 宝鸡市 | 246 | 51.80 | 84.51 | | 95.11 |
| 咸阳市 | 176 | 23.14 | 91.93 | | 91.45 |
| 渭南市 | 211 | 155.07 | 94.60 | | 89.09 |
| 延安市 | 54 | 2.82 | 84.47 | | 56.46 |
| 汉中市 | 323 | 52.46 | 90.88 | | 90.50 |
| 榆林市 | 78 | 6.63 | 88.09 | | 86.53 |
| 安康市 | 50 | 3.40 | 39.50 | | 77.76 |
| 商洛市 | 84 | 4.83 | 48.87 | | 59.95 |
| 杨凌示范区 | 3 | 0.05 | 25.95 | | 61.90 |

# 20-29 各市工业废气排放及处理情况

(2003年)

| 地区 | 工业废气排放总量(万标立方米) | 燃料燃烧过程中废气排放量(万标立方米) | 生产工艺过程中废气排放量(万标立方米) | 废气治理设施数(套) | 废气治理设施处理能力(万标立方米/时) |
|---|---|---|---|---|---|
| **全省** | **38607096** | **25054780** | **13552316** | **3841** | **7106.24** |
| 西安市 | 3531403 | 2683018 | 848385 | 878 | 800.10 |
| 铜川市 | 4187728 | 468885 | 3718843 | 557 | 542.30 |
| 宝鸡市 | 7464638 | 6040476 | 1424162 | 635 | 1500.27 |
| 咸阳市 | 4658763 | 3620565 | 1038198 | 333 | 1689.34 |
| 渭南市 | 11377516 | 8300077 | 3077439 | 584 | 1654.48 |
| 延安市 | 485432 | 469293 | 16139 | 85 | 40.61 |
| 汉中市 | 2991055 | 1453682 | 1537373 | 485 | 346.00 |
| 榆林市 | 3152438 | 1795620 | 1356818 | 111 | 416.34 |
| 安康市 | 327188 | 67880 | 259308 | 119 | 83.09 |
| 商洛市 | 420302 | 144651 | 275651 | 53 | 33.56 |
| 杨凌示范区 | 10633 | 10633 | | 1 | 0.15 |

| 地区 | 工业二氧化硫排放量(吨) | 烟尘排放量(吨) | 烟尘去除量(吨) | 工业粉尘去除量(吨) | 废气治理设施运行费用(万元) |
|---|---|---|---|---|---|
| **全省** | **637835.87** | **277290.56** | **3655386.60** | **927950.27** | **27163.50** |
| 西安市 | 71749.25 | 38325.83 | 497093.30 | 57169.93 | 2593.80 |
| 铜川市 | 8933.21 | 2661.23 | 6882.64 | 289609.44 | 3392.10 |
| 宝鸡市 | 72284.92 | 18514.64 | 539550.32 | 121000.22 | 5799.40 |
| 咸阳市 | 131043.98 | 49277.84 | 703862.60 | 22280.70 | 2354.60 |
| 渭南市 | 245574.14 | 94300.98 | 1471574.58 | 166012.49 | 6150.00 |
| 延安市 | 4839.50 | 6760.81 | 52834.64 | 605.19 | 351.60 |
| 汉中市 | 44931.21 | 30383.69 | 237327.41 | 175785.18 | 4004.40 |
| 榆林市 | 46422.34 | 22961.63 | 142165.60 | 40350.08 | 1701.10 |
| 安康市 | 4146.84 | 3715.44 | 3184.60 | 9514.60 | 347.20 |
| 商洛市 | 7820.76 | 10361.81 | 862.91 | 45622.44 | 469.10 |
| 杨凌示范区 | 89.72 | 26.66 | 48.00 | | 0.20 |

# 主要统计指标解释

**等级运动员人数** 指经考核正式批准授予等级运动员称号的人数。运动员等级分为国际级运动健将、运动健将、一级运动员、二级运动员、三级运动员、少年级运动员。该指标主要反映运动员队伍的技术质量水平。

**等级裁判员人数** 指经考核正式批准授予等级裁判员称号的人数。裁判员等级分为国际裁判、国家级裁判、一级裁判、二级裁判、三级裁判。该指标主要反映裁判员队伍的技术质量水平。

**卫生机构** 包括医疗机构、疾病预防控制中心(防疫站)、采供血机构、卫生监督及监测(检验)机构、医学科研和在职培训机构、健康教育所等。

**医院** 包括综合医院、中医医院、中西医结合医院、各类专科医院和护理院。

**卫生技术人员** 指卫生机构中医生、护理人员、药剂人员、检验人员等卫生技术人员。

**医生** 指在医疗、预防保健机构工作且取得《执业医师证书》的执业医师和执业助理医师。

**社会福利事业单位** 指集中收养社会孤老、残、幼的机构,包括由民政部门管理的社会福利院、儿童福利院、精神病人福利院和城镇集体举办的福利院及农村集体举办的敬老院以及优抚医院和具有收养能力的社区服务中心等。

**社会福利事业单位收养人数** 包括民政部门管理和城镇、农村集体举办的社会福利事业单位中收养的老人、少年儿童、缺乏生活自理能力的残疾人员和精神病人。

**社会福利企业单位** 指以安置城镇有一定劳动能力的盲、聋、哑和肢体残疾人员就业为目的,享受国家减免税待遇的国有或集体企业。包括福利工厂、福利商业和服务业、假肢厂和安置农场等单位。

**律师** 指依法取得律师执业证书,担任法律顾问、民事(刑事、行政)案件代理人、刑事案件辩护人,办理非诉讼业务、解答法律询问,代写法律事务文书等,为社会提供法律服务的人员。

**公证人员** 指在公证处工作的人员总称,包括公证处主任、副主任、公证员、公证员助理(助理公证员)和其他从事辅助性工作的人员。

**公证文书** 指公证处根据当事人申请,依照事实和法律,按照法定程序制作的,具有法律效力的司法证明文书。根据公证书用途和使用地,公证书分为国内公证书、国内经济公证书、涉外民事公证书、涉外经济公证书四类。

**调解人员** 指在人民调解委员会担负调解民间纠纷工作的人员,包括调解委员会的委员和调解小组的调解员。

**调解民间纠纷** 指调解委员会按照法律规定,根据自愿原则,用说服教育的方法调解民间发生的有关民事权利和义务争执的件数,包括调解成功数和未调解成功数。

**受理劳动争议案件数** 指劳动争议仲裁委员会根据国家有关规定,对劳动争议当事人的申请予以审查,符合受理条件而正式立案、准备处理的劳动争议案件数。

**工业废水排放量** 指经过企业厂区所有排放口排到企业外部的工业废水量。包括生产废水、外排的直接冷却水、超标排放的矿井地下水和与工业废水混排的厂区生活污水,不包括外排的间接冷却水(清污不分流的间接冷却水应计算在内)。

**工业废水排放达标量** 指报告期内废水中各项污染物指标都达到国家或地方排放标准的外排工业废水量,包括未经处理外排达标和经污水处理厂处理后达标排放的两部分。

**工业废水处理量** 指报告期内各种水治理设施实际处理的工业废水量,包括处理后外排和处理后回用的工业废水量和虽经处理但未达到国家或地方排放标准的废水量。如车间和厂排放口均有治理设施,并对同一废水分级处理时,不应重复计算工业废水处理量。

**工业废气排放量** 指报告期内企业厂区内燃料燃烧和生产工艺过程中产生的各种排入大气的含有污染物的气体总量,按标准状态〔273K,101325Pa〕计算。

**工业二氧化硫排放量** 指报告期内企业在燃料燃烧和生产工艺过程中排入大气的二氧化硫总量。

**工业烟尘排放量** 指企业厂区内燃料燃烧过程中产生的烟气中夹带的颗粒物排放量。

**工业粉尘排放量** 指企业在生产工艺过程中排放的能在空气中悬浮一定时间的颗粒物排放量，如钢铁企业的耐火材料粉尘、焦化企业的筛焦系统粉尘、烧结机的粉尘、石灰窑的粉尘、建材企业的水泥粉尘等。不包括电厂排入大气的烟尘。

**工业固体废物产生量** 指报告期内企业在生产过程中产生的固体状、半固体状和高浓度液体状废弃物的总量,包括危险废物、冶炼废渣、粉煤灰、炉渣、煤矸石、尾矿、放射性废物和其他废物等；不包括矿山开采的剥离废石和掘进废石(煤矸石和呈酸性或碱性的废石除外)。酸性或碱性废石指采掘的废石其流经水、雨淋水的 pH 值小于 4 或 pH 值大于 10.5 者。

**工业固体废物综合利用量** 指报告期内企业通过回收、加工、循环、交换等方式,从固体废物中提取或者使其转化为可以利用的资源、能源和其他原材料的固体废物量(包括当年利用往年的工业固体废物累计贮存量),如用作农业肥料、生产建筑材料、筑路等。综合利用量由原产生固体废物的单位统计。

**工业固体废物贮存量** 指报告期内企业以综合利用或处置为目的,将固体废物暂时贮存或堆存在专设的贮存设施或专设的集中堆存场所内的数量。专设的固体废物贮存场所或贮存设施必须有防扩散、防流失、防渗漏、防止污染大气、水体的措施。

**工业固体废物处置量** 指报告期内企业将固体废物焚烧或者最终置于符合环境保护规定要求的场所,并不再回取的工业固体废物量(包括当年处置往年的工业固体废物累计贮存量)。处置方法有填埋(其中危险废物应安全填埋)、焚烧、专业贮存场(库)封场处理、深层灌注、回填矿井等。

**工业固体废物排放量** 指报告期内企业将所产生的固体废物排到固体废物污染防治设施、场所以外的数量,不包括矿山开采的剥离废石和掘进废石(煤矸石和呈酸性或碱性的废石除外)。

**"三废"综合利用产品产值** 指利用"三废"(废液、废气、废渣)作为主要原料生产的产品价值(现行价); 已经销售或准备销售的应计算产品价值,留作生产自用的不应计算产品价值。

**环境污染与破坏事故** 指由于违反环境保护法规的经济、社会活动与行为,以及意外因素的影响或不可抗拒的自然灾害等原因,致使环境受到污染,国家重点保护的野生动植物、自然保护区受到破坏,人体健康受到危害,社会经济和人民财产受到损失,造成不良社会影响的突发性事件。

# 21 企业调查资料

*QIYEDIAOCHAZILIAO*

资料整理　朱雅丽　谭静池

# 21-1 企业集团基本概况

(2003年)

| 企业集团名称 | 所属成员企业数（个） | 主要产品（或活动） | 母公司控股情况 | 母公司登记注册类型 |
|---|---|---|---|---|
| 陕西黄河工程机械集团有限责任公司 | 1 | 推土机、挖掘机、装载机 | 国有绝对控股 | 其他有限责任公司 |
| 中国西安飞机工业集团 | 22 | 飞机、航空零部件、豪华客车 | 国有绝对控股 | 其他有限责任公司 |
| 庆安集团 | 3 | 空调器压缩机 | 国有绝对控股 | 其他有限责任公司 |
| 陕西渭河煤化工集团 | 11 | 尿素、合成氨 | 国有绝对控股 | 其他有限责任公司 |
| 陕西华山化工集团 | 2 | 尿素、磷酸二铵 | 国有绝对控股 | 国有独资公司 |
| 陕西龙门钢铁集团 | 6 | 钢铁、粗钢、生铁 | 集体绝对控股 | 其他有限责任公司 |
| 宝鸡忠诚机床集团 | 9 | 金属切削机床 | 国有绝对控股 | 国有企业 |
| 陕西烽火通信集团有限公司 | 6 | 通讯电台、电子元件 | 国有绝对控股 | 其他有限责任公司 |
| 陕西秦明电子（集团）有限公司 | 9 | 心脏起搏器、传感器及变送器 | 其他 | 其他有限责任公司 |
| 陕西省双菱化工集团有限公司 | 2 | 磷酸钙、硫酸、磷酸一铵 | 国有绝对控股 | 其他有限责任公司 |
| 陕西东岭集团 | 6 | 钢材销售、锌冶炼、焦炭冶炼 | 其他 | 股份有限公司 |
| 秦川机床集团有限公司 | 5 | 金属、塑料加工机械、铸件 | 国有相对控股 | 其他有限责任公司 |
| 陕西宝光企业集团 | 5 | 真空开关管、真空开关、弹操机构 | 国有绝对控股 | 其他有限责任公司 |
| 宝鸡北方照明电器企业集团 | 2 | 电光源产品 | 国有绝对控股 | 股份有限公司 |
| 宝鸡商场（集团）股份有限公司 | 5 | 商品销售 | 国有相对控股 | 股份有限公司 |
| 西北二棉集团有限公司 | 4 | 棉纱、棉布 | 国有绝对控股 | 国有独资公司 |
| 陕西兴化企业集团 | 6 | 合成氨、硝酸铵、编织袋 | 国有绝对控股 | 国有独资公司 |
| 陕西金山电气集团有限公司 | 5 | 彩偏磁芯、恒磁、电感器件 | 国有绝对控股 | 国有独资公司 |
| 咸阳偏转集团公司 | 29 | 偏转线圈、漆包线 | 国有绝对控股 | 国有企业 |
| 陕西天王兴业集团有限公司 | 5 | 棉纱、棉布 | 国有绝对控股 | 国有独资公司 |
| 陕西宴友思集团公司 | 5 | 肉制品、纸箱、秦川牛肉 | 国有绝对控股 | 国有企业 |
| 陕西旅游集团 | 15 | 旅游服务 | 国有绝对控股 | 国有独资公司 |
| 西安解放集团股份有限公司 | 1 | 国内贸易、房地产开发、停车场 | 国有相对控股 | 股份有限公司 |
| 陕西开成集团 | 6 | 服装、布类、矿产品 | 国有绝对控股 | 国有独资公司 |
| 陕西有色金属集团 | 19 | 钼精矿、钛材、电解铝 | 国有绝对控股 | 国有独资公司 |
| 西仪集团 | 8 | 电子控制装置、1151变送器、压力仪表 | 国有绝对控股 | 国有独资公司 |
| 陕西汽车集团 | 10 | 重型、中型载重汽车、大客车底盘 | 国有绝对控股 | 其他有限责任公司 |
| 陕西建设企业集团 | 12 | 翻斗车、摊铺机、稳拌机 | 国有绝对控股 | 国有独资公司 |
| 标准工业集团 | 5 | 工业缝纫机 | 国有绝对控股 | 国有独资公司 |
| 五环集团实业有限责任公司 | 4 | 纱线、坯布 | 国有绝对控股 | 其他有限责任公司 |
| 陕西省物资产业集团总公司 | 30 | 钢材、水泥、汽车 | 国有绝对控股 | 国有企业 |
| 西安海星科技投资控股（集团）有限公司 | 7 | 饮料、计算机、超市 | 其他 | 其他有限责任公司 |
| 利君企业企业集团 | 21 | 红霉素碱、盐酸四环素、片剂 | 国有绝对控股 | 国有独资公司 |
| 陕西金叶科教集团 | 8 | 印刷服务、高新技术产业、房地产 | 国有相对控股 | 股份有限公司 |
| 西安民生集团 | 3 | 百货零售 | 国有相对控股 | 股份有限公司 |
| 西安高科集团 | 10 | 房地产经营开发、电子元气件制造、医药制造 | 国有绝对控股 | 国有企业 |
| 陕西众兴企业集团有限公司 | 5 | 汽车贸易 | 其他 | 其他有限责任公司 |
| 长安信息产业集团 | 11 | 果糖二磷酸纳粉针、果糖二磷酸纳胶囊、医疗服务 | 其他 | 股份有限公司 |
| 陕西鼓风机集团 | 4 | 风机、风机配件 | 国有绝对控股 | 国有独资公司 |
| 陕西华圣企业集团 | 7 | 投资收入、报纸传媒、果品加工销售 | 国有相对控股 | 股份有限公司 |
| 陕西建工集团总公司 | 24 | 建筑业、摊铺机、锅炉 | 国有绝对控股 | 国有企业 |
| 陕西电力银河集团 | 13 | 电缆、综合自动化、仪表 | 集体相对控股 | 其他有限责任公司 |
| 陕西省高速公路建设集团公司 | 1 | 通行费征收 | 国有绝对控股 | 国有独资公司 |
| 西安交通大学开元集团 | 8 | 可视系列产品、房地产开发与管理、阳光教育 | 国有相对控股 | 股份有限公司 |
| 西安翠宝集团 | 3 | 镶嵌首饰、宝石戒面、冰洲石 | 集体绝对控股 | 股份有限公司 |
| 金花企业集团 | 9 | 转移因子口服液、胶囊、商品零售 | 其他 | 其他有限责任公司 |
| 陕西省种业集团有限责任公司 | 4 | 种子、化肥 | 国有绝对控股 | 国有独资公司 |
| 陕西煤航数码测绘集团 | 18 | 商品销售 | 国有相对控股 | 股份有限公司 |
| 陕西秦岭水泥（集团）股份有限公司 | 7 | 水泥 | 国有相对控股 | 股份有限公司 |
| 陕西省延长石油工业集团公司 | 7 | 汽油、柴油、液化气 | 国有绝对控股 | 国有独资公司 |
| 西安东盛集团有限公司 | 16 | 白加黑、盖天力、维奥欣 | 其他 | 其他有限责任公司 |
| 陕西长岭集团 | 4 | 家用电器、纺电产品、军电产品 | 国有绝对控股 | 国有独资公司 |
| 陕西华远医药商业集团有限责任公司 | 16 | 药品批发 | 国有绝对控股 | 其他有限责任公司 |
| 宝鸡好猫实业集团有限公司 | 4 | 柔性版印刷、纸箱、铝箔纸 | 其他 | 其他有限责任公司 |
| 岐山岐星企业集团 | 13 | 水泥、电、建筑 | 其他 | 其他 |

21-1 续表 (2003年)

| 企业集团名称 | 所属成员企业数（个） | 主要产品（或活动） | 母公司控股情况 | 母公司登记注册类型 |
|---|---|---|---|---|
| 彩虹集团公司 | 14 | 彩色显象管 | 国有绝对控股 | 国有企业 |
| 陕西飞机工业(集团)有限公司 | 1 | 运八飞机系列、汉江微车系列 | 国有绝对控股 | 其他有限责任公司 |
| 陕西汉江建材集团有限公司 | 9 | 水泥、型材、纸塑复膜袋 | 国有绝对控股 | 股份有限公司 |
| 西安中药集团 | 25 | 中成药销售 | 国有绝对控股 | 国有独资公司 |
| 西安银桥企业集团 | 3 | 奶粉、液奶 | 集体相对控股 | 股份有限公司 |
| 西安东方机电（集团）有限公司 | 10 | 空调压缩机、摩托车、生产机械 | 国有绝对控股 | 国有独资公司 |
| 陕西煤炭运销集团 | 1 | 煤炭销售 | 国有绝对控股 | 其他有限责任公司 |
| 西安西无二电子信息企业集团 | 3 | 行输出变压器、压敏电阻器、安全交流电容器 | 国有绝对控股 | 国有独资公司 |
| 陕西唐华纺织印染集团 | 6 | 棉纱、棉布 | 国有绝对控股 | 国有独资公司 |
| 陕西东隆企业集团 | 5 | 汽车制造、汽车销售 | 其他 | 其他有限责任公司 |
| 长庆实业集团 | 17 | 原油批发、原油、石油建筑安装服务 | 集体绝对控股 | 其他有限责任公司 |
| 陕西广电网络传媒集团 | 4 | 广告代理、有限电视、影视剧 | 国有绝对控股 | 股份有限公司 |
| 西安秦骊置业集团 | 4 | 超级市场零售、房地产开发 | 其他 | 其他有限责任公司 |
| 西安航空发动机集团 | 8 | 航空发动机零部件、铝型材、剑杆织机 | 国有绝对控股 | 其他有限责任公司 |
| 西安饮食服务（集团）股份有限公司 | 3 | 餐饮、住宿、零售 | 国有相对控股 | 股份有限公司 |
| 西安立丰企业集团 | 6 | 批发及零售业、娱乐业、房地产 | 其他 | 其他有限责任公司 |
| 陕西石羊（集团）股份有限公司 | 13 | 食用植物油加工、饲料加工 | 其他 | 股份有限公司 |
| 西安航天恒星集团 | 5 | 微波射频部件、卫星导航接收机、卫星通讯地面天线 | 国有绝对控股 | 国有独资公司 |
| 西安旅游集团 | 10 | 旅游饭店服务、旅行社 | 国有绝对控股 | 国有独资公司 |
| 西安鼎天科技实业集团 | 12 | 移动通讯设备、双烯醇酮、腐殖酸有机液肥 | 其他 | 其他有限责任公司 |
| 西安昆仑工业集团 | 15 | 军品生产与销售 | 国有绝对控股 | 其他有限责任公司 |
| 陕西省通达公路建设集团 | 1 | 公路施工 | 国有绝对控股 | 其他有限责任公司 |
| 中国西电集团 | 19 | 全封闭组合电器、变压器、高压电瓷 | 国有绝对控股 | 国有企业 |
| 陕西伟志集团 | 5 | 服装 | 其他 | 股份有限公司 |
| 渭南市白杨集团 | 4 | 脂肪酸、洗衣粉 | 其他 | 其他有限责任公司 |
| 陕西毅武集团 | 2 | 方便面、纯净水、白酒 | 其他 | 股份有限公司 |
| 陕西咸阳505医药保健总公司 | 1 | 505神功系列产品 | 其他 | 其他 |
| 咸阳西北医疗器械集团有限公司 | 1 | 牙科综合治疗机、手用机、技工设备 | 国有绝对控股 | 其他有限责任公司 |
| 陕西兴包企业集团有限责任公司 | 1 | 生活纸、高瓦纸、蛋托盘 | 其他 | 其他有限责任公司 |
| 陕西咸阳五鑫集团有限公司 | 1 | 商品批零 | 国有绝对控股 | 国有企业 |
| 陕西丹尼尔企业集团 | 4 | 房产开发 | 其他 | 港澳台合资企业 |
| 西安中富实业集团 | 5 | 树苗销售、房地产开发 | 其他 | 其他有限责任公司 |
| 西安太阳食品集团公司 | 1 | 阿香婆酱、锅巴、调味品 | 国有绝对控股 | 国有企业 |
| 陕西精密金属（集团）有限责任公司 | 2 | 钢锭、钢材 | 国有绝对控股 | 其他有限责任公司 |
| 西安金龟寿药业集团公司 | 2 | 咽炎片、龟鹿滋肾丸、食道平 | 其他 | 其他 |
| 西安糖酒副食企业集团 | 6 | 糖酒副食品 | 国有绝对控股 | 国有企业 |
| 陕西伟达（集团）有限公司 | 4 | 纺织品（布）、棉纱 | 其他 | 其他有限责任公司 |
| 山海丹企业集团 | 5 | 山海丹胶囊 | 国有绝对控股 | 国有企业 |
| 西安友谊集团公司 | 2 | 百货零售 | 国有绝对控股 | 国有企业 |
| 西安华通集团 | 2 | 电缆、电线、有色金属 | 其他 | 其他有限责任公司 |
| 西安三宝双喜集团 | 1 | 补肾十七味膏剂、荣发胶囊、肾阳胶囊 | 集体绝对控股 | 其他 |
| 西安福乐集团 | 5 | 弹簧软床垫、沙发两用床 | 集体绝对控股 | 港澳台合资企业 |
| 西安永德信企业集团 | 4 | 沥青销售收入、钢材销售、床上用品 | 其他 | 其他有限责任公司 |
| 陕西老三界企业集团 | 3 | 房地产开发 | 其他 | 其他有限责任公司 |
| 煤航集团 | 5 | 建筑施工收入、测绘收入、商业零售 | 国有绝对控股 | 国有企业 |
| 西安荣华企业集团 | 4 | 房地产、硝酸锂 | 其他 | 其他有限责任公司 |
| 西安市骊山乳业集团 | 3 | 奶粉、液态奶、纸箱 | 国有绝对控股 | 国有企业 |
| 西安唐城百货服装企业集团 | 1 | 商品零售 | 国有绝对控股 | 股份有限公司 |
| 万鼎企业集团 | 4 | 计算机销售 | 其他 | 其他有限责任公司 |
| 西安航通新技术产业（集团）有限公司 | 1 | 仪器仪表销售 | 其他 | 其他有限责任公司 |
| 陕西怡兰企业集团 | 7 | 出租汽车、物业管理 | 其他 | 其他有限责任公司 |
| 陕西西安新大陆集团有限公司 | 3 | 房地产开发、建筑装饰、物业管理 | 其他 | 其他有限责任公司 |
| 西安华洋建材集团 | 4 | 柴油机、陶瓷地砖 | 国有绝对控股 | 国有独资公司 |
| 陕西省农工贸集团 | 9 | 农业物资、果汁 | 国有绝对控股 | 国有企业 |
| 陕西安康天宝集团有限公司 | 3 | 葛根黄酮、薯芋皂素、书刊印刷 | 其他 | 其他有限责任公司 |
| 陕西荣民集团 | 3 | 房地产开发 | 其他 | 其他有限责任公司 |

# 21-2 企业集团主要经济指标

(2003年) 单位：万元

| 分组 | 单位数（个） | 年末资产总计 | 固定资产原值 | 累计折旧 | 本年折旧 | 存货 | 流动资产年平均余额 |
|---|---|---|---|---|---|---|---|
| 总计 | 111 | 18453897 | 8202671 | 2821089 | 432635 | 2820921 | 8598245 |
| **按集团审批部门分** | | | | | | | |
| 国务院 | 2 | 1617905 | 882573 | 431833 | 28715 | 247829 | 864347 |
| 国务院主管部门 | 6 | 1378682 | 640259 | 249171 | 27736 | 256244 | 653045 |
| 省级人民政府 | 28 | 7334878 | 4172441 | 1433115 | 271055 | 729392 | 2947199 |
| 省级人民政府主管部门 | 38 | 3885021 | 1636987 | 423346 | 60362 | 532525 | 1718022 |
| 其他 | 37 | 4237411 | 870411 | 283624 | 44767 | 1054931 | 2415632 |
| **按母公司控股情况分** | | | | | | | |
| 国有绝对控股 | 61 | 13628331 | 6722085 | 2528784 | 371643 | 2182540 | 6505349 |
| 国有相对控股 | 10 | 1021205 | 457485 | 122405 | 24186 | 104645 | 470314 |
| 集体绝对控股 | 5 | 716345 | 218942 | 52883 | 9883 | 65260 | 326624 |
| 集体相对控股 | 2 | 185075 | 34675 | 9593 | 2163 | 16761 | 80498 |
| 其他 | 33 | 2902941 | 769484 | 107424 | 24760 | 451715 | 1215460 |
| **按集团主营行业分** | | | | | | | |
| 第一产业 | 2 | 176602 | 40653 | 4557 | 1989 | 23907 | 68598 |
| 农、林、牧、渔业 | 2 | 176602 | 40653 | 4557 | 1989 | 23907 | 68598 |
| 第二产业 | 74 | 14999957 | 7351301 | 2634246 | 392875 | 1930146 | 6613183 |
| 工业 | 70 | 12831537 | 6522890 | 2438310 | 375721 | 1795298 | 5723691 |
| 采矿业 | 2 | 2109051 | 1985439 | 841848 | 213118 | 215392 | 688550 |
| 制造业 | 68 | 10722486 | 4537451 | 1596462 | 162603 | 1579906 | 5035141 |
| 建筑业 | 4 | 2168420 | 828411 | 195936 | 17154 | 134848 | 889492 |
| 第三产业 | 35 | 3277338 | 810717 | 182286 | 37771 | 866868 | 1916464 |
| 交通运输、仓储和邮政业 | 1 | 17659 | 7702 | 202 | 33 | 347 | 3899 |
| 批发和零售业 | 21 | 1162880 | 414301 | 88593 | 19091 | 199263 | 658854 |
| 住宿和餐饮业 | 2 | 181064 | 58637 | 15711 | 2553 | 4766 | 66912 |
| 房地产业 | 6 | 1356316 | 89398 | 17955 | 5572 | 634598 | 984079 |
| 其他 | 5 | 559419 | 240679 | 59825 | 10522 | 27894 | 202720 |
| **按母公司登记注册类型分** | | | | | | | |
| 国有企业 | 16 | 4117228 | 1387371 | 565547 | 43477 | 976808 | 2638653 |
| 公司制企业 | 91 | 14279604 | 6772520 | 2244041 | 387072 | 1838702 | 5945817 |
| 国有独资企业 | 24 | 5703102 | 3787396 | 1419587 | 262317 | 475658 | 1950984 |
| 其他有限责任公司 | 45 | 6671987 | 2312398 | 667493 | 89378 | 1128682 | 3119701 |
| 股份有限公司 | 20 | 1738652 | 659951 | 153864 | 34848 | 191789 | 784076 |
| 港澳台合资企业 | 2 | 165863 | 12775 | 3097 | 529 | 42573 | 91056 |
| 其他 | 4 | 57065 | 42780 | 11501 | 2086 | 5411 | 13775 |

21-2 续表1 (2003年) 单位：万元

| 分 组 | 年末负债合计 | 流动负债 | 年末股东权益总计 | 股 本 | 营业收入 | 主营业务收入 | 主营业务成本 |
|---|---|---|---|---|---|---|---|
| 总 计 | 11945224 | 8913142 | 6508673 | 3229138 | 9773586 | 9642980 | 7507540 |
| 按集团审批部门分 | | | | | | | |
| 国务院 | 896223 | 804579 | 721682 | 249966 | 1193099 | 1160023 | 940177 |
| 国务院主管部门 | 856705 | 681234 | 521977 | 390486 | 477659 | 476034 | 391108 |
| 省级人民政府 | 4859025 | 3409943 | 2475853 | 1091435 | 3655784 | 3615082 | 2552196 |
| 省级人民政府主管部门 | 2596981 | 1786702 | 1288040 | 751161 | 2902495 | 2859652 | 2430665 |
| 其 他 | 2736290 | 2230684 | 1501121 | 746090 | 1544549 | 1532189 | 1193394 |
| 按母公司控股情况分 | | | | | | | |
| 国有绝对控股 | 9386306 | 6851451 | 4242025 | 2367398 | 7007129 | 6921012 | 5327796 |
| 国有相对控股 | 571409 | 475146 | 449796 | 233382 | 574940 | 550029 | 420998 |
| 集体绝对控股 | 447781 | 390530 | 268564 | 85659 | 356710 | 356032 | 305715 |
| 集体相对控股 | 127248 | 92527 | 57827 | 26519 | 88469 | 81622 | 56017 |
| 其 他 | 1412480 | 1103488 | 1490461 | 516180 | 1746338 | 1734285 | 1397014 |
| 按集团主营行业分 | | | | | | | |
| 第一产业 | 82651 | 70764 | 93951 | 28245 | 56397 | 55775 | 41001 |
| 农、林、牧、渔业 | 82651 | 70764 | 93951 | 28245 | 56397 | 55775 | 41001 |
| 第二产业 | 9586754 | 7000232 | 5413203 | 2564759 | 7905239 | 7790164 | 5945440 |
| 工 业 | 8035859 | 6186609 | 4795678 | 2354562 | 7314328 | 7222107 | 5617415 |
| 采矿业 | 1315656 | 1036026 | 793395 | 285544 | 1753015 | 1748932 | 1251766 |
| 制造业 | 6720203 | 5150583 | 4002283 | 2069018 | 5561313 | 5473175 | 4365649 |
| 建筑业 | 1550895 | 813623 | 617525 | 210197 | 590911 | 568057 | 328025 |
| 第三产业 | 2275819 | 1842146 | 1001519 | 636134 | 1811950 | 1797041 | 1521099 |
| 交通运输、仓储和邮政业 | 4989 | 4989 | 12670 | 6820 | 3907 | 3759 | 3085 |
| 批发和零售业 | 845246 | 762895 | 317634 | 261263 | 1198231 | 1184193 | 1068208 |
| 住宿和餐饮业 | 90600 | 66262 | 90464 | 55695 | 48925 | 48925 | 23758 |
| 房地产业 | 980198 | 775165 | 376118 | 201597 | 381037 | 380967 | 304011 |
| 其 他 | 354786 | 232835 | 204633 | 110759 | 179850 | 179197 | 122037 |
| 按母公司登记注册类型分 | | | | | | | |
| 国有企业 | 2881432 | 2498070 | 1235796 | 615496 | 2296987 | 2239959 | 1710549 |
| 公司制企业 | 9021437 | 6392912 | 5258167 | 2601822 | 7447642 | 7374064 | 5774336 |
| 国有独资企业 | 3738715 | 2366150 | 1964387 | 940662 | 2870926 | 2849962 | 2069106 |
| 其他有限责任公司 | 4229912 | 3162939 | 2442075 | 1350395 | 3420709 | 3395285 | 2802649 |
| 股份有限公司 | 978455 | 791479 | 760197 | 296262 | 1145356 | 1118217 | 896657 |
| 港澳台合资企业 | 74355 | 72344 | 91508 | 14503 | 10651 | 10600 | 5924 |
| 其 他 | 42355 | 22160 | 14710 | 11820 | 28957 | 28957 | 22655 |

21-2 续表2 (2003年) 单位：万元

| 分 组 | 主营业务税金及附加 | 其他业务收入 | 新产品销售收入 | 存货跌价损失和营业、管理、财务等费用合计 | 税 金 | 投资收益 | 营业外收入 |
|---|---|---|---|---|---|---|---|
| 总 计 | 166391 | 130606 | 806428 | 1467461 | 31254 | 48794 | 24697 |
| **按集团审批部门分** | | | | | | | |
| 国务院 | 5258 | 33076 | 87461 | 156001 | 3010 | 2515 | 1941 |
| 国务院主管部门 | 4031 | 1625 | 162275 | 94898 | 813 | 6708 | 2368 |
| 省级人民政府 | 122970 | 40702 | 177312 | 615860 | 9217 | 12514 | 5463 |
| 省级人民政府主管部门 | 14820 | 42843 | 217832 | 319380 | 8175 | 18186 | 9801 |
| 其 他 | 19312 | 12360 | 161548 | 281322 | 10039 | 8871 | 5124 |
| **按母公司控股情况分** | | | | | | | |
| 国有绝对控股 | 133554 | 86117 | 786253 | 1053261 | 17985 | 34429 | 17055 |
| 国有相对控股 | 10840 | 24911 | 8346 | 153560 | 3354 | 5357 | 4040 |
| 集体绝对控股 | 2544 | 678 | | 29915 | 5425 | 845 | 123 |
| 集体相对控股 | 415 | 6847 | | 17855 | 726 | 758 | 2345 |
| 其 他 | 19038 | 12053 | 11829 | 212870 | 3764 | 7405 | 1134 |
| **按集团主营行业分** | | | | | | | |
| 第一产业 | 245 | 622 | | 12544 | 619 | 818 | 24 |
| 农、林、牧、渔业 | 245 | 622 | | 12544 | 619 | 818 | 24 |
| 第二产业 | 143617 | 115075 | 806313 | 1170405 | 19555 | 43634 | 21448 |
| 工 业 | 129327 | 92221 | 806313 | 1098742 | 18263 | 42310 | 18885 |
| 采矿业 | 89251 | 4083 | 12566 | 159676 | 3142 | 1503 | 1104 |
| 制造业 | 40076 | 88138 | 793747 | 939066 | 15121 | 40807 | 17781 |
| 建筑业 | 14290 | 22854 | | 71663 | 1292 | 1324 | 2563 |
| 第三产业 | 22529 | 14909 | 115 | 284512 | 11080 | 4342 | 3225 |
| 交通运输、仓储和邮政业 | 97 | 148 | | 631 | 106 | | |
| 批发和零售业 | 3665 | 14038 | | 155698 | 8566 | 1875 | 2122 |
| 住宿和餐饮业 | 1694 | | | 22504 | 467 | 1036 | 123 |
| 房地产业 | 13019 | 70 | 115 | 50364 | 1045 | 589 | 559 |
| 其 他 | 4054 | 653 | | 55315 | 896 | 842 | 421 |
| **按母公司登记注册类型分** | | | | | | | |
| 国有企业 | 27951 | 57028 | 182748 | 280580 | 6454 | 4448 | 5011 |
| 公司制企业 | 138215 | 73578 | 623680 | 1181799 | 24719 | 44346 | 19685 |
| 国有独资企业 | 100775 | 20964 | 205298 | 487994 | 8096 | 19246 | 7872 |
| 其他有限责任公司 | 26129 | 25424 | 414353 | 478742 | 12619 | 18812 | 6340 |
| 股份有限公司 | 10821 | 27139 | 4029 | 211196 | 3884 | 6288 | 5473 |
| 港澳台合资企业 | 490 | 51 | | 3867 | 120 | | |
| 其 他 | 225 | | | 5082 | 81 | | 1 |

21-2 续表3

(2003年)

单位：万元

| 分　　组 | 利润总额 | 应交所得税 | 应交增值税 | 固定资产投资完成额 | 研究开发费用 | 从业人员年末人数（人） |
|---|---|---|---|---|---|---|
| 总　计 | 389363 | 105067 | 284101 | 1159231 | 212941 | 369665 |
| **按集团审批部门分** | | | | | | |
| 国务院 | 67725 | 18522 | 48386 | 47029 | 37032 | 34768 |
| 国务院主管部门 | 9317 | 1070 | 7924 | 63229 | 39199 | 42284 |
| 省级人民政府 | 152530 | 55615 | 123338 | 765728 | 21411 | 139657 |
| 省级人民政府主管部门 | 124518 | 14700 | 71822 | 142872 | 21686 | 89578 |
| 其　他 | 35273 | 15160 | 32631 | 140373 | 93613 | 63378 |
| **按母公司控股情况分** | | | | | | |
| 国有绝对控股 | 300297 | 72185 | 215036 | 922150 | 197532 | 298457 |
| 国有相对控股 | -13544 | 12630 | 16036 | 37170 | 6816 | 20442 |
| 集体绝对控股 | 4844 | 3401 | 19476 | 53397 | 42 | 7928 |
| 集体相对控股 | 4536 | 284 | 3869 | 6191 | 1398 | 2730 |
| 其　他 | 93230 | 16567 | 29684 | 140323 | 7153 | 40108 |
| **按集团主营行业分** | | | | | | |
| 第一产业 | 2855 | 1077 | -385 | 19685 | 182 | 2066 |
| 农、林、牧、渔业 | 2855 | 1077 | -385 | 19685 | 182 | 2066 |
| 第二产业 | 393833 | 86522 | 261947 | 1062977 | 211979 | 321361 |
| 工　业 | 387395 | 83680 | 259885 | 486865 | 211979 | 293908 |
| 采矿业 | 215618 | 31740 | 78801 | 41681 | 1739 | 42894 |
| 制造业 | 171777 | 51940 | 181084 | 445184 | 210240 | 251014 |
| 建筑业 | 6438 | 2842 | 2062 | 576112 | | 27453 |
| 第三产业 | -7325 | 17468 | 22539 | 76569 | 780 | 46238 |
| 交通运输、仓储和邮政业 | 60 | 30 | | | 10 | 1369 |
| 批发和零售业 | -31138 | 6035 | 17997 | 45634 | 56 | 22601 |
| 住宿和餐饮业 | 2280 | 875 | 175 | 1309 | | 5654 |
| 房地产业 | 16419 | 7088 | 2469 | 3240 | 614 | 5845 |
| 其　他 | 5054 | 3440 | 1898 | 26386 | 100 | 10769 |
| **按母公司登记注册类型分** | | | | | | |
| 国有企业 | 80358 | 27364 | 55814 | 51631 | 39315 | 74559 |
| 公司制企业 | 308346 | 77688 | 226982 | 1092500 | 173589 | 290618 |
| 国有独资企业 | 184176 | 41559 | 122509 | 716959 | 20771 | 127501 |
| 其他有限责任公司 | 117563 | 20832 | 76784 | 291951 | 147830 | 131225 |
| 股份有限公司 | 6312 | 15213 | 27368 | 83590 | 4988 | 31196 |
| 港澳台合资企业 | 295 | 84 | 321 | | | 696 |
| 其　他 | 659 | 15 | 1305 | 15100 | 37 | 4488 |

# 21-3 企业集团主要经济效益指标

（2003年）

单位：%

| 分组 | 净资产收益率 | 总资产报酬率 | 销售利润率 | 资本保值增值率 | 成本费用利润率 | 资产利税率 | 总资产使用率 | 劳动生产率（万元/人） |
|---|---|---|---|---|---|---|---|---|
| 总计 | 4.37 | 3.28 | 3.98 | 111.17 | 4.34 | 4.55 | 52.25 | 26.44 |
| 按集团审批部门分 | | | | | | | | |
| 国务院 | 6.82 | 5.01 | 5.68 | 107.75 | 6.18 | 7.50 | 71.70 | 34.32 |
| 国务院主管部门 | 1.58 | 2.17 | 1.95 | 104.51 | 1.92 | 1.54 | 34.53 | 11.30 |
| 省级人民政府 | 3.91 | 3.30 | 4.17 | 104.65 | 4.81 | 5.44 | 49.29 | 26.18 |
| 省级人民政府主管部门 | 8.53 | 4.54 | 4.29 | 120.40 | 4.53 | 5.44 | 73.61 | 32.40 |
| 其他 | 1.34 | 1.79 | 2.28 | 120.12 | 2.39 | 2.06 | 36.16 | 24.37 |
| 按母公司控股情况分 | | | | | | | | |
| 国有绝对控股 | 5.38 | 3.36 | 4.29 | 108.51 | 4.71 | 4.76 | 50.78 | 23.48 |
| 国有相对控股 | -5.82 | 0.26 | -2.36 | 93.15 | -2.36 | 1.31 | 53.86 | 28.13 |
| 集体绝对控股 | 0.54 | 1.68 | 1.36 | 96.50 | 1.44 | 3.75 | 49.70 | 44.99 |
| 集体相对控股 | 7.35 | 2.86 | 5.13 | 110.09 | 6.14 | 4.77 | 44.10 | 32.41 |
| 其他 | 5.14 | 4.38 | 5.34 | 131.74 | 5.79 | 4.89 | 59.74 | 43.54 |
| 按集团主营行业分 | | | | | | | | |
| 第一产业 | 1.89 | 3.05 | 5.06 | 96.30 | 5.33 | 1.54 | 31.58 | 27.30 |
| 农、林、牧、渔业 | 1.89 | 3.05 | 5.06 | 96.30 | 5.33 | 1.54 | 31.58 | 27.30 |
| 第二产业 | 5.68 | 3.81 | 4.98 | 110.90 | 5.53 | 5.33 | 51.93 | 24.60 |
| 工业 | 6.33 | 4.20 | 5.30 | 111.52 | 5.77 | 6.05 | 56.28 | 24.89 |
| 采矿业 | 23.18 | 11.41 | 12.30 | 127.72 | 15.28 | 18.19 | 82.93 | 40.87 |
| 制造业 | 2.99 | 2.79 | 3.09 | 108.78 | 3.24 | 3.66 | 51.04 | 22.16 |
| 建筑业 | 0.58 | 1.52 | 1.09 | 106.32 | 1.61 | 1.05 | 26.20 | 21.52 |
| 第三产业 | -2.48 | 0.84 | -0.40 | 114.37 | -0.41 | 1.15 | 54.83 | 39.19 |
| 交通运输、仓储和邮政业 | 0.24 | 1.95 | 1.54 | 271.66 | 1.61 | 0.89 | 21.29 | 2.85 |
| 批发和零售业 | -11.70 | -1.38 | -2.60 | 95.68 | -2.54 | -0.81 | 101.83 | 53.02 |
| 住宿和餐饮业 | 1.55 | 1.86 | 4.66 | 130.65 | 4.93 | 2.29 | 27.02 | 8.65 |
| 房地产业 | 2.48 | 1.78 | 4.31 | 134.83 | 4.63 | 2.35 | 28.09 | 65.19 |
| 其他 | 0.79 | 2.78 | 2.81 | 107.22 | 2.85 | 1.97 | 32.03 | 16.70 |
| 按母公司登记注册类型分 | | | | | | | | |
| 国有企业 | 4.29 | 2.86 | 3.50 | 109.71 | 4.04 | 3.99 | 54.40 | 30.81 |
| 公司制企业 | 4.39 | 3.39 | 4.14 | 111.59 | 4.43 | 4.72 | 51.64 | 25.63 |
| 国有独资企业 | 7.26 | 4.49 | 6.42 | 108.39 | 7.20 | 7.14 | 49.97 | 22.52 |
| 其他有限责任公司 | 3.96 | 2.95 | 3.44 | 117.36 | 3.58 | 3.30 | 50.89 | 26.07 |
| 股份有限公司 | -1.17 | 1.80 | 0.55 | 100.26 | 0.57 | 2.56 | 64.32 | 36.71 |
| 港澳台合资企业 | 0.23 | 0.35 | 2.77 | 151.03 | 3.01 | 0.67 | 6.39 | 15.30 |
| 其他 | 4.38 | 4.22 | 2.28 | 91.73 | 2.38 | 3.84 | 50.74 | 6.45 |

21-3 续表　　　　　　　　　　　　　（2003年）　　　　　　　　　　　　　单位：%

| 分　　组 | 流动资产比　率 | 资　金利润率 | 资　产负债率 | 长期负债与资产总计比　率 | 流动比率 | 速动比率 | 新产品销售收入与营业收入比率 | 研究开发费用与主营业务收入比率 |
|---|---|---|---|---|---|---|---|---|
| 总　　计 | 46.59 | 2.79 | 64.73 | 16.43 | 96.47 | 64.82 | 8.25 | 2.21 |
| **按集团审批部门分** | | | | | | | | |
| 国务院 | 53.42 | 5.15 | 55.39 | 5.66 | 107.43 | 76.63 | 7.33 | 3.19 |
| 国务院主管部门 | 47.37 | 0.89 | 62.14 | 12.73 | 95.86 | 58.25 | 33.97 | 8.23 |
| 省级人民政府 | 40.18 | 2.68 | 66.25 | 19.76 | 86.43 | 65.04 | 4.85 | 0.59 |
| 省级人民政府主管部门 | 44.22 | 4.25 | 66.85 | 20.86 | 96.16 | 66.35 | 7.50 | 0.76 |
| 其　他 | 57.01 | 1.17 | 64.57 | 11.93 | 108.29 | 61.00 | 10.46 | 6.11 |
| **按母公司控股情况分** | | | | | | | | |
| 国有绝对控股 | 47.73 | 2.81 | 68.87 | 18.60 | 94.95 | 63.09 | 11.22 | 2.85 |
| 国有相对控股 | 46.05 | -1.68 | 55.95 | 9.43 | 98.98 | 76.96 | 1.45 | 1.24 |
| 集体绝对控股 | 45.60 | 0.98 | 62.51 | 7.99 | 83.64 | 66.93 | | 0.01 |
| 集体相对控股 | 43.49 | 4.30 | 68.75 | 18.76 | 87.00 | 68.88 | | 1.71 |
| 其　他 | 41.87 | 4.97 | 48.66 | 10.64 | 110.15 | 69.21 | 0.68 | 0.41 |
| **按集团主营行业分** | | | | | | | | |
| 第一产业 | 38.84 | 2.73 | 46.80 | 6.73 | 96.94 | 63.15 | | 0.33 |
| 农、林、牧、渔业 | 38.84 | 2.73 | 46.80 | 6.73 | 96.94 | 63.15 | | 0.33 |
| 第二产业 | 44.09 | 3.48 | 63.91 | 17.24 | 94.47 | 66.90 | 10.20 | 2.72 |
| 工　业 | 44.61 | 3.95 | 62.63 | 14.41 | 92.52 | 63.50 | 11.02 | 2.94 |
| 采矿业 | 32.65 | 11.77 | 62.38 | 13.26 | 66.46 | 45.67 | 0.72 | 0.10 |
| 制造业 | 46.96 | 2.15 | 62.67 | 14.64 | 97.76 | 67.08 | 14.27 | 3.84 |
| 建筑业 | 41.02 | 0.42 | 71.52 | 34.00 | 109.32 | 92.75 | | |
| 第三产业 | 58.48 | -0.29 | 69.44 | 13.23 | 104.03 | 56.98 | 0.01 | 0.04 |
| 交通运输、仓储和邮政业 | 22.08 | 0.53 | 28.25 | | 78.15 | 71.20 | | 0.27 |
| 批发和零售业 | 56.66 | -3.16 | 72.69 | 7.08 | 86.36 | 60.24 | | |
| 住宿和餐饮业 | 36.95 | 2.08 | 50.04 | 13.44 | 100.98 | 93.79 | | |
| 房地产业 | 72.56 | 1.56 | 72.27 | 15.12 | 126.95 | 45.08 | 0.03 | 0.16 |
| 其　他 | 36.24 | 1.32 | 63.42 | 21.80 | 87.07 | 75.09 | | 0.06 |
| **按母公司登记注册类型分** | | | | | | | | |
| 国有企业 | 64.09 | 2.32 | 69.98 | 9.31 | 105.63 | 66.53 | 7.96 | 1.76 |
| 公司制企业 | 41.64 | 2.94 | 63.18 | 18.41 | 93.01 | 64.24 | 8.37 | 2.35 |
| 国有独资企业 | 34.21 | 4.26 | 65.56 | 24.07 | 82.45 | 62.35 | 7.15 | 0.73 |
| 其他有限责任公司 | 46.76 | 2.47 | 63.40 | 15.99 | 98.63 | 62.95 | 12.11 | 4.35 |
| 股份有限公司 | 45.10 | 0.49 | 56.28 | 10.75 | 99.06 | 74.83 | 0.35 | 0.45 |
| 港澳台合资企业 | 54.90 | 0.29 | 44.83 | 1.21 | 125.87 | 67.02 | | |
| 其　他 | 24.14 | 1.46 | 74.22 | 35.39 | 62.16 | 37.74 | | 0.13 |

# 21-4 建立现代企业制度重点监测企业主要经济指标

单位:万元

| 指 标 | 2000年 | 2001年 | 2002年 | 2003年 |
|---|---|---|---|---|
| 调查企业单位数（个） | 107 | 138 | 150 | 150 |
| 工业总产值 | 5639653 | 7466241 | 9528393 | 11717519 |
| 建筑业总产值 | 293010 | 124258 | 505586 | 617308 |
| 商品销售总额 | 377005 | 288922 | 952700 | 795833 |
| 进出口总额（万美元） | 4548 | 1769 | 4759 | 5173 |
| 年末资产总计 | 15580297 | 20968231 | 24299942 | 28964458 |
| # 固定资产净值 | 7151829 | 13364439 | 10369623 | 12553183 |
| 累计对外投资 | 388155 | 779012 | 1102028 | 1025766 |
| 存 货 | 1583066 | 2282486 | 2908320 | 3263159 |
| 流动资产年平均余额 | 5744007 | 8091845 | 9968869 | 10752177 |
| 年末负债合计 | 10421956 | 12680186 | 14856959 | 17798157 |
| # 流动负债 | 6350374 | 7868783 | 9548175 | 11057987 |
| 年末股东（所有者）权益合计 | 5158332 | 8288045 | 9442983 | 11166301 |
| # 股本（实收资本） | 2258944 | 4351987 | 4467820 | 4977983 |
| 主营业务收入 | 7133358 | 9139287 | 11262841 | 14334872 |
| # 主营业务成本 | 5516405 | 6970965 | 8513648 | 10813623 |
| 主营业务税金及附加 | 174941 | 236863 | 297168 | 345864 |
| # 出口额 | 238549 | 358977 | 499658 | 603689 |
| 其它业务收入 | 121357 | 275615 | 247553 | 283684 |
| 新产品销售收入 |  | 805556 | 831972 | 1248115 |
| 营业、管理、财务等费用合计 | 837269 | 1390365 | 1541062 | 1971830 |
| # 利息支出 | 259035 | 295371 | 337845 | 373237 |
| 利润总额 | 520905 | 648427 | 890391 | 1271944 |
| 应交所得税 | 63678 | 141838 | 176665 | 240077 |
| 应缴增值税 | 395263 | 426834 | 528020 | 702297 |
| 投资收益 | 35832 | 38099 | 35712 | 59934 |
| 研究开发费用 | 75295 | 139641 | 138671 | 166826 |

# 21-5 建立现代企业制度重点监测企业分组主要经济指标

(2003年)

单位:万元

| 分组 | 企业数(个) | 注册资本金 | 资产总计 | 负债合计 | 净资产 | 销售收入 | 利润总额 |
|---|---|---|---|---|---|---|---|
| 总计 | 150 | 4503811 | 28964458 | 17798157 | 11166301 | 14618506 | 1271944 |
| **按控股情况分** | | | | | | | |
| 国有及国有控股 | 120 | 3870214 | 25388519 | 15993229 | 9395290 | 12156547 | 1023947 |
| 国有绝对控股 | 99 | 3520343 | 23951661 | 15132223 | 8819438 | 11372920 | 1098365 |
| 国有相对控股 | 21 | 349871 | 1436858 | 861006 | 575852 | 783627 | -74418 |
| 集体控股小计 | 8 | 73238 | 698649 | 456722 | 241927 | 707393 | 25220 |
| 集体绝对控股 | 6 | 68808 | 689103 | 452918 | 236185 | 698079 | 24645 |
| 集体相对控股 | 2 | 4430 | 9546 | 3804 | 5742 | 9314 | 575 |
| 其他 | 22 | 560359 | 2877290 | 1348206 | 1529084 | 1754566 | 222777 |
| **按主营行业分** | | | | | | | |
| 农、林、牧、渔业 | 1 | 12882 | 110561 | 56886 | 53675 | 47121 | 1710 |
| 工业 | 125 | 3951893 | 24468774 | 14691656 | 9777118 | 12867425 | 1249363 |
| 采矿业 | 6 | 548944 | 6791561 | 3473593 | 3317968 | 3096766 | 686869 |
| 制造业 | 111 | 2709345 | 13799079 | 8838433 | 4960646 | 8264089 | 487320 |
| 电力、燃气及水的生产和供应业 | 8 | 693604 | 3878134 | 2379630 | 1498504 | 1506570 | 75174 |
| 建筑业 | 2 | 106743 | 1323650 | 880333 | 443317 | 127674 | 5600 |
| 交通运输、仓储和邮政业 | 1 | 22000 | 143780 | 127912 | 15868 | 67533 | 9090 |
| 信息传输、计算机服务和软件业 | 2 | 20975 | 90731 | 54072 | 36659 | 25454 | 5062 |
| 批发和零售业 | 12 | 136641 | 1041759 | 697077 | 344682 | 1009450 | -10811 |
| 住宿和餐饮业 | 2 | 33922 | 131703 | 65355 | 66348 | 40892 | 3503 |
| 金融业 | 1 | 31419 | 218561 | 177857 | 40704 | 12580 | 360 |
| 房地产业 | 1 | 150000 | 1082219 | 833847 | 248372 | 344042 | 16495 |
| 租赁和商务服务业 | 2 | 31650 | 328075 | 203197 | 124878 | 64331 | -9458 |
| 科学研究、技术服务和地质勘查业 | 1 | 5686 | 24645 | 9965 | 14680 | 12004 | 1030 |
| **按登记注册类型分** | | | | | | | |
| 国有企业 | 29 | 1271476 | 6138584 | 3762678 | 2375906 | 3557130 | 135407 |
| 公司制企业 | 121 | 3232335 | 22825874 | 14035479 | 8790395 | 11061376 | 1136537 |
| 国有独资企业 | 19 | 408583 | 5517937 | 3834004 | 1683933 | 2457196 | 227037 |
| 其他有限责任公司 | 52 | 1956453 | 10034085 | 6622076 | 3412009 | 4768545 | 156102 |
| 股份有限公司 | 46 | 643618 | 6679039 | 3348966 | 3330073 | 3348221 | 633906 |
| 中外合资企业 | 2 | 27881 | 187258 | 88945 | 98313 | 287398 | 66981 |
| 港澳台合资企业 | 2 | 195800 | 407555 | 141488 | 266067 | 200016 | 52511 |
| **按企业规模分** | | | | | | | |
| 大型 | 55 | 3020398 | 20481578 | 12405292 | 8076286 | 10640077 | 1242332 |
| 中型 | 77 | 1333442 | 7660317 | 4675035 | 2985282 | 3819501 | 102014 |
| 小型 | 14 | 74660 | 244542 | 323974 | -79432 | 60303 | -65508 |
| 其他 | 4 | 75311 | 578021 | 393856 | 184165 | 98625 | -6894 |
| **按三次产业分** | | | | | | | |
| 第一产业 | 1 | 12882 | 110561 | 56886 | 53675 | 47121 | 1710 |
| 第二产业 | 127 | 4058636 | 25792424 | 15571989 | 10220435 | 12995099 | 1254963 |
| 第三产业 | 22 | 432293 | 3061473 | 2169282 | 892191 | 1576286 | 15271 |

# 21-6 建立现代企业制度重点监测企业主要经济效益指标

（2003年）

| 分组 | 净资产收益率(%) | 总资产报酬率(%) | 销售利润率(%) | 资本保值增值率(%) | 成本费用利润率(%) | 资产利税率(%) | 总资产使用率(%) | 劳动生产率(万元/人) |
|---|---|---|---|---|---|---|---|---|
| 总计 | 9.24 | 5.68 | 8.70 | 116.28 | 9.95 | 8.01 | 49.49 | 28.48 |
| **按控股情况分** | | | | | | | | |
| 国有及国有控股 | 8.75 | 5.35 | 8.42 | 115.61 | 9.64 | 7.66 | 46.79 | 26.26 |
| 国有绝对控股 | 10.31 | 5.88 | 9.66 | 118.14 | 11.21 | 8.24 | 46.46 | 26.51 |
| 国有相对控股 | -15.22 | -3.41 | -9.50 | 87.08 | -9.00 | -2.17 | 52.27 | 23.12 |
| 集体控股小计 | 9.63 | 4.80 | 3.57 | 114.08 | 3.80 | 7.12 | 101.21 | 46.47 |
| 集体绝对控股 | 9.62 | 4.77 | 3.53 | 114.14 | 3.77 | 7.07 | 101.26 | 47.78 |
| 集体相对控股 | 10.01 | 7.18 | 6.17 | 111.67 | 6.25 | 10.19 | 97.57 | 15.24 |
| 其他 | 12.21 | 8.76 | 12.70 | 120.91 | 14.90 | 11.36 | 60.81 | 49.98 |
| **按主营行业分** | | | | | | | | |
| 农、林、牧、渔业 | 1.63 | 3.37 | 3.63 | 102.79 | 3.76 | 1.27 | 42.09 | 26.99 |
| 工业 | 10.52 | 6.39 | 9.71 | 117.65 | 11.29 | 9.22 | 51.47 | 27.20 |
| 采矿业 | 17.51 | 11.39 | 22.18 | 137.37 | 31.49 | 13.91 | 43.27 | 29.78 |
| 制造业 | 7.65 | 4.72 | 5.90 | 112.25 | 6.57 | 8.05 | 59.05 | 25.88 |
| 电力、燃气及水的生产和供应业 | 4.56 | 3.61 | 4.99 | 101.54 | 5.12 | 5.18 | 38.83 | 30.36 |
| 建筑业 | 0.93 | 1.95 | 4.39 | 105.75 | 4.69 | 0.73 | 9.58 | 20.19 |
| 交通运输、仓储和邮政业 | 57.29 | 8.95 | 13.46 | 276.30 | 15.83 | 6.97 | 46.97 | 168.83 |
| 信息传输、计算机服务和软件业 | 13.58 | 7.49 | 19.89 | 108.66 | 21.67 | 6.46 | 27.11 | 63.16 |
| 批发和零售业 | -5.73 | 0.45 | -1.07 | 96.35 | -1.07 | 0.77 | 96.26 | 68.18 |
| 住宿和餐饮业 | 3.96 | 3.46 | 8.57 | 103.20 | 9.60 | 4.03 | 31.05 | 10.05 |
| 金融业 | 0.41 | 0.51 | 2.86 | 98.22 | 2.45 | 0.42 | 5.76 | 42.64 |
| 房地产业 | 3.89 | 2.17 | 4.79 | 133.63 | 5.16 | 2.76 | 31.79 | 69.50 |
| 租赁和商务服务业 | -7.58 | -0.99 | -14.70 | 104.02 | -12.76 | -2.55 | 19.61 | 10.20 |
| 科学研究、技术服务和地质勘查业 | 5.46 | 4.30 | 8.58 | 117.57 | 9.26 | 6.54 | 48.11 | 12.70 |
| **按登记注册类型分** | | | | | | | | |
| 国有企业 | 3.97 | 2.89 | 3.81 | 121.62 | 4.27 | 7.56 | 56.08 | 21.47 |
| 公司制企业 | 10.66 | 6.43 | 10.27 | 114.91 | 11.82 | 8.13 | 47.72 | 31.82 |
| 国有独资企业 | 11.11 | 5.99 | 9.24 | 115.33 | 10.71 | 8.37 | 44.43 | 27.37 |
| 其他有限责任公司 | 3.81 | 2.99 | 3.27 | 110.32 | 3.42 | 3.93 | 47.16 | 26.94 |
| 股份有限公司 | 15.56 | 10.69 | 18.93 | 120.65 | 24.76 | 12.43 | 48.26 | 45.07 |
| 中外合资企业 | 57.81 | 35.18 | 23.31 | 137.03 | 29.15 | 48.91 | 153.36 | 106.68 |
| 港澳台合资企业 | 17.12 | 13.98 | 26.25 | 100.40 | 35.91 | 19.24 | 48.75 | 52.48 |
| **按企业规模分** | | | | | | | | |
| 大型 | 12.87 | 7.30 | 11.68 | 124.32 | 13.96 | 9.93 | 50.87 | 30.14 |
| 中型 | 2.19 | 2.69 | 2.67 | 101.43 | 2.79 | 4.63 | 49.07 | 26.03 |
| 小型 | 82.68 | -22.89 | -108.63 | 484.08 | -53.99 | -25.72 | 23.79 | 9.18 |
| 其他 | -3.90 | 0.03 | -6.99 | 102.21 | -6.38 | -0.85 | 17.06 | 14.27 |
| **按三次产业分** | | | | | | | | |
| 第一产业 | 1.63 | 3.37 | 3.63 | 102.79 | 3.76 | 1.27 | 42.09 | 26.99 |
| 第二产业 | 10.11 | 6.17 | 9.66 | 117.08 | 11.21 | 8.78 | 49.32 | 27.11 |
| 第三产业 | -0.21 | 1.67 | 0.97 | 108.62 | 0.99 | 1.74 | 51.24 | 48.99 |

21-6 续表 (2003年) 单位：%

| 分组 | 流动资产比率 | 资金利润率 | 资产负债率 | 长期负债与资产总计比率 | 流动比率 | 速动比率 | 新产品销售收入与销售收入比率 | 研究开发费用与销售收入比率 |
|---|---|---|---|---|---|---|---|---|
| 总计 | 37.12 | 5.46 | 61.45 | 23.27 | 97.23 | 67.72 | 8.54 | 1.14 |
| **按控股情况分** | | | | | | | | |
| 国有及国有控股 | 37.05 | 4.89 | 62.99 | 25.07 | 97.71 | 68.47 | 8.23 | 1.25 |
| 国有绝对控股 | 36.49 | 5.55 | 63.18 | 25.93 | 97.98 | 68.18 | 8.29 | 1.25 |
| 国有相对控股 | 46.40 | -6.53 | 59.92 | 10.68 | 94.23 | 72.11 | 7.40 | 1.27 |
| 集体控股小计 | 47.69 | 4.99 | 65.37 | 11.66 | 88.79 | 64.06 | | 0.10 |
| 集体绝对控股 | 47.79 | 4.93 | 65.73 | 11.82 | 88.66 | 64.12 | | 0.10 |
| 集体相对控股 | 40.10 | 10.20 | 39.85 | 0.03 | 100.71 | 57.96 | | |
| 其他 | 35.16 | 11.91 | 46.86 | 10.20 | 95.92 | 62.21 | 14.13 | 0.80 |
| **按主营行业分** | | | | | | | | |
| 农、林、牧、渔业 | 48.49 | 2.01 | 51.45 | 6.29 | 107.37 | 84.66 | | 0.39 |
| 工业 | 35.56 | 6.19 | 60.04 | 22.70 | 95.21 | 67.86 | 9.69 | 1.27 |
| 采矿业 | 23.33 | 11.18 | 51.15 | 29.69 | 108.71 | 84.00 | 0.65 | 0.52 |
| 制造业 | 45.00 | 4.57 | 64.05 | 15.55 | 92.78 | 61.07 | 14.84 | 1.79 |
| 电力、燃气及水的生产和供应业 | 23.36 | 2.23 | 61.36 | 35.91 | 91.77 | 90.06 | | |
| 建筑业 | 20.46 | 0.75 | 66.51 | 53.13 | 152.97 | 142.90 | | |
| 交通运输、仓储和邮政业 | 21.01 | 8.88 | 88.96 | 69.55 | 108.18 | 97.38 | | |
| 信息传输、计算机服务和软件业 | 26.97 | 11.59 | 59.60 | 3.31 | 47.90 | 47.32 | 4.71 | 0.86 |
| 批发和零售业 | 48.09 | -1.40 | 66.91 | 6.85 | 80.06 | 57.79 | | 0.18 |
| 住宿和餐饮业 | 37.34 | 4.15 | 49.62 | 8.65 | 91.14 | 87.00 | | |
| 金融业 | 82.36 | 0.20 | 81.38 | 0.02 | 101.24 | 84.10 | | |
| 房地产业 | 75.68 | 1.89 | 77.05 | 18.52 | 129.31 | 43.07 | 0.03 | 0.18 |
| 租赁和商务服务业 | 33.79 | -4.25 | 61.94 | 27.33 | 97.64 | 87.44 | | |
| 科学研究、技术服务和地质勘查业 | 52.62 | 5.77 | 40.43 | | 130.14 | 113.52 | | 0.87 |
| **按登记注册类型分** | | | | | | | | |
| 国有企业 | 55.71 | 2.63 | 61.30 | 11.63 | 112.17 | 68.47 | 6.84 | 1.47 |
| 公司制企业 | 32.12 | 6.26 | 61.49 | 26.40 | 91.55 | 67.44 | 9.09 | 1.04 |
| 国有独资企业 | 25.55 | 5.34 | 69.48 | 37.50 | 79.89 | 57.48 | 8.45 | 0.64 |
| 其他有限责任公司 | 34.89 | 2.07 | 66.00 | 26.46 | 88.27 | 62.25 | 11.61 | 1.45 |
| 股份有限公司 | 31.72 | 10.89 | 50.14 | 19.39 | 103.14 | 81.03 | 2.92 | 0.69 |
| 中外合资企业 | 84.81 | 38.35 | 47.50 | | 178.55 | 138.62 | 44.29 | 1.79 |
| 港澳台合资企业 | 35.48 | 13.74 | 34.72 | 1.46 | 106.69 | 96.56 | 9.24 | 0.69 |
| **按企业规模分** | | | | | | | | |
| 大型 | 34.96 | 7.60 | 60.57 | 24.20 | 96.15 | 62.83 | 7.01 | 1.25 |
| 中型 | 41.35 | 1.61 | 61.03 | 21.14 | 103.65 | 80.85 | 12.77 | 0.87 |
| 小型 | 53.98 | -31.64 | 132.48 | 30.32 | 52.84 | 35.76 | 23.66 | 1.64 |
| 其他 | 50.44 | -1.64 | 68.14 | 15.52 | 95.86 | 81.97 | | |
| **按三次产业分** | | | | | | | | |
| 第一产业 | 48.49 | 2.01 | 51.45 | 6.29 | 107.37 | 84.66 | | 0.39 |
| 第二产业 | 34.78 | 6.00 | 60.37 | 24.26 | 96.31 | 69.29 | 9.59 | 1.26 |
| 第三产业 | 56.43 | 0.67 | 70.86 | 15.54 | 102.02 | 58.63 | 0.08 | 0.17 |

## 21-7　建立现代企业制度重点监测企业组织机构组建情况

(2003年)　　　　单位:个

| 分　　组 | 成立股东会 | 成立董事会 | 成立监事会 | 董事长兼任总经理 | 设立独立董事 |
|---|---|---|---|---|---|
| **总　　计** | **82** | **113** | **97** | **30** | **50** |
| **按控股情况分** | | | | | |
| 国有及国有控股 | 60 | 84 | 73 | 16 | 38 |
| 国有绝对控股 | 39 | 63 | 52 | 12 | 22 |
| 国有相对控股 | 21 | 21 | 21 | 4 | 16 |
| 集体控股小计 | 7 | 8 | 6 | 6 | 3 |
| 集体绝对控股 | 6 | 6 | 5 | 5 | 2 |
| 集体相对控股 | 1 | 2 | 1 | 1 | 1 |
| 其　他 | 15 | 21 | 18 | 8 | 9 |
| **按登记注册类型分** | | | | | |
| 国有企业 | | | | | |
| 公司制企业 | 82 | 113 | 97 | 30 | 50 |
| 国有独资企业 | | 16 | 12 | 4 | 5 |
| 其他有限责任公司 | 36 | 48 | 41 | 14 | 14 |
| 股份有限公司 | 45 | 45 | 43 | 12 | 30 |
| 中外合资企业 | | 2 | | | |
| 港澳台合资企业 | 1 | 2 | | | 1 |
| **按企业规模分** | | | | | |
| 大　型 | 21 | 36 | 30 | 9 | 15 |
| 中　型 | 49 | 65 | 55 | 18 | 30 |
| 小　型 | 9 | 9 | 9 | 2 | 3 |
| 其　他 | 3 | 3 | 3 | 1 | 2 |

## 21-8　建立现代企业制度重点监测企业劳动工资指标

| 指　　标 | 单　位 | 2000年 | 2001年 | 2002年 | 2003年 |
|---|---|---|---|---|---|
| 调查企业单位数 | 个 | 107 | 138 | 150 | 150 |
| 从业人员年末人数 | 人 | 464555 | 503166 | 517717 | 513239 |
| #在岗职工 | 人 | 460454 | 493507 | 506417 | 507757 |
| #研究开发人员 | 人 | | 26275 | 26237 | 25125 |
| 从业人员劳动报酬 | 万　元 | 501943 | 646627 | 728148 | 814807 |
| #在岗职工劳动报酬 | 万　元 | 499771 | 638933 | 719382 | 810492 |
| #研究开发人员劳动报酬 | 万　元 | | 40947 | 49947 | 50599 |

# 21-9 建立现代企业制度重点监测企业基本情况一览表

(2003年)

| 企业名称 | 企业规模 | 主营行业或主要产品 | 登记注册类型 | 注册资本(万元) | 企业控股情况 |
|---|---|---|---|---|---|
| 西安电力机械制造公司 | 大型 | 全封闭组合电器 变压器 高压电瓷 | 国有企业 | 149966 | 国有绝对控股 |
| 韩城矿务局 | 大型 | 原煤 洗精煤 焦碳 | 国有企业 | 56535 | 国有绝对控股 |
| 西安飞机工业(集团)有限责任公司 | 大型 | 飞机制造及修理 | 有限责任公司 | 201683 | 国有绝对控股 |
| 庆安集团有限公司 | 大型 | 飞机制造及修理 家用空气调节器制造 | 有限责任公司 | 81517 | 国有绝对控股 |
| 秦川机床集团有限公司 | 大型 | 金属切削机床 塑料加工机械 铸件 汽车配件及电脑 | 有限责任公司 | 39849 | 国有相对控股 |
| 陕西天王兴业集团有限公司 | 大型 | 棉纱 棉布 棉线 | 国有独资公司 | 12700 | 国有绝对控股 |
| 西安标准工业股份有限公司 | 中型 | 缝纫机制造 | 股份有限公司 | 31901 | 国有绝对控股 |
| 陕西法士特齿轮有限责任公司 | 大型 | 重型汽车变速器 汽车配件 OEM配套出口齿轮 | 有限责任公司 | 25600 | 其他控股 |
| 西安大唐电信有限公司 | 中型 | SP30程控数字交换机 SCDMA系列产品 移动通信设备 | 有限责任公司 | 39239 | 国有绝对控股 |
| 中国北车集团西安车辆厂 | 大型 | 新造货车 修理客车 修理货车 | 国有企业 | 21436 | 国有绝对控股 |
| 西安石油化工总厂 | 中型 | 石油沥青 汽油 柴油 | 国有企业 | 798 | 国有绝对控股 |
| 西安解放集团股份有限公司 | 大型 | 国内贸易业 房地产开发 停车场 | 股份有限公司 | 13038 | 国有相对控股 |
| 陕西建设机械股份有限公司 | 中型 | 摊铺机 稳拌机 翻斗车 钢结构产品 | 股份有限公司 | 10156 | 国有绝对控股 |
| 西安利君制药股份有限公司 | 大型 | 红霉素 琥乙红霉素 片剂 | 股份有限公司 | 21090 | 国有相对控股 |
| 陕西汽车集团有限责任公司 | 大型 | 重型载货汽车 中型载货汽车 大客车底盘 | 有限责任公司 | 116761 | 国有绝对控股 |
| 西安东方机电(集团)有限公司 | 大型 | 武器弹药制造业 摩托车整车生产 空调压缩机制造 | 国有独资公司 | 28568 | 国有绝对控股 |
| 西安西化热电化工有限责任公司 | 大型 | 烧碱 聚氯乙烯 盐酸 | 有限责任公司 | 86165 | 国有绝对控股 |
| 陕西鼓风机(集团)有限公司 | 大型 | 风机 工矿配件 | 国有独资公司 | 13000 | 国有绝对控股 |
| 西安民生集团股份有限公司 | 大型 | 零售业 | 股份有限公司 | 20201 | 国有相对控股 |
| 西安华山机械工业有限公司 | 大型 | 武器弹药制造 电焊机制造 粉末冶金制品 | 国有独资公司 | 15334 | 国有绝对控股 |
| 青岛啤酒西安有限责任公司 | 中型 | 啤酒制造 | 有限责任公司 | 22220 | 国有绝对控股 |
| 陕西华圣企业(集团)股份有限公司 | 中型 | 果品收购、储存、分选 报纸传媒 塑料、建材生产 | 股份有限公司 | 10000 | 国有相对控股 |
| 西安航空发动机(集团)有限公司 | 大型 | 航空发动机 纺织机械 高线轧机 | 有限责任公司 | 121298 | 国有绝对控股 |
| 陕西省高速公路建设集团公司 | 大型 | 公路建、营、养、管 | 国有独资公司 | 100000 | 国有绝对控股 |
| 西安交通大学开元集团 | 中型 | 可视系列产品 阳光教育 房地产开发与管理 | 股份有限公司 | 8000 | 国有相对控股 |
| 西安印钞厂 | 大型 | 钞票印刷 税票印刷 证券印刷 | 国有企业 | 36066 | 国有绝对控股 |
| 西安杨森制药有限公司 | 中型 | 吗丁林 达克宁乳膏 西比灵胶囊 | 中外合资企业 | 20931 | 其他控股 |
| 陕西精密合金股份有限公司 | 中型 | 钢带 | 股份有限公司 | 26120 | 其他控股 |
| 五环(集团)实业有限责任公司 | 大型 | 纺纱 纺布 纺绒 | 有限责任公司 | 11648 | 国有绝对控股 |
| 西安高科(集团)公司 | 大型 | 房地产经营开发 电子元器件制造 医药制造 | 国有企业 | 150000 | 国有绝对控股 |
| 西安海星科技投资控股(集团)有限公司 | 大型 | 计算机生产和批发零售 饮料生产和批发 超市 | 有限责任公司 | 10000 | 其他控股 |
| 陕西秦龙电力股份有限公司 | 中型 | 电力生产 | 股份有限公司 | 50000 | 国有绝对控股 |
| 陕西省电力公司 | 中型 | 电力产品发供销 电站辅机 热力发供销 | 有限责任公司 | 100000 | 国有绝对控股 |
| 陕西唐华四棉有限责任公司 | 大型 | 棉纱 棉布 | 国有独资公司 | 4500 | 国有绝对控股 |
| 中铁宝桥股份有限公司 | 大型 | 钢梁钢结构 铁路道岔 高锰钢撤叉 | 股份有限公司 | 20000 | 国有绝对控股 |
| 宝鸡石油机械有限责任公司 | 大型 | 石油钻采设备 | 有限责任公司 | 8618 | 国有绝对控股 |
| 陕西西凤酒股份有限公司 | 中型 | 白酒 | 股份有限公司 | 10282 | 国有绝对控股 |
| 宝鸡卷烟厂 | 大型 | 卷烟 | 国有企业 | 50932 | 国有绝对控股 |
| 宝鸡石油钢管有限责任公司 | 中型 | 钢压延加工业 | 有限责任公司 | 101929 | 国有绝对控股 |
| 陕西东岭集团 | 大型 | 钢材贸易 锌品冶炼 焦炭冶炼 | 股份有限公司 | 5400 | 集体绝对控股 |
| 陕西宝光真空电器股份有限公司 | 中型 | 真空开关管 真空断路器 真空开关柜 | 港澳台合资企业 | 15800 | 国有相对控股 |
| 宝鸡商场(集团)股份有限公司 | 大型 | 商品销售 酒店及路桥收费 制药 | 股份有限公司 | 16034 | 国有相对控股 |
| 咸阳偏转集团公司 | 中型 | 偏转线圈 漆包线 | 国有独资公司 | 73765 | 国有绝对控股 |
| 陕西宴友思股份有限公司 | 中型 | 肉制品 秦川牛肉 | 股份有限公司 | 8100 | 国有绝对控股 |
| 陕西兴化集团有限责任公司 | 中型 | 纯碱 氯化铵 二氧化碳 | 国有独资公司 | 14292 | 国有绝对控股 |
| 陕西渭河发电有限公司 | 大型 | 火力发电 | 港澳台合资企业 | 180000 | 其他控股 |
| 陕西龙门钢铁(集团)有限责任公司 | 大型 | 钢材 粗钢 生铁 | 有限责任公司 | 22001 | 集体绝对控股 |
| 陕西陕化化肥股份有限公司 | 大型 | 合成氨 尿素 磷酸二铵 | 股份有限公司 | 12000 | 国有绝对控股 |
| 陕西渭河煤化工集团有限责任公司 | 大型 | 尿素 合成氨 | 有限责任公司 | 30413 | 国有绝对控股 |

21-9 续表1 (2003年)

| 企 业 名 称 | 企业规模 | 主营行业或主要产品 | 登记注册类型 | 注册资本(万元) | 企业控股情况 |
|---|---|---|---|---|---|
| 陕西省延长石油工业集团公司 | 大型 | 汽油 柴油 液化气 | 国有独资公司 | 42165 | 国有绝对控股 |
| 陕西秦岭水泥（集团）股份有限公司 | 大型 | 水泥制造 | 股份有限公司 | 41300 | 国有相对控股 |
| 西安东盛集团有限公司 | 大型 | 维奥心 | 有限责任公司 | 15000 | 其他控股 |
| 彩虹集团公司 | 大型 | 彩色显象管 | 国有企业 | 100000 | 国有绝对控股 |
| 中国石油天然气股份有限公司长庆油田分公司 | 大型 | 天然原油 天然气 原油加工 | 股份有限公司 |  | 国有绝对控股 |
| 陕西旅游集团公司 | 其他 | 旅游服务 | 国有独资公司 | 30000 | 国有绝对控股 |
| 陕西煤航数码测绘(集团)股份有限公司 | 小型 | 商品批发 服务业 | 股份有限公司 | 29090 | 国有相对控股 |
| 长安信息产业（集团）股份有限公司 | 中型 | 计算机系统服务 | 股份有限公司 | 8733 | 其他控股 |
| 金花企业集团 | 中型 | 转移因子口服液 商品零售 | 有限责任公司 | 150000 | 其他控股 |
| 西安达尔曼实业股份有限公司 | 中型 | 镶嵌首饰 宝石成面 冰洲石 | 股份有限公司 | 28664 | 集体绝对控股 |
| 中机国际工程咨询设计总院 | 大型 | 工程设计 专用设备制造 工程承包 | 国有企业 | 5686 | 国有绝对控股 |
| 长岭(集团)股份有限公司 | 中型 | 电冰箱 纺织电子仪器 | 股份有限公司 | 39701 | 国有相对控股 |
| 陕西新黄工机械有限责任公司 | 中型 | 推土机 装载机 挖掘机 | 有限责任公司 | 34704 | 国有绝对控股 |
| 金堆城钼业公司 | 大型 | 钼精矿 氧化钼 钼酸铵 | 国有企业 | 64000 | 国有绝对控股 |
| 长庆石油勘探局 | 大型 | 钻井工程 井下作业 建筑施工 | 国有企业 | 262264 | 国有绝对控股 |
| 陕西远丰纺织有限公司 | 中型 | 纺织品 服装服饰 床上用品批发零售 | 有限责任公司 | 1000 | 集体相对控股 |
| 陕西八大电力股份有限公司 | 中型 | 生产 销售电力 热电 | 股份有限公司 | 10010 | 国有绝对控股 |
| 陕西省路桥工程总公司 | 中型 | 公路桥梁隧道工程 | 国有企业 | 6743 | 国有绝对控股 |
| 西安华联制皮工业股份有限公司 | 小型 | 皮革鞣制加工 | 股份有限公司 | 6560 | 其他控股 |
| 陕西省糖酒副食总公司 | 小型 | 糖酒销售 | 国有企业 | 382 | 国有绝对控股 |
| 西安冶金机械有限公司 | 中型 | 冶金工业专用设备制造 | 有限责任公司 | 35056 | 国有绝对控股 |
| 西安中国国际旅行社集团有限责任公司 | 其他 | 旅游业 | 有限责任公司 | 1650 | 国有绝对控股 |
| 西安筑路机械有限公司 | 中型 | 沥青混合料搅拌设备<br>沥青混合料摊铺机 养护机械 | 有限责任公司 | 15988 | 国有绝对控股 |
| 西安航空动力控制工程有限责任公司 | 中型 | 单螺杆泵 热能去毛刺机 | 国有独资公司 | 14000 | 国有绝对控股 |
| 国营黄河机器制造厂 | 大型 | 雷达及配套设备制造 | 国有企业 | 35779 | 国有绝对控股 |
| 西安开米股份有限公司 | 中型 | 合成洗涤剂(环保型) 液体洗涤剂 | 股份有限公司 | 7000 | 其他控股 |
| 陕西金叶科教集团股份有限公司 | 中型 | 印刷服务 高新技术产业 教育产业 | 股份有限公司 | 23700 | 国有相对控股 |
| 陕西升成集团有限责任公司 | 大型 | 进出口贸易 | 有限责任公司 | 12939 | 国有绝对控股 |
| 西安饮食服务（集团）股份有限公司 | 中型 | 饮食 住宿 零售 | 股份有限公司 | 17162 | 国有相对控股 |
| 陕西省农工贸（集团）总公司 | 小型 | 农业生产资料批发 | 国有企业 | 5405 | 国有绝对控股 |
| 西安航天发动机厂 | 大型 | 航天器制造业 化工专用设备<br>印刷包装机械设备 | 国有企业 | 5803 | 国有绝对控股 |
| 陕西省天然气有限责任公司 | 中型 | 管道运输 | 有限责任公司 | 22000 | 国有绝对控股 |
| 西安市西无二电子信息集团有限公司 | 中型 | 行输出变压器 压敏电阻器<br>热敏电阻器 | 国有独资公司 | 9147 | 国有绝对控股 |
| 西安市自来水公司 | 大型 | 自来水 | 国有企业 | 41194 | 国有绝对控股 |
| 陕西省物资产业集团总公司 | 中型 | 物资购销 房地产开发 进出口<br>信息咨询 | 国有企业 | 13152 | 国有绝对控股 |
| 陕西广电网络传媒股份有限公司 | 其他 | 有线电视传输服务 广告业 | 股份有限公司 | 12242 | 国有绝对控股 |
| 陕西海升果业发展股份有限公司 | 中型 | 果蔬汁加工及销售 | 股份有限公司 | 8600 | 其他控股 |
| 陕西省国际信托投资股份有限公司 | 其他 | 信托投资业 | 股份有限公司 | 31419 | 国有绝对控股 |
| 西安银桥股份有限公司 | 中型 | 奶粉 液奶 | 股份有限公司 | 5500 | 集体绝对控股 |
| 陕西恒兴果汁饮料有限公司 | 中型 | 浓缩苹果汁生产销售 澳洲青苹苗木 | 有限责任公司 | 10000 | 国有绝对控股 |
| 陕西秦明电子（集团）有限公司 | 中型 | 心脏起搏器 压力传感器及变送器 | 有限责任公司 | 4198 | 其他控股 |
| 西北机器厂 | 中型 | 电子专用设备制造 | 国有企业 | 3985 | 国有绝对控股 |
| 宝鸡有色金属加工厂 | 大型 | 钛材 钨材 钼材 | 国有企业 | 43286 | 国有绝对控股 |
| 陕西烽火通信集团有限公司 | 中型 | 通信产品 电子元件 | 有限责任公司 | 25998 | 国有绝对控股 |
| 陕西炭素制品有限责任公司 | 中型 | 石墨制品 | 有限责任公司 | 1000 | 国有绝对控股 |
| 陕西九棉实业有限责任公司 | 大型 | 棉纱棉布 锦纶工业丝 锦纶帘子布 | 有限责任公司 | 72589 | 国有绝对控股 |
| 陕西凌云电器总公司 | 中型 | 无线电导航设备 蓄电池 电子调谐器 | 国有企业 | 2905 | 国有绝对控股 |
| 宝鸡机床厂 | 中型 | 金属切削机床 | 国有企业 | 5200 | 国有绝对控股 |
| 宝鸡忠诚机床股份有限公司 | 小型 | 金属切削机床 | 股份有限公司 | 3800 | 国有绝对控股 |
| 陕西凯迪空调器有限公司 | 中型 | 空调器 | 有限责任公司 | 16000 | 国有绝对控股 |

21-9 续表2 (2003年)

| 企业名称 | 企业规模 | 主营行业或主要产品 | 登记注册类型 | 注册资本(万元) | 企业控股情况 |
|---|---|---|---|---|---|
| 宝鸡北方照明电器(集团)股份有限公司 | 中型 | 电光源制造 | 股份有限公司 | 3760 | 国有绝对控股 |
| 陕西省双菱化工集团有限责任公司 | 中型 | 磷肥 硫酸 磷酸一铵 | 国有独资公司 | 5871 | 国有绝对控股 |
| 宝鸡惠民乳品(集团)有限公司 | 中型 | 全脂牛奶粉 | 有限责任公司 | 3430 | 集体相对控股 |
| 陕西第一毛纺织厂 | 小型 | 呢绒 服装制造 毛条加工 | 国有企业 | 7344 | 国有绝对控股 |
| 陕西康佳电子有限公司 | 中型 | 彩色电视机 | 中外合资企业 | 6950 | 国有绝对控股 |
| 陕西华电材料总公司(国营第七0四厂) | 小型 | 覆铜板 绝缘板 封装材料 | 国有企业 | 4069 | 国有绝对控股 |
| 陕西金山电气集团有限公司 | 中型 | 彩偏磁芯 恒磁电感器件 | 国有独资公司 | 12345 | 国有绝对控股 |
| 陕西风轮纺织股份有限公司 | 大型 | 棉纱 棉布 | 股份有限公司 | 6500 | 集体绝对控股 |
| 西北二棉集团有限公司 | 大型 | 棉纱 棉布 | 国有独资公司 | 12697 | 国有绝对控股 |
| 陕西陕焦化工有限公司 | 中型 | 焦碳 焦油 粗苯 | 有限责任公司 | 1801 | 国有相对控股 |
| 陕西恒源实业股份有限公司 | 中型 | 火力发电 铁合金 | 股份有限公司 | 4000 | 其他控股 |
| 陕西渭通农科股份有限公司 | 小型 | 制粉机械 建筑机械 饲草设备 | 股份有限公司 | 6108 | 国有相对控股 |
| 陕西压延设备厂 | 中型 | 金属轧制设备 锻压设备 | 国有企业 | 20000 | 国有绝对控股 |
| 陕西华电蒲城发电有限责任公司 | 大型 | 发电 | 有限责任公司 | 64688 | 国有绝对控股 |
| 陕西省化工总厂 | 中型 | 有机化学原料 烧碱 其他化学原料 | 国有企业 | 2799 | 国有绝对控股 |
| 陕西秦岭发电有限责任公司 | 大型 | 火电发电 | 有限责任公司 | 243712 | 国有绝对控股 |
| 陕西韩焦股份有限公司 | 中型 | 炼焦业 | 股份有限公司 | 1805 | 其他控股 |
| 汉江工具有限责任公司 | 中型 | 金属切削工具 | 有限责任公司 | 6961 | 国有绝对控股 |
| 陕西城化股份有限公司 | 中型 | 尿素 碳酸氢铵 甲醇 | 股份有限公司 | 7800 | 其他控股 |
| 陕西汉江机床有限公司 | 中型 | 金属切削机床制造 滚动功能部件制造 测量仪 | 有限责任公司 | 12676 | 国有绝对控股 |
| 汉川机床有限责任公司 | 中型 | 卧式镗床系列 数控铣加工中心系列 数控电加工系列 | 有限责任公司 | 9377 | 国有绝对控股 |
| 陕西汉中变压器有限责任公司 | 小型 | 变压器 整流器 电感器 | 有限责任公司 | 1800 | 国有绝对控股 |
| 陕西飞机工业(集团)有限公司 | 大型 | 运八飞机系列 汉江微车系列 | 有限责任公司 | 74037 | 国有绝对控股 |
| 陕西汉江药业股份有限公司 | 中型 | 苯硫咪唑 盐酸左旋咪唑 甲苯咪唑 | 股份有限公司 | 10200 | 国有相对控股 |
| 汉中万目仪电有限责任公司 | 小型 | 仪器仪表 高低压配电设备 牙科车针 | 有限责任公司 | 633 | 国有绝对控股 |
| 陕西略阳钢铁有限责任公司 | 大型 | 生铁 粗钢 钢材 | 有限责任公司 | 13396 | 其他控股 |
| 汉中八一锌业有限责任公司 | 中型 | 电解铅 电解锌 硫酸 | 有限责任公司 | 2500 | 国有绝对控股 |
| 延安卷烟厂 | 中型 | 卷烟 | 国有企业 | 8376 | 国有绝对控股 |
| 陕西神果股份有限公司 | 中型 | 奶粉 含乳饮料 | 股份有限公司 | 5000 | 其他控股 |
| 铜川鑫光铝业有限公司 | 大型 | 电解铝 电工圆铝杆 裸铝线 | 有限责任公司 | 14865 | 国有绝对控股 |
| 陕西铜变实业股份有限公司 | 中型 | 变压器 | 股份有限公司 | 3000 | 国有绝对控股 |
| 陕西秦川水泥有责任公司 | 中型 | 水泥制造业 | 有限责任公司 | 1105 | 国有相对控股 |
| 神华神府东胜煤炭有限责任公司 | 大型 | 煤炭开采业 | 国有独资公司 | 500 | 国有绝对控股 |
| 陕西榆林天然气化工有限责任公司 | 中型 | 甲醇 | 国有独资公司 | 910 | 国有绝对控股 |
| 陕西省安康市恒远丝绸有限责任公司 | 中型 | 桑蚕白厂丝 纯合纤丝织品 | 有限责任公司 | 7000 | 国有绝对控股 |
| 陕西安康天宝集团有限公司 | 小型 | 医药生物 书刊印刷 建材市场 | 有限责任公司 | 2000 | 其他控股 |
| 陕西省安康市丝绸二厂 | 小型 | 桑蚕丝 | 国有企业 | 1726 | 国有绝对控股 |
| 陕西锌业有限公司商洛炼锌厂 | 中型 | 电锌 电镉 硫酸 | 有限责任公司 | 1050 | 国有相对控股 |
| 商洛秦威化工有限责任公司 | 小型 | 炸药及火工产品制造 | 有限责任公司 | 743 | 集体绝对控股 |
| 铜川矿务局 | 大型 | 煤炭 | 国有企业 | 165645 | 国有绝对控股 |
| 陕西东风昌河车桥股份有限公司 | 中型 | 微车后桥 | 股份有限公司 | 7000 | 国有绝对控股 |
| 西仪集团有限责任公司 | 中型 | 工业自动控制系统装置 | 国有独资公司 | 17499 | 国有绝对控股 |
| 陕西方菱冷弯型钢股份有限公司 | 小型 | 型钢 | 股份有限公司 | 5000 | 国有相对控股 |
| 比亚迪汽车有限公司 | 中型 | 小汽车制造 | 有限责任公司 | 50000 | 其他控股 |
| 陕西省军工集团陕开电器有限责任公司 | 中型 | 开关 高压开关柜 低压开关柜 | 有限责任公司 | 4579 | 其他控股 |
| 西北正大人造板机器有限公司 | 中型 | 人造板 | 国有独资公司 | 1290 | 国有绝对控股 |
| 陕西兴化化学股份有限公司 | 中型 | 合成氨 硝酸氨 | 股份有限公司 | 12000 | 国有绝对控股 |
| 泾阳吉元电工集团有限公司 | 中型 | 电工线材设备的加工 日用百货批发零售 房地产开发 | 有限责任公司 | 3037 | 其他控股 |
| 杨凌秦丰农业科技股份有限公司 | 中型 | 农作物种子培育 种畜培育 农业新技术 | 股份有限公司 | 12882 | 国有相对控股 |
| 西安旅游(集团)股份有限公司 | 中型 | 饭店经营与管理 旅游 房地产 | 股份有限公司 | 16760 | 国有相对控股 |
| 陕西石羊(集团)股份有限公司 | 中型 | 食用油加工 饲料加工 | 股份有限公司 | 6000 | 其他控股 |

# 主要统计指标解释

**企业集团**　指以一个实力雄厚(资本、资金、产品、技术、管理、人才、市场网络等实力)的大型企业为核心,以产权联结为主要纽带,并以产品、技术、经济、成套契约等多种纽带,把多个企业、事业单位联结在一起,具有多层次结构的以母子公司为主体的多法人经济联合体,是经济上统一控制,法律上各自独立的一体化联合体。

**企业集团母公司(核心企业)**　企业集团必须有一个能起主导作用的核心企业,也称为集团公司或母公司,或控股公司。不同称谓应用于不同场合,但指同一企业主体。这个集团公司可以是一个既从事生产经营又从事资本经营的混合经营型公司,也可以是一个专门从事资本经营的单纯管理公司。集团公司规模必须达到国家大型企业标准,或注册资本达到一亿元以上,在企业集团内,集团公司依据产权关系,统一行使出资者所有权(产权)职能,统一投资决策,统一配置能源、统一调整结构、统一负责资产保值增值。

**现代企业制度**　现代企业制度是指适应社会化大生产和社会主义市场经济要求的产权清晰、权责明确、政企分开、管理科学的企业制度。它的基本特征是:第一,产权关系明晰,企业中的国有资产所有权属于国家,企业拥有包括国家在内的出资者投资形成的全部法人财产权,成为享有民事权利,承担民事责任的法人实体;第二,企业以其全部法人财产依法自主经营,自负盈亏,照章纳税,对出资者承担资产保值增值的责任;第三,出资者按投入企业的资本额享有所有者的权益,即资产受益、重大决策和选择管理者等权利。企业破产时,出资者只以投入企业的资本额对企业债务负有限责任;第四,企业按照市场需求组织生产经营,以提高劳动生产率和经济效益为目的,政府不直接干预企业的生产经营活动,企业在市场竞争中优胜劣汰,长期亏损、资不抵债的应依法破产;第五,建立科学的企业领导体制和组织管理制度,调节所有者、经营者和职工之间的关系,形成激励和约束相结合经营机制。

**登记注册类型**　指在工商行政管理机关登记注册的具有法人资格的各类企业。其中:(1)国有企业:是指企业全部资产归国家所有,并按《中华人民共和国企业法人登记管理条例》规定登记注册的非公司制的经济组织。不包括有限责任公司中的国有独资公司;(2)国有独资公司:是指国家授权的投资机构或者国家授权的部门单独投资设立的有限责任公司;(3)其他有限责任公司:是指根据《中华人民共和国公司登记管理条例》规定登记注册,由两个以上,五十个以下的股东共同出资,每个股东以其所认缴的出资额对公司承担有限责任,公司以其全部资产对其债务承担责任的经济组织。其他有限责任公司不包括国有独资公司;(4)股份有限公司:是指根据《中华人民共和国公司登记管理条例》规定登记注册,其全部注册资本由等额股份构成并通过发行股票筹集资本,股东以其认购的股份对公司承担有限责任,公司以其全部资产对其债务承担责任的经济组织。

**注册资本合计**　指企业集团母公司在工商行政管理部门登记注册的资金。包括国家资本、集体资本、法人资本、个人资本以及外商资本等。

**控股情况**　指按所有制性质和控股状况划分的企业情况,包括:(1)国有绝对控股:指在企业的全部资本中,国家资本(股本)所占比例大于50%的企业;(2)国有相对控股:指在企业的全部资本中,国家资本(股本)所占的比例虽未大于50%,但相对大于企业中的其他经济成份所占比例的企业;或者虽不大于其他经济成份,但根据协议规定,由国家拥有实际控制权的企业(协议控制);(3)集体绝对控股:指在企业的全部资本中,集体资本(股本)所占的比例大于50%的企业;(4)集体相对控股:指在企业的全部资本中,集体资本(股本)所占的比例虽未大于50%,但相对大于企业的其他经济成份所占比例的企业;或者虽不大于其他经济成份,但根据协议规定,由集体拥有实际控制权的企业(协议控制)。

# 22 全国各省、市、自治区主要指标

*QUANGUOGESHENGSHIZIZHIQVZHUYAOZHIBIAO*

资料整理　孙士梅

# 22-1 总人口和自然增长率

（2003年）

| 地 区 | 年底总人口（万人） | 出生率（‰） | 死亡率（‰） | 自然增长率（‰） |
|---|---|---|---|---|
| 全国总计 | 129227 | 12.41 | 6.40 | 6.01 |
| 北 京 | 1456 | 5.10 | 5.20 | -0.10 |
| 天 津 | 1011 | 7.14 | 6.04 | 1.10 |
| 河 北 | 6769 | 11.43 | 6.27 | 5.16 |
| 山 西 | 3314 | 12.26 | 6.04 | 6.22 |
| 内蒙古 | 2380 | 9.24 | 6.17 | 3.07 |
| 辽 宁 | 4210 | 6.90 | 5.83 | 1.07 |
| 吉 林 | 2704 | 7.25 | 5.64 | 1.61 |
| 黑龙江 | 3815 | 7.48 | 5.45 | 2.03 |
| 上 海 | 1711 | 4.85 | 6.20 | -1.35 |
| 江 苏 | 7406 | 9.04 | 7.03 | 2.01 |
| 浙 江 | 4680 | 9.66 | 6.38 | 3.28 |
| 安 徽 | 6410 | 11.15 | 5.20 | 5.95 |
| 福 建 | 3488 | 11.43 | 5.58 | 5.85 |
| 江 西 | 4254 | 14.07 | 5.98 | 8.09 |
| 山 东 | 9125 | 11.42 | 6.64 | 4.78 |
| 河 南 | 9667 | 12.10 | 6.46 | 5.64 |
| 湖 北 | 6002 | 8.26 | 5.94 | 2.32 |
| 湖 南 | 6663 | 11.82 | 6.87 | 4.95 |
| 广 东 | 7954 | 13.66 | 5.31 | 8.35 |
| 广 西 | 4857 | 13.86 | 6.57 | 7.29 |
| 海 南 | 811 | 14.68 | 5.52 | 9.16 |
| 重 庆 | 3130 | 9.89 | 7.20 | 2.69 |
| 四 川 | 8700 | 9.18 | 6.06 | 3.12 |
| 贵 州 | 3870 | 15.91 | 6.87 | 9.04 |
| 云 南 | 4376 | 17.00 | 7.20 | 9.80 |
| 西 藏 | 270 | 17.40 | 6.30 | 11.10 |
| 陕 西 | 3690 | 10.67 | 6.38 | 4.29 |
| 甘 肃 | 2603 | 12.58 | 6.46 | 6.12 |
| 青 海 | 534 | 16.94 | 6.09 | 10.85 |
| 宁 夏 | 580 | 15.68 | 4.73 | 10.95 |
| 新 疆 | 1934 | 16.01 | 5.23 | 10.78 |

注：1.全国数据根据抽样误差和调查误差进行了修正。

2.全国数据为31个省、自治区、直辖市和中国人民解放军现役军人数据，不包括香港、澳门特别行政区和台湾省的数据。

分省数据中未包括中国人民解放军现役军人数。

# 22-2 地区生产总值

（2003年）

| 地　区 | 地区生产总　值（亿元） | 第一产业 | 第二产业 | #工　业 | 第三产业 | 地区生产总值比上年增长% | 人均地区生产总值（元/人） |
|---|---|---|---|---|---|---|---|
| 北　京 | 3611.94 | 95.30 | 1298.47 | 1017.28 | 2218.17 | 10.5 | 31613 |
| 天　津 | 2386.94 | 89.70 | 1212.34 | 1103.37 | 1084.90 | 14.5 | 25874 |
| 河　北 | 7095.39 | 1064.33 | 3675.38 | 3251.51 | 2355.68 | 11.6 | 10508 |
| 山　西 | 2445.58 | 213.28 | 1400.12 | 1190.12 | 832.18 | 13.2 | 7402 |
| 内蒙古 | 2092.90 | 421.90 | 947.90 | 707.20 | 723.10 | 16.3 | 8734 |
| 辽　宁 | 6002.54 | 622.47 | 2852.60 | 2510.41 | 2527.47 | 11.5 | 14258 |
| 吉　林 | 2521.78 | 488.80 | 1140.78 | 925.96 | 892.20 | 10.2 | 9334 |
| 黑龙江 | 4433.12 | 513.12 | 2532.45 | 2248.59 | 1387.55 | 10.3 | 11623 |
| 上　海 | 6250.81 | 92.98 | 3130.72 | 2865.85 | 3027.11 | 11.8 | 46718 |
| 江　苏 | 12451.80 | 1106.80 | 6782.25 | 5954.70 | 4562.70 | 13.5 | 16796 |
| 浙　江 | 9200.00 | 722.00 | 4830.00 | 4310.00 | 3648.00 | 14.0 | 19730 |
| 安　徽 | 3973.20 | 749.10 | 1780.60 | 1445.60 | 1443.50 | 9.1 | 6889 |
| 福　建 | 5241.73 | 705.49 | 2495.63 | 2149.90 | 2040.61 | 11.5 | 15006 |
| 江　西 | 2830.00 | 560.00 | 1227.00 | 842.00 | 1043.00 | 13.0 | 6677 |
| 山　东 | 12430.00 | 1505.00 | 6650.00 | 5855.22 | 4275.00 | 13.7 | 13654 |
| 河　南 | 7025.93 | 1237.00 | 3550.47 | 3034.14 | 2238.46 | 10.5 | 7530 |
| 湖　北 | 5395.91 | 792.55 | 2580.58 | 2254.50 | 2022.78 | 9.3 | 9001 |
| 湖　南 | 4633.73 | 885.87 | 1793.71 | 1455.27 | 1954.15 | 9.6 | 7546 |
| 广　东 | 13449.93 | 1051.60 | 7048.05 | 6358.05 | 5350.28 | 13.6 | 16990 |
| 广　西 | 2733.21 | 628.18 | 1005.92 | 811.48 | 1099.11 | 10.2 | 5964 |
| 海　南 | 677.54 | 257.12 | 150.93 | 102.29 | 269.49 | 10.5 | 8655 |
| 重　庆 | 2250.11 | 343.07 | 975.95 | 768.36 | 931.09 | 11.4 | 8075 |
| 四　川 | 5456.32 | 1128.60 | 2266.06 | 1771.41 | 2061.66 | 11.8 | 6418 |
| 贵　州 | 1344.31 | 294.53 | 571.91 | 450.53 | 477.87 | 10.1 | 3601 |
| 云　南 | 2458.80 | 498.95 | 1067.76 | 866.35 | 892.09 | 8.6 | 5647 |
| 西　藏 | 184.59 | | | | | | 6874 |
| 陕　西 | 2398.58 | 320.03 | 1133.56 | 834.76 | 944.99 | 10.9 | 6480 |
| 甘　肃 | 1301.06 | 240.00 | 607.62 | 449.81 | 453.44 | 10.1 | 4984 |
| 青　海 | 390.16 | 47.00 | 184.26 | 120.77 | 158.90 | 12.1 | 7276 |
| 宁　夏 | 384.92 | 55.50 | 191.72 | 143.31 | 137.70 | 12.2 | 6685 |
| 新　疆 | 1849.82 | 388.00 | 795.51 | 571.00 | 666.31 | 10.8 | 9686 |

注：1.本表绝对数按当年价格计算，增长速度按可比价格计算。

2.本表人均地区生产总值，北京、天津、上海和四川按“户籍人口”计算，其他地区按“常住人口”计算。

# 22-3 地区生产总值构成

（2003年，生产总值=100）

| 地区 | 地区生产总值 | 第一产业 | 第二产业 | #工业 | 第三产业 |
|---|---|---|---|---|---|
| 北京 | 100.0 | 2.6 | 36.0 | 28.2 | 61.4 |
| 天津 | 100.0 | 3.8 | 50.8 | 46.2 | 45.5 |
| 河北 | 100.0 | 15.0 | 51.8 | 45.8 | 33.2 |
| 山西 | 100.0 | 8.7 | 57.3 | 48.7 | 34.0 |
| 内蒙古 | 100.0 | 20.2 | 45.3 | 33.8 | 34.6 |
| 辽宁 | 100.0 | 10.4 | 47.5 | 41.8 | 42.1 |
| 吉林 | 100.0 | 19.4 | 45.2 | 36.7 | 35.4 |
| 黑龙江 | 100.0 | 11.6 | 57.1 | 50.7 | 31.3 |
| 上海 | 100.0 | 1.5 | 50.1 | 45.9 | 48.4 |
| 江苏 | 100.0 | 8.9 | 54.5 | 47.8 | 36.6 |
| 浙江 | 100.0 | 7.9 | 52.5 | 46.9 | 39.7 |
| 安徽 | 100.0 | 18.9 | 44.8 | 36.4 | 36.3 |
| 福建 | 100.0 | 13.5 | 47.6 | 41.0 | 38.9 |
| 江西 | 100.0 | 19.8 | 43.4 | 29.8 | 36.9 |
| 山东 | 100.0 | 12.1 | 53.5 | 47.1 | 34.4 |
| 河南 | 100.0 | 17.6 | 50.5 | 43.2 | 31.9 |
| 湖北 | 100.0 | 14.7 | 47.8 | 41.8 | 37.5 |
| 湖南 | 100.0 | 19.1 | 38.7 | 31.4 | 42.2 |
| 广东 | 100.0 | 7.8 | 52.4 | 47.3 | 39.8 |
| 广西 | 100.0 | 23.0 | 36.8 | 29.7 | 40.2 |
| 海南 | 100.0 | 38.0 | 22.3 | 15.1 | 39.8 |
| 重庆 | 100.0 | 15.3 | 43.4 | 34.2 | 41.4 |
| 四川 | 100.0 | 20.7 | 41.5 | 32.5 | 37.8 |
| 贵州 | 100.0 | 21.9 | 42.5 | 33.5 | 35.6 |
| 云南 | 100.0 | 20.3 | 43.4 | 35.2 | 36.3 |
| 西藏 | | | | | |
| 陕西 | 100.0 | 13.3 | 47.3 | 34.8 | 39.4 |
| 甘肃 | 100.0 | 18.5 | 46.7 | 34.6 | 34.9 |
| 青海 | 100.0 | 12.0 | 47.2 | 31.0 | 40.7 |
| 宁夏 | 100.0 | 14.4 | 49.8 | 37.2 | 35.8 |
| 新疆 | 100.0 | 21.0 | 43.0 | 30.9 | 36.0 |

注：本表按当年价格计算。

# 22-4 固定资产投资额

单位：亿元

| 地区 | 基本建设投资额 | | 更新改造投资额 | | 房地产开发投资额 | |
|---|---|---|---|---|---|---|
| | 2002年 | 2003年 | 2002年 | 2003年 | 2002年 | 2003年 |
| 全国总计 | 17666.62 | 22728.95 | 6750.60 | 8443.94 | 7790.92 | 10106.12 |
| 北京 | 414.70 | 555.73 | 169.63 | 216.09 | 989.41 | 1202.48 |
| 天津 | 361.85 | 501.37 | 162.51 | 210.89 | 175.84 | 211.39 |
| 河北 | 597.24 | 843.00 | 377.78 | 509.45 | 175.04 | 251.98 |
| 山西 | 377.18 | 498.02 | 193.92 | 253.04 | 67.43 | 94.88 |
| 内蒙古 | 409.14 | 750.37 | 107.55 | 173.59 | 72.53 | 90.93 |
| 辽宁 | 529.00 | 677.71 | 365.41 | 459.60 | 388.31 | 486.17 |
| 吉林 | 371.57 | 435.66 | 161.19 | 206.59 | 116.77 | 139.27 |
| 黑龙江 | 495.56 | 573.05 | 215.06 | 225.60 | 145.79 | 163.12 |
| 上海 | 784.13 | 874.14 | 422.58 | 381.60 | 748.89 | 901.24 |
| 江苏 | 1145.36 | 1864.51 | 453.28 | 668.86 | 544.13 | 809.17 |
| 浙江 | 1167.33 | 1642.50 | 356.77 | 356.90 | 728.80 | 972.39 |
| 安徽 | 424.44 | 513.57 | 231.63 | 319.63 | 146.49 | 240.65 |
| 福建 | 397.83 | 471.84 | 194.49 | 226.80 | 248.99 | 362.07 |
| 江西 | 347.89 | 566.14 | 142.00 | 194.03 | 103.64 | 173.78 |
| 山东 | 1169.98 | 1789.01 | 691.77 | 916.35 | 391.16 | 579.57 |
| 河南 | 694.43 | 948.15 | 233.79 | 364.86 | 138.36 | 185.56 |
| 湖北 | 745.96 | 804.95 | 320.17 | 368.42 | 178.64 | 239.04 |
| 湖南 | 505.25 | 599.75 | 227.96 | 301.76 | 150.92 | 230.03 |
| 广东 | 1311.23 | 1798.73 | 514.93 | 618.91 | 1115.25 | 1209.92 |
| 广西 | 358.20 | 441.35 | 107.15 | 142.64 | 75.28 | 120.26 |
| 海南 | 149.73 | 182.88 | 12.83 | 12.35 | 20.11 | 35.95 |
| 重庆 | 393.00 | 526.91 | 115.08 | 109.44 | 245.91 | 327.89 |
| 四川 | 793.42 | 949.54 | 257.49 | 370.74 | 344.38 | 449.33 |
| 贵州 | 306.55 | 381.33 | 118.70 | 141.72 | 83.01 | 104.06 |
| 云南 | 392.16 | 485.18 | 114.00 | 146.15 | 96.26 | 112.15 |
| 西藏 | 85.91 | 121.30 | 9.25 | 9.31 | 2.77 | 1.72 |
| | (515.32) | (688.70) | (148.51) | (177.27) | | |
| 陕西 | 459.69 | 616.03 | 144.86 | 164.13 | 123.57 | 188.56 |
| 甘肃 | 263.06 | 307.31 | 137.92 | 161.80 | 37.71 | 50.80 |
| 青海 | 161.92 | 159.09 | 25.78 | 37.46 | 16.92 | 22.31 |
| 宁夏 | 121.72 | 156.06 | 25.15 | 37.21 | 30.86 | 50.91 |
| 新疆 | 490.89 | 604.09 | 115.35 | 113.80 | 87.71 | 98.54 |

注：本表各地区基本建设投资额和更新改造投资额不含跨省项目，括号内数据为陕西含跨省项目投资额。

# 22-5　地方财政收支

单位：亿元

| 地　区 | 财政收入 | | 财政支出 | |
|---|---|---|---|---|
| | 2002年 | 2003年 | 2002年 | 2003年 |
| 全国地方总计 | 8515.00 | 9841.65 | 15281.45 | 17184.45 |
| 北　京 | 533.99 | 592.54 | 628.35 | 734.80 |
| 天　津 | 171.83 | 204.53 | 265.21 | 312.08 |
| 河　北 | 302.31 | 335.83 | 576.59 | 646.74 |
| 山　西 | 150.82 | 186.05 | 334.27 | 415.69 |
| 内蒙古 | 112.85 | 138.72 | 393.57 | 447.26 |
| 辽　宁 | 399.69 | 447.05 | 690.92 | 784.38 |
| 吉　林 | 131.49 | 154.00 | 362.62 | 409.23 |
| 黑龙江 | 231.89 | 248.86 | 531.87 | 564.91 |
| 上　海 | 708.95 | 886.23 | 862.38 | 1088.44 |
| 江　苏 | 643.70 | 798.11 | 860.25 | 1047.68 |
| 浙　江 | 566.85 | 706.56 | 749.90 | 896.77 |
| 安　徽 | 200.22 | 220.75 | 456.86 | 507.44 |
| 福　建 | 272.89 | 304.71 | 397.56 | 452.22 |
| 江　西 | 140.55 | 168.17 | 341.38 | 382.10 |
| 山　东 | 610.22 | 713.79 | 860.65 | 1010.64 |
| 河　南 | 296.72 | 338.05 | 629.18 | 716.60 |
| 湖　北 | 243.44 | 259.76 | 511.39 | 540.44 |
| 湖　南 | 231.15 | 268.65 | 533.02 | 573.75 |
| 广　东 | 1201.61 | 1315.52 | 1521.08 | 1695.63 |
| 广　西 | 186.73 | 203.66 | 419.86 | 443.68 |
| 海　南 | 46.24 | 51.32 | 92.26 | 105.40 |
| 重　庆 | 126.07 | 161.56 | 305.86 | 341.58 |
| 四　川 | 291.87 | 336.59 | 701.62 | 732.30 |
| 贵　州 | 108.28 | 124.56 | 316.67 | 332.35 |
| 云　南 | 206.76 | 229.00 | 526.89 | 587.35 |
| 西　藏 | 7.31 | 8.15 | 137.84 | 145.91 |
| 陕　西 | 150.29 | 177.33 | 404.91 | 418.20 |
| 甘　肃 | 76.24 | 87.66 | 274.01 | 300.01 |
| 青　海 | 21.10 | 24.04 | 118.73 | 122.04 |
| 宁　夏 | 26.47 | 30.03 | 114.57 | 105.78 |
| 新　疆 | 116.47 | 128.22 | 361.17 | 368.47 |

注：本表2002年数据为财政决算数，2003年全国数据为预算执行数，分地区数据为月度执行情况汇总数。

# 22-6 职工人数和平均工资

（2003年）

| 地区 | 年末在岗职工人数（万人） | #国有单位 | #城镇集体单位 | #港澳台商投资 | #外商投资 | 在岗职工平均工资（元） | #国有单位 | #城镇集体单位 | #港澳台商投资 | #外商投资 |
|---|---|---|---|---|---|---|---|---|---|---|
| 全国总计 | 10492.0 | 6621.3 | 950.5 | 394.1 | 425.6 | 14040 | 14577 | 8678 | 14691 | 19366 |
| 北京 | 436.3 | 197.6 | 26.1 | 15.0 | 27.7 | 25312 | 28464 | 13580 | 28517 | 44653 |
| 天津 | 174.9 | 85.8 | 11.8 | 10.6 | 31.7 | 18648 | 19352 | 11285 | 16385 | 19278 |
| 河北 | 486.8 | 367.3 | 41.1 | 6.4 | 9.7 | 11189 | 11783 | 6919 | 12414 | 10978 |
| 山西 | 347.9 | 248.8 | 37.4 | 2.0 | 1.3 | 10729 | 11213 | 6629 | 9033 | 10898 |
| 内蒙古 | 240.3 | 166.1 | 15.5 | 1.6 | 2.5 | 11279 | 11929 | 7620 | 6691 | 8530 |
| 辽宁 | 483.5 | 310.2 | 48.5 | 8.5 | 28.6 | 13008 | 13603 | 7629 | 13846 | 15060 |
| 吉林 | 286.8 | 204.4 | 27.6 | 2.3 | 6.2 | 11081 | 11124 | 8018 | 10342 | 17323 |
| 黑龙江 | 487.8 | 321.3 | 55.2 | 3.4 | 3.4 | 11038 | 11034 | 5425 | 11634 | 11846 |
| 上海 | 279.2 | 140.7 | 15.5 | 21.7 | 43.4 | 27304 | 28406 | 16973 | 22061 | 32674 |
| 江苏 | 579.1 | 305.0 | 52.6 | 31.0 | 45.2 | 15712 | 17502 | 9836 | 14748 | 17921 |
| 浙江 | 373.2 | 170.4 | 30.5 | 20.9 | 20.8 | 21367 | 27293 | 16058 | 16016 | 15788 |
| 安徽 | 337.8 | 212.2 | 40.7 | 2.5 | 4.9 | 10581 | 11220 | 6407 | 8912 | 12107 |
| 福建 | 334.1 | 147.1 | 23.1 | 75.9 | 44.4 | 14310 | 16460 | 11386 | 11845 | 13277 |
| 江西 | 256.7 | 196.1 | 20.0 | 4.0 | 2.4 | 10521 | 10918 | 6905 | 8058 | 10448 |
| 山东 | 762.3 | 487.5 | 74.1 | 14.4 | 53.6 | 12567 | 13975 | 8442 | 10881 | 11246 |
| 河南 | 682.5 | 388.0 | 113.7 | 8.0 | 5.5 | 10749 | 11397 | 7894 | 12175 | 13240 |
| 湖北 | 486.1 | 330.2 | 38.3 | 5.9 | 5.1 | 10692 | 11806 | 7137 | 9209 | 14282 |
| 湖南 | 379.4 | 297.5 | 31.3 | 3.1 | 3.3 | 12221 | 12604 | 8546 | 12217 | 13614 |
| 广东 | 763.5 | 365.6 | 77.0 | 140.3 | 64.0 | 19986 | 22944 | 10836 | 15259 | 20748 |
| 广西 | 255.7 | 189.9 | 20.1 | 4.1 | 4.0 | 11953 | 12331 | 7962 | 8711 | 16828 |
| 海南 | 71.6 | 57.3 | 3.9 | 1.8 | 1.6 | 10397 | 10305 | 7029 | 8835 | 13401 |
| 重庆 | 205.6 | 121.9 | 18.9 | 2.5 | 3.2 | 12425 | 13586 | 8552 | 12779 | 14529 |
| 四川 | 486.7 | 315.9 | 48.7 | 3.1 | 5.7 | 12441 | 13923 | 8723 | 12354 | 13518 |
| 贵州 | 188.7 | 141.7 | 13.7 | 0.8 | 1.1 | 11037 | 11390 | 7504 | 9821 | 10365 |
| 云南 | 244.0 | 181.8 | 14.6 | 1.8 | 1.3 | 12870 | 13471 | 8519 | 13243 | 14409 |
| 西藏 | 14.5 | 13.7 | 0.4 | | | 26931 | 27611 | 9348 | | |
| 陕西 | 319.4 | 246.4 | 23.3 | 1.1 | 1.9 | 11461 | 11833 | 6858 | 14730 | 18074 |
| 甘肃 | 189.0 | 155.1 | 14.7 | 0.5 | 1.5 | 12307 | 12929 | 7573 | 11477 | 16037 |
| 青海 | 41.1 | 33.3 | 2.4 | 0.1 | | 15356 | 16692 | 8306 | 14244 | |
| 宁夏 | 59.4 | 38.7 | 2.2 | 0.1 | 0.9 | 12981 | 13721 | 8924 | 12299 | 13240 |
| 新疆 | 237.9 | 184.0 | 7.6 | 0.6 | 0.7 | 13255 | 13199 | 9966 | 11946 | 13439 |

# 22-7 居民消费价格分类指数

(2003年，上年=100)

| 地　区 | 居民消费价格指数 | 食品 | 烟酒及用品 | 衣着 | 家庭设备用品及服务 | 医疗保健和个人用品 | 交通和通信 | 娱乐教育文化 | 居住 |
|---|---|---|---|---|---|---|---|---|---|
| 全　国 | 101.2 | 103.4 | 99.8 | 97.8 | 97.4 | 100.9 | 97.8 | 101.3 | 102.1 |
| 北　京 | 100.2 | 103.2 | 100.2 | 97.1 | 97.7 | 100.1 | 97.8 | 98.3 | 101.6 |
| 天　津 | 101.0 | 103.3 | 98.8 | 88.1 | 96.5 | 94.0 | 97.0 | 110.7 | 101.7 |
| 河　北 | 102.2 | 104.5 | 100.1 | 97.8 | 97.0 | 106.0 | 98.1 | 100.7 | 104.5 |
| 山　西 | 101.8 | 104.7 | 100.7 | 97.5 | 98.8 | 99.0 | 98.2 | 100.4 | 106.7 |
| 内蒙古 | 102.2 | 102.8 | 99.4 | 98.7 | 98.1 | 98.9 | 97.3 | 112.0 | 99.7 |
| 辽　宁 | 101.7 | 105.3 | 98.6 | 97.8 | 96.4 | 103.5 | 97.7 | 99.6 | 101.7 |
| 吉　林 | 101.2 | 104.0 | 100.4 | 99.6 | 97.9 | 101.8 | 97.9 | 99.2 | 100.4 |
| 黑龙江 | 100.9 | 103.3 | 98.8 | 98.4 | 97.0 | 99.4 | 98.5 | 101.9 | 101.2 |
| 上　海 | 100.1 | 101.3 | 99.8 | 97.5 | 98.4 | 100.0 | 96.3 | 100.3 | 101.1 |
| 江　苏 | 101.0 | 103.3 | 99.5 | 99.0 | 96.6 | 100.3 | 97.4 | 102.5 | 101.0 |
| 浙　江 | 101.9 | 102.8 | 101.2 | 96.7 | 96.9 | 100.1 | 95.1 | 111.2 | 101.2 |
| 安　徽 | 101.7 | 106.0 | 99.9 | 97.3 | 97.7 | 99.9 | 97.9 | 100.9 | 100.7 |
| 福　建 | 100.8 | 102.0 | 100.4 | 96.5 | 97.3 | 98.7 | 97.3 | 104.3 | 102.8 |
| 江　西 | 100.8 | 102.9 | 99.8 | 97.2 | 97.5 | 97.8 | 99.3 | 100.1 | 102.1 |
| 山　东 | 101.1 | 104.9 | 99.6 | 96.9 | 98.0 | 100.3 | 98.8 | 100.1 | 101.0 |
| 河　南 | 101.6 | 104.7 | 100.3 | 98.0 | 97.7 | 102.5 | 99.2 | 99.4 | 102.3 |
| 湖　北 | 102.2 | 104.3 | 99.8 | 101.0 | 97.3 | 99.6 | 98.5 | 102.7 | 103.5 |
| 湖　南 | 102.4 | 105.8 | 99.8 | 98.8 | 97.2 | 105.9 | 98.0 | 100.4 | 103.1 |
| 广　东 | 100.6 | 102.3 | 101.4 | 97.7 | 98.0 | 100.4 | 97.9 | 98.0 | 103.1 |
| 广　西 | 101.1 | 102.9 | 100.0 | 98.5 | 97.4 | 102.8 | 96.4 | 100.6 | 102.3 |
| 海　南 | 100.1 | 102.9 | 100.1 | 95.9 | 98.1 | 100.1 | 91.8 | 98.7 | 101.7 |
| 重　庆 | 100.6 | 104.3 | 98.2 | 94.2 | 95.5 | 99.3 | 98.7 | 99.6 | 102.2 |
| 四　川 | 101.7 | 102.7 | 100.2 | 98.5 | 98.3 | 102.9 | 99.8 | 100.7 | 102.9 |
| 贵　州 | 101.2 | 103.2 | 99.6 | 97.6 | 97.2 | 104.3 | 100.2 | 100.7 | 101.0 |
| 云　南 | 101.2 | 101.7 | 99.9 | 97.2 | 98.4 | 99.3 | 98.6 | 106.4 | 101.9 |
| 西　藏 | 100.9 | 100.5 | 103.0 | 101.5 | 101.4 | 101.0 | 100.1 | 99.7 | 98.8 |
| 陕　西 | 101.7 | 105.2 | 99.6 | 99.0 | 97.1 | 106.6 | 95.6 | 98.9 | 101.0 |
| 甘　肃 | 101.1 | 103.0 | 99.8 | 98.4 | 98.5 | 101.9 | 98.7 | 100.5 | 101.5 |
| 青　海 | 102.0 | 104.1 | 99.0 | 101.9 | 100.1 | 104.8 | 98.7 | 100.9 | 99.9 |
| 宁　夏 | 101.7 | 104.5 | 101.1 | 99.4 | 95.7 | 100.2 | 98.1 | 105.6 | 100.0 |
| 新　疆 | 100.4 | 102.5 | 99.8 | 99.2 | 98.9 | 94.8 | 99.1 | 99.1 | 104.2 |

# 22-8 城乡居民人均收入

单位：元

| 地区 | 城镇居民人均可支配收入 | | | 农村居民人均纯收入 | | |
|---|---|---|---|---|---|---|
| | 2002年 | 2003年 | 2003年比2002年增长（%） | 2002年 | 2003年 | 2003年比2002年增长（%） |
| **全国总计** | **7703** | **8472** | **9.0** | **2476** | **2622** | **4.3** |
| 北京 | 12464 | 13883 | 11.1 | 5398 | 5602 | 7.5 |
| 天津 | 9338 | 10313 | 9.3 | 4279 | 4566 | 4.9 |
| 河北 | 6680 | 7239 | 5.9 | 2685 | 2853 | 4.8 |
| 山西 | 6234 | 7005 | 10.6 | 2150 | 2299 | 6.1 |
| 内蒙古 | 6051 | 7013 | 14.2 | 2086 | 2268 | 6.0 |
| 辽宁 | 6525 | 7241 | 9.7 | 2751 | 2934 | 3.7 |
| 吉林 | 6260 | 7005 | 10.7 | 2301 | 2530 | 6.2 |
| 黑龙江 | 6101 | 6679 | 8.6 | 2405 | 2509 | 3.3 |
| 上海 | 13250 | 14867 | 12.1 | 6224 | 6654 | 6.8 |
| 江苏 | 8178 | 9262 | 12.3 | 3980 | 4239 | 5.0 |
| 浙江 | 11716 | 13180 | 11.9 | 4940 | 5389 | 7.8 |
| 安徽 | 6032 | 6778 | 10.4 | 2118 | 2127 | -1.2 |
| 福建 | 9189 | 10000 | 8.1 | 3539 | 3734 | 5.0 |
| 江西 | 6336 | 6901 | 7.9 | 2306 | 2458 | 4.3 |
| 山东 | 7614 | 8400 | 9.5 | 2948 | 3150 | 5.7 |
| 河南 | 6245 | 6926 | 9.1 | 2216 | 2236 | -0.4 |
| 湖北 | 6789 | 7322 | 5.1 | 2444 | 2567 | 2.8 |
| 湖南 | 6959 | 7674 | 8.7 | 2398 | 2533 | 4.7 |
| 广东 | 11137 | 12380 | 10.4 | 3912 | 4055 | 3.4 |
| 广西 | 7315 | 7785 | 5.5 | 2013 | 2095 | 1.0 |
| 海南 | 6823 | 7259 | 7.0 | 2423 | 2588 | 5.9 |
| 重庆 | 7238 | 8094 | 11.2 | 2098 | 2215 | 4.7 |
| 四川 | 6611 | 7042 | 4.5 | 2108 | 2230 | 4.7 |
| 贵州 | 5944 | 6569 | 9.6 | 1490 | 1565 | 4.7 |
| 云南 | 7241 | 7644 | 4.2 | 1609 | 1697 | 5.0 |
| 西藏 | 8079 | 8765 | 7.6 | 1462 | 1691 | 15.6 |
| 陕西 | 6331 | 6806 | 6.6 | 1596 | 1676 | 2.2 |
| 甘肃 | 6151 | 6657 | 7.3 | 1590 | 1673 | 5.0 |
| 青海 | 6171 | 6745 | 7.4 | 1669 | 1794 | 4.0 |
| 宁夏 | 6067 | 6530 | 6.1 | 1917 | 2043 | 4.5 |
| 新疆 | 6900 | 7174 | 3.5 | 1863 | 2106 | 12.8 |

注：本表绝对数按当年价格计算，增长速度按可比价格计算。

# 22-9 城乡居民人均消费支出

| 地区 | 城镇居民人均消费性支出（元） | | 城镇居民家庭恩格尔系数（%） | | 农村居民人均生活消费支出（元） | | 农村居民家庭恩格尔系数（%） | |
|---|---|---|---|---|---|---|---|---|
| | 2002年 | 2003年 | 2002年 | 2003年 | 2002年 | 2003年 | 2002年 | 2003年 |
| **全国总计** | **6030** | **6511** | **37.7** | **37.1** | **1834** | **1943** | **46.2** | **45.6** |
| 北京 | 10285 | 11124 | 33.8 | 31.7 | 3732 | 4147 | 34.1 | 32.1 |
| 天津 | 7192 | 7868 | 36.2 | 37.7 | 2164 | 2320 | 38.0 | 38.2 |
| 河北 | 5069 | 5440 | 35.4 | 35.2 | 1476 | 1600 | 38.9 | 39.9 |
| 山西 | 4711 | 5105 | 32.5 | 33.5 | 1355 | 1434 | 43.9 | 43.3 |
| 内蒙古 | 4860 | 5419 | 31.5 | 31.5 | 1647 | 1771 | 43.4 | 41.3 |
| 辽宁 | 5343 | 6078 | 38.8 | 39.4 | 1781 | 1884 | 45.0 | 43.2 |
| 吉林 | 4974 | 5492 | 36.4 | 35.6 | 1680 | 1816 | 44.1 | 44.0 |
| 黑龙江 | 4462 | 5015 | 35.5 | 35.6 | 1674 | 1662 | 41.6 | 40.7 |
| 上海 | 10464 | 11040 | 39.4 | 37.2 | 5302 | 5670 | 35.3 | 35.3 |
| 江苏 | 6043 | 6709 | 40.4 | 38.3 | 2620 | 2704 | 39.9 | 41.4 |
| 浙江 | 8713 | 9713 | 39.9 | 36.6 | 3693 | 4285 | 40.8 | 38.2 |
| 安徽 | 4737 | 5064 | 43.2 | 44.2 | 1476 | 1596 | 47.5 | 46.0 |
| 福建 | 6632 | 7356 | 43.4 | 42.2 | 2583 | 2716 | 45.9 | 45.0 |
| 江西 | 4549 | 4915 | 40.5 | 40.3 | 1785 | 1908 | 50.2 | 51.7 |
| 山东 | 5596 | 6069 | 34.4 | 33.8 | 1998 | 2133 | 42.0 | 41.8 |
| 河南 | 4505 | 4942 | 33.7 | 33.6 | 1452 | 1444 | 48.0 | 45.9 |
| 湖北 | 5609 | 5963 | 37.2 | 38.2 | 1746 | 1802 | 50.0 | 51.7 |
| 湖南 | 5575 | 6083 | 35.6 | 35.8 | 2069 | 2139 | 52.5 | 51.9 |
| 广东 | 8988 | 9636 | 38.5 | 37.2 | 2825 | 2927 | 47.6 | 47.9 |
| 广西 | 5413 | 5764 | 40.7 | 40.0 | 1686 | 1751 | 51.9 | 51.3 |
| 海南 | 5460 | 5502 | 44.6 | 44.8 | 1603 | 1645 | 59.1 | 57.6 |
| 重庆 | 6360 | 7118 | 38.0 | 38.0 | 1498 | 1583 | 55.8 | 52.5 |
| 四川 | 5413 | 5759 | 39.8 | 38.9 | 1592 | 1747 | 53.9 | 53.9 |
| 贵州 | 4598 | 4949 | 38.9 | 39.8 | 1138 | 1185 | 58.1 | 56.9 |
| 云南 | 5828 | 6024 | 41.6 | 41.6 | 1382 | 1406 | 55.9 | 53.0 |
| 西藏 | 6952 | 8045 | 40.8 | 44.0 | 1000 | 1030 | 63.8 | 65.0 |
| 陕西 | 5378 | 5667 | 34.1 | 34.6 | 1491 | 1455 | 37.9 | 39.3 |
| 甘肃 | 5064 | 5299 | 35.4 | 36.0 | 1153 | 1337 | 46.1 | 43.9 |
| 青海 | 5043 | 5400 | 36.7 | 36.8 | 1386 | 1563 | 48.0 | 49.6 |
| 宁夏 | 5105 | 5330 | 34.8 | 36.0 | 1418 | 1637 | 44.6 | 41.5 |
| 新疆 | 5636 | 5541 | 33.9 | 35.9 | 1412 | 1465 | 49.0 | 45.5 |

# 22-10 农林牧渔业总产值

(2003年)

单位：亿元

| 地区 | 农林牧渔业总产值 | #农业 | #林业 | #牧业 | #渔业 |
|---|---|---|---|---|---|
| 全国总计 | 29691.83 | 14870.11 | 1239.93 | 9538.81 | 3137.61 |
| 北京 | 246.76 | 88.75 | 13.49 | 125.49 | 10.17 |
| 天津 | 213.88 | 88.20 | 1.61 | 77.22 | 26.41 |
| 河北 | 1956.87 | 958.30 | 41.27 | 820.58 | 57.72 |
| 山西 | 403.59 | 249.45 | 20.36 | 111.93 | 1.97 |
| 内蒙古 | 666.38 | 335.96 | 47.94 | 267.10 | 4.94 |
| 辽宁 | 1214.98 | 497.33 | 38.35 | 422.01 | 223.99 |
| 吉林 | 792.14 | 438.34 | 33.77 | 298.44 | 13.56 |
| 黑龙江 | 903.27 | 502.93 | 59.06 | 294.16 | 23.13 |
| 上海 | 247.29 | 98.16 | 13.05 | 81.13 | 49.21 |
| 江苏 | 1952.20 | 981.25 | 31.49 | 458.86 | 371.56 |
| 浙江 | 1184.04 | 529.44 | 65.67 | 233.01 | 337.11 |
| 安徽 | 1305.36 | 617.92 | 73.36 | 443.46 | 129.68 |
| 福建 | 1151.16 | 466.75 | 79.25 | 237.34 | 351.85 |
| 江西 | 841.63 | 383.71 | 70.48 | 254.01 | 118.55 |
| 山东 | 2902.45 | 1599.32 | 53.70 | 831.34 | 370.04 |
| 河南 | 2193.09 | 1137.74 | 69.11 | 835.93 | 23.31 |
| 湖北 | 1342.09 | 733.36 | 34.78 | 383.71 | 170.43 |
| 湖南 | 1452.96 | 671.66 | 81.73 | 575.08 | 96.97 |
| 广东 | 1908.66 | 851.72 | 55.72 | 482.83 | 432.74 |
| 广西 | 1030.89 | 500.82 | 53.80 | 342.83 | 115.53 |
| 海南 | 379.98 | 152.71 | 53.33 | 64.77 | 103.11 |
| 重庆 | 488.57 | 270.12 | 14.58 | 177.64 | 18.33 |
| 四川 | 1784.49 | 804.70 | 59.26 | 832.34 | 53.34 |
| 贵州 | 466.72 | 275.47 | 25.87 | 139.48 | 6.08 |
| 云南 | 799.33 | 433.91 | 73.17 | 242.53 | 16.56 |
| 西藏 | 58.63 | 25.27 | 5.31 | 27.09 | 0.01 |
| 陕西 | 534.96 | 334.35 | 26.83 | 145.60 | 4.48 |
| 甘肃 | 400.80 | 275.82 | 19.81 | 93.88 | 0.96 |
| 青海 | 76.95 | 29.74 | 2.64 | 40.71 | 0.09 |
| 宁夏 | 103.39 | 54.13 | 7.46 | 36.35 | 2.59 |
| 新疆 | 688.32 | 482.76 | 13.69 | 161.98 | 3.21 |

注：本表按当年价格计算，按新国民经济行业分类标准，总产值包括农林牧渔服务业产值。

# 22-11 主要农产品产量

(2003年)

单位：万吨

| 地　区 | 粮　食 | 油　料 | 棉　花 | 糖　料 | 水　果 | 肉　类 | 奶　类 | 水产品 |
|---|---|---|---|---|---|---|---|---|
| 全国总计 | 43069.5 | 2811.0 | 486.0 | 9641.6 | 14517.4 | 6954.8 | 1848.6 | 4704.5 |
| 北　京 | 58.0 | 3.3 | 0.3 | | 114.2 | 70.3 | 63.7 | 7.1 |
| 天　津 | 119.3 | 3.1 | 9.5 | | 84.3 | 53.4 | 43.2 | 29.8 |
| 河　北 | 2387.8 | 163.1 | 52.2 | 22.0 | 1270.7 | 502.4 | 207.6 | 86.3 |
| 山　西 | 958.9 | 36.4 | 9.2 | 11.4 | 328.8 | 66.5 | 55.6 | 3.1 |
| 内蒙古 | 1360.7 | 102.3 | 0.5 | 99.4 | 123.3 | 162.7 | 312.2 | 7.3 |
| 辽　宁 | 1498.3 | 61.4 | 0.3 | 3.4 | 396.9 | 280.1 | 46.4 | 382.0 |
| 吉　林 | 2259.6 | 57.1 | 0.1 | 7.0 | 253.2 | 218.5 | 23.3 | 10.9 |
| 黑龙江 | 2512.3 | 44.7 | | 71.4 | 356.7 | 151.5 | 303.9 | 41.9 |
| 上　海 | 98.8 | 6.4 | 0.1 | 13.1 | 114.5 | 50.8 | 27.1 | 35.5 |
| 江　苏 | 2471.9 | 199.5 | 29.1 | 34.4 | 601.9 | 354.8 | 50.0 | 342.9 |
| 浙　江 | 793.4 | 43.8 | 2.1 | 123.9 | 568.4 | 153.9 | 24.7 | 482.8 |
| 安　徽 | 2214.8 | 231.4 | 24.1 | 26.1 | 609.1 | 329.6 | 9.0 | 165.3 |
| 福　建 | 713.2 | 26.0 | | 118.1 | 522.0 | 146.2 | 19.5 | 572.8 |
| 江　西 | 1450.3 | 76.0 | 7.6 | 118.2 | 273.2 | 195.2 | 10.9 | 146.1 |
| 山　东 | 3435.5 | 361.8 | 87.7 | 0.04 | 2526.0 | 662.1 | 148.4 | 706.2 |
| 河　南 | 3569.5 | 309.9 | 37.7 | 21.2 | 1318.5 | 603.6 | 52.6 | 39.0 |
| 湖　北 | 1921.0 | 272.7 | 32.5 | 76.0 | 611.6 | 301.1 | 11.1 | 286.8 |
| 湖　南 | 2442.7 | 125.7 | 16.3 | 142.3 | 512.4 | 503.8 | 5.3 | 156.6 |
| 广　东 | 1430.4 | 81.9 | | 1134.1 | 836.9 | 359.6 | 10.8 | 648.5 |
| 广　西 | 1465.1 | 55.7 | 0.1 | 4861.8 | 641.2 | 227.1 | 3.8 | 264.6 |
| 海　南 | 204.6 | 9.6 | | 402.1 | 193.5 | 47.0 | 0.1 | 123.1 |
| 重　庆 | 1087.1 | 38.3 | | 11.3 | 128.6 | 160.6 | 9.1 | 22.5 |
| 四　川 | 3054.1 | 217.1 | 2.5 | 170.8 | 464.9 | 581.8 | 45.8 | 76.4 |
| 贵　州 | 1104.3 | 72.3 | 0.1 | 75.7 | 78.8 | 152.5 | 3.4 | 8.0 |
| 云　南 | 1471.0 | 29.7 | … | 1695.2 | 126.2 | 253.7 | 23.4 | 20.4 |
| 西　藏 | 96.6 | 4.9 | | | 1.1 | 19.0 | 25.1 | |
| 陕　西 | 968.4 | 41.3 | 5.3 | 0.8 | 730.9 | 113.9 | 107.1 | 6.7 |
| 甘　肃 | 789.3 | 46.0 | 8.7 | 19.9 | 247.7 | 75.9 | 22.6 | 1.4 |
| 青　海 | 86.8 | 26.2 | | | 2.4 | 23.7 | 23.5 | 0.1 |
| 宁　夏 | 270.2 | 13.2 | | 0.02 | 71.2 | 23.4 | 38.7 | 5.0 |
| 新　疆 | 775.5 | 50.1 | 160.0 | 381.6 | 408.3 | 110.0 | 120.8 | 6.7 |

注：水果产量含果用瓜。

# 22-12 全部国有及规模以上非国有工业企业主要经济指标

(2003年)

单位：亿元

| 地区 | 工业增加值 | 产品销售收入 | 税金总额 | 利润总额 | 亏损企业亏损总额 | 资产合计 | 负债合计 | 全部从业人员平均人数（万人） |
|---|---|---|---|---|---|---|---|---|
| 全国总计 | 41045.0 | 140610.3 | 7295.2 | 8152.4 | 1072.3 | 167074.2 | 98656.2 | 5707.8 |
| 北京 | 970.8 | 3732.8 | 179.6 | 219.6 | 40.3 | 5158.3 | 2764.5 | 100.6 |
| 天津 | 1027.8 | 4115.2 | 159.2 | 231.9 | 45.8 | 4471.4 | 2597.5 | 117.1 |
| 河北 | 1810.3 | 5861.8 | 309.7 | 387.8 | 41.4 | 6867.6 | 4232.2 | 269.5 |
| 山西 | 882.2 | 2320.6 | 181.0 | 135.5 | 17.8 | 4315.2 | 2780.0 | 180.0 |
| 内蒙古 | 509.7 | 1351.7 | 88.7 | 65.0 | 11.1 | 2437.5 | 1443.3 | 72.2 |
| 辽宁 | 1764.3 | 6213.3 | 314.9 | 235.4 | 68.2 | 9169.9 | 5394.8 | 243.1 |
| 吉林 | 806.7 | 2598.6 | 175.0 | 157.2 | 35.3 | 3713.4 | 2380.9 | 103.4 |
| 黑龙江 | 1380.2 | 2866.1 | 281.5 | 592.6 | 33.8 | 4382.0 | 2517.5 | 140.7 |
| 上海 | 2767.1 | 10982.6 | 524.1 | 805.7 | 95.9 | 11601.5 | 5765.5 | 219.6 |
| 江苏 | 4620.6 | 17969.4 | 687.8 | 789.1 | 84.2 | 16558.7 | 10282.6 | 572.6 |
| 浙江 | 3194.0 | 12521.0 | 557.8 | 785.8 | 35.8 | 11731.6 | 6703.5 | 475.2 |
| 安徽 | 834.7 | 2638.6 | 188.2 | 135.6 | 16.6 | 3851.1 | 2336.8 | 149.1 |
| 福建 | 1461.4 | 4712.8 | 191.1 | 281.4 | 23.5 | 4870.1 | 2600.5 | 209.0 |
| 江西 | 440.3 | 1489.2 | 104.5 | 52.1 | 10.2 | 2223.5 | 1468.2 | 96.1 |
| 山东 | 4695.2 | 14919.5 | 690.0 | 915.1 | 48.1 | 14536.2 | 8609.8 | 595.4 |
| 河南 | 1754.1 | 5223.9 | 292.1 | 251.5 | 35.4 | 6541.5 | 4140.3 | 318.0 |
| 湖北 | 1356.2 | 4072.5 | 250.8 | 178.4 | 32.3 | 7095.3 | 4234.5 | 202.5 |
| 湖南 | 886.5 | 2580.3 | 231.7 | 100.1 | 29.6 | 3709.5 | 2377.4 | 152.4 |
| 广东 | 5606.3 | 20760.2 | 653.4 | 1033.7 | 157.5 | 18905.1 | 10561.5 | 722.0 |
| 广西 | 436.9 | 1388.7 | 105.4 | 63.7 | 22.1 | 2215.9 | 1456.8 | 82.5 |
| 海南 | 86.4 | 286.1 | 19.6 | 15.9 | 4.6 | 413.5 | 225.8 | 9.7 |
| 重庆 | 477.9 | 1595.1 | 105.2 | 86.0 | 14.1 | 2377.7 | 1446.1 | 84.3 |
| 四川 | 1156.0 | 3345.6 | 223.1 | 162.8 | 26.3 | 5821.0 | 3520.3 | 199.9 |
| 贵州 | 331.9 | 923.2 | 99.3 | 32.0 | 15.4 | 1818.7 | 1210.5 | 65.0 |
| 云南 | 719.7 | 1500.2 | 325.3 | 102.3 | 34.6 | 2946.4 | 1691.7 | 64.5 |
| 西藏 | 11.0 | | | | | | | |
| 陕西 | 674.4 | 1843.3 | 152.0 | 158.6 | 32.7 | 3672.7 | 2348.3 | 112.1 |
| 甘肃 | 389.8 | 1130.3 | 91.2 | 30.4 | 28.4 | 2195.3 | 1420.6 | 77.8 |
| 青海 | 95.5 | 264.5 | 19.3 | 12.7 | 6.2 | 857.3 | 575.4 | 13.6 |
| 宁夏 | 105.1 | 362.9 | 21.4 | 7.7 | 4.7 | 710.7 | 486.8 | 22.4 |
| 新疆 | 463.2 | 1069.0 | 88.1 | 138.0 | 22.6 | 2055.7 | 1177.3 | 38.8 |

# 22-13　全部国有及规模以上非国有工业企业主要经济效益指标

(2003年)

| 地　区 | 总资产贡献率(%) | 资本保值增值率(%) | 资　产负债率(%) | 流动资产周转次数(次) | 成本费用利润率(%) | 产　品销售率(%) |
|---|---|---|---|---|---|---|
| 全国总计 | 11.13 | 113.48 | 59.05 | 1.96 | 6.24 | 98.06 |
| 北　京 | 8.96 | 113.41 | 53.59 | 1.61 | 6.13 | 98.23 |
| 天　津 | 9.94 | 105.07 | 58.09 | 2.11 | 6.01 | 98.88 |
| 河　北 | 12.34 | 114.14 | 61.63 | 2.15 | 7.16 | 98.70 |
| 山　西 | 9.37 | 114.15 | 64.42 | 1.51 | 6.31 | 97.69 |
| 内蒙古 | 8.56 | 116.09 | 59.21 | 1.73 | 5.11 | 98.74 |
| 辽　宁 | 7.31 | 104.64 | 58.83 | 1.67 | 4.01 | 97.99 |
| 吉　林 | 10.21 | 108.06 | 64.12 | 1.69 | 6.61 | 97.60 |
| 黑龙江 | 21.53 | 101.84 | 57.45 | 1.69 | 27.02 | 97.89 |
| 上　海 | 12.85 | 113.40 | 49.70 | 1.99 | 7.93 | 99.02 |
| 江　苏 | 10.84 | 114.26 | 62.10 | 2.26 | 4.61 | 97.87 |
| 浙　江 | 14.48 | 125.00 | 57.14 | 2.19 | 6.72 | 97.69 |
| 安　徽 | 10.23 | 116.56 | 60.68 | 1.66 | 5.55 | 98.66 |
| 福　建 | 11.86 | 118.71 | 53.40 | 2.22 | 6.43 | 97.60 |
| 江　西 | 9.19 | 109.13 | 66.03 | 1.67 | 3.72 | 98.13 |
| 山　东 | 13.40 | 120.62 | 59.23 | 2.54 | 6.58 | 97.90 |
| 河　南 | 10.52 | 113.67 | 63.29 | 1.93 | 5.10 | 98.52 |
| 湖　北 | 8.22 | 116.62 | 59.68 | 1.61 | 4.72 | 98.35 |
| 湖　南 | 11.07 | 112.56 | 64.09 | 1.79 | 4.21 | 100.07 |
| 广　东 | 10.43 | 111.21 | 55.87 | 2.16 | 5.34 | 97.44 |
| 广　西 | 9.45 | 112.61 | 65.74 | 1.70 | 4.86 | 97.43 |
| 海　南 | 10.00 | 106.53 | 54.62 | 1.62 | 6.05 | 96.16 |
| 重　庆 | 10.14 | 115.83 | 60.82 | 1.55 | 5.71 | 97.83 |
| 四　川 | 8.43 | 112.10 | 60.48 | 1.44 | 5.18 | 98.74 |
| 贵　州 | 8.80 | 112.53 | 66.56 | 1.26 | 3.98 | 96.80 |
| 云　南 | 16.56 | 107.06 | 57.41 | 1.34 | 8.42 | 99.10 |
| 西　藏 | | | | | | |
| 陕　西 | 10.40 | 118.41 | 63.94 | 1.34 | 9.71 | 97.59 |
| 甘　肃 | 7.15 | 104.34 | 64.71 | 1.39 | 2.86 | 97.90 |
| 青　海 | 5.34 | 115.94 | 67.12 | 1.02 | 5.21 | 97.20 |
| 宁　夏 | 6.40 | 103.14 | 68.49 | 1.39 | 2.20 | 96.83 |
| 新　疆 | 12.49 | 111.86 | 57.27 | 1.73 | 15.71 | 98.57 |

# 22-14 主要工业产品产量

(2003年)

| 地区 | 原煤（万吨） | 原油（万吨） | 发电量（亿千瓦小时） | 钢（万吨） | 生铁（万吨） | 成品钢材（万吨） | 水泥（万吨） |
|---|---|---|---|---|---|---|---|
| 全国总计 | 166700.00 | 16960.45 | 19107.62 | 22233.60 | 20231.19 | 24119.35 | 86226.61 |
| 北京 | 822.57 | | 192.16 | 816.41 | 788.17 | 785.28 | 996.00 |
| 天津 | | 1316.30 | 320.07 | 565.95 | 342.65 | 1083.50 | 451.00 |
| 河北 | 6600.15 | 511.01 | 1088.34 | 4065.06 | 4070.73 | 3729.37 | 6811.40 |
| 山西 | 29508.66 | | 965.01 | 1002.69 | 2017.78 | 823.52 | 1949.00 |
| 内蒙古 | 11959.35 | 5.47 | 647.73 | 576.83 | 602.56 | 558.31 | 940.46 |
| 辽宁 | 5870.69 | 1332.22 | 837.11 | 2227.77 | 2060.60 | 2359.35 | 2439.74 |
| 吉林 | 2037.63 | 476.40 | 311.14 | 381.62 | 318.74 | 369.05 | 1119.13 |
| 黑龙江 | 6669.20 | 4840.12 | 493.78 | 165.69 | 136.67 | 141.43 | 1169.43 |
| 上海 | | 38.02 | 687.63 | 1728.80 | 1300.24 | 1779.78 | 744.67 |
| 江苏 | 2760.40 | 166.35 | 1366.33 | 1742.21 | 784.15 | 2961.49 | 7825.14 |
| 浙江 | 69.39 | | 1101.74 | 334.24 | 173.27 | 527.03 | 7168.00 |
| 安徽 | 6726.41 | | 557.15 | 692.68 | 693.59 | 720.14 | 3072.96 |
| 福建 | 778.22 | | 610.70 | 257.85 | 214.83 | 461.98 | 2400.20 |
| 江西 | 951.66 | | 320.94 | 599.53 | 496.40 | 664.14 | 2524.18 |
| 山东 | 14667.27 | 2665.51 | 1396.97 | 1415.41 | 1329.32 | 1437.74 | 9935.00 |
| 河南 | 11871.01 | 549.77 | 1025.10 | 873.90 | 658.86 | 744.68 | 4722.60 |
| 湖北 | 366.40 | 77.53 | 780.46 | 1254.30 | 1034.59 | 1126.25 | 3445.81 |
| 湖南 | 2366.69 | | 537.76 | 592.18 | 540.77 | 562.01 | 3135.00 |
| 广东 | 202.34 | 1275.70 | 1882.68 | 599.79 | 348.80 | 846.32 | 7530.01 |
| 广西 | 417.14 | 3.28 | 362.91 | 206.20 | 250.39 | 242.23 | 2665.19 |
| 海南 | 2.00 | 7.57 | 58.59 | 0.19 | 6.40 | 10.82 | 397.84 |
| 重庆 | 1484.20 | | 204.11 | 225.20 | 203.50 | 242.28 | 2037.66 |
| 四川 | 3133.88 | 13.92 | 849.26 | 738.92 | 695.07 | 827.30 | 4059.85 |
| 贵州 | 7802.51 | | 640.98 | 206.16 | 182.83 | 193.07 | 1590.98 |
| 云南 | 1399.39 | | 474.80 | 294.75 | 423.34 | 286.54 | 2052.79 |
| 西藏 | 2.21 | | | | | | 124.91 |
| 陕西 | 7392.76 | 1267.25 | 411.21 | 173.93 | 162.68 | 131.94 | 1534.39 |
| 甘肃 | 2603.27 | 73.44 | 404.87 | 223.89 | 237.18 | 245.58 | 1160.82 |
| 青海 | 310.57 | 220.02 | 130.48 | 47.73 | | 40.30 | 307.00 |
| 宁夏 | 2047.90 | | 206.13 | 13.33 | 13.19 | 12.68 | 494.13 |
| 新疆 | 1845.71 | 2120.39 | 233.53 | 204.12 | 143.89 | 204.20 | 1127.71 |

22-14 续表

(2003年)

| 地区 | 布（亿米） | 家用电冰箱（万台） | 农用化肥（万吨） | 汽车（万辆） | 程控交换机（万线） | 移动电话机（万部） | 微型电子计算机（万部） |
|---|---|---|---|---|---|---|---|
| 全国总计 | 374.64 | 2242.56 | 4200.85 | 444.39 | 7379.93 | 18231.37 | 3216.70 |
| 北京 | 0.99 | 22.73 | 2.40 | 34.91 | 1934.70 | 3330.50 | 470.58 |
| 天津 | 2.53 | 29.64 | 16.77 | 17.25 | 21.87 | 3139.72 | 0.42 |
| 河北 | 19.73 | | 230.10 | 11.17 | 20.42 | | |
| 山西 | 3.35 | | 201.07 | 0.07 | | | |
| 内蒙古 | 0.47 | | 50.26 | 0.27 | | 222.62 | 5.06 |
| 辽宁 | 4.01 | 109.73 | 107.48 | 13.00 | 21.35 | 123.06 | 178.30 |
| 吉林 | 1.00 | 5.35 | 9.63 | 64.07 | 3.34 | | |
| 黑龙江 | 1.29 | 4.86 | 52.57 | 20.00 | 0.08 | | 3.95 |
| 上海 | 2.93 | 34.46 | 4.90 | 58.73 | 1883.95 | 2178.22 | 739.46 |
| 江苏 | 67.10 | 243.83 | 216.66 | 21.26 | 139.83 | 333.47 | 605.59 |
| 浙江 | 71.28 | 129.98 | 55.75 | 8.19 | 94.40 | 1893.34 | 7.40 |
| 安徽 | 6.80 | 274.92 | 204.94 | 20.63 | | | 15.80 |
| 福建 | 14.13 | | 60.74 | 8.67 | 0.01 | 626.67 | 241.74 |
| 江西 | 3.18 | 29.95 | 51.88 | 18.52 | 2.93 | | 10.56 |
| 山东 | 72.34 | 499.00 | 530.05 | 7.49 | 221.25 | 582.13 | 48.55 |
| 河南 | 17.90 | 145.91 | 330.22 | 2.77 | 6.77 | | 0.50 |
| 湖北 | 20.11 | | 297.97 | 36.89 | 0.05 | 305.41 | 2.02 |
| 湖南 | 3.56 | 44.73 | 180.47 | 4.38 | 1.01 | | |
| 广东 | 28.11 | 564.89 | 84.63 | 18.88 | 2935.65 | 5355.16 | 881.05 |
| 广西 | 0.47 | | 68.87 | 18.06 | | | |
| 海南 | 0.11 | | 33.45 | 5.50 | | | |
| 重庆 | 13.54 | | 96.61 | 40.45 | 0.02 | 100.08 | 1.04 |
| 四川 | 6.46 | 33.39 | 431.98 | 4.76 | 0.04 | | 2.52 |
| 贵州 | 0.52 | 50.39 | 188.82 | 0.13 | 1.68 | 33.64 | |
| 云南 | 0.26 | | 260.58 | 4.05 | | | |
| 西藏 | | | | | | | |
| 陕西 | 7.40 | 17.33 | 103.63 | 4.27 | 90.58 | | 2.15 |
| 甘肃 | 0.48 | 1.47 | 74.20 | | | | |
| 青海 | | | 89.97 | | | | |
| 宁夏 | | | 76.30 | | | | |
| 新疆 | 1.46 | | 85.30 | | | | |

# 22-15 社会消费品零售总额

(2003年)

单位：亿元

| 地区 | 社会消费品零售总额 | 按销售单位所在地分 | | | 按行业分 | | | 社会消费品零售总额比上年增长(%) |
|---|---|---|---|---|---|---|---|---|
| | | 市 | 县 | 县以下 | 批发零售贸易业 | 餐饮业 | 其他行业 | |
| 全国总计 | 45842.0 | 29777.3 | 5247.8 | 10816.9 | 37692.5 | 6065.7 | 2083.8 | 9.1 |
| 北京 | 1916.7 | 1535.8 | 88.8 | 292.2 | 1611.2 | 121.4 | 184.1 | 14.5 |
| 天津 | 922.3 | 859.2 | 35.3 | 27.8 | 727.1 | 109.9 | 85.3 | 10.9 |
| 河北 | 2177.9 | 1064.4 | 421.1 | 692.4 | 1894.8 | 233.5 | 49.6 | 10.6 |
| 山西 | 729.3 | 471.3 | 135.2 | 122.8 | 614.2 | 81.7 | 33.4 | 13.7 |
| 内蒙古 | 726.8 | 449.5 | 166.5 | 110.8 | 592.2 | 99.2 | 35.3 | 21.3 |
| 辽宁 | 2330.8 | 1963.7 | 112.0 | 255.2 | 1935.6 | 338.9 | 56.3 | 12.3 |
| 吉林 | 1110.3 | 857.7 | 76.8 | 175.8 | 951.0 | 153.8 | 5.4 | 10.1 |
| 黑龙江 | 1376.5 | 1019.4 | 186.6 | 170.4 | 1191.9 | 152.3 | 32.2 | 10.1 |
| 上海 | 2220.6 | 1905.9 | 17.6 | 297.1 | 1990.2 | 214.8 | 15.6 | 9.1 |
| 江苏 | 3566.5 | 2516.3 | 217.8 | 832.3 | 3072.6 | 434.4 | 59.4 | 13.7 |
| 浙江 | 3157.1 | 1999.9 | 329.5 | 827.7 | 2696.4 | 358.9 | 101.8 | 10.9 |
| 安徽 | 1331.2 | 666.6 | 285.6 | 379.0 | 1143.7 | 159.4 | 28.2 | 9.8 |
| 福建 | 1740.4 | 1057.5 | 218.3 | 464.6 | 1423.1 | 211.2 | 106.2 | 13.1 |
| 江西 | 923.2 | 455.3 | 206.6 | 261.3 | 812.0 | 85.3 | 25.9 | 11.7 |
| 山东 | 3936.5 | 2525.6 | 396.4 | 1014.5 | 3251.7 | 497.2 | 187.6 | 22.2 |
| 河南 | 2426.4 | 1234.8 | 494.2 | 697.4 | 2009.7 | 343.1 | 73.6 | 10.8 |
| 湖北 | 2358.7 | 1603.3 | 222.9 | 532.5 | 1884.7 | 298.3 | 175.7 | 10.8 |
| 湖南 | 1816.3 | 997.1 | 332.5 | 486.7 | 1558.4 | 224.6 | 33.3 | 10.8 |
| 广东 | 5606.0 | 3718.3 | 269.4 | 1618.3 | 4681.1 | 877.3 | 47.6 | 11.8 |
| 广西 | 857.7 | 458.5 | 169.7 | 229.5 | 716.8 | 115.3 | 25.6 | 12.2 |
| 海南 | 191.6 | 128.1 | 16.6 | 46.9 | 150.5 | 31.0 | 10.1 | 10.9 |
| 重庆 | 835.5 | 482.3 | 112.7 | 240.5 | 719.1 | 107.3 | 9.1 | 9.5 |
| 四川 | 2091.1 | 1004.2 | 357.3 | 729.6 | 1621.5 | 349.4 | 120.2 | 13.0 |
| 贵州 | 458.8 | 272.0 | 85.8 | 101.0 | 374.3 | 75.5 | 9.0 | 10.2 |
| 云南 | 782.5 | 425.3 | 180.5 | 176.7 | 635.4 | 124.6 | 22.4 | 10.0 |
| 西藏 | 58.3 | 26.1 | 25.0 | 7.2 | 46.6 | 8.2 | 3.6 | 9.2 |
| 陕西 | 853.2 | 565.6 | 149.1 | 138.5 | 646.3 | 184.3 | 22.6 | 17.2 |
| 甘肃 | 474.6 | 308.0 | 76.2 | 90.4 | 388.3 | 66.9 | 19.5 | 9.5 |
| 青海 | 102.7 | 66.1 | 24.7 | 11.8 | 83.4 | 16.4 | 2.8 | 11.5 |
| 宁夏 | 120.8 | 81.5 | 20.8 | 18.5 | 98.8 | 19.6 | 2.3 | 15.1 |
| 新疆 | 421.2 | 311.3 | 49.2 | 60.6 | 341.9 | 60.6 | 18.6 | 11.1 |

# 22-16 海关进出口总额和外商直接投资额

（2003年）

| 地区 | 进出口总额（亿美元） | 出口额 | 进口额 | 外商直接投资 项目数（个） | 合同投资额（万美元） | 实际投资额（万美元） |
|---|---|---|---|---|---|---|
| 全国总计 | 8509.85 | 4382.28 | 4127.57 | 41081 | 11506969 | 5350467 |
| 北京 | 684.63 | 168.52 | 516.11 | 1539 | 599959 | 219126 |
| 天津 | 293.59 | 143.65 | 149.94 | 957 | 305338 | 153473 |
| 河北 | 89.79 | 59.28 | 30.50 | 610 | 167253 | 96405 |
| 山西 | 30.84 | 22.66 | 8.18 | 89 | 39596 | 21361 |
| 内蒙古 | 28.29 | 11.56 | 16.73 | 138 | 39074 | 8854 |
| 辽宁 | 265.61 | 146.31 | 119.30 | 2231 | 647232 | 282410 |
| 吉林 | 61.72 | 21.62 | 40.10 | 340 | 65840 | 19059 |
| 黑龙江 | 53.29 | 28.74 | 24.55 | 239 | 48785 | 32180 |
| 上海 | 1123.55 | 484.58 | 638.97 | 4462 | 1075115 | 546849 |
| 江苏 | 1136.23 | 591.19 | 545.05 | 7182 | 2978130 | 1056365 |
| 浙江 | 614.22 | 416.03 | 198.20 | 4460 | 1228386 | 498055 |
| 安徽 | 59.43 | 30.64 | 28.79 | 425 | 96762 | 36720 |
| 福建 | 353.35 | 211.40 | 141.95 | 2272 | 428105 | 259903 |
| 江西 | 25.27 | 15.05 | 10.22 | 761 | 231825 | 161202 |
| 山东 | 446.41 | 265.59 | 180.82 | 5208 | 1243013 | 601617 |
| 河南 | 47.12 | 29.80 | 17.33 | 304 | 105550 | 53903 |
| 湖北 | 51.10 | 26.56 | 24.54 | 510 | 232966 | 156886 |
| 湖南 | 37.33 | 21.46 | 15.87 | 509 | 133884 | 101835 |
| 广东 | 2836.46 | 1529.44 | 1307.02 | 7039 | 1348518 | 782294 |
| 广西 | 31.86 | 19.70 | 12.16 | 334 | 64313 | 41856 |
| 海南 | 22.78 | 8.69 | 14.09 | 166 | 23267 | 42125 |
| 重庆 | 25.95 | 15.85 | 10.10 | 205 | 42357 | 26083 |
| 四川 | 56.39 | 32.13 | 24.26 | 326 | 89380 | 41231 |
| 贵州 | 9.84 | 5.88 | 3.96 | 66 | 19916 | 4521 |
| 云南 | 26.68 | 16.77 | 9.91 | 165 | 44583 | 8384 |
| 西藏 | 1.60 | 1.22 | 0.39 | 49 | 4776 | |
| 陕西 | 27.84 | 17.35 | 10.48 | 229 | 83428 | 46602 |
| 甘肃 | 13.28 | 8.78 | 4.50 | 59 | 25221 | 2342 |
| 青海 | 3.39 | 2.74 | 0.65 | 47 | 19142 | 2522 |
| 宁夏 | 6.53 | 5.12 | 1.41 | 28 | 53759 | 1743 |
| 新疆 | 47.72 | 25.42 | 22.30 | 86 | 20282 | 1534 |

注：全国总计中包括部门统计数据，故各地区相加不等于全国总计。

# 22-17 国际旅游

| 地　区 | 2002年 | | | 2003年 | | |
|---|---|---|---|---|---|---|
| | 旅游人数（万人次） | #外国人 | 旅游创汇总额（亿美元） | 旅游人数（万人次） | #外国人 | 旅游创汇总额（亿美元） |
| 全国总计 | 9790.80 | 1343.90 | 203.85 | 9166.21 | 1140.29 | 174.06 |
| 北　京 | 310.40 | 266.50 | 31.10 | 185.12 | 152.66 | 19.04 |
| 天　津 | 50.60 | 45.30 | 3.40 | 48.90 | 45.61 | 3.29 |
| 河　北 | 47.40 | 42.70 | 1.70 | 28.03 | 25.76 | 0.85 |
| 山　西 | 24.80 | 16.20 | 0.70 | 11.60 | 7.91 | 0.36 |
| 内蒙古 | 43.90 | 43.50 | 1.50 | 41.36 | 41.02 | 1.38 |
| 辽　宁 | 92.90 | 79.40 | 5.50 | 77.89 | 66.81 | 4.54 |
| 吉　林 | 29.40 | 25.90 | 0.90 | 21.17 | 18.52 | 0.66 |
| 黑龙江 | 71.70 | 66.90 | 2.90 | 58.71 | 54.63 | 2.44 |
| 上　海 | 272.50 | 215.90 | 22.70 | 244.71 | 199.00 | 20.53 |
| 江　苏 | 222.60 | 138.90 | 10.50 | 223.16 | 143.45 | 11.32 |
| 浙　江 | 204.10 | 121.10 | 9.30 | 180.83 | 106.93 | 8.73 |
| 安　徽 | 45.90 | 23.90 | 1.20 | 28.08 | 16.40 | 0.83 |
| 福　建 | 184.80 | 52.80 | 11.00 | 149.72 | 45.94 | 9.15 |
| 江　西 | 24.10 | 6.60 | 0.70 | 16.56 | 4.48 | 0.47 |
| 山　东 | 97.70 | 74.10 | 4.70 | 77.67 | 61.55 | 3.70 |
| 河　南 | 41.00 | 25.50 | 1.50 | 18.86 | 11.27 | 0.63 |
| 湖　北 | 102.40 | 75.60 | 2.80 | 40.52 | 32.32 | 1.36 |
| 湖　南 | 56.60 | 22.40 | 3.10 | 15.39 | 10.54 | 0.46 |
| 广　东 | 1525.90 | 298.10 | 50.90 | 1196.96 | 245.76 | 42.67 |
| 广　西 | 136.30 | 65.90 | 3.20 | 65.02 | 32.93 | 1.64 |
| 海　南 | 38.90 | 16.50 | 0.90 | 29.34 | 14.43 | 0.80 |
| 重　庆 | 46.20 | 31.10 | 2.20 | 23.45 | 18.17 | 1.13 |
| 四　川 | 66.70 | 41.20 | 2.00 | 45.17 | 24.40 | 1.50 |
| 贵　州 | 22.80 | 8.50 | 0.80 | 7.70 | 2.40 | 0.29 |
| 云　南 | 130.40 | 78.10 | 4.20 | 100.01 | 65.71 | 3.40 |
| 西　藏 | 14.20 | 12.90 | 0.50 | 5.11 | 4.57 | 0.19 |
| 陕　西 | 85.01 | 71.81 | 3.50 | 46.58 | 30.78 | 1.98 |
| 甘　肃 | 23.70 | 16.30 | 0.50 | 10.18 | 6.79 | 0.21 |
| 青　海 | 4.40 | 1.90 | 0.10 | 1.77 | 0.77 | … |
| 宁　夏 | 0.60 | 0.40 | 0.02 | 0.30 | 0.22 | … |
| 新　疆 | 27.50 | 23.40 | 1.00 | 17.05 | 14.99 | 0.49 |

# 2003年陕西省统计大事记

1月5日　陕西省机构编制委员会印发《关于成立陕西省农村贫困监测中心的批复》(陕编发[2003]1号),批准成立陕西省农村贫困监测中心,为省统计局下属处级事业单位,人员编制8名,其中领导职数2名,负责组织实施全省农村贫困情况监测工作。后经局长办公会研究,由省局农村处具体承担27个省定贫困县、9个秦岭北麓贫困县和5个渭北旱腰带贫困县的监测工作,对外使用陕西省农村贫困监测中心名称,统一协调全省农村贫困监测业务。由省农调队具体负责50个国定贫困县的监测工作,对外使用陕西省农村贫困监测中心名称。陕西省农村贫困监测中心主任由刘春明副局长兼任,副主任分别由省农调队副队长梁玲和省局农村处副处长孙立志兼任。

1月5-6日　省局召开2003年全省统计局长会议,传达贯彻全国统计局长会议精神,总结2002年全省统计工作,安排部署2003年统计工作任务,表彰2002年全省市级统计工作综合考核评比先进单位和全省统计登记工作先进单位。省政府副秘书长贾湘同志到会并讲话。胡守贤局长作题为《解放思想　更新观念　努力开创全省统计工作的新局面》的工作报告。会议确定2003年全省统计工作的基本思路是:以邓小平理论和"三个代表"重要思想为指导,认真贯彻党的十六大和省十次党代会精神,切实落实国务院领导同志的重要讲话。继续按照保证重点、提高质量、改善条件、增强团结的指导思想,紧紧围绕实施西部大开发战略,进一步提高统计数据的真实性和准确性,加快统计信息化建设和应用步伐,强化统计法制工作,继续深化统计制度方法改革,加强统计队伍建设,努力把全省统计工作提高到一个新水平。确定2003年全省统计工作的主要任务:一是解放思想,更新观念,牢固树立为地方服务的意识;二是真实可信,不出假数,进一步提高统计数据的真实性和准确性;三是转变方式,提高效率,把统计信息化建设推向新阶段;四是强化执法,提高水平,切实加强统计法制工作;五是因地制宜,积极稳妥,继续深化统计制度方法改革;六是认真准备,精心组织,切实搞好第三产业普查和新兴产业等专项调查;七是转变作风,加强培训,造就一支高素质的统计队伍。

1月23日　省局办公室下发《关于2002年度全局优秀统计分析报告评选结果的通知》(陕统办发〔2003〕3号),通报2002年度(2001年7月—2002年8月)局机关及省城市、农村、企业调查队优秀统计分析报告评选结果。本次共评选出一等奖1篇,二等奖8篇,三等奖9篇。

1月26日　省局印发《关于2002年度局机关、事业单位、三队目标管理及工作人员考核结果的通知》(陕统发[2003]5号),通报2002年度目标管理责任制考核情况。局机关法规与设计处、印刷厂、办公室、综合处、核算处、工交处、贸经处,省城调队综合处,省农调队组织指导处,省企调队组织指导处被评为2002年度目标管理考核先进单位;33人被评为优秀公务员或先进工作者。

2月17日　省局局长办公会议研究决定,将省局网络信息管理办公室行政管理挂靠在办公室,业务上受局信息化领导小组及办公室领导和管理;同时,将原综合处向省委、省政府信息办报送的有关信息,交由局网络信息管理办公室报送。

2月28日　省局首次发布《陕西省果业发展统计公报》,从产量效益、结构调整、果品质量安全、果业投资、产业化发展势头、行业管理水平5个方面描述了陕西省2002年果业发展情况。

2月28日　省局发布《2002年陕西省国民经济和社会发展统计公报》,对我省社会经济发展综合情况,农业,工业和建筑业,固定资产投资,交通、邮电和旅游,国内贸易和市场价格,对外经济,金融、证券和保险业,教育和科学技术,文化、卫生和体育,环境保护与治理,人口,人民生活和社会保障等方面进行全面反映。

3月2日　陕西省统计局、陕西省果业管理局联合发出《关于开展果业统计监测工作的通知》(陕统发[2003]12号),安排全省果业统计监测工作。这是我省继2002年果业统计监测试点后,第一次实行全面果业统计监测。

3月3日　省局召开局机关竞争上岗动员大会。这次竞争上岗是省局机构改革后规模最大的一次通过民主参与、公平竞争形式选拔任用干部的活动，全局报名参加人员63名，经按程序选拔，任命处级干部11名。

3月8-9日　省局组织西北农林科技大学农业专家赴扶贫点——印台区潘家河村开展科技扶贫工作，对印台区各乡镇领导和潘家河村周围500余人进行了技术培训。此后，为该村小学捐赠电脑、打印机，并组织职工捐赠书籍等；同时，筹集资金7万元，购置教学设施，修建村级道路。

4月1日　省局召开纪念省政府统计机构成立50周年座谈会。全国人大常委、九三学社中央常委、国家统计局副局长贺铿教授代表国家统计局致贺辞，并作关于总体小康水平和全面小康社会的学术报告；省人大常委会副主任刘遵义出席并讲话；省政府副秘书长贾湘到会祝贺。省统计局，省城市、农村、企业调查队全体职工和离退休干部，各市统计局主要负责同志，省级有关单位及部分高校负责同志参加会议。胡守贤局长主持会议并讲话。商洛市委、市政府，西安财经学院，各市统计局等发来贺信(电)。

4月18日　省局召开全局及省城市、农村、企业调查队非典型肺炎防治工作专题会议，安排"非典"预防工作。4月22日，省局成立以局长胡守贤为组长，纪检组长杨志成为副组长，省城市、农村、企业调查队及局机关有关部门负责人为成员的陕西省统计局"非典"预防工作小组，积极采取预防措施，保证全省统计人员的身体健康和生命安全。

4月21日　省局发出《关于对局劳动服务公司印刷厂进行股份制改造问题的批复》(陕统发[2003]21号)，同意对局劳动服务公司印刷厂进行股份制改造。后经有关部门审核同意，局劳动服务公司印刷厂进行了股份制改造。

5月16日　省局发出《关于加强第五次全国人口普查原始资料管理工作的通知》(陕统发[2003]25号)，对全省人口普查资料管理、销毁有关问题进行规范。至此，我省第五次人口普查工作基本结束。

5月27日　省局发出《关于密切关注"非典"影响客观反映社会经济运行情况的通知》(陕统发[2003]26号)，要求各地加强对"非典"影响的统计监测。各地按通知要求，开展了"非典"影响系列专项调查，为地方党委、政府抗击"非典"和发展经济提供了有效服务。

5月20-30日　省局举办"统计教育杯"乒乓球比赛。此后，先后组队参加省直机关工委举办的省级机关游泳、棋牌、跳绳等体育竞赛项目；开展冬季越野赛、保龄球、乒乓球、全局广播体操比赛等活动。

6月20日　省局完成第二轮行政审批项目清理精简工作。通过本次清理，省局保留的行政审批项目4项(2项审批，2项核准)：审批地市、部门统计调查计划、方案及统计调查项目，公布统计资料；全省境内涉外社会调查机构的资格认定及涉外社会调查活动的审批；统计登记；统计人员上岗资格。取消行政审批项目1项：部门内部统计调查项目及统计调查表的备案。

6月21日　省局完成《陕西省情》编辑整理工作。该资料册全面反映改革开放以来我省主要经济指标完成情况及在全国和西部地区位次变化情况等，受到省级领导和有关单位好评。2003年省局加大统计服务力度，全年报送《统计报告》85期(比上年度增长118%)、《统计信息》134期(比上年度增长253%)、《陕西经济要情》12期、《信息专报》15期、专题材料15篇。

6月27-29日　省局完成了GDP季度报表核算程序编制工作，并开始试算。2003年，省局加强对以GDP为核心的专业统计数据的管理和质量评估，加强各专业统计基础工作，修订了《国内生产总值季度核算方法》、《国内生产总值数据质量评估办法》等，按新办法编制了季度国内生产总值计算程序和评估程序，对上半年全省GDP及专业统计数据进行了全面自查和重新评估。

7月1日　省局组织召开庆祝"七一"暨表彰大会，表彰2003年度先进党支部、优秀共产党员和优秀党务工作者；部署创建"三型机关"工作；组织开展迎"七一"党的知识有奖问答活动。以此为契机，省局加强机关建设，制定了《陕西省统计局首问责任制》、《陕西省统计局业务工作服务承诺制》、《陕西省统计局限时办结制》、

《陕西省统计局工作人员失职责任追究暂行规定》、《陕西省统计局对国家公务员效能问题的投诉处理办法》、《陕西省统计局机关效能建设绩效考评实施办法》等机关效能建设六项制度。

7月12日　省局完成了《陕西统计年鉴-2003》编辑工作。为了更好地为省委、省政府重要工作服务，省局首次将"八大产业"发展情况资料编入统计年鉴向社会公布。

7月23日，陕西日报理论版刊登省局总统计师杨永善的统计报告《陕西现象值得关注》，人民网、中华网、搜狐、浪潮等网站和一些报刊转载或刊登。

7月31日　省局完成了《陕西六十年代国民经济调整》有关统计资料编辑工作。《陕西六十年代国民经济调整》是中央《六十年代国民经济调整》丛书的地方卷之一，由中共陕西省委党史研究室组织编纂。省局承担了人口与就业、宏观经济、产业、教育文化、家庭生活环境等方面总量指标和结构指标的收集、加工整理任务。

8月1日　省局完成了对局内部网的第二次改版。为了提高全省统计信息化水平，省局加大统计信息化建设和应用力度，加强统计网站建设和管理，先后对省局内部网进行了两次改版，制定了网络信息管理考核评比办法，丰富网上内容，各市统计局及三分之二的县级统计局和基层调查队建成了网站；按全国一流标准对省局计算机房进行全面改造，升级了局域网线路和设备，建立了防病毒网关和网络监控系统；加强网络应用，开发了新兴产业、投入产出调查等数据处理软件，更新了有关专业统计数据处理应用程序，扩大了大型工业企业和投资项目联网直报范围。

8月18日　按省治理报刊散滥和利用职权发行工作协调领导小组要求，省局提出关于《统计与社会》办刊调整的意见 (陕统发 [2003]53 号)。后经省治理报刊散滥和利用职权发行工作协调领导小组审核同意，从2004年1月份起，《统计与社会》转为省局内部刊物，向省委、省政府，省级有关单位及全省统计系统赠阅。

8月24日至9月中旬　我省关中、陕南等地相继发生重大洪涝灾害，部分地区灾情特别严重。灾区统计部门在当地党委、政府的领导下，积极投入抗洪救灾工作。为了鼓励和慰问抗洪一线统计人员，省局领导班子成员及有关人员多次赴华县、华阴等重灾区慰问；组织职工向灾区捐款、捐物5次，捐赠现金14165元，棉被231床，衣物2431件；响应省委、省政府号召，抽调张高强、任海波、武中华等3名同志赴安康市石泉县两河镇高原村，驻村协助开展救灾重建工作，并筹资5万元为该村建房、修桥。

9月1-6日　西北五省(区)统计局长联席会议在青海省召开。西北五省(区)统计局长、办公室主任、综合处长及新疆生产建设兵团统计局、伊犁自治州统计局、延安市统计局、延安市企调队领导参加会议。省局胡守贤局长及办公室、综合处负责人参加会议。会议主要讨论、交流现阶段统计工作服务于西部大开发的有关事宜。

9月12日　省局举办第五期市县统计局长学习班。这次培训班分理论学习和实地考察两个阶段。理论学习阶段，系统学习了统计调查技能、新国民经济核算、WTO与中国经济发展、领导科学艺术、统计分析、数据质量评估、统计法规等方面知识；之后，组织学员赴广东、福建两省实地考察。

9月22日　为了规范对部门统计调查项目的管理，省局召开第二批省级部门统计调查项目清理工作会议，省监察厅等19个单位参加。这次共清理出重复或不需要的调查项目22项。

10月8日　省局组织全体处级领导前往"交友帮扶"单位——5702厂，向帮扶对象赠送扶助资金和生活用品。2003年共赴该单位走访、慰问3次，捐赠现金11800元，食用油、大米各760斤。

10月20日　省局发出《关于加强统计法制工作的通知》(陕统发[2003]52号)，要求各地进一步加强统计法制工作，确保完成全年统计执法任务。为了切实推动全省统计执法工作，省局加强对全省统计执法工作的管理，确定执法任务，加大执法力度，建立统计执法联络员制度，开展统计执法案卷评审等活动，并在大荔县召开部分市县区统计执法现场会，促进了各地统计执法工作，全省共立案查处统计违法案件933件，比上年增加360件。我省10个单位被国家统计局评为全国依法统计先进单位，17名同志被评为全国依法统计先进个人，大荔县统计局局长宋景伦被评为"全国统计执法十大标兵"。

10月16日　省政府批复同意将全省新兴产业调查结果对外公布和使用，并要求建立规范的全省新兴产业调查制度。后经国家统计局批准(国统办函[2003]162号)，将新兴产业调查结果纳入GDP核算。至此，全省新兴产业调查工作全面完成。为了摸清全省新兴产业的发展情况，准确反映我省经济总量和结构，省政府决定以2002年12月31日为标准时点，开展全省新兴产业调查，并成立了以陈德铭常务副省长为组长的全省新兴产业调查领导小组及办公室，办公室设在省统计局，具体负责全省新兴产业调查的组织实施工作。在各级政府的重视、支持和统一领导下，各有关部门密切协作，按时完成了全省新兴产业调查任务。

11月1–2日　省局召开2002年投入产出调查工作总结表彰会议，对全省2002年投入产出调查工作进行总结表彰。按照国家统计局统一安排，各地认真组织开展全省2002年投入产出调查，完成了调查表的上报、审核、录入等工作，省投入产出领导小组办公室复审后，按时将调查结果报国家统计局，并一次性通过评审。至此，我省2002年投入产出调查阶段工作顺利完成。

11月9–11日　省局召开全省统计年报工作会议，统一表彰各专业2003年度统计工作先进单位，通报全省优秀统计分析报告评比结果，分专业布置2003年统计年报和2004年定期报表工作。胡守贤局长参加会议并讲话，要求全省统计部门坚持实事求是，切实抓好统计数据质量；加强与调查队的工作联系，确保各项业务工作衔接；加快统计信息化应用步伐，充分利用网络开展统计工作；强化业务管理和协调，确保各项业务工作规范有序开展；深化统计制度方法改革，积极适应市场经济发展的新要求；加强组织领导，把统计年报和定期报表工作任务落到实处。杨永善总统计师对2003年统计年报和2004年定期报表工作进行了总体部署。

11月24日　省局印发了《陕西省工业发展速度计算方案》(陕统发[2003]59号)。为了准确地核算工业发展情况，国家统计局决定采用价格缩减法计算工业发展速度，并在试算的基础上，制定了全国工业发展速度计算方案。据此，省局结合我省实际，制定了我省用价格缩减法计算工业发展速度的具体方案，并决定从2004年1月份起全面实行用价格缩减法计算工业发展速度。

12月4日　省直机关工委召开表彰大会，对获得第一届省直机关“杰出青年”和“优秀青年”称号的同志进行表彰。本次活动在省直机关共评选出“杰出青年”9名，“优秀青年”10名，我局胡清升获“优秀青年”称号。

12月18日　是《统计法》颁布实施20周年纪念日。为了纪念《统计法》颁布实施20周年，进一步推动全省统计法制建设，省局组织了全省统计法知识竞赛、“我与统计法制”有奖征文等活动。12月5日，召开纪念《统计法》颁布实施20周年座谈会，回顾20年来我省统计法制建设取得的成绩和经验，探讨新时期统计法制工作的思路和方法。省人大常委会副主任刘遵义、省政府副秘书长贾湘、省政府法制办主任冯银忠对20年来全省统计法制建设给予充分肯定并提出新要求，省级有关部门领导及法律界专家学者分别围绕统计法制建设畅所欲言、献计献策，提出了一些新的思路和观点。

12月26日　省政府成立第二次全省非公有制经济调查领导小组及办公室(陕政办函[2003]306号)，决定开展第二次全省非公有制经济调查。之后，省政府办公厅发出《关于开展第二次全省非公有制经济调查的通知》(陕政办发[2004]6号)，对全省非公有制经济调查进行具体部署。本次调查由省统计局具体承担，省级有关部门配合，共同组织实施。

12月29日　省政府部门工作督查考评组对省局2003年重要工作任务完成情况进行全面检查。省政府确定2003年为全省抓落实年，并召开全省抓落实动员大会，确定全省重要工作和重大任务。省局承担了“及时提供月、季、年度全省经济运行分析报告；加强对实施工业强省战略的统计调查，提供‘八大产业’统计调查情况；开展新兴产业调查，完善新兴产业统计调查制度”3项任务。为了确保各项任务的完成，省局将承担的省政府重要任务和全局重点统计工作进一步分解细化，责任到人；成立了以胡守贤局长为组长的局督查考评领导小组和局督查督办室；在局内部网上开辟“督查督办”专栏，及时检查、通报各项重要工作任务的完成情况。在省政府部门工作督查考评中，省局获“单项工作优秀奖”。

# 陕西省注册会计师协会

## 2003年度会计师事务所信息公告

| 排序 | 机构名称 | 业务收入 | 注册会计师人数总计 | 注册会计师人数排名 | 年龄 | | | 学历 | | | |
|---|---|---|---|---|---|---|---|---|---|---|---|
| | | | | | 小于30 | 30–50 | 大于50 | 硕士 | 大学 | 大专 | 其他 |
| 1 | 西安希格玛有限责任会计师事务所 | 27,804,856,39 | 63 | 1 | 4 | 47 | 12 | 4 | 23 | 33 | 3 |
| 2 | 岳华会计师事务所有限责任公司陕西分所 | 11,298,050.00 | 42 | 2 | 3 | 34 | 5 | 0 | 9 | 33 | 0 |
| 3 | 陕西鸿信有限责任会计师事务所 | 10,895,808.10 | 23 | 6 | 2 | 11 | 10 | 0 | 3 | 12 | 8 |
| 4 | 陕西三秦有限责任会计师事务所 | 10,049,604.98 | 28 | 4 | 2 | 13 | 13 | 0 | 10 | 13 | 5 |
| 5 | 陕西华西有限责任会计师事务所 | 9,555,588.05 | 23 | 6 | 2 | 13 | 9 | 0 | 10 | 13 | 0 |
| 6 | 陕西中恒信有限责任会计师事务所 | 8,002,574.00 | 27 | 5 | 0 | 9 | 18 | 0 | 14 | 13 | 0 |
| 7 | 陕西建华有限责任会计师事务所 | 6,145,924.83 | 12 | 17 | 3 | 7 | 2 | 0 | 7 | 5 | 0 |
| 8 | 陕西通达有限责任会计师事务所 | 5,341,597.39 | 21 | 8 | 1 | 7 | 13 | 1 | 6 | 10 | 4 |
| 9 | 中天银会计师事务所陕西分所 | 5,244,704.00 | 21 | 8 | 0 | 9 | 12 | 0 | 6 | 10 | 5 |
| 10 | 陕西兴华有限责任会计师事务所 | 5,216,785.96 | 18 | 11 | 0 | 2 | 16 | 0 | 7 | 7 | 4 |
| 11 | 西安康达有限责任会计师事务所 | 5,174,839.67 | 21 | 8 | 0 | 8 | 13 | 1 | 4 | 9 | 7 |
| 12 | 上海东华会计师事务所五联分所 | 5,084,920.00 | 23 | 6 | 5 | 16 | 2 | 2 | 8 | 13 | 0 |
| 13 | 陕西华兴有限责任会计师事务所 | 5,024,358.55 | 15 | 14 | 3 | 10 | 2 | 0 | 7 | 8 | 0 |
| 14 | 陕西中庆有限责任会计师事务所 | 4,752,033.16 | 19 | 10 | 13 | 1 | 5 | 0 | 8 | 7 | 4 |
| 15 | 陕西华夏有限责任会计师事务所 | 4,504,060.43 | 21 | 8 | 0 | 15 | 6 | 0 | 5 | 14 | 2 |
| 16 | 西安长兴有限责任会计师事务所 | 4,458,690.00 | 13 | 16 | 2 | 4 | 7 | 0 | 3 | 5 | 5 |
| 17 | 陕西华德诚有限责任会计师事务所 | 3,475,414.00 | 32 | 3 | 1 | 4 | 27 | 0 | 9 | 16 | 4 |
| 18 | 陕西益友有限责任会计师事务所 | 3,095,813.17 | 13 | 16 | 2 | 9 | 2 | 0 | 2 | 11 | 0 |
| 19 | 陕西同人有限责任会计师事务所 | 3,025,978.85 | 13 | 16 | 1 | 8 | 4 | 0 | 6 | 7 | 0 |
| 20 | 西安汉都有限责任会计师事务所 | 3,010,298.16 | 9 | 19 | 0 | 5 | 4 | 1 | 1 | 5 | 2 |
| 21 | 延安延审有限责任会计师事务所 | 2,800,698.00 | 9 | 19 | 0 | 3 | 6 | 0 | 1 | 8 | 0 |
| 22 | 陕西秦约有限责任会计师事务所 | 2,625,670.59 | 15 | 14 | 0 | 7 | 8 | 0 | 4 | 9 | 2 |
| 23 | 延安华联有限责任会计师事务所 | 2,568,919.00 | 8 | 20 | 0 | 3 | 5 | 0 | 1 | 6 | 1 |
| 24 | 陕西华瑞有限责任会计师事务所 | 2,526,948.54 | 11 | 18 | 0 | 3 | 8 | 0 | 4 | 3 | 4 |
| 25 | 陕西宏达有限责任会计师事务所 | 2,507,658.00 | 12 | 17 | 1 | 4 | 7 | 0 | 4 | 6 | 2 |
| 26 | 陕西西秦有限责任会计师事务所 | 2,483,650.70 | 23 | 6 | 0 | 7 | 16 | 0 | 8 | 5 | 10 |
| 27 | 陕西正源有限责任会计师事务所 | 2,430,937.95 | 14 | 15 | 0 | 7 | 7 | 0 | 6 | 7 | 1 |
| 28 | 宝鸡众信有限责任会计师事务所 | 2,358,399.05 | 20 | 9 | 4 | 7 | 5 | 0 | 3 | 12 | 1 |
| 29 | 咸阳德利信有限责任会计师事务所 | 2,356,070.00 | 11 | 18 | 0 | 3 | 8 | 0 | 3 | 6 | 2 |
| 30 | 西安新时代有限责任会计师事务所 | 2,159,643.00 | 18 | 11 | 0 | 9 | 9 | 0 | 8 | 6 | 4 |
| 31 | 西安兴国有限责任会计师事务所 | 2,101,757.19 | 16 | 13 | 0 | 5 | 11 | 0 | 3 | 6 | 7 |
| 32 | 咸阳新元有限责任会计师事务所 | 2,031,845.36 | 14 | 15 | 0 | 4 | 10 | 0 | 1 | 13 | |
| 33 | 延安顺达联合会计师事务所 | 2,016,600.00 | 7 | 22 | 3 | 3 | 1 | 0 | 3 | 4 | 0 |
| 34 | 西安华利信有限责任会计师事务所 | 2,016,124.37 | 15 | 14 | 0 | 6 | 9 | 0 | 0 | 15 | 0 |
| 35 | 宝鸡天辉有限责任会计师事务所 | 1,878,083.00 | 14 | 15 | 0 | 4 | 10 | 0 | 2 | 8 | 4 |
| 36 | 陕西新北方有限责任会计师事务所 | 1,861,171.60 | 7 | 22 | 0 | 1 | 6 | 0 | 2 | 5 | 0 |
| 37 | 西安康胜有限责任会计师事务所 | 1,834,309.87 | 12 | 17 | 1 | 3 | 8 | 0 | 3 | 8 | 1 |
| 38 | 西安华鑫有限责任会计师事务所 | 1,808,437.00 | 9 | 20 | 0 | 1 | 8 | 0 | 0 | 9 | 0 |
| 39 | 汉中恒信有限责任会计师事务所 | 1,782,973.00 | 9 | 20 | 0 | 5 | 4 | 0 | 5 | 4 | 0 |
| 40 | 宝鸡华强有限责任会计师事务所 | 1,742,464.36 | 11 | 18 | 0 | 4 | 7 | 0 | 0 | 9 | 2 |
| 41 | 咸阳大秦有限责任会计师事务所 | 1,732,979.51 | 7 | 22 | 0 | 6 | 1 | 0 | 3 | 0 | 4 |
| 42 | 陕西嘉和有限责任会计师事务所 | 1,657,750.00 | 5 | 24 | 0 | 4 | 1 | 0 | 0 | 5 | 0 |
| 43 | 汉中四方有限责任会计师事务所 | 1,629,579.62 | 9 | 20 | 0 | 3 | 6 | 0 | 1 | 4 | 4 |
| 44 | 五联联合会计师事务所陕西分所 | 1,612,500.00 | 7 | 22 | 0 | 7 | 1 | 0 | 1 | 3 | 3 |
| 45 | 陕西安达有限责任会计师事务所 | 1,576,400.00 | 12 | 17 | 1 | 6 | 5 | 1 | 3 | 5 | 3 |
| 46 | 陕西广合有限责任会计师事务所 | 1,433,605.00 | 14 | 15 | 1 | 5 | 8 | 0 | 3 | 8 | 3 |
| 47 | 陕西高德有限责任会计师事务所 | 1,391,889.00 | 11 | 18 | 0 | 6 | 5 | 0 | 1 | 8 | 2 |
| 48 | 陕西中信有限责任会计师事务所 | 1,375,109.00 | 16 | 13 | 1 | 4 | 11 | 0 | 4 | 12 | 0 |
| 49 | 陕西康华有限责任会计师事务所 | 1,364,144.00 | 11 | 18 | 0 | 8 | 3 | 0 | 5 | 5 | 1 |
| 50 | 西安方兴有限责任会计师事务所 | 1,361,031.80 | 8 | 21 | 0 | 2 | 6 | 0 | 3 | 2 | 3 |
| 51 | 西安永明有限责任会计师事务所 | 1,319,713.46 | 8 | 21 | 1 | 5 | 2 | 0 | 4 | 4 | 0 |
| 52 | 陕西立信有限责任会计师事务所 | 1,319,563.41 | 13 | 16 | 1 | 5 | 7 | 0 | 3 | 10 | 0 |
| 53 | 陕西银河有限责任会计师事务所 | 1,286,029.00 | 10 | 19 | 0 | 4 | 6 | 0 | 4 | 2 | 4 |
| 54 | 陕西华信有限责任会计师事务所 | 1,272,821.42 | 7 | 22 | 0 | 2 | 5 | 0 | 0 | 2 | 5 |
| 55 | 陕西立元有限责任会计师事务所 | 1,272,802.00 | 8 | 21 | 0 | 3 | 5 | 1 | 2 | 5 | 0 |
| 56 | 渭南兴和有限责任会计师事务所 | 1,260,885.00 | 8 | 21 | 0 | 4 | 4 | 0 | 2 | 4 | 2 |
| 57 | 陕西方正有限责任会计师事务所 | 1,196,991.19 | 17 | 12 | 1 | 1 | 15 | 0 | 9 | 3 | 5 |
| 58 | 安康中圆有限责任会计师事务所 | 1,141,224.60 | 6 | 23 | 0 | 3 | 3 | 0 | 0 | 6 | 0 |
| 59 | 陕西海华有限责任会计师事务所 | 1,136,025.00 | 11 | 18 | 0 | 5 | 6 | 0 | 8 | 0 | 4 |
| 60 | 汉中同心有限责任会计师事务所 | 1,115,357.00 | 10 | 19 | 1 | 4 | 5 | 0 | 3 | 4 | 3 |
| 61 | 陕西正德信有限责任会计师事务所 | 1,110,080.00 | 11 | 18 | 0 | 7 | 4 | 0 | 3 | 8 | 0 |
| 62 | 陕西华正有限责任会计师事务所 | 1,088,375.96 | 8 | 21 | 0 | 6 | 2 | 0 | 5 | 3 | 0 |
| 63 | 西安新世纪有限责任会计师事务所 | 1,058,582.79 | 12 | 17 | 1 | 5 | 6 | 0 | 2 | 7 | 3 |
| 64 | 陕西格瑞特联合会计师事务所 | 1,053,953.00 | 10 | 19 | 0 | 6 | 4 | 0 | 6 | 4 | 0 |
| 65 | 渭南金鹏有限责任会计师事务所 | 1,031,132.00 | 13 | 16 | 1 | 5 | 7 | 0 | 2 | 8 | 3 |

| 排序 | 机构名称 | 业务收入 | 注册会计师人数总计 | 注册会计师人数排名 | 年龄 | | | 学历 | | | |
|---|---|---|---|---|---|---|---|---|---|---|---|
| | | | | | 小于30 | 30–50 | 大于50 | 硕士 | 大学 | 大专 | 其他 |
| 66 | 陕西中勤万信有限责任会计师事务所 | 1,008,900.00 | 14 | 15 | 0 | 8 | 6 | 0 | 8 | 6 | 0 |
| 67 | 陕西天地有限责任会计师事务所 | 1,001,321.95 | 12 | 17 | 1 | 6 | 5 | 0 | 3 | 3 | 6 |
| 68 | 陕西先锋有限责任会计师事务所 | 1,000,099.72 | 7 | 22 | 1 | 5 | 1 | 0 | 1 | 6 | 0 |
| 69 | 铜川宇宏有限责任会计师事务所 | 866,976.00 | 8 | 21 | 0 | 5 | 3 | 0 | 1 | 4 | 3 |
| 70 | 榆林振北有限责任会计师事务所 | 840,070.00 | 7 | 22 | 0 | 2 | 5 | 0 | 0 | 2 | 5 |
| 71 | 陕西秦龙有限责任会计师事务所 | 825,215.48 | 7 | 22 | 0 | 0 | 7 | 0 | 4 | 2 | 1 |
| 72 | 陕西经纬有限责任会计师事务所 | 804,601.00 | 16 | 13 | 0 | 2 | 14 | 0 | 2 | 11 | 3 |
| 73 | 青岛振青会计师事务所有限公司陕西分所 | 768,176.97 | 7 | 22 | 0 | 7 | 0 | 0 | 3 | 2 | 2 |
| 74 | 陕西正大有限责任会计师事务所 | 687,988.00 | 13 | 16 | 1 | 3 | 9 | 0 | 3 | 4 | 6 |
| 75 | 西安金周有限责任会计师事务所 | 673,840.00 | 7 | 22 | 1 | 1 | 5 | 1 | 0 | 1 | 5 |
| 76 | 陕西堃实有限责任会计师事务所 | 653,484.22 | 10 | 19 | 0 | 2 | 8 | 0 | 4 | 2 | 4 |
| 77 | 渭南昌正有限责任会计师事务所 | 631,626.77 | 6 | 23 | 0 | 3 | 3 | 0 | 0 | 3 | 3 |
| 78 | 商洛商秦有限责任会计师事务所 | 613,038.74 | 6 | 23 | 0 | 3 | 3 | 0 | 0 | 3 | 3 |
| 79 | 汉中信达有限责任会计师事务所 | 602,219.74 | 10 | 19 | 0 | 4 | 6 | 0 | 2 | 4 | 4 |
| 80 | 陕西华地有限责任会计师事务所 | 601,621.00 | 14 | 15 | 0 | 6 | 8 | 0 | 2 | 3 | 9 |
| 81 | 铜川公立有限责任会计师事务所 | 565,946.70 | 7 | 22 | 0 | 7 | 0 | 0 | 0 | 7 | 0 |
| 82 | 陕西恒誉有限责任会计师事务所 | 556,130.00 | 8 | 21 | 1 | 3 | 4 | 0 | 1 | 5 | 2 |
| 83 | 榆林神通有限责任会计师事务所 | 550,874.95 | 5 | 24 | 0 | 2 | 3 | 0 | 0 | 3 | 2 |
| 84 | 陕西国兴有限责任会计师事务所 | 540,030.00 | 5 | 24 | 0 | 5 | 0 | 1 | 3 | 1 | 0 |
| 85 | 安康秦南有限责任会计师事务所 | 536,700.00 | 5 | 24 | 0 | 2 | 3 | 0 | 0 | 2 | 3 |
| 86 | 渭南金世华联合会计师事务所 | 520,490.00 | 3 | 26 | 0 | 2 | 1 | 0 | 0 | 1 | 2 |
| 87 | 陕西华宇有限责任会计师事务所 | 502,850.00 | 9 | 20 | 1 | 5 | 3 | 1 | 4 | 3 | 1 |
| 88 | 榆林博瑞有限责任会计师事务所 | 493,930.00 | 7 | 22 | 0 | 5 | 2 | 0 | 1 | 5 | 1 |
| 89 | 商洛正衡有限责任会计师事务所 | 485,947.00 | 6 | 23 | 0 | 5 | 1 | 0 | 1 | 3 | 2 |
| 90 | 西安新兴有限责任会计师事务所 | 471,220.00 | 7 | 22 | 0 | 0 | 7 | 0 | 3 | 4 | 0 |
| 91 | 咸阳正华有限责任会计师事务所 | 431,230.20 | 5 | 24 | 0 | 0 | 5 | 0 | 0 | 4 | 1 |
| 92 | 宝鸡开元有限责任会计师事务所 | 419,810.00 | 6 | 23 | 0 | 2 | 4 | 0 | 0 | 1 | 5 |
| 93 | 渭南广信有限责任会计师事务所 | 375,899.80 | 8 | 21 | 0 | 2 | 6 | 0 | 0 | 4 | 4 |
| 94 | 延安宝塔有限责任会计师事务所 | 369,300.00 | 7 | 22 | 0 | 2 | 5 | 0 | 2 | 2 | 3 |
| 95 | 渭南奉信有限责任会计师事务所 | 349,690.00 | 9 | 20 | 0 | 1 | 8 | 0 | 0 | 1 | 8 |
| 96 | 渭南同鑫有限责任会计师事务所 | 264,165.00 | 7 | 22 | 0 | 1 | 6 | 0 | 0 | 2 | 4 |
| 97 | 安康诚信有限责任会计师事务所 | 261,105.00 | 6 | 23 | 0 | 1 | 5 | 0 | 0 | 2 | 4 |
| 98 | 延安永盛有限责任会计师事务所 | 257,560.00 | 6 | 23 | 0 | 2 | 4 | 0 | 0 | 5 | 1 |
| 99 | 汉中秦巴有限责任会计师事务所 | 250,750.00 | 5 | 24 | 0 | 2 | 3 | 0 | 1 | 2 | 2 |
| 100 | 渭南兴隆有限责任会计师事务所 | 242,750.00 | 6 | 23 | 0 | 2 | 4 | 0 | 0 | 2 | 4 |
| 101 | 咸阳信德诚有限责任会计师事务所 | 241,630.00 | 5 | 24 | 0 | 1 | 4 | 0 | 0 | 1 | 4 |
| 102 | 西安天元联合会计会师事务所 | 238,670.00 | 4 | 25 | 0 | 1 | 3 | 0 | 0 | 3 | 1 |
| 103 | 咸阳天诚联合会计师事务所 | 227,350.00 | 3 | 26 | 0 | 3 | 0 | 0 | 1 | 2 | 0 |
| 104 | 汉中鼎新有限责任会计师事务所 | 215,300.00 | 5 | 24 | 0 | 1 | 4 | 0 | 0 | 0 | 5 |
| 105 | 商洛信兴有限责任会计师事务所 | 193,088.77 | 4 | 25 | 0 | 1 | 3 | 0 | 0 | 1 | 3 |
| 106 | 宝鸡金正有限责任会计师事务所 | 188,000.00 | 5 | 24 | 0 | 2 | 3 | 0 | 1 | 1 | 3 |
| 107 | 宝鸡九章有限责任会计师事务所 | 187,859.00 | 4 | 25 | 0 | 1 | 3 | 0 | 0 | 1 | 3 |
| 108 | 宝鸡雍兴有限责任会计师事务所 | 179,820.00 | 4 | 25 | 0 | 0 | 4 | 0 | 0 | 0 | 4 |
| 109 | 商洛昌达有限责任会计师事务所 | 176,800.00 | 5 | 24 | 0 | 2 | 3 | 0 | 0 | 0 | 5 |
| 110 | 西安白鹿有限责任会计师事务所 | 175,060.00 | 5 | 24 | 0 | 0 | 5 | 0 | 0 | 0 | 5 |
| 111 | 西安航达有限责任会计师事务所 | 161,951.00 | 6 | 23 | 0 | 1 | 5 | 0 | 2 | 3 | 1 |
| 112 | 渭南惠诚有限责任会计师事务所 | 152,930.00 | 6 | 23 | 0 | 2 | 4 | 0 | 2 | 2 | 2 |
| 113 | 西安泾渭有限责任会计师事务所 | 152,600.00 | 6 | 23 | 0 | 2 | 4 | 0 | 1 | 1 | 4 |
| 114 | 渭南中秦有限责任会计师事务所 | 149,600.00 | 6 | 23 | 0 | 0 | 6 | 0 | 1 | 1 | 4 |
| 115 | 榆林众鑫联合会计师事务所 | 144,844.00 | 3 | 26 | 0 | 0 | 3 | 0 | 0 | 3 | 0 |
| 116 | 商洛方圆有限责任会计师事务所 | 144,100.00 | 5 | 24 | 0 | 1 | 4 | 0 | 1 | 0 | 4 |
| 117 | 安康鑫达有限责任会计师事务所 | 136,925.00 | 5 | 24 | 0 | 2 | 3 | 0 | 0 | 3 | 2 |
| 118 | 宝鸡天正联合会计师事务所 | 131,400.00 | 3 | 26 | 0 | 0 | 3 | 0 | 1 | 0 | 2 |
| 119 | 汉中嘉陵有限责任会计师事务所 | 130,630.00 | 5 | 24 | 0 | 1 | 4 | 0 | 0 | 2 | 3 |
| 120 | 榆林信达联合会计师事务所 | 120,100.00 | 3 | 26 | 0 | 3 | 0 | 0 | 0 | 2 | 1 |
| 121 | 延安黄塬联合会计师事务所 | 119,400.00 | 3 | 26 | 0 | 1 | 2 | 0 | 0 | 1 | 2 |
| 122 | 商洛鸿远联合会计师事务所 | 115,600.00 | 2 | 27 | 0 | 0 | 2 | 0 | 0 | 0 | 2 |
| 123 | 渭南西岳有限责任会计师事务所 | 113,363.60 | 6 | 23 | 0 | 0 | 6 | 0 | 0 | 6 | 0 |
| 124 | 宝鸡诚正有限责任会计师事务所 | 111,380.00 | 5 | 24 | 0 | 1 | 4 | 0 | 0 | 3 | 2 |
| 125 | 咸阳笃信有限责任会计师事务所 | 108,200.00 | 5 | 24 | 0 | 0 | 5 | 0 | 0 | 1 | 4 |
| 126 | 咸阳德信有限责任会计师事务所 | 79,000.00 | 3 | 26 | 0 | 1 | 2 | 0 | 0 | 3 | 0 |
| 127 | 咸阳天信有限责任会计师事务所 | 74,413.91 | 4 | 25 | 0 | 0 | 4 | 0 | 1 | 0 | 3 |
| 128 | 渭南新华有限责任会计师事务所 | 61,517.00 | 5 | 24 | 0 | 0 | 5 | 0 | 0 | 0 | 5 |
| 129 | 咸阳赤淳联合会计师事务所 | 30,000.00 | 3 | 26 | 0 | 1 | 2 | 0 | 1 | 1 | 1 |
| 130 | 延安宇新有限责任会计师事务所 | 14,000.00 | 6 | 23 | 0 | 1 | 5 | 0 | 0 | 3 | 3 |

注:1."会计师事务所信息公告"是以"2003年业务收入"为排名基准,同时辅以注册会计师相关情况,如注册会计师总人数及按总人数的排名,以及注册会计师的年龄、学历结构等指标。2."会计师事务所信息公告"中财务数据来源于2003年会计师事务所年度会计报表,注册会计师有关情况来源于2003年业务报备表及2003年12月31日行业注册管理网络的数据。3."会计师事务所信息公告"主要反映的是事务所的规模信息,所披露的信息主要是事务所在收入、注册会计师数量和人员构成等方面的差异,并不能代替事务所业务质量的差异。

# 陕西省地方电力(集团)公司

陕西省地方电力(集团)公司前身为组建于1989年1月的陕西省农电管理局。1989年以前,我省农电由西北电管局代管。由于西北电管局同时管理甘肃、新疆、青海、宁夏4省区和陕西10地市电力工业,我省农电处于次要地位,未得到足够重视,导致发展滞后。为此,经省委、省政府几届领导多方努力,经国家经委批准同意,收回了44个县电力企业,连同22个县属电力企业,组建了陕西省农电管理局进行管理。陕西省农电管理局为省政府主管全省农电事业的职能部门和直属企业。2001年5月,省委、省政府根据政企分开的原则,决定将陕西省农电管理局整体改制为陕西省地方电力(集团)公司。

2003年,在省委、省政府的正确领导下,陕西省农电管理局紧紧围绕"建设西部经济强省、为陕西经济发展供好电、服好务"这个大局,以发展、改革、优质服务为重点,团结一致,狠抓落实,脚踏实地,稳步前进,各项工作顺利开展。

(一)经营效益再创历史最好水平。强化以利润加折旧为主的指标考核体系,严格成本费用管理,对企业经营活动实施全过程控制,加大经营者考核奖惩力度,各项经济技术指标再创历史新高。预计全年售电量可完成74亿千瓦时,同比增长15.6%;销售收入26.5亿元,售电净收益4.95亿元;实现利税1.2亿元,其中利润1000多万元。安全生产形势稳定。

(二)电网和电源建设快速发展。在继续加快主网工程建设的同时,配合各地资源开发和招商引资,实施了一些110千伏电网建设项目。编制完成了《榆林市2003-2010年电力发展规划》,安排建设110千伏工程五项,全力支持榆林能源重化工基地的发展。全年投运110千伏变电站6座,线路458千米,35千伏变电站45座、线路684千米,新增供电能力37.6万千伏安,是投运工程最多的一年。为加快陕北电源建设,与省经贸委联合召开中小型火电建设研讨会,2×5万千瓦神木、榆林北郊热电厂及横山电厂扩建、2×1.5万千瓦子长热电厂扩建等项目可研报告已批复,2×5万千瓦榆林南郊热电厂已开工。榆林电力阳光公司积极寻找合作伙伴,合资建设的一批火电项目进展快速,与神华集团合建的2×13.5万千瓦自备电厂已通过可研评审,预计明年7月份前投产容量超过10万千瓦。

(三)农网改造工程顺利实施。从1998年到2003年底,农网改造工程完成投资56亿元,占总计划74.4亿元的75.6%。新建和改造110千伏变电站31座/87万千伏安,线路1624千米,35千伏变电站230座/129万千伏安,线路3267千米;新建和改造10千伏线路1.92万千米,更换高耗能配电变压器210万千伏安/3.23万台;新建和改造0.4千伏线路5.76万千米;农村低压改造面达到了71%。县城电网改造工程国家下达投资计划17.4亿元,明确由我局建设营业区内的110千伏工程,国债资金1.37亿元目前已到位。

(四)电力市场营销水平提高。在市场经济条件下,营销工作是供电企业的中心工作。我们以电力销售,电费回收和供电服务为重点,积极开展市场预测,及时安排发展新增负荷所需供配电工程,对市场的开拓起到了明显的作用。狠抓供电所建设,全面实行一厅式服务,公开服务承诺,严格执行电价政策,认真处理群众投诉,及时解决各种用电问题,服务水平明显改进,群众普遍比较满意。

(五)企业改革稳步推进。供电企业长期垄断经营,改革任务艰巨。虽然2003年国家还未开展省级供电企业改革,但为了有步骤、有计划、积极稳妥推进改革,为下一步全面改革打下必要的基础,积极主动开展工作,主要抓了两个方面:一是全面推行竞争上岗。在对基层单位定机构、定岗位、定人员基础上,公布岗位条件,明确相关程序,按照公开、公平、公正的原则,全面开展了竞争上岗,使管理人员、生产人员实现了精干高效,专业化、年轻化程度也明显提高。办理内退473人,64人落聘待岗,对职工的思想触动也很大,极大地增强了压力感与危机感。二是积极实施主辅分离。对依附于主业的电力建设施工、物资供应、修试、校表等业务及后勤服务、多种经营等,均与主业实行了分离,按照公司法要求,组建了规范的具有法人资格的独立企业,自主经营、自负盈亏。辅业公司的规范运营,为下一步改革的深化奠定了基础。

(六)社会公益事业及抢险救灾成效显著。送电到乡工程累计完成投资3242万元,占总计划1.18亿元的27.5%,开发建设了一批小水电站和太阳能光伏电站,解决了约2.1万离网无电群众的用电问题。认真履行包扶澄城县牵头单位职责,一名处级干部挂职任副县长,专门负责包扶工作,组织各包扶单位实地调查,制订计划，促成了工作顺利开展；积极参与招商引资，启动了停产多年的电石厂；投资15万元，帮助建设希望小学1所；投资20多万元，援建乡村道路3千米；投资213万元，解决了4个无电自然村用电问题。8月份的暴雨洪灾使我们50个县电力设施受损，直接经济损失1.6亿元，两名职工以身殉职，华县、宁陕灾情最为严重。我局行动迅速，按照事先制定的抢险预案，及时安排充足的人力、物力、财力投入抗洪救灾，以最快的速度恢复了各地灾区供电，为抗洪救灾的全面胜利做出了贡献。

（七）党建和精神文明建设不断加强。把学习贯彻"三个代表"重要思想和党的十六大精神不断引向深入，深入推进新的思想解放，不断提高政治思想水平和解决复杂问题的能力。广泛开展精神文明创建活动，目前全系统50%的单位建成了省级文明单位和文明示范单位，90%建成了市级文明单位。不断加强思想道德建设，全面提高职工队伍的思想素质和业务技能。以提高经营管理能力为重点，把加强党的基层组织建设放在更加突出的位置，全面加强领导班子和干部队伍建设。切实转变工作作风，开展了抓落实专项督查，不做表面文章。切实把重点放在了工作任务的分解落实上，深入落实党风廉政建设责任制，严肃查处违纪案件，党风廉政建设和反腐败斗争不断加强。

## 户县甘亭镇人民政府

甘亭镇地处户县城区，是户县政治、经济、文化中心，全镇总面积42.5平方公里，人口9.05万，辖48个行政村，12个属委会，境内物产丰富，交通便利，工商业繁荣，农业基础设施完善，文化、教育事业发达，素有"小西安"美称。甘亭镇工业基础雄厚，非公有制经济发展迅猛，形成包装机械、工艺铸造、玻璃建材、医药化工、电器设备等五大支柱产业，涌现出黑牛、林顿、秦华等一批优秀民营企业，特色农业蓬勃发展，城郊型格局初具雏形。初步形成以蔬菜、食用菌、猕猴桃、畜牧为主的特色产业。先后被省市命名为"乡镇企业十强乡镇"、"乡镇企业甲级队单位"。被国家农业部评为"首届中国乡镇投资环境300佳"。

## 户县烟草专卖局

户县烟草专卖局、户县卷烟联销公司是全县烟草市场管理和卷烟经营的专门机构，现有职工195人，局（公司）下设8个农村卷烟访销部和8个烟草专卖管理所，现有送货、稽查专用车21辆，卷烟销售管理直接面向全县2250户卷烟零售户。2002年全县取得了卷烟销售7万件，实现销售收入5800万元，上交税金108万元的好成绩。2002年，县烟草专卖局在县委、县政府的支持下，在各有关职能部门的大力配合下，组织开展了卷烟市场专项打假行动，取得了良好效果。全年该局累计查处各类卷烟违法经营、运输案件3800件，收缴假冒、走私、倒流卷烟3万条，停业整顿、取缔违法卷烟经营户260多户，为全县卷烟市场的健康发展，为保障广大卷烟消费者的身体健康做出了应有的贡献。

# 华夏银行西安分行

华夏银行西安分行是华夏银行在西北地区设立的首家省级分行，是西安地区第18家金融机构，经营各项商业银行业务，于2003年1月6日正式开业。西安分行现有正式行员90余人，平均年龄35岁，本科学历以上行员占70%，从事银行工作三年以上的占95%，是一支具有开拓创业精神、专业素质过硬、富有朝气的员工队伍。开业以来，西安分行各项业务稳健、快速发展，成功的开创了华夏银行在西北地区的新基业，以“金融界的新生力量，企业界的坚强后盾，老百姓的可靠朋友”的崭新形象跻身于陕西金融界，并迅速站稳了脚跟；在业务规模拓展和企业文化建设中，华夏银行西安分行以发展为主线，秉承华夏银行“一流人才，一流管理，一流服务，一流效益”的发展理念，发扬“团结、拼搏、敬业、创新”的企业精神，以“创建精品银行，铸就华夏品牌”作为建行方向，以市场为导向，以客户为中心，从提高核心竞争力入手，积极实施名牌客户、名牌产品的“双名牌”市场发展战略，全心全意为各界客户提供高效率的金融服务和优质的金融产品，努力创建一流的精品商业银行。

根植三秦大地，服务西部经济。为社会奉献、为客户服务，是华夏人永恒的承诺和追求，华夏银行西安分行愿与社会各界和各位朋友真诚合作，携手并进，共创辉煌。

华夏银行西安分行行长黎清向各界朋友致以崇高敬意！

西安分行地址：西安市和平路22号
电话：029-87539030　　传真：029-87539003
邮政编码：710001　　客户服务电话：95577

# 洛南县洛河建材有限责任公司

洛南县洛河建材公司始建于1969年，现有资产3800万元，有两条机立窑水泥生产线，生产能力15万吨，公司下辖水泥、包装材料、预制品、化工四个分公司。主要产品有水泥、楼板、水泥预制构件、包装袋、叶面肥、磷酸二氢钾铵、复合肥等。在册职工851人，从业人员760人，年产值5000万元，利税300万元，是商洛地区建材行业的龙头企业。多年来，公司始终坚持以质量求生存，以科技求发展，向管理要效益，成功地打造了“洛河牌”品牌，赢得了比较稳定的市场份额，社会效益、企业效益和职工收入都有了较大幅度的增长。主产品“洛河牌”水泥先后荣获“陕西省著名商标”，ISO9002国际质量体系认证和国家产品质量认证，并在2002年4月全国生产许可证换证验收中首批通过验收。公司被授予陕西省“重合同，守信用”企业、“中国质量无投诉企业”、“省级文明单位”、洛南县“治安模范单位”等荣誉称号。公司党委被省委授予“先进基层党组织”，公司工会被省工会授予“模范职工之家”等称号。

# 中国银行陕西省分行

［主要经营成果］ 2003年，中国银行陕西省分行(以下简称“陕西中行”)，认真实践“三个代表”重要思想，紧紧围绕整体上市的要求，勇于改革、创新机制，与时俱进，迎难而上，取得了业务发展跑赢大市、质量效益显著提高、经营机制领先同业、队伍素质不断增强的良好成绩。

提前一年实现了三年规划的目标。2003年，人民币存款新增109.98亿元，人民币贷款新增67.98亿元，外汇贷款新增2.29亿美元，票据业务交易量是上年的2.66倍，贸易结算量同比增长24.65%，五级分类口径不良率下降4.81个百分点，营业利润同比增长35.39%，并用经营利润大幅度消化各种历史包袱。

［主要工作特点］

**一、各项改革与创新体现了先进性和群众性**

1、完善了以效益为中心的财务资源配置机制。为了使财务资源有效地支持业务发展，陕西中行改革了城区行五大费用管理办法，建立了费用资源获得与费用开支控制的激励约束机制；进一步完善了目标考核办法，使大行和小行都有自己的发展空间和努力方向，使考核办法日趋完善；在客户经理制考核中突出了个人增量指标考核，增加了“风险金”制度，加大了对客户经理的激励力度。2、实施了新的薪酬分配制度。对薪酬制度按照“两定、两浮、两调整”的原则，进行了以效益为导向的转型，突出体现了效益和发展的政策导向，收到了明显的效果。拟定了新的“专业岗位职务序列”和与之相配套的薪酬体系，把业务发展和员工个人价值的体现更紧密地结合起来。3、强化了“扁平化”改革和机构整合工作。2003年，陕西中行在总结西安城区六家支行改革经验的基础上，对其他9家城区支行和8家地市分行实施了“扁平化”改革工作。完成了100多家机构升格工作，在机构总数不变的情况下，提高了网点发展能力。

**二、狠抓内控和风险管理，着重巩固了“三道防线”**

着重巩固“机防、技防、人防”三道防线，加强风险防范与内控管理。第一，在各职能部门完成业务指导手册的基础上，制定完成了《03年中国银行陕西省分行内部控制体系建设指引》，涵盖了全行各项工作，规范了工作流程，合理划分了权限，明确了风险控制点及其控制措施和要求，落实了责任人。建立了“主动、互动、交叉”的联防工作机制。第二，信科和财会部门充分利用会计核算系统、综合报表系统提取相关数据或在系统程序中设定参数，对全辖各行的会计核算进行了全方位、全过程监督。第三，通过前、中、后台的分离和职责细化，加强责任的落实。加大监督检查、案件防查力度。

**三、先进的企业文化促进了行风行貌的根本性变化**

2003年，陕西中行继续坚持“两手抓”，在大力发展业务的同时，注重加强企业文化和精神文明建设，促进了全员的思维方式、工作作风、精神面貌和社会形象的“四个转变”。一是加强教育引导，促进了思维方式的转变。宣传部门在全辖开展了“转变思维方式、促进营销发展”主题教育竞赛活动，通过组织巡回宣讲、报告会、研讨班、党校轮训、知识竞赛等活动，广泛深入地宣传了十六大精神、“三个代表”重要思想和省行党委的工作思路，并开展了“推荐读好书”活动，使广大员工的思想素质不断提高，对省行出台的各项改革举措，从过去的被动接受逐步转变到理解改革、顺应改革、支持改革、参与改革上来。人教部门积极加强了培训开发体系建设，一年来全辖共举办各类业务培训班445期，培训26657人次，全面完成了“40小时”培训任务，培训形式更加多样，培训质量不断提高。二是讲求务实高效，促进了工作作风的转变。各级领导、各部门能经常深入基层、深入实际，调查研究，指导工作。调研部门积极配合公司、零售等业务部门，围绕业务开展了行业调研和业务研究，拿出了质量较高的调研报告；办公室加强了督办、协调工作，促进了全行工作节奏的加快和效率的提高；总务后勤部门认真做好保障服务工作，为广大员工提供了良好的工作和生活环境。三是弘扬先进文化，促进了全员精神面貌的转变。2003年，陕西中行北大街支行尚德路分理处被中央文明委评为全国“创建文明行业工作先进单位”，榆林分行被总行评为“中国银行精神文明建设先进单位”。举办了“西北六省青年论坛”和中行广告创意征集大赛活动，在青年员工中营造了浓厚的学习氛围。四是热心服务社会，促进了对外形象的转变。继续开展了文明优质服务“流动红旗”和“示范岗”竞赛活动，为清涧县盆则沟村捐资修建了“爱心桥”，开展了“送温暖”扶贫帮困捐款活动。在9所院校设立了“中行助学基金”，资助贫困大学生完成学业，引起良好的社会反响，树立了良好的对外形象。

## 延安市供热公司

延安市供热公司成立于1986年,事业单位企业管理,区级文明单位,隶属于延安市城市管理局管理,现有干部职工86人。其中,中专学历以上有24人,各类专业技术人员16人,公司下设"四科、一室、一处",即党政办公室、企业管理科、财务科、生产经营科、工程材料采供科、热网设备安装处。主要业务范围为:七里铺小区、红化小区联片集中供热,以热电厂为热源热网的筹建和供热生产经营管理工作,以及承揽锅炉设备、管网的安装、维修业务。七里铺小区联片集中供热从86年运行至今,现有6吨燃煤热水锅炉两台,担负供热面积为6.4万平方米的供热任务;红化小区联片集中供热从2000年运行至今,现有14吨燃煤热水锅炉一台,担负供热面积为7.9万平方米的供热任务;以热电厂为热源的热网,从96年开始陆续建成投运21个换热站,供热能力达132.5万平方米,实际供热面积81.4万平方米。几年来,公司在市委、市政府、主管局的正确领导下,圆满地完成了所辖区域的冬季供热任务。同时,为改善居民冬季取暖条件、净化环境、节约能源,提高城市整体建设水平都起到了十分重要的作用。

## 延安市水土保持工作队

延安市水土保持工作队成立于1972年,事业性质,科级建制,与延安市水土保持监督管理站合署办公,隶属于延安市水利水土保持局,现有职工72人,其中高级工程师7人,工程师18人,且理工程师25人,水土保持勘测防治工22人。单位主要负责全市水土保持综合治理、水土保持预防监督执法、重点水土保持工程项目建设、水土保持规划、可行性研究报告和开发建设项目水土保持方案的编制、治沟骨干工程和淤地坝设计和技术审核等工作。单位配有联想电脑20台,彩色绘图仪1台,全站仪1台,经纬仪2台,水准仪6台,数码摄像机2台,数字化仪1台等先进设备。先后承担完成了北洛河、延河、无定河、仕望河、云岩河等重点支流和各大水土流失类型区水土保持规划和可行性研究报告编制工作59个;完成编制了延安炼油厂二期技改项目、210线国道、长庆石油开发等建设项目水土保持方案40余个,小流域坝系可研报告60多条,治沟骨干工程设计200多座,小流域初步设计300多条。

近年来,延安市水土保持工作队以单位自身建设为动力,以水土保持重点项目的建设管理为核心,以水土保持预防监督执法为突破口,紧紧围绕"规范管理、典型带动、严格执法、增强实力"的工作思路,抢抓机遇、真抓实干,较好地完成了各项工作任务。先后被市委、市政府授予"新时代弘扬延安精神先进集体",被省水土保持局、省人事厅授予"全省水土保持先进集体",连续三年被市水利水保局评为先进单位。在新的历史条件下,延安市水土保持工作队认真贯彻党的十六大精神和"三个代表"重要思想,进一步强化工作措施,解放思想,抓住机遇,与时俱进,开拓创新,为全市水土保持事业快速发展做出更大的贡献,为实现山川秀美的新延安而努力工作。

## 延安财经学校

延安财经学校位于延安市万花路,是一所现代化的省部级重点中专学校。校园占地102亩,总建筑面积4.2万平方米,三十个教学班,1300多在校生。校园环境优美,是名符其实的花园式学校。师资力量雄厚,有高级职称33名,中级职称42名。教学设施先进,有容生600名的多媒体教室两个,多媒体计算机室6个,装学生用机300台,教学楼装有闭路电视教学系统,有电脑化财经实验室三个,计算机实验室1个,图书馆藏书8万余册,有116个工作站的电子阅览室一个,有体育器材齐备的1.5万平米的标准化运动场,每个学生宿舍都装外线电话,师生餐厅电脑售饭。学校为陕西省财政系统先进单位,省级文明校园、省卫生先进单位。

# 延安市农牧局

延安市农牧局，县建设制，编制25人，内设政秘、政策法规、规划投资、产业开发、种植业、畜草，监察7个科室，局机关下设植保、种子、能源、科研、教育、技术推广、农村经济管理、生产及经营单位29个，其中县级单位12个，科级单位17个；有研究所4个，中专学校2所，农广校1个，企业3个，其余均为技术推广服务单位。干部职工总数1773人，其中党员569人，干部608人，离退休人员325人；专业技术人员628人，其中高级科技人员78人，中级243人。

延安市农牧局是主管全市农业与农村经济工作的工作部门，其主要职能是：贯彻执行中、省关于农业、农村工作的方针、政策和法律、法规，拟定有关规定和办法，并负责监督实施；编制全市农业和农村经济发展的中长期规划和年度计划，拟定农业产业政策，引导农业产业结构的合理调整和农业资源的合理配置，并负责组织实施；指导全市农业产业化经营和农产品市场体系建设，预测并发布农产品和农业生产资源供求等经济信息；指导农村经济体制改革，稳定和完善农村基本经营制度和政策，指导农村经济体制改革，稳定和完善农村基本经营制度和政策，指导全市农业社会化服务体系建设工作；指导全市农业科研、教育、技术推广和农职业技能培训工作；负责全市农业区划、生态农业和农业可持续发展工作，组织指导农村能源综合开发与利用工作；负责全市重大农业建设项目的审查和申报工作；组织实施农业相关产业技术标准及绿色食品的质量监督、认证和农业新品种的保护工作；指导全市种子（苗）、农药、肥料、兽药、饲料等农业投入品的监测、鉴定、登记和执法监督管理，组织实施全市兽医医政、药政和动植物防疫、检疫工作，发布疫情并组织扑杀；监督指导全市减轻农民负担工作，农机安全监理工作，畜产资源和牧草资源的保护与开发工作。

# 延安体育运动学校

延安体育运动学校是1987年2月经陕西省人民政府批准成立的一所全日制中等体育专业学校，隶属延安市教委、延安市体委双重领导，学校内设8个行政科室，11个教学班，组建有田径、柔道、举重、游泳、射击、跆拳道、国际式摔跤、男子篮球8个训练项目。现有教职工80人，其中专任教师55人，具有高级职称12人，中级职称29人，在校学生520人。

延安体育运动学校地处延安市南关街，占地25000平方米，建筑面积6749.69平方米，建有教学楼，综合训练楼、学生公寓楼，职工住宅楼，教师办公楼，师生餐厅，浴室等基础设施。学校先后创办了计算机培训中心，洛川苹果基地、体育用品商城三个校办产业，收到了很好的社会效益和经济效益。

建校以来，学校始终把握为上级优秀运动队输送高水平的运动技术人才、为基层培养合格的中等体育专业人才的办学宗旨，坚持读训并重的办学思想，大力加强业余训练工作，不断提高运动技术水平，学校先后培养出了运动健将9名，国家一级运动员68名，向省一级优秀运动队输送动动员68人，在校和输送的运动员参加全国比赛获冠军者16人（次），参加国际比赛获前3名5人（次），破全国纪录1人（次），破亚洲纪录2人（次），平世界纪录1人（次）。为基层培养体育专业人才1025人。学校曾多次受到国家体育总局，国家人事部，陕西省体委和延安市人民政府的表彰和奖励，成为陕北高原上培养高水平体育后备人才和中等体育专业人才的一颗明珠。

所长　张鸿云

# 靖边县张家畔镇农税所

张家畔镇农税所是2002年成立的，是副科级单位，该单位共有征收人员18名，其中助征人员4名，主要负责征收农业税及附加、农业特产税及附加，耕地占用税、契税和农业税收任务下达，编报决算，档案管理，监督检查，票据管理等。

# 延长油矿管理局下寺湾钻采公司

延长油矿管理局下寺湾钻采公司于1987年7月18日由长庆石油勘探局移交成立,隶属甘泉县。主要从事地质勘探、钻井采油、运输销售,基地位于距甘泉县城37公里的下寺湾镇。成立初只有3口生产井和几名工作人员,当年生产原油仅1090吨,油井生产所需技术设备一无所有。经过十余年的艰苦创业,现已发展成为拥有油井1000余口、年产原油15万吨、年创税利积累达9000多万元的市级中型企业。

公司现有职工960人,上岗人员797人。其中有各类专业技术人员76人。公司现拥有资产总额5.98亿元,其中固定资产净值5.1亿元。有各种运输设备84辆,石油专用设备1000余台(件)。

公司自创建以来,先后被地委、行署授予"发展石油工业、振兴甘泉经济"、"地区级文明单位"等光荣称号,多次被甘泉县委、县政府评为"先进集体"。九四年全面质量管理通过省级达标验收,一举跨入了地区级经济明星企业行列,九九年被陕西省财政厅授予"会计基础工作规范化合格单位"称号,2000年被市委、市政府评为"文明单位标兵"。截止2002年五月底,公司累计生产原油67.14万吨,实现利税积累27032.31万元,实现利润17263.50万元,为甘泉经济的振兴做出了较大贡献。

面向新世纪、公司将不断深化企业改革,拓宽后续产业领域,寻求新的经济增长点,保持持续、快速发展的势头。为使2005年原油稳产达30万吨,固定资产5亿元,销售收入3亿元,利税积累突破1亿元目标而努力奋斗。

# 子长县城市客运管理办公室

主任　景如岳

子长县城市客运管理办公室是具有行政职能的事业单位。主要工作职责是:统一管理城市规划区域内的出租汽车、公共汽车、机动客运三轮车、人力各运三轮车,并为其办理营运手续,这几年全市各县都来进行考察学习,连年被市、县评为先进单位。

# 延安三鼎工程监理有限责任公司

公司简况:延安三鼎工程监理有限责任公司,成立于1999年12月,是具有独立法人资格的工程监理企业。公司下设综合办公室、经营部、技术部、督查部和六个监理部,现有员工58人。为陕西省监理协会会员单位。

业务范围:公司承揽一般工业与民用建筑,市政道路工程,房屋建筑工程,人民防空工程等方面的监理服务。同时,开展工程技术资询,预决算和编审业务。

人力资源:公司以专业技术人员为主,其中有国家注册监理工程师2人,取得陕西省注册工程师资格证书20人,其中高级职称4人,中级职称20人,取得监理员证书26人,经营等其它人员10人。专业人员全部持证上岗,专业设置齐全,老中青合理搭配,技术力量雄厚,管理严格规范,具有专业性较强的监理业务人才。

三鼎理念:公司坚持"守法、诚信、公正、科学"的从业宗旨,本着"员工就是财富"的经营理念,按照"以人为本,规范管理,以质取信,业主满意"的工作方针,坦诚为业主优质服务。

监理业绩:公司成立以来,已承接市内外各类工程监理60多项,建筑工程45平方米,管线20KM,累计完成合同投资4.5亿元,监理工程优良率占到90%以上,赢得社会的普遍好评。其中有省市级重点工程10项,比较大型的有延安热电厂住宅小区、翟子沟住宅小区、红化二期开发小区、实验中学、百合花园、延安新闻大厦等工程。

管理目标:公司全面推行"三个标准化"(形象、现场、档案)管理,以"高起点、高质量、高标准、严管理"的"三高一严"要求,争强市场竞争力,力争创建具有公信力的品牌监理企业,向项目管理公司迈进。

# 吴起石油钻采公司

吴起石油钻采公司是经延长油矿管理局批准，于1993年3月份依法登记并取得石油资源勘探开采权的县办全民所有制企业。现有职工1460余人，其中专业技术人员120人，油井580余口，公司总资产14.9亿元，累计实现利润40716万元，上缴税金41254万元，原油商品量98.6万吨，实现销售收入10.5亿元，现已形成年产原油40万吨的生产能力。公司内部党、政、工、青、妇组织健全，拥有自己的局域网，信息传递、财务管理全部自动化，各类油田地质资料齐全，是一个集科研、勘探、钻井、安装、试油、采油、运销、机修、测、固、射、压等生产工艺较为完备的中型工业企业。公司先后被市委、市政府评为深化内部改革先进企业、文明单位、明星企业、技术进步先进企业和石油生产先进企业，现为全县龙头产业、财政支柱、市级税利大户。公司组建以来始终坚持"立足基础，科技引路，稳扎稳打，全面突破"的经营观念，勘探开发并举，利用保护并重，注重科技投入，强化内部管理，在科研上形成了《陕西省吴旗地区中生界油气聚集与勘探前景研究成果报告》与《陕西省吴旗地区卫星遥感影像图》等成果，基本掌握了吴旗地区的油藏走向及展布规律。

在石油开发过程中，公司始终坚持资源开发与环境保护并重的原则，积极落实国家环境影响评价和"三同时"制度。先后投资1000多万元，用于井区、道路的绿化，积极开展了井场道路植被的恢复工作。目前，公司清洁文明油井建成率已达80%，投资6000万元在长官庙油区建设的原油集输站，现在已经基本竣工，建成后，公司原油将全部实行管道输送，并对所有采油废水进行处理和回注。

2003年，公司按照县委、县政府"工业强县"的发展战略，以抓勘探、增储量、上规模、降成本的工作思路，以科技进步和强化管理为核心，齐心协力，努力奋进，有效克服了资源面积不足及因预防"非典"工作带来的严重影响，各项经济指标超计划完成，取得了前所未有的好成绩。截止7月底，共打新井209口，投产145口，完成井口产油24.5万吨，交售原油23万吨，占年计划的60.5%，完成销售收入25762.5万元，同比增长97.3%，实现税利14663.5万元，同比增长91.08%，原油的销售收入、利润、税金同步高速增长，名列全市前列。石油工业的快速发展，有力地促进了全县经济社会的快速发展，石油工业已经发展成为吴旗县域经济的重要支柱产业，对稳定全县经济和财政大局起着决定性的作用，全县经济建设和社会各项事业的发展与石油工业的兴衰息息相关。一是石油工业的发展带动了二、三产业的发展，优化了县域经济结构。二是石油工业的发展有力地推动了地方道路、电力、通信等城乡基础设施建设；三是石油工业的发展加快了全县财政脱补和农民脱贫的步伐；四是石油工业的发展增强了以工补农和财政反哺农业的能力，为全县退耕还林(草)工作的顺利实施提供了重要保障；五是石油工业的发展为城乡劳动力提供了大量就业机会。公司组建以来，先后安置了大批复转军人、下岗职工、待业青年和农村富余劳动力，大大缓减了全县就业压力，为全县经济发展和社会稳定做出了重大贡献。目前，石油工业已真正成为吴旗经济的支柱和命脉。

# 子长县技术监督局

1991年元月将原子长县标准计量局更名为技术监督局，2000年改为质理技术监督局。建局几年来，该局在县委、县政府和上级业务部门的正确领导下，认真贯彻落实《计量法》、《标准化法》、《产品质量法》等法律法规，充分发挥综合管理和行政执法两大职能，对子长经济的健康发展起到了积极作用，同时在工作中也发展壮大了自己。目前该局已发展到四所一股(即：计量所、质检所、稽查所、标准化情报所、业务股)，检定、检测设备较为完善，现有干部职工30人，平均年龄只有34岁，是一支年富力强的技术监督队伍。

目前，在综合管理，计量检定，质量抽样检验炉容管特安全检查和打假工作等方面都已取得了一定的成绩：全县有9个生产企业被市局评定为"三级计量合格企业"；有6家企业的11种产品通过新产品鉴定，并有薯类磨浆分离机、马铃薯淀粉、瓦窑堡老窖三种产品被评为省优产品。2001年计量检定已达3000台件(次)，质量抽样已达四大类22种，打假罚款已达10万余元，代码发证495户。同时，该局始终不放松职工干部的思想道德教育和廉政建设教育，连年被省、市技术监督局评为先进单位。

# 子长县子长中学

子长中学创建于1945年，是延安市重点中学之一。

学校占地31005平方米，建筑面积23698平方米，在建学生公寓4800m$^2$、餐厅2173m$^2$。建有教学楼、图书实验楼、教学办公综合楼各一幢，教职工家属楼3幢，窑洞、平房158间(孔)。

学校现有教学班40个，在校学生3088人，其中高中32个班2443人，初中8个班645人。教师150人，专任教师120人，特级教师1人，高级教师14人，一级教师41人，大学学历62人，大专学历66人。

1998年被省教委确认为首批陕西省现代教育技术实验学校，2000年被确定为陕西省基础教育科研项目实验学校，2001年被确定为陕西省"研究性学习试点学校"教师中涌现出省、市、县级"优秀教师"、"先进教育工作者"、"模范班主任"20多人次，市、县级以上"教学能手"、"学科带头人"10余人，省、市、县各科教学研究会会员20多人。

目前，全校师生振奋精神，开拓创新，正在积极扩大办学规模，大力加强校园基础设施建设，进一步优化育人环境，提高办学效益，力争在三年内把子长中学建成全市环境一流、设施一流、质量一流的重点中学。

# 子长县植保植检站

一、职工结构状况：

全站32名职工，其中干部14人，工人18人；大专学历2人，中专学历26人；高级职称1人，中级职称10人；党员15名。

二、业务职能：1、病虫草害的预测预报工作。2、病虫草害的综合防治工作。3、植物检疫工作。4、农药监督管理工作。5、农资商品的经销服务。6、旱作农业技术推广服务。

三、资产、规模

单位设立统防统治工作队10人，拥有大型喷雾器械100多台，随时可控制和消灭病虫害的蔓延，经销农药60多个品种，年销售农药30多吨，各种器械500多台(件)，并建立县、乡、村三级统防网络，对全县的各种病虫草害实行统一防治，对全县农业的安全生产起到保驾护航作用。

# 子长县农业局

局长　王章张

子长县农业局系县政府职能部门，辖属农技中心、植保站、种子站、农经站、农广校，自管农机中心，代管农发办、畜牧局、老区办。全系统共有工作人员758人，其中干部296人；工人462人，副科级以上领导干部56人，具有大专以上文化程度的有93人；中专280人；具有高级职称有5人，中级职称93人，初级职称244人。

# 甘泉县盐务管理局

局长　郑保平

甘泉县盐务管理局是县政府负责全县盐务管理工作的具有行政职能事业单位，负责贯彻执行国家和省、市有关盐业法规、政策、拟定全县盐业管理政策和办法，实施全县食盐年度计划分配，调拨，销售和食盐储备计划的管理以及宏观调控工作，依法查处私盐，非碘盐、劣质盐等各类涉盐案件，查处食盐经营零售许可证和准运证的发放管理等工作。

# 子长县型煤开发有限责任公司

子长县型煤开发有限责任公司创建于1999年11月，是集科研、开发、生产、销售于一体的环保科技型小企业。现有职工70人，其中安置残疾人20人，拥有固定资产560万元，年产工业型煤4万吨，半焦1万吨，煤焦油850吨，年产值达1148万元，全年可创利税230万元。

公司开发、研制生产的YQ型工业型煤系列产品具有易燃无烟、燃烧时间长、高效节能等优点。经陕西省环境检测中心站检测发热量>25MJ/kg，挥发分<25%，灰分<25%，含流量<0.5%，林格曼黑度、烟尘排放浓度、二氧化硫排放物浓度均低于《锅炉大气污染排放标准》中的一级标准，完全符合城市用煤甲类地区标准。型煤系列产品2000年8月荣获第九届中国专利新技术新产品博览会最高奖——特别金奖；2001年4月通过山西省科技厅科技成果专家鉴定会鉴定，YQ型工业型煤技术达到国内领先水平。

新建万吨焦化试验厂生产的半焦俗称兰炭，具有固定炭含量高，化学反应活性好，发热量大等优点，经检测各项指标均优于无烟煤，是一种理想的民用清洁环保燃料，还可在冶金电石行业作电石焦，铁合金焦使用，在化肥行业作造气焦使用，用途十分广泛。煤焦油是主要副产品，用作原料油、燃料油、防水油膏涂料，防腐剂及蒸馏加工的原料使用，精加工后可获得众多化工产品，可作医药、染料、塑料、合成纤维及国际工业原料，市场紧缺。

县委、县政府从2000年起实施“蓝天净气工程”，型煤作为指定煤种全面推广使用，效果显著，县城大气质量明显提高，经环保部门检测表明，城区烟尘排放总量比治理前减少70%，大气中二氧化硫、氮氧化物基本达到国家质量二级标准，总悬浮粒比治理前降低45%，为巩固治理成果，2002年冬该公司焦化厂生产的半焦也作为指定煤种全面推广使用。

公司的迅速发展备受各级政府和社会各界的关注，公司先后荣获“延安市技术进步先进企业”、“县质量计量信得过单位”、“县级重合同守信用企业”、“延安市厂矿企业科协工作先进单位”、“延安市先进职工之家”、“县工会工作先进集体”、“县残疾人工作先进集体”等荣誉称号，公司经理陈斌也先后荣获“延安市劳动模范”、“延安市科普先进工作者”、“延安市十佳青年”、“陕西省优秀青年实业家”等荣誉称号。

# 吴旗县农村信用合作社联合社

吴旗县农村信用合作社联合社位于县城南端洛源工商开发区，占地面积1700平方米，是经中国人民银行批准的合法金融机构，是支持农村经济发展的坚强后盾，资金实力雄厚，服务功能齐全。目前全辖业务机构遍布城乡，下设五科一部，即人秘科、业务科、财务科、监保科、资产保全科和营业部。所辖9个农村信用社，7个分社，1个储蓄所，4个信用代办站，从业人员82人。

全县农村信用社在“自负盈亏、自担风险、自我发展、自我提高”的方针指引下，广大信合员工发扬“以社为家、爱社如家”的企业思想，坚持“以农为本、为农服务”的经营宗旨，努力拼搏，自强不息，特别是1996年行社脱钩以来，在新一届领导班子的正确领导下，信用社由弱小走向强大，由亏损变为盈利。截止2003年9月底，全县农村信用社各项贷款余额为12384万元，各项贷款余额为10321万元，实现盈余130万元。

坚持支持“三农”方向不变，促进农民增收、农业产业结构调整和农村经济发展，截止目前，全县农业贷款余额为9679万元，占贷款余额的93.8%，推行小额信用贷款和农户联保贷款，解决农民贷款难问题，坚持“一次核定，周转使用，随用随贷，小额为主”的发放原则，为振兴吴旗城乡经济，帮助农民早日实现小康社会做出了新的贡献。

# 甘泉县城乡建设局

甘泉县城乡建设局下辖房管所、质监站、环卫处、城建监察大队、招标办、设计室、墙改办、工程公司、水泥厂留守处、天燃气公司、液化气站等11个事企业单位及6个股室。现有职工434人。

近年来，该局按照县委、县政府“以城养城、以城建城、以城兴城、创建省级文明县城”的总体思路，紧紧围绕《县城总体规划》蓝图，把甘泉建设成为“经济繁荣、设施完善、环境优美、具有甘泉特色的现代化文明小城市”为总体目标，1998年修编完成了《甘泉县城总体规划》，并获优秀设计奖。同年，开发改造北关小区，总投资2187万元，其中：投资1667万元，建成经济适用住房8栋，2.6万 $m^2$，安置居民92户；投资520万元，改造北关街面长620米，宽12米，铺设彩色地砖7243m2，设安全防护栏1140米，广告灯箱62组，设高压钠灯24盏。二期工程实行“自拆自建”，投资214万元，建成商住用房7140 $m^2$。于2001年8月底完成了中心街改造工程，总投资578万元，改造街面全长820米，宽12米，铺设彩色地砖9416.8 $m^2$，安全防护栏1640米，广告灯箱207组，设高压钠灯31盏，自动升降高压钠塔灯1座，新设果皮箱36个，垃圾桶60个，地下供水管网、广电传输、电信光缆等公用设施全部进入共用地沟。同年，投资53万元，实施“点亮工程”，沿街护栏灯箱色彩斑斓，建筑物着装彩色霓红灯管，色彩分明，亮化、美化了县城夜景。

2002年，为进一步加快县城基础设施建设，提高城市总体服务功能，提升城市品位，总投资1498.56万元，高起点、高标准、分步实施，改造建设环城路、长青路、康乐路、和平路、太皇路及31条巷道工程，改造总长度7410.6米，于9月底全部竣工投入使用。城区各道路改造实施，从根本上改观了县城基础设施差、服务功能不齐全的局面。同年，吸引外资，实施了天燃气工程，总投资1397.4万元，分两期实施，年供气量1320.94 $m^3$，于10月底一期全部竣工投入使用，发展用户1000户。2003年，不断拓宽融资渠道，投资1260万元，组织实施二中路、北关河滨河路、文华巷、凤凰巷、北关1#楼至210国道路等市政道路改造工程及园林绿化工程、5座公厕新(改)建、劳山河防洪工程。如今，县城容貌焕然一新，基础配套设施一应俱全，城市总体服务功能和城市品位大幅度提高，为县城对外开放，营造良好的投资环境。在此同时，该局按照“三个代表”的要求，切实转变和改进工作作风，提高办事效率，把县城建设好、管理好，争创一流工作、一流管理、一流服务、一流水平，并坚持以人为本，着力抓好干部职工队伍建设，全面树立城建新形象。

曾先后被命为市级“文明县城、文明单位、卫生先进单位”和县级“五星级文明单位”的甘泉县城乡建设局，真诚欢迎各方人士前来，共同开发建设山川秀美新甘泉。

局　　长 姚杰
联系电话　0911-4222647

# 甘泉县水利水保局

甘泉是革命圣地延安的南大门。国土总面积2284.7平方公里。全县共辖三镇五乡，116个行政村，295个自然村。总人口7.3万人，其中农业人口5.3万人。这里多风少雨，沟壑纵横，自然条件差。甘泉县水利水保局，通过五年多努力，到九五末，全县共累计治理保留面积达308.6平方公里，基本农田总量累计达到7900公顷。有效灌溉面积总量从八五末20000亩增加到现在的40000亩。农村人均基本农田拥有量达到2.3亩，人均水浇地达8分。截止2000年底，全县一举消灭了基本农田“零村”。在流域治理上坚持流域为单元，山、水、田、林、路综合治理，以林草措施为重点，以水保淤地坝为保证。建成了一批象县屯、岳屯、清泉、府安等流域的精品工程。“九五”期间，全县年均新增“四田”4000亩，新增有效灌溉面积3000亩，治理水土流失面积30平方公里以上。为甘泉今后成为延安经济小强县奠定基础。

目前，水利系统的全体职工正团结一致，认真贯彻党的十六大精神，以开展“三个代表”重要思想教育活动为契机，按照县委、县政府“以水兴农”的思路，积极开展工作，以新的业绩来书写甘泉水利水保的新篇章。

# 甘泉县下寺湾镇

下寺湾镇位于甘泉县西北部，洛河上游，距县城36公里，东与石门乡相接、南与东沟乡交界，西与桥镇乡相连，北与安塞县相邻，镇域面积443平方公里。全镇辖18个行政村42个村民小组，总人口9151人，有驻镇事企业单位22个。

下寺湾镇属陕北黄土高原，丘陵沟壑区，属大陆性气候。有耕地28885亩，其中川台地8408.8亩，森林面积28万亩，盛产桃、杏、黑木耳等森林特产，野生动物种类繁多。有丰富的建筑用砂、天然气以及石油资源。

"九五"以来，下寺湾镇坚持党的各项方针、政策，立足实际，抢抓机遇，紧紧围绕"蔬菜上下功夫，双杏上谋发展，羊子上保增收，三产上求突破"的特色经济发展思路，大力实施科教兴镇、产业强镇、依法治镇战略，使全镇经济社会得到快速发展，人民群众生活水平显著提高，2002年底，全镇实现国内生产总值3015.95万元，财政收入480万元，农村人均产粮稳定在800斤以上，农民人均纯收入达到1972元。

全镇农村工作以山川秀美工程建设统揽全局，大力发展"蔬菜、羊子、林果"三大产业。2001年设施大棚总量达到1097棚，蔬菜种植面积达到2700亩；羊子以白绒山羊为主要品种存栏达到15000只；经济林果园突破4000亩。秀美山川建设以"陕西职工世纪林"、"闫家沟流域万亩造林点"为重点，到2002年底全镇累计完成造林27000亩，种草3100亩。"坚持两手抓，两手都要硬"，不断加强精神文明建设和党的建设，社会各项事业健康快速发展，教育工作顺利实现"普九"，卫生工作实现"初保"，计划生育工作通过综合服务达标，基础设施建设成效显著，小城镇建设日趋繁荣。2001年被市委授予"六个好"乡镇党委，1999年被市委、市政府授予文明单位，市综治委授予社会治安综合治理先进单位。

2003年，下寺湾镇进一步深化农村改革，加大农业产业结构调整步伐，"三大产业"建设取得突破性进展，蔬菜生产以"扩大规模，提高效益"为目标，今年计划完成新建大棚245棚，使大棚总量达到1342棚。发展大弓棚231棚，种植大露菜2881亩。全镇全面实行封山禁牧，种植密植玉米1400亩，种草7800亩，完成圈舍改造113个。完成春季新造林6178亩，实现2003年的开门红。小城镇建设按照"扩大规模、提高档次、强化监管"的工作思路，全面完成去年动工建设的460间商业用房尾留工程，使商用房总量达到954间，形成长870米的小区新街，必将推动全镇非公有制经济快速发展。

# 宝鸡市陇县建设局

陇县建设局在县政府的统一领导下主要负责陇县的城市管理工作，该局位于县城中心广场以南50米处，南大街5号。其主要职能为管理全县城乡(镇)规划、建设、旅游景点规划、建设市场管理及其它城市管理等工作。局机关设3个股室及城市建设管理所、房管所、市容监察大队，建设工程质量安全监督站、房改办等机构。规划股主要负责全县城乡(镇)总体规划的编、报及建设用地的规划、审批、项目选址定点审批、旅游景点规划、建设以及燃气企业资质管理等工作。建管股主要负责全县城乡建设市场管理，主要是基本建设项目报建、施工企业资质审报、建设工程招投标备案、质量、安全管理审批、工业、民用建筑抗震设防审查等管理工作，局办公室主要负责局机关公文处理和后勤服务等工作。

1、城市建设管理所：主要工作职能为城市基础设施建设和管理、绿地管理、村、居民私人建房审批管理，小城镇建设业务指导等工作。

2、建设工程质量安全监督站：主要代表县政府行使对全县建设工程质量、安全监督和管理工作。

3、房管所：主要代表县政府对直管公房进行管理，同时行使房屋所有权确权发证、房产交易管理、物业管理等工作职责。

4、市容监察大队：主要从事县城内市容市貌、垃圾处理、户外广告设置等管理工作。

5、房改办：主要负责全县住房制度改革有关政策的宣传、住房资金管理等工作。

截止2004年2月底，该县城已形成规模居民小区3个，即：新一村区、北坡小区和居泰园小区。目前，各小区内水、电、暖设施齐全，道路平整，宽畅，绿地约占小区总面积的20%，物来管理初步达到规范化要求。

# 陕西省眉县职业中等专业学校

眉县位于关中西部，秦岭北麓，总面积852平方公里，人口30万，境内太白山国家森林公园闻名遐迩，渭河、陇海铁路、西宝公路南线、中线、高速公路贯穿其间，地域优越，交通便利。

眉县职教中心位于县城私营经济小区，是首批国家级重点，国家重点建设示范性职业学校。现已形成一中心（职教中心本部）、六分校（齐镇职高、横渠职高、县教师进修学校、县卫校、县戏校、县劳动就业培训中心）、十个辐射点（十个乡镇农科教综合服务中心）的大职教办学格局。

学校环境优美。校园占地面积102858平方米，建筑面积35154平方米。校园内楼房林立，错落有致，绿化带、美化区井然有序，绿树红花点缀其间，相映成趣。

学校师资力量雄厚。有一支双师型教师队伍，专任教师248名，本科以上学历202名，高级教师58名，12名教师参加研究生学历教育。在册学生5935名，其中全日制学历教育在校生3621人，假日班学员761人，短训学生1553人。

学校教学、实验实习设施齐全。目前已完成总投资2300多万元，建成了教学楼（两栋）、公寓楼、宿办楼，并建有学生实验实习专用实训楼（两栋）、图书楼和专供成人继续教育的培训楼。按照国家级重点标准相继投资1300多万元，建成高标准语音室、多功能电教室和讲坐厅、500多台电脑的计算机培训中心、拥有藏书12万册及200多种报刊的图书馆、50坐音乐电子琴室、100坐电工电子实验室和电力拖动操作室、50坐标准化化工分析实验室、可连入互联网的40坐电子图书阅览室、千兆交互式多媒体全数字校园网、汽车专业模拟操作室及汽车技能实训室、旅游专业技训室、机加工专业实习车间、100人管弦乐队。师生体育运动、生活保健、文化娱乐等服务设施一应俱全。

学校先后与陕西工业职业技术学院、陕西省石油化工学校、陕西省农业机械化学校、陕西省电子信息学校、浙江东钱湖旅游学校等省内外十多所大中专院校联办化学工艺、汽车运用工程、电气运行与控制、旅游与民航服务等专业。按照县委、县政府创建‘旅游人县、科教名县、经济强县“的战略目标，相继开设导游、饭店服务与管理、电子信息技术、幼儿教育、机械加工、汽车驾驶与维修、计算机应用等学历教育中专班。现已形成以计算机、机械加工、电工电子、旅游等四大类学历教育专业为骨干的专业体系。

同学们在进行实验、实习操作

校区外貌

主任　袁中慧

## 泾阳县畜牧中心

泾阳县畜牧中心下辖畜牧兽医工作站、动物检疫站、动物防疫(兽药)监督管理站、动物繁育站和16个乡镇畜牧兽医站,全县奶牛存栏4.2万头,奶山羊16万只,生猪存栏14万头,笼养鸡200万只,是全省的畜牧大县。

## 彬县县医院

彬县县医院始建于1943年,是一所综合性医院,又是咸阳市确定的公安法医创伤医院,白内障复明手术定点医院,伤残鉴定医院。彬县中心血库设在院内,承担着彬县及周边地区近40万人口的医疗保健任务。医院占地31632平方米,建筑面积12600平方米,去年又投资368万元实施了建筑面积达4065平方米的国家级贫困县县医院住院楼建设工程。

医院现有职工254人,其中卫生技术人员217人,高级职称13人,中级职称59人。设置床位170张,拥有美产全身CT、GE彩色B超、意大利全自动生化分析仪等大中型先进设备130余台(件)。固定资产由1988年的135万元增加到2002年底的1198万元。年门诊量达7.2万余人次,收治住院病人3千余人次。

近年来,医院坚持以“办群众需要的医院,当老百姓放心的医生”为办院宗旨,全面推行质量管理,狠抓人才培养,不断改善就医条件,切实加强全员医德医风和医院文化建设,形成了一套有责任、有竞争、有活力的运行机制。近年已投资110万元,每年选送一批技术骨干到交大附属医院和四医大附属医院进修,技术升级,医疗质量和服务能力稳步提高。去年又投资26万元,配备了微机管理系统,实行计算机联网收费,杜绝了管理漏洞,保障了患者利益。受到了上级部门表彰和广大人民群众的好评,先后通过了国家“二级甲等”医院评审验收,多次被评为省、市、县最佳单位、文明单位、先进单位。

2002年医院积极参加由全国人大指导,全国政协监督,中华医院管理学会组织开展的全国推荐“百姓放心医院”活动,年底被中华医院管理学会命名为全国“明明白白看病百姓放心医院”。2003年医院开展创建“医疗优质高效”“绿色医疗环境”百姓放心医院活动,低价格收费,高水平服务,着力为患者构建全新的医疗服务平台。

## 淳化县扶贫办

淳化县是一个具有光荣革命历史的老区县,也是国务院确定的扶贫开发工作重点县。扶贫办、老建办属县政府下设的主管全县扶贫开发及老区建设工作的办事机构。两个牌子、一套人马。扶贫办内设县扶贫经济合作社和扶贫服务中心两个下属单位。

“七五”以来,特别是国家实施八七扶贫攻坚计划以来,县委、县政府始终以扶贫攻坚总揽全县工作大局,团结带领全县人民坚持走开发式扶贫的路子,充分发挥资源优势,增加扶贫投入,大力发展烤烟、苹果、畜牧、林特等支柱产业,认真实施“四个五”工程,加快基础设施建设步伐,动员全社会力量合力攻坚,经过多年努力,扶贫开发和老区建设工作取得了显著成效。农村面貌发生了深刻变化,贫困现象大范围缓解,贫困人口的收入水平和生活质量进一步提高,基础设施和基本生活条件明显改善,文化、教育、卫生、邮电通讯、广播电视等项社会事业有了长足发展。县扶贫办1998—2002年连续五年被市委、市政府评为扶贫攻坚先进单位,被县委、县政府评为“目标管理责任制先进单位”受到表彰奖励。

在新一轮扶贫开发和老区建设工作中,淳化县扶贫办将继续发扬与时俱进,开拓创新的精神,在县委、县政府的正确领导下,在省市业务部门的支持指导下,求真务实,真抓实干,努力开创扶贫开发和老区建设工作新局面,为彻底消除贫困,早日实现脱贫致富建强县宏伟目标而努力奋斗!

# 淳化县交通局

淳化县地处渭北旱源地区，交通基础设施相对落后，淳化县交通局是县政府下设的主管全县交通公路建、养、管的工作部门，下设县公路管理站，县道路运输管理所，县路政稽查大队三个事业单位和县运输公司一个企业单位。全系统干部职工共165名。

党的十一届三中全会特别是二十世纪九十年代末，乘着改革开放和西部大开发的强劲东风，县交通局全体干部职工在县委、县政府和上级主管部门的正确领导和大力支持下，坚持多修路、修好路。突出公路建、养、管以交通发展为中心，解放思想、与时俱进、团结拼搏、求实创新，使昔日的山区贫困县的交通基础设施得到极大改善。

截止目前，全县境内拥有各类公路1150多公里(其中：国省道60.3公里，县乡油路144.5公里，乡村砂石路632.4公里)，桥梁21座910延米(其中：大中桥289.2延米/3座，小桥620.8延米/18座，涵洞1125延米/150道)实现了乡乡通油路，15个乡镇实现了村村通砂石路，358个行政村通砂石路（其中：104个村通了油路）。

淳化县交通局先后多次被评为市级文明单位，1998—2002年连续被县委、县政府评为“目标管理责任制先进单位”。受到表彰奖励。

# 淳化县发展计划局

淳化县发展计划局属县政府下设主管全县经济工作的综合职能部门。内设生态环境综合治理办公室和以工代赈领导小组办公室两个下属单位。

该局在县委、县政府和上级业务主管部门的正确领导和大力支持下，紧紧抓住国家西部大开发的历史机遇，围绕国家基本建设投资方向变化趋势，加大基础设施建设投人，积极争取建设资金，突出抓好重点工程和重点项目建设，使全县在生态环境、以工代赈项日、农业基础设施、小城镇建设、招商引资等方面取得显著成效，为淳化经济发展奠定了良好的基础。

该局2001年度被省发展计划委员会评为全省计委系统先进单位，2002年度被市计委评为全市计划（物价)系统先进单位。2001年至2002年度连续两年被县委、县政府评为目标管理责任制先进单位，2003年7月份被县委授予先进基层党支部，受到表彰奖励。

# 礼泉县林业局

礼泉县林业局属县政府直属机构，辖县林业工作站、森防站、国营柏峰林场、国营礼泉县苗圃、林业派出所、林木良种繁育场六个基层单位。局属四个职能股室：林政股、业务股、财务股、办公室、项目办。

全系统共有职工220人，具有初、中、高等各类专业技术人员88人，占总人数的40%，党员人数41名。职工队伍的知识、年龄结构均比较合理，专业性较强。

改革开放以来，特别是国家实施西部大开发战略以来，该县抢抓机遇，乘势而上，实行林业重点工程带动战略，自1999年以来，先后争取保持了强劲的发展势头，全县域内有林地面积已达32.4万亩，森林覆盖率猛增到50%，分别高于全省、全市的平均水平。近年来，礼泉林业以造林速度快、规模大、成活率和保存率高而受到省、市、县三级领导的充分肯定和表扬。

从1999年到现在，礼泉林业先后获取多项桂冠。被国家林业局授予“中国名特优经济林苹果之乡”、“全国经济林建设先进县”，获“中国林科院社会林业工程项目研究与实施三等奖”等光荣称号，被咸阳市人民政府、咸阳市林业局分别评为“2003年林业重点工程综合检查评比优胜单位”和“2002年度林业工作先进单位”。

# 礼泉县果业局

礼泉县果业局是礼泉县人民政府直属的行政事业单位，现有人员57名，辖园艺工作站、果品经销环境治理办两个事业单位，局内设党务行政办公室、生产股、市场信息股。

礼泉县目前共有各类果树50万亩，其中苹果34.5万亩，梨及其它各种杂果面积15.5万亩，是西北地区第一果业大县，以苹果为主的果品产业为礼泉县域经济发展作出了突出贡献。果品产业的发展，也带动了运输、餐饮、包装材料、加工、经销、信息等相关产业的发展。礼泉果品产量近几年一直稳定在70多万吨，行销全国，并远销俄罗斯、中亚、东南亚等地。礼泉果品在全国、省、市果品评优中，多次获奖，其中1999年红富士、富硒秦冠被北京农博会认定为"中华名果"，2001年红富士，早酥、砀山酥、五四桃获中国农博会"名牌产品"称号。在富硒果品开发方面，被中国特产报评为"中国富硒果品之乡"。

目前正在建设"西北果品交易中心"，是省市果业产业化的重点工程，也是农业部确定的鲜活农产品定点批发市场之一，被称为推动果业发展的"航空母舰"。

# 淳化县果业中心

淳化县位于中国陕西咸阳西北部，黄土高塬南缘，距西安75公里。境内土层深厚，光照充足，昼夜温差大，是世界三大苹果最佳适宜区之一。全县现有红富士、新红星、皇家嘎拉等优质苹果30万亩，年产果5亿多斤。从1994年起跻身全国水果生产百强县行列。

淳化县栽植苹果历史悠久，1976年被国家确定为苹果外销基地；1986年又被国家和陕西省确定为优质苹果生产基地县；1991年通过省优质苹果基地达标验收，被定为甲级基地县；还先后被国家和陕西省评为优质苹果基地建设先进县等。近年来先后有数十个国家的果树专家来淳考察，并给予高度评价。

淳化苹果以色泽绚丽、质脆肉细、汁多味浓、硬度好、耐贮运而闻名中外，在国际、国内市场都有较高声誉。主栽的九个品种多次获国优、省优，并被定为"国庆四十五周年游园活动专选产品"。继1997年红富士、乔纳金被认定为国家"名牌产品"之后，1999年红富士再度被评为'99中国国际农业博览会"名牌产品"，并由中国果品流通协会授予"中华名果"称号。

# 彬县电力有限责任公司

彬县电力有限责任公司是1997年元月由原彬县火电厂改组而成的股份合作制企业，主营发、供电，始建于1972年元月。公司现有火力发电机组两台，装机总容量7500千瓦；固定资产2817万元；员工404人。公司年可实现发电量5855万千瓦时，销售收入1746万元，税利总额561万元，连年被市、县两级政府评为经济效益先进企业，曾先后受到原电力工业部、西北电管局的表彰奖励，1995年被省委、省政府命名为"省级文明单位"。

随着国家产业结构的调整，公司积极调整经营策略，开辟出了一条"以电为主，多业并举"的多元化生产经营之路。公司现已拥有美国红提葡萄示范基地；彬县电力果袋厂年可产销果袋5000万只；彬县花果山泉饮品有限责任公司生产的"花果山"天然泉水，富含多种矿物质，水质甘甜、爽口，具有广阔的市场发展前景。

在彬县县委、县政府提出的"工业立县，煤电为主"的发展思路的指导下，彬县电力有限责任公司计划投资2600万元，技改增装一台6000千瓦抽凝汽式发电机组和一台35吨/小时的循环流化床锅炉，实行热电联产和煤矸石综合利用。目前，该建设项目已得到上级有关部门的同意批复，前期各项准备工作正在紧锣密鼓地进行。该项目建成投产后，年可新增发电量4200万千瓦时，新增产值400万元，新增税利210万元。

在西部大开发的热潮中，彬县电力有限责任公司一如继往地热诚欢迎社会各界的大力支持，积极寻求在新项目、新技术以及投资领域的合作伙伴，以求互惠互利，共同发展。

# 淳化县食品公司

淳化县食品公司是以经营猪、牛、禽、蛋等农副产品购、销、加工为主的国有企业。有职工 81 名，下设 6 个基层食品购销站，有 6 个畜禽屠宰厂、点，被淳化县人民政府确定为县级畜禽定点屠宰单位。2000 年，公司以现有的地产优势为投资资本，多方筹集资金 400 多万元，先后修建食品综合楼和营业楼 2 座。新增营业面积 4600 平方米，增加企业固定资产 140 万元，安置了企业下岗职工，增强了企业经济效益和社会效益。荣获市级“创佳选优差”优秀单位。

2002 年，公司恢复了停产多年的白酒生产，成立了淳化县甘泉醇酒业有限责任公司，在原醇酒传统酿造的基础上，挖潜改造，引入现代新工艺，生产出了“甘泉醇”牌，高、中、低档系列白酒。目前，企业发展的指导思想是，以效益为中心，以市场为导向，不断开拓创新，提高企业市场竞争力和整体经济实力。

# 彬县中医医院

彬县中医医院地处县城东大街 10 号，占地面积 5.8 亩，建筑面积 5804 平方米，固定资产 560 万元，拥有 CT、B 超等大中型医疗设备 75(台)件，职工 173 名，专业技术人员 156 人(其中高级职称 44 人)。

门诊部设内、儿、妇、外、骨伤、肛肠、五官、皮肤、眼科、医学美容等 13 个临床科室。住院部设五个病区，床位 110 张。内科病区床位 30 张，医护人员 17 名，该科继承祖传传统医学，对各种老年病、慢性病、肝病及各种肿瘤治疗有独到之处。外科骨伤病区设床位 30 张，工作人员 20 名，除能完成普通手术外，还能进行外科大中型手术及骨科疑难手术。小儿科床位 25 张，工作人员 16 名，是一支知识结构新、技术力量较强的医疗队伍。妇产科床位 15 张，医护人员 13 名，能顺利处理各种难产和宫外孕、剖腹产、子宫切除等手术。急诊科医护人员 12 名，设观察床 10 张，安装了 120 免费急救电话，配有进口高速救护车，24 小时值班，对危重、创伤、中毒等进行现场急救和护送工作。有检验、胃镜、心电、B 超、放射等 8 个医技科室。设职能科室 6 个。

该医院业务收入由 1994 年的 120 万元增加至 2003 年的 360 万元。九五、九六年医院分别被国家卫生部、国家中医药管理局授予“爱婴医院”和“二级甲等医院”。陕西省“百姓放心医院”创建单位，是一所医疗设备齐全、技术力量较为雄厚的县级中医医院。

# 长武县医院

长武县医院创建于 1950 年 4 月，是全县医疗、预防、教学、科研，急救和康复中心。

医院坐落于长武县城南大街中段，拥有东大阿尔派 CT—C2000 型全身 CT 机、500mAX 光机、麦迪逊 5000—Ⅱ型 B 超机、奥林巴斯纤维胃镜、全套心电监护系统、全自动生化分析仪、全自动血球计数仪、血凝仪、血流变检测仪，He-Nc 激光机等千元以上先进医疗设备 115 台(件)。

全院现有职工 210 人，其中卫生技术人员 173 人，高级职称 11 人，中级职称 46 人。医院开设病床 160 张，分设各类科室 31 个，可开展“二甲医院”全部诊疗项目和三级医院的部分医疗服务项目。普外科、脑外科、骨外科、胸外科、妇科、产科、内科、儿科、传染科、五官科是医院的重点临床学科，拥有雄厚的技术力量和良好的服务能力，在全县及毗邻县区享有盛誉，是三秦西大门一颗璀璨的明珠。

1986 年被省卫生厅授予首批“文明医院”，1996 年被卫生部、联合国儿童基金会，世界卫生组织授予“二甲医院”和“爱婴医院”。1998 年被省委、省政府授予“文明单位”，2000 年被委省、省政府评为“创佳评差”最佳单位，2001 年、2002 年被市委、市政府分别授予“讲文明树新风”先进集体和“公民道德教育”先进集体，2003 年 3 月，被省卫生厅，省医学会授予全省首批明明白白看病“百姓放心医院”光荣称号。

# 陕西府谷发电有限责任公司

陕西府谷发电有限责任公司是为建设和生产经营府谷沙川沟电厂而组建的股份合作制企业。由陕西省电力建设投资开发公司、陕西省农电管理局和府谷县三方共同投资,投资比例为3:2:5。沙川沟电厂装机容量2×25MW,总投资29193万元。该项目于1996年8月1日开工建设,1#、2#机组分别于1998年7月、12月并网发电投入试生产,两台机组截止1999年6月底圆满完成了试生产任务,于7月1日起正式移交生产。

投产以来,公司以“安全、经济、稳发、多供、优质、高效”为中心,坚持“求真务实、开拓创新、与时俱进”的企业宗旨,高举邓小平理论伟大旗帜,认真践行“三个代表”重要思想,上下同心,以德治企,创出了良好的经济效益和社会效益,塑造出健康向上、优质高效的一流现代企业形象。

截止2002年底,公司累计完成发电量14.43亿度,售电量12.86亿度,售电收入2.63亿元,上交税金4840万元,计提折旧6115万元,实现利润2332万元,2000年被县委、县政府授予“文明单位”称号;被省农电局评为先进单位;2000年、2001年、2002年连续三年被榆林市政府命名为税利贡献“明星企业”,2002年被榆林市政府命名为市级“文明单位”称号。其中2002年完成发电量3.9亿度,售电量3.55亿度,售电收入7268万元,体现税金1627万元,上交税金1340万元;利润712万元。安全生产实现连续安全运行462天,年内安全生产365天、主设备完好率100%,创出了投产以来第一个安全生产年,呈现出勃勃生机和良好的经营业绩。沙川沟电厂的投产发电,缓解了府谷地区用电紧张的局面,增加了地方财税收入,为区域经济发展、基础设施建设和社会进步起到了积极的推动作用。

2003年1–6月份累计完成发电量18943.3万度,售电量17235.7万度,售电收入3557万元,体现税金715万元,实现利润187万元,截止六月底实现连续安全生产640天。达到了时间过半任务过半,为全面胜利完成全年各项经营指标和生产任务奠定了坚实的基础。

公司新一届领导班子决心带领广大员工以十六大精神为指针,在各级各界的正确领导和大力支持下,狠抓安全和效益两大主题,不断将公司各项工作推向前进,为地方经济发展作出新的更大的贡献!

# 府谷县孤山镇人民政府

孤山镇位于府谷县城西19公里,总土地面积181平方公里,耕地5.7万亩,有19个村民委员会,有28个机关事企业单位,总人口10556人(其中农业人口9885人);资源贫乏,属纯农业乡镇,人均占有粮食250公斤,人均纯收入800元;全镇交通发达,南来北往的商家云集,有府店公路、神朔铁路纵穿而过,野大公路(野芦沟至大昌汉)和孤王公路(孤山至王家墩)于此交汇。旅游资源方面,古有“八大景观”之称,现以七星庙(省级文物保护单位)和折氏陵园(县级文物保护单位)2个旅游景点而远近闻名。

为了加快小康村、镇建设步伐,镇党委、政府提出“抓好‘三项建设’、实现‘四个突破’、达到‘五个提高’、办好‘六件实事’”的战略目标。即①“三项建设”是指农村基层组织建设;公路为重点的基础实施建设;生态环境建设;②“四个突破”是指财源建设上有新突破;乡镇企业管理上有新突破;扶贫工作上有新突破;干部管理上有新突破;③“五个提高”是指群众生活水平上有新提高;办学办医水平有新提高;计划生育工作要有新提高;产业结构要有新提高;④“六件实事”是指完成孤山中心小学新建教学楼和办公楼工程;完成通镇工路黑色化、通村公路沙石化任务;完善镇村计生服务站以及村医疗合作站建设任务,实现计生、医疗、生殖保健三位一体;搞好以岳家寨为中心的农业综合开发示范基地。

# 府谷县新民镇人民政府

新民镇是府谷县的西大门，是府谷县的工业区，特别是煤炭工业重镇，有着府谷“煤都”之称，全镇总面积204平方公里，辖17个行政村94个村民小组，总人口17337人，暂住人口4580人。有2个驻新市级机关单位和14个机关单位。

新民镇抓党建、促经济。2002年底完成国民生产总值4.3亿元，比上年递增15%，比1998年增长了2亿元；工业总产值3.8亿元，比1998年增长2.03亿元；乡级财政收入600万元，比1998年增长了280万元；农业总产值1600万元，比1998年增长400万元；农民人均纯收入达1500元。五年来连续被评为乡企发展专项任务书和主要经济指标及社会发展任务书考评第一名。

五通方面。投资360万元完成17个行政村的农网改造，投资215万元建成17处人畜饮水工程，投资150万元拓宽修缮了郭家石畔、新尧沟、柳树梁沟通村矿公路；投资600万元建成移动机站、联通机站、有线电视站，使电话用户达2000多户、移动用户达3000多户，有线电视收视频道达到18个。

乡镇企业方面。年税收年均为850万元，现有煤矿43个，机焦厂35个，年生产原煤500万吨，焦粉80万吨，焦油10万吨，完成乡企总产值3.8亿元。

小城镇建设方面。投资200余万元建成镇府办公大楼，投资2000多万元规划投建集镇两侧居民商品房，投资340万元建成新民镇中心卫生院门诊楼和住院部，投资150万元建成新民中学实验大楼，投资120万元扩建中学教学楼，投资60万元建设新民二小寄宿楼，投资17万元扩建新民镇文化站，投资20万元整修信用社门面，投资130万元建成新民第二集贸市场，投资80万元重新硬化了集镇街道，投资15万元建成绕镇河堤工程，投资10万元新增洒水车一辆，努力解决集镇环境问题。

农村工作方面，完成退耕还林还草5800亩，荒山造林8500亩，川道地区打机井86眼，山梁峁地区打旱井216眼、水窑190个，淤地坝5座，建谷坊16座，基本上完成了绿色通道和流域治理工作，扶贫救灾力度逐年增大，其中2002年共下拨救济款80940元，救灾粮245800斤，救灾衣物100余包，优抚定补20490元，低保6930元。

精神文明建设方面，全镇有十星级文明户达90%以上，市级文明单位2个，县级文明单位6个，文明村11个，文明校园1个，文明机关1个，文明集镇1个。

新民镇要根据市、县关于小康村镇建设的新要求、新标准，按照以前包府油路沿地界川至蛇口峁十里商贸街的整体规划，在今后的小康村镇建设上，要继续发展川道地区工业带的龙头作用，带动山梁地区农业带的发展，利用府店一级公路的建设和运营机遇，发展第三产业和非公有制经济，努力把新民镇建设成为陕西的明星乡镇。

# 横山镇人民政府

横山镇，为县城所在地，位于县城北部，处黄土高原丘陵沟壑和毛乌素沙漠交替区。全镇辖6个居委会，29个村委会，273个村民小组。总人口4.83万人，总土地面积360.6平方公里，其中耕地面积4922公顷。境内交通便利，条件优越，是全县政治、经济、文化的中心。

近年来，该镇认真贯彻“三个代表”重要思想，紧紧围绕“发展农村经济，保持农村稳定，增加农民收入”这一工作大局，狠抓农业基本建设及生态环境建设，大力发展羊、豆、草三大主导产业，经济和社会各项事业均取得显著成效。2002年，全镇国内生产总值8280万元，粮食总产量达1.1万吨，农民人均纯收入达1220元。计划到2005年，全镇国内生产总值突破1亿元大关，羊子存栏达10万只，农民人均纯收入达到1800元以上，人口自然增长率控制在5.5‰以内。全镇实现山绿水清人康富的目标。

# 府谷县林业局

府谷县林业局现有工作人员10名，下设县林站、种苗站、松宏湾林场，亩沟门苗圃，杜松管理站，共有干部职工200多人，有工程技术人员100余名，其中高级工程师8名，工程师20名，初级技术人员60多名。全县森林保存面积89万亩，森林覆盖率17.5%，林业总产值1117万元，年产鲜枣200公斤、海红果200公斤，主要产品有宫庭无核枣、油枣、酒枣、海红果汁、海红干、果脯等。

# 横山县农业局

横山县农业局下设9个事企业单位，全系统共有职工575人，其中：专业技术人员156人，具有中高级以上专业技术人员38人。近年来，该局紧紧围绕“调整结构，农民增收”两大目标，坚持科技兴农和可持续发展战略，狠抓“两高一优”农业，重点抓好米袋子、菜蓝子、种子、生态农业、水果、油料等六大工程开发和地膜覆盖，水稻旱育稀植等为主的八项实用技术及五项农业基础管理工作取得可喜成绩。为横山农业生产发展和农民生活水平提高做出了突出贡献，多次受到省、市、县表彰奖励。

# 米脂县电力局

米脂县电力局成立于1978年，系榆林供电局下属供电企业。现有职工72人，管理人员19人。（含局领导），下设6个科室：综合办公室、用电营销科、财务经营科、安监科、稽查科、网改办（临时），11个班、所。

拥有固定资产1676万元，其中35KV送电线路16.9公里，35KV变电站一座，容量3150KVA，10KV配电线路11条，长571.478公里，低压线路长为1145.23公里，配电变压器23398KVA/588台。担负着米脂县20万人口和相邻绥德、佳县、榆林等县近1万人口约60平方公里范围内的人民生活和工农业生产的供电任务，年售电量为1900万KWh。

# 米脂县国土资源局

米脂县国土资源局成立于1987年6月，现有干部职工102人，其中大专以上文化程度29人。局机关内设：政秘股（办公室）、用地股、地籍股、发证办四个股室，局机关设工会。下属矿产资源开发中心监察队、统征办三个正科级事业单位，估价所、市场所两个副科级事业单位。五个副科级建制派出机构（乡镇区域管理所）。负责全县土地利用总体规划、耕地保护与开发、地籍地政管理、土地执法监察和建设用地的审批等工作。

1997年4月以来先后获得省、市、县各级表彰：

2000年获陕西省国土资源厅《全省土地利用总体规划修订工作先进集体》（省级专项奖）；

1997年、1999、2000年三年度获得全市（区）土地管理工作先进单位，2000年获全市土地管理系统“法律法规知识考试”优秀组织奖；

1999年获得年度全县干部职工计划生育工作先进单位，并被综治委授予治安模范单位；县委就2000年宣传思想和精神文明建设工作给予表彰，县委、县政府就2000年神延铁路建设项目工程给予专项奖；2001年获全县“三个代表”学习教育工作先进单位、全县社会综治工作先进集体、土地统征工作先进集体。

# 电信科学技术第四研究所

电信科学技术第四研究所创建于1964年，位于古城西安风景秀丽的大雁塔下，是中国最早从事微波通信技术应用与开发的专业研究所，主要从事无线通信、微波通信、移动通信、光纤通信等领域里的研究与开发。是大唐电信科技产业集团成员单位。

建所四十年来，四所在完成国家“七五”、“八五”、“九五”重点科技攻关项目的同时，还为我国通信建设解决了许多关键性的技术难题，开发出许多新的通信产品，有些产品达到了同期国际先进水平，填补了国内空白。建所以来，先后取得科研成果300余项，其中荣获全国科学大会奖15项、国家科技进步奖8项、部优秀成果奖76项，为发展我国通信事业做出卓有成效的贡献。现正致力于移动通信系统和宽带无线接入系统的研制、开发和生产。

电信科学技术第四研究所是我国微波通信和无线通信的行业技术中心，数字无绳电话系统国家工程研究中心、信息产业部无线通信产品质量监督检验中心、信息产业部西安通信计量站、西安电总微波维护支援中心也设在这里。

电信科学技术第四研究所在国内外享有一定的声誉和影响，是国际电联第五组、第九组、国际电工委员会IEC、SC12E国内组长单位，是中国通信学会微波通信委员会的挂靠单位，四所和中国通信学会微波通信委员会编辑出版的学术刊物《无线通信技术》被国家科委批准为向国内外公开发行的一级学术刊物。四所还是国务院授权批准的硕士研究生培养单位。

在深化体制改革中，四所积极参与了大唐科技股份公司的组建，进行了资产重组，利用自己的优质资产剥离组建大唐无线通信分公司；与日本NEC公司合资组建了西安NEC公司；引进国外进口的先进机械加工生产线和CAD设计软件工作站，组建陕西博大电讯设备机械制造有限公司；改组了西安翠华通信技术有限公司，成立所物业管理中心，盘活了所的资产，进行了第二次创业。

在新的世纪里，四所按照集团“建光荣的国家队，做自豪的大唐人”的企业理念，将努力跟踪世界先进水平，坚持“继续发展微波技术，重点开发无线接入产品”的技术路线，为振兴民族产业，为发展中国通信事业做出更大的贡献。

# 中国联通陕西分公司

总部领导亲切关怀和指导

陕西联通公司总经理　李俊义

中国联通陕西分公司（简称陕西联通）是中央直属的国有特大型企业——中国联通公司的省级分公司，成立于1995年8月，并于1996年10月18日正式开业，目前已在全省各地设立了10个地市分公司、103个县（市、区）分公司、分部。公司现有员工3600多人，85%以上具备大专以上学历，是陕西省目前唯一的经营包括移动通信、长途数据、互联网等业务在内的综合电信运营企业。

2001年以来，陕西联通加快建设速度，努力拓展市场，实现了企业快速、健康、协调的跨越式发展。目前，公司光缆线路总长度已超过24000公里，线路通达全省所有地市县和大多数乡镇。GSM、CDMA两个移动通信网络总容量已超过400万户，网络已覆盖全省所有地市县和大多数乡镇、重要交通干道。数据、长途、互联网等网络建设均做到了适度超前。基于优异的网络质量和良好的服务水平，陕西联通各项业务发展也快速增长。目前，移动电话用户总数已超过300万户，数据、长途、互联网用户也实现了快速增长。

面向未来，陕西联通提出要把公司的近期发展和长远发展结合起来，贯彻落实中国联通的总体发展战略，制定公司到2010年的十年发展战略。通过实施企业发展工程、管理工程、文化工程、人才工程、服务工程，努力实现陕西联通的快速、健康、协调可持续发展，把公司建设成为一个经营有方，管理有序，文化主导，效益显著的一流电信运营企业。

陕西联通CDMA移动通信网三期工程建成

丰富多彩的企业文化活动

# 中国银行业监督管理委员会陕西监管局

2004年2月，陈德铭副省长在陕西银监局张强局长的陪同下检查落实“三法”及“行政许可法”宣传工作。

2003年，是中国银行业监督管理委员会陕西监管局（以下简称“陕西银监局”）组建并开始履行监管职责之年。在中国银监会的正确领导下，陕西银监局以邓小平理论、“三个代表”重要思想为指导，认真学习贯彻党的十六大精神，一手抓组建，一手抓监管、抓改革，强化内部管理，加强作风建设，圆满完成了各项工作任务。使陕西辖内银行业金融机构资产质量有所改善，风险得到进一步化解，金融运行继续保持健康平稳的发展态势，有力地支持了全省经济的快速发展。

2003年7月8日陕西银监局筹备组成立，10月18日正式对外挂牌并履行对辖区银行业的监管职责。同时，按照协商、精简、效能原则，研究部署9地市银监分局的组建工作，经过各分局筹备组的积极努力，筹备工作基本完成，辖内银行监管组织体系初步建立，为履行监管职责奠定了重要的组织基础。

首先，陕西银监局全面完成了银监会部署的各项现场检查任务。一是完成了对4家国有独资商业银行贷款五级分类、非信贷资产及表外业务的现场检查。共检查机构291家，发现各类问题422个，进一步摸清了辖内国有商业银行风险状况及经营管理工作中存在的问题。二是完成对陕西3家政策性银行信贷项目后续检查，进出口银行西安代表处出口卖方信贷项目贷款专项检查。三是完成股份制商业银行部分分行贷款五级分类、票据业务和内控制度建设专项检查。四是完成6家非银行金融机构贷款五级分类、票据业务的专项检查和全面检查。五是完成农村信用社信贷管理专项检查。六是完成陕西省邮政储汇局营业部违规揽储情况现场检查等。此外，还配合监事会完成对东方资产管理公司西安办事处终极项目的现场检查，完成对华融、东方资产管理公司西安办事处的后续检查和信达资产管理公司西安办事处银川业务部的专项检查。

从陕西银监局筹备组成立到去年年底，共检查各银行一级分行本部及分支机构650家，发出现场检查意见书55份，提出监管意见和建议359条，对28家机构进行了行政处罚，其中5家机构被处以罚款，罚款金额计53.17万元。

同时，陕西银监局还在如下几个方面做了大量实际工作，一、不良贷款抓降；二、非现场监管；三、农村信用社改革；四、内部建设；五、作风建设。

2004年2月，陕西银监局召开成立后的第一次年度工作会议

2004年陕西银监局将继续以邓小平理论和“三个代表”重要思想为指导，依法加强监管，提升监管水平，加大审慎监管力度，督促各银行机构进一步提高资产质量，完善公司治理，健全内部控制，不断增强整体风险控制能力和市场竞争能力，支持陕西经济平稳较快增长和社会全面进步。

# 中国太平洋财产保险股份有限公司
# CHINA PACIFIC PROPERTY INSURANCE CO.,LTD.
## ——西安分公司

中国太平洋财产保险股份有限公司西安分公司是太平洋产险总公司设在陕西地区的经营管理机构。公司自1993年2月成立以来，始终遵循“一流的服务质量、一流的工作效率、一流的公司信誉”的公司宗旨，坚持“以效益为中心、以市场为导向、以客户为基础”的经营指导思想，弘扬“诚信、敬业、创新、奋进”的企业精神，强调“以人为本、善待客户、开拓创新、效益第一”的核心价值理念，业务规模不断扩大，经营效益明显提高。目前，公司已在全省设立了众多分支机构，建成了贯通全国、联接全球的保险电子商务系统（网址 www.xacpic.com.cn），设有全国统一的客户服务电话（95500），逐步形成了完善的保险服务网络。

总经理　罗卫

近年来，公司坚持不断提高服务水平，创新服务手段，以服务促发展，开办了人民币和外币的各种财产保险业务，包括财产损失保险、责任保险、信用保险、人身意外伤害保险等业务和各种法定财产保险业务，承保了咸阳国际机场、陕西电信、西南铁路、西康铁路、西安绕城高速、西飞公司、黄河上游水电开发等一系列重大项目，支付了唐城百货大厦、“六·六”空难、陕西精密合金公司、“6·9”陕南特大暴雨灾害等一系列重大赔案。

截止2002年底，公司已经累计承保各类风险5000亿人民币，支付各种保险赔款6亿人民币，有力地支持了陕西经济的发展。

揭牌仪式

地　　址：西安市长安北路54号太平洋大厦
电　　话：(029)85211707
传　　真：(029)85258967
报案电话：(029)82210555　　(029)82211555
客户服务：95500
网　　址：www.xacpic.com.cn

6·8水灾保险赔款仪式

校园责任险签字仪式

# 天安保险股份有限公司 西安分公司

TIANAN INSURANCE COMPANY LIMITED OF CHINA XI'AN BRANCH

## 企业精神

化险为夷 补天爱人

## 经营理念

以更及时、更全面、更专业、更道德的服务，
建设中国财产保险第一品牌

## 质量方针

为天安客户提供专业的全程服务、提供保全完善的风险保障

天安保险股份有限公司成立于1994年10月，是我国首家由企业出资组建的股份制保险公司。总部设在浦东，目前在全国拥有31家分公司和400多个分支机构。西安分公司于2003年5月正式挂牌营业，除营业总部外，现有咸阳、渭南、安康、榆林、延安、宝鸡等地分支机构，经营范围遍布全省。

# 西安市临潼区人民政府

区委书记　张雷

区长　罗亚民

临潼区位于陕西省关中平原东部，古都西安的东大门，东接渭南，西接高陵，南接蓝田，北接阎良，西北与三原相连。现辖6个街道、10镇、7个乡、21个社区居民委员会、285个行政村。到2003年底，全区总人口66.86万人，其中农业人口56.2万人，占总人口的85%。全区总面积915平方公里，全区国内生产总值40.59亿元；工农业总产值70.19亿元，其中工业总产值55.68亿元，农业总产值14.51亿元；城镇职工人均年收入9437元，农民人均纯收入2662元。

华清池

境内有标缝、陕鼓、骊山微电子公司、西北化工研究院等国有大中型企业和银桥、伊利乳制品加工，汉兴、秦唐、秦兴造纸以及依托标缝、陕鼓形成的零部件加工等民营企业180多家。标准牌缝纫机和秦俑牌乳粉荣获全国名牌产品称号。区内年产值过亿元企业5家。

全区现有耕地面积79.8万亩，人均耕地面积1.41亩，粮食总产量29万吨。城郊型商品农业格局初具雏形。奶牛存栏3万余头，奶类总产12.29万吨，分别居全省第三和第一。蔬菜大棚7000栋，以石榴为主的杂果13万亩，其中石榴8万亩。番茄制种面积5000亩，居全国之首。

2003年，全区地方财政收入16056万元。城乡居民储蓄存款余额达到34.18亿元。

现有各类商业经营网点7371个，从业人员15507人，实现全社会消费品零售额9.01亿元，完成第三产业增加值20.39亿元。2003年，实际利用外资6000万美元，利用内资3.86亿元；固定资产投资8.36亿元。

2003年底，非公有制经济注册12969家，固定资产14.76亿元，完成产值65.87亿元，上缴税金6455万元，占国内生产总值的34.42%。

陇海铁路横贯东西，加之西安——延安、西安——韩城、西安——安康、西安——南京线和新丰铁路编组站，使临潼成为中国西北最大的铁路交通枢纽。高速公路和108国道贯穿区境，与其他省道、县道构成高密度交通网。境内有斜口机场，附近有咸阳国际机场和闫良机场。固定电话12.54万门，移动用户达到8万户，城区电话普及率平均每百人32部。

全区水资源丰富，有水库19座，渭河横穿全境。城乡电网密布，能满足生产生活需要。

临潼是全国著名的骊山风景名胜区所在地，旅游业发展兴旺。主要人文自然景观有秦始皇陵、秦始皇兵马俑博物馆、华清池、骊山森林公园4个AAAA级景点。省级文物保护单位5处。有楚汉相争时的“鸿门宴”遗址，有中国第一美人杨玉环和唐明皇玄宗沐浴宴乐的唐华清宫遗址，有震惊中外的“西安事变”遗址，临潼因此享有文物甲天下的美誉。

秦统一雕塑群

# 西安市临潼区汉兴实业公司

西安市临潼区汉兴实业公司地处临潼区渭河北十公里处的西安市汉兴造纸工业园区，是一个以生产生活用纸为主的民营企业。公司现有固定资产 9700 万元，在册职工 3000 人，其中工程技术人员 85 人，公司现有卫生纸生产线 36 条，日产量 100 吨，年产量 35000 吨，年产值达到 1.8 亿元。其生产规模在同行业中名列西北第一，全国第八位。所生产的“汉兴”“云宝”牌卫生纸两大系列共 200 多个品种，畅销全国二十九个省市自治区，深受消费者欢迎。产品先后荣获国际、国内多项荣誉奖励。汉兴牌商标先后被认定为西安市著名商标和陕西省著名商标。企业先后被部、省、市、区授予国家中型一档乡镇企业，省级先进企业，西安市十强企业，突出贡献企业，纳税先进单位，安全生产先进单位等光荣称号。为了搞好环境保护，公司在 2000 年投资了 1638 万元，建成了一个日处理 2 万吨的污水处理厂，实现了达标排放，为可持续发展奠定了基础。

汉兴生产车间一角

汉兴公司生产车间

为了把汉兴纸业进一步做大做强，根据市场需求和公司发展的需要，按照国家产业政策和环保政策的要求，在调研论证的基础上，提出了企业发展目标和规划，制订了汉兴二厂建设的实施方案：计划总投资 8700 万元，建成具有国内先进水平的 20 条卫生纸生产线（其中 1880 型纸机 10 台，2400 型纸机 10 台），并建成日处理黑液 300 吨的碱回收工程和日处理中段水 16000 吨的污水处理工程。同时建成一座 3×3000KW 的以热定电、热电联产的自备电厂。经过精心设计，精心施工，各项工程都能按照计划实施，工程进展顺利。其中一期工程 10 条 1880 型卫生纸生产线已于 2004 年元月建成投入运行。二期工程 10 条 2400 型卫生纸生产线计划 2004 年 8 月份建成投产。碱回收工程计划 2004 年 6 月 3 日投入运行。新建的污水处理工程计划在 2004 年 7 月份建成投运。自备电厂第一台机组计划在 2005 年元月份建成投产，第二台机组计划 2005 年 5 月建成投产。为了实现规模效益，发挥规模优势，计划 2004 年卫生纸生产规模达到年产 45000 吨，2006 年达到年产 6 万吨，2010 年达到年产 10 万吨，为促进农村经济发展，振兴我国民族工业做出贡献。

法人代表：郝九洲
地址：西安市临潼区新市汉兴造纸园区
电话：（029）83846574
（029）83846572

汉兴公司厂区

# 西安市未央区红色村

## ——与时俱进求发展，团结奋斗奔小康

党支部书记村委会主任　田志栋

红色村是西安市未央区的一个大村，位于古城西安北郊西安经济开发区腹部——张家堡，辖区9个自然村19个村民小组，1624户，5798人，耕地2037.9亩，其中蔬菜基地1705.9亩。自建国50多年来，特别是改革开放20多年，在该村党总支部和村委会的领导下，认真贯彻执行党在农村各项方针政策，从本村实际出发，不断调整产业结构，除搞好蔬菜生产为城市居民服务外，大力发展乡镇企业和第三产业，使全村经济快速发展。至2003年底工农业总收入18110万元，其中企业收入17650万元，给国家上缴税费407.86万元，农民人均分配收入3881元。该村党总支和村委会曾多次被省、市、区评为先进党组织和村委会，三次被评为陕西省乡镇企业十强村；村党总支书记、村委会主任田志栋同志，曾被评为陕西省经济明星，西安市优秀村主任及优秀共产党员，未央区发展集体经济带头人，被选为西安市第八、九届党代表，未央区第十三届人大代表及人大常委，97年4月陕西省委、省政府授予劳动模范，98年5月陕西省政府授予优秀乡镇企业家，2002年3月被选为西安市第十三届人大代表。

该村党总支和村委会始终把发展乡镇企业当作发展经济重点来抓。

改革开放以来，他们始终坚持无工不富的发展思路，解放思想，开拓进取，采取村办、组办、联办和个体办四个轮子一起转，重点发展集体企业。该村至2003年底共兴办各类企业355家，其中集体企业15家。去年企业总收入中个体企业收入8220多万元，上交税金中私营个体企业占百分之九十以上。

同时，按照市场需要积极发展第三产业。

随着西安经济开发区的扩大与发展，耕地面积逐步减少，前来投资办企业需要住房户逐年增多。前几年，在原三砖厂旧址开发兴建五龙汤温泉度假村，建设商品住宅楼28幢12万多平方米，建成1700多米深的温泉水井一眼，以此为龙头先后建起水疗楼、招待所、游泳池等项配套服务项目。重新整修长青一、二路及村主要干道，兴办市场，招商引资，兴办房地产及私营商业，饮食等400多家。全村购置汽车、拖拉机、机动三轮车大搞客货运输，带动全村第三产业迅速发展。

近年来，该村两委会成员，认真学习贯彻党的十六大精神和“三个代表”重要思想，不断解放思想，转变观念，与时俱进，更加充满豪情，带领广大党员、干部和群众，团结奋斗为奔小康社会而努力。

田志栋与研究员一起检查蕃茄品种生长情况

# 陕西省中医药研究院
# 陕西省中医医院

院长 刘少明

陕西省中医药研究院建于1956年9月，是一所省级科研事业单位，正厅级建制，是卫生部确定的国家中医药科研基地之一，是国家中医药管理局确定的中医药文献检索中心和科技查新单位。经陕西省人民政府批准，在原附属医院、肛肠医院的基础上成立了陕西省中医医院，与陕西省中医药研究院两个机构、一套领导班子、实行统一管理。陕西省中医医院是一所以科研，教学为基础医疗为中心的中医专科、专病特色突出的三级甲等医院，是国家药监局确定的药品临床研究基地，先后获得省级文明医院、省级先进中医医院、百姓放心医院、行风建设先进单位等光荣称号。

截至2003年底，全院占地23亩，建筑面积23000m²，拥有大型仪器设备100余台（件），价值1354万元。职工总数598人，其中专业技术人员465人，博士研究生2人，硕士研究生23人，高级职称119人，中级职称214人，享受政府特殊津贴18人，国家和省有突出贡献专家7人，有突出贡献中青年专家2人，"三五"人才5人。内设科研机构有中药研究所、中医文献信息研究所、实验中心、中药新药研究开发办公室、实验动物与动物实验中心。医疗科室有肝胆内科、针灸科、心血管内科、消化内科、脑内科、肾泌尿内科、呼吸内科、内分泌科、肿瘤科、外科、骨伤科、妇科、儿科、皮肤科、耳鼻喉科、急诊科、介入治疗中心、肛肠病诊疗中心。该院参股的陕西省中医药研究院汉唐制药有限公司为独立法人单位。代管单位有陕西省中医药学会办公室、《陕西中医》、《陕西医药》编辑部、《陕西省卫生志》编纂委员会办公室。

该院按照科研与教育同步发展，紧密结合、相互促进的科学发展观，牢固树立以病人为中心的服务理念，坚持突出中医特色、走中西医结合的发展道路，力争把科研做大做精、把医疗做大做强。

院部大楼外貌

# 陕西秦地矿业权资产评估有限公司

董事长　雷星明

陕西秦地矿业权资产评估有限公司，董事长（法定代表人）：雷星明；总经理：胡继民，注册资本30万元人民币，是2001年初通过改制，由原"陕西秦地矿业权资产评估事务所"更名而来。原所于1999年由陕西省地矿、煤田、有色、建材、核工业、冶金等省内地矿行业八大家发起设立，并经国土资源部批准获得正式矿业权评估资格，是全国首批20家之一、西北地区首家从事矿业权评估的社会中介机构。

该公司内设综合财务部、评估部、项目技术咨询部。公司聘用的注册矿业权评估师7名，注册会计师1名、注册资产评估师3名，还聘用专（兼）职的地质、矿产、采矿、选矿、实验测试、会计、经济、机械等各类中高级技术专业10余人。

现已完成矿业权评估项目87个（如陕西金堆城钼矿、陕西省山阳县桐木沟锌矿采矿权评估、陕西省宁强县丁家林金矿探矿权评估等项目）。高质量的评估水平、热情周到的服务和良好的市场形象，赢得了主管部门和客户的好评。

公司主营探矿权采矿权评估，兼营地质矿产技术咨询服务业务：包括矿业经济、矿政管理及矿业权市场服务项目；矿产资源开发利用和保护方案编写、中小型矿山开发项目可行性研究论证、储量简测及储量报告编写（与有资质的地勘单位联合）、矿山投资项目、矿业政策法规、矿业经济信息咨询服务；矿业权招标、投标、拍卖、转让、抵押、出租咨询及方案设计与代理等。

该公司本着以人为本，以制度为保障和以团队为基础的平等、信任的企业文化，竭诚为客户提供优质高效的评估服务。

企业法人
营业执照

名　　称　陕西秦地矿业权资产评估有限公司
住　　所　西安市雁塔北路100号
法定代表人　雷星明
注册资本　叁拾万元人民币
企业类型　有限责任公司
经营范围
注 册 号
成立日期
登记机关
2001 年 月 22日
营业期限 自 至

联系电话：029-87851152

探矿权采矿权评估资格证

证书编号：　矿权评资[1999]015

单位名称　陕西秦地矿业权资产评估有限公司
住　　所　陕西省西安市雁塔北路100号
法定代表人　雷星明
业务范围　探矿权和采矿权评估。

年检记录

发证机关
（资格管理专用章）　2001年 06月 08日

中华人民共和国国土资源部印制

# 陕西亨通连锁店管理集团有限公司

省长贾治邦视察亨通连锁店

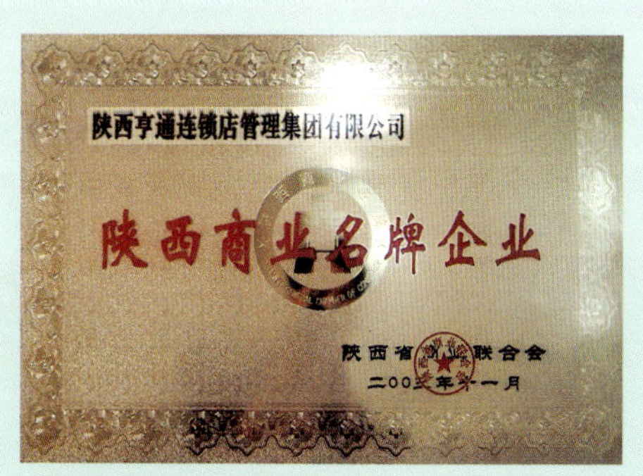


陕西亨通连锁店管理集团有限公司成立于2002年12月，现拥有员工136人，技术人员43人，主营业务农资（化肥、农药、农膜、兽药、农机）、农产品双向物流、连锁经营。经营理念：服务“三农”，实现多赢。企业宗旨：通过现代双向物流连锁经营解决农民买难、卖难，助农增收，打造中国农村“沃尔玛”。亨通连锁项目是省计委、国家发改委批准立项的国家级支农项目，该项目的实施，有利于实现生产与市场的有效对接，减少流通环节，提高流通效率；有利于规范农村流通市场，杜绝假冒伪劣，实现和扩大农产品交易，助农增收；有利于促进农业产业结构调整；有利于农村剩余劳动力的就业；有利于树立和落实科学发展观，促进区域经济全面、协调、可持续发展。

经三年来运作，公司已在陕西建成覆盖65个县、1200个乡镇和村庄的加盟商网络；拥有化肥、农药、农膜、兽药、农机具供应商200余家；建成13个区域物流配送中心、辖42个仓储配送站、拥有仓储面积3万多平方米，自有各种型号运输车辆100多台；建成三级技术服务网络；建成初级信息管理网络；为陕西农民配送优质产品达千种以上，已形成七大优势：政策优势、资源优势、品牌优势、网络优势、管理优势、技术优势和团队优势；荣获2003年度陕西商业名牌企业称号。2004年4月贾治邦省长亲切视察了亨通连锁店，对公司服务三农、助农增收的经营业绩表示了充分肯定和大力支持；公司愿与各位同仁合作，共同打造中国农村的“沃尔玛”。

亨通连锁送科技下乡活动受到农民朋友欢迎

# 西安银桥股份有限公司

董事长总经理　刘华国

西安银桥股份有限公司是陕西省农业产业化龙头示范企业和西北地区乳制品行业产销量最大的骨干企业，始建于1979年。二十多年来，公司始终以"公司+农户"的产业化经营模式发展乳制品生产，充分发挥银桥龙头企业的辐射和带动作用，通过实施奶畜产业化工程和万亩绿色牧草工程带领群众脱贫致富，取得了较快的发展。公司现拥有固定资产2.5亿元，员工1600多名，已发展成为拥有十个子公司和一个高科技新产品研究开发中心的企业联合体，并跨入了全国乳品十强企业的行列。近年来，公司各项经济指标均以每年35%以上的速度递增，创造了良好的经济效益和社会效益。公司生产的"秦俑牌"系列奶粉和"银桥牌"系列液态奶，以其过硬的质量、优质的服务和良好的信誉享誉海内外，深受广大消费者的喜爱和信赖，并荣获部、省、市优质产品奖以及陕西名牌、绿色食品、著名商标和国家免检产品等称号，且连续多年在国检中合格；公司也被国家有关部委认定为"中国学生饮用奶定点生产企业"和"农业产业化国家重点龙头企业"；2002年9月，公司生产的"秦俑牌"奶粉被国家质检总局评为"中国名牌产品"，实现了陕西中国名牌零的突破；2003年12月，"银桥牌"液态奶和"秦俑牌"奶粉又双双荣获了"国家免检产品"称号。产品除畅销全国各地外，还远销到菲律宾、伊拉克、东欧、香港等国家和地区。

目前，公司利用国家计委1.8亿元国债扶持资金兴建的液态奶二期扩建工程已进入设备安装阶段，即将竣工投产。该工程引进20余条具有世界先进水平的液态奶生产线，实行全自动控制，流程与国际接轨。届时，公司日处理鲜奶新增500吨，年产液态奶达20万吨，年产值达到15—20亿元；同时带动饲料业、运输业、包装印刷业、餐饮业等相关产业的大幅度增长。

"十五"末，公司奶区奶牛存栏力争达到10—15万头，养牛户达7—8万户，建成西部地区乃至全国乳品行业最大的奶源基地；根据市场需求，加大新产品开发力度，生产出高质量的优质产品，保证"中国学生饮用奶"推广活动的实施；在农业结构调整中，公司将重点发展生态农业，引导农民种草养牛，力争建成西部优质奶牛产地和生态草业基地，争创中国乳业第一品牌。为实现全面建设小康社会的宏伟目标和陕西经济跨越式发展做出更大的贡献。

法人代表：刘华国（董事长兼总经理）
地　　址：中国·西安临潼经济开发区
邮编（Post Code）：710600
电话（Tel）：（029）83886868
传真（Fax）：（029）83886998
Http://www.YinQiaoGroup.com

- ●中国乳品十强企业
- ●中国农业产业化经营20大龙头食品企业
- ●中国西部地区乳制品产销量最大骨干企业
- ●农业产业化国家重点龙头企业
- ●中国学生饮用奶定点生产企业
- ●通过了ISO9001国际质量体系和产品质量认证
- ●陕西省乳品行业龙头企业、农业产业化龙头示范企业

# 西安市董白面粉有限公司

西安市董白面粉有限公司位于临潼区新市工业园区，创建于一九九六年，现有员工86人，占地12000m²，固定资产850万元，拥有目前国内先进的粉楼自动化生产线，日加工原粮100吨，年消化小麦30000吨。公司地处关中优质小麦高产地，有得天独厚的优质原粮基础和无污染，无公害的生产加工环境。

公司的设备性能先进，工艺流程合理，技术力量雄厚，产品质量稳定，生产"董白牌"面粉五大系列，十五个品种，畅销全省各地及甘肃、青海等省。

在目前整个面粉行业不景气，市场销售不畅，价格低迷的环境下，仍然取得了良好的社会信誉和较好的经济效益。

该公司多年来，一直被区、市评为"质量管理先进单位"，被中国质量检验协会誉为"国家权威检测合格产品"和"打假扶优重点保护企业"，在全国五类食品抽检中，被陕西省技术监督局誉为"质量合格产品"，荣获西安市消费者协会2003年度"诚信单位"称号。

随着市场经济的不断发展，公司也由小到大，由弱到强，不断滚动发展，初步实现了企业的自我积累和自我完善，正在向企业深度管理迈进。

2003年，公司投资150万元，新修水泥路一条，解决了公司交通不畅的困难，圆了附近三个村，几千村民几代人的"思路梦"，为今后致富奔小康奠定了基础。公司设想：一是道路修成后，依托银桥乳业，建立奶牛示范小区，采用公司加农户的办法，带动当地村民致富，沿路建立董白奶畜中心。

二是随着面粉市场销售量的增加，公司准备在下半年投资120万元扩建原粮桶仓6座，以提高产品的质量和面粉的生产量。

总经理　门爱贤

三是招商引资，在沿路发展引进企业，目前，公司已同有关单位达成意项，在沿路新建一个工业加工企业，以促进区域经济发展。

公司的宗旨是：创一流产品，赢万户信赖，办一流企业，愿强国富民。奋斗的目标是：把企业做大做强，把管理做深做细，让"董白"的事业更兴旺，让"董白"的明天更辉煌。

厂址：临潼区新市乡、郭桥村
法人代表：董春生
联系电话：（029）86010356

# 陕西蒲城发电有限责任公司

党委书记、总经理　牛万虎

陕西蒲城发电有限责任公司，坐落在著名爱国将领杨虎城将军的故里——陕西省蒲城县孙镇。

蒲电规划装机容量为2520MW，拟分三期建设。一期工程为罗马尼亚制造的2×330MW燃煤直流炉汽轮发电机组，1998年10月26日建成全部投产。二期工程为陕西省“十五”重点建设项目，安装两台330MW引进型国产机组，2000年10月27日批准开工，#3机组已于2003年1月23日投入商业运营，#4机组将于2003年10月并网发电。三期2×600MW机组扩建工程初步可行性研究工作已经取得初步进展。

公司在册员工2430人，其中大专以上学历804人，中高级职称251人，35岁以下青工占总人数的70%。机构设置为9部2室1委1会。多年来，公司坚持以改革为动力，以创建为龙头，以安全为重点，以效益中心，积极实施“以人为本、争创一流”的系统工程，坚持“两手抓、两手都要硬”的工作方针，大力弘扬“团结、求实、安全、高效”的企业精神，倡导“追求卓越管理、力求最大效益”的管理理念，从而促进了各项工作的顺利开展，保证了各项任务和工作目标的完成。2002年12月7日，蒲电通过陕西省电力公司一流发电企业验收，至2003年9月已累计发电197.6亿千瓦时，为西北电力事业和国民经济持续发展做出了一定贡献。同时，蒲电还加强企业文化建设和精神文明建设工作，先后荣获陕西省委、省政府文明单位，陕西省电力公司双文明单位、党风廉政建设先进单位、思想政治工作优秀企业等光荣称号。

随着电力体制改革的深化，2003年1月15日，蒲电原陕西省电力公司所控股份划转中国华电集团管理，现由中国华电集团控股（65%），陕西省投资集团（有限）公司参股（35%股份）。面对新的历史机遇，蒲电人转变观念，励精图治，确立了“建西北窗口电厂、创全国一流企业”的奋斗目标，公司将在抓好一期生产、建好二期工程的同时，加快三期2×600MW工程建设，届时，蒲电将以二百万千瓦以上的装机容量屹立于三秦大地，为陕西乃至西北地区国民经济发展做出更大的贡献。

# 延安市粮食局

**张康立** 男，汉族，1956年8月生，陕西黄陵人，大学文化程度。1977年8月参加工作，1977年5月加入中国共产党。现任市粮食局党组书记、局长。

1974年9月至1977年8月在西北农业大学学习；1977年8月至1978年12月在黄陵县桥山公社任党委宣传干事；1978年12月至1982年10月任黄陵县委组织部干事；1982年10月至1984年元月任黄陵县团县委副书记；1984年元月至1984年8月任黄陵县委常委兼团县委书记；1984年8月至1985年6月任黄陵县委常委兼侯庄乡党委书记；1985年6月至1991年11月任黄陵县副县长；1991年11月至1992年10月任富县副县长；1992年10月至1998年3月任富县县委副书记；1998年3月至2002年元月任延安市老区扶贫办副主任、党组副书记（正县级）；2002年元月至今任现职。

局长 张康立

研究布署工作

延安市粮食局是负责全市粮食储备和粮食流通宏观调控的政府工作部门。机关内设政秘科、流通调控科、内审监督科、军粮采购供应站和机关后勤服务所等5个科室，现有干部职工35人。

近年来，市粮食局领导班子团结一致，齐心协力，不断加强对全市粮食工作的指导、协调、监督、服务，积极推进粮食流通体制改革，狠抓退耕还林粮食兑现政策落实，加大企业改革力度，强化扭亏增盈目标责任，2001、2002年全市粮食购销企业分别实现利润329万元、315万元，两年按政策向退耕农民累计兑现粮食39.98万吨，2002年敞开收购粮食18.3万吨，顺价销售粮食13万吨，供应军粮1500吨，保证了军需民食，保护了农民粮食生产积极性。同时，全市粮食系统精神文明建设和党风廉政建设得到了全面发展，促进了全市粮食经济健康稳步发展。

检查粮食质量

地址：延安市南关街
电话：0911-2115192

# 甘泉县国家税务局

党组书记、局长　崔昌泰

国税局党组成员一起制定新方案(中)为局长崔昌泰

甘泉县国家税务局组建于1994年9月,下设3个基层单位,机关内设4个股室和2个事业机构,现有干部职工35人,肩负着全县5乡3镇456户个体工商户、46户企业及2个集贸市场的税收征收管理工作,年税收任务已达4372万元。

近年来,特别是新的领导班子组建以来,该局在市国家税务局和县委、县政府的正确领导下,以邓小平理论和党的十六大精神统揽全局,认真贯彻新时期依法治税、从严治队和科技加管理的治税思想,始终坚持"三个文明一齐抓"的工作方针,紧紧围绕"建一流班子,带一流队伍,创一流业绩,树一流形象"这一奋斗目标,抓管理、强素质、树形象,忠实实践"三个代表",与时俱进、开拓创新,使"三个文明"建设取得了显著成绩。2000年以来,已连年超额完成了上级下达的各项税收任务,累计入库各项税收11132万元。多次获得县级创佳评差最佳单位、五星级单位和财政收入超亿元突出贡献单位等称号,圆满实现了全系统基层建设达标及文明单位"满堂红"的奋斗目标。目前,全系统共有文明单位5个,其中县级文明单位3个,市级文明单位1个,市级文明单位标兵1个。

甘泉县国税局办公大楼

# 中国工商银行吴旗支行

近年来，中国工商银行吴旗支行认真贯彻落实国家金融政策和上级经营决策，立足县域经济发展特点，牢固树立现代商业银行经营理念，一心一意搞经营，扎扎实实求发展，始终坚持以效益和质量为中心，积极稳健推进改革，加快发展创新步伐，不断提升业务发展水平，各项经营工作取得了显著成绩，在全省工行经营绩效考核中名列前矛。

全行现有两个对外营业网点，金融服务设施齐全。可为全县企事业单位和居民提供一流的金融服务。汇款实时到账，牡丹信用卡全球通用，牡丹灵通卡全国通用，用卡可炒股消费，网上银行、电话银行可查询转账，在大力经营传统业务和新兴业务的同时，全面经营个人消费贷款，代理保险业务以及其它代理中间业务。2003 年 11 月业务整和后，可为广大客户提供更为方便快捷的金融服务。

行长：马存良

# 中国农业银行吴旗县支行

行长　李长安

领导班子正在研究工作

中国农业银行吴旗县支行位于吴旗县城后街，支行下设“四部一室”，所辖四个营业机构，共有员工62名。多年来，吴旗农行坚持省行制定的以县域经济为基础的市场定位，开拓创新，与时俱进，以“关注社会发展，切准经济脉搏，跟踪客户需求，贴近大众生活”为经营指导思想，认真实施“存款补益，贷增增益，核算求益，多点创益”的经营方针，各项工作取得了显著的成绩。截至2003年7月份拥有存款22480万元，贷款41932万元，实现盈利344万元。多年来一直保持“省级文明单位”荣誉称号，2000年又被农总行先后授予全国专项信贷工作先进县支行和全国农行系统文明建设先进单位，2002年财务评价列全省农行第8位，不良贷款占比为8.32%，迈入全省农行先进行列，被市分行列为四大盈利行之一。在自身效益显著提高的同时，该行始终坚持以“三个代表”重要思想为指导，视吴旗县域经济的发展为己任，认真落实县委、县政府关于发展经济的有关安排部署，加大了对县域经济的支持力度，重点支持了石油龙头企业、烟草、社会福利、粮油深加工、自来水改造及全县仁杏建园、水、电、公路、县城基础设施等建设，小额到户扶贫贷款业务遍布全县14个（乡镇），通过这些信贷投放，有力地促进了以石油为龙头，林牧为主导产业的发展，使吴旗地方经济跨入了良性发展的轨道，一跃而成为延安市经济强县，为县域经济发展做出了积极的贡献。

# 户县飞达发电厂

厂长　刘书伸

西安户县飞达发电厂不断探索，投身绿色环保事业，取得了可喜成绩。近年来，每年向国家上缴税利68万元，向社会公益事业捐助数万元，使37名残疾人找到就业岗位。企业先后被户县团委授予“青年文明号”光荣称号，被县民政局评为“先进福利企业”县技术监督局评为“质量管理先进单位”，省民政厅评为“省优秀社会福利企业”，2003年被县环保局评为唯一一家“绿色企业”，厂长刘书伸被户县国税局余下分局评为“先进纳税单位先进个人”。

# 《陕西统计年鉴》2004卷

整体策划：余子荣　宋克卿
责任编辑：宋克卿　晓　莉
版式设计：宋克卿　胡红茜　黄　兰
何　华　白江红　曳国黎
文字校对：白江红　曳国黎